D1693387

Böttcher
ZVG

ZVG

Gesetz über die Zwangsversteigerung und Zwangsverwaltung

Kommentar

von

Roland Böttcher
Professor an der Hochschule
Für Wirtschaft und Recht
Berlin

5., neu bearbeitete Auflage

Verlag C. H. Beck München 2010

Verlag C. H. Beck im Internet:
beck.de

ISBN 978 3 406 60038 8

© 2010 Verlag C. H. Beck oHG
Wilhelmstraße 9, 80801 München
Druck und Bindung: Druckhaus "Thomas Müntzer" GmbH,
Neustädter Str. 1–4, 99947 Bad Langensulza

Satz: Meta Systems, Wustermark

Gedruckt auf säurefreiem, alterungsbeständigem Papier
(hergestellt aus chlorfrei gebleichtem Zellstoff)

Vorwort zur 5. Auflage

Das ZVG gilt von Alters her als ein besonders schwieriges Gebiet, und dies mit Recht. Das Verfahren ist auf kunstvollen Grundsätzen aufgebaut und verläuft unter Einhaltung strenger Formen. Eine profunde Kenntnis des materiellen und formellen Grundstücksrechts sowie des Zivilprozessrechts wird vorausgesetzt. Die Gefahr von Fehlern und Schadensfällen ist deshalb sehr groß.

Der vorliegende Kommentar will dem entgegensteuern. In der Tradition der "Gelben Reihe" erfolgt dies durch eine systematisch geordnete Darstellung des geltenden Rechts. Die Erläuterungen sind kurz und prägnant. Weitergehende Hinweise sind jeweils dem angegebenen "Schrifttum" zu entnehmen.

Bei der Neuauflage waren insbesondere zu berücksichtigen das Erste Gesetz über die Bereinigung von Bundesrecht im Zuständigkeitsbereich des Bundesministeriums der Justiz vom 19.4.2006, das Zweite Gesetz zur Modernisierung der Justiz vom 22.12.2006 (BGBl. I 2006, 3416), das Gesetz zur Änderung des Wohnungseigentumsgesetzes und anderer Gesetze vom 26.3.2007 (BGBl. I 2007, 370), das Risikobegrenzungsgesetz vom 12.8.2008 (BGBl. I 2008, 1666), das Gesetz zur Reform des Verfahrens in Familiensachen und in den Angelegenheiten der freiwilligen Gerichtsbarkeit vom 17.12.2008 (BGBl. I 2008, 2586), das Gesetz zur Reform des Kontopfändungsschutzes vom 7.7.2009 (BGBl. I 2009, 1707), das Gesetz zur Einführung des elektronischen Rechtsverkehrs und der elektronischen Akte im Grundbuchverfahren sowie zur Änderung weiter grundbuch-, register- und kostenrechtlicher Vorschriften vom 11.8.2009 (BGBl. I 2009, 2713). Rechtsprechung und Literatur habe ich bis zum 31. 12. 2009 ausgewertet.

Herr Professor **Ulrich Keller** von der HWR Berlin hat die Überarbeitung und Aktualisierung der **Zwangsverwaltung** (§§ 146 – 161 ZVG) übernommen. Neu bearbeitet wurden dabei vor allem die Vergütung und Haftung des Zwangsverwalters sowie die Zwangsveraltung von Wohnungseigentum.

Der Kommentar richtet sich an Rechtspfleger, Richter und Rechtsanwälte sowie Banken und kreditsichernde Unternehmen und Studenten an den Hochschulen für Rechtspflege und Universitäten. Er nützt ferner den Gläubigern und Schuldnern bei der Vollstreckungsversteigerung bzw. dem Antragsteller und Antragsgegner bei der Teilungsversteigerung zur Durchsetzung und Wahrung ihrer Rechte.

Berlin, im Frühjahr 2010   Roland Böttcher

Inhaltsverzeichnis

Schrifttum XIII
Abkürzungsverzeichnis XVII

Gesetz über die Zwangsversteigerung und die Zwangsverwaltung
Erster Abschnitt. Zwangsversteigerung und Zwangsverwaltung von Grundstücken im Wege der Zwangsvollstreckung (§§ 1–161)
Erster Titel. Allgemeine Vorschriften (§§ 1–14)

§ 1 [Zuständiges Amtsgericht]	2
§ 2 [Bestellung durch das höhere Gericht]	9
§ 3 [Zustellungen]	13
§ 4 [Zustellung durch Aufgabe zur Post]	22
§ 5 [Zustellungsbevollmächtigter]	24
§ 6 [Bestellung eines Zustellungsvertreters]	25
§ 7 [Zustellung an Zustellungsvertreter]	25
§ 8 [Zustellung des Anordnungs- und Beitrittsbeschlusses]	30
§ 9 [Beteiligte]	31
§ 10 [Rangordnung der Rechte]	41
§ 11 [Rangordnung verschiedener Rechte in derselben Klasse]	78
§ 12 [Rangordnung gleicher Rechte untereinander]	82
§ 13 [Wiederkehrende Leistungen]	87
§ 14 [Ansprüche unbestimmten Betrages]	92

Zweiter Titel. Zwangsversteigerung (§§ 15–145 a)
I. Anordnung der Versteigerung (§§ 15–27)

§ 15 [Antrag]	95
§ 16 [Inhalt des Antrages]	95
§ 17 [Eintragung des Schuldners; Glaubhaftmachung der Erbfolge]	145
§ 18 [Versteigerung mehrerer Grundstücke]	149
§ 19 [Eintragung der Anordnung in das Grundbuch]	153
§ 20 [Beschlagnahme des Grundstücks, Umfang]	159
§ 21 [Umfang der Beschlagnahme]	159
§ 22 [Wirksamwerden der Beschlagnahme]	175
§ 23 [Wirkung der Beschlagnahme]	178
§ 24 [Verwaltung und Benutzung durch den Schuldner]	185
§ 25 [Sicherung der ordnungsmäßigen Bewirtschaftung]	186
§ 26 [Veräußerung nach Beschlagnahme]	188
§ 27 [Beitritt zum Versteigerungsverfahren]	192

II. Aufhebung und einstweilige Einstellung des Verfahrens (§§ 28–34)

§ 28 [Entgegenstehende grundbuchmäßige Rechte; Verfügungsbeschränkung; Vollstreckungsmangel]	195
§ 29 [Zurücknahme des Antrages]	217
§ 30 [Einstweilige Einstellung auf Bewilligung des Gläubigers]	221

Inhaltsverzeichnis

§ 30 a	[Einstweilige Einstellung auf Antrag des Schuldners]	226
§ 765 a	[Härteklausel]	233
§ 30 b	[Antrag auf einstweilige Einstellung; Entscheidung]	242
§ 30 c	[Erneute Einstellung]	247
§ 30 d	[Einstweilige Einstellung auf Antrag des Insolvenzverwalters]	252
§ 30 e	[Auflage zur einstweiligen Einstellung]	256
§ 30 f	[Aufhebung der einstweiligen Einstellung]	259
§ 31	[Fortsetzung auf Antrag des Gläubigers]	262
§ 32	[Zustellung des Aufhebungs- oder Einstellungsbeschlusses]	266
§ 33	[Entscheidung durch Versagung des Zuschlags]	267
§ 34	[Löschung des Versteigerungsvermerkes]	271

III. Bestimmung des Versteigerungstermins (§§ 35–43)

§ 35	[Versteigerungsgericht]	272
§ 36	[Terminbestimmung]	273
§ 37	[Wesentlicher Inhalt der Terminsbestimmung]	275
§ 38	[Weiterer Angaben in der Terminsbestimmung]	276
§ 39	[Bekanntmachung der Teminsbestimmung]	285
§ 40	[Anheftung an die Gerichtstafel]	285
§ 41	[Zustellung an die Beteiligten]	288
§ 42	[Akteneinsicht]	290
§ 43	[Terminaufhebung]	292

IV. Geringstes Gebot. Versteigerungsbedingungen (§§ 44–65)

§ 44	[Begriff des geringsten Gebots]	295
§ 45	[Feststellung des geringsten Gebots]	296
§ 46	[Wiederkehrende Naturalleistungen]	319
§ 47	[Wiederkehrende Geld(eistungen]	320
§ 48	[Bedingte Rechte; Vormerkung und Widerspruch]	321
§ 49	[Bargebot]	323
§ 50	[Erhöhung des zu zahlenden Betrages]	326
§ 51	[Erhöhung bei Nichthypothekenrechten]	326
§ 52	[Bestehenbleibende Rechte]	336
§ 53	[Schuldübernahme]	350
§ 54	[Kündigung von Grundpfandrechten]	356
§ 55	[Gegenstand der Versteigerung]	358
§ 56	[Gefahrübergang]	364
§ 57	[Mieter, Pächter]	370
§ 57 a	[Kündigungsrecht des Erstehers]	370
§ 57 b	[Vorausverfügungen über Miet- oder Pachtzins]	370
§ 57 c und § 57 d (aufgehoben)		371
§ 58	[Kosten des Zuschlagsbeschlusses]	381
§ 59	[Abweichende Feststellung des geringsten Gebots]	383
§ 60	[Gebote mit Zahlungsfristen]	394
§ 61	[Gebote mit Zahlungsfristen]	394
§ 62	[Erörterungen über das geringste Gebot]	394
§ 63	[Einzel-, Gesamt- und Gruppenausgebot mehrerer Grundstücke]	395
§ 64	[Gesamthypothek]	403
§ 65	[Besondere Versteigerung; anderweitige Verwertung]	410

Inhaltsverzeichnis

V. Versteigerung (§§ 66–78)

§ 66	[Verfahren im Termin]	412
§ 67	[Verlangen einer Sicherheitsleistung]	424
§ 68	[Höhe der Sicherheit]	424
§ 69	[Art der Sicherheitsleistung]	424
§ 70	[Sofortige Entscheidung; sofortige Leistung]	425
§ 71	[Zurückweisung eines unwirksamen Gebots]	445
§ 72	[Erlöschen eines Gebots; Übergebot]	458
§ 73	[Frist; Verkündung des letzten Gebots]	460
§ 74	[Anhörung über den Zuschlag]	462
§ 74 a	[Antrag auf Versagung des Zuschlags]	463
§ 74 b	[Ausnahme von § 74 a]	478
§ 75	[Einstellung wegen Vorlegung eines Einzahlungs- oder Überweisungsnachweise im Termin]	479
§ 76	[Einstellung wegen Deckung des Gläubigers aus einem Einzelausgebot]	488
§ 77	[Einstellung wegen Mangels an Geboten]	491
§ 78	[Protokoll]	493

VI. Entscheidung über den Zuschlag (§§ 79–94)

§ 79	[Keine Bindung an Vorentscheidungen]	495
§ 80	[Nicht protokollierte Vorgänge]	496
§ 81	[Zuschlagsberechtigte]	496
§ 82	[Inhalt des Zuschlagsbeschlusses]	502
§ 83	[Versagung des Zuschlags]	505
§ 84	[Keine Versagung des Zuschlags]	509
§ 85	[Versagung bei Antrag auf neuen Versteigerungstermin]	511
§ 85 a	[Versagung beizu geringem Meistgebot]	513
§ 86	[Wirkung der Versagung]	520
§ 87	[Verkündungstermin]	522
§ 88	[Zustellung des Beschlusses]	524
§ 89	[Wirksamwerden des Zuschlags]	524
§ 90	[Eigentumserwerb durch Zuschlag]	525
§ 91	[Erlöschen von Rechten]	528
§ 92	[Anspruch auf Ersatz des Werters]	536
§ 93	[Zuschlagsbeschluß als Vollstreckungstitel]	547
§ 94	[Gerichtliche Verwaltung]	552

VII. Beschwerde (§§ 95–104)

§ 95	[Zulässigkeit]	554
§ 96	[Anzuwendende Vorschriften]	562
§ 97	[Beschwerdeberechtigte]	563
§ 98	[Beginn der Beschwerdefrist]	565
§ 99	[Gegner des Beschwerdeführers]	567
§ 100	[Beschwerdegründe]	568
§ 101	[Begründete Beschwerde; weitere Beschwerde]	570
§ 102	[Berechtigte für weitere Beschwerde]	572
§ 103	[Zustellung der Beschwerdeentscheidung]	572
§ 104	[Wirksamwerden der Zuschlagserteilung in der Beschwerde]	572

Inhaltsverzeichnis

VIII. Verteilung des Erlöses (§§ 105–145)

§ 105	[Bestimmung des Verteilungstermins]	573
§ 106	[Vorläufiger Teilungsplan]	575
§ 107	[Teilungsmasse]	575
§ 108	[Verwertung einer Sicherheit]	578
§ 109	[Kosten des Verfahrens; Überschuss]	578
§ 110	[Nachstehende Rechte]	580
§ 111	[Betagter Anspruch]	582
§ 112	[Gesamtausgebot]	584
§ 113	[Aufstellung des Teilungsplans]	589
§ 114	[Aufzunehmende Ansprüche]	596
§ 114 a	[Kein Anspruch des Erstehers unter 7/10-Grenze]	620
§ 115	[Widerspruch gegen den Teilungsplan]	626
§ 116	[Aussetzung der Ausführung]	637
§ 117	[Ausführung bei Zahlung des Bargebots]	638
§ 118	[Ausführung bei Nichtzahlung des Versteigerungserlöses]	647
§ 119	[Aufstellung des Teilungsplans bei bedingtem Anspruch]	655
§ 120	[Ausführung des Teilungsplans bei aufschiebender Bedingung]	655
§ 121	[Zuteilung auf Ersatzansprüche]	658
§ 122	[Verteilung bei Gesamthypothek]	661
§ 123	[Hilfsübertragung bei Gesamthypothek]	663
§ 124	[Verteilung bei Widerspruch gegen den Teilungsplan]	664
§ 125	[Zuteilung des erhöhten Betrages]	666
§ 126	[Hilfszuteilung bei unbekannten Berechtigten]	671
§ 127	[Vermerke auf Hypothekenbriefen und vollstreckbaren Titeln]	674
§ 128	[Eintragung einer Sicherungshypothek]	676
§ 129	[Spätere Rangverschiebung der Sicherungshypotheken]	682
§ 130	[Eintragungen in das Grundbuch]	684
§ 130 a	[Vormerkung]	690
§ 131	[Löschung einer Hypothek, Grundschuld oder Rentenschuld]	694
§ 132	[Vollstreckbarkeit; Vollstreckungsklausel]	695
§ 133	[Vollstreckung ohne Zustellung des Vollstreckungstitels]	697
§ 134	Aufgehoben durch Gesetz vom 1. 2. 1979 (BGBl I 127).	699
§ 135	[Vertreter für unbekannten Berechtigten]	699
§ 136	[Kraftloserklärung von Grundpfandbriefen]	700
§ 137	[Nachträgliche Ermittlung des Berechtigten]	700
§ 138	[Ermächtigung zum Aufgebot]	700
§ 139	[Terminsbestimmung bei nachträglicher Ermittlung]	700
§ 140	[Aufgebotsverfahren]	701
§ 141	[Ausführung des Teilungsplans nach Ausschließungsbeschluß]	701
§ 142	[Dreißigjährige Frist für hinterlegten Betrag]	701
§ 143	[Außergerichtliche Einigung über Erlösverteilung]	702
§ 144	[Außergerichtliche Befriedigung der Berechtigten]	702
§ 145	[Anzuwendende Vorschriften]	702

IX. Grundpfandrechte in ausländischer Währung

§ 145 a	[Sonderbestimmungen]	702

Dritter Titel. Zwangsverwaltung (§§ 146–161)

§ 146	[Anordnung]	703

Inhaltsverzeichnis

§ 147 [Eigenbesitz des Schuldners] 721
§ 148 [Beschlagnahme des Grundstücks; Umfang] 725
§ 149 [Wohnräume und Unterhalt des Schuldners] 732
§ 150 [Bestellung des Verwalters; Übergabe des Grundstücks] 739
§ 150 a [Vorgeschlagener Verwalter] 746
§ 150 b [Schuldner als Verwalter] 751
§ 150 c [Aufsichtsperson für Schuldner als Verwalter] 751
§ 150 d [Befugnisse des Schuldners als Verwalter] 752
§ 150 e [Keine Vergütung für Schuldner als Verwalter] 752
§ 151 [Wirksamwerden der Beschlagnahme] 759
§ 152 [Aufgaben des Verwalters] 761
§ 152 a [Ermächtigung] 785
§ 153 [Anordnungen und Aufsicht des Gerichts] 796
§ 153 a [Anordnungen über Entgelt für Viehfutter] 802
§ 153 b [Einstweilige Einstellung auf Antrag des Insolvenzverwalters] 803
§ 153 c [Aufhebung der einstweiligen Einstellung] 806
§ 154 [Haftung; Rechnungslegung] 808
§ 155 [Verteilung der Nutzungen] 814
§ 156 [Öffentliche Lasten; Verteilungstermin] 829
§ 157 [Ausführung des Teilungsplanes] 835
§ 158 [Kapital von Grundpfandrechten] 840
§ 158 a [Belastung in einheitlicher Europäischer Währung] 843
§ 159 [Klage auf Änderung des Teilungsplans] 844
§ 160 [Außergerichtliche Verteilung] 846
§ 161 [Aufhebung des Verfahrens] 846

Zweiter Abschnitt. Zwangsversteigerung von Schiffen, Schiffsbauwerken und Luftfahrzeugen im Wege der Zwangsvollstreckung

Erster Titel. Zwangsversteigerung von Schiffen und Schiffsbauwerken (§§ 162–171)

§ 162 [Anzuwendende Vorschriften] 860
§ 163 [Zuständiges Amtsgericht; Beteiligte] 860
§ 164 [Voraussetzungen des Antrags] 861
§ 165 [Bewachung und Verwahrung des Schiffes] 861
§ 166 [Wirkung gegen den Schiffseigner] 861
§ 167 [Bezeichnung bei Terminsbestimmung] 862
§ 168 [Bekanntmachung] 862
§ 168 a [aufgehoben] 862
§ 168 b [Anmeldung beim Registergericht vor Terminsbestimmung] 862
§ 168 c [Schiffshypothek in ausländischer Währung] 863
§ 169 [Vorausverfügungen über Miet- oder Pachtzins; Schiffshypothek
gegen Ersteher] 863
§ 169 a [Kein Antrag auf Versagung des Zuschlags bei Seeschiffen] 864
§ 170 [Bewachung und Verwahrung des versteigerten Schiffes] 864
§ 170 a [Zwangsversteigerung eines Schiffsbauwerks] 864
§ 171 [Ausländische Schiffe] 864

Zweiter Titel. Zwangsversteigerung von Luftfahrzeugen (§§ 171 a–171 n)

§ 171 a [Anzuwendende Vorschriften] 866
§ 171 b [Zuständiges Amtsgericht] 866

Inhaltsverzeichnis

§ 171 c [Voraussetzungen des Antrags; Bewachung und Verwahrung des Luftfahrzeugs]	866
§ 171 d [Bezeichnung bei Terminsbestimmung]	867
§ 171 e [Registerpfandrechte in ausländischer Währung]	867
§ 171 f [Miet- oder Pachtzins; Hypothek]	867
§ 171 g [Bewachung und Verwahrung des versteigerten Luftfahrzeugs]	867
§ 171 h [Sondervorschriften für ausländische Luftfahrzeuge]	868
§ 171 i [Rangordnung der Rechte]	868
§ 171 k [Verfügungen nach Beschlagnahme]	868
§ 171 l [Benachrichtigungspflichten]	868
§ 171 m [Beschwerde]	869
§ 171 n [Bewertung ausländischer Mietrechte]	869

Dritter Abschnitt Zwangsversteigerung und Zwangsverwaltung in besonderen Fällen (§§ 172–185)

§ 172 [Zwangsversteigerung in Insolvenzverfahren]	869
§ 173 [Beschluss ist keine Beschlagnahme]	869
§ 174 [Berücksichtigung der Insolvenzgläubiger]	869
§ 174 a [Antragsrecht des Insolvenzverwalters]	870
§ 175 [Antragsrecht des Erben]	870
§ 176 [Anzuwendende Vorschriften]	870
§ 177 [Glaubhaftmachung durch Urkunden]	870
§ 178 [Nachlassinsolvenz]	870
§ 179 [Berücksichtigter Nachlassgläubiger]	871
§ 180 [Aufhebung einer Gemeinschaft]	871
§ 181 [Voraussetzungen der Anordnung]	900
§ 182 [Feststellung des geringsten Gebots]	902
§ 183 [Vermietung oder Verpachtung]	909
§ 184 [Keine Sicherheitsleistung]	909
§ 185 [Anhängiges Verfahren über Zuweisung eines landwirtschaftlichen Betriebes]	910
§ 186 (Übergangs Vorschrift zum 2. Justizmodernisierungsgesetz)	910
Sachverzeichnis	923

Schrifttum

1. Zwangsversteigerungsgesetz

Badstübner, Zwangsvollstreckung in das unbewegliche Vermögen, 1902
Behr/Eickmann, Pfändung von Grundpfandrechten und ihre Auswirkungen auf die Zwangsversteigerung, 1989, 2. Aufl
Brand/Baur, Die Zwangsversteigerungs- und Zwangsverwaltungssachen in der gerichtlichen Praxis, 1930
Dassler/Schiffhauer/Hintzen/Engels/Rellermeyer, Gesetz über die Zwangsversteigerung und die Zwangsverwaltung, Kommentar, 13. Aufl, 2008
Denkschrift zum ZVG, Denkschrift zum Entwurf eines Gesetzes über die Zwangsversteigerung und Zwangsverwaltung, nach Hahn/Mugdan, Die gesamten Materialien zu den Reichs-Justizgesetzen, 5. Band, 1897
Depré/Mayer, Die Praxis der Zwangsverwaltung, 4. Aufl, 2006
Dispecker, Die Praxis der Zwangsversteigerung und Zwangsverwaltung, 1905
Drischler, Gesetz über die Zwangsversteigerung und Zwangsverwaltung, Textausgabe mit Erläuterung, 4. Aufl, 1986

Eickmann, Zwangsversteigerungs- und Zwangsverwaltungsrecht, 2. Aufl, 2004

Fischer, Das Verfahren der Zwangsversteigerung nach dem ZVG an einem Rechtsfalle dargestellt, 5. Aufl, 1909
Fischer/Schäfer, Die Gesetzgebung, betreffend die Zwangsvollstreckung in das unbewegliche Vermögen im Reiche und in Preußen, 2. Aufl, 1910
Freund, Die Zwangsvollstreckung in Grundstücke, 3. Aufl, 1901

Günther, Reichsgesetz über die Zwangsversteigerung und die Zwangsverwaltung, 1899/1900

Haarmeyer/Wutzke/Förster/Hintzen, Zwangsverwaltung, 4. Aufl, 2007
Haarmeyer/Wutzke/Förster/Hintzen, Handbuch zur Zwangsverwaltung, 2. Aufl, 2005
Henle, Gesetz über die Zwangsversteigerung und Zwangsverwaltung, 5. Aufl, 1933
Hintzen/Wolf, Zwangsvollstreckung, Zwangsversteigerung und Zwangsverwaltung, 2006
Hock/Mayer/Hilbert/Deimann, Immobiliarvollstreckung, 4. Aufl, 2008

Jaeckel/Güthe, Kommentar zum Zwangsversteigerungsgesetz, 7. Aufl, 1937

Korintenberg/Wenz, Gesetz über die Zwangsversteigerung und die Zwangsverwaltung, Kommentar, 6. Aufl, 1935
Krech/Fischer, Zwangsvollstreckung in das unbewegliche Vermögen, 1929
Kretschmar, Das Reichsgesetz über die Zwangsversteigerung und Zwangsversteigerung und Zwangsverwaltung, 1904

Lancelle, Gesetz über die Zwansversteigerung und die Zwangsverwaltung, Kommentar, 1973
Lupprian, Gesetz über die Zwangsversteigerung und Zwangsverwaltung, 1952

Mohrbutter/Drischler/Radtke/Tiedemann, Die Zwangsversteigerungs- und Zwangsverwaltungspraxis, 7. Aufl, 1986 f.
Morvilius, Zwangsversteigerung – Zwangsverwaltung, 2. Aufl, 2009

Schrifttum

Muth, Zwangsversteigerungspraxis, 1989

Nußbaum, Die Zwangsversteigerung und Zwangsverwaltung, 1916 (Neudruck 1969)

von der Pfordten, Gesetz über die Zwangsversteigerung und die Zwangsverwaltung, Kommentar, 1905

Reinhardt/Müller, Das Zwangsversteigerungsgesetz, Kommentar, 3./4. Aufl, 1931

Pohle, Gesetz über die Zwangsversteigerung und die Zwangsverwaltung, 1950

Samter, Handbuch zum Verfahren der Zwangsversteigerung und Zwangsverwaltung, 1904

Schmidt, Die Geschäftsführung des Zwangsverwalters, 3. Aufl, 1953

Schöller, Die Zwangsversteigerung und Zwangsverwaltung von Grundstücken im Wege der Zwangsvollstreckung, 1899

Steiner, Zwangsversteigerung und Zwangsverwaltung, Kommentar, 9. Aufl,1984–1986, bearbeitet von Eickmann, Hagemann, Storz, Teufel

Stöber, Zwangsversteigerungsgesetz, Kommentar, 19. Aufl, 2009

Stöber, Zwangsvollstreckung in das unbewegliche Vermögen, 8. Aufl, 2007

Storz/Kiderlen, Praxis des Zwangsversteigerungsverfahrens, 11. Aufl, 2008

Storz/Kiderlen, Praxis der Teilungsversteigerung, 4. Aufl, 2008

Teufel, Zwangsversteigerung und Zwangsverwaltung, Rechtspfleger-Studienbuch, 4. Aufl, 2005

Wenz, Zwangsvollstreckung in das unbewegliche Vermögen, 3. Aufl, 1943

Wolff Th., Das Reichsgesetz über die Zwangsversteigerung und Zwangsverwaltung, 3. Aufl, 1909

2. Zwangsvollstreckungsrecht

Baur/Stürner/Bruns, Zwangsvollstreckungsrecht, 13. Aufl, 2006

Behr, Grundlagen des Zwangsvollstreckungsrechts, 3. Aufl, 1998

Behr, Allgemeines Zwangsvollstreckungsrecht, Fallsammlung, 2. Aufl, 1996

Behr, Taktik in der Mobiliarvollstreckung I–III, 2. Aufl, 1988/89

Blomeyer A., Vollstreckungsverfahren, 1975

Böttcher, Zwangsvollstreckung im Grundbuch, 2. Aufl, 2002

Brox/Walker, Zwangsvollstreckungsrecht, 8. Aufl, 2008

Bruns/Peters, Zwangsvollstreckungsrecht, 3. Aufl, 1987

Dierck/Morvilius/Vollkommer, Handbuch des Zwangsvollstreckungsrechts, 2009

Gerhardt, Vollstreckungsrecht, 2. Aufl, 1982

Habermeier, Die Zwangshypothek der Zivilprozeßordnung, 1989

Hintzen, – Vollstreckung durch den Gerichtsvollzieher, 2. Aufl, 2003
– Forderungspfändung, 2. Aufl, 2003
– Pfändung und Vollstreckung im Grundbuch, 3. Aufl, 2008

Jauernig/Berger, Zwangsvollstreckungs- und Insolvenzrecht, 22. Aufl, 2007

Keller, Grundstücke in Vollstreckung und Insolvenz, 1998

Keller, Insolvenzrecht, 2006

Lackmann, Zwangsvollstreckungsrecht, 8. Aufl, 2007

Rosenberg/Gaul/Schilken, Zwangsvollstreckungsrecht, 11. Aufl, 1997

Schuschke/Walker, Vollstreckung und Vorläufiger Rechtsschutz, 4. Aufl, 2008

Schrifttum

Stöber, Forderungspfändung, 15. Aufl, 2010

3. Zivilprozessrecht

Baumbach/Lauterbach/Albers/Hartmann, Zivilprozeßordnung, Kommentar, 68. Aufl, 2010

Musielak, Zivilprozeßordnung, 7. Aufl, 2009
Münchener Kommentar, Zivilprozeßordnung, 3. Aufl, 2007/2008

Rosenberg/Schwab/Gottwald, Zivilprozeßrecht, 16. Aufl, 2004

Stein/Jonas, Zivilprozeßordnung, Kommentar, 22. Aufl, 2002 ff

Thomas/Putzo, Zivilprozeßordnung, Kommentar, 30. Aufl, 2009

Wieczorek, Zivilprozeßordnung, Kommentar, 3. Aufl, 1994

Zimmermann, Zivilprozeßordnung, Kommentar, 8. Aufl, 2008
Zöller, Zivilprozeßordnung, Kommentar, 28. Aufl, 2009

4. Grundstücksrecht

Baur/Stürner, Sachenrecht, 18. Aufl, 2009
Bauer/von Oefele, Grundbuchordnung, Kommentar, 2. Aufl, 2006
Bärmann, Wohnungseigentumsgesetz, Kommentar, 10. Aufl, 2009
Böttcher, Praktische Fragen des Erbbaurechts, 5. Aufl, 2006
Böttcher, Fallbearbeitung im Grundbuchrecht, 2. Aufl, 1997

Eickmann, Grundbuchverfahrensrecht, 3. Aufl, 1994
Eickmann/Böttcher, Grundbuchrecht, 5. Aufl, 2009
Elzer/Fritsch/Meier, Wohnungseigentumsrecht, 2009

Güthe/Triebel, Grundbuchordnung, Kommentar, 6. Aufl, 1936/37

Demharter, Grundbuchordnung, 27. Aufl, 2010

Hügel, Grundbuchordnung, Kommentar, 2007
Hügel/Scheel, Rechtshandbuch Wohnungseigentum, 2. Aufl, 2007

Ingenstau/Hustedt, Erbbaurecht, Kommentar, 9. Aufl, 2010

Jennißen, Wohnungseigentumsgesetz, Kommentar, 2008

Kuntze/Ertl/Herrmann/Eickmann, Grundbuchrecht, Kommentar, 6. Aufl, 2006

Linde/Richter, Erbbaurecht und Erbbauzins in Recht und Praxis, 3. Aufl, 2001

Meikel, Grundbuchrecht, 10. Aufl, 2009

von Oefele/Winkler, Handbuch des Erbbaurechts, 4. Aufl, 2008

Riecke/Schmid, Wohnungseigentumsgesetz, Kommentar, 2. Aufl, 2008

Schöner/Stöber, Grundbuchrecht, 14. Aufl, 2008

Thieme, Grundbuchordnung, 4. Aufl, 1955

Weirich, Grundstücksrecht, 3. Aufl, 2006
Weitnauer, Wohnungseigentumsgesetz, Kommentar, 9. Aufl, 2005
Westermann, Sachenrecht, 7. Aufl, 1998
Wieling, Sachenrecht, 4. Aufl, 2001
Wilhelm, Sachenrecht, 2. Aufl, 2002

Abkürzungsverzeichnis

aA	anderer Ansicht
aaO	am angegebenen Ort
abl	ablehnend
ABl	Amtsblatt
abw	abweichend
Abs	Absatz
AbzG	Abzahlungsgesetz
AcP	Archiv für civilistische Praxis (Band und Seite)
aE	am Ende
aF	alte Fassung
AFG	Arbeitsförderungsgesetz
AG	Amtsgericht, Ausführungsgesetz oder Aktiengesellschaft (je nach Zusammenhang)
AGB	Allgemeine Geschäftsbedingungen
AGBG	Gesetz zur Regelung des Rechts der Allgemeinen Geschäftsbedingungen
AGBGB	Ausführungsgesetz zum BGB
AIZ	Allgemeine Immobilienzeitung
AktG	Aktiengesetz
AktO	Aktenordnung
allgM	allgemeine Meinung
Alt	Alternative
AnfG	Anfechtungsgesetz
Anh	Anhang
Anm	Anmerkung
Ans	Ansicht
AnwBl	Anwaltsblatt (Jahr und Seite)
Anz	Anzeiger
AO	Abgabenordnung
ArbG	Arbeitsgericht
ArbGG	Arbeitsgerichtsgesetz
arg	argumentum
Arnold/Meyer–Stolte	Arnold/Meyer–Stolte, Rechtspflegergesetz, 7. Aufl, 2009
Art	Artikel
AtomG	Atomgesetz
AVO	Ausführungsverordnung
Az	Aktenzeichen

Abkürzungsverzeichnis

BAG	Bundesarbeitsgericht
Bärmann	Bärmann, Wohnungseigentumsgesetz, 10. Aufl, 2009
Bärmann/Pick	Bärmann/Pick, Wohnungseigentumsgesetz, 18. Aufl, 2007
BAG	Bundearbeitsgericht
B/L/Bearbeiter	Baumbach/Lauterbach/Albers/Hartmann, Zivilprozeßordnung, 68. Aufl, 2010
BauGB	Baugesetzbuch
Baur/Stürner, SachenR	Baur/Stürner, Lehrbuch des Sachenrechts, 18. Aufl, 2009
Bay	bayerisch, Bayern
BayJMBl	Bayerisches Justizministerialblatt
BayObLG	Bayerisches Oberstes Landesgericht
BayObLGZ	Entscheidungen des BayObLG
BayRS	Bayerische Rechtssammlung
BayVerfGH	Bayerischer Verfassungsgerichtshof
BB	Betriebs-Berater (Jahr und Seite)
BBG	Bundesbeamtengesetz
BBodSchG	Bundes-Bodenschutzgesetz
BEG	Bundesentschädigungsgesetz
Begr	Begründung
Behr/Eickmann	Behr/Eickmann, Pfändung von Grundpfandrechten und ihre Auswirkungen auf die Zwangsversteigerung, 1989, 2. Aufl
Bek	Bekanntmachung
bes	besonders
bestr	bestritten
BeurkG	Beurkundungsgesetz
BFH	Bundesfinanzhof
BFHE	Entscheidungssammlung des Bundesfinanzhofs (Band und Seite)
BG	Beamtengesetz (der Länder)
BGB	Bürgerliches Gesetzbuch
BGBl	Bundesgesetzblatt (Jahr, Teil und Seite; ohne römische Ziffer Teil I)
BGH	Bundesgerichtshof
BGH Warn	Warneyer, Rechtsprechung des BGH in Zivilsachen
BGHZ	Entscheidungen des BGH in Zivilsachen
BImSchG	Bundesimmissionsschutzgesetz
BinnSchG	Binnenschiffahrtsgesetz
Bl	Blatt
BlGBW	Blätter für Grundstücks-, Bau- und Wohnungsrecht
BMinG	Bundesministergesetz
BNotO	Bundesnotarordnung
BRAO	Bundesrechtsanwaltsordnung

Abkürzungsverzeichnis

BRAGO	Bundesrechtsanwaltsgebührenordnung
Brand/Baur	Brand/Baur, Die Zwangsversteigerungs- und Zwangsverwaltungssachen in der gerichtlichen Praxis, 1930
Brox/Walker	Brox/Walker, Zwangsvollstreckungsrecht, 8. Aufl, 2008
BRRG	Beamtenrechtsrahmengesetz
Bruns/Peters	Bruns/Peters, Zwangsvollstreckungsrecht, 3. Aufl, 1987
BSG	Bundessozialgericht
BSHG	Bundessozialhilfegesetz
Bsp	Beispiel
BStBl	Bundessteuerblatt
BVerfG	Bundesverfassungsgericht
BVerfGE	Entscheidung des BVerfG
BVerfGG	Bundesverfassungsgerichtsgesetz
BVerwG	Bundesverwaltungsgericht
BVG	Bundesversorgungsgesetz
BWNotZ	Zeitschrift für das Notariat in Baden-Württemberg (Jahr und Seite)
bezgl	bezüglich
bzw	beziehungsweise
Dassler/Bearbeiter	Dassler/Schiffhauer/Hintzen/Engels/Rellermeyer, Gesetz über die Zwangsversteigerung und Zwangsverwaltung, 13. Aufl, 2008
DAVorm	Der Amtsvormund (Jahr und Seite)
DB	Der Betrieb (Jahr und Seite)
Demharter	Demharter, Grundbuchordnung, 27. Aufl, 2010
ders	derselbe
DGVZ	Deutsche Gerichtsvollzieherzeitung (Jahr und Seite)
dh	das heißt
D/M/V	Dierck/Morvilius/Vollkommer, Handbuch des Zwangsvollstreckungsrechts, 2009
Diss	Dissertation
DJ	Deutsche Justiz (Jahr und Seite)
DNotZ	Deutsche Notar-Zeitschrift (Jahr und Seite)
DRiG	Deutsches Richtergesetz
Drischler	Drischler, Gesetz über die Zwangsversteigerung und die Zwangsverwaltung, 4. Aufl, 1986
DRiZ	Deutsche Richterzeitung (Jahr und Seite)
DRpflZ	Deutsche Rechtspflegerzeitschrift (Jahr und Seite)
DRZ	Deutsche Rechtszeitschrift (Jahr und Seite)
DVBl	Deutsches Verwaltungsblatt
DVO	Durchführungsverordnung
DWW	Deutsche Wohnungswirtschaft (Jahr und Seite)
EB	Empfangsbekenntnis
EG	Einführungsgesetz

Abkürzungsverzeichnis

EGZVG	Einführungsgesetz zum ZVG
EheG	Ehegesetz
EheReformG	1. Eherechts-Reformgesetz
Eickmann,GBVerfR	Eickmann, Grundbuchverfahrensrecht, 3. Aufl, 1994
Eickmann, ZVG	Eickmann, Zwangsversteigerungs- und Zwangsverwaltungsrecht, 2. Aufl, 2004
Einl	Einleitung
Elzer/Fritsch/Meier	Wohnungseigentumsrecht, 2009
Enneccerus	Enneccerus, Lehrbuch des Bürgerlichen Rechts
– Nipperdey	Allgemeiner Teil, 15. Aufl, 1959/60
– Lehmann	Recht der Schuldverhältnisse, 15. Aufl, 1958
– Wolff-Raiser	Sachenrecht, 10. Aufl, 1957
– Coing	Erbrecht, 13. Aufl, 1973
ErbbauRG	Erbbaurechtsgesetz
EStG	Einkommensteuergesetz
EuGH	Europäischer Gerichtshof
EuGÜbK	Übereinkommen der Europäischen Gemeinschaft über die gerichtliche Zuständigkeit und die Vollstreckung gerichtlicher Entscheidungen in Zivil- und Handelssachen
evt	eventuell
FamRÄndG	Familienrechtsänderungsgesetz
FamRZ	Zeitschrift für das gesamte Familienrecht (Jahr und Seite)
ff	und folgende
FG	Finanzgericht
FGG	Gesetz über die Angelegenheiten der freiwilligen Gerichtsbarkeit
FGO	Finanzgerichtsordnung
Fischer	Fischer, Zwangsverteigerungsverfahren, 5. Aufl, 1909
FlurbG	Flurbereinigungsgesetz
Fn	Fußnote
FS	Festschrift
Froeb	Froeb, Zwangsversteigerung und Zwangsverwaltung, 1929
Gaberdiel/Gladenbeck	Gaberdiel, Kreditsicherung durch Grundschulden, 8. Aufl, 2008
GBA	Grundbuchamt
GBl	Gesetzblatt
GBMaßnG	Gesetz über Maßnahmen auf dem Gebiet des Grundbuchwesens
GBO	Grundbuchordnung
GBV	Grundbuchverfügung

Abkürzungsverzeichnis

GebrMG	Gebrauchsmustergesetz
gem	gemäß
GemSOGB	Gemeinsamer Senat der Obersten Gerichtshöfe des Bundes
GenG	Genossenschaftsgesetz
Gerhardt	Gerhardt, Vollstreckungsrecht, 2. Aufl, 1982
ges	gesetzlich
GeschSt	Geschäftsstelle
gG	geringstes Gebot
GG	Grundgesetz
ggf	gegebenenfalls
GKG	Gerichtskostengesetz
GmbH	Gesellschaft mit beschränkter Haftung
GmbHG	Gesetz betreffend die GmbH
GmbH-Rdsch	GmbH-Rundschau (Jahr und Seite)
GO	Gemeindeordnung
grds	grundsätzlich
GrdstVG	Grundstückverkehrsgesetz
GtEStG	Grunderwerbsteuergesetz
GrStG	Grundsteuergesetz
Gruchot	Beiträge zur Erläuterung des Deutschen Rechts, begründet von Gruchot (Band und Seite)
GrundE	Das Grundeigentum (Jahr und Seite)
GRUR	Gewerblicher Rechtsschutz und Urheberrecht (Jahr und Seite)
GVBl	Gesetz- und Verordnungsblatt
GVG	Gerichtsverfassungsgesetz
GVGA	Geschäftsanweisung für Gerichtsvollzieher
GVKostG	Gerichtsvollzieherkostengesetz
GVO	Grundstücksverkehrsordnung
GWB	Gesetz gegen Wettbewerbsbeschränkungen
hA	herrschende Ansicht
Habermeier	Die Zwangshypotheken der Zivilprozeßordnung, 1989
HaftPflG	Haftpflichtgesetz
HambJVBl	Hamburgisches Justizverwaltungsblatt
HausTG	Gesetz über den Widerruf von Haustürgeschäften und ähnlichen Geschäften
Henle	Henle, Gesetz über die Zwangsversteigerung und Zwangsverwaltung, 5. Aufl, 1933
HessJMBl	Justizministerialblatt für Hessen
HGA	Hypothekengewinnabgabe
HGB	Handelsgesetzbuch
HinterlO	Hinterlegungsordnung
Hintzen/Wolf	Hintzen/Wolf, Zwangsvollstreckung, Zwangsversteigerung und Zwangsverwaltung, 2006

Abkürzungsverzeichnis

hL	herrschende Lehre
hM	herrschende Meinung
HöfeO	Höfeordnung
HRR	Höchstrichterliche Rechtsprechung (Jahr und Nr.)
Hs	Halbsatz
Huber	Huber, Die Sicherungsgrundschuld, 1965
HUÜ	Haager Unterhaltsübereinkommen
HuW	Haus und Wohnung (seit 1957: Grund E)
HZPÜ	Haager Zivilprozeßübereinkommen
idF	in der Fassung
idR	in der Regel
iE	im Ergebnis
iF	im Falle
IGZInfo	Zeitschrift des Bundesverbandes Zwangsverwaltung IGZ (Jahr und Seite)
Ingenstau/Hustedt	Ingenstau/Hustedt, Kommentar zum Erbbaurecht, 9. Aufl, 2010
insbes	insbesondere
InsO	Insolvenzordnung
IPRAX	Praxis des internationalen Privat- und Verfahrensrechts (Jahr und Seite)
iS	im Sinne
iü	im übrigen
iVm	in Verbindung mit
JA	Juristische Arbeitsblätter (Jahr und Seite)
Jaeckel/Güthe	Jaeckel/Güthe, Kommentar zum ZVG, 7. Aufl, 1937, bearbeitet von Volkmar und Armstroff
Jauernig/Berger, ZwV	Jauernig/Berger, Zwangsvollstreckungs- und Insolvenzrecht, 22. Aufl, 2007
JBeitrO	Justizbeitreibungsordnung
JBlRhldPf	Justizblatt Rheinland-Pfalz
JBlSaar	Justizblatt des Saarlandes
JMBl	Justizministeralblatt
JMBlNRW	Justizministerialblatt für Nordrhein-Westfalen nun: JMBlNW
Jonas/Pohle	Jonas/Pohle, Zwangsvollstreckungsrecht, 16. Aufl, 1954
JR	Juristische Rundschau (Jahr und Seite)
JurA	Juristische Analysen (Jahr und Seite)
Jura	Juristische Ausbildung (Jahr und Seite)
JurBüro	Das juristische Büro (Jahr und Seite)
JuS	Juristische Schulung (Jahr und Seite)
Justiz	Die Justiz, Amtsblatt des Justizministeriums in Baden Württemberg (Jahr und Seite)

Abkürzungsverzeichnis

JVBl	Justizverwaltungsblatt
JW	Juristische Wochenschrift (Jahr und Seite)
JWG	Jugendwohlfahrtsgesetz
JZ	Juristenzeitung (Jahr und Seite)
Kap	Kapitel
KEHE/Bearbeiter	Kuntze/Ertl/Herrmann/Eickmann, Grundbuchrecht, 6. Aufl, 2006
Keller	Insolvenzrecht, 2006
KfH	Kammer für Handelssachen
KG	Kammergericht, Kommanditgesellschaft
KGJ	Jahrbuch für Entscheidungen des KG
KKZ	Kommunal-Kassen-Zeitschrift
KO	Konkursordnung
Korintenberg/Wenz	Korintenberg/Wenz, Gesetz über die Zwangsversteigerung und Zwangsverwaltung, 6. Aufl, 1935
KostÄndG	Gesetz zur Änderung und Ergänzung kostenrechtlicher Vorschriften
KostO	Kostenordnung
KostVerz	Kostenverzeichnis, Anlage 1 zum GKG
krit	kritisch
KSchG	Kündigungsschutzgesetz
KTS	Zeitschrift für Konkurs-, Treuhand und Schiedsgerichtswesen (Jahr und Seite)
KWG	Gesetz über das Kreditwesen
LAG	Lastenausgleichsgesetz oder Landesarbeitsgericht
LG	Landgericht
Lit	Literatur
LM	Lindenmaier-Möhring Nachschlagewerk des BGH
LuftfzRG	Gesetz über Rechte an Luftfahrzeugen
LuftVG	Luftverkehrsgesetz
Lupprian	Lupprian, Gesetz über die Zwangsversteigerung und die Zwangsverwaltung, 1952
LwVG	Gesetz über das Verfahren in Landwirtschaftssachen
maW	mit anderen Worten
MB	Mahnbescheid
MDR	Monatsschrift für Deutsches Recht (Jahr und Seite)
mE	meines Erachtens
Meikel/Bearbeiter	Meikel, GBO, 10. Aufl, 2009
MietRÄndG	Mietrechtsänderungsgesetz
MittBayNot	Mitteilung des Bayerischen Notarvereins (Jahr und Seite)
MittRhNotK	Mitteilungen der Rheinischen Notarkammer (Jahr und Seite)
MiZi	Anordung über die Mitteilungen in Zivilsachen

Abkürzungsverzeichnis

Mohrbutter	Mohrbutter, Handbuch des gesamten Vollstreckungs- und Insolvenzrechts, 2. Aufl, 1974
M/D/R/T	Mohrbutter/Drischler/Radtke/Tiedemann, Die Zwangsversteigerungs- und Zwangsverwaltungspraxis, 7. Aufl, 1986
Morvilius	Zwangsversteigerung/Zwangsverwaltung, 2. Aufl, 2010
Mot	Motive zum Bürgerlichen Gesetzbuch (Band und Seite)
Muth	Muth, Zwangsversteigerungspraxis, 1989
MüKo/Bearbeiter, BGB	Münchener Kommentar zum BGB, 5. Aufl, 2006
MüKo/Bearbeiter, InsO	Münchener Kommentar zur InsO, 2. Aufl. 2008
MüKo/Bearbeiter, ZPO	Münchener Kommentar zur ZPO, 3. Aufl, 2007 ff
mwN	mit weiteren Nachweisen
NachlG	Nachlaßgericht
Nachw	Nachweis(e)
NdsFGG	Niedersächsisches Gesetz über die freiwillige Gerichtsbarkeit
NdsRpfl	Niedersächsische Rechtspflege (Jahr und Seite)
nF	neue Fassung
NJW	Neue Juristische Wochenschrift (Jahr und Seite)
NJW-RR	Neue Juristische Wochenschrift – Rechtsprechungs-Report (Jahr und Seite)
NotBZ	Zeitschrift für die notarielle Beratungs- und Beurkundungspraxis (Jahr und Seite)
Nr	Nummer
NRW	Nordrhein-Westfalen
NTS	Nato-Truppen-Statut
Nussbaum	Nussbaum, Die Zwangsversteigerung und Zwangsverwaltung, 1916, Neudruck 1969
NVwZ	Neue Zeitschrift für Verwaltungsrecht (Jahr und Seite)
NZA	Neue Zeitschrift für Arbeitsrecht (Jahr und Seite)
NZI	Neue Zeitschrift für das Recht der Insolvenz und Sanierung (Jahr und Seite)
NZM	Neue Zeitschrift für Mietrecht (Jahr und Seite)
OFD	Oberfinanzdirektion
OGH	Oberster Gerichtshof für die britische Zone
OHG	Offene Handelsgesellschaft
OLG	Oberlandesgericht
OLGE	Die Rechtsprechung der Oberlandesgerichte auf dem Gebiete des Zivilrechts, hrsg von Mugdan und Falkmann (Band und Seite)
OLGZ	Entscheidungen der Oberlandesgerichte in Zivilsachen (Jahr und Seite)

Abkürzungsverzeichnis

OVG	Oberverwaltungsgericht
OWiG	Ordnungswidrigkeitengesetz
Palandt/Bearbeiter	Palandt, Bürgerliches Gesetzbuch, 69. Aufl, 2010
PatAnwO	Patentanwaltsordnung
PatG	Patentgesetz
PflVG	Pflichtversicherungsgesetz
vdPfordten	von den Pfordten, Zwangsversteigerung und Zwangsverwaltung, 1905
Planck	Plancks Kommentar zum BGB, 5. Aufl, 1933/38
ProzBev	Prozeßbevollmächtigter
PStG	Personenstandsgesetz
RA	Rechtsanwalt
RdA	Recht der Arbeit (Jahr und Seite)
RdErl	Runderlaß
RdL	Recht der Landwirtschaft (Jahr und Seite)
RdK	Recht des Kraftfahrers (Jahr und Seite)
Rdn	Randnummer
RegBl	Regierungsblatt
Reinhard/Müller	Reinhard/Müller Das Zwangsversteigerungsgesetz, 3./4. Aufl, 1931
RG	Reichsgericht
RGBl	Reichsgesetzblatt
RGRK/Bearbeiter	Das Bürgerliche Gesetzbuch, hrsg von Mitgliedern des BGH, 12. Aufl, 1974 ff
RG WarnR	Warneyer, Die Rspr des RG in Zivilsachen (Jahr und Nr)
RGZ	Entscheidungen des RG in Zivilsachen (Band und Seite)
RHeimstG	Reichsheimstättengesetz
Rosenberg/Gaul/Schilken	Rosenberg/Gaul/Schilken, Zwangsvollstreckungsrecht, 11. Aufl, 1997, Gaul: §§ 1–46, Schilken: §§ 47–80
Rosenberg/Schwab/Gottwald	Rosenberg/Schwab/Gottwald, Zivilprozeßrecht, 16. Aufl, 2004
RpflBl	Rechtspflegerblatt (Jahr und Seite)
Rpfleger	Der Deutsche Rechtspfleger (Jahr und Seite)
RPflG	Rechtspflegergesetz
RPflJB	Rechtspfleger-Jahrbuch (Jahr und Seite)
RpflStud	Rechtspfleger-Studienhefte (Jahr und Seite)
Rspr	Rechtsprechung
RVO	Reichsversicherungsordnung

Abkürzungsverzeichnis

S	Satz
SAE	Sammlung arbeitsrechtlicher Entscheidungen (Jahr und Seite)
SchlHA	Schleswig-Holsteinische Anzeigen (Jahr und Seite)
SchornsteinFG	Schornsteinfegergesetz
Schöner/Stöber	Schöner/Stöber, Grundbuchrecht, 14. Aufl, 2008
SchRegVO	Schiffsregisterverordnung
SchRG	Gesetz über Rechte an eingetragenen Schiffen und Schiffsbauwerken
Schuschke/Walker	Schuschke/Walker, Vollstreckung und Vorläufiger Rechtsschutz, 4. Aufl, 2008
SeuffArch	Seufferts Archiv für Entscheidungen der obersten Gerichte in den deutschen Staaten
SGB–AT	Sozialgesetzbuch – Allgemeiner Teil
SGG	Sozialgerichtsgesetz
Sichtermann/SJZ	Süddeutsche Juristenzeitung (Jahr und Seite)
so	siehe oben
sog	sogenannte(r)(s)
Soergel/Bearbeiter	Soergel, Bürgerliches Gesetzbuch, 13. Aufl.
SRZ	Saarländische Rechts- und Steuerzeitschrift
st	ständig(e)
StAnz	Staatsanzeiger
Staudinger/Bearbeiter	Staudinger, Kommentar zum Bürgerlichen Gesetzbuch
Steiner/Bearbeiter	Steiner, Zwangsversteigerung und Zwangsverwaltung, 9. Aufl, 1984/86
Stein/Jonas/Bearbeiter	Stein/Jonas, Zivilprozeßordnung, 22. Aufl, 2002
StGB	Strafgesetzbuch
Storz/Kiderlen, ZVG	Praxis des Zwangsversteigerungsverfahrens, 11. Aufl, 2008
Storz/Kiderlen, TLV	Praxis der Teilungsversteigerung, 4. Aufl, 2008
Stöber, Fordpfd	Stöber, Forderungspfändung, 15. Aufl, 2010
Stöber, ZVG	Stöber, Zwangsvollstreckung in das unbewegliche Vermögen, 8. Aufl, 2008
Stöber	Stöber, Zwangsvollstreckungsgesetz, 19. Aufl, 2009
StPO	Strafprozeßordnung
str	strittig
StrEG	Gesetz über Entschädigung für Strafverfolgungsmaßnahmen
stRspr	ständige Rechtsprechung
STVG	Staßenverkehrsgesetz
su	siehe unten

Abkürzungsverzeichnis

Teufel	Teufel, Zwangsversteigerung und Zwangsverwaltung, 4. Aufl, 2005
Thomas/Putzo	Thomas/Putzo, Zivilprozeßordnung, 30. Aufl, 2009
TLP	Teilungsplan
u	und
ua	unter anderem
uä	und ähnliche(e)(s)
UÄndG	Gesetz zur Änderung unterhaltsrechtlicher, verfahrensrechtlicher und anderer Vorschriften vom 20. 2. 1986 (BGBl 86, 301)
UdG	Urkundsbeamter der Geschäftsstelle
Ule M	M. Ule, Der Rechtspfleger und sein Richter, 1983
UmstG	Umstellungsgesetz
UrhG	Urheberrechtsgesetz
UrkB	Urkundsbeamte(r)
UStG	Umsatzsteuergesetz
usw	und so weiter
uU	unter Umständen
UWG	Gesetz gegen den unlauteren Wettbewerb
v	von(m)
VAG	Versicherungsaufsichtsgesetz
VAw	von Amts wegen
VB	Vollstreckungsbescheid
Verf	Verfassung
VerfGH	Verfassungsgerichtshof
VerglO	Vergleichsordnung
VerlG	Verlagsgesetz
VermBildG	Vermögensbildungsgesetz
VermG	Vermögensgesetz
VersAufsG	Versicherungsaufsichtsgesetz
VerschG	Verschollenheitsgesetz
VersR	Versicherungsrecht (Jahr und Seite)
VerwVollstrG	Verwaltungsvollstreckungsgesetz
Vfg	Verfügung
VG	Verwaltungsgericht
VGH	Verwaltungsgerichtshof
vgl	vergleiche
VO	Verordnung
vollstr	vollstreckbar(e)
VollstrG	Vollstreckungsgericht
Vorbem	Vorbemerkung
vorl	vorläufig(e)
VRS	Verkehrsrechtliche Sammlung, WaG, Versicherungsverein auf Gegenseitigkeit

Abkürzungsverzeichnis

VVG	Versicherungsvertragsgesetz
VwGO	Verwaltungsgerichtshof
VwZG	Verwaltungszustellungsgesetz
VZOG	Vermögenszuordnungsgesetz
Warn	Warneyer, Rechtsprechung des RG oder BGH (Jahr und Nr)
WEG	Wohnungseigentumsgesetz
Weirich	Weirich, Grundstücksrecht, 3. Aufl, 2006
Weitnauer	Weitnauer, Wohnungseigentumsgesetz, 9. Aufl, 2005
Westermann/ Bearbeiter	Westermann, Sachenrecht, 7. Aufl, 1998, bearbeitet von Eickmann und Gursky und Westermann
WG	Wechselgesetz
WHG	Wasserhaushaltsgesetz
Wieczorek	Wieczorek, Zivilprozeßordnung, 3. Aufl, 1994
WM	Wertpapiermitteilungen (Jahr und Seite)
Wolff Th	Th. Wolff, Das Reichsgesetz über die Zwangsversteigerung und die Zwangsverwaltung, 3. Aufl, 1909
Wolfsteiner	Wolfsteiner, Die vollstreckbare Urkunde, 2. Aufl, 2006
WoRKSchG	Wohnraumkündigungsschutzgesetz
WRP	Wettbewerb in Recht und Praxis (Jahr und Seite)
WuM	Wohnungswirtschaft und Mietrecht (Jahr und Seite)
WZG	Warenzeichengesetz
zB	zum Beispiel
ZBlFG	Zentralblatt für die freiwillige Gerichtsbarkeit und das Notariat (Jahr und Seite)
Zeiss	Zeiss, Zivilprozeßrecht, 8. Aufl, 1993
ZfIR	Zeitschrift für Immobilienrecht
ZGR	Zeitschrift für Unternehmens- und Gesellschaftsrecht
ZHR	Zeitschrift für das gesamte Handels- und Wirtschaftsrecht
Ziff	Ziffer
ZInsO	Zeitschrift für das gesamte Insolvenzrecht (Jahr und Seite)
ZIP	Zeitschrift für Wirtschaftsrecht und Insolvenzpraxis (Jahr und Seite)
ZMR	Zeitschrift für Miet- und Raumrecht (Jahr und Seite)
ZNotP	Zeitschrift für Notarpraxis (Jahr und Seite)
Zöller/Bearbeiter	Zöller, Zivilprozeßordnung, 28. Aufl, 2009
ZPO	Zivilprozeßordnung
ZRHO	Rechtshilfeordnung in Zivilsachen
ZRP	Zeitschrift für Rechtspolitik (Jahr und Seite)
zT	zum Teil
ZU	Zustellungsurkunde

Abkürzungsverzeichnis

ZuSEG	Zeugen- und Sachverständigen-Entschädigungs-Gesetz
zust	zustimmend
ZVG	Zwangsversteigerungsgesetz
ZVI	Zeitschrift für Verbraucherinsolvenzrecht (Jahr und Seite)
ZWE	Zeitschrift für Wohnungseigentumsrecht (Jahr und Seite)
ZwV	Zwangsvollstreckung
ZwVerst	Zwangsversteigerung
ZwVerw	Zwangsverwaltung
ZwVwV	Zwangsverwalterverordnung
zZ	zur Zeit
ZZP	Zeitschrift für Zivilprozeß (Band und Seite)

Einleitung

Übersicht

Rn.

I. Inhalt des ZVG 1
II. Das ZVG als Teil der ZPO 2
III. Arten der Immobiliarvollstreckung 4
    1. Übersicht 4
    2. Zwangshypothek 5
    3. Zwangsverwaltung 6
    4. Zwangsversteigerung 7
IV. Verfahrensgrundsätze 8
    1. Amtsbetrieb 8
    2. Deckungsgrundsatz (§ 44 I) 9
    3. Übernahmegrundsatz (§§ 52, 53) 10
    4. Surrogationsgrundsatz (§ 92 I) 11
    5. Beteiligtenverfahren (§ 9) 12
    6. Einzel- und Gesamtverfahren 13
V. Gegenstände der Immobiliarvollstreckung 14
    1. Grundstück (§ 864 I ZPO) 14
    2. Reale Grundstücksteilflächen 15
        a) Allgemeines 15
        b) Vereinigung 16
        c) Bestandteilszuschreibung 17
    3. Ideelle Grundstücksbruchteile (§ 864 II ZPO) 18
        a) Ideeller Anteil 18
        b) Früherer ideeller Anteil 19
        c) Mehrere Anteile 20
        d) Bruchteil 21
        e) Teilungsversteigerung 22
    4. Wohnungs- und Teileigentum (§ 864 II ZPO) 23
    5. Gesamthandsanteile 24
    6. Grundstücksgleiche Rechte (§ 864 I ZPO) 25
    7. Schiffe (§ 864 I ZPO, § 162 ZVG) 26
    8. Luftfahrzeuge (§ 99 LuftfzRG) 27
    9. Gebäudeeigentum 28
VI. Einfluss des Verfassungsrechts 29
    1. Allgemeines 29
    2. Achtung und Schutz der Menschenwürde (Art 1 GG) 30
    3. Gleichheitssatz (Art 3 GG) 31
    4. Schutz von Ehe und Familie (Art 6 GG) 36
    5. Eigentumsgarantie (Art 14 GG) 37
    6. Rechtsstaatsprinzip (Art 20 GG) 42
    7. Sozialstaatsprinzip (Art 20 GG) 43
    8. Verhältnismäßigkeitsprinzip (Art 20 GG) 44
    9. Rechtliches Gehör (Art 103 I GG) 45
VII. Haftung bei fehlerhafter Verfahrensdurchführung 46
    1. Haftungsgrundlage 46

Einleitung

    2. Ausnahmen 47
    3. Beispiele 48

I. Inhalt des ZVG

1   Im ZVG (§§ 1–171 n) ist die **Zwangsversteigerung** (= ZwVerst) und die **Zwangsverwaltung** (= ZwVerw) aller Gegenstände, die der Zwangsvollstreckung (= ZwV) in das **unbewegliche Vermögen** unterliegen, geregelt (Grundstücke, grundstücksgleiche Rechte, Schiffe, Schiffsbauwerke, Luftfahrzeuge). Das Gesetz enthält aber auch Bestimmungen über die **ZwVerst und ZwVerw in besonderen Fällen** (§§ 172–185): Insolvenzverwalterversteigerung bzw -verwaltung, Nachlassversteigerung und Teilungsversteigerung.

II. Das ZVG als Teil der ZPO

2   Gemäß § 869 ZPO werden die ZwVerst und die ZwVerw durch ein besonderes Gesetz geregelt, nämlich dem ZVG. Gesetzestechnisch ist das ZVG so anzusehen, als stünde es an der Stelle des § 869 ZPO, dh es ist ein Teil der ZPO, der nur wegen seines Umfangs verselbstständigt wurde. Das ZVG ist somit lex specialis und die Vorschriften der ZPO finden subsidiär Anwendung. In den ZVG-Verfahren sind daher zu beachten: Ausschließung und Ablehnung von Gerichtspersonen (§§ 41 ff ZPO), Partei- und Prozessfähigkeit der Beteiligten (§§ 50 ff ZPO), Prozessbevollmächtigte und Beistände (§§ 78 ff ZPO), Prozesskostenhilfe (§§ 114 ff ZPO), die mündliche Verhandlung (§§ 128 ff ZPO), Zustellungen (§§ 166 ff ZPO), Termine und Fristen (§§ 214 ff ZPO), Wiedereinsetzung in den vorigen Stand (§§ 230 ff ZPO), Beweisaufnahme (§§ 355 ff ZPO), allgemeine Vollstreckungsvorschriften (§§ 704–802 ZPO). Die Zwangsversteigerung von Grundstücken gehört daher zur **streitigen Zivilgerichtsbarkeit**. Diese Zwangsvollstreckung ist keine Verwaltung und auch keine Rechtsprechung im materiellen Sinne, sondern **Rechtspflege iSd formellen Rechtsprechungsbegriffs,** die aber ebenfalls unter Art 92 GG fällt.

3   **Gerichtsferien** (= 15. Juli bis 15. September) sind mit Gesetz vom 28. 10. 1996 (BGBl I 1546) abgeschafft worden ab dem 1. 1. 1997.

III. Arten der Immobiliarvollstreckung

1. Übersicht

4   Die ZwV in **Grundstücke** wegen Geldforderungen erfolgt nach § 866 I ZPO durch Eintragung einer Sicherungshypothek, durch Zwangsversteigerung und durch Zwangsverwaltung; dies gilt für grund-

Einleitung

stücksgleiche Rechte (zB Erbbaurecht) entsprechend (§ 870 ZPO). Bei **Schiffen** ist die ZwV nur durch Eintragung einer Schiffshypothek oder durch Zwangsversteigerung zulässig (§ 870 a ZPO). Ebenso sind bei **Luftfahrzeugen** auch nur die Eintragung eines Registerpfandrechts und die Zwangsversteigerung möglich (§ 99 LuftfzRG), dagegen ist die Zwangsverwaltung bei Schiffen und Luftfahrzeugen nicht zulässig. Die verschiedenen Maßregeln der ZwV stehen selbstständig nebeneinander, dh dass eine dieser Maßnahmen allein oder neben übrigen ausgeführt werden kann (§ 866 II ZPO).

2. Zwangshypothek

Ihr Gl erlangt dadurch keine Befriedigung aus dem Grundstück, sondern lediglich ein Grundpfandrecht am Grundstück des Schu und zwar eine Sicherungshypothek (§ 1184 BGB). Im Falle der ZwVerst des Grundstücks durch einen anderen Gl wird der Gl der Zwangshypothek in der Rangklasse 4 des § 10 befriedigt. Gleiches gilt, wenn der Gl der Zwangshypothek selbst aus seinem dinglichen Recht die ZwVerst betreibt; geschieht dies lediglich wegen der persönlichen Forderung, so wird der Gl in der Rangklasse 5 des § 10 befriedigt. 5

3. Zwangsverwaltung

Bei ihr erfolgt die Befriedigung der Gl aus den Erträgnissen des Grundstücks (zB Mieteinnahmen), wobei dieses selbst dem Schu erhalten bleibt. 6

4. Zwangsversteigerung

Der Schu verliert sein Grundstück durch Zuschlagserteilung an den Meistbietenden. Die Gl erlangen Befriedigung aus dem Versteigerungserlös, der vom VollstrG entsprechend den Rangklassen des § 10 verteilt wird. 7

IV. Verfahrensgrundsätze

1. Amtsbetrieb

Die ZwVerst wird nicht von Amts wegen eingeleitet, sondern nur auf Antrag eines Gl (§ 15). Aber danach nimmt das Verfahren seinen Lauf, dh es wird vom VollstrG von Amts wegen durchgeführt. Festsetzung des Grundstückswertes, Terminsbestimmungen, Abhaltung von Versteigerungs- und Verteilungstermin, Aufstellung von gG und TLP. Nur ausnahmsweise bedarf die Verfahrensgestaltung eines Antrags: Aufhebung 8

Einleitung

(§ 29), Einstellung (§ 30), Fortsetzung (§ 31), Vollstreckungsschutz (§§ 30 a–f, § 765 a ZPO), abweichende Versteigerungsbedingungen (§ 59), Gesamtausgebot (§ 63 II), Verteilung einer Gesamthypothek (§ 64), Sicherheitsleistung (§§ 67 I, 68 II), zweiter Termin (§ 85).

2. Deckungsgrundsatz (§ 44 I)

9   Er besagt, dass alle dem bestrangig betreibenden Gl vorgehenden Rechte und Ansprüche aus dem Versteigerungserlös gedeckt werden müssen, dh ein Bieter muss mindestens diesen Betrag einschließlich der Verfahrenskosten (§ 109) für das Grundstück bieten (= geringstes Gebot). Die im gG stehenden Rechte und Ansprüche sind somit immer voll gedeckt, sei es durch Barzahlung, sei es durch Übernahme seitens des Erstehers.

3. Übernahmegrundsatz (§§ 52, 53)

10   Das Meistgebot eines Erstehers besteht aus seinem Bargebot (§ 49) und den an dem ersteigerten Grundstück bestehen bleibenden Rechten (§ 52); letztere sind alle dem bestrangig betreibenden Gl im Rang vorgehende Grundstücksrechte (§§ 44 I, 52 I 1). Diese übernimmt der Ersteher zur dinglichen Haftung, dh er erwirbt ein belastetes Grundstück; unter den Voraussetzungen des § 53 übernimmt der Ersteher bei Grundpfandrechten auch die gesicherte persönliche Schuld.

4. Surrogationsgrundsatz (§ 92 I)

11   Mit dem Zuschlag verliert der Vollstreckungsschuldner sein Grundstück. An dessen Stelle tritt als Surrogat der Versteigerungserlös. Dies hat zur Folge, dass die dem bestrangig betreibenden Gl gleich- oder nachstehenden Grundstücksrechte durch die Zuschlagserteilung zwar erlöschen am Grundstück (§ 44 I, § 52 I 2, § 91 I), sie jedoch am Grundstückssurrogat, dh dem Versteigerungserlös, fortbestehen im bisherigen Rangverhältnis. Dieses Surrogationsprinzip hat der Gesetzgeber für Nichtkapitalrechte (zB Vorkaufsrecht, Eigentumsvormerkung) in § 92 I fixiert, es gilt aber natürlich auch für Grundpfandrechte; nur hat der Gesetzgeber diesen Grundsatz bei den letztgenannten Rechten für so selbstverständlich angesehen, dass eine ausdrückliche Regelung unterblieb.

5. Beteiligtenverfahren (§ 9)

12   Ähnlich wie im Zivilprozess sich Kläger und Beklagter gegenüberstehen, treten in der ZwVerst betreibender Gl und Schu auf. Aber in der ZwVerst gibt es daneben auch noch eine Vielzahl anderer Beteiligter, wie

Einleitung

zB die Inhaber von Grundstücksrechten, Gl von öffentlich-rechtlichen Ansprüchen (zB Grundsteuern), ebenso Mieter und Pächter. Wer im einzelnen Beteiligter in einem ZwVerst-Verfahren ist, regelt § 9. Alle dort Genannten haben die gleichen Rechte, egal aus welcher materiell-rechtlichen Grundlage sie ihre Stellung ableiten, zB ist ihnen die Terminsbestimmung zuzustellen (§ 41 I), sie können abweichende Versteigerungsbedingungen (§ 59 I), ein Gesamtausgebot (§ 63 II) oder Sicherheit für ein Gebot verlangen (§ 67 I).

6. Einzel- und Gesamtverfahren

Der Idealfall ist die ZwVerst eines Grundstücks auf Grund eines betreibenden Gl. Dies kommt in der Praxis jedoch so gut wie nie vor. Der Normalfall ist es vielmehr, dass andere Gl der laufenden ZwVerst beitreten, was nach § 27 zulässig ist. Es liegt dann ein Gesamtverfahren vor, bestehend aus so vielen Einzelverfahren, wie betreibende Gl vorhanden sind. Auf das Gesamtverfahren bezieht sich die Festsetzung des Grundstückwertes, Terminsbestimmungen, Versteigerungs- und Verteilungstermin, geringstes Gebot, Teilungsplan und Zuschlagsentscheidung. Im Gegensatz dazu regelt sich bei jedem Einzelverfahren der betreibende Gl die Beschlagnahme, Einstellung, Fortsetzung, Aufhebung, Fristenlauf und Freigabe von mithaftenden Gegenständen gesondert. Jedes Einzelverfahren ist selbstständig und damit völlig unabhängig von dem Betreiben anderer Gl. Jedes einzelne Gl-Schu-Verhältnis bedarf der gesonderten Beurteilung.

V. Gegenstände der Immobiliarvollstreckung

1. Grundstück (§ 864 I ZPO)

Der Immobiliarvollstreckung unterliegen in erster Linie Grundstücke (§ 864 I ZPO). Gemeint sind Grundstücke im Rechtssinne. Darunter versteht man eine räumlich fest abgegrenzte Bodenfläche, die im GB unter einer besonderen Nummer im Bestandsverzeichnis eingetragen ist (RGZ 84, 270). Unerheblich ist es, ob das Grundstück aus einem oder mehreren Flurstücken besteht. Ist bei einem buchungspflichtigen Grundstück versehentlich die Anlegung eines Grundbuchblattes unterblieben, so hat zunächst das GBA von Amts wegen die Anlegung durchzuführen. Auch bei buchungsfreien Grundstücken (§ 3 II GBO) bedarf es für den Fall der ZwV der vorherigen Grundbuchanlegung.

2. Reale Grundstücksteilflächen

a) Allgemeines. Die ZwV in reale Teilflächen eines Grundstücks ist mangels Bestimmbarkeit des Vollstreckungsgegenstandes grundsätzlich ausgeschlossen.

Einleitung

16 b) Vereinigung. Gl von Rechten, die nach der Vereinigung (§ 890 I BGB, § 5 GBO) eingetragen wurden, und persönliche Gl können nur bezüglich des gesamten neuen Grundstückes die ZwV betreiben. Aus den vor der Vereinigung eingetragenen Rechten ist die ZwV auch in ein früheres Einzelgrundstück möglich, wenn dieses noch ein katastermäßiges Flurstück darstellt. Hat das Katasteramt (Vermessungsamt) nach einer Vereinigung die betroffenen Flurstücke zu einem einheitlichen neuen Flurstück verschmolzen, muss dies rückgängig gemacht werden (= Neuvermessung). Erfolgt die ZwVerst eines realen Grundstücksteils, kann die Abschreibung im GB nur auf Antrag des Eigentümers erfolgen; gegen seinen Willen ist dies erst nach Rechtskraft des Zuschlags in Ausführung des Grundbuchersuchens (§ 130) möglich (= notwendige Teilung). Erfolgt eine Vereinigung erst nach der Beschlagnahme, so hat dies keinen Einfluss auf den Gegenstand der ZwVerst, da dies dem Beschlagnahmegläubiger gegenüber unwirksam ist (§ 23); das Verfahren nimmt in das bisherige Grundstück seinen Fortgang.

17 c) Bestandteilszuschreibung. Gl von Rechten, die nach der Bestandteilszuschreibung eingetragen wurden, und persönliche Gl können nur bezüglich des gesamten neuen Grundstücks die ZwV betreiben. Aus den vor der Zuschreibung eingetragenen Grundpfandrechten am Hauptgrundstück kann die ZwV in das gesamte neu gebildete Grundstück betrieben werden, da gem § 1131 BGB eine Pfanderstreckung kraft Gesetz auf das Bestandteilsgrundstück erfolgt, die auch die Vollstreckungsunterwerfung (§ 800 ZPO) erfasst, falls sich für den Grundpfandrechtsgläubiger aus der ZwV des gesamten Grundstücks Nachteile ergeben (zB wegen der Rangverhältnisse), so kann er auch zunächst die ZwV auf das bisherige Hauptgrundstück beschränken. Bleibt das Bestandteilsgrundstück mit Grundpfandrechten besonders belastet, so können die Gl dieser Rechte allein in das Bestandteilsgrundstück vollstrecken. Wird aus Anlass der Zuschreibung eine katastermäßige Verschmelzung vorgenommen, dh sind die einzelnen Flurstücke nicht mehr existent, so ist eine ZwVerst schwierig durchführbar. Hat das Katasteramt (Vermessungsamt) nach einer Zuschreibung die betroffenen Flurstücke zu einem einheitlichen neuen Flurstück verschmolzen, muss dies rückgängig gemacht werden (*Steiner/Hagemann* Einl Rdn 22). Erfolgt die ZwVerst eines realen Grundstückteils, kann die Abschreibung nur auf Antrag des Eigentümers erfolgen, gegen seinen Willen ist dies erst nach Rechtskraft des Zuschlagbeschlusses in Ausführung des Grundbuchersuchens (§ 130) möglich (= notwendige Teilung). Erfolgt die Zuschreibung erst nach der Beschlagnahme, so hat dies keinen Einfluss auf den Gegenstand der ZwVerst, da dies dem Beschlagnahmegläubiger gegenüber unwirksam ist (§ 23); das Verfahren nimmt in das bisherige Grundstück seinen Fortgang.

17a **Sachverhalt** (nach BGH ZfIR 2006,220): E ist Eigentümer des Grundstücks 1 (= Flurstück 245/4, belastet mit einer erstrangigen Grundschuld III/1 zu 250.000,-

Einleitung

für G 1 und einer zweitrangigen Grundschuld III/2 zu 150.000,- für G 2), des Grundstücks 2 (= Flurstück 245/7, unbelastet) und des Grundstücks 3 (= Flurstück 245/8, unbelastet). Im Jahre 1997 wurden die drei Grundstücke vereinigt zu einem Grundstück 4 und die drei Flurstücke verschmolzen zu einem Flurstück 245/11. Das neue Grundstück 4 wurde im Februar 2002 belastet mit einer Zwangssicherungshypothek III/3 zu 7000,- für Z 3, im März 2002 mit einer Zwangssicherungshypothek III/4 zu 4000,- für Z 4 und im April 2002 mit einer Zwangssicherungshypothek III/5 zu 75.000,- für Z 5. Mit Beschluss vom 21.5.2002 ordnete das Amtsgericht auf Antrag des Gläubigers Z 5 wegen der Zwangssicherungshypothek III/5 zu 75.000,- die Zwangsversteigerung des Grundstücks 4 (= Flurstück 245/11) an. Am 26.11.2002 hat der Gläubiger G 1 wegen seiner Grundschuld III/1 zu 250.000,- den Beitritt zu dem anhängigen Zwangsversteigerungsverfahren beantragt. Das Amtsgericht hat den Antrag mit der Begründung zurückgewiesen, die Zwangsversteigerung des ehemaligen Flurstücks 245/4 sei nach dessen Verschmelzung in das Flurstück 245/11 nicht mehr möglich. Mit der Rechtsbeschwerde erstrebte die Gläubigerin G 1 den Beitritt zu dem anhängigen Zwangsversteigerungsverfahren.

Die Rechtsbeschwerde hat der BGH zu Recht für begründet erklärt. Ein Beitritt zur Zwangsversteigerung ist nämlich zuzulassen (§ 27), wenn er sich auf den von der Vollstreckung bereits erfassten Gegenstand bezieht. Angeordnet wurde die Zwangsversteigerung des Grundstücks 4 (= Flurstück 245/11). Ein Beitritt ist natürlich dann zuzulassen, wenn er auch das gleiche Grundstück betrifft, wie der Anordnungsbeschluss. Der antragstellende Beitrittsgläubiger hat jedoch nur eine Grundschuld III/1 auf dem ehemaligen Grundstück 1 (= Flurstück 245/4). Dieses ist aber durch eine Vereinigung der Grundstücke 1, 2 und 3 gemäß § 890 I BGB in dem im Anordnungsbeschluss genannten neuen Grundstück 4 aufgegangen. Es hat dadurch seine Selbständigkeit verloren und ist Bestandteil des neuen einheitlichen Grundstücks geworden. Die auf dem Grundstück 1 lastenden Grundpfandrechte sind aber in dem bisherigen Umfang bestehen geblieben und ruhen auf dem Teil des neuen Grundstücks 4, der bereits vor der Vereinigung Belastungsgegenstand war. Der Anordnungsbeschluss betraf somit das neue vereinigte Grundstück 4 und der Beitrittsbeschluss sollte nur hinsichtlich des ehemaligen Grundstücks 1 ergehen. Ein Beitrittsbeschluss kann auch dann zugelassen werden, wenn er sich auf einen vom Anordnungsbeschluss umfassten Grundstücksteil bezieht. Beachtet werden muss dabei nur der Bestimmtheitsgrundsatz des Sachen- und Grundbuchrechts. Er gewährleistet im Zwangsversteigerungsverfahren, dass der Umfang der Gläubigerrechte, die Rechtsstellung des Erstehers sowie die Änderungen, die an den dinglichen Rechten der Beteiligten eintreten, zweifelsfrei feststellbar sind. Demgemäß muss bei der Zwangsversteigerung eines Grundstücksteils feststehen, auf welche Bodenfläche sich die Rechte des betreibenden Gläubigers beziehen. Keine Schwierigkeiten treten in dieser Hinsicht auf, wenn der im Vollstreckungstitel als belastet bezeichnete Grundstücksteil seine rechtliche Selbständigkeit infolge einer Vereinigung gemäß § 890 BGB zwar verloren hat, er jedoch weiterhin als Flurstück besteht, weil eine katastermäßige Verschmelzung mit den anderen Flurstücken, aus denen sich das vereinigte Grundstück zusammensetzt, nicht stattgefunden hat. Da im Bestandverzeichnis des neuen Grundstücks auf die früheren, nunmehr geröteten Eintragungen verwiesen wird, lässt sich durch Vergleich der Flurstücksnummern weiterhin aus dem Grundbuch feststellen, auf welcher Bodenfläche ein Grundpfandrecht lastet. Erstmals geklärt hat der BGH, dass nichts anderes gilt, wenn der Grundstücksteil, in den vollstreckt werden soll, nach einer Verschmelzung von Flurstücken zwar nicht mehr als Flurstück existiert, seine Benennung und Feststel-

Einleitung

lung aber anhand der alten Grundbuchbezeichnung, mit der zugleich auf die katastermäßige Verschmelzung des alten Flurstücks Bezug genommen wird, noch möglich ist. Damit ist der Vollstreckungsgegenstand des betreibenden Gläubigers noch in einer mit dem Bestimmtheitsgrundsatz genügenden Weise feststellbar. Der Beitrittsgläubiger wollte in das ehemalige Flurstück 245/4 aus seiner darauf lastenden Grundschuld III/1 vollstrecken. Aus dem Bestandsverzeichnis des neu gebildeten Grundstücks ergibt sich, dass es durch Verschmelzung der Flurstücke 245/4, 245/7 und 245/8 entstanden ist. Weiterhin ist ersichtlich, dass die Grundschuld III/1 des Gläubigers G 1 auf dem Teil des einheitlichen Grundstücks 4 (= Flurstück 245/11) lastet, welcher dem ehemaligen Flurstück 245/4 entspricht. Dementsprechend war der Beitritt des Gläubigers G 1 aus der Grundschuld III/1 in das ehemalige Flurstück 245/11 zuzulassen. Selbst wenn das Grundbuchblatt später umgeschrieben (§ 28 GBV) oder das Bestandsverzeichnis neu gefasst wird (§ 33 GBV), ist die nach Vereinigung und Verschmelzung gerötete vormalige Bestandseintragung auch auf das neue Grundbuchblatt zu übernehmen, wenn wie vorliegend eines der vereinigten Einzelgrundstücke gesondert belastet ist (§ 30 I 1 c und § 33 II 2 c GBV).

Ursache der sicherlich ungewöhnlichen Zwangsversteigerung eines ehemaligen Flurstücks war ein Fehler des Grundbuchamts bei der Vereinigung der drei Grundstücke. Eine Vereinigung (ebenso Bestandteilzuschreibung) darf im Grundbuch formell nicht vollzogen werden, wenn dadurch Verwirrung zu besorgen ist (§ 5 I, § 6 I GBO). Die hM bejaht bei unterschiedlichen Belastungen der zu vereinigenden Grundstücken die Verwirrungsgefahr dann, wenn der rechtlichen Vereinigung auch eine Flurstücksverschmelzung vorausgeht (OLG Düsseldorf ZflR 2000, 284; OLG Hamm ZflR 1998, 115; BayObLG DNotZ 1994, 242). Die Verletzung des § 5 I GBO durch das Grundbuchamt hatte jedoch keine materiellrechtlichen Auswirkungen, führte insbesondere nicht zur Unwirksamkeit der Vereinigung und konnte vor allem auch die Vollstreckungsmöglichkeit des Gläubigers G 1 aus seiner Grundschuld III/1 am ehemaligen Grundstück 1 (= ehemaliges Flurstück 245/4) nach § 1147 BGB nicht vereiteln; § 5 GBO ist nämlich nur eine formelle Ordnungsvorschrift, deren Verletzung keine materiellen Folgen hat.

Die Probleme, die sich aus der Vollstreckung in ein ehemaliges Flurstück ergeben, sind nach Auffassung des BGH dadurch zu lösen, dass die unterschiedlich belasteten Grundstücksteile im Zwangsversteigerungsverfahren wie selbständige Grundstücke im Rechtssinne behandelt werden und die Vorschriften über mehrere im demselben Verfahren zu versteigernde Grundstücke (z. B. §§ 63, 64, 112) sinngemäße Anwendung finden. *Morvilius* (MittBayNot 2006, 229) hat dies anschaulich analysiert: Für die Teilfläche des ehemaligen Flurstücks 245/4 und das restliche Teilfläche des neu gebildeten Flurstücks 245/11 sind getrennte Verkehrswerte nach § 74 V festzusetzen und sodann sind sie grundsätzlich einzeln auszubieten (§ 63 I 1). Ein Gesamtausgebot des ganzen Grundstücks 4 (= Flurstück 245/11) ist nur auf Antrag eines Verfahrensbeteiligten (§ 9) vor der Aufforderung zur Abgabe von Geboten möglich (§ 63 II 1). Die Einzelausgebote können nur unterbleiben, wenn sämtliche im Versteigerungstermin anwesende Beteiligten, deren Rechte bei der Feststellung der geringsten Gebots nicht zu berücksichtigen sind (dazu gehört auch der Vollstreckungsschuldner), hierauf vor der Aufforderung zur Abgabe von Geboten verzichten (§ 63 IV). Für die geringsten Gebote gilt: Beim Einzelausgebot des ehemaligen Flurstücks 245/4 ist bestbetreibender Gläubiger G 1 aus der erstrangigen Grundschuld III/1, so dass keine Rechte bestehen bleiben. Für die restliche Teilfläche von Flurstück 245/11 ist dagegen bestbetreibender Gläubiger Z 5 aus der Zwangshypothek III/5 nach dessen Beitrittszulassung; deshalb sind ins geringste

Einleitung

Gebot die rangmäßig vorgehenden Zwangshypotheken III/3 für Z 3 und III/4 für Z 4 als bestehen bleibende Rechte aufzunehmen. Beim Gesamtausgebot des ganzen Grundstücks 4 (= Flurstück 245/11) ist am ehemaligen Flurstück 245/4 G 1 der bestbetreibende Gläubiger aus seiner Grundschuld III/1, so dass daran keine Rechte bestehen bleiben und an der restliche Teilfläche ist Z 5 mit seiner Zwangshypothek III/5 bestbetreibender Gläubiger, was zur Folge hat, dass daran die Zwangshypotheken III/3 für Z 3 und III/4 für Z 4 bestehen bleiben. Bei einer Zuschlagserteilung auf das Gesamtausgebot ergibt sich eine vom Gesetzgeber nicht gewollte (vgl. § 7 I GBO) Belastung einer realen Teilfläche mit Grundpfandrechten, nämlich mit den Zwangshypotheken III/3 für Z 3 und III/4 für Z 4 auf den ehemaligen Flurstücken 245/7 und 245/8 (= Teil von Flurstück 245/11 ohne Flurstück 245/4). Bei Zuschlagserteilung auf ein Einzelausgebot oder beide Einzelausgebote an verschiedene Ersteher kommt es zur rechtlichen Teilung des bisherigen Grundstücks 4 (= Flurstück 245/11) in zwei Grundstücke im Rechtssinn, bestehend zum einen aus dem ehemaligen Flurstück 245/4 und zum anderen aus den ehemaligen Flurstücken 245/7 und 245/8. Dies erfolgt mit Zuschlagserteilung. Danach muss das Flurstück 245/11 von Amts wegen wieder zerlegt werden in das ehemalige Flurstück 245/4 und die restliche Bodenfläche. Bei der Erlösverteilung ist zu beachten: Erfolgte die Zuschlagserteilung auf die Einzelausgebote, werden bei dem ehemaligen Flurstück 245/4 zunächst die erloschenen Grundschulden III/1 für G 1 und III/2 für G 2 aus dem Erlös befriedigt und dann die ebenfalls an diesem ehemaligen Flurstück 245/4 erloschenen Zwangshypotheken III/3 für Z 3 und III/4 für Z 4 (die am Restflurstück von Flurstück 245/11 = ehemaligen Flurstücke 245/7 und 245/8 bestehen geblieben sind) und dann die an allen ehemaligen Flurstücken erloschene Zwangshypothek III/5 für Z 5. Bei den Kosten und Zinsen aus den an den ehemaligen Flurstücken 245/7 und 245/8 bestehen gebliebenen Zwangshypotheken III/3 und III/4 und dem Gesamtanspruch der erloschenen Zwangshypothek III/5 hat eine Verteilung nach § 122 zu erfolgen. Kann die Hauptsache der an dem ehemaligen Flurstück 245/4 erloschenen Zwangshypotheken III/3 und III/4 aus dem Erlös befriedigt werden, führt dies gemäß § 1181 II 2 BGB kraft Gesetzes zum Erlöschen dieser Rechte an den ehemaligen Flurstücken 245/7 und 245/8, die dort nach dem Zuschlag grundsätzlich bestehen bleiben. Bei der Erlösverteilung nach dem Zuschlag auf das Einzelausgebot hinsichtlich des restlichen Teils von Flurstück 245/11 (= ehemalige Flurstücke 245/7 und 245/8) werden die Kosten und Zinsen aus den daran bestehen gebliebenen Zwangshypotheken III/3 und III/4 und dann der Gesamtanspruch der an allen ehemaligen Flurstücken erloschenen Zwangshypothek III/5 entsprechend der Aufteilung nach § 122 berücksichtigt. Erfolgte die Zuschlagserteilung auf das Gesamtausgebot aller ehemaligen Flurstücke, so müssen gemäß § 112 Erlösmassen gebildet werden, weil die ehemaligen Flurstücke unterschiedlich belastet waren. Die Grundschulden III/1 und III/2 und die Zwangshypotheken III/3, III/4 und III/5 werden bei der Erlösverteilung dann behandelt wie bei den Einzelausgeboten.

3. Ideelle Grundstücksbruchteile (§ 864 II ZPO)

a) Ideeller Anteil. In den Bruchteil eines Grundstücks ist die ZwV 18 zulässig, wenn der Bruchteil in dem **ideelen Anteil eines Miteigentümers** besteht (§ 864 II ZPO). Wegen persönlicher Ansprüche (§ 10 I Nr 5) kann nur in den Anteil des Schu, nicht in das Grundstück als

Einleitung

Ganzes vollstreckt werden. Gleiches gilt für ein nur den Anteil belastendes Recht (§ 1114 BGB).

19 **b) Früherer ideeller Anteil.** Daneben ist die ZwV in die Bruchteil eines Grundstücks zulässig, wenn sich der Anspruch des Gl auf ein Recht gründet mit dem der Bruchteil als solcher belastet ist (§ 864 II ZPO). Dies liegt vor, wenn nur ein **früherer ideeller Anteil** belastet, aber der Schu später Alleinberechtigter geworden ist (BayObLG Rpfleger 1971, 316), ferner wenn ein Bruchteilseigentümer den weiteren Grundstücksanteil nur als Vorerbe hinzuerworben und nur seinen ihm schon vor dem Vorerbfall gehörenden ideellen Grundstücksanteil gesondert mit einem Grundpfandrecht belastet hat (BayObLG Rpfleger 1968, 221), außerdem wenn nach dem Zuschlag des Grundstücks an den Ersteher die Sicherungshypothek nach § 128 auf einen früheren Miteigentumsbruchteil einzutragen war (*Steiner/Hagemann* Einl Rdn 26) oder wenn der Eigentümer eines Grundstücksbruchteils den Rest des Grundstücks in anfechtbarer Weise hinzu erworben hat (OLG Frankfurt NJW-RR 1988, 463). In solchen Fällen wird das Weiterbestehen des belasteten ideellen vormaligen Bruchteils fingiert, so dass eine ZwV in das gesamte Grundstück nicht möglich ist.

20 **c) Mehrere Anteile.** Ein dinglicher Gl, dessen Rechte **mehrere ideelle Miteigentumsanteile** belastet, kann die ZwVerst aller, mehrerer oder einzelner Anteile beantragen. Dabei wird die gleichzeitige ZwVerst in mehrere Anteile wie eine ZwVerst in mehrere Grundstücke behandelt.

21 **d) Bruchteil.** Vollstreckungsobjekt von Anordnungs- und Beitrittsbeschlüssen muss immer **derselbe Bruchteil** sein. Wurde zunächst die ZwVerst in das ganze Grundstück angeordnet und wird danach nur in einen ideellen Bruchteil davon betrieben, so ist der Beitritt zuzulassen (§ 27). Bedarf umgekehrt die ZwVerst nur einen ideellen Grundstücksbruchteil und wird anschließend in das ganze Grundstück betrieben, so ist hinsichtlich des bereits beschlagnahmten Bruchteils der Beitritt zuzulassen und im Übrigen die ZwVerst neu anzuordnen.

22 **e) Teilungsversteigerung.** Da die ZwVerst in einen ideellen Miteigentumsanteil am Grundstück idR wenig Erfolg versprechend ist, empfiehlt es sich, den Auseinandersetzungsanspruch des Schu einschließlich seines Teilungsanspruchs (§ 749 BGB) zu pfänden und sich überweisen zu lassen, um anschließend die **Teilungsversteigerung des ganzen Grundstücks** (§ 180) zu betreiben.

4. Wohnungs- und Teileigentum (§ 864 II ZPO)

23 Da es sich dabei nur um eine Sonderform des Bruchteilseigentums handelt, nämlich um den ideellen Miteigentumsanteil am gemeinschaftlichen Grundstück in Verbindung mit dem Sondereigentum an einer

Einleitung

Wohnung bzw an nicht zu Wohnzwecken dienenden Räumen, erfolgt die ZwVerst wie bei ideellen Miteigentumsanteilen (BGH NJW 1986, 2759).

5. Gesamthandsanteile

Gehört ein Grundstück einer Gesamthandsgemeinschaft (BGB-Gesellschaft, Gütergemeinschaft, Erbengemeinschaft), so kann die ZwVerst nicht in einen Gesamthandsanteil betrieben werden. Die einzelnen Gesamthänder haben nur einen Anteil am ganzen Gesamthandsvermögen, nicht an den einzelnen Gegenständen; sie sind ungeteilt Eigentümer des zum gemeinsamen Vermögen gehörenden Grundstücks. Einzeln können sie nicht darüber verfügen (§§ 719, 1419, 2040 BGB) Die ZwV in einen Gesamthandsanteil erfolgt daher durch Pfändung und Überweisung (§§ 859, 860 ZPO) und anschließender Teilungsversteigerung gemäß § 180 (*Steiner/Hagemann* Einl Rdn 24).

24

6. Grundstücksgleiche Rechte (§ 864 I ZPO)

Der ZwV in das unbewegliche Vermögen unterliegen auch die Berechtigungen, für welche die sich auf Grundstücke beziehenden Vorschriften gelten (= grundstücksgleiche Rechte, § 864 I ZPO). Die ZwV in sie erfolgt durch die gleichen Maßnahmen wie bei Grundstücken (§ 870 ZPO): Zwangssicherungshypothek, ZwVerst und ZwVerw. Voraussetzung ist, dass für sie ein Grundbuchblatt angelegt worden ist. Zu den grundstücksgleichen Rechten gehören:
– Erbbaurecht (§ 11 ErbbauRG);
– Wohnungs- und Teilerbbaurecht (§ 30 WEG);
– Bergwerkseigentum (seit 1.1. 1982) nach dem § 91 BBergG vom 13.8. 1980 (BGBl I 1310), sowie nach § 149 BBergG aufrechterhaltenes Bergwerkseigentum, Kohleabbaugerechtigkeiten (Art 67 EGBGB) und sonstige Mineralgewinnungsrechte (Art 68 EGBGB); vgl dazu *Rellermeyer*, Zwangsversteigerung und Zwangsverwaltung von Bergwerkseigentum, unbeweglichen Bergwerksanteilen und Salzabbaugerechtigkeiten, Rpfleger 2008, 462.
– landesrechtliche Fischereirechte (Art 69 EGBGB), Bahneinheiten (Art 112 EGBGB), Fährgerechtigkeiten (Art 196 EGBGB), Realgemeindeanteile (Art 164 EGBGB) wie Alpen-, Mark- und Waldgenossenschaften, Schiffsmühlengerechtigkeiten (Art 196 EGBGB).

25

7. Schiffe (§ 864 I ZPO, § 162 ZVG)

Der Immobiliarzwangsvollstreckung unterliegen auch Binnen- und Seeschiffe, Schiffsbauwerke (§ 864 I ZPO) sowie Schwimmdocks (Gesetz vom 4.12. 1068, BGBl I 1295). Die Schiffe müssen im Schiffsregister

26

Einleitung

eingetragen sein, Schiffsbauwerke müssen eingetragen werden können. Schwimmdocks sind Schiffsbauwerken gleichgestellt. Die ZwV erfolgt durch Eintragung einer Schiffshypothek (§ 870 a ZPO) oder durch ZwVerst (§§ 162 ff); die ZwVerw ist ausgeschlossen.

8. Luftfahrzeuge (§ 99 LuftfzRG)

27 Die Liegenschaftsvollstreckung findet ebenfalls Anwendung auf Luftfahrzeuge, die in die Luftfahrzeugrolle eingetragen sind. Sie sind Schiffen gleichgestellt (§ 99 LuftfzRG). Dazu gehören: Flugzeuge, Hubschrauber, Luftschiffe, Segelflugzeuge, Frei- und Fesselballone, Raumfahrzeuge usw (§ 1 II LuftVG). Die ZwV erfolgt durch Eintragung eines Registerpfandrechts oder ZwVerst (§§ 171 a ff); ZwVerw ist unzulässig.

9. Gebäudeeigentum

28 Im Beitrittsgebiet konnte Eigentum an Gebäuden unabhängig vom Grundstückseigentum erworben werden, und zwar vor allem auf Grund eines
— verliehenen Nutzungsrechtes an volkseigenen Grundstücken **(§ 288 IV ZGB)**
— zugewiesenen Nutzungsrechtes an von landwirtschaftlichen Produktionsgenossenschaften genutzten Grundstücken **(§ 292 III ZGB).**
Ein auf Grund dieser **dinglichen Nutzungsrechte** errichtetes Gebäude ist selbstständiges Eigentum des Nutzungsberechtigten, und nicht Bestandteil des Grundstücks (Art 231 § 5 I EGBGB). Dafür war jeweils ein Gebäudegrundbuchblatt anzulegen, und zwar nach
— § 4 IV 3 des Gesetzes über die Verleihung von Nutzungsrechten an volkseigenen Grundstücken vom 14. 12. 1970 (GBl I 372)
— § 4 II 2 der Verordnung über die Bereitstellung von genossenschaftlich genutzten Bodenflächen zur Errichtung von Eigenheimen auf dem Lande vom 9. 9. 1976 (GBl I 426).
Das dem Gebäudeeigentum zugrunde liegende dingliche Nutzungsrecht ist in Abt II des Grundstücksgrundbuchs einzutragen (§ 5 GGV). Für das Gebäudeeigentum nach § 288 IV ZGB oder § 292 III ZGB gelten die sich auf Grundstücke beziehenden Vorschriften des BGB **(Art 233 § 4 I EGBGB)**. Das Gebäudeeigentum unterliegt deshalb auch der Immobiliarvollstreckung wie Grundeigentum. Im Rahmen einer Sachenrechtsbereinigung kann nach §§ 14–18 SachenRBerG für den Gebäudeeigentümer entweder ein Erbbaurecht bestellt werden (§§ 32–60 SachenRBerG) oder er kann das Grundstück käuflich erwerben (§§ 61–84 SachenRBerG). Zur Sicherung der Sachenrechtsbereinigungsansprüche kann in Abt II des Grundstücksgrundbuchs ein Vermerk eingetragen werden, der die Wirkung einer Vormerkung hat (Art 233 § 2 c II 1, 3 EGBGB). Geht er dem bestbetreibenden Gl rangmäßig vor, wird er in

das gG nach §§ 44, 48 eingestellt (*Stöber* § 9 a EGZVG Rdn 5.1). Steht der Vermerk nicht im GB, erlöschen die Sachenrechtsbereinigungsansprüche mit Zuschlagserteilung ab dem 1. 1. 2001, es sei denn, dass sie spätestens im Versteigerungstermin vor der Aufforderung zur Abgabe von Geboten angemeldet wurden (§ 9 a I 2, II 2 EGZVG); gleiches gilt, wenn der Vermerk gemäß Art 233 § 2 c II 1 EGBGB nach dem Versteigerungsvermerk eingetragen wurde (*Stöber* § 9 a EGZVG Rdn 5.2).

Wird ein **Erbbaurecht begründet,** dann erlischt das selbstständige Gebäudeeigentum und das Nutzungsrecht; das Gebäude wird Bestandteil des Erbbaurechts (§ 59 SachenRBerG). Das Erbbaurecht unterliegt dann der gewöhnlichen Zwangsversteigerung.

Erwirbt der Gebäudeeigentümer das Grundstück käuflich, führt sein Eigentumserwerb nicht automatisch zum Erlöschen des selbstständigen Gebäudeeigentums. Erst wenn das Gebäude lastenfrei wird oder nur noch mit Eigentümerrechten belastet ist, ist der Eigentümer verpflichtet, das Gebäudeeigentum aufzuheben (§ 78 I SachenRBerG, §§ 875, 876 BGB). Das Gebäude wird wesentlicher Bestandteil des Grundstücks (§ 94 I BGB) und unterliegt damit der gewöhnlichen Grundstückszwangsversteigerung. Solange der neue Grundstückseigentümer das Gebäudeeigentum noch nicht aufgegeben hat, bestehen Grundstückseigentum und Gebäudeeigentum nebeneinander fort. Eine rechtsgeschäftliche Veräußerung allein des Gebäudes oder des Grundstücks ohne das Gebäude ist dann nicht mehr zulässig (§ 78 I 1 SachenRBerG). Die Befugnis zur getrennten Veräußerung im Wege der Zwangsversteigerung bleibt aber unberührt (§ 78 I 2 SachenRBerG). Dingliche Gl in den Rangklassen 4, 6 und 8 des § 10 I und Gl der Rangklasse 3 des § 10 I können daher noch getrennt in Grundstücke und Gebäude versteigern, nicht aber persönliche Gl aus der Rangklasse 5 des § 10 I (*Eickmann*, SachenRBer, § 78 SachenRBerG Rdn 3; *Stöber* § 28 Rdn 11.1 a, d; **aA** LG Halle Rpfleger 1997, 35 m Anm *Keller*). Für letztere Gl kann somit nicht die ZwVerst angeordnet werden nur in das Grundstück oder nur in das Gebäude. Beide können nur im Gesamtausgebot versteigert werden (*Stöber* § 28 Rdn 11.1 c). Tritt die Vereinigung von Grundstück und Gebäude erst nach einer Verfahrensanordnung in einen Einzelgegenstand ein, so ist das Verfahren gem § 28 aufzuheben (*Eickmann*, SachenRBer, § 78 SachenRBerG Rdn 3). § 78 SachenRBerG findet Anwendung unabhängig davon, ob die Vereinigung von Grundstück und Gebäude rechtsgeschäftlich oder kraft Gesetzes (zB Erbfolge) erfolgt ist; unerheblich ist ebenso, ob die Vereinigung vor oder nach dem 1. 10. 1994 (= Inkrafttreten des SachenRBerG) wirksam wurde (OLG Jena Rpfleger 1997, 431).

Gebäudeeigentum ohne dingliches Nutzungsrecht besteht an Gebäuden und Anlagen   **28 a**

Einleitung

- landwirtschaftlicher Produktionsgenossenschaften (§ 27 LPG-Gesetz) sowie von Arbeiter-Wohnungsbaugenossenschaften und von gemeinnützigen Wohnungsgenossenschaften auf ehemals volkseigenen Grundstücken in den Fällen des Art 233 § 2 a I 1 a und b EGBGB **(Art 233 § 2 b EGBGB)** und
- auf Grund des § 459 ZGB-DDR und der dazu ergangenen Ausführungsvorschriften **(Art 233 § 8 EGBGB).**

Vor Anlegung des Gebäudegrundbuchblattes ist das Gebäudeeigentum von Amts in Abt II des Grundstücksgrundbuches einzutragen (§ 6 GGV).

VI. Einfluss des Verfassungsrechts

Schrifttum: *Büchmann,* Grenzen der Abwehr prozessualer Manipulationen in der Zwangsversteigerung, ZiP 1986,7; *Eickmann,* Das rechtliche Gehör im Verfahren vor dem Rechtspfleger, Rpfleger 1982, 449; *Engel,* Zwangsversteigerung gegen Querulanten – ein Verfahren ohne Ende?, Rpfleger 1981, 81; *Hintzen,* Hinweis- und Belehrungspflichten im Zwangsversteigerungsverfahren, RpflStud 2003, 161; *Klüsener,* Die Zwangsvollstreckung im Spannungsfeld zwischen Verfassungsrecht, Gesetz und Praktikabilität, RpflStud 1992, 1; *Mohrbutter,* Zu den Rechtsfolgen der Entscheidung des Bundesverfassungsgerichts vom 24. 3. 1976 – 2 BvR 804/75 – für das Zwangsversteigerungsverfahren, DRiZ 1977, 39; *Muth,* Hinweis- und Belehrungspflicht bei Zuschlagserteilung nach § 85 a Abs 3 ZVG, Rpfleger 1986, 197; *Quack,* Verfahrenrecht und Grundrechtsordnung, Rpfleger 1978, 197; *Schiffhauer,* Soziale Aspekte im Zwangsversteigerungsverfahren, Rpfleger 1978, 397; *Schneider,* Die Belehrungspflicht in der Teilungsversteigerung, MDR 1977, 353; *Suhr,* Eine grundrechtsdogmatisch aufschlussreiche Zwangsversteigerung wegen vermögenswerter Rechte, NJW 1979, 145; *Vollkommer,* Verfassungsmäßigkeit des Vollstreckungszugriffs, Rpfleger 1982, 1; *Weitzel,* Der grundrechtswidrige Zuschlag, JuS 1976, 722.

1. Allgemeines

29 Das ZVG stammt aus dem Jahre 1898, somit aus einer Zeit, der eine Grundrechtsbindung fremd war. Der Rechtspfleger des VollstrG hat daher selbstständig die Vorschriften des ZVG auf deren Verfassungskonformität zu überprüfen. Das ZVG muss im Blick auf die Grundrechte ausgelegt und angewendet werden; dies verlangt eine rechtsstaatliche Verfahrensgestaltung (BVerfGE 42, 64; 46, 325; 49, 220; 49, 252; 51, 150). Das **Vollstreckungsverfahren steht somit unter den Garantiefunktionen des Grundgesetzes,** dh es ist so ausgerichtet, dass Verfassungsverletzungen ausgeschlossen sind. Dabei ist zu beachten, dass nicht nur das Eigentum des Schu (= Grundstück), sondern auch das Eigentum des Gl (= Forderung) unter dem Grundrechtsschutz steht; für die Grundpfandrechtsgläubiger und sonstigen dinglichen Berechtigten gilt nichts anderes. Das Vollstreckungsverfahren ist so auszurichten, dass einerseits das materielle Recht des Gl eine reale Verwirklichungschance hat, ande-

Einleitung

rerseits aber der Eingriff in das Eigentum nicht über das notwendige Maß hinausgeht. Naturgemäß gebührt dem **Gläubigerrecht in der ZwV der Vorrang,** da der Anspruch tituliert und damit mit dem Recht zur Zwangsdurchsetzung ausgestattet ist (BVerfGE 61, 126; *Eickmann*, ZVG, § 3 II 1).

2. Achtung und Schutz der Menschenwürde (Art 1 GG)

Die Würde des Menschen ist unantastbar. Sie zu achten und zu schützen, ist Verpflichtung aller staatlichen Gewalt. Das VollstrG darf keine Maßnahmen vornehmen, die mit der Achtung der Menschenrechte unvereinbar sind. Dem Vollstreckungsschuldner müssen daher die Mittel zu einem menschenwürdigen Dasein verbleiben. Ihm muss die Chance erhalten bleiben, seine Arbeitskraft zur Beschaffung des Lebensunterhalts für sich und seine unterhaltspflichtigen Angehörigen einzusetzen und aus eigener Betätigung eine neue Lebensgrundlage aufzubauen (*Vollkommer* Rpfleger 1982, 1, 2). Den Verlust einer bisherigen wirtschaftlichen Existenz muss der Schu aber hinnehmen (vgl **§ 30 a Rdn 45**); wegen der Ersichtlichkeit eines gelöschten ZwVVermerks im GB vgl **§ 19 Rdn 14**. 30

3. Gleichheitssatz (Art 3 GG)

Alle Menschen sind vor dem Gesetz gleich. Die Bedeutung dieses Grundrechts für die ZwVerst wurde lange nicht erkannt. Aufgezeigt wurde dies erst durch eine Entscheidung des **BVerfG** vom 24. 3. 1976 (BVerfGE 42, 64 = NJW 1976, 1391 = Rpfleger 1976, 389 m Anm v *Stöber* und *Vollkommer*): 31

Bei einer von der geschiedenen Ehefrau beantragten Zwangsversteigerung zum Zwecke der Auseinandersetzung bot der geschiedene Ehemann (= Antragsgegner) für ein Grundstück im Wert von 144 000 € nur 2000 €, wobei eine (noch in Höhe von etwa 20 000 € valutierte) Grundschuld von 34 000 € bestehen blieb. Bei der Anhörung der Beteiligten (§ 74) verlangte der Antragsteller als Meistbietender die sofortige Erteilung des Zuschlags. Die Antragstellerin war weder im Versteigerungstermin erschienen noch vertreten. Der Zuschlag wurde sogleich erteilt. Das BVerfG hob den Zuschlagsbeschluss auf, weil er die Antragstellerin willkürlich in ihrem Grundrecht aus Art 3 I GG verletzte. Die Antragstellerin hätte infolge ihrer rechtlichen und wirtschaftlichen Unerfahrenheit eines Hinweises gemäß § 139 ZPO bedurft, um ihre Rechte wahrnehmen zu können; der Hinweis hätte sich auf die Bedeutung der Zuschlagserteilung bei einem Bargebot von 2000 € beziehen müssen. Die Antragstellerin wäre dann einer Zuschlagserteilung entgegengetreten.

b) Die sich aus Art 3 GG ergebende **Aufklärungspflicht gemäß § 139 ZPO** (vgl ausführlich dazu *Hintzen* RpflStud 2003, 161) für den 32

Einleitung

Rechtspfleger im Versteigerungsverfahren war seitdem vielfach Gegenstand der **Rspr.** Beispielhaft seien genannt:
(1) OLG München vom 4. 11. 1976 (Rpfleger 1977, 69):
Hinweise und allgemeine Belehrungen nach Aufforderung zur Abgabe von Geboten unterbrechen die Bieterstunde nicht, wenn der Rechtspfleger zur Entgegennahme von Geboten bereit bleibt.
(2) OLG Zweibrücken vom 29. 11. 1976 (Rpfleger 1978, 107):
Der Zuschlagsbeschluss beruht auf einem fehlerhaften Verfahren und ist deshalb aufzuheben, wenn der Rechtspfleger im Versteigerungstermin die ihm obliegende Hinweis- und Belehrungspflicht (§ 139 ZPO) verletzt hat.
Lässt der Rechtspfleger Euroschecks nicht als taugliches Mittel zur Leistung der Bietsicherheit zu, so kann es seine Aufklärungspflicht gebieten, den Bieter darauf hinzuweisen, dass er um die Gewährung einer kurzen Frist zur Einlösung der Schecks bitten könne.
(3) OLG Zweibrücken vom 30. 6. 1980 (JurBüro 1981, 112):
Der Zuschlagsbeschluss beruht auf einem fehlerhaften Verfahren, wenn der Rechtspfleger im Versteigerungstermin der ihm nach § 139 ZPO obliegenden Hinweis- und Belehrungspflicht nicht nachgekommen ist. Die Pflicht darauf hinzuwirken, dass zulässige Gebote abgeben werden, besteht unabhängig davon, ob das Grundstück ohne Hinweis weit unter Wert versteigert würde (zu Recht ablehnend: *Hintzen* RpflStud 2003, 161, 167).
(4) OLG Köln vom 1. 6. 1983 (Rpfleger 1983, 411):
Die Verletzung der Aufklärungspflicht des Gerichts stellt einen Zuschlagsversagungsgrund dar.
(5) OLG Schleswig vom 24. 8. 1983 (JurBüro 1984, 1263):
Das Amtsgericht ist weder nach § 139 ZPO noch nach § 278 III ZPO gehalten, den betreibenden Gl noch vor Erteilung des Zuschlages darauf hinzuweisen, dass entgegen seiner Erwartung doch ein Gebot im Versteigerungstermin abgegeben und deshalb mit der Möglichkeit eines Zuschlags nach § 85 a III ZVG zu rechnen sei, wenn es sich bei dem betreibenden Gl um ein geschäftserfahrenes Realkreditinstitut handelt.
(6) LG Waldshut-Tiengen vom 24. 10. 1985 (Rpfleger 1986, 102):
Löst der bestrangig betreibende Gläubiger der Klasse 4 des § 10 ZVG nach Meistgebot und Schluss der Bietstunde den betreibenden Berechtigten der Klasse 3 ab, so führt die Einstellungsbewilligung des Abgelösten nicht stets zur Zuschlagsversagung. Vor Erteilung des Zuschlags in solchen Fällen ist der Meistbietende gemäß § 139 ZPO auf die Rechtslage hinzuweisen, wenn er ersichtlich davon ausging, dass er durch die Ablösung den Zuschlag vereitele.
(7) OLG Hamm vom 21. 3. 1986 (Rpfleger 1986, 441):
Zur Hinweis- und Belehrungspflicht des Zwangsversteigerungsgerichts, wenn ein Beteiligter die ihm nachteilige Rechtslage offenbar nicht

Einleitung

erkennt oder ihre Auswirkungen unrichtig einschätzt (ablehnend *Hintzen* RpflStud 2003, 161, 166; *Muth* Rpfleger 1986, 417).

(8) OLG Hamm vom 2. 4. 1987 (Rpfleger 1987, 469):
Will der Rechtspfleger eine Sicherheitsleistung durch Stellung eines Bürgen wegen fehlenden Vermögensnachweises nicht zulassen, so kann es seine Hinweis- und Belehrungspflicht (§ 139 ZPO) gebieten, den Bieter darauf hinzuweisen, dass er die Gewährung einer kurzen Frist zur Beibringung des geforderten Vermögensnachweises beantragen kann.

(9) LG Krefeld vom 31. 8. 1987 (Rpfleger 1988, 34):
Eine Hinweis- und Aufklärungspflicht wegen der sich aus § 85 a III ZVG ergebenden Rechtsfolgen besteht nur dann, wenn offensichtlich ist, dass ein Beteiligter, die ihm nachteilige Rechtslage nicht erkennt und ihre Folgen nicht richtig einschätzt.

(10) OLG Oldenburg vom 12. 1. 1988 (Rpfleger 1988, 277):
Es besteht keine gerichtliche Fürsorgepflicht dahingehend, vor Erteilung des Zuschlags der vorrangig betreibenden Gemeinde, die im Versteigerungstermin nicht vertreten war, einen Hinweis auf § 85 a Abs 3 ZVG zu geben. Der Rechtspfleger darf den Zuschlagsbeschluss vielmehr sofort in dem Versteigerungstermin verkünden.

(11) LG Kiel vom 8. 3. 1988 (Rpfleger 1988, 277):
Auch auf ein Meistgebot in Höhe der Hälfte des Grundstückswertes ist der Zuschlag sofort zu erteilen, wenn nach dem Ermessen des Rechtspflegers keine Veranlassung besteht, einen Verkündungstermin anzusetzen. Dies gilt auch dann, wenn der einzige betreibende Gl den Versteigerungstermin nicht wahrnimmt.

(12) OLG Oldenburg vom 16. 3. 1989 (Rpfleger 1989, 381):
Ist dem Rechtspfleger eine Unrichtigkeit des Verkehrswertgutachtens (hier: Ausweisung der Bruttomieten irrig als Nettomieten) bekannt, so hat er die Bietungswilligen, die regelmäßig ihre Investitionsüberlegungen vorwiegend auf dem Gutachten aufbauen, auf diesen Fehler hinzuweisen.

(13) BVerfG vom 23. 7. 1992 (Rpfleger 1993, 32; zu Recht ablehnend: *Hintzen* RpflStud 2003, 161, 163):
Drängt sich in der Verhandlung über den Zuschlag die Vermutung auf, dass einer der Beteiligten die für ihn nachteiligen Folgen der Zuschlagserteilung (hier: Erlöschen des dinglichen Rechtes des bestbetreibenden Gl beim Meistgebot eines nachrangigen Gl) nicht erkennt, so hat der amtierende Rechtspfleger des Versteigerungsgerichts auf die Rechtsfolgen hinzuweisen und Anträge nach §§ 74 a, 30 ZVG anzuregen.

(14) OLG Köln vom 9. 2. 1995 (Rpfleger 1996, 77): Werden zwei Parzellen, die im Wege des Eigengrenzüberbaus mit Aufbauten versehen worden sind, im Zwangsversteigerungsverfahren einzeln ausgeboten, obliegt dem Rechtspfleger gegenüber den Bietern die Amtspflicht, darauf hinzuweisen, dass nach gefestigter höchst-richtlicher Rechtsprechung des Eigentum an den Aufbauten ausschließlich demjenigen Bieter zufällt, der das Stammgrundstück erwirbt.

Einleitung

(15) OLG Brandenburg vom 8. 2. 2001 (Rpfleger 2001, 610):
Wird von den Bietern im Versteigerungstermin Sicherheitsleistung in der gesetzlichen Höhe verlangt, kann ein späterer Bieter sich nicht darauf berufen, dass ihm die Höhe der Sicherheitsleistung (10 % des Verkehrswertes) nicht bekannt gewesen sei. Es ist Sache des Bieters, das Gericht bei Erkennen der fehlenden Sicherheit um eine kurze Unterbrechung des Termins zu bitten, um den notwendigen Sicherheitsbetrag zu beschaffen.

33 c) Das ZVG-Verfahren erfasst eine Reihe von schwierigen rechtlichen und wirtschaftlichen Problemen. Das BVerfG hat daher völlig zu Recht aus Art 3 GG eine Aufklärungspflicht des VollstrG angenommen (§ 139 ZPO), wenn ein **Beteiligter wegen intellektueller Unfähigkeit** nicht in der Lage ist, seine Rechte wahrzunehmen. Ein solcher Beteiligter darf durch das Verfahren nicht überrumpelt werden. Vielmehr ist es Aufgabe des VollstrG, durch Hinweise, Fragen, Bekanntgabe rechtlicher Erwägungen und deren Erörterung zur Stellung sachdienlicher Anträge zu veranlassen (*Schiffhauer* Rpfleger 1978, 397, 405). Das VollstrG hat in seinen Akten bzw seinen Protokollen festzuhalten, ob und wie es von seiner Aufklärungspflicht Gebrauch gemacht hat.

34 Die vom BVerfG für einen Extremfall einer Grundrechtsverletzung geforderte Aufklärungspflicht berechtigt jedoch nicht, den Anwendungsbereich des § 139 ZPO ins Uferlose auszudehnen. Die **dem Verfahren intellektuell gewachsenen Beteiligten** sind nicht aufzuklären, dh sie müssen die Folgen ihres fehlerhaften Verhaltens selbst tragen (*Muth* Rpfleger 1986, 417, 421). Dies gilt vor allem für Rechtsanwälte, Rechtsbeistände, Sparkassen, Banken und öffentlich-rechtliche Einrichtungen (zB Finanzämter, Gemeindeverwaltungen usw). Das VollstrG muss einen solchen geschäftserfahrenen Beteiligten nicht aufklären (OLG Oldenburg Rpfleger 1988, 277; OLG Schleswig JurBüro 1984, 1263). Ansonsten würden die Beteiligten belohnt, die ihre Rechte möglichst nachlässig wahrnehmen. Je schlampiger deren Arbeitsweise, je gröber deren Fehler wären, umso größer müsste die Aufklärungspflicht des VollstrG sein. Dies kann nicht richtig sein. Für das VollstrG besteht daher eine Verpflichtung einzugreifen erst in dem Augenblick, in dem ein Beteiligter offensichtlich aus objektiven, in seiner Person liegenden Gründen, intellektuell nicht fähig ist, den Ablauf des Verfahrens zu begreifen und verfahrensgerecht zu reagieren (LG Krefeld Rpfleger 1988, 34; *Eickmann*, ZVG, § 3 II 5 b).

35 Die Aufklärungspflicht erstreckt sich auf das gesamte ZwVerst-Verfahren und nicht nur auf einen Termin. Außerdem muss sie grundsätzlich auch gegenüber einem **im Termin nicht anwesenden Beteiligten** erfüllt werden (*Steiner/Hagemann* Einl Rdn 56). Die Abwesenheit des Schu im Versteigerungstermin allein ist aber noch kein zwingender Anlass, einen Verkündungstermin (§ 87) anzusetzen (OLG Frankfurt Rpfleger 1991, 470). Vielmehr müssten daneben noch spezielle Tatbestände vorliegen, die zu einer Aufklärung zwingen, wie zB
– Vollstreckungsschutz (§ 765 a ZPO; § 30 a, § 180 II–IV);

Einleitung

- otwendigkeit einer Anmeldung und die Rechtsfolgen unterlassener Anmeldung (§§ 37 Nr 4, 45, 110);
- eckungsgrundsatz im gG (§§ 44 I, 52 I);
- Art und Umfang der Sicherheitsleistung (§§ 67–70);
- Bedeutung der 5/10-Grenze (§ 85 a) und der 7/10-Grenze (§ 74 a); vgl BVerfG Rpfleger 1993, 32;
- Bestehenbleiben eines Altenteils gemäß § 9 EGZVG (vgl dazu BGH Rpfleger 1991, 329);
- Rechtswirkung und Tragweite des Zuschlags, insbesondere bei Grundstücksverschleuderung.

4. Schutz von Ehe und Familie (Art 6 GG)

Ehe und Familie stehen unter dem besonderen Schutz der staatlichen Ordnung. Deshalb kann bei der ZwVerst zu berücksichtigen sein, dass das zu versteigernde Grundstück die wirtschaftliche Grundlage der Familie ausmacht (*Vollkommer* Rpfleger 1982, 1, 4). Ein Verstoß gegen Art 6 GG wurde deshalb vom BVerfG beim Zuschlag in einer Teilungsversteigerung angenommen, mit dem die vermögensrechtliche Auseinandersetzung der geschiedenen Eheleute faktisch vorweggenommen wurde, und zwar einseitig zugunsten des einen und zu Lasten des anderen Teils (BVerfGE 42, 64, 77 = Rpfleger 1976, 389). **36**

5. Eigentumsgarantie (Art 14 GG)

Die herausragende Bedeutung der grundgesetzlichen Eigentumsgarantie machte das **BVerfG** in vier Entscheidungen deutlich. **37**

(1) BVerfG vom 7. 12. 1977 (BVerfGE 46, 325 = Rpfleger 1978, 206 = NJW 1978, 368):

Bei der Vollstreckungsversteigerung eines Grundstücks mit dem Verkehrswert von 95 000 € belief sich das Meistgebot auf 10 500 €. Der Eigentümer, der wegen einer schweren Gehbehinderung bettlägerig war, war im Versteigerungstermin nicht erschienen. Das BVerfG hat die sofortige Zuschlagserteilung als Verstoß gegen Art 14 I 1 GG angesehen. Das VollstrG sei verpflichtet gewesen, den Zuschlag in einem späteren Termin zu verkünden. Maßgeblich war die Überlegung, dass der Eigentümer nur bis zur Entscheidung über den Zuschlag mit einem Antrag nach § 765 a ZPO auf Vollstreckungsschutz Erfolg haben konnte.

(2) BVerfG vom 27. 9. 1978 (BVerfGE 49, 220 = Rpfleger 1979, 296 = NJW 1979, 534): **38**

Bei einer Vollstreckungsversteigerung wurde ein Grundstück im Wert von 41 000 € einem Gebot von 21 000 € zugeschlagen. Allerdings hatte das VollstrG bis zum Zuschlag einen von der Eigentümerin gemäß § 30 a gestellten Antrag auf Einstellung der ZwVerst nicht beschieden. Zum Termin waren weder die Eigentümerin noch deren Vertreter erschienen.

Einleitung

Das BVerfG hat in der sofortigen Zuschlagsentscheidung einen Verstoß gegen Art 14 I 1 GG gesehen. Der Rechtspfleger habe der Eigentümerin die Möglichkeit des Vollstreckungsschutzes verwehrt, indem er über den nahezu seit einem Jahr anhängigen Einstellungsantrag erst mit dem Zuschlagsbeschluss entschieden und diesen Beschluss trotz Abwesenheit der Eigentümerin sofort im Versteigerungstermin verkündet habe. Bei rechtzeitiger Entscheidung über diesen Antrag wäre der Eigentümerin der Ernst der Lage klar geworden, und sie hätte gegebenenfalls Vollstreckungsschutz nach § 765 a ZPO beantragen können.

39 (3) BVerfG vom 10. 10. 1978 (BVerfGE 49, 252 = Rpfleger 1979, 12 = NJW 1979, 538):

Das Grundvermögen des Beschwerdeführers mit einem Verkehrswert von 451 000 € wurde für ein Bargebot von 58 000 € versteigert. Mit der weiteren Beschwerde hatte der Beschwerdeführer gerügt, das LG habe mit seiner Entscheidung gegen Art 14 I 1 und Art 103 I GG verstoßen. Das OLG wies das Rechtsmittel als unzulässig zurück (§ 568 II ZPO). Dem hat das BVerfG entgegengehalten, das OLG habe diese Rüge selbst zu prüfen. Die Verfassungsbeschwerde sei ein letzter und subsidiärer Rechtsbehelf. Die Prüfung, ob das Verfahrensgrundrecht verletzt worden sei, sei eine Tätigkeit, die im Grunde mit der der Instanzgerichte identisch sei. Zu den sachlichen Einwendungen nahm das BVerfG nicht Stellung.

40 (4) BVerfG vom 24. 4. 1979 (BVerfGE 51, 150 = Rpfleger 1979, 296):

In einem Teilungsversteigerungsverfahren wurde ein einer Erbengemeinschaft gehörendes Grundstück mit einem Einheitswert von 11 000 € (ein Verkehrswert war nicht festgesetzt worden) zu einem Gebot von 650 € dem Antragsteller zugeschlagen. Der Beschwerdeführer, der ebenfalls der Erbengemeinschaft angehörte, war im Versteigerungstermin weder erschienen noch vertreten. Das BVerfG hat einen Verstoß gegen den sich aus Art 14 I 1 GG ergebenden Anspruch des Beschwerdeführers auf Gewährung effektiven Rechtsschutzes angenommen. Das Nichterscheinen des Beschwerdeführers im Versteigerungstermin sei nicht rechtsmissbräuchlich gewesen. Der Zuschlag hätte daher in einem späteren Termin verkündet werden müssen (§ 87).

41 Gemeinsam war allen BVerfG-Entscheidungen ein **Missverhältnis zwischen Grundstückswert und Meistgebot,** worin jeweils ein Verstoß gegen die Eigentumsgarantie des Art 14 GG gesehen wurde. Zu beachten ist jedoch, dass mit der Einführung des § 85 a ab dem 1. 7. 1979 bei den Entscheidungen 1, 3 und 4 keine Rüge der Zuschlagserteilung erfolgt wäre, wenn die Norm schon gegolten hätte. Der Eigentümerschutz, dh die Zuschlagsversagung, wäre dann von Amts wegen erfolgt. Damit ist die Rspr des BVerfG aber nicht hinfällig geworden, sondern erlangt weiterhin **ab dem 2. Versteigerungstermin** Bedeutung; § 85 a gilt nämlich nur für den 1. Termin. Die grundgesetzliche Eigentumsgarantie wirkt sich in der ZwV für den Schu als **Schutz vor einer Eigen-**

Einleitung

tumsverschleuderung aus. Ein Zuschlagsverbot ergibt sich aus Art 14 I 1 GG, wenn zwischen Grundstückswert und Meistgebot ein krasses Missverhältnis besteht (vgl **§ 30 a Rdn 39**). Kein Verstoß liegt vor, wenn der Vermögensverlust des Schu durch den Zuschlag nicht außer Verhältnis zu den Forderungen der Gl steht und der anwaltschaftlich vertretene Schu den Verlust seines Vermögens erkannt und die Möglichkeit gehabt hat, verfahrensgerecht zu reagieren (OLG Schleswig Rpfleger 1979, 470). Dagegen kann es einen Verfahrensfehler gemäß § 83 Nr 6 darstellen, wenn der im Versteigerungstermin für den Schu auftretende RA bei Ende der Bietzeit nicht anwesend ist und der Zuschlag sofort erteilt wird, ohne dass der RA Gelegenheit gehabt hat, einen Antrag nach § 765 a ZPO zu stellen, der nicht offensichtlich aussichtslos gewesen wäre (OLG Celle Rpfleger 1979, 116). Die Pflicht, in Fällen der vorliegenden Art die **Verkündung der Zuschlagsentscheidung zu vertagen (§ 87)**, bedeutet keine sachwidrige Begünstigung des Schu. Zwar könnte dieser durch Teilnahme am Termin seine Interessen wahrnehmen. Dieser Umstand allein rechtfertigt es aber nicht, bei krassem Missverständnis zwischen Meistgebot und Grundstückswert eine Vertagung zu unterlassen und sehenden Auges eine Verschleuderung des Schuldnervermögens in Kauf zu nehmen (vgl § 30 a Rdn 34). Der Grundsatz des effektiven Rechtsschutzes erfordert auch die Verpflichtung des Grundschuldgläubigers, gegenüber dem VollstrG Auskunft über die Höhe der persönlichen Forderung zu geben, damit der Eigentümer, der nicht persönlicher Schu ist, in die Lage versetzt wird, von seinem Ablösungsrecht Gebrauch zu machen (OLG Karlsruhe Rpfleger 1981, 407). Das Gebot verfassungskonformer Anwendung der Verfahrensvorschriften kann es im Hinblick auf Art 14 GG gebieten, auf übereinstimmenden Antrag von Gl und Schu die Verkündung der Zuschlagsentscheidung um 30 Minuten zu verschieben, wenn begründete Aussichten bestehen, dass es anschließend zur einstweiligen Einstellung kommt (OLG Düsseldorf Rpfleger 1994, 429).

6. Rechtsstaatsprinzip (Art 20 GG)

Die Rechtsstaatlichkeit des Verfahrens beinhaltet das **Recht auf ein faires Verfahren** (BVerfGE 46, 202, 219). Es handelt sich um ein allgemeines Rechtsschutzgrundrecht, das insbesondere dort eingreift, wo die spezielleren Verbürgungen auf effektiven Rechtsschutz (Art 14 I 1 GG), Zugang zum Gericht (Art 19 IV, 92 GG) und Gewährung des rechtlichen Gehörs (Art 103 I GG) nicht eingreifen (*Vollkommer* Rpfleger 1982, 1, 7). Das Gebot der Verfahrensfairness hat somit Verfassungsrang. Es bietet eine wirksame Handhabe, Verfahrens-Tricks und missbräuchlicher Ausnutzung formaler Positionen zu begegnen. Seine Verletzung stellt einen Zuschlagsversagungsgrund nach § 83 Nr 6 dar (LG Heilbronn Rpfleger 1996, 79). Ein Beispiel dazu bei § 30 Rdn 14 aE. Kein Verstoß gegen das Rechtsstaatsprinzip liegt vor, wenn der Rechtspfleger mit dem Ver-

Einleitung

steigerungstermin pünktlich beginnt, obwohl der Schuldnervertreter vorher sein verspätetes Erscheinen angekündigt hatte (OLG Hamm Rpfleger 1994, 428). Gleiches gilt, wenn infolge des zutreffenden Hinweises des Rechtspflegers vor der Bietstunde, möglicherweise komme es zu einer Verfahrenseinstellung, etwaige Bieter den Saal verlassen (LG Heilbronn Rpfleger 1996, 79).

7. Sozialstaatsprinzip (Art 20 GG)

43 Das Grundgesetz bekennt sich in Art 20 GG zum Sozialstaatsprinzip. Der "vollstreckende" Sozialstaat darf dem Schu nicht mit der einen Hand nehmen, was er ihm als "leistender" Sozialstaat mit der anderen wieder gewähren müsste; denn sonst käme letztlich der Staat anstelle des Schu für dessen Schulden auf (*Vollkommer* Rpfleger 1982, 1, 7). Führt der Vollstreckungszugriff nicht zur Gläubigerbefriedigung, so liegt darin keine Überbürdung von staatlichen Fürsorgeaufgaben auf den Gl. Letzterer trägt nämlich das Risiko der finanziellen Leistungsfähigkeit seines Schu.

8. Verhältnismäßigkeitsprinzip (Art 20 GG)

44 Der mit Verfassungsrang ausgestattete Grundsatz der Verhältnismäßigkeit besagt, dass der Eingriff erforderlich und angemessen sein muss, um das angestrebte Ziel zu erreichen (BVerfGE 19, 342; 50, 9; 53, 158; *Vollkommer* Rpfleger 1982, 1, 8). Das Übermaßverbot verlangt, dass die auferlegte Belastung nicht weitergehen darf als der Zweck der Maßnahme es verlangt (BVerfGE 36, 47, 59; 43, 101, 107). Der Grundsatz der Verhältnismäßigkeit ist daher verletzt, wenn das Ziel auf andere, weniger einschneidende und den Betroffenen weniger belastende Weise erreicht werden kann (BVerGE 38, 281, 302; 49, 24, 58). Mittel und Zweck müssen in einem vernünftigen Verhältnis zueinander stehen (*Vollkommer* Rpfleger 1982, 1, 8). Das geltende Vollstreckungsrecht kennt aber keine Rangordnung der Vollstreckungsarten, ein "gradus executionis" ist ihm fremd (*Gaul* JZ 1974, 281; *Schiffhauer* ZIP 1981, 834). Der Gl hat grundsätzlich das Recht des freien Vollstreckungszugriffs und damit die Wahlfreiheit zwischen den verschiedenen Vollstreckungsarten (Ausnahme: § 866 III ZPO). Auch einen Zusammenhang zwischen der Höhe der Forderung und der Vollstreckungsart kennt das geltende Recht nicht, so dass für Bagatellforderungen grundsätzlich ebenfalls die ZwVerst zur Verfügung steht (vgl **§§ 15, 16 Rdn 58**).

9. Rechtliches Gehör (Art 103 I GG)

45 Vor Gericht hat jedermann Anspruch auf rechtliches Gehör. Dieser Grundsatz ist Ausdruck der Achtung der menschlichen Würde im Verfahren. Der Beteiligte soll vor einer Entscheidung, die seine Rechte betrifft,

Einleitung

zu Wort kommen, um Einfluss auf das Verfahren und sein Ergebnis nehmen zu können (BVerfGE 8, 89, 95; 39, 156, 168). Das rechtliche Gehör beinhaltet das Recht der Beteiligten, über den Verfahrensstoff informiert zu werden, dazu Stellung nehmen zu können sowie die Pflicht des VollstrG, die Stellungnahme zur Kenntnis zu nehmen und bei der Entscheidungsfindung zu verwerten (*Steiner/Hagemann* Einl Rdn 53). Die Verletzung des Anspruchs auf rechtliches Gehör ist ein sonstiger Grund iSd § 83 Nr 6, der zur Versagung des Zuschlags führt (OLG Köln Rpfleger 1983, 411). Nach Ausschöpfung des Rechtsweges kann die Verletzung mit der Verfassungsbeschwerde (§ 90 BVerfGG) gerügt werden (BVerfGE 1, 332, 347; 1, 418, 429). Allgemein wird bei Vollstreckungsmaßnahmen eine vorherige Anhörung des Schu nicht für erforderlich gehalten, weil dadurch der Vollstreckungszugriff vielfach vereitelt würde und der Schu seine Rechte in einem nachfolgenden Überprüfungsverfahren wahren kann (BVerfGE 9, 89, 98). Von der Entscheidung über einen Antrag auf Anordnung (Beitritt) der Vollstreckungsversteigerung oder der ZwVerw ist deshalb keine Anhörung des Schu erforderlich (*Drischler* RpflJB 1989, 194, 195; *Eickmann*, ZVG, § 3 II 4; *Steiner/Hagemann* Einl Rdn 54). Abgesehen von dieser Besonderheit beim ersten Zugriff ist vor dem VollstrG der Grundsatz des rechtlichen Gehörs strikt einzuhalten; der Rechtspfleger ist Gericht im Sinne des Art 103 GG (*Vollkommer* Rpfleger 1982, 1, 7). Insbesondere ist vor der Wertfestsetzung (§ 74 a V) den Beteiligten das eingeholte Sachverständigengutachten mitzuteilen (BVerfG Rpfleger 1957, 11; 1964, 41). Bei kurzfristiger Verlegung eines Termins in einen anderen Sitzungssaal hat das VollstrG durch geeignete Maßnahmen dafür zu sorgen, dass alle Beteiligten den neuen Terminsort finden können (vgl dazu OLG Hamm Rpfleger 1979, 29). Das Beschwerdegericht verstößt gegen die Pflicht zur Gewährung rechtlichen Gehörs, wenn es über die Zuschlagsbeschwerde entscheidet, bevor vom VollstrG über den vom Beschwerdeführer zugleich eingereichten Antrag auf Berichtigung des Protokolls über den Versteigerungstermin entschieden wurde (OLG Karlsruhe Rpfleger 1994, 311). Rechtliches Gehör ist zu gewähren vor Anordnung der Teilungsversteigerung und vor den Entscheidungen nach § 28, § 59, §§ 63, 64, § 65, § 70, § 74 a. Nach der Auffassung des BVerfG (NJW 2000, 1709) soll sich die Pflicht zur Gewährung rechtlichen Gehörs durch den Rechtspfleger nicht aus Art 103 I GG ergeben, sondern aus der Pflicht zur Gewährung eines "fairen Verfahrens" (dagegen zu Recht *Roth* in *Basserge/Herbst/Roth* Vorbem §§ 1 ff RPflG Rdn 11; *Dümig* Rpfleger 2001, 469).

VII. Haftung bei fehlerhafter Verfahrensdurchführung

1. Haftungsgrundlage

Bei einer schuldhaften Amtspflichtverletzung des Rechtspflegers oder eines anderen Bediensteten des VollstrG tritt die Staatshaftung ein. **46**

Einleitung

Anstelle des nach **§ 839 BGB** schadensersatzpflichtigen Beamten trifft grundsätzlich das Bundesland dem Geschädigten gegenüber die Verantwortlichkeit **(Art 34 GG)**. Bei Vorsatz und grober Fahrlässigkeit kann der Beamte in Regress genommen werden (Rückgriffshaftung, § 46 BRRG). Amtspflichten bestehen nicht nur gegenüber Beteiligten iSv § 9 (zB Vollstreckungsgläubiger, BGH Rpfleger 2009, 335), sondern gegenüber allen, deren Belange durch das Verfahren berührt werden und in deren Rechtskreis eingegriffen wird, zB gegenüber einem Bieter (RGZ 129, 23; OLG Koblenz Rpfleger 2000, 342; *Steiner/Hagemann* Einl Rdn 59), dem Meistbietenden (BGH ZflR 2001, 1028) und Vollstreckungsschuldner (BGH Rpfleger 2000, 403), aber nicht ggü einem Zedenten eines zur Sicherheit an den Vollstreckungsgläubiger abgetretenen Grundpfandrechts (BGH ZflR 2001, 777). Ein bewusstes Abweichen des Rechtspflegers von der höchstrichterlichen Rspr ist nicht amtswidrig, wenn er die darin vertretene Rechtsauffassung für unrichtig hält (§ 9 RPflG); gleichfalls ist er nicht an eine sog hM gebunden (OLG Koblenz Rpfleger 2000, 342). Eine Amtspflichtverletzung liegt aber dann vor, wenn der Rechtspfleger von einer höchstrichterlichen Rspr oder hM abweicht, weil er sie nicht kennt (BGHZ 39, 19); ein Abweichen ist daher zu begründen und somit ersichtlich zu machen. Der Umfang des Schadens einer Amtspflichtverletzung ergibt sich aus dem Unterschied zwischen der Vermögenslage des Geschädigten, wie sie sich infolge der Amtspflichtverletzung darstellt, und der Vermögenslage, wie sie ohne diese bestehen würde (BGH Rpfleger 1987, 118). Bei der Pflicht zur angemessenen Personalausstattung der Gerichte handelt es sich um eine Amtspflicht iSv § 839 BGB; kommt es durch eine unzureichende Personalausstattung des Gerichts zu verzögerten Vollstreckungsmaßnahmen und wird hierdurch eine erfolgreiche ZwV vereitelt, so haftet für den dadurch entstandenen Schaden der Staat (BGH ZflR 2007, 238, LG Berlin Rpfleger 2005, 418).

2. Ausnahmen

47 Die Haftung entfällt, wenn bei fahrlässigem Verhalten des Rechtspflegers der **Verletzte auf andere Weise Ersatz zu erlangen vermag** (§ 839 I 1 BGB), was in der Liegenschaftsvollstreckung idR nicht möglich sein dürfte. Sie entfällt ferner, wenn der **Verletzte es vorsätzlich oder fahrlässig unterlassen hat, den Schaden durch Gebrauch eines Rechtsmittels abzuwenden** (§ 839 III BGB). Gemäß § 839 II 1 BGB besteht bei einer Amtspflichtverletzung durch einen **Beamten bei einem Urteil** in einer Rechtssache eine Schadensersatzpflicht nur dann, wenn die Pflichtverletzung in einer Straftat besteht, dh praktisch lediglich bei Bestechung und Rechtsbeugung (BGHZ 64, 347). Fällt der Zuschlagsbeschluss durch den Rechtspfleger darunter? Durch § 839 II 1 BGB soll verhindert werden, dass ein rechtskräftig entschiedener Gegen-

Einleitung

stand erneut einer gerichtlichen Prüfung zugänglich gemacht werden kann mit der Begründung, das Gericht habe rechtswidrig und daher amtspflichtwidrig gehandelt; bezweckt ist also ein Schutz der Rechtskraft, so dass kein "Spruchrichterprivileg", sondern ein "Richterspruchprivileg" vorliegt (RGRK/*Kreft* § 839 Rdn 514). Aus diesem Zweck folgt, dass unter "Beamten" das Gericht zu verstehen ist, das Rechtsprechung ("in einer Rechtssache") ausübt (BGHZ 10, 55, 57; RGRK/*Kreft* § 839 Rdn 518); dazu gehören nicht nur die Berufsrichter iSd DRiG. Der Begriff des "Urteils" ist nicht im rein prozesstechnischen Sinn zu verstehen. § 839 II 1 BGB erstreckt sich vielmehr auf alle gerichtlichen Entscheidungen, die ihrem Wesen nach Urteile sind; maßgeblich ist, ob die Entscheidung der Rechtskraft fähig ist (BGHZ 10, 55; 13, 144; 36, 379; 64, 347). Die ZwVerst von Grundstücken gehört zur streitigen Gerichtsbarkeit des Zivilrechts (*Rosenberg/Schwab/Gottwald* § 11 II 2 a). In diesem Verfahren verkörpert der Rechtspfleger das Gericht (OLG Celle Rpfleger 1965, 59). Der Zuschlagsbeschluss ist ein staatlicher Hoheitsakt in Form eines der materiellen Rechtskraft fähigen Richterspruches (BGHZ 53, 47, 50 = Rpfleger 1970, 60; Rpfleger 1971, 212; OLG Karlsruhe MDR 1954, 112); er gehört zur Rechtsprechung im materiellen Sinn (Lindacher Rpfleger 1987, 45, 46; *Habscheid* RpflBl 1974, 41). **Erlässt der Rechtspfleger einen Zuschlagsbeschluss, so gilt für ihn daher das Richterspruchprivileg des § 839 II BGB** (ebenso *Keller* RpflStud 2002, 130; *Meyer-Stolte* Rpfleger 1986, 159; **aA** *Storz*, Rpfleger 2000, 344).

3. Beispiele

a) Fehlerhafte Fassung des Anordnungs- oder Beitrittsbeschlusses, so zB wenn nicht angegeben wurde, ob wegen eines persönlichen oder eines dinglichen Anspruchs betrieben wird (RGZ 134, 56). 48

b) Unterlassene oder unrichtige Belehrung, zB nach §§ 30 b, 31, 57 d.

c) Nichtbeachtung von Zustellungsmängeln (BGH Rpfleger 2009, 335).

d) Verfahrensverstoß bei der Festsetzung des Verkehrswertes nach § 74 a V (BVerfG NJW 1957, 17; OLG Schleswig Rpfleger 1975, 88).

e) Fehlerhafte Terminsbestimmung, zB durch unrichtige Bezeichnung des Grundstücks oder Unterlassen der Aufforderung nach § 37 Nr 4 (RGZ 129, 23; BGH MDR 1958, 491; OLG Koblenz Rpfleger 2000, 342).

f) Unrichtige Auskunftserteilung, auch wenn keine Pflicht zur Rechtsbelehrung bestand (RGZ 146, 40).

g) Unrichtige Mitteilung nach § 41 II.

h) Unrichtige Berechnung des geringsten Gebots (RGZ 134, 56); der Rechnungsbeamte haftet nur für den rein rechnerischen Teil.

Einleitung

i) Unsachgemäße Vertagung des Versteigerungstermins (RGZ 125, 299).

j) Unterlassen der Bekanntgabe der Erklärungen der Mieter und Pächter (BGH NJW 1955, 303).

k) Unterlassen des Hinweises auf das Antragsrecht nach § 9 II EGZVG.

l) Nichteinhaltung der Bietzeit.

m) Entfernung aus dem Sitzungszimmer während der Bietzeit, und zwar selbst dann, wenn erklärt wird, in einem anderen Zimmer erreichbar zu sein (RGZ 154, 397).

n) Fehlerhafte Protokollerrichtung, zB Nichtangabe des Beginns der Bietstunde (BGH Rpfleger 1987, 118).

o) Nichtbeachten von Geboten oder Widersprüchen.

p) Fehler bei der Sicherheitsleistung.

q) Unterlassen der Aufforderung zur Abgabe weiterer Gebote nach § 73 I 2 (BGH NJW 1963, 1060).

r) Unrichtiges Aufstellen und Ausführen des Teilungsplanes.

s) Nichtbeachtung von Widersprüchen gegen den Teilungsplan (§ 115 II!).

Gesetz über die Zwangsversteigerung und die Zwangsverwaltung

vom 24. März 1897 (RGBl 97) idF der Bekanntmachung vom 20. Mai 1898 (RGBl 713)

zuletzt geändert durch Gesetz vom 29. 7. 2009 (BGBl I 2258, 2269)

Schrifttum: *Arnold,* Probleme der Zwangsvollstreckung nach der deutschen Einigung, DGVZ 1991, 161 und 1992, 20; *Drischler,* Das Verfahren der Immobiliarvollstreckung, RpflJB 1971, 316 und 1972, 295 und 1973, 328 und 1974, 371; *ders,* Neuere Rechtsprechung zum Recht der Zwangsversteigerung und Zwangsverwaltung, KTS 1975, 283 und 1976, 42 und 1978, 147; *ders,* Zwangsversteigerung und Zwangsverwaltung im Licht der neuen Rechtsprechung, RpflJB 1978, 360 und 1979, 377; *ders,* Die ab 1. 7. 1979 in Kraft tretenden Änderungen des ZVG, KTS 1979, 146; *ders,* ZVG-Reform 1979, RpflJB 1980, 359; *ders.,* Lasten und Beschränkungen in der Zwangsversteigerung und Zwangsverwaltung, RpflJB 1981, 318 und 1983, 347; *ders,* Neue Rechtsprechung zum Zwangsversteigerungsgesetz, KTS 1981, 389 und 1982, 377; *ders,* Alte und neue Probleme der Immobiliarvollstreckung, RpflJB 1989, 194; *Hintzen,* Die Entwicklung im Zwangsversteigerungs- und Zwangsverwaltungsrecht seit 2004, Rpfleger 2006, 57; *ders.,* Die Entwicklung im Zwangsversteigerungs- und Zwangsverwaltungsrecht seit 2006, Rpfleger 2007, 642; *Meier,* Die Zwangsvollstreckung in Immobilien, JuS 1992, 650.

Erster Abschnitt. Zwangsversteigerung und Zwangsverwaltung von Grundstücken im Wege der Zwangsvollstreckung (§§ 1–161)

Schrifttum: *Drischler,* Zwangsversteigerungsrecht, RpflJB 1960, 347 und 1961, 292 und 1962, 322; *Ertle,* Probleme mit "Versteigerungsverhinderern", Rpfleger 2003, 14; *Gerhardt,* Grundzüge und Probleme der Zwangsversteigerung, JA 1981, 12; *Hintzen,* Die Entwicklung im Zwangsversteigerungs- und Zwangsverwaltungsrecht seit 2001, Rpfleger 2004, 69, seit 2004, Rpfleger 2006, 57, seit 2006, Rpfleger 2007, 642; *Schiffhauer,* Neuere Rechtsprechung auf dem Gebiet des Zwangsversteigerungsrechts, BlGBW 1978, 67 und 1981, 88; *Storz,* Besondere Gefahrenquellen in der Zwangsversteigerung für den Rechtsanwalt als Berater eines Gl im Versteigerungstermin und im Verteilungstermin, ZIP 1980, 1049 und 1981, 16; *Storz/Kiderlen,* Der Gesetzgeber, der BGH und die Zwangsversteigerung, NJW 2007, 1846.

Erster Titel. Allgemeine Vorschriften (§§ 1–14)

§ 1 [Zuständiges Amtsgericht]

¹**Für die Zwangsversteigerung und die Zwangsverwaltung eines Grundstücks ist als Vollstreckungsgericht das Amtsgericht zuständig, in dessen Bezirke das Grundstück belegen ist.**
²**Die Landesregierungen werden ermächtigt, durch Rechtsverordnung die Zwangsversteigerungs- und Zwangsverwaltungssachen einem Amtsgericht für die Bezirke mehrerer Amtsgerichte zuzuweisen, sofern die Zusammenfassung für eine sachdienliche Förderung und schnellere Erledigung der Verfahren erforderlich ist. Die Landesregierungen können die Ermächtigung auf die Landesjustizverwaltungen übertragen.**

Schrifttum: *Eickmann,* Die Dritte Gewalt – Begriff und Wirklichkeit, Rpfleger 1976, 153; *Engel,* Zwangsversteigerung gegen Querulanten – ein Verfahren ohne Ende?, Rpfleger 1981, 81; *Habscheid,* Zur Stellung des Rechtspflegers nach dem neuen RpflG, NJW 1970, 5; *Lindacher,* Richter und Rechtspfleger, SchlHA 1975, 137 und Rpfleger 1987, 45; *Rellermeyer,* Zuständigkeitskonzentrationen im Zwangsversteigerungsverfahren, Rpfleger 1995, 492; *Tams,* Der Rechtspfleger als Richter i. S. d. Grundgesetzes, Rpfleger 2007, 581; *M. Ule,* Der Rechtspfleger und sein Richter, 1983; *Wohlfahrt,* Vollstreckungshandlungen unzuständiger Organe, ZZP 57, 100.

1. Allgemeines

1 Im § 1 ist die sachliche (Abs 1) und die örtliche Zuständigkeit (Abs 1 und 2) für die ZwVerst und die ZwVerw eines Grundstücks bestimmt. Es handelt sich um einen ausschließlichen Gerichtsstand (§ 802 ZPO); eine Gerichtsstandsvereinbarung durch die Beteiligten ist unzulässig und unwirksam (§ 40 II ZPO).

2. Geltungsbereich

2 § 1 gilt für die ZwVerst und die ZwVerw eines Grundstücks oder den Bruchteil eines Grundstücks (§ 864 II ZPO). Gleichgültig ist, ob es sich um ein Vollstreckungsverfahren oder um ein Sonderverfahren wie ZwVerst oder ZwVerw auf Antrag des Insolvenzverwalters (§§ 172 ff), Nachlassversteigerung (§§ 175 ff) oder sog Teilungsversteigerung (§§ 180 ff) handelt. Für grundstücksgleiche Berechtigungen gilt § 1 entsprechend (§ 870 ZPO).

§ 1

3. Sachliche Zuständigkeit

Ausschließlich sachlich zuständig für alle ZVG-Verfahren bzgl aller der 3
ZwV in das unbewegliche Vermögen unterliegenden Gegenstände ist
das Amtsgericht als Vollstreckungsgericht (§ 1 I, § 764 I ZPO). Bei vollstreckungsrechtlichen Handlungen eines sachlich unzuständigen Gerichts
(zB Landgericht) ist entgegen der hM (*Steiner/Hagemann* Rdn 30) nicht
von der Nichtigkeit, sondern von der Gültigkeit aber Anfechtbarkeit der
betreffenden Handlung auszugehen. Da selbst Handlungen eines kraft
Gesetzes ausgeschlossenen Richters (Rechtspflegers) gültig sind (§ 10
RPflG, §§ 869, 579 Nr 2 ZPO), muss dies erst recht für solche eines
lediglich sachlich unzuständigen Gerichts gelten – argumentum a maiore
ad minus. Die Abgabe von Erklärungen gegenüber einem sachlich unzuständigen Gericht entfaltet keine Wirksamkeit; dies ist erst beim Zugang
an das zuständige Gericht der Fall.

4. Örtliche Zuständigkeit

a) Bezirk. Ausschließlich örtlich zuständig für die ZwVerst und 4
ZwVerw eines Grundstücks ist das AG, in dessen **Bezirk das Grundstück belegen ist** (§ 1 I). Entscheidend für die Zuständigkeit ist allein
die Lage, nicht, bei welchem AG das Grundstück gebucht ist. Da ein
Grundstück im Rechtssinn aus mehreren Flurstücken bestehen kann, ist
es denkbar, dass diese in verschiedenen Amtsgerichtsbezirken liegen; in
diesem Fall bedarf es der Zuständigkeitsbestimmung durch das zunächst
höhere Gericht nach § 2. Für grundstücksgleiche Berechtigungen ist das
AG zuständig, in dessen Bezirk sie ausgeübt werden; es kommt nicht
darauf an, in welchem Grundbuch sie eingetragen sind. Maßgebend für
die örtliche Zuständigkeit ist der Zeitpunkt der ersten Beschlagnahme,
der zu einer perpetuatio fori führt. Nachträgliche Änderungen, zB der
Gerichtsbezirke, haben nur dann Einfluss auf die Zuständigkeit, wenn
das sie bewirkende Organisationsgesetz dies ausdrücklich anordnet (*Eickmann*, ZVG, § 8 I 3).

b) Gemeinsames Gericht. Gemeinsame Gerichte können gemäß 5
§ 1 II von den Landesjustizverwaltungen bestimmt werden. Davon haben
Gebrauch gemacht: *Baden Württemberg* durch VO vom 20. 11. 1998 (GBl
680); *Bayern* durch § 38 der Verordnung über gerichtliche Zuständigkeiten im Bereich des Staatsministeriums der Justiz (GZVJu) vom
16.11.2004 (GVBl 471), *Brandenburg* durch § 12 der 2. GerZustV vom
8.5.2007 (GVBl 2007 II 113); *Nordrhein-Westfalen* durch § 1 KonzentrationsVO ZVG vom 23.9.2008 (GV NW 2008, 626); *Rheinland-Pfalz* durch
VO vom 22. 11. 1985 (GVBl 267), zuletzt geändert durch Verordnung
vom 8.5.2006 (GVBl 2006, 199); *Sachsen* durch § 17 SächsJOrgVO vom
14.12.2007 (GVBl 2007, 600); *Schleswig-Holstein* durch LVO vom 16. 11.
1981 (GVBl 333), geändert am 13.11.2006 (GBOBl 2006, 249); *Thürin-*

§ 1 [Zuständiges Amtsgericht]

gen durch § 7 VO vom 12. 8. 1993 (GVBl 563), neu gefasst durch Art 9 des Gesetzes vom 23.12.2005 (GVBl 2005, 446). Nach erfolgter Verfahrensanordnung getroffene Neuregelungen über die Zusammenfassung von Gerichtsbezirken ändern daran grundsätzlich nichts. Abzugeben an das gemäß § 1 II zuständige Vollstreckungsgericht ist der Antrag, und zwar unter Abgabenachricht, wenn er bei einem nicht zuständigen Gericht im gemeinsamen Bezirk gestellt ist.

6 **c) Örtliche Unzuständigkeit.** Bei örtlicher Unzuständigkeit des VollstrG sind Vollstreckungsakte und Entscheidungen nach hM nicht nichtig, sondern nur anfechtbar (*Steiner/Hagemann* Rdn 30; *Dassler/Rellermeyer* Rdn 7); die Beschlagnahmewirkungen (§§ 20 ff, 148) treten daher auch bei der Anordnung durch das örtlich unzuständige VollstrG ein. Die Wirksamkeit von Erklärungen, die ggü einem örtl unzust VollstrG abgegeben worden sind, beurteilt sich nach folgenden Grundsätzen: Erklärt das VollstrG seine Unzuständigkeit und gibt die Erklärung zurück, so ist diese unwirksam. Weist das angegangene VollstrG den Erklärenden auf die Unzuständigkeit hin und bleibt im Übrigen untätig, so ist auch in diesem Fall von der Unwirksamkeit der Erklärung auszugehen; der Erklärende bedarf keines Vertrauensschutzes. Erkennt das VollstrG seine Unzuständigkeit und gibt die Erklärung an das zuständige VollstrG weiter, so ist sie wirksam, und zwar mit Einreichung beim zuständigen VollstrG; nur zur Wahrung einer gesetzlichen Frist kann die Wirksamkeit bereits beim örtlich unzuständigen VollstrG angenommen werden.

5. Funktionelle Zuständigkeit

7 **a) Rechtspfleger.** Nach § 3 Nr 1 i RPflG sind die Aufgaben in sämtlichen ZVG-Verfahren im vollen Umfange dem Rechtspfleger übertragen. Verfassungsmäßige Bedenken dagegen bestehen nicht (OLG Celle Rpfleger 1979, 390), denn der Rechtspfleger ist **Richter iSv Art 92 GG und gesetzlicher Richter iSv Art 101 I 2 GG** (*Steiner/Hagemann* Rdn 7; *Tams* Rpfleger 2007, 581; *Eickmann* Rpfleger 1976, 153; LG Frankfurt Rpfleger 1992, 271). Die Zwangsversteigerung von Grundstücken gehört zur streitigen Gerichtsbarkeit (*Rosenberg/Schwab/Gottwald* § 11 II 3 a), und wesentliche Entscheidungen wie der Zuschlagsbeschluss nach § 90 oder die Beschlüsse gemäß § 30 a, § 765 a ZPO sind dem Bereich der Rechtsprechung im materiellen Sinn zuzuzählen (*Rosenberg/Gaul* § 43 V 1; *Lindacher* Rpfleger 1987, 45, 46; *Habscheid* RpflBl 1974, 41; aA BGH IGZInfo 2010, 19). Die Meinung, die den Rechtspfleger nicht als Richter iSd GG ansieht (BVerfG Rpfleger 2000, 205; BVerfGE 56, 110, 127; 55, 370, 371; BGH IGZInfo 2010, 19; ZfIR 2003, 1055; *Bassenge/Herbst/Roth* Vor §§ 1 ff RPflG Rdn 8–10; *M. Ule* Rdn 57, 112, 395 mwN), muss daher von der Verfassungswidrigkeit der Übertragung der ZVG-Verfahren auf den Rechtspfleger ausgehen.

§ 1

Der Rechtspfleger ist ein besonderes Organ der Rechtspflege im Rahmen der Gerichtsverfassung, bei seiner Entscheidung ist er das **Gericht** (OLG Celle Rpfleger 1965, 59), im ZVG-Verfahren also das VollstrG. Nach § 9 RPflG ist der Rechtspfleger nur dem Gesetz unterworfen und entscheidet selbstständig, dh er genießt **sachliche Unabhängigkeit.** Das Recht auf den gesetzlichen Rechtspfleger gemäß Art 101 I 2 GG muss dadurch gesichert werden, dass die Zuständigkeiten zwischen den einzelnen Rechtspflegern im **Geschäftsverteilungsplan** gem § 21 e GVG geregelt werden, und zwar durch das Richterpräsidium (*Steiner/Hagemann* Rdn 7; *M. Ule* Rdn 126, 127, 135; **aA** BVerwGE 19, 112; BGH IGZInfo 2010, 19; *Bassenge/Herbst/Roth* Vor §§ 1 ff RPflG Rdn 11). Soweit die Verwaltungsvorschriften der Länder (vgl dazu die Übersicht bei *M. Ule* Anh G 1 – G 10) die Zuständigkeit des Behördenvorstands vorsehen oder die Änderung der Geschäftsverteilung während eines Geschäftsjahres "aus wichtigem Grund", oder wegen eines "Bedürfnisses", zulassen, sind diese Bestimmungen wegen Art 20 III GG (= Vorrang des Gesetzes, § 21 e III 1 GVG) rechtswidrig (*Steiner/Hagemann* Rdn 7; *Böttcher* Rpfleger 1986, 201, 205; *M. Ule* Rdn 134, 135; **aA** BGH IGZInfo 2010, 19). 8

Innerhalb des Verfahrens **trifft der Rechtspfleger alle Maßnahmen,** die zur Erledigung des Geschäfts erforderlich sind (§ 4 I RPflG). Er ist zB befugt, die Beteiligten mündlich oder schriftlich anzuhören, Termine anzuberaumen, das persönliche Erscheinen der Beteiligten anzuordnen, Beweise zu erheben (§§ 355 ff ZPO) und den Sachverhalt aufzuklären (§ 139 ZPO). In den Terminen obliegt dem Rechtspfleger die Aufrechterhaltung der Ordnung (§§ 176 ff GVG), allerdings kann er keine Ordnungshaft verhängen (§ 4 II Nr 2 RPflG). 9

b) Richter. Er wird nur noch tätig, wenn ihm die Sache vorgelegt wird (§ 5 RPflG). Der Rechtspfleger hat dem Richter die Sache vorzulegen, wenn eine Entscheidung nach Art 100 GG einzuholen ist oder wenn zwischen seinem und dem richterlichen Geschäft ein so enger Zusammenhang besteht, dass eine getrennte Behandlung nicht sachdienlich ist **(§ 5 RPflG).** Diese Vorschrift ist sehr bedenklich und sollte abgeschafft werden. Insbesondere muss § 5 I Nr 1 RPflG widersprochen werden, wonach sich die Zuständigkeit des Rechtspflegers nicht auf die Vorlage einer Sache nach Art 100 I GG erstreckt. Das BVerfG verlangt vom Rechtspfleger, in der Zwangsversteigerung effektiven Rechtsschutz zu gewähren und dabei die Außerkraftsetzung von positiven Vorschriften des ZVG durch das GG zu beachten, also letztlich die Verfassungsmäßigkeit gesetzlicher Normen zu prüfen (BVerfGE 42, 64; 46, 325; 49, 220; 49, 252; 51, 150). 10

c) Urkundsbeamter. Urkundsbeamter der Geschäftsstelle ist idR der Beamte des mittleren Justizdienstes (§ 153 II GVG). Er ist zuständig für die Protokollführung in Terminen (§§ 159 ff ZPO), Aufnahme von 11

§ 1 [Zuständiges Amtsgericht]

Anträgen und Erklärungen der Beteiligten, Akten- und Registerführung. Bewirkung von Ladungen und Zustellungen im Amtsbetrieb, Erteilung von Rechtskraftzeugnissen (§ 706 ZPO) und Ausfertigungen bzw Abschriften (§ 299 I ZPO). Entgegennahme der für das Gericht bestimmten Schriftstücke.

12   **d) Rechnungsbeamter.** Rechnungsbeamte können im ZVG-Verfahren tätig werden (§§ 66 I, 113 I). Einsatz und Bestellung richten sich nach Landesrecht. *Bayern:* Bek vom 14. 4. 1980 (JMBl 177), geändert am 25. 11. 1988 (JMBl 288), am 28. 10. 1994 (JMBl 338); *Hessen:* RdErl vom 5. 1. 1982 (JMBl 91); *Rheinland-Pfalz:* VV vom 24. 7. 1996 (JBl 288). In den übrigen Ländern gehören die Geschäfte des Rechnungsbeamten zu den Dienstgeschäften des Rechtspflegers nach dem Geschäftsverteilungsplan (vgl Beck'sche Textausgaben, Zwangsversteigerungsrecht, 1994, Einf III 6 und *Piller/Herrmann,* Justizverwaltungsvorschriften, Nr 10 Anl III).

13   **e) Verletzung der funktionellen Zuständigkeit.** Nach § 8 I RPflG ist ein vom Richter vorgenommenes Geschäft wirksam, obwohl es zu den auf den Rechtspfleger übertragenen Geschäften gehört, wie zB das ZVG-Verfahren (§ 3 Nr 1 i RPflG). Nimmt der Urkundsbeamte eine Aufgabe wahr, für die der Rechtpfleger zuständig ist, so ist diese Handlung unheilbar nichtig. Nimmt ein gehobener Justizbeamter, der nicht mit Rechtspflegeraufgaben betraut ist, die Aufgaben des Rechtspflegers wahr, so sind seine Handlungen unwirksam. Wird ein Rechtspfleger aus einer anderen Abteilung im ZVG-Verfahren tätig, so sind seine Handlungen in entsprechender Anwendung von § 22 d GVG wirksam. Nimmt ein Rechtspfleger die Aufgaben eines Urkundsbeamten wahr, so wird die Wirksamkeit nicht berührt (§ 8 V RPflG); gleiches gilt, wenn der Richter anstelle des Urkundsbeamten handelt.

6. Ausschließung und Ablehnung von Gerichtspersonen

14   **a) Ausschließung.** Auf Rechtspfleger (§ 10 S 1 RPflG), Richter und Urkundsbeamte (§ 49 ZPO) sind die für den Prozess geltenden Vorschriften (§§ 41–48 ZPO) anzuwenden. In welchen Fällen die Gerichtsperson kraft Gesetzes ausgeschlossen ist, bestimmt **§ 41 ZPO**. Die **Ausschließung** bedeutet den Befehl, sich jeder Amtshandlung zu enthalten. Hat der Rechtspfleger trotz Ausschließung eine Tätigkeit vorgenommen, so ist diese nicht nichtig, sondern anfechtbar (§ 547 Nr 2, § 576 III, § 579 I Nr 2 ZPO).

15   **b) Ablehnung.** Ablehnung eines Rechtspflegers (vgl dazu BGH ZfIR 2003, 1055) kann erfolgen in den Fällen, in denen er von der Ausübung seines Amtes kraft Gesetzes ausgeschlossen ist oder wegen Besorgnis der Befangenheit **(§ 42 ZPO)**. Letzteres ist der Fall bei heftiger Unmutsäußerung gegenüber einem Verfahrensbeteiligten (OLG Nürnberg MDR

§ 1

1967, 310) und bei ungewöhnlich langer Dauer eines Verfahrens, wobei Erinnerungsschreiben nicht beantwortet wurden (OLG Hamm JMBl NRW 1976, 111). Die Besorgnis der Befangenheit ist auch begründet, wenn der mit der ZwVerst befasste Rechtspfleger selbst Anträge oder Rechtsbehelfe der Beteiligten aufnehmen würde. Dies widerspricht der von ihm verlangten Unparteilichkeit: er kann nicht einen Antrag aufnehmen und selbst darüber entscheiden. Im Geschäftsverteilungsplan muss eine solche Konstellation bereits ausgeschlossen werden. Ist dies nicht geschehen, muss sich der Rechtspfleger selbst für befangen erklären. Um keinen Ablehnungsgrund handelt es sich, wenn der Rechtspfleger seiner Aufklärungspflicht gemäß § 139 ZPO nachkommt (BVerfGE 42, 64), wesentliche Teile des Terminsprotokolls vorbereitet werden (LG Göttingen Rpfleger 1976, 55) oder der Rechtspfleger seine vorläufige Rechtsansicht mitteilt (KG FamRZ 1979, 322; BVerwG NJW 1979, 1316). Gibt der Rechtspfleger dem antragstellenden Gl durch Zwischenverfügung auf, eine Zwangsvollstreckungsvoraussetzung nachzuholen (hier: Zustellung des Titel) und verlängert er auf Antrag des Gl die hierfür gesetzte Erledigungsfrist ohne vorher den Schu anzuhören, liegt hierin kein Grund für einen Befangenheitsantrag des Schu gegen den Rechtspfleger (LG München I Rpfleger 2000, 4007). Wird der Versteigerungsrechtspfleger von einem Beteiligten abgelehnt, so kann er vor Erledigung des Ablehnungsgesuchs noch einen Termin durchführen, aber keinen Zuschlag erteilen (BGH Rpfleger 2007, 619; OLG Celle NJW-RR 1989, 569; LG Aachen Rpfleger 1986, 59; **aA** LG Konstanz Rpfleger 1983, 490). Ein trotzdem erteilter Zuschlag ist anfechtbar (§ 579 I 3 ZPO, § 11 RPflG). Über die Ablehnung des Rechtspflegers entscheidet der Richter (§ 10 S 2 RPflG). Gegen die Zurückweisung eines Ablehnungsgesuchs ist die sofortige Beschwerde (§ 567 ZPO) gegeben (§ 10 S 1 RPflG iVm § 46 II ZPO). Unter der Voraussetzung des § 574 ZPO ist die Rechtsbeschwerde an den BGH möglich.

Bei **Missbrauch** des Ablehnungsrechts braucht keine Entscheidung 16 zu ergehen; es genügt ein Aktenvermerk, aus dem sich ergibt, dass die Eingabe gelesen und warum sie nicht beschieden wurde (BVerfGE 11, 1, 5; RGZ 92, 230; OLG Hamm NJW 1976, 978; OLG Köln MDR 1964, 423). Bei missbräuchlicher Ablehnung des Rechtspflegers kann dieser das Gesuch auch selbst als unzulässig verwerfen (BVerfG Rpfleger 2008, 124; BVerfGE 11, 1, 3; BGH Rpfleger 2005, 415; OLG Frankfurt NJW-RR 1989, 569; OLG Koblenz Rpfleger 1985, 368). Entscheidet der Rechtspfleger selbst über ein gegen ihn gerichtetes Ablehnungsgesuch, kann hierdurch ein Verstoß gegen das Gebot auf den gesetzlichen Richter nach Art 101 I 2 GG begründet sein, wenn eine Verwerfung des Ablehnungsgesuchs als unzulässig nicht in Betracht kommt oder sich die Frage der Unzulässigkeit nicht klar und eindeutig beantworten lässt (BVerfG Rpfleger 2008, 124). Ein Rechtsmissbrauch liegt vor, wenn aus dem Ablehnungsgesuch hervorgeht, dass es bei objektiver Würdigung nicht ernst gemeint ist, sondern nur die Verschleppung des Verfahrens beabsichtigt (BVerfG Rpfleger 2008, 124; BGH Rpfleger 2005, 415). Dies kann sich insbesondere daraus ergeben, dass Gerichte pauschal abgelehnt werden, ohne das gegen die Person des Rechtspflegers im Einzelnen spezifizierte Ablehnungsgründe vorgetragen werden (BVerfGE 11, 1, 5; OLG Düsseldorf Rpfleger 1994, 340; BGH NJW 1974, 55), dass eine Begründung überhaupt fehlt (OLG Braunschweig NJW 1976, 2024) oder sich in Verunglimpfung des Gerichts erschöpft (KG JR 1966, 229; OLG Hamm NJW 1976, 978), dass Ablehnungsgesuche, über die bereits entschieden ist, wiederholt werden (OLG Köln MDR 1964, 423; LG Kiel Rpfleger 1988, 544). Ist zweifelhaft, ob die Ablehnung rechtsmissbräuchlich ist, insbesondere, wenn eine solche Ablehnung erstmals zu bescheiden ist, so ist es zweckmäßig, die Sache dem Richter vorzulegen (§ 10 S 2, § 28 RPflG). Bei der Entscheidung besteht auch eine Pflicht, darüber zu befinden, ob das Ablehnungsgesuch rechtsmissbräuchlich ist; der Rechtspfleger ist nämlich dann nicht an der Weiterbearbeitung der Sache bis zur Rechtskraft der Entscheidung gemäß § 47 ZPO gehindert (*Engel* Rpfleger 1981, 81, 84). Die rechtsmissbräuchliche Ablehnung des Rechtspflegers kann nicht als sonstiger – der Zuschlagsentscheidung einstweilen entgegenstehender – Grund iSv § 83 Nr 6 anerkannt werden; das gilt auch dann, wenn der Rechtspfleger davon abgesehen hat, das Ablehnungsgesuch vor der Entscheidung über den Zuschlag selbst als unzulässig zu verwerfen (BGH Rpfleger 2007, 619).

7. Prüfung der Zuständigkeit

17   Dazu ist das VollstrG während des gesamten Verfahrens von Amts wegen verpflichtet. Wird ein Versteigerungsantrag beim unzuständigen Gericht gestellt, wird dem Antragsteller rechtliches Gehör gewährt und dann sein Antrag zurückgewiesen, es sei denn, er nimmt ihn zurück oder bittet um Weiterleitung an das zuständige Gericht; von Amts wegen erfolgt letzteres nicht. Wenn das VollstrG seine Unzuständigkeit erst nach der Verfahrensordnung erkennt, muss es das Verfahren von Amts wegen aufheben gemäß § 28, nach Schluss der Versteigerung muss der Zuschlag versagt werden nach § 83 Nr 6. Eine Unzuständigkeit ist als unheilbarer Mangel (§ 84) auch vom Beschwerdegericht von Amts wegen zu beachten (§ 100 III; *Dassler/Rellermeyer* Rdn 7). Nach der Rechtskraft des Zuschlags scheidet eine Anfechtung wegen Unzuständigkeit aus. Gerügt werden kann die Unzuständigkeit nach Verfahrensanordnung mittels Vollstreckungserinnerung (§ 766 ZPO) bzw sofortiger Beschwerde gemäß § 11 I RPflG, § 793 ZPO (bei Anhörung vor Anordnung), nach Zuschlagserteilung kommt nur die sofortige Beschwerde gemäß § 11 I RPflG gegen den Zuschlag in Betracht. Wenn das VollstrG seine Unzuständigkeit erkennt, ist eine Verweisung nach § 281 ZPO unzulässig, da das zuständige Gericht in eigener Zuständigkeit die ZwVerst anordnen muss (*Steiner/Hagemann* Rdn 33; *Muth* 9a Rdn 8; *Eickmann*, ZVG, § 8 I 3; **aA** *Stöber* Rdn 3.7b und 3.9b); eine trotzdem erfolgte Verweisung ist unbeachtlich.

§ 2 [Bestellung durch das höhere Gericht]

ᴵIst das Grundstück in den Bezirken verschiedener Amtsgerichte belegen oder ist es mit Rücksicht auf die Grenzen der Bezirke ungewiß, welches Gericht zuständig ist, so hat das zunächst höhere Gericht eines der Amtsgerichte zum Vollstreckungsgerichte zu bestellen; § 36 Abs. 2 und 3 und § 37 der Zivilprozeßordnung finden entsprechende Anwendung.

ᴵᴵDie gleiche Anordnung kann getroffen werden, wenn die Zwangsversteigerung oder die Zwangsverwaltung mehrerer Grundstücke in demselben Verfahren zulässig ist und die Grundstücke in den Bezirken verschiedener Amtsgerichte belegen sind. Von der Anordnung soll das zum Vollstreckungsgerichte bestellte Gericht die übrigen Gerichte in Kenntnis setzen.

Schrifttum: *Hagemann*, Die Zwangsversteigerung mehrerer Grundstücke in demselben Verfahren, RpflStud 1985, 28; *Swarzenski*, Die Bestimmung des zuständigen Gerichts durch das übergeordnete Gericht, JR 1952, 231.

Übersicht

	Rn.
1. Allgemeines	1
2. Fälle des § 2 I	2
a) Ein Grundstück liegt in den Bezirken verschiedener Amtsgerichte (§ 2 I 1. Alt)	2
b) Ungewissheit über die Grenzen des Amtsgerichtsbezirks (§ 2 I 2. Alt)	3
c) Verfahren	4
3. Fall des § 2 II	5
4. Fälle des § 36 I Nr 1, 5, 6 ZPO	9
5. Das zunächst höhere Gericht	10
6. Entscheidung	11
7. Wirkungen	14
8. Rechtsbehelfe	15

1. Allgemeines

§ 2 regelt die Festlegung des örtlich zuständigen VollstrG durch das **1** zunächst höhere Gericht, wenn ein Grundstück in den Bezirken verschiedener Amtsgerichte liegt oder bei Ungewissheit über die Grenzen der Gerichtsbezirke oder wenn die von der ZwVerst betroffenen Grundstücke in verschiedenen Amtsgerichtsbezirken liegen. Diese Vorschrift,

§ 2 [Bestellung durch das höhere Gericht]

die für alle ZVG-Verfahren gilt, auch für die Teilungsversteigerung nach § 180 (BayObLG Rpfleger 1998, 79), erscheint im Hinblick von §§ 869, 36 ZPO überflüssig (*Steiner/Hagemann* Rdn 8). Bei Uneinigkeit über die Zuständigkeit verschiedener Abteilungen des VollstrG (vgl § 28 Rdn 59) oder verschiedener Rechtspfleger des VollstrG gilt § 2 nicht; dies richtet sich vielmehr nach dem Geschäftsverteilungsplan.

2. Fälle des § 2 I

2 **a) Ein Grundstück liegt in den Bezirken verschiedener Amtsgerichte (§ 2 I 1. Alt).** Dies dürfte nur bei einem Grundstück im Rechtssinn bestehend aus mehreren Flurstücken in verschiedenen Bezirken der Fall sein (vgl BayObLG Rpfleger 1997, 269). Bei einer Zentralisierung gemäß § 1 II gilt als Gerichtsbezirk iSd § 2 I der davon betroffene Versteigerungsbezirk.

3 **b) Ungewissheit über die Grenzen des Amtsgerichtsbezirks (§ 2 I 2. Alt).** Praktisch bedeutungslos.

4 **c) Verfahren.** Für die Zuständigkeitsbestimmung nach § 2 I ist ein Gesuch eines Beteiligten erforderlich (§ 2 I 2. Hs, § 37 I ZPO); von Amts wegen oder auf Grund einer Anregung eines der beteiligten Gerichte geschieht dies nicht (*Stöber* Rdn 3.1 a aA *Dassler/Rellermeyer* Rdn 5; *Steiner/Hagemann* Rdn 9). Ein Gl kann das Verfahren bereits vor seiner Antragstellung für die ZwVerst einleiten, dh außerhalb der ZwVerst die Zuständigkeitsbestimmung beantragen. Nach Beantragung der ZwVerst muss dem Gl vor Verfahrensanordnung eine Frist gewährt werden, binnen derer er das Verfahren nach § 2 I einleiten kann; nach erfolglosem Fristablauf ist der Versteigerungsantrag zurückzuweisen; diese Verfahrensweise führt nach Verfahrensanordnung zur Aufhebung (§ 28) und nach Schluss der Versteigerung zur Zuschlagsversagung (§§ 33, 83 Nr 6). Im Verfahren gemäß § 2 I hat das entscheidende Gericht keinen Ermessensspielraum; beim Vorliegen der Voraussetzungen hat es seine Bestimmung zu treffen, ansonsten ist zurückzuweisen.

3. Fall des § 2 II

5 **a)** Eine Zuständigkeitsbestimmung kommt auch dann in Betracht, wenn die ZwVerst oder die ZwVerw **mehrerer Grundstücke** in demselben Verfahren zulässig ist (§ 18) und die Grundstücke in den Bezirken verschiedener Amtsgerichte (im Fall des § 1 II in den Bezirken verschiedener Versteigerungsgerichte) liegen (§ 2 II): Wenn die ZwVerst eines Grundstücksbruchteils angeordnet ist und sodann nach einer Änderung der Gerichtsbezirke ein anderes Amtsgericht für das Grundstück zuständig wird und dort die ZwVerst des anderen Bruchteils angeordnet werden soll, ist das gemeinsame VollstrG in entsprechender Anwendung des § 3 II zu bestimmten (OLG Frankfurt Rpfleger 1980, 396).

§ 2

b) Das Bestimmungsverfahren nach § 2 II erfolgt auf **Antrag eines** 6
Beteiligten (§ 9) oder auf Grund eines **Gesuchs eines der beteiligten**
VollstrG; § 37 ZPO gilt auch in diesem Verfahren (BayObLG Rpfleger
1998, 79). In einem Antrag auf ZwVerst mehrerer Grundstücke kann
auch der Antrag für das Verfahren nach § 2 II erblickt werden. Es ist
bereits vor dem eigentlichen ZwVerst-Verfahren möglich (ausführlich
dazu *Hagemann* RpflStud 1985, 28 Abschn II 3 c cc).

c) Die Zuständigkeitsbestimmung des höheren Gerichts erfolgt nach 7
seinem **pflichtgemäßen Ermessen** unter Berücksichtigung der
Umstände der Einzelfälle. Im Vordergrund stehen dabei praktische Überlegungen und vor allem wirtschaftliche Gesichtspunkte, dh die Möglichkeit eines hohen Versteigerungserlöses.

d) Das höhere Gericht muss nicht nur über das örtlich zuständige 8
VollstrG entscheiden, sondern es muss zugleich eine **bindende Entscheidung über die Zulässigkeit der Verfahrensverbindung nach**
§ 18 treffen; Voraussetzung für die Bestimmung des gemeinsamen
VollstrG nach § 2 II daher die Zulässigkeit der Verfahrensverbindung
gemäß § 18 (BGH WM 1984, 1032; 1984, 1342; 1985, 69; 1985, 840;
1986, 719; 1986, 897; 1986, 1421; BayObLG Rpfleger 1998, 79; 1990,
131). Das bestimmte VollstrG kann die Verfahrensverbindung durch das
höhere Gericht nicht aufheben (*Steiner/Hagemann* Rdn 18 **aA** *Stöber*
Rdn 5.1). Es bleibt selbst dann zuständig, wenn die ZwVerst hinsichtlich
einzelner Grundstücke beendet wird und nur noch ein Grundstück vorhanden ist, das gar nicht im Versteigerungsbezirk liegt.

4. Fälle des § 36 I Nr 1, 5, 6 ZPO

(vgl RGZ 44, 394; 54, 206; BGH NJW 1983, 1859). Danach ist ein 9
zuständiges VollstrG zu bestimmen, wenn das an sich zuständige VollstrG
an der Ausübung des Rechtspflegeramtes rechtlich (zB Ausschließung,
Ablehnung) oder tatsächlich (zB Krankheit, Abwesenheit) verhindert ist
(§ 36 I Nr 1) oder wenn das Verfahren über dasselbe Grundstück von
mehreren Amtsgerichten angeordnet worden ist (§ 36 I Nr 5: positiver
Kompetenzkonflikt) oder wenn sich mehrere Amtsgerichte rechtskräftig
für unzuständig erklärt haben (§ 36 I Nr 6: negativer Kompetenzkonflikt). Diese Verfahren bedürfen keines Antrags eines Beteiligten, sondern
werden auf Grund der Vorlage eines der beteiligten Gerichte (durch den
Rechtspfleger) von Amts wegen eingeleitet. Bei seiner Entscheidung hat
das höhere Gericht keinen Ermessensspielraum, dh es hat eine Anordnung beim Vorliegen der Voraussetzungen zu treffen. Ist keines der
Gerichte, die über die Zuständigkeit streiten, sondern ein drittes Gericht
zuständig, so kann letzteres bestimmt werden, wenn es dem höheren
Gericht nachgeordnet ist (BGHZ 71, 69, 74 = Rpfleger 1987, 211).

§ 2 [Bestellung durch das höhere Gericht]

5. Das zunächst höhere Gericht

10 ist für Amtsgerichte im gleichen Landgerichtsbezirk das LG, in verschiedenen Landgerichtsbezirken das OLG; in verschiedenen Oberlandesgerichtsbezirken wäre es der BGH. Anstelle des BGH ist jedoch das OLG zuständig, zu dessen Bezirk das zuerst mit der Sache befasste Gericht gehört (§ 2 I 2. Hs iVm § 36 II ZPO). Es hat die Sache dem BGH vorzulegen, wenn es bei der Bestimmung des zuständigen Gerichts in einer Rechtsfrage von der Entscheidung eines anderen OLG oder des BGH abweichen will (§ 2 I 2. Hs iVm § 36 III ZPO).

6. Entscheidung

11 a) Die Zuständigkeitsbestimmung des § 2 ist eine gerichtliche Entscheidung, die zur Rechtsprechung gehört, und keine Maßnahme der Justizverwaltung. Einer **Prüfung der allgemeinen Vollstreckungsvoraussetzungen bedarf es nicht** (RGZ 125, 299, 310; BayObLGZ 1974, 15). Im Falle des § 2 I wird das Verfahren nicht als Teil der ZwVerst angesehen, während dies bei § 2 II wohl bejaht werden muss, weil dabei sowohl über die Zuständigkeit als auch über die Verfahrensverbindung gemäß § 18 bindend entschieden wird.

12 b) Weder der Schu noch sonstige Beteiligte haben im Verfahren gemäß § 2 einen Anspruch auf **rechtliches Gehör,** und zwar unabhängig davon, ob die ZwVerst von einem persönlichen oder dinglichen Gl beantragt wird (BGH Rpfleger 1984, 363; KTS 1985, 132; BayObLGZ 1974, 15). Dies sollte jedoch nur vor Verfahrensanordnung gelten, um die Beschlagnahme nicht zu gefährden; danach sollte auch im Verfahren gemäß § 2 rechtliches Gehör gewährt werden. Verfahrensbeteiligter im Bestimmungsverfahren ist nur der Antragsteller, nicht dagegen die sonstigen Beteiligten nach § 9. Ob das höhere Gericht eine mündliche Verhandlung durchführt, liegt in seinem Ermessen; idR wird davon abgesehen.

13 c) Die Entscheidung gemäß § 2 bedarf für ihre Wirksamkeit der **Bekanntmachung.** Sowohl der zuständigkeitsbestimmende als auch ablehnende Beschluss wird nur dem Antragsteller mitgeteilt (ersterer formlos, letzterer mittels Zustellung § 329 II ZPO), dem Schu nur ausnahmsweise formlos nach dessen Anhörung. Gleiches gilt, wenn das Gesuch von einem AG kam. Bei einer Zuständigkeitsbestimmung nach § 2 II soll das zum VollstrG bestellte Gericht die übrigen Gerichte von der Anordnung in Kenntnis setzen (§ 2 II 2).

7. Wirkungen

14 Das höhere Gericht bestimmt das zuständige Gericht bindend, und zwar für das betroffene VollstrG, aber ebenso für den Anordnungsgläubiger, alle Beitrittsgläubiger und die sonstigen Beteiligten nach § 9. Beab-

sichtigt jedoch ein Gl des ZwVerst-Verfahrens in weitere Grundstücke zu vollstrecken, muss erneut ein Verfahren gemäß § 2 durchgeführt werden.

8. Rechtsbehelfe

Wird eine Zuständigkeitsbestimmung abgelehnt, so gibt es dagegen die sofortige Beschwerde gemäß §§ 37 I, 793 ZPO, soweit überhaupt eine Anfechtungsmöglichkeit besteht (nicht bei BGH, KG oder OLG, § 567 I ZPO); der zuständigkeitsbestimmende Beschluss ist unanfechtbar (§ 37 II ZPO).

§ 3 [Zustellungen]

Die Zustellungen erfolgen von Amts wegen. Sie können durch Einschreiben mit Rückschein erfolgen. Zum Nachweis der Zustellung genügt der Rücksein.

Schrifttum: *Heß,* Neues deutsches und europäisches Zustellungsrecht, NJW 2002, 2417; *Hornung,* Zustellungsreformgesetz, Rpfleger 2002, 493; *von König,* Die Reform des Verfahrens bei Zustellungen im gerichtlichen Verfahren, RpflStud 2002, 61.

Übersicht

Rn.

1. Allgemeines 1
2. Anordnung der Zustellung 2
3. Ausführung der Zustellung 3
   a) Allgemeines 3
   b) Zustellung im Amtsbetrieb 8
   c) Zustellung im Parteibetrieb 16
4. Zustellungsadressat 17
   a) Prozessfähige Beteiligte 17
   b) Prozessunfähige 18
   c) Partei Kraft Amtes 19
   d) Prozessbevollmächtigter 20
   e) Anstellungsadressat 21
   f) Vertreter 22
   g) Ersatzzustellung 23
5. Prüfung der Zustellung 29
6. Zustellungsmängel und deren Heilung 30

1. Allgemeines

Alle Zustellungen im gesamten ZVG-Verfahren müssen von Amts wegen erfolgen (§ 3); dazu gehört auch das Beschwerdeverfahren. Im Hinblick auf §§ 869, 166 II ZPO erscheint § 3 überflüssig. Im ZVG-Verfahren regeln sich die Zustellungen zunächst nach den **§§ 3–8,** dann

§ 3 [Zustellungen]

über § 869 ZPO nach den **§§ 166 ff ZPO**. Wann die Bekanntmachung eines Beschlusses oder einer Verfügung mittels förmlicher Zustellung erfolgen muss, regelt das ZVG (zB §§ 22, 32, 41, 43 II, 57 b I, 85 I, 88, 103, 104); ansonsten genügt eine formlose Mitteilung (zB § 41 II). Ausnahmen vom Grundsatz der Amtszustellung müssen ausdrücklich geregelt sein, so erfolgen zB die Zustellungen in den Fällen der §§ 22 II 3, 65 I im Parteibetrieb. **Zustellung** ist die Bekanntgabe eines Schriftstücks an eine Person in einer bestimmten Form (§ 166 I ZPO). Danach sind für eine wirksame Zustellung weder die Übergabe noch die Möglichkeit der Kenntnisnahme noch eine Beurkundung erforderlich. Den Nachweis der Zustellung und ihres Zeitpunktes von der Zustellende auch in anderer Weise als durch Zustellungsurkunde führen. Ihr kommt jedoch insoweit Bedeutung zu, als sie Beweiskraft als öffentliche Urkunde iSv § 418 ZPO besitzt (§ 182 I 2 ZPO). Sofern durch die Zustellungen eine Frist gewahrt oder die Verjährung neu beginnt oder nach § 204 BGB gehemmt werden soll, tritt eine Rückwirkung der Zustellung bereits mit Eingang des Antrags oder der Erklärung bei Gericht ein, wenn die Zustellung demnächst erfolgt (§ 167 ZPO).

2. Anordnung der Zustellung

2   Erlässt der **Rechtspfleger** eine Entscheidung, so hat er zugleich anzuordnen, ob und an wen und wie zurückzustellen ist. Gem § 168 ZPO hat die Geschäftsstelle für die Bewirkung der Zustellungen und der Mitteilungen Sorge zu tragen. Zuständig ist der Urkundsbeamte (§ 153 GVG).

3. Ausführung der Zustellung

3   **a) Allgemeines. aa)** Die Zustellung kann an jedem **Ort,** an dem der Zustellungsadressat angetroffen wird, erfolgen (§ 177 ZPO). Die Zustellung in der Wohnung eines von der deutschen Gerichtsbarkeit Befreiten ist unzulässig (§ 185 Nr. 3 ZPO).

4   **bb) Gegenstand der Zustellung.** Bei der Amtszustellung bleibt die Urschrift des zuzustellenden Schriftstückes bei den Gerichtsakten; die Partei erhält eine Ausfertigung der gerichtlichen Entscheidung oder eine beglaubigte Abschrift des Schriftsatzes. Bei der Parteizustellung behält die Partei die Ausfertigung des Schriftstücks; der Gerichtsvollzieher erhält das Original, vermerkt darauf die Art der Zustellung (§§ 193 I, 194 I ZPO) und übergibt eine beglaubigte Abschrift (§ 192 II ZPO).

5   Eine **Ausfertigung** ist die amtliche Abschrift eines bei den Akten verbleibenden Schriftstücks, die im Verkehr die Urschrift ersetzen soll und deshalb vom UdG und in besonderer Form (Unterschrift des UdG, Amtssiegel oder -stempel vgl § 317 III ZPO) erteilt wird. Fehlt der Ausfertigungsvermerk oder die Unterschrift des UdG, so ist die Zustellung nicht wirksam und setzt keine Frist in Lauf (BGH VersR 1974,

§ 3

1129; BAG MDR 1962, 685); die Abkürzung "f. d. R. d. A." reicht nicht (BGH NJW 1959, 2117). Als Unterschrift des UdG genügt ein die Identität des Unterschreibenden ausreichend kennzeichnender individueller Schriftzug, der sich nicht nur als Namenskürzel darstellt, sondern charakteristische Merkmale einer Unterschrift mit vollen Namen aufweist und die Nachahmung durch einen Dritten zumindest erschwert; es reicht aus, dass jemand, der den Namen des Unterzeichnenden und dessen sonstige Unterschriften kennt, den Namen aus dem Schriftbild herauslesen kann (BGH VersR 1985, 59, 60; NJW 1985, 1227; Rpfleger 1988, 152).

Eine beglaubigte **Abschrift** ist eine Abschrift, deren Übereinstim- 6 mung mit der Urschrift oder der Ausfertigung schriftlich versichert wird; die Beglaubigung der Übereinstimmung mit einer beglaubigten Abschrift reicht nicht (BGH NJW 1960, 818). Die Beglaubigung erfolgt durch die Geschäftsstelle (§ 169 II ZPO). Der Beifügung eines Dienstsiegels bedarf es nicht (OLG Frankfurt Rpfleger 1981, 68). Zustellungen von Abschriften ohne Beglaubigung oder mit Beglaubigung durch einen Unbefugten sind unwirksam (BGH MDR 1964, 316).

Gleiches gilt, wenn die **Ausfertigung oder beglaubigte Abschrift** 7 des zugestellten Schriftstücks wesentliche Schreibfehler enthält (BGH VersR 1967, 784), in wesentlichen Teilen unleserlich ist (BayObLGZ 1982, 90) oder die Unterschriften des Richters (BGH Rpfleger 1973, 15) oder Rechtspflegers (BGH NJW 1981, 2256) fehlen bzw nur in Klammern gesetzt sind (BGH NJW 1975, 781; FamRZ 1982, 482 **aA** *Vollkommer* ZZP 88, 334).

b) Zustellung im Amtsbetrieb. aa) Geschäftsstelle. Sie führt die 8 Zustellung nach den §§ 173 bis 175 ZPO aus (§ 168 I 1 ZPO). Der Urkundsbeamte ist in eigener Verantwortung zuständig. Er bestimmt den Zustellungsweg nach pflichtgemäßem Ermessen. Er kann das Schriftstück zustellen
– durch Aushändigung an der Amtsstelle (§ 173 ZPO),
– gegen Empfangsbekenntnis (§ 174 ZPO) oder
– durch Einschreiben mit Rückschein (§ 175 ZPO).
Nach § 168 I 2 ZPO kann er außerdem
– die Post oder
– einen Justizbediensteten
mit der Zustellung beauftragen. Post in diesem Sinn ist nicht nur die Deutsche Post AG, sondern auch jedes andere nach § 33 I PostG beliehene Unternehmen (*Rosenberg/Schwab/Gottwald* § 74 II 1 a). Von der Geschäftsstelle kann jeder geeignete Justizbedienstete, nicht nur ein Gerichtswachtmeister beauftragt werden. Verspricht eine Zustellung nach § 168 I ZPO keinen Erfolg, kann das Gericht einen Gerichtsvollzieher und eine andere Behörde mit der Ausführung Zustellung beauftragen (§ 168 II ZPO).

§ 3 [Zustellungen]

9 **bb)** Das zu übergebende Schriftstück kann durch **Aushändigung an der Amtsstelle** zugestellt werden (§ 173 ZPO). Mit der Aushändigung des Schriftstücks ist die Zustellung bewirkt. In den Akten und auf dem ausgehändigten Schriftstück ist zu vermerken, dass dies geschehen ist; der Vermerk hat das Datum der Aushändigung zu enthalten und ist zu unterschreiben. Doch ist dies für die Wirksamkeit der Zustellung nicht wesentlich.

10 **cc)** Ein Schriftstück kann an einen Anwalt, einen Notar, einen Gerichtsvollzieher, einen Steuerberater oder eine sonstige Person, bei der aufgrund ihres Berufes von einer erhöhten Zuverlässigkeit ausgegangen werden kann, eine Behörde, eine Körperschaft oder der Anstalt des öffentlichen Rechts gegen **Empfangsbekenntnis** zugestellt werden (§ 174 I ZPO). Bei den sonstigen Personen kommen Rechtsbeistände, Steuerbevollmächtigte, Wirtschaftsprüfer, Geistliche, Polizeibeamte, Vermessungsingenieure, Architekten usw. in Betracht (*Hornung* Rpfleger 2002, 493, 496). Auch an Sparkassen als Körperschaften des öffentlichen Rechts kann durch Empfangsbekenntnis zugestellt werden, nicht aber eine Bank als juristische Person des Privatrechts. Eine Zustellung liegt erst dann vor, wenn der Adressat seinen Annahmewillen zumindest konkludent zum Ausdruck bringt, nicht aber bereits mit der Übergabe oder Kenntnisnahme des Schriftstücks durch den Adressaten (*Rosenberg/Schwab/Gottwald* § 74 II 3 b). Zum Nachweis der Zustellung genügt das mit Datum und Unterschrift des Adressaten versehene Empfangsbekenntnis, das an das Gericht zurückzusenden ist (§ 174 IV 1 ZPO); es ist jedoch nicht konstitutiv für die Wirksamkeit der Zustellung. Das Empfangsbekenntnis kann schriftlich, durch Telekopie oder als elektronisches Dokument zurückgesandt werden (§ 174 IV 2 ZPO).

11 **dd)** An die in § 174 I ZPO Genannten kann ein Schriftstück auch durch **Telekopie (Fax)** zugestellt werden (§ 174 II ZPO). Die Übermittlung soll mit dem Hinweis "Zustellung gegen Empfangsbekenntnis" eingeleitet werden und die absendende Stelle, die Namen und die Anschrift des Zustellungsadressaten sowie die Namen des Justizbediensteten erkennen lassen, der das Schriftstück zu Übermittlung aufgegeben hat. Der Empfänger kann das Empfangsbekenntnis in diesem Fall nach seiner Wahl schriftlich oder ebenfalls per Telekopie übermitteln (§ 174 IV 2 ZPO). Auch das Fax muss eine Unterschrift enthalten (*Rosenberg/Schwab/Gottwald* § 74 II 4).

12 **ee)** An die in § 174 I ZPO Genannten kann auch ein **elektronisches Dokument (als E-mail)** zugestellt werden (§ 174 III 1 ZPO). Gleiches gilt für andere Verfahrensbeteiligte, wenn sie der Übermittlung elektronischer Dokumente ausdrücklich zugestimmt haben (§ 174 III 3 ZPO); die Angabe einer E-Mailadresse auf dem Briefkopf genügt dafür nicht (MünchKomm/*Wenzel* § 174 ZPO Rdn 15). Für die Übermittlung ist das Dokument mit einer elektronischen Signatur zu versehen und gegen unbefugte Kenntnisnahme Dritter zu schützen (§ 174 III 3 ZPO). Das

§ 3

Empfangsbekenntnis kann als elektronisches Dokument, als Telekopie oder schriftlich erteilt werden (§ 174 IV 2 ZPO). Das elektronische Dokument muss gem § 174 IV 3 ZPO mit einer qualifizierten elektronischen Signatur versehen werden. Datum und Unterschrift sind erforderlich (§ 174 IV 1 ZPO).

ff) Ein Schriftstück kann durch **Einschreiben mit Rückschein** zugestellt werden (§ 175 S 1, § 168 I 1 ZPO). Die durch das 2. JuMoG (BGBl 2006 I 3416, 3421) angefügten Sätze 2 und 3 stellen dies noch einmal klar, was überflüssig ist (*Stöber* Rdn 2.4). Durch die Übergabe des Einschreibens an den Adressaten ist die Zustellung wirksam vollzogen; zum Nachweis der Zustellung dient der Rückschein (§ 175 S 2 ZPO). Geht letzterer verloren, so kann die Zustellung auch anderweitig nachgewiesen werden, zB durch ein Zeugnis des Zustellers. Unzulässig ist die Zustellung durch "Einwurf – Einschreiben" oder "Übergabe – Einschreiben", da es hierüber keinen Nachweis gibt. Wirksam ist die Zustellung ebenfalls, wenn das Einschreiben an einen empfangsbereiten Ersatzempfänger übergeben wird; als Ersatzempfänger zählen die AGB der Deutschen Post AG die Familienangehörigen des Adressaten, eine in der Wohnung beschäftigte Personen und den Postbevollmächtigten vor. Ausgeschlossen ist diese Art der Zustellung, wenn der Brief den Vermerk "Eigenhändig" trägt. Wenn der Adressat die Annahme der Einschreibesendung verweigert, scheitert diese Art der Zustellung (*Stöber* Rdn 2.4).

gg) Eine **öffentliche Zustellung** kann gem § 185 ZPO erfolgen, wenn
– der Aufenthaltsort einer Person unbekannt und eine Zustellung an den Vertreter oder Zustellungsbevollmächtigten nicht möglich ist,
– eine Zustellung im Ausland nicht möglich ist oder keinen Erfolg verspricht oder
– die Zustellung nicht erfolgen kann, weil der Ort der Zustellung die Wohnung einer Person ist, die nach den §§ 18 bis 20 des GVG der Gerichtsbarkeit nicht unterliegt.

Über die Bewilligung der öffentlichen Zustellung entscheidet der Rechtspfleger. Die öffentliche Zustellung erfolgt durch Aushang einer Benachrichtigung an der Gerichtstafel (§ 186 II ZPO). Das Schriftstück gilt als zugestellt, wenn seit dem Aushang der Benachrichtigung ein Monat verstrichen ist (§ 188 ZPO). Der Rechtspfleger kann zusätzlich anordnen, dass die Benachrichtigung einmal oder mehrfach in BAnz oder anderen Blättern zu veröffentlichen ist (§ 187 ZPO). Im ZVG-Verfahren ist die öffentliche Zustellung nur für den Anordnungs- und Beitrittsbeschluss von Bedeutung (§ 8), da ansonsten die §§ 6, 7 (Zustellungsvertreter) in Betracht kommen.

hh) Eine **Zustellung im Ausland** erfolgt gem § 183 ZPO
1. durch Einschreiben mit Rückschein, soweit aufgrund völkerrechtlichen Vereinbarungen Schriftstücke unmittelbar durch die Post übersandt werden dürfen,

§ 3 [Zustellungen]

2. auf Ersuchen des Rechtspflegers durch die Behörden des fremden Staates oder durch die diplomatische und konsularischen Vertretung des Bundes, die in diesem Staat residiert, oder
3. auf Ersuchen des Rechtspflegers durch das Auswärtige Amt an einen Deutschen, der das Recht der Immunität genießt und zu einer Vertretung der Bundesrepublik Deutschland im Ausland gehört.

Zum Nachweis der Zustellung nach Nr 1 genügt der Rückschein; die Zustellung nach den Nrn 2 und 3 wird durch ein Zeugnis der ersuchten Behörde nachgewiesen. Der Rechtspfleger kann bei der Zustellung an § 183 I Nr 2 und 3 ZPO anordnen, dass der Beteiligte innerhalb einer angemessenen Frist einen Zustellungsbevollmächtigten benennt, der Inland wohnt oder dort einen Geschäftsraum hat, falls er nicht einen Prozessbevollmächtigten bestellt hat (§ 184 ZPO). Wird kein Zustellungsbevollmächtigter benannt, zu können spätere Zustellungen bis zur nachträglichen Benennung dadurch bewirkt werden, dass das Schriftstück unter der Anschrift des Beteiligten zur Post gegeben wird. Das Schriftstück gilt zwei Wochen nach Aufgabe zur Post als zugestellt.

16 c) **Zustellung im Parteibetrieb.** Neben der Zustellung im Amtsbetrieb ist auch eine Zustellung auf Betreiben der Parteien möglich, wenn dieses zugelassen oder ausdrücklich vorgesehen ist. Es gelten die Vorschriften über die Zustellung von Amts wegen neben den **§§ 191 bis 195 ZPO**. Der Zustellung im Parteibetrieb heißt, dass die Parteien sich selbst entweder direkt und unter Vermittlung der Geschäftsstelle des Amtsgerichts an das Zustellungsorgan wenden und dieses mit der Zustellung beauftragen. Zustellungsorgan in diesem Fall der Gerichtsvollzieher. Sind die Parteien durch Anwälte vertreten, so kann ein Schriftstück auch dadurch zugestellt werden, dass der zustellende Anwalt das zu übergebende Schriftstück dem anderen Anwalt übermittelt (§ 195 ZPO). Auch Schriftsätze, die von Amts wegen zuzustellen wären, können stattdessen von Anwalt zu Anwalt zugestellt werden, wenn nicht gleichzeitig dem Gegner eine gerichtliche Anordnung mitzuteilen ist.

4. Zustellungsadressat

17 a) **Prozessfähige Beteiligte.** Der Zustellungsadressat ergibt sich aus den einzelnen Vorschriften (zB §§ 22 I, 32, 41 I). Bewährt hat sich ein Beteiligtenverzeichnis, das jedoch mit größter Sorgfalt geführt und ständig ergänzt werden muss. Wirksame Zustellungen können nur an **prozessfähige Beteiligte** (§ 9) erfolgen, wobei sich die Prozessfähigkeit nach der Geschäftsfähigkeit richtet (§§ 51 ff ZPO).

18 b) **Prozessunfähige.** Zustellungen für **Prozessunfähige** müssen an den gesetzlichen Vertreter erfolgen (§ 170 ZPO); bei mehreren gesetzlichen Vertretern genügt die Zustellung an einen von ihnen (§ 170 III ZPO). Die Zustellung muss erfolgen beim Minderjährigen an die Eltern,

§ 3

beim Mündel an den Vormund, bei der BGB-Gesellschaft an alle Gesellschafter oder den Geschäftsführer (BGH DNotZ 2007, 214), beim Einzelkaufmann an ihn selbst, bei der OHG und KG an die Komplementäre, bei den juristischen Personen des Privatrechts an den Vorstand, Geschäftsführer usw und bei den juristischen Personen des öffentlichen Rechts an den sich aus dem Gesetz, der Verordnung oder Satzung ergebenden gesetzlichen Vertreter. Wird ein Beteiligter erst im Laufe der ZwVerst prozessunfähig, so sind die davor erfolgten Zustellungen wirksam, danach ist an den gesetzlichen Vertreter zuzustellen. Eine Zustellung an einen prozessunfähigen Beteiligten oder an den unrichtigen gesetzlichen Vertreter ist wirkungslos (§ 170 I 2 ZPO).

c) Partei Kraft Amtes. Unterliegt ein Beteiligter einer Verfügungsentziehung, ist an die **Partei kraft Amtes** (Insolvenzverwalter, Testamentsvollstrecker, Nachlassverwalter) zuzustellen. Ist ausnahmsweise trotzdem an den Beteiligten selbst zuzustellen, zB an den Insolvenzschuldner bei Freigabe des Grundstücks durch den Insolvenzverwalter, so ist ein Zusatz "Zustellen trotz Insolvenzverfahren" anzubringen; eine Zustellung an den IV wirkt in diesem Fall nicht gegen den Insolvenzschuldner (BayObLG Rpfleger 1979, 215). 19

d) Prozessbevollmächtigter. Da das Vollstreckungsverfahren zum 1. Rechtszug gehört, müssen, wenn ein Prozesstitel vorliegt und darin ein **Prozessbevollmächtigter** des Schu benannt ist, die Zustellungen, aber auch formlose Mitteilungen, an ihn erfolgen (§ 172 ZPO). Dies gilt auch, wenn der Beteiligte neben ihm tätig wird oder der Prozessbevollmächtigte im Ausland wohnt (BGH MDR 1963, 829). An den Prozessbevollmächtigten der 1. Instanz ist auch dann zuzustellen, wenn aus einem Titel einer höheren Instanz vollstreckt wird (LG Gießen Rpfleger 1981, 26). Der Prozessbevollmächtigte kann im Rahmen von § 87 II ZPO weiterhin Zustellungen wirksam entgegennehmen (BGH NJW 2008, 234). An den Beteiligten selbst ist zuzustellen, wenn er von vornherein persönlich Anträge gestellt hat (*Stöber* Rdn 3.3) oder ein Bevollmächtigter tätig wird (OLG München Rpfleger 1970, 250) oder die Vollmacht vom Vertretenen widerrufen wird (OLG München Rpfleger 1979, 465; LG Trier Rpfleger 1988, 29) oder der Prozessbevollmächtigte sein Mandat niederlegt, und zwar auch im Anwaltsprozess (KG NJW 1972, 543; OLG Koblenz Rpfleger 1978, 261). Bei mehreren Prozessbevollmächtigten genügt die Zustellung an einen von ihnen; mit der Zustellung an den ersten beginnen die Fristen zu laufen. Der im Schuldtitel aufgeführte Prozessbevollmächtigte braucht keine Vollmacht nachzuweisen (§ 81 II ZPO). Die nicht an ihn vorgenommene Zustellung ist wirkungslos. 20

e) Anstellungsadressat. Ist der **Zustellungsadressat keine natürliche Person,** genügt die Zustellung an den Leiter (§ 170 II ZPO). 21

Gemeint sind juristische Personen, Personenhandelsgesellschaften, die GbR oder eine Behörde. Leiter ist derjenige, der der Gesamteinrichtung vorsteht und sie repräsentiert (*Rosenberg/Schwab/Gottwald* § 73 II 3).

22 **f) Vertreter.** An den **rechtsgeschäftlich bestellten Vertreter** kann mit gleicher Wirkung wie an den Vertretenen zugestellt werden; der Vertreter hat eine schriftliche Vollmacht vorzulegen (§ 171 ZPO).

23 **g) Ersatzzustellung.** Kann ein Beteiligter, sein Vertreter oder sein "Leiter" nicht Zustellungsempfänger sein, weil sie nicht angetroffen werden, die Annahme ablehnen oder an ihr faktisch verhindert sind, so findet eine **Ersatzzustellung** statt. Jeder Zustellungsempfänger handelt dabei in gesetzlicher Vertretung des Adressaten. Die Geschäftsstelle kann eine gesetzlich vorgesehene Ersatzzustellung nicht wirksam ausschließen (BGH NJW-RR 2003, 208).

24 **aa)** Wird der Adressat in seiner **Wohnung** nicht angetroffen, so kann das Schriftstück in der Wohnung einem erwachsenen Familienangehörigen, einer in der Familie beschäftigten Person oder einem erwachsenen ständigen Mitbewohner zugestellt werden (§ 178 I Nr 1 ZPO). Unter einer Wohnung ist die zur Zeit der Zustellung insbesondere zum Schlafen benutzte Räumlichkeit und vom Wohnsitz iSv §§ 7 ff BGB zu unterscheiden (BGH NJW 1992, 1963). Der Familienangehörige oder der Beschäftigte müssen nicht in der Wohnung wohnen. Die Person muss nur äußerlich erwachsen, nicht aber volljährig sein (BGH NJW 1981, 1613). Zu den Familienangehörigen gehören auch der noch in der Wohnung lebende getrennte oder geschiedene Ehegatte (LG Flensburg MDR 1982, 238). Der nichteheliche Lebenspartner ist geeigneter Empfänger, sei es als ständige Mitbewohner, falls er keine eigene Wohnung hat, aber auch als Familienangehöriger. Ersatzzustellungen an den Hauswirt oder Vermieter sind nicht zulässig.

25 **bb)** Hat der Adressat **Geschäftsräume**, so kann an jede dort beschäftigte Personen ersatzweise zugestellt werden (§ 178 I Nr 2 ZPO). Eine besondere Vertrauensstellung ist nicht Voraussetzung, so dass auch an den Pförtner, Arbeiter oder an Reinigungspersonal zugestellt werden kann (*Rosenberg/Schwab/Gottwald* § 73 III 2 **aA** *Zöller/Stöber* § 178 Rdn 18).

26 **cc)** Wohnt der Adressat in einer **Gemeinschaftseinrichtung,** so kann ersatzweise dem Leiter der Einrichtung oder einen dazu ermächtigten Vertreter zugestellt werden (§ 178 I Nr 3 ZPO). Ob die Einrichtung öffentlichrechtlich oder privat betrieben wird, ist unerheblich. In Betracht kommen Altersheime, Arbeiterwohnheime, Frauenhäuser, Kasernen, Krankenhäuser, Justizvollzugsanstalten, Ausbildungsheime usw. Ein Hotel, in dem der Adressat wohnt, ist keine Gemeinschaftseinrichtung.

27 **dd)** Ist die Zustellung in der Wohnung oder den Geschäftsräumen (§ 178 I Nr 1 und 2 ZPO) nicht ausführbar, kann das Schriftstück in einen zu der Wohnung oder dem Geschäftsraum gehörenden **Briefkasten oder eine ähnliche Vorrichtung** eingelegt werden, die der Adressat für den Postempfang eingerichtet hat und die in der allgemein üblichen Art für eine sichere Aufbewahrung geeignet ist (§ 180 ZPO). Mit der Einlegung gilt das Schriftstück als zugestellt. Der Zusteller vermerkt auf dem Umschlag des zuzustellen Schriftstücks das Datum der Zustellung.

ee) Ist die Zustellung nach § 178 I Nr 3 ZPO oder § 180 ZPO nicht 28 ausführbar, kann das zuzustellende Schriftstück auf der Geschäftsstelle des Amtsgerichts, in dessen Bezirk der Ort der Zustellung liegt, niedergelegt werden (§ 181 I 1 ZPO). Wird die Post mit der Ausführung der Zustellung beauftragt, ist das zuzustellende Schriftstück am Ort der Zustellung wurde am Ort des Amtsgerichts bei einer von der Post dafür bestimmten Stelle niederzulegen (§ 181 I 2 ZPO). Von der **Niederlegung** ist der Adressat durch schriftliche Mitteilung zu benachrichtigen (§ 181 I 3 ZPO). Die Mitteilung ist ihm wie ein gewöhnlicher Brief zu übermitteln. Das Schriftstück gilt mit der Abgabe der Mitteilung über die Niederlegung als zugestellt (§ 181 I 4 ZPO). Unerheblich ist die Niederlegung selbst und ob der Adressat die Mitteilung beachtet und das Schriftstück abholt und zur Kenntnis nimmt.

5. Prüfung der Zustellung

Dies ist Aufgabe des UdG; er hat zu prüfen, ob an alle betroffenen 29 beteiligte in der richtigen Art und Weise zugestellt wurde. Ansonsten müssen die Mängel, ggf durch Wiederholung der Zustellung umgehend beseitigt werden. Unzustellbare Sendungen sind dem Rechtspfleger darzulegen.

6. Zustellungsmängel und deren Heilung

Ein Verstoß gegen die Zustellungsvorschriften hat grundsätzlich die 30 Unwirksamkeit der Zustellung zur Folge (*Rosenberg/Schwab/Gottwald* § 75 II 2). Die Beurkundung der Zustellung (§ 182 ZPO) ist aber nicht konstitutiver Teil der Zustellung selbst; deshalb kann die fehlerfreie Zustellung bei Mängeln der Zustellungsurkunde oder deren Verlust auch anderweitig nachgewiesen werden (*Stöber* Rdn 6.3). Lässt sich die formgerechte Zustellung eines Schriftstücks nicht nachweisen oder ist das Schriftstück unter Verletzung zwingender Zustellungsvorschriften zugegangen, so gilt es in dem Zeitpunkt als zugestellt, in dem das Schriftstück der Person, an die die Zustellung den Gesetz gemäß gerichtet war oder gerichtet werden konnte, **tatsächlich zugegangen ist** (§ 189 ZPO). Der Zugang kann mit jedem Mittel bewiesen werden und ist nicht von der Erklärung des Zustellungsadressaten abhängig. Geheilt sein kann auch ein Zustellungsmangel, wenn durch die Zustellung der Lauf einer Notfrist (§ 224 I 2 ZPO) in Gang gesetzt werden soll (*Stöber* Rdn 5.1).

Die Frage der Wirksamkeit einer Zustellung und des Zeitpunktes trifft der Rechtspfleger; ein gesonderter Feststellungsbeschluss ist allerdings nicht notwendig. Bei einer Ersatzzustellung kann die Zustellung an eine in § 178 ZPO nicht genannte Person rückwirkend durch Genehmigung wirksam werden (*Rosenberg/Schwab/Gottwald* § 75 II 3 a). Die Beurkundung einer Zustellung ist nicht abgeschlossen, wenn die Unterschrift des Zustellers fehlt; deshalb kann sie Unterschrift nachgeholt werden, jedoch nicht mit der Beweiskraft des § 418 ZPO. Die ergänzte Zustellungsurkunde unterliegt vielmehr der freien Beweiswürdigung nach § 419 ZPO (BGH MDR 2008, 161).

§ 4 [Zustellung durch Aufgabe zur Post]

Wohnt derjenige, welchem zugestellt werden soll, weder am Orte noch im Bezirke des Vollstreckungsgerichts, so kann die Zustellung durch Aufgabe zur Post erfolgen, solange nicht die Bestellung eines daselbst wohnhaften Prozeßbevollmächtigten oder Zustellungsbevollmächtigten dem Gericht angezeigt ist. Die Postsendung muß mit der Bezeichnung „Einschreiben", versehen werden.

1. Allgemeines

1   Wenn der Zustellungsempfänger weder am Ort noch im Bezirk des VollstrG wohnt und eine Anzeige eines daselbst wohnhaften Prozess- oder Zustellungsbevollmächtigten fehlt, so ist die Zustellung durch Aufgabe zur Post zulässig (§ 4). Die Vorschrift hat keine praktische Bedeutung mehr, weil seit dem ZustRG vom 25. 6. 2001 (BGBl I 1206) eine Zustellung durch Einschreiben und Rückschein möglich ist (§ 175 ZPO). § 4 gilt für das gesamte ZVG-Verfahren (Ausnahme: Anordnungs- und Beitrittsbeschluss, § 8).

2. Voraussetzungen

2   Ob diese vorliegen, richtet sich nach dem Zeitpunkt der Anordnung der Zustellung (*Steiner/Hagemann* Rdn 6 **aA** *Stöber* Rdn 1.3: Ausführung der Zustellung).

a) Der Zustellungsempfänger darf weder am Ort noch im
3 **Bezirk des VollstrG wohnen.** Der Bezirk des VollstrG ist grundsätzlich der Amtsgerichtsbezirk, im Falle der Zentralisierung nach § 1 II der Versteigerungsbezirk. Mit dem Wohnort des Zustellungsempfängers ist sein Wohnsitz gemeint. Dabei ist auf den in den Versteigerungsakten angegebenen Wohnort abzustellen. Hat der betroffene Beteiligte (§ 9) für die ZwVerst einen Verfahrensbevollmächtigten, so ist dessen Wohnort für die Anwendung des § 4 maßgebend. Hat der Beteiligte einen Zustel-

§ 4

lungsbevollmächtigten oder Prokuristen, so ist deren Wohnort entscheidend für die Anwendung des § 4; bei der daneben bestehenden Möglichkeit der Zustellung an den Beteiligten selbst gilt die Erleichterung des § 4 nicht (*Steiner/Hagemann* Rdn 9, 10).

b) Fehlende Anzeige eines daselbst wohnhaften Prozess- oder Zustellungsbevollmächtigten. Dem VollstrG kann sowohl der Vertretene (schriftlich oder zu Protokoll des UdG) als auch der Vertreter (durch Vorlage der Vollmacht) die Bevollmächtigung anzeigen.

4

3. Anordnung der Zustellung

Anordnung der Zustellung geschieht durch den Rechtspfleger des Versteigerungsgerichts (*Stöber* Rdn 2.2), wobei er sich hierbei ausschließlich von sachlichen Kriterien leiten lassen darf und nicht von fiskalischen Gesichtspunkten. Der Urkundsbeamte der Geschäftsstelle bestimmt die Art der Zustellung, wenn es der Rechtspfleger unterlassen hat (*Stöber* Rdn 2.2 **aA** *Steiner/Hagemann* Rdn 14).

5

4. Ausführung der Zustellung

Bei der Zustellung von Amts wegen (§ 3) durch Aufgabe zur Post bedarf es nicht der Aufnahme einer Zustellungsurkunde; an ihre Stelle tritt der vom UdG aufzunehmende Aktenvermerk (§ 184 II 4 ZPO). Dieser ist jedoch kein notwendiger Bestandteil für eine wirksame Zustellung (*Stöber* Rdn 2.3). Vor der Fertigung des Aktenvermerks hat sich der UdG durch Einsichtnahme in das Postbuch oder durch Bestätigung durch den Gerichtswachtmeister Gewissheit über die erfolgte Aufgabe zu verschaffen; der Vermerk ist nämlich nur wirksam, wenn er nach erfolgter Aufgabe zur Post gefertigt ist (BGH Rpfleger 1966, 143). Davor kann nur vermerkt werden, dass das Schriftstück dem Gerichtswachtmeister übergeben wurde, was allerdings noch keine Zustellungswirkung hat (BGH Rpfleger 1979, 15). Die Postsendung muss immer mit der Bezeichnung "Einschreiben", versehen sein (§ 4 S 2), ansonsten ist die Zustellung unwirksam (*Stöber* Rdn 2.3). Ein wirksamer Aktenvermerk setzt die Unterschrift des UdG voraus; die Unterschrift eines Gerichtswachtmeisters genügt nicht (BGH NJW 1953, 422). Ebenfalls unwirksam ist die Zustellung bei fehlender Wiedergabe der Zustellungszeit, des Zustellungsempfängers und dessen Anschrift (BGHZ 73, 388; NJW 1979, 218). Die fehlerhafte Angabe der Zeit, zu der das Schriftstück zur Post gegeben wurde, ist unschädlich, wenn der Absender die tatsächliche Zeit nachweist (BGH LM Nr 7 zu § 213 ZPO). Auch schadet es nicht, wenn der Aktenvermerk keine oder eine falsche Angabe über den Zeitpunkt seiner Anfertigung enthält; der Aktenvermerk kann auch nach Rechtsmitteleinlegung noch nachgeholt werden (BGH Rpfleger 1983, 75; 1987, 205). Die Beifügung eines Empfangsbekenntnisses macht die

6

§ 5 [Zustellungsbevollmächtigter]

Zustellung unwirksam, weil dadurch die prozessuale Bedeutung und Tragweite der Übersendung unklar wird (BGH Rpfleger 1967, 212).

5. Wirkung

7 Zwei Wochen nach der ordnungsgemäßen Aufgabe zur Post gilt die Zustellung als bewirkt, selbst wenn die Sendung als unbestellbar zurückkommt (§ 184 II 1 ZPO). Gleiches gilt, wenn der Empfänger seinen Wohnsitz zwischenzeitlich in den Versteigerungsbezirk verlegt hat, ohne dass das VollstrG Kenntnis davon hatte (*Steiner/Hagemann* Rdn 17).

§ 5 [Zustellungsbevollmächtigter]

Die Bestellung eines Zustellungsbevollmächtigten bei dem Grundbuchamte gilt auch für das Verfahren des Vollstreckungsgerichts, sofern sie diesem bekannt geworden ist.

1. Allgemeines

1 Ist bei dem GBA ein Zustellungsbevollmächtigter für einen Beteiligten bestellt, so gilt er auch für das ZwVerstverfahren, wenn das VollstrG davon Kenntnis erlangt. § 5 gilt für das gesamte ZVG-Verfahren (Ausnahme: Anordnungs- und Beitrittsbeschluss, § 8).

2. Zustellungsbevollmächtigter

2 Er ist eine am Ort oder im Bezirk des VollstrG wohnende Person, die zum Empfang von Schriftstücken bevollmächtigt ist. Auch eine Behörde oder juristische Person kommt als Zustellungsbevollmächtigte in Betracht. Wurde die Zustellungsvollmacht ausdrücklich auf das Grundbuchverfahren beschränkt, gilt sie für die ZwVerst nicht, dh § 5 kann dann keine Anwendung finden. Im Falle des Widerrufs der Bevollmächtigung muss dies entweder vom Vollmachtgeber oder vom GBA dem VollstrG mitgeteilt werden; wenn der Widerruf nur dem GBA mitgeteilt wird ohne dass das VollstrG davon Kenntnis erlangt, so gilt § 5 weiter (*Stöber* Rdn 2.4; *Dassler/Rellermeyer* Rdn 2). Verstirbt der Vollmachtgeber oder wird er geschäftsunfähig, so hat dies keine nachteilige Auswirkung auf die Vollmacht.

3. Kenntnis des VollstrG

3 Auf welche Weise das VollstrG vom Zustellungsbevollmächtigten Kenntnis erlangt, ist gleichgültig: Mitteilung vom GBA (§ 19 II), Anzeige durch Vollmachtgeber oder Bevollmächtigten, Einsicht in die Grundakten, Mitteilung eines Dritten usw. Nach Kenntniserlangung ist dies aktenkundig zu machen.

4. Wirkungen

Sobald das VollstrG Kenntnis von einem Grundbuch-Zustellungsbevollmächtigten hat, müssen die Zustellungen an ihn erfolgen. Wird jedoch trotzdem an den Vollmachtgeber zugestellt, so ist dies wirksam (*Steiner/Hagemann* Rdn 8). Unwirksam ist dagegen eine versehentliche Zustellung an eine nicht bevollmächtigte Person (*Stöber* Rdn 2.2), zB bei fehlerhafter Mitteilung durch das GBA. Sollte sich ergeben, dass eine Zustellung an den Bevollmächtigten unmöglich ist, so ist er so zu behandeln, als wäre er nicht bestellt worden (*Stöber* Rdn 2.2).

§ 6 [Bestellung eines Zustellungsvertreters]

ⁱIst der Aufenthalt desjenigen, welchem zugestellt werden soll, und der Aufenthalt seines Zustellungsbevollmächtigten dem Vollstreckungsgericht nicht bekannt oder sind die Voraussetzungen für eine öffentliche Zustellung aus sonstigen Gründen (§ 185 der Zivilprozeßordnung) gegeben, so hat das Gericht für denjenigen, welchem zugestellt werden soll, einen Zustellungsvertreter zu bestellen.

ⁱⁱDas gleiche gilt, wenn im Falle der Zustellung durch Aufgabe zur Post die Postsendung als unbestellbar zurückkommt. Die zurückgekommene Sendung soll dem Zustellungsvertreter ausgehändigt werden.

ⁱⁱⁱStatt der Bestellung eines Vertreters genügt es, wenn die Zustellung für nicht prozeßfähige Personen an die Vormundschaftsbehörde, für juristische Personen oder für Vereine, die als solche klagen und verklagt werden können, an die Aufsichtsbehörde angeordnet wird.

§ 7 [Zustellung an Zustellungsvertreter]

ⁱAn den Zustellungsvertreter erfolgen die Zustellungen, solange derjenige, welchem zugestellt werden soll, nicht ermittelt ist.

ⁱⁱDer Zustellungsvertreter ist zur Ermittlung und Benachrichtigung des Vertretenen verpflichtet. Er kann von diesem eine Vergütung für seine Tätigkeit und Ersatz seiner Auslagen fordern. Über die Vergütung und die Erstattung der Auslagen entscheidet das Vollstreckungsgericht.

ⁱⁱⁱFür die Erstattung der Auslagen haftet der Gläubiger, soweit der Zustellungsvertreter von dem Vertretenen Ersatz nicht zu erlangen vermag; die dem Gläubiger zur Last fallenden Auslagen

§§ 6, 7 [Zustellung an Zustellungsvertreter]

gehören zu den Kosten der die Befriedigung aus dem Grundstücke bezweckenden Rechtsverfolgung.

Übersicht

	Rn.
1. Allgemeines	1
2. Voraussetzungen	2
a) Vorliegen der Voraussetzungen für die öffentliche Zustellung (§ 6 I)	2
b) Unzustellbarkeit der Postsendung (§ 6 II)	3
3. Zustellungsvertreter	4
a) Auswahl	4
b) Bestellung	5
c) Rechtsstellung	6
d) Aufgaben	7
e) Beendigung	10
f) Vergütung und Auslagen	11
4. Zustellung an Vormundschafts- oder Aufsichtsbehörde (§ 6 III)	14
a) Allgemeines	14
b) Vormundschaftsbehörde	15
c) Aufsichtsbehörde	16

1. Allgemeines

1 Die §§ 6, 7 lassen die Bestellung eines Zustellungsvertreters zu und bringen damit einen Ersatz für die öffentliche Zustellung, die nur im Rahmen des § 8 (Anordnungs- und Beitrittsbeschluss) zur Anwendung kommt. Der Zustellungsvertreter kann in allen im ZVG geregelten Verfahren bestellt werden (Ausnahme § 8).

2. Voraussetzungen

a) Vorliegen der Voraussetzungen für die öffentliche Zustel-
2 **lung (§ 6 I).** Ein Zustellungsvertreter ist vom VollstrG zu bestellen, wenn
– der Aufenthalt des Zustellungsempfängers und seines etwaigen Zustellungsbevollmächtigten unbekannt sind (§ 6 I)
– bei einer im Ausland zu bewirkenden Zustellung die Befolgung der für diese bestehenden Vorschriften unausführbar ist oder keinen Erfolg verspricht (§ 6 I)
– die Zustellung aus dem Grunde nicht bewirkt werden kann, weil die Wohnung eines Exterritorialen (§§ 18–20 GVG) der Ort der Zustellung ist (§ 6 I).

Der Aufenthalt ist dem VollstrG dann unbekannt, wenn sich weder aus den Vollstreckungsakten noch aus den vom GBA gemäß § 19 II übersandten und vollständigen Mitteilungen eine zustellungsfähige Anschrift

§§ 6, 7

ergibt, dh erforderlich ist nicht objektives Unbekanntsein, ausreichend ist vielmehr subjektive Unkenntnis des VollstrG (*Stöber* § 6 Rdn 2.1). Hat das GBA keine vollständige Mitteilung nach § 19 II übersandt, so hat es diese auf Veranlassung des VollstrG zu berichtigen (*Stöber* Rdn 2.3). Es gehört nicht zu den Aufgaben des VollstrG, den Wohnort eines ihm bekannten Beteiligten zu ermitteln, insbesondere wenn dadurch das Verfahren verzögert wurde (*Stöber* § 6 Rdn 2.3; *Dassler/Rellermeyer* § 6 Rdn 6); gleiches gilt, wenn die Erben eines verstorbenen Zustellungsempfängers unbekannt sind. Jedoch sind Nachfragen beim Einwohnermeldeamt oder Nachlassgericht zulässig. Hat das VollstrG einmal die Anschriften der Beteiligten ermittelt, so kann es für das gesamte Verfahren davon ausgehen, soweit ihm nichts Gegenteiliges bekannt wird; insbesondere ist es nicht zur ständigen Überprüfung der Richtigkeit verpflichtet (*Schiffhauer* Rpfleger 1975, 187). Unbekannt ist der Aufenthalt eines Beteiligten in einer größeren Stadt, wenn die Straßenangabe fehlt (anders bei einem Dorf). Gleichzusetzen einem unbekannten Wohnort eines Beteiligten sind das Unbekanntsein der Person eines Zustellungsempfängers, so zB wenn bei einem Verstorbenen dessen Erben nicht bekannt sind (*Stöber* Rpfleger 1965, 146), oder unaufklärbare Zweifel an der Wirksamkeit der Bestellung eines bekannten Zustellungsbevollmächtigten (LG Berlin JW 1935, 3062). Die Bestellung eines Zustellungsvertreters kommt allerdings dann nicht in Betracht, wenn bei einem Briefgrundpfandrecht die Möglichkeit seiner Abtretung außerhalb des GB besteht. Gleiches gilt bei subjektiv-dinglichen Rechten (Grunddienstbarkeit, Reallast, Vorkaufsrecht, Erbbauzins); bei diesen Rechten hat das GBA gemäß § 19 II 1 die genaue Anschrift der Berechtigten mitzuteilen, was bei evtl mehrfacher Teilung des herrschenden Grundstücks der Mithilfe des Katasteramtes bedarf (*Stöber* § 6 Rdn 2.3 **aA** LG Aachen Rpfleger 1965, 144).

b) Unzustellbarkeit der Postsendung (§ 6 II). Ein Zustellungsvertreter muss auch bestellt werden, wenn bei der Zustellung durch Aufgabe zur Post (§ 4) die Postsendung als unbestellbar zurückkommt. Die Zustellung selbst ist wirksam (§ 184 II ZPO); eine Frist wird in Lauf gesetzt. Dem Zustellungsvertreter soll allerdings nach seiner Bestellung die zurückgekommene Postsendung nochmals zugestellt werden; unterbleibt dies, so hat dies keine nachteiligen Auswirkungen (*Stöber* § 6 Rdn 2.6). Dem Zustellungsvertreter sind insbesondere die nach seiner Bestellung erforderlichen Zustellungen bekanntzumachen. 3

3. Zustellungsvertreter

a) Auswahl. Es ist Aufgabe des VollstrG, eine geeignete und auch bereite Person als Zustellungsvertreter auszuwählen. Gegen seinen Willen kann niemand dazu bestimmt werden (*Stöber* § 6 Rdn 3.3). Auch ein Bediensteter des Gerichts kommt in Frage (zB Gerichtsvollzieher, UdG, 4

§§ 6, 7 [Zustellung an Zustellungsvertreter]

Wachtmeister); dieser bedarf jedoch der Genehmigung des Gerichtsvorstandes.

5 **b) Bestellung.** Bestellung des Zustellungsvertreters erfolgt durch Beschluss, der keine Gerichtsgebühr auslöst und dem Betroffenen formlos bekanntgemacht wird (§ 329 II 1 ZPO). Eine Bestallungsurkunde muss nicht ausgestellt werden (kann aber!). Der Zustellungsvertreter wird zwar nicht besonders verpflichtet, muss aber über seine Rechte und Pflichten belehrt werden (RGZ 157, 89, 93; *Steiner/Hagemann* § 6 Rdn 19 **aA** *Dassler/Rellermeyer* § 6 Rdn 7; *Stöber* § 6 Rdn 3.4).

6 **c) Rechtsstellung.** Der Zustellungsvertreter kann mit einem Abwesenheitspfleger verglichen werden, allerdings mit einem kleineren Aufgabenkreis (*Steiner/Hagemann* § 7 Rdn 2). Deshalb richtet sich seine Verantwortlichkeit gegenüber dem Zustellungsempfänger nach §§ 1915, 1833 BGB. Das VollstrG überwacht die Tätigkeit des Zustellungsvertreters, muss deshalb auch in gewissen Zeitabständen Berichte verlangen (**aA** *Stöber* § 6 Rdn 3.4; *Dassler/Rellermeyer* § 7 Rdn 1), kann aber kein Zwangsgeld verhängen. Deshalb hat es ihn zu entlassen, wenn er seine Aufgaben nicht mehr erfüllen will oder kann.

d) Aufgaben. aa) Empfangnahme und Bewirkung der Zustel-
7 **lung (§ 7 I).** Solange derjenige, welchem zugestellt werden soll, nicht ermittelt ist, erfolgen die Zustellungen an den Zustellungsvertreter; geschieht dies ordnungsgemäß, so ist die Zustellung bewirkt. Nach Ermittlung des Vertretenen bzw seines Bevollmächtigten darf nur noch an diese zugestellt werden; erfolgt dies trotzdem noch an den Zustellungsvertreter, so sind diese Zustellungen unwirksam (*Steiner/Hagemann* § 7 Rdn 3).

bb) Ermittlung und Benachrichtigung des Vertretenen (§ 7 II
8 **1).** Der Zustellungsvertreter ist zur Ermittlung des Vertretenen verpflichtet. Dazu können Anfragen beim Einwohnermeldeamt oder der Polizei dienen, aber auch die Einsicht in Grundakten und sonstige öffentliche Register. Sind seine Bemühungen von Erfolg gekrönt, dann hat er die zugestellten Schriftstücke dem Ermittler auszuhändigen. Stellt sich heraus, dass der Vertretene verstorben ist, sind die Erben zu ermitteln und zu benachrichtigen (*Steiner/Hagemann* § 7 Rdn 5).

9 **cc) Keine weiteren Rechte. Keine weiteren Rechte** stehen dem Zustellungsvertreter zu.

Insbesondere kann er nicht (vgl *Steiner/Hagemann* § 7): Anträge stellen, Rechtsmittel einlegen, Anmeldungen vornehmen, Stellung nehmen zu Schriftsätzen, Termine wahrnehmen, einen unbekannten Berechtigten gemäß § 135 ermitteln; außerdem ist er nicht anzuhören. Für diese Aufgaben kann deshalb, wenn der Vertretene nicht ermittelt wird, ein Abwesenheitspfleger (§ 1911 BGB) oder Pfleger für unbekannte Beteiligte (§ 1913 BGB) oder Nachlasspfleger (§ 1960 BGB) bestellt werden.

§§ 6, 7

e) Beendigung. Das Amt des Zustellungsvertreters endet mit einer 10
Pflegerbestellung für den Vertretenen und kraft Gesetzes, wenn der Aufenthalt des Vertretenen dem VollstrG bekannt wird; im ersten Fall wird zukünftig an den Pfleger, im zweiten Fall an den Ermittelten selbst zugestellt.

f) Vergütung und Auslagen. aa) Anspruch gegen den Vertretenen (§ 7 II 2). Der Zustellungsvertreter hat einen Anspruch auf Vergü- 11
tung und Ersatz seiner Auslagen gegen den Vertretenen. Selbst wenn das VollstrG die Voraussetzungen für die Bestellung eines Zustellungsvertreters zu Unrecht angenommen hat, besteht dieser Anspruch (*Steiner/Hagemann* § 7 Rdn 10). Beim gG und dem TLP bleiben diese Beträge unberücksichtigt (*Stöber* § 7 Rdn 3.7).

bb) Festsetzung durch das VollstrG (§ 7 II 3). Über die Höhe der 12
Vergütung und die Angemessenheit der Auslagen entscheidet das VollstrG nach billigem Ermessen. Entscheidend für die Höhe der Vergütung sind die Arbeitsleistung des Zustellungsvertreters, die Zeitdauer und Schwierigkeit der Tätigkeit, aber auch eine evtl Forderungshöhe des Vertretenen. Über die Notwendigkeit der Auslagen wird entsprechend § 91 ZPO entschieden. Nicht anwendbar ist das RVG, selbst wenn ein RA als Zustellungsvertreter auftrat (*Stöber* § 7 Rdn 3.3). Die Festsetzung erfolgt auf Antrag des Zustellungsvertreters, der seine Auslagen einzeln aufschlüsseln und gegebenenfalls glaubhaft machen muss. Das VollstrG entscheidet durch Beschluss, der einen ZwV-Titel nach § 794 Nr 3 ZPO darstellt (*Stöber* § 7 Rdn 3.4). Dieser wird dem Vertretenen förmlich zugestellt, erforderlichenfalls öffentlich, dem Vertreter aber nur formlos mitgeteilt (Ausnahme: teilweise Ablehnung). Einem Prozess wegen des Anspruchs aus § 7 II 2 würde das Rechtsschutzbedürfnis fehlen, da es das Festsetzungsverfahren nach § 7 II 3 gibt (*Steiner/Hagemann* § 7 Rdn 13). Als Rechtsbehelf kommt die sofortige Beschwerde in Betracht, wenn die Beschwerdesumme 200 € übersteigt (vgl § 567 II ZPO; LG Lüneburg Rpfleger 1962, 57).

cc) Haftung des betreibenden Gläubigers. Er haftet für die Ausla- 13
gen subsidiär (§ 7 III), dh soweit der Zustellungsvertreter von dem Vertretenen Ersatz nicht zu erlangen vermag. Betreiben mehrere Gl die ZwVerst, so haften sie als Gesamtschuldner (*Stöber* § 7 Rdn 3.2): es genügt, wenn für den Zustellungsvertreter keine Aussicht auf Beitreibung besteht (vgl § 773 Nr 4 BGB), so zB wenn entweder der Aufenthalt oder gar die Person des Vertretenen unbekannt sind (*Steiner/Hagemann* § 7 Rdn 15). Kommt der betreibende Gl seiner Zahlungspflicht nicht freiwillig nach, so muss der Zustellungsvertreter gegen ihn den Prozessweg aufnehmen, wobei dann das Prozessgericht nicht an einen Beschluss des VollstrG gebunden ist; das Festsetzungsverfahren gemäß § 7 II 3 ist ausgeschlossen (*Stöber* § 7 Rdn 3.2). Hat der betreibende Gl die Auslagen

§ 8 [Zustellung des Anordnungs- und Beitrittsbeschlusses]

bezahlt, dann kann er sie als Kosten der dinglichen Rechtsverfolgung im Range seines Anspruchs geltend machen (§ 7 III 2. Hs iVm § 10 II).

4. Zustellung an Vormundschafts- oder Aufsichtsbehörde (§ 6 III)

14 **a) Allgemeines.** Wenn für eine Zustellung an eine nicht prozessfähige natürliche Person oder an eine juristische Person bzw einen rechtsfähigen Verein die Voraussetzungen zur Bestellung eines Zustellungsvertreters vorliegen (vgl Rdn 2, 3), so kann das VollstrG auch wahlweise dafür die Zustellung an die Vormundschafts- oder Aufsichtsbehörde anordnen. § 6 III gilt auch dann, wenn zwar ein gesetzlicher Vertreter vorhanden ist, an diesen aber wegen §§ 181, 1795 BGB, dh bei Vorliegen eines Interessenkonfliktes, nicht zugestellt werden kann (*Stöber* § 6 Rdn 4.1). Die Zustellung ist natürlich mit der Anordnung durch das VollstrG noch nicht bewirkt, sondern erst dann, wenn das Schriftstück an die Behörde zugestellt wurde. Es ist danach an den Vertretenen auszuhändigen.

15 **b) Vormundschaftsbehörde.** Vormundschaftsbehörde ist das Familien- oder Betreuungsgericht. Muss ein Pfleger bestellt werden (§§ 181, 1795 BGB); so hat das VollstrG dies anzuregen. Vor Pflegerbestellung ist an den Zustellungsvertreter oder das Gericht zuzustellen, danach nur noch an den Pfleger.

16 **c) Aufsichtsbehörde.** Aufsichtsbehörde für eine juristische Person oder einen rechtsfähigen Verein kann sich aus Bundes- oder Landesrecht ergeben. Da die Ermittlung idR recht umständlich ist, sollte gleich der Weg über den Zustellungsvertreter gemäß § 6 I gewählt werden (*Stöber* § 6 Rdn 4.2). Keine Aufsichtsbehörden sind das Registergericht oder der Aufsichtsrat einer Aktiengesellschaft.

§ 8 [Zustellung des Anordnungs- und Beitrittsbeschlusses]

Die Vorschriften der §§ 4 bis 7 finden auf die an den Schuldner zu bewirkende Zustellung des Beschlusses, durch welchen die Zwangsvollstreckung angeordnet oder der Beitritt eines Gläubigers zugelassen wird, keine Anwendung.

1 Für alle Beschlagnahmebeschlüsse, dh den Anordnungsbeschluss und die folgenden Beitrittsbeschlüsse, gelten die §§ 4 bis 7 nicht, sondern deren Zustellung richtet sich nach den Vorschriften der ZPO. Gemeint sind die Zustellungen **an den Vollstreckungsschuldner**, nicht an die betreibenden Gl. Betroffen sind nur **Anordnungs- und Beitrittsbeschlüsse,** nicht sonstige Beschlüsse, wie zB der Wertfestsetzungsbeschluss oder die Terminsbestimmung. Hat der Schu einen Verfahrensbevollmächtigten, so ist an diesen zuzustellen, ist er prozessunfähig, dann muss an den gesetzlichen Vertreter zugestellt werden, und ist er unbekannten Aufenthaltes, so ist auf Grund einer Bewilligung des Rechtspflegers (§ 3 Nr 1 i RPflG; vgl *Stöber* Rdn 2.3) öffentlich zuzustellen (§§ 185–188 ZPO). Wird ein Beschlagnahmebeschluss entgegen § 8 doch gemäß den §§ 4–7 dem Schu zugestellt, dann ist dies unwirksam; ein angesetzter Termin wäre aufzuheben (§ 43 II) bzw im Termin wäre der Zuschlag zu versagen (§ 83 Nr 1).

§ 9 [Beteiligte]

In dem Verfahren gelten als Beteiligte, außer dem Gläubiger und dem Schuldner:
1. **diejenigen, für welche zur Zeit der Eintragung des Vollstreckungsvermerkes ein Recht im Grundbuch eingetragen oder durch Eintragung gesichert ist;**
2. **diejenigen, welche ein der Zwangsvollstreckung entgegenstehendes Recht, ein Recht an dem Grundstück oder an einem das Grundstück belastenden Rechte, einen Anspruch mit dem Rechte auf Befriedigung aus dem Grundstück oder ein Miet- oder Pachtrecht, auf Grund dessen ihnen das Grundstück überlassen ist, bei dem Vollstreckungsgericht anmelden und auf Verlangen des Gerichts oder eines Beteiligten glaubhaft machen.**

Schrifttum: *Riedel,* Die Anmeldungen im Laufe des Zwangsversteigerungsverfahrens, JuRBüro 1974, 689; *Sievers,* Sind die Miteigentümer Beteilige im ZVG-Verfahren?, Rpfleger 1990, 335; *Storz,* Die Gläubigerablösung in der Zwangsversteigerung, ZiP 1980, 159; *Wolff,* Grundpfandrechtsgläubiger und Konkursverwalter in der Zwangsversteigerung, ZiP 1980, 417.

Übersicht

	Rn.
I. Allgemeines	1
1. Beteiligtenbegriff	1
2. Beteiligtenbefugnisse	2
3. Geltungsbereich	3
II. Beteiligte von Amts wegen	4
1. Gläubiger (§ 9)	4
2. Schuldner (§ 9)	6
3. Beteiligte kraft Grundbucheintragung (§ 9 Nr 1)	7
a) Allgemeines	7
b) Eingetragene Rechte	8
c) Durch Eintragung gesicherte Rechte	9
III. Beteiligte kraft Anmeldung (§ 9 Nr 2)	10
1. Allgemeines	10
2. Die beteiligungsfähigen Rechte	11
a) Ein der ZwV entgegenstehendes Recht	11

§ 9 [Beteiligte]

```
        b) Recht an einem Grundstück .....................    12
        c) Recht an einem Grundstücksrecht ..............    13
        d) Ansprüche mit dem Recht auf Befriedigung aus
           dem Grundstück ................................   14
        e) Miet- oder Pachtrecht ...........................  15
     3. Anmeldung ..........................................  16
        a) Form ............................................. 16
        b) Inhalt ............................................. 17
        c) Zeitpunkt ........................................  18
        d) Wirkung ........................................   19
     4. Glaubhaftmachung ..................................  20
        a) Voraussetzungen .................................  20
        b) Mittel ............................................. 21
        c) Entscheidung .....................................  22
 IV. Sonstige gesetzliche Beteiligte ..........................  23
  V. Beteiligtenverzeichnis ...................................  24
```

I. Allgemeines

1. Beteiligtenbegriff

1   Bei dem ZVG-Verfahren handelt es sich um ein Beteiligtenverfahren, während sich in den üblichen Verfahren der ZPO Parteien gegenüberstehen. Beteiligte sind die betreibenden Gl, der Vollstreckungsschuldner, die Beteiligten kraft Grundbucheintragung und die Beteiligten kraft Anmeldung (§ 9). Zu den Beteiligten im weiteren Sinn gehören: der Akteneinsicht Begehrende (§ 42), der Bieter und der Meistbietende (§§ 66 ff, 81, 82, 105 II), der für mithaftend erklärte Bürge (§ 69 IV), der Ersteher (§ 82), der wirklich Berechtigte (§§ 117 ff, § 157) und der Zwangsverwalter (§§ 150 ff). **Nichtbeteiligte** sind dagegen der im GB noch nicht eingetragene Käufer, der Staat bei in die Flurbereinigung einbezogenen Grundstücken, die Landwirtschaftsbehörde bei landwirtschaftlichen Grundstücken (OLG Stuttgart OLGZ 1967, 301), der frühere Eigentümer eines herrenlosen Grundstücks und der Besitzer.

2. Beteiligtenbefugnisse

2   Die Beteiligten haben zahlreiche Rechte:
 – Ihnen muss die Terminsbestimmung der Versteigerung (§§ 41, 43) und der Verteilung (§§ 105 II, 156 II) zugestellt werden;
 – sie können eine abweichende Feststellung des geringsten Gebots und der sonstigen Versteigerungsbedingungen verlangen (§ 59);
 – sie sind berechtigt, Sicherheitsleistungen vom Bieter zu verlangen sowie Widerspruch gegen Gebote und gegen die Zurückweisung von Geboten zu erheben (§§ 67 ff);
 – sie können gemäß §§ 74 a, 85 die einmalige Versagung des Zuschlags und die Bestimmung eines neuen Versteigerungstermins erwirken;

- sie können Gruppen- und/oder Gesamtausgebot bei mehreren Grundstücken beantragen (§ 63 II);
- die Zuschlagsentscheidung wird ihnen verkündet bzw zugestellt (§ 88);
- bei Beschwer steht ihnen das Recht auf Rechtsmittel zu (§§ 96 ff).

3. Geltungsbereich

Die Vorschrift gilt für alle ZVG-Verfahren. 3

II. Beteiligte von Amts wegen

1. Gläubiger (§ 9)

Beteiligter in der ZwVerst ist jeder **betreibende Gl**, egal ob Anord- 4 nungs- oder Beitrittsgläubiger, gleichgültig ob wegen eines dinglichen oder persönlichen Anspruchs betrieben wird. Nicht darunter fällt jedoch ein gewöhnlicher Gl, dem zwar ein Recht am Grundstück des Schu zusteht (zB Grundschuld), aber nicht aus diesem Recht die ZwVerst betreibt. Mit der Aufhebung des Anordnungs- oder Beitrittsbeschlusses (zB § 29) verliert der Gl seine Beteiligtenstellung, während der einstweiligen Einstellung seines Verfahrens (zB § 30) behält der Gl seine einmal erworbene Beteiligtenstellung (*Steiner/Hagemann* Rdn 19; *Dassler/Rellermeyer* Rdn 5 **aA** OLG Nürnberg OLGZ 1976, 126).

Kommt es bei einem betreibenden Gl zu einer **Rechtsnachfolge** 5 (Erbfolge, Abtretung, Pfändung und Überweisung), so wird der alte Gl verfahrensrechtlich weiterhin als Rechtsinhaber behandelt, und zwar solange, bis der neue Gl seine Rechtsstellung anmeldet und die zum Betreiben erforderlichen Nachweise (Klauselumschreibung und Zustellung, §§ 727, 750 II ZPO) vorlegt (BGH Rpfleger 2007, 331; *Steiner/Hagemann* Rdn 23; **aA** *Dassler/Rellermeyer* Rdn 5; *Stöber* Rdn 3.12). Wenn der neue Gl zwar seine Rechtsstellung bereits angemeldet, aber die ZwV-Nachweise noch nicht vorgelegt hat, hat das VollstrG dieses Verfahren einstweilen einzustellen, um ihm Zeit zur Behebung der Hindernisse zu gewähren (BGH DNotZ 1963, 673; Rpfleger 2007, 331; **aA** *Dassler/Rellermeyer* Rdn 5; *Stöber* Rdn 3.12). In dem Moment, in dem der neue Gl seine Rechtsstellung sowohl angemeldet als auch nachgewiesen hat, verliert der bisherige betreibende Gl auch seine verfahrensrechtliche Beteiligtenstellung (seine materiellrechtliche Stellung hatte er ja bereits verloren). Der neue Gl ist nun auch formell betreibender Gl, dh er ist Beteiligter der ZwVerst, und zwar in derselben Rechtsstellung, die zu diesem Zeitpunkt dem alten Gl zustand. Dies bedeutet, dass verbrauchte Einstellungsmöglichkeiten und Rechtsbehelfe, ausgeschlossene Anmeldungmöglichkeiten nicht wiederaufleben. Diese Grundsätze gelten auch im Falle der Ablösung gemäß §§ 268, 1150 BGB (OLG Bremen

§ 9 [Beteiligte]

Rpfleger 1987, 381; OLG Düsseldorf Rpfleger 1987, 75 **aA** *Steiner/ Storz* § 75 Rdn 64–71) und dort, wo eine Partei kraft Amtes (Insolvenzverwalter, Nachlassverwalter, Testamentsvollstrecker) an die Stelle des betreibenden Gls tritt.

2. Schuldner (§ 9)

6   Beteiligter ist der Vollstreckungsschuldner, das ist derjenige, gegen den sich der Vollstreckungstitel richtet (= Grundstückseigentümer). Schu iSv § 9 ist somit der dinglich haftende Schu (§ 1147 BGB), der im Regelfall mit dem persönlich haftenden Schu (§ 488 BGB) identisch ist. Fallen dinglicher und persönlicher Schu einmal auseinander, so ist letzterer nicht Beteiligter in der ZwVerst. Wird in einen Miteigentumsanteil vollstreckt, so ist nur der davon betroffene Miteigentümer Beteiligter nach § 9, nicht aber die anderen Miteigentümer (diese sind Beteiligte gemäß § 9 Nr 1); dies gilt unabhängig davon, ob ein gewöhnlicher Miteigentumsanteil versteigert wird oder ein Miteigentumsanteil verbunden mit dem Sondereigentum an einer Wohnung bzw mit dem Teileigentum an nicht zu Wohnzwecken dienenden Räumen. Wird während der ZwVerst nach der Beschlagnahme ein neuer Eigentümer im GB eingetragen, so bleibt grundsätzlich der alte Eigentümer Vollstreckungsschuldner (§ 23, §§ 136, 135 I BGB) und der neue Eigentümer wird daher nicht Beteiligter gemäß § 9 (vgl § 26 Rdn 4–8 und § 28 Rdn 4–10; *Steiner/Hagemann* Rdn 36; *Eickmann*, ZVG, § 2 II 1 b). Letzterer ist allerdings kraft Gesetzes Beteiligter gemäß § 9 Nr 1, wenn er vor dem Versteigerungsvermerk eingetragen worden ist, auf Grund einer Anmeldung nach § 9 Nr 2, wenn er nach dem Vermerk im GB eingetragen wurde. Erlangt der während eines ZwVerst-Verfahrens neu im GB eingetragene Eigentümer wirksam (!) das Eigentum am Versteigerungsobjekt (zB nach §§ 878, 982 BGB; vgl § 26 Rdn 4–8 und § 28 Rdn 4–10) und wird dann gegen ihn auf Grund eines umgeschriebenen und zugestellten Vollstreckungstitels die ZwVerst betrieben, so ist er Vollstreckungsschuldner nach § 9. Verstirbt der bisherige Schu oder unterliegt er einem Insolvenzverfahren, einer Testamentsvollstreckung oder Nachlassverwaltung, so sind Vollstreckungsschuldner gemäß § 9 nur seine Erben oder Insolvenzverwalter, Testamentsvollstrecker, Nachlassverwalter (LG Lübeck Rpfleger 2004, 235; *Steiner/Hagemann* Rdn 38, 39; *Dassler/Rellermeyer* Rdn 6 **aA** OLG Hamm Rpfleger 1966, 24); bei den Verfügungsentziehungen sind die Grundstückseigentümer nicht mehr Beteiligte (BGH Rpfleger 2008, 590; BVerfG NJW 1979, 2510 **aA** für den Insolvenzschuldner mit beachtlichen Gründen *Keller* ZfIR 2008,134, 136).

3. Beteiligte kraft Grundbucheintragung (§ 9 Nr 1)

7   **a) Allgemeines.** Neben den betreibenden Gl und dem dinglichen Vollstreckungsschuldner sind vom Amts wegen diejenigen Beteiligte, für

II. Beteiligte von Amts wegen § 9

die zurzeit der Eintragung des Vollstreckungsvermerks ein Recht im Grundbuch eingetragen oder durch Eintragung gesichert ist. Notwendig ist, dass diese Beteiligten zumindest gleichzeitig mit dem Vermerk eingetragen wurden. Nicht erforderlich sind eine Anmeldung oder Glaubhaftmachung.

b) Eingetragene Rechte. Die Berechtigten der dinglichen Rechte 8
an Grundstücken sind Beteiligte iSv § 9 Nr 1. Dazu gehören der Eigentümer (soweit nicht Vollstreckungsschuldner, dann § 9), Miteigentümer zu Bruchteilen oder zur gesamten Hand, Berechtigte aus Grundpfandrechten, Reallasten, Grunddienstbarkeiten, beschränkten persönlichen Dienstbarkeiten, Nießbrauch, Vorkaufsrecht, Dauerwohnrecht, Erbbaurecht, Erbbauzins; auch Eigentümerrechte fallen unter § 9 Nr 1. In den neuen Bundesländern gehört bei der ZwVerst des Grundstücks auch der Gebäudeeigentümer dazu, wenn sein dingliches Nutzungsrecht (Art 233 § 4 EGBGB, vgl Einl Rdn 28) oder sein nutzungsrechtsloses Gebäudeeigentum (Art 233 §§ 2 b, 8 EGBGB, vgl Einl 28 a) in Abt II des Grundstücksgrundbuches eingetragen ist (*Eickmann* ZIR 1997, 61, 63. Gleiches gilt für den Besitzberechtigten aus der Sachenrechtsbereinigung (Art 233 § 2 a EGBGB), wenn ein Vermerk zur Sicherung seiner Ansprüche in Abt II des Grundstücksgrundbuches (§ 7 GGV) eingetragen ist, und für den Berechtigten eines eingetragenen Mitbenutzungsrechts nach § 321 I–III, § 322 ZGB-DDR. Beteiligte iSv § 9 Nr 1 sind ebenfalls die Inhaber von Rechten an Grundstücksrechten, soweit sie im GB eingetragen sind: Nießbrauch und Pfandrecht; soweit allerdings die Pfändung eines Grundstücksrechtes ohne Grundbucheintragung erfolgt ist, ist der Pfändungsgläubiger nicht Beteiligter gemäß § 9 Nr 1. Maßgeblich für die Beteiligtenstellung nach § 9 Nr 1 ist das formelle Eingetragensein im GB, was zur Folge hat, dass auch ein zu Unrecht Eingetragener als Beteiligter anzusehen ist, obwohl ihm die materielle Berechtigung dafür fehlt. Da für die Abtretung eines Grundstücksrechtes (zB Buchgrundschuld) idR die GB-Eintragung erforderlich ist (§ 873 I BGB), kann sich ein neuer Berechtigter und damit Beteiligter in der ZwVerst erst ab diesem Zeitpunkt ergeben. Da ein Briefgrundpfandrecht außerhalb des GB abgetreten werden kann (§ 1154 BGB), muss ein neuer Gl zum Nachweis seiner Beteiligtenstellung seine Berechtigung anmelden und dazu sowohl die Abtretungserklärung als auch den Brief vorlegen. Ist bei einem Grundpfandrecht nur das Stammrecht ohne die Zinsen abgetreten worden, so bleibt der bisherige Gl weiterhin Beteiligter (*Steiner/Hagemann* Rdn 49; *Stöber* Rdn 3.12 **aA** *Dassler/Rellermeyer* Rdn 10). Wird Wohnungseigentum (Teileigentum) oder Wohnungserbbaurecht (Teilerbbaurecht) versteigert, so sind die übrigen Eigentümer oder Berechtigte Beteiligte gemäß § 9 Nr 1 (OLG Stuttgart OLGZ 1966, 57 = Rpfleger 1966, 113). Zur Verfahrenserleichterung können die vielen Zustellungen an diese Beteiligte durch eine Zustellung an den Verwalter ersetzt werden; ausge-

schlossen ist dies aber bei einer Interessenkollision, dh für den Vollstreckungsschuldner als Miteigentümer und für sich selbst als Verfahrensgegner kann er keine Zustellungen entgegennehmen (BayObLGZ 1973, 145). Ist ein ideeller Miteigentumsanteil an einem Grundstück Gegenstand einer ZwVerst (zB Hausgrundstück und Miteigentumsanteil an einem Weg wird versteigert), so sind die übrigen Miteigentümer der anderen Bruchteile grundsätzlich Beteiligte iSv § 9 Nr 1 (*Steiner/Hagemann* Rdn 47 **aA** *Sievers* Rpfleger 1990, 335). Je größer die Anzahl solcher Beteiligter ist, umso schwerwiegender und zeitraubender kann sich das Verfahren gestalten (allein wenn man an die vielen Zustellungen denkt). Im Einzelfall (zB 99 Miteigentümer bei ZwVerst eines 1/100 Miteigentumsanteils an einem Weg) kann aber wohl unter Berücksichtigung des verfassungsrechtlichen Verhältnismäßigkeitsgrundsatzes (BVerfGE 35, 382, 401) der Beteiligtenkreis eingeschränkt werden, da die anderen Miteigentümer die ZwVerst des einen Miteigentumsanteils idR nicht interessiert. Die Beteiligteneigenschaft gemäß § 9 Nr 1 entfällt mit der Löschung im GB; gleiches gilt, wenn dem VollstrG nachgewiesen wird, dass ein Grundstücksrecht löschungsreif ist (zB durch Vorlage einer öffentlich beglaubigten Löschungsbewilligung nach §§ 19, 29 GBO durch den Berechtigten eines Grundstücksrechtes). Bei einem eingetragenen Bodenschutzlastvermerk (§ 25 VI Gesetz zum Schutz des Bodens, BGBl 1998 I 502; § 93 b GBV) ist der öffentliche Kostenträger Beteiligter nach § 9 Nr 1 (Stöber Rdn 3.3); gleiches gilt für die Gemeinde, wenn sie als Gl der im Umlegungsplan festgesetzten Geldleistungen im Grundbuch eingetragen ist (§ 64 BauGB; auch bei der vereinfachten Umlegung nach §§ 80–84 BauGB). Wird ein Grundstück versteigert, das mit subjektiv-dinglichen Rechten (zB Grunddienstbarkeit) belastet ist, sind die Berechtigten am herrschenden Grundstück keine Beteiligten nach § 9 Nr 1.

9   c) Durch Eintragung gesicherte Rechte. Beteiligte sind alle, für die zurzeit der Eintragung des Vollstreckungsvermerks ein Recht im GB durch Eintragung gesichert ist: Vormerkung, Widerspruch, Verfügungsbeeinträchtigung. Beteiligte sind die Begünstigten der materiell-rechtlichen (§§ 883 ff, § 1179 BGB) und formell-rechtlichen (§§ 18 II, 76 I GBO) Vormerkungen und die durch den materiell-rechtlichen (§§ 894, 899, 1139 BGB) und formell-rechtlichen (§§ 18 II, 76 I GBO) Widerspruch Geschützten. Bei den privatrechtlichen Verfügungsentziehungen (= Insolvenzeröffnung, Nachlassverwaltung, Testamentsvollstreckung) ist der Vermögensverwalter unter Ausschluss des Eigentümers bzw Schu Beteiligter. Bei den privatrechtlichen Verfügungsverboten (= § 829 I 2 ZPO; § 938 II ZPO), der Anordnung der Nacherbfolge als privatrechtliche Verfügungsbeeinträchtigung sui generis für den Vorerben (§§ 2100 ff BGB) und den öffentlich-rechtlichen Verfügungsbeeinträchtigungen (§ 75 BVersG, § 610 II RVO) tritt der Geschützte (Pfändungsgläubiger,

III. Beteiligte kraft Anmeldung (§ 9 Nr 2) §9

Antragssteller, Nacherbe, Versorgungsbehörde, Träger der Unfallversicherung) neben Eigentümer bzw Schu als Beteiligter.

III. Beteiligte kraft Anmeldung (§ 9 Nr 2)

1. Allgemeines

Das ZVG kennt nicht nur Beteiligte kraft Gesetzes (§ 9 Nr 1), sondern 10
auch solche, die sich beim VollstrG anmelden müssen, um Beteiligte zu
werden (§ 9 Nr 2). Solange jemand nicht im GB eingetragen ist, besteht
für das VollstrG keinerlei Amtspflicht, Nachforschungen anzustellen
(RGZ 157, 89). Aber selbst wenn jemand nach dem Versteigerungsvermerk im GB eingetragen wird und das VollstrG durch eine Mitteilung
des GBA (§ 19 III) davon Kenntnis erlangt, hat es nur einen unerfahrenen
Berechtigten (nicht Sparkasse, Bank, Finanzamt usw) auf die Anmeldebedürftigkeit hinzuweisen gemäß § 139 ZPO (vgl Einl Rdn 33–35; *Steiner/
Hagemann* Rdn 64). § 9 Nr 2 zählt die Beteiligten kraft Anmeldung
erschöpfend auf; eine Ausdehnung ist nicht zulässig.

2. Die beteiligungsfähigen Rechte

a) Ein der ZwV entgegenstehendes Recht. Mit der Anmeldung 11
eines zurzeit der Eintragung des Vollstreckungsvermerks (sonst § 9 Nr 1)
nicht im GB eingetragenen Rechtes, das der ZwV entgegensteht, erlangt
der Anmeldende Beteiligteneigenschaft nach § 9 Nr 2; die Geltendmachung dieser Rechte selbst erfolgt nach §§ 771 ff ZPO. Zu nennen sind:
– das Eigentum des nicht oder nach dem Vollstreckungsvermerk wirksam (!) eingetragenen Eigentümers. Sehr häufig ist das Dritteigentum
 an Grundstückszubehör auf Grund Eigentumsvorbehalt oder Sicherungsübereignung. Keine Beteiligteneigenschaft verschafft dagegen
 der Eigentumsübertragungsanspruch des Käufers, auch nicht der
 Eigenbesitz nach Auflassung und Übergabe des Grundstücks (RGZ
 127, 8);
– das Recht des nicht eingetragenen (sonst § 9 Nr 1) Nacherben, wenn
 die Veräußerung beim Eintritt der Nacherbfolge ihm gegenüber nach
 § 2115 BGB unwirksam ist (§ 773 ZPO);
– das Recht desjenigen, zu dessen Gunsten ein Verfügungsverbot (vgl
 dazu *Böttcher* Rpfleger 1985, 381) besteht (§ 772 ZPO), insbesondere
 der nicht eingetragene Pfandrechtsgläubiger (Bay ObLGZ 1959, 50);
– das Recht des Ehegatten bei nicht eingetragener Gütergemeinschaft
 gemäß §§ 741, 774 ZPO;
– das Anfechtungsrecht des Insolvenzverwalters und des Insolvenzgläubigers (RGZ 18, 394; KG NJW 1958, 914);
– das Recht des Hinterlegers, Verleihers, Auftraggebers, Verpächters,
 Vermieters, Verpfänders usw auf Herausgabe der nicht zum Schuldnervermögen gehörigen Sache.

§ 9 [Beteiligte]

12 **b) Recht an einem Grundstück.** Beteiligte sind alle, die ein Recht an einem Grundstück anmelden, das zurzeit der Eintragung des Vollstreckungsvermerkes (sonst § 9 Nr 1) nicht oder nicht für sie im GB eingetragen war. Dazu zählen: Eigentum, Erbbaurecht, Grunddienstbarkeit, beschränkte persönliche Dienstbarkeit, Nießbrauch, Vorkaufsrecht, Reallast, Grundpfandrecht, Vormerkung, Widerspruch, Verfügungsbeeinträchtigung. In den neuen Bundesländern gehört bei der ZwVerst des Grundstücks auch das Gebäudeeigentum dazu, wenn das zugrundeliegende dingliche Nutzungsrecht (Art 233 § 4 EGBGB, vgl Einl Rdn 28) oder das nutzungsrechtslose Gebäudeeigentum (Art 233 §§ 2b, 8 EGBGB, vgl Einl 28 a) angemeldet wird (*Eickmann* ZIR 1997, 61, 63). Gleiches gilt für den Besitzberechtigten (Nutzer) aus der Sachenrechtsbereinigung (Art 233 § 2a EGBGB) und den Inhaber eines Mitbenutzungsrechts nach § 321 I–III, § 322 ZGB-DDR. Geht ein solches Recht zeitlich nach Eintragung des Vollstreckungsvermerkes auf einen Dritten über, so wird der neue Inhaber erst mit der Anmeldung Beteiligter, unabhängig davon, ob sich der Übergang mit Grundbucheintragung (RGZ 73, 298) oder außerhalb des GB (zB Erbfolge, Ablösung, Abtretung eines Briefrechts), rechtsgeschäftlich oder kraft Gesetzes erfolgt. Beteiligte kraft Anmeldung sind auch die Berechtigten dinglicher Rechte, die ohne Eintragung bestehen: Sicherungshypothek nach §§ 1287 BGB, 848 II ZPO (RGZ 71, 424); Recht auf eine Überbau- und Notwegrente gemäß §§ 912, 914, 917 BGB; gesetzliche Vorkaufsrechte; öffentliche Lasten; zu Unrecht gelöschte Rechte, soweit kein gutgläubiger Dritterwerb vorliegt (RGZ 88, 278).

13 **c) Recht an einem Grundstücksrecht.** Besteht ein Nießbrauch oder ein Pfandrecht an einem Grundstücksrecht, das nach dem Versteigerungsvermerk im GB eingetragen wurde, so werden der Nießbraucher oder Pfandgläubiger auf Grund einer Anmeldung Beteiligte in der ZwVerst; gleiches gilt, wenn diese Rechte an einem nicht im GB eingetragenen Recht bestehen, zB an einem zu Unrecht gelöschten Recht. Strittig ist, ob der Gl eines Rückgewährungsanspruchs auf eine Sicherungsgrundschuld durch eine Anmeldung Beteiligter nach § 9 Nr 2 wird. Dies wird verneint, weil dieser Anspruch kein "Recht", an einem Grundstücksrecht sei (OLG Hamm Rpfleger 1992, 308; OLG Köln Rpfleger 1988, 324. Zu Recht wird dies allerdings bejaht, weil der schuldrechtliche Rückgewährungsanspruch auf die Sicherungsgrundschuld insoweit einwirkt, als der Gl des Anspruchs die Rückübertragung des Grundpfandrechts auf ihn verlangen kann (BGH Rpfleger 2002, 273; *Jestaedt*, Eine dingliche Komponente beim Grundschuld-Rückgewährungsanspruch?, GS für Dietrich Schultz, 1987, S 149; *Dassler/Rellermeyer* Rdn 16; *Steiner/Hagemann* Rdn 84).

14 **d) Ansprüche mit dem Recht auf Befriedigung aus dem Grundstück.** Mit deren Anmeldung wird Beteiligtengemeinschaft

III. Beteiligte kraft Anmeldung (§ 9 Nr 2) **§ 9**

erlangt. Gemeint sind die Ansprüche der Rangklassen 1–3, 7 des § 10; die Berechtigten der Rangklasse Nr 5 sind bereits Beteiligte von Amts wegen als betreibende Gl (§ 9), von Nr 4, 8 sind Beteiligte kraft GB-Eintragung (§ 9 Nr 1); wegen der Rangklasse Nr 6 des § 10 vgl § 10 Rdn 66. Ein Anfechtungsgläubiger, der mit dem schuldrechtlichen Rückgewähranspruch (§ 11 AnfG, § 143 InsO) ein Recht anmeldet, ist Beteiligter (BGH ZfIR 2001, 499).

e) Miet- oder Pachtrecht. Meldet ein Mieter (Pächter) seine 15 Rechtsstellung an, so wird er Beteiligter in der ZwVerst. Voraussetzung ist, dass das Grundstück (oder die Wohnung) bereits überlassen worden ist und noch Besitz des Mieters daran besteht, nach einem Umzug verliert der Mieter seine Beteiligteneigenschaft. Strittig ist, ob auch ein Untermieter (Unterpächter) Beteiligter mittels Anmeldung werden kann. Dies wird verneint, weil der Untermieter in keinem Rechtsverhältnis zum Vollstreckungsschuldner stehe (*Steiner/Hagemann* Rdn 87; *Dassler/Rellermeyer* Rdn 20). Zu Recht wird dies allerdings bejaht, da der Mieter das Recht zur Untervermietung vom Vollstreckungsschuldner ableitet (*Stöber* Rdn 2.10 b). Beteiligter auf Grund Anmeldung kann in den neuen Bundesländern auch der Nutzer sein, der mittels eines Überlassungs-, Miet-, Pacht- oder sonstigen Vertrags gem § 4 SchuldRAnpG zur Nutzung des Grundstücks berechtigt ist.

3. Anmeldung

a) Form. An eine bestimmte Form ist die Anmeldung nicht geknüpft, 16 dh sie kann schriftlich, zu Protokoll des UdG, mittels Telefax oder telefonisch (Rückruf und Aktenvermerk!) erfolgen. Ein Vertreter, der eine Anmeldung vornimmt, muss seine Vertretungsmacht durch Vollmachtsurkunde, Bestallung, Registerauszug und Ausweis nachweisen.

b) Inhalt. Die Anmeldung ist eine Erklärung des Berechtigten, dass 17 er trotz eines nicht grundbuchersichtlichen Rechts am Verfahren beteiligt werden will (BGH Rpfleger 2007, 93). Aus einer Anmeldung muss ersichtlich sein, was angemeldet wird, dh welches Recht, sein Rechtsgrund, der Geldbetrag und beanspruchte Rang (BGHZ 21, 30). Die Erklärung muss erkennen lassen, dass überhaupt eine Anmeldung gewollt ist und nicht nur eine Information für das VollstrG erfolgen soll; notfalls (zB bei Mieter) ist dies durch eine Rückfrage zu klären. Wenn ein Verfahrensbeteiligter (§ 9 Nr 2) gleich Anträge in der ZwVerst stellt, so muss er nicht daneben noch ausdrücklich sein Recht anmelden; diese Anmeldung liegt konkludent in seinem Antrag. Ist eine Anmeldung unvollständig, so hat das VollstrG im Rahmen seiner Hinweispflicht (§ 139 ZPO) auf die Ergänzung hinzuwirken. Keine Anmeldung ist die Mitteilung des GBA gemäß § 19 III an das VollstrG; gleiches gilt für eine sonstige Kenntniserlangung des VollstrG von einem möglichen Beteiligten nach § 9 Nr 2.

§ 9 [Beteiligte]

18 **c) Zeitpunkt.** Die Anmeldung kann bis zum Abschluss der ZwVerst erfolgen, dh bis zur Weglage der Akten. Beteiligter wird die anmeldende Person aber erst in dem Zeitpunkt, in dem seine Anmeldung bei Gericht eingeht, dh zu diesem Zeitpunkt tritt er in das ZwVerstVerfahren ein. Das bisherige Verfahren wird natürlich für ihn nicht wiederholt.

19 **d) Wirkung.** Ein Anmeldender erlangt unter den Voraussetzungen des § 9 Nr 2 kraft Gesetzes Beteiligteneigenschaft. Insbesondere ist dafür keine Beschlussfassung des VollstG erforderlich; die Anmeldung wird lediglich zu den Akten genommen. Gibt jemand eine offensichtlich unbegründete Anmeldung ab (zB ein persönlicher Gl legt seinen Vollstreckungstitel vor, ohne die ZwVerst zu betreiben), so ist gesetzlich auch kein Zurückweisungsbeschluss vorgesehen. Jedoch ist der Anmeldende auf die Rechtslage gemäß § 139 ZPO hinzuweisen, ja es empfiehlt sich sogar ein Zurückweisungsbeschluss, denn ansonsten gilt diese Anmeldung als Widerspruch gegen den TLP, wenn der angemeldete Anspruch nicht antragsgemäß in den TLP aufgenommen wird (§ 115 II).

4. Glaubhaftmachung

20 **a) Voraussetzungen.** Jeder Beteiligte (§ 9) kann ohne Begründung anmelden, das VollstrG wird nur bei begründeten Zweifeln Glaubhaftmachung von Anmeldenden verlangen (§ 9 Nr 2), und zwar während des gesamten Verfahrens. In diesem Fall muss der Anmelder über die Rechtsfolgen der Glaubhaftmachung bzw der Unterlassung belehrt werden (§ 139 ZPO). Nach dem Verlangen nach Glaubhaftmachung gilt der Anmeldende nicht mehr als Beteiligter gemäß § 9 Nr 2; erfolgt die Glaubhaftmachung ordnungsgemäß, so ist er wieder Beteiligter; wird das Recht nicht glaubhaft gemacht, so wird der Anmeldende so behandelt als wäre er nie Beteiligter der ZwVerst gewesen. Letzteres kann zur Folge haben, dass Entscheidungen im Rechtsmittelweg wieder aufgehoben werden müssen, wenn sie von Beteiligten beantragt worden waren, die ihre Beteiligteneigenschaft rückwirkend verloren haben.

21 **b) Mittel.** Die Mittel der Glaubhaftmachung ergeben sich aus § 294 ZPO: Zeugen (§§ 373 ff ZPO), Sachverständige (§§ 402 ff ZPO), Urkunden (§§ 415 ff ZPO), Parteivernehmung (§§ 445 ff ZPO), Augenschein (§§ 371 ff ZPO) und vor allem eine Versicherung an Eides Statt (§ 294 I ZPO). Wenn eine Behörde eine spezifizierte Aufstellung eines Anspruchs zur ZwVerst anmeldet, so liegt darin bereits eine Glaubhaftmachung (LG Lüneburg Rpfleger 1976, 68; *Steiner/Hagemann* Rdn 109; *Dassler/Rellermeyer* Rdn 23).

22 **c) Entscheidung.** Sobald der Anmeldende seine Glaubhaftmachung zum VollstrG einreicht, ist dem Verlangenden dazu rechtliches Gehör zu gewähren (Art 103 I GG). Danach muss das VollstG darüber entscheiden, ob die Glaubhaftmachung zur Erlangung der Beteiligtenstellung

§ 10

nach § 9 Nr 2 ausreicht oder nicht. Diese Entscheidung kann durch begründeten Entschluss ergehen, was empfehlenswert ist, aber auch durch schlüssiges Verhalten, zB durch Weiterführung der ZwVerst unter Beteiligung des Anmeldenden. Selbstständig anfechtbar ist diese Entscheidung nicht (vgl § 95), sondern nur im Rahmen der Zuschlagsbeschwerde. Die Beteiligtenstellung erlangt der Anmeldende mit der Entscheidung des VollstrG, die jedoch mit der Glaubhaftmachung zusammenfallen kann, wenn das Verfahren danach unter Beteiligung des Anmeldenden ohne weiteres weitergeführt wird.

IV. Sonstige gesetzliche Beteiligte

Ohne Grundbucheintragung und ohne Anmeldung sind Beteiligte bei 23
- Vollstreckung in ein Erbbaurecht der Grundstückseigentümer (§ 24 ErbbauRG),
- Schiffen die Träger der Sozialversicherung einschließlich der Arbeitslosenversicherung (§ 163 III) und der Schiffer (§ 166 II);
- Gebäudeeigentum nach § 288 IV, § 292 III ZGB in der ehemaligen DDR der Grundstückseigentümer auf Grund der analogen Anwendung des § 24 ErbbauRG (*Dassler/Rellermeyer* Rdn 24; *Keller* Rpfleger 1992, 501, 502 **aA** *Eickmann* ZIR 1997, 61, 63; *Stöber* Rdn 3.38).

V. Beteiligtenverzeichnis

Besonders zu empfehlen ist das nach § 14 IV 2 AktO vorgesehene 24 Beteiligtenverzeichnis. Es soll alle am Verfahren Beteiligte enthalten und muss laufend sehr sorgfältig ergänzt werden. Dann kann bei Mitteilungen und Zustellungen, aber auch bei der Feststellung der Anwesenheit der Beteiligten in Terminen mit ihm gearbeitet werden. Es sollte enthalten: genaue Anschrift der Beteiligten, der Bevollmächtigten, die Blattzahl der Anordnungs- und Beitrittsbeschlüsse, der Einstellungen, Fortsetzungen, Aufhebungen, Anmeldungen, Vollmacht und den zu vollstreckenden Anspruch einschließlich der Grundbuchstelle.

§ 10 [Rangordnung der Rechte]

¹**Ein Recht auf Befriedigung aus dem Grundstücke gewähren nach folgender Randordnung, bei gleichem Range nach dem Verhältnis ihrer Beträge:**
1. **der Anspruch eines die Zwangsverwaltung betreibenden Gläubigers auf Ersatz seiner Ausgaben zur Erhaltung oder nötigen Verbesserung des Grundstücks, im Falle der Zwangsversteigerung jedoch nur, wenn die Verwaltung bis zum**

§ 10 [Rangordnung der Rechte]

Zuschlage fortdauert und die Ausgaben nicht aus den Nutzungen des Grundstücks erstattet werden können;

1a. im Falle einer Zwangsversteigerung, bei der das Insolvenzverfahren über das Vermögen des Schuldners eröffnet ist, die zur Insolvenzmasse gehörenden Ansprüche auf Ersatz der Kosten der Feststellung der beweglichen Gegenstände, auf die sich die Versteigerung erstreckt; diese Kosten sind nur zu erheben, wenn ein Insolvenzverwalter bestellt ist, und pauschal mit vier vom Hundert des Wertes anzusetzen, der nach § 74a Abs. 5 Satz 2 festgesetzt worden ist;

2. bei Vollstreckung in ein Wohnungseigentum die daraus fälligen Ansprüche auf Zahlung der Beiträge zu den Lasten und Kosten des gemeinschaftlichen Eigentums oder des Sondereigentums, die nach § 16 Abs. 2, § 28 Abs. 2 und 5 des Wohnungseigentumsgesetzes geschuldet werden, einschließlich der Vorschüsse und Rückstellungen sowie der Rückgriffsansprüche einzelner Wohnungseigentümer. Das Vorrecht erfasst die laufenden und die rückständigen Beträge aus dem Jahr der Beschlagnahme und den letzten zwei Jahren. Das Vorrecht einschließlich aller Nebenleistungen ist begrenzt auf Beträge in Höhe von nicht mehr als 5 vom Hundert des nach § 74a Abs. 5 festgesetzten Wertes. Die Anmeldung erfolgt durch die Gemeinschaft der Wohnungseigentümer. Rückgriffsansprüche einzelner Wohnungseigentümer werden von diesen angemeldet;

3. die Ansprüche auf Entrichtung der öffentlichen Lasten des Grundstücks wegen der aus den letzten vier Jahren rückständigen Beträge; wiederkehrende Leistungen, insbesondere Grundsteuern, Zinsen, Zuschläge oder Rentenleistungen, sowie Beträge, die zur allmählichen Tilgung einer Schuld als Zuschlag zu den Zinsen zu entrichten sind, genießen dieses Vorrecht nur für die laufenden Beträge und für die Rückstände aus den letzten zwei Jahren. Untereinander stehen öffentliche Grundstückslasten, gleichviel ob sie auf Bundes- oder Landesrecht beruhen, im Range gleich. Die Vorschriften des § 112 Abs. 1 und der §§ 113 und 116 des Gesetzes über den Lastenausgleich vom 14. August 1952 (Bundesgesetzbl. I S. 466) bleiben unberührt;

4. die Ansprüche aus Rechten an dem Grundstück, soweit sie nicht infolge der Beschlagnahme dem Gläubiger gegenüber unwirksam sind, einschließlich der Ansprüche auf Beträge, die zur allmählichen Tilgung einer Schuld als Zuschlag zu den Zinsen zu entrichten sind; Ansprüche auf wiederkehrende Leistungen, insbesondere Zinsen, Zuschläge, Verwaltungskosten oder Rentenleistungen, genießen das Vorrecht

§ 10

dieser Klasse nur wegen der laufenden und der aus den letzten zwei Jahren rückständigen Beträge;
5. der Anspruch des Gläubigers, soweit er nicht in einer der vorhergehenden Klassen zu befriedigen ist;
6. die Ansprüche der vierten Klasse, soweit sie infolge der Beschlagnahme dem Gläubiger gegenüber unwirksam sind;
7. die Ansprüche der dritten Klasse wegen der älteren Rückstände;
8. die Ansprüche der vierten Klasse wegen der älteren Rückstände.

II Das Recht auf Befriedigung aus dem Grundstücke besteht auch für die Kosten der Kündigung und der die Befriedigung aus dem Grundstücke bezweckenden Rechtsverfolgung.

III Zur Vollstreckung mit dem Range nach Absatz 1 Nr. 2 müssen die dort genannten Beträge die Höhe des Verzugsbetrages nach § 18 Abs. 2 Nr. 2 des Wohnungseigentumsgesetzes übersteigen; liegt ein vollstreckbarer Titel vor, so steht § 30 der Abgabenordnung einer Mitteilung des Einheitswerts an die in Absatz 1 Nr. 2 genannten Gläubiger nicht entgegen. Für die Vollstreckung genügt ein Titel, aus dem die Verpflichtung des Schuldners zur Zahlung, die Art und der Bezugszeitraum des Anspruchs sowie seine Fälligkeit zu erkennen sind. Soweit die Art und der Bezugszeitraum des Anspruchs sowie seine Fälligkeit nicht aus dem Titel zu erkennen sind, sind sie in sonst geeigneter Weise glaubhaft zu machen.

Übersicht

	Rn.
I. Allgemeines	1
II. Rang vor Rangklasse 1	2
1. Verfahrenskosten	2
2. Früchtepfandrecht	3
III. Rangklasse 1: Zwangsverwaltungsvorschüsse	6
1. Vorrecht	7
2. Erhaltungsausgaben	8
3. Auslagenerstattung	9
a) Die ZwVerw muss bis zum Zuschlag fortgedauert haben (§ 10 I Nr 1)	10
b) Die Ausgaben dürfen nicht aus den Nutzungen des Grundstücks in der ZwVerw (§ 155) erstattet werden können (§ 10 I Nr 1)	11
c) Anmeldung	12
4. Vorschüsse	13
5. Mehrere Ansprüche	14
IV. Rangklasse 1 a: Feststellungskosten aus einem Insolvenzverfahren	14 a

§ 10 [Rangordnung der Rechte]

1. Erstattung	14a
2. Voraussetzungen	14b
3. Feststellungskosten	14c
4. Mehrere Grundstücke	14e
5. Anmeldung	14f
6. Keine Zwangsversteigerung	14g
7. Zwangsverwaltung	14h
V. Rangklasse 2: Wohnungseigentumsrechtliche Ansprüche	15
1. Ansprüche	15
2. Zeitgrenze (§ 10 I Nr 2 S 2)	20
3. Obergrenze (§ 10 I Nr 2 S 3)	21
4. Anmeldung	22
5. Betreiben aus § 10 I Nr 2	22a
a) Titel	22a
b) Mindestgrenze	22b
VI. Rangklasse 3: Öffentliche Lasten des Grundstücks	23
1. Öffentliche Grundstückslasten	23
2. Eintragungsfähigkeit im GB	24
3. Einzelfälle der öffentlichen Grundstückslasten (Eine umfassende Darstellung der öffentlichen Grundstückslasten bei Meikel/Morvilius § 54 Rdn 12–49)	25
a) Abmarkungskosten	25
b) Bodensanierung	26
c) Deichlasten	27
d) Erschließungskosten	28
e) Flurbereinigungsbeitrag	29
f) Grundsteuern	30
g) Kirchensteuern	31
h) Landwirtschaftskammerbeiträge	32
i) Schornsteinfegergebühren	33
j) Umlegungsverfahren	34
k) Viehversicherungen	35
l) Wasser- und Bodenverbände	36
4. Nebenleistungen der öffentlichen Lasten	37
5. Keine öffentlichen Grundstückslasten	38
a) Betriebssteuern	39
b) Persönliche Steuern	40
c) Bau- und Nutzungsbeschränkungen	41
d) Wohngeldrückstände beim Wohnungseigentum	42
e) Baulast	43
f) Kommunalabgaben	44
6. Zeitgrenze	45
7. Berücksichtigung	46
8. Rang	47
VII. Rangklasse 4: Ansprüche aus dinglichen Rechten	48
1. Ansprüche aus Rechten an dem Grundstück	48
a) Allgemeines	48
b) Grundstücksrechte	49
c) Rechte an Grundstücksrechten	50
2. Ansprüche auf Beträge, die zur allmählichen Til-	

	gung einer Schuld als Zuschlag zu den Zinsen zu entrichten sind	51
	3. Ansprüche auf wiederkehrende Leistungen	52
	4. Berücksichtigung	53
	5. Rang	54
VIII.	Rangklasse 5: Ansprüche des betreibenden Gläubigers	55
	1. Betreibender Gläubiger	55
	2. Rangklasse § 10 Nr. 5	56
	3. Mehrere Rangklassen	57
	4. Berücksichtigung	58
	5. Zeitpunkt der Beschlagnahme	59
IX.	Rangklasse 6: Ansprüche aus dem betreibenden Gläubigers	60
	1. Relative Unwirksamkeit	60
	2. Mehrere betreibende Gläubiger	63
	3. Umfang	65
	4. Berücksichtigung	66
	5. Rang	67
X.	Rangklasse 7: Ansprüche der 3. Klasse wegen älterer Rückstände	68
XI.	Rangklasse 8: Ansprüche der 4. Klasse wegen älterer Rückstände	69
XII.	Rang nach der Rangklasse 8	70
XIII.	Kosten der Kündigung und der dinglichen Rechtsverfolgung	71
	1. Allgemeines	71
	2. Anmeldung	72
	3. Prüfung	73
	4. Einzelfälle von berücksichtigungsfähigen Kosten der Kündigung und Rechtsverfolgung	74
	r) Kosten der Beteiligten im ZwVerst- bzw ZwVerwVerfahren	91
	5. Einzelfälle von nicht berücksichtigungsfähigen Kosten	93
	6. Rechtsbehelfe	108
	7. Gerichtskosten	109

I. Allgemeines

§ 10 bestimmt in erschöpfender Aufzählung (RGZ 71, 424), welche **1** Ansprüche überhaupt ein Recht auf Befriedigung aus dem Grundstück gewähren, und legt daneben auch die Reihenfolge dieser Ansprüche fest. Auf Grund dieser Rangordnung legt das VollstrG das gG fest (§§ 44 ff), stellt den TLP auf (§ 109 II, §§ 112 ff) und verteilt die Überschüsse in der ZwVerw (§§ 155 ff). Da der Erlös praktisch fast nie zur Erfüllung aller Ansprüche ausreicht, ist § 10 die **bedeutendste Norm des ZVG.** Die Gl werden im Rahmen dieser Norm in 8 Rangklassen befriedigt, und zwar in der Weise, dass immer erst die vorgehende Rangklasse voll

§ 10 [Rangordnung der Rechte]

erfüllt wird, und nur insoweit danach noch Erlös vorhanden ist, kommt es zur Befriedigung der nachfolgenden Rangklasse. Vor diesen Rangklassen des § 10 stehen die Verfahrenskosten **(§ 109)**. Nach diesen Rangklassen werden noch Ansprüche berücksichtigt, die verspätet oder mangelhaft bzw gar nicht glaubhaft gemacht wurden (§ 37 Nr 4, § 45 I, **§ 110**). Die materiell-rechtliche Vorschrift des § 10 ist der Disposition der Beteiligten entzogen, dh sie ist zwingend (BGH Rpfleger 1992, 533, 534). Andere Ansprüche, die nicht in § 10 genannt sind, dürfen in der ZwVerst nicht berücksichtigt werden, und zwar selbst dann, wenn alle Beteiligte zustimmen oder ausnahmsweise sich einmal ein Erlösüberschuss ergibt. § 10 gilt für die VollstreckungsZwVerst; bei der Zwangsverwaltung (§§ 155, 156), der ZwVerst auf Antrag des Insolvenzverwalters (§ 172), der Nachlassversteigerung (§ 175) und der Teilungsversteigerung (§ 180 ff) gelten Sonderregelungen.

II. Rang vor Rangklasse 1

Schrifttum: *Drischler,* Das Früchtepfandrecht nach dem Gesetz zur Sicherung der Düngemittel- und Saatgutverordnung, Rpfleger 1948/49, 499.

1. Verfahrenskosten

2   § 109 I bestimmt für die ZwVerst, dass die Kosten des Verfahrens aus dem Versteigerungserlös vorweg zu entnehmen sind (vgl dort); für die ZwVerw enthält § 155 I die Bestimmung über die Vorwegentnahme. Diese Verfahrenskosten stehen vor den 8 Rangklassen des § 10, sogar vor allen anderen außerhalb der Rangordnung stehenden Ansprüchen.

2. Früchtepfandrecht

3   **a)** Wegen der Ansprüche aus der Lieferung von Düngemitteln und anerkanntem Saatgut oder von zugelassenem Handelssaatgut – mit Ausnahme von Zuckerrübensamen –, die von dem Eigentümer, Eigenbesitzer, Nutznießer oder Pächter **landwirtschaftlicher Grundstücke** im Rahmen einer ordnungsmäßigen Wirtschaftsweise in der für derartige Geschäfte üblichen Art nach dem 31. Juli zur Steigerung des Ertrages der nächsten Ernte beschafft und verwendet worden sind, hat der Gl ein gesetzliches Pfandrecht an den in dieser Ernte anfallenden Früchten der zum Betrieb gehörenden Grundstücke, auch wenn die Früchte noch nicht vom Grundstück getrennt worden sind (§ 1 1 1 DüMSichG). Das Pfandrecht erstreckt sich nicht auf die der Pfändung nicht unterworfenen Früchte (§ 1 I 2 DüMSichG; § 811 Nr 2–4, § 865 ZPO, §§ 97, 98 Nr 2 BGB). Das Pfandrecht gilt auch für Ansprüche aus Darlehen, die zur Bezahlung dieser Lieferung in der für derartige Geschäfte üblichen Art aufgenommen werden (§ 1 II DüMSichG). Das Früchtepfandrecht hat

III. Rangklasse 1: Zwangsverwaltungsvorschüsse § 10

keine Rangstelle im Rahmen des § 10, dh den geschützten Pfandgläubigern gibt es ein Befriedigungsrecht vor allen anderen Ansprüchen (*Steiner/Hagemann* Rdn 14; *Dassler/Rellermeyer* Rdn 4 **aA** *Stöber* Rdn 7.1: Rang zwischen § 10 I Nr 3 und § 10 I Nr 4 wegen § 2 IV DüMSichG).

b) Erfolgt die **Beschlagnahme vor der Ernte,** so erstreckt sie sich 4 auf die Früchte, die noch mit dem Boden verbunden sind (§ 21 I). Das Pfandrecht wird als bestehen bleibendes Recht in das gG aufgenommen, wenn der Gl sein Recht rechtzeitig anmeldet (§ 37 Nr 4, § 45, § 52). Bei Zuschlagserteilung wird der Ersteher auch Eigentümer der Erzeugnisse, allerdings belastet mit dem Früchtepfandrecht. Meldet der Gl verspätet an (vgl § 37 Nr 4), so erwirbt der Ersteher die Erzeugnisse lastenfrei; der Früchtepfandrechtsgläubiger kann dann Befriedigung aus dem Erlös suchen nach allen Ansprüchen des § 10 (vgl § 110; *Steiner/Hagemann* Rdn 16).

c) Erfolgt die **Beschlagnahme nach der Ernte,** können die getrenn- 5 ten Früchte nur von ihr erfasst werden, wenn die Zubehör sind (§ 21 I). Da sie aber keiner Pfändung in der Mobiliarvollstreckung unterliegen (§ 865 II 1 ZPO), erstreckt sich das Früchtepfandrecht nicht darauf (§ 1 II 1 DüMSichG). Der Pfandgläubiger hat die Möglichkeit, sein Recht an den kein Zubehör darstellenden Früchten auszuüben, und zwar außerhalb der ZwVerst.

III. Rangklasse 1: Zwangsverwaltungsvorschüsse

Bevorrechtigt ist der Anspruch eines die ZwVerw betreibenden Gl 6 auf Ersatz seiner Ausgaben zur Erhaltung oder nötigen Verbesserung des Grundstücks. In der ZwVerst besteht dieses Vorrecht jedoch nur, wenn die ZwVerw bis zum Zuschlag fortdauert und die Ausgaben nicht aus den Nutzungen des Grundstücks erstattet werden können (§ 10 I Nr 1). Der Grund für dieses Vorrecht besteht in den dem Grundstück und damit letztendlich allen Gl zugute kommenden Aufwendungen (BGH Rpfleger 1992, 533, 534).

1. Vorrecht

Das Vorrecht steht nur dem die **ZwVerw betreibenden Gl** zu (§ 10 7 I Nr 1), dh dem Anordnungs- und den Beitrittsgläubigern. Nicht berücksichtigt werden können die Ansprüche des Zwangsverwalters wegen von ihm geleisteter Vorschüsse (in der ZwVerw § 155 I), des Bauhandwerkers, der Hypothekengläubiger wegen §§ 1134, 1135 BGB (RGZ 72, 322) und des Erstehers.

2. Erhaltungsausgaben

Die Ausgaben müssen der **Erhaltung oder nötigen Verbesserung** 8 **des Grundstücks** dienen (§ 10 I Nr 1). Diese Aufwendungen müssen zu einer Wertsteigerung des Grundstücks geführt haben (BGH Rpfleger 2003, 454; RGZ 41, 321; LG Mönchengladbach Rpfleger 2000, 80; *Steiner/Hagemann* Rdn 25); wer behauptet, dass dieser Zweck nicht erreicht worden ist, dh wer das Vorrecht des § 10 I Nr 1 bestreitet, ist dafür beweispflichtig. Die Wertsteigerung muss zum Zeitpunkt der Zuschlagserteilung nicht mehr existent sein (RGZ 73, 393). Aufwendungen zur Verbesserung des Grundstücks fallen nur dann in § 10 I Nr 1, wenn sie notwendig waren. Außerdem müssen sie während der ZwVerw gemacht worden sein; außerhalb der ZwVerw genießen sie nicht das Vorrecht (zB Kosten von Sicherungsmaßnahmen nach § 25, Kosten der nach § 94 angeordneten Verwaltung; vgl *Steiner/Hagemann* Rdn 27). An der Rangklasse § 10 I Nr 1 ändert sich nichts, wenn der Gl zur Zahlung der Kosten durch einen Mietvertrag verpflichtet war, der Mietzins aber dem Mietwert entspricht (BGH BB 1954, 391). Unerheblich für die Rangklasse 1 ist, ob die Ausgaben zur Befriedigung der Forderung des betreibenden Gl notwendig waren oder ob letzterer die Arbeiten hat selbst ausführen lassen oder dem Zwangsverwalter dafür Vorschüsse gegeben hat; diese müssen aber zweckentsprechend verwendet worden sein, was der Gl beweisen muss (OLG Köln Rpfleger 1998, 482). Ausgaben zur Grundstückserhaltung oder -verbesserung können sein: Gebäudereparaturen, Ergänzungs- oder Umbauten an Gebäuden, Vollendung von angefangenen Bauten (RGZ 73, 401), nicht aber die Errichtung eines Neubaus auf einem unbebauten Grundstück (KG OLGE 15, 25); Gebäude-, Feuer-, Hagel-, Vieh- und Haftpflichtversicherungen (nicht für den Zwangsverwalter); Lohn des zur Bewirtschaftung erforderlichen Personals; Kosten für Haltung des Viehbestandes sowie für Anschaffung landwirtschaftlicher Geräte; Vergütung und Auslagen des Zwangsverwalters, wenn die Anordnung der ZwVerw zur Erhaltung des Grundstücks geboten war, wie im Falle des § 1134 II BGB (RGZ 25, 227, 230); Zinsen, soweit sie der Gl zur Beschaffung des Vorschusses tatsächlich hat aufwenden müssen (RGZ 145, 195). Nicht dazu gehören Ausgaben für Strom, Wasser, Müll usw (LG Mönchengladbach Rpfleger 2000, 80).

3. Auslagenerstattung

9   **Im Zwangsversteigerungsverfahren** können die Auslagen nur dann in der Rangklasse 1 geltend gemacht werden, wenn die ZwVerw bis zum Zuschlag fortdauert und die Auslagen nicht aus den Nutzungen des Grundstücks erstattet werden können. Ein Ausfallbürge hat die vorrangige Befriedigung des Gl in § 10 I Nr 1 wegen eines Vorschusses nach § 161 III hinzunehmen, wenn nichts anderes vereinbart ist (BGH Rpfleger 1992, 533).

**a) Die ZwVerw muss bis zum Zuschlag fortgedauert haben
10   (§ 10 I Nr 1).** Das Vorrecht greift somit nicht, wenn die ZwVerw vor der Zuschlagserteilung beendet wird oder in der ZwVerst kein Zuschlag

III. Rangklasse 1: Zwangsverwaltungsvorschüsse § 10

erteilt wird. Nicht nötig ist, dass der die ZwVerst betreibende Gl identisch ist mit dem, der die ZwVerw betreibt und die Ausgaben macht. Nimmt letzterer seinen Antrag zurück, was zur Aufhebung der ZwVerw und dem Verlust des Vorrechts nach § 10 I Nr 1 führt, so bleibt es dabei, auch wenn sogleich danach eine neue ZwVerw angeordnet wird.

b) Die Ausgaben dürfen nicht aus den Nutzungen des Grundstücks in der ZwVerw (§ 155) erstattet werden können (§ 10 I Nr 1). Zunächst muss der Gl versuchen, in der ZwVerw Befriedigung 11 zu erlangen. Die Unmöglichkeit dieses Unterfangens muss vor der Verteilung des Erlöses objektiv festgestellt werden.

c) Anmeldung. In der ZwVerst müssen die Ansprüche der Rang- 12 klasse 1 angemeldet werden, und zwar zur Rangwahrung spätestens im Versteigerungstermin vor der Aufforderung zur Abgabe von Geboten (§ 37 Nr 4, § 45 I, §§ 110, 114). Die Anmeldung muss vom anspruchsberechtigten Gl ausgehen, nicht vom Zwangsverwalter. Sie wird auch nicht dadurch ersetzt, dass sich die Ausgaben aus den Akten der ZwVerw ergeben. Eine Vollstreckung der Ansprüche in Rangklasse 1 ist nach ihrem Wesen ausgeschlossen (*Dassler/Rellermeyer* Rdn 11; *Stöber* Rdn 2.9 **aA** *Morvilius* in D/M/V 4. Kap Rdn 62).

4. Vorschüsse

Im Zwangsverwaltungsverfahren werden die vom betreibenden 13 Gl geleisteten Vorschüsse als Ausgaben der ZwVerw ohne weiteres vorweg aus den Nutzungen des Grundstücks nach § 155 I befriedigt (*Steiner/Hagemann* § 155 Rdn 20 **aA** *Stöber* § 155 Rdn 4.3 a). Lehnt der Zwangsverwalter die Erfüllung allerdings ab, dann sind die Vorschüsse in § 10 I Nr 1 zu berücksichtigen. Hat der Zwangsverwalter oder, wenn der Schu zum Verwalter bestellt ist, der Schu mit Zustimmung der Aufsichtsperson Düngemittel, Saatgut oder Futtermittel angeschafft, die im Rahmen der bisherigen Wirtschaftsweise zur ordnungsgemäßen Aufrechterhaltung des Betriebs benötigt werden, so haben Ansprüche aus diesen Lieferungen den in § 10 I Nr 1 bezeichneten Rang (§ 155 IV 1). Das Gleiche gilt von Krediten, die zur Bezahlung dieser Lieferungen in der für derartige Geschäfte üblichen Weise aufgenommen sind (§ 155 IV 2). Diese Erweiterung der Rangklasse § 10 I Nr 1 gilt aber nicht für die ZwVerst (*Steiner/Hagemann* Rdn 33; *Dassler/Rellermeyer* Rdn 8 **aA** *Stöber* Rdn 2.4); § 155 IV bezieht sich nur auf die ZwVerw und in § 10 I Nr 1 ist diese Vorschrift nicht erwähnt.

5. Mehrere Ansprüche

Mehrere Ansprüche der Rangklasse § 10 I Nr 1 haben **Gleichrang.** 14 Innerhalb eines Anspruchs bestimmt sich das Rangverhältnis nach § 12.

§ 10 [Rangordnung der Rechte]

IV. Rangklasse 1 a: Feststellungskosten aus einem Insolvenzverfahren

1. Erstattung

14 a Der Insolvenzmasse sind die Kosten zu erstatten, die ihr durch die Feststellung der beweglichen Gegenstände, an denen Absonderungsrechte bestehen, entstehen (§§ 170, 171 I InsO). Diese zur Insolvenzmasse gehörenden Ansprüche sind im Falle der ZwVerst in der Rangklasse 1 a zu berücksichtigen. Dadurch wird vermieden, dass die Insolvenzmasse zum Nachteil der ungesicherten Gl mit Kosten belastet bleibt, die nur im Interesse der gesicherten Gl aufgewendet werden (*Vallender* Rpfleger 1997, 353, 356). Den Kostenbeitrag des § 10 I Nr 1 a bezahlt der letzte nicht voll Hebungsberechtigte – er allein trägt die Last der durch die Entnahme des Betrags bewirkten Erlöskürzung (*Eickmann* ZflR 1999, 81, 85 mit Kritik an dieser Regelung).

2. Voraussetzungen

14 b Voraussetzungen für die Rangklasse 1 a sind, dass das **Insolvenzverfahren** über das Vermögen des Schu eröffnet und ein **Insolvenzverwalter** bestellt ist. Wenn ein Insolvenzverwalter nicht bestellt ist, dh in einem Verfahren der Eigenverwaltung unter Aufsicht eines Sachwalters nach §§ 270 ff InsO, besteht ein Anspruch auf Kostenersatz nicht, so dass die Feststellungskosten auch nicht zu erstatten sind in Rangklasse 1 a (vgl § 282 I InsO; *Eickmann* ZflR 1999, 81, 84). Dagegen kann der Erstattungsanspruch auch bestehen, wenn Feststellungskosten zwar entstanden sind, aber das Grundstück aus der Insolvenzmasse bereits freigegeben ist bei Beginn der ZwVerst (*Stöber* Rdn 3.3).

3. Feststellungskosten

14 c Die Feststellungskosten müssen **bewegliche Gegenstände** betreffen, **auf die sich die ZwVerst erstreckt.** Gemeint sind die beschlagnahmten Gegenstände, dh das mithaftende Grundstückszubehör, vom Grundstück getrennte Erzeugnisse und sonstige Bestandteile (§ 90 II, § 55 I, § 20 II, § 21 ZVG iVm §§ 1120–1122 BGB). Nicht dazu gehören wesentliche Bestandteile des Grundstücks, subjektiv – dingliche Rechte für das Grundstück (§§ 96, 1126 BGB) und Versicherungsforderungen (*Stöber* Rdn 3.2 **aA** *Vallender* Rpfleger 1997, 353, 356). Schuldnerfremde, aber mitversteigerte Zubehörstücke (§ 55 II) gehören nicht zur Insolvenzmasse (§ 35 InsO), so dass deren Feststellungskosten nicht in die Rangklasse 1 a fallen.

14 d Die Feststellungskosten sind pauschal mit **vier vom Hundert** des Wertes der beweglichen Gegenstände zu berücksichtigen. Entscheidend

IV. Rangklasse 1 a: Feststellungskosten § 10

ist der vom VollstrG festgesetzte Wert (§ 74 a V 2). Ist dies unterblieben, muss der Wert den Unterlagen entnommen werden, die der Grundstückswertfestsetzung zugrundeliegen, zB dem Sachverständigengutachten (*Stöber* Rdn 3.4). Nicht zu berücksichtigen sind die beweglichen Gegenstände, die zwar beschlagnahmt wurden (§ 20), aber zu Beginn der Versteigerung (§ 66 II) bereits freigegeben waren (*Stöber* Rdn 3.4). In der ZwVerst unberücksichtigt bleibt auch die Umsatzsteuer für mitversteigerte bewegliche Gegenstände (*Eickmann* ZflR 1999, 81, 85).

4. Mehrere Grundstücke

Werden **mehrere Grundstücke** des Schu in einem Verfahren versteigert (§ 18) und erfolgt dies mittels Einzelausgebote (§ 63 I), so werden die Feststellungskosten bei jedem Grundstück nur insoweit berücksichtigt, als sie die beweglichen Gegenstände des jeweiligen Grundstücks betreffen. Beim Gesamtausgebot werden die gesamten Feststellungskosten in Rangklasse 1 a berücksichtigt (*Stöber* Rdn 3.5). 14 e

5. Anmeldung

Berücksichtigung finden die Feststellungskosten in der ZwVerst nur, wenn sie angemeldet werden (§§ 45, 114; *Eickmann* ZflR 1999, 81, 84). Dies muss vor der Aufforderung zur Abgabe von Geboten im Versteigerungstermin erfolgen (§ 37 Nr 4); ansonsten geht die Rangklasse 1 a verloren (§ 110). 14 f

6. Keine Zwangsversteigerung

Wegen des Anspruchs auf Ersatz der Feststellungskosten kann die **ZwVerst nicht betrieben werden** (*Stöber* Rdn 3.7). Dies folgt daraus, dass die Kosten "im Falle einer Zwangsversteigerung" zu decken sind, dh wenn die ZwVerst von einem anderen Gl betrieben wird. 14 g

7. Zwangsverwaltung

Der Anspruch auf Befriedigung der Feststellungskosten in Rangklasse 1 a besteht nicht nur in der Vollstreckungsversteigerung, sondern auch bei der **Insolvenzverwalter- und Nachlassversteigerung** (§§ 174 a, 175). Bei der **Teilungsversteigerung** (§ 180) ist die Rangklasse 1 a nur denkbar, wenn das Insolvenzverfahren über das Vermögen aller Miteigentümer (zB BGB-Gesellschaft, OHG, KG) eröffnet wurde (*Stöber* Rdn 3.9). In der **Zwangsverwaltung** findet die Rangklasse 1 a keine Anwendung. 14 h

V. Rangklasse 2: Wohnungseigentumsrechtliche Ansprüche

Schrifttum: *Alff,* Beitragsforderungen bei Zwangsvollstreckung in Wohnungseigentum, ZWE 2010, 105; *Alff/Hintzen,* Hausgelder in der Zwangsversteigerung und Zwangsverwaltung, Rpfleger 2008, 165; *Bräuer/Oppitz,* Hausgeldforderungen in der Zwangsversteigerung, ZWE 2007, 326; *Commans,* Die Zwangsversteigerung von Wohnungseigentum wegen Wohngeldrückständen und die Problematik des Einheitswertbescheides, ZfIR 2009, 489; *Derleder,* Die Realisierung des Vorrangs des Hausgeldes bei der Zwangsversteigerung und Zwangsverwaltung von Eigentumswohnungen, ZWE 2008, 13; *Fabis,* Zwangsversteigerungsprivileg bei Wohngeldrückständen contra Auflassungsvormerkung – ein Risikofaktor für Kaufverträge über Wohnungseigentum, ZfIR 2010, 354; *Kesseler,* Wohngeldrückstände als Gefahr für die Eigentumsvormerkung, NJW 2009, 121; *Kesseler,* Die Vollstreckung von Wohngeldforderungen aus der – privilegierten – Rangklasse des § 10 I Nr. 2 ZVG, NZM 2008, 274; *Schneider,* Zahlung rückständiger Hausgelder während der vom Verband Wohnungseigentümergemeinschaft betriebenen Zwangsversteigerung, ZMR 2010, 340; *Schneider,* Der dingliche Charakter von Hausgeldansprüchen gemäß § 10 Abs. 1 Nr. 2 ZVG, ZMR 2009, 165; *Weis,* Änderungen in ZVG und WEG und die Auswirkungen auf die Zwangsversteigerungs- und Zwangsverwaltungspraxis, ZfIR 2007, 477.

1. Ansprüche

15   **a)** Bei der Vollstreckung in ein Wohnungseigentum können die daraus fälligen Ansprüche auf Zahlung der **Beiträge zu den Lasten und Kosten des gemeinschaftlichen Eigentums** oder des Sondereigentums, einschließlich der Vorschüsse (§ 28 II WEG) und Beiträge zu den Instandhaltungsrückstellungen (§ 21 V Nr 4 WEG) berücksichtigt werden. Zu den Kosten des gemeinschaftlichen Eigentums gehören die der Instandhaltung, Instandsetzung, sonstigen Verwaltung und eines gemeinschaftlichen Gebrauchs (§ 16 II WEG), zB Kosten der Heizung, der Wasserversorgung, des Stroms für gemeinschaftliche Anlagen, des Schornsteinfegers, des Hausmeisters, der Kontoführung. Lasten des Gemeinschaftseigentums können zB sein Anliegerbeiträge, Müllabfuhrgebühren, Straßenreinigungskosten usw. Die Zahlungsverpflichtungen gründen sich auf die Beschlüsse der Wohnungseigentümer über den Wirtschaftsplan, die Abrechnung des Verwalters oder über die Erhebung einer Sonderumlage (§ 28 V WEG). **Nebenleistungen** (zB Verzugszinsen, Kosten der Immobiliarvollstreckung nach § 10 II) gehören auch zur Rangklasse 2. Dazu gehören auch die Prozesskosten zur Erlangung des Vollstreckungstitels (*Stöber* Rdn 4.4). Nicht dazu zählen die Kosten der Mobiliarvollstreckung (z.B. für Gerichtsvollzieher, Offenbarungsverfahren).

16   **b) Kosten des Sondereigentums** gehören nur dazu, wenn sie über die Gemeinschaft abgerechnet werden, zB Wasser- oder Stromkosten.

V. Rangklasse 2: Wohnungseigentumsrechtliche Ansprüche § 10

Werden sie dagegen vom Gläubiger beim Wohnungseigentümer eingezogen, gehören sie nicht zur Rangklasse des § 10 I Nr 2 (*Stöber*, ZVG, Rdn 399 a).

c) Zu dieser Rangklasse gehören auch **Rückgriffsansprüche einzelner Wohnungseigentümer**, die gemeinschaftliche Lasten und Kosten allein bezahlt haben. Dies kann insbesondere bei einer Zweiergemeinschaft ohne Verwalter vorkommen, die keine Mehrheitsbeschlüsse fassen kann, soweit ein Wohnungseigentümer die Verwaltungskosten bezahlt hat. 17

d) Bei der Versteigerung einer Eigentumswohnung muss es sich um „**daraus fällige Ansprüche**" handeln. Dies bedeutet, dass sich die Ansprüche auf die zu versteigernde Eigentumswohnung beziehen müssen und nicht auf andere Wohnungen desselben Eigentümers. Außerdem müssen sie fällig sein, dh sie können nicht berücksichtigt werden, soweit darüber bei Zuschlagserteilung noch kein Beschluss vorliegt (*Stöber*, ZVG, Rdn 399 b). Wurde ein Beschluss vor Zuschlagserteilung gefasst, dann gehören die Ansprüche auch nicht dazu, wenn sie erst nach dem Zuschlag fällig werden (*Alff* ZWE 2010, 105, 113; **aA** *Stöber* Rdn 4.3). 18

e) Den in der Rangklasse 2 des § 10 I gesicherten Ansprüchen ist originär ein Befriedigungsrecht kraft der Rechtsnatur dieser Ansprüche beigelegt; die Einordnung der bevorrechtigten Hausgeldansprüche in die Rangklasse 2 begründet deren **dinglichen Charakter** (AG Koblenz Rpfleger 2010, 282; *Alff* ZWE 2010, 105, 106; *Schneider* ZMR 2009, 165; *Stöber* Rdn 4.7 **aA** *Fabis* ZfIR 2010, 354; *Kesseler* NJW 2009, 121). Bei den bevorrechtigten Hausgeldansprüchen handelt es sich quasi um ein Grundpfandrecht ohne Grundbucheintragung (so *Derleder* ZWE 2008, 13). Dies bedeutet, dass die Hausgeldansprüche im Umfang des § 10 I Nr 2 gegen jeden rechtsgeschäftlichen Erwerber eines Wohnungseigentums wirken, und zwar ohne Rücksicht darauf, ob der Erwerber zugleich auch persönlich haftet (*Schneider* ZMR 2009, 165, 168; *Stöber* Rdn 4.7). Die rechtsfähige Wohnungseigentümergemeinschaft kann ihren Titel gegen den Erwerber der Eigentumswohnung umschreiben lassen, da dieser kraft Gesetzes die dingliche Verpflichtung zur Duldung der ZwV in das Wohnungseigentum übernimmt (*Schneider* ZMR 2009, 165, 168; *Hintzen/Alff* ZInsO 2008, 480, 486). 19

2. Zeitgrenze (§ 10 I Nr 2 S 2)

Das Vorrecht dieser Rangklasse erfasst die laufenden und die rückständigen Beträge aus dem Jahr der Beschlagnahme und den letzten zwei Jahren. Für die Berechnung der **laufenden Beträge** ist von § 13 auszugehen. Dies sind die letzte vor der Beschlagnahme fällig gewordene Betrag und die später fällig werdenden Beträge. Sie werden im geringsten Gebot berechnet bis 14 Tage nach dem Versteigerungstermin (§ 47) und bei der Erlösverteilung bis einen Tag vor der Zuschlagserteilung (§ 56 S 2). 20

§ 10 [Rangordnung der Rechte]

Dazu können kommen die **Rückstände aus dem Jahr der Beschlagnahme und den letzten zwei Jahren**; bei den Rückständen wird auf das Kalenderjahr abgestellt (LG Amberg ZWE 2010, 99). Ältere Rückstände können auf Grund einer Anmeldung weder in der Rangklasse 2 noch in einer anderen Rangklasse berücksichtigt werden. Um dies zu erreichen, muss wegen dieser älteren Rückstände die Zwangsversteigerung betrieben werden; sie fallen dann allerdings nur in die Rangklasse des § 10 I Nr 5.

3. Obergrenze (§ 10 I Nr 2 S 3)

21 Das Vorrecht der Ansprüche einschließlich aller Nebenleistungen (zB Kosten nach § 10 II) ist begrenzt auf Beträge in Höhe von nicht mehr als 5 % des nach § 74 a V festgesetzten Grundstückswertes. Weitergehende Ansprüche können dann berücksichtigt werden, wenn wegen ihnen die Zwangsversteigerung betrieben wird; dann allerdings in der Rangklasse des § 10 I Nr 5 (LG Köln Rpfleger 2010, 43). Eine Ablösung der Forderung der Wohnungseigentümergemeinschaft durch einen nachrangigen Gläubiger ändert in derselben ZwVerst nichts an der Obergrenze des § 10 I Nr 2 S 3; dadurch wird die Rangstelle also nicht wieder frei für einen erneuten Betrag bis 5 % des Grundstückswertes (BGH WM 2010, 257; LG Köln Rpfleger 2010, 43; *Schneider* ZMR 2010, 340). Gegenteiliges gilt wenn der Schu die Ansprüche in Klasse 2 befriedigt und der Gl insoweit seinen Antrag zurück nimmt (*Schneider* ZMR 2010, 340, 343; *Alff* ZWE 2010, 105, 110). Wird nach der Ablösung durch einen nachrangigen Gl das Gesamtverfahren ohne Zuschlag beendet und treffen dann in einer neuen ZwVerst mehrere Gl in Rangklasse 2 zusammen, sind ihre Ansprüche gem § 10 I 2. Hs. nach dem Verhältnis ihrer Beträge bis zu insgesamt 5 % des Verkehrswertes zu berücksichtigen (*Schneider* ZMR 2010, 340, 341 f.; **aA** *Alff/Hintzen* Rpfleger 2008, 165, 170). Bei der Anordnung der Zwangsversteigerung oder Zulassung des Beitritts steht aber der festgesetzte Grundstückswert zum Teil noch nicht fest, so dass dann auch die Rangklasse 2 oder 5 des § 10 I noch nicht bestimmt werden kann. Deshalb ist in diesem Fall die ZwVerst anzuordnen bzw der Beitritt zuzulassen

– in Rangklasse 2 des § 10 I wegen Ansprüche begrenzt auf 5 % des nach § 74 a V festzusetzenden Grundstückswertes und
– in Rangklasse 5 des § 10 I wegen darüber hinausgehender Ansprüche.

4. Anmeldung

22 Da die Ansprüche der Rangklasse 2 nicht aus dem Grundbuch ersichtlich sind, müssen sie angemeldet werden, um berücksichtigt werden zu können (§ 45 I, § 114 I 1). Dies muss geschehen bis zur Aufforderung zur Abgabe von Geboten im Versteigerungstermin (§ 37 Nr 4); ansonsten erfolgt ein Rangverlust nach § 110. Die Anmeldung erfolgt durch die

… V. Rangklasse 2: Wohnungseigentumsrechtliche Ansprüche § 10

Wohnungseigentümergemeinschaft (§ 10 I Nr 2 S 4), vertreten durch den Verwalter. Gl der Ansprüche auf Zahlung der Lasten- und Kostenbeiträge ist auch die rechtsfähige Wohnungseigentümergemeinschaft (§ 10 VI S 2 WEG). Als Vertreter dieser Gemeinschaft ist der Verwalter berechtigt und verpflichtet, diese Ansprüche geltend zu machen, damit auch anzumelden und die Beträge in Empfang zu nehmen (§ 27 III Nr 4 mit I Nr 4 WEG). Rückgriffsansprüche einzelner Wohnungseigentümer sind von diesen anzumelden (§ 10 I. Nr 2 S 5). Die Ansprüche sind bei der Anmeldung **glaubhaft zu machen,** und zwar durch (§ 45 III. 1)
– einen entsprechenden Titel oder
– die Niederschrift der Beschlüsse der Wohnungseigentümer einschließlich ihrer Anlagen (wie Wirtschaftsplan oder Jahresabrechnung) oder
– in sonst geeigneter Weise.
Aus dem Vorbringen müssen sich die Zahlungspflicht, die Art und der Bezugszeitraum des Anspruchs sowie seine Fälligkeit ergeben (§ 45 III 2). Soweit behauptet wird, dass eine Glaubhaftmachung nur auf Verlangen zu erfolgen hat (*Weis* ZfIR 2007, 477, 480), entspricht dies nicht der Gesetzeslage. Die Glaubhaftmachung der Ansprüche des § 10 I Nr 2 hat stets bei seiner Anmeldung zu erfolgen; § 37 Nr 4 ist insoweit durch § 45 III überholt (*Stöber*, ZVG, Rdn 399 e). Bei der Glaubhaftmachung durch die Niederschrift der Beschlüsse ist eine öffentliche Beglaubigung nicht notwendig. Fehlt die Glaubhaftmachung, hat das Vollstreckungsgericht den Anmeldenden auf die Notwendigkeit hinzuweisen (§ 139 ZPO). Erfolgt sie verspätet, dh nach der Aufforderung zur Abgabe von Geboten (§ 37 Nr 4), erleiden die Ansprüche einen Rangverlust nach § 110 (*Stöber*, ZVG, Rdn 399 e). Bleibt die Glaubhaftmachung gänzlich aus, werden die Ansprüche nicht berücksichtigt. Die Nichtaufnahme oder fehlerhafte Berücksichtigung im geringsten Gebot ist nicht anfechtbar (§ 95). Wegen unrichtiger Feststellung des geringsten Gebots ist jedoch der Zuschlag anfechtbar (§ 83 Nr 1).

5. Betreiben aus § 10 I Nr 2

a) Titel. Für die Vollstreckung genügt ein rechtskräftiger oder für vorläufig vollstreckbar erklärter Zahlungstitel, aus dem die Verpflichtung des Schu zur Zahlung, die Art („Hausgeldforderung") und der Bezugszeitraum des Anspruchs sowie seine Fälligkeit zu erkennen sind (§ 10 III 2). Ausreichend ist dabei, dass sich dies aus den Gründen des Urteils oder im Wege der Auslegung ergibt (Stöber, ZVG, Rdn 399 h). Soweit die Art und der Bezugszeitraum des Anspruchs sowie seine Fälligkeit nicht aus dem Titel zu erkennen sind, sind sie in sonstiger Weise glaubhaft zu machen (§ 10 III 3). Urteile ohne Tatbestand und Entscheidungsgründe (§ 313 a I, II ZPO) sowie Versäumnis- oder Anerkenntnisurteile (§ 313 b ZPO) sowie ein Vollstreckungsbescheid ohne vollständige Darstellung des Anspruchs (§ 794 I Nr 4 ZPO) erhalten die erforderlichen

22 a

Angaben nicht. Für die Vollstreckung aus diesen Titeln in Rangklasse § 10 I Nr 2 reicht es aber aus, wenn die Voraussetzungen in sonstiger Weise glaubhaft gemacht werden, zB durch Vorlage eines Doppels der Klageschrift. Das Vollstreckungsgericht ist gemäß § 10 III 2 an die Falschbezeichnung einer Hausgeldforderung im Vollstreckungsbescheid als Forderung aus Miete gebunden, ohne dass eine anderweitige Glaubhaftmachung gemäß § 10 III 3 möglich wäre (LG Mönchengladbach Rpfleger 2009, 257). Ein Zahlungstitel über die Gesamtsumme von Hausgeldrückständen für mehrere Wohnungseigentumseinheiten desselben Schu genügt zur Einordnung in Rangklasse 2 von § 10 I nur, wenn sich die anteilige Höhe des Verzugsbetrags für das konkrete vom Zwangsversteigerungsverfahren betroffene Wohnungseigentum aus der Begründung des Titels ergibt oder sich wenigstens durch Auslegung mit Hilfe der dazu gehörigen Antragsschrift ermitteln lässt (LG Passau Rpfleger 2008, 381). Da § 10 III 2 einen bloßen Zahlungstitel zur Vollstreckung in Rangklasse 2 ausreichen lässt, erfolgt damit eine dingliche Vollstreckung ohne Duldungstitel. Wird aus der Rangklasse 2 des § 10 I die ZwVerst wegen rückständiger Hausgeldansprüche betrieben, erlischt eine im Grundbuch eingetragene Eigentumsvormerkung, die in Rangklasse 4 des § 10 I steht (*Schneider* ZMR 2009, 165, 169; *Morvilius* in D/M/V 4. Kap Rdn 296 a; *Stöber*, Rdn 16.8 a**A** *Kesseler* NJW 2009, 121)

22 b **b) Mindestgrenze.** Zur Vollstreckung in der Rangklasse des § 10 I Nr 2 müssen die dort genannten Beträge die Höhe des Verzugsbetrages nach § 18 II Nr 2 WEG übersteigen (§ 10 III 1). Es muss sich also um einen Anspruch über die Zahlung von **Beiträgen zu den Lasten und Kosten (§ 16 II WEG)** in Höhe eines Betrags handeln, der **3 % des Einheitswertes** des Wohnungseigentums des Schu überschreitet und mit dem der Schuldner sich **länger als drei Monate in Verzug** befindet. Nebenleistungen bleiben für das Erreichen der Grenze unberücksichtigt (*Stöber* Rdn 16.3 a**A** *Alff/Hintzen* Rpfleger 2008, 165, 167). Erreicht der Hausgeldanspruch die 3 % des Einheitswertes nicht, dann ist eine Vollstreckung nur in der Rangklasse des § 10 I Nr 5 möglich. Für eine Anmeldung der Ansprüche des § 10 I Nr 2 ist die Mindestgrenze von 3 % des Einheitswertes nicht zu beachten (*Stöber*, ZVG, Rdn 399 g). Das Überschreiten der Wertgrenze des § 10 III 1 ist Vollstreckungsvoraussetzung für das Betreiben und vom antragstellenden Gl gemäß § 16 II urkundlich nachzuweisen (BGH Rpfleger 2008, 375). Wenn die Wohnungseigentümergemeinschaft den Einheitswertbescheid nicht vorlegen kann, führt dies nicht zur Zurückweisung des Versteigerungsantrags, sondern nur dazu, dass die Versteigerung wegen der Hausgeldrückstände nicht in der Rangklasse 2, sondern in der Rangklasse 5 angeordnet wird; nach Vorlage des Einheitswertbescheides kann zwar die ursprüngliche Anordnung nicht mehr geändert werden, aber der Beitritt ist nach § 27 in Rangklasse 2 wegen der Hausgeldansprüche für die Wohnungseigentümergemeinschaft zuzulassen (BGH Rpfleger 2008, 375). Der Antrag auf Anordnung der ZwVerst in der Rangklasse 2 des § 10 I umfasst als „Minus" den Antrag auf Anordnung der ZwaVerst in der Rangklasse 5 des § 10 I (LG Mönchengladbach Rpfleger 2009, 257). Einer Mitteilung des Einheitswertes durch die Finanzbehörden an die Wohnungseigentümergemeinschaft steht § 30 der Abgabenordnung nicht entgegen, wenn ein vollstreckbarer Titel gegen einen Wohnungseigentümer vorliegt (§ 10 III 1 Hs 2). Daraus folgt aber noch kein Anspruch der Wohnungseigentümergemeinschaft gegenüber den Finanzbehörden auf Erteilung eines Einheitswertbescheides (*Drasdo* ZMR 2009, 742; *Commans* ZfIR 2009, 489, 495 **aA** *Klein* ZWE 2009, 421, 431; *F Schmid* ZWE 2009, 276); dieser ergibt sich vielmehr aus § 792 ZPO (*Commans* ZfIR 2009, 489, 491 f). Auch das Vollstreckungsgericht kann das Finanzamt nach § 54 I 4 GKG um Mitteilung des Einheitswertes ersuchen; ein daraufhin mitgeteilter Einheitswert ist für die Entscheidung über die Anordnung der Zwangsversteigerung oder einen Beitritt in der Rangklasse nach § 10 I Nr 2 verwertbar (BGH ZfIR 2009, 475 **aA** FG Düsseldorf Rpfleger 2009, 258). Ein Wohnungseigentümer ist nicht verpflichtet, der Überlassung des Einheitswertbescheides durch das Finanzamt an die Gemeinschaft der Wohnungseigentümer zuzustimmen (BGH ZWE 2010, 32). Das Überschreiten der Wertgrenze von 3 % des Einheitswertes kann auch dadurch bewiesen werden, dass die Forderung wegen der der Beitritt beantragt wird, 3 % des rechtskräftig festgesetzten Verkehrswertes des Versteigerungsobjektes übersteigt (BGH ZfIR 2009, 477). Eine Zurückstellung eines Beitrittsantrags bis dem Vollstreckungsgericht entweder der steuerliche Einheitswert oder der festgesetzte Verkehrswert bekannt werden (so BGH IGZInfo 2009, 128; ZfIR 2009, 477), muss abgelehnt werden; ein Schwebezustand zur Erlangung des bevorrechtigten Rangklasse ist weder gesetzlich vorgesehen noch hinnehmbar. Dies ist auch nicht erforderlich, weil die Wohnungseigentümergemeinschaft zunächst in der Rangklasse 5 des § 10 I betreiben und sodann in Rangklasse 2 beitreten kann (*Schneider* ZfIR 2009, 479, 481). Für den Beitritt der Wohnungseigentümergemeinschaft zu einem von ihr bereits betriebenen Verfahren nach § 10 I Nr 2 wegen einer weiteren Hausgeldforderung muss diese nicht erneut 3 % des Einheitswertes übersteigen (*Stöber* Rdn 16.4). Der Anspruch bleibt in Rangklasse 2, auch wenn der Schu durch eine Teilzahlung die ursprüngliche Forderung unter 3 % des Einheitswertes drückt (*Alff* ZWE 2010, 105, 111).

VI. Rangklasse 3: Öffentliche Lasten des Grundstücks

Schrifttum: *Bemboom,* Die Grundsteuer im Zwangsversteigerungsverfahren, KKZ 1987, 108; *Drischler,* Die Grundsteuer in der Zwangsversteigerung, Rpfleger 1984, 340; *ders,* Baulasten in der Zwangsversteigerung, Rpfleger 1986, 289; *Elsner,* Grundsteuer in der Zwangsversteigerung, BB 1985, 452; *Ebeling,* Hausgeldrück-

§ 10 [Rangordnung der Rechte]

stände in der Zwangsversteigerung des Wohnungseigentums, Rpfleger 1986, 125; *Gaßner,* Fiskalprivilegien für steuerliche Nebenansprüche im Rahmen des § 10 Abs 1 Nr 3 ZVG, RpflJB 1989, 224; *Hornung,* Grundsteuer und Zwangsversteigerung, KKZ 1988, 205; *Jäger,* Zur Zulässigkeit der Begründung öffentlich-rechtlicher Grundstückslasten auf Grund landesrechtlicher Vorschriften, DVBl 1979, 24; *Mayer,* Bundes-Bodenschutzgesetz und Bodenschutzlastvermerk in Grundbuch und Zwangsversteigerung, RpflStud 1999, 108; *Schmittat,* Die Ablösung von Erschließungsbeiträgen in Grundstücksverträgen mit Gemeinden, DNotZ 1991, 288; *Schreiber,* Die öffentlichen Grundstückslasten nach § 10 Ziff 3 ZVG und ihre Rangverhältnisse, Rpfleger 1951, 117; *Schoss,* Altlasten in der Zwangsversteigerung und in der Zwangsverwaltung, IGZInfo 2007, 135; *Sievers,* Säumniszuschläge und Kosten in der Rangklasse 3 des § 10 ZVG, Rpfleger 2006, 522; *Stoltenberg,* Öffentliche Lasten in der Zwangsversteigerung, RpflJB 1988, 370.

1. Öffentliche Grundstückslasten

23   Der Begriff ist gesetzlich nicht definiert, aber durch die Rspr geklärt: Öffentliche Abgaben sind nur dann öffentliche Grundstückslasten iSv § 10 I Nr 3, wenn sie in dem für die Abgabe maßgebenden Bundes- oder Landesgesetz als öffentliche Last bezeichnet sind oder aus der gesetzlichen Regelung eindeutig hervorgeht, dass die Abgabenschuld auf dem Grundstück lastet und mithin nicht nur eine persönliche Haftung des Abgabenschuldners, sondern auch die dingliche Haftung des Grundstücks besteht (BGH Rpfleger 1988, 541 **aA** *Gaßner* RpflJB 1989, 224). Bleiben trotzdem Zweifel am Bestehen der dinglichen Haftung des Grundstücks, so schließt dies die Berücksichtigung als öffentliche Last aus (BGH NJW 1981, 2127). Die einzelne Leistung muss dem Grundstückseigentümer gegenüber nach Veranlagung zur Hebung gestellt und damit fällig gemacht werden (RGZ 56, 398; 86, 357); bei anhängiger ZwVerw geschieht dies gegenüber dem Zwangsverwalter (RGZ 83, 87). Die Eigenschaft als öffentliche Grundstückslast fällt nicht weg, wenn über die Höhe der Abgabe in einem Verwaltungsgerichtsverfahren ein Vergleich geschlossen wird (BGH MDR 1971, 205). Während sich das Entstehen der öffentlichen Last nach öffentlichem Recht richtet (Bundes- oder Landesrecht, Satzung der öffentlichen Verbände), bestimmt sich ihr weiteres Schicksal nach dem Privatrecht (*Stöber* Rdn 6.1). Eine rechtsgeschäftliche Abtretung der öffentlichen Lasten an Privatpersonen ist nicht zulässig (*Steiner/Hagemann* Rdn 105; *Meikel/Morvilius* § 54 Rdn 8); sonst würden dem Schu Schutzbestimmungen aus dem öffentlich-rechtlichen Rechtsverhältnis verloren gehen.

2. Eintragungsfähigkeit im GB

24   Eine öffentliche Grundstückslast als solche ist von der Eintragung in das GB ausgeschlossen, soweit nicht ihre Eintragung gesetzlich besonders zugelassen oder angeordnet ist (§ 54 GBO). Auch kann dafür keine Verkehrshypothek eingetragen werden, weil die Anwendung des § 1138

VI. Rangklasse 3: Öffentliche Lasten des Grundstücks   § 10

BGB mit dem Wesen einer öffentlich-rechtlichen Forderung nicht vereinbar ist (*Meikel/Morvilius* § 54 Rdn 59). Dagegen können die Ansprüche aus einer öffentlichen Grundstückslast durch die Eintragung einer von der˙ Forderung abstrakten Grundschuld (*Meikel/Morvilius* § 54 Rdn 78) oder einer unbedingten Sicherungshypothek auf einem Grundstück des Schu, auf dem die öffentliche Last nicht ruht (*Meikel/Morvilius* § 54 Rdn 74), gesichert werden. Eine unbedingte Sicherungshypothek auf dem Grundstück, auf dem auch die öffentliche Last ruht, für Ansprüche aus § 10 I Nr 3 (= einmalige Leistungen aus den letzten vier Jahren; laufende und 2 Jahre rückständige wiederkehrende Leistungen) wäre wegen der schlechteren Rangklasse des § 10 I Nr 4 widersinnig und ist damit unzulässig. Diese Ansprüche können aber durch Zeitablauf das Vorrecht aus § 10 I Nr 3 verlieren. Zulässig sind daher die Eintragung einer Sicherungshypothek unter der aufschiebenden Bedingung des Wegfalls des Vorrechts aus § 10 I Nr 3 und einer unbedingten Sicherungshypothek für Ansprüche aus § 10 I Nr 7 (*Meikel/Morvilius* § 54 Rdn 66, 71); dadurch wird die Rangklasse § 10 I Nr 4 gesichert.

3. Einzelfälle der öffentlichen Grundstückslasten (Eine umfassende Darstellung der öffentlichen Grundstückslasten bei Meikel/Morvilius § 54 Rdn 12–49)

a) Abmarkungskosten. sind nach bayerischem Landesrecht öffentliche Grundstückslasten (Art 25 IV Abmarkungsgesetz).   25

b) Bodensanierung. (vgl ausführlich dazu *Schoss* IGZInfo 2007, 135; *Mayer* RpflStud 1999, 108). Das am 1. 3. 1999 in Kraft getretene Bundesbodenschutzgesetz (BBodSchG, BGBl 502) sieht vor, dass die zuständige Behörde Maßnahmen zur Sicherung und Sanierung zu ergreifen hat, wenn auf einem Grundstück Altlasten festgestellt wurden und die Beseitigung nicht unverzüglich durch den Eigentümer erfolgt (§ 4 BBodSchG). Soweit dadurch der Verkehrswert des Grundstücks nicht nur unwesentlich erhöht wird und der Eigentümer die Kosten hierfür nicht oder nicht vollständig getragen hat, hat er einen von der zuständigen Behörde festzusetzenden Wertausgleich in Höhe der maßnahmebedingten Wertsteigerung an den öffentlichen Kostenträger zu leisten (§ 25 I 1 BBodSchG). Der Ausgleichsbetrag ruht als öffentliche Last auf dem Grundstück (§ 25 VI BBodSchG). Er wird in Rangklasse 3 des § 10 I eingestellt (*Schoss* IGZInfo 2007, 135; *Mayer* RpflStud 1999, 108, 110). Da der Betrag nicht grundbuchersichtlich ist, muss er angemeldet werden, um Berücksichtigung zu finden. Im Übrigen gilt das zum Erschließungskostenbeitrag Gesagte (vgl Rdn 28).   26

c) Deichlasten. sind öffentliche Grundstückslasten nach Landesrecht (*Bremen:* § 5 II BremAGZVG; *Berlin, Niedersachsen, Nordrhein-Westfalen, Saarland, Schleswig-Holstein:* Art 11 Nr 1 prAGZVG).   27

§ 10 [Rangordnung der Rechte]

28 d) **Erschließungskosten.** (vgl *Meikel/Morvilius* § 54 Rdn 14–19) sind Kosten der Planung, Herstellung, Pflasterung, Beleuchtung, Kanalisation usw öffentlicher Wege, Straßen und Plätze (§ 127 BauGB). Der Beitrag ruht als öffentliche Last auf dem Grundstück oder grundstücksgleichem Recht (zB Erbbaurecht) oder entsprechend dem Miteigentumsanteil auf dem Wohnungs- oder dem Teileigentum (§ 134 II BauGB). Die Beitragspflicht entsteht mit der endgültigen Herstellung der Erschließungsanlagen (§ 133 II BauGB) und wird einen Monat nach der Bekanntgabe des Beitragsbescheids fällig (§ 135 I BauGB). Beitragspflichtig ist derjenige, der im Zeitpunkt der Bekanntgabe des Beitragsbescheids Grundstückseigentümer oder Erbbauberechtigter war (§ 134 I 1 BauGB). Mehrere Beitragspflichtige haften als Gesamtschuldner; bei Wohnungs- und Teileigentum sind die einzelnen Wohnungs- und Teileigentümer nur entsprechend ihrem Miteigentumsanteil beitragspflichtig (§ 134 I 2 BauGB, vgl *Meikel/Morvilius* § 54 Rdn 18). Zinsen aus der Grundstückslast können in der ZwVerst nicht verlangt werden, außer wenn eine Verrentung zugelassen ist (§ 135 III BauGB). Auch die durch Vorleistungsbescheid begründete Forderung (§ 133 III BauGB) ruht als öffentliche Last auf dem Grundstück (OVG Nordrhein-Westfalen KTS 1983, 153). Vor dem Zuschlag fällig werdende Erschließungskosten sind anzumelden und aus dem Bargebot zu befriedigen; werden sie nicht angemeldet, so erfolgt keine Bezahlung aus den Erlös, und der Ersteher haftet auch nicht für sie, dies führt dazu, dass diese Kosten beim Zuschlag erlöschen gemäß §§ 91 I, 52 I 2 (*Stoltenberg* RpflJB 1988, 370). Erschließungskosten, die erst nach dem Zuschlag fällig werden, treffen den Ersteher (§ 56 S 2). Weist die Gemeinde trotz Aufforderung nicht auf absehbare Kosten und eine bereits laufende Abrechnung bei der Versteigerung hin (= Entstehen der öffentlichen Last vor dem Zuschlag, aber Fälligkeit erst danach) und braucht der Ersteher wegen der lange zurückliegenden Durchführung der Erschließungsmaßnahmen nicht mehr mit einer Kostenbelastung zu rechnen, so ist eine Verwirkung gegeben; ohne Aufforderung gilt dies aber nicht (*Steiner/Hagemann* Rdn 73; vgl auch *Stoltenberg* RpflJB 1988, 370, der noch weitgehender von einer Anmeldepflicht der voraussichtlichen Kosten nach § 37 Nr 4 und der Aufnahme in das gG ausgeht, da ansonsten ein Erlöschen der künftigen Ansprüche eintritt).

29 e) **Flurbereinigungsbeitrag.** (vgl *Meikel/Morvilius* § 54 Rdn 20). Sowohl die von den Teilnehmern eines Flurbereinigungsverfahrens (§ 20 FlurbG als auch die von den nichtbeteiligten Grundstückseigentümern (§ 106 FlurbG) zu zahlenden Beiträge ruhen als öffentliche Lasten auf dem Grundstück.

30 f) **Grundsteuern.** (vgl *Meikel/Morvilius* § 54 Rdn 21) ruhen als öffentliche Last auf dem Steuergegenstand (§ 12 GrStG). Ihre Festsetzung erfolgt idR für das Kalenderjahr (§ 27 GrStG.) Sie sind fällig zu je einem Viertel des Jahresbetrages am 15. 2, 15. 5, 15. 8. und 15. 11. (§ 28 I

VI. Rangklasse 3: Öffentliche Lasten des Grundstücks § 10

GrStG). Bei rechtsgeschäftlichem Erwerb haftet der Erwerber neben dem früheren Eigentümer für die Grundsteuern, die für die Zeit seit dem Beginn des letzten, vor der Übereignung liegenden Kalenderjahres zu entrichten sind; für den Erwerb im Vollstreckungsverfahren gilt dies nicht (§ 11 II GrStG). Ab dem Tag des Zuschlags haftet der Ersteher für die Grundsteuern (§ 56 s 2), und zwar auch für die Zeit bis zum Ende des laufenden Kalenderjahres (BVerwG Rpfleger 1992. 443; 1985, 35 m Anm v *Meyer-Stolte;* OVG Lüneburg Rpfleger 1990, 377 m Anm v *Hornung; Mayer* Rpfleger 2000, 260, 261). Der Ersteher eines Grundstücks haftet auch nicht für die zufolge einer Wertfortschreibung nach der Zuschlagserteilung rückwirkend festgesetzten Grundsteuern (OVG Rheinland-Pfalz KTS 1982, 494).

g) Kirchensteuern. die aus den Grundsteuermessbeträgen erhoben werden, sind in Baden-Württemberg öffentliche Grundstückslasten (§ 31 II Nr 2 BaWüAGGVG). 31

h) Landwirtschaftskammerbeiträge. sind in Niedersachsen öffentliche Grundstückslasten (§ 26 III Gesetz vom 1. 6. 1967 – GVBl 223). 32

i) Schornsteinfegergebühren. vgl *Meikel/Morvilius* § 54 Rdn 27): die Kehr- und Überprüfungsgebühren des Schornsteinfegers sind öffentliche Grundstückslasten (§ 25 IV SchornstFG). Hierzu gehören auch die Kosten der Rohbau- und Gebrauchsabnahme von Schornsteinen. Neben den Gebühren können Auslagen (zB Wegegelder) und ggf die Umsatzsteuer in der Klasse 3 berücksichtigt werden. Mehrere Eigentümer eines Grundstücks haften als Gesamtschuldner (§ 25 V SchornstFG). 33

j) Umlegungsverfahren. (*Meikel/Morvilius* § 54 Rdn 28, 29). In diesem Verfahren nach dem BauGB (§§ 45 ff) gelten die Verpflichtungen des Eigentümers oder Erbbauberechtigten (§§ 57–61 BauGB) als Beitrag und ruhen als öffentliche Lasten auf dem Grundstück oder dem Erbbaurecht (§ 64 III BauGB); sie sind im GB zu vermerken (§ 64 VI BauGB). 34

k) Viehversicherungen. können nach Landesrecht öffentliche Grundstückslasten sein (*Bayern:* Art 29 BayAGGVG; *Berlin, Niedersachsen, Nordrhein-Westfalen, Saarland, Schleswig-Holstein:* Art 2 Nr 3 prAGZVG). 35

l) Wasser- und Bodenverbände. Die Beitragspflichten der Mitglieder und der Nutznießer von Wasser- und Bodenverbänden lasten auf den Grundstücken der Eigentümer als öffentliche Last (§ 29 WasserverbandsG vom 12. 2. 1991, BGBl I 405). 36

4. Nebenleistungen der öffentlichen Lasten

In Betracht kommen Kosten (§§ 178, 377–345 AO), Zinsen (§§ 233– 239 AO), Säumnis- und Verspätungszuschläge (§§ 240, 152 AO) und Zwangsgelder (§ 329 AO). Die Kosten der Immobiliarvollstreckung neh- 37

§ 10 [Rangordnung der Rechte]

men gem § 10 II am Vorrecht des Hauptanspruchs teil (LG Dortmund Rpfleger 2007, 677; *Dassler/Rellermeyer* Rdn 44; *Meikel/Morvilius* § 54 Rdn 80 **aA** *Sievers* Rpfleger 2006, 522); ebenso die Zinsen und Zuschläge (wozu auch die Zwangsgelder zu rechnen sind) auf Grund des Wortlautes des § 10 I Nr 3 (BGH Rpfleger 2010, 225; LG Ansbach Rpfleger 1999, 141; *Steiner/Hagemann* Rdn 98 **aA** *Dassler/Rellermeyer* Rdn 44; *Sievers* Rpfleger 2006, 522; *Gaßner* RpflB 1989, 224 für Säumnis- und Verspätungszuschläge bzw Zwangsgelder).

5. Keine öffentlichen Grundstückslasten

38 Sind die Lasten nichtöffentlicher Art oder nichtdinglicher Natur, so gehören sie nicht zur Rangklasse 3. Zu den nichtdinglichen öffentlichen Lasten gehören (vgl *Steiner/Hagemann* Rdn 91) die Vermögensabgabe (§§ 16 ff LAG), die Kreditgewinnabgabe (§§ 161 ff LAG) und die Verpflichtungen nach dem Wohnungsbindungsgesetz. Gleiches gilt für Beiträge zur Krankenkasse, zur Sozialversicherung und zu Berufsgenossenschaften. Nicht in die Rangklasse 3 fallen auch Feuerwehrbeiträge sowie Beiträge für private Feuerversicherungsgesellschaften und Versicherungsbeiträge für Brandversicherung bei privatrechtlichen Versicherungsgesellschaften (*Stöber* Rdn 6.25).

39 **a) Betriebssteuern.** (§§ 74, 75 AO) sind nichtdinglicher Natur und gehören nicht in Rangklasse 3 (*Steiner/Hagemann* Rdn 92): Gewerbe-, Umsatz-, Körperschafts- und Verbrauchssteuern (Getränke, Tabak). Es handelt sich um eine persönliche, aber gegenständlich beschränkte Haftung der Eigentümer von Gegenständen, die einem Unternehmen dienen (LG Stuttgart Rpfleger 1976, 329 m Anm *Stöber*).

40 **b) Persönliche Steuern.** sind keine öffentlichen Grundstückslasten (*Steiner/Hagemann* Rdn 91): Einkommens-, Lohn-, Grunderwerbs-, Körperschafts-, Mehrwert- (bzw. Umsatz-), Vermögens- und Hundesteuer.

41 **c) Bau- und Nutzungsbeschränkungen.** öffentlich-rechtlicher Art einschließlich festgesetzter Bußgelder sind keine öffentlichen Grundstückslasten iSv § 10 I Nr 3 (OLG Köln MDR 1976, 931).

42 **d) Wohngeldrückstände beim Wohnungseigentum.** sind keine öffentliche Grundstückslasten der Rangklasse § 10 I Nr 3. Es sind Lasten und Kosten des gemeinschaftlichen Eigentums (§ 16 II WEG), dh schuldrechtliche Ansprüche, die sich aus dem Gemeinschaftsverhältnis ergeben. Sind im Wohngeld Kehrgebühren oder Brandversicherungsbeiträge enthalten, so können sie nicht die übrigen Wohnungseigentümer bzw der Verwalter in § 10 I Nr 3 geltend machen, sondern nur der zuständige Schornsteinfeger bzw eine Versicherungsgesellschaft des öffentlichen Rechts (*Ebeling* Rpfleger 1986, 125).

VI. Rangklasse 3: Öffentliche Lasten des Grundstücks § 10

e) **Baulast.** ist eine im öffentlichen Recht begründete, durch vom 43
Grundstückseigentümer in notariell beurkundeter Form gegenüber der
Bauaufsichtsbehörde abgegebene Erklärung zur Entstehung gelangende
Beschränkung des Eigentums am Grundstück in der Weise, dass sich der
Eigentümer öffentlich-rechtlichen Beschränkungen unterwirft, die sich
nicht aus dem öffentlichen Baurecht ergeben (*Lohre* NJW 1987, 877).
Die in der Mehrzahl der Länder der BRD (Ausnahme: Bayern und
Brandenburg) durch Landesbauordnungen geschaffenen Baulasten sind
keine öffentlichen Grundstückslasten iSv § 10 I Nr 3, da es sich in keinem
Fall um Geldleistungen handelt, was jedoch für eine öffentliche Last
erforderlich wäre (*Drischler* NVwZ 1985, 726; Rpfleger 1986, 289).

f) **Kommunalabgaben.** sind zB Anschluss-, Benützungs- sowie 44
Bezugkosten für Gas, Strom, Wasser und Fernwärme, Abgaben für Müll-
abfuhr, Straßenreinigung, Kanalisationsbenutzung und Abfall- bzw
Abwasserbeseitigung. Diese Abgaben stellen **grundsätzlich keine
öffentlichen Lasten des Grundstücks** dar. Dies gilt insbesondere für
gemeindliche Versorgungsunternehmen auf privatrechtlicher Grundlage
(GmbH, AG) und dann, wenn die Abgaben nur vom jeweiligen Benutzer
(Mieter, Pächter) erhoben werden und nicht vom jeweiligen Grund-
stückseigentümer (OLG Zweibrücken Rpfleger 2008, 218; *Morvilius* in
D/M/V 4. Kap Rdn 72). Um die öffentliche Grundstückslasten handelt
es sich bei den Kommunalabgaben **ausnahmsweise** dann, wenn das
Unternehmen in öffentlich-rechtlicher Organisationsform geführt wird
und die entsprechende Satzung iVm den Kommunalabgabengesetzen der
Länder die Eigenschaft der Abgabe als öffentliche Grundstückslast, für
die das Grundstück dinglich haftet, kennzeichnet. Eine kommunale
Abgabensatzung kann eine Kommunalabgabe nur dann wirksam als
öffentliche Grundstückslast ausgestalten, wenn eine entsprechende
gesetzliche Ermächtigung vorhanden ist (BGH Rpfleger 1988, 541).
Nach Art 5 des *bayerischen Kommunalabgabengesetzes* v 4. 4. 1993
(BayGVBl 264) werden von dem Grundstückseigentümer und Erbbauberechtigten Beiträge zur Deckung des Aufwands für die Herstellung,
Anschaffung, Erweiterung und Verbesserung ihrer öffentlichen Einrichtungen erhoben, die als öffentliche Lasten auf dem Grundstück, Erbbaurecht oder Wohnungs- und Teileigentum ruhen. Nach dem *hessischen
Kommunalabgabengesetz* ruht der Anspruch einer Gemeinde auf Erstattung
der Kosten für die Herstellung eines (Kanal-)Grundstücksanschlusses als
öffentliche Last auf dem Grundstück (VG Kassel NJW 1981, 478). In
Niedersachsen stellen Straßenreinigungs- und Kanalbenutzungsgebühren
keine öffentlichen Lasten iSd § 10 I Nr 3 dar (AG Osterholz-Scharmbeck
Rpfleger 1986, 489). Nach dem Landesrecht von *Nordrhein-Westfalen*
handelt es sich bei Straßenreinigungsgebühren um Benutzungsgebühren
(§ 3 StrReinG NW vom 18. 12. 1975, GVNW 706); § 6 KAG NW vom
21. 10. 1969 (GVNW 712) enthält entsprechend der niedersächsischen

§ 10 [Rangordnung der Rechte]

Regelung keine Bestimmung, dass Benutzungsgebühren öffentliche Lasten seien. Für Beiträge (zB Straßenbaukosten) wird dies dagegen ausdrücklich bejaht (§ 8 IX KAG NW).

6. Zeitgrenze

45 In § 10 I Nr 3 werden **einmalige Leistungen** (zB Erschließungskosten) berücksichtigt aus den letzten 4 Jahren. Zum Teil wird dieser Zeitraum gemäß § 13 von Zeitpunkt der ersten Beschlagnahme aus zurückgerechnet (*Steiner/Hagemann* Rdn 95; *Dassler/Rellermeyer* Rdn 245). Die Anwendung von § 13 ist aber nicht gerechtfertigt, da er nur für wiederkehrende Leistungen gilt. Ein einmaliger Anspruch gehört dann in die Rangklasse 3, wenn der Gl innerhalb von vier Jahren nach dem Eintritt der Fälligkeit wegen dieses Anspruchs die Anordnung der ZwVerst selbst beantragt bzw zu einem bereits anhängigen Verfahren seinen Anspruch angemeldet oder die Zulassung des Beitritts beantragt hat (BGH Rpfleger 2008, 213; **aA** für Anmeldung: *Stöber* Rdn 6.17: Beschlagnahme innerhalb der vier Jahren) **Wiederkehrende Leistungen** (zB Grundsteuern) sind nur bevorrechtigt wegen der laufenden Beträge (vgl § 13 I 1) und der Rückstände (vgl § 13 I 2) aus den letzten zwei Jahren. Ältere rückständige Beträge kommen in die Rangklasse § 10 I Nr 7; wird wegen ihnen die ZwVerst betrieben, rücken sie auf in § 10 I Nr 5. Diese Zeitgrenzen sind durch Parteivereinbarung, Stundung oder Ratenzahlungen nicht abdingbar (RGZ 83, 87). Im gG sind die laufenden wiederkehrenden Leistungen bis einschließlich 14 Tage nach dem Versteigerungstermin zu berücksichtigen (§ 47), und zwar auch dann, wenn die Praxis zuweilen (wegen § 56 S 2) nur bis einen Tag vor dem Termin anmeldet. Im TLP werden die laufenden wiederkehrenden Leistungen bis zum Tag vor dem Zuschlag berechnet, denn ab dem Zuschlag haftet der Ersteher dafür (§ 56 S 2); daran ändert sich auch nichts, wenn die öffentlichen Lasten vor dem Zuschlag fällig wurden für einen Zeitraum über den Zuschlagstag hinaus. In der ZwVerw werden nur die laufenden wiederkehrenden Leistungen berücksichtigt (§ 155 II).

7. Berücksichtigung

46 Öffentliche Grundstückslasten sind nicht aus dem GB ersichtlich und müssen daher, um in der ZwVerst berücksichtigt zu werden, immer angemeldet werden (§ 37 Nr 4, § 45 I, § 114 I). Erfolgt die Anmeldung bis zum Versteigerungstermin und wird der Zuschlag aber ausnahmsweise später erteilt, so ist diese Anmeldung so auszulegen, dass die öffentlichen Grundstückslasten stets bis einen Tag vor dem Zuschlagstag gewollt sind (vgl § 56 S 2; *Stöber* Rdn 6.22). Die Anmeldung muss rechtzeitig erfolgen, dh vor der Aufforderung zur Abgabe von Geboten, um in § 10 I Nr 3 berücksichtigt zu werden (§ 37 Nr 4); wird verspätet angemeldet, tritt ein Rangverlust ein (§ 110). Eine Anmeldung von rückstän-

digen öffentlichen Grundstückslasten als solches genügt nicht, vielmehr muss der genaue rückständige Zeitraum angegeben werden (LG Dortmund JW 1938, 1034). Bei der ZwVerst von mehreren Grundstücken muss angemeldet werden, auf welchem Grundstück welche Last in welcher Höhe ruht. In der ZwVerw ist es Aufgabe des Zwangsverwalters die zu zahlenden öffentlichen Grundstückslasten zu ermitteln. Die laufenden wiederkehrenden Beträge werden ohne Anmeldung und ohne TLP bezahlt (§ 156 I).

8. Rang

Die öffentlichen Grundstückslasten stehen unter sich im Rang gleich (§ 10 I Nr 3 S 2). Für den Rang innerhalb eines Anspruchs gilt § 12.

47

VII. Rangklasse 4: Ansprüche aus dinglichen Rechten

Schrifttum: *Böttcher,* Sonstige Nebenleistungen nach § 1115 BGB, Rpfleger 1980, 81; *Böttcher,* Abtretung von Nebenleistungen bei Grundpfandrechten, Rpfleger 1984, 85; *Hagemann,* Die Tilgungshypothek im geringsten Gebot und Teilungsplan, RpflStud 1982, 25; *Hagemann,* Die Zwangssicherungshypothek im Zwangsversteigerungsverfahren, Rpfleger 1982, 165; *Riedel,* Die Anwachsungs-Hypothek, JurBüro 1972, 469; *Schalhorn,* Der Rang der Grundpfandrechtszinsen im geringsten Gebot bei der Zwangsversteigerung, JurBüro 1971, 121.

1. Ansprüche aus Rechten an dem Grundstück

a) Allgemeines. In der Rangklasse § 10 I Nr 4 werden die Grundstücksrechte mit ihrem Hauptanspruch ohne zeitliche Beschränkung berücksichtigt. Dies gilt nicht nur für eingetragene Rechte, sondern auch für solche, die außerhalb des GB bestehen, zB Überbaurente (§ 912 BGB), Notwegrente (§ 917 BGB), altrechtliche Dienstbarkeiten (Art 187 EGBGB) und die Sicherungshypotheken gemäß § 1287 BGB, § 848 II ZPO. Ein zu Unrecht gelöschtes Recht (zB mangels fehlender Aufgabeerklärung nach § 875 BGB) kann auf Anmeldung hin Berücksichtigung finden. Auch ein zu Unrecht eingetragenes Recht ist vom VollstrG grundsätzlich bis zur GB-Berichtigung zu beachten, es sei denn es handelt sich um ein inhaltlich unzulässiges Recht (zB Zwangshypothek für 500 €, vgl § 866 III ZPO) oder es ist urkundlich nachgewiesen bzw offenkundig, dass sie nicht entstanden oder erloschen sind (zB nicht unterschriebene GB-Eintragung; vgl *Steiner/Hagemann* Rdn 122). Keine Grundstücksrechte sind der Ersatzanspruch des Besitzers wegen Verwendungen und sein Befriedigungsrecht nach §§ 999, 1003 BGB (RGZ 71, 424), das Zurückbehaltungsrecht des Besitzers gemäß § 1000 BGB und der Rangvorbehalt, der mit dem Zuschlag auf den Ersteher übergeht (§ 881 III BGB; vgl *Steiner/Hagemann* Rdn 118).

48

§ 10 [Rangordnung der Rechte]

49 **b) Grundstücksrechte.** Dazu gehören: Hypothek (§ 1113 BGB), Grundschuld (§ 1191 BGB), Rentenschuld (§ 1199 BGB), Sicherungshypothek (§ 1184 BGB). Sicherungshöchstbetragshypothek (§ 1190 BGB), Zwangshypothek (§ 867 ZPO), Arresthypothek (§ 932 ZPO), Grunddienstbarkeit (§ 1018 BGB), beschränkte persönliche Dienstbarkeit (§ 1090 BGB), Nießbrauch (§ 1030 BGB), Reallast (§ 1105 BGB), Erbbauzins (§ 9 ErbbauRG), dingliches Vorkaufsrecht (§ 1094 BGB), Erbbaurecht (§ 1 ErbbauRG), Wohnungserbbaurecht und Teilerbbaurecht (§ 30 WEG), Dauerwohnrecht und Dauernutzungsrecht (§ 31 WEG). Auch Eigentümerrechte fallen in § 10 I Nr 4 und werden sowohl im gG als auch im TLP berücksichtigt. Vormerkungen und Widersprüche werden gemäß § 48 behandelt, Verfügungsbeeinträchtigungen nach § 28. Zu § 10 I Nr 4 gehören in den **neuen Bundesländern** auch: Hypotheken nach §§ 452, 454a, 456 ZGB (*Eickmann* ZIR 1997, 61, 62); Vorkaufsrecht nach § 306 ZGB; Nutzungsrechte für selbstständiges Gebäudeeigentum gemäß § 288 IV, § 292 III ZGB; Mitbenutzungsrechte nach § 321 ZGB (vgl dazu Art 233 § 5 EGBGB und § 8 GBBerG: Erlöschen des nicht eingetragenen Rechts mit Ablauf des 31.12.2000).

50 **c) Rechte an Grundstücksrechten.** Sowohl der Nießbrauch als auch das (gerichtliche und rechtsgeschäftliche) Pfandrecht an einem Grundstücksrecht sind in der Rangklasse § 10 I Nr 4 zu berücksichtigen.

2. Ansprüche auf Beträge, die zur allmählichen Tilgung einer Schuld als Zuschlag zu den Zinsen zu entrichten sind

51 Sie zählen in Rangklasse 4 zum Hauptanspruch, im Gegensatz zu Rangklasse 3, wo sie zu den wiederkehrenden Leistungen gerechnet werden. Diese Ansprüche stellen Abzahlungen auf das Kapital dar und genießen daher das Vorrecht von § 10 I Nr 4 ohne zeitliche Beschränkung (RGZ 54, 88; 104, 68, 72). Eine **Tilgungshypothek** liegt dann vor, wenn gleich bleibende Jahresleistungen (Annuitäten) bestehend aus Nebenleistungen (Zinsen und sonstigen Nebenleistungen) und Tilgung, zu zahlen sind, bei denen sich durch das Absinken des Nebenleistungsanteils der Tilgungsanteil entsprechend, innerhalb des gleich bleibenden Gesamtbetrages, erhöht (*Steiner/Hagemann* Rdn 132). Die Annuitäten sind zwar insgesamt immer wiederkehrende Leistungen, trotzdem werden sie in der ZwVerst in Nebenleistungsanteil und Tilgungsanteil aufgespalten: nach dem Grundsatz "Nebenleistungen altern, Tilgungsanteile nicht", werden nur die laufenden und zwei Jahre rückständigen Nebenleistungen als wiederkehrende Leistungen iSv § 10 I Nr 4 berücksichtigt, die Tilgungsanteile aber als zum Stammrecht gehörend ohne zeitliche Beschränkung in dieser Rangklasse (*Steiner/Hagemann* Rdn 132). Im Gegensatz dazu werden in der ZwVerw die Tilgungsanteile als wieder-

VII. Rangklasse 4: Ansprüche aus dinglichen Rechten § 10

kehrende Leistungen angesehen (§ 155 II). Zur Tilgungshypothek vgl im Übrigen §§ 44, 45 Rdn 66–71 und § 114 Rdn 59.

3. Ansprüche auf wiederkehrende Leistungen

Dazu gehören gemäß § 10 I Nr 4 insbesondere Zinsen, Zuschläge und 52 Zinsen, Verwaltungskosten und Rentenleistungen. Diese Aufzählung im Gesetz ist nicht erschöpfend, so dass auch andere wiederkehrende Leistungen in Betracht kommen, zB Leistungen aus einer Geldrentenreallast. Nicht wiederkehrende Leistungen (zB Abschlussprovision, Vertragsstrafe, Geldbeschaffungskosten) unterliegen nicht der zeitlichen Beschränkung des § 10 I Nr 4. Die Ansprüche auf wiederkehrende Leistungen werden in dieser Rangklasse nämlich nur mit den laufenden (vgl § 13 I 1) und 2 Jahre zurückliegenden Leistungen (§ 13 I 2) berücksichtigt. Ältere Rückstände fallen in die Rangklasse § 10 I Nr 8, rücken allerdings in § 10 I Nr 5 auf, wenn wegen ihnen die ZwVerst betrieben wird. Wird ein Grundpfandrecht gelöscht, so erlischt es auch für die Nebenleistungen. Dies gilt unstreitig, wenn das Haupt- und Nebenrecht demselben Berechtigten zustehen, soll aber auch gelten nach Abtretung der Nebenleistungen an einen anderen Berechtigten (KG JW 1938, 2407; LG Regensburg MittBayNot 1987, 102). Letzteres kann nicht richtig sein. Eine Zinsrückstandshypothek kann nur erlöschen, wenn ihr Berechtigter die Aufhebung erklärt (§ 875 BGB) und nicht ein völlig anderer Gl des Kapitalgrundpfandrechts. Nach der Abtretung der Nebenleistungen führt das Erlöschen des Hauptrechts daher nicht auch zum Verlust der Nebenleistungen (RGZ 86, 218, 220; MünchKomm/*Eickmann* § 1159 Rdn 11; *Meikel/Böttcher* § 26 Rdn 59, § 27 Rdn 23; *Böttcher* Rpfleger 1984, 85, 87); insoweit können rückständige Zinsen auch ohne Bestehen des Stammrechts Berücksichtigung finden.

4. Berücksichtigung

Von Amts wegen berücksichtigt werden die zurzeit der Eintragung 53 des Vollstreckungsvermerks im GB eingetragenen (bzw gleichzeitig eingetragenen) Rechte mit ihrem Stammrecht, den laufenden Beträgen wiederkehrender Leistungen und sonstigen Nebenleistungen (§ 45). Ergibt sich bei den wiederkehrenden Leistungen deren Beginn weder aus dem GB noch aus den in Bezug genommenen Eintragungsunterlagen, so ist davon auszugehen, dass die Leistungen ab Eintragung des Rechts zu erbringen sind (RGZ 136, 235; OLG Köln NJW 1960, 1108). Im gG werden die wiederkehrenden Leistungen bis zwei Wochen nach dem Versteigerungstermin berücksichtigt (§ 47), im TLP bei bestehen bleibenden Rechten bis einen Tag vor dem Zuschlag (§ 56) und bei erlöschenden Rechten bis zum Tage vor dem Verteilungstermin. Nur auf Grund einer **Anmeldung** werden berücksichtigt (§ 37 Nr 4, § 45):

§ 10 [Rangordnung der Rechte]

- die nicht aus dem GB ersichtlichen Rechte hinsichtlich aller Ansprüche;
- die nach Eintragung des Vollstreckungsvermerks eingetragenen Rechte hinsichtlich aller Ansprüche;
- die rückständigen wiederkehrenden Leistungen bei zurzeit des Vollstreckungsvermerks bereits eingetragenen Rechten;
- die Kosten der dinglichen Rechtsverfolgung.

Der bzw die betreibenden Gl brauchen ihre Ansprüche, wegen der sie betreiben, nicht noch einmal anzumelden (§ 114 I 2). Das Vorrecht der Rangklasse 4 bleibt erhalten bei einer Rechtsnachfolge aufseiten der Berechtigten (zB Abtretung, Ablösung, Verpfändung, Pfändung); bei einer Rechtsnachfolge nach Eintragung des Vollstreckungsvermerks muss der neue Inhaber seine Berechtigung jedoch bis zum Verteilungstermin nachweisen.

5. Rang

54 Das Rangverhältnis zwischen den Rechten der Rangklasse 4 richtet sich in erster Linie nach dem Grundbuchrang (§§ 879 ff BGB), bei nicht eingetragenen Rechten kommt es auf den Entstehungszeitpunkt an (§ 11 I). Die Rangordnung der Ansprüche aus einem Recht ist in § 12 geregelt.

VIII. Rangklasse 5: Ansprüche des betreibenden Gläubigers

1. Betreibender Gläubiger

55 In die Rangklasse § 10 I Nr 5 fallen alle Ansprüche der **betreibenden Gl**; dazu gehören die Anordnungs- und Beitrittsgläubiger. Unerheblich ist dabei, ob sie aus einem dinglichen Recht oder einem persönlichen Anspruch die ZwVerst betreiben. Die Vollziehung eines Urteils über die Entziehung einer Eigentumswohnung (§ 18 WEG) erfolgt durch ZwVerst nach dem ZVG (§ 19 I 1 WEG). Das Urteil ist der Vollstreckungstitel, der in der Rangklasse des § 10 I Nr 5 vollstreckt wird (*Böttcher* Rpfleger 2009, 181, 191; *Pick* in *Bärmann* § 19 WEG Rdn 4; *Hügel* in *Hügel/Elzer*, Das neue WEG-Recht, § 6 Rdn 16 **aA***Dassler/Rellermeyer* Rdn 71; *Jennißen/Heinemann* § 19 WEG Rdn 29: rangloses Versteigerungsrecht nach Rangklasse § 10 I Nr 8). Dies hat zur Folge, dass sämtliche Belastungen der Eigentumswohnung im gG zu berücksichtigen und vom Ersteher zu übernehmen sind, dh bestehen bleiben.

2. Rangklasse § 10 Nr. 5

56 Wenn ein Gl die ZwVerst betreibt, muss er spätestens in der Rangklasse § 10 Nr 5 berücksichtigt werden. Hauptanwendungsfall ist die ZwVerst aus einem persönlichen Schuldtitel (zB Endurteil, Vollstreckungsbe-

IX. Rangklasse 6: Ansprüche aus dem betreibenden Gläubigers § 10

scheid, Kostenfestsetzungsbeschluss). Aber auch wenn aus der Rangklasse § 10 I Nr 6 (= beschlagnahmeunwirksames Grundstücksrecht), § 10 I Nr 7 (= ältere öffentliche Grundstückslasten) oder § 10 I Nr 8 (= ältere Zinsen aus Grundpfandrechten) die ZwVerst betrieben wird, rücken diese Ansprüche in § 10 I Nr 5 auf. Wenn jedoch umgekehrt das Verfahren wegen Ansprüche aus den Klassen **§ 10 I Nr 1 bis 4** betrieben wird, so behält der Gl die bevorrechtigte Rangklasse.

3. Mehrere Rangklassen

Die Ansprüche des betreibenden Gl können in **mehreren Rangklassen** stehen. Betreibt ein dinglicher Gl (§ 10 I Nr 4) nur persönlich (§ 10 I Nr 5), zB als Berechtigter einer Zwangshypothek, so fällt sein eigenes dingliches Recht, falls sein persönlicher Anspruch der bestrangig betreibende ist, ins geringste Gebot (§ 44) und bleibt bestehen (§ 52). Wird der Gl wegen seiner persönlichen Forderung aus dem Erlös befriedigt, geht die Hypothek auf den Schu über (§ 1164 BGB). Betreibt ein Gl dinglich (§ 10 I Nr 4) und persönlich (§ 10 I Nr 5), zB aus der Hypothek und der persönlichen Forderung, so wird der Anspruch nur einmal befriedigt, und zwar mangels gegenteiliger Anmeldung aus der besseren Rangstelle; der persönliche Anspruch würde dann erlöschen und nicht mehr berücksichtigt werden. 57

4. Berücksichtigung

Soweit sich die Ansprüche des betreibenden Gl aus dem Anordnungs- oder Beitrittsantrag ergeben, bedarf es keiner Anmeldung (§ 114 I 2, § 156 II 4). Anmeldepflichtig sind nur die ziffernmäßig nicht angegebenen Kosten des Gl, so insbesondere die Kosten für das Anordnungs- bzw Beitrittsverfahren. Ein Rechtsnachfolger (Abtretung, Ablösung, Verpfändung, Pfändung) muss seine Berechtigung bis zur Erlösverteilung nachweisen. 58

5. Zeitpunkt der Beschlagnahme

Rang mehrerer betreibender Gl bestimmt sich nach dem Zeitpunkt der Beschlagnahme (§ 11 II). Für die Ansprüche aus demselben Anordnungs- oder Beitrittsbeschluss gilt § 12. 59

IX. Rangklasse 6: Ansprüche aus dem betreibenden Gläubigers

1. Relative Unwirksamkeit

In die Rangklasse 6 gehören die Ansprüche der Rangklasse 4 (nicht Klasse 1, 2, 3,), soweit sie dem betreibenden Gl des § 10 I Nr 5 gegenüber 60

§ 10 [Rangordnung der Rechte]

unwirksam sind. Der Beschluss, durch den die ZwVerst angeordnet wird bzw der Beitritt zugelassen wird, gilt zugunsten des Anordnungs- bzw Beitrittsgläubigers als Beschlagnahme des Grundstücks (§ 20 I) mit der Wirkung eines Verfügungsverbots (§ 23 I). Auf Grund dieses Verfügungsverbots sind die nach dem Wirksamwerden der Beschlagnahme begründeten Rechte dem betreibenden Gl gegenüber relativ unwirksam. In der Antragstellung des betreibenden Gl liegt die Geltendmachung der relativen Unwirksamkeit, so dass diese sogleich bei Begründung eines gegen das Verfügungsverbot verstoßenden Rechtes eintritt. Die relative Unwirksamkeit tritt ausnahmsweise nicht ein im Falle der Einwilligung des betreibenden Gl, Anwendung des § 878 BGB und gutgläubigen Erwerb gemäß § 892 BGB; außerdem verwandelt sich die relative Unwirksamkeit in volle Wirksamkeit bei Genehmigung des betreibenden Gl, Anwendung des § 878 BGB und gutgläubiger Erwerb gemäß § 892 BGB; außerdem verwandelt sich die relative Unwirksamkeit in volle Wirksamkeit bei Genehmigung des betreibenden Gl und Wegfall des Verfügungsverbots, zB durch Antragsrücknahme (vgl ausführlich dazu: *Böttcher* Rpfleger 1985, 381, 383 ff).

61–62 Betreibt ein **dinglicher Gl** die ZwVerst (§ 10 I Nr 4), dann muss das nach der Beschlagnahme neu eingetragene Grundstücksrecht naturnotwendig im Grundbuch Nachrang haben (§ 879 BGB), so dass es dem betreibenden Gl gegenüber nicht als beschlagnahmeunwirksam (§ 10 I Nr 6) angesehen werden muss; es verbleibt deshalb in § 10 I Nr 4 (*Eickmann*, ZVG, § 9 IV 3 a; im Ergebnis ebenso: *Steiner/Hagemann* Rdn 152). Betreibt ein **persönlicher Gl** die ZwVerst (§ 10 I Nr 5), dann ist eine nach der Beschlagnahme (§ 22) eingetragene, rechtsgeschäftlich bestellte Grundstücksbelastung grundsätzlich relativ unwirksam (§ 23, §§ 136, 135 I BGB) und damit in § 10 I Nr 6 einzuordnen. Sind ausnahmsweise die Voraussetzungen der §§ 878, 892 BGB erfüllt, fällt das neue Grundstücksrecht in § 10 I Nr 4. Eine Zwangs- oder Arresthypothek fällt in diesem Fall nach hM immer in § 10 I Nr 6, weil § 892 BGB und § 878 BGB (BGHZ 9, 250) nicht anwendbar sind. **Zum Verfahren des VollstrG vgl § 23 Rdn 16–19.**

2. Mehrere betreibende Gläubiger

63 Gegenüber jedem einzelnen betreibenden Gl ist gesondert festzustellen, inwieweit die Rechte wirksam sind. Es kann also durchaus der Fall sein, dass ein Recht dem Anordnungsgläubiger gegenüber wirksam ist (somit § 10 I Nr 4), aber einem Beitrittsgläubiger gegenüber relativ unwirksam (somit § 10 I Nr 6). Jeder betreibende Gl hat seinen eigenen Beschlagnahmezeitpunkt. Beim Anordnungsgläubiger bestimmt sich dieser nach § 22 I, bei jedem Beitrittsgläubiger entscheidet die Zustellung des Beitrittsbeschlusses an den Vollstreckungsschuldner (§ 22 I 1).

X. Rangklasse 7 § 10

Beispiel: 64
Im GB wurden eingetragen am 1. 1. eine Hypothek für A, am 1. 3. eine Hypothek für B und am 1. 5. eine Hypothek für C. Die Anordnungsbeschlagnahme für X erfolgte am 1. 2., die Beitrittsbeschlagnahme für Y am 1. 4. und die Beitrittsbeschlagnahme für Z am 1. 6.
In der ZwVerst ist folgende Rangfolge zu beachten:
1. 1. Hypothek für A (Klasse 4 ggü X, Y, Z)
1. 2. Anordnungsbeschlagnahme für X (Klasse 5)
1. 3. Hypothek für B (Klasse 4 ggü Y, Z; Klasse 6 ggü X)
1. 4. Beitrittsbeschlagnahme für Y (Klasse 5)
1. 5. Hypothek für C (Klasse 4 ggü Z; Klasse 6 ggü X, Y)
1. 6. Beitrittsbeschlagnahme für Z (Klasse 5)

3. Umfang

Da in der Rangklasse 6 die Rechte aus Rangklasse 4 berücksichtigt 65
werden, die dem betreibenden Gl gegenüber unwirksam sind, ist der Umfang der Ansprüche in Klasse 6 dem in Klasse 4 identisch (vgl § 10 Rdn 48–50, 52). Berücksichtigt werden somit neben der Hauptforderung auch die laufenden und bis zu zwei Jahren rückständigen wiederkehrenden Leistungen.

4. Berücksichtigung

Da die Rechte in der Klasse 6 idR nach dem Vollstreckungsvermerk 66
eingetragen werden, finden sie dann nur auf Grund einer Anmeldung Berücksichtigung (§ 37 Nr 4, § 45). Wenn die Eintragung ausnahmsweise noch vor oder zugleich mit dem Versteigerungsvermerk erfolgt ist, wird der Anspruch gemäß § 45 von Amts wegen berücksichtigt. In der ZwVerw wird die Rangklasse 6 überhaupt nicht berücksichtigt (§ 155 II). Wird das Verfahren aus Ansprüchen der Klasse 6 betrieben, so rücken diese in Klasse 5 auf; der Antrag gilt als Anmeldung (§ 114 I 2).

5. Rang

Der Rang mehrerer Ansprüche der Klasse 6 richtet sich nach dem 67
Grundbuchrang (§ 11 I). Für die Rangordnung innerhalb desselben Rechts gilt § 12.

X. Rangklasse 7: Ansprüche der 3. Klasse wegen älterer Rückstände

In die Rangklasse 7 gehören die Rückstände öffentlicher Grund- 68
stückslasten (§ 10 I Nr 3), und zwar von einmaligen Leistungen, die älter als vier Jahre sind, und von wiederkehrenden Leistungen, die älter als zwei Jahre sind. Bei den einmaligen Leistungen muss der Fälligkeitstermin mehr als vier Jahre vor dem Zuschlag liegen; hinsichtlich der wieder-

§ 10 [Rangordnung der Rechte]

kehrenden Leistungen ist für die Zeitschranke § 13 zu beachten. Die Ansprüche müssen vor der Aufforderung zur Abgabe von Geboten angemeldet werden (§ 37 Nr 4, § 45), da ansonsten ein Rangverlust eintritt (§ 110). Sobald das Verfahren aus ihnen betrieben wird, rücken die Ansprüche in Rangklasse 5 auf; sie gelten dann durch den Antrag als angemeldet (§ 114 I 2). Eine eintretende Verjährung muss durch den Schu im Wege des Widerspruchs gegen den Teilungsplan geltend gemacht werden (§ 115). In *Bayern* erlischt die Haftung des Grundstücks für fällige wiederkehrende Leistungen mit dem Ablauf von zwei, für fällige einmalige Leistungen mit dem Ablauf von vier Jahren nach dem Eintritt des Zeitpunkts, von dem an die Leistung gefordert werden kann, sofern das Grundstück nicht vorher beschlagnahmt worden ist (Art 70 II BayAGBG vom 20. 9. 1982, BayRS 400–1–J). Das Rangverhältnis innerhalb der Rangklasse 7 entspricht dem der Rangklasse 3, dh die Ansprüche sind gleichrangig (§ 10 I Nr 3); für den Rang innerhalb desselben Anspruchs gilt § 12.

XI. Rangklasse 8: Ansprüche der 4. Klasse wegen älterer Rückstände

Schrifttum: *Schalhorn,* Welchen Rang haben im Zwangsversteigerungsverfahren Zinsansprüche von Hypothekengläubigern, die länger als zwei Jahre seit der Beschlagnahme des Grundstücks zurückliegen?, JurBüro 1973, 912.

69 In die Rangklasse 8 gehören die Rückstände von wiederkehrenden Leistungen der dinglichen Rechte (10 I Nr 4), die älter als zwei Jahre sind; letzteres ergibt sich aus § 13. Hauptsachebeträge und Tilgungszuschläge bleiben immer in Klasse 4. Auch die älteren Rückstände der wiederkehrenden Leistungen von dinglichen Rechten die der Rangklasse 6 zugeordnet sind, gehören in die Rangklasse 8, da es sich eigentlich um Ansprüche der 4. Rangklasse handelt (*Stöber* Rdn 12.1). Bei einem Gläubigerwechsel bleiben ältere Rückstände in der Rangklasse 8 (RGZ 91, 297). Die Ansprüche müssen vor der Aufforderung zur Abgabe von Geboten angemeldet werden (§ 37 Nr 4, § 45), da ansonsten ein Rangverlust eintritt (§ 110). Sobald das Verfahren aus ihnen betrieben wird, rücken die Ansprüche in Rangklasse 5 auf; sie gelten dann durch den Antrag als angemeldet (§ 114 I 2). Eine eingetretene Verjährung muss durch den Schu im Wege des Widerspruchs gegen den Teilungsplan geltend gemacht werden (§ 115). Der Rang der Ansprüche innerhalb der Rangklasse 8 richtet sich nach dem Grundbuchrang der Rechte (§ 11 II); bei nicht eingetragenen Rechten ist der Entstehungszeitpunkt maßgebend. Für den Rang innerhalb desselben Anspruchs gilt § 12.

XII. Rang nach der Rangklasse 8

Diejenigen Rechte, die zurzeit der Eintragung des Vollstreckungsvermerks nicht aus dem GB ersichtlich waren und nicht spätestens im Versteigerungstermin vor der Aufforderung zur Abgabe von Geboten angemeldet worden sind, werden bei der Feststellung des gG nicht berücksichtigt und bei der Erlösverteilung allen übrigen Rechten nachgesetzt (§ 37 Nr 4, **§ 110**). Sie stehen also hinter den Ansprüchen aller 8 Rangklassen des § 10. Nötig ist aber eine – wenn auch verspätete – Anmeldung.

XIII. Kosten der Kündigung und der dinglichen Rechtsverfolgung

Schrifttum: *Schilken,* Die Beurteilung notwendiger Kosten der Zwangsvollstreckung nach Verrechnung von Teilzahlungen, DGVZ 1991, 1; *Stöber,* Der Rang der Kostenansprüche der Gerichtskasse im Zwangsversteigerungsverfahren bei Gebührenfreiheit und Armenrecht des vollstreckenden Gl, JVBl 1961, 248.

1. Allgemeines

Das Grundstück haftet kraft Gesetzes für die Kosten der Kündigung und der der Befriedigung aus dem Grundstück bezweckenden Rechtsverfolgung (§ 10 II). Dies gilt für alle ZVG-Verfahren, alle Rangklassen des § 10 I und alle Beteiligte. Innerhalb eines Anspruchs haben die Kosten Rang vor den wiederkehrenden Leistungen (zB Zinsen) und dem Hauptanspruch (§ 12). Kosten der dinglichen Rechtsverfolgung sind die für die Durchsetzung der dinglichen Haftung (§ 1147 BGB) entstehenden Kosten. Sie müssen notwendig sein, was der Fall ist, bei allen unmittelbar der Vorbereitung und der Durchführung der ZwV dienenden Kosten des Gl (OLG Düsseldorf Rpfleger 1955, 165); es bestehen keine Bedenken gegen eine Heranziehung der zu § 1118 BGB sowie §§ 91, 788 ZPO entwickelten Grundsätze. Die Kosten müssen so niedrig gehalten werden, wie es ohne Gefährdung des Vollstreckungszweckes möglich ist (OLG Frankfurt Rpfleger 1981, 161). Soweit Kosten nicht unter § 10 II fallen, muss der Gl wegen ihnen die ZwVerst in § 10 I Nr 5 betreiben. Dafür braucht er jedoch grundsätzlich keinen gesonderten Vollstreckungstitel, es genügt vielmehr gemäß § 788 ZPO der Titel des Hauptanspruchs. Dies gilt dann nicht, wenn die titulierte Hauptforderung getilgt worden ist, ohne dass die ZwV wegen ihr wenigstens begonnen hatte (KG Rpfleger 1992, 31); für die ZwV wegen der Kosten gilt dann § 788 ZPO nicht, es ist ein gesonderter Titel nötig. Es ist dem Gl trotz § 788 ZPO nicht verwehrt, die Kosten nach §§ 103 ff ZPO festsetzen zu lassen, wofür der Rechtspfleger des Prozessgerichts zuständig ist (BGH Rpfleger

§ 10 [Rangordnung der Rechte]

1982, 235; 1986, 236; BayObLG Rpfleger 1987, 124), es sei denn, es handelt sich um Kosten der ZwV aus einer notariellen Urkunde, für deren Festsetzung der Rechtspfleger des VollstrG zuständig ist (KG Rpfleger 1986, 404).

2. Anmeldung

72 Die Kosten gemäß § 10 II können im Rang des Hauptanspruchs nur dann berücksichtigt werden, wenn sie angemeldet werden (§ 37 Nr 4, § 45 I); ein Vollstreckungstitel, insbesondere ein Kostenfestsetzungsbeschluss, ist dafür nicht erforderlich. Die Anmeldung muss vor der Aufforderung zur Abgabe von Geboten erfolgen (§ 37 Nr 4), da ansonsten ein Rangverlust eintritt (§ 110). Widerspricht ein betreibender Gl den angemeldeten Kosten, dann sind sie glaubhaft zu machen (§ 37 Nr 4, § 45 I), und zwar durch Vorlage der Belege oder Abgabe einer eidesstattlichen Versicherung (§ 294 I ZPO). Gemäß § 114 I 2 gelten die Kosten als angemeldet, soweit sie sich aus einem Versteigerungsantrag ergeben. Die Anmeldung muss die Kosten im Einzelnen aufschlüsseln nach Gebühr, Wert und Endbetrag; auch der Hauptanspruch und dessen Rang, in dem die Kosten geltend gemacht werden, muss angegeben werden. Ein Pauschalbetrag für Kosten ist nur dann beachtlich, wenn sich die Kosten zum Zeitpunkt der Anmeldung noch nicht genau berechnen lassen (zB Kosten für Terminswahrnehmung); dieser Pauschalbetrag muss jedoch erkennen lassen, wofür er im Einzelnen beansprucht wird, und vor der Aufforderung zur Abgabe von Geboten angemeldet werden (§ 37 Nr 4; ansonsten Rangverlust nach § 110). Bis zum Verteilungstermin sind die Kosten dann aufzuschlüsseln; berücksichtigt im Rang des Hauptanspruchs können sie nur bis zur Höhe des Pauschalbetrages werden. Ein darüber hinausgehender Betrag erleidet einen Rangverlust (§ 37 Nr 4, § 110).

3. Prüfung

73 Für die Aufnahme der Kosten des § 10 II in das gG und den TLP hat das VollstrG zu prüfen, ob sie rechtzeitig angemeldet sind und ein Recht auf Befriedigung aus dem Grundstück gewähren, dh Kosten der Kündigung oder der dinglichen Rechtsverfolgung sind. Glaubhaftmachung durch Vorlage der Belege oder eidesstattlicher Versicherung (§ 294 I ZPO) kann grundsätzlich nicht verlangt werden, sondern nur ausnahmsweise, wenn ein betreibender Gl widerspricht (§ 37 Nr 4, § 45 I). Eine Prüfungspflicht des VollstrG, ob die angemeldeten Kosten in der verlangten Höhe auch entstanden sind und notwendig waren, wird zwar bejaht (*Steiner/Hagemann* Rdn 178), muss jedoch richtigerweise abgelehnt werden (*Dassler/Rellermeyer* Rdn 78; *Stöber* Rdn 15.10). Würde die Notwendigkeit der Kosten verneint mit der Folge, dass sie nicht im Teilungsplan berücksichtigt würden, müssten in jedem Fall eine Widerspruchsbehand-

XIII. Kosten der Kündigung § 10

lung gemäß § 115 II erfolgen. Der Versteigerungsrechtspfleger hat nicht die materielle Berechtigung angemeldeter Forderungen zu überprüfen; die streitige Frage ist vielmehr vom Prozessgericht auf Grund einer Widerspruchsklage der Beteiligten zu entscheiden (§ 115). Das VollstrG hat daher nur zu prüfen, ob die Kosten der die Befriedigung aus dem Grundstück bezweckenden Rechtsverfolgung angemeldet worden sind, im Übrigen ist es aber den Beteiligten zu überlassen, ob sie gegen den Kostenansatz gemäß § 115 Widerspruch erheben wollen.

4. Einzelfälle von berücksichtigungsfähigen Kosten der Kündigung und Rechtsverfolgung

a) Kosten eines **Arrestes oder einer einstweiligen Verfügung** 74 bezüglich eines Grundstücks, auch die Kosten der Eintragung einer Arresthypothek.

b) Kosten eines **Aufgebotsverfahrens** zum Ausschluss eines dem Gl 75 vorgehenden Rechts (nicht Grundpfandrechte, vgl § 1170 II, § 1171 II iVm § 1163 I BGB).

c) Kosten einer **Bankbürgschaft,** woweit sie notwendig iSv §§ 91, 76 788 ZPO waren (BGH Rpfleger 1974, 183).

d) Eintragungskosten für die **Zwangshypothek** einschließlich even- 77 tueller Antragskosten (§ 867 I 3 ZPO).

e) Kosten der **Grundbuchberichtigung** auf Grund eines Antrags 78 gemäß § 14 GBO vom Gl.

f) Grunderwerbssteuer um die Wiederversteigerung gegen den 79 Ersteher betreiben zu können (*Steiner/Hagemann* Rdn 167; *Stöber* Rdn 15.5).

g) Kosten für die **Höchstbetragshypothek** (RGZ 90, 71). 80

h) Inkassogebühren nur, soweit durch den Titel ausdrücklich 81 gedeckt und notwendig; nicht Erfolgshonorar.

i) Kosten der **Kündigung** sind die Kosten der Anfertigung, Beglaubi- 82 gung und Zustellung des Kündigungsschreibens. Außerdem die Portoauslagen und die Kosten einer Vertreterbestellung nach § 1141 II BGB für den Eigentümer zur Entgegennahme der Kündigung. Die Mehrkosten für eine Vertretung bei der Kündigung zB durch einen Rechtsanwalt sind nur erstattungsfähig, wenn das Rechtsverhältnis besondere Schwierigkeiten auswies (RGZ 22, 322). Die Kosten für die Kündigung eines bestehen bleibenden Grundpfandrechts können mangels Notwendigkeit nicht berücksichtigt werden, wenn die Kündigung dem Ersteher gegenüber nicht wirksam bleibt (§ 54).

j) Mahngebühren können dann berücksichtigt werden, soweit sie 83 vom Titel gedeckt sind.

k) Prozesskosten für die dingliche Klage gehören zu § 10 II (RGZ 84 90, 171), und zwar auch dann, wenn der Schu vorher nicht aufgefordert worden ist, sich freiwillig zu unterwerfen (OLG Köln NJW 1977, 256) oder der Anspruch sofort anerkannt wird, es sei denn, es wird sofort eine Urkunde iSv § 794 I Nr 5 ZPO beigebracht. Dies gilt auch für die Beschaffung eines Duldungstitels im Rahmen der Rangklassen 2 und 3 des § 10. Erfolgt mit der dinglichen Klage zugleich in einem Verfahren die persönliche Klage, so gehören nur die Kosten zu § 10 II, soweit sie für die dingliche Klage allein entstanden wären (RGZ 90, 171). Zu den berücksichtigungsfähigen Prozesskosten gehören auch die Kosten einer Klage auf vorzeitige Befriedigung nach § 1133 BGB (MünchKomm/*Eickmann* § 1118 BGB Rdn 17) und die Gläubigerkosten bei einer erfolgreichen Klage des Schu auf Feststellung der Unzulässigkeit der ZwVerst.

85   **l)** Kosten der **Rechtsnachfolge** auf der Schuldnerseite und bei dinglicher Klage nach Rechtshängigkeit.

86   **m)** Sicherheitsleistung als Voraussetzung der ZwV.

87   **n)** Kosten eines **Vergleichs** gemäß § 794 I Nr 1 ZPO.

88   **o)** Kosten der Erteilung einer **vollstreckbaren Ausfertigung** des Vollstreckungstitels.

89   **p)** Kosten der Beschaffung einer **vollstreckbaren Urkunde** gemäß § 794 I Nr 5 ZPO, wenn sie der Schu auf Kosten des Gl errichten lässt, um eine dingliche Klage überflüssig zu machen; nicht aber bei Errichtung zur Grundpfandrechtsbegründung.

90   **q)** Kosten der **Vollstreckungsgegenklage** (§ 767 ZPO) soweit vom Schu beantragt und unbegründet.

r) Kosten der Beteiligten im ZwVerst- bzw ZwVerwVerfahren.
91 Berücksichtigung finden die Kosten für die Anordnung, den Beitritt, die Beschaffung von Unterlagen bei der Antragstellung, die Anmeldung, die Sicherungsmaßregeln nach § 25, den Zustellungsvertreter nach § 7 III und die Vollstreckungsschutzvorschriften nach §§ 30 a–f ZVG, § 765 a ZPO. Ebenso gehören die Kosten der Beteiligten wegen der persönlichen Teilnahme an Terminen zu § 10 II (Reisekosten, Entschädigung für Zeitversäumnis, Terminsentschädigungen bei Angestellten von Banken usw in Höhe der Sätze eines Anwaltes). Notwendig sind auch die Kosten für die Vertretung durch einen Rechtsanwalt bei allen Beteiligten, auch bei einer Bank (LG Duisburg Rpfleger 2008, 274); nicht notwendig sind die Hebegebühr des Rechtsanwalts bei der Geldempfangnahme durch ihn oder die Kosten der eigenen Rechtsabteilung einer Bank usw zB für den Syndikus neben einem Rechtsanwalt. Die Kosten eines auswärtigen Rechtsanwalts sind idR nur in Höhe der Kosten eines ortsansässigen Anwalts als notwendig anzusehen. Die Gläubigerkosten einer ergebnislosen ZwVerst des Grundstücks gehören zu § 10 II, ebenso die Kosten der ZwVerw neben der ZwVerst (zB Gläubigerkosten, Zwangsverwaltervergütung), soweit sie nicht aus den Einkünften in der ZwVerw zu decken sind und nicht in die Rangklasse 1 gehören.

92   **s)** Kosten für die **Zustellung des Vollstreckungstitels.**

5. Einzelfälle von nicht berücksichtigungsfähigen Kosten

a) Aussichtslose Vollstreckungsmaßnahmen, wenn dem Gl die 93
Aussichtslosigkeit bekannt war (OLG München NJW 1958, 1687).

b) Kosten des Bieters, der Bietungsvollmacht, der Genehmigung 94
zum Bieten.

c) Kosten einer Drittwiderspruchsklage gegen den betreibenden 95
Gl wegen Zubehörgegenstände gemäß § 771 ZPO.

d) Eintragungskosten für das Grundpfandrecht (RGZ 72, 333). 96

e) Kosten, die durch Vollstreckungsmaßnahmen gegen einen von 97
mehreren **Gesamtschuldnern** entstanden sind, können auch von den
anderen Gesamtschuldnern erstattet verlangt werden (§ 788 I 3, § 100 IV
ZPO).

f) Kosten des Grundstückserwerbs, und zwar auch dann nicht, 98
wenn dies vom Grundpfandrechtsgläubiger zur Rettung seines Rechts
erfolgt ist.

g) Kosten für die Maßregel zur Erhaltung des Grundstücks nach 99
§ 1134 II BGB (BGH WM 1966, 324; RGZ 72, 332); aber Kosten iSv
§ 10 II, wenn im unmittelbaren Anschluss das Verfahren auf Befriedigung
durchgeführt wird.

h) Kosten mehrfacher Vollstreckung, wo eine genügt hätte (*Stöber* 100
Rdn 15.5).

i) Mehrkosten des Gl, die vermeidbar gewesen wären, wenn er sorg- 101
fältig und gewissenhaft gehandelt hätte, zB bei fehlerhafter Vertreteran-
gabe oder Schuldneranschrift (*Noack* DGVZ 1975, 145) oder bei nicht
sofortiger Antragsrücknahme nach Zahlung durch den Schu), und zwar
selbst dann, wenn der Gl das nicht wusste, weil er vom Zahlungsempfän-
ger (zB Bank) eine unrichtige Auskunft erhielt (LG Berlin JurBüro 1968,
556).

j) Kosten ergebnisloser Mobiliarzwangsvollstreckung, und zwar 102
auch dann nicht, soweit die Gegenstände für die Hypothek mithaften.

k) Prozesskosten für die persönliche Klage (RGZ 90, 171), Klage auf 103
Bewilligung einer Eintragung nach §§ 894, 895 ZPO, Unterlassungsklage
nach § 1134 I BGB und bei Klagerücknahme.

l) Kosten der Rechtsnachfolge auf der Gläubigerseite (*Stöber* 104
Rdn 15.5).

m) Kosten unzulässiger Vollstreckungsmaßnahmen, und zwar 105
auch dann nicht, wenn der Gl die Unzulässigkeit nicht kennen konnte
(*Steiner/Hagemann* Rdn 176 **aA** *Stöber* Rdn 15.5).

n) Kosten für eine vorzeitige Vollstreckung, zB vor Fälligkeit 106
(*Bauer* JurBüro 1966, 989).

o) Kosten früherer Zwangsversteigerungsverfahren bei Vollstre- 107
ckung in dasselbe Grundstück ebenso wie bei früherer Vollstreckung in
andere Grundstücke (*Steiner/Hagemann* Rdn 176; *Steffen* RpflStud 1996,
129, 131).

6. Rechtsbehelfe

108 Bei der Aufnahme oder der Nichtberücksichtigung der Kosten im gG kann Zuschlagsbeschwerde erhoben werden. Gegen den TLP können die Beteiligten in diesem Fall Widerspruch erheben; als Widerspruch gilt bereits die Nichtberücksichtigung laut Anmeldung (§ 115 II). Soweit im TLP Kosten aufgenommen werden, die durch einen Kostenfestsetzungsbeschluss festgestellt wurden, kann im Widerspruchsprozess der Anspruch auf Abänderung des Plans nicht auf die unrichtige Kostenfestsetzung, sondern nur auf sonstige Gründe gestützt werden.

7. Gerichtskosten

109 Prozesskostenhilfe (§§ 114 ff ZPO) und Gebührenfreiheit (§ 2 GKG) des betreibenden Gl führen dazu, dass die Gerichtskasse die Gerichtskosten des Anordnungs- bzw Beitrittsbeschlusses oder andere unter § 10 II fallende, nicht eingezogene Vollstreckungskosten zur Befriedigung im Rang des Hauptanspruchs anmelden können (§ 4 IV KostVfg), zB Eintragungskosten einer Zwangshypothek, Kosten im Vollstreckungsverfahren nach § 322 AO (OLG Köln Rpfleger 1977, 459). Auch für diesen Fall gilt die Rangordnung des § 12, so dass die Staatskasse bei unzureichendem Erlös vor den Ansprüchen des Gl zu befriedigen ist (*Stöber* JVBl 1961, 248).

§ 11 [Rangordnung verschiedener Rechte in derselben Klasse]

¹Sind Ansprüche aus verschiedenen Rechten nach § 10 Nr 4, 6 oder 8 in derselben Klasse zu befriedigen, so ist für sie das Rangverhältnis maßgebend, welches unter den Rechten besteht.

ⁱⁱIn der fünften Klasse geht unter mehreren Ansprüchen derjenige vor, für welchen die Beschlagnahme früher erfolgt ist.

Schrifttum: *Böttcher*, Das Rangverhältnis im Grundbuchverfahren, BWNotZ 1988, 73; *Eickmann*, Der Rang der Grundstücksrechte, RpflStud 1982, 74 und 85; *Jansen*, Rangvorbehalt und Zwangsvollstreckung, AcP 152, 508; *Meyer-Stolte*, Rangverhältnis mehrerer Nachverpfändungen, Rpfleger 1971, 201; *Schiffhauer*, Die Wirkung des Rangvorbehalts in der Zwangsversteigerung, BlGBW 1962, 17; *Horst Schmid*, Die angebliche Rangeinheit von Haupt- und Veränderungsspalte in Abteilung II und III des Grundbuchs, Rpfleger 1982, 251 und 1984, 130.

Übersicht

	Rn.
1. Allgemeines	1
2. Rangordnung in den Klassen des § 10 I Nr 1, 2, 3 und 7	2

§ 11

    3. Rangordnung in den Klassen des § 10 I Nr 4, 6 und 8
       (§ 11 I) 3
    4. Rangordnung in der Klasse § 10 I Nr 5 (§ 11 II) 15

1. Allgemeines

Das Rangverhältnis innerhalb der Rangklassen **§ 10 I Nr 4, 5, 6 und**   1
8 wird durch § 11 festgelegt. Nicht angesprochen sind die Rangklassen 1, 2, 3 und 7 des § 10 I. Die Norm gilt für die Vollstreckungsversteigerung. Bei den Sonderverfahren nach §§ 172 ff gilt nur Abs 1, nicht aber Abs 2. In der ZwVerw gelten die §§ 155, 156. Der Rang bedeutet im Falle der zwangsweisen Realisierung eines Rechts eine Befriedigungsreihenfolge, dh der besserrangige Anspruch wird immer erst vollständig befriedigt bevor der nächstrangige etwas bekommt (*Meikel/Böttcher* § 45 Rdn 1). Stehen mehrere Ansprüche im Gleichrang, so werden sie im Verhältnis ihrer Gesamtbeträge (= Kosten, Nebenleistungen, Hauptsache) befriedigt.

2. Rangordnung in den Klassen des § 10 I Nr 1, 2, 3 und 7

Mehrere Ansprüche in den Rangklassen § 10 I Nr 1 und 2 haben   2
mangels anderer Regelung **Gleichrang** (*Steiner/Hagemann* § 10 Rdn 37, 58); gleiches gilt gemäß § 10 I Nr 3 für diese Rangklasse und damit auch für § 10 I Nr 7.

3. Rangordnung in den Klassen des § 10 I Nr 4, 6 und 8 (§ 11 I)

    a) **Bei nichteingetragenen Rechten** (zB altrechtliche Grunddienst-   3
barkeiten, Sicherungshypotheken gemäß § 1287 BGB, § 848 ZPO) bestimmt sich ihr Rang zueinander und im Verhältnis zu eingetragenen Rechten nach dem Zeitpunkt der Entstehung (*Meikel/Böttcher* § 45 Rdn 23, 38). Nicht eintragungsfähige Rechte sind zB die Überbau- und Notwegrente, die auf Grund gesetzlicher Rangprivilegien (§ 914 I 1, § 917 II 2 BGB) allen anderen Rechten im GB vorgehen (*Meikel/Böttcher* § 45 Rdn 37). Wurde ein eintragungsbedürftiges Grundstücksrecht (zB Grundschuld) zu Unrecht gelöscht (zB weil die Aufgabeerklärung des Berechtigten gemäß § 875 BGB fehlt), so besteht es mit seinem ursprünglichen Rang materiell außerhalb des GB weiter; sein Rang kann sich jedoch verschlechtern, wenn für einen gutgläubigen Dritten ein neues Recht (zB Hypothek) eingetragen wird, bzw das Recht kann sogar materiell erlöschen, wenn das Grundstück an einen gutgläubigen Dritten veräußert wird (§ 892 BGB).

    b) **Bei eingetragenen Rechten** bestimmt sich ihr Rangverhältnis   4
zueinander nach den §§ 879 ff BGB (§ 11 I).

    aa) Ein Rangverhältnis kann nur zwischen **materiell rangfähigen**   5
Rechten bestehen. Die Eintragungen in Abt II (Reallast, Vorkaufsrecht,

§ 11 [Rangordnung verschiedener Rechte in derselben Klasse]

Nießbrauch, Erbbaurecht, Grunddienstbarkeit, beschränkte persönliche Dienstbarkeit, Wohnungsrecht, Dauerwohnrecht, Erbbauzins) und in Abt III (Hypothek, Grundschuld) stehen untereinander und zueinander in einem Rangverhältnis (*Meikel/Böttcher* § 45 Rdn 15). Vorgemerkte Rechte (§ 48) werden wegen § 883 III BGB den rangfähigen Rechten gleichgestellt (*Meikel/Böttcher* § 45 Rdn 18). Kein materielles Rangverhältnis besteht zwischen dem Eigentum und beschränkten dinglichen Rechten (*Meikel/Böttcher* § 45 Rdn 14), zwischen Verfügungsbeeinträchtigungen untereinander und zu Grundstücksrechten (*Meikel/Böttcher* § 45 Rdn 20); gleiches gilt für Widersprüche (*Meikel/Böttcher* § 45 Rdn 21) und der formellrechtlichen Amtsvormerkung nach § 18 II GBO.

6   bb) Es gilt der **Prioritätsgrundsatz** "Prior tempore potior iure", (= Der Frühere in der Zeit ist der Bessere im Recht); vgl. *Meikel/Böttcher* § 45 Rdn 1. Seine Sicherstellung wird durch die §§ 17, 45 GBO gewährleistet; dort ist vorgeschrieben, dass die Rechte in der Reihenfolge des Eingangs beim GBA zu buchen sind. Wenn das GBA gegen die §§ 17, 45 GBO verstößt und ein später beantragtes Recht zuerst einträgt, bestimmt sich das Rangverhältnis ausschließlich nach § 879 BGB, dh dass das später beantragte, aber (räumlich oder zeitlich) zuerst eingetragene Recht den besseren Rang erlangt (*Meikel/Böttcher* § 45 Rdn 211, 217). Das GB ist in diesem Fall nicht unrichtig, weil die Eintragung den Rang mit konstitutiver Wirkung schafft (= formelle Rechtskraft des Ranges, vgl *Meikel/Böttcher* § 45 Rdn 5).

7   cc) Für die **Rangfolge in derselben Abteilung** gilt nach § 879 I 1 BGB unter den dort gebuchten Rechten das sog Reihenfolgeprinzip (= Locusprinzip): ein räumlich vor einem anderen gebuchtes Recht hat Vorrang. Deshalb haben auch am selben Tag gebuchte Rechte den sich aus ihrer räumlichen Folge ergebenden Rang; im Gleichrang bedarf stets eines Rangvermerks (*Meikel/Böttcher* § 45 Rdn 39).

8   dd) Für die **Rangfolge in verschiedenen Abteilungen** gilt nach § 879 I 2 BGB unter den Rechten das sog Datumsprinzip: das zeitlich früher gebuchte Recht hat den Vorrang. Am selben Tag gebuchte Rechte haben dann stets Gleichrang. Ist das Eintragungsdatum unrichtig, so gilt materiellrechtlich die tatsächliche Eintragungszeit; da die Unrichtigkeit jedoch nicht aus dem GB erkennbar ist, muss vom eingetragenen Datum ausgegangen und den Beteiligten eine Klärung im Prozessweg anheimgestellt werden (*Steiner/Eickmann* § 44 Rdn 66; *Meikel/Böttcher* § 45 Rdn 218). Ist entgegen der Sollvorschrift des § 44 S 1 GBO kein Datum angegeben, so ist das Recht zwar entstanden, geht aber – wenn es das letzte Recht in seiner Abteilung ist – den datierten Rechten der anderen Abteilung im Range nach; steht es in seiner Abteilung nicht an letzter Rangstelle, so geht es trotz des fehlenden Datums den ihm in der Reihenfolge nachstehenden Rechten vor und damit auch den – in Bezug auf diese – nachdatierten Rechten der anderen Abteilung (*Meikel/Böttcher* § 45 Rdn 219).

§ 11

Beispiel: 9
In Abteilung II sind Nr 1 am 4. 1. 2009; Nr 2 ohne Datum; Nr 3 am 6. 8. 2009.
In Abteilung III sind Nr 1 am 10. 2. 2009; Nr 2 am 11. 9. 2009; Nr 3 am 2. 10. 2009.

Rangfolge: II 1, III 1, II 2, II 3, III 2, III 3.

ee) Bei einer **Vereinigung** von Grundstücken (§ 890 I BGB) werden 10
die bisherigen Belastungen nicht berührt, dh sie bleiben im bisherigen Umfang bestehen und erstrecken sich nicht auf das jeweils andere Grundstück (*Meikel/Böttcher* § 5 Rdn 80); neue Belastungen entstehen einheitlich auf dem neuen Grundstück als Einzelbelastungen. Bei einer **Bestandteilszuschreibung** (§ 890 II BGB) erstrecken sich die Grundpfandrechte des Hauptgrundstücks kraft Gesetzes auf das Bestandteilsgrundstück, wobei jedoch die das Bestandteilsgrundstück bereits belastenden Rechte diesen erstreckten Grundpfandrechten im Range vorgehen (§ 1131 BGB); dies gilt nicht für andere dingliche Rechte, insbesondere die Reallast, am Hauptgrundstück (*Meikel/Böttcher* § 6 Rdn 51). Ebenso erstrecken sich die dinglichen Rechte am Bestandteilsgrundstück nicht auf das Hauptgrundstück (*Meikel/Böttcher* § 6 Rdn 52).

ff) Werden in der **Veränderungsspalte** der Abt II und III des GB 11
Eintragungen vorgenommen (zB Erhöhung von Nebenleistungen, nachträgliche Mitbelastung), so soll sich das Rangverhältnis dieser Eintragungen nach dem Rang den in der Hauptspalte eingetragenen Grundrechts bestimmen: Rangeinheit von Haupt- und Veränderungsspalte (für Zinserhöhung: RGZ 132, 106; BayObLGZ 1959, 520; OLG Frankfurt Rpfleger 1978, 312; für Pfanderstreckung: KG JFG 22, 284; OLG Hamm Rpfleger 1985, 17; LG Köln MittRhNotK 1973, 438). Dem kann nicht zugestimmt werden; für diese Ansicht spricht nur die Tradition der Gewohnheit. Da beim Verhältnis von Eintragungen in Haupt- und Veränderungsspalten von einer echten Reihenfolge nicht mehr gesprochen werden kann, muss der Grundgedanke der Priorität, die zeitliche Zuordnung, den Rang regeln. Die Behauptung, Haupt- und Nebenspalten stünden in einer Rangeinheit zueinander, widerspricht der ganz allgemeinen Regel, dass ein von der Priorität abweichender Rang ausdrücklich gebucht werden muss. Nach richtiger Ansicht bestimmt sich daher der Rang von Eintragungen in der Veränderungsspalte einer Grundbuchabteilung sowohl im Verhältnis zu Eintragungen in der Hauptspalte derselben oder einer anderen Grundbuchabteilung als auch im Verhältnis zu Eintragungen in der Veränderungsspalte derselben oder einer anderen Grundbuchabteilung auf Grund einer dem Prioritätsgrundsatz (Rdn 6) entsprechenden analogen Anwendung von § 879 I 2 BGB ausschließlich nach dem Datum der Eintragungen (*Meikel/Böttcher* § 45 Rdn 43 ff; KEHE/*Eickmann* § 45 Rdn 13; *Horst Schmid* Rpfleger 1982, 251 und 1984, 130; OLG Dresden OLGE 26, 138; LG Bonn Rpfleger 1982, 138). Nur wenn ein Fall des § 1119 BGB vorliegt (= Zinserhöhung auf maximal 5%), so teilt der nachträglich vereinbarte

§ 12 [Rangordnung gleicher Rechte untereinander]

zusätzliche Zinssatz den Rang des ursprünglichen Rechts kraft Gesetzes (MünchKomm/*Eickmann* § 1119 Rdn 3).

12 **gg) Rechtsnachfolge** bezüglich des gesamten Rechts ändert am ursprünglichen Rang nichts. Geht nur ein Teil des Rechts kraft Gesetzes über, so hat dieser Rang nach dem Restanspruch des bisherigen Gl (§ 268 III 2, § 426 II 2, § 774 I 2, § 1143 I 2, § 1776 BGB).

13 c) Zu den Auswirkungen von **Rangänderungen** vgl §§ **44, 45 Rdn 15–29**.

14 d) Zu den Auswirkungen eines **Rangvorbehalts** vgl §§ **44, 45 Rdn 30, 31**.

4. Rangordnung in der Klasse § 10 I Nr 5 (§ 11 II)

15 Das Rangverhältnis innerhalb dieser Rangklasse bestimmt sich nach den Beschlagnahmezeitpunkten (vgl § 22); wer früher das Grundstück beschlagnahmt hat, dem steht der bessere Rang zu. Die Rangklasse des § 10 I Nr 5 betrifft in erster Linie die betreibenden Gl aus persönlichen Forderungen (zB Endurteil). Betreiben Gl die ZwVerst aus Ansprüchen der Klassen § 10 I Nr 1, 2, 3 oder 4, so fallen sie nicht in die Klasse § 10 I Nr 5 zurück, sondern sie behalten ihre bevorrechtigte Klasse mit dem dort maßgebenden Rangverhältnis. Wenn dagegen Gl der Klassen § 10 I Nr 6 bis 8 die ZwVerst wegen dieser Ansprüche betreiben, rücken sie auf in § 10 I Nr 5; das Rangverhältnis bestimmt sich dann nach den Beschlagnahmezeitpunkten (§ 11 II) und nicht nach der ursprünglichen Rangfolge in § 10 I Nr 6 bis 8. Sind mehrere Beschlagnahmebeschlüsse in § 10 I Nr 5 gleichzeitig wirksam geworden (zB Zustellung am gleichen Tag ohne Zeitangabe, vgl *Stöber* Rdn 4.1), so besteht zwischen ihnen Gleichrang (*Steiner/Hagemann* Rdn 30); daran ändert sich auch nichts, wenn die Versteigerungsanträge zu unterschiedlichen Zeiten gestellt wurden.

§ 12 [Rangordnung gleicher Rechte untereinander]

Die Ansprüche aus einem und demselben Rechte haben untereinander folgende Rangordnung:
1. **die Ansprüche auf Ersatz der im § 10 Abs. 2 bezeichneten Kosten;**
2. **die Ansprüche auf wiederkehrende Leistungen und andere Nebenleistungen;**
3. **der Hauptanspruch.**

Schrifttum: *Amann*, Durchsetzung der Reallast ohne Verlust der Reallast, DNotZ 2004, 599; *Böttcher*, „Begleitschutz" für die Reallast?, ZfIR 2007, 791; *Böttcher*, Sonstige Nebenleistungen nach § 1115 BGB, Rpfleger 1980, 81; *ders*, Abtretung von Nebenleistungen bei Grundpfandrechten, Rpfleger 1984, 85; *Dünig*, Zulässigkeit einer Reallast mit "doppeltem Rang"?, ZfIR 2002, 960; *Dünig*,

§ 12

Spaltung einer Reallast in Stammrecht und Einzelleistungen, MittBayNot 2004, 153; *Eickmann,* Der Rang der Reallast, NotBZ 2004, 262; *Oppermann,* Erhalt der Reallast trotz Zwangsversteigerung, RNotZ 2004, 84; *Stöber,* Fortbestehen einer Reallast und eines Grundpfandrechts bei Zwangsversteigerung auf Antrag des Berechtigten, NotBZ 2004, 265.

1. Allgemeines

§ 12 regelt das Rangverhältnis der **Ansprüche aus ein und demsel-** 1
ben Recht, und zwar entsprechend § 367 I BGB:
– die in § 10 II bezeichneten Kosten;
– wiederkehrende Leistungen und andere Nebenleistungen;
– Hauptanspruch.
§ 12 gilt für alle ZVG-Verfahren. In der ZwVerw gilt die Besonderheit, dass in den Rangklassen § 10 I Nr 2, 3 und 4 nur die laufenden wiederkehrenden Leistungen berücksichtigt werden (§ 155).

Innerhalb der drei Ranggruppen des § 12, dh innerhalb der Kos- 2
ten, der Nebenleistungen und des Hauptanspruchs besteht grundsätzlich Gleichrang. Im Falle der Teilablösung (§ 268 III 2 BGB), des Teilübergangs auf den Gesamtschuldner (§ 426 II 2 BGB), auf den Bürgen (§ 774 I 2 BGB) oder auf den Eigentümer (§ 1143 I 2 BGB) hat der kraft Gesetzes übergegangene Teil Nachrang.

Für die Anwendung des § 12 ist nicht erforderlich, dass der Gesamtan- 3
spruch derselben Person zusteht. Wird zB nur der Hauptanspruch ohne die Zinsen abgetreten, so finden sich in den Ranggruppen des § 12 **verschiedene Berechtigte.** Erfolgte die Teilabtretung ohne Rangbestimmung, so sollen der Hauptanspruch und der Zinsanspruch Gleichrang haben. Da die einzelnen Teile aber weiterhin Ansprüche aus ein und demselben Recht bleiben, gilt richtigerweise weiterhin die Rechtsfolge des § 12.

Über die Rangfolge des § 12 kann eine **abweichende Vereinbarung** 4
getroffen werden, aber nur zwischen dem betroffenen Berechtigten und dem Schu und nicht einseitig vom Berechtigten (BayObLG Rpfleger 1991, 50). Eine solche Vereinbarung ist formlos möglich, und zwar nach dem Erlöschen des Rechts (§ 91 I), aber auch bereits bei Begründung des Rechts (zB *"bei der Erlösverteilung in der ZwVerst haben die wiederkehrenden Leistungen aus der erloschenen Reallast Rang nach dem Stammrecht der Reallast"*). Im letzteren Fall ist die GB-Eintragung dafür erforderlich, wobei die Bezugnahme auf die Eintragungsbewilligung gemäß § 874 BGB ausreichend ist. Die von § 12 abweichende Befriedigungsreihenfolge erlangt jedoch nur bei der Erlösverteilung Bedeutung, lässt somit insbesondere keinen Anspruch mit rangverschiedenen Teilen entstehen. Es ist allgemeine Ansicht, dass verschiedene Teile eines Grundstücksrechtes nicht von Anfang an unterschiedlichen Rang haben können (BGH ZfIR 2004, 68; OLG Hamm ZfIR 2002, 994). Dies bedeutet, dass ein Verwertungsrecht (Reallast, Grundpfandrecht) mit vereinbarter und eingetragener

abweichender Befriedigungsreihenfolge von § 12 trotzdem nicht bestehen bleibt (§§ 44, 52, 91), wenn sein Gl nur wegen der wiederkehrenden Nebenleistungen die ZwVerst betreibt, da iSv § 879 BGB alle Ansprüche (Kosten, Zinsen, Hauptanspruch) Gleichrang haben (*Böttcher* ZfIR 2007, 795; *Oppermann* RNotZ 2004, 84; *Amann* DNotZ 1993, 222). Der Gl eines Verwertungsrechtes, der nur wegen der laufenden oder rückständigen (vgl § 13 I) wiederkehrenden Leistungen die ZwVerst betreibt und das Erlöschen seines Stammrechts verhindern will, muss entweder auf Grund seines schuldrechtlichen Anspruchs (zB § 488, § 1108 BGB) vorgehen (§ 10 I Nr 5) oder wenn er auf Grund seines dinglichen Anspruchs (zB § 1147, § 1105 BGB) betreiben will (§ 10 I Nr 4), empfiehlt sich eine nachträgliche Aufspaltung des Rechts in ein vorrangiges Teilrecht, das alle nach dem nächsten Zuschlag fälligen Leistungen umfasst und in ein nachrangiges Teilrecht, welches die zuvor fälligen Leistungen umfasst (*Morvilius* in D/M/V 4. Kap Rdn 359; *Amann* DNotZ 2004, 599 und 1993, 222; abgelehnt wird diese Möglichkeit bei der Reallast vom BGH ZfIR 2004, 68). Erforderlich dazu sind eine Erklärung des Gl und die Grundbucheintragung (§ 880 BGB). Wird danach die ZwVerst aus dem nachrangigen Teilrecht betrieben, fällt das vorrangige Teilrecht in das gG und bleibt bestehen. Ein anderer überzeugender Vorschlag zur Lösung des Problems kommt von *Oppermann* (RNotZ 2004, 84, 87): Mit Rang nach der Reallast ist eine vollstreckbare Grundschuld zu Gunsten des Reallastberechtigten einzutragen und als Sicherungszweck der Grundschuld ist die Sicherung sämtlicher Verbindlichkeiten aus der Rentenzahlungsvereinbarung, für deren Sicherung auch die Reallast bestellt wurde, vorzusehen. Wird in diesem Fall aus der Grundschuld die Zwangsversteigerung betrieben, so fällt die Reallast als der Grundschuld vorgehendes Recht in das geringste Gebot und bleibt daher trotz des Zuschlages bestehen (§§ 44 I, 52 I). Unabhängig vom Betrag der Grundschuld werden bei der Erlösverteilung die bis zum Zuschlag laufenden (von Amts wegen) und zwei Jahre der rückständigen (auf Anmeldung) Einzelleistungen aus der Reallast beglichen. Ein geringer Grundschuldbetrag, z. B. 10 000 €, ist daher ausreichend, was auch nur eine geringe zusätzliche Kostenbelastung darstellt. Auch eine mehrfache, die Reallast erhaltende Versteigerung ist möglich. Die an und für sich durch Zwangsversteigerung erlöschende Grundschuld kann ohne Mitwirkung des Eigentümers in eine vorrangige und eine nachrangige Teilgrundschuld geteilt werden (§§ 1192, 1151 BGB). Wird aus der nachrangigen Teilgrundschuld die Zwangsversteigerung betrieben, so bleibt die vorrangige Teilgrundschuld bestehen; aus letzterer könnte daher erneut die Versteigerung betrieben werden. Gegebenenfalls ist auch vor der jeweils weiteren Versteigerung eine erneute Teilung der verbliebenen Teilgrundschuld vorzunehmen, um auch weitere nachfolgende Versteigerungen noch zu ermöglichen. Dem könnte von vornherein dadurch begegnet werden, dass mehrere Grundschulden mit unterschiedlichem Rang bestellt werden und die

Zwangsversteigerung jeweils aus der Grundschuld mit dem schlechtesten Rang betrieben wird. Um das Erlöschen des Stammrechts der Reallast bei der ZwVerst nur wegen rückständiger Teilleistungen zu verhindern, ist es auch möglich, dass neben der eigentlichen Reallast ein Anspruch auf Bestellung einer weiteren Reallast für den Fall eingeräumt wird, dass die zunächst bestellte Reallast in der ZwVerst erlischt; dieser Anspruch ist durch eine vorrangige Vormerkung zu sichern (BGH ZfIR 2004, 68). Betreibt der Reallastberechtigte die ZwVerst, fällt die Vormerkung ins gG und bleibt daher beim Zuschlag bestehen; aufgrund der Vormerkung kann danach die Neueintragung einer Reallast durchgesetzt werden (*Böttcher* ZfIR 2007, 791, 792). Diese erhält den Rang der Vormerkung (§ 883 III BGB). Die vorrangige Erneuerungsvormerkung erlischt damit aber nicht, sondern sichert als bestehen bleibendes Recht auch alle weiteren Ansprüche auf Neueintragungen von Reallasten; möglich ist auch eine Vereinbarung, dass die durch die Vormerkung zu sichernde Reallast im Rang nach der bestehen bleibenden Vormerkung einzutragen ist (OLG München ZfIR 2007, 802; *Böttcher* ZfIR 2007, 791, 793).

2. Kosten

Kosten iSv § 12 Nr 1 sind die Kosten nach § 10 II, dh die Kosten 5 der Kündigung und der die Befriedigung aus dem Grundstück bezweckenden Rechtsverfolgung. Haben verschiedene Berechtigte aus demselben Recht (zB nach Abtretung des Hauptanspruchs ohne die Zinsen) Kostenansprüche, so haben diese Gleichrang. Andere als die in § 10 II genannten Kosten (zB Kosten der Mobiliarvollstreckung oder Forderungspfändung) können nur in § 10 I Nr 5 Berücksichtigung finden, dh wegen ihnen muss die ZwVerst betrieben werden, und zwar gemäß § 788 I ZPO oder auf Grund eines gesonderten Kostenfestsetzungsbeschlusses gemäß § 788 II ZPO (vgl § 10 Rdn 73); eine bloße Anmeldung solcher Kosten genügt nicht. Im Rahmen des § 12 gehören sie dann weder zu den Kosten nach § 12 Nr 1 (so aber *Steiner/Hagemann* Rdn 5) noch zu den Nebenleistungen nach § 12 Nr 2 (so aber *Dassler/Rellermeyer* Rdn 3; *Stöber* Rdn 2), sondern sind gemäß § 12 Nr 3 der alleinige Hauptanspruch oder gehören zumindest zu einem solchen.

3. Wiederkehrende Leistungen

Wiederkehrende Leistungen und andere Nebenleistungen werden nach den Kosten des § 10 II und vor dem Hauptanspruch befriedigt (§ 12 Nr 2). Dies gilt nur für Ansprüche in einer Rangklasse des § 10 I. Deshalb können auch ältere Rückstände der wiederkehrenden Leistungen und anderen Nebenleistungen der Rangklassen § 10 I Nr 7, 8 nicht vor den Hauptansprüchen in den Rangklassen § 10 I Nr 3, 4, 6 befriedigt werden (*Steiner/Hagemann* Rdn 2). Auch wenn in der Klasse § 12 Nr 2 grundsätzlich nicht zwischen laufenden und rückständigen Leistungen

§ 12 [Rangordnung gleicher Rechte untereinander]

unterschieden wird (vgl § 13 I), sind bei nicht ausreichendem Erlös die älteren Leistungen zu decken. Haben verschiedene Berechtigte aus demselben Recht Ansprüche (zB nach teilweiser Abtretung der Zinsen), so stehen diese im Gleichrang. § 12 Nr 2 betrifft folgende Ansprüche:
– wiederkehrende Leistungen, die keine Nebenleistungen sind;
– wiederkehrende Nebenleistungen;
– andere Nebenleistungen.

7 **a) Wiederkehrende Leistungen, die keine Nebenleistungen sind,** fallen unter § 12 Nr 2 (RGZ 104, 68, 72; 54, 88). Dazu gehören in Rangklasse 2 die Löhne und sonstigen Bezüge, in Rangklasse 3 die regelmäßig und laufend zu zahlenden öffentlichen Lasten des Grundstücks und in Rangklasse 4 Leistungen aus Reallasten und Altenteilen.

8 **b) Nebenleistungen** (nach dem Gesetzeswortlaut "wiederkehrende und andere") können einmalig, kontinuierlich, befristet und bedingt sein (*Böttcher* Rpfleger 1980, 81); es sind Leistungen, die von einem Hauptanspruch abhängig sind, selbst aber keine Hauptforderung darstellen. Tilgungsbeträge bei einer Tilgungshypothek sind daher keine Nebenleistungen, sondern als Kapitalanteile Hauptsacheansprüche nach § 12 Nr 3 (RGZ 104, 68, 72). Die Nebenleistungen müssen bei dinglichen Rechten ihrem Geldbetrag nach im GB eingetragen sein (§ 1115 I BGB) oder sich sonst aus dem Titel ergeben. In Betracht kommen vor allem (vgl auch *Böttcher* Rpfleger 1980, 81): Abschluss- und Umsatzprovisionen (KG OLGE 42, 168), Bearbeitungsgebühren, Bereitstellungsgebühren, Bürgschaftsgebühr (LG Bielefeld Rpfleger 1970, 335), Disagio oder Damnum, Geldbeschaffungskosten für Hypothek (LG Düsseldorf Rpfleger 1963, 50), Entschädigung für höhere Auszahlung, Kreditgebühren, Mahngebühren, Prämien für eine zur Sicherung einer Hypothekenforderung eingegangenen Lebensversicherung, Strafzinsen, Vertragsstrafen bei unpünktlicher Zahlung (KG OLGE 12, 284; 20, 408), Verwaltungskostenbeiträge und -zuschläge (KG KGJ 52, 179), Verzugs- und Überziehungsgebühren, Vorfälligkeitsentscheidung (BGH Rpfleger 1981, 226 m Anm *Eickmann*), Zinsen und Zinseszinsen (KG OLGE 20, 408; 42, 168).

4. Hauptanspruch

9 In Rangklasse 1 sind dies die Zwangsverwaltungsvorschüsse, in Rangklasse 3 die Hauptsachebeträge, in Rangklasse 4 das Kapital bei Grundpfandrechten bzw der Anspruch auf Wertersatz (§ 92) bei anderen dinglichen Rechten und in Rangklasse 5 die Hauptforderung des persönlichen Gl. Die Befriedigung des Hauptanspruchs erfolgt nach den Kosten des § 10 II und nach den wiederkehrenden Leistungen und anderen Nebenleistungen (§ 12 Nr 3). Bei Teilabtretung und Teilverpfändung eines Rechtes haben die Teile den gleichen Rang, soweit nichts Abweichendes bestimmt wird; die Ansprüche sind daher nach dem Verhältnis der Beträge zu berichtigen. Bei Teilablösung geht der abgelöste und damit

§ 13

auf den Ablösenden übergegangene Teil des Rechtes dem Restsanspruch des abgelösten Gl nach (§ 268 III 2 BGB); gleiches gilt für eine Teilpfändung (OLG Celle NJW 1968, 1139). Dieser Ranggrundsatz gilt auch, wenn das Verfahren aus dem rangersten Teil eines Rechtes oder wegen eines bestimmten Teiles wiederkehrender Leistungen betrieben wurde und insoweit Ablösung erfolgte (BGH und OLG Celle Rpfleger 1990, 378 **aA** *Steiner/Hagemann* § 10 Rdn 142; *Muth* Rpfleger 1990, 380).

§ 13 [Wiederkehrende Leistungen]

^I**Laufende Beträge wiederkehrender Leistungen sind der letzte vor der Beschlagnahme fällig gewordene Betrag sowie die später fällig werdenden Beträge. Die älteren Beträge sind Rückstände.**

^{II}**Absatz 1 ist anzuwenden, gleichviel ob die Ansprüche auf wiederkehrende Leistungen auf öffentlichem oder privatem Recht oder ob sie auf Bundes- oder Landesrecht beruhen oder ob die gesetzlichen Vorschriften andere als die in § 10 Abs. 1 Nr. 3 und 4 bestimmten Fristen festsetzen; kürzere Fristen als die in § 10 Abs. 1 Nr. 3 und 4 bestimmten werden stets vom letzten Fälligkeitstag vor der Beschlagnahme zurückgerechnet.**

^{III}**Fehlt es innerhalb der letzten zwei Jahre an einem Fälligkeitstermin, so entscheidet der Zeitpunkt der Beschlagnahme.**

^{IV}**Liegen mehrere Beschlagnahmen vor, so ist die erste maßgebend. Bei der Zwangsversteigerung gilt, wenn bis zur Beschlagnahme eine Zwangsverwaltung fortgedauert hat, die für diese bewirkte Beschlagnahme als die erste.**

Schrifttum: *Bauch,* Die Fälligkeit von Grundschuldzinsen, Rpfleger 1985, 466 und 1986, 212; *Drischler,* Die Grundsteuer in der Zwangsversteigerung, Rpfleger 1984, 340.

1. Allgemeines

Das ZVG unterscheidet zwischen laufenden und rückständigen wiederkehrenden Leistungen: § 10 I Nr 2, 3, 4, 7 und 8, § 45 II, §§ 47, 114 II, §§ 129, 155 II, 156 I. Die Abgrenzung nimmt § 13 vor: laufende Beträge sind danach der letzte vor dem Tag der ersten Beschlagnahme fällig gewordene Betrag sowie die später fällig werdenden Beträge; die älteren Beträge sind Rückstände (§ 13 I). Die Vorschrift gilt für alle ZVG-Verfahren. Einmalige Leistungen werden von § 13 nicht erfasst. 1

2. Zeitpunkt der Beschlagnahme

Für die Abgrenzung der laufenden Beträge von den Rückständen ist der Zeitpunkt der Beschlagnahme entscheidend (§ 13 I). 2

§ 13 [Wiederkehrende Leistungen]

3 Entscheidend ist die **erste wirksame Beschlagnahme** (§ 13 IV 1), und zwar für die Ansprüche aller Gl, auch wenn jeder von ihnen einen gesonderten Beschlagnahmezeitpunkt hat. An diesem Beschlagnahmezeitpunkt ändert sich auch nichts, wenn der ihn auslösende Gl seinen Antrag zurücknimmt, nachdem ein anderer Gl der ZwVerst gemäß § 27 wirksam beigetreten ist. Endet jedoch die erste Beschlagnahme bevor ein Beitrittsbeschluss wirksam wurde, dann ist der für § 13 I entscheidende Zeitpunkt der der Beitrittsbeschlagnahme.

4 Richtet sich der Beschlagnahmezeitpunkt nach der Zustellung des Beschlusses (§ 22 I 1) an eine **Gesamthandsgemeinschaft** als Vollstreckungsschuldnerin (zB Gütergemeinschaft, Erbengemeinschaft), so kommt es auf die Zustellung an den letzten Gesamthänder an.

5 Bei der ZwVerst eines einer **Bruchteilsgemeinschaft** gehörenden Grundstücks stellt jeder ideelle Miteigentumsanteil daran ein selbstständiges Versteigerungsobjekt mit einem gesonderten Beschlagnahmezeitpunkt dar; gleiches gilt bei der ZwVerst mehrerer Grundstücke in einem Verfahren. Dauert eine ZwVerw bis zur Beschlagnahme in der ZwVerst fort, so entscheidet auch für die ZwVerst der frühere Beschlagnahmezeitpunkt aus der ZwVerw (§ 13 IV 2); daran ändert sich nichts, wenn nach dem Wirksamwerden der Beschlagnahme für die ZwVerst die ZwVerw aufgehoben wird. Dauert umgekehrt eine Beschlagnahme in der ZwVerst bis zur Beschlagnahme in der ZwVerw fort, so ist der frühere Beschlagnahmezeitpunkt aus der ZwVerst nicht maßgebend für die ZwVerw. Nur wenn die ZwVerst gemäß § 77 II 2 in eine ZwVerw übergeleitet wird, bleiben die Wirkungen der für die ZwVerst erfolgten Beschlagnahme bestehen (§ 77 II 3).

3. Eintritt der Fälligkeit

6 Für die Abgrenzung der laufenden Beträge von den Rückständen kommt es auf den letzten Fälligkeitszeitpunkt vor der Beschlagnahme an (§ 13 I). Fälligkeit ist der Zeitpunkt, von dem ab die Leistung verlangt werden kann. Sie kann eintreten zu Beginn, während oder nach dem Leistungszeitraum; so kann zB eine Steuerbehörde Steuern und andere Abgaben für einen zurückliegenden Zeitabschnitt festsetzen und damit für einen bestimmten Zeitpunkt fälligstellen (RGZ 83, 87; 140, 307; BGHZ 19, 163, 171; OLG Oldenburg Rpfleger 1982, 350).

7 a) Bei der **Rangklasse § 10 I Nr 2** bestimmt sich die Fälligkeit des vorschussweise zu zahlenden Hausgeldes, der Abrechnungsspitze oder einer Sonderumlage nach den beschlossenen Terminen. Fehlt es daran, werden die Hausgelder mit Zahlungsaufforderung des Verwalters fällig (§ 28 II WEG), die Abrechnungsspitze und eine Sonderumlage am Tag der Beschlussfassung (§ 271 I BGB).

8 b) Bei den **Rangklassen § 10 I Nr 3 und 7** ist die Fälligkeit einem Bundes- oder Landesgesetz, einer Satzung oder dem Steuer- bzw Leistungsbescheid zu entnehmen.

§ 13

c) Bei den **Rangklassen § 10 I Nr 4, 6 und 8** ergibt sich die Fälligkeit der wiederkehrenden Leistungen idR aus der GB-Eintragung bzw der dort in Bezug genommenen Eintragungsbewilligung (§§ 874, 1115 BGB). 9

Fehlt ein Fälligkeitstermin, dann gilt nach § 13 III der Zeitpunkt der **Beschlagnahme**. Ausnahmsweise soll bei einer Darlehenshypothek für die Zinsen § 488 II gelten, dh sie werden jährlich nachträglich fällig, wobei nicht vom Kalenderjahr, sondern vom Zinsjahr – beginnend mit der Darlehensausgabe bei sonst fehlendem Zinsbeginn – auszugehen sei (*Steiner/Hagemann* Rdn 16). Dem kann nicht gefolgt werden. Für die Anwendung des § 488 II BGB ist der Zeitpunkt der Darlehensauszahlung nicht aus dem GB ersichtlich. Ein Fälligkeitszeitpunkt muss sich mindestens aus der in Bezug genommenen Eintragungsbewilligung (§ 874 BGB) ergeben. Daher ist auch bei einer Darlehenshypothek § 13 III und nicht § 488 II BGB anzuwenden (*Stöber* Rdn 2.5); gleiches gilt unstrittig bei einer Grundschuld, wenn ein Fälligkeitstermin fehlt. 10

Fehlt ein Zinsbeginn in der Bewilligung, so ist davon auszugehen, dass der Zeitpunkt der **Grundbucheintragung** des Rechts maßgebend ist (RGZ 136, 235; OLG Köln NJW 1960, 1108). 11

Die Fälligkeit von Grundschuldzinsen kann abweichend von der Fälligkeit der Hauptsache selbst geregelt werden (LG Augsburg Rpfleger 1986, 211). Akzessorietät zwischen Grundschuld und Zinsen bedeutet nur, dass letztere lediglich entstehen können, wenn die Hauptsache entstanden ist, und sie nicht mehr entstehen können, wenn das Hauptrecht erloschen ist (*Böttcher* Rpfleger 1980, 81). Mit dem Entstehen der jeweiligen Zinsrate löst sich das Nebenrecht insoweit vom Hauptrecht und hat ein rechtlich selbstständiges Schicksal. Rückständige Zinsen können daher selbstständig eingeklagt, abgetreten und verpfändet werden. Wenn nach Abtretung der rückständigen Zinsen die Grundschuld erlischt, so geht damit vor allem nicht das Nebenleistungsgrundpfandrecht unter (*Böttcher* Rpfleger 1984, 85, 87). Aus dieser selbstständigen Verfügbarkeit des Zinsrechts folgt, dass es ohne Rücksicht auf das Schicksal der Hauptsache in Bezug auf Fälligkeitsregelungen behandelt werden kann. 12

d) Eine **Stundung** kann die Abgrenzung der laufenden und rückständigen Beträge nicht beeinflussen (RGZ 83, 87). Sie schiebt die Fälligkeit des Anspruchs hinaus, lässt aber die Erfüllbarkeit unberührt. Unter Stundung ist auch jede andere nachträgliche Verschiebung des ursprünglichen Fälligkeitstermins zu verstehen, wie zB die Teilzahlungsvereinbarung und Ratenbewilligung. Bei der Anwendung des § 13 kommt es auf die ursprünglichen Fälligkeitstermine an. Eine Stundung ist unbeachtlich. Dies ergibt sich aus der Denkschrift zum ZVG (= *Hahn/Mugdan,* Materialien, 1897, S 37) und den Motiven zum ZVG (1889, S 96–97), die davon ausgehen, dass die Fristen des § 10, von denen § 13 ausgeht, festliegen. 13

4. Abgrenzung von laufenden und rückständigen wiederkehrenden Leistungen (§ 13 I–III)

14 **a) Allgemeines.** Ist ein Fälligkeitstermin innerhalb der letzten zwei Jahre vor dem Tag der ersten Beschlagnahme vorhanden, so sind der letzte vor dem ersten Beschlagnahmetag fällig gewesene Betrag und die später fällig werdenden Beträge als laufend anzusehen (§ 13 I 1). Laufende Beträge regelmäßig wiederkehrender Beträge werden im gG für die Zeit bis zum Ablaufe von zwei Wochen nach dem Versteigerungstermin berechnet (§ 47). Im TLP erfolgt eine Berücksichtigung bezüglich der öffentlichen Grundstückslasten und der bestehen bleibenden Rechte bis zum Tag vor dem Zuschlag (§ 56), bei erlöschenden Rechten bis einschließlich des Tages vor dem Verteilungstermin. Rückstände iS des ZVG sind die Leistungen, die vor den laufenden Beträgen liegen (§ 13 I 2). Ein etwaiger Gläubigerwechsel ist unbeachtlich, dh was rückständig ist, bleibt Rückstand (RGZ 91, 297).

Beispiel:
Tag der ersten Beschlagnahme: 10. März 2010.

15 aa) Hypothek ist vierteljährlich nachträglich am Quartalsende zu verzinsen: letzte Fälligkeit vor Beschlagnahme ist 31.12. 2009; laufende Zinsen ab 1.10. 2009; Rückstände in § 10 I 4 vom 1.10. 2007–30. 9. 2009.

16 bb) Hypothek ist in halbjährlichen Teilen nachträglich am 1. 5. und 1. 11. zu verzinsen: letzte Fälligkeit vor Beschlagnahme ist 1.11. 2009; laufende Zinsen ab 1.5. 2009; Rückstände in § 10 I 4 vom 1.5. 2007– 30.4. 2009.

17 cc) Hypothek ist monatlich im Voraus jeweils am 1. des Monats zu verzinsen: letzte Fälligkeit vor Beschlagnahme ist 1.3. 2010; laufende Zinsen ab 1.3. 2010; Rückstände § 10 I 4 vom 1.3. 2008–28.2. 2010.

18 dd) Hypothek ist kalenderjährlich nachträglich zu verzinsen: letzte Fälligkeit vor Beschlagnahme ist 31.12. 2009; laufende Zinsen ab 1.1. 2009; Rückstände in § 10 I 4 vom 1.1. 2007–31.12. 2008.

19 ee) Hypothek ist kalendervierteljährlich im Voraus zu verzinsen: letzte Fälligkeit vor Beschlagnahme ist 1.1. 2010; laufende Zinsen ab 1.1. 2010; Rückstände in § 10 I 4 vom 1.1. 2008–31.12. 2009.

20 ff) Hypothek ist am 15. jeden Monats für den laufenden Monat zu verzinsen: letzte Fälligkeit vor Beschlagnahme ist 15.2. 2010; laufende Zinsen ab 1.2. 2010; Rückstände in § 10 I 4 vom 1.2. 2008–31.1. 2010.

21 gg) Grundsteuern ohne besondere Vereinbarung über die Fälligkeit: letzte Fälligkeit vor Beschlagnahme 15.2. 2010; laufende Grundsteuern ab 1.1. 2010; Rückstände in § 10 I 3 vom 1.1. 2008–31.12. 2009.

22 **b)** Ist die **Fälligkeit am Tag der ersten Beschlagnahme** selbst eingetreten, so ist der letzte Fälligkeitstermin vorher maßgebend.

§ 13

Beispiel:
Tag der ersten Beschlagnahme: 15. Februar 2010.

aa) Hypothek, deren Zinsen am 15. 2. für die Zeit vom 1. 9.–28. 2. 23
und am 15. 8. für die Zeit vom 1. 3.–31. 8. fällig werden: letzte Fälligkeit
vor Beschlagnahme ist 15. 8. 2009; laufende Zinsen ab 1. 3. 2009; Rückstände in § 10 I 4 vom 1. 3. 2007–28. 2. 2009.

bb) Grundsteuern ohne besondere Vereinbarung über die Fälligkeit: 24
letzte Fälligkeit vor Beschlagnahme ist 15. 11. 2009; laufende Grundsteuern ab 1. 10. 2009; Rückstände in § 10 I 3 vom 1. 10. 2007–30. 9. 2009.

c) Fehlt ein Fälligkeitstermin überhaupt oder innerhalb der letzten 25
zwei Jahre vor dem Tag der ersten Beschlagnahme, so beginnen die
laufenden Beträge mit der Beschlagnahme; alle Beträge bis zum Tag
vorher einschließlich sind Rückstände, selbst wenn sie noch nicht fällig
sind (§ 13 III). Dies ist der Fall bei Grundschuldzinsen ohne Fälligkeitsangabe, bei den Zinsen für eine Zwangssicherungshypothek (*Eickmann*,
ZVG, § 10 II 1 b) und den gesetzlichen Zinsen wie Verzugszinsen (§ 288
BGB), Prozesszinsen (§ 291 BGB) sowie Wechsel- und Scheckzinsen.
Bei diesen Zinsen gibt es keinen Fälligkeitstermin, sie entstehen vielmehr
mit jedem Tag neu, so dass § 13 III anzuwenden ist.

Beispiel:
Tag der ersten Beschlagnahme: 10. März 2010.

aa) Hypothek ist alle drei Jahre nachträglich am 1. Juli 2007, 1. Juli 26
2010 usw zu verzinsen: letzte Fälligkeit vor Beschlagnahme ist 1. 7. 2007;
innerhalb der letzten zwei Jahre vor der ersten Beschlagnahme (= 10. 3.
2010) somit keine Fälligkeit; laufende Zinsen somit ab 10. 3. 2010; ältere
Zinsen sind Rückstände.

bb) Zwangssicherungshypothek ist vom 1. 11. 2007 zu verzinsen: ein 27
Fälligkeitstermin fehlt; laufende Zinsen somit ab 10. 3. 2010; Rückstände
in § 10 I 4 vom 10. 3. 2008–9. 3. 2010.

cc) Grundschuld eingetragen am 1. 6. 2006 ist zu verzinsen (ohne 28
Angabe von Fälligkeiten und Zinsbeginn): ein Fälligkeitstermin fehlt;
laufende Zinsen somit ab 10. 3. 2010; Rückstände in § 10 I 4 vom 10. 3.
2008–9. 3. 2010 und in § 10 I 8 vom 1. 6. 2006–9. 3. 2008.

d) Tritt die **erste Fälligkeit nach der Beschlagnahme** ein, so ent- 29
scheidet auch dann der Beschlagnahmezeitpunkt (OLG Oldenburg
Rpfleger 1982, 350), dh die laufenden Beträge beginnen mit dem Tag
der ersten Beschlagnahme.

Beispiel:
Tag der ersten Beschlagnahme ist 10. März 2010. Eine Hypothek ist am 1. 3.
2010 im GB eingetragen und ab diesem Zeitpunkt kalenderjährlich nachträglich
zu verzinsen. Die laufenden Zinsen beginnen am 10. 3. 2010. Rückstände in § 10
I 4 sind die Zinsen vom 1. 3. 2010–9. 3. 2010.

§ 14 [Ansprüche unbestimmten Betrages]

Ansprüche von unbestimmtem Betrage gelten als aufschiebend bedingt durch die Feststellung des Betrags.

Schrifttum: *Gaßner,* Erloschene Rechte "von unbestimmten Betrag", Rpfleger 1988, 51; *Teufel,* Gedanken zu § 14 ZVG, Rpfleger 1977, 193.

Übersicht

	Rn.
1. Allgemeines	1
2. Begriff des unbestimmten Betrages	2
3. Einzelfälle	3
4. Folgen der Unbestimmtheit	14
a) Geringstes Gebot und Versteigerungsbedingungen	14
b) Erlösverteilung	15
5. Beseitigung der Unbestimmtheit	16

1. Allgemeines

1   § 14 setzt **unbestimmte Ansprüche** durch eine Fiktion den **aufschiebend bedingten Ansprüchen** gleich. Die Vorschrift gilt für alle ZVG-Verfahren.

2. Begriff des unbestimmten Betrages

2   Ein Anspruch auf Befriedigung aus dem Grundstück ist unbestimmt, wenn er nicht auf einen bestimmten Geldbetrag gerichtet ist (*Steiner/Teufel* Rdn 7). Das ist in erster Linie der Fall, wenn der Anspruch auf Naturalleistungen gerichtet ist, zB Altenteilsleistungen. Bei erloschenen Nichtkapitalrechten (zB Grunddienstbarkeit, beschränkte persönliche Dienstbarkeit, Nießbrauch) ist der Wertersatzanspruch gemäß § 92 zwar auf Geld gerichtet, steht jedoch seiner Höhe nach noch nicht fest. Gleiches gilt, wenn nur für ein Recht ein Höchstbetrag des Wertersatzes im GB eingetragen ist (§ 882 BGB); der Geldbetrag ist zwar der Höhe nach begrenzt, aber der Anspruch selbst ist bis zur Feststellung des Betrages unbestimmt iS des § 14 (*Steiner/Teufel* Rdn 14). Nicht von § 14 erfasst werden die Ungewissheit über die Person des Berechtigten und betagte unverzinsliche Ansprüche. Gleiches gilt bei Ansprüchen, deren Bestehen zweifelhaft ist (*Stöber* Rdn 2.4; *Dassler/Rellermeyer* Rdn 2 **aA** *Steiner/Teufel* Rdn 10); sie sind nach dem GB-Inhalt oder auf Grund einer Anmeldung (Glaubhaftmachung) in das gG und den TLP aufzunehmen, wobei Einwendungen dagegen mittels Widerspruch geltend zu machen sind (§ 115).

§ 14

3. Einzelfälle

a) Naturalbezüge des Personals eines land- oder forstwirtschaftlichen 3
Betriebs (§ 10 I Nr 2) sind unbestimmt, solange ihr Geldwert nicht festgestellt ist (*Steiner/Teufel* Rdn 25).

b) Beim **Dauerwohnrecht und Dauernutzungsrecht** ist der 4
Anspruch auf Wertersatz nach § 92 I unbestimmt iS des § 14 (*Steiner/Teufel* Rdn 26).

c) Beim **Erbbaurecht aus der Zeit vor dem 22. 1. 1919** ist der 5
Anspruch auf Wertersatz (§ 92 I) unbestimmt iS § 14 (*Steiner/Teufel* Rdn 28).

d) Bei einem durch den Zuschlag erloschenen dinglichen **Vorkaufsrecht** ist der Wertersatzanspruch (§ 92 I) unbestimmt iS des § 14 (*Steiner/Teufel* Rdn 38). 6

e) Der Wertersatzanspruch nach § 92 I für eine durch den Zuschlag 7
erloschene **Grunddienstbarkeit** ist unbestimmt iS des § 14 (*Steiner/Teufel* Rdn 27).

f) Bei einer **beschränkten persönlichen Dienstbarkeit,** einem 8
Nießbrauch und einer **Reallast auf unbestimmte Dauer für persönliche Leistungen oder Naturalien** sind die aus dem Deckungskapital zu entrichtenden Rentenbeträge des § 92 II unbestimmt iS des § 14 (*Steiner/Teufel* Rdn 27, 37). Das Deckungskapital selbst, das nach §§ 121, 119, 120 für den Rechtsinhaber zur Entnahme der jeweils fälligen Rentenbeträge und zugunsten der Eventualberechtigten für das bei Erlöschen des Rechts noch vorhandene restliche Deckungskapital zu hinterlegen ist, fällt nicht unter § 14 (*Steiner/Teufel* Rdn 19). Die einzelnen Rentenbeträge, die aus dem Deckungskapital zu zahlen sind, bedürfen der Feststellung iS des § 14; solange dies nicht der Fall ist, ist keine Auszahlung möglich.

g) Bei einer **Reallast auf bestimmte Dauer für persönliche Leistungen oder Naturalien** ist der Geldwert für die einzelnen Leistungen 9
unbestimmt iS des § 14; es ist nach § 92 I zu verfahren (*Steiner/Teufel* Rdn 37).

h) **Geldreallasten** von bestimmter und unbestimmter Dauer sind 10
bestimmt iS des § 14 (*Steiner/Teufel* Rdn 36).

i) Keine unbestimmten Ansprüche nach § 14 ergeben sich aus den 11
Grundpfandrechten; durch den eingetragenen Kapitalbetrag und die Nebenleistungen sind sie bestimmt. Gleiches gilt für die Sicherungshypotheken (§ 1184 BGB, §§ 866, 867 ZPO) und die Höchstbetragshypothek (§ 1190 BGB) bzw Arresthypothek (§ 932 ZPO), weil bei letzteren nicht der Geldbetrag unbestimmt ist, sondern nur die Person des Berechtigten (*Steiner/Teufel* Rdn 29–31). Grundpfandrechte in ausländischer Währung sind nicht unbestimmt iS des § 14, weil mit dem in deutsche Währung umrechenbaren Anspruch ihr Geldanspruch feststeht (*Steiner/Teufel* Rdn 32).

§ 14 [Ansprüche unbestimmten Betrages]

12 j) Ein durch eine **Vormerkung** oder einen **Widerspruch** gesicherter Anspruch ist nur dann unbestimmt iS des § 14, wenn der Betrag des gesicherten Rechtes selbst nicht bestimmt ist zB bei einer Grunddienstbarkeit (*Steiner/Teufel* Rdn 40); auch eine Auflassungsvormerkung gehört dazu.

13 k) Keine unbestimmten Ansprüche nach § 14 ergeben sich aus einer **Wertsicherungsklausel,** weil sie die betragsmäßige Bestimmung des Anspruchs ermöglicht.

4. Folgen der Unbestimmtheit

14 a) **Geringstes Gebot und Versteigerungsbedingungen.** Ansprüche von unbestimmtem Betrag werden als aufschiebend bedingte Ansprüche behandelt (§ 14). Im gG werden sie wie unbedingte Rechte aufgenommen **(§ 48).** Ihre betragsmäßige Feststellung richtet sich nach § 51 II. Soweit über § 14 unbestimmte Ansprüche als aufschiebend bedingt fingiert werden, führt dies trotzdem nicht zur Anwendung der § 50 II Nr 1, § 51 I (*Steiner/Teufel* Rdn 17).

15 b) **Erlösverteilung.** Die Zuteilung auf unbestimmte, dh aufschiebend bedingte Rechte (§ 14), erfordert eine Hilfsverteilung nach **§ 119** und Planausführung nach **§ 120.** Ein Erlös kann an einen Berechtigten erst dann ausbezahlt werden, wenn sein Befriedigungsanspruch gegen den Vollstreckungsschuldner festgestellt ist; dies muss sowohl im TLP als auch bei der Hinterlegung angegeben werden (*Steiner/Teufel* Rdn 18, 19).

5. Beseitigung der Unbestimmtheit

16 Vor der Auszahlung muss aus einem unbestimmten und damit aufschiebend bedingten Anspruch ein Anspruch mit einem bestimmten Geldbetrag gemacht werden. Die einseitige Anmeldung des Berechtigten auf einen bestimmten Geldbetrag reicht dafür nicht aus. Vielmehr muss die Betragsfeststellung gegen den Vollstreckungsschuldner durchgesetzt werden (*Steiner/Teufel* Rdn 22). Dies ist nicht Aufgabe des VollstrG, sondern zur Anmeldung des Berechtigten ist die **Zustimmung des Vollstreckungsschuldners** vorzulegen; ausreichend ist auch ein Prozessurteil über den Wertersatzbetrag (*Steiner/Teufel* Rdn 23). Die Zustimmung des Eigentümers kann auch zu Protokoll des VollstrG erfolgen:

17 *Herr . . ., Schu und Grundstückseigentümer bei Zuschlagserteilung, erklärt:*
Das Geh- und Fahrrecht für Herrn . . . (Abt II Nr 1) am Grundstück FlNr . . . Gemarkung . . . (GB vom . . . Bd . . . Bl . . .) ist durch Zuschlagserteilung im Zwangsversteigerungsverfahren erloschen (AG . . . Az . . .). Zur Feststellung des Wertersatzes erkenne ich den geltend gemachten Jahreswert von 600,– € und die Dauer des Rechts mit 23 Jahren an. V. u. g.

§§ 15, 16

Zweiter Titel. Zwangsversteigerung (§§ 15–145 a)

I. Anordnung der Versteigerung (§§ 15–27)

§ 15 [Antrag]

Die Zwangsversteigerung eines Grundstücks wird von dem Vollstreckungsgericht auf Antrag angeordnet.

§ 16 [Inhalt des Antrages]

¹Der Antrag soll das Grundstück, den Eigentümer, den Anspruch und den vollstreckbaren Titel bezeichnen.
²Die für den Beginn der Zwangsvollstreckung erforderlichen Urkunden sind dem Antrage beizufügen.

Schrifttum: *Arnold,* Probleme der Zwangsvollstreckung nach der deutschen Einigung, DGVZ 1991, 161 und 1992, 20; *Hagemann,* Die Entscheidung über den Antrag auf Anordnung der Zwangsversteigerung, RpflStud 1984, 49; *Rauscher,* Immobiliarzwangsvollstreckung bei fremdem Güterstand, Rpfleger 1988, 89; *Voßen,* Die aussichtslose Immobiliarvollstreckung, 1999; *Weyland,* Der Verhältnismäßigkeitsgrundsatz in der Zwangsvollstreckung, Diss Freiburg (1987).

Übersicht

	Rn.
I. Allgemeines	1
II. Antrag	2
1. Allgemeines	2
a) Antragsgrundsatz	2
b) Partei- und Prozessfähigkeit	3
c) Bevollmächtigung	6
2. Form	7
3. Inhalt (§ 16 I)	8
a) Grundstück	9
b) Eigentümer	10
c) Anspruch	11
d) Vollstreckungstitel	16
4. Beizufügende Urkunden (§ 16 II)	17
III. Allgemeine Voraussetzungen der Zwangsvollstreckung	
1. Partei- und Prozessfähigkeit des Schuldners	19
a) Partei- und Prozessfähigkeit	19
b) Parteifähigkeit	20
c) Prozessfähigkeit	21
2. Vollstreckungstitel	22
a) Allgemeines	22
b) Namentliche Bezeichnung der Parteien	23

　　　　c) Art der Vollstreckung 28
　　　　d) Umfang der Vollstreckung 34
　　　　e) Berichtigung 35
　　　　f) Mehrere Titel 36
　　　　g) Verlorengegangener Titel 37
　　　　h) Einzelfälle 38
　　3. Vollstreckungsklausel 46
　　　　a) Allgemeines 47
　　　　b) Bedingte Leistungen (§ 726 I ZPO) 48
　　　　c) Rechtsnachfolge (§ 727 ZPO) 49
　　4. Zustellung 54
　　5. Rechtsschutzbedürfnis 57
　　　　a) Allgemeines 57
　　　　b) Bagatellforderung (vgl Einl Rdn 44) 58
　　　　c) Mehrere Vollstreckungsmöglichkeiten 59
　　　　d) Aussichtslose Immobiliarvollstreckung 60
　　　　e) Verfolgung rechtswidriger Ziele 61
　　　　f) Verfahren 62
IV. Besondere Voraussetzungen der Zwangsvollstreckung . 63
　　1. Fälligkeit 63
　　2. Eintritt eines Kalendertages 64
　　3. Sicherheitsleistung 65
　　4. Leistung Zug um Zug 67
　　5. Wartefrist 68
　　6. Nachlassgrundstück 69
　　　　a) Beginn der ZwV 69
　　　　b) Tod vor Beginn der ZwV 70
　　　　c) Tod nach Beginn der ZwV 71
　　7. ZwV gegen Eheleute 72
　　　　a) Zugewinngemeinschaft 72
　　　　b) Gütertrennung 73
　　　　c) Gütergemeinschaft 74
　　8. ZwV gegen Gesellschaften 75
　　　　a) BGB-Gesellschaft 75
　　　　b) OHG und KG 76
　　　　c) Juristische Personen des Privatrechts 77
　　　　d) Gründungsgesellschaften 78
　　　　e) Vereine 79
　　9. Eigentümergrundpfandrechte 80
　10. Wechsel- und Scheckurteile 81
　11. Reichsheimstätte 82
　12. Erbbaurecht 83
　13. Wohnungs- und Teileigentum 86
　14. ZwV gegen juristische Personen des öffentlichen
　　　Rechts 87
　15. Verwaltungszwangsverfahren 88
　　　　a) Vollstreckung durch öff. Rechtsträger 88
　　　　b) Vollstreckbarer Antrag 91
　　　　c) Prüfung durch das VollstrG 92
　　　　d) Sozialleistungsansprüche 93
　　　　e) Steuerforderungen 97

	16. Neue Bundesländer	98
V.	Prüfung durch das VollstrG	99
VI.	Beanstandungsverfügung	104
	1. Erlass	104
	2. Bekanntgabe	105
	3. Rechtsbehelfe	106
VII.	Zurückweisungsbeschluss	107
	1. Erlass	107
	2. Bekanntgabe	108
	3. Rechtsbehelfe	109
VIII.	Verfahrensanordnung	110
	1. Entscheidung	110
	a) Allgemeines	110
	b) Form	111
	c) Inhalt	112
	d) Berichtigung	123
	e) Mehrere Anträge	124
	2. Bekanntgabe	125
	a) Schuldner	125
	b) Gläubiger	126
	c) Übrige Beteiligte	127
	d) Neue Bundesländer	130
	3. Heilung von Mängeln	131
	a) Nichtigkeit	131
	b) Fehlerhaftigkeit	132
	4. Rechtsbehelfe	134

I. Allgemeines

Die §§ 15, 16 beinhalten die eigentlichen Voraussetzungen für die Anordnung der ZwVerst. Nach § 15 erfolgt die Anordnung auf Antrag durch das VollstrG. Der Inhalt des Antrags wird durch § 16 I bestimmt; gemäß § 16 II sind dem Antrag die für Beginn der ZwV erforderlichen Urkunden beizufügen. Da das ZVG als ein Teil der ZPO anzusehen ist (§ 869 ZPO), sind die allgemeinen Voraussetzungen jeder Vollstreckung zu beachten (zB Titel, Klausel, Zustellung). Die §§ 15, 16 gelten grundsätzlich für alle ZVG-Verfahren und finden nicht nur bei der Verfahrensanordnung, sondern auch bei jedem Beitritt (§ 27) Anwendung. Die Voraussetzungen der ZwV unterliegen grundsätzlich nicht der Disposition der Beteiligten, dh sind unabdingbar (RGZ 128, 81, 85). 1

II. Antrag

1. Allgemeines

a) Antragsgrundsatz. Die Verfahrensanordnung – ebenso jeder Beitritt – erfolgt nur auf Antrag, nicht von Amts wegen (§ 15). Bei dessen 2

§§ 15, 16 [Inhalt des Antrages]

Fehlen ist die Vollstreckungsmaßregel unzulässig. Erfolgt sie trotzdem, ist das Verfahren von Amts wegen aufzuheben (§ 28 analog), sobald der Mangel bemerkt wird; nach dem Schluss der Versteigerung (§ 74) ist der Zuschlag zu versagen (§§ 33, 83 Nr 6), sogar noch vom Beschwerdegericht (§ 100 III). Ein zu Unrecht eingeleitetes Verfahren ist selbst dann aufzuheben, wenn der fehlende Antrag später nachgeholt wird.

b) Partei- und Prozessfähigkeit.

Schrifttum: *Hoffmann,* Die Prüfung der Partei- und Prozeßfähigkeit im Vollstreckungsverfahren, KTS 1973, 149.

3 Da der Antrag eine Prozesshandlung ist, muss beim Antragsteller (Gl) die Partei- und Prozessfähigkeit gegeben sein (*Steiner/Hagemann* Rdn 8). Zum **Prüfungsrecht** des VollstrG vgl die Ausführungen beim Schu (= Rdn 19–21), die entsprechend gelten.

4 **Parteifähigkeit** ist die Fähigkeit, Subjekt eines Prozessrechtsverhältnisses zu sein, dh im Vollstreckungsverfahren Gl und Schu; sie entspricht der Rechtsfähigkeit im Bürgerlichen Recht **(§ 50 ZPO)**. Parteifähig ist jeder Mensch, solange er lebt, und jede juristische Person; daneben die OHG bzw KG (§ 124 I HGB), die am Rechtsverkehr teilnehmende Außen–BGB-Gesellschaft (BGHZ 148, 341), die Gewerkschaften (BGHZ 42, 210; 43, 257; 50, 325) und die politischen Parteien (§ 3 Parteiengesetz). Der Gl muss zurzeit der Antragstellung parteifähig sein. Der Antrag eines nicht Parteifähigen ist zurückzuweisen. Der Tod oder der Verlust der Parteifähigkeit des Gl nach Antragstellung ist auf den Verfahrensfortgang ohne Einfluss; eine Umschreibung der Klausel nach § 727 ZPO ist nur dann erforderlich, wenn der Erbe eine Verfahrenshandlung vornehmen will. Wird die mangelnde Parteifähigkeit des Gl die von Anfang an bestand, erst nach der Anordnung festgestellt, so ist gemäß § 28 bzw § 33 zu verfahren.

5 **Prozessfähigkeit** ist die Fähigkeit, alle Prozesshandlungen wirksam vorzunehmen und entgegenzunehmen, selbst oder durch einen gewählten Vertreter. Nach **§ 52 I ZPO** ist prozessfähig, wer sich durch Verträge verpflichten kann; das ist nur der voll Geschäftsfähige. Die volle Geschäftsfähigkeit erlangt der Mensch mit der Volljährigkeit (§ 2 BGB). Geschäftsunfähig und damit prozessunfähig sind alle juristischen Personen und die OHG bzw KG; daneben die natürliche Personen gemäß §§ 104, 106 BGB. Ist der Gl nicht prozessfähig, so muss der Antrag durch den bzw die gesetzlichen Vertreter gestellt werden (zB Geschäftsführer, Vorstand, Komplementär, Eltern, Vormund, Betreuer, Pfleger). Zur Antragstellung ist keine Genehmigung des Familien- bzw Betreuungsgerichts erforderlich (*Steiner/Hagemann* Rdn 9); Ausnahme: § 181 II 2! Parteien kraft Amtes (Insolvenzverwalter, Nachlassverwalter, Testamentsvollstrecker) können im Rahmen ihrer Tätigkeit einen Antrag stellen. Die Vertretungsbefugnis ist durch das VollstrG zu überprüfen (Bestallungen,

II. Antrag §§ 15, 16

Registerauszüge, usw); es genügt dabei, wenn sie sich aus dem vorgelegten Vollstreckungstitel ergibt. Bei juristischen Personen des öffentlichen Rechts ist grundsätzlich davon auszugehen, dass der Unterzeichner vertretungsberechtigt ist, so dass insoweit eine Überprüfung entbehrlich ist. Der Gl muss zum Zeitpunkt der Antragstellung prozessfähig sein (LG Mainz Rpfleger 1997, 178). Fehlt die Prozessfähigkeit, so ist die Mitwirkung des gesetzlichen Vertreters anheim zu stellen; wird dem nicht nachgekommen, ist der Antrag zurückzuweisen. Verliert der Gl die Prozessfähigkeit nach der Verbescheidung seines Antrags, so hindert dies den Verfahrensfortgang nicht; der Gl kann jedoch keine Verfahrenshandlung mehr vornehmen (Anträge, Einstellungen), ebenso können ihm gegenüber solche nicht mehr vorgenommen werden. Wird später festgestellt, dass die Prozessfähigkeit des Gl im Antragszeitpunkt fehlte, so ist die Beschlagnahme fehlerhaft, dh anfechtbar (*Eickmann*, ZVG, § 8 I 4); vgl dazu Rdn 132.

c) Bevollmächtigung. Der Gl bzw sein gesetzlicher Vertreter kann 6 einen Bevollmächtigten bestellen (§ 869, §§ 78 ff ZPO). Dies sind idR Rechtsanwälte oder Rechtsbeistände, es kann aber jede andere natürliche Person sein. In der ZwVerst besteht kein Anwaltszwang. Es ist Aufgabe des VollstrG die ordnungsgemäße Bevollmächtigung zu überprüfen. Der Bevollmächtigte hat grundsätzlich eine schriftliche Vollmacht in Urschrift mit eigenhändiger Unterschrift zu den Akten zu übergeben (vgl § 80 I ZPO; OLG Köln Rpfleger 1970, 355), so dass eine Fotokopie oder eine mit einem Faksimile-Stempel versehene Vollmacht nicht genügt. Bei Vollmachtserteilung in einer öffentlichen Urkunde muss nur eine beglaubigte Abschrift davon vorgelegt werden. Handelt der Vertreter auf Grund einer Generalvollmacht, so braucht er nur die Unterschrift vorzuzeigen und eine beglaubigte Abschrift davon zu übergeben. Beruft sich der Vertreter auf eine Vollmacht bei den Generalakten des Gerichts, so muss der Rechtspfleger deren Vorliegen aktenkundig machen. Der Nachweis der Vollmacht ist ausnahmsweise dann nicht erforderlich, wenn ein **RA** (nicht Rechtsbeistand) auftritt (§ 88 II ZPO) oder der Bevollmächtigte bereits im Vollstreckungstitel aufgeführt ist (§ 81 ZPO). Hat sich das Erkenntnisverfahren über mehrere Instanzen erstreckt, ist nur der erstinstanzliche Prozessbevollmächtigte antragsberechtigt (§ 178 S 2 ZPO), der höherinstanzliche nur bei ausdrücklicher Ermächtigung. Die Prozessvollmacht ermächtigt grundsätzlich zu allen das Verfahren betreffenden Prozesshandlungen (§ 81 ZPO), nicht aber zur Abgabe eines Gebots für den Vollmachtgeber (§ 71 II), sowie zur Abtretung oder Übernahme der Rechte aus dem Meistgebot (§ 81 II und III); vgl *Steiner/Hagemann* Rdn 12. Zum Empfang von Zahlungen aus dem Erlös ist ebenfalls eine besondere Vollmacht erforderlich. Von mehreren Prozessbevollmächtigten ist jeder Einzelne antragsberechtigt (§ 84 ZPO). Die einstweilige Zulassung eines vollmachtlosen Vertreters (§ 89 ZPO) schei-

§§ 15, 16 [Inhalt des Antrages]

det zumindest dann aus, wenn es sich um die Verfahrensordnung bzw Beitritte, Vollstreckungsschutzanträge und Terminswahrnehmungen handelt.

2. Form

Schrifttum: *Dempewolf*, Zum Erfordernis der eigenhändigen Unterschrift bei Anträgen im Zwangsvollstreckungsverfahren, MDR 1977, 801.

7 Für den Antrag ist keine besondere Form vorgeschrieben, so dass er schriftlich, mündlich, telefonisch und telegrafisch gestellt werden kann. Bei telefonischer und telegrafischer Antragstellung, die aktenkundig zu machen ist, muss die Ernstlichkeit sichergestellt sein, was erst beim Vorliegen der Vollstreckungsunterlagen anzunehmen ist. Mündliche Antragstellung erfolgt zu Protokoll des UdG, wobei das Protokoll der Unterschrift des Antragstellers nicht bedarf. Ein schriftlich gestellter Antrag soll eigenhändig unterschrieben sein (LG Berlin Rpfleger 1975, 440); es genügt aber auch eine faksimilierte Unterschrift (*Steiner/Hagemann* Rdn 19 **aA** LG München DGVZ 1983, 57). Sind dem schriftlichen Antrag alle erforderlichen Vollstreckungsunterlagen beigefügt, dh liegt ein ernsthafter Wille zur Antragstellung vor, schadet sogar eine fehlende Unterschrift nicht. Bei Behörden, sowie bei einer Körperschaft oder Anstalt des öffentlichen Rechts, ist es außerhalb des Verwaltungszwangsverfahrens (sonst Rdn 88–97) nicht nötig, das Dienstsiegel beizufügen (*Eickmann*, ZVG, § 8 II 1; *Steiner/Hagemann* Rdn 20); nötig ist, dass die Behörde zuständig ist und der zuständige Beamte unterschreibt (OLG Frankfurt NJW 1960, 1675) oder dass der Antrag im Anschluss an den in Maschinenschrift wiedergegebenen Namen des bearbeitenden Beamten mit einem Beglaubigungsvermerk versehen ist (GemSOGB NJW 1977, 621 = Rpfleger 1977, 127).

3. Inhalt (§ 16 I)

Schrifttum: *Reul*, Zwangsvollstreckung bei Wertsicherungsklauseln in notariellen Urkunden, MittBayNot 2005, 265; *Schilken*, Die Beurteilung notwendiger Kosten der Zwangsvollstreckung nach Verrechnung von Teilzahlungen, DGVZ 1991, 1.

8 Ein Versteigerungsantrag muss das Grundstück, den Eigentümer, den Anspruch und den Vollstreckungstitel bezeichnen (§ 16 I). Da es sich hierbei nur um eine Ordnungsvorschrift handelt, ist deren Verletzung für die ZwVerst ohne Einfluss (RGZ 134, 56).

9 **a) Grundstück.** Es muss im Antrag als Gegenstand der ZwV bezeichnet werden, und zwar so bestimmt, dass es mit Sicherheit aus dem GB festgestellt werden kann. Gemarkung, Band, Blatt, FlNr, laufende Nummer des Bestandsverzeichnisses. Auch jede andere Kennzeichnung ist

II. Antrag §§ 15, 16

zulässig, wenn nur die sichere Identifizierung möglich ist, zB Bezugnahme auf eine nach § 17 II beigefügte Bescheinigung des GBA. Bei der ZwV in einen Grundstücksbruchteil muss die Größe des ideellen Anteils (zB 1/2) angegeben werden; er muss mit dem im GB angegebenen Anteil übereinstimmen.

b) Eigentümer. Er muss im Antrag so bezeichnet werden, dass kein 10 Zweifel an der Identität besteht (mit zustellungsfähiger Anschrift); vgl BGH NJW 1977, 1686. Eine Bezugnahme auf eingereichte Unterlagen ist zulässig. Wenn im Gesetz auch nicht besonders erwähnt, so gilt dies auch für die Person des Gl.

c) Anspruch. aa) Geldforderung. Da es sich bei der ZwVerst und 11 ZwVerw um ZwV wegen Geldforderungen handelt, muss der Anspruch in einer Geldforderung bestehen. Dies ist der Fall bei persönlichen Ansprüchen auf Leistung von Geld und bei Ansprüchen aus den Grundpfandrechten und Geldreallasten. Wegen anderen dinglichen Rechten, die nicht auf Zahlung einer Geldsumme gerichtet sind (zB Dienstbarkeiten), kann nicht in das Grundstück vollstreckt werden. Ist die Geldschuld in **ausländischer Währung** ausgedrückt, so kann die Anordnung erfolgen, die erforderliche Umrechnung erfolgt erst, wenn es notwendig wird (zB bei der Erlösverteilung), und zwar nach dem zu diesem Zeitpunkt maßgebenden Kurswert. Auf DM lautende Vollstreckungstitel sind ab dem 1. 1. 2002 ipso iure als Währungsangaben in **Euro** zu lesen, wie sie sich nach dem amtlichen Umrechnungskurs ergeben (1 € = 1,95583 DM; vgl Art 14 EuroVO). Maschinell erstellte Forderungsaufstellungen müssen sowohl für das VollstrG als auch für den Schu aus sich heraus verständlich sein und dürfen nicht nur mit Hilfe von Schlüsselzahlen und Kennzahlen nachvollziehbar sein (LG Kaiserslautern Rpfleger 1993, 29).

bb) Rechtsnatur. Im Antrag ist anzugeben, ob wegen eines woh- 12 nungseigentumsrechtlichen (§ 10 I Nr 2) oder öffentlichen (§ 10 I Nr. 3) oder persönlichen (§ 10 I Nr 5) oder dinglichen Anspruchs (§ 10 I Nr 4) vollstreckt werden soll (BGH Rpfleger 2008, 375, 377). Soll wegen eines dinglichen Anspruchs vollstreckt werden, so wird dazu ein Duldungstitel benötigt. Für die Angabe der Rechtsnatur des Anspruchs genügt auch die Verweisung auf den Titel (RGZ 134, 56). Umfasst der Vollstreckungstitel sowohl den persönlichen als auch den dinglichen Anspruch, so ist im Zweifel – nach evtl Anfrage – anzunehmen, dass wegen beider Ansprüche die ZwV angeordnet werden soll.

cc) Umfang. Anzugeben ist der Geldbetrag des Anspruchs nach 13 Hauptsache, Nebenleistungen und Kosten.

Dies gilt auch, wenn nur wegen eines **Teils des Vollstreckungsan-** 14 **spruchs** der Antrag gestellt wird. Ein Restanspruch nach teilweiser Befriedigung des Gl ist genau zu beziffern, und zwar nach Kosten,

§§ 15, 16 [Inhalt des Antrages]

Nebenleistungen und Hauptsache; es ist nicht Aufgabe des VollstrG, dh es besteht keine Verpflichtung, eine Berechnung der noch bestehenden Forderungen vorzunehmen (LG Berlin Rpfleger 1974, 30; 1992, 30). Ob umgekehrt eine Berechtigung besteht, bei der ZwV einer Restforderung eine überprüfbare Berechnung der Forderung und Belege über frühere Vollstreckungskosten zu verlangen, ist umstritten. Soweit dies bejaht wird (OLG Köln DGVZ 1983, 9; LG Paderborn Rpfleger 1987, 318; LG Darmstadt Rpfleger 1985, 119; *Johannsen* DGVZ 1990, 51), kann dem nicht gefolgt werden. Es ist nicht Aufgabe des VollstrG, materiell-rechtliche Fragen zu klären, zB ob der Anspruch entstanden oder erloschen ist bzw ob Einwendungen oder Einreden dagegen bestehen. Diese Fragen muss der Schu notfalls mit Vollstreckungsabwehrklage gemäß § 767 ZPO außerhalb der ZwVerst klären lassen. Der Gl hat einen Vollstreckungstitel für den Gesamtanspruch, der natürlich auch eine Teilforderung umfasst. Es würde der Struktur der ZwV widersprechen, wenn das VollstrG zB das teilweise materielle Erlöschen des Anspruchs durch Tilgung von bisherigen Vollstreckungskosten prüfen würde. Das VollstrG hat kein Recht, die ordnungsgemäße und vollständige Verrechnung von Teilzahlungen des Schu zu überprüfen; dafür gibt das Gesetz nichts her (OLG Schleswig DGVZ 1976, 135; LG Bielefeld DGVZ 1984, 120; *Steiner/Hagemann* Rdn 39; *Stöber* § 16 Rdn 3.4; *Schilken* DGVZ 1991, 1).

15 Enthält der Titel eine **Wertsicherungsklausel (Preisklausel)**, ist zu unterscheiden: Liegt ein Leistungsvorbehalt oder eine Spannungsklausel vor (vgl § 1 II Nr 1 und 2 Preisklauselgesetz; BGH NJW 1962, 1393; 1967, 830; BGHZ 14, 310), so muss die Veränderung bereits tituliert sein, um berücksichtigt zu werden (*Dassler/Hintzen* § 16 Rdn 9). Bei einer automatisch wirkenden Gleitklausel muss der Gl den genauen Geldbetrag angeben, wenn der zurzeit der Fälligkeit geltende Maßstab anzuwenden ist; enthält der Titel nichts darüber, dann gilt der Maßstab zurzeit der Befriedigung, so dass das VollstrG die Berechnung vornehmen muss. Das VollstrG muss ebenso wie das Grundbuchamt grundsätzlich von der Wirksamkeit einer Gleitklausel ausgehen nach § 8 Preisklausel-Gesetz (Morvilius in D/M/V 4. Kap Rdn 277).

16 **d) Vollstreckungstitel.** In dem Antrag ist auch der vollstreckbare Titel anzugeben. Dies geschieht idR durch Bezugnahme auf den beizufügenden Titel.

4. Beizufügende Urkunden (§ 16 II)

17 Die für den Beginn der ZwV erforderlichen Urkunden sind dem Antrag beizufügen. In Betracht kommen der Vollstreckungstitel mit der Klausel, die Zustellungsnachweise, der Nachweis nach § 17 über die Eintragung des Schu als Eigentümer, Vollmachten und Vertretungsnachweise, Wechsel und Schecks und Ergänzungsurkunden (zB Erbschein, Abtretung, Bescheinigung der Hinterlegungsstelle usw).

Nach § 5 EGZVG kann das **Landesrecht** vorschreiben, dass eine beglaubigte Abschrift des Bestandsblattes des Liegenschaftskatasters vorzulegen ist. Die Vorlage der Urkunde ist nicht zwingend vorgeschrieben (LG Frankfurt/M Rpfleger 2003, 94; *Dassler/Hintzen* § 16 Rdn 23; *Stöber* § 16 Rdn 4.5). Deren Fehlen führt nicht zur Ablehnung des Antrags oder zur Verfahrensaufhebung (§ 28) bzw Zuschlagsversagung (§ 83 Nr 6). Zur ZwV gegen einen von mehreren Gesamtschuldnern ist nur der gegen diesen lautende Titel vorzulegen, nicht die gegen die anderen Gesamtschuldner (AG Groß-Gerau Rpfleger 1981, 151 m zust Anm *Spangenberg;* LG Bremen DGVZ 1982, 76; LG Stuttgart Rpfleger 1983, 161). Soll wegen eines Anspruchs aus einem Briefgrundpfandrecht vollstreckt werden, so braucht der Brief nicht vorgelegt zu werden. Befinden sich die erforderlichen Urkunden wegen einer gleichzeitigen Forderungspfändung oder Mobiliarvollstreckung im Geschäftsbereich desselben Gerichts, so sind sie nach einem entsprechenden Hinweis direkt anzufordern. Nach Verfahrensanordnung bzw Beitrittszulassung können die Urkunden vorübergehend zurückgegeben werden, wenn sie der Gl anderweitig benötigt; beglaubigte Abschriften sollten bei den Akten behalten werden. Bei den wesentlichen Verfahrenshandlungen müssen die Originalurkunden wieder bei den Akten sein, zB bei der Terminsbestimmung, Mitteilung nach § 41 II, Versteigerungs- und Verteilungstermin (*Steiner/Hagemann* Rdn 49; *Stöber* § 16 Rdn 4.3 **aA** *Eickmann*, ZVG, § 8 II 1). Werden die zurückgegebenen Urkunden auch nach entsprechender Aufforderung nicht wiedervorgelegt, so ist das Verfahren aufzuheben (§ 28) bzw der Zuschlag zu versagen (§ 83 Nr 6); vgl *Steiner/Hagemann* Rdn 49.

III. Allgemeine Voraussetzungen der Zwangsvollstreckung

1. Partei- und Prozessfähigkeit des Schuldners

Schrifttum: *Hoffmann,* Die Prüfung der Partei- und Prozeßfähigkeit im Vollstreckungsverfahren, KTS 1973, 149; *Kirberger,* Zur Zulässigkeit der Überprüfung der Prozeßfähigkeit des Schuldners durch Vollstreckungsorgane, FamRZ 1974, 637; *Herbert Roth,* Zwangsvollstreckung gegen prozeßunfähige Schuldner, JZ 1987, 895.

a) Partei- und Prozessfähigkeit. Das VollstrG hat die Partei- und Prozeßfähigkeit des Schu in jeder Lage des Verfahrens **von Amts wegen** zu prüfen (OLG Stuttgart Rpfleger 1996, 36; OLG Hamm Rpfleger 1990, 131). Dabei ist jedoch zu berücksichtigen, dass der ZwV häufig ein Titel zugrunde liegt, der vom Prozessgericht im Erkenntnisverfahren geschaffen wurde. Deshalb hat das VollstrG die Partei- und Prozeßfähigkeit des Schu dann nicht erneut zu prüfen, wenn ein rechtskräftiger oder vorläufig vollstreckbarer Titel vorliegt und das Gericht dabei ausdrücklich oder konkludent von der Partei- und Prozessfähigkeit des Schu ausgegangen ist; das VollstrG ist daran gebunden (*Eickmann*, ZVG, § 8 I 4). Zur Geltendmachung einer nicht vorgelegenen Partei- und Prozessfähigkeit bleibt nur der Weg über die ordentlichen Rechtsmittel oder die Nichtigkeitsklage (§§ 547 Nr 4, 579 Nr 4 mit §§ 775 Nr 1, 707, 719 ZPO). Eine Prüfung durch das VollstrG ist daher nur dann veranlasst, wenn ein nichtgerichtlicher Titel vorliegt (zB notarielle Urkunde) oder die die Partei- und Prozessfähigkeit begründenden Umstände nachträglich weggefallen sind (*Eickmann*, ZVG, § 8 I 4), zB bei nachträglicher Vollbeendigung eines aufgelösten eingetragenen Vereins (OLG Düsseldorf NJW 1966, 1034) oder einer OHG (OLG Hamm NJW 1979, 51).

20   **b) Parteifähigkeit.** Der Vollstreckungsschuldner muss im Zeitpunkt der Beschlagnahme **parteifähig** (§ 50 ZPO) sein (*Eickmann*, ZVG, § 8 I 4). Der gegen einen nicht Parteifähigen gestellte Antrag ist zurückzuweisen. Tritt die Parteifähigkeit des Schu erst nach Beginn der ZwV ein, so wird das Verfahren in den Nachlass fortgesetzt und ein besonderer Vertreter bestellt (§ 779 ZPO). Wird die mangelnde Parteifähigkeit des Schu, die von Anfang an bestand, erst nach Anordnung festgestellt, so muss eine Aufhebung (§ 28) oder Zuschlagsversagung (§ 33) erfolgen (OLG Hamm Rpfleger 1990, 131).

21   **c) Prozessfähigkeit.** Der Vollstreckungsschuldner muss im Zeitpunkt der Beschlagnahme **prozessfähig** (§§ 51–53 ZPO) sein (*Eickmann*, ZVG, § 8 I 4). Fehlt die zu prüfende Prozessfähigkeit des Schu, so ist durch Beanstandungsverfügung bei Meidung der Zurückweisung die Benennung des gesetzlichen Vertreters anzufordern. Behauptet der Schu selbst seine Prozessunfähigkeit, ohne dass besondere Anzeichen dafür ersichtlich sind, so muss er auch dafür den Beweis erbringen; ansonsten muss der Gl Zweifel an der Prozessfähigkeit des Schu ausräumen, da er als Antragsteller die Verfahrensvoraussetzungen nachweisen muss. Wird später festgestellt, dass die Prozessfähigkeit des Schu im Beschlagnahmezeitpunkt fehlte, so ist die Beschlagnahme fehlerhaft, dh anfechtbar (*Eickmann*, ZVG, § 8 I 4); vgl dazu Rdn 132. Fällt die Prozessfähigkeit des Schu nach Beschlagnahme weg, so besteht eine erteilte Prozessvollmacht fort (§ 86 ZPO), so dass der Schu ordnungsgemäß vertreten ist. War der Schu nicht vertreten, so ist der gesetzliche Vertreter beizuziehen (vgl § 57 ZPO). Das Verfahren darf bis zur ordnungsgemäßen Beiziehung des Vertreters keinen Fortgang nehmen, insbesondere darf kein Versteigerungstermin anberaumt oder der Zuschlag nicht erteilt werden (OLG Stuttgart Rpfleger 1996, 36), es ist in entsprechender Anwendung des § 28 einstweilen einzustellen (*Eickmann*, ZVG, § 8 I 4). Wenn der Gl einen gesetzlichen Vertreter für den Schu benennt, so geht das VollstrG ohne eigene Prüfung von der Richtigkeit aus; stellt sich im Nachhinein

III. Allgemeine Voraussetzungen der Zwangsvollstreckung §§ 15, 16

die Unrichtigkeit heraus, so muss an den richtigen gesetzlichen Vertreter nochmals jede Verfahrenshandlung wiederholt werden. Gegen einen Minderjährigen, Mündel, Pflegling und Betreuten kann ohne Genehmigung des Familiengerichts die ZwVerst betrieben werden.

2. Vollstreckungstitel

Schrifttum: *Arnold,* Probleme der Zwangsvollstreckung nach der deutschen Einigung DGVZ 1991, 161 und 1992, 20; *Eickmann,* Vollstreckungstitel und Vollstreckungsklausel gegen den Einzelkaufmann, Rpfleger 1968, 362; *ders.,* Vollstreckungstitel und Vollstreckungsklausel gegen Personengesellschaften, Rpfleger 1970, 133; *Ernst,* Europäischer Vollstreckungstitel für unbestrittene Forderungen, JurBüro 2005, 568; *Franzmann,* Der Europäische Vollstreckungstitel für unbestrittene Forderungen, MittBayNot 2005, 470; *Habermeier,* Die Zwangshypotheken der Zivilprozeßordnung, 1989; *Lessing,* Die Vollstreckung ausländischer Titel im Inland, RpflStud 2004, 66; *Petermann,* Wann ist die Partei im vollstreckbaren Titel "namentlich", richtig bezeichnet?, Rpfleger 1973, 153; *ders,* Zweifel an der Identität des Schu, DGVZ 1976, 84; *Rellermeyer,* Der Europäische Vollstreckungstitel für unbestrittene Forderungen, Rpfleger 2005, 389; *Schneider,* Die Firma des Einzelkaufmannes im Vollstreckungsrubrum, JurBüro 1979, 489; *Schüler,* Zwangsvollstreckung gegen eine Firma, DGVZ 1981, 65; *ders,* Die Problematik hinsichtlich der Vollstreckungsfähigkeit von Schuldtiteln, die fehlerhaft oder ungenau sind, DGVZ 1982, 65; *Stöber,* Dinglicher Titel bei Zwangsversteigerung mit dem Rang einer Zwangssicherungshypothek, MDR 1961, 17; *Strasser,* Praxisprobleme bei der Zwangsvollstreckung aus einem Europäischen Vollstreckungstitel, Rpfleger 2007, 249; *Wagner,* Der Europäische Vollstreckungstitel, RpflStud 2005, 147.

a) Allgemeines. Voraussetzung für die Anordnung der ZwVerst bzw ZwVerw ist das Vorhandensein eines Vollstreckungstitels. Auf Grund des Titels wird die ZwV so lange als gerechtfertigt behandelt, bis der Schu oder ein Dritter durch Rechtsbehelf widerspricht. Nicht zu den Aufgaben des VollstrG gehört es, die materielle Berechtigung des Gl nachzuprüfen, dh es muss die ZwVerst auch dann durchführen, wenn es weiß, dass die titulierte Forderung nicht existiert (*Steiner/Hagemann* Rdn 55). Der Gl, der einen Vollstreckungstitel in Händen hat, kann vollstrecken; der Schu muss sich dagegen notfalls mit den zur Verfügung stehenden Rechtsbehelfen wehren (zB § 767 ZPO). Der Titel ist auch auslegungsfähig (OLG Hamm OLGZ 1974, 59 = Rpfleger 1974, 28). Soweit dies zu keinem Ergebnis führt, kommen eine Berichtigung gemäß § 319 ZPO, eine Klage auf Feststellung des Titelinhalts (BGH NJW 1962, 110) oder eine erneute Klage in Betracht. **22**

b) Namentliche Bezeichnung der Parteien. aa) Allgemeines. Die ZwV darf nur beginnen, wenn die Personen, für und gegen die sie stattfinden soll (= Gl und Schu) im Vollstreckungstitel namentlich bezeichnet sind **(§ 750 I ZPO).** Eine ZwV bei fehlender namentlicher Bezeichnung ist unzulässig. Da das VollstrG die Identität von Gl und Schu selbstständig und in eigener Verantwortung zu prüfen hat, müssen **23**

§§ 15, 16 [Inhalt des Antrages]

die vorhandenen Angaben in ihrer Gesamtheit die zweifelsfreie Ermittlung der Personen ermöglichen. Ist die eindeutige Feststellung der Übereinstimmung zwischen den Parteien des vorliegenden Titels und den des anhängigen Vollstreckungsverfahrens nicht möglich, so kann keine Verfahrensanordnung erfolgen; die Beseitigung der Zweifel ist Sache des antragstellenden Gl. IdR erfolgt die Bezeichnung nach Vorname, Familienname, Anschrift (bei natürlichen Personen) bzw nach Firma und Sitz (bei OHG, KG, GmbH, AG, Gen). Ein fehlender oder abgekürzter Vorname oder ein Künstlername schadet dann nicht, wenn nach der sonstigen Parteibezeichnung keine Verwechslung möglich ist, dh die Identität zweifelsfrei geklärt werden kann (OLG Hamm MDR 1962, 994; OLG Köln MDR 1968, 762; OLG Schleswig JurBüro 1973, 1102). Bei gleichnamigen Personen bedarf es eines Hinweises, wer gemeint ist, zB Geburtsdatum (LG Mainz DGVZ 1973, 170). Die falsche Personenstandsangabe (Bruder statt Sohn) ist unschädlich bei richtiger Namensangabe (AG Mönchengladbach DGVZ 1964, 124).

24 **bb) Einzelkaufmann.** Er kann im Titel mit seiner Firma bezeichnet sein (**§ 17 II HGB**). Da die Firma aber keine selbstständige Rechtspersönlichkeit ist, kann die ZwV nur für und gegen den Firmeninhaber zurzeit der Rechtshängigkeit betrieben werden, nicht gegen den jeweiligen Firmeninhaber (BayObLGZ 1956, 218; RGZ 159, 350). Sind VollstrG und Registergericht Abteilungen desselben Gerichts, wird die Identitätsprüfung durch eine Einsichtnahme im Handelsregister erfolgen. Ansonsten muss der Gl den Nachweis erbringen, wer der mit der Firma als Kaufmann Bezeichnete ist (*Steiner/Hagemann* Rdn 59); zB durch Vorlage eines neueren Handelsregisterauszuges. Die Feststellung des Inhabers der im Titel bezeichneten Firma zum Zeitpunkt der Rechtshängigkeit kann durch eine Klarstellung der Vollstreckungsklausel entsprechend § 727 ZPO erfolgen (OLG Frankfurt Rpfleger 1973, 64). Der Vollstreckungstitel, der als Schu eine Firma bezeichnet und dabei einen davon verschiedenen Inhaber namentlich nennt (zB Firma Robert Zander, Inhaber Manfred Schober), kann gegen den wirklichen Inhaber zum Zeitpunkt der Rechtshängigkeit vollstreckt werden (*Eickmann* Rpfleger 1968, 382, 385). Steht dagegen der bürgerliche Name im Vordergrund (zB "Manfred Schober, Inhaber der Firma Robert Zander" oder "Firma Zander R. Sägewerk, Inhaber Zander R."), kann die ZwV nur gegen die bekannte Person erfolgen, nicht gegen den jeweiligen Firmeninhaber (BGH NJW 1952, 545). Eine sonstige Person, die keine Firma führen darf, muss im Titel mit dem bürgerlichen Namen bezeichnet sein; ansonsten kann die ZwV nur erfolgen, wenn die Identifizierung eindeutig möglich ist (KG Rpfleger 1982, 191).

25 **cc) Mehrheit von Parteien.** Mehrere Gl oder Schu müssen im Vollstreckungstitel grundsätzlich einzeln aufgeführt sein. Unzureichend sind daher idR Sammelbegriffe wie "Erbengemeinschaft nach A" oder

III. Allgemeine Voraussetzungen der Zwangsvollstreckung §§ 15, 16

"Rechtsanwalt C und Partner". Nur wenn ausnahmsweise die Auslegung des Titels keine Identitätszweifel aufkommen lässt, ist er noch zur ZwV geeignet (LG Bonn Rpfleger 1984, 28; LG Berlin Rpfleger 1977, 109). Aus dem Titel muss sich auch das Beteiligungsverhältnis der Parteien ergeben; fehlt dieses, kann nicht vollstreckt werden (OLG Hamburg Rpfleger 1962, 382; LG Berlin Rpfleger 1976, 437). Es ist Sache des Gl, den Titel berichtigen zu lassen oder einen neuen Titel vorzulegen.

dd) Fehlerhafte Bezeichnung. Die fehlerhafte Schreibweise des 26 Namens einer Partei macht den Titel nur dann für die ZwV ungeeignet, wenn es sich um einen wesentlichen Fehler handelt. Eine unwesentlich unrichtige Schreibweise (zB Müller statt Mueller) schadet nicht, wenn das VollstrG die Partei zuverlässig feststellen kann (*Stöber* § 15 Rdn 25.2) Die ZwVerst kann dann nicht angeordnet werden, wenn die Prüfung zu keinem einwandfreien Ergebnis führt. Der Gl muss dann einen berichtigten Titel vorlegen oder erneut klagen.

ee) Gesetzlicher Vertreter. Dessen Aufführung im Titel ist keine 27 Voraussetzung für die ZwV. Das VollstrG hat den gesetzlichen Vertreter eines Prozessunfähigen von Amts wegen selbstständig festzustellen. Ist er im Titel genannt und wechselt er danach, so ist keine neue Klausel nötig.

c) Art der Vollstreckung. Aus dem Titel muss sich ergeben, ob der 28 Anspruch ein persönlicher oder ein dinglicher ist oder beide Ansprüche umfasst. Ein persönlicher Leistungstitel ermöglicht die ZwV nur in § 10 I Nr 5. Ein dinglicher Titel beinhaltet einen Anspruch auf Duldung der ZwV in das Grundstück **(= Duldungstitel)** und ermöglicht im Range des dinglichen Rechts zu vollstrecken (§ 10 I Nr 4). Einen Duldungstitel erlangt der Gl durch Unterwerfungserklärung des Schu in notarieller Urkunde (§ 794 I Nr 5 ZPO) oder im Wege der Klage auf Duldung der ZwV (*Steiner/Hagemann* Rdn 75); vor dem 1. 7. 1977 war dies auch im Mahnverfahren möglich (§§ 688, 703 I Nr 4 ZPO aF). Eines Duldungstitels bedarf es zur ZwV aus einer Hypothek (auch für ZGB-Hypotheken in den neuen Bundesländern, vgl. *Eickmann* ZIR 1997, 61, 62), Grundschuld, Geldreallast und Arresthypothek, nicht aber bei einer Zwangshypothek (vgl § 867 III ZPO); vgl dazu *Hornung* Rpfleger 1998, 381, 402. Einen Duldungstitel gegen den Grundstückseigentümer muss auch der Gl haben, der eine Hypothek bzw Grundschuld gepfändet hat und dem sie zur Einziehung oder an Zahlungs Statt überwiesen worden ist, sowie für denjenigen, dem das Recht verpfändet (§ 1275 BGB) worden ist; ein Titel gegen den Grundpfandrechtsgläubiger genügt nicht. Wird bei einem dinglichen Recht (zB Hypothek) mangels Duldungstitel nur wegen der persönlichen Forderung vollstreckt, so fällt es als bestehen bleibend in das gG und geht bei Befriedigung der persönlichen Forderung auf den bisherigen Eigentümer über gemäß § 1164 BGB (RGZ 76, 116). Jeder Duldungstitel muss zum Ausdruck bringen, dass sie ZwV

§§ 15, 16   [Inhalt des Antrages]

in das Grundstück zu dulden ist, daneben den zu vollstreckenden Geldbetrag, das Grundstück (§ 28 GBO) und das dingliche Recht (*Steiner/Hagemann* Rdn 73):

> *"Der Beklagte wird verurteilt, wegen der in Abteilung III Nr . . . eingetragenen Grundschuld zu . . . € nebst . . . % Zinsen ab . . . die Zwangsvollstreckung in das Grundstück Gemarkung . . . Flurstücksnummer . . . (Grundbuch für . . . Band . . . Blatt . . .) zu dulden."*

29   Die **Bezeichnung des Grundstücks im Duldungstitel** sollte mit der Grundbucheintragung übereinstimmen, muss es aber nicht, wenn die Identifizierung trotzdem eindeutig möglich ist. Veränderung der Grundbuchstelle (Band- und Blattstelle) sowie in der katastermäßigen Bezeichnung (Nutzungsart, Gemarkung, Flurstücksnummer) schaden dann nicht. Auf Grund des ursprünglichen Duldungstitels kann das Verfahren auch angeordnet werden nach einem Grenzregelungsverfahren, wenn sich nach Eintragung der Rechtsänderung der neue Bestand des haftenden Grundstücks aus dem GB ergibt (LG Lahn-Gießen Rpfleger 1979, 29). Die Vollstreckbarkeit eines dinglichen Vollstreckungstitels besteht fort, wenn das haftende Grundstück geteilt wird; es entstehen Gesamtgrundpfandrechte oder Gesamtreallasten (*Stöber* § 16 Rdn 3.8).

30   Nur wenn nach der **Teilung** auch eine Veräußerung erfolgt, ist für die ZwV eine Umschreibung des Titels auf den neuen Eigentümer erforderlich (§ 727 ZPO).

31   Für die ZwV in das bisherige alte Grundstück nach einer **Vereinigung** (§ 890 I BGB) genügt auch der bisherige Duldungstitel; nur bei der ZwV aus einer Nachverpfändung des ursprünglich nicht haftenden Grundstücks bedarf es dafür eines neuen Duldungstitels.

32   Gleiches gilt nach einer **Bestandteilszuschreibung** (§ 890 II BGB) für die ZwV aus Rechten am zugeschriebenen bisherigen Grundstück; wegen § 1131 BGB kann aus einem Duldungstitel für ein Grundpfandrecht am Hauptgrundstück nunmehr auch in das Bestandteilsgrundstück vollstreckt werden.

33   In **Wohnungs- oder Teileigentum** kann auf Grund eines Duldungstitels vollstreckt werden, der noch das ganze ungeteilte Grundstück als Haftungsobjekt bezeichnet; eine Umstellung ist gesetzlich nicht vorgesehen (LG Berlin Rpfleger 1985, 159 m zust Anm *Witthinrich*; LG Essen Rpfleger 1986, 101 **aA** LG Weiden Rpfleger 1984, 280).

34   **d) Umfang der Vollstreckung.** Aus dem Vollstreckungstitel muss sich der geforderte Anspruch nach Hauptsache und Nebenleistungen (zB Zinsen) ergeben. Der Hauptanspruch muss entweder betragsmäßig genau festliegen oder zumindest bestimmbar sein; letzteres ist der Fall, wenn sich der Anspruch ohne weiteres errechnen lässt, dh ohne Zuhilfenahmen von außerhalb des Titels liegenden Berechnungsfaktoren, zB Besoldungsgesetzen (BGH DNotZ 1957, 200; 1971, 233; 1983, 679; Bay-

III. Allgemeine Voraussetzungen der Zwangsvollstreckung §§ 15, 16

ObLG DNotZ 1976, 366; OLG Düsseldorf DNotZ 1988, 243; vgl aber auch KG DNotZ 1983, 681). Der Zinssatz und der Zinsbeginn müssen sich aus dem Titel ergeben, und nicht nur aus dem GB (OLG Stuttgart Rpfleger 1973, 222; *Steiner/Hagemann* Rdn 69). Der Zinssatz kann exakt festgelegt sein (zB 7 %) oder bestimmbar sein (zB 4 % über dem Basiszinssatz = gleitender Zinssatz).

e) Berichtigung. Enthält der Vollstreckungstitel Schreibfehler, Rechenfehler und ähnliche offenbare Unrichtigkeiten, so kann er berichtigt werden **(§ 319 ZPO).** Berichtigungsbeschlüsse ohne gesetzliche Grundlage binden das VollstrG nicht, so zB, wenn ein zu viel zugesprochener Betrag wieder gekürzt wird (OLG Köln NJW 1960, 1471) oder statt Richtigstellung einer Parteienbezeichung eine andere Person im Titel aufgeführt wird (LG Koblenz Rpfleger 1972, 458). 35

f) Mehrere Titel. Hat der Gl für seinen Anspruch mehrere Titel in Händen (zB Urkunde und Urteil), so kann er aus jedem vollstrecken (*Steiner/Hagemann* Rdn 78) soweit der Anspruch in einem erstinstanzlichen Urteil festgelegt und in einem Urteil des Rechtsmittelgerichts bestätigt wurde, erfolgt die ZwV aus beiden Teilen, wobei sich die Vollstreckungsklausel nur auf dem den Zahlungsanspruch aussprechenden Urteil befinden muss. Bei der Abänderung eines Urteils in der Rechtsmittelinstanz, genügt zur ZwV das höherinstanzliche Urteil, soweit es einen vollstreckungsfähigen Inhalt hat. 36

g) Verlorengegangener Titel. Verlorengegangene Titel können neu ausgefertigt (§ 733 ZPO) oder uU ersetzt werden (VO vom 18. 6. 1942, RGBl I 395 bzw § 46, § 57 X BeurkG). Ansonsten wird eine neue Klage erforderlich. 37

h) Einzelfälle. Beispielhaft zu nennen sind Prozessvergleiche vor einem deutschen Gericht (§ 794 I Nr 1 ZPO), Regelunterhaltsbeschlüsse (§ 794 I Nr 2 a ZPO), Unterhaltabänderungsbeschlüsse (§ 794 I Nr 2 b ZPO), Kostenfestsetzungsbeschlüsse (§ 794 I Nr 2 ZPO), beschwerdefähige Entscheidungen (§ 794 I Nr 3 ZPO), einstweilige Anordnungen in Familiensachen (§ 794 I Nr 3 a ZPO), Schiedssprüche und schiedsrichterliche Vergleiche (§ 794 I Nr 4 a ZPO), Vollstreckungsbefehle vor dem 1. 7. 1977 (§ 794 I Nr 4 aF ZPO), Vollstreckungsbescheide ab dem 1. 7. 1977 (§ 794 I Nr 4 nF ZPO), europäische Vollstreckungstitel (§ 1082 ZPO), einstweilige Verfügungen auf Geldbetrag (§ 963 ZPO, nicht Arrestbefehl §§ 931, 932 ZPO), Zuschlagsbeschlüsse (§ 93 ZVG), Titel in Wohnungseigentumssachen, strafgerichtliche Titel, Titel gegen Rechtsanwälte, Kostenentscheidung des Patentamtes, Kostenfestsetzungen bei Ordnungswidrigkeiten, Kostenrechnungen des Notars und vollstreckbare Rückzahlungsanordnungen (§ 157 KostO), Titel über den Ausgleich des Zugewinns oder den Versorgungsausgleich, Zwangsgeldfestsetzungen. 38

§§ 15, 16 [Inhalt des Antrages]

39 **aa) Vollstreckbare Urkunden (§ 794 I Nr 5 ZPO).** Die Urkunde muss grundsätzlich von einem deutschen Notar oder einem deutschen Gericht innerhalb der Grenzen seiner Amtsbefugnisse in der vorgeschriebenen Form aufgenommen worden sein. Sie muss eine Unterwerfungserklärung des Schu unter die sofortige ZwV enthalten, wodurch bei dinglichem Recht die Verurteilung zur Duldung der ZwV ersetzt wird (§ 794 II ZPO). Ein in einem Arrestverfahren geschlossener gerichtlicher Vergleich, in dem der Arrestschuldner einen Teilbetrag der Arrestforderung endgültig anerkennt und sich der sofortigen ZwV unterwirft, ist ein zur ZwV geeigneter Titel iSd § 794 I Nr 5 ZPO (BGH Rpfleger 1991, 260).

40 **bb) Endurteile (§§ 704 ff ZPO).** Es muss sich um rechtskräftige Urteile inländischer, deutscher Gerichte der ordentlichen Gerichtsbarkeit handeln; dazu gehören auch Teilurteile (§ 301 I ZPO), Vorbehaltsurteile (§ 302 III, § 599 III ZPO), Anerkenntnisurteile (§ 307 ZPO) und Versäumnisurteile (§§ 330 ff ZPO), nicht aber Zwischenurteile (§ 303 ZPO). Zulässig ist die ZwV auch aus vorläufig vollstreckbaren Urteilen. Wird dieses dann rechtskräftig aufgehoben, so tritt die vorläufige Vollstreckbarkeit mit der Verkündung des aufhebenden Urteils außer Kraft (§ 717 I ZPO). Wenn die ZwV noch nicht beendet ist, ist die Maßnahme nach Vorlage einer Ausfertigung der das Urteil aufhebenden Entscheidung aufzuheben (§ 775 Nr 1, § 776 ZPO).

cc) Ausländische Urteile (vgl dazu Lessing RpflStud 2004, 66).
41 Aus ihnen kann idR nur vollstreckt werden, wenn die Zulässigkeit der ZwV durch ein deutsches Vollstreckungsurteil ausgesprochen ist (§ 722 ZPO). Aus letzterem wird vollstreckt, soweit es den Inhalt des ausländischen Urteils enthält; sonst wird außerdem das ausländische Urteil benötigt. Für eine Reihe von Staaten bestehen Sonderabkommen; vgl dazu *Stein/Jonas/Münzberg* § 723 Anhang. Für Vollstreckungstitel aus den Staaten der Europäischen Gemeinschaft gilt das *"Europäische Übereinkommen über die Zuständigkeit und Vollstreckung gerichtlicher Entscheidungen in Zivil- und Handelssachen"*, vom 27. 9. 1968, BGBl II 1972, 774.

42 **dd) Titel aus der ehemaligen DDR.** Sie gelten als inländische Titel (vgl KG DtZ 1991, 348; LG Berlin DtZ 1991, 410; BGHZ 20, 323; 84, 19; *Dassler/Muth* Rdn 13 vor § 15; *Arnold* DGVZ 1992, 20, 21; *Beitzke* JZ 1983, 214 **aA** *Steiner/Hagemann* Rdn 77 für Urteile ab 1. 1. 1976). Die Umrechnung ist Aufgabe des VollstrG (*Arnold* DGVZ 1991, 20, 22). Grundlage hierfür ist der Vertrag über die Schaffung einer Währungs-, Wirtschafts- und Sozialunion zwischen der DDR und der BRD vom 18. 5. 1990 (DDR – GBl I 331 = BGBl II 537). In Art 7 § 1 II des Gesetzes zum genannten Vertrag vom 21. 6. 1990 (BGBl II 518) heißt es, dass alle auf Mark der DDR laufenden Verbindlichkeiten und Forde-

III. Allgemeine Voraussetzungen der Zwangsvollstreckung **§§ 15, 16**

rungen im Verhältnis 2 zu 1 auf € umzustellen sind; ausgenommen und 1 zu 1 umzustellen sind:
1. Löhne und Gehälter in der Höhe der am 1. 5. 1990 geltenden Tarifverträge sowie Stipendien, die nach dem 30. 6. 1990 fällig werden,
2. Renten, die nach dem 30. 6. 1990 fällig werden (vgl dazu LG Konstanz Rpfleger 1992, 530),
3. Mieten und Pachten sowie sonstige regelmäßig wiederkehrenden Zahlungen, die nach dem 30. 6. 1990 fällig werden, mit Ausnahme wiederkehrender Zahlungen bei Lebensversicherungen und privaten Rentenversicherungen.

Entscheidungen der sog gesellschaftlichen Gerichte (= Konflikts- 43 und Schiedskommissionen) der ehemaligen DDR sind grundsätzlich von der ZwV ausgeschlossen (Einigungsvertrag vom 31. 8. 1990, Anl I Kap III Sachgebiet A Abschn III Nr 5 j, BGBl II 889). Eine Ausnahme besteht aber dann, wenn die Entscheidung des gesellschaftlichen Gerichts vor dem 3. 10. 1990 bereits mit einer Vollstreckbarerklärung eines Kreisgerichts versehen war; dann ist der Titel im gesamten Bundesgebiet nach der ZPO vollstreckbar (BT-Drucks 11/7817 S 18; *Arnold* DGVZ 1992, 20, 23).

Ein **vor einer gemeindlichen Schiedsstelle in bürgerlichen Strei-** 44 **tigkeiten abgeschlossener Vergleich** ist ebenfalls nach der ZPO zu vollstrecken (§ 34 des Gesetzes über die Schiedsstellen in den Gemeinden vom 13. 9. 1990 – GBl DDR I 1527; im Einigungsvertrag als Landesrecht aufrechterhalten, Anl II Kap III Sachgebiet A Abschn I Nr 3). Die Vollstreckungsklausel hat das Kreisgericht zu erteilen, in dessen Bereich die Schiedsstelle ihren Sitz hat (*Arnold* DGVZ 1992, 20, 23).

Der **Kreditvertrag der ehemaligen DDR, der Grundlage für** 45 **eine Hypothekeneintragung war,** stellt keinen Vollstreckungstitel dar; der Gl muss für die ZwVerst erst einen Titel erwirken (*Keller* Rpfleger 1992, 501, 506). **Titel aus den** alten Bundesländern können in den neuen Bundesländern ohne weiteres vollstreckt werden (*Arnold* DGVZ 1992, 20, 21).

3. Vollstreckungsklausel

Schrifttum: *Alff,* Klauselprobleme in der Immobiliarvollstreckungspraxis, 46 Rpfleger 2001, 385; *Böttcher,* Zwangsvollstreckungsunterwerfung durch einen Vertreter, BWNotZ 2007, 109; *Deckenbrock/Dötsch,* Titelumschreibung analog § 729 ZPO auf den eintretenden Gesellschafter, Rpfleger 2003, 644; *Eickmann,* Vollstreckungstitel und Vollstreckungsklausel gegen den Einzelkaufmann, Rpfleger 1968, 362; *ders,* Vollstreckungstitel und Vollstreckungsklausel gegen Personengesellschaften, Rpfleger 1970, 133; *Geimer,* Notarielle Vollstreckbarerklärungen von Anwaltsvergleichen, DNotZ 1991, 266; *Obermaier,* Die Rechtsnachfolge in das Zwangsvollstreckungsverfahren beim Tode einer Partei, DGVZ 1973, 145.

a) Allgemeines. Die ZwV erfolgt auf Grund einer Ausfertigung des 47 Titels, die mit einer Vollstreckungsklausel versehen ist (= vollstreckbare

Ausfertigung, § 724 I ZPO). Die einfache Klausel (§ 724 I ZPO) ist vom Urkundsbeamten der Geschäftsstelle (§ 724 II ZPO) oder dem Notar (§ 797 II 1 ZPO iVm § 52 BeurkG) zu unterschreiben und mit dem Gerichts- bzw Dienstsiegel zu versehen (§ 725 iVm §§ 795, 797 ZPO). Die einzelnen zu vollstreckenden Ansprüche müssen in der Klausel nicht gesondert aufgeführt werden; sie erstrecken sich auf alle Ansprüche aus dem Titel (LG Bonn Rpfleger 1968, 125). Ob die Klausel zu Recht erteilt wurde oder nicht, unterliegt grundsätzlich nicht der Prüfungskompetenz des VollstrG. Nur wenn die Unterschrift, das Siegel oder die Gläubigerbezeichnung fehlen, kann das VollstrG von der Unwirksamkeit der Klausel ausgehen. Keiner Vollstreckungsklausel bedürfen die Vollstreckungsbescheide (§ 796 ZPO), die einstweiligen Verfügungen (§§ 929, 936 ZPO) und die auf das Urteil gesetzten Kostenfestsetzungsbeschlüsse (§§ 105, 795 a ZPO). Mit dem Verfahren nach § 732 ZPO kann der Schu nur Einwendungen gegen eine dem Gl erteilte Klausel erheben, die Fehler formeller Art zum Gegenstand haben (BGH Rpfleger 2006, 27; 2005, 612; 2005, 33). Erfolgt eine **Grundschuldbestellung mit Vollstreckungsunterwerfung (§ 794 I Nr 5 ZPO) durch einen Vertreter**, bedarf zwar die Vollmacht materiellrechtlich keiner besonderen Form (§ 167 II. 2 BGB); die Klausel darf aber nur erteilt werden, wenn die Vollmacht in öffentlicher oder öffentlich beglaubigter Urkunde nachgewiesen wird (BGH ZfIR 2008, 512; *Böttcher* BWNotZ 2007, 109).

48   **b) Bedingte Leistungen (§ 726 I ZPO).** Für die ZwV aus Titeln, deren Vollstreckung nach ihrem Inhalt von dem durch den Gl zu beweisenden Eintritt einer Tatsache abhängt, bedarf es einer sog qualifizierten Klausel (§ 726 I ZPO) durch den Rechtspfleger (§ 20 Nr 12 RPflG) oder Notar (§ 797 II ZPO). Die Wirksamkeit einer erteilten Klausel hat das VollstrG nicht zu prüfen. Nur wenn ein funktionell unzuständiges Justizorgan (zB UdG anstelle Rechtspfleger) die Klausel erteilt hat, muss die sich daraus ergebende Unwirksamkeit (vgl OLG Hamm Rpfleger 1989, 466; OLG Frankfurt JurBüro 1991, 438, 440 aA OLG Zweibrücken Rpfleger 2003, 599; 1997, 369) beachtet werden. Unter § 726 I ZPO ist zB der Fall einzuordnen, wenn für die Fälligkeit einer Leistung die vorherige Kündigung durch den Gl nötig ist. § 726 I ZPO findet dagegen dann keine Anwendung, wenn sich der Schu verpflichtet hat, die ganze Schuld zu zahlen, falls er mit der Begleichung der vereinbarten Raten im Rückstand bleibt (= kassatorische Klausel; vgl RGZ 134, 156); der Gl kann auf Grund einer einfachen Klausel (§ 724 I ZPO) vollstrecken, und zwar wegen der gesamten Forderung, wogegen der Schu mittels Zahlungsnachweises vorgehen kann (OLG Düsseldorf Rpfleger 1958, 383).

49   **c) Rechtsnachfolge (§ 727 ZPO).** Soll die ZwV für oder gegen andere Personen als die im Titel bezeichneten betrieben werden, muss die Vollstreckungsklausel nach § 727 ZPO für oder gegen den Rechts-

III. Allgemeine Voraussetzungen der Zwangsvollstreckung §§ 15, 16

nachfolger erteilt bzw eine bereits erteilte Klausel umgeschrieben werden. Der Rechtspfleger des Prozessgerichts (§ 20 Nr 12 RPflG) oder der Notar (§ 797 II ZPO) – und nicht das VollstrG – prüfen für und gegen wen der Titel vollstreckbar ist und erteilen die qualifizierte Klausel. Nach § 727 ZPO kann eine vollstreckbare Ausfertigung für den Rechtsnachfolger des im Titel bezeichneten Gl erteilt werden, sofern die Rechtsnachfolge bei dem Gericht offenkundig ist oder durch öffentliche oder öffentlich beglaubigte Urkunden nachgewiesen werden. Dies ist entbehrlich, wenn der Schu die Rechtsnachfolge zugesteht (§ 288 ZPO) und der bisherige Gl der Erteilung der Klausel an den Rechtsnachfolger zustimmt; § 138 III ZPO ist nicht anwendbar (BGH Rpfleger 2005, 611). Das VollstrG prüft nur, ob eine formell wirksame Klauselumschreibung erfolgt ist; ansonsten kann das Verfahren nicht angeordnet bzw der Beitritt nicht zugelassen werden. Finden nacheinander mehrere Rechtsnachfolgen statt, so bedarf es einer mehrfachen Umschreibung der Klausel, da sich sämtliche Rechtsnachfolger aus der Klausel ergeben müssen.

Als **Rechtsnachfolge** kommen in Betracht: Erbfolge (§ 1922 BGB), 50 Abtretung, Ablösung, Pfändung und Überweisung, Zahlung des Bürgen, Gläubigerbefriedigung durch persönlichen Schu mit Ersatzanspruch. Rechtsnachfolger iSv § 727 ZPO sind der Insolvenzverwalter, der Nachlassverwalter und der Zwangsverwalter. Soll eine Vollstreckung nach Eröffnung des Insolvenzverfahrens eingeleitet werden, muss der Vollstreckungstitel auf den **Insolvenzverwalter** analog § 727 ZPO umgeschrieben und zugestellt werden nach § 750 II ZPO (BGH DNotZ 2005, 840). Für die Klauselumschreibung muss sowohl die Eröffnung des Insolvenzverfahrens und die Bestellung des Insolvenzverwalters und auch der Fortbestand seiner Berechtigung durch öffentliche oder öffentlich beglaubigte Urkunden nachgewiesen werden. Dafür genügen nicht die Vorlage des Insolvenzeröffnungsbeschlusses über die Veröffentlichung im Bundesanzeiger bzw Internet; erforderlich ist vielmehr der Vorlage der Bestellungsurkunde im Original oder öffentlich beglaubigter Abschrift (nicht Ausfertigung) oder eine gesiegelte Bescheinigung des Insolvenzgerichts (BGH DNotZ 2006, 44). Im Falle der Beendigung bzw Aufhebung des Insolvenzverfahrens ist der Schuldner selbst wiederum Rechtsnachfolger des Insolvenzverwalters. Nach § 215 II 1 InsO erhält der Insolvenzschuldner das Recht zurück, über die Insolvenzmasse zu verfügen. Der Titel ist damit erneut für und gegen den Insolvenzschuldner umzuschreiben (*Scheel* NotBZ 2001, 286, 295). Eine Umschreibung des Titels ist nicht erforderlich, wenn eine gegen den Insolvenzverwalter zuvor bereits durch Zustellung des Titels eingeleitete Vollstreckung in ihrer Wirkung fortbesteht (BGH DNotZ 2005, 840). Wenn der Insolvenzverwalter einen Vermögensgegenstand „freigibt", entfällt der Insolvenzbeschlag. Der Schu ist Rechtsnachfolger des Insolvenzverwalters analog § 727 ZPO (*Scheel* NotBZ 2001, 286, 294). Auch hier ist eine Umschreibung der Vollstreckungsklausel auf den Insolvenzschuldner

§§ 15, 16 [Inhalt des Antrages]

nicht erforderlich, wenn eine gegen den Insolvenzverwalter zuvor bereits durch Zustellung des Titels eingeleitete Vollstreckung in ihrer Wirkung fortbesteht (BGH DNotZ 2005, 840). Ein rechtskräftiges Urteil, das erst nach Insolvenzbeendigung gegen den früheren Insolvenzverwalter ergangen ist, kann gemäß § 727 ZPO auf den Insolvenzschuldner umgeschrieben werden, sofern der Gegenstand der Verurteilung und im Falle einer Verurteilung zur Zahlung Masse überhaupt an den früheren Insolvenzschuldner zurückgelangt ist (OLG Celle NJW-RR 1988, 447). Entsprechend anwendbar ist § 727 ZPO bei der Vermögensübernahme oder Übernahme eines Handelsgeschäfts (§ 729 ZPO), bei Nachfolge (§ 728 I ZPO) und Testamentsvollstreckung (§ 728 II, § 749 ZPO), bei Vermögensnießbrauch (§§ 737, 738 ZPO) und bei der Umschreibung der gegen den Bucheigentümer ergangenen Klausel nach Grundbuchberichtigung auf den wirklichen Eigentümer (OLG Hamm Rpfleger 1990, 215).

51 **Keine Rechtsnachfolge** ist die kumulative (BGH Rpfleger 1974, 260) und die befreiende Schuldübernahme. Auch die Namensänderung einer Partei (zB durch Heirat, Adoption usw) ist keine Rechtsnachfolge; es ist weder eine neue Klausel noch eine Berichtigung oder Ergänzung des Titels erforderlich, nur die Identität ist zu klären durch entsprechende Urkunden. Ändert sich der Name nach der Anordnung der ZwVerst, so wird das Verfahren ohne weiteres fortgeführt unter Berücksichtigung des neuen Namens. Was für die Namensänderung bei natürlichen Personen gilt, ist gleichermaßen bei einer Firmenänderung (OHG, KG, GmbH, AG) zu beachten, da die Firma nur den Namen eines Kaufmanns darstellt; als Nachweis einer Firmenänderung kommen ein Handelsregisterauszug oder die Registereinsicht in Betracht.

52 Wird anlässlich einer Grundstücksveräußerung ein **Grundpfandrecht vom noch eingetragenen Veräußerer und dem Erwerber gemeinsam bestellt,** so kann sich der Erwerber noch vor dem Grundbuchvollzug der Auflassung allein oder neben dem Veräußerer der sofortigen Zwangsvollstreckung wegen des dinglichen Anspruchs in der Urkunde unterwerfen (§ 794 I Nr 5 ZPO). Der künftige dingliche Anspruch gegen den neuen Eigentümer aus dem Grundpfandrecht ist unterwerfungsfähig (BGHZ 88, 62 = Rpfleger 1983, 408; BayObLG MittBayNot 1987, 26). Die Erteilung der Vollstreckungsklausel gegen den neuen Eigentümer ist jedoch erst nach dem Entstehen des Anspruchs gegen ihn zulässig, wozu der Vollzug der Auflassung nachgewiesen werden muss (§ 726 I ZPO); es liegt somit kein Fall der Rechtsnachfolge wegen des vollstreckbaren dinglichen Anspruchs gegen den bisherigen Eigentümer gemäß § 727 ZPO vor (KG Rpfleger 1988, 30). Hat jedoch der künftige Eigentümer auf den Nachweis des Vollzugs der Auflassung gemäß § 726 I ZPO verzichtet, kann eine einfache Klausel nach §§ 724, 725 ZPO wegen des künftigen dinglichen Anspruchs sogleich erteilt werden. Den Vollstreckungsbeginn gegen den neuen Eigentümer schon vor dem Eigentumswechsel hindert § 17 I.

III. Allgemeine Voraussetzungen der Zwangsvollstreckung §§ 15, 16

Mit der **Rechtsnachfolge während einer ZwVerst** geht die Position des bisher betreibenden Gl materiellrechtlich auf den neuen Gl über (§ 1922; §§ 401, 402; §§ 1281, 1282 BGB; §§ 829, 835 ZPO). Auch wenn der bisherige Gl seine materielle Rechtsstellung verliert, bleibt er formellrechtlich auf Grund seines Titels einschließlich der Klausel betreibender Gl für das ZwVerst-Verfahren. Die ZwVerst wird daher grundsätzlich für den alten Gl fortgeführt. Will der neue Gl die ZwVerst selbst betreiben, so muss er seine Rechtsstellung beim VollstrG anmelden, und zwar unter Vorlage des Titels mit Rechtsnachfolgeklausel (§ 727 ZPO) und Zustellungsnachweis nach § 750 II ZPO (BGH DNotZ 2007, 670). Ab diesem Zeitpunkt scheidet der alte Gl dann auch formellrechtlich aus dem Verfahren aus. Ein neuer Anordnungs- oder Beitrittsbeschluss ist nicht notwendig, vielmehr übernimmt der neue Gl die bisherige Verfahrensposition des alten Gl ohne weiteres. Der Nachweis der Rechtsnachfolge und die Zustellung der Rechtsnachfolgeklausel sind Voraussetzung jeder weiteren Maßnahme des VollstrG gegen den Schu und nicht erst dann notwendig, wenn der Rechtsnachfolger des Titelgläubigers durch einen Antrag auf das Verfahren einwirkt (BGH Rpfleger 2007, 331); dies ist nur dann nicht erforderlich, wenn der Rechtsnachfolger des Gl die Einstellung des Verfahrens bewilligt (§ 30) oder den Vollstreckungsantrag zurücknimmt (§ 29), weil dies keine Maßnahmen gegen den Schu bedeutet (BGH aaO). 53

4. Zustellung

Schrifttum: *Böttcher,* Zwangsvollstreckungsunterwerfung durch einen Vertreter, BWNotZ 2007, 109. 54

Die ZwV darf nur beginnen, wenn der **Titel** bereits zugestellt ist **(§ 750 I 1 ZPO).** Nachgewiesen wird dies durch eine Zustellungsurkunde, ein Empfangsbekenntnis oder bei der Amtszustellung durch eine Bescheinigung der Geschäftsstelle des Gerichts bzw durch einen amtlichen Zustellungsvermerk auf dem Titel.

Die **Vollstreckungsklausel** nebst weiteren Urkunden müssen dem Schu in den Fällen der §§ 726, 727 ff ZPO zugestellt werden **(§ 750 II ZPO).** Neben der Klausel müssen Abschriften der Urkunden zugestellt werden, die die Grundlage für die Klauselerteilung waren (§ 750 II ZPO; vgl OLG Hamm Rpfleger 2000, 171). Ergibt sich die Offenkundigkeit der Rechtsnachfolge aus der Klausel, bedarf es der Zustellung der weiteren Urkunden nicht (§ 727 I, II ZPO). Die Zustellung der weiteren Urkunden ist dann nicht erforderlich, wenn ihr vollständiger Inhalt in die Klausel aufgenommen worden ist. Die Aufnahme nur des wesentlichen Inhalts genügt nicht. 55

Bei der ZwV aus notariellen Urkunden (§ 794 I Nr 5 ZPO) muss bei einer Rechtsnachfolge in jedem Fall die Umschreibung und Zustellung der Klausel erfolgen. Die Zustellung der die Rechtsnachfolge nachwei- 56 senden Urkunden ist jedoch entbehrlich bei der Rechtsnachfolge auf der Gläubigerseite, wenn sie im GB eingetragen worden ist (**§ 799 ZPO**); gleiches gilt bei einer Rechtsnachfolge auf der Schuldnerseite, wenn sich der die Urkunde errichtende Eigentümer nach **§ 800 ZPO** in der Weise der ZwV unterworfen hat, dass sie gegen den jeweiligen Eigentümer des Grundstücks zulässig sein soll, und wenn der neue Eigentümer im GB eingetragen worden ist. Der Schu kann auf die Zustellung des Titels, der Klausel und der weiteren Urkunden verzichten, und zwar nicht nur nach Vornahme der Vollstreckungsmaßregel, sondern auch im Voraus (OLG Frankfurt MDR 1956, 111; LG Ellwangen Rpfleger 1966, 145 **aA** LG Flensburg Pfleger 1960, 30; *Eickmann*, ZVG, § 8 I 7). Das VollstrG hat die Zustellung als Voraussetzung der ZwV zu prüfen und bei Mängeln die Verfahrensanordnung bzw Beitrittszulassung abzulehnen. Fehlt eine unerlässliche Zustellung trotzdem, ist die ZwV nicht nichtig, sondern nur anfechtbar (BGHZ 66, 79 = Rpfleger 1976, 177).

56a Wird die **Zwangsvollstreckungsunterwerfung bei einer Grundschuldbestellung (§ 794 I Nr 5 ZPO) durch einen Vertreter** (zB Notariatsmitarbeiter) erklärt, ist für die ZwVerst auch die Zustellung der Vollmacht an den Grundstückseigentümer nach § 750 ZPO erforderlich (BGH ZfIR 2007, 110; *Böttcher*, BWNotZ 2007, 109). Dies ist dann entbehrlich, wenn der spätere Schuldner (dh im Regelfall der Käufer) selbst den Grundstückseigentümer bei der Grundschuldbestellung vertreten hat (BGH ZfIR 2005, 884 **aA** *Stöber* § 15 Rdn 40.24) oder wenn sich der spätere Schu der ZwV bereits im Voraus auch im eigenen Namen unterworfen hat („als künftiger Eigentümer"). Eine notwendige, aber unterbliebene Zustellung der Vollmacht für eine Vollstreckungsunterwerfung kann trotz § 83 Nr 6, § 84 auch während eines Zwangsversteigerungsverfahrens noch nachgeholt werden (BGH ZNotP 2008,331).

5. Rechtsschutzbedürfnis

Schrifttum: *Kirchner,* Rechtsschutz bei Bagatellforderungen, Rpfleger 2004, 395; *Riggers,* Grundstücksversteigerung wegen Bagatellforderung, JurBüro 1971, 490; *Schiffhauer,* Die Geltendmachung von Bagatellforderungen in der Zwangsversteigerung, ZiP 1981, 832; *ders,* Die aussichtslose Zwangsversteigerung, Rpfleger 1983, 236; *Voßer,* Die aussichtslose Immobiliarvollstreckung, 1999; *Wieser,* Die zwecklose Zwangsversteigerung, Rpfleger 1985, 96.

57 **a) Allgemeines.** Vor Beginn der ZwV hat das VollstrG von Amts wegen zu prüfen, ob für die vom Gl begehrte ZwV ein Rechtsschutzbedürfnis gegeben ist (OLG Frankfurt MDR 1973, 323; LG Köln Rpfleger 2000, 408; RGZ 167, 328, 331). Liegen die sonstigen Vollstreckungsvoraussetzungen vor, so muss das Rechtsschutzinteresse des Gl grundsätzlich bejaht werden, da der Titel sein Interesse an der ZwV als begründet ausweist (*Steiner/Hagemann* Rdn 127; *Eickmann*, ZVG, § 8 I 9). Nur in

III. Allgemeine Voraussetzungen der Zwangsvollstreckung §§ 15, 16

Einzelfällen ist ausnahmsweise zu prüfen, ob das Rechtsschutzbedürfnis verneint werden muss.

b) Bagatellforderung (vgl Einl Rdn 44). Auch der Gl einer geringen Forderung hat auf Grund seines Titels ein Recht auf die Immobiliarvollstreckung (*Eickmann*, ZVG, § 3 II 2 und § 8 I 9 a; *Steiner/Hagemann* Rdn 128 **aA** LG Frankenthal Rpfleger 1979, 433; LG Oldenburg KTS 1982, 146). Es gibt weder eine gesetzliche Norm noch einen allgemeinen Rechtsgrundsatz, dass die Immobiliarvollstreckung wegen einer geringeren Forderung nicht betrieben werden darf (BGH NJW 1973, 894; OLG Schleswig Rpfleger 1979, 470). Wegen des Verhältnismäßigkeitsgrundsatzes wird das Rechtsschutzbedürfnis jedoch verneint bei Forderung unter 5,– E (*Brox/Walker* Rdn 854; *Schiffhauer* ZiP 1981, 832, 836), ja sogar unter 25,– E (*Steiner/Hagemann* Rdn 129). Wertgrenzen sind jedoch mangels eindeutiger Bestimmbarkeit abzulehnen; eine Forderung von 5,– E bzw 25,– E hat für einen Sozialhilfeempfänger eine völlig andere Bedeutung als für einen Millionär. Bagatellforderungen sind daher grundsätzlich ohne Beschränkung nach unten der Immobiliarvollstreckung zugänglich. In jedem Einzelfall sind aber sowohl das Interesse des Gl als auch das des Schu zu berücksichtigen. Ein Titel über eine Bagatellforderung ist grundsätzlich vollstreckbar, da das Erkenntnisverfahren sonst als nutzlos entwertet würde. Nur wenn ausnahmsweise berechtigte Schutzinteressen des Schu eindeutig überwiegen, ist die ZwV rechtsmissbräuchlich; allein wegen der Geringfügigkeit der Forderung ist dies nicht der Fall, es müssen vielmehr noch andere Umstände dazukommen (zB wirtschaftliche Verhältnisse des Gl). Ebenso liegt keine Sittenwidrigkeit vor (§ 30 a Rdn 41). 58

c) Mehrere Vollstreckungsmöglichkeiten. Das Rechtsschutzinteresse ist für alle Vollstreckungsmaßregeln des Gl nebeneinander zu bejahen, dh er kann grundsätzlich neben ZwVerst sowohl die ZwVerw als auch die Eintragung einer Zwangssicherungshypothek (vgl § 866 II ZPO) als auch die Mobiliarvollstreckung und die Pfändung von Forderungen beantragen (BGH ZfIR 2003, 835, 836; *Steiner/Hagemann* Rdn 131). Für die ZwV in das Vermögen des Schu gibt es grundsätzlich keine Reihenfolge (OLG Schleswig Rpfleger 1979, 470; *Eickmann*, ZVG, § 3 II 2). Insbesondere bedarf es für die Immobiliarvollstreckung nicht der vorherigen Durchführung von anderen Vollstreckungsmaßnahmen, zB einer Mobiliarvollstreckung; dies gilt auch für die ZwV von Bagatellforderungen (*Steiner/Hagemann* Rdn 132 **aA** *Kirchner* Rpfleger 2004, 395). 59

d) Aussichtslose Immobiliarvollstreckung. Einem Antrag auf Verfahrensanordnung bzw Beitrittszulassung wird das Rechtsschutzinteresse dann abgesprochen, wenn das Grundstück wegen der hohen Vorbelastungen (gG deutlich über dem Verkehrswert, § 803 II ZPO analog), 60 seiner Lage und Beschaffenheit, wegen evtl Baubeschränkungen oder -verbote sowie anderer Umstände im Wege der ZwV voraussichtlich nicht veräußert werden kann (LG Frankfurt Rpfleger 1989, 35; *Wieser* Rpfleger 1985, 96). Dem kann nicht gefolgt werden. Das Versteigerungsergebnis kann nie zuverlässig vorausgesagt werden (zB bei Liebhaberprojekten), so dass auch vordergründig aussichtslose Forderungen noch zum Zug kommen können. Außerdem stellt die Immobiliarvollstreckung ein zulässiges Druckmittel gegen den Schu dar, das ihn zur Zahlung oder einer sehr günstigen freiwilligen Veräußerung veranlassen kann. Eine dem § 803 II ZPO vergleichbare Vorschrift kennt das ZVG nicht; es setzt sich vielmehr mit den Sondervorschriften über die Verfahrensaufhebung nach zweimaliger Einstellung (§ 30 I 3) oder nach zweimaligem Versteigerungsversuch (§ 77 II) selbst eigene, wenn auch andere Grenzen. Einem Versteigerungsantrag bzw Antrag auf Beitrittszulassung kann mit der hM das Rechtsschutzbedürfnis nicht deshalb abgesprochen werden, weil der Anspruch des Gl nach der augenblicklichen Situation an völlig aussichtsloser Rangstelle steht und mit einer Befriedigung nicht gerechnet werden kann (BGH ZfIR 2004, 440; Rpfleger 2004, 302; OLG Koblenz Rpfleger 1986, 25; OLG Hamm, LG Münster Rpfleger 1989, 34). Ebenso liegt keine Sittenwidrigkeit vor (§ 30 a Rdn 40).

61 **e) Verfolgung rechtswidriger Ziele.** Verfolgung zweckwidriger Ziele lässt das Rechtsschutzinteresse entfallen (*Steiner/Hagemann* Rdn 139). Als Beispiel dafür wäre zu nennen die sofortige erneute Antragstellung eines Gl nach der Verfahrensaufhebung wegen wiederholter ergebnisloser Versteigerungstermine (§ 77), obwohl sich die Versteigerungsumstände nicht geändert haben (*Eickmann*, ZVG, § 8 I 9 c). Zu denken ist auch daran, dass ein Gl nur den Grundstückserwerb unter Umgehung des GrdstVG anstrebt und nicht die Erfüllung seiner Forderung (LG Koblenz Rpfleger 1997, 269; LG Kiel JurBüro 1981, 1884).

62 **f) Verfahren.** Verneint das VollstrG das Vorliegen des Rechtsschutzbedürfnisses, so ist der Antrag des Gl zurückzuweisen. Davor ist dem Gl rechtliches Gehör zu gewähren, nicht aber dem Schu. Auch der Zurückweisungsbeschluss wird nur dem Gl mitgeteilt, da ihm die Möglichkeit bleiben muss, im Rechtsmittelverfahren die Beschlagnahme des Grundstücks zu erreichen, und zwar ohne dass der Schu dies zuvor vereitelt zB durch Veräußerung. Wird das Rechtsschutzinteresse bei einer Bagatellforderung oder voraussichtlich aussichtsloser Versteigerung bejaht, ist das Verfahren anzuordnen bzw der Beitritt zuzulassen. Im Laufe des Verfahrens muss das VollstrG dem Schu eine reelle Chance auf Erhaltung seines Grundstücks geben, und zwar durch Belehrung hinsichtlich Vollstreckungsschutzanträge (§ 30 a, § 765 a ZPO), Abhaltung eines Termins für einen Einstellungsantrag des Schu (§ 30 b II 2) und eine Zuschlagsverkündung gemäß § 87 II.

IV. Besondere Voraussetzungen der Zwangsvollstreckung
1. Fälligkeit

Schrifttum: *Bauch,* Fälligkeit von Grundschuldzinsen, Rpfleger 1985, 466 und 1986, 212; *Volmer* Die Kündigung der Sicherungsgrundschuld nach dem Risikobegrenzungsgesetz, MittBayNot 2009, 1,.

Für die Verfahrensanordnung muss die Fälligkeit des zu vollstreckenden Anspruchs gegeben sein. Maßgebend ist der Zeitpunkt des Anordnungsbeschlusses. Wegen der künftig fällig werdenden Beträge kann jeweils nach Fälligkeit die Beitrittszulassung erfolgen. Das VollstrG hat die Fälligkeit von Amts wegen zu prüfen. Hinsichtlich der fortlaufenden Nebenleistungen (Zinsen und sonstigen Nebenleistungen) nimmt die hM keine Begrenzung auf die fälligen Ansprüche vor, wenn sie mit der Hauptsache vollstreckt werden, zB nebst 12 % Zinsen jährlich seit 1. 2. 2010; wird nur wegen ihnen selbstständig vollstreckt, soll es auf die Fälligkeit ankommen (*Steiner/Hagemann* Rdn 41). Gleiche Ansprüche werden somit ungleich behandelt. Deshalb wird die Meinung vertreten, dass bei einem fälligen Hauptsacheanspruch auch wegen der ebenfalls fälligen Nebenansprüche ohne Rücksicht auf im GB eingetragene oder im Titel ausgewiesene Fälligkeitsbestimmungen vollstreckt werden kann (*Bauch* Rpfleger 1985, 466, 470 f). Da jedoch die Fälligkeit der Nebenleistungen sehr wohl abweichend von der Fälligkeit der Hauptsache geregelt sein kann (LG Augsburg Rpfleger 1986, 211), erscheint es nur konsequent, wenn die ZwV wegen der fortlaufenden Nebenleistungen immer nur bei deren Fälligkeit zugelassen wird, und zwar unabhängig davon, ob aus ihnen selbstständig oder in Verbindung mit der Hauptsache vollstreckt wird.

63

Nach § 1193 I 1 BGB setzt die Fälligkeit der Grundschuld eine **Kündigung** voraus, wobei die **Kündigungsfrist sechs Monate** beträgt (§ 1193 I 3 BGB). Um aus der Grundschuld durch ZwVerst vollstrecken zu können, muss die Grundschuld durch Kündigung erst fällig gestellt werden. Vollstreckungsrechtlich notwendig sind die förmliche Zustellung durch den Gerichtsvollzieher bzw die öffentliche Zustellung an einen unbekannt Verzogenen. Eine von § 1193 I BGB abweichende Vereinbarung für die Fälligkeit des Grundschuldkapitals ist für Grundschulden, die eine Geldforderung sichern, nicht zulässig (§ 1193 II 2 BGB). Das Grundbuchamt kann eine „sofort fällige" Sicherungsgrundschuld nicht eintragen. Dies gilt aber nur für **Sicherungsgrundschulden**; bei Grundschulden, die keine Geldforderung sichern, ist eine abweichende Vereinbarung noch möglich (§ 1193 II 1 BGB). Eine Sicherungsgrundschuld liegt vor, wenn sie der Sicherung eines Anspruchs dient (§ 1192 I a BGB). Der Eigentümer kann eine sofort fällige Eigentü-

63a

mergrundschuld für sich bestellen (§ 1193 II 1 BGB); mit ihrer Abtretung an eine Bank zu Kreditsicherungszwecken und der damit verbundenen Umwandlung in eine Sicherungsgrundschuld, verliert das Recht seine sofortige Fälligkeit (§ 1193 I, II 2 BGB). Nach Art 229 § 18 III 3 EGBGB ist § 1193 II 2 BGB nur auf Sicherungsgrundschulden anzuwenden, die nach dem 19.8.2008 bestellt werden. Für Sicherungsgrundschulden, die am 19.8.2008 (= Tag des Inkrafttretens des Risikobegrenzungsgesetz) oder davor bestellt wurden, gilt § 1193 II 2 BGB nicht. Mit Bestellung ist nicht der Zeitpunkt der (unvorhersehbaren) Grundbucheintragung gemeint, auch nicht der der dinglichen (und frei widerruflichen) Einigung nach § 873 BGB, sondern der Zeitpunkt der Beurkundung der Grundschuldbewilligung bzw. der Beglaubigung der Unterschrift des Grundschuldbestellers. § 1193 II 2 BGB ist daher nicht anwendbar, wenn die Grundschuldbestellung noch bis einschließlich 19.8.2008 beurkundet wurde (bzw die Unterschrift beglaubigt). Die Kündigung gemäß § 1193 I BGB bezieht sich nur auf das Grundschuldkapital, nicht auf Zinsen und andere Nebenleistungen der Grundschuld. Der Abdingbarkeitsausschluss des § 1193 II 2 BGB betrifft nur das Grundschuldkapital. Hinsichtlich Zinsen und anderer Nebenleistungen kann daher eine Fälligkeitsregelung ohne Kündigung vereinbart werden (*Staudinger/Wolfsteiner* § 1193 BGB Rdn 12 **aA** MünchKomm-*Eickmann* § 1193 BGB Rdn 9). Zinsen werden in der Praxis häufig jährlich nachträglich fällig gestellt. Der Grundschuldgläubiger kann daher nach Ablauf der zweiwöchigen Wartefrist des § 798 ZPO wegen der Zinsen und sonstigen Nebenleistungen sofort die ZwVerst beginnen, um nach Ablauf der Kündigungsfrist wegen der Grundschuldhauptsache beizutreten. Letzteres ist aber gar nicht zwingend notwendig, da bereits mit der Zinsversteigerung der Hauptsachebetrag auch durchgesetzt wird. Das Grundschuldkapital fällt nämlich nicht in das geringste Gebot und bleibt nicht bestehen, sondern erlischt mit dem Zuschlag, wenn wegen der Zinsen vollstreckt wird und wird dann bei der Erlösverteilung berücksichtigt. Liegt eine vollstreckbare Ausfertigung der Grundschuldbestellungsurkunde mit Nachweis für die Kündigung vor (§ 726 ZPO), dh bei fehlendem Nachweisverzicht, so hat das Vollstreckungsgericht nicht mehr zu prüfen, ob die vor Klauselerteilung nötige materielle Kündigung (§ 1193 I 1 BGB) ordnungsgemäß erfolgt ist; dies gehörte dann in die Prüfungskompetenz des die Klausel erteilenden Notars (§ 726 ZPO). Das Vollstreckungsgericht muss dann nur noch die Frist von sechs Monaten (§ 1193 I 3 BGB) seit Kündigung beachten (§ 751 I ZPO). Soweit darüber hinaus behauptet wird, dass das Vollstreckungsgericht die Kündigung (§ 1193 Abs. 1 Satz 1 BGB) und die sich daran anschließende Frist von sechs Monaten (§ 1193 Abs. 1 Satz 3 BGB) nicht zu prüfen habe, wenn auf Grund einer vollstreckbaren Ausfertigung einer Grundschuldbestellungsurkunde mit Nachweisverzicht für die Kündigung vorliegt (*Volmer* MittBayNot 2009, 1, 7), muss dem widersprochen werden. Auch wenn der Notar von der Prüfung der Kündigung

IV. Besondere Voraussetzungen der Zwangsvollstreckung §§ 15, 16

gemäß § 726 ZPO entbunden ist, muss das Vollstreckungsgericht die Frist des § 1193 I 3 BGB beachten (§ 751 I ZPO; *Dassler/Hintzen* Vorbem zu § 15 Rdn 53). Dazu muss ihm die Zustellungsurkunde des Gerichtsvollziehers vorgelegt werden; die Frist des § 1193 I 3 BGB kann das Vollstreckungsgericht dann selbständig berechnen.

2. Eintritt eines Kalendertages

Ist die Geltendmachung eines Anspruchs von dem Eintritt eines 64 Kalendertages abhängig, so kann zwar die Vollstreckungsklausel sofort erteilt werden; die ZwV darf jedoch nur beginnen, wenn der Kalendertag abgelaufen ist **(§ 751 I ZPO)**, nicht schon am Kalendertag selbst. Eine Abhängigkeit vom Eintritt eines Kalendertages besteht dann, wenn der ZwV-Beginn nach dem Kalendertag bestimmbar ist, zB am 1. 2. 2005 oder einen Monat nach Pfingstmontag 2005. Ist der Tag ein Sonnabend, Sonntag oder allgemeiner Feiertag, tritt an seine Stelle gemäß § 193 BGB der nächstfolgende Werktag, der abgelaufen sein muss. Wird die ZwVerst entgegen § 751 I ZPO angeordnet, so ist die Vollstreckungsmaßnahme nicht nichtig, sondern nur anfechtbar.

3. Sicherheitsleistung

Hängt die Vollstreckung bei einem vorläufig vollstreckbaren Urteil 65 von einer dem Gl obliegenden Sicherheitsleistung ab, so kann zwar die Vollstreckungsklausel sofort erteilt werden; die ZwV darf aber nur begonnen werden, wenn die Sicherheitsleistung durch eine öffentliche oder öffentlich beglaubigte Urkunde nachgewiesen und eine Abschrift dieser Urkunde bereits zugestellt ist **(§ 751 II ZPO)**. Soweit es dem Vollstreckungsschuldner möglich ist, die ZwV durch Sicherheitsleistung abzuwenden (§§ 711 ff ZPO), ist das Verfahren aufzuheben, wenn er eine öffentliche Urkunde vorlegt, aus der sich ergibt, dass die erforderliche Sicherheitsleistung erfolgt ist (§ 775 Nr 3, § 776 ZPO); die ZwVerst kann jedoch zunächst angeordnet werden. Die ZwVerst ist gemäß § 775 Nr 2 ZPO einzustellen, wenn nach Verfahrensanordnung bzw Beitrittszulassung die Ausfertigung einer gerichtlichen Entscheidung vorgelegt wird, aus der sich ergibt, dass die ZwV nur gegen Sicherheitsleistung fortgesetzt werden darf. Das vorläufig gegen Sicherheitsleistung vollstreckbare Urteil ist dann ohne Sicherheitsleistung vollstreckbar, wenn es rechtskräftig ist. Der Vollstreckungsschuldner kann auf die erforderliche Sicherheitsleistung einschließlich der erforderlichen Zustellung (§ 751 II ZPO) verzichten (OLG Frankfurt MDR 1956, 111). Soweit das Prozessgericht keine besondere Regelung trifft, muss die Sicherheitsleistung durch Hinterlegung erfolgen (§ 108 ZPO, §§ 232–235 BGB). Zum Nachweis sind dem VollstrG die Hinterlegungsbescheinigung und die Zustellungsurkunde an den Schu vorzulegen. Die Zustellung gemäß § 751 II ZPO muss durch den Gerichtsvollzieher erfolgen; von RA zu RA ist nicht ausrei-

§§ 15, 16 [Inhalt des Antrages]

chend, weil das Empfangsbekenntnis eines RA keine öffentliche Urkunde ist (*Steiner/Hagemann* Rdn 110; OLG Düsseldorf MDR 1978, 489 **aA** OLG Koblenz Rpfleger 1993, 355; OLG München OLGZ 1965, 292; OLG Frankfurt Rpfleger 1978, 261). Wird die ZwVerst entgegen § 751 II ZPO angeordnet, so ist die Vollstreckungsmaßnahme nicht nichtig, sondern nur anfechtbar. Vollstreckt ein Gl nur wegen eines Teilbetrags, so bemisst sich die Höhe der Sicherheitsleistung nach dem Verhältnis des Teilbetrags zum Gesamtbetrag (§ 752 Satz 1 ZPO). Letzteres gilt auch, wenn dem Schu in den Fällen des § 709 ZPO eine Abwendungsbefugnis nach § 712 I 1 ZPO eingeräumt ist (§ 752 Satz 2 ZPO).

66 Ist die Sicherheitsleistung durch die **Stellung eines Bürgen** zugelassen, so muss es sich um eine selbstschuldnerische Bürgschaft handeln (= Verzicht auf die Einrede der Vorausklage, § 239 II BGB). Die Bürgschaftserklärung darf nicht bedingt sein (OLG Bamberg NJW 1975, 1664) und muss nur dann öffentlich beglaubigt sein, wenn dies ausdrücklich angeordnet ist; ansonsten genügt Schriftform gemäß § 766 BGB (OLG Koblenz Rpfleger 1993, 355; OLG Frankfurt NJW 1966, 1521; OLG Hamm Rpfleger 1975, 261). Da der Bürge tauglich sein muss (§ 239 I BGB), kommen vor allem Banken und Sparkassen in Betracht. Dem Schu muss idR nur eine beglaubigte Abschrift der Bürgschaftserklärung zugestellt werden; die Orginalurkunde nur dann, wenn die Bürgerschaft nach ihrem Inhalt mit der Rückgabe der Urkunde erlischt, was in der Praxis allerdings sehr häufig vereinbart wird (KG NJW 1963, 661; OLG Frankfurt Rpfleger 1978, 261; OLG München MDR 1979, 1929; LG Kassel DGVZ 1977, 173). Dem VollstrG ist die Übergabe bzw Zustellung der Bürgschaftsurkunde durch öffentliche oder öffentlich beglaubigte Urkunden nachzuweisen (Zustellungsurkunde). Die Zustellung an den Prozessbevollmächtigten ist möglich, aber nicht nötig; es genügt die Zustellung an den Schu selbst.

4. Leistung Zug um Zug

67 Hängt die ZwV von einer Zug um Zug zu bewirkenden Leistung des Gl an den Schu ab, so kann die Vollstreckungsklausel ohne weiteres erteilt werden (**§ 726 II ZPO**); die ZwVerst darf jedoch nur angeordnet werden, wenn der Beweis, dass der Schu befriedigt worden ist oder in Verzug der Annahme ist, durch öffentliche oder öffentlich beglaubigte Urkunden geführt wird (zB Protokoll des Gerichtsvollziehers, Quittung) und eine Abschrift dieser Urkunden bereits zugestellt worden ist (**§ 765 Nr 1 ZPO**). Der Zustellung bedarf es nicht, wenn bereits der Gerichtsvollzieher die ZwV nach § 756 ZPO begonnen hatte und der Beweis durch das Protokoll des Gerichtsvollziehers geführt wird (**§ 765 Nr 2 ZPO**). Die dem Gl im Titel "Zug um Zug", gegen Zahlung durch den Schu aufgegebene Übergabe des Briefes, einer Löschungsbewilligung oder einer löschungsfähigen Quittung ist keine Gegenleistung iSv § 756

IV. Besondere Voraussetzungen der Zwangsvollstreckung §§ 15, 16

ZPO (OLG Hamm JurBüro 1979, 913). Mit dem Titel vorgelegt werden muss dann jedoch der Brief; nicht aber die Löschungsbewilligung und die löschungsfähige Quittung, weil das VollstrG nach § 130 für die Löschung zu sorgen hat. Bei einer Zug um Zug zu bewirkenden Leistung des Gl an den Schu darf die ZwVerst auch dann angeordnet werden, wenn der Gerichtsvollzieher eine Vollstreckungsmaßnahme nach § 756 II ZPO durchgeführt hat und diese durch das Protokoll des Gerichtsvollziehers nachgewiesen ist (§ 765 Nr 2 ZPO).

5. Wartefrist

Die ZwV darf erst **zwei Wochen** nach Zustellung des Titels beginnen bei (§ 798 ZPO)   68
– Kostenfestsetzungsbeschlüssen, die nicht auf das Urteil gesetzt sind,
– Beschlüssen, die in einem vereinfachten Verfahren über den Unterhalt Minderjähriger den Unterhalt festsetzen oder einen Unterhaltstitel abändern (§ 794 I Nr 2 a),
– Beschlüssen nach § 796 b oder § 796 c (= Anwaltsvergleich mit gerichtlicher oder notarieller Vollstreckbarerklärung, § 794 I Nr 4 b),
– notarieller Urkunden (§ 794 I Nr 5).
Die Wartefrist gilt auch, wenn ein Titel auf den Rechtsnachfolger umgeschrieben und deshalb neu gemäß § 750 II ZPO zugestellt wurde. Ein Verzicht auf die Einhaltung der Wartefrist ist zulässig, da es sich um Schutzvorschriften für den Schu handelt (OLG Frankfurt MDR 1956, 111; *Steiner/Hagemann* Rdn 119). Der unter Verstoß gegen die Wartefrist ergangene Vollstreckungsakt ist nicht nichtig, aber anfechtbar (§ 766 ZPO). Der Mangel wird durch Fristablauf ex nunc geheilt (OLG Hamm Rpfleger 1974, 204; *Steiner/Hagemann* Rdn 120).

6. Nachlassgrundstück

Schrifttum: *Behr,* Zwangsvollstreckung in den Nachlaß, Rpfleger 2002, 2; *Mümmler,* Fortsetzung der Zwangsvollstreckung nach § 779 Abs 1 ZPO, JurBüro 1976, 1445; *Noack,* Vollstreckung gegen Erben, JR 1969, 8; *Obermaier,* Die Rechtsnachfolge in das Zwangsvollstreckungsverfahren beim Tode einer Partei, DGVZ 1973, 145; *Schüler,* Wann kann eine Zwangsvollstreckung gegen einen Schuldner nach dessen Tod in den Nachlaß ohne Titelumschreibung betrieben werden?, JurBüro 1976, 1003.

a) Beginn der ZwV. Beim Tod des Schu ist es für das weitere Verfahren entscheidend, ob der Tod vor oder nach dem Beginn der ZwV erfolgt ist (vgl § 779 ZPO). Beginn ist die Vornahme irgendwelcher Vollstreckungshandlungen zu Lebzeiten des Schu. Über den exakten Zeitpunkt, mit dem eine ZwVerst beginnt, herrscht Uneinigkeit. Nach einer Meinung ist dies der Zeitpunkt der Hinausgabe des Anordnungsbeschlusses aus dem Geschäftsbereich des VollstrG (*Steiner/Hagemann* § 8 Rdn 9). Diese Auffassung vermischt jedoch Erlass und Existenz eines   69

§§ 15, 16 [Inhalt des Antrages]

Beschlusses. Als beschwerdefähige Entscheidung wird der Anordnungsbeschluss zwar erst mit seiner Hinausgabe aus dem Bereich des VollstrG existent (BGH VersR 1974, 365; OLG Frankfurt Rpfleger 1974, 272). Davon zu unterscheiden ist jedoch der Erlass eines Beschlusses, der für den Beginn der ZwVerst entscheidend ist. Dies bedeutet, dass eine ZwVerst mit der **Unterzeichung des Anordnungsbeschlusses** durch den Rechtspfleger beginnt. Sein Datum ist dann maßgebend. Dies gilt auch für jeden Beitrittsbeschluss zum Verfahren. Kommt ein Anordnungs- oder Beitrittsbeschluss wegen des Todes des Vollstreckungsschuldners als unzustellbar zurück, so muss das VollstrG untersuchen, ob der Tod vor oder nach Beginn der ZwVerst eingetreten ist.

70 **b) Tod vor Beginn der ZwV.** Stellt sich heraus, dass der Vollstreckungsschuldner vor Unterzeichnung des Anordnungs- oder Beitrittsbeschlusses verstorben ist, so ist ein noch nicht verbeschiedener Antrag zurückzuweisen bzw ein bereits erlassener Beschluss wieder aufzuheben; das Verfahren kann nur nach Klauselumschreibung (§ 727 ZPO) und Zustellung (§ 750 II ZPO) gegen die Erben, den Testamentsvollstrecker (§§ 748, 749 ZPO) oder den Nachlasspfleger (§§ 1960, 1961 BGB) neu angeordnet werden (*Steiner/Hagemann* § 8 Rdn 11, 12).

71 **c) Tod nach Beginn der ZwV.** Wenn der Vollstreckungsschuldner nach Beginn der ZwVerst verstirbt, so wird das Verfahren in seinen Nachlass fortgesetzt **(§ 779 I ZPO).** Eine Klauselumschreibung auf die Erben ist ebenso wenig erforderlich wie eine erneute Titelzustellung (LG Meiningen Rpfleger 2007, 217; *Steiner/Hagemann* § 8 Rdn 13). Es ist Aufgabe des betreibenden Gl, dem VollstrG die Erben mitzuteilen, an die die weiteren Zustellungen erfolgen. Ist bei einer Vollstreckungshandlung die Zuziehung des Schu nötig (zB bei der Zustellung eines Beitrittsbeschlusses, § 8), so hat, wenn die Erbschaft noch nicht angenommen oder wenn der Erbe unbekannt oder es ungewiss ist, ob er die Erbschaft angenommen hat, das VollstrG auf Antrag des Gl dem Erben gemäß § 779 II 1 ZPO einen einstweiligen besonderen Vertreter zu bestellen (vgl dazu: LG Meiningen Rpfleger 2007, 217; *Steiner/Hagemann* § 8 Rdn 15); die Bestellung hat zu unterbleiben, wenn ein Nachlasspfleger bestellt ist oder wenn die Nachlassverwaltung einem Testamentsvollstrecker zusteht (§ 779 II 2 ZPO). Vollstreckung ist die gesamte auf Befriedigung des Gl gerichtete Tätigkeit; auf die einzelne Vollstreckungsmaßnahme kommt es nicht an, sondern auf die ZwV im Ganzen (LG Meiningen Rpfleger 2007, 217). Das VollstrG muss die Bestellung des Vertreters durch Beschluss aufheben, wenn ihm Umstände bekannt werden, welche die Voraussetzungen der Bestellung entfallen lassen; nur dieser Aufhebungsbeschluss führt zur Beendigung des Vertreteramtes (BGH Rpfleger 2010, 40).

IV. Besondere Voraussetzungen der Zwangsvollstreckung §§ 15, 16

7. ZwV gegen Eheleute

Schrifttum: *Hornung,* Die Bedeutung des ehelichen Güterrechts für die Zwangsvollstreckung, KKZ 1980, 221 und 1981, 1; *Weirich,* Notarielle Unterwerfungsklausel bei Ehegatten, NJW 1959, 1478 und 1959, 2102.

a) Zugewinngemeinschaft. Bei diesem Güterstand gibt es kein 72 gemeinschaftliches Vermögen der Ehegatten, sondern jeder ist Alleineigentümer seines Vermögens (zB Grundstück, Miteigentumsanteil am Grundstück). Soll daher ein Vermögensgegenstand eines Ehegatten versteigert werden, so ist natürlich nur ein Vollstreckungstitel gegen diesen erforderlich. Die Zustimmung des anderen Ehegatten gemäß § 1365 BGB ist weder zur Antragstellung noch zur Zuschlagserteilung erforderlich, weil es sich hierbei um keine rechtsgeschäftlichen Verfügungen handelt (*Steiner/Hagemann* Rdn 163).

b) Gütertrennung. Die ZwVerst gegen einen Ehegatten erfordert 73 einen Vollstreckungstitel nur gegen ihn.

c) Gütergemeinschaft. Leben die Ehegatten in Gütergemeinschaft 74 und verwaltet einer von ihnen das Gesamtgut allein, so ist zur ZwV in das Gesamtgut ein Vollstreckungstitel gegen diesen Ehegatten erforderlich und genügend; verwalten die Ehegatten das Gesamtgut gemeinschaftlich, so ist die ZwV in das Gesamtgut nur zulässig, wenn gegen beide Ehegatten ein Vollstreckungstitel vorliegt (**§ 740 ZPO**). Letzterem ist nicht Genüge geleistet, wenn gegen einen Ehegatten ein Leistungstitel und gegen den anderen Ehegatten ein Duldungstitel vorliegt (LG Deggendorf FamRZ 1964, 49). Betreibt ein Ehegatte, der in Gütergemeinschaft lebt und das Gesamtgut nicht oder nicht allein verwaltet, selbständig ein Erwerbsgeschäft, so ist zur ZwV in das Gesamtgut ein gegen ihn ergangenes Urteil genügend, es sei denn, dass zurzeit des Eintritt der Rechtshängigkeit der Einspruch des anderen Ehegatten gegen den Betrieb des Erwerbsgeschäfts oder der Widerruf seiner Einwilligung zu dem Betrieb im Güterrechtsregister eingetragen war (§ 741 ZPO). Will ein Gl die ZwVerst nur auf Grund eines Titels gegen einen Ehegatten beantragen, muss er die Voraussetzungen des § 740 I bzw § 741 ZPO (alleiniges Verwaltungsrecht, Erwerbsgeschäft) beweisen (LG Frankenthal Rpfleger 1975, 371). Zur ZwV in das Gesamtgut nach der Beendigung der Gütergemeinschaft durch Vertrag (§ 1408 BGB), Urteil (§ 1470 BGB) oder Auflösung der Ehe ist vor der Auseinandersetzung entweder ein Leistungstitel gegen beide oder ein Leistungstitel gegen einen und ein Duldungstitel gegen den anderen Ehegatten erforderlich, **§ 743 ZPO** (*Steiner/Hagemann* Rdn 168). Ist die Versteigerung eines Gesamtgutgrundstücks wirksam angeordnet, so wird sie durch Aufhebung der Gütergemeinschaft nicht unwirksam (OLG Koblenz Rpfleger 1956, 164). Zur ZwV in das Vorbehaltsgut (§ 1418 BGB) ist ein Titel gegen

§§ 15, 16 [Inhalt des Antrages]

den betroffenen Ehegatten erforderlich und ausreichend. Zur ZwV bei fortgesetzter Gütergemeinschaft ist ein Titel gegen den überlebenden Ehegatten nötig und genügend (§ 745 I ZPO). Bei Gütergemeinschaft mit alleiniger Verwaltung durch einen Ehegatten ist im Falle der ZwVerst eines zum Gesamtgut gehörenden Grundstücks auch der andere Ehegatte Vollstreckungsschuldner iSd Bestimmungen des ZVG (LG Zweibrücken Rpfleger 1995, 222).

8. ZwV gegen Gesellschaften

Schrifttum: *Böttcher,* Die Gesellschaft bürgerlichen Rechts im Grundstücksrecht, ZfIR 2009, 613; *Eickmann,* Vollstreckungstitel und Vollstreckungsklausel gegen Personengesellschaften, Rpfleger 1970, 113; *Paulus,* Die Gesellschaft bürgerlichen Rechts als Schu und Drittschuldner, DGVZ 1992, 65; *Wälzholz/Scheel,* Die Gesellschaft bürgerlichen Rechts in der Zwangsvollstreckung, NotBZ 2005, 121.

75 **a) BGB-Gesellschaft.** Zur ZwV in das Gesellschaftsvermögen ist sowohl ein gegen die GbR als solche als auch ein gegen alle Gesellschafter als Gesamtschuldner gerichteter Vollstreckungstitel ausreichend (§ 736 ZPO); dem steht nicht entgegen, dass die GbR nach neuerer Rspr (BGH NJW 2001, 1056) rechtsfähig ist (BGH ZfIR 2007, 487; OLG Schleswig Rpfleger 2006, 261). Scheidet ein im Titel genannter Gesellschafter aus, so bleibt der Titel vollstreckbar. Die (Außen-)Gesellschaft bürgerlichen Rechts wird vom BGH (NJW 2001, 1056) als **rechts- und parteifähig** angesehen, dh kann unter einem Sammelnamen (ohne Nennung der einzelnen Gesellschafter) klagen und verklagt werden, Gläubiger und Schuldner sein. Dementsprechend kann die GbR als solche auch Eigentümerin eines Grundstücks oder Berechtigter eines Grundstücksrechtes sein (BGH NJW 2008, 1378; 2006, 3716). Im GB kann die GbR jedoch nicht unter einem Sammelnamen eingetragen werden (= **fehlende Grundbuchfähigkeit**), dh es sind die einzelnen Gesellschafter namentlich mit dem Zusatz "als Gesellschaft bürgerlichen Rechts" einzutragen (§ 47 II 1 GBO). Damit besteht eine Diskrepanz zwischen dem allgemeinen Zivilverfahrens- bzw Vollstreckungsrecht und dem Grundbuchrecht. Nach § 17 darf die ZwVerst nur dann angeordnet werden, wenn der Schu als Grundstückseigentümer eingetragen ist. Wird in einem Vollstreckungstitel die GbR als Schu nur mit einem Sammelnamen ohne Nennung der einzelnen Gesellschafter bezeichnet, dann kann daraus grundsätzlich nicht die ZwVerst gegen eine im GB mit den Namen der Gesellschafter bezeichnete GbR angeordnet werden; es muss die Identität der im Vollstreckungstitel genannten GbR mit der im GB eingetragenen GbR nachgewiesen werden. Im Vollstreckungstitel müsste ein klarstellender Vermerk die Namen der Gesellschafter aufnehmen. Liegt ein Titel gegen die GbR als solche vor und tritt ein neuer Gesellschafter in die GbR ein, bedarf es keines neuen Titels zur Vollstreckung in das Gesellschaftsvermögen (*Dassler/Hintzen* Vorbem zu § 15 Rdn 34). Der Vollstre-

ckungstitel, aufgrund dessen die ZwV in das Vermögen einer GbR erfolgen soll, muss an ihren Geschäftsführer oder, wenn ein solcher nicht bestellt ist, an einem ihrer Gesellschafter zugestellt werden (BGH Rpfleger 2007, 216; 2006, 478).

b) OHG und KG. Zur ZwV in ihr Vermögen ist ein Titel gegen 76 die Gesellschaft erforderlich und ausreichend **(§ 124 II, § 161 II HGB)**; ein Titel gegen die Gesellschafter persönlich genügt nicht. Auch kann aus einem gegen die OHG/KG gerichteten Titel nicht gegen die Gesellschafter vollstreckt werden **(§ 129 IV, § 161 II HGB),** selbst nicht nach Löschung im Handelsregister (OLG Düsseldorf Rpfleger 1976, 327). Betreibt eine OHG/KG ein vollkaufmännisches Grundhandelsgewerbe (§ 1 II, §§ 105, 161 HGB), besteht sie bereits außerhalb des Handelsregisters, was der Gl dem VollstrG nachzuweisen hat; dann ist auch eine ZwV gegen die nicht im Handelsregister eingetragene OHG/KG möglich. Die Vollstreckbarkeit eines Titels wird nicht berührt durch ein Liquidationsverfahren oder eine Umwandlung der OHG in eine KG bzw umgekehrt. Wandelt sich eine BGB-Gesellschaft auf Grund Erlangung der Vollkaufmannseigenschaft in eine OHG/KG um, dann kann aus einem gegen die BGB-Gesellschafter lautenden Titel (§ 736 ZPO) auch gegen die OHG/KG vollstreckt werden, wenn eine Klarstellungsklausel angebracht wird (*Eickmann* Rpfleger 1970, 113); dafür bedarf es weder einer Auslegung des Titels (so aber BGH NJW 1967, 821; *Paulus* DGVZ 1992, 65) noch einer Klauselumschreibung nach § 727 ZPO (so aber *Stöber* § 15 Rdn 19.2), da sich die Umwandlung kraft Gesetzes vollzieht und es sich rechtlich gesehen, um ein und dieselbe Gesellschaft handelt. Genauso kann umgekehrt aus einem Titel gegen eine OHG/KG auch in das Gesellschaftsvermögen einer durch Herabsinken des Geschäftsumfanges entstandenen BGB-Gesellschaft vollstreckt werden, wenn eine Klarstellungsklausel angebracht wird (*Steiner/Hagemann* Rdn 173; *Eickmann* Rpfleger 1970, 113 aA *Stöber* § 15 Rdn 19.2: Anwendung von § 727 ZPO).

c) Juristische Personen des Privatrechts. (AG, KGaA, GmbH, 77 Gen.). Zur ZwV in ihr Vermögen ist ein Titel gegen die Gesellschaft erforderlich und genügend, auch während der Liquidation. Gegen eine im Handelsregister gelöschte Gesellschaft ist die ZwV noch zulässig, wenn Grundbesitz weiterhin vorhanden ist; die Löschung wirkt nämlich nicht konstitutiv. Gesetzliche Vertreter, nicht die neu zu bestellenden Liquidatoren, sind die Vorstände, Geschäftsführer, Liquidatoren vor der Löschung (OLG Köln Rpfleger 1976, 322; OLG Frankfurt Rpfleger 1982, 290). Bestellt die juristische Person einen anderen Vertreter als den im Vollstreckungstitel Genannten, so ist trotzdem keine Umschreibung des Titels erforderlich (*Noack* DGVZ 1974, 1).

§§ 15, 16 [Inhalt des Antrages]

78 **d) Gründungsgesellschaften.** Vom Abschluss des Gesellschaftsvertrages bis zum 1. Handelsgeschäft (§ 1 HGB) bzw bis zur Handelsregistereintragung (§§ 2, 3 HGB) besteht eine OHG/KG in Gründung als BGB-Gesellschaft und ist als solche auch im Grundbuch einzutragen (BayObLG Rpfleger 1984, 13; *Meikel/Böttcher* Einl F Rdn 51); vgl daher Rdn 75. Eine Gründungs-GmbH entsteht mit dem Abschluss eines notariell beurkundeten Gesellschaftsvertrages als ein bereits körperlich strukturiertes Rechtsgebilde (BGHZ 51, 39; 80, 129), das im GB eingetragen werden kann (*Meikel/Böttcher* Einl F Rdn 52) und somit auch der ZwV zugänglich ist; es genügt ein Titel gegen die Gründungs-GmbH. Rechte und Pflichten der Gründungsgesellschaft gehen mit der Eintragung der GmbH im Handelsregister ohne weiteres auf diese über (BGHZ 45, 339; 80, 129). Für die Fortsetzung einer bereits begonnenen ZwVerst ist keine Titelumschreibung erforderlich; eine Klarstellung der Klausel empfiehlt sich jedoch, wenn die ZwVerst noch nicht begonnen hat.

79 **e) Vereine.** Der rechtsfähige Verein (§§ 21–53 BGB) ist eine juristische Person, die durch den Vorstand vertreten wird; zur ZwV bedarf es eines Titels gegen den Verein. Auch beim nicht rechtsfähigen Verein genügt zur ZwV in das Vereinsvermögen ein Titel gegen den Verein (§ 735 ZPO). Da er aber wie eine BGB-Gesellschaft behandelt wird (§ 54 BGB), könnte auch ein Titel gegen alle Mitglieder vorliegen; dann ist § 738 ZPO entsprechend anzuwenden (so *Steiner/Hagemann* Rdn 177).

9. Eigentümergrundpfandrechte

Schrifttum: *Stöber*, Die Beschränkungen des § 1197 BGB bei Verpfändung und Pfändung einer Eigentümergrundschuld, Rpfleger 1958, 339.

80 Aus einem Eigentümergrundpfandrecht kann der Eigentümer selbst weder die ZwVerst noch die ZwVerw aus dem Grundstück betreiben **(§ 1197 I BGB).** Steht einem Miteigentümer eine Grundschuld am ganzen Grundstück zu, so liegt ein Gesamtrecht vor, das am eigenen Miteigentumsanteil als Eigentümergrundpfandrecht und an den übrigen Miteigentumsanteilen als Fremdrechte besteht; dementsprechend ist die ZwV nur in die Anteile der anderen Miteigentümer zulässig, nicht in den eigenen Anteil und auch nicht in das ganze Grundstück (*Steiner/ Hagemann* Rdn 180). Der Gl, der das Eigentümerrecht gepfändet und überwiesen bekommen hat oder dem es verpfändet ist, unterliegt nicht den Beschränkungen des § 1197 I BGB (BGH Rpfleger 1988, 181; OLG Köln NJW 1959, 2167; er bedarf aber zur ZwV noch eines Duldungstitels. Wenn der Eigentümer die nach der Unterwerfungsklausel vollstreckbare Grundschuld (§ 794 I Nr 5, § 800 ZPO) für sich bestellt hat (§ 1196 BGB), kann der Pfändungsgläubiger als Rechtsnachfolger die Vollstreckungsklausel gemäß § 727 ZPO auf sich umschreiben lassen (*Stöber* Rpfleger 1958, 339). Kein Rechtsnachfolger ist der Pfändungsgläubiger,

IV. Besondere Voraussetzungen der Zwangsvollstreckung §§ 15, 16

wenn bei einem im GB eingetragenen und durch den Vollstreckungstitel ausgewiesenen Fremdrecht tatsächlich eine Eigentümergrundschuld besteht, zB bei § 1163 I 1 BGB (= Nichtvalutierung), § 1163 II BGB (= fehlende Briefaushändigung), aber auch beim Erlöschen der Forderung gemäß § 1163 I 2 BGB (OLG Hamm Rpfleger 1987, 297 m Anm *Knee-saA Steiner/Hagemann* Rdn 182). Auch für den Insolvenzverwalter gilt § 1197 I BGB nicht, dh er kann nicht nur die sog Verwaltungsversteigerung nach § 172 betreiben, sondern auch die gewöhnliche Vollstreckungsversteigerung.

10. Wechsel- und Scheckurteile

Schrifttum: *Treysee,* Die Vollstreckung einer Wechselforderung, DGVZ 1983, 36.

Vor Verfahrensanordnung bzw Beitrittszulassung muss neben dem 81 Titel der betreffende Wechsel oder Scheck vorgelegt werden (OLG Frankfurt Rpfleger 1981, 312). Dies gilt nicht bei einer ZwVerst aus einem Kostenfestsetzungsbeschluss, der auf Grund eines Wechselurteils ergangen ist, weil dieser Beschluss einen eigenständigen Titel darstellt (OLG Frankfurt Rpfleger 1981, 312). Wenn das Urteil nicht nur auf Zahlung "Zug um Zug gegen Aushändigung", bestimmter Wechsel lautet, sondern auch die Verurteilung des Klägers enthält, Zug um Zug gegen Zahlung der von dem Beklagten zu entrichtenden Beträge die Wechsel herauszugeben, darf die ZwV nur beginnen, wenn der Annahmeverzug des Schu nach §§ 756, 765 ZPO nachgewiesen ist (OLG Frankfurt Rpfleger 1979, 144).

11. Reichsheimstätte

Das RHeimstG ist mit Wirkung vom 1. 10. 1993 **aufgehoben** worden 82 (Gesetz vom 17. 6. 1993, BGBl I 912).

12. Erbbaurecht

Schrifttum: *Busse,* Zur Zwangsversteigerung von Erbbaurechten, NJW 1955, 1546; *Hagemann,* Die Zwangsversteigerung eines Erbbaurechts, Gruchot Beiträge 65, 31; *Kalter,* Einige Rechtsfragen zur Zwangsvollstreckung im Erbbaurecht, KTS 1966, 177; *Kappelhoff,* Die im Voraus erteilte Zustimmung des Grundstückseigentümers zur Zwangsversteigerung des Erbbaurechts, Rpfleger 1985, 281; *Lutter,* Zustimmung zur Erbbaurechtsübertragung für den Fall der Zwangsversteigerung, DNotZ 1960, 235; *Mohrbutter,* Die Eigentümerrechte und der Inhalt des Erbbaurechtes bei dessen Zwangsversteigerung; *Pöschl,* Das Erbbaurecht in der Zwangsversteigerung, BWNotZ 1956, 41; BB 1951, 977 und 1961, 581; *Reinke,* Eigentümerzustimmung in der Zwangsversteigerung des Erbbaurechts, Rpfleger 1990, 498.

§§ 15, 16 [Inhalt des Antrages]

83 Als Inhalt des Erbbaurechts kann nach **§ 5 ErbbauRG** vereinbart werden, dass der Erbbauberechtigte **zur Veräußerung des Erbbaurechts der Zustimmung des Grundstückseigentümers bedarf** (ausführlich dazu *Böttcher* Rpfleger 1985, 1, 5). Diese Veräußerungsbeschränkung gilt auch für die ZwV (§ 8 ErbbauRGO): Vollstreckungsversteigerung, Teilungsversteigerung und Sonderverfahren nach §§ 172, 175; nicht aber für die Zwangsverwaltung und die Wiederversteigerung aus einer nach § 128 eingetragenen Sicherungshypothek, weil dieses Verfahren nur die Folge eines vorausgegangenen zulässigen Verfahrens ist. Erforderlich ist die Zustimmung selbst dann, wenn der Grundstückseigentümer die ZwVerst betreibt (BayObLGZ 1960, 467) oder aus einem mit Zustimmung des Eigentümers eingetragenen Recht die ZwVerst betrieben wird (BGHZ 33, 76). Wird aus einem vor der Veräußerungsbeschränkung eingetragenen dinglichen Recht die ZwVerst betrieben, so war zur wirksamen Vereinbarung der Veräußerungsbeschränkung gemäß § 5 I ErbbauRG die Zustimmung der dinglichen Berechtigten analog §§ 877, 876 BGB erforderlich; in diesem Fall ist dann auch auf Grund der wirksam vereinbarten Veräußerungsbeschränkung nach § 5 I ErbauVO die Zustimmung des Eigentümers nötig (vgl zur gleichen Rechtslage bei § 12 WEG: §§ 15, 16 Rdn 86 **aA** *Steiner/Hagemann* Rdn 187). Die Zustimmung ist nicht erforderlich, wenn nur die Belastung des Erbbaurechts von der Zustimmung des Eigentümers abhängig ist gemäß § 5 II 1 ErbbauRG.

84 Die Zustimmung des Eigentümers gemäß §§ 5 I, 8 ErbbauRG muss erst **zum Zuschlag** erfolgen, aber noch nicht zur Anordnung der ZwVerst oder zur Zulassung eines Beitritts, da insoweit noch keine Veräußerung vorliegt (BGHZ 33, 76; BayObLGZ 1960, 467); **vgl im Übrigen § 28 Rdn 29–31.** Der Grundstückseigentümer kann seine Zustimmung zur Zuschlagsentscheidung auch im Voraus erteilen, dh bei der Belastung des Erbbaurechts mit einem Verwertungsrecht; dies bindet aber nicht einen Rechtsnachfolger. Die Zustimmung ist nicht formbedürftig, kann also schriftlich oder zu Protokoll erklärt werden (*Steiner/Hagemann* Rdn 189). Bis zur Zuschlagserteilung besteht Widerruflichkeit (LG Essen KTS 1977, 191). Eine vorliegende Zustimmung muss den Beteiligten vor Zuschlagserteilung nicht zur Stellungnahme hinaus gegeben werden (**aA** OLG Hamm JurBüro 1989, 708).

85 Wird die **Zustimmung** vom Eigentümer ohne ausreichenden Grund verweigert, so kann sie durch das AG, in dessen Bezirk das Grundstück belegen ist, **ersetzt werden (§ 7 III 1 ErbbauRG).** Die Ersetzung erfolgt in einem Verfahren der freiwilligen Gerichtsbarkeit (§ 7 III 2 ErbbauRG). Antragsberechtigt sind der Erbbauberechtigte selbst (BayObLGZ 1960, 467), der Insolvenzverwalter (OLG Hamm Rpfleger 1967, 415) und der betreibende Gl (BGH Rpfleger 1987, 257), nicht aber der Meistbietende (OLG Köln Rpfleger 1969, 300). Das Gericht der freiwilligen Gerichtsbarkeit ist auf die Prüfung des gesetzlichen

IV. Besondere Voraussetzungen der Zwangsvollstreckung §§ 15, 16

Zustimmungsanspruchs beschränkt; für einen davon abweichend vereinbarten schuldrechtlichen Zustimmungsanspruch ist das Prozessgericht zuständig (BGH Rpfleger 1987, 61). Grundsätzlich darf die Zustimmung nur verweigert werden, wenn durch den neuen Berechtigten der Zweck des Erbbaurechts wesentlich beeinträchtigt oder gefährdet wird bzw wenn nicht sichergestellt ist, dass der neue Erbbauberechtigte den Verpflichtungen aus dem Erbbaurechtsvertrag, soweit sie gegen ihn wirken, nachkommen kann, insbesondere den bestehen bleibenden Erbbauzins erbringen wird. Ein Recht des Grundstückseigentümers seine Zustimmung zu verweigern wird dann bejaht werden müssen, wenn der dingliche Erbbauzins zwar bestehen bleibt, aber der Meistbietende nicht bereit ist, die zugrunde liegende schuldrechtliche Vereinbarung zu übernehmen (OLG Celle Rpfleger 1983, 270; OLG Oldenburg Rpfleger 1985, 203 **aA** OLG Frankfurt Rpfleger 1979, 24). Der Grundstückseigentümer kann seine Zustimmung aber nicht davon abhängig machen, dass der Ersteher bei einem erlöschenden Erbbauzins sich zu einer Neubestellung verpflichtet (BGH Rpfleger 1987, 257 m Anm *Drischler* Rpfleger 1987, 320; KG Rpfleger 1984, 282 **aA** OLG Hamm DNotZ 1987, 40); in diesem Fall steht dem Eigentümer kein ausreichender Grund zur Verweigerung iSd § 7 I 1 ErbbauRG zur Seite. Für den Fall, dass der Erwerber des Erbbaurechts nicht in die schuldrechtlichen Bedingungen eintritt, kann das Heimfallrecht (vgl § 52 Rdn 16) vorbehalten werden (OLG Oldenburg DNotZ 1988, 591). Die Ersetzung ist erst mit ihrer Rechtskraft wirksam. Da die Verfügung im Wege der ZwV ohne die Zustimmung absolut schwebend unwirksam ist, muss ein besonderer Verkündungstermin bestimmt werden, wenn die Zustimmung nach dem Schluss der Versteigerung (§ 73 II) noch nicht vorliegt. Wird die Zustimmung innerhalb dieser angemessenen Frist (nicht nur eine Woche!) nicht erteilt oder ersetzt, muss der Zuschlag versagt werden (§ 83 Nr 6).

13. Wohnungs- und Teileigentum

Schrifttum: *Barsties,* Zur Frage der Zwangsversteigerung nicht mehr bestehender oder noch nicht erbauter Wohnungseigentumsrechte, SchlHA 1983, 17; *Friese,* Versteigerung von Wohnungseigentum, MDR 1951, 592; *Schindelmeiser,* Die Zwangsversteigerung von Wohnungseigentum in besonderen Fällen, SchlHA 1983, 51.

Wurde Wohnungseigentum gebildet, besteht das Grundstück als Gegenstand der ZwV nicht mehr; vollstreckt werden kann nur noch in das Wohnungseigentum. Dieses ist im Anordnungsbeschluss nach der Eintragung im Bestandsverzeichnis des Wohnungs- oder Teileigentumsgrundbuchs zu bezeichnen. Als Inhalt des Sondereigentums kann gemäß **§ 12 I WEG** vereinbart sein, dass **zur Veräußerung** des Wohneigentums die **Zustimmung anderer Wohnungseigentümer oder eines Dritten** nötig ist (ausführlich dazu *Böttcher* Rpfleger 1985, 1, 5); dies gilt

86

§§ 15, 16 [Inhalt des Antrages]

dann auch für eine Veräußerung im Wege der ZwV (§ 12 III 2 WEG). Das gilt auch für die Versteigerung in den Verfahren nach §§ 172, 175, 180, nicht aber für eine Wiederversteigerung aus einer Sicherungshypothek nach § 128. Trotz bestehender Veräußerungsbeschränkung kann die ZwVerst angeordnet werden; die Zustimmung ist erst zur Zuschlagserteilung nötig (LG Berlin Rpfleger 1976, 149). Für Verfahren aus einem vor der Veräußerungsbeschränkung eingetragenen Grundpfandrecht ist zu unterscheiden: Belastet das dingliche Recht nur den betroffenen Miteigentumsanteil, so war zur Vereinbarung des § 12 WEG die Zustimmung des dinglich Berechtigten analog §§ 877, 876 BGB erforderlich, so dass dann auch die Zuschlagserteilung auf Grund der wirksamen Veräußerungsbeschränkung zustimmungspflichtig ist nach § 12 WEG. Ist dagegen das Grundpfandrecht auf allen Miteigentumsanteilen eingetragen, so bedurfte die Vereinbarung des § 12 WEG nicht der Zustimmung des dinglich Berechtigten und damit ist auch die Zuschlagserteilung nicht zustimmungspflichtig nach § 12 WEG. Gleiches gilt für Ansprüche, die vor der Aufteilung des Grundstücks in Wohnungseigentum entstanden sind und für die das Grundstück insgesamt haftet, zB Ansprüche aus § 10 I Nr 1–3; **vgl im Übrigen § 28 Rdn 32.** Da die Veräußerung im Wege der ZwV ohne die Zustimmung absolut schwebend unwirksam ist, muss ein besonderer Verkündungstermin bestimmt werden, wenn die Zustimmung nach dem Schluss der Versteigerung (§ 73 II) noch nicht vorliegt. Der Wohnungseigentümer (= Schu) kann seinen Anspruch auf Zustimmung gegen andere Wohnungseigentümer oder gegen den Verwalter im Verfahren nach § 43 I WEG verfolgen, gegen einen sonstigen Dritten im ordentlichen Klageweg. Ein Gl des Wohnungseigentümers kann dessen Anspruch auf Zustimmung pfänden und sich zur Einziehung überweisen lassen, um die Zustimmung gerichtlich durchzusetzen. Die Vollstreckung erfolgt nach § 894 ZPO. Wird die Zustimmung nicht innerhalb angemessener Frist (nicht nur eine Woche!) nachgewiesen, ist der Zuschlag zu versagen. Eine gerichtliche Ersetzung der Zustimmung ist nicht möglich.

86a **Weicht die Bauausführung innerhalb eines Sondereigentumsbereichs vom Aufteilungsplan ab**, so hat dies für die Entstehung des Sondereigentums nach hM keine Konsequenzen, solange die Außengrenzen zum Gemeinschaftseigentum und der anderen Sondereigentumseinheit nicht berührt sind (BayObLG MittBayNot 1988, 236; OLG Köln Rpfleger 1982, 374; OLG Hamm Rpfleger 1986, 374). Dies gilt sowohl für einen vom Aufteilungsplan abweichenden Zuschnitt innerhalb der Wohnung als auch für eine vom Aufteilungsplan abweichende Nutzung der einzelnen Räume (zB das Bad wird zu Küche). Gegenstand der ZwVerst ist das begründete Wohnungseigentum mit dem durch die Bauausführung tatsächlich entstandenen Sondereigentum (*Stöber* § 15 Rdn 45.13 b).

86b **Werden zusätzliche, im Aufteilungsplan nicht vorgesehene Räume errichtet**, so entsteht nach hM an diesen Einheiten oder Räu-

IV. Besondere Voraussetzungen der Zwangsvollstreckung §§ 15, 16

men lediglich Gemeinschaftseigentum (BayObLG NJW-RR 1990, 657; OLG Frankfurt OLGZ 1987, 290; OLG Düsseldorf MittRhNotK 1986, 123). Die ZwVerst einer Eigentumswohnung erstreckt sich dann nicht darauf. Soll Sondereigentum gebildet werden, so kann dies nur über eine Einigung im Sinne der §§ 3, 4 WEG bzw über eine Erklärung nach § 8 WEG geschehen (OLG München MietRB 2005, 320). Es müssen dabei auch alle sonstigen Voraussetzungen für die Bildung von Sondereigentum eingehalten werden, insbesondere bedarf es eines neuen Aufteilungsplans und einer neuen Abgeschlossenheitsbescheinigung.

Kommt es zur Verschiebung der Grenzen zwischen Sondereigentum oder/und Gemeinschaftseigentum, dh wird bei der Bauausführung einer Wohnungseigentumsanlage von dem Aufteilungsplan in einer Weise abgewichen, die es **unmöglich** macht, **die errichteten Räume einer in dem Aufteilungsplan ausgewiesenen Raumeinheit zuzuordnen**, entsteht nach Auffassung des BGH (NJW 2004, 1798) an ihnen kein Sondereigentum, sondern gemeinschaftliches Eigentum. Dies hat zur Folge, dass die Eigentümer nur isolierte, nicht mit Sondereigentum verbundene Miteigentumsanteile erwerben. Das Wohnungseigentum bleibt daher zwar bestehen, stellt seiner Substanz nach jedoch nur einen Miteigentumsanteil am Grundstück dar (OLG Zweibrücken Rpfleger 2006, 394). Versteigert wird dann nur der Miteigentumsanteil; eine Aufhebung der ZwVerst ist nicht notwendig (*Grziwotz* ZfIR 2005, 449; *Stöber* § 15 Rdn 45.13 b **aA** LG Passau ZfIR 2005, 476; LG Kassel Rpfleger 2002, 41). Soweit den Miteigentümern dies nach Treu und Glauben (§ 242 BGB) zumutbar ist, begründet der Erwerb eines isolierten Miteigentumsanteils für die Miteigentümer aufgrund des Gemeinschaftsverhältnisses die Verpflichtung, den Gründungsakt so zu ändern, dass der sondereigentumslose Miteigentumsanteil nicht weiter bestehen bleibt (BGHZ 130, 159, 169; 109, 179, 185). Sie sind gehalten, die Vereinbarungen der veränderten Lage anzupassen und eine angemessene Lösung zu finden. Im Rahmen des Zumutbaren sind die Miteigentümer danach verpflichtet, Teilungsvertrag und Aufteilungsplan so abzuändern, dass er der tatsächlichen Bebauung entspricht. Hierbei kann es Miteigentümer uU nur gegen Leistung von Ausgleichszahlungen zugemutet werden, die abweichende Bauausführung auf Dauer hinzunehmen. 86c

Bei **Bestimmbarkeit der gebildeten Eigentumswohnungen** ist zu unterscheiden: Liegt bei der Bauausführung lediglich eine **unwesentliche Abweichung zwischen Sondereigentum und Gemeinschaftseigentum** vom Aufteilungsplan vor, so entsteht nach hM **Sondereigentum entsprechend der tatsächlichen Bauausführung**; der Aufteilungsplan ist der Bauausführung anzupassen (BayObLG DNotZ 1999, 212; OLG Karlsruhe NJW-RR 1993, 1294; OLG Hamburg ZWE 2002, 594). Versteigert wird die Eigentumswohnung entsprechend der Bauausführung. Es erscheint unangemessen, wegen minimaler Abwei- 86d

§§ 15, 16 [Inhalt des Antrages]

chungen der tatsächlichen Bebauung vom Aufteilungsplan, den betroffenen Wohnungseigentümern einen Anspruch auf plangerechte Errichtung des Gebäudes zuzusprechen. Eine unwesentliche Abweichung wird dann angenommen, wenn sie weniger als 3 % vom Aufteilungsplan ausmacht (Armbrüster ZWE 2005, 188; OLG Celle OLGZ 1981, 106). Liegen zwar **wesentliche Abweichungen der Bauausführung vom Aufteilungsplan** vor, bei denen jedoch die im Aufteilungsplan dargestellten Räume anhand der tatsächlichen Bauausführung noch eindeutig identifiziert werden können, so entsteht nach überwiegender Meinung **Sondereigentum in den Grenzen des Aufteilungsplanes** und nicht im Umfang der tatsächlichen Bauausführung (OLG Zweibrücken NZM 2006, 586; OLG Celle NZM 2001, 1127). Versteigert wird die Eigentumswohnung nach dem Aufteilungsplan. Die begünstigten Wohnungseigentümer erlangen in diesem Fall kein Sondereigentum an den einbezogenen Gebäudeteilen. Dies gilt unabhängig davon, ob die Grenzverschiebung zu einer Einbeziehung ganzer Räume aus dem Gemeinschaftseigentum oder dem Sondereigentum einer anderen Einheit führt oder ob lediglich Teile eines anderen Raumes in eine Sondereigentumseinheit einbezogen werden. Den Wohnungseigentümern steht grundsätzlich ein Anspruch auf Anpassung der tatsächlichen Lage an die im Aufteilungsplan gegebenen Grenzen zu (BayObLG ZWE 2001, 605; KG NZM 2001, 1127). Fraglich ist dabei, ob ein gegen einen anderen Raum nicht abgeschlossener Raum überhaupt Sondereigentum bilden kann. Der BGH (DNotZ 2009, 50) hat die Möglichkeit des Entstehens von Sondereigentum trotz fehlendem Abschluss bejaht, soweit trotz fehlender Abgeschlossenheit die Begrenzung des Sondereigentums eindeutig festgestellt werden kann. Danach kann unterschiedliches Sondereigentum an Teilen eines Raumes bestehen. Etwas anderes ergibt sich auch nicht aus dem Erfordernis der Abgeschlossenheit des Sondereigentums. Dieses bedeutet nach § 3 II 1 WEG ebenso wenig eine notwendige Voraussetzung für das Entstehen von Sondereigentum wie die zum Vollzug der Teilung im Grundbuch notwendige Bescheinigung der Abgeschlossenheit des Sondereigentums durch die Baubehörde. Diese dient der Erleichterung der Prüfung des Eintragungsantrags durch das Grundbuchamt und ist nicht Voraussetzungen für dessen Entstehen. Für das Entstehen des Sondereigentums ist die Bescheinigung vielmehr ohne Bedeutung, sofern die Eintragung in das Grundbuch erfolgt. Dies gilt jedoch dann nicht, wenn der erforderliche Aufwand in keinem vernünftigen Verhältnis zu den für die betroffenen Wohnungseigentümer eingetretenen Nachteilen steht. Dann entfällt der Anspruch und die übrigen Wohnungseigentümer können aus § 242 BGB die Zustimmung der betroffenen Wohnungseigentümer zu einer Anpassung des Aufteilungsplans an die tatsächliche Bebauung verlangen (OLG Celle OLGZ 1981, 106, 108; KG NZM 2001, 1127, 1130). Den betroffenen Wohnungsei-

IV. Besondere Voraussetzungen der Zwangsvollstreckung §§ 15, 16

gentümern steht dann unter Umständen ein Ausgleichsanspruch in Geld zu (*Thoma* RNotZ 2008, 121, 140).

14. ZwV gegen juristische Personen des öffentlichen Rechts

Bei der Vollstreckung gegen den Bund, Länder, Körperschaften, 87 Anstalten und Stiftungen des öffentlichen Rechts ist **§ 882 a ZPO** zu beachten. Dies gilt auch für kirchliche Körperschaften öffentlichen Rechts und Träger der Sozialversicherung (BGBl I 1976, 3845 § 29 I), nicht aber für private Religionsgemeinschaften, öffentlichrechtliche Bank- und Kreditanstalten, Deutsche Bundesbahn und Gemeinden und Gemeindeverbände.

15. Verwaltungszwangsverfahren

Schrifttum: *App/Wettlaufer,* Verwaltungsvollstreckungsrecht, 4. Aufl, 2005; *Gaul,* Die Mitwirkung des Zivilgerichts an der Vollstreckung von Verwaltungsakten und verwaltungsgerichtlichen Entscheidungen, JZ 1979, 496; *Glotzbach/Mayer,* Immobiliarvollstreckung aus Sicht der kommunalen Vollstreckungsbehörden, 3. Aufl, 2002; *Hornung,* Gerichtliche Vollstreckung im Verwaltungszwangsverfahren, Rpfleger 1981, 86; *Hornung,* Die ZPO-Vollstreckung durch Sozialversicherungsträger, Rpfleger 1987, 225; *Huken,* Die Vollstreckung nach § 66 SGB X und die sich daraus ergebenden neuen Zuständigkeiten, KKZ 1981, 21; *Schulz,* Die vollstreckbare Ausfertigung bei der Vollstreckung nach § 66 IV SGB X, DGVZ 1983, 133.

a) Vollstreckung durch öff. Rechtsträger. Verwaltungszwangsver- 88 fahren ist die **Vollstreckung von öffentlich-rechtlichen Geldforderungen durch öffentliche Rechtsträger** (Bund, Land, Gemeinde oder sonstigen Körperschaften des öffentlichen Rechts) auf Grund Bundes- oder Landesrecht. In Betracht kommen:

aa) Bundes-Verwaltungs-Vollstreckungsgesetz (VwVGBund) vom 89 27. 4. 1953 (BGBl I 157) für öffentlich-rechtliche Geldforderungen des Bundes und der bundesunmittelbaren juristischen Personen des öffentlichen Rechts.

bb) Verwaltungsvollstreckungsgesetze der Länder für die Geldforde- 90 rungen des Landes, der Gemeinden und der Gemeindeverbände sowie der unter Landesaufsicht stehenden Körperschaften, Anstalten und Stiftungen des öffentlichen Rechts, die öffentlich-rechtlicher Natur sind und deren Beitreibung im Verwaltungszwangsverfahren durch gesetzliche Vorschriften ausdrücklich zugelassen ist (BaWü VwVG v 12. 3. 1974 – GBl 93; Bayern v 11. 11. 1970 – BayRS 2010-2-I; Berlin VwVG v 30. 5. 1953 – GVBl 361, ersetzt durch § 5 II des Gesetzes über das Verfahren der Berliner Verwaltung v 8. 12. 1976 – GVBl 2735; Brandenburg v 18. 12. 1991 – GVBl 661; BremGVG v 15. 12. 1981 – GBl 283; Hamburg VwVG v 13. 3. 1961 – GVBl 79; Hessen VwVG v 4. 7. 1966 – GVBl 151; Mecklenburg-Vorpommern v 10. 8. 1998 – GVBl 743; Nds

§§ 15, 16 [Inhalt des Antrages]

VwVG v 2. 6. 1982 – GVBl 139; NRW VwVG v 23. 7. 1957 idF v 13. 5. 1980 – GVBl 510; RhPf VwVG v 8. 7. 1957 – GVBl 101; Saarland VwVG v 27. 3. 1974 – ABl 730; Sachsen v 17. 7. 1992 – GVBl 327; Sachsen-Anhalt v 23. 6. 1994 – GVBl 710; SchlH Landesverwaltungsgesetz v 18. 4. 1967 – GVBl 131; Thüringen v 27. 9. 1994 – GVBl 1053).

91   **b) Vollstreckbarer Antrag.** Für die ZwVerst im Verwaltungszwangsverfahren bedarf es keines Vollstreckungstitels, keiner Klausel und keines Nachweises über die Zustellung. Vielmehr genügt ein sog vollstreckbarer Antrag, in dem die Vollstreckbarkeit der Forderung ausdrücklich bescheinigt sein muss; dabei ist es nicht möglich, auf andere Unterlagen zu verweisen. Der Antrag muss daneben die Angaben über die Parteien, Grund und Höhe der Forderung enthalten; außerdem eine Erklärung, ob dinglich oder persönlich vollstreckt werden soll. Er muss unterzeichnet sein und bedarf eines Siegels oder Stempels der Verwaltungsbehörde.

92   **c) Prüfung durch das VollstrG.** Die Verwaltungsbehörde prüft und stellt in eigener Zuständigkeit fest, ob die Voraussetzungen für die ZwV vorliegen. Das VollstrG hat dagegen nur zu prüfen die Zuständigkeit der Verwaltungsbehörde zur Vollstreckung, das Vorliegen einer öffentlich-rechtlichen Geldforderung, die dem Verwaltungsverfahren unterliegt, und eines formgerechten vollstreckbaren Antrags. Nicht zu den Prüfungspflichten des VollstrG gehört es, die Richtigkeit des Verfahrens bei der Verwaltungsbehörde und die materielle Grundlage der Forderung zu untersuchen. Der vollstreckbare Antrag ersetzt nur die allgemeinen Vollstreckungsvoraussetzungen, nicht aber die besonderen Versteigerungsvoraussetzungen, wie zB den Nachweis gemäß § 17.

93   **d) Sozialleistungsansprüche.** Grundlage der ZwV der Behörde im Sozialrecht bildet § 66 Sozialgesetzbuch-Verwaltungsverfahren (SGB X) vom 18. 8. 1980 (BGBl I 1469). Danach stehen zwei verschiedene Wege der ZwV ihrer Verwaltungsakte (§§ 33 ff SGB X) zur Verfügung, und zwar die ZwV nach den Vorschriften über das Verwaltungsvollstreckungsverfahren (§ 66 I–III SGB X) und die ZwV in entsprechender Anwendung der ZPO (§ 66 IV SGB X). Unter den beiden Alternativen kann die Behörde frei wählen (LG Duisburg Rpfleger 1982, 192), jedoch ist während eines laufenden Vollstreckungsverfahrens der Wechsel ausgeschlossen.

94   aa) Wählt der Sozialversicherungsträger für die ZwV aus seinem Verwaltungsakt (Leistungsbescheid, Beitragsbescheid) das **Verwaltungszwangsverfahren,** so gilt zugunsten des Bundes, der bundesunmittelbaren Körperschaften, Anstalten und Stiftungen (zB Bundesversicherungsanstalt für Angestellte, Bundesanstalt für Arbeit, länderübergreifende Berufsgenossenschaft, Landwirtschaftliche Alterskassen und Ersatzkrankenkassen) nach § 66 I 1 SGB X das Verwaltungs-Vollstreckungsgesetz des Bundes (VwVG) vom 27. 4. 1953 (BGBl I 157); dies gilt gemäß

§ 66 II SGB X ferner für die ZwV durch Verwaltungsbehörden der Kriegsopferversorgung (zB Versorgungsämter). Für die ZwV zugunsten der übrigen Behörden, dh der Länder (zB Landesversicherungsanstalten, Allgemeine Ortskrankenkassen, Innungskrankenkassen) gelten nach § 66 III 1 SGB X die jeweiligen landesrechtlichen Vorschriften über das Verwaltungsvollstreckungsverfahren (vgl dazu Rdn 90). In Ausnahme vom Prinzip der Eigenvollstreckung durch die Sozialbehörden ist für die ZwV in das unbewegliche Vermögen die Mitwirkung des VollstrG notwendig (vgl dazu Rdn 88–92).

bb) Entscheidet sich die Sozialbehörde für die **ZwV in entsprechender Anwendung der ZPO**, so gelten die Regeln der zivilprozessualen ZwV. Die allgemeinen Voraussetzungen (Titel, Klausel, Zustellung) müssen erfüllt sein. Titel ist der Verwaltungsakt, dh der Leistungsbescheid, der im ganzen Bundesgebiet Gültigkeit besitzt (§§ 31 ff, § 66 IV SGB X). Die vollstreckbare Ausfertigung (§§ 724 ff ZPO) erteilt der Behördenleiter, sein Vertreter oder ein anderer dazu ermächtigter Angehöriger (§ 66 IV 3 SGB X). Der Leistungsbescheid muss vollständig ausgefertigt und mit handschriftlich unterzeichneter Vollstreckungsklausel sowie mit Siegelabdruck (Stempelabdruck) versehen sein; nicht genügend ist es, die Klausel auf ein Ausstandsverzeichnis, einen Auszug aus dem Leistungsbescheid oder auf eine nur inhaltliche Wiedergabe aus Beitragsbescheiden zu setzen (LG Stade Rpfleger 1987, 253; LG Aurich Rpfleger 1988, 198; NdsRpfl 1986, 215 und 276). Der Titel bedarf der Zustellung (§ 750 ZPO), die im Parteiwege durch den Gerichtsvollzieher erfolgt oder durch eine Bescheinigung der Sozialbehörde über die Amtszustellung des Verwaltungsaktes nachgewiesen wird. Zur ZwV wegen Säumniszuschlägen und rückständiger Leistungen vgl LG Aurich Rpfleger 1988, 198. 95

cc) Für die ZwV von Sozialleistungsansprüchen im Wege der ZwVerst und ZwVerw besteht **keine Kostenfreiheit** (LG Lüneburg Rpfleger 1982, 200). 96

e) Steuerforderungen. Die Abgabenordnung vom 16. 3. 1976 (BGBl I 613) gilt für alle Steuern einschließlich Steuervergütungen, die durch Bundesrecht oder Recht der Europäischen Gemeinschaften geregelt sind, soweit sie durch Bundesfinanzbehörden (= Hauptzollämter § 249 I AO) oder durch Landesfinanzbehörden (= Finanzämter § 249 I AO) verwaltet werden (§ 1 I AO). § 322 I und II AO verweisen auf die §§ 864–871 ZPO und auf das ZVG. Die für die ZwV in das unbewegliche Vermögen erforderlichen Anträge des Gl stellt die Vollstreckungsbehörde (§ 322 III 1 AO). Sie hat hierbei zu bestätigen, dass die Voraussetzungen für die ZwV vorliegen (§ 322 III 2 AO). Diese Fragen unterliegen nicht der Beurteilung des VollstrG oder des GBA (§ 322 III 3 AO). Die ZwVerst und ZwVerw soll nur betrieben werden, wenn die Mobiliarvollstreckung nicht zum Erfolg führt (§ 322 IV AO); das VollstrG hat dies 97

§§ 15, 16 [Inhalt des Antrages]

jedoch nicht zu prüfen. Die ZwV erfolgt im Verwaltungszwangsverfahren, dh ohne Titel (vgl dazu Rdn 88–92). An Stelle des Vollstreckungstitels ist der vollstreckbare Anspruch nach Grund und Höhe unter Angabe des jeweiligen Steuerbescheides zu bezeichnen. Die formularmäßige Erklärung der Finanzbehörde, dass vollstreckbare Ansprüche aus dem Steuerverhältnis in bestimmter Höhe gegeben sein, genügt zum Nachweis der Vollstreckungsvoraussetzungen gegenüber dem VollstrG dann nicht, wenn der Schu dieser Erklärung entgegentritt; dann ist dem VollstrG nachzuweisen, dass und welche vollstreckbaren Bescheide der ZwV zugrundeliegen (OLG Köln Rpfleger 1993, 29). An der Rangstelle der Steuerschuld werden gemäß § 3 III AO auch alle steuerlichen Nebenleistungen vollstreckt: Verspätungszuschläge, Zinsen, Säumniszuschläge, Zwangsgelder und Kosten. Die ZwV der Realsteuern (= Grundsteuer, Gewerbesteuer) erfolgt nicht nach der AO, sondern nach den Verwaltungsvollstreckungsgesetzen der Länder; Übersicht dazu: Rdn 90. Die Grundsteuer wird in § 10 I Nr 3 und 7 berücksichtigt. Die Gewerbesteuer kann nur in § 10 I Nr 5 Berücksichtigung finden (LG Stuttgart Rpfleger 1976, 329 m zust Anm *Stöber*).

16. Neue Bundesländer

98   Gemäß § 2 I 1 GVO bedarf die Veräußerung von Grundstücken dort einer Genehmigung der nach § 8 GVO zuständigen Stelle. Dies gilt nicht für die Zuschlagserteilung in der Zwangsversteigerung (**§ 2 I 2 Nr 5 GVO**; *Stöber* § 28 Rdn 11.2; *Böhringer* DtZ 1993, 141, 142; Rpfleger 1993, 221, 225; *Keller* Rpfleger 1994, 194, 201).

Bei der ZwVerst eines mit einem **Restitutionsanspruch (§ 3 I 1 VermG)** behafteten Grundstück stellt sich die Frage nach dem Schicksal dieses Anspruchs. Der öffentlich-rechtliche Anspruch auf Rückübertragung ist ein reiner Verschaffungsanspruch, der weder eine geschützte Rechtsposition iSv § 771 ZPO noch ein der ZwVerst entgegenstehendes Recht iSv § 28 darstellt (*Stöber* § 9 a EGZVG Rdn 6.1; *Keller*, Grundstücke in Vollstreckung und Insolvenz, Rdn 425, 326; *Grund* ZIP 1999, 1617, 1625). Der Inhaber des Rückübertagungsanspruchs ist selbst nach seiner Anmeldung zum Versteigerungsverfahren nicht Verfahrensbeteiligter nach § 9 Nr 2 (**aA** *Stöber* § 9 Rdn 3.37 d). Jedoch werden ihm die Beschlüsse, durch die die ZwVerst eines Grundstücks oder Gebäudes angeordnet wird, und die Terminsbestimmungen zugestellt (§ 3 b II VermG); andere Zustellungen an ihn erfolgen nicht. Bei Zuschlagserteilung (nicht Verfahrensanordnung, vgl § 9 a I 3 und 2 EGZVG) hinsichtlich eines restitutionsbehafteten Grundstücks bis zum 31. 12. 2000 entfiel der Anspruch auf Rückübertragung mit Zuschlagserteilung nicht; gleiches gilt bei Zuschlagserteilung seit dem **1. 1. 2001** nur, wenn der Restitutionsanspruch spätestens im Versteigerungstermin vor der Aufforderung zur Abgabe von Geboten angemeldet worden ist (§ 9 a I und II

EGZVG; *Stöber* § 9 a EGZVG Rdn 6.2–6.5; *Keller,* Grundstücke in Vollstreckung und Insolvenz, Rdn 427 **aA** *Grund* ZIP 1999, 1617: Der Anwendungsbereich des § 9 a EGZVG beschränke sich auf den Sonderfall der ZwVerst eines Grundstücks, auf dem sich restitutionsbelastetes Gebäudeeigentum befindet). Der Rückübertragungsanspruch bleibt dann gegen den Ersteher des Grundstücks bestehen. Der Rückübertragungsanspruch erlischt damit durch Zuschlagserteilung seit dem 1. 1. 2001, wenn er nicht rechtzeitig (= vor der Aufforderung zur Abgabe von Geboten) angemeldet wird (§ 9 a I 3 und 2, II EGZVG). Eine Möglichkeit, für den Restitutionsanspruch einen Vermerk im GB eingetragen zu lassen (wie zB nach Art 233 § 2 c II 1 EGBGB, § 9 a I 2 EGZVG), besteht nicht (KG Rpfleger 1998, 239; *Stöber* § 9 a EGZVG Rdn 6.2). Im Falle des Erlöschens des Rückübertragungsanspruchs durch Zuschlagserteilung kann der Restitutionsberechtigte von dem Verfügungsberechtigten die Zahlung einer Geldsumme in Höhe des Versteigerungserlöses verlangen (§ 3 IV 1 VermG).

V. Prüfung durch das VollstrG

Beim Vorliegen aller Vollstreckungsvoraussetzungen hat der Gl einen öffentlich-rechtlichen **Vollstreckungsanspruch** gegen den Staat. Die Prüfung dieser Voraussetzungen muss mit größter Sorgfalt und **unverzüglich** erfolgen; letzteres folgt aus dem Rechtsstaatsgrundsatz. Das VollstrG prüft im Einzelnen: **99**
- Zuständigkeit (§ 1 Rdn 3–13);
- Antrag des Gl (Rdn 2–18);
- Allgemeine Voraussetzungen der ZwV (Rdn 19–62);
- Besondere Voraussetzungen der ZwV (Rdn 63–98);
- Eigentum des Schu (§ 17);
- Entgegenstehende Rechte (§ 28).

Dagegen prüft das VollstrG nicht, ob der **materiell-rechtliche Anspruch** besteht oder ob die Vollstreckungsklausel zu Recht erteilt wurde. Auch die **Verjährung** hindert nicht die Verfahrensanordnung; sie wird nicht von Amts wegen beachtet. Sind alle förmlichen Voraussetzungen erfüllt, muss das VollstrG das Verfahren anordnen, selbst wenn es weiß, dass die Forderung nicht mehr besteht. **100**

Die **Einwendungen** müssen mit den dafür vorgesehenen Rechtsmitteln geltend gemacht werden (§§ 731, 732, 767, 768, 771 ZPO). **101**

Die Entscheidung über den Antrag ergeht grundsätzlich ohne Gewährung des **rechtlichen Gehörs** für den Schu (BGH Rpfleger 1984, 363). Eine vorherige Anhörung des Schu ist jedoch nicht ausgeschlossen, sondern kann in Einzelfällen geboten sein, zB bei der ZwV einer Bagatellforderung (*Hagemann* RpflStud 1984, 49, 51). **102**

§§ 15, 16 [Inhalt des Antrages]

103 Eine **mündliche Verhandlung** über den Antrag findet idR nicht statt, ist jedoch nicht ausgeschlossen. Es gilt der Grundsatz der freigestellten mündlichen Verhandlung (§ 754 III ZPO).

VI. Beanstandungsverfügung

1. Erlass

104 Wenn der Antrag Mängel aufweist oder noch erforderliche Unterlagen fehlen, hat das VollstrG eine Beanstandungsverfügung zu erlassen (§ 139 ZPO). Sie soll enthalten die Hindernisse, die Behebungsmöglichkeiten, eine Fristsetzung zur Erledigung, einen Hinweis auf die Folgen des fruchtlosen Fristablauf und eine Belehrung über die nicht rangwahrende Wirkung (*Eickmann*, ZVG, § 8 III 2).

2. Bekanntgabe

105 Die Beanstandungsverfügung wird nun dem Antragsteller bzw seinem Prozessbevollmächtigten mitgeteilt. Da eine Frist in Lauf gesetzt wird, geschieht dies von Amts wegen (§ 329 II ZPO) und mittels förmlicher Zustellung. Der Schu erhält keine Nachricht davon.

3. Rechtsbehelfe

106 Die Beanstandungsverfügung kann vom Gl mit der unbefristeten Vollstreckungserinnerung gemäß § 766 ZPO angefochten werden (*Steiner/Hagemann* Rdn 247 **aA** *Stöber* § 15 Rdn 3.6: § 11 RpflG). Der Schu wird nicht beteiligt und ist auch nicht beschwert; ihm steht daher auch kein Rechtsbehelf zu.

VII. Zurückweisungsbeschluss

1. Erlass

107 Der Antrag auf Anordnung der ZwVerst ist zurückzuweisen, wenn die in der Beanstandungsverfügung gesetzte Frist fruchtlos verlaufen ist oder Mängel vorliegen, die überhaupt nicht oder nicht innerhalb einer angemessenen Frist beseitigt werden können (zB entgegenstehende Rechte, Fehlen eines Titels). Ist in der Beanstandungsverfügung keine Frist gesetzt worden, kann der Antrag trotzdem nach Ablauf einer angemessenen Frist zurückgewiesen werden (OLG Düsseldorf Rpfleger 1971, 175; LG Oldenburg Rpfleger 1976, 109). Vor einer Zurückweisung muss dem Gl rechtliches Gehör gewährt werden (Art 103 I GG), es sei denn, zuvor erging eine Beanstandungsverfügung (*Eickmann*, ZVG, § 8 III 3). Der Zurückweisungsbeschluss ist zu begründen (OLG München Rpfleger 1971, 64). Eine Kostenentscheidung ist idR nicht erforderlich, da die Kosten als nicht notwendige Kosten dem Gl zur Last fallen; sind dem Schu im Anordnungsverfahren außergerichtliche Kosten entstanden, bedarf es ausnahmsweise einer Kostenentscheidung (KG Rpfleger 1981, 317). Eine Rechtsmittelbelehrung sollte wegen des Rechts auf eine faire Verfahrensgestaltung nicht unterbleiben.

2. Bekanntgabe

Der Zurückweisungsbeschluss muss dem Antragsteller bzw seinem 108 Prozessbevollmächtigten von Amts wegen (§ 3) förmlich zugestellt werden (§ 329 II 2 ZPO). Der Schu und andere Beteiligte erhalten keine Mitteilung davon.

3. Rechtsbehelfe

Dem Gl steht gegen den Zurückweisungsbeschluss durch den Rechts- 109 pfleger die sofortige Beschwerde zu (§ 793 ZPO); Frist: 2 Wochen. Dem Schu steht kein Rechtsmittel zu, weil er nicht beschwert ist.

VIII. Verfahrensanordnung

1. Entscheidung

a) Allgemeines. Liegen keine Mängel vor oder wurden diese fristge- 110 recht beseitigt, so ist das Verfahren unverzüglich anzuordnen. Dabei ist das VollstrG an den Antrag des Gl gebunden, dh es kann nicht wegen höherer Beträge das Verfahren anordnen, als beantragt worden ist (§ 308 ZPO), selbst wenn dies nach den vorgelegten Unterlagen möglich wäre.

b) Form. Es ergeht ein schriftlicher Beschluss. 111

c) Inhalt. aa) Gl und Schu nebst evtl Prozessbevollmächtigten sind 112 im Anordnungsbeschluss anzugeben. Sind sie Einzelkaufmann, so werden sie in der Immobiliarvollstreckung nach deren bürgerlichen Namen bezeichnet – wie im GB (§ 15 I Nr a GBV) –, da keine Angelegenheit des Geschäftsverkehrs nach § 17 HGB vorliegt.

bb) Grundstück ist übereinstimmend mit dem GB zu bezeichnen: 113 Gemarkung, Band, Blatt, Fl Nr, laufende Nummer des Bestandsverzeichnisses. Empfehlenswert ist auch die Angabe der Katasterangaben. Bei der ZwVerst eines Erbbaurechts erfolgt die Bezeichnung nach dem Bestandsverzeichnis des Erbbaugrundbuchs ohne Angabe einer Verfügungsbeschränkung oder den Inhalt des Erbbaurechts; gleiches gilt für die ZwVerst von Wohnungs- und Teileigentum.

cc) Eigentümer muss wie im GB bezeichnet werden. Sind die Erben 114 noch nicht eingetragen, muss auch der Erblasser angegeben werden.

dd) Anordnung des Verfahrens (bzw Beitrittszulassung). 115

§§ 15, 16 [Inhalt des Antrages]

116 ee) **Titel** nach Art (Urkunde, Urteile usw), Datum, Az und URNr, Gericht oder Notar.

117 ff) **Anspruch.** Anzugeben ist seine Rechtsnatur (BGH Rpfleger 2008, 375, 377): wohnungseigentumsrechtlich (§ 10 I Nr 2) oder öffentliche Last (§ 10 I Nr 3) oder dinglich (§ 10 I Nr 4) oder persönlich (§ 10 I Nr 5); nicht zulässig ist dabei eine Bezugnahme auf den Antrag, wohl aber auf den Titel (RGZ 134, 60). Der **Hauptanspruch** ist seiner Höhe nach betragsmäßig zu bezeichnen; kontinuierliche **Zinsen** sind mit dem Zinssatz dem Zinsbeginn und dem Ende des fälligen Zeitabschnitts (vgl Rdn 63) anzugeben; **Kosten** der Kündigung und der die Befriedigung aus dem Grundstück bezweckenden Rechtsverfolgung (§ 10 II; vgl dort Rdn 71–109), wozu auch die Kosten für den Anordnungsbeschluss gehören, brauchen nicht in diesem Beschluss aufgeführt werden, weil sie bereits auf Grund einer Anmeldung (§ 114 I 2 beachten!) berücksichtigt werden. Dies bedeutet, dass nur die Kosten in den Anordnungsbeschluss aufzunehmen sind, die nicht unter § 10 II fallen, dh wegen denen die ZwVerst betrieben werden muss, damit sie überhaupt in diesem Verfahren befriedigt werden können, zB Kosten der bisherigen Mobiliarvollstreckung, Forderungspfändung oder eidesstattlichen Versicherung.

118 gg) **Beschlagnahme.** Gesetzliche Folge der Anordnung ist die Beschlagnahme des Grundstücks (§ 20); trotzdem sollte ein Hinweis darüber angebracht werden.

119 hh) **Belehrung.** Der Schu ist über die Einstellungsmöglichkeit des § 30 a zu belehren, weil die Notfrist für den Einstellungsantrag erst ab Zustellung der Belehrung läuft (§ 30 b I). Aus rechtsstaatlichen Gesichtspunkten sollte auch eine Belehrung über die Anfechtungsmöglichkeit erfolgen.

120 ii) **Kostenentscheidung** ist nicht erforderlich, da die Kosten der Anordnung idR notwendige Vollstreckungskosten sind, die kraft Gesetzes den Schu zur Last fallen (§ 788 ZPO).

121 jj) **Begründung** ist nur dann erforderlich, wenn dem Antrag nicht voll stattgegeben wurde.

122 kk) **Pfändung.** Wird die ZwVerst auf Grund einer Pfändung und Überweisung eines dinglichen Rechts betrieben, ist auch die Vollstreckungsforderung des pfändenden Gl anzugeben.

123 d) **Berichtigung.** Schreibfehler, Rechenfehler und ähnliche offenbare Unrichtigkeiten im Beschluss können jederzeit von Amts wegen berichtigt werden (§ 319 ZPO). Wurde der Beschluss für einen nicht beantragten Titel erlassen, so kann keine Berichtigung erfolgen, sondern ist eine Teilaufhebung erforderlich.

124 e) **Mehrere Anträge.** Liegen dem VollstrG mehrere Anträge vor, so muss darüber gleichzeitig entschieden werden. Dies gilt unabhängig

VIII. Verfahrensanordnung §§ 15, 16

davon, ob die Anträge auch gleichzeitig eingegangen sind, da sie unter sich keinen Rang haben (§ 17 GBO gilt nicht). Soweit die Voraussetzungen für die Anordnung bzgl mehrerer Gl gegeben sind, muss ein gemeinsamer Beschluss erlassen werden, da sichergestellt werden muss, dass die Beschlagnahme gleichzeitig bewirkt wird (*Eickmann*, ZVG, § 8 III 4). Diese einheitliche Entscheidung ändert jedoch nichts daran, dass jedes Gl-Schu-Verhältnis gesondert zu beachten ist.

2. Bekanntgabe

a) Schuldner. Dem **Schu** bzw seinem Prozessbevollmächtigten muss 125 der Anordnungsbeschluss von Amts wegen zugestellt werden (§ 329 ZPO, §§ 3, 8, 22). Eine zusätzliche Zustellung des Beschlusses an den Schu neben dem Prozessbevollmächtigten ist gesetzlich nicht vorgeschrieben, jedoch empfiehlt sich eine formlose Übersendung (*Stöber* § 3 Rdn 3, 4 aA *Steiner/Hagemann* § 3 Rdn 30). Ein Zustellungsverzicht des Schu ist unwirksam, weil die Zustellung die Beschlagnahme zur Folge haben kann gemäß § 22 I 1. Für die Zustellung des Beschlusses an den Schu finden die Erleichterungen der §§ 4–7 keine Anwendung (§ 8). Die Zustellung muss daher immer nach den normalen Regeln der ZPO erfolgen, dh durch Postzustellungsurkunde bzw bei bevollmächtigten Rechtsanwälten mit Empfangsbekenntnis.

b) Gläubiger. Dem Gl bzw seinem Prozessbevollmächtigten wird 126 der Beschluss formlos mitgeteilt, es sei denn, dem Antrag wurde nicht voll entsprochen. Die §§ 4–7 finden Anwendung.

c) Übrige Beteiligte. Den **übrigen Beteiligten** iSv § 9 wird der 127 Beschluss grundsätzlich weder zugestellt noch mitgeteilt. In den Einzelfällen geschieht dies ausnahmsweise:

aa) Bei **Erbbaurechten** wird dem Grundstückseigentümer, für den 128 eine Verfügungsbeschränkung nach § 5 ErbbauRG besteht, die Anordnung mitgeteilt.

bb) Bei **Mietern und Pächtern** kommt die Zustellung des Anord- 129 nungsbeschlusses auf Antrag des Gl (§ 57 b I 2) nebst Belehrung (§ 57 b I 3) in Betracht.

d) Neue Bundesländer. In den **neuen Bundesländern** ist die Ver- 130 fahrensordnung dem Berechtigten nach § 2 VermG zuzustellen (§ 3 b II VermG).

3. Heilung von Mängeln

Schrifttum: *Bähr*, Die Heilung fehlerhafter Zwangsvollstreckungsakte, KTS 1969, 1; *Furtner*, Heilung von fehlerhaften Vollstreckungshandlungen, MDR 1964, 460; *Stöber*, Fehlerhafte Zwangsvollstreckungsakte, Heilung ex nunc oder ex tunc, Rpfleger 1962, 9.

§§ 15, 16 [Inhalt des Antrages]

131   **a) Nichtigkeit.** Völlige Wirkungslosigkeit, einer Vollstreckungsmaßnahme (zB Verfahrensanordnung), liegt ausnahmsweise nur dann vor, wenn besonders schwerwiegende, für jeden Sachkundigen erkennbare Mängel vorliegen (BGHZ 1, 223; 30, 173; 66, 79; Rpfleger 1979, 177). Dies ist zB der Fall, wenn nicht ein Gericht, sondern eine Verwaltungsbehörde eine ZwVerst anordnet; nicht aber dann, wenn ein sachlich unzuständiges Gericht tätig wird, zB LG anstelle von AG (vgl dazu § 1 Rdn 3). Nichtigkeit liegt dann vor, wenn der Vollstreckungstitel fehlt (BGHZ 70, 313, 317; 103, 30; Rpfleger 1993, 292), sonstige grundlegende Vollstreckungsvoraussetzungen fehlen, zB ZwVerst eines nichtigen Erbbaurechts (BGHZ 66, 79), oder wesentliche Formvorschriften verletzt worden sind, zB Anordnungsbeschluss ohne Angaben des Anspruchs. Bei einem nichtigen Vollstreckungsakt scheidet eine Heilung aus; vgl daher **§ 28 Rdn 46.**

132   **b) Fehlerhaftigkeit.** Wirksamkeit mit der Möglichkeit der Anfechtung, liegt bei einer Vollstreckungsmaßnahme idR vor, wenn ein Mangel festgestellt wird (BGHZ 66, 97; RGZ 125, 286; OLG Saarbrücken Rpfleger 1991, 513). Die Anordnung bzw der Beitritt sind in einem solchen Fall bis zu ihrer Aufhebung voll wirksam (vgl § 28 Rdn 46). Derartige Mängel sind zB die Nichtvorlage eines bestehenden Vollstreckungstitels bzw vorhandene Vollstreckungsunterlagen; fehlende, unrichtige oder unwirksame Vollstreckungsklausel; Nichtzustellung des Titels und der Klausel und der Urkunden (vgl OLG Hamm Rpfleger 2000, 171); fehlende Sicherheitsleistungen; Nichteinhaltung der Wartefrist. Die fehlerhaften Vollstreckungsakte sind grundsätzlich heilbar und werden dann damit endgültig wirksam, dh prozessual unanfechtbar (OLG Hamburg MDR 1961, 329), und zwar rückwirkend (ex tunc; vgl aber auch OLG Hamm Rpfleger 2000, 171, wonach eine Heilung erst im Zuschlagsbeschwerdeverfahren nur dazu führt, dass die ZwVerst mit einem neuen Versteigerungstermin fortzusetzen ist). Nach richtiger Ansicht kann dies aber nicht im Verhältnis zu anderen Gl gelten, die in der Zeit zwischen fehlerhafter Vollstreckungsmaßnahme und Eintritt der Heilung ordnungsgemäß Rechte am Versteigerungsobjekt erwerben, dh im Verhältnis zu diesen tritt die Heilung ex nunc ein (RGZ 25, 368; 56, 212; OLG Hamburg MDR 1965, 143; *Steiner/Eickmann* § 28 Rdn 149; *Stöber* Rpfleger 1962, 9 **aA** BGHZ 30, 173; OLG Celle Rpfleger 1954, 313). Dies bedeutet, dass in den Fällen, wo die durch einen fehlerhaften Anordnungs- oder Beitrittsbeschluss ausgelöste Beschlagnahme entscheidend ist für das Rangverhältnis zu anderen Gl (zB in der Rangklasse des § 10 I Nr 5 gemäß § 11 II oder bei der Einordnung in § 10 I Nr 4 bzw § 10 I Nr 6), der fehlerhaft vollstreckende Gl zu behandeln ist, als hätte er seine Beschlagnahme erst im Zeitpunkt der Heilung erlangt (*Steiner/Hagemann* Rdn 229; *Steiner/Eickmann* § 28 Rdn 149).

§ 17

Beispiel:
Am 5. 1. beschlagnahmte (§ 22) der Gl 1 auf Grund eines Kostenfestsetzungsbeschlusses das Grundstück. Die Anordnung war fehlerhaft, weil die Wartefrist des § 798 ZPO nicht beachtet wurde, die erst am 15. 1. ablief. Am 10. 1. hatte jedoch zwischenzeitlich ein persönlicher Gl 2 das Grundstück ordnungsgemäß beschlagnahmt in der Rangklasse § 10 I Nr 5. Der Gl 1 (ebenfalls in § 10 I Nr 5) ist gegenüber Gl 2 so zu behandeln, als ob seine Beschlagnahme erst am 15. 1. eintrat, dh Heilung tritt ex nunc ein. Damit hat Gl 2 auf seiner Beschlagnahme am 10. 1. Vorrang vor Gl 1 in der Rangklasse § 10 I Nr 5 (§ 11 II).

133

4. Rechtsbehelfe

Gegen die Verfahrensanordnung und die Beitrittszulassung steht dem Schu die unbefristete Vollstreckungserinnerung nach § 766 ZPO zu, wenn er vorher nicht gehört worden ist (OLG Hamm KTS 1977, 177). Über die Erinnerung entscheidet der Richter, wenn der Rechtspfleger nicht abhilft, wozu er befugt ist (OLG Frankfurt Rpfleger 1979, 111). Gegen die hierauf ergehende Entscheidung des Richters ist die sofortige Beschwerde innerhalb von zwei Wochen gegeben (§ 793 ZPO).

134

§ 17 [Eintragung des Schuldners; Glaubhaftmachung der Erbfolge]

ᴵDie Zwangsversteigerung darf nur angeordnet werden, wenn der Schuldner als Eigentümer des Grundstücks eingetragen oder wenn er Erbe des eingetragenen Eigentümers ist.

ᴵᴵDie Eintragung ist durch ein Zeugnis des Grundbuchamts nachzuweisen. Gehören Vollstreckungsgericht und Grundbuchamt demselben Amtsgericht an, so genügt statt des Zeugnisses die Bezugnahme auf das Grundbuch.

ᴵᴵᴵDie Erbfolge ist durch Urkunden glaubhaft zu machen, sofern sie nicht bei dem Gericht offenkundig ist.

1. Allgemeines

§ 17 I setzt für die Verfahrensanordnung die Eintragung des Schu als Eigentümer im Grundbuch voraus; bei der ZwV gegen Erben genügt es, wenn der Erblasser als Eigentümer eingetragen ist. Die Vorschrift gilt für die ZwVerst; bei der ZwVerw wird sie durch § 147 ergänzt. Sie findet auch bei den Sonderverfahren gemäß §§ 172 ff Anwendung, wobei für die Teilungsversteigerung § 181 II und bei der Nachlassversteigerung § 177 ergänzend heranzuziehen sind. Selbstverständlich vorausgesetzt wird, dass das Grundstück im GB gebucht ist. Andernfalls müsste erst ein Grundbuchblatt angelegt werden (Einl Rdn 14).

1

§ 17 [Eintragung des Schuldners; Glaubhaftmachung der Erbfolge]

2. Schuldner = eingetragener Eigentümer

2 **a) Grundsatz.** Die ZwVerst darf nur angeordnet werden, wenn der sich aus dem Vollstreckungstitel ergebende Schu im GB als Eigentümer des Grundstücks eingetragen ist (**§ 17 I 1. Alt**). Nicht ausreichend ist es, wenn der Vollstreckungsschuldner bereits eine Auflassungsanwartschaft innehat oder für ihn eine Eigentumsvormerkung eingetragen ist. Ist nur ein Miteigentumsanteil Gegenstand der ZwVerst (zB beim Wohnungseigentum), müssen dessen Eigentümer und seine Anteilsgröße im GB vermerkt sein. Leben die Vollstreckungsschuldner in Gütergemeinschaft, muss dieser Güterstand eingetragen sein. Wird bei einer Verfügungsentziehung gegen eine Partei kraft Amtes (= Insolvenzverwalter, Nachlassverwalter, Testamentsvollstrecker) vollstreckt, so muss der Rechtsinhaber (= Insolvenzschuldner, Erbe) im GB stehen.

3 Wird dem VollstrG gemäß § 17 I 1. Alt, II nachgewiesen, dass der Vollstreckungsschuldner als Eigentümer im GB steht, gilt **§ 891 BGB,** dh das VollstrG ist an den formellen Nachweis des Eigentums gebunden und kann nicht eigenständig prüfen, ob der Schu auch materiellrechtlich Eigentümer ist. Daran ändert auch ein gegen das Eigentum des Schu eingetragener Widerspruch nichts, da dieser nur die Möglichkeit der GB-Unrichtigkeit verlautbart. Genauso unbeachtlich ist eine Erklärung des eingetragenen Eigentümers, dass er gar nicht der wahre Eigentümer sei; gegen die ZwVerst müsste sich der wahre Eigentümer mit der Drittwiderspruchsklage gemäß § 771 ZPO wehren. § 891 BGB steht dem VollstrG allerdings dann nicht zur Seite, wenn eine Doppelbuchung des Grundstücks mit widersprechendem Inhalt vorliegt; in diesem Fall muss die vorliegende GB-Unrichtigkeit erst beseitigt werden (RGZ 56, 58).

4 **b) Ausnahmen.** Bei einer Anfechtung der Auflassung nach der InsO oder dem AnfG bedarf es zur ZwVerst des veräußerten Grundstücks nicht mehr der Eintragung des Veräußerers (RGZ 50, 121; 56, 142; 67, 20; *Steiner/Hagemann* Rdn 25, 26); dagegen bedarf es der vorherigen GB-Berichtigung bei einer Anfechtung gemäß §§ 119, 123 BGB (*Steiner/Hagemann* Rdn 27). Bei herrenlosen Grundstücken (S 928 BGB) richtet sich die ZwVerst gegen den bestellten Eigentumsvertreter (§§ 58, 787 ZPO), der jedoch nicht im GB eingetragen werden muss (ausführlich dazu: *Steiner/Hagemann* Rdn 29–36). Bei einer Wiederversteigerung kann die ZwVerst gegen den Ersteher erfolgen, auch wenn er noch nicht im GB steht, da er durch den Zuschlag Eigentümer wurde (§ 133 S 1, 2. Hs); die Vorlegung des im § 17 II bezeichneten Zeugnisses ist nicht erforderlich, solange das GBA noch nicht um die Eintragung des Erstehers ersucht wurde (§ 133 S 2).

5 **c) Nachweis.** Gemäß **§ 17 II 1** ist die Eintragung des Vollstreckungsschuldners als Grundstückseigentümer seitens eines antragstellenden Gl durch ein **Zeugnis des GBA** nachzuweisen. Auch wenn der Inhalt

§ 17

dieses Zeugnisses nicht im Gesetz festgelegt ist, muss es, um seinen Zweck zu erfüllen, folgendes enthalten: Gemarkung, Band, Blatt, Grundstück gemäß dem Bestandsverzeichnis, Eigentümer nach Abteilung I. Sinnvollerweise (wegen § 28!) sollten im Zeugnis auch die Verfügungsbeeinträchtigungen der Abt II (zB Insolvenzvermerk angegeben werden; zwingend ist dies aber nicht. Das Zeugnis ist vom UrkB zu unterzeichnen; Beifügung eines Siegels wird praktiziert, ist aber nicht erforderlich (LG Stuttgart Rpfleger 1992, 34). Es muss neueren Datums sein, worüber das VollstrG nach pflichtgemäßem Ermessen befinden muss. Älter als ein Monat sollte das Zeugnis nicht sein. Ob es inhaltlich richtig ist, hat das VollstrG nicht zu prüfen; nur offenbare Unrichtigkeiten hat es zu beachten, zB einen Eigentumswechsel, der sich nach Erstellung des Zeugnisses vollzogen hat. Es ist Aufgabe des antragstellenden Gl, das Zeugnis beim VollstrG vorzulegen; vom VollstrG ist es nicht beim GBA anzufordern. Das Zeugnis wird ersetzt durch eine beglaubigte Teilgrundbuchblattabschrift (§ 45 GBV) mit Bestandsverzeichnis und Abteilung I; eine einfache Abschrift genügt nicht (*Stöber* Rdn 5.1). Nicht verlangt werden kann eine vollständige (mit Abteilung II und III) Grundbuchblattabschrift.

Statt des Zeugnisses genügt gemäß § 17 II 2 die **Bezugnahme auf das GB**, wenn VollstrG und GBA dem selben AG angehören. Unschädlich ist es dabei, wenn sich die beiden Abteilungen in verschiedenen Gebäuden oder sogar unterschiedlichen Orten (zB Hauptgericht und Zweigstelle) befinden. Wenn allerdings nach § 1 II ein AG als VollstrG für die Bezirke mehrerer AG bestimmt worden ist und das GB nicht von dem am Sitze des VollstrG befindlichen GBA geführt wird, handelt es sich nicht um dasselbe AG iSd § 17 II 2 (*Steiner/Hagemann* Rdn 22; *Dassler/Hintzen* Rdn 10 **aA** *Stöber* Rdn 5.5 b). Der Gl wird idR ausdrücklich auf das GB Bezug nehmen. Notwendig ist dies jedoch nicht; gehören VollstrG und GBA dem selben AG an, wird ein diesbezüglicher Wille konkludent vorliegen. Gesetzlich nicht geregelt ist die Art und Weise, wie der Rechtspfleger des VollstrG zu verfahren hat, wenn zulässigerweise auf das GB Bezug genommen wird. Empfehlenswert und am sichersten ist es, wenn der Rechtspfleger persönlich das GB (nicht das Handblatt!) einsieht. Für zulässig muss es aber angesehen werden, dass das VollstrG das GBA um eine schriftliche Mitteilung über den einschlägigen GB-Inhalt ersucht (*Stöber* Rdn 5.6 **aA** *Steiner/Hagemann* Rdn 23). Abzulehnen ist dagegen eine telefonische Grundbuchauskunft oder die GB-Einsicht durch die Geschäftsstelle des VollstrG.

d) Verfahren bei Nichteintragung. Ist der Schu nicht als Eigentümer im GB eingetragen und ist er auch materiellrechtlich nicht Eigentümer, so ist der Antrag des Gl zurückzuweisen. Wenn der Schu zwar Eigentümer ist, aber nicht im GB eingetragen, muss ein Gl erst die Grundbuchberichtigung beantragen (§§ 14, 22 II GBO); dazu ist entwe-

§ 17 [Eintragung des Schuldners; Glaubhaftmachung der Erbfolge]

der die GB-Unrichtigkeit durch öffentliche Urkunden zu beweisen (vgl §§ 792, 896 ZPO) oder es bedarf einer Bewilligung des Eingetragenen (§ 19 GBO), die notfalls durch ein Urteil ersetzt werden muss (§ 894 ZPO). Das Nichteingetragensein des Vollstreckungsschuldners im GB muss mittels Beanstandungsverfügung (§ 139 ZPO) gerügt werden.

3. Schuldner = Erbe des eingetragenen Eigentümers

8 **a) Allgemeines.** Der Schu braucht dann nicht im GB eingetragen sein, wenn er der Erbe des eingetragenen Eigentümers ist (**§ 17 I 2. Alt**). Es genügt also, wenn der Erblasser im GB als Eigentümer steht. Vorliegen muss eine Erbfolge, es kann sich auch um eine mehrfache Erbfolge (Erbeserben) handeln. § 17 gilt aber nicht bei einem Vermächtnis, einer Auflage und auch nicht bei der fortgesetzten Gütergemeinschaft.

9 **b) Nachweis.** Die Eintragung des Erblassers als Eigentümer im GB muss nachgewiesen und zusätzlich die **Erbfolge** glaubhaft gemacht werden, sofern sie nicht beim VollstrG offenkundig ist (**§ 17 III**). Die Eintragung des **Erblassers** im GB ist gemäß **§ 17 II** nachzuweisen (vgl Rdn 5, 6). Als Mittel der Glaubhaftmachung der Erbfolge lässt § 17 III nur Urkunden zu, also nicht die nach § 294 ZPO zulässigen Mittel wie Zeugen, Sachverständige, Parteivernehmung, eidesstattliche Versicherung. Als Urkunde kommen insbesondere in Betracht: Erbschein, beurkundete Verfügung von Todes wegen mit Eröffnungsniederschrift, ausländische notarielle oder behördliche Zeugnisse (*Stöber* Rdn 4.2). Privatschriftliche Testamente belegen die für die Glaubhaftmachung erforderliche "überwiegende Wahrscheinlichkeit", idR nicht (*Stöber* Rdn 4.2; *Jaeckel/Güthe* Rdn 8; **aA** *Steiner/Hagemann* Rdn 45). Die Erbfolge braucht nicht durch Urkunden glaubhaft gemacht werden, wenn beim VollstrG diesbezüglich Offenkundigkeit besteht (§ 17 III), was wie in § 291 ZPO zu beurteilen ist. Danach sind Tatsachen offenkundig, wenn sie gerichtskundig (zB aus früheren Verfahren oder aus den Akten) oder allgemeinkundig (zB Tatsachen von lokaler Bedeutung, wissenschaftliche Regeln, Naturereignisse) sind. Die Tatsache der Offenkundigkeit ist in einem Aktenvermerk festzuhalten.

4. Verstoss

10 Das Eingetragensein des Schu bzw des Erblassers als Eigentümer im GB ist eine wesentliche Voraussetzung der Verfahrensanordnung. War der Schu (Erblasser) bei der Anordnung des Verfahrens bereits Eigentümer, aber noch nicht im GB eingetragen, so ist eine Heilung des Mangels durch nachträgliche Eintragung möglich. Das Verfahren ist unter Bestimmung einer Frist, binnen welcher der Gl die Grundbuchberichtigung nachzuweisen hat, einstweilen einzustellen; nach fruchtlosem Fristablauf

ist das Verfahren aufzuheben (§ 28) oder der Zuschlag zu versagen (§ 83 Nr 6). Wird der Schu dagegen erst nach Anordnung bzw Beitrittszulassung Eigentümer des Grundstücks, so ist keine Heilung möglich; das Verfahren muss sofort aufgehoben (§ 28) oder der Zuschlag versagt werden (§ 83 Nr 5, 6).

§ 18 [Versteigerung mehrerer Grundstücke]

Die Zwangsversteigerung mehrerer Grundstücke kann in demselben Verfahren erfolgen, wenn sie entweder wegen einer Forderung gegen denselben Schuldner oder wegen eines an jedem der Grundstücke bestehenden Rechtes oder wegen einer Forderung, für welche die Eigentümer gesamtschuldnerisch haften, betrieben wird.

Schrifttum: *Hagemann,* Die Zwangsversteigerung mehrerer Grundstücke in demselben Verfahren, RpflStud 1985, 28; *Schmidberger/Traub,* Die Verfahrensverbindung nach § 18 ZVG, IGZInfo 2008, 111.

Übersicht

	Rn.
1. Allgemeines	1
2. Voraussetzungen der Verbindung	2
a) Mehrheit von Vollstreckungsobjekten	2
b) Zuständigkeit des VollstrG für alle Vollstreckungsobjekte	3
c) Alternative Vorraussetzungen	4
3. Verfahren	7
a) Antrag/Amtswegen	7
b) Entscheidung	8
4. Wirkung der Verbindung	14
5. Trennung verbundener Verfahren	15
6. Rechtsbehelfe	16

1. Allgemeines

Im ZVG gilt der **Grundsatz der Einzelversteigerung,** dh für jedes 1 Grundstück ist idR ein gesondertes Verfahren durchzuführen (vgl § 63 I). In **Ausnahme** davon lässt § 18 die Möglichkeit der ZwVerst mehrerer Grundstücke in einem Verfahren zu. Der Normzweck geht dahin, dass Objekte, die eine wirtschaftliche oder räumliche Einheit bilden, in demselben Verfahren zu verwerten und damit einen höheren Erlös zu erzielen und die Verfahrenskosten zu mindern. Die Verfahrensverbindung bleibt aber die Ausnahme; eine extensive Auslegung oder analoge Anwendung auf andere als die im Gesetz genannten Fälle ist nicht möglich. Die Vorschrift gilt für alle ZVG-Verfahren. Zu beachten ist aber, dass immer nur gleichartige Verfahren (zB Vollstreckungsversteigerung und Vollstreckungsversteigerung, Teilungsversteigerung und Teilungsversteigerung, Zwangsverwaltung und Zwangsverwaltung) bezüglich gleichartiger Gegenstände, dh nicht Grundstück und Schiff, verbunden werden können.

2. Voraussetzungen der Verbindung

2 **a) Mehrheit von Vollstreckungsobjekten.** Das Gesetz spricht in § 18 von der ZwVerst "mehrerer Grundstücke". Gemeint sind damit Grundstücke im Rechtssinne, dh sie müssen im Bestandsverzeichnis eines GB-Blattes oder mehrerer GB-Blätter jeweils unter einer gesonderten Nummer gebucht sein (vgl dazu *Meikel/Nowak* § 3 Rdn 8; *Steiner/Hagemann* Rdn 6). Eine Verfahrensverbindung gemäß § 18 kommt auch in Betracht bei mehreren ideellen Miteigentumsanteilen zB Wohnungseigentum, und grundstücksgleichen Rechten, zB Erbbaurecht. Grundstücke, ideelle Miteigentumsanteile und grundstücksgleiche Rechte können aber nicht nur untereinander, sondern auch miteinander verbunden werden, zB Grundstück und ideeller Miteigentumsanteil (BGH KTS 1985, 132).

b) Zuständigkeit des VollstrG für alle Vollstreckungsobjekte.
3 Eine Verfahrensverbindung kann nur erfolgen, wenn das VollstrG für die ZwVerst aller Grundstücke zuständig ist. Das ist der Fall, wenn sie innerhalb des Amtsgerichtsbezirks (§ 1 I) oder innerhalb des zusammengefassten Vollstreckungsgerichtsbezirks nach § 1 II liegen. Liegen die Grundstücke in den Bezirken verschiedener Vollstreckungsgerichte, muss zunächst eine Bestimmung des zuständigen VollstrG nach § 2 II durch das zunächst höhere Gericht vorgenommen werden (*Stöber* Rdn 2.5).

c) Alternative Vorraussetzungen. aa) Forderung gegen denselben Schu. Gemäß § 18, 1. Alt ist eine Verfahrensverbindung möglich,
4 wenn die ZwVerst wegen einer Forderung gegen denselben Schu betrieben wird (**= Identität des Schu**). Gemeint sind vor allem die Fälle, in denen der Gl wegen einer persönlichen Forderung (§ 10 I Nr 5) in mehrere Grundstücke desselben Schu vollstreckt. Zulässig ist eine Verbindung nach der ratio der Norm auch bei der ZwVerst wegen mehrerer Forderungen desselben Gl in denselben Grundbesitz. Eine Verbindung scheidet dagegen aus, wenn ein Gl für mehrere Forderungen oder Teilforderungen jeweils in ein anderes Grundstück vollstreckt. Gleiches gilt, wenn ein Gl wegen seines dinglichen Anspruchs (zB Hypothek) in ein Grundstück und wegen der persönlichen Forderung (zB Darlehnsanspruch) in ein anderes die ZwVerst betreibt oder wenn mehrere Gl jeweils wegen ihrer Forderung in verschiedene Grundstücke vollstrecken.

5 **bb) Haftung mehrerer Grundstücke für dasselbe Recht.** Eine Verfahrensverbindung ist ferner möglich, wenn die ZwVerst wegen eines an jedem der Grundstücke bestehenden Rechtes betrieben wird (§ 18,

§ 18

2. Alt = **Identität des Rechtes**). Gemeint sind vor allem die Gesamtgrundpfandrechte und -reallasten. Nicht erforderlich ist, dass das Gesamtrecht an jedem Grundstück dieselbe oder immer beste Rangstelle hat (OLG Hamm Rpfleger 1987, 467). Aber auch andere dingliche Ansprüche, für die die Grundstücke insgesamt haften (zB Öffentliche Grundstückslasten iSv § 10 I Nr 3), kommen in Betracht. Nicht nötig ist, dass die Grundstücke demselben Eigentümer gehören. Eine Verbindung ist nicht zulässig, wenn ein Gesamtrecht nach § 1132 II BGB auf die einzelnen Grundstücke oder nach § 867 II ZPO die Forderung zur Eintragung von Zwangshypotheken auf mehrere Grundstücke verteilt worden ist.

cc) **Gesamtschuldnerische Haftung der Eigentümer.** Eine Verfahrensverbindung ist seit dem 1.7.1979 (Gesetz v 1.2.1979, BGBl I 127) auch dann möglich, wenn wegen einer Forderung betrieben wird, für welche die Eigentümer gesamtschuldnerisch haften (§ 18, 3. Alt = **Identität der persönlichen Haftung**). Gehört ein Grundstück den Eheleuten je zur ideellen Hälfte, dann ist die ZwVerst der Miteigentumsanteile in einem Verfahren möglich, wenn die Eheleute für die beizutreibende Forderung als Gesamtschuldner haften. 6

3. Verfahren

a) **Antrag/Amtswegen. Von Amts wegen oder auf Antrag** erfolgt die Verbindung. Zur Stellung des formlosen Antrags sind alle Beteiligte iSv § 9 berechtigt. Zulässig ist die Verbindung in jeder Lage des Verfahrens. 7

b) **Entscheidung.** Das VollstrG hat in jeder Verfahrenslage zu prüfen, ob eine Verbindung geboten ist. Selbst wenn alle gesetzlichen Voraussetzungen vorliegen, haben die Beteiligten keinen Anspruch auf die Verfahrensverbindung; das VollstrG entscheidet vielmehr nach **pflichtgemäßem Ermessen** (BGH KTS 1986, 897; OLG Hamm Rpfleger 1989, 249). Die Verbindung muss zweckmäßig und sachdienlich sein (zB zu erwartender höherer Erlös, Kostenersparnis). Ein arrondierter, aber aus mehreren Grundstücken bestehender Hof gebietet idR eine Verfahrensverbindung (LG Oldenburg Rpfleger 1985, 451). Dies ist ebenfalls zu bejahen, wenn eine Erweiterung des Bieterkreises erreicht wird (BGH WM 1986, 897) oder ein Gesamtgläubiger alle Grundstücke durch ein Gesamtgebot ausbieten will oder die Grundstücke wirtschaftlich zusammenhängen (BGH WM 1984, 1032; 1984, 1342) oder für einen Ersteher sich die Möglichkeit ergibt, eine wirtschaftliche Einheit weiter zu nutzen (BGH WM 1986, 1421). 8

Die Verbindung kommt auch in Betracht, wenn sie Gruppen- und Gesamtausgebote ermöglicht (BGH Rpfleger 1987, 29). Bei einer Zuständigkeitsbestimmung nach § 2 II entscheidet das dazu berufene höhere Gericht zugleich bindend über die Verfahrensverbindung nach § 18 (vgl § 2 Rdn 8). 9

§ 18 [Versteigerung mehrerer Grundstücke]

10   Vor der Entscheidung wird den Beteiligten **kein rechtliches Gehör** gewährt, da nicht unmittelbar in ihre Rechte eingegriffen wird (*Eickmann* Rpfleger 1982, 449, 457).

11   Die Entscheidung des VollstrG über die Verbindung bedarf einer **Begründung** (*Dassler/Hintzen* Rdn 10; *Stöber* Rdn 3.2), und zwar sowohl die ablehnende als auch die stattgebende (**aA** *Steiner/Hagemann* Rdn 14).

12   Sind die Verfahren bereits bzgl aller betroffener Grundstücke angeordnet, bedarf es eines besonderen **Beschlusses.** Ist das Verfahren hinsichtlich eines Grundstücks angeordnet und soll nunmehr ein weiteres Grundstück zur ZwVerst verbunden werden, so ist die Verbindung in dem weiteren Anordnungsbeschluss ausdrücklich zu erwähnen. Wird die ZwVerst mehrerer Grundstücke in einem gemeinsamen Antrag begehrt, kann die Verbindung schlüssig durch einen gemeinsamen Anordnungsbeschluss erfolgen (OLG Celle NdsRpfl 1985, 309).

13   Die **Mitteilung** der selbstständigen Verbindung bzw der Ablehnung erfolgt formlos an den Antragsteller, Gl und Schu gemäß 329 II 1 ZPO, da keine Frist in Lauf zu setzen ist (*Stöber* Rdn 3.5; *Drischler* Anm 5 **aA** *Dassler/Hintzen* Rdn 10; *Steiner/Hagemann* Rdn 16; *Hagemann* RpflStud 1985, 28, 32 für die Ablehnung: Zustellung). Ist die Verbindung in einem Anordnungsbeschluss enthalten, wird sie mit diesem mitgeteilt. Die Ablehnung der Verbindung wirkt ggü allen Beteiligten gemäß § 9, nicht nur ggü betreibenden Gl (LG Hannover Rpfleger 1988, 322).

4. Wirkung der Verbindung

14   Aus mehreren rechtlich völlig selbstständigen Einzelverfahren wird ein Gesamtverfahren mit einem einheitlichen Az (*Stöber* Rdn 3.6). Für das Versteigerungsverfahren als solchem sind nach der Verbindung die §§ 63, 64 und für das anschließende Verteilungsverfahren die §§ 112, 122 zu beachten. Wird die ZwVerst mehrerer Grundstücke von einem Gl in einem gemeinsamen Antrag begehrt, so ist dieser zunächst zu einem Akt mit einem Az zu nehmen (§ 3 I, § 4 I AktO). Dabei bleibt es, wenn die Verbindung erfolgt (zB schlüssig durch einen gemeinsamen Anordnungsbeschluss); sollte eine Verbindung gemäß § 18 allerdings unterbleiben, ist für jedes Vollstreckungsobjekt ein gesonderter Akt mit eigenem Az anzulegen (*Stöber* Rdn 3.7). Werden Verfahren nachträglich miteinander verbunden, so empfiehlt sich eine gemeinsame Aktenführung ab diesem Zeitpunkt für gemeinsame Vorgänge, zB Terminsprotokolle; ansonsten können die Akten getrennt weitergeführt werden.

5. Trennung verbundener Verfahren

15   Sie muss von Amts wegen erfolgen, wenn die Verbindung entgegen § 18 erfolgte, dh unzulässig war, und kann nach pflichtgemäßem Ermessen erfolgen, wenn sich die Verbindung als unzweckmäßig herausstellt.

Diese Entscheidung ergeht in Beschlussform. Die Bekanntmachung erfolgt wie bei der Verbindung (vgl Rdn 13). Ist ein AG als gemeinsames VollstrG nach § 2 II durch das zunächst höhere Gericht bestellt worden, so ist eine Trennung nicht möglich (vgl § 2 Rdn 8).

6. Rechtsbehelfe

Streitig ist die Frage, welcher Rechtsbehelf gegen die vom VollstrG ausgesprochene Verbindung, Ablehnung oder Trennung gegeben ist. Soweit die Meinung vertreten wird, die Entscheidungen sind unanfechtbar (*Drischler* Anm 4), so kann dies nicht richtig sein; das Gesetz gibt nichts dafür her. Da die **Verbindung und Trennung** gerichtliche Vollstreckungsmaßnahmen ohne vorherige Anhörung der Beteiligten sind, ist mit der hM davon auszugehen, dass diese Beschlüsse mit der Vollstreckungserinnerung nach § 766 ZPO anfechtbar sind (OLG Hamm Rpfleger 1987, 467). Der Rechtspfleger kann der Vollstreckungserinnerung abhelfen. Hilft der Rechtspfleger nicht ab, entscheidet der Richter des VollstrG (§ 20 Nr 17 RPflG); gegen seine Entscheidung findet wegen § 95 keine sofortige Beschwerde statt (*Stöber* Rdn 3.10 **aA** OLG Hamm Rpfleger 1987, 467; 1989, 249; *Dassler/Hintzen* Rdn 16). Aber auch gegen die **Ablehnung der Verbindung** ohne vorherige Anhörung der Beteiligten steht dem Antragsteller der Rechtsbehelf der Vollstreckungserinnerung gemäß § 766 ZPO zu (*Stöber* Rdn 3.10; *Eickmann*, ZVG, § 23 I **aA** LG Oldenburg Rpfleger 1985, 451; *Dassler/Hintzen* Rdn 16). 16

§ 19 [Eintragung der Anordnung in das Grundbuch]

ᴵOrdnet das Gericht die Zwangsversteigerung an, so hat es zugleich das Grundbuchamt um Eintragung dieser Anordnung in das Grundbuch zu ersuchen.

ᴵᴵDas Grundbuchamt hat nach der Eintragung des Versteigerungsvermerkes dem Gericht eine beglaubigte Abschrift des Grundbuchblatts und der Urkunden, auf welche im Grundbuche Bezug genommen wird, zu erteilen, die bei ihm bestellten Zustellungsbevollmächtigten zu bezeichnen und Nachricht zu geben, was ihm über Wohnort und Wohnung der eingetragenen Beteiligten und deren Vertreter bekannt ist. Statt der Erteilung einer beglaubigten Abschrift der Urkunden genügt die Beifügung der Grundakten oder der Urkunden.

ᴵᴵᴵEintragungen im Grundbuch, die nach der Eintragung des Vermerks über die Anordnung der Zwangsversteigerung erfolgen, soll das Grundbuchamt dem Gericht mitteilen.

Schrifttum: *Baum,* Zwangsversteigerungsvermerk und unerledigte Eintragungsanträge, Rpfleger 1990, 141; *Böhringer,* Gebietet das infomationelle Selbstbe-

§ 19 [Eintragung der Anordnung in das Grundbuch]

stimmungsrecht die Grundbuchumschreibung wegen gelöschter Zwangseintragungen?, BWNotZ 1989, 1; *Böttcher,* Beeinträchtigungen der Verfügungsbefugnis, Rpfleger 1983, 49; *ders.,* Verfügungsverbote, Rpfleger 1985, 381; *Hagemann,* Die Aufgaben des Grundbuchamtes nach Anordnung der Zwangsversteigerung, Rpfleger 1984, 397 und 1985, 341; *Mohrbutter,* Die Bedeutung des Versteigerungs- und Konkursvermerkes sowie des Verfügungsverbotes des Vergleichsverfahrens im Grundbuch, JurBüro 1956, 153; *Tröster,* Die grundbuchliche Behandlung des Ersuchens nach § 19 ZVG bei Vorliegen unerledigter Eintragungsanträge, Rpfleger 1985, 337.

Übersicht

	Rn.
1. Allgemeines	1
2. Eintragung des Vermerks	2
a) Eintragungsersuchen (§ 19 I)	2
b) Entscheidung des GBA	6
c) Wirkung des Vermerks	12
d) Löschung des Vermerks	14
3. Mitteilungen des GBA	15
a) Allgemeines	15
b) Sofortige Mitteilungen (§ 19 II)	16
c) Nachträgliche Mitteilungen (§ 19 III)	21

1. Allgemeines

1 Der gemäß § 19 I im GB zu verlautbarende ZwVVermerk soll den gutgläubigen Erwerb des Grundstücks verhindern und dient damit dem Schutz des Gl (§ 892 I 2 BGB). Abs 2 und 3 des § 19 schützen die Interessen aller Beteiligter, indem das VollstrG über die Rechte zu informieren ist, die nach dem Inhalt des GB zu berücksichtigen sind (Denkschrift zum ZVG S 39). Die Vorschrift gilt für alle ZVG-Verfahren.

2. Eintragung des Vermerks

2 **a) Eintragungsersuchen (§ 19 I).** Gleichzeitig mit der Verfahrensanordnung hat das VollstrG das GBA **von Amts wegen** um die Eintragung des ZwVVermerks zu ersuchen. Die Zustellung des Anordnungsbeschlusses muss nicht abgewartet werden. **Form:** Unterschrift des Rechtspflegers und Siegel oder Stempel (§ 29 III GBO). **Inhalt:**

3 *"Durch Beschluss vom . . . ist die Zuverst (ZwVerw) des im GB für . . . Bd . . . Bl . . ., auf . . . eingetragene Grundstück Gemarkung . . . Flst . . . angeordnet. Es wird ersucht, diese Anordnung in das GB einzutragen. Ferner wird gebeten, den Zeitpunkt des Eingangs des Ersuchens beim GBA mitzuteilen."*

Nicht erforderlich sind die Angabe von Gl und Schu und die Bitte um Übersendung der in § 19 II und III erwähnten Urkunden und Mitteilungen; letzteres ist eine gesetzliche Amtspflicht des GBA. Dem Ersuchen

§ 19

brauchen keine Unterlagen beigefügt werden; bei mehreren Grundstücken empfiehlt sich der Anordnungsbeschluss als Anlage. Das Ersuchen kann ergänzt und berichtigt werden, solange es noch nicht im GB vollzogen ist.

Werden die **ZwVerst und die ZwVerw gleichzeitig** angeordnet, so hat das VollstrG zwei getrennte Ersuchen zu erlassen. Es hat den alsbaldigen Vollzug durch das GBA zu überwachen, gegebenenfalls mittels Dienstaufsichtsbeschwerde darauf zu drängen. 4

Wird die **Eintragung des Vermerks vom GBA abgelehnt**, so ist zu unterscheiden: Traf der Urkundsbeamte der Geschäftsstelle (vgl § 12 c II Nr 3 GBO) die Entscheidung (vgl § 12 c IV GBO), so ist dagegen eine Entscheidung des Grundbuchrichters einzuholen; hat der Rechtspfleger entschieden, so ist dagegen die Beschwerde gemäß § 11 I, § 8 V RpflG einzulegen (BayObLG Rpfleger 1997, 101; BayObLGZ 1982, 29; KG Rpfleger 1972, 54 **aA** OLG Hamm Rpfleger 1989, 319). Zur Einlegung des Rechtsbehelfs sind das VollstrG und der betreibende Gl berechtigt. 5

b) Entscheidung des GBA. aa) Prüfung des Ersuchens. Sie erfolgt nur in formeller, nicht in sachlicher Hinsicht. Das GBA hat somit nur zu prüfen, ob ein VollstrG die Form (§ 29 III GBO) und den Inhalt (§ 28 GBO, § 19 I ZVG) gewahrt hat; nicht ausreichend ist die Übersendung des Anordnungsbeschlusses anstelle eines Ersuchens (*Stöber* Rdn 3.1). Nicht unter die Prüfungspflicht des GBA fallen die Zweifel an der örtlichen Zuständigkeit des VollstrG, eingetragene Verfügungsbeeinträchtigungen, die fehlende Angabe der Bruchteile bei Miteigentum und die Frage, ob der Schu als Eigentümer eingetragen ist oder war; letztere Fragen hat das VollstrG zu prüfen. 6

bb) Entscheidungsreihenfolge (§ 17 GBO). Der ZwVVermerk darf nicht ohne Rücksicht auf bereits vorliegende Anträge einfach eingetragen werden (so aber Drischler Anm 2). Vielmehr ist § 17 GBO für alle Verfügungsbeeinträchtigungen zu beachten (*Böttcher* Rpfleger 1983, 49, 54), somit auch für den ZwVVermerk. Die Eintragung des ZwVVermerks ist nämlich geeignet, andere Eintragungen rechtlich zu beeinflussen, und zwar durch die Verhinderung eines gutgläubigen Erwerbs (§ 892 I 2 BGB). Liegen daher zum Zeitpunkt des Eingangs des Ersuchens bereits unerledigte Anträge vor, so ist für die Reihenfolge der Erledigung die Reihenfolge des Eingangs maßgeblich. 7

cc) Vorhandene Hindernisse (§ 18 I GBO). Sie sind vom GBA mit Zwischenverfügung oder Zurückweisung zu beanstanden (*Böttcher* MittBayNot 1987, 9 und 65), nicht auf Grund formloser Mitteilung (*Meikel/Böttcher* § 18 Rdn 19, 23; *Steiner/Hagemann* Rdn 12 **aA** *Stöber* Rdn 3.3). 8

dd) Amtseintragungen gemäß § 18 II GBO. (= Vormerkung oder Widerspruch). Sie sind erforderlich, wenn einem früheren nicht vollzugs- 9

§ 19 [Eintragung der Anordnung in das Grundbuch]

reifen Antrag ein weiterer nicht zu beanstandender Eintragungsantrag folgt. Steht dem zuerst eingegangenen Ersuchen des VollstrG gemäß § 19 I ein Hindernis entgegen, kann es durch Eintragung eines Amtswiderspruchs nach § 18 II GBO zugunsten des Beschlagnahmegläubigers erledigt werden (*Stöber* Rdn 4.5 a), da es sich um eine GB-Berichtigung handelt (*Meikel/Böttcher* § 18 Rdn 126). Strittig ist die Verfahrensweise, wenn dem fehlerfreien Ersuchen des VollstrG auf Eintragung des ZwVVermerks ein Antrag vorgeht, dem noch ein Hindernis entgegensteht. Nach einer Ansicht kann nach der Eintragung der Amtsvormerkung für den 1. Antrag nach § 18 II GBO die ZwVerst vermerkt werden (RG HRR 1940 Nr 516; *Stöber* Rdn 4.5 und 4.6; *Tröster* Rpfleger 1985, 337). Dem kann nicht gefolgt werden, weil mit der Verlautbarung der ZwVerst der frühere Antragsteller endgültig die Möglichkeit des gutgläubigen Erwerbs verliert. Daher muss die Eintragung des ZwVVermerks bis zur endgültigen Erledigung des 1. Antrags zurückgestellt werden, dh § 18 II GBO findet keine Anwendung (*Meikel/Böttcher* § 18 Rdn 142; *Dassler/Hintzen* Rdn 12; *Steiner/Hagemann* Rdn 13; *Baum* Rpfleger 1990, 141).

ee) Eintragung:

10   *"Die Zwangsversteigerung (Zwangsverwaltung) ist angeordnet. Eingetragen am . . ."*

Die Eintragung erfolgt in der Abt II des GB. Nicht angegeben werden Az und Gericht (vgl GBV Anlage 2 a Abt II Nr 6; vgl auch *Stöber* Rdn 3.4 **aA** *Dassler/Hintzen* Rdn 10; *Steiner/Hagemann* Rdn 14). Aus dem Vermerk muss erkennbar sein, ob es sich um eine ZwV oder um ein Sonderverfahren handelt, zB

"Die ZwVerst zum Zwecke der Aufhebung der Gemeinschaft ist angeordnet. Eingetragen am . . ."

11   **ff) Buchungsreihenfolge (§ 45 GBO).** In § 45 GBO ist nur von "Rechten" die Rede, nicht von Verfügungsverboten; die Vorschrift ist daher nur analog anwendbar, wenn es darum geht, den formalen Vorrang eines eingetragenen dinglichen Rechts vor dem ZwVVermerk zu verlautbaren (*Böttcher* Rpfleger 1983, 55). Geht ein Antrag auf Eintragung eines dinglichen Rechts vor einem Ersuchen auf Eintragung des ZwVVermerks ein, so würde die gleichzeitige Eintragung den gutgläubigen Erwerb des dinglichen Rechts verhindern. Ein Rangvermerk hat daher in diesem Fall die Wirksamkeitsreihenfolge anzugeben: "mit dem Rang vor dem ZwVerstVermerk Abt II Nr. ." (*Tröster* Rpfleger 1985, 337, 340). Daraus folgt aber umgekehrt, dass § 45 GBO nicht zu beachten ist, wenn das Ersuchen auf Eintragung des ZwVVermerks gleichzeitig oder vor dem Antrag auf Eintragung eines dinglichen Rechts eingeht.

§ 19

c) Wirkung des Vermerks. Die Eintragung des Vermerks verschafft 12
dem mit der Beschlagnahme bewirkten Verfügungsverbot (§ 23 I 1)
Wirksamkeit gegenüber allen, die ein Recht an dem Grundstück durch
Rechtsgeschäft erwerben (**§§ 135 II, 892 I 2 BGB**), dh nach der Eintragung des Vermerks ist kein gutgläubiger Erwerb des Grundstücks oder
ein Recht daran mehr möglich, weil ein Erwerber immer bösgläubig ist.
Ist der ZwVVermerk bereits im GB eingetragen oder wegen früheren
Eingangs vorher einzutragen (§ 17 GBO), so hat der GB-Rechtspfleger
grundsätzlich alle Eintragungen so zu vollziehen, als wenn kein Verfügungsverbot bestehen würde; die Beschlagnahme in der ZwVerst lässt
die Bewilligungs-(Verfügungs-)befugnis des Betroffenen unberührt und
eine dagegen verstoßene Verfügung erwächst zunächst in "schwebende
Wirksamkeit" (*Böttcher* Rpfleger 1985, 381, 386; BayObLG MittBayNot
1996, 108, 109). Die Eintragung des Vermerks bewirkt daher grundsätzlich **keine Sperre des GB**.

In Ausnahme davon, kann die Begründung eines Erbbaurechts am 13
Grundstück des Eigentümers bei eingetragenem ZwVVermerk wegen
der analogen Anwendung des § 1 IV ErbbauRG nur eingetragen werden,
wenn die Erbbaurechtsbestellung "voll wirksam" ist; dies ist der Fall bei
der Zustimmung des betreibenden Gl oder zwischenzeitlicher Aufhebung der ZwVerst (*Böttcher* Rpfleger 1985, 381, 387).

d) Löschung des Vermerks. Löschung des Vermerks erfolgt auf 14
Ersuchen des VollstrG, wenn das Verfahren aufgehoben (§ 34, § 146 I)
oder durchgeführt wurde (§ 130). Gegen die Eintragung des Vermerks
ist die unbeschränkte Beschwerde mit dem Ziel der Löschung zulässig;
§ 71 II 1 GBO steht dem nicht entgegen, da der Vermerk nicht an
öffentlichen Glauben des GB teilhat (BayObLG InVo 1997, 27; KG
HRR 1930 Nr 1509; **aA** *Steiner/Hagemann* Rdn 17). Ob die Tatsache,
dass der ZwVVermerk trotz der Löschung aus dem GB ersichtlich ist,
einen Anspruch auf Umschreibung des GB rechtfertigt, ist umstritten.
Eine Meinung verneint dies mangels gesetzlicher Regelung (BayObLG
MittRhNotK 1992, 188 = Rpfleger 1992, 513; OLG Düsseldorf Rpfleger 1987, 409; LG Bonn Rpfleger 1988, 311; LG Köln MittRhNotK
1984, 247). Auf Grund der Ungleichbehandlung zur Mobiliarvollstreckung, bei der eine Eintragung im Schuldnerverzeichnis nach drei Jahren
von Amts wegen spurenlos gelöscht wird (§ 915 ZPO), wird jedoch auch
eine Pflicht zur Umschreibung des GB bei entsprechender Antragstellung
bejaht (KEHE/*Eickmann* § 28 GBV Rdn 3; *Steiner/Hagemann* § 19
Rdn 20; *Vollkommer* Rpfleger 1982, 2). Soweit der Vermerk zu Unrecht
eingetragen wurde, ist eine Umschreibung jederzeit zulässig (vgl OLG
Frankfurt NJW 1988, 976). Ansonsten hat auf Grund der Achtung der
Menschenwürde (vgl Einl Rdn 30) und des Rechts auf informationelle
Selbstbestimmung (BVerfGE 65, 1) eine Umschreibung nach drei Jahren
(vgl § 903, § 915 a ZPO) seit der Löschung zu erfolgen, aber nur auf

§ 19 [Eintragung der Anordnung in das Grundbuch]

Antrag (*Böhringer* BWNotZ 1989, 1 ist für einen Zeitraum von fünf Jahren).

3. Mitteilungen des GBA

15 **a) Allgemeines.** Die sofortigen und nachträglichen Mitteilungen des GBA gemäß § 19 II und III sind für das VollstrG von besonderer Bedeutung. Letzteres kann sich auf ihre Richtigkeit und Vollständigkeit verlassen. Für evtl Fehler haften die Beamten des GBA. Offensichtliche Unrichtigkeiten oder Ungenauigkeiten hat das VollstrG dem GBA mitzuteilen.

16 **b) Sofortige Mitteilungen (§ 19 II). aa)** Eine beglaubigte Abschrift (Fotokopie) des GB-Blattes ist dem VollstrG zu übersenden. Sie muss vollständig und auf dem neuesten Stand sein, unterschrieben vom UdG (§ 12 c II Nr 1 GBO) und mit Stempel oder Siegel versehen. Eine einfache Abschrift (Fotokopie) genügt nicht; ebenso nicht die Übersendung der Grundakten.

17 **bb) Beglaubigte Abschriften aller im GB in Bezug genommenen Urkunden** (§ 874 II, §§ 885, 1115 BGB) sind dem GBA zu übersenden (§ 19 II 1). Dies kann unterbleiben, weil zu diesem Zeitpunkt die Urkunden dem VollstrG noch nichts nützen, sondern nur das GBA mit erheblicher Mehrarbeit belasten (*Stöber* Rdn 5.5). Auch die Übersendung nur der Orginal-Urkunden (§ 19 II 2) sollte wegen der großen Verlustgefahr nicht erfolgen (*Stöber* Rdn 5.5). Am zweckmäßigsten ist die Übersendung der ganzen Grundakten (§ 19 II 2), aber auch erst auf Grund eines ausdrücklichen Ersuchens des VollstrG zum Versteigerungs- und Verteilungstermin (so *Stöber* Rdn 5.5 völlig zu Recht).

18 **cc) Ein Zustellungsbevollmächtigter** ist dem VollstrG mitzuteilen, was für § 5 von Bedeutung ist. Soweit bei den Grundakten ein Wohnungsblatt geführt wird (§ 21 Nr 5 AktO), genügt eine beglaubigte Abschrift desselben; die Übersendung der Grundakten ist jedoch nicht ausreichend.

19 **dd) Wohnort und Wohnung der eingetragenen Beteiligten und deren Vertreter** sind dem VollstrG mitzuteilen, soweit sie bekannt sind. Auch hier genügt die Übersendung einer beglaubigten Abschrift des Wohnungsblattes (§ 21 Nr 5 AktO), nicht aber die der Grundakten. Bei subjektiv-dinglichen Rechten ist das GBA verpflichtet, die Berechtigten zu ermitteln und dem VollstrG mitzuteilen. Bei mehrfachen Teilungen des herrschenden Grundstücks muss dazu evtl das Katasteramt in Anspruch genommen werden. Jedenfalls ist es nicht Aufgabe des VollstrG, diese Ermittlungen anzustellen.

20 **ee) Der Zeitpunkt des Eingangs des Ersuchens beim GBA** ist mangels gesetzlicher Bestimmung nicht dem VollstrG von Amts wegen mitzuteilen (*Steiner/Hagemann* Rdn 24; *Dassler/Hintzen* Rdn 6; **aA** *Stöber*

Rdn 5.3). Dies geschieht nur auf Grund eines ausdrücklichen Ersuchens des VollstrG.

c) Nachträgliche Mitteilungen (§ 19 III). Das GBA soll Eintragungen im GB, die nach der Eintragung des ZwVVermerks erfolgen, dem VollstrG mitteilen. Die Sollvorschrift ist für das GBA ebenso verpflichtend wie § 19 II. Mitzuteilen sind alle Eintragungen, also auch Veränderungen, Löschungen und sonstige Vermerke. Dadurch soll die bereits übersandte Grundbuchabschrift stets auf dem neuesten Stand gehalten werden. Das Unterlassen der Mitteilungen durch das GBA stellt eine Amtspflichtverletzung dar.

§ 20 [Beschlagnahme des Grundstücks, Umfang]

^I**Der Beschluß, durch welchen die Zwangsversteigerung angeordnet wird, gilt zugunsten des Gläubigers als Beschlagnahme des Grundstücks.**

^{II}**Die Beschlagnahme umfaßt auch diejenigen Gegenstände, auf welche sich bei einem Grundstück die Hypothek erstreckt.**

§ 21 [Umfang der Beschlagnahme]

^I**Die Beschlagnahme umfaßt land- und forstwirtschaftliche Erzeugnisse des Grundstücks sowie die Forderung aus einer Versicherung solcher Erzeugnisse nur, soweit die Erzeugnisse noch mit dem Boden verbunden oder soweit sie Zubehör des Grundstücks sind.**

^{II}**Die Beschlagnahme umfaßt nicht die Miet- und Pachtforderungen sowie die Ansprüche aus einem mit dem Eigentum an dem Grundstücke verbundenen Rechte auf wiederkehrende Leistungen.**

^{III}**Das Recht eines Pächters auf den Fruchtgenuß wird von der Beschlagnahme nicht berührt.**

Schrifttum: *Dorn,* Bestandteile und Zubehör in der Zwangsversteigerung, Rpfleger 1987, 143; *Eickmann,* Miet- und Pachtforderungen im Zugriff von Grundpfandrechts- und anderen Gläubigern, ZfIR 2006, 273; *Graba/Teufel,* Anwartschaftsrecht am Zubehör in der Zwangsversteigerung, Rpfleger 1979, 401; *Hoes/Tetzlaff,* Ansprüche des Grundpfandgläubigers gegen den Gebäudeversicherer, ZfIR 2001, 354; *Klawikowski,* Schdensfälle in der Grundstüksversteigerung, Rpfleger 2005, 341; *Kollhosser,* Der Kampf ums Zubehör, JA 1984, 196; *Mayer,* Zubehör-Beschlagnahme durch Beitrittsbeschluß trotz vorausgegangener Freigabe?, RpflStud 1979, 4; *ders.,* Wenn der "Rote Hahn" kräht, RpflStud 1986, 5; *Möschel,* Die Eigentumsanwartschaft in Zubehörstücken in der Grundstückszwangsversteigerung, BB 1970, 237; *Mümmler,* Bestandteil und Zubehör im Zwangsversteigerungsverfahren, JurBüro 1971, 805; *ders.,* Ansprüche im Zwangsversteigerungsver-

§§ 20, 21 [Umfang der Beschlagnahme]

fahren, wenn unzulässigerweise Zubehör gepfändet und verwertet wird, JurBüro 1977, 779; *Paschold,* Die Grundstücksbeschlagnahme nach § 20 ZVG und ihre Auswirkung auf die Fährnisvollstreckung des Gerichtsvollziehers, DGVZ 1974, 53; *Schütz,* Die Rechte des Grundpfandgläubigers an der Versicherungsforderung in der Zwangsversteigerung, VersR 1986, 853; *Teufel,* Der Beitritt zur Zwangsversteigerung und das Zubehör, Rpfleger 1979, 186; *Weimar,* Die mithaftenden Gegenstände bei den Grundpfandrechten, MDR 1979, 464.

Übersicht

	Rn.
I. Allgemeines	1
II. Wesen der Beschlagnahme	2
III. Voraussetzungen der Beschlagnahme	3
IV. Wirkungen der Beschlagnahme	4
1. Befriedigungsrecht	4
2. Verfügungsverbot	5
3. Relative Wirkung	6
V. Gegenstände und Umfang der Beschlagnahme	7
1. Allgemeines	7
a) Bedeutung der Beschlagnahme für ZwVerst und Zuschlag	7
b) Beschlagnahme und Haftung	8
c) Zeitpunkt	9
2. Unbewegliches Vermögen	12
3. Bestandteile	13
a) Wesentliche und nichtwesentliche Bestandteile	14
b) Rechtsbestandteile	26
c) Getrennte Bestandteile	27
d) Dritteigentum	28
e) Enthaftung	29
f) Land- und forstwirtschaftliche Erzeugnisse	34
4. Zubehör	35
a) Begriffsbestimmung	35
b) Einzelfälle	36
c) Beschlagnahme	38
d) Ausnahmen	41
5. Versicherungsforderungen	47
a) Ungestörtes Versicherungsverhältnis ohne Wiederherstellungsklausel	48
b) Land- und forstwirtschaftliche Erzeugnisse	50
c) Enthaftung	51
d) Gestörtes Versicherungsverhältnis ohne Wiederherstellungsklausel	52
e) Ungestörtes Versicherungsverhältnis mit Wiederherstellungsklasusel	53
f) Gestörtes Versicherungsverhältnis mit Wiederherstellungsklausel	54
6. Miet- und Pachtzinsforderungen	55

IV. Wirkungen der Beschlagnahme §§ 20, 21

I. Allgemeines

Die §§ 20, 21 sind eine notwendige Ergänzung der §§ 1113, 1120 ff 1
BGB. Damit werden die grundsätzlich nur der Haftung der Grundpfandrechte unterliegenden Gegenstände auch der ZwVerst und der ZwVerw unterworfen, § 20 gilt für die Vollstreckungsversteigerung und ZwVerw, nicht aber für die Insolvenzverwalterversteigerung (§ 173) und die Nachlassversteigerung (§ 176), für die Teilungsversteigerung nur beschränkt auf deren Zweck (vgl § 180 Rdn 63). Gleiches gilt für § 21, jedoch mit einer Erweiterung für die ZwVerw (§ 148).

II. Wesen der Beschlagnahme

Sie ist ein **öffentlich-rechtlicher, prozessualer Akt,** weil sie durch 2
hoheitliches Handeln des VollstrG bewirkt wird. Außerdem ruft sie bedeutsame privatrechtliche Wirkungen hervor, wie ein Befriedigungsrecht (Rdn 4) und ein Verfügungsverbot (Rdn 5).

III. Voraussetzungen der Beschlagnahme

Die **Anordnung der ZwVerst** gilt als Beschlagnahme des Grund- 3
stücks (§ 20 I). Gleiches gilt für den **Beitrittsbeschluss** (§ 27). Das Wirksamwerden der Beschlagnahme richtet sich nach § 22.

IV. Wirkungen der Beschlagnahme

1. Befriedigungsrecht

Ziel des Verfahrens ist die Befriedigung der Gl. Mit dem Wirksamwer- 4
den der Beschlagnahme entsteht für jeden betreibenden Gl ein Befriedigungsrecht aus dem Grundstück bzw dem Versteigerungserlös. Bei den persönlichen Gl wird dieses Befriedigungsrecht erst neu begründet, während bei den dinglichen Gl die Beschlagnahme das bereits bestehende Recht auf Befriedigung aus dem Grundstück (§§ 1113 ff BGB) und den mithaftenden Gegenständen (§§ 1120 ff BGB) aktualisiert. Dieses Befriedigungsrecht ist kein Pfandrecht oder ein sonstiges dingliches Recht (RGZ 19, 299). Auf Grund des durch die Beschlagnahme entstehenden Befriedigungsrechts wird ein Sondervermögen des Schu begründet, an dem die Gl teilzunehmen berechtigt sind (RGZ 142, 85).

§§ 20, 21 [Umfang der Beschlagnahme]

2. Verfügungsverbot

5 Die Beschlagnahme hat die Wirkung eines Verfügungsverbots (**§ 23**). Dadurch werden die betreibenden Gl gegen Verfügungen des Schu über das Grundstück und die mithaftenden Gegenstände geschützt.

3. Relative Wirkung

6 Zugunsten des Gl tritt die Beschlagnahme ein, bei mehreren betreibenden Gl für jeden gesondert, nicht aber für andere Beteiligte. Ein gleicher Umfang der Beschlagnahme ist daher bei mehreren Gl nicht gewährleistet.

V. Gegenstände und Umfang der Beschlagnahme

1. Allgemeines

a) Bedeutung der Beschlagnahme für ZwVerst und Zuschlag.
7 Der Ersteher erwirbt mit dem Zuschlag die Gegenstände, auf welche sich die ZwVerst erstreckt hat (**§ 90 II**). Die ZwVerst erstreckt sich in erster Linie auf alle Gegenstände, deren Beschlagnahme noch wirksam ist (**§ 55 I**). Die Beschlagnahme wiederum erstreckt sich grundsätzlich auf die Gegenstände für die eine Grundpfandrechtshaftung besteht (**§§ 20, 21**).

8 **b) Beschlagnahme und Haftung.** Zur Bestimmung des Umfangs der Beschlagnahme greift § 20 II auf die Hypothekenhaftung zurück (**§§ 1120 ff, §§ 93 ff BGB**). Diese Vorschriften gelten auch für Grund- und Rentenschulden (§ 1192, § 1200 BGB), auch für Eigentümergrundschulden (RGZ 125, 362), ebenso für Reallasten (§ 1107 BGB). Persönliche Gl können zwar nicht auf eine bereits bestehende Haftung zurückgreifen; die Haftungsvorschriften sind jedoch für sie derart anzuwenden, als wenn für sie zZ des Wirksamwerdens der Beschlagnahme eine Hypothek bestehen würde (*Steiner/Teufel* Rdn 28).

9 **c) Zeitpunkt.** Maßgebender Zeitpunkt für den Beschlagnahmeumfang ist das Wirksamwerden der Beschlagnahme gemäß **§ 22**.

10 Da bei der ZwVerst seitens eines **dinglichen Gl** durch die Beschlagnahme die bereits bestehende Grundpfandrechtshaftung aber nur aktualisiert wird, ist grundsätzlich vom Zeitpunkt der GB-Eintragung auszugehen. Ändert sich an der einmal eingetretenen Haftung bis zum Wirksamwerden der Beschlagnahme nichts, so decken sich Haftungsumfang und Beschlagnahmeumfang. Ergeben sich allerdings nach der Grundpfandrechtseintragung Änderungen bei den Haftungsgegenständen, so sind diese beim Wirksamwerden der Beschlagnahme zu berücksichtigen (*Stöber* § 20 Rdn 4.2).

V. Gegenstände und Umfang der Beschlagnahme §§ 20, 21

Wird das Grundstück auf Grund der ZwVerst eines **persönlichen Gl** 11
beschlagnahmt, so umfasst der Beschlagnahmeumfang im Zeitpunkt des
Wirksamwerdens der Beschlagnahme gemäß § 22 alle die Gegenstände, die
einer Grundpfandrechtshaftung unterliegen würden in diesem Zeitpunkt.

2. Unbewegliches Vermögen

Gemäß § 20 I umfasst die Beschlagnahme das unbewegliche Vermö- 12
gen: Grundstücke (§ 864 I ZPO), Grundstücksbruchteile, sofern es sich
um Miteigentumsteile handelt (§ 864 II ZPO), Wohnungs- und Teileigentum (§ 864 II ZPO; §§ 1, 6 WEG), Erbbaurecht und Wohnungserbbaurecht (§ 11 I ErbbauRG; § 864 II ZPO; §§ 1, 6 WEG); Schiffe und
Schiffsbauwerke (§ 162 ff), Luftfahrzeuge (§§ 171 a ff).

3. Bestandteile

Als Bestandteil einer Sache sind diejenigen körperlichen Gegenstände 13
anzusehen, die entweder von Natur eine Einheit bilden oder durch Verbindung untereinander ihre Selbstständigkeit dergestalt verloren haben,
dass sie fortan, solange die Verbindung dauert, als ein Ganzes, als eine
einheitliche Sache erscheinen (RGZ 63, 171, 173). Die entscheidende
Frage für die Bestandteilseigenschaft ist also, wann eine einheitliche Sache
vorliegt; maßgebend dafür ist in erster Linie die Verkehranschauung oder
bei deren Fehlen hat das Gericht zu entscheiden, wie an dessen Stelle
jeder verständige und unbefangene Beurteiler die Dinge sehen würde
(RGZ 158, 362, 370). Kein Bestandteil ist demnach, was als selbstständige Sache erscheint, die evtl Zubehör sein kann oder einer Sachgesamtheit zugehört (RGZ 69, 117, 120).

a) Wesentliche und nichtwesentliche Bestandteile. aa) Begriffsbestimmung. Gemäß **§ 93 BGB** handelt es sich dann um **wesentliche** 14
Bestandteile einer Sache, wenn sie voneinander nicht getrennt werden
können, ohne dass die eine oder die andere zerstört oder in ihrem
Wesen verändert wird. Diese wesentlichen Bestandteile einer Sache sind
sonderrechtsunfähig, dh können nicht Gegenstand besonderer Rechte
sein (RGZ 158, 363, 368); an ihnen kann kein Sondereigentum bestehen und auch beschränkte dingliche Rechte können nicht an ihnen
begründet werden (RGZ 164, 196, 199). Sie teilen dieselbe Rechtslage
wie die gesamte Sache.

Eine für die Behandlung von Immobilien wichtige Ergänzung regelt 15
§ 94 BGB: dort wird festgestellt, dass die mit dem Boden fest verbundenen und die zur Herstellung eines Gebäudes eingefügten Sachen als
wesentliche Bestandteile anzusehen sind.

Aus der Definition der wesentlichen Bestandteile in § 93 ist der Umkehr- 16
schluss zu ziehen, dass es auch **nichtwesentliche Bestandteile** an einer
Sache gibt und dass diese sonderrechtsfähig sind (RGZ 69, 117; 158, 362,

§§ 20, 21 [Umfang der Beschlagnahme]

369). Bei der Unterscheidung zwischen wesentlichen und nichtwesentlichen Bestandteilen kommt es darauf an, ob bei einer Zerlegung der Gesamtsache einer der Teile eine entscheidende Wertminderung erleiden würde; bejahendenfalls handelt es sich um sonderrechtsunfähige, wesentliche Bestandteile, verneinendenfalls liegen sonderrechtsfähige, nichtwesentliche Bestandteile vor. Nichtwesentliche Bestandteile sind daher solche, die nicht nach den §§ 93, 94 BGB als wesentliche Bestandteile anzusehen sind. Die Rechtslage der nichtwesentlichen Bestandteile ist grundsätzlich dieselbe wie die der gesamten Sache, welcher sie zugehören (RGZ 158, 362, 369). Sie können jedoch schon vor der Trennung Gegenstand besonderer dinglicher Rechte sein (RGZ 69, 117, 120), zB eines rechtsgeschäftlichen Pfandrechts.

17   **bb) Einzelfälle.** Zu den wesentlichen Bestandteilen eines Grundstücks gehören in erster Linie die darauf stehenden **Gebäude** (§ 94 I 1 BGB); auch ein Gebäude, das im Hinblick auf ein in Aussicht gestelltes, dann aber nicht verwirklichtes Erbbaurecht errichtet wurde, ist wesentlicher Bestandteil des Grundstücks (BGH NJW 1961, 1251). *Fertighäuser* werden grundsätzlich mit dem Einbau der Leitungssysteme wesentliche Grundstücksbestandteile; ebenso ein Holzfertighaus, wenn es auf einem Betonfundament und einer Balkenunterkonstruktion errichtet ist (OLG Karlsruhe ZiP 1983, 330); ein Fertighaus, das aber jederzeit mehrfach demontiert und wieder aufgerichtet werden kann, ist kein wesentlicher Bestandteil des Grundstücks und unterliegt daher der Mobiliarpfändung (AG Recklinghausen KKZ 1990, 139). Transportable *Fertiggaragen* sind ohne zusätzliche Fundamente keine wesentlichen Bestandteile des Grundstücks (FG Bremen NJW 1977, 600); eine Fertiggarage aus Beton, die ohne Fundament oder sonstige Verankerung auf dem Grund und Boden aufgestellt ist, gehört dagegen zu den wesentlichen Bestandteilen dieses Grundstücks (BFH NJW 1979, 392).

18   Zu den wesentlichen Bestandteilen eines Grundstücks gehören allgemein alle **mit dem Grund und Boden fest verbundenen Sachen** (§ 94 I 1 BGB). Dazu gehört eine ins Erdreich fest und fugenlos eingebundene *Schwimmbeckenanlage,* nicht aber ein ebenerdig aufgestelltes Schwimmbecken (BGH NJW 1983, 567). Ein *Bootssteg* ist wesentlicher Bestandteil des Grundstücks, von dem aus er angelegt ist (BGH MDR 1967, 749). Ein *Gewächshaus,* das fest im Boden betoniert ist, gehört zu den wesentlichen Bestandteilen; nicht jedoch ein frei transportables Gewächshaus ohne festes Fundament. Die *Versorgungsleitungen* für Elektrizität, Gas und Wasser können als wesentliche Bestandteile bewertet werden, wenn sie auf den dem Versorgungsunternehmen gehörenden Grundstücken verlaufen; ist dies nicht der Fall, sind die Versorgungsleitungen als Scheinbestandteile gemäß § 95 BGB der nicht dem Versorgungsunternehmen gehörenden Grundstücke anzusehen und stellen somit Zubehör zum Betriebsgrundstück des Versorgungsunternehmens dar.

19   Die **mit dem Boden zusammenhängenden Erzeugnisse des Grundstücks** sind wesentliche Bestandteile dieses Grundstücks (§ 94 I

V. Gegenstände und Umfang der Beschlagnahme §§ 20, 21

1 BGB). Dazu gehören die organisch entstehenden Produkte wie Feldfrüchte, Obst, Gemüse und Holz am Stamm. Als sonstige Ausbeute des Grundstücks anzusehen sind Kies, Humus, Lehm, Sand, Steine, Ton und Torf; solange sie mit dem Boden verbunden sind, handelt es sich auch um wesentliche Bestandteile des Grundstücks. Gemäß § 94 I 2 wird der **Samen** vom Augenblick des Aussäens an, die **Pflanze** mit dem Einpflanzen zum wesentlichen Bestandteil des Grundstücks und damit sonderrechtsunfähig.

Zu den wesentlichen Sachen eines Gebäudes gehören die **zur Herstellung des Gebäudes eingefügten Sachen (§ 94 II BGB). Dazu gehören:** *Personen- und Lastenaufzüge* (RGZ 90, 198, 199); *Entlüftungsanlage* (LG Freiburg MDR 1957, 419); *Rolltreppe* (BFH BB 1971, 300); *Antennenanlage (Moog* NJW 1962, 381); *Türen, Fenster und Rolläden (Stöber* § 20 Rdn 3.2 b); *sanitäre Einrichtungen* (RG HRR 1929 Nr 1298; 1933 Nr 363); *Warmwasserbereitungsanlagen* (BGHZ 40, 272, 275; OLG Hamm BB 1975, 156); *Fußbodenbeläge;* mit dem Untergrund fest verbundener *Teppichboden (Moritz* JR 1980, 55), nicht bei loser Verlegung (LG Hamburg NJW 1979, 721; **aA** LG Köln NJW 1979, 1608); *Diesel-Notstromaggregat* in einem Hotel (BGH DNotZ 1988, 166); *Heizungsanlage* (BGH NJW 1953, 1180; 1970, 895; OLG Hamm BB 1975, 156; OLG Köln Rpfleger 1970, 88); *Wärmepumpenanlage* (BGH MDR 1990, 523); *Anlagen für Strom und Gas (Stöber* § 20 Rdn 3.2 b); *Maschinenanlage* eines mit Wasserkraft betriebenen Elektrizitätswerk (BayObLG Rpfleger 1999, 86). 20

Nicht als wesentliche Bestandteile gemäß § 94 II BGB gewertet werden: *Beleuchtungskörper* (RG JW 1917, 809; OLG Köln HRR 1932 Nr 1029); *Küchengasherd* (OLG Dresden LZ 1933, 1158); *Firmenschilder; Einrichtung einer Mühle* (OLG Schleswig DGVZ 1955, 135); *Kegelbahn* (BGH BB 1954, 456); *Maschinen* sind idR keine wesentlichen Bestandteile, vor allem bei Serienmaschinen und genormter Raumausstattung in einem für verschiedene Verwendungszwecke geeigneten und bestimmten Gebäude wie einer Fabrikhalle oder einem Bürohaus (= selbstständige Sachen); eine Ausnahme ist nur dann gerechtfertigt, wenn Maschinen und Bauwerk besonders aufeinander gearbeitet, zB die Maschinen an die Bauart des Gebäudes angepasst sind (RGZ 130, 264, 266); *Einbauküchen* sind grundsätzlich keine wesentlichen Bestandteile (OLG Karlsruhe NJW-RR 1988, 459; 1986, 19; OLG Frankfurt ZMR 1988, 136; OLG Düsseldorf Rpfleger 1994, 374; OLGZ 1983, 350; OLG Hamm MittRhNotK 1989, 114; **aA** OLG Zweibrücken MittRhNotK 1989, 113); ausnahmsweise kann dies bejaht werden, wenn sie durch Einpassen in bestimmte Stellen mit den sie umschließenden Seitenwänden vereinigt sind, dh eine Gebäudewand ersetzt eine Wand der Einbauküche (BFH BB 1971, 300) oder wenn sie bereits in den Bauplänen vorgesehen war (OLG Nürnberg MDR 1973, 758); nach Ansicht des BGH (Rpfleger 1990, 218) ist eine Einbauküche nur wesentlicher Bestandteil des Gebäudes, wenn erst ihre Einfügung dem Gebäude eine besondere Eigenart, ein bestimmtes Gepräge gibt, ohne das 21

§§ 20, 21 [Umfang der Beschlagnahme]

das Gebäude nicht als fertiggestellt gilt, oder wenn sie dem Baukörper besonders angepasst ist und deswegen mit ihm eine Einheit bildet. Eine aus serienmäßigen Teilen hergestellte *Schrankwand* (= Raumteiler zwischen Küche und Wohnküche) ist nicht wesentlicher Bestandteil eines Einfamilienhauses (OLG Düsseldorf DNotZ 1987, 108); *Ladeneinrichtungsgegenstände* (zB Theken, Brotroste, Resopalböden, Vitrine, Baldachin, Glasböden, Backofen einer Bäckerei) können trotz teilweiser maßgerechter Einpassung nicht als wesentliche Bestandteile eines Ladengrundstücks angesehen, da Läden heutzutage in verhältnismäßig kurzen zeitlichen Abständen modernisiert werden (LG Aachen NJW-RR 1987, 272).

22 cc) **Scheinbestandteile.** Darunter werden die Gegenstände zusammengefasst, die die Voraussetzungen der §§ 93, 94 BGB erfüllen, aber lediglich **zu einem vorübergehenden Zweck** mit dem Grund und Boden verbunden oder in ein Gebäude eingefügt sind **(§ 95 BGB).** Diese sog Scheinbestandteile sind weder Bestandteile noch Zubehör, sondern selbstständige bewegliche Sachen (BGH NJW 1962, 1498). Zu einem vorübergehenden Zweck erfolgen Verbindung oder Einfügung dann, wenn schon beim Verbinden oder Einfügen beabsichtigt ist, diese Maßnahmen wieder rückgängig zu machen (RG JW 1935, 418). *Windkraftanlagen* sind regelmäßig Scheinbestandteile eines Grundstücks, wenn die Anlagen in Ausübung eines zeitlich begrenzten Nutzungsverhältnisses errichtet worden sind (OLG Schleswig ZfIR 2006, 62). Dagegen lässt sich aus einem noch bestehenden Eigentumsvorbehalt des Veräußerers nicht auf eine vorübergehend vorgesehene Verbindung oder Einfügung schließen (BGHZ 26, 225; RGZ 62, 411).

23 **Beispielhaft** zu nennen sind: zum Verkauf bestimmte *Pflanzen* in Baumschulen und Gärtnereien (RGZ 66, 88; 105, 215); *Bauhütten; Gartenlauben; Bootshäuser; Fertighäuser,* deren spätere "Verpflanzung" bereits bei der Aufstellung beabsichtigt ist; *Behelfsheime* (BGH WM 1963, 1066; OLG Hamburg MDR 1951, 736), es sei denn bei der Errichtung war schon beabsichtigt, das Gebäude später dem Grundstückseigentümer zufallen zu lassen (BGHZ 8, 1, 5). Errichtet der Eigentümer eines Gebäudes, das lediglich ein Scheinbestandteil des Grundstücks ist, einen *Anbau,* so wird dieser selbst wenn seine feste Verbindung mit dem Grundstück auf Dauer gewollt ist, nicht wesentlicher Grundstücksbestandteil mit der Folge des Eigentumsübergangs nach § 946 BGB; vielmehr bildet der Anbau zusammen mit dem Altbau eine neue einheitliche – im Rechtssinne bewegliche – Sache (BGH NJW 1987, 774). Wird von einem *Mieter* auf dem gemieteten Grundstück ein Bau errichtet, so besteht die Vermutung, dass er dies nur für die Dauer des Mietverhältnisses und damit für einen vorübergehenden Zweck tut; dieser Vermutung wird nicht bereits dadurch der Boden entzogen, dass eine massive Bauweise angewendet wird oder dass das Mietverhältnis von langer Dauer ist (BGH VersR 1960, 365). Es ist nicht nur zu einem vorübergehenden Zweck errichtet, wenn es sowohl den Zwecken des Mieters als auch

V. Gegenstände und Umfang der Beschlagnahme §§ 20, 21

nach Beendigung des Mietverhältnisses den Zwecken des Vermieters dienen soll (BGHZ 8, 1) oder wenn im Mietvertrag dem Vermieter das Recht eingeräumt ist, das Bauwerk bei Beendigung des Vertragsverhältnisses gegen Entschädigung zu übernehmen (BGHZ 92, 70). Errichtet der *Pächter* auf dem Pachtgrundstück ein Gebäude, so wird vermutet, dass dieses nur zu einem vorübergehenden Zweck mit dem Grundstück verbunden ist (BGH BB 1955, 335; OLG Köln ZMR 1956, 80). Dagegen ist das Gebäude wesentlicher Bestandteil des Grundstücks, wenn dem Verpächter das Recht eingeräumt worden ist, nach Ablauf der Pachtzeit das Gebäude gegen eine bestimmte Ablösesumme zu übernehmen, ohne dass er hierzu verpflichtet sein soll (BGH MDR 1958, 418) oder wenn vereinbart wurde, dass nach Beendigung des Pachtverhältnisses alle mit dem Grund und Boden verbundenen Anlagen ohne Verrechnung auf den Verpächter übergehen sollen (BGH WM 1973, 560) oder wenn der Eigentümer eines Pachtgrundstücks von den bisherigen Pächter das Gebäude erwirbt, um Grundstück und Gebäude einem neuen Pächter mit der Abrede zu verpachten, dass das Eigentum am Gebäude bei Beendigung des Pachtvertrages an ihn als den Grundstückseigentümer fallen soll (BGH NJW 1971, 1309).

Gebäude oder andere Werke, die in Ausübung eines Rechts an einem 24 fremden Grundstück von dem Berechtigten mit dem Grundstück verbunden worden sind, gelten ebenfalls als Scheinbestandteile (§ 95 I 2 BGB). In Betracht kommen dingliche Nutzungsrechte (zB Nießbrauch, Grunddienstbarkeit, Erbbaurecht), nicht aber schuldrechtliche Vereinbarungen, zB Tankstelle auf Grund einer Tankstellendienstbarkeit oder Strommasten auf Grund einer Stromleitungsdienstbarkeit.

dd) Beschlagnahme. Bestandteile unterliegen grundsätzlich nach 25 § 1147 BGB, § 864 I ZPO der Immobiliarvollstreckung in das Grundstück, da sie dessen rechtliches Schicksal teilen (*Steiner/Teufel* Rdn 44); dies gilt sowohl für wesentliche als auch für nichtwesentliche Bestandteile. Die Bestandteile haften als Teile des Grundstücks für dingliche Verwertungsrechte und werden von der Beschlagnahme (**§ 20 I**), der Versteigerung (§ 55 I) und dem Zuschlag (§ 90 II) erfasst. Eine einstweilige Einstellung bzw Aufhebung (= Freigabe) hinsichtlich Bestandteile ist daher nicht zulässig; erfolgt sie trotzdem, hat dies keine Wirkung und hindert den Eigentumserwerb des Erstehers nicht. Die Beschlagnahme des Grundstücks erfasst nicht die Früchte, die dem Pächter zustehen (§ 21 III, §§ 148, 152 II, §§ 1120, 956 BGB), an ihrer Stelle jedoch die Pachtzinsen (§ 20 II, § 1123 BGB).

b) Rechtsbestandteile. Als Bestandteile des Grundstücks gelten nach 26 § 96 BGB Rechte, die mit dem Eigentum an dem Grundstück verbunden sind (vgl dazu *Meikel/Böttcher* § 9 Rdn 3 ff): Grunddienstbarkeit (§ 1018 BGB); subjektiv-dingliches Verkaufsrecht (§ 1094 II BGB); subjektiv-dingliche Reallast (§ 1105 II BGB); Überbau- und Notwegrente, soweit ihre Höhe vertraglich festgelegt ist (§ 913 I, § 917 II BGB); das Heimfallrecht des Grundstückseigentümers beim Erbbaurecht und der Erbbauzins (§ 2 Ziff 4,

§ 9 II 2 ErbbauRG). Diese subjektiv-dinglichen Rechte, die im Wege der Fiktion zu Bestandteilen des Grundstücks erklärt werden (RGZ 74, 401), unterliegen der Grundpfandrechtshaftung nach den §§ 1120 ff BGB und werden von der Beschlagnahme **(§ 20 I)**, der Versteigerung (§ 55 I) und dem Zuschlag (§ 90 II) erfasst, auch ohne ausdrückliche Erwähnung im Anordnungs- bzw Zuschlagsbeschluss. Trotz § 20 II, § 1126 BGB werden von der Beschlagnahme ausnahmsweise die Ansprüche aus einem mit dem Eigentum an dem Grundstück verbundenen Recht auf wiederkehrende Leistungen nicht erfasst **(§ 21 II)**, zB Ansprüche aus einer subjektiv-dinglichen Rentenreallast auf wiederkehrende Leistungen.

27 **c) Getrennte Bestandteile. aa) Beschlagnahme.** Getrennte Bestandteile (auch Erzeugnisse) sind selbstständige bewegliche Sachen und unterliegen weiterhin der Haftung (§ 1120 BGB) und daher auch der Beschlagnahme **(§ 20 II)**.

bb) Ausnahmen.

28 **d) Dritteigentum.** Bestandteile (auch Erzeugnisse) werden mit der Trennung von der Haftung und damit auch von einer Beschlagnahme frei, wenn sie nach §§ 954 ff BGB in das Eigentum eines anderen (zB Pächter, Nießbraucher) fallen (§ 1120 BGB, § 20 II). Dabei spielt es keine Rolle, ob die Pacht vor oder nach der Begründung eines Grundpfandrechts begründet worden ist oder der Nießbrauch dem Grundpfandrecht im Rang vorgeht.

29 **e) Enthaftung.** Die §§ 1121, 1122 I BGB bestimmen, unter welchen Voraussetzungen die Haftung entfällt und damit auch keine Beschlagnahme möglich macht. Folgende Fallkonstellationen sind denkbar (ausführlich dazu: MünchKomm/*Eickmann* § 1121 Rdn 24 ff; *Steiner/Teufel* Rdn 71–73):

30 *Veräußerung – Entfernung – Beschlagnahme und Entfernung – Veräußerung – Beschlagnahme.* In diesen beiden Fällen werden die getrennten Bestandteile von der Haftung frei (§ 1121 I BGB) und unterliegen damit nicht der Beschlagnahme (§ 20 II).

31 *Beschlagnahme – Veräußerung – Entfernung* und *Veräußerung – Beschlagnahme – Entfernung.* In diesen beiden Fällen entsteht mit der Beschlagnahme ein Verfügungsverbot zugunsten des betreibenden Gl (§ 23), und zwar vor dem Wirksamwerden der Enthaftung (= Entfernung). Die Beschlagnahme ist einem Erwerber der getrennten Bestandteile gegenüber jedoch nur wirksam, wenn er bei der Entfernung bösgläubig war (§ 1121 II 2 BGB), dh die getrennten Bestandteile werden nur dann von der Haftung befreit und damit nicht beschlagnahmt (§ 20 II), wenn der Erwerber bei der Entfernung gutgläubig ist. Dabei ist zu beachten, dass sich der Erwerber nur im Hinblick auf die Beschlagnahme, nicht jedoch das Grundpfandrecht auf die Gutgläubigkeit berufen kann (§ 1121 II 1 BGB).

V. Gegenstände und Umfang der Beschlagnahme   §§ 20, 21

Entfernung – Beschlagnahme – Veräußerung. Eine Enthaftung der getrennten Bestandteile ist nicht nach § 1121 BGB, sondern nur gemäß § 1122 I BGB möglich; sie müssen innerhalb der Grenzen einer ordnungsgemäßen Wirtschaft von dem Grundstück getrennt worden sein und die Entfernung darf nicht nur zu einem vorübergehenden Zweck erfolgen. Liegen diese Voraussetzungen des § 1122 I BGB nicht vor, kann eine Enthaftung nur über die Regeln des Gutglaubensschutzes (§§ 136, 135 II, §§ 932 ff BGB) erfolgen, wobei es genügt, wenn sich der gute Glaube auf das Nichtbestehen des Verfügungsverbots bezieht. 32

Beschlagnahme – Entfernung – Veräußerung. In diesem Fall kommen die §§ 1121, 1122 I BGB nicht zur Anwendung. Eine Enthaftung der getrennten Bestandteile ist daher nur möglich, wenn ein Erwerber in Bezug auf die Beschlagnahme in dem nach den §§ 932 ff BGB maßgeblichen Zeitpunkt gutgläubig ist. 33

f) Land- und forstwirtschaftliche Erzeugnisse. Sie werden ungeachtet ihrer Haftung (§ 1120 BGB) von der Beschlagnahme nicht erfasst, wenn sie bei deren Wirksamwerden (§ 22) bereits vom Grundstück getrennt und nicht Zubehör sind (**§ 21 I**). 34

4. Zubehör

a) Begriffsbestimmung. Man versteht darunter bewegliche Sachen, die, ohne Bestandteil der Hauptsache zu sein, dem wirtschaftlichen Zweck der Hauptsache zu dienen bestimmt sind, mit einer auf Dauer angelegten Zweckbindung an die Hauptsache und einer der Zweckbestimmung entsprechenden Beziehung zur Hauptsache; außerdem müssen sie die Verkehrsanschauung als Zubehör ansehen (**§ 97 I, II 1 BGB**). Die vorübergehende Trennung eines Zubehörstücks von der Hauptsache hebt die Zubehöreigenschaft nicht auf (**§ 97 II 2 BGB**). Lediglich beispielhaft und nicht enumerativ zählt **§ 98 BGB** für Gewerbe- und landwirtschaftliche Betriebe Gegenstände auf, die dem wirtschaftlichen Zweck der Hauptsache zu dienen bestimmt sind; Zubehör sind diese Gegenstände nur, wenn daneben noch die übrigen Voraussetzungen des § 97 BGB vorliegen. Ein Gebäude kann nicht nur durch seine Gliederung, Einteilung, Eigenart oder Bauart, sondern auch aufgrund seiner Ausstattung mit betriebsdienlichen Maschinen und sonstigen Gerätschaften als für einen gewerblichen Betrieb dauernd eingerichtet angesehen werden (BGH ZfIR 2006, 301). 35

b) Einzelfälle. Zubehör sind: *Ackerschlepper* (AG Varel DGVZ 1962, 48); *Alarmanlage* (OLG München MDR 1979, 934); *Baumaterialien* (RGZ 86, 326, 330); *Büroeinrichtung* (LG Mannheim BB 1976, 1152, LG Berlin DGVZ 1977, 156; LG Freiburg BB 1977, 1672); noch nicht montierte *Heizkörper* (BGHZ 58, 309); *Heizöl* im fertiggestellten Gebäude (OLG Düsseldorf NJW 1966, 1714); *Speiseeismaschine* (LG Kassel MDR 1959, 487); *Waschmaschine* im Mehrfamilienhaus (KG Dortmund MDR 1965, 36

§§ 20, 21 [Umfang der Beschlagnahme]

740); *Zuchthengst* eines Reiterhofes (AG Oldenburg DGVZ 1980, 93); *Glocke* und *Läutewerk* eines Kapellengebäudes (BGH NJW 1984, 2277); *Kohlenvorräte* einer Fabrik (RGZ 86, 326); *Kraftfahrzeuge und Baumaschinen eines Betriebes,* wenn sie vorwiegend auf dem Betriebsgelände gebraucht werden (OLG Hamm DGVZ 1954, 7; BGH WM 1980, 1283; Rpfleger 1983, 167); die von einem Hof iSd Höfeordnung abgeschriebene *Salzabbaugerechtigkeit* (AG Lüneburg Rpfleger 1983, 396); *Vieh* in der Landwirtschaft (OLG Oldenburg Rpfleger 1976, 243); *Gaststätteninventar* (OLG Schleswig Rpfleger 1988, 76; **aA** LG Kiel Rpfleger 1983, 167); eine aus serienmäßig hergestellten Einzelteilen zusammengesetzte *Kücheneinrichtung* (BGH BB 1990, 1094); Telekommunikationsanlage eines Hotels (LG Flensburg Rpfleger 2000, 345).

37 **Kein Zubehör sind:** *Holzlager* einer Möbelfabrik (RGZ 86, 326); *Fernsprechnebenanlage* (OLG Köln NJW 1961, 461); *Kraftfahrzeugpark* eines modernen Speditions- bzw Transportunternehmens, da sie vorwiegend außerhalb des Betriebsgeländes gebraucht werden (BGHZ 85, 234); mobiler *Baukran* auf einem Lagergrundstück (OLG Koblenz BB 1989, 2138); *Einbauküche* (BGH DNotZ 2009, 380; OLG Düsseldorf Rpfleger 1994, 374; OLG Karlsruhe Rpfleger 1988, 542; OLG Frankfurt ZMR 1988, 136). Wenn der *Mieter oder Pächter* eines Grundstücks Maschinen und andere Gerätschaften für seine befristeten Zwecke dorthin bringt, sind diese idR kein Zubehör (BGH Rpfleger 2009, 253; *Steiner/Teufel* § 55 Rdn 15); dies gilt auch für Lampen oder eine Tankanlage, die der Mieter (Pächter) auf dem Grundstück angebracht hat. Der Umstand, dass nach Beendigung des Pachtverhältnisses für den Verpächter ein Übernahmerecht vorgesehen ist, genügt nicht, eine dauernde Unterordnung und damit die Zubehöreigenschaft zu bejahen (BGH BB 1971, 1123). Erwirbt jedoch der Pächter (Mieter) später das Grundstück, so ist anzunehmen, dass die Sachen nunmehr für dauernd dem Zweck des Grundstücks dienen sollen und damit Zubehör werden (RGZ 132, 321, 324). *Betriebsgeräte und Maschinen* gehören nicht zu dem Zubehör des Grundstücks, wenn in dem daraufstehenden Gebäude ein Gewerbe betrieben wird und das Gebäude objektiv hierfür nicht für dauernd eingerichtet ist (BGH NJW 1974, 269; 1984, 2277; BB 1990, 1094); gleiches gilt, wenn das Gebäude von seiner baulichen Beschaffenheit her auch für andere Gewerbezweige Verwendung finden kann (**aA** OLG Köln EWiR § 98 BGB 1/87, 217 m abl Anm *Eickmann*). *Maschinen und Geräte eines Bauunternehmens,* die ausschließlich auf den Baustellen eingesetzt werden, sind nicht Zubehör des Betriebsgrundstücks (BGH Rpfleger 1994, 266). Eine aus serienmäßigen Teilen hergestellte *Schrankwand* (= Raumteiler zwischen Küche und Wohnküche) ist nicht Zubehör eines Einfamilienhauses (OLG Düsseldorf DNotZ 1987, 108).

38 **c) Beschlagnahme.** Das Zubehör unterliegt gemäß § 1120 BGB der Grundpfandrechtshaftung. Maßgeblicher Zeitpunkt für als Zubehör anzusehende Gegenstände ist die Eintragung des Grundpfandrechts; auch bei späterem Verlust der Zubehöreigenschaft gehören sie weiterhin zum Haftungsverband (BGH ZfIR 2008,863). Eine vertragsmäßige Einschränkung des Umfangs der Haftung kann mit dinglicher Wirkung nicht vereinbart werden (RGZ 125, 362). Auch Gegenstände, die nicht im Eigentum des Grundstückseigentümers stehen, können von einem Dritten nicht freiwillig der Grundpfandrechtshaftung unterworfen werden (RGZ 63, 371). Nach § 20 II werden die Zubehörstücke von der Beschlagnahme erfasst, die der Haftung unterliegen. Es spielt dabei keine Rolle, ob die Zubehöreigenschaft vor oder nach der Grundpfandrechtsbestellung oder Beschlagnahme erlangt wurde (*Steiner/Teufel* Rdn 103). Die beschlagnahmten Zubehörstücke werden von der Versteigerung erfasst (§ 55 I) und gehen mit dem Zuschlag in das Eigentum des Erstehers über (§ 90 II).

Ein unter **Eigentumsvorbehalt** geliefertes Zubehör wird als Fremdzubehör nicht beschlagnahmt (so *Stöber* § 20 Rdn 3.4 b). Für den Grundstückseigentümer entsteht eine Eigentumsanwartschaft an Zubehör durch die bedingte Übereignung bei Verkauf unter Eigentumsvorbehalt gemäß § 455 BGB (BGHZ 35, 85). Dieses Anwartschaftsrecht ist ein sich auf die Sache beziehendes bedingtes Eigentumsrecht, eine Vorstufe des Eigentums (BGHZ 75, 221).

Diese rechtliche Gleichstellung mit dem Eigentum hat zur Folge, dass das **Anwartschaftsrecht** des Grundstückseigentümers am Zubehör der Haftung (§ 1120 BGB) und damit der Beschlagnahme (§ 20 II) unterliegt (BGHZ 35, 85). Der mit der vollständigen Bezahlung des Kaufpreises eintretende Eigentumserwerb an den Zubehörstücken hat die Umwandlung der Beschlagnahme am Anwartschaftsrecht zum Eigentum am Zubehör zur Folge. Mit dem Rücktritt vom Kaufvertrag bzw dessen Anfechtung wird das Anwartschaftsrecht und damit dessen Haftung hinfällig (BGHZ 75, 221). Dies soll auch gelten, wenn das Anwartschaftsrecht von den Kaufvertragsparteien aufgehoben wird (BGHZ 92, 280); dem ist zu widersprechen, da dafür wegen der analogen Anwendung des § 1276 I 1 BGB die Zustimmung des Grundpfandrechtsgläubigers notwendig ist (MünchKomm/*Eickmann* § 1120 Rdn 39). Zu den Problemen bei der Versteigerung vgl **§ 55 Rdn 3**.

d) Ausnahmen. aa) Dritteigentum. Die Haftung und damit die Beschlagnahme umfassen das dem Grundstück zugeordnete Zubehör dann nicht, wenn es nicht in das Eigentum des Grundstückseigentümers gelangt ist (§ 20 II, § 1120 BGB). Solches Fremdzubehör, zB unter Eigentumsvorbehalt eines Dritten stehend, wird trotzdem von der Versteigerung erfasst (§ 55 II) und geht auf Grund des Zuschlags auf den Ersteher über (§ 90 II). Der Dritte muss sein Eigentum nach § 37 Ziff 5 geltend machen.

bb) Enthaftung. Sie ist geregelt in den §§ 1121, 1122 II BGB (vgl BGH ZfIR 2008, 863). Kommt es danach zur Enthaftung, erfolgt auch keine Beschlagnahme (§ 20 II). Unabhängig von einer Veräußerung und einer Entfernung der Zubehörstücke tritt eine Enthaftung dann ein,

§§ 20, 21 [Umfang der Beschlagnahme]

wenn innerhalb der Grenzen ordnungsgemäßer Wirtschaft die Zubehöreigenschaft vor der Beschlagnahme aufgehoben wird (§ 1122 II BGB). Die endgültige Stilllegung des gesamten auf einem Fabrikgrundstück durchgeführten Betriebes und die damit verbundene Aufhebung der Zubehöreigenschaft der Betriebseinrichtung gehen über die Grenzen einer ordnungsmäßigen Wirtschaft hinaus und führen deshalb nicht zu einer Haftungsfreistellung der bisherigen Zubehörgegenstände (BGHZ 56, 298; 60, 267). Liegt § 1122 II BGB nicht vor, sind folgende Fallkonstellationen noch denkbar (vgl ausführlich dazu: MünchKomm/*Eickmann* § 1121 Rdn 25–37; *Steiner/Teufel* Rdn 119, 120):

43 *Veräußerung – Entfernung – Beschlagnahme und Entfernung – Veräußerung – Beschlagnahme.* In diesen beiden Fällen tritt Enthaftung nach § 1121 I BGB ein; damit auch keine Beschlagnahme (§ 20 II).

44 *Beschlagnahme – Veräußerung – Entfernung und Veräußerung – Beschlagnahme – Entfernung.* Auf Grund des mit der Beschlagnahme eintretenden Verfügungsverbots (§ 23) kann eine Enthaftung nur eintreten, wenn der Erwerber bei der Entfernung im Hinblick auf die Beschlagnahme gutgläubig ist. § 1121 II BGB (ausführlich Rdn 31).

45 *Entfernung – Beschlagnahme – Veräußerung* und *Beschlagnahme – Entfernung – Veräußerung.* In diesen Fällen kommt § 1121 BGB nicht zur Anwendung. Liegen die Voraussetzungen des § 1122 II BGB auch nicht vor (so), dann ist eine Enthaftung der Zubehörstücke nur möglich, wenn ein Erwerber in Bezug auf die Beschlagnahme in dem nach den §§ 932 ff BGB maßgeblichen Zeitpunkt gutgläubig ist.

46 **cc) Freigabe.** Während eine Einschränkung des Umfangs der Grundpfandrechtshaftung mit dinglicher Wirkung nicht zulässig ist (vgl Rdn 38), können beschlagnahmte Zubehörstücke vom Gl freigegeben werden, so dass eine Haftung ohne Beschlagnahme vorliegt (BGH Mitt-BayNot 1996, 103; *Steiner/Teufel* Rdn 115). In der Freigabe ist die Rücknahme des Versteigerungsantrags – beschränkt auf das Zubehörstück – zu erblicken; das VollstrG hat einen Aufhebungsbeschluss zu erlassen.

5. Versicherungsforderungen (vgl dazu Klawikoski Rpfleger 2005, 341).

47 Bei der Frage, inwieweit sie einer Haftung und damit der Beschlagnahme unterliegen, muss unterschieden werden zwischen Versicherungsverträgen mit und ohne Wiederherstellungsklausel und dann noch zwischen ungestörten und gestörten Versicherungsverhältnissen. Unter einer Wiederherstellungsklausel versteht man eine versicherungsvertragliche Vereinbarung, wonach die Versicherung nur zur Zahlung verpflichtet ist, wenn und soweit eine Wiederherstellung des untergegangenen Gegenstandes erfolgt (§ 1130 BGB, § 97 VVG); vgl *Steiner/Teufel* Rdn 170. Ein gestörtes Versicherungsverhältnis liegt vor, wenn die Versicherung aus besonderen Gründen (zB

V. Gegenstände und Umfang der Beschlagnahme §§ 20, 21

vorsätzliche oder grob fahrlässige Herbeiführung des Schadens, § 61 VVG) dem Eigentümer gegenüber leistungsfrei ist (*Dassler/Hintzen* § 20 Rdn 42).

a) Ungestörtes Versicherungsverhältnis ohne Wiederherstellungsklausel. aa) Haftung. Sie erstreckt sich auf die Forderung gegen 48 den Versicherer, wenn Gegenstände, die dem Grundpfandrecht unterliegen (§§ 1113, 1120 ff BGB), für den Eigentümer oder Eigenbesitzer des Grundstücks versichert sind **(§ 1127 I BGB)**. In Betracht kommen vor allem die Gebäudeversicherung (zB Feuerversicherung) und die Viehversicherung.

bb) Beschlagnahme. Die der Haftung unterliegende Versicherungs- 49 forderung (§ 1127 I BGB) wird auch von der Beschlagnahme des Grundstücks erfasst **(§ 20 II)**. Verfügungen über die Versicherungsforderung sind relativ unwirksam (§ 23 I). Die Versicherungssumme kann unmittelbar zur Befriedigung der Gl herangezogen werden, so dass das VollstrG deren gesonderte Verwertung (§ 65) und deren Hinterlegung anordnet (*Mayer* RpflStud 1986, 5; **aA** *Steiner/Teufel* Rdn 180 für die Gebäudeversicherung). Im Übrigen wird das Verfahren in entsprechender Anwendung des § 76 einstweilen eingestellt und über den hinterlegten Betrag das Verteilungsverfahren durchgeführt. Reicht die Versicherungssumme aus, so kann das Verfahren aufgehoben werden; andernfalls wird das Verfahren auf Antrag fortgesetzt (§ 76 II) und das Grundstück versteigert (BGH Rpfleger 1967, 109). Eine andere Verfahrensweise ist angebracht, wenn nach den Versteigerungsbedingungen Rechte bestehen bleiben, da für diese nur das geschädigte Versteigerungsobjekt noch haften würde, während die erlöschenden Rechte aus der Versicherungssumme befriedigt würden. In diesem Fall hat eine Anordnung nach § 65 zu unterbleiben, so dass der Anspruch gegen die Versicherung mitversteigert (§ 55 I) und vom Ersteher erworben wird (§ 90 II), der dann von der Versicherung Auszahlung verlangen kann (*Mayer* RpflStud 1986, 5, 6).

cc) Ausnahmen.

b) Land- und forstwirtschaftliche Erzeugnisse. Die Beschlag- 50 nahme umfasst eine Versicherungsforderung für land- und forstwirtschaftliche Erzeugnisse dann nicht, wenn sie vom Grundstück getrennt und kein Zubehör sind **(§ 21 I)**.

c) Enthaftung. Ein Freiwerden der Versicherungsforderung von der 51 Haftung entzieht diese auch der Beschlagnahme (§ 20 II). Die Haftung der Versicherungsforderung erlischt zum einen, wenn der versicherte Gegenstand wiederhergestellt oder Ersatz für ihn beschafft ist **(§ 1127 II BGB)**. Bei Wiederherstellung oder Ersatzbeschaffung eines Gegenstandes wird dieser wiederum von der Haftung erfasst. Des Weiteren tritt eine Enthaftung ein in den Fällen des **§ 1129 BGB** (nicht Gebäudeversicherung) durch Zeitablauf von 1 Jahr nach Eintritt der Fälligkeit der Forderung, wenn nicht vorher Beschlagnahme erfolgt (§ 1123 II 1 BGB). Letztendlich wird die

§§ 20, 21 [Umfang der Beschlagnahme]

Versicherungsforderung (nicht Gebäudeversicherung) von der Haftung frei, wenn vor der Beschlagnahme vom Eigentümer über sie verfügt wird (§ 1129 iVm § 1124 I und III BGB); vgl dazu RGZ 64, 28.

d) Gestörtes Versicherungsverhältnis ohne Wiederherstellungsklausel.
52 In diesem Fall ist die Versicherung gegenüber dem Grundstückseigentümer leistungsfrei (§ 61 VVG). Bei einer Gebäudeversicherung bleibt die Versicherung den Grundpfandgläubigern gegenüber aber verpflichtet (§ 102 I VVG). Dieser Anspruch ist nicht vom Grundstückseigentümer abgeleitet, sondern ist ein selbstständiges unmittelbares Recht, das an die Stelle der pfandweisen Haftung der Versicherungsforderung (§ 1128 III BGB) getreten ist (BGH Rpfleger 1981, 291; RGZ 102, 350, 352; *Steiner/Teufel* Rdn 173). Die Grundpfandgläubiger sind berechtigt, Zahlung an sich zu verlangen. Dieser Anspruch unterliegt weder der Haftung noch der Beschlagnahme (*Mayer* RpflStud 1986, 5, 6; *Stöber* § 20 Rdn 3.6). Vielmehr bestimmt sich das Rechtsverhältnis der Gl gegenüber der Versicherung in entsprechender Anwendung der Vorschriften über das Pfandrecht (BGH Rpfleger 1981, 291). Mangels Beschlagnahme kommt weder eine Anordnung nach § 65 noch eine Mitwirkung des VollstrG bei der Verteilung der Entschädigungssumme in Betracht. Die Weiterführung der ZwVerst wird hierdurch nicht berührt (*Steiner/Teufel* Rdn 187).

e) Ungestörtes Versicherungsverhältnis mit Wiederherstellungsklasusel.
53 Die Versicherung muss nur zur Finanzierung des Wiederaufbaus zahlen (§ 97 VVG). Durch die bestimmungsgemäße Zahlung an den Versicherten wird die Versicherung von ihrer Leistungspflicht grundsätzlich frei, und zwar auch ohne Einverständnis der Grundpfandrechtsgläubiger (§ 1130 BGB). Die Beschlagnahme in der ZwVerst erstreckt sich auf die Versicherungsforderung auch bei Vorliegen einer Wiederherstellungsklausel gemäß **§ 1127 I BGB, § 20 II** (so *Steiner/Teufel* Rdn 184). Entgegen dem Gesetzeswortlaut von § 1130 BGB gilt diese Vorschrift in der ZwVerst nicht, da eine Zahlung an den Schu idR nicht der Wiederherstellung dienen, den ursprünglichen Zweck also völlig verfehlen würde; an den Versicherten kann daher nicht mit befreiender Wirkung geleistet werden (*Steiner/Teufel* Rdn 184; MünchKomm/*Eickmann* § 1130 Rdn 5). In der Zeit zwischen der Beschlagnahme und dem Zuschlagsbeschluss wird die Versicherungssumme gemäß § 372 BGB hinterlegt (*Stöber* § 20 Rdn 3.6). Das VollstrG wird die Versicherungssumme im Zuschlagsbeschluss dem Ersteher zusprechen. Hat der Eigentümer tatsächlich vor dem Zuschlag wieder aufgebaut, dann wird die Versicherungssumme sowohl von der Haftung (§ 1127 II BGB) als auch von der Beschlagnahme (§ 20 II) frei, da die Gl wieder ein gleichwertiges Haftungsobjekt haben (*Mayer* RpflStud 1986, 5, 6; *Stöber* § 20 Rdn 3.6). Ist eine Wiederherstellung unmöglich, so kann die Versicherung deswegen die Zahlung nicht verweigern; viel-

§ 22

mehr muss das Geld für die Befriedigung der Gl zur Verfügung stehen (RGZ 133, 117; *Steiner/Teufel* Rdn 171). Da die Versicherungsforderung aber ohne Sinn ist (der Ersteher kann auch nicht aufbauen), hat eine Verteilung durch das VollstrG zu erfolgen (vgl Rdn 49), wenn die Versicherung die Zahlungspflicht anerkennt und das Geld hinterlegt; ansonsten sollte das Grundstück ausdrücklich ohne die Versicherungsleistung versteigert werden (*Mayer* RpflStud 1986, 5, 7).

f) Gestörtes Versicherungsverhältnis mit Wiederherstellungsklausel. Es gelten zunächst die Ausführungen bei Anm V 5 b! Zu beachten ist, dass die Versicherung auch dann ohne Wiederherstellung an die Gl zahlen muss, wenn die Wiederherstellung objektiv möglich wäre (MünchKomm/*Eickmann* § 1130 Rdn 17); die Wiederherstellungsverpflichtung richtet sich von ihrem Wesen her nur gegen den Eigentümer. 54

6. Miet- und Pachtzinsforderungen

Sie unterliegen gemäß den §§ 1123–1125 BGB der Grundpfandrechtshaftung, aber **nicht der Beschlagnahme in der ZwVerst (§ 21 II)**. Nur in der ZwVerw unterliegen sie auch der Beschlagnahme (§ 148 I). 55

§ 22 [Wirksamwerden der Beschlagnahme]

^I**Die Beschlagnahme des Grundstücks wird mit dem Zeitpunkte wirksam, in welchem der Beschluß, durch den die Zwangsversteigerung angeordnet ist, dem Schuldner zugestellt wird. Sie wird auch wirksam mit dem Zeitpunkt, in welchem das Ersuchen um Eintragung des Versteigerungsvermerkes dem Grundbuchamte zugeht, sofern auf das Ersuchen die Eintragung demnächst erfolgt.**
^{II}**Erstreckt sich die Beschlagnahme auf eine Forderung, so hat das Gericht auf Antrag des Gläubigers dem Drittschuldner zu verbieten, an den Schuldner zu zahlen. Die Beschlagnahme wird dem Drittschuldner gegenüber erst mit dem Zeitpunkte wirksam, in welchem sie ihm bekannt oder das Zahlungsverbot ihm zugestellt wird. Die Vorschriften des § 845 der Zivilprozeßordnung finden entsprechende Anwendung.**

1. Allgemeines

Die Vorschrift gilt grundsätzlich für alle ZVG-Verfahren. Zu beachten sind jedoch bei dem Insolvenzverwalterverfahren § 173, bei der Nachlassversteigerung § 176 und bei der Zwangsverwaltung § 151. 1

2. Wirksamwerden der Beschlagnahme

2 **a) Verschiedene Möglichkeiten.** Die Beschlagnahme wird wirksam mit der Zustellung des Anordnungsbeschlusses an den Schu **(§ 22 I 1)** oder dem Zugang des Ersuchens um Eintragung des ZwVVermerks an das GBA, sofern dessen Eintragung demnächst erfolgt **(§ 22 I 2)**. Im Rahmen der ZwVerw kommt noch die Inbesitznahme des Grundstücks durch den Zwangsverwalter in Betracht **(§ 151 I)**. Maßgebend ist der frühere Zeitpunkt (§ 13 IV 1). Betreibt ein Gl ZwVerst und ZwVerw nebeneinander, so ist in jedem Verfahren das Wirksamwerden der Beschlagnahme gesondert zu beurteilen. Nur bei der ZwVerst gilt, wenn bis zur Beschlagnahme eine ZwVerw fortgedauert hat, gemäß § 13 IV 2 die für diese bewirkte Beschlagnahme als die erste (vgl dazu § 13 Rdn 3).

3 Für einen Beitrittsgläubiger kann das Grundstück nur durch Zustellung seines Beschlusses beschlagnahmt werden gemäß **§ 22 I 1**; da kein neuer Zwangsversteigerungsvermerk eingetragen wird (§ 27 I 2), ergeht auch kein neues Ersuchen an das GBA nach § 22 I 2 (BGH Rpfleger 1988, 543). Bei der ZwVerw wird die Beschlagnahme zugunsten eines Beitrittsgläubigers auch mit der Zustellung des Beschlusses an den Zwangsverwalter wirksam, wenn er sich bereits im Besitz des Grundstücks befindet **(§ 151 II)**.

4 **b) Zustellung (§ 22 I 1).** Vorausgesetzt wird eine ordnungsgemäße Zustellung. Zur Beschlagnahme kommt es deshalb nicht bei einer fehlerhaften und damit unwirksamen Zustellung (*Eickmann*, ZVG, § 9 VI 2 c). Gemäß § 189 gilt die Zustellung dann trotzdem als bewirkt, wenn der Beschluss dem Schu tatsächlich zugegangen ist. Für die Feststellung dieses Zeitpunktes wird ein ausdrückliches Empfangsbekenntnis des Schu nötig sein (*Eickmann*, ZVG, § 9 VI 3). Bei der Wiederholung einer unwirksamen Zustellung tritt die Wirkung nicht ex tunc ein, dh nicht rückwirkend auf die erste fehlerhafte Zustellung. Bei der ZwV gegen eine Gesamthandsgemeinschaft (zB Erbengemeinschaft, Gütergemeinschaft) kommt es auf die Zustellung an den letzten Gesamthänder an; bei der ZwVerst von ideellen Miteigentumsanteilen mehrerer Vollstreckungsschuldner (zB Eheleute zu je 1/2) ist jeder Anteil ein selbstständiges Vollstreckungsobjekt und grundsätzlich einzeln zu versteigern (vgl § 63 I), so dass sich mehrere Beschlagnahmezeitpunkte ergeben, dh einer für jeden Anteil.

5 **c) Grundbuchersuchen (§ 22 I 2).** Beschlagnahmewirksamkeit tritt auch mit dem Zeitpunkt ein, in welchem das Ersuchen um Eintragung des ZwVVermerks (§ 19 I) dem GBA zugeht, sofern dessen Eintragung demnächst erfolgt. Der Zusatz "demnächst" hat nur die Bedeutung, dass die Eintragung des Vermerks überhaupt erfolgen muss, dh im Umkehrschluss keine Beschlagnahme eintritt, wenn der Vermerk nicht eingetragen wird (*Stöber* Rdn 2.5). Demnächst erfolgt die Eintragung daher auch noch dann, wenn sie nach dem Erlass einer Zwischenverfügung (§ 18 I GBO) oder nach

§ 22

einer Entscheidung des Beschwerdegerichts erfolgt. Bei einer Beschlagnahme zugunsten eines persönlichen Gl wird die Auffassung vertreten, dass die Beschlagnahme dann nicht wirksam werden könne, wenn zwischen dem Eingang des Ersuchens und der Eintragung des ZwVVermerks über das Vermögen des Schu das Insolvenzverfahren eröffnet wird (*Jaeckel/Güthe* § 23 Rdn 12). Dem ist nicht zu folgen. Erfolgt die Eintragung des ZwVVermerks überhaupt, dann tritt die Beschlagnahme zum Zeitpunkt des Eingangs des Ersuchens beim GBA ein (§ 22 I 1) und bleibt auch noch nach Insolvenzeröffnung wirksam gemäß § 80 II 2 InsO (*Stöber* Rdn 2.5 und 2.6). Zu beachten ist jedoch die Rückschlagsperre des § 88 InsO. Sollen mehrere Grundstücke versteigert werden, die bei verschiedenen Grundbuchämtern eingetragen sind, so tritt für jedes Grundstück eine gesonderte Beschlagnahme ein in dem Zeitpunkt, in dem das jeweilige GB-Ersuchen beim betreffenden GBA eingeht.

3. Besonderheiten bei der Forderungsbeschlagnahme

a) Allgemeines. § 22 II betrifft Forderungen, die von der Beschlagnahme erfasst werden. Dies sind in der ZwVerst vor allem die **Versicherungsforderungen** (§ 20 II, §§ 1127–1130 BGB); bei der ZwVerw kommen noch die Miet- und Pachtzinsforderungen dazu (§ 148 I). 6

b) Wirksamwerden der Beschlagnahme. Dem Drittschuldner einer Forderung ggü wird die Beschlagnahme erst wirksam mit der Zustellung des Zahlungsverbots oder mit der Kenntnisnahme von der Beschlagnahme **(§ 22 II 2)**. Die Kenntnis des Versteigerungsantrags (§ 23 II 1) steht für den Drittschuldner der Beschlagnahmekenntnis gleich. Solange dem Drittschuldner gegenüber die Beschlagnahme nicht wirksam geworden ist gemäß § 22 II 2, kann er befreiend an den Vollstreckungsschuldner leisten, selbst wenn letzterem gegenüber bereits das Grundstück wirksam beschlagnahmt wurde nach § 22 I. 7

c) Zahlungsverbot. Dadurch wird dem Drittschuldner untersagt, an den Vollstreckungsschuldner zu zahlen **(§ 22 II 1)**. Das Zahlungsverbot wird auf Antrag des betreibenden Gl oder Zwangsverwalters (§ 151 III) erlassen. Zuständig ist der Versteigerungsrechtspfleger und nicht der Rechtspfleger der allgemeinen Vollstreckungsabteilung. Die Zustellung des Zahlungsverbots an den Drittschuldner erfolgt von Amts wegen (§ 3; vgl auch *Steiner/Teufel* Rdn 25), und zwar nach den Vorschriften der ZPO (*Steiner/Teufel* Rdn 26 aA *Dassler/Hintzen* Rdn 10: gemäß §§ 3–7; wohl nicht richtig, da diese Vorschriften nur die Zustellung an Beteiligte gemäß § 9 regeln). Eine öffentliche Zustellung ist nicht zulässig (RGZ 22, 408). An den antragstellenden Gl und den Vollstreckungsschuldner wird das Zahlungsverbot gemäß § 329 II ZPO formlos mitgeteilt (*Stöber* Rdn 3.3). Die Zustellung des Zahlungsverbotes darf nicht vor Beschlagnahme des Grundstücks erfolgen; ansonsten ist sie unwirksam und wird auch nicht wirksam, wenn die Beschlagnahme eintritt. 8

§ 23 [Wirkung der Beschlagnahme]

9 **d) Ankündigung des Zahlungsverbotes.** Ankündigung des Zahlungsverbots an den Drittschuldner ist unter entsprechender Anwendung des § 845 ZPO möglich (**§ 22 II 3**), und zwar durch den Gerichtsvollzieher auf Grund eines Auftrags seitens des Gl. Durch die Zustellung der Ankündigung werden zum einen die Forderung vorläufig in Beschlag genommen und ein einstweiliges Verfügungsverbot begründet (so *Steiner/Teufel* Rdn 37) und zum anderen beginnt die 3-Wochenfrist des § 845 II ZPO, innerhalb der das endgültige Zahlungsverbot dem Drittschuldner zugestellt werden muss, damit die Beschlagnahmewirkung erhalten bleibt; die Kenntnis des Drittschuldners von der Beschlagnahme reicht nicht aus.

4. Beendigung der Beschlagnahme

10 Sie tritt ein mit einer Verfahrensaufhebung (§ 28, § 29, § 31 I 2, § 86). Soweit die Rechtskraft des Zuschlagsbeschlusses auch als Beendigungstatbestand angeführt wird (*Stöber* Rdn 2.7), kann dem nicht gefolgt werden. Mit dem Zuschlag endet zwar die Beschlagnahme des Grundstücks und der sonstigen Gegenstände des Haftungsverbandes; am Versteigerungserlös besteht auf Grund des Surrogationsgrundsatzes die Beschlagnahme fort. Richtigerweise endet die Beschlagnahme daher erst mit der abschließenden Durchführung des Verfahrens, dh mit der Ausführung der Verteilung und Inbesitznahme des Versteigerungsobjektes durch den Ersteher (*Steiner/Teufel* Rdn 38; *Dassler/Hintzen* Rdn 14). Kommt es zur Beendigung der Beschlagnahme, entfällt damit auch das Verfügungsverbot gemäß § 23. Auf Grund der Selbstständigkeit der Einzelverfahren der betreibenden Gl lässt die Beendigung einer Beschlagnahme eines Gl die Beschlagnahmen der übrigen Gl unberührt.

§ 23 [Wirkung der Beschlagnahme]

ᴵDie Beschlagnahme hat die Wirkung eines Veräußerungsverbots. Der Schuldner kann jedoch, wenn sich die Beschlagnahme auf bewegliche Sachen erstreckt, über einzelne Stücke innerhalb der Grenzen einer ordnungsmäßigen Wirtschaft auch dem Gläubiger gegenüber wirksam verfügen.

ᴵᴵKommt es bei einer gegen die Beschlagnahme verstoßenden Verfügung nach § 135 Abs. 2 des Bürgerlichen Gesetzbuchs darauf an, ob derjenige, zu dessen Gunsten verfügt wurde, die Beschlagnahme kannte, so steht die Kenntnis des Versteigerungsantrags einer Kenntnis der Beschlagnahme gleich. Die Beschlagnahme gilt auch in Ansehung der mithaftenden beweglichen Sachen als bekannt, sobald der Versteigerungsvermerk eingetragen ist.

Schrifttum: *Böttcher*, Beeinträchtigungen der Verfügungsbefugnis, Rpfleger 1983, 49; *ders.*, Verfügungsverbote, Rpfleger 1985, 381; *Hansmeyer*, Zwangsvollstreckungsmaßnahmen gegen Verkäufer oder Käufer während der Abwicklung eines notariellen Kaufvertrages, MittRhNotK 1989, 149.

Übersicht

	Rn.
I. Allgemeines	1
II. Das Verfügungsverbot	2
1. Begriff	2
2. Rechtsnatur	3
III. Grundstück	4
1. Materielle Rechtslage	4
a) Wirkungen	4
b) Verfügungen	10
2. Grundbuchverfahren	12
a) Das Verfügungsverbot ist nicht im GB eingetragen	12
b) Das Verfügungsverbot ist im GB eingetragen	13
c) Sonderfall: Begründung eines Erbbaurechts	14
3. Zwangsversteigerungsverfahren	16
IV. Bewegliche Sachen	20
V. Forderungen	21
VI. Erwerb durch Zwangsvollstreckung	22

I. Allgemeines

Um das Versteigerungsziel zu erreichen, müssen die Versteigerungsobjekte gesichert werden. Deshalb legt § 23 I 1 der Beschlagnahme die Wirkung eines Verfügungsverbots iSd §§ 136, 135 BGB bei, und zwar unabhängig davon, ob der Gl das Verfahren wegen eines dinglichen oder persönlichen Anspruchs betreibt (BGH Rpfleger 1988, 543; 1986, 297). § 23 gilt für die ZwVerst und ZwVerw, nicht aber für Sonderverfahren der §§ 172 ff. **1**

II. Das Verfügungsverbot

1. Begriff

Das Gesetz verwendet zwar den Begriff "Veräußerungsverbot" in § 23 I 1, aber richtiger ist es, von einem "Verfügungsverbot" zu sprechen, da nicht nur die Veräußerung Inhalt dieses Verbots ist, sondern auch eine sonstige Verfügung, wie zB die Belastung des Grundstücks (*Böttcher* Rpfleger 1983, 49, 53). **2**

2. Rechtsnatur

Der Vollstreckungsschuldner bleibt weiterhin Eigentümer des Grundstücks, dh seine Verfügungsmacht (= Rechtsinhaberschaft) bleibt unbe- **3**

§ 23 [Wirkung der Beschlagnahme]

rührt. Das Verfügungsverbot hat aber auch keinen Verlust der Verfügungsbefugnis zur Folge, da sonst res extra commercium vorliegen würden. Es bewirkt keine Beschränkung im Recht des Grundstückseigentümers, dh seine Verfügungsbefugnis als solche bleibt unberührt, nur deren Ausübung ist verboten (*Böttcher* Rpfleger 1985, 381, 382; BayObLG MittBayNot 1996, 108, 109).

III. Grundstück

1. Materielle Rechtslage

4 **a) Wirkungen. aa) Schwebende Wirksamkeit.** Nimmt der Grundstückseigentümer trotz Verfügungsverbot ein Rechtsgeschäft vor, so ist diese Verfügung relativ, dh im Verhältnis zu dem betreibenden Gl, unwirksam (§§ 136, 135 I 1 BGB). Dies ist jedoch mißverständlich. Eine Verfügung, die gegen das Verfügungsverbot verstößt, ist nämlich zunächst wirksam; es handelt sich jedoch um eine "schwebende Wirksamkeit", weil der Erwerber seine Rechtsstellung auf Grund der Geltendmachung der relativen Unwirksamkeit durch den betreibenden Gl ohne weiteres verlieren kann (*Böttcher* Rpfleger 1985, 381, 382). Das Verfügungsverbot bewirkt daher zunächst eine Beschränkung im Recht des Erwerbers.

5 **bb) Volle Wirksamkeit.** Ausnahmsweise erwächst eine gegen das Verfügungsverbot verstoßende Verfügung des Grundstückseigentümers von Anfang an in volle Wirksamkeit, wenn der betreibende Gl seine **Einwilligung** erklärt hatte (§ 185 I BGB). Gleiches gilt, wenn die Voraussetzungen des **§ 878 BGB** vorliegen (BGH Rpfleger 1988, 543; *Böttcher* Rpfleger 1985, 381, 383): Bindung der Einigung (§ 873 II BGB) und Antragstellung beim GBA zeitlich vor dem Wirksamwerden der Beschlagnahme (§ 22). Das Eingetragensein des ZwVVermerks hat keinen Einfluss auf den Rechtserwerb gemäß § 878 BGB, da die Aufgabe dieses Vermerks lediglich darin besteht, einen gutgläubigen Erwerb zu verhindern (§ 892 I 2 BGB) – ein Sachverhalt, der mit § 878 BGB nichts zu tun hat.

6 Volle Wirksamkeit erlangt eine gegen das Verfügungsverbot verstoßende Verfügung, wenn ein **gutgläubiger Erwerb** stattfindet gemäß §§ 136, 135 II, § 892 BGB (*Böttcher* Rpfleger 1985, 381, 383). Voraussetzung ist, dass sich der gute Glaube auf das Nichtbestehen des Verfügungsverbots bezieht. Der Kenntnis des Erwerbers steht es gleich, wenn der ZwVVermerk im GB eingetragen ist (§ 892 I 2 BGB; vgl BGH ZfIR 2008,863). Die Kenntnis des Versteigerungsantrags steht der den gutgläubigen Erwerb ausschließenden Kenntnis der Beschlagnahme gleich (§ 23 II 1); dies gilt nicht, wenn der Antrag rechtskräftig zurückgewiesen wird, wohl aber, wenn er auf eine Beanstandungsverfügung hin ergänzt wird oder er nach Anfechtung einer Zurückweisung letztlich zur Anordnung des Verfahrens führt (*Böttcher* Rpfleger 1985, 381, 383).

III. Grundstück §23

Die "schwebende Wirksamkeit" (vgl Rdn 4) verwandelt sich in "volle 7
Wirksamkeit", und zwar ex tunc, wenn der betreibende Gl seine **Genehmigung** zu der Verfügung des Grundstückseigentümers erklärt (§ 185 II 1, 1. Alt BGB).

Gleiches gilt beim **Wegfall des Verfügungsverbots** (*Böttcher* Rpfleger 1985, 381, 384); die volle Wirksamkeit tritt ex nunc ein (§ 185 II 1, 8
2. Alt BGB analog), wenn der Versteigerungsantrag zurückgenommen wird oder das Verfahren aufgehoben wird.

cc) Geltendmachung der relativen Unwirksamkeit. Der betrei- 9
bende Gl muss sich auf die relative Unwirksamkeit berufen, ansonsten hat die verbotswidrige Verfügung weiterhin uneingeschränkten Bestand; macht er seine Rechte aus dem Verfügungsverbot geltend, so verwandelt sich die "schwebende Wirksamkeit" einer Verfügung des Grundstückseigentümers in "relative Unwirksamkeit" mit der Folge, dass der betreibende Gl einen Anspruch gegen den zwischenzeitlichen Eigentümer oder Rechtsinhaber auf Korrektur des Grundbuchs hat gemäß § 888 II und I (*Böttcher* Rpfleger 1985, 381, 384 f; BayObLG MittBayNot 1996, 108). Soweit diese materiell-rechtliche Problematik der relativen Unwirksamkeit im ZwVerst-Verfahren überhaupt zu berücksichtigen ist (vgl Rdn 16 ff), genügt für deren Geltendmachung die **Antragstellung des betreibenden Gl** auf Verfahrensanordnung bzw Beitrittszulassung. Damit bringt er zum Ausdruck, dass alle sein Recht schmälernden Verfügungen des Grundstückseigentümers ihm ggü unwirksam sein sollen.

b) Verfügungen. Verfügungen über das Grundstück, die gegen das 10
Verfügungsverbot verstoßen, sind insbesondere: Eigentumsübertragung; Belastung; Erhöhung des Zinssatzes auch in den Grenzen des § 1119 BGB (BayObLGZ 14, 499 **aA** Dassler/Hintzen Rdn 14); Ausübung eines Rangvorbehaltes (RG JW 1907, 703); Umwandlung eines Grundpfandrechtes (OLG Hamm Rpfleger 1987, 297; *Steiner/Teufel* Rdn 20 **aA** *Stöber* Rdn 2.2). Um keine verbotswidrigen Verfügungen handelt es sich bei der Kündigung von Grundpfandrechten; Ausfüllung einer Höchstbetragshypothek; Forderungsauswechslung nach § 1180 BGB; Unterwerfung unter die sofortige Zwangsvollstreckung gemäß § 800 ZPO. Auch Verfügungen über Eigentümergrundpfandrechte werden von der Beschlagnahme nicht erfasst, dh der Schu kann über sie grundsätzlich frei verfügen. Abtretung, Pfändung oder Verpfändung führen jedoch dazu, dass § 1197 II BGB nicht mehr gilt und Zinsen anfallen. Letzteres ist beschlagnahmewidrig, so dass die Zinsen gegenüber einem nachrangig betreibenden Gl nur in Rangklasse § 10 I Nr 6 berücksichtigt werden können, wenn nicht zugunsten des Dritten die §§ 878, 892 BGB eingreifen (*Eickmann*, ZVG, § 9 IV 6; Dassler/Hintzen Rdn 6 **aA** *Steiner/Teufel* Rdn 17).

Bei § 23 I ist nicht auf den strengen Verfügungsbegriff (vgl BGHZ 1, 11
294, 304) abzustellen. Nach dem erkennbaren Willen des Gesetzgebers

sind vielmehr alle Maßnahmen des Schu zu verhindern, die sich ungünstig für den Vollstreckungsgläubiger auswirken können; richtiger ist es deshalb, statt "Verfügung" hier von "Rechtshandlungen" zu sprechen (*Meyer-Stolte* Rpfleger 1989, 118). Daher fällt auch die **Aufteilung des Grundstücks in Wohnungseigentum gem § 8 WEG** unter das Verfügungsverbot des § 23 (OLG Frankfurt EWiR 1987, 627; LG Wuppertal Rpfleger 1987, 367; *Steiner/Storz* § 63 Rdn 5 **aA** LG Essen Rpfleger 1989, 116; *Eickmann*, ZVG, § 9 IV 4). Infolge der zunächst vorliegenden "schwebenden Wirksamkeit" der gegen das Verfügungsverbot verstoßenden Rechtshandlung (vgl Rdn 4) kann der Eigentümer aber das Grundstück gem § 8 WEG aufteilen, und zwar ohne Zustimmung des betreibenden Gl (OLG Frankfurt EWiR 1987, 627 m zust Anm *Eickmann*). Die Geltendmachung der relativen Unwirksamkeit durch den betreibenden Gl kann in diesem Fall nicht bereits in seinem Versteigerungsantrag gesehen werden (vgl Rdn 9), da er evtl gar nichts dagegen hat, sondern sich dadurch vielleicht einen höheren Erlös erhofft. Das VollstrG hat daher gem § 139 ZPO zunächst aufzuklären, ob sich der betreibende Gl auf die relative Unwirksamkeit beruft (unrichtig daher AG und LG Würzburg Rpfleger 1989, 117, soweit sie dies als selbstverständlich angenommen haben). Beruft sich der betreibende Gl auf seine Rechte aus dem Verfügungsverbot, dann ist die Aufteilung gem § 8 WEG ihm ggü relativ unwirksam und das ursprüngliche Grundstück wird versteigert. Ansonsten, dh bei Genehmigung der Aufteilung durch den betreibenden Gl, kommt es zur vollen Wirksamkeit (vgl Rdn 7) und die Wohnungseigentumseinheiten werden gem § 63 versteigert.

2. Grundbuchverfahren

12   a) **Das Verfügungsverbot ist nicht im GB eingetragen.** Wie der Grundbuchrechtspfleger in diesem Fall zu verfahren hat, ist streitig. Eine Meinung besagt, dass die gegen das Verfügungsverbot verstoßende Eintragung erfolgen kann, wenn die Zustimmung des betreibenden Gl vorliegt oder zumindest das Verfügungsverbot gleichzeitig eingetragen wird (OLG Düsseldorf MittBayNot 1975, 255; LG Frankenthal Rpfleger 1981, 438). Diese Ansicht wird zum Teil noch dadurch modifiziert, dass eine Eintragung auch beim Vorliegen der Voraussetzungen des § 878 BGB für zulässig erklärt wird (BayObLG ZfIR 2003, 776). Dem ist zu widersprechen. Diese Meinung verstößt eindeutig gegen § 17 GBO, der auch für die Eintragung des ZwVVermerks gilt (§ 19 Rdn 7). Durch die Verletzung des formellen Rechts wird womöglich auch ein materieller Rechtserwerb verhindert, da mit der Eintragung des ZwVVermerks ein gutgläubiger Erwerb ausscheidet. Nach richtiger Ansicht hat der Grundbuchrechtspfleger die Eintragung ohne weiteres vorzunehmen (*Böttcher* Rpfleger 1985, 381, 385 f; *Steiner/Teufel* Rdn 29; *Eickmann*, GBVerfR, Rdn 168–170). Das GB wird nicht unrichtig, da die Verfügung zunächst in "schwebende Wirksamkeit"

III. Grundstück § 23

erwächst (vgl Rdn 4). Außerdem sind alle Eintragungsvoraussetzungen gegeben, da das Verfügungsverbot insbesondere die Verfügungs-(Bewilligungs-) befugnis nicht beeinträchtigt (vgl Rdn 3).

b) Das Verfügungsverbot ist im GB eingetragen. Vgl dazu § 19 Rdn 12, 13! 13

c) Sonderfall: Begründung eines Erbbaurechts. aa) Das Verfügungsverbot ist nicht im GB eingetragen. Wegen der analogen 14 Anwendung des § 1 IV ErbbauVG kann die Eintragung nur erfolgen, wenn die Erbbaurechtsbestellung "voll wirksam" ist; dies ist der Fall bei Zustimmung des betreibenden Gl oder beim Vorliegen der Voraussetzungen des § 878 BGB bzw des gutgläubigen Erwerbs nach § 892 BGB (*Böttcher* Rpfleger 1985, 381, 388).

bb) Das Verfügungsverbot ist im GB eingetragen. Vgl dazu § 19 15 Rdn 12, 13!

3. Zwangsversteigerungsverfahren

Bedeutung erlangt die vom Verfügungsverbot ausgelöste "relative 16 Unwirksamkeit" vor allem, für die Einordnung eines Rechts in **Rangklasse § 10 I Nr 6** beim gG und der Erlösverteilung **(vgl § 10 Rdn 60– 62).** In dieser Rangklasse sind Ansprüche der Rangklasse § 10 I Nr 4 zu berücksichtigen, soweit sie infolge der Beschlagnahme dem betreibenden Gl ggü unwirksam sind. Auf Grund der in der Antragstellung des Gl liegenden Geltendmachung der relativen Unwirksamkeit (vgl Rdn 9) hat das VollstrG ein Recht in Klasse § 10 I Nr 6 zu berücksichtigen, wenn der Tag seiner Eintragung im GB **nach dem Wirksamwerden des Verfügungsverbots, dh der Beschlagnahme** (§ 22), liegt.

Fallen Beschlagnahme- und Eintragungstag zusammen und ist nicht fest- 17 stellbar, was früher war, dann ist von der Wirksamkeit des Grundstücksrechts (§ 10 I Nr 4) auszugehen (*Steiner/Hagemann* § 10 Rdn 121). Der Zeitpunkt der Eintragung des ZwVVermerks spielt dabei keine Rolle; seine Bedeutung liegt nur in der Verhinderung des gutgläubigen Erwerbs (§ 892 I 2 BGB). Abzulehnen ist daher auch der praktizierte Grundsatz, dass ein Grundstücksrecht als wirksam in § 10 I Nr 4 zu behandeln ist, wenn es vor dem Versteigerungsvermerk im GB eingetragen wurde, als relativ unwirksam dagegen in § 10 I Nr 6 bei Eintragung nach dem Vermerk (so auch *Stöber* Rdn 5.7 **aA** *Steiner/Hagemann* § 10 Rdn 121).

Volle Wirksamkeit einer gegen das Verfügungsverbot verstoßenden 18 Verfügung mit der Folge der Berücksichtigung in Rangklasse **§ 10 I Nr 4** tritt ein beim Vorliegen der Zustimmung des betreibenden Gl (in der Praxis ausgeschlossen), der Voraussetzungen des § 878 BGB und eines gutgläubigen Erwerbs nach § 892 BGB (vgl Rdn 5, 6). Weder die Anwendbarkeit des § 878 BGB noch die des § 892 BGB ist aus dem GB ersichtlich. Wer sich auf sie beruft, dh die volle Wirksamkeit einer

§ 23 [Wirkung der Beschlagnahme]

Verfügung und daher die Berücksichtigung in § 10 I Nr 4 beansprucht, muss dies zum VollstrG gemäß den § 37 Nr 4, §§ 45, 110, 114 **anmelden** (*Steiner/Teufel* Rdn 33; *Stöber* Rdn 5.7; *Eickmann,* ZVG, § 9 IV 3).

19 Die Anmeldung des Rechts allein ohne besonderen Hinweis umfasst diese spezielle Anmeldung nicht; Berücksichtigung erfolgt dann eben in § 10 I Nr 6. Führt die spezielle Anmeldung zur Berücksichtigung des Rechts in § 10 I Nr 4 im gG, kann der betreibende Gl widersprechen (§ 45 I). Der Inhaber des Rechts muss dann seinen Vorrang glaubhaft machen, um ihn zu behalten; kann er dies nicht, fällt er in § 10 I Nr 6 zurück. Im TLP kann ein Grundstücksrecht auf Grund der Anmeldung der § 878, § 892 BGB in § 10 I Nr 4 berücksichtigt werden, es sei denn deren Unanwendbarkeit ist offensichtlich (zB Eintragung nach Versteigerungsvermerk bei Anmeldung des § 892 BGB). Der betreibende Gl kann gegen die Einordnung in § 10 I Nr 4 Widerspruch gemäß § 115 erheben (*Eickmann,* ZVG, § 9 IV 3). Zum Verfahren beim relativ unwirksamen Eigentumsübergang vgl § 26 Rdn 4–9!

IV. Bewegliche Sachen

20 Nach §§ 20, 21 unterliegen mitbeschlagnahmte bewegliche Sachen auch dem Verfügungsverbot des **§ 23 I 1**. Rechtsgeschäftliche Verfügungen über sie sind unwirksam. Als Verfügungen kommen in Betracht: Eigentumsübertragung (§§ 929 ff BGB), Belastung mit einem Pfandrecht (§ 1204 BGB) oder Nießbrauch (§ 1030 BGB). Gestattet sind dem Schu Verfügungen über einzelne mitbeschlagnahmte Sachen innerhalb der Grenzen einer ordnungsmäßigen Wirtschaft mit Wirksamkeit gegenüber dem Gl (**§ 23 I 2**; nicht bei der ZwVerw § 148 I 2). Nach den Gutglaubensvorschriften ist bei den beweglichen Sachen ein beschlagnahmefreier Erwerb durch Dritte möglich (§§ 136, 135 II, § 932 BGB). Die Kenntnis der Beschlagnahme und auch die Kenntnis des Versteigerungsantrags schließen die Gutgläubigkeit aus **(§ 23 II 1)**. Als bekannt gilt die Beschlagnahme mit der Eintragung des ZwVVermerks **(§ 23 II 2)**. Kennt ein Erwerber zwar die Tatsache der Beschlagnahme, nimmt er aber an, dass der Gegenstand nicht zum Haftungsverband gehört, so ist trotzdem kein gutgläubiger Erwerb möglich, weil es keinen Schutz in Bezug auf die Zugehörigkeit zum haftenden Vermögen gibt (*Eickmann,* ZVG, § 9 IV 1 b).

V. Forderungen

21 Forderungen, die nach §§ 20, 21 beschlagnahmt sind, unterliegen ebenfalls dem Verfügungsverbot des § 23 I 1. Verfügungen über sie sind grundsätzlich relativ unwirksam. Ein gutgläubiger Erwerb ist gemäß § 404 BGB nicht möglich (*Stöber* Rdn 4.2).

§ 24

VI. Erwerb durch Zwangsvollstreckung

Das Verfügungsverbot schützt nicht nur vor rechtsgeschäftlichen Verfügungen, sondern auch vor Verfügungen im Wege der Zwangsvollstreckung oder Arrestvollziehung (§§ 136, 135 I BGB). In Betracht kommen die Eintragung einer Zwangshypothek (§ 867 I ZPO), Arresthypothek (§ 932 ZPO) und einer Vormerkung auf Grund einstweiliger Verfügung (§ 885 BGB). Das GBA darf deren Eintragung trotz des Verfügungsverbots und des eingetragenen ZwVVermerks nicht ablehnen, da § 772 S 1 ZPO nur die Veräußerung und Überweisung eines vom Verfügungsverbot betroffenen Gegenstandes verbietet. Die Eintragungen im Wege der ZwV sind nach hM dem betreibenden Gl ggü immer relativ unwirksam, wenn vor ihrer Eintragung die Beschlagnahme wirksam geworden ist (§ 22), da weder § 878 BGB noch § 892 BGB Anwendung finden; Berücksichtigung erfolgt daher in § 10 I Nr 6 (*Steiner/Teufel* Rdn 36; *Stöber* Rdn 5.6). Neuerdings jedoch wird mit beachtlichen Gründen § 878 BGB auch beim Erwerb im Wege der ZwV angewendet (MünchKomm/*Wacke* § 878 Rdn 3 und 18); wird dieser Meinung der Vorzug gegeben, dann vgl zum Verfahren Rdn 16–19! 22

§ 24 [Verwaltung und Benutzung durch den Schuldner]

Die Verwaltung und Benutzung des Grundstücks verbleibt dem Schuldner nur innerhalb der Grenzen einer ordnungsmäßigen Wirtschaft.

Schrifttum: *Kirsch*, Wiederbepflanzungsrecht in der Zwangsversteigerung, Rpfleger 1998, 192; *Schmidberger*, Der Besitz und die Immobiliarvollstreckung, Rpfleger 2008, 105.

Die Vorschrift gilt für die Vollstreckungsversteigerung, nicht aber für die ZwVerw (§ 148 II) und ist ohne Bedeutung für die Sonderverfahren nach den §§ 172 ff. Dem Schu verbleibt danach die Verwaltung und Benutzung des Grundstücks innerhalb der Grenzen einer ordnungsmäßigen Wirtschaft; dies gilt auch für die mitbeschlagnahmten Gegenstände nach §§ 20, 21. Unter Verwaltung und Benutzung sind der Gebrauch des Grundstücks und seine Nutzung zu verstehen. Darunter fallen zB die Fruchtziehung oder die Änderung der Zweckbestimmung bei Zubehörstücken. Die ordnungsmäßige Bewirtschaftung ist nach objektiven Gesichtspunkten zu beurteilen. Der Schu verwaltet auf eigene Rechnung, nicht zu Lasten des Versteigerungserlöses. Überschüsse gebühren dem Schu, Verwendungen erhält er nicht ersetzt. Der Schu untersteht auch nicht der Aufsicht des betreibenden Gl, dem er ebenfalls nicht rechenschaftspflichtig ist. Der Schu hat zwar ein Recht zur Verwaltung und Benutzung des Grundstücks, aber keine Verpflichtung dazu; er ist nicht verpflichtet, das Grundstück zu 1 bewirtschaften. Bei einem Verstoß gegen § 24 besteht daher keine Schadensersatzpflicht; beim Überschreiten der Grenzen einer ordnungsmäßigen Bewirtschaftung kann sich eine solche allerdings aus § 823 II BGB iVm § 136 StGB ergeben (*Schmidberger* Rpfleger 2008, 105). Um eine dem § 24 widersprechende Bewirtschaftung für die Zukunft zu unterbinden, kann der Gl die ZwVerw betreiben oder Maßnahmen nach § 25 beantragen. Unter die Verwaltung fallen auch die Vermietung und Verpachtung des Grundstücks. Überschreitet der Schu aber dabei die Grenzen einer ordnungsgemäßen Wirtschaft (zB besonders niedriger Mietzins), so ist die Vermietung dem Vollstreckungsgläubiger und dem Ersteher gegenüber unwirksam (LG Kassel NJW-RR 1990, 976; *Steiner/Teufel* Rdn 17 **aA** *Dassler/Hintzen* Rdn 2; *Stöber* Rdn 2.5).

§ 25 [Sicherung der ordnungsmäßigen Bewirtschaftung]

Ist zu besorgen, daß durch das Verhalten des Schuldners die ordnungsmäßige Wirtschaft gefährdet wird, so hat das Vollstreckungsgericht auf Antrag des Gläubigers die zur Abwendung der Gefährdung erforderlichen Maßregeln anzuordnen. Das Gericht kann die Maßregeln aufheben, wenn der zu deren Fortsetzung erforderliche Geldbetrag nicht vorgeschossen wird.

Schrifttum: *Schmidberger*, Der Besitz und die Immobiliarvollstreckung, Rpfleger 2008, 105.

1. Allgemeines

1   Die Beschlagnahme in der ZwVerst hat nach § 23 I 1 die Wirkung eines Verfügungsverbots. Verwaltung und Benutzung des Grundstücks verbleiben nach § 24 dem Schu, jedoch nur innerhalb der Grenzen einer ordnungsmäßigen Wirtschaft. Ist zu besorgen, dass durch das Verhalten des Schu die ordnungsmäßige Wirtschaft gefährdet wird, so hat das VollstrG nach § 25 auf Antrag des betreibenden Gl die zur Abwendung der Gefährdung erforderlichen Maßregeln anzuordnen. § 25 gilt für die Vollstreckungsversteigerung (OLG Koblenz MDR 1957, 172); nicht aber für die Insolvenzverwalter- und Nachlassversteigerung (§§ 172, 175).

2. Voraussetzungen

2   Die Gefährdung einer ordnungsmäßigen Bewirtschaftung des Grundstücks durch den Schu muss zu besorgen sein (§ 25 S 1). Ein schuldhaftes Verhalten des Schu wird nicht vorausgesetzt; objektive Gefährdung genügt (LG Schweinfurt WM 1966, 1275). Beispielhaft zu nennen sind: Unterlassen der Aussaat, Nichteinbringen der Ernte; Fehlen oder Nichtbezahlen einer Versicherung (RGZ 52, 295); Abholzen, Zerstören, Beseitigen, Verschleudern von Bestandteilen oder Zubehör; mangelnde

§ 25

Aufsicht über Maschinen, Einrichtungen usw; Nichterhebung von Mietzins (**aA** *Schmidberger* Rpfleger 2008, 105, 107). Dagegen stellt ein Antrag auf Gewährung einer Vergütung für die Aufgabe der Milcherzeugung (sog Milchrente) idR keine Gefährdung der ordnungsmäßigen Wirtschaft dar (LG Lüneburg Rpfleger 1986, 188: AG Meppen Rpfleger 1986, 269 **aA** LG Oldenburg Rpfleger 1986, 188).

3. Maßnahmen

Das VollstrG kann alle Maßnahmen treffen, die zur Abwendung der 3 Gefährdung erforderlich sind (§ 25 S 1). Dabei entscheidet es nach freiem Ermessen, wobei den Vorschlägen des Gl keine bindende Bedeutung zukommt (*Steiner/Teufel* Rdn 21 **aA** *Dassler/Hintzen* Rdn 5). Denkbar sind: Ermahnung des Schu; Androhung von Zwangsgeld; vollständige oder teilweise Entziehung der Befugnis zur Verwaltung und Benutzung; Einsetzung eines Sequesters oder einer Aufsichtsperson.

4. Verfahren

a) Antrag. Von Amts wegen darf das VollstrG nicht tätig werden, 4 sondern nur auf Antrag **(§ 25 S 1)**. Nur die betreibenden Gl sind antragsberechtigt, nicht auch andere Gl. Die Befugnis zur Antragstellung endet mit der Verkündung des Zuschlagsbeschlusses (*Stöber* Rdn 3.1; *Schmidberger* Rpfleger 2008, 105, 108 **aA** *Dassler/Hintzen* Rdn 5; *Steiner/Teufel* Rdn 12: Rechtskraft).

b) Vorschusspflicht. Das VollstrG kann eine Sicherungsmaßregel 5 aufheben, wenn der antragstellende Gl zu deren Fortsetzung keinen Vorschuss leistet **(§ 25 S 2)**. Aber auch bereits vor Anordnung einer Maßnahme kann vom Gl ein Vorschuss verlangt werden (KG OLGZ 1966, 446). Die Kosten, die einem betreibenden Gl anfallen, sind Kosten der dinglichen Rechtsverfolgung gemäß § 10 II (*Stöber* Rdn 5.1; *Schmidberger* Rpfleger 2008, 105, 109). Wird ein geleisteter Kostenvorschuss nicht in voller Höhe benötigt, so ist der übrig gebliebene Restbetrag dem Antragsteller zurückzugewähren.

c) Entscheidung. Beim Vorliegen der Voraussetzungen des § 25, die 6 erforderlichenfalls glaubhaft zu machen sind, muss das VollstrG Sicherungsmaßregeln anordnen. Insoweit hat es kein Ermessen; dieses bezieht sich nur auf die Auswahl der zu treffenden Maßnahme (*Stöber* Rdn 3.1). Eine mündliche Verhandlung ist zwar nicht vorgeschrieben (§ 764 III ZPO), jedoch ratsam (*Steiner/Teufel* Rdn 19; *Stöber* Rdn 3.2 **aA** *Dassler/Hintzen* Rdn 6). Rechtliches Gehör ist dem Schu grundsätzlich zu gewähren, es sei denn die Eilbedürftigkeit der Maßnahme oder die Gefährdung des Sicherungszweckes stehen dagegen (*Steiner/Teufel* Rdn 20 **aA** *Dassler/Hintzen* Rdn 6). Das VollstrG entscheidet mittels zu begründenden Beschluss.

§ 26 [Veräußerung nach Beschlagnahme]

7 **d) Durchführung.** Der Beschluss des VollstrG ist ohne Vollstreckungsklausel sofort vollstreckbar. Wurde ein Verwalter oder eine Aufsichtsperson bestellt, so sind sie für die erforderlichen Maßregeln zuständig. Ansonsten muss das VollstrG in eigener Verantwortlichkeit dafür Sorge tragen, wobei dazu der Gerichtsvollzieher zur Hilfe genommen werden kann, soweit der Schu Widerstand leistet (§ 892 ZPO entsprechend).

8 **e) Änderung und Aufhebung.** Änderung und Aufhebung der Maßnahmen von Amts wegen sind grundsätzlich nicht zulässig. Ausnahmen bestehen nur insoweit, als der Vollstreckungsgläubiger seiner Vorschusspflicht nicht nachkommt (§ 25 S 2) oder der Vollstreckungsschuldner eine ihm gestattete Sicherheitsleistung erbringt; in diesen beiden Fällen hat das VollstrG von Amts wegen einen Aufhebungsbeschluss zu erlassen. Ansonsten bedarf es zur Änderung und Aufhebung einer Maßnahme eines Antrags. Einer ausdrücklichen Aufhebung bedarf es jedoch nicht bei Erledigung einer Maßnahme und Eintritt der Rechtskraft des Zuschlagsbeschlusses (*Steiner/Teufel* Rdn 30; *Dassler/Hintzen* Rdn 11 **aA** *Stöber* Rdn 3.3).

9 **f) Rechtsbehelfe.** Bei **Ablehnung** des Antrags: sofortige Beschwerde (§ 793 ZPO). Bei **Anordnung** einer Maßnahme ist zu unterscheiden: Ist der Schu zuvor nicht gehört worden, so findet die Vollstreckungserinnerung nach § 766 ZPO statt und dann die sofortige Beschwerde gemäß § 793 ZPO; nach Anhörung des Schu findet die sofortige Beschwerde statt (KG OLGZ 1966, 446).

§ 26 [Veräußerung nach Beschlagnahme]

Ist die Zwangsversteigerung wegen des Anspruchs aus einem eingetragenen Rechte angeordnet, so hat eine nach der Beschlagnahme bewirkte Veräußerung des Grundstücks auf den Fortgang des Verfahrens gegen den Schuldner keinen Einfluß.

Schrifttum: *Böttcher,* Dritteigentum als ein der Zwangsversteigerung entgegenstehendes Recht, RpflStud 1995, 36; *Böttcher,* Zusammentreffen von Grundstücksveräußerung und Zwangsversteigerung, Immobilienrecht 1998, 167; *Jursnik,* Veräußerung von Grundbesitz nach Anordnung der Zwangsversteigerung, MittBayNot 1999, 125; *Jursnik,* Störungen der Vertragsabwicklung durch Anordnung der Zwangsversteigerung nach Beurkundung des Kaufvertrags, MittBayNot 1999, 433.

1. Allgemeines

1 Die Vorschrift betrifft die Veräußerung des Grundstücks nach der Beschlagnahme, die trotz des Verfügungsverbots (§ 23) voll wirksam ist (§§ 878, 892 BGB), und zwar für den Fall, dass ein dinglicher Gl das Verfahren betreibt (BGH ZfIR 2007, 549). § 26 gilt bei der ZwVerst und ZwVerw, nicht aber für die Sonderverfahren nach §§ 172 ff (*Stöber* Rdn 1.2).

§ 26

2. Veräußerung des Grundstücks

Darunter ist nur die rechtsgeschäftliche Übereignung des Grundstücks (Auflassung und Eintragung), nicht aber eine Enteignung, Erbfolge, Ersitzung oder ein Verzicht nach § 928 I BGB zu verstehen.

3. Veräußerung vor Beschlagnahme

Dies ist kein Fall des § 26, da die Veräußerung dem betreibenden Gl gegenüber wirksam ist. Kommt es nach Verfahrensanordnung aber vor dem Wirksamwerden der Beschlagnahme (§ 22) zur Vollendung des Eigentumswechsels so ist gemäß **§ 28** zu verfahren. Das Verfahren kann nicht fortgeführt werden, da der Dritte das Eigentum am Grundstück voll wirksam erworben hat. Betreibt ein persönlicher Gl (§ 10 I Nr 5), so ist das Verfahren nach § 28 aufzuheben (*Steiner/Eickmann* § 28 Rdn 17; *Jursnik* MittBayNot 1999, 433, 434). Wird das Verfahren von einem dinglichen Gl betrieben (§ 10 I Nr 4), so ist es gemäß § 28 einstweilen einzustellen, damit der Gl seinen Vollstreckungstitel umschreiben (§ 727 ZPO) und neu an den Erwerber zustellen lassen kann nach § 750 II ZPO (OLG Hamm Rpfleger 1990, 215; *Eickmann*, ZVG, § 5 II 1).

4. Veräußerung nach Beschlagnahme

a) Persönlicher Gläubiger. Erfolgt die Veräußerung nach der Beschlagnahme und wird das Verfahren von einem persönlichen Gl betrieben, dann findet § 26 keine Anwendung. In diesem Fall ist die Veräußerung dem betreibenden persönlichen Gl gegenüber relativ unwirksam (§ 23 I 1 ZVG, §§ 136, 135 BGB). Das Verfahren richtet sich daher weiterhin gegen den bisherigen Grundstückseigentümer als Vollstreckungsschuldner (*Steiner/Teufel* Rdn 15). Ausnahmsweise kann die Veräußerung trotz des Verfügungsverbots voll wirksam sein, wenn die Voraussetzungen des § 878 BGB oder ein gutgläubiger Erwerb gemäß § 892 BGB vorliegen (vgl § 23 Rdn 5, 6). Nach noch **hM** gilt (vgl *Jursnik* MittBayNot 1999, 125, 127 und 1999, 433, 434 f; *Steiner/Teufel* § 23 Rdn 34, § 26 Rdn 16; *Stöber* § 26 Rdn 2.3, § 28 Rdn 3.5): Die Wirksamkeit nach § 878 BGB oder § 892 BGB ergebe sich nicht aus dem GB; das Dritteigentum als ein der ZwVerst entgegenstehendes Recht sei nicht grundbuchersichtlich iSv § 28 und zwar auch dann nicht, wenn sich das Vorliegen der Voraussetzungen des § 878 BGB direkt aus den Grundakten ersehen lässt. Das VollstrG habe keine Veranlassung, § 878 BGB oder § 892 BGB von sich aus zu berücksichtigen; der neu eingetragene Eigentümer habe die Wirksamkeit seines Eigentumserwerbs dem Beschlagnahmegläubiger gegenüber durch eine Drittwiderspruchsklage (§ 771 ZPO) geltend zu machen. Das wirksame Dritteigentum sei daher erst bei Vorlage eines Einstellungsbeschlusses oder der Entscheidung des Prozessge-

§ 26 [Veräußerung nach Beschlagnahme]

richts über die Widerspruchsklage (§§ 775, 776 ZPO) zu berücksichtigen.

5   Dieser Auffassung kann nicht uneingeschränkt zugestimmt werden. Das materielle Recht ist zwar grundsätzlich vom VollstrG nicht zu beachten in seinem formellen Verfahren, weil dies idR gar nicht möglich ist. Sind jedoch ausnahmsweise einmal die materiellen Tatbestände für das VollstrG eindeutig feststellbar, so ist kein Grund ersichtlich, wieso es das materielle Recht in seinem Verfahren außer Acht lassen sollte. Das Verfahrensrecht dient der Durchsetzung und nicht der Verhinderung des materiellen Rechts. Zu Recht vertritt daher *Eickmann* (ZVG, § 9 IV 2 b) folgende Meinung: "Sind die Voraussetzungen des § 878 BGB aus den Grundakten ersichtlich, so hat das Versteigerungsgericht das Verfahren selbst befristet einzustellen analog § 28 bis zur Beibringung einer Entscheidung nach §§ 771, 769 ZPO. Ist § 878 BGB nicht erfüllt, so ist der Erwerb nach § 892 BGB zu prüfen. Diese Möglichkeit scheidet auf jeden Fall aus, wenn der Erwerber erst nach dem Versteigerungsvermerk eingetragen wurde. Ist der Erwerber dagegen vor dem Versteigerungsvermerk eingetragen worden, so hat das Versteigerungsgericht das Verfahren selbst befristet einzustellen analog § 28 bis zur Beibringung einer Entscheidung nach §§ 771, 769 ZPO, weil die Eintragung vor dem Vermerk grundbuchersichtlich ist und für die Gutgläubigkeit des Erwerbers die gesetzliche Vermutung spricht."

6   Soweit für den neuen Eigentümer eine **Auflassungsvormerkung** eingetragen ist oder war, vgl **§ 28 Rdn 4–10!**

7   **b) Dinglicher Gläubiger.** Erfolgte die Veräußerung nach der Beschlagnahme und wird das Verfahren von einem dinglichen Gl betrieben, dann findet **§ 26** Anwendung. Auf Grund des Verfügungsverbots (§ 23) ist der Eigentumsübergang auch in diesem Fall dem betreibenden Gl ggü unwirksam (§§ 136, 135 I BGB). Das Verfahren wird daher gegen den früheren Grundstückseigentümer auf Grund der bisherigen Vollstreckungsunterlagen ohne besonderen Fortsetzungsbeschluss weitergeführt (*Steiner/Teufel* Rdn 19; *Jursnik* MittBayNot 1999, 433, 435). Aber auch für den Fall, dass die Veräußerung im Hinblick auf § 878 BGB oder § 892 BGB ausnahmsweise dem betreibenden Gl ggü wirksam ist (vgl § 23 Rdn 5,6), hat dies ebenfalls keinen Einfluss auf den weiteren Verlauf des Verfahrens; der Erwerber kann wegen § 26 nicht mit Erfolg nach § 771 ZPO widersprechen (*Steiner/Teufel* Rdn 18; *Eickmann,* ZVG, § 9 IV 2 a). Der dingliche Gl hat daher eine stärkere Rolle als der persönliche Gl, was damit erklärt wird, dass das dingliche Recht auch gegenüber dem Erwerber wirkt und er die aus ihm geschaffene vollstreckungsrechtliche Situation als Rechtsnachfolger gegen sich gelten lassen muss; § 26 überträgt somit den Gedanken des § 325 III ZPO auf das Vollstreckungsverfahren (*Steiner/Teufel* Rdn 4).

§ 26

Soweit für den neuen Eigentümer eine **Auflassungsvormerkung** 8
eingetragen ist oder war, vgl **§ 28 Rdn 4–10**!

5. Übersicht

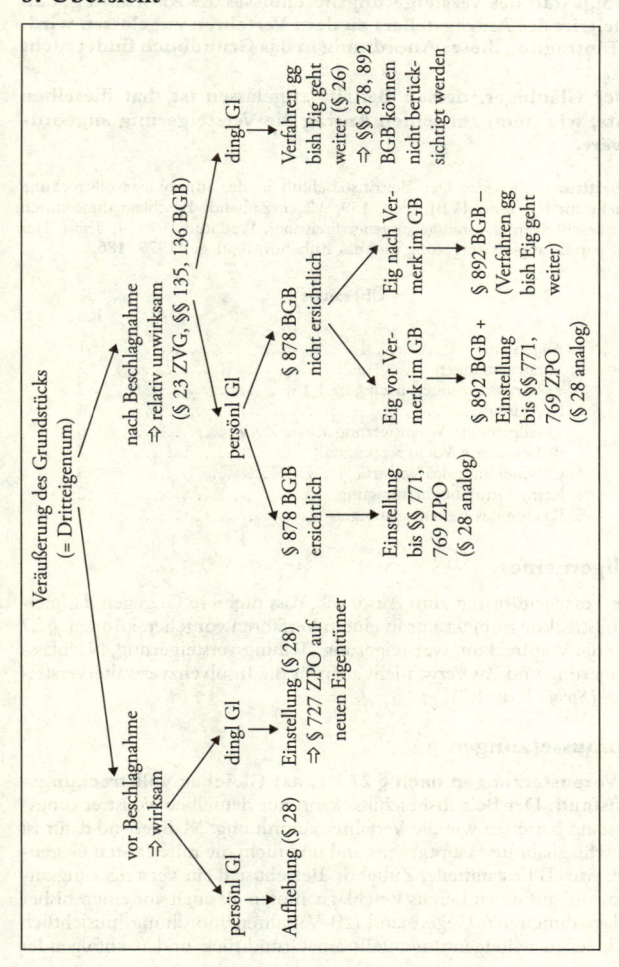

9

```
Veräußerung des Grundstücks
(= Dritteigentum)
│
├── vor Beschlagnahme ⇒ wirksam (§ 28)
│       │
│       ├── dingl Gl → Einstellung (§ 28)
│       │              ⇒ § 727 ZPO auf neuen Eigentümer
│       │
│       └── persönl Gl → Aufhebung (§ 28)
│
└── nach Beschlagnahme
    ⇒ relativ unwirksam
    (§ 23 ZVG, §§ 135, 136 BGB)
        │
        ├── dingl Gl → Verfahren gg bish Eig geht weiter (§ 26)
        │              ⇒ §§ 878, 892 BGB können nicht berücksichtigt werden
        │
        └── persönl Gl
                │
                ├── § 878 BGB ersichtlich → Einstellung bis §§ 771, 769 ZPO (§ 28 analog)
                │
                └── § 878 BGB nicht ersichtlich
                        │
                        ├── Eig vor Vermerk im GB
                        │   → § 892 BGB + Einstellung bis §§ 771, 769 ZPO (§ 28 analog)
                        │
                        └── Eig nach Vermerk im GB
                            → § 892 BGB – (Verfahren gg bish Eig geht weiter)
```

§ 27 [Beitritt zum Versteigerungsverfahren]

^IWird nach der Anordnung der Zwangsversteigerung ein weiterer Antrag auf Zwangsversteigerung des Grundstücks gestellt, so erfolgt statt des Versteigerungsbeschlusses die Anordnung, daß der Beitritt des Antragstellers zu dem Verfahren zugelassen wird. Eine Eintragung dieser Anordnung in das Grundbuch findet nicht statt.

^{II}Der Gläubiger, dessen Beitritt zugelassen ist, hat dieselben Rechte, wie wenn auf seinen Antrag die Versteigerung angeordnet wäre.

Schrifttum: *Drischler,* Der Beitrittsbeschluß in der Immobiliarvollstreckung als Quelle für Regresse, JVBl 1964, 159; *Mayer,* Zubehör-Beschlagnahme durch Beitrittsbeschluß trotz vorausgegangener Freigabe?, RpflStud 1979, 4; *Teufel,* Der Beitritt zur Zwangsversteigerung und das Zubehör, Rpfleger 1979, 186.

Übersicht

	Rn.
1. Allgemeines	1
2. Voraussetzungen	2
a) Voraussetzungen nach § 27 I 1	2
b) Antrag	4
c) Allgemeine Voraussetzungen der ZwV	6
d) Besondere Voraussetzungen.	7
3. Entscheidung des VollstrG	8
4. Keine Grundbucheintragung	12
5. Rechte des Beitrittsgläubigers	13

1. Allgemeines

1 Die Vorschrift bringt zum Ausdruck, dass mehrere Gl gegen das gleiche Vollstreckungsobjekt nur in einem Verfahren vorgehen können. § 27 gilt für die Vollstreckungsversteigerung, Teilungsversteigerung, Nachlassversteigerung und ZwVerw, nicht aber für die Insolvenzverwalterversteigerung (*Stöber* Rdn 1.2).

2. Voraussetzungen

a) Voraussetzungen nach § 27 I 1. aa) Gleicher Vollstreckungsgegenstand. Der Beitrittsbeschluss kann nur denselben Vollstreckungsgegenstand betreffen wie die Verfahrensanordnung. Maßgebend dafür ist der beschlagnahmte Hauptgegenstand und nicht die miterfassten Gegenstände, wie zB Bestandteile, Zubehör. Bezieht sich ein Versteigerungsantrag sowohl auf einen bereits beschlagnahmten als auch auf einen bisher beschlagnahmefreien Gegenstand (zB Verfahrensanordnung hinsichtlich eines ideellen Miteigentumsanteils am Grundstück und nachfolgender

§ 27

Antrag für das gesamte Grundstück), so muss zum ersteren ein Beitritt zugelassen und zum zweiten das Verfahren neu angeordnet werden.

bb) Gleiches Verfahren. Voraussetzung für eine Beitrittszulassung 3 ist ein bereits anhängiges Verfahren, dh die ZwVerst muss wirksam angeordnet sein. Die Beschlagnahme muss noch nicht eingetreten sein. Sollte sich der Anordnungsbeschluss als unwirksam herausstellen, ist der Beitrittsbeschluss in einen Anordnungsbeschluss umzudeuten. Solange die ZwVerst noch anhängig ist, kann ein Beitritt zugelassen werden. Dies ist auch dann der Fall, wenn das Verfahren einstweilen eingestellt ist (§§ 30, 30a ff, 33, 86 ZVG, §§ 765 a, 775 Ziff 2, 4, 5 ZPO) oder wenn die Aufhebungsvoraussetzungen schon vorliegen, aber der konstitutiv wirkende Aufhebungsbeschluss noch nicht ergangen ist, zB bei § 31 I 2. Bis zur Rechtskraft des Zuschlagsbeschlusses ist ein Beitritt noch möglich, also auch noch kurz vor oder in dem Versteigerungstermin, zB nach Aufforderung zur Abgabe von Geboten und nach Schluss der Versteigerung; zu berücksichtigen ist, dass ein derartiger Beitrittsbeschluss gemäß § 44 II nicht der Feststellung des gG zugrundegelegt werden kann. Nach Beendigung des Verfahrens ist ein Beitritt nicht mehr möglich. Es wird beendet auf Grund eines konstitutiven Aufhebungsbeschlusses (§§ 28, 29, 30 I 3, 31 I 2) oder mit der Rechtskraft des Zuschlagsbeschlusses. Wenn vor der Zustellung des Beitrittsbeschlusses das bisherige Verfahren beendet wird, so ist er durch einen Berichtigungsbeschluss (§ 319 ZPO) in einen Anordnungsbeschluss umzuändern und dann unter Löschung des alten ZwVVermerks ein neuer einzutragen. Nach Verkündung des Zuschlagsbeschlusses, aber vor dessen Rechtskraft, kann der Beitritt nur aufschiebend bedingt zugelassen werden, und zwar für den Fall, dass es zur Aufhebung kommt (OLG Stuttgart Rpfleger 1970, 102). Wird der Zuschlagsbeschluss aufgehoben, hat der Beitritt Bestand; wird er rechtskräftig, muss der Beitrittsbeschluss aufgehoben werden. Ein Beitritt zum Verteilungsverfahren ist nicht zulässig. Nach Rechtskraft des Zuschlags über ein Grundstück kann ein Beitritt noch zur Versteigerung des Zubehörs erfolgen, wenn das Verfahren diesbezüglich einstweilen eingestellt war. Ein Beitritt ist nicht nur anderen, sondern auch dem Anordnungsgläubiger selbst möglich (BGH Rpfleger 2008, 375, 377). Der betreibende Gl kann den Beitritt nicht nur wegen anderer materiellrechtlicher Ansprüche, sondern auch dann erklären, wenn er eine ZwVerst in einer anderen Rangklasse anstrebt, zB Rangklasse 2 anstelle Rangklasse 5 des § 10 I (BGH aaO).

b) Antrag. Der antragstellende Gl muss erkennen lassen, dass er eben- 4 falls die ZwVerst eines bereits beschlagnahmten Grundstücks will. Wie er sich dabei ausdrückt ist unerheblich, ob er um Beitrittszulassung oder Verfahrensanordnung oder allgemein um ZwV ersucht. Im Übrigen vgl §§ 15, 16 Rdn 2–18.

§ 27 [Beitritt zum Versteigerungsverfahren]

5 Der Eintragungsnachweis gemäß § 17 muss nur dann geführt werden, wenn das Eigentum in der Zwischenzeit gewechselt hat (*Stöber* Rdn 3.2; *Dassler/Hintzen* Rdn 2 **aA** *Steiner/Hagemann* Rdn 16).

6 **c) Allgemeine Voraussetzungen der ZwV.** Wegen der Partei- und Prozessfähigkeit des Schu, des Vollstreckungstitels, der Vollstreckungsklausel, der Zustellung und dem Rechtsschutzbedürfnis vgl §§ 15, 16 Rdn 19–62.

7 **d) Besondere Voraussetzungen..** Besondere Voraussetzungen der ZwV, wie zB Sicherheitsleistung, Leistung Zug um Zug, Wartefrist usw; vgl dazu §§ 15, 16 Rdn 63–98.

3. Entscheidung des VollstrG

8 • **Prüfung**: vgl §§ 15, 16 Rdn 99–103.
9 • **Beanstandungsverfügung**: vgl §§ 15, 16 Rdn 104–106.
10 • **Zurückweisungsbeschluss**: vgl §§ 15, 16 Rdn 107–109.
11 • **Beitrittsbeschluss.** Hinsichtlich der Entscheidung, der Bekanntgabe, der Heilung von Mängeln und den Rechtsbehelfen vgl §§ 15, 16 Rdn 110–134. Es gelten grundsätzlich die gleichen Ausführungen wie bei der Verfahrensanordnung. Mehrere vorliegende Anträge sollen in einem gemeinsamen Beitrittsbeschluss verbeschieden werden, damit das Wirksamwerden der Beschlagnahme nicht dem Zufall überlassen bleibt. War der Beitrittsgläubiger bisher nicht am Verfahren beteiligt, so müssen ihm ein bereits vorliegender Wertfestsetzungsbeschluss und eine Terminsbestimmung zugestellt werden.

4. Keine Grundbucheintragung

12 Die Zulassung des Beitritts wird nicht gesondert im GB vermerkt (**§ 27 I 2**). Der auf Grund der Verfahrensanordnung eingetragene ZwVVermerk schützt auch den Beitrittsgläubiger vor einem gutgläubigen Erwerb eines Dritten.

5. Rechte des Beitrittsgläubigers

13 Sie sind grundsätzlich gleich denen des Anordnungsgläubigers (**§ 27 II**).
14 Der Beitritt wird mit der Zustellung des Beitrittsbeschlusses wirksam und führt damit zugunsten des Gl zur **Beschlagnahme** des Grundstücks (§ 22 I 1); also nicht mit der Zustellung des Anordnungsbeschlusses, selbst wenn diesen der später Beitretende beantragt hatte (BGH Rpfleger 1988, 543). Zwar gilt hinsichtlich der Berechnung der laufenden Zinsen die erste Beschlagnahme für alle Gl als maßgebende Beschlagnahme iSv § 13, aber alle anderen Wirkungen beginnen für den Beitrittsgläubiger erst mit dem Wirksamwerden "seiner" Beschlagnahme (zB §§ 20 II, 21, 23). Verfügungen über Gegenstände iSd §§ 1120 ff BGB, die dem Anord-

nungsgläubiger ggü unwirksam sind, können dem Beitrittsgläubiger ggü daher sehr wohl wirksam sein.

Die einzelnen **Verfahren der verschiedenen Gl** sind während der ganzen ZwVerst unabhängig voneinander, so dass einstweilige Einstellungen und Aufhebungen hinsichtlich einzelner Gl damit das Gesamtverfahren nicht berühren. 15

Zubehör wird erneut beschlagnahmt, wenn ein Gl nach erfolgter Freigabe durch den Erstgläubiger dem Verfahren beitritt (OLG Zweibrücken OLGZ 1977, 212, 219). Es bedarf hierzu weder eines Antrags noch eines entsprechenden Ausspruches im Beitrittsbeschluss; Voraussetzung ist nur, dass der fragliche Gegenstand im Zeitpunkt des Wirksamwerdens der Beschlagnahme (= Zustellung des Beitrittsbeschlusses § 22) noch beschlagnahmefähig iSd § 20 II iVm § 1120 BGB ist, dh noch eigenes Zubehör des Schu ist. Der Rechtspfleger hat hierauf im Termin hinzuweisen (*Teufel* Rpfleger 1979, 186). 16

Ein vor dem Beitritt ergangener **Wertfestsetzungsbeschluss** (§ 74 a V) kann vom Beitrittsgläubiger noch angefochten werden, auch wenn er den anderen Beteiligten ggü schon rechtskräftig ist. 17

Ist schon vor dem Beitritt ein **Versteigerungstermin** bestimmt worden, so darf dieser Termin wegen Beitritts idR nicht verschoben werden, weil sonst die anderen Gl ungerechtfertigt benachteiligt würden. 18

II. Aufhebung und einstweilige Einstellung des Verfahrens (§§ 28–34)

§ 28 [Entgegenstehende grundbuchmäßige Rechte; Verfügungsbeschränkung; Vollstreckungsmangel]

¹**Wird dem Vollstreckungsgericht ein aus dem Grundbuch ersichtliches Recht bekannt, welches der Zwangsversteigerung oder der Fortsetzung des Verfahrens entgegensteht, so hat das Gericht das Verfahren entweder sofort aufzuheben oder unter Bestimmung einer Frist, binnen welcher der Gläubiger die Hebung des Hindernisses nachzuweisen hat, einstweilen einzustellen. Im letzteren Falle ist das Verfahren nach dem Ablaufe der Frist aufzuheben, wenn nicht inzwischen der Nachweis erbracht ist.**

²**Wird dem Vollstreckungsgericht eine Verfügungsbeschränkung oder ein Vollstreckungsmangel bekannt, ist Absatz 1 entsprechend anzuwenden.**

Schrifttum: *Böttcher*, Zwangshypothek und Insolvenzeröffnung, NotBZ 2007, 86; *Böttcher*, Zusammentreffen von Grundstücksveräußerung und Zwangsversteigerung, Immobilienrecht 1998, 167; *Böttcher*, Dritteigentum als ein der Zwangsver-

§ 28 Entgegenstehende Rechte

steigerung entgegenstehendes Recht, RpflStud 1995, 36; *Buß*, Das Nacherbenrecht in der Immobiliarzwangsversteigerung, 2004; *Drischler*, Aufhebung und Einstellung im Verfahren der Immobiliarvollstreckung, JurBüro 1964, 1 und 241 und 319 und 471; *Ebeling*, Verfügungsverbot bei Flurbereinigung und Zwangsversteigerung, Rpfleger 1987, 232; *Eickmann*, Problematische Wechselbeziehung zwischen Immobiliarvollstreckung und Insolvenz, ZfIR 1999, 81; *Eickmann*, Das allgemeine Veräußerungsverbot nach § 106 KO und seine Auswirkungen auf das Grundbuch-, Vollstreckungs- und Zwangsversteigerungsverfahren, KTS 1974, 202; *Fahland*, Das Verfügungsverbot nach §§ 135, 136 BGB in der Zwangsvollstreckung, 1976; *Fischer*, Die Vormerkung in der Zwangsversteigerung, BWNotZ 1963, 37; *Hansmeyer*, Zwangsvollstreckungsmaßnahmen gegen Verkäufer oder Käufer während der Abwicklung eines notariellen Kaufvertrages, MittRhNotK 1989, 149; *Hintzen*, Insolvenz und Immobiliarzwangsvollstreckung, Rpfleger 1999, 256; *Jursnik*, Veräußerung von Grundbesitz nach Anordnung der Zwangsversteigerung, MittBayNot 1999, 125; *Jursnik*, Störungen der Vertragsabwicklung durch Anordnung der Zwangsversteigerung nach Beurkundung des Kaufvertrags, MittBayNot 1999, 433; *Klawikowski*, Die Grundstücksversteigerung bei Vor- und Nacherbschaft, Rpfleger 1998, 100; *Muth*, Belastungsbeschränkung des Erbbaurechts, Rpfleger 1991, 441; *Reinke*, Eigentümerzustimmung in der Zwangsversteigerung des Erbbaurechts, Rpfleger 1990, 498; *Ripfel*, Rechtsfragen um die dinglichen Vorkaufsrechte im Zwangsversteigerungsverfahren, BWNotZ 1963, 161; *Siegfried Schmidt*, Das Grundstück in der Zwangsversteigerung; die Auswirkungen auf bestehende Kaufverträge, Besonderheiten bei deren Gestaltung, BWNotZ 1992, 35; *Stöber*, Insolvenzverfahren und Vollstreckungs-Zwangsversteigerung, NZI 1998, 105; *Stöber*, Verjährte, rückständige und laufende Grundschuldzinsen in der Zwangsversteigerung, MittBayNot 1999, 441; *Wörbelauer*, Das unter Eigentumsvormerkung stehende Grundstück, DNotZ 1963, 580.

Übersicht

	Rn.
I. Allgemeines	1
II. Gegenrecht	2
III. Grundbuchersichtliche Rechte	3
1. Grundsatz	3
2. Einzelfälle	4
a) Auflassungsvormerkung	4
b) Befristung	11
c) Dritteigentum	12
d) Eigentumsaufgabe	13
e) Flurbereinigung	14
f) Reichsheimstätte	15
g) Insolvenzeröffnung	16
h) Nacherbenrecht	21
i) Nachlassverwaltung	23
j) Nießbrauch	24
k) Pfandrechte	25
l) Testamentsvollstreckung	26
m) Verfügungsverbot § 75 BVersG	27
n) Verfügungsverbot einstweilige Verfügung	28
o) Verfügungsbeschränkung	29

p) Verfügungsbeschränkung § 12 WEG	32
q) Vermögensbeschlagnahme	33
r) Vorkaufsrechte	34
s) Vormerkung	35
t) Widerspruch	36
3. Verfahren	37
a) Grundsatz	37
b) Aufhebung	39
c) Einstellung	40
IV. Nicht grundbuchersichtliche Rechte	41
1. Verfügungsbeschränkungen und Vollstreckungsmängel	41
2. Sonstige der ZwV entgegenstehende Rechte	47
a) Besitz	52
b) Erbenhaftung	53
c) Treuhandeigentum	54
d) Verjährung	55
e) Verwendungsersatz (§§ 994 ff BGB)	56
f) Vollstreckungsverträge	57
g) Wegnahmerecht	58
V. Verfahren nach §§ 775, 776 ZPO	59
1. § 775 ZPO	60
2. § 775 Nr. 2 ZPO	61
3. § 775 Nr. 3 ZPO	62
4. § 775 Nr. 4 ZPO	63
5. § 775 Nr. 5 ZPO	64
VI. Neue Bundesländer (Gebäudeeigentum in der ZwVerst des Grundstücks)	65
1. Rechtslage bei Verfahrensanordnung bis 31. 12. 2000	65
2. Rechtslage seit 1. 1. 2001	67

I. Allgemeines

Soweit Rechte der ZwVerst entgegenstehen, regelt § 28 die sich daraus ergebenden Folgen. Die Vorschrift bezieht sich sowohl auf Rechte Dritter als auch auf solche des Schu (*Steiner/Eickmann* Rdn 7). 1

II. Gegenrecht

Ein Gegenrecht besteht dann, wenn eine bestimmte Rechtslage von Anfang an gegeben war oder später eintritt, die dazu führt, dass der Verfahrensbetrieb rechtswidrig ist (so *Steiner/Eickmann* Rdn 9; vgl auch BGHZ 55, 20, 26; RGZ 116, 363, 366). Dies ist dann der Fall, wenn zum einen die ZwVerst das Recht des Dritten in seiner Existenz oder Durchsetzung behindern kann und zum anderen der Berechtigte des 2

Gegenrechts diese Beeinträchtigung nicht dulden muss (RGZ 116, 363, 365; 127, 8; *Steiner/Eickmann* Rdn 10).

III. Grundbuchersichtliche Rechte

1. Grundsatz

3   Nicht jedes Gegenrecht wird gemäß § 28 I berücksichtigt, sondern nur solche, die sich aus dem GB ergeben und dem VollstrG bekannt werden (§ 28 I S 1). Für die Grundbuchersichtlichkeit ist es ohne Bedeutung, ob das Recht tatsächlich besteht oder ob es nach der GBO hätte eingetragen werden dürfen oder ob es vor bzw nach dem ZwVVermerk eingetragen wurde. Wenn das Recht zu seiner Entstehung der Grundbucheintragung bedarf, muss es aber beschlagnahmewirksam sein (*Steiner/Eickmann* Rdn 13, 14); vgl dazu § 23 Rdn 4–9. Gleichgültig ist es, auf welche Art und Weise das VollstrG von dem Gegenrecht Kenntnis erlangt, zB durch eigene GB-Einsicht oder Mitteilung des GBA oder Anmeldung eines Beteiligten.

2. Einzelfälle

4   a) **Auflassungsvormerkung.** Sie ist **kein Gegenrecht,** das der ZwVerst entgegensteht (BGHZ 46, 124). Bedeutung im Rahmen des § 28 erlangt sie nur, wenn es um die Frage geht, ob das **Eigentum eines Dritten am Grundstück ein entgegenstehendes Recht** darstellt, dh der Vollzug der Auflassung im GB muss vor dem Wirksamwerden des Zuschlags erfolgen; aber außerdem nach der Beschlagnahme mit der Folge des relativ unwirksamen Eigentumserwerbs (§ 23 I 1 ZVG, §§ 136, 135 BGB), da ansonsten (= GB-Eintragung der Auflassung vor Beschlagnahme) sowieso ein wirksamer Eigentumserwerb vorliegt (dazu § 26 Rdn 3), und zwar unabhängig von der Auflassungsvormerkung. Für den Fall also, dass die Auflassung nach der Beschlagnahme im GB vollzogen wird, kommt es zu einem relativ unwirksamen Eigentumserwerb des Dritten (§ 23 I 1 ZVG, §§ 136, 135 BGB);

5   daran kann aber auch eine **Auflassungsvormerkung** nichts ändern, wenn sie ebenfalls **nach der Beschlagnahme im GB eingetragen** wurde (*Jursnik* MittBayNot 1999, 125 f). Ihre Begründung ist dann gleichfalls relativ unwirksam und damit bleibt es auch der Eigentumserwerb des Dritten (vgl dazu § 26 Rdn 4, 5 für den persönlichen Gl und § 26 Rdn 7 für den dinglichen Gl).

6   Wurde dagegen die **Auflassungsvormerkung vor der Beschlagnahme im GB eingetragen,** dann ist sie voll wirksam entstanden; mit der Eintragung der Auflassung erwirbt der Dritte sein Eigentum. Der Vormerkungsberechtigte ist insoweit geschützt, als ihm ggü alle Verfügungen – auch im Wege der ZwV – die nach Eintragung der Vormer-

III. Grundbuchersichtliche Rechte § 28

kung über das Grundstück getroffen werden, unwirksam sind, soweit sie seinen Anspruch vereiteln oder beeinträchtigen würde (§ 883 II BGB). Dies gilt auch dann, wenn die Auflassung ohne Bezugnahme auf die Vormerkung eingetragen, ja selbst dann, wenn die Vormerkung nach Vollzug der Auflassung gelöscht wird (*Steiner/Teufel* § 26 Rdn 13; *Jursnik* MittBayNot 1999, 433, 437 **aA** LG Stade Rpfleger 1968, 284).

Betreibt ein **persönlicher Gl** (§ 10 I Nr 5), so ist das Verfahren wegen 7 des wirksamen Dritteigentums nach § 28 aufzuheben bzw der Zuschlag zu versagen nach § 33 (BGHZ 60, 96; LG Frankenthal Rpfleger 1985, 371; *Jursnik* MittBayNot 1999, 433, 436). Vor Vollzug des Eigentumswechsels hat der Vormerkungsberechtigte in analoger Anwendung des § 888 I BGB gegen den Gl einen Anspruch auf Rücknahme des Versteigerungsantrags (*Schmidt* BWNotZ 1992, 35, 37).

Betreibt ein **dinglicher Gl aus seinem Recht im Rang nach der** 8 **Auflassungsvormerkung,** so kommt es ebenfalls zur Verfahrensaufhebung bzw Zuschlagsversagung gemäß §§ 28, 33, weil die Bestellung des dinglichen Rechts dem Vormerkungsberechtigten ggü unwirksam ist gem § 883 II BGB (LG Trier Rpfleger 2000, 286; *Steiner/Eickmann* Rdn 16; *Jursnik* MittBayNot 1999, 433, 436).

Soweit jedoch der **dingliche Gl aus seinem Recht im Rang vor** 9 **der Auflassungsvormerkung** betreibt, es also voll wirksam entstanden ist, kann sein Verfahren nicht durch ein später eintretendes Dritteigentum völlig zu Fall gebracht werden; er muss nach hM jedoch seinen Vollstreckungstitel umschreiben (§ 727 ZPO) und neu an den Erwerber zustellen lassen (§ 750 II ZPO), wozu das Verfahren gemäß § 28 einstweilen einzustellen ist (OLG Hamm OLGZ 1984, 463 = Rpfleger 1984, 426; *Böttcher* ZfIR 2007, 551; *Hintzen/Wolf,* ZwV, Rdn 11.275 **aA** BGH ZfIR 2007, 549; *Morvilius* in D/M/V 4. Kap Rdn 130; *Stöber* Rdn 4.8 c; *Jursnik* MittBayNot 1999, 433, 436: Verfahren wird ohne weiteres fortgeführt).

10

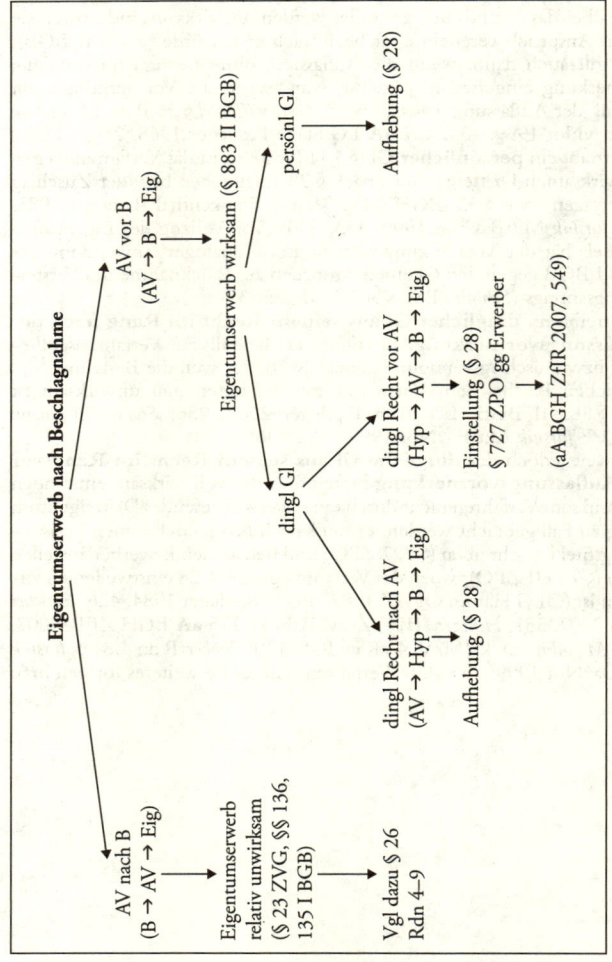

```
                                                          persönl Gl ──→ Aufhebung (§ 28)
                                                            ↑
                              AV vor B          Eigentumserwerb wirksam (§ 883 II BGB)
                             (AV → B → Eig) ──→
                            ↗                               ↓
                                                          dingl Gl
Eigentumserwerb nach Beschlagnahme                          ╱   ╲
                                                           ╱     ╲
                                                  dingl Recht vor AV        dingl Recht nach AV
                                                  (Hyp → AV → B → Eig)      (AV → Hyp → B → Eig)
                                                          ↓                         ↓
                                                  Einstellung (§ 28)          Aufhebung (§ 28)
                                                  § 727 ZPO gg Erwerber
                            ↘
                              AV nach B         Eigentumserwerb              (aA BGH ZfIR 2007, 549)
                             (B → AV → Eig) ──→ relativ unwirksam  ──→  Vgl dazu § 26
                                                (§ 23 ZVG, §§ 136,        Rdn 4–9
                                                 135 I BGB)
```

11 b) Befristung. Eine aus einem befristeten Grundpfandrecht betriebene ZwVerst kann nicht nach § 28 aufgehoben werden, weil während des Verfahrens die Frist abläuft (LG Tübingen Rpfleger 1984, 156). Die

III. Grundbuchersichtliche Rechte § 28

Befristung ist so auszulegen, dass das Grundpfandrecht bei Fristablauf nur dann erlischt, wenn es nicht davor geltend gemacht wurde.

c) Dritteigentum. Vgl dazu § **26 Rdn 3–9.** 12

d) Eigentumsaufgabe. Eigentumsaufgabe (vgl ausführlich dazu: *Stöber* § 15 Rdn 22) an einem Grundstück erfolgt durch Verzichtserklärung ggü dem GBA und Eintragung im GB (§ 928 I BGB). Geschieht dies vor der Beschlagnahme, so ist das Verfahren gemäß § 28 aufzuheben. Bei Eigentumsaufgabe nach Beschlagnahme wird die ZwVerst nach Bestellung eines Vertreters iSd § 787 ZPO fortgeführt, und zwar unabhängig davon, aus welchen Ansprüchen des § 10 I Nr 1–5 betrieben wird. Kommt es dann zum Eigentumserwerb des Fiskus oder eines anderen Aneignungsberechtigten, so kann ein betreibender Gl aus § 10 I Nr 1–4 die ZwVerst fortführen; bei einem persönlichen Gl aus § 10 I Nr 5 setzt dies voraus, wenn dieser Gl das Grundstück vor der Eigentumsaufgabe beschlagnahmt hat. 13

e) Flurbereinigung. Die ZwVerst kann während eines Flurbereinigungsverfahrens grundsätzlich angeordnet und durchgeführt werden, es liegt insoweit **kein entgegenstehendes Recht iSd § 28** vor (OLG Hamm Rpfleger 1987, 258; OLG Oldenburg KTS 1975, 239). Versteigert werden die Einlagegrundstücke mit der Maßgabe, dass der Ersteher in das Flurbereinigungsverfahren eintritt; dies gilt bis zu dem in der Ausführungsanordnung der Flurbereinigungsbehörde genannten Zeitpunkt (§ 15 FlurbG). Nach diesem Zeitpunkt erstreckt sich das Verfahren auf das Ersatzgrundstück (so *Steiner/Eickmann* Rdn 28). Solange die Grundbuchberichtigung nicht stattgefunden hat, werden die neuen Grundstücke von den alten repräsentiert (OLG Oldenburg KTS 1975, 239). Die vorläufige Besitzeinweisung des Flurbereinigungsverfahrens in die Ersatzgrundstücke verhindert den Zuschlag der Einlagegrundstücke nicht, entscheidend ist der in der Ausführungsanordnung genannte Zeitpunkt (OLG Koblenz Rpfleger 1967, 417). Ist jedoch das im Flurbereinigungsgebiet liegende Grundstück mit einem Verfügungsverbot nach § 52 III FlurG belastet, so liegt **ein Gegenrecht iSd § 28** vor (*Ebeling* Rpfleger 1987, 232 **aA** *Dassler/Hintzen* Rdn 18; *Stöber* § 15 Rdn 17.3). Das Verfahren darf daher nicht angeordnet werden bzw muss von Amts wegen aufgehoben werden nach § 28, wenn ein dinglicher Gl aus einem nach dem Verfügungsverbot eingetragenen Recht betreibt oder ein persönlicher Gl betreibt, wenn das Verfügungsverbot vor seiner Beschlagnahme wirksam geworden ist (§ 23 I 1 ZVG, §§ 136, 135 BGB). Ansonsten, dh wenn ein dinglicher Gl aus einem vor dem Verfügungsverbot eingetragenen Recht betreibt oder ein persönlicher betreibender Gl das Grundstück schon vor dem Wirksamwerden des Verfügungsverbots beschlagnahmt hat, kann das Verfahren fortgesetzt werden. 14

15 **f) Reichsheimstätte.** Reichsheimstätte wurde mit Wirkung vom 1. 10. 1993 aufgehoben (Gesetz vom 17. 6. 1993, BGBl I 912). Während für einen persönlichen Gl (§ 10 I Nr 5) die Heimstätteneigenschaft schon immer ein Gegenrecht iSd § 28 darstellte, konnte ein dinglicher Gl (§ 10 I Nr 4) oder ein Berechtigter wegen öffentlicher Abgaben (§ 10 I Nr 3) die ZwVerst betreiben (§ 20 RHeimstG). Letztgenannte Norm ist auf Forderungen, die zum 1. 10. 1993 bestanden haben, anzuwenden bis zum 31. 12. 1998 (Art 6 des Gesetzes zur Aufhebung des RHeimstG).

16 **g) Insolvenzeröffnung.** Insolvenzeröffnung wird im GB eingetragen (§ 32 InsO). Betreibt ein Gl wegen eines **dinglichen Anspruchs (§ 10 I Nr 4,** und 6 und 8), so stellt die IE kein entgegenstehendes Recht iSv § 28 dar (*Steiner/Eickmann* Rdn 31); er ist absonderungsberechtigt (§ 49 InsO) und betreibt somit zu Recht. Gleiches gilt für die **Ansprüche aus § 10 I Nr 1–3,** denn auch sie haben Absonderungscharakter.

17 Wer nach IE die ZwVerst beantragt, benötigt dazu aber einen Titel gegen den Insolvenzverwalter, dem auch zugestellt sein muss gemäß §§ 727, 750 II ZPO (OLG Hamm Rpfleger 1985, 310; 1966, 24). Erfolgte die Verfahrensanordnung noch aus einem Titel gegen den Insolvenzschuldner, so ist das Verfahren des dinglichen Gl nach § 28 einstweilen einzustellen und dem Gl aufzugeben, den Titel auf den IV umschreiben und neu zustellen zu lassen. Im umgekehrten Fall, dh wenn die ZwVerst auf Grund eines Titels gegen den IV angeordnet wurde, obwohl das Grundstück keinem Insolvenzverfahren mehr unterlag (zB Freigabe durch IV, Beendigung des Insolvenzverfahrens), muss das Verfahren gemäß § 28 eingestellt werden, damit der Vollstreckungstitel auf den Schu umgeschrieben und neu zugestellt werden kann (OLG Hamm Rpfleger 1985, 310). Bei IE nach Beschlagnahme ist keine neue Vollstreckungsklausel erforderlich, ebenso nicht eine Zustellung des Titels an den Insolvenzverwalter; letzterer tritt an die Stelle des Schu und nimmt dessen Rechte im eigenen Namen wahr (so *Stöber* § 15 Rdn 23.11), zB haben von nun an alle Zustellungen an ihn zu erfolgen.

18 Nach Eröffnung des Insolvenzverfahrens kann für Insolvenzgläubiger die ZwVerst nicht mehr angeordnet oder der Beitritt zugelassen werden (§ 89 I InsO). Gibt ein Insolvenzverwalter oder Treuhänder ein Grundstück des Schu aus der Insolvenzmasse frei, unterliegt diese als sonstiges Vermögen des Schu dem Vollstreckungsverbot des § 89 I InsO (BGH MittBayNot 2009, 315). Gemeint sind die **persönlichen Gl in der Rangklasse des § 10 I Nr 5,** die auf Grund eines schuldrechtlichen Anspruchs die ZwVerst betreiben wollen, der nicht dinglich gesichert ist und der auch nicht seiner Art nach das Recht auf Befriedigung aus dem Grundstück zusteht. Solche Gl müssen ihre titulierte Forderung zur Insolvenztabelle anmelden. Dem persönlichen Gl ist vor Zurückweisung seines Antrags Gelegenheit zur Antragsrücknahme zu geben (LG Oldenburg ZIP 1981, 1011). Ist die Beschlagnahme entgegen § 89 I InsO nach

IE erfolgt, ist das Verfahren gemäß § 28 II aufzuheben (OLG Hamm Rpfleger 1966, 24; *Hintzen* Rpfleger 1999, 256, 258). Wird die Beschlagnahme jedoch vor IE wirksam (vgl § 22), wird der Fortgang der ZwVerst nicht gehindert, weil der Gl damit das Recht auf Befriedigung aus dem Grundstück erlangt hat (*Vallender* Rpfleger 1997, 353, 354). Der persönliche Gl kann das Verfahren ohne Titelumschreibung fortsetzen, und zwar gegen den IV, der ab IE die Rechte des Schu im eigenen Namen wahrnimmt (*Stöber* § 15 Rdn 23.11). Kommt es nach der Beschlagnahme des Grundstücks zur Aufhebung oder Einstellung des Insolvenzverfahrens bzw zur Freigabe des Grundstücks durch den IV, so wird die ZwVerst gegen den Schu fortgeführt (OLG Hamm Rpfleger 1985, 310).

Hat ein persönlicher Gl **im letzten Monat vor dem Antrag auf IE** 19 **oder nach diesem Antrag** die Beschlagnahme des Grundstücks erlangt (vgl § 22), wird sie mit IE unwirksam (§ 88 InsO). Erlangt das Versteigerungsgericht in diesen Fällen von der IE Kenntnis, muss es das Verfahren des davon betroffenen Gl von Amts wegen aufheben (§ 28 II; *Morvilius* in D/M/V 4. Kap Rdn 22). Hat ein persönlicher Gl die Beschlagnahme des Grundstücks außerhalb der Sperrfrist erlangt, bleibt sie nach IE bestehen und das Verfahren wird für den nunmehr Absonderungsberechtigten Gl (§ 49 InsO) fortgesetzt (*Hintzen* Rpfleger 1999, 256, 258). Nach Ansicht des BGH (ZfIR 2006, 437=DNotZ 2006, 514) wird die innerhalb der Sperrfrist des § 88 InsO eingetragene **Zwangshypothek** mit IE nachträglich absolut unwirksam (aA *Böttcher* NotBZ 2007, 86; *Keller* ZIP 2006, 1174; *Demharter* Rpfleger 2006, 256; *Bestelmeyer* Rpfleger 2006, 388: Umwandlung in eine Eigentümergrundschuld). Schießlich ist der BGH der Meinung, dass die gemäß § 88 InsO nachträglich absolut unwirksam und nicht zur Eigentümergrundschuld gewordene Zwangshypothek für den Fall der Freigabe des Grundstücks aus der Insolvenzmasse wieder auflebt, dh wirksam wird, analog § 185 II 1 Fall 2 BGB, wenn sie als Buchposition noch eingetragen ist und die Voraussetzungen für eine Neubegründung der Zwangshypothek bestehen; bis zum Wiederaufleben wird daher von einer „nachträglichen absoluten schwebenden Unwirksamkeit" gesprochen. Den Rang einer wiederauferstandenen und noch im Grundbuch eingetragenen Zwangshypothek bestimmt der BGH nach dem Zeitpunkt der Freigabe des Grundstücks aus der Insolvenzmasse durch den Insolvenzverwalter. Die Freigabe durch den Insolvenzverwalter erfolgt durch einseitige, empfangsbedürftige, formlose Willenserklärung gegenüber dem Insolvenzschuldner. Mehrere Zwangssicherungshypotheken, die durch Freigabe am belasteten Grundstück gleichzeitig neu entstehen, sollen untereinander gemäß § 879 I 2, 2. Hs BGB gleichen Rang erlangen. Besondere Probleme bereitet die BGH-Entscheidung in einem Zwangsversteigerungsverfahren, dass ein Zwangshypothekengläubiger (§ 867 III 3 ZPO) beantragt hat oder dem er beigetreten ist. Fällt die Eintragung der Zwangssicherungshypothek in

§ 28 Entgegenstehende Rechte

den Zeitraum der Rückschlagsperre (§§ 88, 312 InsO) und wird sie deshalb mit Eröffnung des Insolvenzverfahrens nachträglich absolut unwirksam, müsste das Versteigerungsverfahren für den Zwangshypothekengläubiger gemäß § 28 von Amts wegen aufgehoben werden. Die Konsequenz der BGH-Entscheidung führt jedoch nur zu einer schwebend absolut unwirksamen Beschlagnahme des Zwangshypothekengläubigers, die kraft Gesetzes mit dem Zeitpunkt der Freigabe des Grundstücks durch den Insolvenzverwalter wiederauflebt. Dem Versteigerungsverfahren sind solche schwebende Zustände fremd. Das Versteigerungsgericht wird daher bei Kenntnis von der Insolvenzeröffnung und der Rückschlagsperre nach Anhörung des Zwangshypothekengläubigers das Verfahren gemäß § 28 aufheben müssen; es ist Sache des Gläubigers, nach Freigabe des Grundstücks die Zwangsversteigerung erneut zu beantragen (*Keller* ZIP 2006, 1174, 1180). War der von der Rückschlagsperre betroffene Zwangshypothekengläubiger selbst nicht Antragsteller des Zwangsversteigerungsverfahrens und geht er dem bestbetreibenden Gläubiger im Rang nach, gehört die Rechtsposition nicht zu den bestehen bleibenden Rechten; sie bekommt jedoch auch keinen Erlös, da die Hypothek nach Ansicht des BGH schon durch die Rückschlagsperre absolut unwirksam ist (*Keller* ZIP 2006, 1174, 1180). Geht die von der Rückschlagsperre betroffene und damit nach Ansicht des BGH schwebend unwirksame Zwangshypothek dem bestbetreibenden Gläubiger im Rang vor, ist sie grundsätzlich als bestehen bleibendes Recht zu behandeln, da sie durch die Freigabe des Grundstücks seitens des Insolvenzverwalter wirksam werden kann. Die Zwangshypothek ist aufschiebend bedingt und im geringsten Gebot als unbedingtes Recht zu behandeln (§ 48). Gibt der Insolvenzverwalter das Grundstück nicht frei und wird der Zuschlag erteilt, kann die Zwangshypothek danach nicht mehr wiedererstehen, sie erlischt vielmehr endgültig mit Zuschlagserteilung. Damit steht der Zuzahlungsfall des § 50 II Nr 1 fest und das Versteigerungsgericht hat nach § 125 eine Hilfsverteilung vorzunehmen (*Keller* ZIP 2006, 1174, 1180).

20 Während des **Insolvenzeröffnungsverfahrens** ist die Anordnung der ZwVerst oder die Zulassung des Beitritts uneingeschränkt möglich. Die Möglichkeit der Untersagung von Zwangsvollstreckungsmaßnahmen nach § 21 II Nr 3 InsO ist bei unbeweglichen Gegenständen nicht möglich. Die Möglichkeit der ZwVerst während des Eröffnungsverfahrens gilt für alle Gl des § 10 ohne Unterschied. Die ZwVerst findet auch in diesem Verfahrensstadium gegen den Schu statt, so dass ein Titel gegen ihn und die Zustellung an ihn genügt. Dies gilt auch, wenn ein vorläufiger Insolvenzverwalter nach § 21 II Nr 1 InsO bestellt ist, ja selbst dann, wenn zusätzlich ein allgemeines Verfügungsverbot auferlegt ist (LG Halle Rpfleger 2002, 89; *Morvilius* in D/M/V 4. Kap Rdn 26; *Stöber,* ZVG, Rdn 140 g; **aA** LG Cottbus Rpfleger 2000, 465; *Hintzen* Rpfleger 1999, 256, 258).

III. Grundbuchersichtliche Rechte § 28

h) Nacherbenrecht. Nacherbenrecht (ausführlich dazu *Hofmann* 21 Rpfleger 1999, 317; *Klawikowski* Rpfleger 1998, 100) wird im GB von Amts wegen eingetragen (§ 51 GBO). Der Vermerk darüber stellt jedoch **kein entgegenstehendes Recht** iSv § 28 dar (*Stöber* § 15 Rdn 30.10 c). Gleiches gilt für das Nacherbenrecht als solches, wenn der NE die Vollstreckung dulden muss; das ist gemäß § 2115 S 2 BGB der Fall, wenn wegen einer Nachlassverbindlichkeit (§ 1967 BGB) oder auf Grund eines dem NE ggü wirksamen dinglichen Rechts (zB vom Erblasser oder mit Zustimmung des NE bestelltes Grundpfandrecht; vom befreiten Vorerben gemäß §§ 2136, 2113 I BGB bestelltes Grundpfandrecht) vollstreckt werden soll. Sowohl der Verfahrensanordnung (Beitritt) als auch der Zuschlagserteilung steht kein Recht entgegen (so *Steiner/Eickmann* Rdn 38–40; *Steiner/Hagemann* §§ 15, 16 Rdn 160; *Klawikowski* Rpfleger 1998, 100). Ein besonderer Duldungstitel gegen den NE ist nicht erforderlich. Die Frage, ob der NE die ZwVerst dulden muss, hat der Gl nachzuweisen und das VollstrG zu überprüfen (*Stöber* § 15 Rdn 30.8). Der Nachweis ist erbracht, wenn der Gl die Zustimmung (nicht in öffentlich beglaubigter Form) des NE oder einen Duldungstitel gegen den NE vorlegt (ist zulässig, aber nicht notwendig!). "Über andere Nachweise (zB vom Erblasser bestelltes Grundpfandrecht, dingliches Recht mit Wirksamkeitsvermerk oder "Vorrangseinräumung") entscheidet das VollstrG nach freier Überzeugung gemäß § 286 I ZPO" (so *Stöber* § 15 Rdn 30.8). Stellt das VollstrG fest, dass das Nacherbenrecht der ZwVerst nicht entgegensteht und wird das Verfahren durchgeführt, so kann der NE mit der Widerspruchsklage gemäß § 773 S 2, § 771 ZPO vorgehen.

Das Nacherbenrecht ist dann ein der ZwVerst **entgegenstehendes** 22 **Recht** iSv § 28, wenn ein dinglicher Gl aus einem dem NE ggü unwirksamen Recht (zB vom nicht befreiten Vorerben ohne Zustimmung des NE bestelltes Grundpfandrecht) oder ein persönlicher Gl wegen einer Schuld des Vorerben, die keine Nachlassverbindlichkeit darstellt (§ 1967 BGB), das Verfahren betreiben (*Steiner/Eickmann* Rdn 38–40; *Stöber* § 15 Rdn 30.10). Dann ist nämlich eine Verfügung über das Grundstück im Wege der ZwV im Falle des Eintritts der NE unwirksam (§ 2115 S 1 BGB); dies gilt auch bei befreiter Vorerbschaft (§ 2136 BGB). Dementsprechend soll nach § 773 ZPO keine Veräußerung im Wege der ZwV erfolgen. Diese Sollvorschrift ist vom VollstrG zu beachten, und zwar nach einer Meinung bereits bei der Verfahrensanordnung (OLG Nürnberg MDR 1961, 63; LG Osnabrück JurBüro 1955, 236) oder nach anderer Ansicht erst bei der Zuschlagserteilung (BayObLGZ 1968, 104 = Rpfleger 1968, 221). Beiden Meinungen kann nicht gefolgt werden. Die Anordnung der ZwVerst (Zulassung des Beitritts) ist keine Veräußerung und somit zulässig. Ein Abstellen auf den Zuschlag ist aus prozeßökonomischen Gründen abzulehnen. § 773 ZPO verbietet nach seinem Sinn und Zweck nicht nur die Veräußerung durch Zuschlagserteilung, sondern das gesamte Veräußerungsverfahren nach Beschlagnahme (zB Wertfestsetzung, Terminsbestimmung usw). Daher ist das Verfahren gemäß § 28 unter Fristsetzung nach Verfahrensanordnung (Beitrittszulassung) einstweilen einzustellen zur Beibringung der Zustimmung des NE bzw eines Duldungstitels gegen ihn (*Hofmann* Rpfleger 1999, 317; LG Berlin Rpfleger 1987, 457; *Steiner/Eickmann* Rdn 40; *Steiner/Hagemann* §§ 15, 16 Rdn 160; *Stöber* § 15 Rdn 30.11).

23 **i) Nachlassverwaltung.** Nachlassverwaltung ist im GB eintragbar (*Böttcher* Rpfleger 1983, 49, 54). Es handelt sich um eine Verfügungsentziehung, da die Verfügungsbefugnis auf den Nachlassverwalter übergeht (§ 1984 I BGB). Nach § 1984 II BGB sind Zwangsvollstreckungen zugunsten aller Gl, die nicht Nachlassgläubiger sind, verboten. Nach Anordnung der Nachlassverwaltung sind Anordnung und Beitritt deshalb nur zulässig, wenn ein Nachlassgläubiger mit einem Titel gegen den Nachlassverwalter vorgeht; die Eintragung des Erblassers im GB genügt, so dass eine vorherige Grundbuchberichtigung nicht erforderlich ist. Wurde trotzdem mit einem gegen den Erben lautenden Titel angeordnet, ist das Verfahren gemäß § 28 einstweilen einzustellen bei einem Nachlassgläubiger, bei einem sonstigen Gl aufzuheben (*Stöber* § 15 Rdn 30.7 c). Erfolgt die Anordnung der Nachlassverwaltung nach Wirksamwerden der Beschlagnahme, so wird das Verfahren ohne Titelumschreibung gegen den Nachlassverwalter fortgesetzt (*Stöber* § 15 Rdn 30.7 c; **aA** *Steiner/Eickmann* Rdn 42; *Dassler/Hintzen* Rdn 31: Einstellung). Letzterer kann jedoch mit einer Klage verlangen (§ 785 ZPO), dass die zugunsten eines Privatgläubigers angeordnete ZwVerst aufgehoben wird (§ 784 II ZPO).

24 **j) Nießbrauch.** Nießbrauch bedarf zur Entstehung der Eintragung in das GB (§ 873 I BGB). Er berechtigt zum Besitz des Grundstücks (§ 1036 I BGB) und zum Ziehen der Nutzungen des Grundstücks (§ 1030 I BGB), stellt aber grundsätzlich **kein Gegenrecht** iSv § 28 dar. Ein Duldungstitel gegen den Nießbraucher ist nicht erforderlich. Bei land- und forstwirtschaftlichen Grundstücken, deren Erzeugnisse noch mit dem Grund und Boden verbunden sind, würde die Beschlagnahme den Nießbraucher an der Fruchtziehung hindern (§ 21 I); wenn sein Recht dem des Bestbetreibenden im Range vorgeht, kann er deshalb die Beseitigung der Beschlagnahme in Bezug auf die Erzeugnisse gemäß §§ 810 II, 771 ZPO verlangen (so *Steiner/Eickmann* Rdn 48; ebenso *Jaeckel/Güthe* §§ 20, 21 Rdn 4 **aA** *Stöber* § 15 Rdn 26.2). Eine Berücksichtigung nach § 28 scheidet aber aus, weil die beschlagnahmten Erzeugnisse nicht aus dem GB ersichtlich sind (*Stöber* § 15 Rdn 26.2 **aA** *Steiner/Eickmann* Rdn 48).

25 **k) Pfandrechte.** Pfandrechte an Erbanteilen und anderen Gesamthandsanteilen können im GB eingetragen werden. Sie stehen einer ZwVerst iSd § 28 entgegen, so dass zur Verfahrensanordnung bzw. -fort-

III. Grundbuchersichtliche Rechte § 28

setzung die Zustimmung des Pfandgläubigers oder ein gegen ihn gerichteter Titel auf Duldung der ZwV benötigt wird, es sei denn, die Versteigerung wird aus einem vor dem Entstehen des Pfandrechts eingetragenen dinglichen Recht betrieben (BayObLGZ 1959, 50; *Steiner/Eickmann* Rdn 50).

l) Testamentsvollstreckung. Testamentsvollstreckung wird im GB 26 von Amts wegen eingetragen (§ 52 GBO). Tritt der Erbfall mit TV nach der Beschlagnahme in der ZwVerst ein, so ist dies auf den Verfahrensfortgang ohne Einfluss (§ 779 ZPO); das Verfahren wird ohne Titelumschreibung gegen den TV fortgesetzt (*Stöber* § 15 Rdn 30.7 e). Verwaltet der TV dagegen bereits bei der Verfahrensanordnung den gesamten Nachlass, so muss ein Titel gegen ihn erwirkt bzw umgeschrieben werden (§ 748 I, §§ 749, 727, 750 ZPO). Es genügt die Eintragung des Erblassers, soweit nicht bereits der Erbe eingetragen ist. Erfolgt die Beschlagnahme mit einem gegen den Erben lautenden Titel, ist das Verfahren nach § 28 einstweilen einzustellen und dem Gl aufzugeben, den Titel auf den TV umschreiben und neu zustellen zu lassen (*Steiner/Eickmann* Rdn 54 **aA** *Stöber* § 15 Rdn 30.7 e: Verfahrensaufhebung). Ist die Verwaltung der TV auf das Grundstück beschränkt, so ist für die Anordnung ein Leistungstitel gegen den Erben und ein Duldungstitel gegen den TV erforderlich (§ 748 II ZPO). Soll wegen eines Pflichtteilsanspruchs betrieben werden, so muss ein Titel sowohl gegen den Erben als auch gegen den TV vorliegen (§ 748 III ZPO).

m) Verfügungsverbot § 75 BVersG. Verfügungsverbot nach § 75 27 BVersG wird wirksam mit der Eintragung im GB und macht die Belastung und Veräußerung des Grundstücks von der Genehmigung der zuständigen Landes-Verwaltungsbehörde (in Bayern Landesversorgungsamt) abhängig. Zur Anordnung der ZwVerst (Beitritt) aus einem nach dem Verfügungsverbot und ohne Genehmigung eingetragenen dinglichen Recht oder aus einem persönlichen Anspruch ist die Genehmigung nötig. Wurde die ZwVerst ohne diese Genehmigung angeordnet, ist das Verfahren einstweilen einzustellen gemäß § 28. Der Vermerk nach § 75 BVersG ist dagegen ohne Einfluss, wenn die ZwVerst aus einem davor eingetragenen oder aus einem danach mit Genehmigung eingetragenen dinglichen Recht betrieben wird; gleiches gilt, wenn ein persönlicher Gl betreibt, und zwar mit Beschlagnahmewirksamkeit vor dem Verfügungsverbot (**aA** *Steiner/Eickmann* Rdn 62). Soweit eine Genehmigung erforderlich wird, dann bereits zum Erlass von Anordnungs- und Beitrittsbeschluss, nicht erst zum Zuschlag (*Stöber* § 15 Rdn 7.4; *Steiner/Eickmann* Rdn 61 **aA** *Dassler/Hintzen* Rdn 14).

n) Verfügungsverbot einstweilige Verfügung. Verfügungsverbot 28 auf Grund einstweiliger Verfügung kann im GB eingetragen werden (§ 941 ZPO). Dies ist jedoch für die ZwVerst ohne Bedeutung, wenn

§ 28 Entgegenstehende Rechte

ein persönlicher Gl mit Beschlagnahmezeitpunkt vor dem Entstehen des Verfügungsverbots betreibt; gleiches gilt für einen betreibenden dinglichen Gl, wenn sein Recht vor dem Verfügungsverbot entstanden ist (OLG Köln Rpfleger 1983, 450). Ein entgegenstehendes Recht iSd § 28 ist das Verfügungsverbot dann, wenn ein persönlicher Gl Beschlagnahme erst nach der Wirksamkeit des Verfügungsverbots erlangt oder ein dinglicher Gl aus einem Recht betreibt, das nach dem Verfügungsverbot entstanden ist. Soweit durch das Verfügungsverbot eine Veräußerung untersagt wird, ist zwar eine Verfahrensanordnung (Beitrittszulassung) möglich, aber aus prozeßökonomischen Gründen ist nicht auf den Zuschlag abzustellen (vgl § 772 ZPO); vielmehr ist das Verfahren nach § 28 einzustellen zur Beibringung der Zustimmung des Geschützten oder eines Duldungstitels gegen ihn.

29   **o) Verfügungsbeschränkung.** Verfügungsbeschränkung nach **§ 5 ErbbauRG** entsteht mit der Eintragung im GB und gilt auch für die ZwV (§ 8 ErbbauRG). Die Veräußerung oder/und die Belastung des Erbbaurechts können von der Zustimmung des Grundstückseigentümers abhängig gemacht werden (§ 5 ErbbauRG).

30   Ist beides der Fall und wird aus einem ohne die erforderliche Belastungszustimmung eingetragenen **dinglichen Recht** die ZwVerst beantragt und betrieben, so liegt kein Gegenrecht iSv § 28 vor; vielmehr muss der Grundstückseigentümer gegen den Gl des unwirksamen Rechts gemäß § 771 ZPO vorgehen (*Stöber* § 15 Rdn 13.5 c; *Reinke* Rpfleger 1990, 498, 499 **aA** *Steiner/Eickmann* Rdn 66: Verfahrenseinstellung). Ist das dingliche Recht, aus dem das Verfahren betrieben wird, mit der Zustimmung des Eigentümers begründet worden, wovon das Versteigerungsgericht grundsätzlich ausgehen muss, so ist erst der Zuschlag zustimmungspflichtig, nicht die Verfahrensanordnung/der Beitritt (vgl §§ 15, 16 Rdn 84). Wird die ZwVerst aus einem vor der Eintragung der Verfügungsbeschränkung eingetragenen dinglichen Recht betrieben, dann vgl §§ 15, 16 Rdn 83.

31   Wenn ein **persönlicher Gl** Beschlagnahme erlangt hat, bevor die Verfügungsbeschränkung im GB eingetragen wurde, so ist für den Zuschlag keine Zustimmung des Eigentümers erforderlich. Will ein persönlicher Gl die ZwVerst bei bereits bestehender Verfügungsbeschränkung betreiben, so ist zu unterscheiden: Besteht nur eine VB nach § 5 I ErbbauRG, so ist erst der Zuschlag zustimmungsbedürftig (*Reinke* Rpfleger 1990, 498, 499); ist nur eine VB nach § 5 II ErbbauRG vereinbart, so ist bereits die Verfahrensanordnung zustimmungspflichtig, weil das Verfahren zur Eintragung einer Sicherungshypothek (§ 128) führen kann (*Reinke* Rpfleger 1990, 498, 500; *Steiner/Eickmann* Rdn 68 **aA** *Muth* Rpfleger 1991, 441), welche nicht mehr zustimmungspflichtig sein kann. Besteht eine VB sowohl nach § 5 I als auch nach § 5 II ErbbauRG, so muss der Eigentümer seine Zustimmung zur Anordnung und zum Zuschlag erklären (*Reinke* Rpfleger 1990, 498, 501).

p) Verfügungsbeschränkung § 12 WEG. Verfügungsbeschränkung nach § 12 WEG entsteht mit der Eintragung im GB und gilt auch für die ZwV; die Veräußerung des Wohnungseigentums kann somit zustimmungspflichtig gestellt werden. Ist dies der Fall, so ist für eine ZwVerst die Zustimmung dennoch entbehrlich, wenn aus den Ansprüchen des § 10 I Nr 1–3 betrieben wird, sofern diese bereits vor der Aufteilung in WE entstanden sind (so *Steiner/Eickmann* Rdn 70). Wenn das Verfahren aus einem vor der Verfügungsbeschränkung eingetragenen dinglichen Recht betrieben wird, dann vgl §§ 15, 16 Rdn 86. Erfolgt die ZwVerst dagegen aus einem nach der Verfügungsbeschränkung eingetragenen dinglichen Recht, so ist erst die Zuschlagserteilung zustimmungspflichtig (vgl §§ 15, 16 Rdn 86). Gleiches gilt, wenn ein persönlicher Gl die ZwVerst bei bereits bestehender Verfügungsbeschränkung beantragt. Wurde die Beschlagnahme des persönlichen Gl wirksam bevor die Verfügungsbeschränkung im GB eingetragen wurde, dann besteht keine Zustimmungspflicht für den Zuschlag. 32

q) Vermögensbeschlagnahme. Vermögensbeschlagnahme nach §§ 290, 443 StPO begründet eine Verfügungsbeeinträchtigung nach § 134 BGB (so § 292 StPO) und kann im GB eingetragen werden. Die ZwVerst wird gegen den zu bestellenden Pfleger (§ 292 II StPO). 33

r) Vorkaufsrechte. Vorkaufsrechte (rechtsgeschäftliche und gesetzliche) hindern die Verfahrensanordnung nicht und stellen auch keine Gegenrechte iSv § 28 dar. Dies gilt auch für ein Vorkaufsrecht nach § 306 ZGB in den neuen Bundesländern (*Keller* Rpfleger 1992, 501, 505). 34

s) Vormerkung. Vormerkung nach § 18 II GBO ist gleich zu behandeln wie die Auflassungsvormerkung (*Steiner/Eickmann* Rdn 75); vgl daher Rdn 4–10. 35

t) Widerspruch. Widerspruch wird im GB eingetragen (§ 899 BGB, § 53 GBO). Er ist kein entgegenstehendes Recht iSv § 28, da er nur besagt, dass das GB unrichtig sein kann, die ZwVerst kann somit angeordnet und durchgeführt werden. Das durch einen Widerspruch geschützte, aber nicht im GB eingetragene Eigentum eines Dritten, stellt zwar ein Gegenrecht dar; da dieses Dritteigentum aber nicht aus dem GB ersichtlich ist, fällt es nicht unter § 28, sondern muss vom wahren Eigentümer mittels Drittwiderspruchsklage nach § 771 ZPO geltend gemacht werden. Die Eintragung des durch den Widerspruch geschützten Eigentümers macht eine Fortsetzung der ZwVerst unzulässig, wenn ein dinglicher Gl aus einem nach dem Widerspruch eingetragenen Recht betreibt (kein gutgläubiger Erwerb des Grundpfandrechts möglich!) oder ein betreibender persönlicher Gl seine Beschlagnahme erst nach der Ein- 36 tragung des Widerspruchs im GB erlangt (*Stöber* Rdn 4.22). Umgekehrt hindert die Eintragung des Eigentümers den Verfahrensfortgang gegen den bisherigen Eigentümer nicht, wenn ein dingliches Gl aus einem Recht betreibt, das vor dem Widerspruch im GB eingetragen wurde, oder ein persönlich betreibender Gl seine Beschlagnahme des Grundstücks vor der Eintragung des Widerspruchs erlangte; ihnen ggü ist das mit dem "Rang" des Widerspruchs eingetragene Eigentum unwirksam (§ 23 I 1 ZVG, §§ 136, 135 I 1 BGB).

3. Verfahren

37 a) **Grundsatz.** Wird dem VollstrG ein grundbuchersichtliches Recht bekannt, welches der ZwVerst entgegensteht, so hat das Gericht das Verfahren entweder sofort aufzuheben oder unter Bestimmung einer Frist zur Behebung des Hindernisses einstweilen einzustellen (§ 28 S 1). Die **Wahl zwischen Aufhebung und Einstellung steht nicht im Ermessen des VollstrG.** Eine Aufhebung kommt nur bei nicht behebbaren Hindernissen in Betracht, so dass eine Einstellung dann veranlasst ist, wenn bei einem Hindernis eine Behebungsmöglichkeit besteht. Rechtsstaatliche Verfahrensgrundsätze (Art 14 GG) verlangen dies ebenso wie beim vergleichbaren Fall des § 18 I GBO (vgl *Meikel/Böttcher* § 18 Rdn 30–32); die durch die Beschlagnahme des Grundstücks erlangte Rechtsstellung muss grundsätzlich gewahrt bleiben.

38 Die Entscheidung ergeht durch **Beschluss,** nach Abschluss der Bietstunde nur noch durch Versagung des Zuschlags (§ 33). **Zustellung** muss erfolgen an jeden Gl, dessen Verfahren aufgehoben oder eingestellt wurde, an den Schu, sowie an einen Dritten, der einen entsprechenden Antrag gestellt hatte, § 32. Vor der Entscheidung ist dem Gl wegen Art 103 GG **rechtliches Gehör** zu gewähren. Als **Rechtsbehelf** steht dem durch die Entscheidung Betroffenen nach vorheriger Anhörung die sofortige Beschwerde nach § 793 ZPO zu.

39 b) **Aufhebung.** Die Aufhebung hat bereits mit dem Erlass des Beschlusses das Erlöschen der Beschlagnahme zugunsten des betroffenen Gl zur Folge (BGHZ 66, 394; OLG Nürnberg Rpfleger 1961, 52). Deshalb ist im Interesse des Gl die Wirksamkeit der Entscheidung bis zum Eintritt der Rechtskraft aufzuschieben (KG MDR 1966, 515; OLG Hamm Rpfleger 1959, 283).

40 c) **Einstellung.** Erfolgt keine Beseitigung des Hindernisses innerhalb der gesetzten Frist, so ist das Verfahren aufzuheben. Vor Erlass des Aufhebungsbeschlusses kann auch noch nach Fristablauf behoben werden. Die mit der Einstellung gesetzte Frist kann verlängert werden (*Stöber* Rdn 6.5). Wird das aufgezeigte Hindernis beseitigt, erfolgt die Verfahrensfortsetzung von Amts wegen; gesetzlich nicht vorgeschrieben, aber trotzdem zu empfehlen ist ein Fortsetzungsbeschluss.

IV. Nicht grundbuchersichtliche Rechte

1. Verfügungsbeschränkungen und Vollstreckungsmängel

Wie nach § 28 I ist zu verfahren (vgl Rdn 37–40), wenn dem VollstrG eine Verfügungsbeschränkung bekannt wird, die noch nicht im GB eingetragen ist (§ 28 II). Die in § 28 II angeordnete entsprechende Anwendung von Abs 1 schließt den einschränkenden Relativsatz "welches der Zwangsversteigerung oder der Fortsetzung des Verfahrens entgegensteht", in Abs 1 Satz 1 ein (OLG Karlsruhe Rpfleger 2000, 405). Der Begriff Verfügungsbeschränkung ist jedoch zu eng; gemeint sind vielmehr **Verfügungsbeeinträchtigungen** (vgl zur Terminologie *Böttcher* Rpfleger 1983, 49), die sich unterteilen in Verfügungsentziehungen, Verfügungsbeschränkungen und Verfügungsverbote. 41

Zu den **Verfügungsentziehungen** gehören: 42
— Insolvenzeröffnung (vgl Rdn 16–20);
— Testamentsvollstreckung (vgl Rdn 26);
— Nachlassverwaltung (vgl Rdn 23).

Zu den **Verfügungsbeschränkungen** gehören: 43
— § 1365 BGB (vgl §§ 15, 16 Rdn 72);
— § 12 WEG (vgl Rdn 32);
— § 5 ErbbauRG (vgl Rdn 29–31).

Ein **Verfügungsverbot** kommt auf Grund einstweiliger Verfügung in Betracht (vgl Rdn 28). 44

Als Verfügungsbeeinträchtigung sui generis ist noch die Vor- und **Nacherbschaft** zu nennen (vgl Rdn 21, 22). 45

Vollstreckungsmängel führen nur ausnahmsweise zur Nichtigkeit des Vollstreckungsaktes (vgl §§ 15, 16 Rdn 131). Letzterer ist dann gemäß § 28 II von Amts wegen aufzuheben. IdR ist der Vollstreckungsakt jedoch nur anfechtbar, dh bis zu seiner Aufhebung wirksam (vgl §§ 15, 16 Rdn 132). In diesen Fällen kann das VollstrG gemäß § 28 II die Nachholung des Fehlenden verlangen, dh also mit Fristsetzung einstellen. Wird die Auflage nicht erfüllt, kann der Vollstreckungsakt aufgehoben werden. 46

2. Sonstige der ZwV entgegenstehende Rechte

Ergibt sich ein sonstiges der ZwVerst entgegenstehendes Recht nicht aus dem GB, greift § 28 nicht. Der Inhaber eines Gegenrechts muss sich selbst um seine Durchsetzung kümmern nach den allgemeinen Verfahrensvorschriften; ein Dritter zB mittels Drittwiderspruchsklage nach § 771 ZPO, der Schu ua nach §§ 766, 767 ZPO. Soweit ein Gegenrecht gegenüber dem Versteigerungsgericht geltend gemacht wird, ist der Antragsteller gemäß § 139 ZPO auf das richtige Verfahren hinzuweisen. 47

§ 28 Entgegenstehende Rechte

48 Das **Prozessgericht** ist zuständig für Klagen und Rechtsbehelfe nach §§ 707, 719: § 732 II; §§ 767, 768; § 769 I; § 770; §§ 771–774 ZPO.

49 **Vollstreckungsgericht.** Der Begriff hat eine zweifache Bedeutung (*Steiner/Eickmann* Rdn 126: *Nußbaum* S 57 ff). Wenden sich die Einstellungsnormen unmittelbar an das Vollstreckungsorgan, dann ist für die gegebene Entscheidung (Maßnahme) derjenige Rechtspfleger (Richter) zuständig, der das betreffende Verfahren führt, er entscheidet als **"Versteigerungsgericht"** (so *Steiner/Eickmann* Rdn 127); zu nennen sind §§ 30 ff; § 765 a ZPO; §§ 775, 776 ZPO. Wird das VollstrG dagegen in Verfahren tätig, die vom eigentlichen konkreten Versteigerungsverfahren losgelöst sind, so entscheidet es als eine dem Versteigerungsgericht übergeordnete Instanz, das ist die **"allgemeine Vollstreckungsabteilung"** (*Steiner/Eickmann* Rdn 128); zu nennen sind § 766 ZPO und § 769 II ZPO. Zuständig ist dann der Richter/Rechtspfleger der allgemeinen Vollstreckungsabteilung, nicht des Versteigerungsgerichts.

50 **Vollzugsbeschlüsse** des Versteigerungsgerichts sind erforderlich, wenn das Prozessgericht (Rdn 58) oder die allgemeine Vollstreckungsabteilung (§§ 766, 769 II ZPO) Entscheidungen getroffen haben (RGZ 70, 399; *Steinger/Eickmann* Rdn 129).

51 Es kommen Rechte in Betracht, die überhaupt nicht eintragungsfähig im GB sind. Aber auch solche, die zwar eintragungsfähig sind, jedoch außerhalb des GB entstehen, somit nicht unbedingt im GB eingetragen zu sein brauchen: Flurbereinigung (Rdn 14); Heimstätteneigenschaft (Rdn 15); Vermögensbeschlagnahme nach §§ 290, 443 StPO (Rdn 33).

52 **a) Besitz.** "Hat der noch nicht im GB eingetragene Grundstückskäufer das Grundstück bereits im Besitz, so gibt das kein Gegenrecht, das eine Klage nach § 771 ZPO rechtfertigen würde" (so *Steiner/Eickmann* Rdn 92 und RGZ 128, 81). Der Besitz der Mieter/Pächter ist durch § 57 geschützt.

53 **b) Erbenhaftung.** Erbenhaftung (vgl zunächst §§ 15, 16 Rdn 69–71). "Wird die ZwVerst des dem Nachlass zugehörigen Grundstücks betrieben wegen einer persönlichen Schuld des Erben, so ist dies erst nach Annahme der Erbschaft zulässig (§ 778 II ZPO). Der Erbe kann gegen einen Verstoß nach § 766 ZPO, aber auch nach § 771 ZPO, vorgehen" (so *Steiner/Eickmann* Rdn 97). "Wird wegen einer Nachlassverbindlichkeit (§ 1967 BGB) in ein zum persönlichen Vermögen des Erben gehörendes Grundstück vollstreckt, so kann der Erbe, dem im Urteil die Haftungsbeschränkung vorbehalten ist (§ 780 I ZPO), diese Beschränkung nur durch Klage nach §§ 785, 767, 769, 770 ZPO geltend machen" (so *Steiner/Eickmann* Rdn 98). "Vor einem dieser Klage stattgebenden Urteil bleibt die Beschränkung unberücksichtigt (§ 781 ZPO). Stehen dem Erben die Einreden der §§ 2014, 2015 BGB zu, so muss er ebenso Klage erheben (§§ 782, 783, 785 ZPO). Bis zur Entscheidung nimmt das Verfahren seinen Fortgang" (so *Steiner/Eickmann* Rdn 99).

V. Verfahren nach §§ 775, 776 ZPO　　　　　　　　　　　　　§ 28

c) Treuhandeigentum. Treuhandeigentum ist möglich in der Form 54
der eigennützigen Treuhand (= Sicherungseigentum) und als uneigennützige Treuhand (= Übertragung des Grundstücks zur treuhänderischen Verwaltung). "Der Treugeber kann einer ZwVerst durch einen Gl des Treunehmers nach § 771 ZPO begegnen, weil die Haftungssubstanz dem Vermögen des Treugebers zuzuordnen ist" (so *Steiner/Eickmann* Rdn 107, 108). Eine Ausnahme besteht dann, wenn die ZwVerst aus einem vom Sicherungsgeber bestellten dinglichen Recht oder wegen ihn treffender öffentlicher Ansprüche betrieben wird (*Steiner/Eickmann* Rdn 107 Fn 126).

d) Verjährung. Verjährung eines Anspruchs kann materiell zwar als 55
Einrede geltend gemacht werden (§ 222 I BGB), wird aber im formellen Versteigerungsverfahren nicht von Amts wegen vom VollstrG berücksichtigt (*Stöber* § 15 Rdn 37.1). Betreibt ein Gl die ZwVerst aus einem verjährten Anspruch, so kann sich der Eigentümer mit Vollstreckungsgegenklage (§ 767 ZPO) dagegen wehren. Gegen die Erlöszuteilung auf verjährte Ansprüche eines Gl, der selbst die ZwVerst nicht betreibt, kann der Eigentümer (Schu) Widerspruch gegen den Teilungsplan erheben gemäß § 115 I, wenn es sich um keinen vollstreckbaren Anspruch handelt; liegt ein Vollstreckungstitel vor, hat ein Widerspruch keine Wirkung, es muss vielmehr Vollstreckungsgegenklage (§ 115 III, § 767 ZPO) erhoben werden (*Stöber* MittBayNot 1999, 441). Ein nachrangiger Gl kann sich nicht auf die Verjährung eines vorrangigen Anspruchs berufen, da diese nur im Verhältnis Gl und Schu eintritt (*Stöber* MittBayNot 1999, 441, 446).

e) Verwendungsersatz (§§ 994 ff BGB). Der Anspruch des Besit- 56
zers auf Ersatz von Verwendungen steht der ZwVerst nicht entgegen.

f) Vollstreckungsverträge. Hat der Gl durch Vereinbarung mit dem 57
Schu auf bestimmte Vollstreckungsmöglichkeiten verzichtet, kann der Schu nach § 766 ZPO oder nach § 767 ZPO vorgehen.

g) Wegnahmerecht. Wegnahmerecht nach § 997 BGB ist gemäß 58
§ 771 ZPO geltend zu machen.

V. Verfahren nach §§ 775, 776 ZPO

§ 775 Nr 1 und 2 ZPO betreffen Vollzugsbeschlüsse des Versteige- 59
rungsgerichts auf Grund Entscheidungen des Prozessgerichts oder der allgemeinen Vollstreckungsabteilung. § 775 Nr 3–5 ZPO sehen selbstständige Entscheidungen des Versteigerungsgerichts vor.

§ 28 Entgegenstehende Rechte

1. § 775 ZPO

60 § 775 Nr 1 ZPO betrifft die Aufhebung des zu vollstreckenden Urteils oder seiner vorläufigen Vollstreckbarkeit (§§ 771 I, 718 I ZPO) sowie die Feststellung der Urteilsnichtigkeit, die Unzulässigerklärung der Vollstreckung in den Fällen der §§ 732, 766, 767, 768, 771 ZPO und die endgültige Einstellung der Vollstreckung durch gerichtliche Anordnung (§ 766 ZPO). Die bereits getroffenen Vollstreckungsmaßregeln sind aufzuheben (§ 776 ZPO).

2. § 775 Nr. 2 ZPO

61 § 775 Nr 2 ZPO betrifft die Anordnung einer einstweiligen Einstellung (§§ 707, 719, 732 II, §§ 769, 770 ZPO) und die Anordnung, dass die ZwV nur gegen Sicherheitsleistung fortgesetzt werden darf (§ 709 S 2, § 707 I, § 719 I, § 732 II, § 769 II ZPO). Das Verfahren ist nach Anhörung des Gl aufzuheben, wenn die zugrunde liegende Entscheidung dies anordnet, ansonsten (häufig) ist nur einzustellen (§ 776 ZPO).

3. § 775 Nr. 3 ZPO

62 § 775 Nr 3 ZPO betrifft die Fälle, in denen der Schu die ZwV durch Sicherheitsleistung abwenden kann (§ 711, § 712 I, § 720 a III ZPO). Der Nachweis ist durch eine öffentliche Urkunde (§ 415 I ZPO) zu führen. Bereits getroffene Vollstreckungsmaßregeln sind aufzuheben (§ 776 ZPO).

4. § 775 Nr. 4 ZPO

63 § 775 Nr 4 ZPO betrifft die Befriedigung oder Stundung nach Erlass des Urteils, Zustellung des Mahnbescheides oder nach Entstehung eines anderen Titels. Sie müssen sich aus einer öffentlichen Urkunde (§ 415 I ZPO) oder aus einer vom Gl ausgestellten Privaturkunde ergeben. Es genügt auch die Pfändung und Überweisung an den Schu. Das Verfahren ist nach § 776 ZPO einzustellen. Der Gl ist jedoch davor zu hören, denn die Einstellung hat auch dann zu unterbleiben, wenn er nur unsubstantuiert widerspricht bzw muss das Verfahren auf sein Verlangen jederzeit fortgesetzt werden (OLG Hamm Rpfleger 1973, 324; DGVZ 1980, 154; OLG Frankfurt MDR 1980, 63).

5. § 775 Nr. 5 ZPO

64 § 775 Nr 5 ZPO regelt den Befriedigungsnachweis durch Vorlage eines Einzahlungs- oder Überweisungsnachweises einer Bank oder Sparkasse; darunter fallen auch die Annahmestellen der Postbank AG (*Zöller/ Stöber* § 775 Rdn 8). Das Verfahren ist nach § 776 ZPO einzustellen.

VI. Neue Bundesländer (Gebäudeeigentum in der ZwVerst des Grundstücks)

1. Rechtslage bei Verfahrensanordnung bis 31. 12. 2000

Besteht Gebäudeeigentum aufgrund eines dinglichen Nutzungsrechts (§ 286 I Nr 1 und 2, §§ 287 ff ZGB), bleibt dieses bei Anordnung der ZwVerst des Grundstücks von der Beschlagnahme unberührt, gleichgültig ob das Nutzungsrecht im GB dem betreibenden Gl vorgeht oder nicht (Art 233 § 4 IV EGBGB); vgl umfassend dazu *Keller* Rpfleger 1994, 194.

Das sog LPG-Gebäudeeigentum nach § 27 LPG-Gesetz besteht als nutzungsrechtsloses Eigentum fort (vgl Art 231 § 5 I EGBGB). Unabhängig voneinander bestehen Grundstücks- und Gebäudeeigentum. Das Gebäude ist kein wesentlicher Bestandteil des Grundstücks. Bei der Anordnung der ZwVerst des Grundstücks stellt das Gebäudeeigentum kein entgegenstehendes Recht gemäß § 28 dar und die Beschlagnahme des Grundstücks umfasst nicht das Gebäude, so dass bei der ZwVerst des Grundstücks das **Gebäudeeigentum** nach § 27 LPG-G **unberührt** bleibt (*Keller* Rpfleger 1994, 194). Der Gebäudeeigentümer ist nur dann Beteiligter nach § 9 Nr 1, wenn ein Gebäude-GB angelegt (Art 223 § 2 b II EGBGB) und dies im Grundstücks-GB vermerkt wurde (vgl *Keller* aaO).

2. Rechtslage seit 1. 1. 2001

Eine ab diesem Zeitpunkt angeordnete Beschlagnahme des Grundstücks umfasst auch das Gebäudeeigentum (§ 9 a I 1 EGZVG). Deshalb werden der Anordnungsbeschluss auch dem Gebäudeeigentümer zugestellt (§ 9 a III 1 EGZVG) und ein ZwVerst-Vermerk nicht nur im Grundstücks-GB, sondern auch im Gebäude-GB, soweit vorhanden, eingetragen (§ 9 a III 3 EGZVG). Dem Inhaber des Gebäudeeigentums stehen die nach § 28 bezeichneten Rechte zu (§ 9 a II 1 EGZVG). Wurde die ZwVerst eines Grundstücks vor dem 1. 1. 2001 angeordnet, und wird danach die Zulassung eines Beitritts beantragt (§ 27), so muss hinsichtlich des Gebäudeeigentums ein Anordnungsbeschluss erlassen werden und bezüglich des Grundstücks ein Beitrittsbeschluss (*Eickmann,* SachenRBer, § 9 a EGZVG Rdn 2). In der Grundstücksversteigerung tritt dann eine Mitbeschlagnahme des Gebäudes gemäß § 9 a I 1 EGZVG nicht ein, wenn vor der Grundstücksbeschlagnahme bereits eine Beschlagnahme in einer selbstständigen ZwVerst des Gebäudes wirksam geworden ist (*Eickmann,* SachenRBer, § 9 a EGZVG Rdn 4). Wird die ZwVerst eines Grundstücks bis zum 31. 12. 2000 angeordnet und erfolgen dann ab dem 1. 1. 2001 Beitrittsbeschlüsse und die Verfahrensaufhebung für den Anordnungsgläubiger, bestimmt sich das Verfahren nach dem alten Recht (vgl Rdn 65–67). Ist bei der Anordnung der ZwVerst eines Grundstücks ab dem 1. 1. 2001 das eingetragene Gebäudeeigentum (Nutzungsrecht) eines Dritten dem VollstrG bereits bekannt, so kann es in einem einheitlichen Beschluss die Verfahrensanordnung mit den Wirkungen des § 9 a I 1 EGZVG und die Verfahrensaufhebung hinsichtlich des Gebäudeeigentums nach § 9 a II 1 EGZVG, § 28 beschließen (*Stöber* § 9 a EGZVG Rdn 3.2). Eine Beschränkung des Antrags durch den Gl nur auf das Grundstück unter Ausschluss des Gebäudes ist auf Grund der unabdingbaren Vorschrift § 9 a I 1 EGZVG nicht möglich (*Stöber* § 9 a EGZVG Rdn 3.3). Wurde in einer ZwVerst des Grundstücks das Verfahren hinsichtlich des Gebäudes für einen Gl bereits aufgehoben gemäß § 9 a II 1 EGZVG, § 28, so ist dies bei weiteren Beitrittsgläubigern nicht mehr nötig, da diese nur noch das Grundstück ohne das Gebäude beschlagnahmen (*Stöber* § 9 a EGZVG Rdn 3.4).

68 Ist das **Gebäudeeigentum im Grundbuch des Grundstücks eingetragen** (vgl Einl Rdn 28, 28a) muss das VollstrG diesbezüglich von Amts wegen das Verfahren gemäß § 28 aufheben (*Keller* Rpfleger 1994, 194, 200; *Eickmann,* SachenRBer, § 9 a EGZVG Rdn 6; *Stöber* § 9 a EGZVG Rdn 3.1). Unerheblich ist, ob das Gebäudeeigentum vor oder nach dem ZwVerst-Vermerk eingetragen wurde (*Eickmann,* SachenRBer, § 9 a EGZVG Rdn 6; *Stöber* § 9 a EGZVG Rdn 3.5).

69 Soweit **weder das Gebäudeeigentum noch das Nutzungsrecht im Grundstücks-GB eingetragen** sind, ist auch eine Berücksichtigung von Amts wegen nicht möglich. Der Ersteher des Grundstücks wird deshalb grundsätzlich auch Eigentümer des Gebäudes (§§ 90 II, 55 I) und Berechtigter des Nutzungsrechts (*Stöber* § 9 a EGZVG Rdn 3.8; *Keller* Rpfleger 1994, 194, 200). Will der bisherige Gebäudeeigentümer dies vermeiden, muss er sein Drittrecht gemäß § 37 Nr 5 geltend machen. Notfalls muss der Gebäudeeigentümer mit Drittwiderspruchsklage nach § 771 ZPO vorgehen (BGH ZflR 2007, 506, 508; *Keller* Rpfleger 1994, 194, 200; *Eickmann,* SachenRBer, § 9 a EGZVG Rdn 8; *Stöber* § 9 a EGZVG Rdn 3.6). Macht ein Dritter im Zwangsversteigerungsverfahren aus dem GB nicht ersichtliches selbständiges Gebäudeeigentum geltend, kann der betreibende Gl dieses Recht freigeben; eine Aufhebung des das Gebäudeeigentum betreffenden Verfahrens ist jedoch nur zulässig, wenn der Schu der Freigabe zustimmt oder wenn der Dritte einen gegen den Schu gerichteten rechtskräftigen Titel vorlegt, der die Unzulässigkeit der ZwV in das Gebäudeeigentum ausspricht oder feststellt, dass der Dritte Inhaber selbständigen Eigentums an dem beschlagnahmten Gebäude ist (BGH ZflR 2007, 506 = Rpfleger 2007, 155).

70 Ist zwar **nicht das Gebäudeeigentum, aber das ihm zugrundeliegende Nutzungsrecht im Grundstücks-GB eingetragen,** muss das VollstrG von Amts wegen das Verfahren aufheben, soweit es das Gebäudeeigentum betrifft (*Eickmann,* SachenRBer, § 9 a EGZVG Rdn 7).

Das **nicht mitversteigerte Gebäudeeigentum** besteht auch nach dem Zuschlag fort, wenn ihm ein Nutzungsrecht zugrundeliegt und dieses auf Grund der Versteigerungsbedingungen am Grundstück bestehenbleibt (§ 91 I, § 52 I, § 44 I). Erlischt jedoch das Nutzungsrecht, weil es nicht in das gG fällt (§ 52 II), hat dies auch den Untergang des Gebäudeeigentums zur Folge (vgl Art 233 § 4 IV, VI und VII; *Eickmann,* SachenRBer, § 9 a EGZVG Rdn 7); gleiches muss auch für das nutzungsrechtslose Gebäudeeigentum gelten (*Eickmann* aaO). 71

Befinden sich **Gebäude- und Grundstückseigentum in einer Hand**, so hat der Eigentümer bei der ZwVerst seines Grundstücks keine Möglichkeit, die Mitversteigerung des Gebäudes zu verhindern (*Eickmann* ZIR 1997, 61, 64). Bei nicht eingetragenen Gebäudeeigentum (Nutzungsrecht) steht dem Eigentümer kein Interventionsrecht nach § 771 ZPO zu, da er kein "Dritter" ist. Ist das Gebäudeeigentum (Nutzungsrecht) eingetragen, so führt die teleologische Reduktion des § 28 zu dessen Nichtanwendbarkeit in diesem Fall; dies verlangt die dogmatische Parallele der Norm zu § 771 ZPO. 72

§ 29 [Zurücknahme des Antrages]

Das Verfahren ist aufzuheben, wenn der Versteigerungsantrag von dem Gläubiger zurückgenommen wird.

Schrifttum: *Depre,* Eine Antragsrücknahme im Zwangsversteigerungs- oder Zwangsverwaltungsverfahren erfordert eine konstitutive Entscheidung des Vollstreckungsgerichts, ZfIR 2008, 841; *Eickmann,* Vormundschaftsgerichtliche Genehmigungen im Zwangsversteigerungsverfahren, Rpfleger 1983, 199; *Heggen,* Zum Verkauf von Grundstücken aus der Zwangsversteigerung oder der Zwangsverwaltung, RNotZ 2009, 384; *Mayer,* Gl-Mehrheit im Zwangsversteigerungsverfahren, Rpfleger 1983, 265.

Übersicht

	Rn.
1. Allgemeines	1
2. Antragsrücknahme	2
a) Inhalt	2
b) Form	3
c) Gerichtliche Genehmigung	4
d) Wirksamwerden	5
e) Zeitliche Zulässigkeit	8
f) Wirkungen	9
g) Beschränkungen	10
3. Aufhebungsbeschluss	12
a) Inhalt	12
b) Wirkung	13
c) Zustellung	14
d) Rechtsbehelfe	15

§ 29 [Zurücknahme des Antrages]

1. Allgemeines

1 Da die ZwVerst auf Antrag eines Gl betrieben wird, ist jener auch berechtigt, den Verfahrensantrag zurückzunehmen. Das Verfahren ist dann gemäß § 29 insoweit aufzuheben. Die Vorschrift gilt für alle ZVG-Verfahren.

2. Antragsrücknahme

2 **a) Inhalt.** Die Antragsrücknahme durch den betreibenden Gl kann expressis verbis erfolgen. Nötig ist dies aber nicht. Vielmehr ist jede Erklärung ausreichend, die zu erkennen geben lässt, dass das jeweilige Einzelverfahren endgültig beendet sein soll, so zB wenn der Gl die Hauptsache für erledigt erklärt. Bleiben Zweifel, dann empfiehlt sich eine Rückfrage beim Gl, so zB wenn er dem VollstrG mitteilt, dass er befriedigt worden ist (Ablösung oder Antragsrücknahme?). Begründet werden muss die Antragsrücknahme nicht. Sie kann nicht bedingt oder befristet sein; ein Verstoß dagegen führt zur Unwirksamkeit (*Stöber* Rdn 2.2).

3 **b) Form.** Gesetzlich ist keine Form vorgesehen. Die Antragsrücknahme kann schriftlich oder mündlich vor dem UdG oder im Termin abgegeben werden; im letzteren Fall tut dies ins Protokoll aufzunehmen (§§ 78, 80 und §§ 159 ff ZPO). Es genügt auch ein Fernschreiben; ebenso ein Telefonat, wenn mittels eines Rückrufs die Ordnungsgemäßheit geklärt werden kann.

4 **c) Gerichtliche Genehmigung.** Gerichtliche Genehmigung zur Antragsrücknahme bedürfen grundsätzlich weder die Eltern noch ein Betreuer, Vormund (Pfleger). Eine Ausnahme besteht allerdings für den Betreuer, Vormund (Pfleger) eines persönlichen Gl, da die Rücknahme zum Verlust des durch die Beschlagnahme entstandenen Vorzugsrecht auf Befriedigung aus dem Grundstück führt. Familien- bzw vormundschaftsgerichtliche Genehmigung ist entsprechend § 1822 Nr 13 BGB erforderlich (*Eickmann* Rpfleger 1983, 199, 200 f; *Brüggemann* FamRZ 1990, 124, 126 **aA** *Dassler/Hintzen* Rdn 3; *Stöber* Rdn 2.4).

5 **d) Wirksamwerden.** Wirksamwerden der Antragsrücknahme tritt ein mit ihrem Eingang bei Gericht. Nach einer Meinung beendet dies die Wirkungen der Beschlagnahme für den betreffenden Gl, so dass einem Aufhebungsbeschluss danach nur deklaratorische Bedeutung zukommt (*Steiner/Storz* Rdn 27).

6 Dem widersprechen der BGH (ZfIR 2008, 876) und *Eickmann* (ZVG, § 6 VI 2 a) zu Recht. Genauso wie für die Beschlagnahme des Grundstücks ein konstitutiver Anordnungs- oder Beitrittsbeschluss erforderlich ist (§ 20 I), muss dies auch für das Gegenteil gelten. Die Beschlagnahmewirkungen entfallen nur mit einem konstitutiven Aufhebungsbeschluss.

§ 29

Für die Gegenansicht besteht keinerlei praktisches Bedürfnis, ganz im Gegenteil, sie belastet das Verfahren mit der Ungewissheit über das Verfahrensende, wenn Zweifel bestehen, ob die Erklärung des Gl tatsächlich als Antragsrücknahme zu werten ist.

Da das Verfahren also erst durch einen konstitutiven Aufhebungsbeschluss beendet wird, kann die Antragsrücknahme vor Erlass dieses Beschlusses zurückgenommen werden (**aA**, wonach die Antragsrücknahme nach Eingang bei Gericht unwiderruflich ist, *Steiner/Storz* Rdn 30). Nimmt der allein betreibende Gl seinen Antrag zurück und wird daraufhin das Verfahren aufgehoben bevor einem bereits vorliegenden weiteren Antrag auf Beitritt durch einen wirksamen Beitrittsbeschluss entsprochen wird, so gilt der Beitrittsantrag als neuer Versteigerungsantrag. 7

e) Zeitliche Zulässigkeit. Eine Antragsrücknahme gemäß § 29 kommt erst dann in Betracht, wenn das Verfahren bereits wirksam angeordnet ist oder der Beitritt zugelassen wurde, erfolgt sie davor, wird nicht angeordnet oder zugelassen ohne eine Aufhebungsentscheidung nach § 29. Ansonsten ist die Rücknahme des Antrags bis zur Verkündung des Zuschlags zulässig (RGZ 89, 426; OLG Frankfurt Rpfleger 1991, 470). Nach Zuschlagsversagung kann der Antrag auch im Beschwerdeverfahren noch zurückgenommen werden (OLG Celle JW 1932, 3206; LG Aachen Rpfleger 1985, 452 **aA** *Dassler/Hintzen* Rdn 11); gleiches gilt nach Aufhebung des Zuschlags im Beschwerdeverfahren. 8

f) Wirkungen. Erfolgt die Aufhebung nach Antragsrücknahme durch den einzigen betreibenden Gl, so entfallen alle Beschlagnahmewirkungen; die ZwVerst ist insgesamt aufzuheben und der ZwVVermerk zu löschen. Wird außer dem aufgehobenen Verfahren mindestens ein weiteres Verfahren eines Gl weiterbetrieben (oder ist es auch nur einstweilen eingestellt), so erlöschen zwar für den ausscheidenden Gl alle Beschlagnahmewirkungen, aber soweit seine Beschlagnahme die erste war, bleibt sie für die Berechnung der wiederkehrenden Leistungen gemäß § 13 IV 1 wirksam. Ansonsten geht die Gesamtversteigerung ohne Besonderheiten weiter, insbesondere wird der ZwVVermerk nicht gelöscht. Ist der rücknehmende Gl der bestrangig Betreibende und steht der Versteigerungstermin kurz bevor, so kann wegen der Fristen der §§ 43 II, 44 II eine Terminverlegung erforderlich sein; hatte die Bietzeit (30 Minuten) schon begonnen, muss das gG neu berechnet und nochmals eine volle Bietzeit (30 Minuten) eingehalten werden (*Eickmann,* ZVG, § 10 V 2 a). Antragsrücknahme zwischen Schluss der Bietzeit (30 Minuten) und Zuschlagsverkündung führt idR zur Zuschlagsversagung (vgl § 33 Rdn 12). 9

g) Beschränkungen. Die Antragsrücknahme kann gegenständlich beschränkt werden auf **einzelne Grundstücke oder Grundstücks-** 10

§ 29 [Zurücknahme des Antrages]

teile. Für einen unselbstständigen Teil eines Grundstücks ohne eigene Flurstücksnummer ist dies nicht möglich.

11   Eine Teilrücknahme bezüglich einzelner **Zubehörstücke** ist anzunehmen, wenn Dritte Eigentumsrechte geltend machen und die betreibenden Gl diesen Gegenstand freigeben (so *Steiner/Storz* Rdn 17). Eine Mitwirkung der nicht betreibenden Gl ist dabei nicht erforderlich (OLG Düsseldorf NJW 1955, 188). Das VollstrG hat das Verfahren bezüglich der freigegebenen Gegenstände aufzuheben, ohne allerdings zu entscheiden, ob es sich um Zubehör oder wesentliche Bestandteile handelt (BGH ZfIR 2007, 506, 508; OLG Koblenz Rpfleger 1988, 493; OLG Hamm OLGZ 1967, 445). Die Ermäßigung einer Vollstreckungsforderung ist grundsätzlich keine Teilrücknahme, so dass auch kein Teilaufhebungsbeschluss ergeht. Der Schu ist jedoch zu benachrichtigen. Im Übrigen ist die Erklärung des Gl nur als Beschränkung der Anmeldung zu berücksichtigen. Eine Teilrücknahme iSd § 29 liegt ausnahmsweise dann vor, wenn ein Gl bisher mit mehreren selbstständigen Ansprüchen vollstreckt hat (zB mehrere Grundpfandrechte), nun aber einen ganzen Anspruch zurücknimmt (zB ein Grundpfandrecht mit Zinsen und Kosten); insoweit hat dann eine Teilaufhebung zu erfolgen (*Stöber* Rdn 4.4).

3. Aufhebungsbeschluss

12   **a) Inhalt.** Wird der Versteigerungsantrag bis zum Schluss der Versteigerung (§ 73 II) zurückgenommen, so geschieht die Aufhebung durch Beschluss. Seine Wirksamkeit braucht nicht bis zur Rechtskraft hinausgeschoben werden (*Stöber* Rdn 2.6). Nimmt nach dem Versteigerungsschluss der bestrangig betreibende Gl seinen Antrag zurück, dann erfolgt die Aufhebung des Verfahrens durch Zuschlagsversagung gemäß § 33; nimmt ein anderer Gl seinen Antrag zurück, so genügt ein Aufhebungsbeschluss.

13   **b) Wirkung.** Erst durch den Beschluss des VollstrG wird das Verfahren aufgehoben, er hat somit konstitutive Wirkung (vgl Rdn 5–7). Das VollstrG hat dabei keinen Ermessensspielraum, es muss vielmehr ohne weitere Prüfung den Aufhebungsbeschluss erlassen.

14   **c) Zustellung.** Zustellung des Aufhebungsbeschlusses erfolgt an den Schu, den Gl und, wenn die Aufhebung von einem Dritten beantragt war, auch an diesen Dritten (§ 32).

15   **d) Rechtsbehelfe.** Gegen den Aufhebungsbeschluss ist die sofortige Beschwerde nach § 793 ZPO gegeben. Damit kann aber nicht die Wiederherstellung des alten, sondern nur der Beginn eines neuen Verfahrens erreicht werden.

§ 30 [Einstweilige Einstellung auf Bewilligung des Gläubigers]

^IDas Verfahren ist einstweilen einzustellen, wenn der Gläubiger die Einstellung bewilligt. Die Einstellung kann wiederholt bewilligt werden. Ist das Verfahren auf Grund einer Bewilligung des Gläubigers bereits zweimal eingestellt, so gilt eine erneute Einstellungsbewilligung als Rücknahme des Versteigerungsantrags.

^{II}Der Bewilligung der Einstellung steht es gleich, wenn der Gläubiger die Aufhebung des Versteigerungstermins bewilligt.

Schrifttum: *Kirberger,* Vollstreckungsverfahren nach Einstellung der Zwangsvollstreckung durch das Prozeßgericht, Rpfleger 1976, 8; *Kirsch,* Risiken des Nachverhandelns in der Zwangsversteigerung, Rpfleger 2006, 373; *Lorenz,* Rechtsfragen zur Einstellung des Zwangsversteigerungsverfahrens gemäß § 30 und § 30 a ZVG, NJW 1960, 614; *Ordemann,* Die Einreichung und Rücknahme der Einstellungsbewilligung und des Fortsetzungsantrags in der Zwangsversteigerung, AcP 157, 470; *Schmidt/Lorenz,* Konkurrenz von Einstellungsanträgen nach § 30 und § 30 a ZVG, NJW 1960, 1750; *Wangemann,* Das Verhältnis von § 30 zu § 30 a ZVG, NJW 1961, 105.

Übersicht

	Rn.
1. Allgemeines	1
2. Einstellungsbewilligung	2
a) Inhalt	2
b) Form	3
c) Wirksamwerden	4
d) Zeitliche Zulässigkeit	5
e) Wirkungen	6–8
f) Beschränkungen	9
3. Einstellungsbeschluss	10
a) Inhalt	10
b) Wirkungen	11
c) Zustellung	15
d) Rechtsbehelfe	16
4. Einstellungsbewilligung	17
5. Verhältnis zu anderen Vorschriften	18
a) Verhältnis zu § 28	18
b) Verhältnis zu §§ 30 a–d	19
c) Verhältnis zu § 765 a ZPO	20
d) Verhältnis zu §§ 766, 769, 771, 775 ZPO	21
e) Verhältnis zu § 77	22

1. Allgemeines

§ 30 regelt die Einstellungsbewilligung des betreibenden Gl, die einen einstweiligen Stillstand, ein Ruhen seines Verfahrens zur Folge hat. Die Vorschrift gilt für alle Versteigerungsverfahren des ZVG.   1

§ 30 [Einstweilige Einstellung auf Bewilligung des Gläubigers]

2. Einstellungsbewilligung

2   **a) Inhalt.** Der Gl kann expressis verbis die Einstellung bewilligen, nötig ist dies aber nicht. Es genügt vielmehr jede Erklärung, mit der der Gl zum Ausdruck bringt, dass er zurzeit die Fortsetzung des Verfahrens oder den Zuschlag nicht wünscht. § 30 II stellt die Bewilligung der Aufhebung des Versteigerungstermins einer Einstellungsbewilligung nach § 30 I gleich. Auch bei folgenden Erklärungen eines Gl ist eine Einstellungsbewilligung anzunehmen: mit dem Schu sei eine Stundung vereinbart worden (*Stöber* Rdn 2.3); die Fortsetzung des Verfahrens sei zZ nicht gewollt (OLG Düsseldorf DRiZ 1931 Nr 84); Rücknahme eines Fortsetzungsantrags (OLG Zweibrücken BayNotV 1928, 244; *Stöber* Rdn 2.3 **aA** *Steiner/Storz* Rdn 28); Zustimmung zur Einstellungsbewilligung eines anderen Gl (*Steiner/Storz* Rdn 27); Widerspruch gegen den Zuschlag, wenn die §§ 74 a, 85 a keine Anwendung finden (OLG Dresden OLGE 2, 81). Rein passives Verhalten des Gl stellt keine Einstellungsbewilligung dar. Gleiches gilt für folgende Erklärungen: Zustimmung zu einer vom Schu nach § 30 a oder § 30 d beantragten Einstellung (*Stöber* Rdn 2.6); Zustimmung zum Einstellungsantrag des Schu nach § 765 a ZPO (*Steiner/Storz* Rdn 29; *Dassler/Hintzen* Rdn 5 **aA** *Stöber* Rdn 2.3); Zustimmung zum Vertagungsantrag des Schu nach § 227 ZPO (KG JW 1933, 1899); Antrag auf Vertagung des Termins aus verfahrensrechtlichen Gründen (*Steiner/Storz* Rdn 29); Antrag auf Zuschlagsversagung gemäß § 74 a; Antrag auf spätere Veröffentlichung der Terminsbestimmung (OLG Stettin HRR 1932 Nr 1784). Im Zweifelsfalle sollte beim Gl nachgefragt werden, ob eine Einstellungsbewilligung iSv § 30 gewollt ist (*Steiner/Storz* Rdn 25). Eine Begründung für seine Einstellung muss der Gl nicht angeben. Die Einstellungsbewilligung kann weder bedingt noch befristet werden. Eine vom Gl gesetzte Frist bleibt unbeachtet, es wird unbefristet eingestellt (so *Stöber* Rdn 2.5; ebenso *Steiner/Storz* Rdn 35; LG Traunstein Rpfleger 1989, 35). Dagegen ist bei einer Bedingung die Einstellungsbewilligung unwirksam.

3   **b) Form.** vgl dazu § 29 Rdn 3.

4   **c) Wirksamwerden.** Wirksamwerden der Einstellungsbewilligung tritt ein mit ihrem Eingang bei Gericht; eingestellt wird das Verfahren aber erst durch einen konstitutiven Beschluss des VollstrG (vgl Rdn 11). Deshalb kann die Einstellungsbewilligung auch bis zum Erlass dieses Beschlusses zurückgenommen werden. Erfolgt der Widerruf erst nach dem Einstellungsbeschluss, ist darin ein Fortsetzungsantrag zu sehen.

5   **d) Zeitliche Zulässigkeit.** Die Einstellungsbewilligung kann bis zur Zuschlagsverkündung abgegeben werden (BGH Rpfleger 2007, 414). Erfolgt dies vor Verfahrensanordnung bzw Beitrittszulassung, kann kein Einstellungsbeschluss erlassen werden, weil überhaupt noch kein Verfahren läuft; die Entscheidung über den vorliegenden Vollstreckungsantrag wird zurückgestellt (*Stöber* Rdn 2.13).

e) Wirkungen. Ab dem Wirksamwerden der Einstellungsbewilligung 6–8 mit dem Eingang bei Gericht hat sich der Gl jeder weiteren Vollstreckungshandlung zu enthalten. Ansonsten treten weitere Wirkungen erst mit dem konstitutiven Einstellungsbeschluss ein (vgl Rdn 11).

f) Beschränkungen. Die Einstellungsbewilligung kann beschränkt 9 auf **einzelne Grundstücke oder Grundstücksteile** werden; es ergeht dann insoweit ein Teileinstellungsbeschluss (*Stöber* Rdn 5.1). Für einen unselbständigen Teil eines Grundstücks ohne eigene Flurstücksnummer ist dies nicht möglich (*Stöber* Rdn 5.1). Bezüglich einzelner **Zubehörstücke** ist eine Einstellungsbewilligung möglich (*Stöber* Rdn 5.2). Das VollstrG entscheidet in seinem Einstellungsbeschluss jedoch nicht darüber, ob es sich tatsächlich um Zubehör oder um wesentliche Bestandteile handelt (*Stöber* Rdn 5.2); einer Anhörung oder Zustimmung der nicht betreibenden dinglichen Gl bedarf es nicht (so *Stöber* Rdn 5.2; vgl auch OLG Düsseldorf NJW 1955, 188). Betreibt ein Gl wegen mehrerer selbstständiger Vollstreckungsforderungen die ZwVerst (zB mehrere Beitrittsbeschlüsse, zwei Grundpfandrechte im Anordnungsbeschluss), so kann das Verfahren wegen einer **einzelnen selbstständigen Vollstreckungsforderung** eingestellt werden. Nicht zulässig ist dagegen die Einstellung wegen nur eines Teils einer einzigen Vollstreckungsforderung, zB wegen Zinsen oder Kosten aus der Hauptsache (LG Lüneburg Rpfleger 1987, 469).

3. Einstellungsbeschluss

a) Inhalt. Der Beschluss ergeht von Amts wegen und lautet auf einst- 10 weilige Einstellung (§ 30 I 1 und 2) oder Aufhebung (§ 30 I 3) des konkreten Einzelverfahrens. Nach Schluss der Versteigerung (§ 73 II) darf die Einstellung gemäß § 33 nur durch Versagung des Zuschlags erfolgen (BGH Rpfleger 2007, 414), es sei denn, die ZwVerst wird von mehreren Gl betrieben und nicht das bestrangig betriebene Verfahren wird eingestellt; in diesem Fall genügt ein einfacher Einstellungsbeschluss. Der Beschluss muss den Grund der Einstellung und die gesetzliche Vorschrift angeben. Außerdem ist klarzustellen, welches konkrete Einzelverfahren eingestellt wird, dass die evtl anderen Verfahren davon unberührt bleiben und dass die Beschlagnahme bestehen bleibt. Fristen, Auflagen oder Bedingungen können nicht in den Beschluss aufgenommen werden, auch wenn sich die Parteien darauf geeinigt haben. Gleichzeitig mit der nach § 31 III vorgeschriebenen Belehrung über den Fristbeginn und die Folgen eines fruchtlosen Fristablaufs sollte bei einer zweiten Einstellung ein Hinweis auf die Bedeutung einer evtl dritten Bewilligung (= Antragsrücknahme, § 30 I 3) erfolgen.

§ 30 [Einstweilige Einstellung auf Bewilligung des Gläubigers]

11 **b) Wirkungen.** Erst durch den Beschluss des VollstrG wird das Verfahren eingestellt, er hat somit konstitutive Wirkung. Das VollstrG hat jedoch keinen Ermessensspielraum, es muss vielmehr ohne weitere Prüfung den Einstellungsbeschluss erlassen. Weitere Verfahrenshandlungen für den Gl haben zu unterbleiben; die Beschlagnahme bleibt aber bestehen. Daher ist auch ein Gl der Rangklasse § 10 I Nr 5 an der Erlösverteilung trotz seiner Einstellungsbewilligung (§ 30) zu beteiligen, und zwar ohne besonderen Fortsetzungsantrag (*Stöber* § 31 Rdn 5.11 c; *Eickmann*, ZVG, § 6 VII 1 **aA** *Steiner/Storz* § 31 Rdn 14); gleiches gilt unstrittig für die in den Rangklassen 1–4 oder 6–8 des § 10 geltend gemachten Ansprüche, wenn das aus ihnen betriebene Verfahren eingestellt ist.

12 Werden **alle Einzelverfahren der Gl eingestellt,** sind sie keine betreibenden Gläubiger mehr; das Gesamtverfahren kommt zum Ruhen, der ZwVVermerk wird aber nicht gelöscht. Ist der Versteigerungstermin bereits terminiert, so ist er aufzuheben. Hat die Bietzeit schon begonnen, muss sie abgebrochen werden; bereits abgegebene Gebote erlöschen gemäß § 72 III. War die Bietzeit schon abgeschlossen, ist der Zuschlag zu versagen (§ 33).

13 Werden **einige oder alle Einzelverfahren mit Ausnahme des bestrangig betriebenen Verfahrens eingestellt,** so hat dies keinerlei Auswirkungen auf das Gesamtverfahren, wenn nur für den bestrangigen Gl die Fristen der §§ 43 II, 44 II eingehalten sind.

14 Wird ua das **bestrangig betriebene Einzelverfahren eingestellt,** aber aus mindestens einem anderen Einzelverfahren weiterbetrieben, und steht der Versteigerungstermin kurz bevor, so kann wegen der Fristen der §§ 43 II, 44 II eine Verlegung erforderlich sein; hatte die Bietzeit schon begonnen, muss das gG neu berechnet und nochmals eine volle Bietzeit eingehalten werden. Einstellungsbewilligung zwischen dem Schluss der Versteigerung (§ 73 II) und der Zuschlagsverkündung führt idR zur Zuschlagsversagung (vgl § 33 Rdn 12). Dies stellt auch keinen Rechtsmissbrauch oder eine Schikane nach § 226 BGB dar durch den einstellenden Gl; nachrangige Gl können zwar Nachteile erfahren, aber dem Schu ist es von Vorteil (OLG Schleswig KTS 1973, 272). Ein sittenwidriger Missbrauch der formalen Rechtsstellung (Verletzung der Verfahrensfairness Art 20 GG, vgl Einl Rdn 42) liegt jedoch dann vor, wenn der bestrangig betreibende Gl ein Meistgebot abgibt, das alle Gl deckt, dann kurz vor Schluss der Bietzeit die Einstellung aus seinem rangbesten Recht bewilligt, somit dann ein neues gG auf der Grundlage eines auch ihm zustehenden rangschlechteren Recht, aus dem er weiterbetreibt, aufgestellt wird und er selbst, als er nur der einzige Anwesende war, nur das neue gG ausbietet; der Zuschlag ist in diesem Fall zu versagen (so *Stöber* ZIP 1981, 944 und *Stöber* Rdn 2.15; ebenso *Vollkommer* Rpfleger 1982, 1, 7; kritisch *Steiner/Storz* Rdn 7).

15 **c) Zustellung.** Zustellung des Einstellungsbeschlusses erfolgt an den einstellenden Gl und den Schu (§ 32), und zwar auch bei Verkündung

§ 30

in einem Termin. Eine Zustellung entfällt bei einer Zuschlagsversagung nach § 33 (vgl § 98 S 1).

d) Rechtsbehelfe. Gegen den Einstellungsbeschluss ist die sofortige 16 Beschwerde nach § 793 ZPO gegeben.

4. Einstellungsbewilligung

Dritte Einstellungsbewilligung (§ 30 I 3) eines Gl gilt als Rücknahme 17 des Versteigerungsantrags. Derselbe Gl muss aus demselben Anspruch zuvor zweimal die Einstellung bewilligt haben gemäß § 30 und daraufhin jeweils fortgesetzt haben gemäß § 31 (OLG Düsseldorf Rpfleger 1991, 28 **aA** LG Bonn Rpfleger 1990, 433). Einstellungen aus anderen Gründen, zB solche des Prozessgerichts oder die vom Schu (§ 30 a) bzw Insolvenzverwalter (§ 30 d) beantragten bleiben außer Betracht. Für die dritte Einstellungsbewilligung gelten die Ausführungen über die Antragsrücknahme nach § 29 (vgl dort). Ein stufenweises Betreiben des Gl wegen Zinsen aus mehreren Jahren und auch gesondert wegen des Kapitalbetrages kann, nachdem das Verfahren bereits mehr als fünf Jahre andauert und insgesamt fünf Versteigerungstermine anberaumt wurden, rechtsmissbräuchlich sein mit der Folge, dass eine erneute Einstellungsbewilligung zur Rücknahmefiktion und damit zur Verfahrensaufhebung führt (LG Bonn Rpfleger 2001, 365). Die dritte Einstellungsbewilligung zu einem Einzelverfahren führt zur Aufhebung aller Einzelverfahren, wenn der Gl aus mehreren Beitrittsbeschlüssen die ZwVerst betreibt und ein rechtsmissbräuchliches Verhalten festzustellen ist; der Gl handelt rechtsmissbräuchlich, wenn er ohne ernsthafte Versteigerungsabsicht über einen längeren Zeitraum (zB 2 Jahre) aus mehreren Beitrittsbeschlüssen die ZwVerst betreibt (LG Erfurt Rpfleger 2005, 375).

5. Verhältnis zu anderen Vorschriften

a) Verhältnis zu § 28. Das Verhältnis zu § 28 ist umstritten. Eine 18 Ansicht gewährt § 30 stets den Vorrang, da der betreibende Gl Herr des Verfahrens ist (*Dassler/Hintzen* Rdn 13; *Steiner/Storz* Rdn 13). Dem kann nicht gefolgt werden. Vielmehr hat § 28 immer Vorrang vor § 30 (*Stöber* Rdn 6.1; *Eickmann,* ZVG, § 6 V 2 a), weil diese Vorschrift weitergehende Folgen hat, insbesondere zur Aufhebung führen kann. Nach letztgenannter Ansicht kann das Verfahren nicht nochmals nach § 30 eingestellt werden, wenn dies bereits gemäß § 28 geschehen ist. Ist die ZwVerst schon nach § 30 eingestellt, so ist § 28 trotzdem anzuwenden und das Verfahren aufzuheben oder unter Fristsetzung einstweilen einzustellen.

b) Verhältnis zu §§ 30 a–d. Ist die ZwVerst schon im Wege des 19 Vollstreckungsschutzes eingestellt (§§ 30 a–d), so kann sie nicht nochmals nach § 30 auf Bewilligung des Gl eingestellt werden (*Stöber* Rdn 6.3, 6.6, 6.7). Erfolgt die Bewilligung nach § 30 aber bereits während eines

§ 30 a [Einstweilige Einstellung auf Antrag des Schuldners]

Verfahrens nach §§ 30 a–d, so hat das Gericht ohne weitere Prüfung nach § 30 einzustellen; dies gilt sogar für das Beschwerdeverfahren. Geschieht dies nicht, sondern wird das Verfahren nach §§ 30 a–d eingestellt, so ist sofortige Beschwerde zulässig; das Beschwerdegericht (§ 570 ZPO) muss dann den Einstellungsbeschluss nach §§ 30 a–d aufheben und das Verfahren nach § 30 einstellen (*Stöber* Rdn 6.4). Ist die ZwVerst nach § 30 eingestellt und wird danach ein Antrag gemäß §§ 30 a–d gestellt, so wird darüber nicht sofort, sondern erst bei Verfahrensfortsetzung entschieden; solange bleibt der Antrag anhängig.

20   c) **Verhältnis zu § 765 a ZPO.** Ist die ZwVerst bereits gemäß § 765 a ZPO eingestellt, so scheidet eine nochmalige Einstellung gemäß § 30 aus. Wird aber während eines Vollstreckungsschutzverfahrens gemäß § 765 a ZPO die Einstellung nach § 30 bewilligt, so ist ohne weitere Prüfung das Verfahren gemäß § 30 einzustellen. Ist die ZwVerst bereits nach § 30 eingestellt und wird danach ein Antrag gemäß § 765 a ZPO gestellt, so wird darüber erst nach Fortsetzung des Verfahrens entschieden.

21   d) **Verhältnis zu §§ 766, 769, 771, 775 ZPO.** Es gilt dasselbe wie bei § 765 a ZPO (vgl Rdn 20).

22   e) **Verhältnis zu § 77.** Bevor das VollstrG das Verfahren nach einem ergebnislosen Termin gem § 77 I von Amts wegen einstellt, kann dies der betreibende Gl gem § 30. Aber auch einer Verfahrensaufhebung nach einem Termin ohne wirksame Gebote nach § 77 II kann der betreibende Gl durch seine Einstellungsbewilligung nach § 30 zuvorkommen (*Dassler/Hintzen* Rdn 36 **aA** LG Mainz Rpfleger 1988, 376); der Gesetzgeber hat ihn nur in der Anzahl der Einstellungsbewilligungen auf drei beschränkt (§ 30 I 3).

§ 30 a [Einstweilige Einstellung auf Antrag des Schuldners]

¹Das Verfahren ist auf Antrag des Schuldners einstweilen auf die Dauer von höchstens sechs Monaten einzustellen, wenn Aussicht besteht, daß durch die Einstellung die Versteigerung vermieden wird, und wenn die Einstellung nach den persönlichen und wirtschaftlichen Verhältnissen des Schuldners sowie nach der Art der Schuld der Billigkeit entspricht.

IIDer Antrag ist abzulehnen, wenn die einstweilige Einstellung dem betreibenden Gläubiger unter Berücksichtigung seiner wirtschaftlichen Verhältnisse nicht zuzumuten ist, insbesondere ihm einen unverhältnismäßigen Nachteil bringen würde, oder wenn mit Rücksicht auf die Beschaffenheit oder die sonstigen Verhältnisse des Grundstücks anzunehmen ist, daß die Versteigerung zu einem späteren Zeitpunkt einen wesentlich geringeren Erlös bringen würde.

§ 30 a

III Die einstweilige Einstellung kann auch mit der Maßgabe angeordnet werden, daß sie außer Kraft tritt, wenn der Schuldner die während der Einstellung fällig werdenden wiederkehrenden Leistungen nicht binnen zwei Wochen nach Eintritt der Fälligkeit bewirkt. Wird die Zwangsversteigerung von einem Gläubiger betrieben, dessen Hypothek oder Grundschuld innerhalb der ersten sieben Zehnteile des Grundstückswertes steht, so darf das Gericht von einer solchen Anordnung nur insoweit absehen, als dies nach den besonderen Umständen des Falles zur Wiederherstellung einer geordneten wirtschaftlichen Lage des Schuldners geboten und dem Gläubiger unter Berücksichtigung seiner gesamten wirtschaftlichen Verhältnisse, insbesondere seiner eigenen Zinsverpflichtungen, zuzumuten ist.

IV Das Gericht kann ferner anordnen, daß der Schuldner Zahlungen auf Rückstände wiederkehrender Leistungen zu bestimmten Terminen zu bewirken hat.

V Das Gericht kann schließlich die einstweilige Einstellung von sonstigen Auflagen mit der Maßgabe abhängig machen, daß die einstweilige Einstellung des Verfahrens bei Nichterfüllung dieser Auflagen außer Kraft tritt.

Schrifttum: *Bartels,* Der Verzicht auf den gesetzlichen Vollstreckungsschutz, Rpfleger 2008, 397; *Fuchs,* Die Ursache der Nichterfüllung der Verbindlichkeiten bei der Einstellung der Zwangsversteigerung nach § 30 a ZVG, MDR 1966, 898; *Lorenz,* Rechtsfragen zur Einstellung des Zwangsversteigerungsverfahrens gemäß § 30 und § 30 a ZVG, NJW 1960, 614; *Riggers,* Vollstreckungsschutz nach § 30 a ZVG, JurBüro 1968, 583; *Schneider,* Die Prüfungspflicht des Gerichts bei Einstellungsanträgen des Schu in der Grundstücksversteigerung, MDR 1983, 546; *Stöber,* Die Kostenentscheidung beim Vollstreckungsschutz nach §§ 30 a–30 d, 180 II ZVG, Rpfleger 1956, 95.

Übersicht

	Rn.
I. Allgemeines	1
II. Verhältnis zu anderen Vorschriften	2
1. § 30	2
2. § 765 a ZPO	3
III. Antrag (§ 30 a I)	4
1. Allgemeines	4
2. Zeitliche Zulässigkeit	5
3. Inhalt	6
4. Form	7
5. Antragsberechtigung	8
6. Rücknahme	9
IV. Sachliche Voraussetzungen	10
1. Vermeidung	10
2. Einstellung	11

§ 30 a [Einstweilige Einstellung auf Antrag des Schuldners]

3. Nachteil	15
4. Erlös	16
V. Entscheidung	17
1. Verfahren	18
2. Einstellungsdauer	19
3. Auflagen (§ 30 a III–V)	20
a) Allgemeines	20
b) Zahlung auf wiederkehrende Leistungen, die während der Einstellung fällig werden	21
c) Zahlungen auf Rückstände wiederkehrender Leistungen zu bestimmten Terminen	23
d) Sonstige Auflagen	24
VI. Vollstreckungsschutz nach § 765 a ZPO	25
1. Anwendungsbereich	25
a) Generalklausel	25
b) Ausnahmevorschrift	26
c) Vollstreckungsvorschrift	27
d) Verzicht	28
2. Antrag	29
a) Allgemeines	29
b) Inhalt	30
c) Form	31
d) Antragsberchtigung	32
e) Rücknahme	33
f) Belehrung	34
g) Aufschiebende Wirkung	35
h) Zeitliche Zulässigkeit	36
3. Sachliche Voraussetzungen	37
a) Sittenwidrigkeit	37
b) Besondere Härte	44
c) Interessenabwägung	45
4. Verfahren	46
a) Beweis	46
b) Mündliche Verhandlung	47
c) Rechtliches Gehör	48
d) Vorläufige Maßnahmen	49
e) Entscheidungen	50
f) Aufhebung/Abänderung	53
g) Fortsetzung	54
h) Rechtsbehelfe	55

I. Allgemeines

1 § 30 a ist eine Schuldnerschutzvorschrift. Würde eine ZwVerst sowohl wirtschaftlichen Gesichtspunkten als auch Billigkeitserwägungen widersprechen, dann eröffnet diese Norm eine Möglichkeit, das Verfahren zu verhindern. Insoweit hat das VollstrG soziale Verantwortung zu tragen. § 30 a ist anwendbar in der Vollstreckungsversteigerung, auch bei der Wiederversteigerung nach § 133, nicht aber für die Insolvenzverwalter-,

III. Antrag (§ 30 a I) **§ 30 a**

Nachlass- oder Teilungsversteigerung nach §§ 172 ff und die ZwVerw (*Stöber* Rdn 1.2). Da die Schutzvorschrift auch im öffentlichen Interesse besteht, ist ein Verzicht darauf bei Kreditgewährung nicht möglich, und zwar weder einseitig noch vertraglich (OLG Hamm NJW 1960, 104). Ausnahmsweise ist ein Vorausverzicht wirksam, und zwar nach Empfang der Vollstreckungsschutzbelehrung (*Stöber* Rdn 8 **aA** *Dassler/Hintzen* § 30 b Rdn 5; *Bartels* Rpfleger 2008, 397: bereits nach Beginn der ZwV).

II. Verhältnis zu anderen Vorschriften

1. § 30

Vgl dazu § 30 Rdn 19. 2

2. § 765 a ZPO

§ 765 a ZPO findet selbstständig neben § 30 a Anwendung (*Steiner/* 3 *Storz* Rdn 18; *Stöber* Einl 61.2; *Dassler/Hintzen* Rdn 44). Liegt ein Antrag gemäß § 30 a vor, so hat das VollstrG von Amts wegen auch die Voraussetzungen des § 765 a ZPO zu prüfen; gleiches gilt im umgekehrten Fall. Unterbleibt dies, so kann sich deshalb ein Zuschlagsversagungsgrund ergeben (BVerfGE 49, 220).

III. Antrag (§ 30 a I)

1. Allgemeines

Von Amts wegen gewährt das VollstrG keinen Vollstreckungsschutz 4 gemäß § 30 a. Dafür ist immer ein Antrag erforderlich.

2. Zeitliche Zulässigkeit

Der Antrag kann gestellt werden nach der Verfahrensanordnung bzw 5 Beitrittszulassung bis zur Zuschlagsverkündung; es muss nur die 2-Wochen-Frist des § 30 b I beachtet werden. In jedem Einzelverfahren, dh nach jedem Beschlagnahmebeschluss, kann der Antrag gestellt werden (BGH Rpfleger 2009, 403; *Stöber* Rdn 2.2). Bei der Prüfung, ob die ZwVerst durch die Einstellung des Verfahrens voraussichtlich vermieden werden kann, ist deshalb auch nur auf die Versteigerung auf Antrag des Gl abzustellen, dessen Verfahren eingestellt werden soll. Die Selbständigkeit der Einzelverfahren ändert aber nichts daran, dass Ziel einer Einstellung nach § 30a die Vermeidung jeglicher Zwangsverwertung des Eigentums des Schu ist. Ist nach den konkreten Umständen davon auszugehen, dass das Grundstück des Schu im Rahmen eines der Einzelverfahren ohnehin versteigert werden wird, kann der Schutzzweck der §§ 30a ff nicht zum Tragen kommen (BGH Rpfleger 2009, 403).

§ 30 a [Einstweilige Einstellung auf Antrag des Schuldners]

3. Inhalt

6 Der Schu muss nicht ausdrücklich Vollstreckungsschutz gemäß § 30 a beantragen, vielmehr genügt jede Willensäußerung von ihm, aus der sich ergibt, dass er das Verfahren stoppen will (*Stöber* Rdn 2.2). Eine irrtümliche Bezeichnung als Einspruch oder Widerspruch ist dabei unschädlich.

4. Form

7 Für die Antragstellung ist von Gesetzes wegen keine besondere Form vorgesehen; sie kann also schriftlich oder zu Protokoll erklärt werden.

5. Antragsberechtigung

8 Zur Antragstellung ist der Vollstreckungsschuldner berechtigt; das ist der Grundstückseigentümer, und zwar auch dann, wenn er nicht persönlicher Schu ist. Bei Gütergemeinschaft mit alleiniger Verwaltung durch einen Ehegatten ist der nicht verwaltende und nicht im Titel ausgewiesene Ehegatte (vgl § 740 ZPO) zur Antragstellung berechtigt (LG Zweibrücken Rpfleger 1995, 222).

6. Rücknahme

9 Die Rücknahme des Antrags ist bis zu seiner Verbescheidung möglich.

IV. Sachliche Voraussetzungen

1. Vermeidung

10 **Aussicht auf Vermeidung der ZwVerst** muss bestehen (§ 30 a I), dh beim Schu muss Sanierungsfähigkeit vorliegen (ausführlich dazu: *Steiner/Storz* Rdn 35–37). Eine Sanierung kann durch Stundung des Kapitals, Zinssenkung, Forderungsverzichte, wirtschaftliche Nutzung des Grundstücks usw erreicht werden. Eine bevorstehende freihändige Veräußerung kann als Sanierungsgrund nur dann anerkannt werden, wenn mit dem Kaufpreis alle betreibenden Gl befriedigt werden könnten. Es muss also nicht die gesamte wirtschaftliche Situation des Schu saniert werden, sondern nur die Erfüllung der Forderungen des laufenden ZwVerst-Verfahrens muss sichergestellt werden.

2. Einstellung

11 **Einstellung muss der Billigkeit entsprechen,** und zwar nach den persönlichen und wirtschaftlichen Verhältnissen des Schu sowie nach der Art der Schuld (§ 30 a I), dh der Schu muss schutzwürdig sein.

V. Entscheidung §30a

Die zu berücksichtigenden **persönlichen Verhältnisse** können durch 12
Todesfall, Scheidung, Krankheit, Arbeitslosigkeit und Zuverlässigkeit des
Schu begründet sein.

Die **wirtschaftlichen Verhältnisse** des Schu können auf seinen indi- 13
viduellen Gegebenheiten (zB Insolvenzverluste oder unverschuldete, nur
vorübergehende finanzielle Bedrängnis) oder auf allgemeinen wirtschaftlichen
Rahmenbedingungen (zB Konjunktur-Rezession, langanhaltendes
hohes Zinsniveau, Kreditrestriktionen, Unwetterkatastrophen) beruhen.

Zu berücksichtigen ist auch die **Art der Schuld,** so dass eine aus 14
einer unerlaubten Handlung oder einer Unterhaltspflicht entstandene
Forderung die Vorraussetzungen für eine Einstellung weniger erfüllen
kann als ein aus Vertrag begründeter Anspruch. Die Einstellung muss
der Billigkeit entsprechen, was zu verneinen ist, wenn der Schu seine
Situation grob fahrlässig herbeigeführt hat, so zB bei Fehlinvestitionen,
Fehlkalkulationen und Fehlspekulationen; gleiches gilt, wenn der Vollstreckungsschuldner
die Erfüllung schon sehr lang verzögert hat oder
eine zumutbare Kreditaufnahme ablehnt.

3. Nachteil

Einstellung ist dem Gl zuzumuten, und zwar unter Berücksichti- 15
gung seiner wirtschaftlichen Verhältnisse, insbesondere darf ihm kein
unverhältnismäßiger Nachteil entstehen (§ 30 a II). Eine Einstellung
scheidet daher aus bei eigenem dringendem Geldbedarf des Gl, Anwachsen
der Zinsrückstände beim Schu, das nicht durch Auflagen gemäß
§ 30 a III–V verhindert werden kann oder Verringerung der Sicherheit.

4. Erlös

ZwVerst darf zu einem späteren Zeitpunkt keinen wesentlich 16
geringeren Erlös bringen, und zwar unter Berücksichtigung der
Beschaffenheit oder der sonstigen Verhältnisse des Grundstücks (§ 30 a
II). Dies ist dann zu befürchten, wenn das Gebäude langsam verfällt oder
das Grundstück nicht oder mangelhaft bewirtschaftet wird; aber auch bei
Preisverfall auf den Immobilienmarkt. Dagegen reicht das Anwachsen
vorgehender oder eigener Forderung bis zu einer späteren ZwVerst für
dieses Tatbestandsmerkmal nicht aus (*Dassler/Hintzen* Rdn 14 **aA** *Steiner/
Storz* Rdn 49; *Stöber* Rdn 5.3).

V. Entscheidung

Auf Antragstellung hin (Rdn 4–9) werden die Interessen des Schu 17
nach § 30 a I mit den Interessen des Gl gemäß § 30 a II abgewogen,
nicht dagegen die Interessen von Dritten. Die Entscheidung gemäß § 30 a

§ 30 a [Einstweilige Einstellung auf Antrag des Schuldners]

gehört zur **Rechtsprechung im materiellen Sinne**, die unter Art 92 GG fällt; der Rechtspfleger kann sie treffen, weil er Richter im Sinne des GG ist (vgl § 1 Rdn 7).

1. Verfahren

18 § 30 b regelt die Antragsfrist, die Entscheidungsform durch Beschluss, die Gewährung des rechtlichen Gehörs bzw die Anberaumung einer mündlichen Verhandlung, die evtl Glaubhaftmachung der vorgetragenen Tatsachen und die möglichen Rechtsbehelfe gegen die Entscheidung.

2. Einstellungsdauer

19 Sie kann höchstens sechs Monate betragen (§ 30 a I). Das bedeutet, dass auch für einen kürzeren Zeitraum eingestellt werden kann (*Stöber* Rdn 4.1). Die Einstellungsdauer rechnet sich ab dem Tag des Beschlusses. Darin ist genau anzugeben, wie lange die ZwVerst eingestellt sein soll, am besten durch Bezeichnung eines Tages, zB bis einschließlich 31. Juli 2010 (*Stöber* Rdn 4.2). Fehlt versehentlich die Angabe der Einstellungsdauer, so ist von 6 Monaten auszugehen.

3. Auflagen (§ 30 a III–V)

20 **a) Allgemeines.** Das Gesetz ermöglicht es, zwar die Einstellung der ZwVerst anzuordnen, aber zur Wahrung der Interessen der Gl zugleich dem Schu Auflagen zu machen. Das VollstrG entscheidet in den Fällen des § 30 a III 1, IV, V nach pflichtgemäßem Ermessen darüber. Die Antragstellung eines Beteiligten ist dazu nicht erforderlich, jedoch darf auch analog § 308 I 1 ZPO nicht gegen einen ausdrücklichen Antrag eine Auflage erteilt werden (*Stöber* Rdn 6.1). Möglich ist es, dass nur wegen einem Teil der zu erfüllenden Forderung eine Auflage angeordnet wird. Erfüllt der Vollstreckungsschuldner die geforderten Auflagen nicht, so tritt zwar die Verfahrenseinstellung außer Kraft, was das VollstrG von Amts wegen aktenkundig zu machen hat, aber die Fortsetzung der ZwVerst erfolgt nur auf Antrag binnen der Frist des § 31. Unerheblich ist, aus welchem Grund der Schu die Auflagen nicht erfüllt hat, ob schuldhaft oder unverschuldet (*Stöber* Rdn 6.6). Die Verfahrensfortsetzung kann der Schu nicht dadurch verhindern, dass er die Auflagen nachträglich erfüllt.

b) Zahlung auf wiederkehrende Leistungen, die während der
21 **Einstellung fällig werden.** Sie kann das VollstrG dem Schu mit der Maßgabe auferlegen, dass die Einstellung außer Kraft tritt, wenn nicht binnen 2 Wochen nach Eintritt der Fälligkeit bezahlt wird (**§ 30 a III 1**). Dies gilt nicht für die vor der Einstellung fällig gewordenen Beträge; dafür gilt § 30 a IV. Das VollstrG muss eine derartige Anordnung treffen, wenn die ZwVerst aus einem Grundpfandrecht betrieben wird, das

innerhalb von 7/10 des Grundstückswertes steht; von dieser Verpflichtung ist das Gericht nur dann befreit, wenn dies nach den besonderen Umständen des Falles zur Wiederherstellung einer geordneten wirtschaftliche Lage des Schu geboten und dem Gl zuzumuten ist (§ 30 a III 2).

Steht zur Überzeugung des VollstrG fest, dass der Schu die zu treffen- 22 den Auflagen nicht erfüllen kann, darf nicht eingestellt werden. Für die Berechnung nach § 30 a III 2 ist der gemäß § 74 a V festgesetzte Grundstückswert maßgebend. Liegt ein solcher noch nicht vor bei der Einstellungsentscheidung, muss das VollstrG nach Anhörung der Beteiligten (§ 9) der Wert schätzen auf Grund vorliegender Unterlagen, zB Brandversicherungsurkunde, Einheitswert, Kaufverträge usw.

c) Zahlungen auf Rückstände wiederkehrender Leistungen zu bestimmten Terminen. Sie können dem Schu ebenfalls auferlegt wer- 23 den **(§ 30 a IV)**. Rückstände sind in diesem Falle alle vor der Einstellung fällig gewordenen Beträge. Im Übrigen ist § 30 a III 1 zu beachten, nicht aber § 30 a III 2 (*Stöber* Rdn 6.4).

d) Sonstige Auflagen. Sie kann das VollstrG für die Einstellung 24 festlegen, und zwar mit der Maßgabe, dass sie bei Nichterfüllung außer Kraft tritt **(§ 30 a V)**. Bestimmt werden kann zB Zahlung auf das Kapital, auf öffentliche Lasten, auf Zinsen von vorausgehenden Gl und auf nicht gesicherte Zinsen einer Sicherungshypothek. Nicht möglich ist es aber, dass das VollstrG bei einer Grundschuld die Zahlung auf die gesicherte persönliche Forderung anordnet, denn nach Durchführung der ZwVerst würde eine Zuteilung auch nur auf das dingliche Recht erfolgen (*Stöber* Rdn 6.5 aA *Steiner/Storz* Rdn 58).

VI. Vollstreckungsschutz nach § 765 a ZPO

§ 765 a [Härteklausel]

[I]**Auf Antrag des Schuldners kann das Vollstreckungsgericht eine Maßnahme der Zwangsvollstreckung ganz oder teilweise aufheben, untersagen oder einstweilen einstellen, wenn die Maßnahme unter Würdigung des Schutzbedürfnisses des Gläubigers wegen ganz besonderer Umstände eine Härte bedeutet, die mit den guten Sitten nicht vereinbar ist. Es ist befugt, die in § 732 Abs. 2 bezeichneten Anordnungen zu erlassen. Betrifft die Maßnahme ein Tier, so hat das Vollstreckungsgericht bei der von ihm vorzunehmenden Abwägung die Verantwortung des Menschen für das Tier zu berücksichtigen.**

[II]**Eine Maßnahme zur Erwirkung der Herausgabe von Sachen kann der Gerichtsvollzieher bis zur Entscheidung des Vollstre-**

§ 30 a Einstweilige Einstellung auf Antrag des Schuldners

ckungsgerichts, jedoch nicht länger als eine Woche, aufschieben, wenn ihm die Vorraussetzungen des Absatzes 1 glaubhaft gemacht werden und dem Schuldner die rechtzeitige Anrufung des Vollstreckungsgerichts nicht möglich war.

III In Räumungssachen ist der Antrag nach Absatz 1 spätestens zwei Wochen vor dem festgesetzten Räumungstermin zu stellen, es sei denn, daß die Gründe, auf denen der Antrag beruht, erst nach diesem Zeitpunkt entstanden sind oder der Schuldner ohne sein Verschulden an einer rechtzeitigen Antragstellung gehindert war.

IV Das Vollstreckungsgericht hebt seinen Beschluß auf Antrag auf oder ändert ihn, wenn dies mit Rücksicht auf eine Änderung der Sachlage geboten ist.

V Die Aufhebung von Vollstreckungsmaßregeln erfolgt in den Fällen des Absatzes 1 Satz 1 und des Absatzes 4 erst nach Rechtskraft des Beschlusses.

Schrifttum: *Anheier,* Zur Gewährung von Vollstreckungsschutz im Zwangsversteigerungsverfahren, bes § 765 a ZPO, NJW 1956, 1668; *Beyer,* Suizidgefahr des Versteigerungsschuldners als nachträglicher Beschwerdegrund i.S.d. § 100 ZVG oder: Der Rechtspfleger als neuer Hüter der Verfassung?, ZfIR 2006,535; *Drischler,* Vollstreckungsschutz bei der Zwangsvollstreckung in das unbewegliche Vermögen, bes § 765 a ZPO, Rpfleger 1956, 91; *Mohrbutter,* Berufung auf § 765 a ZPO nach Schluß der Versteigerung, Rpfleger 1967, 102; *Pöschl,* Schutz des Grundstückseigentümers vor Verschleuderung in der Zwangsversteigerung, BWNotZ 1967, 229; *Schmidt,* Zur Anwendung des § 765 a ZPO in der Grundstücksversteigerung bei ungenügendem Meistgebot, Rpfleger 1961, 141; *Schneider,* Der Antrag aus § 765 a ZPO im fortgeschrittenen Stadium des Zwangsversteigerungsverfahrens, MDR 1980, 617.

1. Anwendungsbereich

25 a) **Generalklausel.** § 765 a ZPO stellt die vollstreckungsrechtliche Generalklausel des Schuldnerschutzes dar. Damit soll eine sittenwidrige ZwV verhindert werden. Die Entscheidung gemäß § 765 a ZPO gehört zur **Rechtsprechung im materiellen Sinne,** die unter Art 92 GG fällt; der Rechtspfleger kann sie treffen, weil er Richter im Sinne des GG ist (vgl § 1 Rdn 7).

26 b) **Ausnahmevorschrift.** Eindeutiges Ziel des Gesetzgebers war es, eine Ausnahmevorschrift ("wegen ganz besonderer Umstände") zu schaffen, die eng auszulegen ist und nur bei Unvereinbarkeit mit den guten Sitten greift (BGHZ 44, 143 = Rpfleger 1965, 302; OLG Frankfurt Rpfleger 1981, 117). Grundsätzlich muss sich ein Schu mit allen Härten abfinden, die eine ZwV mit sich bringt (OLG Hamm NJW 1955, 149; OLG Karlsruhe BWNotZ 1968, 224). Eine Ausnahme ist nur dann gerechtfertigt, wenn die Verhältnisse eindeutig zugunsten des Schu sprechen.

VI. Vollstreckungsschutz nach § 765 a ZPO   § 30 a

c) **Vollstreckungsvorschrift.** § 765 a ZPO ist in der Vollstreckungsversteigerung und ZwVerw anwendbar, nicht aber bei der Insolvenzverwalterversteigerung nach § 172 und der Nachlassversteigerung nach § 175. Dies aber nicht nur subsidiär, dh nach anderen Schutzvorschriften (zB § 30 a), auch nicht erst, wenn alle anderen Behelfe erschöpft sind, sondern primär (*Steiner/Storz* Rdn 69). 27

d) **Verzicht.** Verzicht auf § 765 a ZPO vor Beginn der ZwV ist nicht möglich, da die Vorschrift auch im öffentlichen Interesse besteht (OLG Hamm NJW 1960, 104). 28

2. Antrag

a) **Allgemeines.** Der Vollstreckungsschutz nach § 765 a ZPO erfolgt nur auf Antrag, nicht von Amts wegen. Dies ist verfassungsrechtlich nicht zu beanstanden (BVerfGE 61, 122 = Rpfleger 1983, 80). Wurde über den Antrag bereits vor dem Zuschlag entschieden, so braucht sich das VollstrG dann nicht noch einmal damit befassen bei der Zuschlagsentscheidung (*Stöber* Einl 58.4 **aA** OLG Hamm Rpfleger 1960, 410). 29

b) **Inhalt.** Der Schu kann ausdrücklich Vollstreckungsschutz nach § 765 a ZPO beantragen, muss dies aber nicht. Es genügt vielmehr jede Erklärung, aus der sich entnehmen lässt, dass der Schu die ZwV als sittenwidrig ansieht (KG NJW 1965, 2408; OLG Frankfurt Rpfleger 1979, 391). Ausreichend ist es auch, wenn sich der Schu zwar auf § 30 a beruft, aber sein Vortrag Tatbestände nennt, die die ZwVerst als sittenwidrig erscheinen lassen (BVerfGE 49, 220 = Rpfleger 1979, 296; OLG Karlsruhe Rpfleger 1995, 426). 30

c) **Form.** Der Antrag kann schriftlich oder zu Protokoll erklärt werden. 31

d) **Antragsberechtigung.** Antragsberechtigung liegt nur auf Seiten des Schu vor, nicht beim Gl (§ 765 a I ZPO). Bei Gütergemeinschaft mit alleiniger Verwaltung durch einen Ehegatten ist auch der nicht verwaltende und nicht im Titel ausgewiesene Ehegatte (vgl (§ 740 ZPO) zur Antragstellung berechtigt (LG Zweibrücken Rpfleger 1995, 222). Der Schu ist auch nach Eröffnung des Insolvenzverfahrens über sein Vermögen befugt, in einem Verfahren über die ZwVerst eines zur Masse gehörenden Grundstücks Vollstreckungsschutz nach § 765a ZPO wegen einer Suizidgefahr für sich oder einen nahen Angehörigen zu beantragen (BGH WM 2009, 140; *Keller* ZfIR 2008, 134, 137 **aA** *Steiner/Storz* § 30 c Rdn 7). 32

e) **Rücknahme.** Rücknahme des Antrags ist möglich, solange über ihn noch nicht entschieden ist (*Stöber* Einl 57.3). 33

f) **Belehrung.** Belehrung über das Antragsrecht erfolgt für den Schu nicht allgemein, sondern nur bei entsprechenden konkreten Situationen. 34

§ 30 a Einstweilige Einstellung auf Antrag des Schuldners

Dies ist der Fall vor Zuschlagsentscheidung bei krassem Missverhältnis zwischen Meistgebot und Grundstückswert (OLG Celle Rpfleger 1979, 116), nicht aber bei einem Meistgebot über 7/10 des Grundstückswertes (LG Frankenthal Rpfleger 1984, 194) oder einem Meistgebot von 50 % (LG Kiel Rpfleger 1988, 277). Verkündungstermin für die Entscheidung ist anzuberaumen, wenn der Schu nicht im Versteigerungstermin anwesend ist (BVerfGE 46, 325; 51, 150; LG Mönchengladbach Rpfleger 2004, 436; vgl insbesondere Einl Rdn 37 ff).

35 **g) Aufschiebende Wirkung.** Aufschiebende Wirkung hat ein Antrag aus § 765 a ZPO nicht. Vor der Entscheidung kann der Versteigerungstermin durchgeführt werden (LG Hamburg Rpfleger 1958, 94). Mit der hM kann sogar Zuschlag erfolgen und erst in diesem Zusammenhang über den kurz zuvor gestellten § 765 a ZPO-Antrag entschieden werden (BGHZ 44, 138; OLG Celle Rpfleger 1987, 166).

36 **h) Zeitliche Zulässigkeit.** Einen Antrag nach § 765 a ZPO kann der Schu bereits unmittelbar nach der Anordnung der ZwVerst stellen (OLG Brandenburg Rpfleger 2000, 91; OLG Hamm Rpfleger 2001, 508, 509; OLG Saarbrücken Rpfleger 2003, 37). Die Antragstellung ist aber nicht nur bis zur Zuschlagsverkündung (so aber OLG Frankfurt Rpfleger 1993, 413, 414; OLG Düsseldorf Rpfleger 1987, 514) oder bis zur Rechtskraft des Zuschlags (so aber OLG Bamberg Rpfleger 1973, 144) möglich, sondern die ernsthafte Gefahr einer Selbsttötung des Schu wegen der ZwVerst seines Grundstücks kann zur Aufhebung des Zuschlagsbeschlusses und zur einstweiligen Einstellung des Verfahrens auch dann führen, wenn sie sich erst nach Verkündung des Zuschlagsbeschlusses aufgrund während des Beschwerdeverfahrens zutage getretener neuer Umstände ergibt (BVerfG WM 2007, 563; BGH WM 2008, 679; ZfIR 2008, 685, 687 m zust Anm *Böttcher;* ZfIR 2006, 539 **aA** *Dassler/Hintzen* § 100 Rdn 6). § 100 ist wegen des hohen Ranges, der dem Grundrecht auf Leben aus Art 2 II GG zukommt, verfassungskonform dahin einzuschränken, dass auch eine erst im Beschwerdeverfahren gem § 765a ZPO geltend gemachte ernsthafte Lebensgefahr zu berücksichtigen ist; die Grundrechte der Gl und des Erstehers aus Art 14 GG haben demgegenüber zurückzutreten. Über einen nach Zuschlagserteilung und Beschwerdeeinlegung gestellten Vollstreckungsschutzantrag nach § 765 a ZPO muss das Beschwerdegericht gemäß § 83 Nr 6 selbst entscheiden, es darf die Sache nicht an das VollstrG zurückverweisen, da diesem im Hinblick auf § 33 keine Abänderungsbefugnis zusteht (OLG Düsseldorf Rpfleger 1987, 514). Ein rechtskräftiger Zuschlagsbeschluss kann nicht nach § 765 a ZPO aufgehoben werden (BGH WM 2009, 679).

3. Sachliche Voraussetzungen

37 **a) Sittenwidrigkeit.** Die ZwVerst muss sittenwidrig sein, dh dem Anstandsgefühl aller billig und gerecht Denkenden widersprechen (RGZ

48, 114, 124; BGHZ 16, 228, 233). Dies ist der Fall, wenn **Gesundheit oder Leben des Schu oder seines Angehörigen** gefährdet werden (BVerfGE 52, 214 = Rpfleger 1979, 450; NJW 1991, 3207; 2004, 49; OLG Hamm Rpfleger 2001, 508). Sittenwidrig ist eine Zuschlagsentscheidung, wenn ein **krasses Missverhältnis von Grundstückswert und Meistgebot** besteht (vgl Einl Rdn 37–41) und konkrete Anhaltspunkte vorliegen, dass später das Ergebnis günstiger sein werde (OLG Düsseldorf Rpfleger 1989, 36; OLG Celle Rpfleger 1979, 116; ZIP 1981, 1005; OLG Frankfurt Rpfleger 1976, 25; Rpfleger 1979, 116; OLG Hamm Rpfleger 1976, 146). Die Vorlage eines notariellen Kaufvertragsentwurfs und die Bestimmung eines Beurkundungstermins unter Bezeichnung noch nicht erfüllter Bedingungen ist nicht ausreichend, um ernsthafte Verkaufsverhandlungen glaubhaft zu machen (LG Bayreuth Rpfleger 2001, 367). Nicht geklärt ist die Frage, wann ein krasses Missverhältnis vorliegt. Eine strikte, unabänderliche Grenze kann auch nicht angegeben werden, vielmehr sind die Gesamtumstände des Einzelfalles zu beurteilen. Eine sittenwidrige Grundstücksverschleuderung liegt sicherlich vor, wenn das Meistgebot nur 10 % (OLG Schleswig Rpfleger 1975, 372) oder 30 % des Grundstückswertes beträgt (OLG Karlsruhe BWNotZ 1967, 318; LG Bielefeld Rpfleger 1983, 168). Gegenteiliges wird behauptet, wenn das Meistgebot 62 % oder 56 % oder 49 % oder 40 % des Grundstückswertes beträgt (OLG Karlsruhe Rpfleger 1993, 413; OLG Hamm Rpfleger 1992, 211; OLG Frankfurt Rpfleger 1976, 25; OLG Hamm Rpfleger 1976, 146). Dem kann zugestimmt werden. § 85 a erlaubt im ersten Termin in diesem Fall sowieso keine Zuschlagserteilung; daraus folgt aber im Umkehrschluss, dass der Gesetzgeber im zweiten Termin einen Zuschlag grundsätzlich für zulässig erachtet bei einem Meistgebot von weniger als 50 % des Grundstückswertes (im Ergebnis ebenso OLG Hamm OLGZ 1971, 190; *Meyer-Stolte* Rpfleger 1989, 36, 37). Eine sittenwidrige Härte folgt nicht aus der Erwartung des Schu, aufgrund der Besonderheiten des Objekts werde der bei der Versteigerung zu erwartende Erlös weit unter dem Marktwert des Objekts liegen. Eine ergänzende Anwendung des § 765 a ZPO neben § 85 a ZVG wegen Verschleuderung des Grundbesitzes kommt erst in Betracht, wenn feststeht, in welchem Maß ein abgegebenes Meistgebot hinter dem festgesetzten Verkehrswert zurückbleibt (OLG Hamm ZfIR 2002, 242).

Keine Sittenwidrigkeit liegt vor bei einer anscheinend **aussichtslosen ZwVerst**, dh wenn der Gl auf Grund seiner schlechten Rangstelle voraussichtlich keine Befriedigung erlangt (OLG Köln Rpfleger 1972, 378; LG Hannover MDR 1984, 764; LG Oldenburg Rpfleger 1982, 303 **aA** OLG Düsseldorf Rpfleger 1989, 470); es können besserrangige Gl wegfallen, Grundpfandrechte gelöscht werden, unerwartet hohe Gebote abgegeben werden, so dass auch das Rechtsschutzbedürfnis vorliegt (§§ 15, 16 Rdn 60).

§ 30 a   Einstweilige Einstellung auf Antrag des Schuldners

41 Die ZwVerst wegen einer **Bagatellforderung** ist grundsätzlich nicht sittenwidrig; eine Ausnahme kann uU vorliegen, wenn der Gl keinerlei andere Vollstreckungsversuche gemacht hat oder der Schu kurze Zeit später zahlen würde (*Steiner/Storz* Rdn 87); ebenso fehlt das Rechtsschutzbedürfnis nicht (§§ 15, 16 Rdn 58).

42 Die ZwVerst aus einem nur **vorläufig vollstreckbaren Titel** ist nicht sittenwidrig (OLG Koblenz NJW 1957, 1197; LG Düsseldorf MDR 1959, 309). Ebenso liegt in der ZwV von Gerichtskosten nicht schon deshalb eine sittenwidrige Härte, weil der Schu gegen die seine Kostenschuld begründende Entscheidung ein **Rechtsmittel** eingelegt hat (OLG Frankfurt Rpfleger 1981, 117).

43 **Materielle Einwände** gegen den Vollstreckungstitel (zB Erfüllung der Forderung, erschlichener oder fehlerhafter Titel) begründen kein Verfahren gemäß § 765 a ZPO, sondern sind mittels Vollstreckungsgegenklage nach § 767 ZPO geltend zu machen (OLG Hamm ZfIR 2002, 242; OLG Hamburg MDR 1970, 426). Sittenwidrigkeit kann auch nicht schon deshalb bejaht werden, wenn die ZwVerst zu psychogenen Gesundheitsstörungen beim Schu führen kann (OLG Köln MDR 1988, 152).

44 **b) Besondere Härte.** Die ZwVerst muss eine mit den guten Sitten nicht vereinbare Härte darstellen (§ 765 a I ZPO). Dies ist der Fall, wenn Leben oder Gesundheit des Schu bzw dessen Angehörigen gefährdet werden (BVerfGE 52, 214; NJW 1991, 3207), zB bei einer fortgeschrittenen Schwangerschaft (OLG Frankfurt Rpfleger 1981, 24) oder **Selbstmordgefahr** (BVerfG Rpfleger 2005, 614; 1994, 427; BGH Rpfleger 2008, 212; 2007, 561; 2006, 149). Da der Schu grundsätzlich die mit jeder ZwVerst verbundenen Härten hinnehmen muss (OLG Karlsruhe BWNotZ 1968, 224), stellt auch nicht jede Krankheit des Schu eine besondere Härte dar, zB Schlafstörungen, depressive Verstimmungen, Bluthochdruck, nervöse Magenbeschwerden usw (LG Lübeck Rpfleger 2004, 435). Auch den Verlust der wirtschaftlichen Existenz muss der Schu hinnehmen (*Steiner/Storz* Rdn 91; vgl Einl Rdn 30). Keine besondere Härte liegt vor, wenn die ZwVerst zur Räumung des Schu führt, selbst wenn er krank ist und von Sozialhilfe lebt (OLG Hamm Rpfleger 1970, 405); gleiches gilt bei hohem Alter des Schu (*Steiner/Storz* Rdn 87). Ein unterhaltspflichtiger Schu kann sich dem unterhaltsberechtigten Gl gegenüber, der wegen einer Unterhaltsforderung die ZwVerst eines kleinen Hausgrundstücks des Schu betreibt, auf den Schutz des § 88 II Nr 7 BSHG berufen, soweit der Gl Sozialhilfe bezogen hat (OLG Frankfurt Rpfleger 1980, 440).

45 **c) Interessenabwägung.** § 765 a ZPO verlangt eine Interessenabwägung zwischen Schu und Gl. Dabei ist davon auszugehen, dass dem Gl grundsätzlich ein schutzwürdiges Interesse an der ZwVerst zusteht, da er einen Vollstreckungstitel hat (OLG Nürnberg KTS 1985, 759). Bei der

VI. Vollstreckungsschutz nach § 765 a ZPO § 30 a

Interessenabwägung ist davon auszugehen, dass jede ZwVerst spürbare Härten für den Schu mit sich bringt, die er tragen muss (zB Eigentumsverlust, Probleme für die Kinder, Verlust des Familienheims und der gewohnten Umgebung usw). Gegen den Vollstreckungsschutz des § 765 a ZPO kann der Gl einwenden, dass die ZwVerst schon sehr lange dauert oder er das Geld selbst dringend benötigt oder der Schu Versprechungen nicht eingehalten hat. Der Schu kann dagegen geltend machen, daß der Gl nur aus taktischem Interesse bereits mehrfach das Verfahren eingestellt hat (§ 30) oder die ZwVerst nicht aus finanziellen, sondern privaten, sachfremden Gründen betreibt. Interessen Dritter sind nicht zu berücksichtigen, auch nicht das Interesse des Meistbietenden (OLG Saarbrücken OLGZ 1966, 182).

4. Verfahren

a) Beweis. Beweis hinsichtlich des Vorliegens der Voraussetzungen 46 des § 765 a ZPO muss der Schu führen; Glaubhaftmachung genügt insoweit nicht. Das VollstrG braucht nicht von Amts wegen Beweiserhebungen durchzuführen. Unter Berücksichtigung der Rechtsprechung des Bundesverfassungsgerichts zur Prüfung der Voraussetzungen bei Gefahr für Leib und Leben (vgl nur NJW 2004, 49), ist dem Vorbringen des Schu, ihm drohten bei einer Zwangsversteigerung seines Hausgrundstücks schwerwiegende Grundrechtsbeeinträchtigungen (zB **Suizidgefahr** infolge einer starken Depression), besonders sorgfältig nachzugehen, gegebenenfalls durch Einholung ärztlicher Gutachten. Erst nach vollständiger Sachaufklärung in dieser Richtung ist unter Würdigung der Belange beider Parteien abzuwägen, ob und für welche Zeit Vollstreckungsschutz zu gewähren ist (OLG Brandenburg Rpfleger 2000, 91 und 406). Ist mit der ZwV die konkrete Gefahr für Leben und Gesundheit des Schu verbunden, so muss das VollstrG, wenn es zur Abwehr dieser Gefahr die Unterbringung des Schu in einer psychiatrischen Einrichtung für erforderlich hält, mit der Vollstreckungsmaßnahme zuwarten, bis die Unterbringung durch die zuständigen Behörden und Gerichte angeordnet und durchgeführt worden ist; bevor die Unterbringung angeregt wird, muss unter dem Gesichtspunkt der Verhältnismäßigkeit stets geprüft werden, ob der Gefahr der Selbsttötung durch ambulante psychiatrische und psychotherapeutische Maßnahmen begegnet werden kann; bei der gebotenen Abwägung mit den Interessen des Gl sind die Erfolgsaussichten einer solchen Behandlung und die voraussichtliche Dauer zu berücksichtigen (BGH Rpfleger 2007, 561). Regt das VollstrG bei den zuständigen Stellen eine Unterbringung an, sollte es darauf hinweisen, dass die staatliche Aufgabe des Lebensschutzes des Schu nicht in einer dauerhaften Einstellung der Vollstreckung gelöst werden kann und dass daher die ZwV fortzusetzen sein wird, wenn die für den Lebensschutz

§ 30 a Einstweilige Einstellung auf Antrag des Schuldners

primär zuständigen Stellen Maßnahmen zum Schutz des Schu nicht für notwendig erachten (BGH Rpfleger 2007, 561).

47 **b) Mündliche Verhandlung.** Sie ist nicht vorgeschrieben, es kann schriftlich entschieden werden (§ 764 III ZPO). Zur Entscheidung dieses Steitverfahrens durch den Rechtspfleger empfiehlt sich jedoch die Abhaltung einer mündlichen Verhandlung (*Stöber* Einl 58.2).

48 **c) Rechtliches Gehör.** Es ist dem Gl vor der Entscheidung zu gewähren.

49 **d) Vorläufige Maßnahmen.** Sie (zB Absetzung des Versteigerungstermins) sind vor der Entscheidung gemäß § 765 a I 2, § 732 II ZPO zulässig (OLG Celle MDR 1954, 426).

50 **e) Entscheidungen.** Entscheidung über den § 765 a ZPO-Antrag hat bei Entscheidungsreife zu erfolgen (vgl auch Rdn 35); eine Rückstellung bis zum Zuschlag ist grundsätzlich nicht möglich (BVerfGE 49, 220; *Steiner/Storz* Rdn 83). Kommt es erst nach dem Schluss der Versteigerung (= § 73 II) zur Entscheidungsreife, muss dies bei einem begründeten Antrag mittels Zuschlagsversagung (§ 33) erfolgen; ist der Antrag unbegründet, kann über ihm auch vor Zuschlagsentscheidung entschieden werden (OLG Karlsruhe Rpfleger 1995, 471). Das VollstrG kann eine einzelne Vollstreckungsmaßnahme einstweilen einstellen, aufheben oder schon vor ihrer Durchführung untersagen (§ 765 a I ZPO); gegen die ZwV im Ganzen ist dies nicht möglich (OLG Köln Rpfleger 1994, 267). Die Vollstreckungsschutzmaßnahmen können mit Auflagen verbunden werden (zB Einstellung mit Ratenzahlung) und den gesamten Anspruch betreffen, aber auch nur einen Teil davon. Besteht die ernsthafte Gefahr der Selbsttötung des Schu, darf ein Einstellungsantrag des Schu nur abgelehnt werden, wenn das VollstrG der **Suizidgefahr** durch geeignete konkrete Auflagen oder durch die Anordnung geeigneter konkreter Betreuungsmaßnahmen entgegenwirkt (BGH Rpfleger 2006, 149). Von einem Schu kann jedes zumutbare Bemühen um eine Verringerung des Gesundheitsrisikos verlangt werden. Die Feststellung, welche Handlungen dem Schu zumutbar sind, ist Aufgabe des VollstrG. Zu den rechtlichen Möglichkeiten zählt die Erteilung von Auflagen zur Wohnungssuche und zur ärztlichen Behandlung (BVerfG Rpfleger 2005, 614) Die Vollstreckungseinstellung wegen Selbstmordgefahr nach § 765 a ZPO kann auch mit der Auflage angeordnet werden, dass der Vollstreckungsschuldner eine erfolgversprechende Behandlungsmöglichkeit wahrnimmt und dass er die Notwendigkeit weiterer Behandlung in halbjährlichem Abstand durch eine Bescheinigung des sozialpsychiatrischen Dienstes nachweist (OLG Jena Rpfleger 2000, 463). Von den möglichen Entscheidungsarten ist die **einstweilige Einstellung** der Normalfall (*Stöber* Einl 56.2). Soweit eine Befristung mangels gesetzlicher Bestimmung nur empfohlen wird (OLG München NJW 1954, 1612; OLG

VI. Vollstreckungsschutz nach § 765 a ZPO　　　　　　　　　　§ 30 a

Hamm MDR 1954, 742), kann dem nicht zugestimmt werden. Vielmehr muss eine Befristung erfolgen (idR bis zu 6 Monate wie bei § 30 a), da ansonsten dem Vollstreckungstitel zeitlich unbegrenzt die Wirkung genommen würde (KG JR 1951, 662; OLG Koblenz NJW 1967, 1197; *Stöber* Einl 56.2). Die ZwVerst eines Grundstücks ist unter Auflagen auf Zeit einzustellen, wenn der mit der Fortsetzung des Verfahrens verbundenen Gefahr der Selbsttötung des Schu nur durch dessen dauerhafte Unterbringung entgegengewirkt werden könnte (BGH Rpfleger 2008, 212).

Die **Aufhebung** einer Vollstreckungsmaßnahme sollte nur ausnahmsweise erfolgen, weil damit die Beschlagnahme beseitigt wird. Sie ist daher nur angebracht, wenn eine sittenwidrige ZwVerst nicht auf andere Weise verhindert werden kann; außerdem muss dem Gl noch eine andere Art der ZwV verbleiben, zB Forderungspfändung, Mobiliarvollstreckung (LG Düsseldorf MDR 1961, 510). Eine Aufhebung gemäß § 765 a ZPO soll nur unter gleichzeitiger Anordnung einer Sicherheitsleistung erfolgen. Wird die Aufhebung erst mit Rechtskraft des Beschlusses wirksam (vgl § 765 a V ZPO), sollte dies in der Entscheidung angegeben werden. 51

Die **Untersagung** einer Vollstreckungsmaßnahme sollte auch nur ausnahmsweise in Betracht kommen, da ansonsten dem Vollstreckungstitel die Wirkung genommen würde (LG Frankenthal Rpfleger 1984, 68). 52

f) Aufhebung/Abänderung. Aufhebung oder Abänderung der eigenen stattgebenden oder ablehnenden Entscheidung durch das VollstrG ist möglich, aber nur auf Antrag und bei Änderung der Sachlage (**§ 765 a IV ZPO;** vgl OLG Saarbrücken Rpfleger 2003, 37). Gleiches gilt sogar für eine vorausgehende Beschwerdeentscheidung; das VollstrG kann sie ändern oder aufheben. 53

g) Fortsetzung. Fortsetzung des einstweilen eingestellten Verfahrens erfolgt nur auf Antrag des Gl (§ 31 I 1 analog). Darüber ist dieser zu belehren (§ 31 III analog). Wird der Antrag nicht binnen sechs Monaten ab dem Zeitpunkt, bis zu dem die Einstellung angeordnet war (§ 31 II Nr b analog), gestellt, so ist das Verfahren entsprechend § 31 I 2 von Amts wegen aufzuheben. 54

h) Rechtsbehelfe. Gegen eine einstweilige Anordnung (Rdn 50) ist die befristete Erinnerung gem § 11 II RPflG gegeben, weil gegen eine entsprechende Entscheidung des Richters kein Rechtsmittel zulässig ist (*Dassler/Hintzen* Rdn 43). Bei den endgültigen Beschlüssen ist zu unterscheiden zwischen selbstständigen Entscheidungen und solchen, die im Zusammenhang mit dem Zuschlag ergehen. Wurde über einen § 765 a ZPO-Antrag selbstständig entschieden, so ist dagegen die sofortige Beschwerde gegeben (§ 793 I ZPO, § 11 I RPflG). Ist die über die Beschwerde noch nicht entschieden, so kann trotzdem der Zuschlag erteilt werden, da es in der ZwV keine Verfahrensaussetzung gibt (BGHZ 55

§ 30 b [Antrag auf einstweilige Einstellung; Entscheidung]

44, 138). Wurde die Entscheidung über § 765 a ZPO im Rahmen des Zuschlags getroffen, so ist dieser mit sofortiger Beschwerde nach § 793 I ZPO, § 11 I RPflG anzugreifen, wenn über einen rechtzeitig (vgl Rdn 36) gestellten Antrag nicht oder unrichtig entschieden wurde (§§ 100, 83 Nr 6); wenn der Rechtsbehelf (das Rechtsmittel) begründet ist, darf nach § 101 I nicht an das VollstrG zurückverwiesen werden.

§ 30 b [Antrag auf einstweilige Einstellung; Entscheidung]

I Die einstweilige Einstellung ist binnen einer Notfrist von zwei Wochen zu beantragen. Die Frist beginnt mit der Zustellung der Verfügung, in welcher der Schuldner auf das Recht zur Stellung des Einstellungsantrages, den Fristbeginn und die Rechtsfolgen eines fruchtlosen Fristablaufs hingewiesen wird. Der Hinweis ist möglichst zugleich mit dem Beschluß, durch den die Zwangsversteigerung angeordnet wird, zuzustellen.

II Die Entscheidung über den Antrag auf einstweilige Einstellung des Verfahrens ergeht durch Beschluß. Vor der Entscheidung sind der Schuldner und der betreibende Gläubiger zu hören; in geeigneten Fällen kann das Gericht mündliche Verhandlung anberaumen. Der Schuldner und der betreibende Gläubiger haben ihre Angaben auf Verlangen des Gerichts glaubhaft zu machen.

III Gegen die Entscheidung ist die sofortige Beschwerde zulässig; vor der Entscheidung ist der Gegner zu hören.

IV Der Versteigerungstermin soll erst nach Rechtskraft des die einstweilige Einstellung ablehnenden Beschlusses bekanntgegeben werden.

Übersicht

	Rn.
1. Allgemeines	1
2. Notfrist (§ 30 b I)	2
a) Fristdauer	2
b) Fristbeginn	3
3. Verfahren bis zur Entscheidung (§ 30 b II 2 und 3)	4
a) Prüfung	4
b) Beweis	5
c) Rechtliches Gehör	6
d) Mündliche Verhandlung	7
e) Einstweilige Anordnung	8
4. Entscheidung	9
a) Beschluss	9
b) Begründung	10
c) Kostenentscheidung	11
d) Versagung Zuschlag	12

§ 30 b

  e) Zustellung 13
  f) Wirkung 14
  g) Versteigerungstermin 15
 5. Rechtsmittel 16
  a) Vollstreckungserinnerung 16
  b) Sofortige Beschwerde. 17

1. Allgemeines

Die Vorschrift gilt für die Vollstreckungsversteigerung (einschließlich **1** der Wiederversteigerung nach § 133), nicht aber für die ZwVerw und die Insolvenzverwalter- bzw Nachlassversteigerung. In der Teilungsversteigerung gilt § 30 b entsprechend (§ 180 II 3).

2. Notfrist (§ 30 b I)

a) Fristdauer. Der Einstellungsantrag kann nur innerhalb einer Not- **2** frist von **2 Wochen,** beginnend mit der Zustellung der Belehrung, gestellt werden (§ 30 b I 1). Die Fristdauer kann nicht abgeändert werden, weder vom Gericht noch von den Parteien, da es sich um eine Notfrist handelt (§ 224 I, II ZPO). War der Schu ohne Verschulden gehindert, die Notfrist einzuhalten, so ist ihm auf Antrag Wiedereinsetzung in den vorigen Stand zu gewähren (§§ 233 ff ZPO); wurde der Schu ordnungsgemäß über die Einstellungsmöglichkeit belehrt, kann er ein Wiedereinsetzungsverfahren nicht mit Rechtsunkenntnis begründen. Innerhalb der Notfrist von 2 Wochen muss nur der Einstellungsantrag gestellt werden, die Begründung dagegen kann danach erfolgen (*Stöber* Rdn 3.5).

b) Fristbeginn. Fristbeginn tritt ein mit der **Zustellung der Beleh- 3 rung** an den Schu über das Antragsrecht, den Fristbeginn und die Folgen der Fristversäumnis (§ 30 b I 2). Die Belehrung ist von Amts wegen zuzustellen (§ 3, §§ 208–213 ZPO), und zwar möglichst mit dem Beschluss, durch den die ZwVerst angeordnet wird (§ 30 b I 3). Da jeder Gl ein Einzelverfahren betreibt innerhalb des Gesamtverfahrens, ist bei jedem Beitrittsbeschluss eine Belehrung zuzustellen; für jeden Beschlagnahmegläubiger läuft somit eine eigene Notfrist (BGH Rpfleger 2009, 403). Bei einem Fortsetzungsbeschluss ist eine Belehrung nötig, wenn noch ein Einstellungsantrag gemäß § 30 a oder § 30 c I möglich ist. Von einer Belehrung kann daher nur dann abgesehen werden, wenn für den betreffenden Gl eine Einstellung ausscheidet (*Stöber* Rdn 10.3), so zB bei einem Fortsetzungsbeschluss, der nach fruchtlosem Ablauf der Einstellungsfrist des § 30 b I 1 ergeht oder nach rechtskräftiger Zurückweisung eines Einstellungsantrags gemäß § 30 a. Für die Belehrung sieht das Gesetz keine besondere Form vor, so dass auch keine Unterschrift oder ein Stempel nötig sind (*Stöber* Rdn 2.2). In der Praxis geschieht die Belehrung mittels gesondertem Formblatt oder wird bereits auf dem Beschlagnahmebeschluss aufgedruckt. Muss die Belehrung einmal

§ 30 b [Antrag auf einstweilige Einstellung; Entscheidung]

berichtigt werden, richtet sich der Fristbeginn nach der Zustellung der Berichtigung; wird dagegen der Beschlagnahmebeschluss berichtigt, während die Belehrung in Ordnung war, bleibt es beim Fristbeginn mit Zustellung der Belehrung (*Stöber* Rdn 3.6). Der Einstellungsantrag gemäß § 30 a kann bereits vor Fristbeginn gestellt werden; geht er verspätet ein, ist er als unzulässig zurückzuweisen. Letzteres ist auch dann der Fall, wenn der Antrag innerhalb der Frist nur bei einem unzuständigen Gericht eingeht (*Stöber* Rdn 3.4). Ist der Schu nicht ordnungsgemäß belehrt und die Antragsfrist deshalb nicht in Lauf gesetzt worden, kann er den Einstellungsantrag bis zur Erteilung des Zuschlags stellen (BGH Rpfleger 2009, 403). Weitergehende Auswirkungen hat eine unterbliebene Belehrung idR nicht, insbesondere stellt sie grundsätzlich keinen Zuschlagsversagungsgrund dar (BGH Rpfleger 2009, 403)

3. Verfahren bis zur Entscheidung (§ 30 b II 2 und 3)

4   **a) Prüfung.** Prüfung der Einstellungsvoraussetzungen erfolgt durch das VollsrG, und zwar ggü jedem betreibenden Gl gesondert (*Stöber* Rdn 6) und hinsichtlich jedem einzelnen Grundstück extra (*Stöber* Rdn 7.2).

5   **b) Beweis.** Da das Einstellungsverfahren nur auf Antrag erfolgt (§ 30 a I), gilt die Parteimaxime, dh der Schu muss die seinen Einstellungsantrag begründenden Tatsachen beweisen, der Gl die der Einstellung entgegenstehenden Tatsachen. Werden vorgetragene Tatsachen nicht bestritten (§ 138 III ZPO) oder sogar zugestanden (§ 288 ZPO), so können sie der Einstellungsentscheidung zugrundegelegt werden (*Stöber* Rdn 4.1). Auf Verlangen des VollstrG haben der Schu und der betreibende Gl ihre Angaben glaubhaft zu machen **(§ 30 b II 3).** Dies kann erfolgen mit den üblichen Beweismitteln (§§ 371 ff ZPO) aber auch durch eine eidesstattliche oder anwaltschaftliche Versicherung (OLG Hamm NJW 1958, 834; OLG Koblenz NJW 1955, 148) oder die Vorlage unbeglaubigter Kopien von Schriftstücken (OLG Köln FamRZ 1983, 709). Das VollstrG kann nicht von Amts wegen Beweise erheben, zB Zeugen vernehmen; Auskünfte einholen oder Urkunden anfordern, vielmehr ist es Aufgabe der Beteiligten, die Beweismittel vorzubringen. Bei der Durchführung des Beweises ist das VollstrG dann nicht an die strengen Formen der ZPO gebunden. Sofortige Glaubhaftmachung ist erforderlich, wenn der Einstellungsantrag erst kurz vor dem oder im Versteigerungstermin gestellt wird (OLG Koblenz NJW 1955, 148). Sieht das Gericht von einer Glaubhaftmachung ab, so erfolgt eine freie Beweiswürdigung gemäß § 286 ZPO (LG Berlin Rpfleger 1987, 514).

6   **c) Rechtliches Gehör.** Rechtliches Gehör ist vor der Entscheidung über den Einstellungsantrag dem Schu und dem vom Antrag betroffenen betreibenden Gl zu gewähren **(§ 30 b II 2, 1. Hs).** Verspätete Anträge

§ 30 b

sollten trotzdem dem Gl zugeleitet werden (*Stöber* Rdn 4.2). Gegenäußerungen sind nur dann zur Kenntnis und evtl Stellungnahme nochmals hinauszugeben, wenn sie neue erhebliche Tatsachen oder Beweismittel enthalten.

d) Mündliche Verhandlung. Mündliche Verhandlung ist nicht vorgeschrieben (§ 764 III ZPO), aber möglich (**§ 30 b II 2, 2. Hs).** Das VollstrG entscheidet darüber nach pflichtgemäßem Ermessen. Zu empfehlen ist eine mündliche Verhandlung bei unklarem oder unvollständigem Vortrag der Beteiligten. Erfolgt eine mündliche Verhandlung, so hat ein Urkundsbeamter ein Protokoll aufzunehmen (§ 159 I ZPO); die Sitzung ist nicht öffentlich, Parteien des Vollstreckungsschutzverfahrens sind nur der Schu und der jeweilige Gl. Auch ein Vergleich kann geschlossen werden. Hat der Rechtspfleger das persönliche Erscheinen der Beteiligten angeordnet (§ 141 ZPO), kann er nach entsprechender Belehrung bei Nichterscheinen Ordnungsgeld verhängen. 7

e) Einstweilige Anordnung. Einstweilige Anordnungen sind nicht notwendig, weil während des Einstellungsverfahrens die ZwVerst ohnehin nicht fortgeführt wird. 8

4. Entscheidung

a) Beschluss. Für die Entscheidung über den Einstellungsantrag ist nach § 30 b II 1 die Beschlussform vorgeschrieben. Wird gleichzeitig über die Einstellungsanträge des Schu gegenüber mehreren Gl entschieden, so kann dies entweder in der Form eines gemeinsamen Einheitsbeschlusses oder mehrerer Einzelbeschlüsse geschehen. Ist ein Vollstreckungsschutzantrag entscheidungsreif, so erlaubt der verfassungsrechtliche Anspruch des Schu auf effektiven Rechtsschutz in der ZwV kein Liegenlassen oder Zurückstellen bis zum Zuschlag; vielmehr ist unverzüglich zu entscheiden (BVerfGE 49, 220 = Rpfleger 1979, 296). 9

b) Begründung. Begründung des Beschlusses ist erforderlich, auch wenn dies in § 30 b nicht ausdrücklich verlangt wird (OLG Celle Rpfleger 1967, 20). 10

c) Kostenentscheidung. Kostenentscheidung ist nicht nötig, da keine besonderen Gerichts- und Rechtsanwaltsgebühren anfallen (*Stöber* Rdn 5.2). 11

d) Versagung Zuschlag. Versagung des Zuschlags gemäß § 33 hat nach Schluss der Versteigerung (§ 73 II) zu erfolgen. Mit Rechtskraft wirkt der Versagungsbeschluss wie eine einstweilige Einstellung, falls die Fortsetzung für den betroffenen Gl noch möglich ist, sonst wie eine Verfahrensaufhebung (**§ 86);** dies sollte im Beschluss angegeben werden. Wird nicht das bestrangig betriebene Verfahren eingestellt, sondern nur 12

§ 30 b [Antrag auf einstweilige Einstellung; Entscheidung]

nachrangige Verfahren, so hat dies auf den Zuschlag keinen Einfluss. Wenn in der Zuschlagsentscheidung auch über den Einstellungsantrag ablehnend entschieden wurde, sollte dies ausgeführt werden, damit nicht der Eindruck entsteht, dass er übersehen wurde (*Stöber* Rdn 5.6 a).

13   e) Zustellung. Zustellung des Einstellungsbeschlusses erfolgt an den Vollstreckungsschuldner und den betroffenen betreibenden Gl (§ 32), nicht an andere Gl (*Steiner/Storz* Rdn 49). Selbst wenn die Entscheidung in einer mündlichen Verhandlung verkündet wird, muss gemäß § 32 zugestellt werden, der insoweit § 329 ZPO vorgeht. Wird erst nach Schluss der Versteigerung (§ 73 II) durch Zuschlagsversagung eingestellt (§ 33), ist diese zu verkünden (§ 87 I). Lehnt das VollstrG die Einstellung ab, wird dies dem Schu zugestellt und dem Gl formlos mitgeteilt (§ 329 II ZPO). Ist für einen Beteiligten ein Prozessbevollmächtigter bestellt, so ist an diesen zuzustellen (LG Gießen Rpfleger 1981, 26). Der Einstellungsbeschluss wird wirksam mit der Hinausgabe durch die Geschäftsstelle aus dem Bereich des Gerichts (OLG Bremen NJW 1961, 1824).

14   f) Wirkung. Wirkung der Einstellung betrifft nur das konkret betroffene Einzelverfahren; dieses ruht. Für das Gesamtverfahren bedeutet dies: Werden alle betriebenen Einzelverfahren eingestellt, kommt das Gesamtverfahren zum Stillstand. Wird nur das bestrangig betriebene Einzelverfahren eingestellt, geht zwar das Gesamtverfahren weiter, aber alle bereits abgegebenen Gebote erlöschen (§ 72 III) und ein neues gG muss aufgestellt werden. Die Einstellung ausschließlich nachrangiger Einzelverfahren hat keine Bedeutung für das Gesamtverfahren, auch für die Wirksamkeit von Geboten oder auf das gG bzw den Zuschlag. Wird die Einstellungsentscheidung rechtskräftig, so bleibt das VollstrG daran gebunden, und zwar auch im Rahmen einer Zuschlagsentscheidung; § 79 gilt nicht (OLG Frankfurt JW 1935, 2213; OLG Koblenz NJW 1955, 148; OLG München BayJMBl 1954, 160).

15   g) Versteigerungstermin. Versteigerungstermin soll das VollstrG erst nach Rechtskraft des die Einstellung ablehnenden Beschlusses bekannt geben **(§ 30 b IV),** dh ansetzen. Die Einhaltung dieser Regelung steht nicht im Belieben des VollstrG. Ihre Ausgestaltung als Sollvorschrift bedeutet vielmehr, dass ihre Vorgaben idR erfüllt sein müssen (BGH Rpfleger 2009, 403). Eine Verletzung von § 30b IV stellt nicht stets einen Verfahrensfehler dar, der die Fortsetzung des Verfahrens iSv § 83 Nr 6 unzulässig macht; die Folgen hängen davon ab, ob durch die Verfahrensgestaltung des VollstrG schutzwürdige Belange des Schu beeinträchtigt worden sind (BGH Rpfleger 2009, 403). Das ist vor allem der Fall, wenn das Verfahren trotz Vorliegens eines begründeten Einstellungsantrags des bestrangig betreibenden Gl fortgesetzt worden ist. Daneben kann es von Bedeutung sein, ob das Verfahren dazu geführt hat, dass der Schu den Ernst der Lage nicht erkannt hat oder mit bestimmten

§ 30 c

Einwendungen ausgeschlossen worden ist. Von der Anwendung des § 30 b IV kann dagegen abgesehen werden, wenn der Einstellungsantrag von einem nachrangigen Gl stammt, so dass selbst eine positive Verbescheidung keinen Einfluss auf den Fortgang des Gesamtverfahrens hat (BGH Rpfleger 2009, 403).

5. Rechtsmittel

a) Vollstreckungserinnerung. Vollstreckungserinnerung gemäß § 766 ZPO ist möglich gegen eine unrichtige Belehrung, die nach § 30 b I 2 erforderlich ist. **16**

b) Sofortige Beschwerde.. Sofortige Beschwerde ist gegeben gegen die stattgebende und ablehnende Einstellungsentscheidung des Rechtspflegers (**§ 30 III 1**). Die Rechtsmittelfrist beträgt 2 Wochen und beginnt mit der Zustellung, auch bei verkündetem Beschluss; eine Ausnahme macht der Zuschlagsversagungsbeschluss gemäß §§ 33, 87 I, für den die Frist mit der Verkündung beginnt (§ 98). Die Frist läuft für jeden Beschwerdeberechtigten selbstständig. Der Gl ist beschwerdeberechtigt, wenn das Verfahren eingestellt oder von ihm beantragte Auflagen gar nicht bzw im geringeren Umfang berücksichtigt wurden; der Schu kann Beschwerde einlegen, wenn die Einstellung abgelehnt oder nur mit Auflagen angeordnet wurde (*Stöber* Rdn 9.4). **17**

§ 30 c [Erneute Einstellung]

War das Verfahren gemäß § 30 a einstweilen eingestellt, so kann es auf Grund des § 30 a einmal erneut eingestellt werden, es sei denn, daß die Einstellung dem Gläubiger unter Berücksichtigung seiner gesamten wirtschaftlichen Verhältnisse nicht zuzumuten ist. § 30 b gilt entsprechend.

Übersicht

	Rn.
I. Allgemeines	1
II. Erneute Antragstellung nach einer Einstellung mit anschließender Fortsetzung	2
1. Die 1. Einstellung erfolgt gemäß § 30 a	2
a) Die 2. Einstellung soll gemäß § 30 a erfolgen	2
b) Die 2. Einstellung soll gemäß § 765 a ZPO erfolgen	5
2. Die 1. Einstellung erfolgte aus einem sonstigen Grund (zB §§ 28, 30, §§ 765 a, 775 ZPO)	8
a) Die 2. Einstellung soll auch aus einem sonstigen Grund erfolgen	8
b) Die 2. Einstellung soll gemäß § 30 a erfolgen	11

§ 30 c [Erneute Einstellung]

   III. Antragstellung nach rechtskräftiger Ablehnung oder
       Fristablauf 14
     1. Im Falle der § 30 a 14
     2. Im Falle des § 765 a ZPO 15
   IV. Einstellungsvoraussetzungen 16
   V. Verfahren 17

I. Allgemeines

1 Damit eine Verschleppung der ZwVerst vermieden wird, beschränkt § 30 c die Einstellungsmöglichkeiten auf Antrag des Schu (§ 30 a) und lässt nur die einmalige Wiederholung einer solchen Einstellung zu. Die Höchstdauer der Einstellungen auf Grund § 30 a wird damit auf 2 6 6 Monate eingegrenzt. Bei der Frage der Anzahl der Einstellungen spielt deren Dauer keine Rolle; jede noch so kurze Einstellung ist als eine zu berechnen. Nicht angerechnet im Rahmen des § 30 c werden die Einstellungen aus anderem Grund, zB vom Prozessgericht (§§ 707, 719, 732, 769 ZPO) oder vom Versteigerungsgericht selbst (§§ 28, 30, 75, 76, 77); gleiches gilt für Zuschlagsversagungen gemäß §§ 74 a, 85, 85 a. Bei der Berechnung der Einstellungen ist der Grundsatz der Selbstständigkeit der Einzelverfahren zu beachten, dh eine Einstellung betrifft immer nur einen betreibenden Gl und ist damit auch lediglich bei diesem zu berücksichtigen. § 30 d gilt nur für die Vollstreckungsversteigerung, nicht für die Verfahren nach §§ 172, 175, 180 und die ZwVerw.

II. Erneute Antragstellung nach einer Einstellung mit anschließender Fortsetzung

1. Die 1. Einstellung erfolgt gemäß § 30 a

2 **a) Die 2. Einstellung soll gemäß § 30 a erfolgen.** War das Verfahren nach Anordnung bzw Beitrittszulassung gemäß § 30 a eingestellt, so kann es nach Fortsetzung (§ 31 I) gemäß § 30 a nur noch einmal erneut eingestellt werden **(§ 30 c).** Jede Berechnung kann sich dabei immer nur auf denselben Gl hinsichtlich desselben Beschlagnahmebeschlusses beziehen; dies verlangt der Grundsatz der Selbstständigkeit der Einzelverfahren (*Stöber* Rdn 2.2 b). Eine 2. Einstellung gemäß § 30 a kommt auch dann in Betracht, wenn eine 1. Einstellung auf Grund dieser Normen erfolgte, allerdings unter Auflagen (§ 30 a III–V), dann aber außer Kraft trat, weil diese Auflagen nicht erfüllt wurden (*Stöber* Rdn 2.2 c).

3 **aa) Die 3. Einstellung soll gemäß § 30 a erfolgen.** Dies ist gemäß § 30 c unzulässig. War die ZwVerst zweimal gemäß § 30 a eingestellt, so scheidet eine weitere Einstellung nach § 30 a aus (*Stöber* Rdn 2.2 d). Daran ändert sich auch nichts, wenn eine Einstellung durch Zuschlagsversagung ausgesprochen wurde gemäß §§ 33, 86 (OLG Bamberg NJW 1956, 429).

bb) Die 3. Einstellung soll gemäß § 765 a ZPO erfolgen. Nach 4
dem Wortlaut des früheren § 30 c II war dies unzulässig. Diese Vorschrift war jedoch mißglückt und nicht durchdacht. Sie wurde durch das 2. Gesetz zur Modernisierung der Justiz vom 22.12.2006 (BGBl I 3416) Art 11 Nr 2 b aufgehoben. Heute ist die Einstellung gemäß § 765 a ZPO auch dann zulässig, wenn zuvor bereits zweimal nach § 30 a eingestellt war. War das Verfahren zweimal gemäß § 30 a eingestellt und erfolgt dann eine dritte Einstellung gemäß § 765 a ZPO, so ist anschließend aber keine vierte Einstellung nach § 30 a mehr zulässig.

b) Die 2. Einstellung soll gemäß § 765 a ZPO erfolgen. Dies ist 5
unstrittig zulässig.

aa) Die 3. Einstellung soll gemäß § 30 a erfolgen. Dies ist gemäß 6
§ 30 c zulässig. Wenn das Verfahren bereits nach § 30 a eingestellt war, erlangt der nächste Einstellungsgrund in der Form des § 765 a ZPO (oder §§ 28, 30 usw) keine Bedeutung. Eine erneute, dh dritte Einstellung gemäß § 30 a ist möglich. Unzulässig wäre dagegen eine folgende vierte Einstellung, die sich auf § 30 a stützen würde, da bereits insgesamt zweimal nach § 30 a eingestellt wurde.

bb) Die 3. Einstellung soll gemäß § 765 a ZPO erfolgen. Dies ist 7
zulässig, da der Vollstreckungsschutzantrag nach § 765 a ZPO wiederholt gestellt werden kann.

2. Die 1. Einstellung erfolgte aus einem sonstigen Grund (zB §§ 28, 30, §§ 765 a, 775 ZPO)

a) Die 2. Einstellung soll auch aus einem sonstigen Grund erfolgen. Dies ist unstrittig zulässig. 8

aa) Die 3. Einstellung soll auch aus einem sonstigen Grund erfolgen. Auch dies ist zulässig, wobei eine dritte Einstellungsbewilli- 9
gung des Gl als Antragsrücknahme gilt (§ 30 I 3).

bb) Die 3. Einstellung soll gemäß § 30 a erfolgen. Sobald der 10
Antrag innerhalb der Frist des § 30 b I gestellt wird, ist er zulässig; gleiches gilt für eine mögliche 4. Einstellung gemäß § 30 a. War die Frist des § 30 b I zur Antragstellung bereits abgelaufen, vgl Rdn 15.

b) Die 2. Einstellung soll gemäß § 30 a erfolgen. Dies ist zulässig, 11
wenn der Antrag innerhalb der Frist des § 30 b I gestellt wird nach Verfahrensfortsetzung. Die 2-Wochen-Frist zur Antragstellung für die Einstellung gemäß § 30 a beginnt somit mit Zustellung der Belehrung über Antragsrecht und -frist an den Schu nach Verfahrensfortsetzung (§ 30 b I); nicht entscheidend ist die Zustellung der Belehrung auf Grund des

§ 30 c [Erneute Einstellung]

ursprünglichen Beschlagnahmebeschlusses. Kommt es während eines laufenden, aber noch nicht entschiedenen Einstellungsverfahrens gemäß § 30 a zu einer Verfahrenseinstellung aus anderem Grund (zB § 30 oder § 775 ZPO), so hat dies einen Stillstand der ZwVerst zur Folge, und zwar ohne Entscheidung über § 30 a. Wird jedoch das Verfahren danach wieder fortgesetzt, muss darüber entschieden werden und zwar ohne erneute Belehrung nach § 30 b I 1.

12   aa) **Die 3. Einstellung soll gemäß § 30 a erfolgen.** Dies ist zulässig, wenn der Antrag in der Frist des § 30 b I gestellt wird, **§ 30 c** (*Stöber* Rdn 2.2 d). Eine 4. Einstellung gemäß § 30 a ist dann aber nicht mehr möglich (§ 30 c). Wird vor der Entscheidung über den 2. Einstellungsantrag gemäß § 30 a (insgesamt 3. Einstellung) die Einstellung des Verfahrens durch den Gl bewilligt (§ 30) oder aus sonstigen Gründen eingestellt (zB § 775 ZPO), so kann infolge des Vorrangs der letztgenannten Einstellungen vorerst nicht mehr gemäß § 30 a eingestellt werden; nach Verfahrensfortsetzung (§ 31) ist aber über diesen noch anhängigen Antrag ohne erneute Belehrung (§ 30 b I 1) zu entscheiden (*Stöber* Rdn 5.2).

bb) **Die 3. Einstellung soll aus einem sonstigen Grund erfolgen**
13   **(zB §§ 28, 30 ZVG, §§ 765 a, 775 ZPO).** Dies ist zulässig, da § 30 c nur eine dreimalige Einstellung nach § 30 a untersagt.

III. Antragstellung nach rechtskräftiger Ablehnung oder Fristablauf

1. Im Falle der § 30 a

14   Wenn ein Schuldnerantrag nach § 30 a rechtskräftig abgelehnt wurde, ist eine Wiederholung des Antrags nicht mehr zulässig (*Steiner/Storz* § 30 b Rdn 47 **aA** entgegen dem Gesetz LG Aachen MDR 1987, 683). Wurde ein Antrag gemäß § 30 a nicht in der Notfrist von zwei Wochen (§ 30 b II) gestellt, kann eine Einstellung auf Antrag des Schu aus den Gründen des § 30 a nicht mehr angeordnet werden. Die Wiederholung eines rechtskräftig abgelehnten Einstellungsantrags wird dann für zulässig erachtet, wenn er auf neue Tatsachen gestützt wird (OLG Koblenz NJW 1955, 148); dies ist abzulehnen, weil die 2-Wochen-Frist des § 30 bis zur Wiederholung nach vorheriger Ablehnung längst abgelaufen ist. Nach rechtskräftiger Ablehnung eines Antrags gemäß § 30 a oder nach Fristablauf gemäß § 30 b I, kann dann nicht mehr nach § 30 a eingestellt werden, wenn zwischenzeitlich das Verfahren nach § 28, insbesondere aber nach § 30, nach § 765 a ZPO oder § 775 ZPO oder aus einem anderen Grund eingestellt war und nun gemäß § 31 fortgesetzt wird (LG Nürnberg-Fürth Rpfleger 1983, 256 **aA** *Steiner/Storz* § 30 d Rdn 13; *Schiffhauer* Rpfleger 1983, 256; *Hornung* Rpfleger 1979, 321); nach § 30 c I wäre dies nur möglich, wenn zuvor bereits einmal gemäß § 30 a eingestellt

V. Verfahren § 30 c

worden wäre. War ein Verfahren zunächst einmal nach § 30 a eingestellt und wurde nach Verfahrensfortsetzung (§ 31) die Frist des § 30 b I zur erneuten Antragstellung versäumt oder ein zweiter Antrag gemäß § 30 a rechtskräftig abgelehnt, so ist gemäß § 30 c I keine zweite Einstellung auf Grund des § 30 a mehr möglich. Dies gilt auch dann, wenn nach der Fristversäumung bzw rechtskräftigen Ablehnung des 2. Antrags gemäß § 30 a das Verfahren auf Bewilligung des Gl (§ 30) oder aus anderem Grund (§ 765 a ZPO) erneut eingestellt wurde und wieder fortgesetzt wird.

2. Im Falle des § 765 a ZPO

Der Vollstreckungsschutzantrag kann wiederholt gestellt werden, und 15 zwar auch dann, wenn er beim letzten Mal rechtskräftig abgelehnt worden ist.

IV. Einstellungsvoraussetzungen

Für die Voraussetzungen der erneuten Einstellung sind neben dem 16 **Antrag** (vgl § 30 a Rdn 4–9) diejenigen des **§ 30 a** (vgl dort Rdn 10–16) maßgebend. § 30 c verlangt als zusätzliche Voraussetzung, dass die erneute Einstellung dem **Gl zumutbar** sein muss, und zwar unter Berücksichtigung seiner gesamten wirtschaftlichen Verhältnisse. Diese Wiederholung der Zumutbarkeit für den Gl nach § 30 a II (vgl dort Rdn 15) bedeutet, dass die diesbezüglichen Voraussetzungen bei § 30 c noch strenger zu prüfen sind (*Steiner/Storz* § 30 d Rdn 21; *Stöber* Rdn 3.3). Eine für den Gl unzumutbare Verschleppung muss verhindert werden. Hat sich bereits bei einer ersten Einstellung gezeigt, dass der Schu Auflagen (zB Ratenzahlungen) nicht erfüllte, so kann eine erneute Einstellung dem Gl nur dann zugemutet werden, wenn der Schu von ihm nicht zu vertretende Gründe für die Nichterfüllung der Auflagen vorträgt und die Einhaltung neuer Auflagen sichergestellt ist (*Stöber* Rdn 3.3).

V. Verfahren

Eine wiederholte Einstellung nach § 30 c setzt die Fortsetzung eines 17 eingestellten Verfahrens voraus. Für die Fortsetzung verlangt das Gesetz zwar keinen Beschluss, er wird jedoch allgemein empfohlen (*Stöber* Rdn 4.2). Für das Verfahren gilt gemäß § 30 c S 2 der **§ 30 b** entsprechend. **Notfrist und Belehrung:** vgl § 30 b Rdn 2, 3; **Prüfung:** vgl § 30 b Rdn 4; **Beweis:** vgl § 30 b Rdn 5; **rechtliches Gehör:** vgl § 30 b Rdn 6; **mündliche Verhandlung:** vgl § 30 b Rdn 7; **einstweilige Anordnung:** vgl § 30 b Rdn 8; **Entscheidungsinhalt:** vgl § 30 a

§ 30 d [Einstweilige Einstellung auf Antrag des Insolvenzverwalters]

Rdn 20–24; **Entscheidungsform:** vgl § 30 b Rdn 9–15; **Einstellungsdauer:** vgl § 30 a Rdn 19; **Rechtsmittel:** vgl § 30 b Rdn 16–18.

§ 30 d [Einstweilige Einstellung auf Antrag des Insolvenzverwalters]

[I]Ist über das Vermögen des Schuldners ein Insolvenzverfahren eröffnet, so ist auf Antrag des Insolvenzverwalters die Zwangsversteigerung einstweilen einzustellen, wenn
1. im Insolvenzverfahren der Berichtstermin nach § 29 Abs. 1 Nr. 1 der Insolvenzordnung noch bevorsteht,
2. das Grundstück nach dem Ergebnis des Berichtstermins nach § 29 Abs. 1 Nr. 1 der Insolvenzordnung im Insolvenzverfahren für eine Fortführung des Unternehmens oder für die Vorbereitung der Veräußerung eines Betriebs oder einer anderen Gesamtheit von Gegenständen benötigt wird,
3. durch die Versteigerung die Durchführung eines vorgelegten Insolvenzplans gefährdet würde oder
4. in sonstiger Weise durch die Versteigerung die angemessene Verwertung der Insolvenzmasse wesentlich erschwert würde.

Der Antrag ist abzulehnen, wenn die einstweilige Einstellung dem Gläubiger unter Berücksichtigung seiner wirtschaftlichen Verhältnisse nicht zuzumuten ist.

[II]Hat der Schuldner einen Insolvenzplan vorgelegt und ist dieser nicht nach § 231 der Insolvenzordnung zurückgewiesen worden, so ist die Zwangsversteigerung auf Antrag des Schuldners unter den Voraussetzungen des Absatzes 1 Satz 1 Nr. 3, Satz 2 einstweilen einzustellen.

[III]§ 30 b Abs. 2 bis 4 gilt entsprechend mit der Maßgabe, daß an die Stelle des Schuldners der Insolvenzverwalter tritt, wenn dieser den Antrag gestellt hat, und daß die Zwangsversteigerung eingestellt wird, wenn die Voraussetzungen für die Einstellung glaubhaft gemacht sind.

[IV]Ist vor der Eröffnung des Insolvenzverfahrens ein vorläufiger Verwalter bestellt, so ist auf dessen Antrag die Zwangsversteigerung einstweilen einzustellen, wenn glaubhaft gemacht wird, daß die einstweilige Einstellung zur Verhütung nachteiliger Veränderungen in der Vermögenslage des Schuldners erforderlich ist.

Schrifttum: *Eickmann,* Problematische Wechselbeziehungen zwischen Immobilienvollstreckung und Insolvenz, ZflR 1999, 81; *Hintzen,* Insolvenz und Immobiliarvollstreckung, Rpfleger 1999, 256; *Stöber,* Insolvenzverfahren und Vollstreckungszwangsversteigerung, NZI 1998, 105; *Vallender,* Zwangsversteigerung und Zwangsverwaltung im Lichte des neuen Insolvenzrechts, Rpfleger 1997, 353.

II. Einstellung nach Eröffnung des Insolvenzverfahrens § 30 d

Übersicht

	Rn.
I. Allgemeines	1
II. Einstellung nach Eröffnung des Insolvenzverfahrens	2
1. Antrag des Insolvenzverwalters (§ 30 d I)	3
a) Alternative Voraussetzungen (§ 30 d I 1)	4
b) Zumutbarkeit für den Gl (§ 30 d I 2)	9
2. Antrag des Schu (§ 30 d II)	10
3. Einstellungsverfahren (§ 30 d III)	11
III. Einstellung vor Eröffnung des Insolvenzverfahrens (§ 30 d IV)	15
IV. Verhältnis zu anderen Einstellungen	16
V. Vollstreckungsschutz nach dem Insolvenzverfahren	17

I. Allgemeines

§ 30 d ist anwendbar in der Vollstreckungsversteigerung, nicht aber 1 für die Insolvenzverwalter-, Nachlass- oder Teilungsversteigerung nach §§ 172 ff (*Stöber* Rdn 1.2). Bei Eigenverwaltung unter Aufsicht eines Sachverwalters (§ 270 InsO) kann der Schu anstelle des Insolvenzverwalters die Einstellung gemäß § 30 d beantragen (*Stöber* Rdn 8; *Hintzen* Rpfleger 1999, 256, 261).

II. Einstellung nach Eröffnung des Insolvenzverfahrens

§ 30 d I–III regeln die Einstellung der ZwVerst nach Eröffnung des 2 Insolvenzverfahrens, § 30 d IV vor Eröffnung des Insolvenzverfahrens. Für die Anwendung der § 30 d I–III ist es ohne Bedeutung, ob die Insolvenzeröffnung vor oder nach der Anordnung der ZwVerst erfolgt ist (*Stöber* Rdn 2.2).

1. Antrag des Insolvenzverwalters (§ 30 d I)

Voraussetzung der Einstellung der ZwVerst ist ein Antrag des Insol- 3 venzverwalters; der Insolvenzschuldner ist nicht antragsberechtigt (*Stöber* Rdn 2.1). Der Antrag kann bis zur Verkündung des Zuschlages gestellt werden (*Hintzen* Rpfleger 1999, 256, 259). Abzustellen ist auf die Belange der Insolvenzgläubiger und nicht auf die Interessen des Insolvenzschuldners (*Stöber* Rdn 2.2).

a) Alternative Voraussetzungen (§ 30 d I 1). Folgende Tatbestände 4 müssen nicht alle zusammen vorliegen; es genügt einer.

§ 30 d [Einstweilige Einstellung auf Antrag des Insolvenzverwalters]

5   **aa) Vor dem Berichtstermin (§ 30 d I 1 Nr 1).** Die ZwVerst ist ohne weiteres einzustellen, wenn im Insolvenzverfahren der Berichtstermin (§ 29 I Nr 1 InsO) noch bevorsteht. Es reicht somit aus, wenn der Insolvenzverwalter den Eröffnungsbeschluss vorlegt, aus dem sich die Terminierung des Termins ergibt (*Hintzen* Rpfleger 1999, 256, 259; *Stöber* NZI 1999, 108; *Wenzel* NZI 1999, 101).

bb) Betriebsfortführung oder Betriebsveräußerung (§ 30 d I 1
6   **Nr 2).** Wurde das Insolvenzverfahren über ein Unternehmen eröffnet und wird das Grundstück des Insolvenzschuldners nach dem Ergebnis des Berichtstermins (§ 29 I Nr 1 InsO) für eine Unternehmensfortführung oder für die Vorbereitung der Veräußerung des gesamten oder teilweisen Unternehmens benötigt, so ist die ZwVerst einstweilen einzustellen. Dazu ist ein Beschluss der Gläubigerversammlung im Berichtstermin notwendig (*Hintzen* Rpfleger 1999, 256, 259).

7   **cc) Gefährdung des Insolvenzplans (§ 30 d I 1 Nr 3).** Ein Insolvenzplan kann dem Insolvenzgericht vom Insolvenzverwalter oder dem Insolvenzschuldner vorgelegt werden (§ 218 I 1 InsO). Wird der dem VollstrG eingereicht und ergibt sich daraus, dass das Grundstück in die Planregelung einbezogen wurde, ist die ZwVerst einstweilen einzustellen, wenn ohne das Grundstück die Durchführung des Insolvenzplans nicht möglich oder gefährdet ist.

8   **dd) Erschwerung der Verwertung (§ 30 d I 1 Nr 4).** Die ZwVerst ist einstweilen einzustellen, wenn durch sie die angemessene Verwertung der Insolvenzmasse wesentlich erschwert würde. Dies ist insbesondere dann gegeben, wenn der Insolvenzverwalter nachweisen kann, dass in absehbarer Zeit eine wesentlich bessere Verwertbarkeit realisierbar ist (LG Ulm ZIP 1980, 477; LG Düsseldorf KTS 1956, 62; AG Bremen ZIP 1980, 389).

9   **b) Zumutbarkeit für den Gl (§ 30 d I 2).** Die Einstellung kann nur erfolgen, wenn dies dem Gl unter Berücksichtigung seiner wirtschaftlichen Verhältnisse zugemutet werden kann. Abzuwägen sind die Interessen des vollstreckenden Gl ggü. denen der Insolvenzgläubiger (nicht Insolvenzschuldner; vgl *Stöber* NZI 1998, 105). IdR haben die Interessen der Insolvenzgläubiger – Gesamtheit das größere Gewicht (OLG Braunschweig NJW 1968, 164; *Stöber* Rdn 3). Vgl im Übrigen § 30 a Rdn 15.

2. Antrag des Schu (§ 30 d II)

10   Hat der Schu einen Insolvenzplan vorgelegt und ist dieser nicht zurückgewiesen worden (§ 231 InsO), so ist die ZwVerst einzustellen, wenn durch die ZwVerst die Durchführung des Insolvenzplans gefährdet würde (vgl Rdn 7) und die Einstellung dem Gl zumutbar ist (vgl Rdn 9).

Einstellung vor Insolvenzeröffnung § 30 d

Der Schu hat jedoch kein Antragsrecht nach § 30 d II, wenn der Insolvenzverwalter den Insolvenzplan vorgelegt hat (*Stöber* Rdn 4).

3. Einstellungsverfahren (§ 30 d III)

Es gelten grundsätzlich § 30 b II–IV; vgl dort Rdn 4–18! Als Besonderheit ist zu beachten, dass an die Stelle des Schu der Insolvenzverwalter tritt, wenn dieser den Einstellungsantrag gestellt hat.   11

Die **Voraussetzungen** für die Einstellung müssen in Abweichung von § 30 b II 3 stets **glaubhaft gemacht werden** (§ 30 d III). Bloße Behauptungen genügen daher nicht (*Stöber* Rdn 5.5).   12

Die **2-Wochenfrist des § 30 b I gilt** für die Einstellung nach § 30 d **nicht,** da § 30 d III insoweit nicht darauf verweist. Vgl im Übrigen Rdn 3!   13

Für das Vorliegen der Einstellungsvoraussetzungen kommt es auf den **Zeitpunkt der Beschlussfassung** und nicht auf der Antragstellung an (*Stöber* NZI 1998, 105). Eine Zurückweisung ist nur möglich, wenn bei Beschlussfassung keiner der Gründe des § 30 d I 1 Nr 1–4 vorliegt. Lag bei Antragstellung der Einstellungsgrund nach Nr 1 vor, jedoch nicht mehr bei Beschlussfassung, so kommt dann eine Einstellung nach den Nrn 2–4 in Betracht, worauf das VollstrG sein Augenmerk richten und ggf den Insolvenzverwalter hinweisen muss (*Stöber* Rdn 5.6).   14

III. Einstellung vor Eröffnung des Insolvenzverfahrens (§ 30 d IV)

Bereits vor Eröffnung des Insolvenzverfahrens kann die ZwVerst einstweilen eingestellt werden, wenn ein vorläufiger Verwalter dies beantragt und glaubhaft macht, dass dies zur Verhütung nachteiliger Veränderungen in der Vermögenslage des Schu erforderlich ist. An eine Frist ist diese Antragstellung nicht gebunden (*Stöber* Rdn 6.1). Durch diese Einstellungsmöglichkeit soll ein vorzeitiges Auseinanderreißen der einzelnen Vermögensgegenstände der künftigen Insolvenzmasse verhindert werden. Eine Einstellung ist deshalb geboten, wenn ein Geschäftsbetrieb vorhanden ist, aber auch dann, wenn ein Schu sanierungsfähig erscheint und deshalb mit einer Insolvenzplaninitiative gerechnet werden kann (*Eickmann* ZflR 1999, 81, 83). § 30 d I 2 ist analog anzuwenden, wenn die Einstellung dem Gl unter Berücksichtigung seiner wirtschaftlichen Verhältnisse nicht zuzumuten ist (vgl Rdn 9); dann muss das Einstellungsinteresse des vorläufigen Verwalters den Belangen des vollstreckenden Gl weichen (*Stöber* NZI 1998, 105; *Hintzen* Rpfleger 1999, 256, 261). Eingestellt werden kann das ZwVerstVerfahren eines absonderungsberechtigten Gl und eines künftigen Insolvenzgläubigers (*Stöber* Rdn 6.3).   15

IV. Verhältnis zu anderen Einstellungen

16   Die Einstellungsmöglichkeit des § 30 d ist unabhängig von anderen Einstellungen nach **§§ 30, 30 a, 30 c ZVG, § 765 a ZPO,** kann also auch danach noch erfolgen (*Stöber* Rdn 9.3). Ist die ZwVerst bereits auf Grund einer der genannten Vorschriften eingestellt, ist eine Einstellung gem. § 30 d in dieser Zeit nicht möglich (*Stöber* Rdn. 9.1). Erst nach Fortsetzung der ZwVerst, die der Gl allein, dh ohne Zustimmung des Insolvenzverwalters, gem § 31 beantragen kann, kommt eine Einstellung nach § 30 d in Betracht (*Stöber* Rdn. 9.2).

V. Vollstreckungsschutz nach dem Insolvenzverfahren

17   Das zu versteigernde Grundstück ist losgelöst vom Insolvenzverfahren nach dessen Beendigung oder durch Freigabe aus der Insolvenzmasse. Danach ist der Schu anstelle des bisherigen Insolvenzverwalters wieder Verfahrensbeteiligter (*Stöber* Rdn. 10.1). War die ZwVerst nach § 30 d eingestellt, kommt eine weitere Einstellung gem § 30 c für den Schu nicht in Betracht, da dies nur nach einer Einstellung auf Grund § 30 a möglich ist (*Stöber* Rdn. 10.2). Vollstreckungsschutz kann der Schu beantragen nach **§ 30 a,** wenn die Notfrist von zwei Wochen noch nicht abgelaufen ist (§ 30 b I). Dies kann möglich sein, wenn nach Beschlagnahme in der ZwVerst, aber vor dem Fristende das Insolvenzverfahren eröffnet wurde oder die Beschlagnahme in der ZwVerst nach Insolvenzeröffnung erfolgte; in beiden Fällen kann der Schu nach Insolvenzeröffnung keine Einstellung nach § 30 a betreiben, wohl aber wieder nach Beendigung des Insolvenzverfahrens (*Stöber* Rdn. 10.3). Wird die einstweilige Einstellung nach § 30 d aufgehoben (§ 30 f), so ist der Schu in diesen Fällen auf sein Antragsrecht nach § 30 a hinzuweisen (§ 30 b I).

§ 30 e [Auflage zur einstweiligen Einstellung]

[I]**Die einstweilige Einstellung ist mit der Auflage anzuordnen, daß dem betreibenden Gläubiger für die Zeit nach dem Berichtstermin nach § 29 Abs. 1 Nr. 1 der Insolvenzordnung laufend die geschuldeten Zinsen binnen zwei Wochen nach Eintritt der Fälligkeit aus der Insolvenzmasse gezahlt werden. Ist das Versteigerungsverfahren schon vor der Eröffnung des Insolvenzverfahrens nach § 30d Abs. 4 einstweilen eingestellt worden, so ist die Zahlung von Zinsen spätestens von dem Zeitpunkt an anzuordnen, der drei Monate nach der ersten einstweiligen Einstellung liegt.**

[II]**Wird das Grundstück für die Insolvenzmasse genutzt, so ordnet das Gericht auf Antrag des betreibenden Gläubigers weiter**

§ 30 e

die Auflage an, daß der entstehende Wertverlust von der Einstellung des Versteigerungsverfahrens an durch laufende Zahlungen aus der Insolvenzmasse an den Gläubiger auszugleichen ist.

III**Die Absätze 1 und 2 gelten nicht, soweit nach der Höhe der Forderung sowie dem Wert und der sonstigen Belastung des Grundstücks nicht mit einer Befriedigung des Gläubiger aus dem Versteigerungserlös zu rechnen ist.**

1. Einstellung mit Auflage zur Zinszahlung (§ 30 e I)

Liegen die Voraussetzungen für eine einstweilige Einstellung nach § 30 d vor, ist (!) **von Amts wegen** die Auflage anzuordnen, dass den betreibenden Gl für die Zeit nach dem Berichtstermin (§ 29 I Nr 1 InsO) laufend die geschuldeten Zinsen binnen zwei Wochen nach Eintritt der Fälligkeit aus der Insolvenzmasse zu zahlen sind (§ 30 e I 1); das VollstrG hat kein Ermessen. Dadurch soll sichergestellt werden, dass den betreibenden Gl der ZwVerst während der Einstellung kein wirtschaftlicher Nachteil entsteht. 1

Betreibende Gl in der Rangklasse § 10 I Nr 4 aus einem Grundpfandrecht müssen nicht (können aber natürlich) wegen den geschuldeten Zinsen die ZwVerst beantragt haben; es genügt also ihr Betreiben aus der Hauptsache (*Stöber* Rdn 2.2). Ein persönlicher Gl in § 10 I Nr 5 kann dagegen nur die Zinsen bekommen, wegen denen er das Grundstück beschlagnahmt hat, dh die ZwVerst betreibt. An nicht betreibende Gl kann keine Zinszahlung erfolgen. 2

Die Zinszahlung ist **für die Zeit nach dem Berichtstermin** (§ 29 I Nr 1 InsO) anzuordnen. Ist die ZwVerst schon vor der Insolvenzeröffnung nach § 30 d IV einstweilen eingestellt worden, so ist die Zahlung von Zinsen spätestens von dem Zeitpunkt an anzuordnen, der drei Monate nach der ersten einstweiligen Einstellung liegt (§ 30 e I 2). Keine Auswirkungen für den Zinsbeginn haben Einstellungen nach §§ 30 a, c (*Stöber* Rdn 2.1). Erfolgt die Einstellung erst nach dem Berichtstermin, kann die Zahlung der rückständigen Zinsen nicht angeordnet werden (*Stöber* Rdn 2.4). 3

Aus der Insolvenzmasse sind die **geschuldeten Zinsen** zu entrichten. Dazu ist bestritten, ob damit die schuldrechtlen Zinsen (so LG Göttingen Rpfleger 2000, 228; LG Stade Rpfleger 2002, 479; *Kübler/Prütting/Kemper* § 165 InsO Rdn 38; *Wenzel* NZI 1999, 102) oder die **dinglichen Zinsen** (so *Dassler/Hintzen* Rdn 6, 7; *Eickmann* ZfIR 1999, 81, 83; *Schmidt* InVo 1999, 76; *Stöber* Rdn 2.2) gemeint sind. Der letzteren Ansicht ist zuzustimmen, da sich das VollstrG in seinem formellen Verfahren nur an den GB-Inhalt zu halten hat und nicht die schuldrechtlichen 4

§ 30 e [Auflage zur einstweiligen Einstellung]

Grundlagen zu erfassen hat; bei einer Drittsicherung haftet der Schu sowieso nur dinglich.

5   Die geschuldeten Zinsen sind **laufend** zu zahlen. Der erste Zahlungszeitraum bestimmt sich nach dem Berichtstermin (§ 29 I Nr 1 InsO) oder Ablauf der 3-Monatsfrist. Bei einer Einstellung erst nach dem Berichtstermin ist entscheidend der Bekanntmachungstag des Einstellungsbeschlusses an den Insolvenzverwalter (*Stöber* Rdn 2.4). In diesem ersten Zahlungszeitraum sind die Zinsen im Verhältnis der Zeitdauer aufzuteilen (*Stöber* Rdn 2.2).

6   Die Zinsen sind **binnen zwei Wochen nach Eintritt der Fälligkeit** zu zahlen. Zum Fälligkeitspunkt vgl § 13 Rdn 6–13! Fehlt ein Fälligkeitszeitpunkt, so sollte das VollstrG periodische Zahlung anordnen, zB monatlich nachträglich oder vierteljährlich im Voraus (*Stöber* Rdn 2.3).

2. Nutzung des Grundstücks für die Insolvenzmasse (§ 30 e II)

7   Auf Antrag (nicht von Amts wegen) des die ZwVerst betreibenden Gls ist in diesem Fall die Auflage anzuordnen, dass der entstehende Wertverlust von der Einstellung der ZwVerst an durch laufende Zahlungen aus der Insolvenzmasse an den Gl auszugleichen ist. Durch die bestimmungsgemäße Nutzung eines Grundstücks entsteht jedoch in der Regel kein messbarer Substanzwertverlust (*Eickmann* ZflR 1999, 81, 84); dies kommt vor allem dann in Betracht, wenn die Grundstückssubstanz selbst genutzt wird, zB Abbau von Sand, Kies, Steinen (*Hintzen* Rpfleger 1999, 256, 260). Der Wertverlust kann sich auf das mitbeschlagnahmte Zubehör erstrecken (*Eickmann* ZflR 1999, 81, 84). Unerheblich ist ein Verlust für den Gl während der Einstellung, zB durch Anwachsen von Zinsen (*Stöber* Rdn 3.1). Ein Wertausgleich kommt auch nicht in Betracht, wenn der Insolvenzverwalter eine mögliche Nutzung des Grundstücks (zB als Lagerplatz) nicht wahrnimmt, dh es besteht keine Nutzungspflicht (*Stöber* Rdn 3.1). Der Antrag gemäß § 30 e II ist an keine Frist gebunden (*Hintzen* Rpfleger 1999, 256, 260). Wird er vor der Einstellung gestellt, ist die Auflage im Einstellungsbeschluss selbst anzuordnen. Bei Antragstellung nach der Einstellung kann der Wertausgleich in einem Ergänzungsbeschluss angeordnet werden, aber nicht rückwirkend (*Stöber* Rdn 3.2). Ob ein Wertverlust eingetreten ist, muss der antragstellende Gl vortragen und auf Verlangen des VollstrG glaubhaft machen (§ 30 d III, § 30 b II); von Amts wegen erfolgt keine Ermittlung. Der Wertausgleich ist vom Insolvenzverwalter durch laufende Zahlungen aus der Insolvenzmasse an den betreibenden Gl zu leisten. An nicht betreibende Gl kann keine Zahlung erfolgen (*Stöber* Rdn 3.1). Die Zahlung des Wertausgleichs gilt als Teilbefriedigung aus dem Grundstück, lässt somit das Grundpfandrecht in Höhe der Leistungen erlöschen (§§ 1181, 1192 BGB) und führt zum Aufrücken Nachrangiger (*Eickmann* ZflR 1999, 81, 84).

§ 30 f

3. Voraussichtlich ausfallender Gl (§ 30 e III)

Die Anordnungen auf Zins- und Wertausgleichszahlung unterbleiben, 8
wenn nicht mit einer Befriedigung des Gl in der ZwVerst zu rechnen
ist. Diese Regelung ist praxisfremd, da einigermaßen verifizierbare Vorhersagen kaum möglich sind (*Eickmann* ZflR 1999, 81, 84). Im Zweifelsfall muss der Insolvenzverwalter die Voraussetzungen des § 30 e III nachweisen, um die Auflagen nach § 30 e I und II zu vermeiden (*Stöber* Rdn 4). Vor Festsetzung des Grundstücksverkehrswertes nach § 74 a V wird eine Prognose über den voraussichtlichen Ausfall nicht möglich sein (*Hintzen* Rpfleger 1999, 256, 260). Nach Verkehrswertfestsetzung kann im Normalfall von einem Erlös von ca 70 % ausgegangen werden (vgl § 74 a I); in einem vorläufigen Teilungsplan sind dann alle dem Gl vorgehenden Ansprüche abzuziehen, die von Amts wegen zu berücksichtigen sind und bis dahin angemeldet wurden (§§ 45, 114). Ist mit einem teilweisen Ausfall des Gl zu rechnen, sind auch nur Teilzahlungen als Auflagen anzuordnen (*Stöber* Rdn 4).

4. Mehrere Gläubiger

Betreiben mehrere Gl die ZwVerst, so ist in jedem Einzelverfahren 9
die Einstellung nach § 30 d auf Antrag zu prüfen. Bejahendenfalls ist auch
in jedem Einzelverfahren die Zinszahlung nach § 30 e I und auf Antrag
der Wertverlustausgleich gemäß § 30 e II anzuordnen; ebenso ist jeweils
zu prüfen, ob wegen § 30 e III die Auflagen zu unterbleiben haben (*Stöber* Rdn 5.1). Der Wertverlustausgleich nach § 30 e II an mehrere betreibende Gl erfolgt nach der Rangfolge des § 10 I (*Hintzen* Rpfleger 1999, 256, 260; *Stöber* Rdn 5.2); unbeachtlich sind die Zeitpunkte der Beschlagnahmebeschlüsse, der Einstellungen und der Anträge auf Wertausgleich.

5. Rechtshelfer

Als Rechtsbehelf kommt die sofortige Beschwerde in Betracht (§ 30 d 10
III 1, § 30 b III 1).

§ 30 f [Aufhebung der einstweiligen Einstellung]

[1]Im Falle des § 30 d Abs. 1 bis 3 ist die einstweilige Einstellung auf Antrag des Gläubigers aufzuheben, wenn die Voraussetzungen für die Einstellung fortgefallen sind, wenn die Auflagen nach § 30 e nicht beachtet werden oder wenn der Insolvenzverwalter, im Falle des § 30 d Abs. 2 der Schuldner, der Aufhebung zustimmt. Auf Antrag des Gläubigers ist weiter die einstweilige Einstellung aufzuheben, wenn das Insolvenzverfahren beendet ist.

§ 30 f [Aufhebung der einstweiligen Einstellung]

^{II}**Die einstweilige Einstellung nach § 30 d Abs. 4 ist auf Antrag des Gläubigers aufzuheben, wenn der Antrag auf Eröffnung des Insolvenzverfahrens zurückgenommen oder abgewiesen wird. Im übrigen gilt Absatz 1 Satz 1 entsprechend.**

^{III}**Vor der Entscheidung des Gerichts ist der Insolvenzverwalter, im Falle des § 30 d Abs. 2 der Schuldner, zu hören. § 30 b Abs. 3 gilt entsprechend.**

Schrifttum: *Stöber,* Aufhebung der auf Antrag des Insolvenzverwalters angeordneten Einstellung der Zwangsversteigerung, NZI 1999, 439.

I. Aufhebung der Einstellung im Falle des § 30 d

1. § 30 d I–III

1   a) **Antrag.** Auf **Antrag** des betreibenden Gl kann die Einstellung der ZwVerst wieder aufgehoben werden (§ 30 f I). Die Fortsetzung kann binnen einer Frist von 6 Monaten beantragt werden (§ 31 I 2, II). Die Einstellung wird nicht automatisch mit Wegfall der Einstellungsvoraussetzungen beendet. Vielmehr muss das VollstrG die Einstellung nur auf Antrag des betreibenden Gl aufheben (*Stöber* Rdn 2.2).

2   b) **Alternative Möglichkeiten. aa) Fortfall der Einstellungsvoraussetzungen** (§ 30 f I 1, 1. Alt). Beantragt ein Gl die Verfahrensfortsetzung, muss er nachweisen, dass keine der Einstellungsvoraussetzungen nach § 30 d I mehr vorliegen (vgl dort Rdn 5–9). Es genügt nicht, dass nur ein einzelner Einstellungsgrund weggefallen ist, sondern es darf keiner der in **§ 30 d I 1 Nr 1–4** genannten Gründe mehr vorliegen (LG Göttingen Rpfleger 2001, 193; *Hintzen* Rpfleger 1999, 256, 261; *Stöber* Rdn 2.6). Wenn dem Gl die Einstellung der ZwVerst unter Berücksichtigung seiner wirtschaftlichen Verhältnisse nicht mehr zuzumuten ist **(§ 30 d I 2)**, sind die Einstellungsvoraussetzungen auch weggefallen (*Stöber* Rdn 2.5).

bb) **Nichtbeachtung der Auflagen des § 30 e** durch den Insol-
3   venzverwalter . Dies führt auf Antragstellung auch zur Aufhebung der einstweiligen Einstellung (§ 30 f I 1, 2. Alt). Dies ist der Fall, wenn die laufend geschuldeten Zinsen oder der Wertverlust (§ 30 e I und II) ganz oder teilweise nicht bezahlt wurden oder verspätet.

cc) **Zustimmung des Insolvenzverwalters bzw des Schu** (im
4   Falle des § 30 d II) . Dies berechtigt auch zur Aufhebung der einstweiligen Einstellung (§ 30 f I 1, 3. Alt).

5   dd) **Beendigung des Insolvenzverfahrens.** Dies ist ein weiterer Aufhebungsgrund für die Einstellung (§ 30 f I 2). Gleiches gilt bei **Frei-**

IV. Mehrere betreibende Gläubiger §30f

gabe des Grundstücks aus der Insolvenzmasse durch den Insolvenzverwalter (*Stöber* Rdn 2.7; *Hintzen* Rpfleger 1999, 256, 261).

2. § 30 d IV

Erfolgte die Einstellung der ZwVerst bereits vor Insolvenzeröffnung auf Antrag des vorläufigen Verwalters, so ist sie nach **Rücknahme oder Zurückweisung des Insolvenzeröffnungsantrags** wieder aufzuheben, wenn der die ZwVerst betreibende Gl dies beantragt (§ 30 f II 1). Die **Insolvenzeröffnung** allein beendet die Einstellung nicht, wenn danach die Einstellungsgründe des § 30 d I 1 Nr 1–3 bestehen (§ 30 f II 2, I 1; vgl *Stöber* Rdn 2.6). 6

II. Aufhebungsverfahren

Vor der Aufhebung der Einstellung ist der Insolvenzverwalter zu hören (§ 30 f III 1), es sei denn, das Insolvenzverfahren ist beendet (vgl § 30 f I 2). Bei Einstellung der ZwVerst auf Antrag des Schu (§ 30 d II) ist dieser zu hören vor Aufhebung der Einstellung (§ 30 f III 1). Der die Aufhebung begehrende Gl muss die Voraussetzungen dafür beweisen, dh Glaubhaftmachung genügt nicht, es sei denn, sie werden vom Insolvenzverwalter zugestanden nach § 288 ZPO oder zumindest nicht bestritten gemäß § 138 II ZPO (*Stöber* Rdn 3.1). Das VollstrG hebt mittels zu begründenden Beschluss die Einstellung auf. Dieser ist dem Insolvenzverwalter (oder Schu) zuzustellen und dem Gl bekanntzumachen. Wird dagegen die Aufhebung abgelehnt, wird an den Gl zugestellt und dem Insolvenzverwalter (oder Schu) dies mitgeteilt. 7

III. Rechtsbehelfe

Gegen den Aufhebungsbeschluss kann der Insolvenzverwalter (oder Schu) **sofortige Beschwerde** einlegen (§ 30 f III 2, § 30 b III), ebenso der Gl bei Ablehnung der Aufhebung. 8

IV. Mehrere betreibende Gläubiger

In diesem Fall besteht das Gesamtverfahren aus sovielen Einzelverfahren, wie betreibende Gl vorhanden sind (vgl Rdn 13). Jedes Einzelverfahren ist bei Einstellung gesondert zu beurteilen und ebenso bei der Aufhebung (*Stöber* Rdn 4). Deshalb kann jeder betreibende Gl auch nur die Aufhebung seines eingestellten Einzelverfahrens beantragen. 9

§ 31 [Fortsetzung auf Antrag des Gläubigers]

^IIm Falle einer einstweiligen Einstellung darf das Verfahren, soweit sich nicht aus dem Gesetz etwas anderes ergibt, nur auf Antrag des Gläubigers fortgesetzt werden. Wird der Antrag nicht binnen sechs Monaten gestellt, so ist das Verfahren aufzuheben.
^{II}Die Frist nach Absatz 1 Satz 2 beginnt
a) im Falle des § 30 mit der Einstellung des Verfahrens,
b) im Falle des § 30a mit dem Zeitpunkt, bis zu dem die Einstellung angeordnet war,
c) im Falle des § 30f Abs. 1 mit dem Ende des Insolvenzverfahrens, im Falle des § 30f Abs. 2 mit der Rücknahme oder der Abweisung des Antrags auf Eröffnung des Insolvenzverfahrens,
d) wenn die Einstellung vom Prozeßgericht angeordnet war, mit der Wiederaufhebung der Anordnung oder mit einer sonstigen Erledigung der Einstellung.
^{III}Das Vollstreckungsgericht soll den Gläubiger auf den Fristbeginn unter Bekanntgabe der Rechtsfolgen eines fruchtlosen Fristablaufs hinweisen; die Frist beginnt erst zu laufen, nachdem der Hinweis auf die Rechtsfolgen eines fruchtlosen Fristablaufs dem Gläubiger zugestellt worden ist.

Schrifttum: *Ordemann,* Die Einreichung und Rücknahme der Einstellungsbewilligung und des Fortsetzungsantrags in der Zwangsversteigerung, AcP 157, 490.

Übersicht

	Rn.
1. Allgemeines	1
2. Antrag	2
a) Notwendigkeit	2
b) Zeitliche Zulässigkeit	3
c) Inhalt	4
d) Antragsberechtigter	5
e) Form	6
f) Bedingung	7
g) Rücknahme	8
3. Frist	9
a) Dauer	9
b) Beginn	10
c) Belehrung	18
d) Fristversäumnis	19
4. Fortsetzungsbeschluss	20
5. Rechtsbehelfe	26

1. Allgemeines

1   § 31 hat die Fortsetzung eines eingestellten Verfahrens zum Inhalt; ebenso die Aufhebung, wenn bei einer eingestellten ZwVerst keine Fort-

§ 31

setzung beantragt wird. Eine Verfahrensfortsetzung von Amts wegen gibt es idR nicht, vielmehr muss der Gl dies beantragen, weil ja wegen ihm die ZwVerst durchgeführt wird (BGH IGZInfo 2010, 21). Auf Grund der Selbstständigkeit der Einzelverfahren muss jeder Gl für jedes seiner Einzelverfahren einen gesonderten Fortsetzungsantrag stellen; dies gilt auch, wenn mehrere Einzelverfahren in einem gemeinsamen Beschluss eingestellt wurden. Werden mehrere Grundstücke versteigert, bezieht sich ein Fortsetzungsantrag auf alle, soweit nicht ein gegenteiliger Wille geäußert wird, was zweifelsfrei möglich ist. § 31 gilt für alle ZVG-Verfahren.

2. Antrag

a) Notwendigkeit. Die Fortsetzung eines einstweilen eingestellten 2 Verfahrens erfordert idR einen Antrag des Gl (§ 31 I 1). Dies gilt nicht nur für § 30, sondern für alle einstweiligen Einstellungen, wie zB §§ 30 a, 30 c, 30 d, 75, 76, 77, 86 (iVm 33) ZVG und §§ 765 a, 775, 776 ZPO. Der Antrag ist auch dort erforderlich, wo die Einstellungsvoraussetzungen wegfallen, zB bei § 30 a III–V. Der Antrag muss beim zuständigen VollstrG eingehen, um fristwahrend zu wirken (*Stöber* Rdn 4.2). Wird die Fortsetzung ohne Antrag angeordnet, ist dies zwar wirksam, stellt aber einen Verfahrensverstoß dar, in dem eine Amtspflichtverletzung liegen kann (BGH IGZInfo 2010, 21; RGZ 124, 24). War die Einstellung auf Anordnung des Prozessgerichts erfolgt, genügt ein Glantrag zur Verfahrensfortsetzung nicht, es bedarf noch einer Aufhebungsentscheidung oder einer sonstigen Erledigung der Einstellung (RGZ 43, 370; 70, 399). **Von Amts wegen,** dh ohne Antrag, erfolgt die Fortsetzung nur in den gesetzlich geregelten Ausnahmefällen: Einstellungen gemäß § 28 und §§ 769 II, 771 III ZPO durch das VollstrG. Ist das entgegenstehende Recht beseitigt oder wird keine Entscheidung des Prozessgerichts vorgelegt, wird von Amts wegen fortgesetzt.

b) Zeitliche Zulässigkeit. Die Fortsetzung kann nur bei einem ein- 3 gestellten Verfahren beantragt werden (BGH IGZInfo 2010, 21). Dies bedeutet im Umkehrschluss, dass dies nicht mehr möglich ist nach Verfahrensbeendigung; dann muss das Grundstück neu beschlagnahmt werden. Nach der Zuschlagserteilung scheidet eine Verfahrensfortsetzung ebenfalls aus. Wird der Fortsetzungsantrag gestellt, bevor der konstitutive Einstellungsbeschluss erlassen wurde (§ 30), dann ist darin die Rücknahme der Einstellungsbewilligung zu sehen. Wurde befristet eingestellt und der Fortsetzungsantrag vor Fristablauf gestellt, so wird er erst am Ende der Einstellungszeit bearbeitet (*Stöber* Rdn 4.2). Der Gl, der die Fortsetzung beantragt, kann zugleich erneut die Einstellung bewilligen. Dagegen kann eine Einstellungsbewilligung nicht sofort mit einem Fortsetzungsantrag verbunden werden für die Zeit nach Ablauf der Einstellung (LG Traunstein Rpfleger 1989, 35; *Stöber* Rdn 4.4 **aA** LG Frankfurt Rpfleger 1986, 231; *Dassler/Hintzen* Rdn 6; *Steiner/Storz* Rdn 21); ein

§ 31 [Fortsetzung auf Antrag des Gläubigers]

solcher Fortsetzungsantrag vor dem konstitutiven Einstellungsbeschluss ist verfrüht und außerdem würde dies eine gesetzeswidrige Einstellung auf Zeit darstellen.

4 **c) Inhalt.** Der Antrag muss zum Ausdruck bringen, dass vom Gl die Fortsetzung der ZwVerst verlangt wird. Eine Begründung ist nicht erforderlich (*Stöber* Rdn 4.1).

5 **d) Antragsberechtigter.** Antragsberechtigt ist für jedes Einzelverfahren nur der jeweilige betreibende Gl. Ein Rechtsnachfolger kann nach Umschreibung des Vollstreckungstitels die Fortsetzung beantragen (*Dassler/Hintzen* Rdn 3; *Stöber* Rdn 4.3). Davor ist noch der bisherige Gl antragsberechtigt (*Stöber* Rdn 4.3; **aA** LG Detmold Rpfleger 2008, 148). Zur Wahrung der 6-Monats-Frist des § 31 I 2 genügt der Nachweis der auf den neuen Gl lautenden vollstreckbaren Ausfertigung des Titels; die Nachweise der Zustellung gem § 750 II ZPO und des Ablaufs der Wartefrist gem § 798 ZPO können auch noch nach Fristablauf erbracht werden (*Stöber* Rdn 4.3; *Morvilus* in D/M/V 4. Kap Rdn 191; *Alff* Rpfleger 2008, 148; **aA** LG Detmold Rpfleger 2008, 148).

6 **e) Form.** Das Gesetz schreibt keine Form vor. Daher kann der Fortsetzungsantrag schriftlich oder zu Protokoll erklärt werden.

7 **f) Bedingung.** Als Verfahrenserklärung ist der Fortsetzungsantrag bedingungsfeindlich. Er kann zB nicht gestellt werden unter der Bedingung, dass auch andere Gl die Fortsetzung beantragen; dies ist unzulässig (*Steiner/Storz* Rdn 17; *Stöber* Rdn 4.5; *Dassler/Hintzen* Rdn 6).

8 **g) Rücknahme.** Rücknahme des Fortsetzungsantrags ist möglich bis über ihn entschieden oder das Verfahren auf sonstige Weise wieder in Gang gekommen ist; eine erneute Einstellung liegt nicht darin. Die Rücknahme des Fortsetzungsantrags nach der Fortsetzung ist dagegen eine neue Einstellungsbewilligung (*Steiner/Storz* Rdn 35; *Stöber* Rdn 4.9 **aA** *Dassler/Hintzen* Rdn 10).

3. Frist

9 **a) Dauer.** Der Antrag ist an eine 6-Monats-Frist gebunden (**§ 31 I 2**; bei § 76 II nur 3 Monate). Sie kann auch mit Zustimmung aller Beteiligten nicht verlängert werden, auch nicht durch das VollstrG in der Belehrung des § 31 III (LG Frankenthal Rpfleger 1983, 120; *Steiner/Storz* Rdn 18, wohl aber gem § 224 ZPO verkürzt werden (*Dassler/Hintzen* Rdn 8 **aA** *Stöber* Rdn 3.11). Da es sich um keine Notfrist handelt, gibt es bei Versäumnis keine Wiedereinsetzung in den vorigen Stand nach §§ 233 ff ZPO.

10 **b) Beginn.** Beginn der Frist tritt frühestens mit der Zustellung des Hinweises auf die Rechtsfolgen eines fruchtlosen Fristablaufes an den Gl ein (§ 31 III). Wenn diese Voraussetzung erfüllt ist, dann ist zu unterscheiden:

§ 31

aa) § 30. Die Frist beginnt mit Zustellung des Einstellungsbeschlusses 11
(§ 31 II Nr a), bei Zuschlagsversagung (§ 33) mit der Rechtskraft (§ 86).

bb) §§ 30 a, c; § 180 II. Die Frist beginnt mit dem Zeitpunkt, bis 12
zu dem die Einstellung angeordnet war (§ 31 II Nr b). Wurde kein
Einstellungsende bestimmt, beginnt die Frist 6 Monate nach Zustellung
des Einstellungsbeschlusses.

cc) § 30 d. Die Frist beginnt im Falle des § 30 f I mit dem Ende des 13
Insolvenzverfahrens (§ 31 II Nr c). Maßgebend ist dabei der Ablauf des 2.
Tages nach Ausgabe des die entsprechende öffentliche Bekanntmachung
enthaltenden Blattes (§ 9 InsO). Im Falle des § 30 f II beginnt die Frist
mit der Rücknahme oder der Abweisung des Antrags auf Insolvenzeröffnung.

dd) Einstellung durch Prozessgericht. Einstellung durch Prozessgericht (zB §§ 707, 719, 769, 770 ZPO mit §§ 767, 768, 771 ZPO). 14
Die Frist beginnt mit der Wiederaufhebung der Anordnung oder mit
einer sonstigen Erledigung der Einstellung (§ 31 II Nr d).

ee) § 76. Die Antragsfrist beträgt nur drei Monate und beginnt am 15
Tag nach dem Verteilungstermin (*Dassler/Hintzen* Rdn 22), und zwar
ohne Belehrung des Gl (*Steiner/Storz* Rdn 27; *Stöber* Rdn 2.5 **aA** *Dassler/Hintzen* Rdn 24).

ff) §§ 75, 77 ZVG, § 775 Nr 4, 5 ZPO. Die Frist beginnt mit der 16
Zustellung des Hinweises nach § 31 III.

gg) § 765 a ZPO;. vgl dazu § 30 a **Rdn 56.** 17

c) Belehrung. Belehrung des Gl über Fristbeginn und Rechtsfolgen 18
eines fruchtlosen Fristablaufs (§ 31 III) soll mit dem Einstellungsbeschluss
verbunden und zugestellt werden; sie kann aber auch gesondert nachgeholt werden. Die Belehrung erfolgt durch das LG, wenn es als Beschwerdegericht einstellt (*Stöber* Rdn 2.2); das VollstrG hat aber die vom LG
vergessene Belehrung nachzuholen. Hat der Gl bereits einen Fortsetzungsantrag gestellt, erübrigt sich eine Belehrung; ebenso bei Fortsetzung von Amts wegen (zB § 28).

d) Fristversäumnis. Das Verfahren ist von Amts wegen aufzuheben, 19
wenn der Fortsetzungsantrag gar nicht oder nach der 6-Monats-Frist
gestellt wird **(§ 31 I 2).** Dies hat mittels zu begründenden Beschluss
zu erfolgen. Zustellung: § 32. Rechtsmittel: sofortige Beschwerde (§ 11
RPflG, § 793 ZPO). Die Wirksamkeit eines Aufhebungsbeschlusses ist
von seiner Rechtskraft abhängig zu machen, um den betroffenen Gl vor
einer fehlerhaften Entscheidung zu schützen. Wird die 6-Monats-Frist
versäumt, so gibt es keine Heilung; es nützt auch nichts, wenn der
verspätete Fortsetzungsantrag vor dem Aufhebungsbeschluss eingeht.

4. Fortsetzungsbeschluss

20 • Wenn auch gesetzlich nicht vorgesehen, so ist es doch heute **allgemeine Meinung**, dass ein Fortsetzungsbeschluss zu erlassen ist. Dies ist auch praktisch notwendig, um festzustellen, ob der Schu belehrt wurde (§ 30 b I), wer die ZwVerst noch betreibt, welcher Anspruch für das gG von Bedeutung ist (§§ 43, 44). Rechtlich nicht zu beanstanden wäre aber auch eine faktische Verfahrensfortsetzung ohne gesonderten Beschluss (vgl auch BGH IGZInfo 2010, 21, 23); die Belehrung gemäß § 30 b I muss aber erfolgen, es sei denn, dass alle Einstellungsmöglichkeiten bereits verbraucht sind (vgl § 30 c).

21 • Die Fortsetzung der ZwVerst kann **bis zur Zuschlagserteilung** erfolgen. Danach kann bis zur Rechtskraft nur noch aufschiebend bedingt fortgesetzt werden, und zwar für den Fall, dass der Zuschlag auf Grund eines Rechtsmittels wieder aufgehoben wird. Nach rechtskräftiger Zuschlagserteilung kommt keine Verfahrensfortsetzung mehr in Betracht.

22 • **Begründung** des Fortsetzungsbeschlusses sollte erfolgen.

23 • **Belehrung gemäß § 30 b I 2** über die Vollstreckungsschutzmöglichkeit nach § 30 a hat zu erfolgen, es sei denn die Einstellungsmöglichkeiten sind nach § 30 d schon verbraucht (*Steiner/Storz* Rdn 48).

24 • **Zustellung** des Fortsetzungsbeschlusses erfolgt an den Schu; an den Gl ergeht eine formlose Mitteilung.

25 • **Ablehnung** des Fortsetzungsantrags erfolgt durch einen zu begründenden Beschluss, der dem Gl zuzustellen und dem Schu mitzuteilen ist.

5. Rechtsbehelfe

26 Wenn der Schu den **Fortsetzungsbeschluss** für fehlerhaft hält, kann er dagegen mit der Vollstreckungserinnerung nach § 766 ZPO vorgehen, falls er vorher nicht gehört worden ist. Ist letzteres der Fall, so kann er sofortige Beschwerde gemäß § 793 ZPO erheben. Hält der Schu die Fortsetzung aus materiellen Gründen für unzulässig, muss er gemäß § 767 ZPO Klage erheben. Gegen die **Ablehnung des Fortsetzungsantrags** und die **Verfahrensaufhebung** nach Fristablauf (§ 31 I 2) ist die sofortige Beschwerde (§ 793 ZPO) gegeben. Gegen die mit der Fortsetzung verbundene **Belehrung** gemäß § 30 b I 2 kann getrennt mit der Vollstreckungserinnerung (§ 766 ZPO) vorgegangen werden.

§ 32 [Zustellung des Aufhebungs- oder Einstellungsbeschlusses]

Der Beschluß, durch welchen das Verfahren aufgehoben oder einstweilen eingestellt wird, ist dem Schuldner, dem Gläubiger und, wenn die Anordnung von einem Dritten beantragt war, auch diesem zuzustellen.

§ 33

Schrifttum: *Drischler,* Zustellungen im Zwangsversteigerungsverfahren, JVBl 1962, 83; *Drischler,* Förmliche Zustellungen im Immobiliarvollstreckungsverfahren, JVBl 1965, 225.

1. Allgemeines

§ 32 bestimmt, an wen Aufhebungs- bzw Einstellungsbeschlüsse zuzustellen sind. Dies erfolgt von Amts wegen (§ 3). Auf die Zustellung kann nicht verzichtet werden.

2. Anwendungsbereich

§ 32 gilt für alle ZVG-Verfahren und alle dabei vorkommenden Aufhebungs- und Einstellungsbeschlüsse des Versteigerungsgerichts, aber nicht wenn sie nach Schluss der Versteigerung (§ 73 II) in der Form der Zuschlagsversagung ergehen gemäß §§ 33, 86. Auch die Vollzugsbeschlüsse des VollstrG nach der Aufhebung oder Einstellung durch das Prozessgericht sind nach § 32 zuzustellen. Verkündete Beschlüsse werden zwar mit deren Verkündung wirksam, aber die Rechtsmittelfrist beginnt erst mit deren Zustellung (§ 329 III ZPO wird durch § 32 verdrängt; vgl RGZ 70, 399; *Steiner/Storz* Rdn 7; *Dassler/Muth* Rdn 2). Wird gleichzeitig der Versteigerungstermin aufgehoben mit der Einstellung bzw Aufhebung, so wird die Terminsabladung der übrigen Beteiligten formlos mitgeteilt. Bei der Ablehnung eines Aufhebungs- oder Einstellungsantrags gilt § 32 nicht, sondern § 329 III ZPO.

3. Zustellungsempfänger

Schu, Gl und ein antragstellender Dritter. **Schu** ist der Vollstreckungsschuldner iSv § 9. An einen erst nachträglich eingetretenen Eigentümer wird nur dann zugestellt, wenn sich das Verfahren auch persönlich gegen ihn richtet. **Gl** ist nur der betreibende Gl des Einzelverfahrens, das aufgehoben oder eingestellt wird; an die übrigen betreibenden Gl wird nicht zugestellt (*Stöber* Rdn 2.2). Einem *Dritten* wird zugestellt, wenn er Antragsteller ist, zB bei § 28 oder § 769 II ZPO. Keine Zustellung erhalten andere Beteiligte nach § 9 (*Stöber* Rdn 2.2).

§ 33 [Entscheidung durch Versagung des Zuschlags]

Nach dem Schlusse der Versteigerung darf, wenn ein Grund zur Aufhebung oder zur einstweiligen Einstellung des Verfahrens oder zur Aufhebung des Termins vorliegt, die Entscheidung nur durch Versagung des Zuschlags gegeben werden.

Schrifttum: *Hagemann,* Einstellung bzw Aufhebung des Zwangsversteigerungsverfahrens oder Zuschlagsversagung?, RpflStud 1983, 25 und 73.

§ 33 [Entscheidung durch Versagung des Zuschlags]

1. Allgemeines

1   Gemäß § 72 III erlischt ein Gebot, wenn das Verfahren des einzigen oder des bestrangig betreibenden Gl eingestellt oder der Termin aufgehoben wird; daran ändert auch ein erfolgreiches Rechtsmittel nichts. Gerade dies vermeidet § 33: da bei einer Zuschlagsversagung ein Gebot erst mit der Rechtskraft des Beschlusses erlischt (§ 86), bleibt bei einem erfolgreichen Rechtsmittel das Gebot wirksam und der Zuschlag kann erteilt werden.

2. Anwendungsbereich

2   § 33 gilt für alle ZVG-Versteigerungen und für alle Aufhebungs- und Einstellungsfälle. Der Zuschlag muss auch dann gemäß § 33 versagt werden, wenn die Einstellungs- oder Aufhebungsgründe nur hinsichtlich eines Teils des Versteigerungsgegenstandes vorliegen, zB hinsichtlich einzelner mitversteigerter und dann freigegebener Zubehörstücke (*Steiner/Storz* Rdn 28; *Dassler/Hintzen* Rdn 4; *Stöber* Rdn 5.1 **aA** *Dorn* Rpfleger 1987, 143, 150). Gleiches gilt, wenn mehrere Einzelausgebote und ein Gesamtausgebot zugelassen waren (§ 63) und der Aufhebungs- bzw Einstellungsgrund nur eines oder einen Teil der Einzelgrundstücke berührt; sowohl hinsichtlich des betroffenen Einzelgrundstücks und des dann unvollständigen Gesamtausgebots als auch bezüglich der restlichen Einzelausgebote muss mangels Vergleichsmöglichkeit Zuschlagsversagung erfolgen (*Steiner/Storz* Rdn 30; OLG Hamm Rpfleger 1972; *Stöber* Rpfleger 1971, 326 **aA** OLG Köln Rpfleger 1971, 326). Die (auch nur geringfügige) Abweichung von den aufgestellten Versteigerungsbedingungen wäre ein Zuschlagsversagungsgrund (§§ 100 I, 83 Nr 1; vgl *Steiner/Storz* Rdn 28; *Stöber* Rdn 5.1). Der Zuschlag kann nur dann erteilt werden, wenn der Meistbietende zu Protokoll des Gerichts seine Zustimmung dazu erklärt, dass sein abgegebenes Gebot auch gelten soll ohne die freigegebenen Gegenstände (OLG Hamm MDR 1967, 149).

3. Schluss der Versteigerung

3   § 33 ist der Zeitpunkt, in dem das Gericht nach Ablauf der Bietstunde, und nachdem ungeachtet der Aufforderung des Gerichts ein Gebot nicht mehr abgegeben worden ist, den Schluss der Versteigerung verkündet **(§ 73 II 1)**. Vor diesem Zeitpunkt ist § 33 ebenso wenig anwendbar wie nach der Zuschlagsverkündung. Der Anwendungsbereich liegt somit zwischen dem Schluss der ZwVerst (§ 73 II 1) und der Zuschlagsverkündung (§ 87 I). § 33 gilt auch im Rechtsmittelverfahren, dh das Rechtsmittelgericht hat den Zuschlag zu versagen, wenn ein Aufhebungs- oder Einstellungsgrund bei der Zuschlagserteilung übersehen wurde (*Stöber* Rdn 2.5; *Steiner/Storz* Rdn 19 **aA** KG Rpfleger 1966, 310).

§ 33

4. Aufhebungs- und Einstellungsgründe

§ 33 erfasst alle Aufhebungs- und Einstellungsgründe (zB §§ 28, 29, 30, 30 a, 30 c, 30 d, 31, 75, 76 ZVG sowie §§ 765 a, 769, 775, 776 ZPO).

Eine Ausnahme besteht für **§ 77**, wenn überhaupt kein zulässiges Gebot abgegeben wurde oder sämtliche Gebote erloschen sind; von Amts wegen erfolgt Einstellung oder Aufhebung.

Wenn nach dem Versteigerungsschluss (§ 73 II), aber vor der Zuschlagsverkündung die Einstellung der ZwVerst wegen Dringlichkeit gemäß **§ 769 II ZPO** beantragt wird, ist der Verkündungstermin (§ 87) bis zur Entscheidung des Prozessgerichts hinauszuschieben.

5. Mehrere betreibende Gl

a) Rechtslage vor dem Schlusse der Versteigerung (ausführlich dazu *Hagemann* RpflStud 1983, 25).

aa) Alle (oder der Einzige) betreibende Gl bewilligen die Einstellung oder erklären die Antragsrücknahme; dann wird die Gesamtversteigerung eingestellt oder aufgehoben (§§ 29, 30).

bb) Nur nachrangige betreibende Gl sind von der Einstellung bzw Aufhebung betroffen, so nimmt das Gesamtverfahren auf Grund des bestrangig betreibenden Gl ohne weiteres seinen Fortgang (*Stöber* Rdn 3.1); § 33 gilt nicht.

cc) Der bestrangig betreibende Gl ist von der Einstellung bzw Aufhebung betroffen, so wird das Verfahren für die nachrangig betreibenden Gl fortgeführt, gegebenenfalls unter Aufstellung eines neuen gG und Abhaltung einer neuen Bietzeit (*Stöber* Rdn 3.2).

b) Rechtslage nach dem Schlusse der Versteigerung (ausführlich dazu *Hagemann* RpflStud 1983, 25, 28).

aa) Alle (oder der Einzige) betreibende Gl bewilligen die Einstellung oder erklären die Antragsrücknahme (§§ 29, 30), so ist insgesamt nach § 33 durch Zuschlagsversagung zu entscheiden.

bb) Nur nachrangige betreibende Gl sind von der Einstellung bzw Aufhebung betroffen, so gilt für sie § 33 nicht. Ihre Einzelverfahren werden eingestellt (§ 30) oder aufgehoben (§ 29). Das Gesamtverfahren wird für den bestrangig betreibenden Gl fortgesetzt bis zur Zuschlagserteilung.

cc) Der bestrangig betreibende Gl ist von der Einstellung bzw Aufhebung betroffen, während andere betreibende Gl vorhanden sind; in diesem Fall ist die Anwendung des § 33 streitig (vgl dazu OLG Stuttgart Rpfleger 1997, 397; OLG Köln Rpfleger 1990, 176 m Anm v *Storz;* LG Mosbach Rpfleger 1992, 360; und die Übersichten bei *Steiner/Storz* Rdn 13–15; *Dassler/Hintzen* Rdn 9-13). Eine neue Bietzeit kann auch bei allseitigem Einverständnis nicht abgehalten werden, weil es sich ja um einen neuen Versteigerungstermin handeln würde, der aber vorher bekanntgemacht werden muss (§ 43 I); ansonsten müsste nach § 83 Nr 7 Zuschlagsversagung erfolgen. Es ist also entweder der Zuschlag zu erteilen oder gemäß § 33 eine Zuschlagsversagung zu verkünden. Das Problem liegt darin begründet, dass zusätzlich zu dem Einstellungs- bzw Aufhebungsgrund hinsichtlich des Bestrangigen ein Zuschlagsversagungsgrund nach **§ 83 Nr 1** hinsichtlich der Nachrangigen noch Betreibenden hinzutritt. Das auf der Grundlage des bestrangigen Gl festgestellte gG (§ 44) ist nämlich durch seinen Wegfall im Nachhinein unrichtig geworden (RGZ 89, 426, 429; 125, 24, 30). Der Zuschlagsversagungsgrund des § 83 Nr 1 steht der Zuschlagserteilung aber dann nicht entgegen, wenn das Recht des Beteiligten durch den Zuschlag nicht beeinträchtigt wird oder wenn der Beteiligte das Verfahren genehmigt (§ 84). Dabei genügt bereits die Möglichkeit der Beeinträchtigung. Beeinträchtigung bedeutet Benachteiligung oder anders ausgedrückt Schlechterstellung ggü der bisherigen Rechtslage. Die *Beteiligten, deren Ansprüche dem Anspruch des nächst bestrangig betreibenden Gl vorgehen*, haben Anspruch darauf, dass der Zuschlag nur auf ein ihre Rechte deckendes Gebot erteilt wird (RGZ 89, 426, 429); eine Beeinträchtigung liegt somit vor, wenn das abgegebene Meistgebot niedriger ist als das neu aufzustellende gG. Aber selbst, wenn diese Beteiligten voll zur Deckung gelangen, kann eine Beeinträchtigung gegeben sein, weil sie sich nicht mit einer Barzahlung zufrieden zu geben brauchen, wo sie das Bestehen bleiben ihrer Rechte verlangen können. Dagegen wird hinsichtlich der Beteiligten keine Beeinträchtigung angenommen werden können, die in jedem Fall "nur" Barzahlung verlangen können (§ 10 I Nr 1–3, 5), wenn sie durch das Meistgebot gedeckt werden. Auch der *Schu* kann beeinträchtigt sein, da nicht ausgeschlossen werden kann, dass es bei einer Neufeststellung des gG zu überhaupt keinem Gebot und damit nicht zum Zuschlag gekommen wäre oder dass es zu einem höheren Meistgebot gekommen wäre (*Stöber* Rdn 3.5). Letztere Möglichkeit führt auch dazu, dass *der nächstbestrangige Gl und die nachfolgenden Gl* als evtl Beeinträchtigte anzusehen sind. Der Zuschlag kann nur dann erteilt werden, wenn die möglicherweise Beeinträchtigten ihre Genehmigung erklären und der *Meistbietende* damit einverstanden ist, dass ihm der Zuschlag mit dem Bestehen bleiben der sonst erlöschenden Rechte erteilt werden soll. Das VollstrG hat die Beteiligten darauf hinzuweisen (§ 139 ZPO) und dafür einen Verkündungstermin anzuberaumen (LG Waldshut-Tiengen Rpfleger 1986, 102). Zur Zuschlagsversagung nach § 33 genügt bereits, wenn eine Voraussetzung nicht erfüllt ist. Nicht gefolgt werden kann der Ansicht, wonach eine Zuschlagserteilung grundsätzlich ausscheide, weil neben dem Zuschlagsversagungsgrund nach § 83 Nr 1 ein solcher nach **§ 83 Nr 6** (iVm § 33, §§ 29, 30) vorliege, der nach § 84 nicht heilbar ist (*Eickmann*, ZVG, § 6 VIII 1). Für die Zuschlagserteilung wird nicht auf den einstellenden bzw aufhebenden Gl abgestellt, sondern auf den nächsten bestrangig betreibenden Gl und bei dem liegt § 83 Nr 6 nicht vor.

§ 34

6. Verfahren

a) Beschluss. Die Zuschlagsversagung ergeht durch Beschluss. Dieser 13 muss den Einstellungs- oder Aufhebungsgrund enthalten (*Stöber* Rdn 2.7). Angegeben werden sollte auch, dass die rechtskräftige Zuschlagsversagung wie eine Einstellung bzw. Aufhebung wirkt gemäß § 86. Sachlich wirksam wird der Beschluss also erst mit seiner Rechtskraft, so dass abgegebene Gebote bis dahin bestehen bleiben; damit kann auch im Rechtsmittelverfahren noch der Zuschlag auf das Meistgebot erteilt werden. Der Versagungsbeschluss wird nur verkündet, nicht aber zugestellt (§ 87); die Beschwerdefrist beginnt mit der Verkündung zu laufen (§ 98 S 1). Die Belehrung gemäß § 31 III muss zugestellt werden, wenn noch eine Fortsetzungsmöglichkeit besteht. Wird neben der Zuschlagsversagung zusätzlich und überflüssigerweise die einstweilige Einstellung erklärt, so ist dies nur als Hinweis auf § 86 anzusehen (OLG Stuttgart Rpfleger 1997, 397, 398; OLG Hamm NJW 1965, 2410; *Stöber* Rdn 2.7; *Mohrbutter* Rpfleger 1967, 102 **aA** *Steiner/Storz* Rdn 35; *Dassler/Hintzen* Rdn 15).

b) Rechtsbehelfe. Gegen die Zuschlagsversagung bzw Zuschlagserteilung (= Ablehnung der Einstellung oder Aufhebung) ist die sofortige 14 Beschwerde (§ 793 ZPO) gegeben. Wird nach dem Schluss der Versteigerung (§ 73 II) die Einstellung der ZwVerst angeordnet, so ist dieser Beschluss nicht gesondert, sondern nur mit Zuschlagsbeschwerde anfechtbar (KG Rpfleger 1966, 310; OLG Schleswig SchlHA 1968, 122; LG Verden NdsRpfl 1967, 60). Ein zurzeit der Zuschlagserteilung evtl noch laufendes Rechtsmittel gegen einen die Aufhebung oder Einstellung ablehnenden Beschluss wird durch eine Zuschlagserteilung gegenstandslos (BGH Rpfleger 1965, 302).

§ 34 [Löschung des Versteigerungsvermerkes]

Im Falle der Aufhebung des Verfahrens ist das Grundbuchamt um Löschung des Versteigerungsvermerkes zu ersuchen.

1. Allgemeines

§ 34 gilt für alle ZVG-Verfahren und ordnet die Löschung des 1 ZwVVermerks im GB an nach der Verfahrensaufhebung.

2. Verfahrensaufhebung

Um die Löschung des ZwVVermerks muss das VollstrG ersuchen, 2 wenn das Verfahren des einzigen oder aller betreibender Gl aufgehoben wird; nicht aber, wenn bei mehreren betreibenden Gl nur eines oder einige, nicht jedoch alle aufgehoben werden. Diese Grundsätze gelten auch, wenn anstelle der Verfahrensaufhebung gemäß § 33 der Zuschlag versagt wird (*Stöber* Rdn 2.1). Bei der ZwVerst mehrerer Grundstücke bzw ideeller Bruchteile ist der ZwVVermerk nur insoweit zu löschen, als Aufhebung geht; insgesamt also nur, wenn hinsichtlich sämtlicher Versteigerungsobjekte aufgehoben wird. Der Aufhebungsbeschluss muss zugestellt oder verkündet sein, damit um Löschung ersucht werden kann; seine Rechtskraft ist nicht abzuwarten. Wird nach der Löschung des ZwVVermerks im GB der Aufhebungsbeschluss im Rechtsmittelverfahren wieder aufgehoben, so muss die ZwVerst neu angeordnet und ein neuer ZwVVermerk eingetragen werden (*Stöber* Rdn 2.1). Anders ist dies allerdings, wenn die Wirksamkeit des Aufhebungsbeschlusses bis zu seiner Rechtskraft vom VollstrG oder durch das Gesetz (vgl § 86) hinausgeschoben ist; dann kann das Löschungsersuchen erst nach Rechtskraft erfolgen (*Stöber* Rdn 2.1). Wird versehentlich der ZwVVermerk davor gelöscht und kommt es im Rechtsmittelverfahren zur Aufhebung des Aufhebungsbeschlusses, so ist zwar der Vermerk neu einzutragen, aber die ZwVerst braucht nicht nochmals angeordnet zu werden (*Stöber* Rdn 2.1). Nimmt der betreibende Gl seinen Versteigerungsantrag vor Erstellung des Eintragungsersuchens (§ 19 I) zurück (§ 29), so braucht auch kein Löschungsersuchen gemäß § 34 verfasst werden. War zwar das Eintragungsersuchen (§ 19 I) bereits gestellt, aber der Vermerk noch nicht im GB eingetragen, so muss zwar ein Löschungsersuchen nach § 34 ergehen, aber der Vermerk braucht nicht im GB eingetragen zu werden (*Stöber* Rdn 2.2).

3. Löschungsersuchen

3   Das VollstrG hat das GBA von Amts wegen um Löschung des ZwVVermerks zu ersuchen (§ 34). Es handelt sich hierbei um ein Ersuchen nach § 38 GBO, das der Form des § 29 III GBO bedarf. Das GBA prüft nur seine formelle, nicht seine sachliche Richtigkeit:

> *"Das durch Beschluss vom . . . angeordnete Zwangsversteigerungsverfahren hinsichtlich des im GB für . . . Bd . . . Bl . . ., auf . . . eingetragenen Grundstück Gemarkung . . . Flst . . . wurde aufgehoben. Es wird ersucht, den Zwangsversteigerungsvermerk Abt II Nr . . . im GB zu löschen."*

III. Bestimmung des Versteigerungstermins (§§ 35–43)

§ 35 [Versteigerungsgericht]

Die Versteigerung wird durch das Vollstreckungsgericht ausgeführt.

§ 36

Zurzeit des Erlasses des ZVG bestanden noch landesrechtliche Vorbehalte, die einen Versteigerungsbeamten zuließen (*Riedel* JurBüro 1974, 421). § 35 regelte daher die Zuständigkeit des VollstrG. Da es aber solche landesrechtlichen Sonderzuständigkeiten nicht mehr gibt, ist auch § 35 **gegenstandslos**. Die Zuständigkeit des VollstrG ergibt sich aus § 1.

§ 36 [Terminbestimmung]

I Der Versteigerungstermin soll erst nach der Beschlagnahme des Grundstücks und nach dem Eingange der Mitteilungen des Grundbuchamts bestimmt werden.

II Der Zeitraum zwischen der Anberaumung des Termins und dem Termin soll, wenn nicht besondere Gründe vorliegen, nicht mehr als sechs Monate betragen. War das Verfahren einstweilen eingestellt, so soll diese Frist nicht mehr als zwei Monate, muß aber mindestens einen Monat betragen.

III Der Termin kann nach dem Ermessen des Gerichts an der Gerichtsstelle oder an einem anderen Orte im Gerichtsbezirk abgehalten werden.

Schrifttum: *Büchmann,* Schuschutz bei der Vorbereitung des Zwangsversteigerungstermins, ZiP 1985, 138; *Papke,* Wirtschaftliche Bedeutung der Terminsbestimmung im Zwangsversteigerungsverfahren, KTS 1965, 140.

1. Prüfung vor Terminsbestimmung (= TB)

Vor der TB ist das gesamte Verfahren nochmals auf seine Ordnungsgemäßheit zu überprüfen. Werden Fehler oder Versäumnisse entdeckt, so sind diese vor der TB zu korrigieren. Im Einzelnen ist zu überprüfen: 1
– Liegt Terminsreife für mindestens einen Beschlagnahmebeschluss vor? (Überprüfung der Anordnungs-, Beitritts- und Fortsetzungsbeschlüsse auf inhaltliche Richtigkeit und wirksame Zustellung);
– Beteiligtenverzeichnis mit Angaben über Anschriften, Bevollmächtigte und Anmeldung anlegen;
– Sämtliche Vollstreckungsvoraussetzungen (Titel, Klausel, Zustellung, Erbscheine, Abtretungsurkunden, Vollmachten usw);
– Grundbuchblattabschrift und Grundbuchmitteilungen (Hindernisse gem § 28; Beschrieb übereinstimmend mit Beschlagnahmebeschlüsse);
– Sind alle Belehrungen ordnungsgemäß erteilt? (zB §§ 30 b I 2, 31 III);
– Ist das Wertfestsetzungsverfahren nach § 74 a durchgeführt?

2. Zeitpunkt der Terminsbestimmung (§ 36 I)

a) Nach der Beschlagnahme soll der Termin erst anberaumt werden. Gemeint ist der Zeitpunkt des Wirksamwerdens der Beschlagnahme nach § 22. 2

§ 36 [Terminbestimmung]

3 b) **Nach Eingang der Grundbuchmitteilungen** soll die TB erst erfolgen. Gemeint sind damit die Mitteilungen nach § 19 II.

4 c) **Nach Rechtskraft des eine Einstellung (§§ 30 a ff) ablehnenden Beschlusses** soll ein Termin erst anberaumt werden **(§ 30 b IV)**. Dagegen braucht das Ergebnis eines Einstellungsantrags gemäß § 765 a ZPO oder einer Erinnerung des Schu gegen einen Beschlagnahmebeschluss (§ 766 ZPO) nicht abgewartet zu werden. Gleiches gilt für einen von Amts wegen zu bestimmenden Termin gemäß § 74 a III 1, § 85 a II 1 hinsichtlich der Rechtskraft der den Zuschlag versagenden Entscheidung.

3. Zeitraum zwischen TB und Termin (§ 36 II)

a) **Übersicht.**

5

ca 3 Monate vor (höchstens 6 Monate vor)	ca 2 Monate vor (mindestens 6 Wochen vor)	mindestens 4 Wochen vor	in der 4. Woche vor Termin
TB § 36 II 1 (Ausn.: § 36 II 2)	Veröffentlichung der TB §§ 43 I 1, 39 (Ausn: § 43 I 2)	Zustellung der TB §§ 43 II 2. Alt, 41 I und II	Mitteilung nach § 41 II

6 b) **Regelfall (§ 36 II 1).** Der Zeitraum zwischen TB und Termin ist auf höchstens **6 Monate** beschränkt. Der Termin muss so rasch wie irgendwie möglich durchgeführt werden, damit die Zinsen der Gl nicht ständig weiter anwachsen. Vor der 6-Monats-Frist kann nur bei besonderen Gründen abgewichen werden (§ 36 II 1). Solche können ausnahmsweise vorliegen, wenn ein längeres Zuwarten sehr wahrscheinlich einen höheren Versteigerungserlös erbringt (*Steiner/Teufel* Rdn 23). Soweit der Schu um Fristverlängerung ersucht, um sein Grundstück freihändig zu veräußern, stellt das keinen besonderen Grund iSv § 36 II 1 dar (*Stöber* Rdn 3.3 **aA** *Papke* KTS 1965, 140).

7 c) **Einstweilige Einstellung des Verfahrens.** Danach muss eine Mindestfrist von einem Monat eingehalten, ein Zeitraum von **zwei Monaten** soll nicht überschritten werden **(§ 36 II 2)**. Die Fristen beziehen sich auf alle Arten von Einstellungen, zB §§ 30, 30 a, 30 c, 30 d, 77, 86, 180 II und III ZVG, §§ 765 a, 707, 719, 769 ZPO, nicht aber auf Zuschlagsversagungen gemäß § 74 a III, § 85 a II. Betreiben mehrere Gl die ZwVerst, so ist für die Fristen des § 36 II auf den bestrangig betreibenden Gl abzustellen (*Dassler/Hintzen* Rdn 7; *Stöber* Rdn 3.5 **aA** *Steiner/Teufel* Rdn 31).

4. Ort der Versteigerung (§ 36 III)

8 Es steht im **Ermessen des VollstrG,** den Termin an der Gerichtsstelle oder an einem anderen Ort im Gerichtsbezirk abzuhalten. An Vorschläge der Beteiligten ist das VollstrG nicht gebunden. Die Gerichtsstelle ist nicht grundsätzlich als Versteigerungsort untauglich (*Steiner/Teufel* Rdn 39; *Stöber* Rn 4.1). Jedoch sollte ein Versteigerungsort gewählt werden, an dem voraussichtlich der höchste Erlös erzielt wird, und das ist idR in der Nähe des Versteigerungsobjektes und nicht an der Gerichtsstelle. Möglich ist die Durchführung der ZwVerst im Rathaus, Gemeindesaal, Gasthaus, Turnhalle usw und auf dem Versteigerungsobjekt selbst. Es muss dabei immer darauf geachtet werden, dass für alle ernsthaften Bietinteressenten genügend Platz ist (*Stöber* Rdn 4.1).

5. Verletzung der Vorschrift

§ 36 ist eine **Ordnungsvorschrift,** so dass bei einem Verstoß dagegen das Verfahren nicht beeinträchtigt wird. Dies gilt für den Zeitpunkt der TB (§ 36 I), den Zeitraum zwischen TB und Termin (§ 36 II, auch bei Satz 2 trotz "muss") und den Ort der Versteigerung (§ 36 III). Verstöße gegen § 36 können ebenso wie das unbegründete Unterlassen oder Hinausschieben der TB mit der **Vollstreckungserinnerung nach § 766 ZPO** gerügt werden. 9

§ 37 [Wesentlicher Inhalt der Terminsbestimmung]

Die Terminsbestimmung muß enthalten:
1. **die Bezeichnung des Grundstücks;**
2. **Zeit und Ort des Versteigerungstermins;**
3. **die Angabe, daß die Versteigerung im Wege der Zwangsvollstreckung erfolgt;**
4. **die Aufforderung, Rechte, soweit sie zur Zeit der Eintragung des Versteigerungsvermerkes aus dem Grundbuche nicht ersichtlich waren, spätestens im Versteigerungstermine vor der Aufforderung zur Abgabe von Geboten anzumelden und, wenn der Gläubiger widerspricht, glaubhaft zu machen, widrigenfalls die Rechte bei der Feststellung des geringsten Gebots nicht berücksichtigt und bei der Verteilung des Versteigerungserlöses dem Anspruche des Gläubigers und den übrigen Rechten nachgesetzt werden würden;**
5. **die Aufforderung an diejenigen, welche ein der Versteigerung entgegenstehendes Recht haben, vor der Erteilung des Zuschlags die Aufhebung oder einstweilige Einstellung des Verfahrens herbeizuführen, widrigenfalls für das Recht der Versteigerungserlös an die Stelle des versteigerten Gegenstandes treten würde.**

§ 38 [Weiterer Angaben in der Terminsbestimmung]

¹**Die Terminsbestimmung soll die Angabe des Grundbuchblatts, der Größe und des Verkehrswerts des Grundstücks enthalten. Ist in einem früheren Versteigerungstermin der Zuschlag aus den Gründen des § 74a Abs. 1 oder des § 85a Abs. 1 versagt worden, so soll auch diese Tatsache in der Terminsbestimmung angegeben werden.**
ⁱⁱ**Das Gericht kann Wertgutachten und Abschätzungen in einem für das Gericht bestimmten elektronischen Informations- und Kommunikationssystem öffentlich bekannt machen.**

Übersicht

	Rn.
1. Allgemeines	1
2. Grundstück (§ 37 Nr 1, § 38 I S 1)	2
3. Eigentümer	6
4. Ort und Zeit des Termins (§ 37 Nr 2)	7
5. Versteigerung im Wege der ZwV (§ 37 Nr 3)	9
6. Aufforderung zur Anmeldung (§ 37 Nr 4)	10
a) Aufforderung	10
b) Anmeldung	11
7. Aufforderung nach § 37 Nr 5	18
a) Allgemeines	18
b) Entgegenstehende Rechte	19
c) Betroffene Gegenstände	20
d) Geltendmachung der Rechte	21
e) Fortsetzung des Verfahrens	22
8. Zuschlagsversagung nach § 74a I, § 85a I (§ 38 I S 2)	23
9. Weitere Angaben	24
10. Mängel und ihre Folgen	25
11. Änderungen nach TB	28
12. Veröffentlichung des Wertgutachtens	29

1. Allgemeines

1 Die Terminsbestimmung erfolgt durch **Beschluss.** Ihr Inhalt wird durch die §§ 37, 38 festgelegt. Durch die TB erfahren die Beteiligten vom Termin, um ihre Rechte wahrnehmen zu können; die Öffentlichkeit wird über das Versteigerungsobjekt informiert.

2. Grundstück (§ 37 Nr 1, § 38 I S 1)

2 Das VollstrG muss das Versteigerungsobjekt (Grundstück, Wohnungseigentum, Erbbaurecht, ideeller Miteigentumsanteil) so genau bezeichnen in der TB, dass über seine Identität keinerlei Zweifel bestehen, dh jede Verwechslungsgefahr ausgeschlossen ist (OLG Nürnberg Rpfleger 2006, 215 OLG Düsseldorf ZIR 1997, 112). Wie dies im Einzelnen

§§ 37, 38

geschieht, steht nicht im Ermessen des VollstrG (OLG Hamm Rpfleger 1991, 71; 1997, 226; 2000, 172; *Demharter* Rpfleger 1997, 227 **aA** OLG Oldenburg Rpfleger 1980, 74); Beispiele bei *Oestereich* Rpfleger 1988, 302. Mit dem zwingenden Charakter des § 37 ist es nicht vereinbar, dem Rechtspfleger ein Ermessen im Hinblick darauf einzuräumen, welche Angaben inhaltlich in die Bezeichnung des Grundstücks aufzunehmen sind. Die Bekanntmachung muss zwei gleichberechtigten Zielen gerecht werden: Sie dient zum einen dazu, demjenigen, deren Rechte durch die ZwVerst betroffen werden könnten, die Wahrnehmung ihrer Rechte zu ermöglichen, und zum anderen dazu, im Rahmen eines möglichst großen Personenkreises das Bietinteresse zu wecken. Deshalb muss zumindest bei einem gewerblich genutzten Grundstück die tatsächliche Nutzungsart schlagwortartig angegeben werden (OLG Hamm Rpfleger 1991, 71; 2000, 172; OLG Koblenz Rpfleger 2000, 342); bei einem Grundstück mit gemischter Nutzung – gewerblich und privat – muss die gewerbliche Nutzung zumindest schlagwortartig bezeichnet werden, zB Hotelbetrieb (OLG Nürnberg Rpfleger 2006, 215; OLG Hamm Rpfleger 1992, 122). Die Angabe eines falschen Stockwerks der zu versteigernden Eigentumswohnung stellten einen Verstoß gegen § 37 dar (LG Augsburg Rpfleger 1999, 232). Die Bezeichnung der Nutzungsart eines Grundstücks in Anlehnung an die Katasterbeschreibung "Gebäude- und Freifläche" genügt den Anforderungen des § 37 Nr 1, wenn es sich um ein Grundstück handelt, das mit einem privat genutzten Wohnhaus bebaut ist (OLG Hamm Rpfleger 1992, 122). Der Rechtspfleger des Versteigerungsgerichts kann sich bei der Mitteilung der Nutzungsart in der öffentlichen Bekanntmachung des Versteigerungstermins grundsätzlich an die Angaben des Sachverständigen in dem Verkehrswertgutachten halten und sich auf eine auszugsweise Wiedergabe beschränken. Wird in der Veröffentlichung darauf hingewiesen, dass es sich bei den weiteren Angaben um eine Objektbeschreibung "laut Gutachten" handele, ist hinreichend deutlich gemacht, dass diese Angaben durch das Gericht nicht abschließend geprüft sind. Sie können mit der Zuschlagsbeschwerde nicht unter dem Gesichtspunkt des Bekanntmachungsmangels in Frage gestellt werden (OLG Hamm Rpfleger 2000, 172). Das Unterlassen eines Hinweises auf die Nutzungsart kann Amtshaftungsansprüche begründen, wenn der Zuschlagsbeschluss aus diesem Grund aufgehoben wird (OLG Nürnberg Rpfleger 2006, 215).

Nach **§ 38 I S 1** soll das Grundbuchblatt angegeben werden: Grundbuchbezirk, Gemarkung, Band und Blatt, Flurstücksnummer, Wirtschaftsort und Lage (Straße und Hausnummer); ebenso die Grundstücksgröße nach ha, a, qm und der Verkehrswert des Grundstücks (§ 74 a V; bei mehreren Grundstücken jeweils getrennte Werte). Die Angabe der tatsächlichen Nutzung eines Objekts (zB Schankwirtschaft) bei der Veröffentlichung gibt keinen Vertrauensschutz, dass die Nutzung rechtlich zulässig ist (OLG Karlsruhe MDR 1990, 452). Stimmt der Grundbuch-   3

§§ 37, 38 [Weiterer Angaben in der Terminsbestimmung]

beschrieb mit den tatsächlichen Verhältnissen nicht mehr überein (zB wegen Bebauung, Abriss, Änderung der Nutzungsart oder der Straßen- oder Hausnummernbezeichnung), muss die TB auf die tatsächliche Situation hinweisen (OLG Nürnberg Rpfleger 2006, 215; OLG Hamm Rpfleger 2000, 172; OLG Koblenz Rpfleger 2000, 342; *Steiner/Teufel* Rdn 22). Bei Zweifeln über die tatsächlichen Verhältnisse, sind diese als "angeblich" neben dem Grundbuchbeschrieb anzugeben (*Stöber* § 37 Rdn 2.2). Hat das Versteigerungsobjekt besondere Vorzüge (zB günstige Lage), so sind werbewirksame Hinweise darauf nicht nur zulässig, sondern sogar zu empfehlen. Folgende Grundstücksbezeichnungen sind **unzureichend:**

4 – Alleinige Angabe des Grundbuchblattes und der laufenden Nummer des Bestandsverzeichnisses (RGZ 57, 200);
 – Die Angabe "mehrere Flurstücke verschiedener Wirtschaftsart und Lage" samt Größe und Verkehrswert bei einem Grundstück mit einem Gehöft, das aus einem Wohnhaus mit zwei Wohnungen einer Reithalle mit eingebauten Pferdeställen und zwei Remisen besteht (LG Oldenburg Rpfleger 1979, 115);
 – Angabe als "Hof- und Gebäudefläche" in Verbindung mit Größenbezeichnung und Verkehrswert bei Nutzung als Fabrikgrundstück (OLG Hamm Rpfleger 1991, 71; 1992, 122; *Stöber* § 37 Rdn 2.3; *Schiffhauer* Rpfleger 1980, 76 **aA** OLG Oldenburg Rpfleger 1980, 74; LG Ellwangen Rpfleger 1996, 361);
 – Angabe als "Wiese" übereinstimmend mit dem GB bei einem mit einem zum Teil fertigen Wohnhaus bebauten Grundstück; Angabe als "Ackerland" nach dem Grundbuchbeschrieb bei einem als Gartenbaubetrieb genutzten Grundstück (LG Frankenthal Rpfleger 1984, 326 m zust Anm *Meyer-Stolte*);
 – Fehlender Hinweis, dass ein Gebäude sich zum Teil auf einem anderen Grundstück befindet (OLG Dresden HRR 1936 Nr 828);
 – Angabe von "Hof- und Gebäudefläche" ohne Hinweis darauf, dass auf dem Grundstück auch Gebäude stehen, die zum Teil wegen Überbau Bestandteile des Nachbargrundstücks sind und deshalb nicht versteigert werden (LG Oldenburg Rpfleger 1980, 306);
 – Angabe von "Gebäude- und Freifläche" ohne Hinweis, dass es sich dabei um ein gewerblich genutztes Grundstück handelt (OLG Nürnberg Rpfleger 2006, 215; OLG Hamm Rpfleger 1997, 226; 1991, 71);
 – Angabe von "Hof- und Gebäudefläche, Karlshofener Straße 35, Grünland, Wald, Weg" bei einem schlossähnlichen Gebäude aus der Barockzeit (OLG Hamm Rpfleger 2000, 172).

5 Eine Ergänzung der TB in einer nachträglichen Veröffentlichung kann die unzureichende Bezeichnung des Grundstücks nicht heilen (LG Kaiserslautern Rpfleger 1964, 120 m zust Anm *Stöber*). Nicht aufzuführen in der TB sind die nach § 55, §§ 20, 21 ZVG, §§ 1120 ff BGB von der

§§ 37, 38

Versteigerung ebenfalls erfassten Gegenstände (*Steiner/Teufel* Rdn 25). Ist zur Veräußerung die Zustimmung eines Dritten erforderlich (zB § 5 ErbbauRG, § 12 WEG) so ist hierauf in der TB hinzuweisen.

3. Eigentümer

Der zurzeit der Eintragung des Versteigerungsvermerks im GB einge- 6
tragene Eigentümer **sollte** in der TB genannt werden (§ 38 aF). Die Veröffentlichung des Namens des Schu mit der TB war auch unter Beachtung des Persönlichkeitsrechts hinnehmbar (Art 2 I iVm Art 1 I GG). Durch das 1. Justizmodernisierungsgesetz vom 24. 8. 2004 (BGBl I 2198) wurde diese Möglichkeit leider abgeschafft. Vor der Veröffentlichung seines Namens beglich nämlich so mancher Schu seine Forderungen. Diese Befriedigungsmöglichkeit der Gl gibt es nun nicht mehr.

4. Ort und Zeit des Termins (§ 37 Nr 2)

Der **Ort der ZwVerst** muss in der TB bezeichnet werden, und zwar 7
in der Art, dass er sowohl von den Beteiligten als auch von den Bietinteressenten jederzeit zu finden ist (*Stöber* § 37 Rdn 3.1). Dazu sind der Städtenamen, die Straße und Hausnummer anzugeben. Daneben ist bei größeren Gerichten die Nummer des Versteigerungsraumes notwendig.

Die TB muss die **Zeit der ZwVerst** nach Jahr, Monat, Tag, Stunde 8
und Minute nennen.

5. Versteigerung im Wege der ZwV (§ 37 Nr 3)

Aus der TB muss sich ergeben, dass die ZwVerst im Wege der ZwV 9
erfolgen wird. Bei einer Wiederversteigerung ist wegen § 128 IV auf diese Besonderheit hinzuweisen, wodurch allerdings nicht die allgemeine Angabe der ZwV ersetzt wird. Bei den Verfahren nach §§ 172 ff ist darauf hinzuweisen, dass die Versteigerung auf Antrag des Insolvenzverwalters, des Erben oder zur Aufhebung der Gemeinschaft erfolgt.

6. Aufforderung zur Anmeldung (§ 37 Nr 4)

a) Aufforderung. Die TB muss die gerichtliche Aufforderung ent- 10
halten, die bei Eintragung des Versteigerungsvermerks nicht aus dem GB ersichtlichen Rechte anzumelden und notfalls glaubhaft zu machen.

b) Anmeldung. aa) Bedeutung. Die Anmeldung ist Voraussetzung 11
für die
– Berücksichtigung des Rechts im gG (§ 45)
– Aufnahme des Rechts in den TLP (§ 114).

bb) Berücksichtigung nur auf Anmeldung. Diese Aufforderung 12
zur Anmeldung richtet sich an diejenigen Gl, deren Ansprüche nach Bestand, Rang und Umfang zurzeit der Eintragung des Versteigerungs-

§§ 37, 38 [Weiterer Angaben in der Terminsbestimmung]

vermerks nicht aus dem GB ersichtlich waren. Eine Mitteilung des GBA nach § 19 ersetzt die Anmeldung nicht (*Stöber* § 37 Rdn 5.12). Im Einzelnen bedürfen des Anmeldung:
- Anspruch des Zwangsverwaltungsgläubigers auf Auslagenersatz (§ 10 I Nr 1);
- Wohnungseigentumsrechtliche Ansprüche (§ 10 I Nr 2);
- Öffentliche Lasten (§ 10 I Nr 3 und 7);
- Beschränkte dingliche Rechte und Nebenleistungen, die nach dem Versteigerungsvermerk im GB eingetragen wurden. In Abteilung II somit mit nachrangiger Nummer in Spalte 1 (Locus-Prinzip, § 879 I 1 BGB). Rechte in Abteilung III des GB, wenn sie unter Angabe eines späteren Tages eingetragen worden sind (Datums-Prinzip, § 879 I 2 BGB); Rechte, die am gleichen Tag eingetragen wurden, bedürfen somit keiner Anmeldung (*Steiner/Hagemann* § 9 Rdn 42 **aA** *Steiner/Eickmann* § 45 Rdn 10);
- Ein zu Unrecht gelöschtes Recht, es sei denn, es ist durch einen vorher eingetragenen Widerspruch gesichert (§ 48);
- Ohne GB-Eintragung entstandene Rechte (zB Sicherungshypothek nach § 1287 BGB oder § 848 II ZPO, Entschädigungsforderung nach § 28 ErbbauRG, Nießbrauch des § 1075 BGB); dies gilt auch für das nicht im GB eingetragene Mitbenutzungsrecht in den neuen Bundesländern (§ 322 ZGB);
- Ansprüche auf rückständige wiederkehrende Leistungen (§§ 45 II, 114 II);
- Ansprüche, wenn sich die für ihr Entstehen oder Bestehen maßgebenden Umstände nicht aus dem GB ergeben (zB Verzugszinsen, Vorfälligkeitsentschädigung);
- Rangänderungen nach Eintragung des Versteigerungsvermerks;
- Ein nicht eingetragener und nicht vorher durch Vormerkung oder Widerspruch gesicherter Vorrang (RGZ 122, 61, 63);
- Vorrang eines Rechts auf Grund des § 878 BGB oder der §§ 892, 136, 135 BGB (vgl § 23 Anm III 3);
- Kosten der Kündigung und der die Befriedigung aus dem Grundstück bezweckenden Rechtsverfolgung (§ 10 II); zum Versteigerungstermin sind bereits entstandene Kosten spezifiziert, im Übrigen pauschal anzumelden (im Verteilungstermin dann aufgeschlüsselt, bei Überschreiten des Pauschbetrags allerdings mit Rangverlust nach § 110); der Versteigerungsantrag ist als Anmeldung der Gebühren für Anordnungs- und Beitrittsbeschluss anzusehen (*Steiner/Eickmann* § 45 Rdn 17);
- Rechtshängigkeit für Urteilswirkung gegen den Ersteher (§ 325 III ZPO);
- Persönliche Haftung des Schu bei Grundschuld für Übergang auf den Ersteher (§ 53 II);

§§ 37, 38

– Kündigung eines Grundpfandrechts zur Wirksamkeit gegen den Ersteher (§ 54 I).

Die Anmeldung bis zum Verteilungstermin (nicht bis zur Aufforderung zur Abgabe von Geboten im Versteigerungstermin gemäß § 37 Nr 4) ist erforderlich für: **13**
– Wertersatz nach § 92 für ein durch den Zuschlag erloschenes Recht;
– Wechsel in der Person des Berechtigten (Abtretung, Pfändung und Verpfändung);
– Rückgewähranspruch auf eine Grundschuld;
– Entstehen einer Eigentümergrundschuld.

Das betroffene Recht als solches muss dabei aber jeweils vor dem Versteigerungsvermerk eingetragen worden sein.

cc) Berücksichtigung von Amts wegen.
– Rechte (mit Hauptanspruch und einmaligen Nebenleistungen), die zurzeit der Eintragung des Versteigerungsvermerks aus dem GB ersichtlich waren; **14**
– Laufende wiederkehrende Leistungen aus eingetragenen Rechten (§ 45 II, § 114 II);
– Nicht eingetragene Rechte, die auch ohne Aufnahme in das gG bestehen bleiben, zB Überbau- und Notwegrente (§§ 912–917 BGB), altrechtliche Grunddienstbarkeiten und Leibgedinge nach Landesrecht (§ 9 EGZVG).

dd) Wirkungen.
Eine wirksame und rechtzeitige Anmeldung hat die Berücksichtigung des Rechts im Verfahren (gG, TLP usw) zur Folge (§§ 45, 114). Einer Anmeldung, der nicht entsprochen wird, gilt nach § 115 II als Widerspruch gegen den TLP; insoweit muss das VollstrG dann eine Widerspruchsbehandlung durchführen (vgl § 115). Jede Anmeldung gilt für die gesamte Dauer des Verfahrens, dh eine Anmeldung zum 1. Termin auch für spätere Termine. Eine Anmeldung zum ZwVerw-Verfahren gilt aber nicht für die ZwVerst und umgekehrt. **15**

ee) Mängel.
Unterbleibt trotz Aufforderung nach § 37 Nr 4 eine Anmeldung völlig, dann erfolgt weder im gG (§ 45 I) noch im TLP (§ 114) eine Berücksichtigung. Wird die Anmeldung oder Glaubhaftmachung nach der Aufforderung zur Abgabe von Geboten im Versteigerungstermin spätestens im Verteilungstermin nachgeholt, so wird das Recht ohne Rücksicht auf seinen ursprünglichen Rang an die letzte Rangstelle gesetzt (§ 110). Dieser Rangverlust ist endgültig und gewährt dem dadurch benachteiligten Gl keinen Bereicherungsanspruch gegen den Begünstigten (BGHZ 21, 30; RGZ 76, 379; 122, 61). Daran ändert auch eine Anmeldung in der Beschwerdeinstanz nichts, falls der Zuschlag rechtskräftig wird. Mehrere nicht rechtzeitig angemeldete Ansprüche kommen in der Rangfolge des § 10 zum Zuge. Beruft sich eine Wohnungseigentümergemeinschaft bei einem Beitritt zur ZwVerst auf die **16**

§§ 37, 38 [Weiterer Angaben in der Terminsbestimmung]

Rangklausel 2 des § 10 I und nimmt diesen dann zurück, heilt eine Anmeldung der Forderung aus dem Titel, die erst nach der Aufforderung zur Abgabe von Geboten bei Gericht eingeht, nicht den Rangverlust (LG Heilbronn ZFIR 2010, 288). Fehlt die Aufforderung zur Anmeldung in der TB, dann tritt kein Rangverlust nach § 110 ein (*Stöber* § 37 Rdn 5.1). Die Ausschließung nach § 37 Nr 4 iVm § 110 verliert ihre Wirkung, wenn eine neue Aufforderung zur Abgabe von Geboten erfolgt, zB in einem neuen Termin.

17 Zu weiteren Fragen der Anmeldung vgl die Kommentierung zu §§ 44, 45: **Rechtsnatur** (Rdn 38), **Form** (Rdn 39), **Adressat** (Rdn 40), **Frist** (Rdn 41), **Inhalt** (Rdn 42), **Rücknahme** (Rdn 43), **Minderanmeldung** (Rdn 44) und **unzulässige Anmeldung** (Rdn 45).

7. Aufforderung nach § 37 Nr 5

18 **a) Allgemeines.** Die TB muss die gerichtliche Aufforderung enthalten, vor der Erteilung des Zuschlags für ein der ZwVerst entgegenstehendes Recht die Einstellung oder Aufhebung des Verfahrens herbeizuführen. Wird ein solches Drittrecht trotz der Aufforderung nicht geltend gemacht, so tritt an die Stelle des mitversteigerten Gegenstandes der Erlös (vgl § 55 Rdn 16); dies gilt aber auch dann, wenn die Veröffentlichung der TB die Aufforderung nicht oder nicht richtig enthält. Der Dritte, der seinen Gegenstand verloren hat, muss sich an den Berechtigten halten, der zuletzt aus dem Erlös befriedigt wurde: während des Verteilungsverfahrens mittels Widerspruch (§ 115) und danach auf Grund Bereicherungsklage nach §§ 812 ff BGB.

19 **b) Entgegenstehende Rechte.** Im Rahmen des § 37 Nr 5 ist es unbeachtlich, ob das entgegenstehende Recht aus dem GB ersichtlich ist oder nicht.

20 **c) Betroffene Gegenstände.** Das der ZwVerst entgegenstehende Recht kann am **Grundstück**, Grundstücksbruchteil, grundstücksgleichen Recht sowie an einem nach § 55, §§ 20, 21 ZVG, §§ 1120 ff BGB von der Versteigerung und damit nach § 90 II auch vom Zuschlag miterfassten Gegenstand bestehen (zB **Zubehör, Bestandteile;** vgl dazu §§ 20, 21 Rdn 13–46). Die Freigabeerklärungen der betreibenden Gl bedeuten eine Teilrücknahme des Versteigerungsantrags und führen insoweit zur Verfahrensaufhebung (§ 29); dabei hat das VollstrG nicht darüber zu entscheiden, ob es sich bei den freigegebenen Gegenständen um Zubehör oder Bestandteile handelt (OLG Koblenz Rpfleger 1988, 493).

21 **d) Geltendmachung der Rechte.** Entgegenstehende Rechte eines Dritten, die grundbuchersichtlich sind, führen gemäß § 28 von Amts wegen zur Einstellung oder Aufhebung der ZwVerst. Soweit ein der ZwVerst entgegenstehendes Drittrecht nicht aus dem GB ersichtlich ist, muss der Dritte ebenfalls die Einstellung oder Aufhebung des Verfahrens herbeiführen, um

§§ 37, 38

sein Recht zu erhalten; seine Anmeldung allein genügt nicht. Der betreibende Gl kann die Freigabe des betroffenen Gegenstandes, dh Einstellung (§ 30) oder Antragsrücknahme (§ 29), freiwillig erklären. Sind mehrere betreibende Gl vorhanden, so müssen alle das Verfahren einstellen bzw den Antrag zurücknehmen; ansonsten wird der Gegenstand versteigert. Gibt der betreibende Gl den betroffenen Gegenstand nicht freiwillig frei, muss der Dritte sein Recht mittels Drittwiderspruchsklage nach § 771 ZPO geltend machen. Der Dritte kann dabei beantragen, dass das Prozessgericht (§ 769 I ZPO) oder in dringenden Fällen das allgemeine Vollstreckungsgericht (§ 769 II ZPO) die Einstellung der ZwVerst anordnet. Bestritten ist die Anfechtbarkeit eines solchen Beschlusses (unanfechtbar: OLG Koblenz MDR 1966, 336; OLG Oldenburg NJW 1970, 2219; OLG Hamm FamRZ 1987, 500; LG Frankenthal Rpfleger 1981, 314; anfechtbar bei schweren Gesetzesverstößen: OLG Bamberg FamRZ 1984, 1120; OLG Düsseldorf FamRZ 1985, 1150; OLG Braunschweig FamRZ 1987, 284; OLG Frankfurt FamRZ 1987, 393; ohne Einschränkung anfechtbar: KG FamRZ 1987, 528). Einstellung oder Aufhebung des Verfahrens müssen rechtzeitig, dh bis zur Erteilung des Zuschlags, herbeigeführt werden. Wurde ein der ZwVerst unterliegender Gegenstand (zB Zubehörstück) nach der Versteigerung (§ 73 II) freigegeben und ist der Meistbietende mit dem Erwerb des Grundstücks auch ohne diesen Gegenstand einverstanden, so sind das Verfahren aufzuheben, soweit es sich auf den freigegebenen Gegenstand bezieht, und im Übrigen der Zuschlag zu erteilen (OLG Hamm OLGZ 1967, 445).

e) Fortsetzung des Verfahrens. Ein vom Gl (§ 30) oder dem 22 Gericht (§ 769 ZPO) eingestelltes Verfahren, wird nur auf Antrag des betreibenden Gl fortgesetzt (§ 31). Die Fortsetzung muss durch Beschluss angeordnet werden.

8. Zuschlagsversagung nach § 74 a I, § 85 a I (§ 38 I S 2)

Wurde in einem früheren Versteigerungstermin der Zuschlag wegen 23 Nichterreichen der 7/10-Grenze (§ 74 a I) bzw 5/10-Grenze (§ 85 a I) versagt, so **soll** diese Tatsache in der TB angegeben werden. In dem neuen Versteigerungstermin darf der Zuschlag weder aus den Gründen des § 74 a I noch aus denen des § 85 a I versagt werden (§ 74 a IV). Die Angabe dieser Rechtsfolge in der TB ist zwar gesetzlich nicht vorgeschrieben, sollte aber dennoch erfolgen.

9. Weitere Angaben

Die in den §§ 37, 38 aufgeführten Tatbestände für die TB sind nicht 24 abschließend. Vielmehr verlangen die Interessen der Beteiligten und Bietinteressenten zum Teil weitere Informationen in der TB. Im Einzelnen sollen angegeben werden:

§§ 37, 38 [Weiterer Angaben in der Terminsbestimmung]

a) Grundpfandrechte in ausländischer Währung (*Stöber* § 37 Rdn 9.1).
b) Flurbereinigungsverfahren.
c) Baupolizeiliche Beschränkungen, zB nach dem BauGB.

10. Mängel und ihre Folgen

25 a) Gegen die **TB** ist die allgemeine Vollstreckungserinnerung zulässig gemäß § 766 ZPO.

26 b) Bei der Nichtbeachtung des **Muss-Inhalts gemäß § 37** ist der Versteigerungstermin aufzuheben, wenn der Mangel innerhalb der Fristen des § 43 nicht mehr behoben werden kann; wird der Mangel erst später bemerkt, ist der Zuschlag zu versagen bzw aufzuheben. § 83 Nr 1 und 7, § 100 III (LG Augsburg Rpfleger 1999, 232).

27 c) Bei der Nichtbeachtung des **Soll-Inhalts gemäß § 38 I** gilt dies ebenso, wenn dadurch Unklarheiten, Missverständnisse oder gar Unverständlichkeiten entstehen (*Steiner/Teufel* Rdn 13). Wird der ursprünglich festgesetzte und veröffentlichte Grundstückswert danach verändert, liegt ein nachträglicher Verstoß gegen § 38 vor, der auch stets die Frage einer neu zu veröffentlichenden TB nach § 43 I hervorruft; diese ist nur dann zu verneinen, wenn der neue Verkehrswert unwesentlich von dem bekannt gemachten abweicht, dh die Änderung weniger als 10 % beträgt (BGH ZfIR 2008, 685 m zust Anm *Böttcher*). Wenn durch unrichtige Angaben zu § 38 der Muss-Inhalt des § 37 missverständlich oder unklar wird, zB die unrichtige Angabe der Wohnfläche (§ 38 I S 1) bei der ZwVerst einer Eigentumswohnung (§ 37 Nr 1; vgl OLG Karlsruhe Rpfleger 1993, 256 m Anm *Meyer-Stolte*), gilt Rdn 26.

11. Änderungen nach TB

28 Die TB wird als fehlerhaft angesehen, wenn nach ihrer Bekanntmachung Änderungen eintreten, die die Beteiligten und Interessenten – deren Kenntnis unterstellt – davon abhalten würden, im Termin zu erscheinen. Zu Recht wird aber auch die Ansicht vertreten, dass die ZwVerst für den Rest durchgeführt werden kann, wenn von mehreren Grundstücken einige weggefallen sind (*Stöber* § 37 Rdn 2.6); nach der Bekanntgabe der TB muss mit Änderungen noch gerechnet werden.

12. Veröffentlichung des Wertgutachtens

29 Das VollstrG kann Wertgutachten und Abschätzungen in einem für das Gericht bestimmten elektronischen Informations- und Kommunikationssystem öffentlich bekannt machen (§ 38 II). Das System muss landesrechtlich für das Gericht bestimmt sein; ein vom VollstrG selbst eingerichtetes oder ausgewähltes System ist dafür nicht zulässig (*Stöber* § 38 Rdn 6.2). Die Veröffentlichungen müssen den Datenschutz und das Steuergeheimnis beachten, so dass weder der Namen des Schuldners

§§ 39, 40

noch der Einheitswert bekannt gegeben werden dürfen (*Dassler/Hintzen* § 38 Rdn 11; *Stöber* § 38 Rdn 6.3). Unterbleibt die VÖ des Gutachtens im Internet, führt dies nicht zur Terminsaufhebung oder Zuschlagsversagung, weil § 38 II nur eine Ordnungsvorschrift ist (*Stöber* § 38 Rdn 6.6).

§ 39 [Bekanntmachung der Teminsbestimmung]

¹**Die Terminsbestimmung muß durch einmalige Einrückung in das für Bekanntmachungen des Gerichts bestimmte Blatt oder in einem für das Gericht bestimmten elektronischen Informations- und Kommunikationssystem öffentlich bekanntgemacht werden.**

ᴵᴵ**Hat das Grundstück nur einen geringen Wert, so kann das Gericht anordnen, daß die Einrückung oder Veröffentlichung nach Absatz 1 unterbleibt; in diesem Falle muß die Bekanntmachung dadurch erfolgen, daß die Terminsbestimmung in der Gemeinde, in deren Bezirke das Grundstück belegen ist, an die für amtliche Bekanntmachungen bestimmte Stelle angeheftet wird.**

§ 40 [Anheftung an die Gerichtstafel]

¹**Die Terminsbestimmung soll an die Gerichtstafel angeheftet werden. Ist das Gericht nach § 2 Abs. 2 zum Vollstreckungsgerichte bestellt, so soll die Anheftung auch bei den übrigen Gerichten bewirkt werden.** ³**Wird der Termin nach § 39 Abs. 1 durch Veröffentlichung in einem für das Gericht bestimmten elektronischen Informations- und Kommunikationssystem öffentlich bekannt gemacht, so kann die Anheftung an die Gerichtstafel unterbleiben.**

ᴵᴵ**Das Gericht ist befugt, noch andere und wiederholte Veröffentlichungen zu veranlassen; bei der Ausübung dieser Befugnis ist insbesondere auf den Ortsgebrauch Rücksicht zu nehmen.**

Schrifttum: *Büchmann*, Schuldnerschutz bei der Vorbereitung des Zwangsversteigerungstermins, ZIP 1985, 138; *Oestreich*, Öffentliche Bekanntmachungen im "Amtsblatt", Rpfleger 1988, 302.

1. Allgemeines

Damit der ZwVerst-Termin der Öffentlichkeit bekannt gemacht wird, schreibt § 39 I die Veröffentlichung der TB im Amtsblatt oder Internet vor, ermöglicht § 40 II weitere Veröffentlichungen und § 40 I verlangt deshalb noch die Anheftung der TB an die Gerichtstafel. Die Vorschrif-

1

§§ 39, 40 [Anheftung an die Gerichtstafel]

ten gelten für alle Versteigerungsverfahren mit Besonderheiten für Schiffe (§ 168) und Luftfahrzeuge (§ 171 d II).

2. Zwingende Veröffentlichung (§ 39)

2 **a) Amtsblatt oder Internet (§ 39 I).** Die VÖ der TB im Amtsblatt oder Internet ist zwingend vorgeschrieben. Mit Amtsblatt gemeint ist das amtliche Bekanntmachungsblatt des Versteigerungsgerichts; dies gilt auch für das gemäß § 1 II gemeinsam zuständige und das nach § 2 bestimmte VollstrG. Die VÖ muss den gesamten Inhalt der TB (§§ 37, 38) wiedergeben; entbehrlich sind der Name des Rechtspflegers und das Datum der TB (*Steiner/Teufel* § 39 Rdn 12). Die VÖ der TB im Amtsblatt kann in der Weise geschehen, dass die Aufforderungen nach § 37 Nr 4, 5 aus mehreren insoweit gleich lautenden Veröffentlichungen herausgezogen und diesen mit entsprechendem Hinweis vorangestellt werden (LG Frankenthal Rpfleger 1988, 421; *Stöber* § 39 Rdn 2.5; *Dassler/Hintzen* § 39 Rdn 4). Zum Nachweis der VÖ ist ein Belegstück zu den Akten zu nehmen. Anders als bei § 50 I 4 BGB ist die VÖ an dem Tag bewirkt, an dem die die TB enthaltene Nummer des Amtsblattes ausgegeben ist, wobei der Ausgabetag selbst nicht mitgerechnet wird bei den Fristberechnungen gemäß § 43 I. Anstelle der VÖ im Amtsblatt kann auch eine VÖ in einem für das Gericht bestimmten elektronischen Informations- und Kommunikationssystem erfolgen. Obwohl beide Arten alternativ zur Verfügung stehen, sollten die Gerichte auf beide Arten veröffentlichen (*Stöber* § 39 Rdn 2.6). Bei einer VÖ im Internet gilt die Bekanntmachung an dem Tag als bewirkt, an dem der Text vollständig im Internet zur Einsicht zur Verfügung steht (*Dassler/Hintzen* § 39 Rdn 5). Das Bekanntmachungsblatt und das elektronische Bekanntmachungssystem können durch allgemeine Verwaltungsverfügung bestimmt werden, es sei denn, der Landesgesetzgeber behält sich diese Festlegung vor (BGH Rpfleger 2009, 99). Das VollstrG kann die Bestimmung ohne landesrechtliche Ermächtigung nicht selbst treffen (*Stöber* § 39 Rdn 2.3). Um dem Schu seine Sanierung noch zu ermöglichen, empfiehlt sich die VÖ nicht sofort nach der TB, aber doch so rechtzeitig, dass eventuelle Fehler noch berichtigt werden können (ca 8 Wochen vor dem Termin). Ist eine VÖ fehlerhaft, muss sie insgesamt neu vorgenommen werden und nicht nur die fehlerhaften Teile (LG Kaiserslautern Rpfleger 1964, 120 m Anm *Stöber*). Wird ein Mangel vor dem Termin erkannt und kann die Frist des § 43 I für seine Behebung nicht mehr eingehalten werden, so ist der Termin aufzuheben und von neuem zu bestimmen (§ 43 I, § 87 Nr 7, § 100 III). Wird der Fehler erst später bemerkt, dann ist der Zuschlag zu versagen bzw aufzuheben. Eine Terminsaufhebung zu veröffentlichen ist gesetzlich nicht vorgeschrieben, empfiehlt sich aber trotzdem zur Vermeidung von unnötigen Kosten bei Interessenten (Reisekosten, Geldbeschaffungskosten usw; vgl *Steiner/Teufel* § 39 Rdn 10; *Stöber* § 39 Rdn 2.6). Die Kosten der VÖ zählen zu den Verfahrenskosten nach § 109.

§§ 39, 40

b) Gemeindetafel (§ 39 II). Hat das Grundstück nur einen **geringen Wert,** so kann anstelle der VÖ im Amtsblatt oder Internet (§ 39 I) eine Bekanntmachung durch Anschlag an der Gemeindetafel erfolgen. Eine bestimmte Wertgrenze dafür gibt es nicht. Die Beurteilung der Geringfügigkeit unterliegt auch nicht dem Ermessen des VollstrG (*Steiner/Teufel* § 39 Rdn 17 **aA** *Dassler/Hintzen* § 39 Rdn 6; *Stöber* § 39 Rdn 3.2). Nur bei einem Grundstück mit geringem Wert muss das VollstrG nach seinem pflichtgemäßen Ermessen darüber entscheiden, ob es nach § 39 I oder § 39 II verfahren will. Ein geringer Wert wird dann angenommen werden können, wenn die Verfahrenskosten einen großen Anteil von dem zu erwartenden Versteigerungserlös ausmachen würden. Nimmt das VollstrG irrtümlich ein Grundstück von geringem Wert an und unterlässt es deshalb eine VÖ im Amtsblatt oder Internet nach § 39 I, dann fehlt es an einer ordnungsgemäßen Bekanntmachung der TB (*Stöber* § 39 Rdn 3.2). Deshalb empfiehlt es sich, nur in den Fällen nach § 39 II zu verfahren, bei denen eindeutig feststeht, dass das zu versteigernde Grundstück einen geringen Wert hat.

3. Sonstige Veröffentlichungen (§ 40 II)

Das VollstrG ist befugt, außer der zwingend vorgeschriebenen VÖ im Amtsblatt oder Internet (§ 39 I) noch andere und wiederholte Veröffentlichungen zu veranlassen. Es entscheidet darüber nach pflichtgemäßem Ermessen. Bei der weiteren Veröffentlichung ist auf den Ortsgebrauch Rücksicht zu nehmen. Zur Steigerung der Werbewirkung sollte daher stets in der örtlichen Tages- oder Wochenzeitung veröffentlicht werden; zu denken ist auch an Fachzeitschriften wie zB Grund- und Hausbesitzer-Zeitung. Es braucht nicht der gesamte Text der TB veröffentlicht zu werden, ausreichend sind auch Kurzanzeigen. Ebenso gilt die Bekanntmachungsfrist des § 43 I nicht, so dass die VÖ möglichst kurz vor dem Termin erfolgen sollte, ca 1 Woche davor. Die Kosten der zusätzlichen VÖ zählen zu den Verfahrenskosten nach § 109. Unterlässt das VollstrG eine VÖ gemäß § 40 II, hat dies keinen Einfluss auf das Verfahren, insbesondere führt dies nicht zur Aufhebung des Versteigerungstermins oder zur Zuschlagsversagung. Freigestellt ist es natürlich den Beteiligten, zusätzliche VÖ zu veranlassen. Soweit dabei fehlerhafte Angaben gemacht werden, kann das VollstrG diese im Termin richtig stellen; insoweit falsche Angaben über das Grundstück stellen keinen Verstoß gegen die §§ 37, 39 dar, der gem § 83 Nr 7 zur Versagung des Zuschlags führen würde (LG Göttingen Rpfleger 1998, 211).

4. Anheftung an die Gerichtstafel (§ 40 I)

Die TB soll (nicht muss) an die Gerichtstafel angeheftet werden, und zwar die vollständige TB. Geschieht dies nicht, wird das Verfahren dadurch nicht berührt, da es sich nur um eine Ordnungsvorschrift handelt. Ist das

§ 41 [Zustellung an die Beteiligten]

VollstrG gemäß § 2 II bestellt, so soll die Anheftung an die Gerichtstafel auch bei den anderen Gerichten erfolgen (§ 40 I). Versteigert ein zentrales Amtsgericht gemäß § 1 II ein Grundstück, das im Bezirk eines zugeordneten Gerichts liegt, so ist die TB an beiden Gerichtstafeln anzuheften. Eine Frist für die Anheftung der TB an die Gerichtstafel ist nicht vorgesehen. Auf dem Aushang ist der Tag der Anheftung und der Abnahme zu vermerken; danach ist dieser zu den Akten zu nehmen.

5. Weitere Mitteilungen

6
— Brandversicherungsurkunde anfordern.
— Einheitswertbescheid anfordern.
— Gebühren- und Auslagenvorschuss erheben.
— Grundakten erholen.
— Anfrage beim Einwohnermeldeamt nach Mietern und Pächtern.
— Beauftragung eines Rechnungsbeamten zur Erstellung des gG.
— Mitteilung der TB an Finanzamt, Hauptzollamt, Gemeindesteuerstelle, Kaminkehrermeister, Flurbereinigungsamt, Versicherungskammer (Abteilung Brandversicherung), Bürgermeister, Oberjustizkasse.
— Wiedervorlage-Termine vormerken (Prüfung der VÖ; Prüfung der Zustellungen, Grundbuchinhalt, Vorschuss, Mieter; Vorbereitung der Mitteilung gemäß § 41 II; Vorlage wegen Rechnungsarbeit).

§ 41 [Zustellung an die Beteiligten]

ᴵDie Terminsbestimmung ist den Beteiligten zuzustellen.

ᴵᴵIm Laufe der vierten Woche vor dem Termin soll den Beteiligten mitgeteilt werden, auf wessen Antrag und wegen welcher Ansprüche die Versteigerung erfolgt.

ᴵᴵᴵAls Beteiligte gelten auch diejenigen, welche das angemeldete Recht noch glaubhaft zu machen haben.

1. Allgemeines

1 § 41 schreibt die Zustellung der TB und die Mitteilung der betreibenden Gl einschließlich ihrer Ansprüche an die Beteiligten und die fiktiv Beteiligten vor. Die Vorschrift gilt für alle Versteigerungsverfahren.

2. Beteiligte (§ 41 III)

2 Wer am Verfahren beteiligt ist, ergibt sich grundsätzlich aus § 9. Personen, die ein angemeldetes Recht noch glaubhaft zu machen haben (§ 9 Nr 2), werden durch die Fiktion des § 41 III den Beteiligten gleichgestellt.

§ 41

3. Zustellung der TB an Beteiligte (§ 41 I)

Diese wird zwingend vorgeschrieben, erfolgt von Amts wegen (§ 3), und zwar gemäß §§ 3 ff iVm §§ 166 ff ZPO. Eine öffentliche Zustellung scheidet aus (§ 6). Zuzustellen ist zunächst allen Beteiligten, die im Zeitpunkt der Terminsanberaumung bekannt sind. Das Unterlassen der Zustellung und Zustellungsmängel führen wegen § 43 II, § 83 Nr 1 zur Terminsaufhebung bzw Versagung oder Aufhebung des Zuschlags, wenn es nicht zur Heilung des Mangels kommt (§ 84); ein besonderer Rechtsbehelf ist dagegen nicht zulässig (LG Krefeld Rpfleger 1987, 167). Ist an einen Beteiligten die TB ordnungsgemäß zugestellt worden, so muss dies an seinen Rechtsnachfolger (Abtretung, Erbfolge, Ablösung usw) nicht noch einmal wiederholt werden. An Beteiligte, die dem VollstrG nach der Zustellung der TB bekannt werden, muss die TB auch noch zugestellt werden, selbst wenn die Frist des § 43 II nicht mehr eingehalten werden kann. Unterbleibt die Zustellung an die "Verspäteten" oder wird sie fehlerhaft durchgeführt, so liegt ein Verfahrensmangel vor (§ 43 II, § 83 Nr 1 entsprechend), der gemäß § 84 geheilt werden kann. In den **neuen Bundesländern** ist die TB auch dem Berechtigten nach § 2 VermG zuzustellen (§ 3 b II VermG).

4. Mitteilung nach § 41 II an Beteiligte

a) Allgemeines. In der vierten Woche vor dem Versteigerungstermin (= vom 28. bis zum 22. Tag vor dem Termin) soll den Beteiligten (§ 9, § 41 III) mitgeteilt werden, auf wessen Antrag und wegen welcher Ansprüche die ZwVerst erfolgt (§ 41 II). Dadurch soll den Beteiligten die Teminsvorbereitung erleichtert werden. Die Mitteilung muss nicht im Wege der Zustellung erfolgen, es genügt vielmehr formlose Bekanntmachung. Die darf weder vor noch nach der vierten Woche vor dem Termin erfolgen.

b) Empfänger. Die Mitteilung nach § 41 II ergeht an alle Beteiligte des **§ 9** und die fiktiv Beteiligten nach **§ 41 III**. Dazu gehören auch die betreibenden Gl, wenn ihr Verfahren zurzeit eingestellt ist (*Dassler/Hintzen* Rdn 7); ebenfalls der Vollstreckungsschuldner.

c) Inhalt. In der Mitteilung sind die betreibenden Gl sowie deren Ansprüche anzugeben (§ 41 II). Am sinnvollsten geschieht dies dadurch, dass Kopien von den Anordnungs- und Beitrittsbeschlüssen übersandt werden. Der zu vollstreckende Anspruch muss im Einzelnen bezeichnet werden nach seiner Art (dinglich oder persönlich), seiner Rangklasse in § 10, seinem Umfang (Kosten, Nebenleistungen, Hauptsache) und seinem – soweit vorhanden – grundbuchmäßigen Rang, wobei es jedoch genügt, wenn dieser mit Hilfe der Grundbuchstellenbezeichnung erkannt werden kann. Für öffentliche Grundstückslasten genügt die

§ 42 [Akteneinsicht]

Bezeichnung als Anspruch in "Rangklasse § 10 Abs 1 Nr 3 ZVG" (LG Traunstein Rpfleger 1982, 232). Mitgeteilt werden nur die aus den Beschlagnahmebeschlüssen ersichtlichen Beträge, nicht dagegen die nur angemeldeten oder von Amts wegen zu berücksichtigenden Ansprüche. Beschlagnahmegläubiger, deren Verfahren eingestellt ist, werden nicht angeführt, da ihnen keine Bedeutung für die Vorbereitung der Beteiligten auf den Termin zukommt (*Stöber* Rdn 3.4 **aA** *Steiner/Teufel* Rdn 14; *Eickmann, ZVG*, § 14 II 2). Gleiches gilt für die dem Schu verspätet (§ 43 II) zugestellten Beitritts- bzw Fortsetzungsbeschlüsse, da sie dem gG nicht zugrundegelegt werden (§ 44 II; vgl *Stöber* Rdn 3.4 **aA** *Steiner/Teufel* Rdn 14). Bei mehreren betreibenden Gl ist von Bedeutung, wessen Anspruch für die Berechnung des gG voraussichtlich maßgebend ist; dieser sollte daher ebenso angegeben werden wie der Beschlagnahmetag, der für die Abgrenzung der laufenden Beträge wiederkehrender Leistungen von den Rückständen (§ 13 IV) maßgeblich ist. Veränderungen nach der Mitteilung (zB Einstellungen, Aufhebungen, Rangänderungen) brauchen den Beteiligten nicht bekannt gegeben zu werden, können es aber.

7 **d) Verstoß.** Da § 41 II nur eine Ordnungsvorschrift ist, dh die Mitteilung nicht zwingend vorgeschrieben ist, beeinträchtigt ein Unterlassen das Verfahren nicht. Gleiches gilt für eine unrichtige oder unvollständige Mitteilung gemäß § 41 II (*Dassler/Hintzen* Rdn 13; *Stöber* Rdn 3.1; *Eickmann, ZVG*, § 14 I 5 **aA** *Steiner/Teufel* Rdn 15).

§ 42 [Akteneinsicht]

ᴵDie Einsicht der Mitteilungen des Grundbuchamts sowie der erfolgten Anmeldungen ist jedem gestattet.

ᴵᴵDas gleiche gilt von anderen das Grundstück betreffenden Nachweisungen, welche ein Beteiligter einreicht, insbesondere von Abschätzungen.

1. Allgemeines

1 Da eine Besichtigung des Grundstücks nicht erzwungen werden kann, gibt § 42 den Bietinteressenten die Möglichkeit über ein großzügiges Akteneinsichtsrecht Informationen über das Versteigerungsobjekt zu sammeln. Die Vorschrift gilt für alle ZVG-Verfahren.

2. Einsicht für Jedermann

2 Einsicht für jedermann gestattet § 42 I, nicht nur für Beteiligte (§ 9). Auch die Darlegung eines rechtlichen Interesses ist nicht erforderlich;

§ 42

ebenso ist kein Ausweis oder eine Vollmacht notwendig (LG Berlin Rpfleger 2006, 274). Sogar nur Neugierigen ist die Einsicht zu gestatten.

3. Gegenstände der Einsicht

- Mitteilungen des Grundbuchamtes (§ 19 II, III);
- Anmeldungen der Gl, Mieter und sonstigen Beteiligten (§§ 9 Nr 2, 37 Nr 4);
- Das Grundstück betreffende Nachweisungen (zB Gutachten, Brandversicherungsurkunde, Einheitswertbescheid), und zwar entgegen dem Gesetzeswortlaut nicht nur, wenn sie von den Beteiligten eingereicht wurden, sondern auch bei Erholung von Amts wegen.

Der Einsicht unterliegen dagegen nicht andere Nachweise und Unterlagen in den Akten wie Vollstreckungstitel, Abtretungsurkunden, Vollmachten, Erbscheine, Zustellungsnachweise usw. 3

4. Verfahren bei der Einsicht

Das Einsichtsrecht des § 42 gilt nur für die Versteigerungsakten und 4 nur bis zum Schluss der Versteigerung (§ 73 II; *Stöber* Rdn 2.1; *Steiner/ Teufel* Rdn 11 **aA** *Dassler/Hintzen* Rdn 6: bis Zuschlagsverkündung). Die Einsicht erfolgt während der Dienststunden auf der Geschäftsstelle. Über die Gewährung entscheidet das VollstrG; bei einer Ablehnung steht der Rechtsbehelf der Erinnerung nach § 766 ZPO zu. Ein Anspruch auf Überlassung oder Übersendung der Akten besteht nicht, auch nicht für einen RA (BGH Rpfleger 1961, 190; MDR 1973, 580; OLG Köln Rpfleger 1983, 325; OLG Hamm NJW 1990, 843; OLG Frankfurt JurBüro 1969, 867; *Steiner/Teufel* Rdn 12). Der Einsehende kann Aufzeichnungen oder Abschriften fertigen; das VollstrG ist nicht dazu verpflichtet (LG Berlin Rpfleger 2006, 274).

5. Akteneinsicht nach § 299 ZPO

Soweit § 42 nicht zutrifft, kann sich aus §§ 869, 299 ZPO ein Recht 5 auf Akteneinsicht ergeben (vgl dazu OLG Köln KTS 1991, 204). Die **Beteiligten** (§ 9) können den gesamten Inhalt der Versteigerungsakten einsehen und sich aus ihnen Ausfertigungen, Auszüge und Abschriften erteilen lassen (§ 299 I ZPO); darüber entscheidet das VollstrG (dagegen § 766 ZPO).

Dritte Personen können mit Einwilligung der Beteiligten oder bei 6 Glaubhaftmachung eines rechtlichen Interesses mit Erlaubnis des Vorstands des Gerichts die Akten einsehen (§ 299 II); diese Entscheidung ist eine Justizverwaltungsangelegenheit, deren Anfechtung sich nach § 23 EGGVG richtet (OLG Düsseldorf Rpfleger 1993, 354; *Steiner/Teufel* Rdn 16, 18). Beteiligte iSd § 299 II ZPO sind nur der Vollstreckungs-

§ 43 [Terminaufhebung]

schuldner und die betreibenden Gl, nicht die sonstigen Beteiligten nach § 9.

7   **Urkunden über eine Sicherheitsleistung** für Gebote dürfen weder nach § 42 noch nach § 299 ZPO eingesehen werden. Das VollstrG ist nicht verpflichtet, einem Dritten Auskunft über die Höhe des Meistgebots zu erteilen (OLG Frankfurt Rpfleger 1992, 267 m krit Anm *Meyer-Stolte*).

§ 43 [Terminaufhebung]

¹Der Versteigerungstermin ist aufzuheben und von neuem zu bestimmen, wenn die Terminsbestimmung nicht sechs Wochen vor dem Termin bekanntgemacht ist. War das Verfahren einstweilen eingestellt, so reicht es aus, daß die Bekanntmachung der Terminsbestimmung zwei Wochen vor dem Termin bewirkt.

ᴵᴵDas gleiche gilt, wenn nicht vier Wochen vor dem Termin dem Schuldner ein Beschluß, auf Grund dessen die Versteigerung erfolgen kann, und allen Beteiligten, die schon zur Zeit der Anberaumung des Termins dem Gericht bekannt waren, die Terminsbestimmung zugestellt ist, es sei denn, daß derjenige, in Ansehung dessen die Frist nicht eingehalten ist, das Verfahren genehmigt.

1. Allgemeines

1   Damit die Beteiligten ausreichend Zeit haben, sich auf den Termin vorzubereiten, sieht § 43 Fristen vor für die Bekanntmachung und Zustellung der TB bzw für die Zustellung der Beschlagnahmebeschlüsse. Die Vorschrift gilt für alle ZVG-Verfahren (§ 170 a II bei Schiffen beachten).

2. Bekanntmachungsfrist für die TB (§ 43 I)

2   Der Versteigerungstermin muss aufgehoben und von neuem bestimmt werden, wenn die TB nicht **sechs Wochen vor dem Termin** bekanntgemacht worden ist (§ 43 I 1). Diese Frist wird nur durch eine solche Bekanntmachung gewahrt, die inhaltlich den Anforderungen der §§ 37, 38 genügt (BGH ZfIR 2008, 685 m zust Anm *Böttcher;* OLG Karlsruhe Rpfleger 1993, 256; OLG Hamm Rpfleger 2000, 172; 1991, 71). Die Berichtigung einer fehlerhaften VÖ muss auch unter Beachtung der 6-Wochen-Frist erfolgen, und zwar ist die gesamte TB nochmals zu veröffentlichen. Damit dies immer möglich ist, sollte die VÖ mindestens acht Wochen vor dem Termin erfolgen. War das Verfahren einstweilen eingestellt, genügen zwei Wochen (§ 43 I 2); dabei ist auf das Verfahren des bestrangig

§ 43

betreibenden Gl abzustellen (*Dassler/Hintzen* Rdn 5; *Stöber* Rdn 3.3; *Eickmann,* ZVG; § 14 I 3 **aA** *Steiner/Teufel* Rdn 12). Die Fristen des § 43 I können weder von Amts wegen noch auf Antrag abgekürzt werden (§§ 869, 224 II ZPO). Wurde ein Termin aufgehoben oder vertagt, so muss die Frist des § 43 I erneut eingehalten werden für den neuen Termin (OLG Celle MDR 1954, 557).

3. Zustellungsfrist für TB (§ 43 II 2. Alt)

Vier Wochen vor dem Versteigerungstermin muss allen Beteilig- 3
ten (§ 9), die dem VollstrG zurzeit der Terminsanberaumung bekannt waren, die TB nach § 41 I ordnungsgemäß zugestellt sein. Zu den Beteiligten iSd § 43 II gehören auch die fiktiv Beteiligten gemäß § 41 III (*Steiner/Teufel* Rdn 19; *Dassler/Hintzen* Rdn 10 **aA** *Stöber* Rdn 5.2; *Eickmann,* ZVG, § 14 I 4). Unter Terminsanberaumung nach § 43 II ist der Zeitpunkt zu verstehen, in dem die TB den inneren Geschäftsbereich des VollstrG verlässt, und nicht die Unterschriftsleistung des Rechtspflegers unter die TB (LG Lübeck SchlHA 1982, 199). Wurde ein Termin aufgehoben oder vertagt, so muss die Frist des § 43 II 2. Alt erneut eingehalten werden für den neuen Termin. Wurde die TB zwar allen Beteiligten vier Wochen vor dem Termin zugestellt, so ist § 43 II 2. Alt dennoch verletzt, wenn die TB inhaltlich nicht den Anforderungen des § 37 entspricht (OLG Koblenz Rpfleger 1957, 253; NJW 1959, 1833). Ergeben sich Mängel bei der Zustellung selbst, so ist grundsätzlich der Termin von Amts wegen aufzuheben (LG Berlin WM 1959, 1205); eine Heilung gemäß § 189 ZPO ist aber möglich (OLG Celle Rpfleger 1991, 166).

4. Zustellungsfrist für Beschlagnahmebeschlüsse (§ 43 II 1. Alt)

Die ZwVerst darf nur erfolgen, wenn der Anordnungs- bzw Beitritts- 4
beschluss und – im Falle einer Einstellung – auch der Fortsetzungsbeschluss mindestens **vier Wochen vor dem Termin** an den Vollstreckungsschuldner zugestellt worden ist. Betreiben mehrere Gl die ZwVerst, so muss auf alle Fälle für einen von ihnen die Zustellung fristgemäß erfolgt sein, sonst kann der Termin nicht stattfinden. Eine Wiederholung der Zustellung vor einem neuen Termin ist nicht notwendig. Die 4-Wochen-Frist kann nicht geändert werden. Zustellungsmängel können gemäß § 189 ZPO geheilt werden (OLG Celle Rpfleger 1991, 166).

5. Mängel

a) Allgemeines. § 43 bestimmt, dass bei Nichtbeachtung seiner Fris- 5
ten der Versteigerungstermin aufzuheben und neu zu bestimmen ist. Für

§ 43 [Terminaufhebung]

die Fristberechnung gelten über § 869 ZPO die § 222 ZPO, §§ 186–193 BGB. Gerechnet wird vom Tag der Bekanntmachung bzw Zustellung zum Versteigerungstermin hin, wobei ersterer gemäß § 222 ZPO, § 187 I BGB nicht mitgerechnet wird. Das Fristende fällt damit auf einen gleich lautenden Tag wie der Tag der Bekanntmachung bzw Zustellung; ist dies ein Samstag, Sonntag oder Feiertag, so tritt gemäß § 193 BGB eine Fristverlängerung ein. War also zB die VÖ gemäß § 43 I an einem Mittwoch, beginnt die 6-Wochen-Frist am Donnerstag um 0.00 Uhr und endet am Mittwoch sechs Wochen später um 24.00 Uhr. Ab dem nächsten Tag, dh dem Donnerstag, kann der Versteigerungstermin stattfinden.

6 b) Frist gemäß § 43 I. Ein Verstoß gegen § 43 I ist unheilbar. Er führt zwingend zur Aufhebung des Termins, zur Versagung und evtl zur Aufhebung des Zuschlags (§ 83 Nr 7, §§ 84, 100 III). Wurde die Nichteinhaltung der Frist sowohl vom AG als auch vom LG übersehen, so liegt darin ein Verfahrensfehler, der die sofortige weitere Beschwerde gegen die Zuschlagserteilung als zulässig und begründet erscheinen lässt (OLG Hamm OLGZ 1971, 187).

7 c) Fristen gemäß § 43 II. Ein Verstoß gegen § 43 II führt grundsätzlich auch zur Terminsaufhebung, zur Versagung und zur evtl Aufhebung des Zuschlags (§ 83 Nr 1, § 100 I). Jedoch ist in diesem Fall eine Heilung gemäß § 84 möglich, und zwar entweder durch Genehmigung oder Nichtbeeinträchtigung des Betroffenen. Deshalb ist ein Zuschlagsbeschluss nicht schon deshalb aufzuheben, nur weil der Schu die Ladung zum Versteigerungstermin nicht erhalten hat. Eine Beeinträchtigung setzt vielmehr voraus, dass ohne den Verfahrensverstoß ein besseres Ergebnis der ZwVerst hätte erwartet werden können oder es nicht zum Zuschlag gekommen wäre (LG Berlin Rpfleger 1997, 123). Der Nachweis der Genehmigung ist grundsätzlich in öffentlich beglaubigter Form zu führen (§ 84 II). Die ausdrückliche Genehmigung im Termin ist möglich, muss aber protokolliert werden. Erfolgt die Genehmigung durch schlüssiges Verhalten (zB Anwesenheit im Termin ohne Rüge des Mangels), so sind die Umstände im Protokoll näher darzustellen. In einem nicht genehmigten Verfahren kann der Zuschlag dann erteilt werden, wenn der Betroffene nicht beeinträchtigt wird, dh voll zur Deckung gelangt (§ 84 I). Ist eine (oder beide) der Fristen des § 43 II nicht eingehalten, so kann der Termin ausnahmsweise stattfinden, wenn der Betroffene voraussichtlich voll befriedigt wird, was bei Zuschlagsentscheidung festzustellen ist (*Steiner/Teufel* Rdn 26; *Stöber* Rdn 2.5 **aA** *Dassler/Hintzen* Rdn 16).

6. Aufhebung und Neubestimmung eines Termins

8 a) In zeitlichen Abständen. Nach § 43 müssen der Termin aufgehoben und ein neuer Termin bestimmt werden, wenn die gesetzlichen

§§ 44, 45

Fristen nicht eingehalten sind. Gleichzeitig muss beides nicht geschehen. Zunächst kann der ursprüngliche Termin aufgehoben werden, was den Beteiligten mitzuteilen ist (§ 329 II ZPO). Danach muss eine neue TB verfügt werden für einen neuen Versteigerungstermin.

b) Gleichzeitig. Die Aufhebung des Versteigerungstermins kann jedoch auch gleichzeitig mit einer Neubestimmung eines Termins verbunden werden. Geschieht die Aufhebung vor Terminsbeginn, so spricht man von **Verlegung,** bei bereits begonnenen Terminen dagegen von **Vertagung.** Bei der Terminsneubestimmung müssen wieder Veröffentlichung (§ 39, § 40 II), Anheftung an die Gerichtstafel (§ 40 I), Zustellung an die Beteiligten (§ 41 I) und sonstige Mitteilungen (zB § 41 II) unter Wahrung der Fristen des § 43 erfolgen (KG NJW 1957, 106; OLG Celle MDR 1954, 557).

7. Aufhebung, Verlegung oder Vertagung aus erheblichen Gründen (§ 227 ZPO)

Auf Antrag oder von Amts wegen kann ein Versteigerungstermin aufgehoben, verlegt oder vertagt werden, wenn erhebliche Gründe dafür vorliegen (§§ 869, 227 ZPO). Darunter fallen zwingende verfahrensmäßige Gründe, zB die Verhinderung des zuständigen Rechtspflegers und seines Vertreters, Fehlen der Akten (beim Rechtsmittelgericht) oder eines Sitzungssaales (bei Gebäudebrand), Naturereignisse mit Gefahr für das Versteigerungsobjekt oder Interessenten bzw Beteiligte. Keine erheblichen Gründe liegen dagegen vor bei der Verhinderung des Schu oder seines Bevollmächtigten (BVerfG Rpfleger 1988, 156), Erkrankung des zuständigen Rechtspflegers bei genügender Vorbereitungszeit des Vertreters (3 Tage dürften ausreichen). Auch zum Schutze des Schu darf nicht nach § 227 ZPO verfahren werden.

IV. Geringstes Gebot. Versteigerungsbedingungen (§§ 44–65)

§ 44 [Begriff des geringsten Gebots]

¹Bei der Versteigerung wird nur ein solches Gebot zugelassen, durch welches die dem Ansprüche des Gläubigers vorgehenden Rechte sowie die aus dem Versteigerungserlöse zu entnehmenden Kosten des Verfahrens gedeckt werden (geringstes Gebot).
ⁿWird das Verfahren wegen mehrerer Ansprüche von verschiedenem Range betrieben, so darf der vorgehende Anspruch der Feststellung des geringsten Gebotes nur dann zugrunde gelegt werden, wenn der wegen dieses Anspruchs ergangene Beschluß

dem Schuldner vier Wochen vor dem Versteigerungstermin zugestellt ist.

§ 45 [Feststellung des geringsten Gebots]

^IEin Recht ist bei der Feststellung des geringsten Gebots insoweit, als es zur Zeit der Eintragung des Versteigerungsvermerkes aus dem Grundbuch ersichtlich war, nach dem Inhalte des Grundbuchs, im übrigen nur dann zu berücksichtigen, wenn es rechtzeitig angemeldet und, falls der Gläubiger widerspricht, glaubhaft gemacht wird.

^{II}Von wiederkehrenden Leistungen, die nach dem Inhalte des Grundbuchs zu entrichten sind, brauchen die laufenden Beträge nicht angemeldet, die rückständigen nicht glaubhaft gemacht zu werden.

^{III}Ansprüche der Wohnungseigentümer nach § 10 Abs. 1 Nr. 2 sind bei der Anmeldung durch einen entsprechenden Titel oder durch die Niederschrift der Beschlüsse der Wohnungseigentümer einschließlich ihrer Anlagen oder in sonst geeigneter Weise glaubhaft zu machen. Aus dem Vorbringen müssen sich die Zahlungspflicht, die Art und der Bezugszeitraum des Anspruchs sowie seine Fälligkeit ergeben.

Schrifttum: *Amann,* Durchsetzung der Reallast ohne Verlust der Reallast, DNotZ 1993, 222; *Drischler,* Das geringste Gebot in der Zwangsversteigerung, RpflJB 1960, 347; *Eickmann,* Die in der Zwangsversteigerung bestehenbleibende Grundschuld, FS Merz, 1992, 49; *Eickmann,* Der Rang der Grundstücksrechte, RpflStud 1982, 74 und 85; *Hagemann,* Die Tilgungshypothek im geringsten Gebot und Teilungsplan, RpflStud 1982, 25; *ders.,* Die Zwangshypothek im Zwangsversteigerungsverfahren, Rpfleger 1982, 165; *Maier,* Die Aufnahme des Deckungs- und Übernahmeprinzips inb das Zwangsversteigerungsgesetz, Tübingen 1984; *Morvilius,* Versteigerungsrechtliche Auswirkungen von Rangvorbehalt und Rangrücktritt auf die Eigentumsvormerkung, MittBayNot 2005, 477; *Riedel,* Die Anmeldung im Laufe des Zwangsversteigerungsverfahrens, JurBüro 1974, 689; *Schalhorn,* Der Rang der Grundpfandrechtszinsen im geringsten Gebot der Zwangsversteigerung, JurBüro 1971, 121; *Schiffhauer,* Die Wirkung des Rangvorbehalts in der Zwangsversteigerung, BlGBW 1962, 17; *Schmidt,* Das geringste Gebot bei Fortsetzung eingestellter Verfahren, DRiZ 1959, 119; *Steffen,* Die Zwangssicherungshypothek in der Zwangsversteigerung, RpflStud 1996, 129; *Warias,* Die beschränkte Anmeldung von laufenden Zinsen im Zwangsversteigerungsverfahren, RpflStud 1980, 78.

Übersicht

	Rn.
I. Allgemeines	1
II. Deckungsgrundsatz und geringstes Gebot	2

§§ 44, 45

III. Anspruch des betreibenden Gl als Grundlage des
geringsten Gebotes (§ 44) 3
  1. Betreiben eines Gl (§ 44 I) 3
    a) Wegen eines Anspruchs 3
    b) Wegen mehrerer Ansprüche 9
  2. Betreiben mehrerer Gl (§ 44 II) 10
  3. Betreiben wegen Teilansprüche 14
IV. Rangfragen 15
  1. Rangänderung 15
    a) Allgemeines 15
    b) Unmittelbar nacheinander eingetragene Rechte . 16
    c) Zwischenrechte 17
    d) Rangrücktritt mehrerer Rechte 22
    e) Rangvortritt mehrerer Rechte 23
    f) Gleichrang eines beteiligten Rechts 24
    g) Rangänderung für Teilbeträge 26
    h) Erlöschen des zurückgetretenen Rechts 28
    i) Erlöschen des vorgetretenen Rechts 29
  2. Rangvorbehalt 30
V. Berücksichtigung der Rechte und Ansprüche im gG
(§ 45) 32
  1. Allgemeines 32
  2. Von Amts wegen zu berücksichtigende Rechte 35
    a) Kosten nach § 109 35
    b) Ansprüche gem. § 10 I Nr. 4 36
    c) Wiederkehrende Leistungen 37
  3. Anmeldebedürftige Rechte und Ansprüche 38
    a) Einzelfälle 38
    b) Anmeldung 39
    c) Glaubhaftmachung 49
    d) Hausgeldansprüche der Wohnungseigentümerge-
meinschaft 50
  4. Nicht zu berücksichtigende Rechte und Ansprü-
che 51
    a) Nichtbestehende Rechte 51
    b) Verfügungsbeeinträchtigungen 52
    c) Nichtige Rechte 53
    d) Erloschene Rechte 54
    e) Löschungsreife Rechte 56
VI. Unanfechtbarkeit des geringsten Gebots 57
VII. Änderungen des geringsten Gebots 58
VIII. Einzelne Rechte im gG 59
  1. Altenteil 59
  2. Baulast (vgl § 10 Rdn 43) 60
  3. Dauerwohn- und Dauernutzungsrecht 61
  4. Eigentümerrechte 62
  5. Erbbaurecht 63
  6. Gesamtrecht 64
  7. Höchstbetragshypothek 65
  8. Nebenrechte 66
  9. Sicherungsgrundschuld 67

§§ 44, 45 [Feststellung des geringsten Gebots]

    10. Tilgungshypothek 68
        a) Annuitäten 68
        b) Nebenleistungen 69
        c) Tilgungsanteile 70
        d) Höhe des Bargebots 71
        e) Eigentümergrundschuld 72
        f) Beispiel: 73
    11. Vorkaufsrecht 74
    12. Zwangssicherungshypothek 75
    13. ZGB-Hypothek 76
IX. Beispiel 77
    1. Grundbuchstand 77
    2. Anmeldung 1
    3. Geringstes Gebot (§ 44 I) 1

I. Allgemeines

1   Das geringste Gebot (= gG) beschreibt umfangsmäßig, was mindestens vom Ersteher bar zu erbringen und was an Lasten zu übernehmen ist, somit den **"Mindestpreis"** für das Grundstück. Dabei ist von der Rangstelle des bestbetreibenden Gl auszugehen. Alle Ansprüche und Rechte, die diesem Gl vorgehen, werden durch die ZwVerst nicht beeinträchtigt, dh werden entweder in bar entrichtet oder vom Ersteher übernommen **(§ 44 I)**. Das Risiko der ZwVerst beginnt daher beim bestbetreibenden Gl. § 45 regelt für das gG, wie die Ansprüche und Rechte zu berücksichtigen sind, ob von Amts wegen oder nur auf Grund einer Anmeldung.

II. Deckungsgrundsatz und geringstes Gebot

2   Der Deckungsgrundsatz besagt, dass bei der ZwVerst nur ein solches Gebot zugelassen wird, durch welches die dem Anspruch des betreibenden Gl vorgehenden (nicht auch die gleichstehenden) Rechte sowie die aus dem Versteigerungserlös zu entnehmenden Kosten des Verfahrens gedeckt werden **(§ 44 I)**. Ausgehend von der Rangstelle des bestbetreibenden Gl gliedert sich dieses gG in zwei Teile:
1. Bestehenbleibende Rechte **(§ 52 I):** alle dem bestbetreibenden Gl rangmäßig vorgehenden Rechte.
2. Bar zu zahlenden Teil **(§ 49 I)**
    a) Aus dem Versteigerungserlös vorweg zu entnehmenden Kosten (§ 109, GKG-Kost-Verz Nr 5212 ff);
    b) Zwangsverwaltungsvorschüsse (§ 10 I Nr 1) und Feststellungskosten (§ 10 I Nr 1 a);
    c) Hausgeldansprüche (§ 10 I Nr 2);
    d) Ansprüche auf Entrichtung der öffentlichen Lasten (§ 10 I Nr 3);

e) Kosten (§§ 12 Nr 1, 10 II) und Ansprüche auf wiederkehrende Leistungen und andere Nebenleistungen (§ 12 Nr 2) aus den dem bestbetreibenden Gl rangmäßig vorgehenden Rechten.

III. Anspruch des betreibenden Gl als Grundlage des geringsten Gebotes (§ 44)

1. Betreiben eines Gl (§ 44 I)

a) Wegen eines Anspruchs. Auszugehen ist von der Rangstelle des betreibenden Gl; das ist derjenige, zu dessen Gunsten ein Anordnungs- oder Beitrittsbeschluss erging. Sein Anspruch steht ebenso wenig im gG wie die gleich- oder nachrangigen Ansprüche.

aa) Betreibt ein Gl der Klasse § 10 I Nr 1, so kommen nur die Kosten des § 109 in das gG; innerhalb dieser Rangklasse besteht Gleichrang.

bb) Betreibt ein Gl der Klasse § 10 I Nr 2, so sind in das gG die Kosten des § 109 und die angemeldeten Ansprüche aus § 10 I Nr 1 und 1 a aufzunehmen.

cc) Betreibt ein Gl der Klasse § 10 I Nr 3, so sind in das gG die Kosten des § 109 sowie angemeldete Ansprüche der Rangklasse § 10 I Nr 1 bzw 1 a und Nr 2 aufzunehmen; innerhalb der Rangklasse § 10 I Nr 3 besteht gemäß Satz 2 Gleichrang.

dd) Betreibt ein Gl der Klasse § 10 I Nr 4, so fallen in das gG die Kosten des § 109, die Ansprüche aus den Rangklassen des § 10 I Nr 1–3 sowie alle die Ansprüche der Rangklasse § 10 I Nr 4, die nach dem für sie geltenden Grundbuchrang dem Betreibenden vorgehen.

ee) Betreibt ein Gl der Klasse § 10 I Nr 5, so sind neben den Kosten des § 109 alle Ansprüche der Rangklassen des § 10 I Nr 1–4 ins gG aufzunehmen; innerhalb der Rangklasse § 10 I Nr 5 bestimmt sich das Rangverhältnis gemäß § 11 II nach der Beschlagnahmereihenfolge.

b) Wegen mehrerer Ansprüche. Betreibt ein Gl wegen mehrerer Ansprüche mit verschiedenem Rang (zB aus erstrangiger Hypothek und drittrangiger Grundschuld, aus Hypothek in § 10 I Nr 4 und gesicherter Forderung in § 10 I Nr 5), so ist für die Aufstellung des gG vom **bestrangigen Anspruch** auszugehen. Betreibt ein Gl die ZwVerst nur aus der Rangklasse § 10 I Nr 5 (= persönlicher Anspruch), obwohl ihm diesbezüglich auch das dingliche Recht zusteht (= Rangklasse § 10 I Nr 4), so bleibt letzteres im gG bestehen. Wird dann der persönliche Anspruch bei der Erlösverteilung befriedigt, so geht zB eine bestehen gebliebene Hypothek gemäß § 1164 BGB auf den früheren Eigentümer über zur Sicherung seines Ersatzanspruchs (RGZ 76, 116, 120).

2. Betreiben mehrerer Gl (§ 44 II)

10 Wenn mehrere Gl die ZwVerst betreiben, bestimmt sich das gG nach dem **bestrangig betreibenden Gl.** Diesen Grundsatz schränkt § 44 II ein:

11 Der Anspruch des Bestrangigen ist dann nicht zu berücksichtigen, wenn der Anordnungs- oder Beitrittsbeschluss dem Schu nicht **vier Wochen vor dem Versteigerungstermin zugestellt** wurde (zur Fristberechnung vgl § 43 Rdn 5). Der Zweck dieser Regelung ist es, dem Schu Zeit zu lassen, damit er die außerhalb des gG stehenden Gl befriedigen und damit die ZwVerst vermeiden kann. Verspätet zugestellte Beschlüsse können dem gG nur zugrunde gelegt werden, wenn die Genehmigung nach § 83 Nr 1, § 84 I vorliegt.

12 Wenn das Verfahren eines Gl zunächst eingestellt war (gleich aus welchem Grund) und sodann wieder fortgesetzt wird, muss der **Fortsetzungsbeschluss** gemäß § 44 II dem Schu vier Wochen vor dem Termin zugestellt worden sein, damit dieser Anspruch Grundlage des gG sein kann.

13 Nach **Einstellung** des Verfahrens für einen von mehreren Gl kann sein Anspruch der Berechnung des gG nicht zugrunde gelegt werden; er hat in der Zeit der Einstellung nicht die Stellung eines betreibenden Gl; die erworbene Beteiligtenstellung nach § 9 behält der Gl jedoch (vgl § 9 Rdn 4). Geht dem bestrangig betreibenden Gl ein eingestellter Anspruch aus § 10 I Nr 5 vor, so ist diese Beschlagnahmeforderung voll in den bar zu zahlenden Teil des gG aufzunehmen (BGHZ 66, 217, 227 = NJW 1976, 1398).

3. Betreiben wegen Teilansprüche

14 Betreibt ein Gl die ZwVerst nicht wegen seines gesamten Anspruchs, sondern nur wegen eines Teils seines Anspruchs (zB wegen 50 000,– € seiner Grundschuld zu 600 000,– €, wegen 1500,– € Tilgungsrate seiner Hypothek zu 300 000,– €, wegen den Zinsen in Rangklasse § 10 I Nr 4 aus seiner Grundschuld), so ist dennoch der gesamte Anspruch nicht im gG zu berücksichtigen. Dies bedeutet, dass selbst dann, wenn der Gl eines Grundpfandrechts nur wegen der Zinsen in Rangklasse § 10 I Nr 4 die ZwVerst betreibt, die Hauptsache nicht bestehen bleibt, damit nicht ins gG kommt. Wird wegen der Ansprüche aus den Rangklassen § 10 I Nr 7 (= ältere öffentliche Grundstückslasten aus § 10 I Nr 3) oder § 10 I Nr 8 (= ältere Zinsen aus Grundpfandrechten in § 10 I Nr 4) die ZwVerst betrieben, dann rücken diese Ansprüche zwar auf in Rangklasse § 10 I Nr 5, aber der andere Teil des Gesamtanspruchs in § 10 I Nr 3 oder 4 fällt damit trotzdem ins gG. Wird nach einer Teilablösung (§ 268 III 2, § 1150 BGB) nur aus dem nachrangigen Teil die ZwVerst betreiben, so kommt der vorrangige Teil ins gG.

IV. Rangfragen

1. Rangänderung

a) Allgemeines. Das Rangverhältnis kann nachträglich gemäß § 880 BGB geändert werden (ausführlich dazu: *Meikel/Böttcher* § 45 Rdn 101 ff). Erforderlich sind dazu die Einigung der beteiligten Gl und die Grundbucheintragung; beim Rangrücktritt eines Grundpfandrechts auch die Eigentümerzustimmung. Zur Berücksichtigung im gG muss eine erst nach dem Versteigerungsvermerk eingetragene Rangänderung angemeldet und eine das gG mindernde Rangänderung analog § 44 II vier Wochen vor dem Termin eingetragen sein. Bei Brandschaden am Versteigerungsobjekt tritt infolge Zahlung des Feuerversicherers an den Gl eines Grundpfandrechts nach § 104 VVG eine gesetzliche Rangänderung ein, die bei Aufstellung des gG zu beachten ist, wenn sie eingetragen oder angemeldet worden ist (LG Lüneburg Rpfleger 1988, 112). 15

b) Unmittelbar nacheinander eingetragene Rechte. Vollzieht sich ein Rangtausch zwischen zwei unmittelbar aufeinander folgenden Rechten, so ist die Auswirkung einfach: "sie tauschen die Plätze", dh das eine Recht tritt jeweils an die Stelle des anderen (*Meikel/Böttcher* § 45 Rdn 134). 16

c) Zwischenrechte. Vorhandensein von Zwischenrechten Befindet sich zwischen den beteiligten Rechten ein anderes (oder mehrere) Rechte, so wird das Zwischenrecht von der Rangänderung nicht berührt (§ 880 V BGB), dh es darf weder Vorteile erlangen, noch Nachteile erleiden (ausführlich dazu: *Meikel/Böttcher* § 45 Rdn 135–139). 17

aa) Rechte, die auf einen Geldbetrag gerichtet sind.

III 1	A	20 000 €	A räumt C	III 3	C	6 000 €
III 2	B	12 000 €	den Vorrang	III 1 a	A	14 000 €
III 3	C	6 000 €	ein.	III 2	B	12 000 €
				III 1 b	A	6 000 €

18

Betreibt C, so fallen nur die Kosten nach § 109 und Ansprüche aus § 10 I Nr 1–3 ins gG; betreibt A, so ist dazu noch III 3 ins gG einzustellen; betreibt B, so werden noch III 3 und III 1 a ins gG aufgenommen.

bb) Beteiligung von nicht auf einen Geldbetrag gerichteten Rechten. Rechte aus Abt II des GB setzen sich bei der ZwVerst im Falle des Erlöschens am Erlös fort, dh es wird ein Ersatzwert gebildet. Soweit sie aber nicht von Anfang an auf den Anspruch einer Zahlung in Geld gerichtet sind, sind sie rechnerisch nicht teilbar und können deshalb selbst dann nicht gesplittet werden, wenn ein Höchstbetrag (§ 882 BGB) im GB eingetragen ist. 19

§§ 44, 45 [Feststellung des geringsten Gebots]

Beispiel:

II 1	A	Vorkaufsrecht	(100 000 € Ersatzwert)
III 1	B	Grundschuld	(100 000 €)
III 2	C	Hypothek	(80 000 €)

A hat C den Vorrang eingeräumt.

20 (1) Der Gl des Rechts III 1 ist betreibender Gl. Nach der ursprünglichen Rangfolge ging dem Recht III 1 das Vorkaufsrecht vor und deshalb dürfen ihm nach der Rangänderung zwar auch Rechte im Wert von 100 000 € vorgehen; da das Recht II 1, auf das nach 80 000 € für III 2 rechnerisch noch ein Anteil von 20 000 € entfiele, aber nicht teilbar ist, kann dieses Rangverhältnis nur durch ein von Amts wegen vorzunehmendes Doppelausgebot berücksichtigt werden; einmal unter Berücksichtigung der Rangänderung, dh das Recht III 2 bleibt bestehen, und einmal ohne Rangänderung, dh nur das Recht II 1 bleibt bestehen (OLG Hamm Rpfleger 1985, 246; *Dassler/Hintzen* § 44 Rdn 84 **aA** *Stöber* § 44 Rdn 6.4; *Morvilius* MittBayNot 2005, 477). Für die Zuschlagsentscheidung gilt: Ist der Zwischenberechtigte B bei beiden Ausgebotsarten voll gedeckt, so wird der Zuschlag auf das Ausgebot erteilt, das die Rangänderung berücksichtigt. Ist volle Deckung nur beim Ausgebot ohne Rangänderung gewährleistet, so ist darauf der Zuschlag zu erteilen. Erlangt der Zwischenberechtigte B nur bei dem Ausgebot unter Berücksichtigung der Rangänderung volle Deckung, so will die hM auch darauf zuschlagen (*Muth 2* R Rdn 38; *Drischler* RpflJB 1960, 347, 369). Dem kann nicht gefolgt werden, denn das Zwischenrecht III 1 darf auch keinen Vorteil aus der Rangänderung erfahren (§ 880 V BGB); vielmehr ist auf das Ausgebot ohne Rangänderung zuzuschlagen (*Eickmann,* ZVG, § 10 III 2 b bb). Erlangt der Zwischenberechtigte B bei keinem Ausgebot volle Deckung, so ist immer zur Vermeidung von Nach- oder Vorteilen (§ 880 V BGB) auf das Ausgebot ohne Rangänderung zuzuschlagen (*Eickmann,* ZVG, § 10 III 2 b cc **aA** OLG Hamm Rpfleger 1985, 246 wenn das Ausgebot mit Rangänderung das bessere ist).

21 (2) Der Gl des Rechts III 2 ist betreibender Gl. Wegen des Rangrücktritts kann das Vorkaufsrecht II 1 im Verhältnis zu beiden Rechten der Abt III nicht als bestehen bleibendes Recht in das gG aufgenommen werden. Das Zwischenrecht III 1 ist von der Rangänderung zwischen II 1 und III 2 nicht betroffen und würde im Verhältnis zu III 2 ohne Rangänderung bestehen bleiben. Wegen § 880 V BGB muss es auch nach dem Rangtausch so behandelt werden, dh es wird in das gG aufgenommen, ist somit "versteigerungsfest" (*Steiner/Eickmann* § 44 Rdn 74).

22 d) Rangrücktritt mehrerer Rechte. In diesem Fall behalten die zurücktretenden Rechte untereinander ihre alte Rangordnung, gleichgültig, ob die Rücktritte gleichzeitig oder nacheinander geschehen (*Meikel/Böttcher* § 45 Rdn 140).

IV. Rangfragen §§ 44, 45

e) Rangvortritt mehrerer Rechte. Wird der Vortritt mehrerer 23
Rechte gleichzeitig gebucht, so bleibt ihr Rangverhältnis untereinander
gewahrt (*Meikel/Böttcher* § 45 Rdn 142). Werden jedoch die Rangänderungen zeitlich nacheinander gebucht, so geht das zuerst aufgerückte
Recht auch dann dem später aufgerückten vor, wenn es ursprünglich
rangschlechter war (*Meikel/Böttcher* § 45 Rdn 143).

f) Gleichrang eines beteiligten Rechts. aa) Das vortretende Recht hatte Gleichrang.

III 1	A	50 000 €				
III 2	B	40 000 €	↔	III 3	C	30 000 €
A räumt C den Vorrang ein.						
III 3	C	30 000 €				
III 1a	A	20 000 €				
III 2	B	40 000 €	↔	III 1 b	A	30 000 €

24

Betreibt C, so fallen nur die Kosten nach § 109 und Ansprüche aus
§ 10 I Nr 1–3 ins gG; betreibt A, so ist dazu noch III 3 ins gG einzustellen;
betreibt B, so werden III 3 und III 1 a ins gG aufgenommen.

bb) Das zurücktretende Recht hatte Gleichrang.

III 1	A	30 000 €	↔	III 2	B	40 000 €
III 3	C	50 000 €				
A tritt hinter C zurück.						
III 3a	C	30 000 €	↔	III 2	B	40 000 €
III 3b	C	20 000 €				
III 1	A	30 000 €				

25

Betreiben B oder C, so fallen nur die Kosten nach § 109 und Ansprüche aus § 10 I Nr 1–3 ins gG; betreibt A, so sind dazu III 3 a, III 2 und
III 3 b in das gG einzustellen.

g) Rangänderung für Teilbeträge. aa) Ein Teilbetrag tritt zurück.

III 1	A	5000 €				
III 2	B	4000 €				
III 3	C	3000 €				
III 1 tritt mit 3000 € hinter III 3 zurück						
III 3	C	3000 €	↔	III 1a	A	2000 €
III 2	B	4000 €				
III 1b	A	3000 €				

26

Betreiben A oder C, so fallen nur die Kosten nach § 109 und Ansprüche aus § 10 I Nr 1–3 ins gG; betreibt B, so sind dazu III 3 und III 1 a
in das gG einzustellen.

§§ 44, 45 [Feststellung des geringsten Gebots]

bb) Ein Teilbetrag tritt vor.

27
III 1	A	5000 €
III 2	B	4000 €
III 3	C	3000 €

III 1 räumt einen Teilbetrag von 1000 € des III 3 den Vorrang ein.

III 3 a	C	1000 €
III 1 a	A	4000 €
III 2	B	4000 €
III 1 b	A	1000 €
III 3 b	C	2000 €

Betreibt C, so fallen nur die Kosten nach § 109 und Ansprüche aus § 10 I Nr 1–3 ins gG; betreibt A, so ist dazu noch III 3 a ins gG einzustellen; betreibt B, so werden III 3 a und III 1 a ins gG aufgenommen.

28   **h) Erlöschen des zurückgetretenen Rechts.** Wird das zurückgetretene Recht durch Rechtsgeschäft aufgehoben (§ 875 BGB), so bleibt dem vorgetretenen Recht der eingeräumte Vorrang erhalten (§ 880 IV BGB). Erlischt das zurückgetretene Recht aus anderen Gründen (zB kraft Gesetzes), so geht der eingeräumte Vorrang verloren und das vorgetretene Recht tritt wieder an seine alte Rangstelle zurück (*Meikel/Böttcher* § 45 Rdn 156). Soll die nunmehr wieder geltende alte Rangordnung von Amts wegen berücksichtigt werden, so muss der Erlöschensgrund grundbuchersichtlich sein; ansonsten muss der jetzt geltende Rang angemeldet werden.

29   **i) Erlöschen des vorgetretenen Rechts.** Ist das vorgetretene Recht erloschen, so tritt wegen § 880 V BGB stets die alte Rangfolge wieder ein, dh das zurückgetretene Recht steht wieder vor dem Zwischenrecht (*Meikel/Böttcher* § 45 Rdn 158); dies gilt für alle Erlöschensgründe. Wurde das vorgetretene Recht vor der Eintragung des Versteigerungsvermerks gelöscht, muss die alte Rangordnung von Amts wegen berücksichtigt werden; bei Löschung danach nur auf Anmeldung.

2. Rangvorbehalt

30   Rangvorbehalt teilt das Schicksal des mit ihm belasteten Rechts; bleibt letzteres bestehen, so gilt dies auch für den RV, erlischt es, so erlischt auch der RV. Wurde der RV bereits vor Eintragung des Versteigerungsvemerks ausgeübt und folgen belastendes und ausübendes Recht unmittelbar aufeinander, dh sind keine Zwischenrechte vorhanden, so hat dies die Wirkung einer Rangänderung gemäß § 880 BGB (*Meikel/Böttcher* § 45 Rdn 201). Das ausübende Recht steht dann im gG, wenn das belastete Recht die ZwVerst betreibt; keines der beiden Rechte ist in das gG aufzunehmen, wenn das ausübende Recht betreibt. Ist ein Zwischenrecht eingetragen und der ausgeübte RV von Amts wegen oder auf Anmeldung zu berücksichtigen, so sind folgende Grundsätze zu beachten

V. Berücksichtigung der Rechte und Ansprüche im gG **§§ 44, 45**

(vgl *Steiner/Eickmann* § 44 Rdn 88–92; *Dassler/Hintzen* § 44 Rdn 97 – 106; *Stöber* § 44 Rdn 6.5; *Muth* 2 R Rdn 65–70):

Beispiel:
Im GB sind eingetragen 31

III 1	A	10 000 €	mit RV zu 15 000 €
III 2	B	20 000 €	
III 3	C	15 000 €	

(1) Bei Betreiben von C bleibt kein Recht bestehen. C nicht, weil er betreibt; A nicht, weil er sich C vorgehen lassen muss; B nicht, weil er keinen Nachteil erleidet, denn er wäre auch bei Betreiben des A nicht ins gG gefallen

(2) Bei Betreiben des B muss sich dieser einen Betrag von 10 000 € vorgehen lassen; insoweit bleibt das Recht des C bestehen.

(3) Bei Betreiben von A bleibt kein Recht bestehen. A nicht, weil er betreibt; B nicht, weil er A im Range nachgeht; das ausübende Recht C kann auch nicht bestehen bleiben, weil es kleiner als das Zwischenrecht B ist (§ 881 IV BGB!); wäre das Recht des C größer als das Zwischenrecht B, so wäre es in Höhe des Unterschiedsbetrags C–B in das gG einzustellen.

V. Berücksichtigung der Rechte und Ansprüche im gG (§ 45)

1. Allgemeines

§ 45 regelt, auf welche Weise Gläubigeransprüche und -rechte bei der Aufstellung des gG zu berücksichtigen sind. Für das Verteilungsverfahren gilt die Vorschrift nicht; dort findet § 114 Anwendung. Eine Anmeldung, die nach § 45 für das gG vorgenommen wurde, wirkt aber natürlich für das Verteilungsverfahren weiter. 32

Von Amts wegen werden gemäß § 45 in das gG aufgenommen: 33
– die nach § 109 zu berücksichtigenden Verfahrenskosten;
– die Stammrechte und einmaligen Nebenleistungen (*Klawikowski* Rpfleger 1996, 528) der Klasse § 10 I Nr 4, soweit sie zurzeit der Eintragung des Versteigerungsvermerks grundbuchersichtlich waren;
– die laufenden wiederkehrenden Leistungen (§ 13 I 1) der berücksichtigungsfähigen Rechte der Klasse § 10 I Nr 4.

Auf Anmeldung werden aufgenommen: 34
– Ansprüche der Klassen § 10 I Nr 1–3;
– Kosten der Rechtsverfolgung (§ 10 II) und rückständige wiederkehrenden Leistungen aus eingetragenen Rechten (§ 13 I 2);
– Ansprüche aus Rechten, die erst nach dem Versteigerungsvermerk eingetragen worden sind;
– Ansprüche aus nicht im GB eingetragenen Rechten (zB § 10 I 5; vgl dazu § 114 I 2).

2. Von Amts wegen zu berücksichtigende Rechte

35 **a) Kosten nach § 109.** Kosten nach § 109 werden von Amts wegen berücksichtigt (§ 44 I, § 49 I).

36 **b) Ansprüche gem. § 10 I Nr. 4.** Ansprüche der Klassen § 10 I Nr 4 sind von Amts wegen zu berücksichigen, wenn das Recht vor oder spätestens gleichzeitig (vgl §§ 37, 38 Rdn 12) mit dem Versteigerungsvermerk gebucht worden ist (§ 45 I). Für die Grundbuchersichtlichkeit kommt es nur auf das GB selbst an, nicht auf die Mitteilungen des GBA gemäß § 19 II. Auch der teilweise oder völlige Übergang des Rechts auf eine andere Person (evtl nach dem Versteigerungsvermerk) ändert am Bestand des Rechts nichts, mit dem es im gG aufzunehmen ist; lediglich für die Frage des Berechtigten ist dies von Bedeutung.

37 **c) Wiederkehrende Leistungen.** Laufende wiederkehrende Leistungen dinglicher Rechte sind von Amts wegen zu berücksichtigen (§ 45 II). Laufend sind die am letzten Fälligkeitstermin vor der Beschlagnahme fällig gewordenen sowie die bis zum Zeitpunkt des § 47 weiter anfallenden Beträge (§ 13 I 1).

3. Anmeldebedürftige Rechte und Ansprüche

38 **a) Einzelfälle.** vgl dazu §§ 37, 38 Rdn 12, 13.

39 **b) Anmeldung. aa) Rechtsnatur.** Die Anmeldung ist eine Verfahrenshandlung, deren Voraussetzungen und Wirkungen im Verfahrensrecht geregelt sind. Zu prüfen sind daher die Beteiligten (Partei-)fähigkeit und die Prozessfähigkeit sowie die ordnungsgemäße Vertretung (§ 80 I, § 88 II ZPO).

40 **bb) Form.** Eine bestimmte Form ist nicht vorgeschrieben. Deshalb kann die Anmeldung schriftlich, zu Protokoll der Geschäftsstelle oder des Gerichts im Termin, notfalls sogar telegrafisch oder fernmündlich erklärt werden (BGHZ 21, 30).

41 **cc) Adressat.** Die Anmeldung ist stets an das VollstrG zu richten. Besteht eine zentrale Einlaufstelle beim AG, so ist dafür Sorge zu tragen, dass die Anmeldungen unverzüglich zum Rechtspfleger gelangen.

42 **dd) Frist.** Nach § 37 Nr 4 muss die Anmeldung spätestens vor der Aufforderung zur Abgabe von Geboten (§ 66 II) im Versteigerungstermin geschehen. Dabei genügt der rechtzeitige Eingang bei der zentralen Einlaufstelle oder einer Zweigstelle des Gerichts, dem das VollstrG angehört. Kommt es zB nach §§ 74 a, 85, 85 a zu einer Wiederholung des Versteigerungstermins, so ist eine für den ersten Termin verspätete Anmeldung im zweiten Termin wirksam.

V. Berücksichtigung der Rechte und Ansprüche im gG §§ 44, 45

ee) Inhalt. Anmeldung ist die an das VollstrG gerichtete Erklärung 43
des Berechtigten, dass sein Recht (Anspruch) bei der Feststellung des gG
berücksichtigt werden soll (BGHZ 21, 30). Sie muss den Rechtsgrund,
Rang und bei Zahlungsansprüchen einen bestimmten Betrag beinhalten.

ff) Rücknahme. Als Verfahrenshandlung ist die Anmeldung rück- 44
nehmbar (*Stöber* § 37 Rdn 5.17). Ab dem Eingang der Rücknahme beim
VollstrG kann die Anmeldung nicht mehr beim gG berücksichtigt werden. Erfolgt die Rücknahme bzw Einschränkung der Anmeldung nach
Versteigerungsbeginn, so ist dies trotzdem kein Anlass zu einem Abbruch
der Bietzeit.

gg) Minderanmeldung.

Beispiel: 45
Von Amts wegen wären 12% laufende Zinsen aus 70 000,– € für 1. 10. 2004–
31. 10. 2005 (= 9100,– €) zu berücksichtigen (§§ 45 II, 114 II).
(1) Der Berechtigte hat angemeldet, er mache die Zinsen nur aus einem Betrag
von 40 000,– € geltend (§§ 37 Nr 4, 45 II, 114 I);
(2) Der Berechtigte hat die 12% Zinsen aus der vollen Hauptsache nur für
die vom 1. 1. 2005–31. 10. 2005 angemeldet; im Übrigen hat er auf die weitere
Geltendmachung ausdrücklich verzichtet.
(3) Der Berechtigte ist der Anordnungsgläubiger. Er hat die ZwVerst beantragt
wegen der vollen Hauptsache und den Zinsen vom 1. 1. 2005–31. 10. 2005.

In allen Fällen schränkt die Anmeldung den Betrag ein, der sonst –
ohne Anmeldung – von Amts wegen nach den GB zu berücksichtigen
wäre (§§ 45, 114); nach hM wird für den Gl dann auch nur der geringere
angemeldete Betrag berücksichtigt (OLG Oldenburg NdsRpfl 1988, 8;
Stöber § 45 Rdn 7; *Steiner/Eickmann* § 45 Rdn 34; *Steiner/Teufel* § 114
Rdn 33). Dies gilt sowohl für das gG (**aA** *Warias* RpflStud 1980, 78) als
auch für den TLP (**aA** LG Frankenthal Rpfleger 1986, 232) und folgt
aus dem auch in der ZwVerst zu beachtenden allgemeinen prozessualen
Grundsatz "ne ultra petita" (§ 308 ZPO). Diese Sachbehandlung ist nicht
nur bei der ausdrücklichen Minderanmeldung wie in Alternative (2)
gerechtfertigt (OLG Oldenburg Rpfleger 1980, 485), sondern mit der
hM (aaO) auch bei der konkludenten Minderanmeldung in Alternative
(1). In der Praxis empfiehlt sich im letzteren Fall eine Aufklärung gem
§ 139 ZPO. Eine Minderanmeldung kann **nur bei einer ausdrücklichen Anmeldung** gemäß § 45 I 1, II, § 114 I 1, II berücksichtigt werden, **nicht dagegen bei der fingierten Anmeldung nach § 114 I 2**
(*Stöber* § 45 Rdn 7.1); wird daher das Verfahren ua nur wegen eines
Teils der laufenden Zinsen betrieben und erfolgt dann keine Anmeldung
mehr, müssen von Amts wegen trotzdem die vollen laufenden Zinsen
berücksichtigt werden; so bei der Altenative (3). Der Gl verzichtet durch
die Minderanmeldung als Prozesshandlung nicht auf seine materiellen
Ansprüche, sondern nur auf ihre Geltendmachung in diesem Zwangsver-

steigerungsverfahren (*Stöber* § 45 Rdn 7.4). Eine Minderanmeldung zum gG behält aber auch ihre Wirkung bei der Erlösverteilung (*Meyer-Stolte* Rpfleger 1986, 232, 233). Wenn der weitergehende Anspruch dann trotzdem im Verteilungsverfahren geltend gemacht wird, so kann er nur mit dem Rangverlust nach § 110 berücksichtigt werden (*Stöber* § 45 Rdn 7.3).

46 **hh) Unzulässige Anmeldung.** Unzulässig ist eine Anmeldung, wenn sie durch einen dazu nicht Berechtigten erklärt ist oder einen Anspruch zum Gegenstand hat, der nach § 10 kein Recht auf Befriedigung aus dem Grundstück gewährt. Die Behandlung solcher Anmeldungen ist streitig. Sie sollen einfach unberücksichtigt bleiben (*Stöber* § 37 Rdn 5.18), oder dem Anmeldenden soll formlos mitgeteilt werden, dass und weshalb die Anmeldung keine Berücksichtigung findet. Nach richtiger Ansicht muss nach § 115 II entschieden werden, dh durch **Zurückweisung** (*Steiner/Teufel* § 37, 38 Rdn 50 a E und § 114 Rdn 44–46).

47 **ii) Wirkungen.** vgl dazu §§ 37, 38 Rdn 15.

48 **jj) Mängel.** vgl dazu §§ 37, 38 Rdn 16.

49 **c) Glaubhaftmachung.** Ein anmeldepflichtiges Recht (Anspruch) ist glaubhaft zu machen auf Widerspruch des Anordnungs- oder eines Beitrittsgläubigers (§ 37 Nr 4, § 45 I); nicht bei Widerspruch des Schu oder eines anderen Beteiligten. Ein betreibender Gl kann der Anmeldung nur widersprechen, wenn der Anmeldende Rang vor ihm oder zumindest gleich mit ihm hat; ansonsten fehlt das Rechtsschutzbedürfnis. Eine Ausnahme gilt nach § 45 II für Rückstände wiederkehrender Leistungen; für sie kann eine Glaubhaftmachung nicht verlangt werden. Der Widerspruch kann formlos erhoben werden und bedarf keiner Begründung. Die Glaubhaftmachung ist danach vom VollstrG durch Beschluss anzuordnen. Für sie gilt § 294 ZPO.

d) Hausgeldansprüche der Wohnungseigentümergemein-
50 **schaft.** Vgl dazu § 10 Rdn 22.

4. Nicht zu berücksichtigende Rechte und Ansprüche

51 **a) Nichtbestehende Rechte.** Rechte, deren Nichtbestehen durch rechtskräftiges Urteil festgestellt ist, werden im gG nicht berücksichtigt.

52 **b) Verfügungsbeeinträchtigungen.** Verfügungsbeeinträchtigungen haben keinen wirtschaftlichen Wert, der sicherzustellen wäre; somit bleiben sie unbeachtet im gG (OLG Hamm Rpfleger 1968, 403; *Steiner/Eickmann* § 44 Rdn 36): Insolvenzvermerk; Testamentsvollstreckervermerk; Nacherbenvermerk; Vermerk über die Nachlassverwaltung; Verfügungsverbote auf Grund einstweiliger Verfügung (§§ 935, 938 ZPO) oder gerichtlicher Pfändung (§§ 829, 857 ZPO).

V. Berücksichtigung der Rechte und Ansprüche im gG §§ 44, 45

c) Nichtige Rechte. Nichtige Rechte (zB Gesamtzwangshypothek, Mietrecht im GB, nicht unterzeichnete Eintragungen, Zwangshypothek unter 750 €) sind im gG nicht zu berücksichtigen; die Nichtigkeit muss zweifelsfrei vorliegen. 53

d) Erloschene Rechte. Erloschene Rechte finden im gG keine Berücksichtigung; das Erlöschen muss objektiv feststehen (OLG Hamm OLGZ 1967, 57). Dazu gehören die rechtsgeschäftlich auf die Lebensdauer des Berechtigten beschränkten Rechte und die kraft Gesetzes mit dem Tode des Berechtigten erlöschenden Rechte (Nießbrauch § 1061 BGB; beschränkte persönliche Dienstbarkeit §§ 1090 II, 1061 BGB), sofern der Todesnachweis in urkundlicher Form geführt worden ist. Handelt es sich dabei um **Rechte, bei denen Rückstände möglich sind** (vgl dazu *Meikel/Böttcher* §§ 23, 24 Rdn 31 ff: Grundpfandrechte, Reallast, Vorkaufsrecht, Nießbrauch, Erbbaurecht, Grunddienstbarkeit mit § 1021 BGB, Dauerwohn- und Dauernutzungsrecht mit § 33 IV Nr 2–4 WEG, beschränkte persönliche Dienstbarkeit und Wohnungsrecht mit Unterhaltspflichten) und kein Löschungserleichterungsvermerk gemäß § 23 II GBO eingetragen ist (vgl dazu *Meikel/Böttcher* §§ 23, 24 Rdn 49 ff), so müssen solche Rechte innerhalb des Sperrjahres des § 23 I GBO stets, nach Ablauf des Sperrjahres jedenfalls dann berücksichtigt werden, wenn der Berechtigte (= Rechtsnachfolger des Eingetragenen) der Nichtberücksichtigung widerspricht (*Steiner/Eickmann* § 44 Rdn 33 **aA** *Morvilius* in D/MV 4. Kap Rdn 239). 54

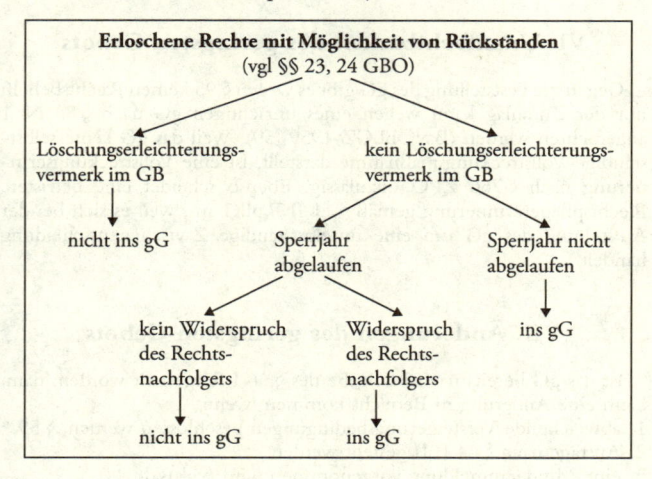

Erloschene Rechte mit Möglichkeit von Rückständen
(vgl §§ 23, 24 GBO)

Löschungserleichterungsvermerk im GB
→ nicht ins gG

kein Löschungserleichterungsvermerk im GB
→ Sperrjahr abgelaufen
  - kein Widerspruch des Rechtsnachfolgers → nicht ins gG
  - Widerspruch des Rechtsnachfolgers → ins gG
→ Sperrjahr nicht abgelaufen → ins gG

§§ 44, 45 [Feststellung des geringsten Gebots]

55 Vom VollstrG ist auch das **Erlöschen eines Grundpfandrechts** auf Grund Befriedigung durch den Zwangsverwalter (§ 1181 I BGB) oder in einer anderen ZwVerst über ein mithaftendes Grundstück gemäß § 1181 II BGB zu beachten; daran ändert auch eine Liegenbelassungsvereinbarung (§ 91 II) nichts (OLG Hamm OLGZ 1967, 57). Eine Eigentumsvormerkung ist bei der ZwVerst aus einem eigentumsvormerkungswidrigen Finanzierungsgrundpfandrecht dann nicht in das gG aufzunehmen, wenn der eigentumsvormerkungsberechtigte Käufer der Grundpfandrechtsbestellung zugestimmt hat (*Lehmann* NJW 1993, 1558, 1559); vgl dazu § 52 Rdn 3.

56 e) **Löschungsreife Rechte.** Werden dem VollstrG die Unterlagen vorgelegt, die das GBA zur Löschung des Rechts im GB berechtigen würden, so braucht dieses Recht nicht im gG berücksichtigt werden (RGZ 57, 209, 211; OLG Hamm OLGZ 1967, 57 **aA** *Steiner/Teufel* § 114 Rdn 21 für den TLP). Dem VollstrG müssen vorgelegt werden eine Löschungsbewilligung des Betroffenen (§ 19 GBO) in öffentlich beglaubigter Form (§ 29 I 1 GBO), Mitbewilligung des Eigentümers in gleicher Form bei Löschung eines Grundpfandrechts (§§ 27, 29 I 1 GBO), evtl vormundschaftsgerichtliche Genehmigung usw. Die übliche formlose Antragserklärung (§§ 13, 30 GBO) braucht nicht vorgelegt werden, da diese unterstellt werden kann, wenn die sonstigen Löschungsunterlagen eingereicht werden.

VI. Unanfechtbarkeit des geringsten Gebots

57 Gegen die Feststellung des gG gibt es wegen § 95 keinen Rechtsbehelf; nur der Zuschlag kann wegen eines unrichtigen gG nach § 83 Nr 1 angefochten werden (BayObLGZ 1959, 50). Weil das gG keine selbstständige Vollstreckungsmaßnahme darstellt, ist eine Vollstreckungserinnerung nach § 766 ZPO unzulässig. Ebenso scheidet eine befristete Rechtspflegererinnerung gemäß § 11 II RpflG aus, weil es sich bei der Aufstellung des gG um eine unselbstständige Zwischenentscheidung handelt.

VII. Änderungen des geringsten Gebots

58 Ist das gG bereits nach Maßgabe des § 66 I festgestellt worden, dann kann eine Änderung in Betracht kommen, wenn
1. abweichende Versteigerungsbedingungen beschlossen werden, § 59,
2. Anträge nach § 64 I, II gestellt werden,
3. eine Minderanmeldung vorgenommen wird (vgl Rdn 44),

4. durch Rücknahme oder Einschränkung der Anmeldung der Anspruch eines in das gG eingestellten Gl nicht mehr aufrechterhalten oder beschränkt wird,
5. der bestrangig Betreibende sein Verfahren einstellt oder aufhebt, so dass das gG dann nach dem Anspruch des nächstrangigen Gl neu festgestellt werden muss,
6. die Anmeldung einer nach dem Versteigerungsvermerk eingetragenen Rangänderung erfolgt, die zu einem neuen bestrangig Betreibenden führt,
7. eine Anmeldung den Anspruch eines in das gG eingestellten Gl erweitert.

VIII. Einzelne Rechte im gG

1. Altenteil

Geht es dem Bestbetreibenden im Rang vor, bleibt es bestehen (§§ 52, 91 I) und wird in das gG aufgenommen. Nach § 51 II ist ein Zuzahlungsbetrag zu bestimmen. Kosten (§ 10 II) sowie Ansprüche auf wiederkehrende Leistungen (§ 46) werden im bar zu zahlenden Teil des gG berücksichtigt. Geht das Altenteil des Bestbetreibenden im Rang nach, so ist § 9 EGZVG zu beachten; vgl dazu **§ 52 Rdn 12** und **§ 59 Rdn 26, 27**. 59

2. Baulast (vgl § 10 Rdn 43)

Sie hat keinen grundbuchmäßigen Rang, kann daher nicht in das Gefüge des § 10 eingeordnet und nicht in das gG eingestellt werden (*Drischler* Rpfleger 1986, 289, 290; *Stöber* § 66 Rdn 6.5); vgl im Übrigen **§ 56 Rdn 7**. 60

3. Dauerwohn- und Dauernutzungsrecht

Dauerwohn- und Dauernutzungsrecht (§ 31 WEG). Geht es dem Bestbetreibenden im Rang vor, bleibt es bestehen (§§ 52, 91 I) und wird in das gG aufgenommen. Andernfalls erlischt es grundsätzlich. Wegen der Besonderheit des § 39 WEG vgl **§ 52 Rdn 14**. 61

4. Eigentümerrechte

Lastet ein Eigentümergrundpfandrecht, zB nach § 1196 BGB, oder ein von der Rechtssprechung zugelassenes Eigentümerrecht in Abt II des GB (zB Eigentümernießbrauch, vgl OLG Düsseldorf NJW 1961, 561) am Vollstreckungsobjekt, und ist dieses vor der Beschlagnahme (§ 22) eingetragen worden, fällt es in Rangklasse § 10 I Nr 4. Hat es Rang vor dem bestrangig betreibenden Gl, bleibt es bestehen und ist in das gG aufzunehmen (§§ 52, 91 I). Dies gilt für ein Eigentümergrund- 62 pfandrecht auch dann, wenn für einen nachrangigen Grundpfandrechtsgläubiger eine Löschungsvormerkung eingetragen ist (§ 1179 BGB) oder ein gesetzlicher Löschungsanspruch (§ 1179 a BGB) besteht. Zinsen aus einer Eigentümergrundschuld werden nicht berücksichtigt (§ 1197 II BGB); dies gilt nicht für den Pfandgläubiger (OLG Köln NJW 1959, 2167; LG Hof Rpfleger 1965, 369 **aA** *Stöber* § 44 Rdn 5.4, § 114 Rdn 6.10) und den Insolvenzverwalter (*Steiner/Eickmann* § 44 Rdn 105; MünchKomm/*Eickmann* § 1197 Rdn 8 **aA** RGZ 60, 359, 362; *Stöber* § 44 Rdn 5.4, § 114 Rdn 6.11; *Bayer* AcP 189, 470, 481), weil bei diesen Personen der Zweck der Vorschrift (= kein Nebeneinander von Grundstücksnutzung und Zinsgenuss in einer Person) nicht greift. Da für das gG der Berechtigte eines bestehengebliebenen Rechts nicht von Bedeutung ist, braucht das VollstrG bei der Aufstellung des gG auch nicht zu prüfen, ob aus einem Fremdgrundpfandrecht evtl eine Eigentümergrundschuld (zB nach § 1163 I 2 BGB) entstanden ist. Stellt sich bei einem als Fremdgrundpfandrecht in das gG aufgenommenem Recht heraus, dass an seine Stelle ein Eigentümergrundpfandrecht getreten ist, so bleibt es nach dem Zuschlag bestehen und damit gedeckt (BGH NJW 1961, 1352); das für den Vollstreckungsschuldner bestehende Eigentümerrecht verwandelt sich nach Zuschlagsverteilung in ein Fremdgrundpfandrecht.

5. Erbbaurecht

63 Es hat immer erste Rangstelle am Grundstück (§ 10 ErbbauRG). Deshalb bleibt es bestehen, wenn aus den Rangklassen § 10 I Nr 4 oder Nr 5 die ZwVerst betrieben wird. Gleiches gilt auf Grund § 25 ErbbauRG, wenn aus § 10 I Nr 3 betrieben wird.

6. Gesamtrecht

64 Es wird in voller Höhe im gG berücksichtigt, da jedes belastete Grundstück auch dafür haftet (§ 1132 II BGB). Dies gilt unabhängig davon, ob nur eines oder einige oder alle betroffenen Grundstücke versteigert werden, ob in mehreren oder in einem gemäß § 18 verbundenen Verfahren; eine Ausnahme besteht bei der Verteilung des Gesamtrechts gemäß § 64 (vgl dort).

7. Höchstbetragshypothek

65 Sie belastet das Grundstück in voller Höhe des eingetragenen Geldbetrags, ist also kein bedingtes Recht; unbestimmt ist nur die Person des Berechtigten. Die Zinsen sind bereits im Höchstbetrag enthalten (§ 1190 II BGB). Kosten der Rechtsverfolgung sind auf Anmeldung zu berücksichtigen (*Stöber* § 44 Rdn 5.12).

VIII. Einzelne Rechte im gG §§ 44, 45

8. Nebenrechte

Ein bestehen bleibendes Grundstücksrecht kann mit einem Pfandrecht oder einem Nießbrauch belastet sein oder ein Widerspruch bzw eine Verfügungsbeeinträchtigung (zB Nacherbenvermerk) kann sich dagegen richten. Diese Nebenrechte lasten auch nach einer ZwVerst am Hauptrecht. Deren Aufnahme in das gG ist zwar gesetzlich nicht vorgeschrieben, empfiehlt sich aber trotzdem (*Stöber* § 44 Rdn 5.17). **66**

9. Sicherungsgrundschuld

Sie ist von der gesicherten Forderung unabhängig und daher voll in das gG aufzunehmen, wenn sie dem bestrangig betreibenden Gl im Rang vorgeht (§§ 52, 91 I). Daran ändert sich nichts, wenn die gesicherte Forderung ganz oder teilweise nicht entstanden bzw wieder erloschen ist (*Steiner/Eickmann* § 44 Rdn 109). Anmeldungen, die sich zweifelsfrei auf die Forderung beziehen (zB Verzicht), haben keinerlei Auswirkungen (*Steiner/Eickmann* § 44 Rdn 110). **67**

10. Tilgungshypothek

a) Annuitäten. Sie liegt dann vor, wenn einheitliche, gleich bleibende Leistungen bestehend aus Nebenleistungen (= Zinsen, sonstige Nebenleistungen) und Tilgungsanteile, zu entrichten sind, bei denen sich durch das Absinken des Zinsanteils der Tilgungsanteil entsprechend, innerhalb des gleich bleibenden Gesamtbetrags (= Annuitäten), erhöht; MünchKomm/*Eickmann* § 1113 Rdn 88). Da hier nur eine einheitliche wiederkehrende Leistung geschuldet wird, kann sie auch nur in dieser einheitlichen Form in das gG eingestellt werden. Dabei gilt die Regel des **§ 45 für die Annuitäten,** dh von Amts wegen werden die laufenden Beträge aufgenommen, die Rückstände müssen angemeldet werden. **68**

b) Nebenleistungen. Die Nebenleistungen (= Zinsen und sonstige Nebenleistungen) altern, dh sie werden in § 10 I Nr 4 nur mit den laufenden Beträgen und 2 Jahre Rückstände berücksichtigt; ältere Rückstände in § 10 I Nr 8. Als Endzeitpunkt im gG gilt § 47, dh sie werden bis 2 Wochen nach dem Versteigerungstermin berücksichtigt (*Steiner/Eickmann* § 47 Rdn 8). **69**

c) Tilgungsanteile. Tilgungsanteile altern nicht, dh werden ohne die zeitliche Beschränkung des § 10 I Nr 4 in den bar zu zahlenden Teil des gG aufgenommen (vgl § 10 Rdn 51; *Stöber* § 49 Rdn 5.2). Nach hM findet auch § 47 keine Anwendung bei diesen Kapitalnebenleistungen, dh nur die vor dem Versteigerungstermin bereits fällig gewordenen Beträge kommen ins Bargebot des gG (*Steiner/Eickmann* § 47 Rdn 8 und § 52 Rdn 14). **70**

§§ 44, 45 [Feststellung des geringsten Gebots]

71   d) Höhe des Bargebots. In Höhe der im Bargebot berücksichtigten Tilgungsraten erlischt die Hypothek nach § 1181 I BGB (*Steiner/Eickmann* § 44 Rdn 116). Da der Gl des Rechts keine doppelte Berücksichtigung beanspruchen kann, ist das Kapital der nach § 52 I 1 als bestehen bleibend zu berücksichtigenden Hypothek um die im Bargebot enthaltenen Tilgungsanteile zu kürzen. Dies gilt auch für die Teilungsversteigerung, da dies ebenfalls ein Zwangsvollstreckungsverfahren ist (§ 180 Rdn 3).

72   e) Eigentümergrundschuld. Die durch teilweise Tilgung einer bestehen gebliebenen Tilgungshypothek entstandene Eigentümergrundschuld hat der Ersteher vom Zuschlag an zu verzinsen (BGHZ 67, 291). § 1177 I 2 BGB findet auf eine durch Tilgung einer Tilgungshypothek entstandene Eigentümergrundschuld auch hinsichtlich der Kündigung Anwendung (BGHZ 71, 206).

73   f) Beispiel:.

Beschlagnahmezeitpunkt:	12. 3. 2009
Versteigerungstermin:	16. 6. 2009
Bestbetr. Gl:	§ 10 I Nr 5

Hypothek ohne Brief zu 40 000 € der Hypobank München für ein Annuitätendarlehen; es sind (Zins nachträglich) wiederkehrende Leistungen von 12% p. a. zu entrichten und angemeldet, die sich nach dem Tilgungsplan zusammensetzen aus

	Zins	Verwaltungskosten	Geldbeschaffungskosten	Tilgung
per 31.12.04	2000 €	200 €	400 €	–
per 31.06.05	2000 €	200 €	400 €	–
per 31.12.05	2000 €	200 €	–	400 €
per 30.06.06	1950 €	200 €	–	450 €
per 31.12.06	1900 €	200 €	–	500 €
per 30.06.07	1850 €	200 €	–	550 €
per 31.12.07	1800 €	200 €	–	600 €
per 30.06.08	1750 €	200 €	–	650 €
per 31.12.08	1700 €	200 €	–	700 €
per 30.06.09	1650 €	200 €	–	750 €

I. Bar zu zahlender Teil Hypothek ohne Brief zu 40 000 € für Hypobank München
   1. Kosten: keine
   2. Wiederkehrende Leistungen
a) Zinsen vom 1.7. 2006–30. 6. 2009 (letzte Fälligkeit vor Beschlagnahme ist 31. 12. 2008 für 1. 7. 2008–31. 12. 2008 bis 14 Tage nach Termin = 30. 6. 2009; 2 Jahre Rückstände = 1. 7. 2006–30. 6. 2008) 1900 € + 1850 € + 1800 € + 1750 € + 1700 € + 1650 € = 10 650 €   10 650 €
b) Verwaltungskosten
   (Berechnung wie Zinsen) 6 x 200 € = 1200 €   1200 €
c) Geldbeschaffungskosten (nicht im Rahmen des § 10 I Nr 4)   0 €

VIII. Einzelne Rechte im gG **§§ 44, 45**

d) Tilgungsanteile
(ab 31.12. 2005, da ohne zeitliche Beschränkung; bis 31.12.
2008 = letzte Fälligkeit vor Termin)
400 € + 450 € + 500 € + 550 € + 600 € + 650 € + 700 € = 3850 €   3850 €

15 700 €

II. Bestehenbleibende Rechte Hypothek ohne Brief zu 40 000 € für
Hypobank München in Höhe von (vom Nennbetrag ist wegen
§ 1181 I BGB der im Bargebot enthaltene Tilgungsanteil von
3850 € abzuziehen   36 150 €

11. Vorkaufsrecht

Das für mehrere Verkaufsfälle bestellte Vorkaufsrecht wird in das gG als **74**
bestehen bleibendes Recht aufgenommen, wenn es dem bestbetreibenden
Gl im Rang vorgeht (§§ 52, 91 I). Dagegen kann ein nur für einen Verkaufsfall bestelltes Recht nicht in das gG aufgenommen werden, denn es handelt
sich um ein Recht, von dem ja feststeht, dass es gerade nicht bestehen bleiben wird (*Steiner/Eickmann* § 44 Rdn 119 **aA** *Dassler/Hintzen* § 44 Rdn 34;
Stöber § 44 Rdn 5.27). Es erlischt, weil es wegen § 471 BGB nicht ausgeübt
werden kann. Wird es dennoch in das gG aufgenommen, so erlischt es
ungeachtet des § 52 I, denn das Erlöschen ist keine Folge der ZwVerst, sondern des materiellen Rechts (*Steiner/Eickmann* § 52 Rdn 40). Ein Vorkaufsrecht nach § 306 ZGB in den neuen Bundesländern ist wie ein Vorkaufsrecht nur für den ersten Verkaufsfall zu behandeln (§ 307 III ZGB).

12. Zwangssicherungshypothek

Sie ist wie eine Sicherungshypothek gemäß § 1184 BGB zu behandeln. **75**
Geht sie dem bestrangig betreibenden Gl im Rang vor, bleibt sie bestehen
im gG; andernfalls erlischt sie (§§ 52, 91 I). Die Zwangshypothek bleibt
auch bestehen, wenn ihr Gl aus der gesicherten persönlichen Forderung
die ZwVerst betreibt. Für die Berücksichtigung der Zwangssicherungshypothek ist das Bestehen der zugrundeliegenden Forderung nicht nachzuweisen. Für die Abgrenzung der laufenden von den rückständigen
Zinsen (vgl § 10 I Nr 4) ist auf § 13 III abzustellen, dh die laufenden
Zinsen beginnen mit dem Beschlagnahmetag. Für die Eintragungskosten
haftet das Grundstück kraft Gesetzes (§ 867 I 3 ZPO), was bedeutet, dass
diese Kosten nur auf Grund einer Anmeldung berücksichtigt werden
können ohne im GB dinglich gesichert zu sein. Andere Kosten (zB
Prozesskosten für den Titel, Zustellungskosten, Kosten früherer Vollstreckungsmaßnahmen) können nur geltend gemacht werden, wenn für sie
die GB-Eintragung erfolgte.

13. ZGB-Hypothek

ZGB-Hypotheken in den neuen Bundesländern (§§ 452 ff ZGB- **76**
DDR) fallen in die Rangklasse 4 des § 10 I. Sie kommen ins gG, wenn

sie dem bestbetreibenden Gl im Rang vorgehen. Eine ZGB-Hypothek entstand ungeachtet ihrer GB-Eintragungen erst, wenn die zu sichernde Forderung entstanden war (§ 454 I ZGB; BGH ZIP 1995, 167); davor gab es auch keine Eigentümergrundschuld. In analoger Anwendung des § 48 müssen diese unter einer Rechtsbedingung stehenden Hypotheken wie wirksam entstandene Hypotheken behandelt werden im gG; wenn eine bestehengebliebene Hypothek dann tatsächlich nicht besteht bei Zuschlagserteilung muss der Ersteher Zuzahlung leisten gemäß § 50 I (*Eickmann* ZIR 1997, 61, 66). Nach § 453 II ZGB-DDR bestimmt sich der Rang einer Hypothek nach dem Zeitpunkt des Entstehens, dh grundsätzlich nach dem Zeitpunkt der Eintragung (§ 453 I 3 ZGB-DDR = Tempusprinzip). In Ergänzung dazu haben Aufbauhypotheken, die vor dem 1.7.1990 zur Eintragung beantragt wurden, den Vorrang vor anderen Hypotheken (§ 456 III ZGB-DDR). Dieser Vorrang besteht somit nicht gegenüber Rechten in Abt II des GB (zB Mitbenutzungsrechten). Dann können sich relative Rangverhältnisse ergeben.

Beispiel
(nach *Eickmann* ZIR 1997, 61, 66):

Abt II Nr 1	Mitbenutzungsrecht	(1.6.1982)
Abt III Nr 1	Hypothek für A	(1.10.1980)
Abt III Nr 2	Aufbauhypothek für B	(1.3.1983)

Die Hypothek für A hat Vorrang ggü dem Mitbenutzungsrecht und Nachrang ggü der Aufbauhypothek für B. Das Mitbenutzungsrecht hat Vorrang ggü der Aufbauhypothek für B und Nachrang ggü der Hypothek für A. Die Aufbauhypothek für B hat Vorrang ggü der Hypothek für A und Nachrang ggü dem Mitbenutzungsrecht.

Betreibt der Gl B aus der Aufbauhypothek III 2 die ZwVerst, kommt keines der Rechte ins gG: III 2 nicht als betreibendes Recht, III 1 nicht als nachrangiges Recht und II 1 auch nicht, da es auch bei Betreiben durch III 1 nicht ins gG gekommen wäre (*Eickmann* aaO).

Betreibt der Gl A aus der Hypothek III 1 die ZwVerst, fällt dieses Recht ebenso wenig ins gG wie das nachrangige Mitbenutzungsrecht II 1. Für die Aufbauhypothek III 2 ist zu unterscheiden: Ist das Recht im Umfang nicht größer als der Wert des Mitbenutzungsrechts II 1, kommt es nicht ins gG (analoge Anwendung von § 880 IV BGB). Ist dagegen III 2 umfangmäßig größer als das Mitbenutzungsrechts II 1, so ist es in Höhe des Unterschiedsbetrags in das gG aufzunehmen (*Eickmann* aaO).

IX. Beispiel

1. Grundbuchstand

77 Amtsgericht Regensburg Gemarkung Prüfering Band 10 Blatt 309.
Bestandsverzeichnis: Flst 100.

IX. Beispiel **§§ 44, 45**

Abteilung I: Hans Hauser
Abteilung II und III (bereits in der Rangfolge des § 879 BGB):

III 1: Hypothek zu 20 000 € der Sparkasse Regensburg mit 6 % Zinsen kalenderhalbjährlich nachzahlbar.
II 1: Wohnungsrecht für Anna Arm, 80 Jahre alt, Wert monatlich 200,- €.
III 2: Grundschuld ohne Brief zu 40 000 € der Dresdner Bank AG, mit 9 % Zinsen kalenderjährlich nachträglich fällig.
III 3: Grundschuld zu 20 000 € der Vereinsbank Regensburg, mit 12 Zinsen fällig am 13. 3. und 13. 9. jeden Jahres für das jeweilige Kalenderhalbjahr.
III 4: Vormerkung zur Sicherung des Anspruchs auf Eintragung einer zinslosen Grundschuld ohne Brief zu 12 000 € der Darlehenskasse R-Stadt.
III 5: Zwangs-Sicherungshypothek zu 10 000 € für Roland Poll, mit 12 % Zinsen.
III 6: Eigentümergrundschuld zu 30 000 €, mit 4 % Zinsen zahlbar kalendervierteljährlich im nachhinein.
II 2: Zwangsversteigerungsvermerk.

2. Anmeldung

– Stadt Regensburg: Grundsteuer ab 1. 1. 2006 mit kalendervierteljährlich 30,- €
– Stadtkasse Regensburg: Erschließungsbeitrag (für Straßenbau) in Höhe von 5000,- €, fällig seit 15. 9. 2005.
– Schornsteinfeger Schwarz: Kehrgebühren für das letzte Quartal 2008 in Höhe von 30,- €.
– Verfahrenskosten: 4000,- €.
– Dresdner Bank AG (III 2): Zinsen ab 1. 1. 2005.
– Roland Poll (III 5): 400,- € spezifizierte RA-Kosten für Versteigerungsverfahren; Zinsen seit 1. 1. 2009.

3. Geringstes Gebot (§ 44 I)

In dem Verfahren zur Zwangsversteigerung des im Grundbuch des Amtsgerichts Regensburg für die Gemarkung Prüfering Band 10 Blatt 309 auf den Namen von
Hauser Hans, geb 7. 8. 1950, Regensburg
eingetragenen Beschlagnahmegrundstücks

Flst 100	Moritzbergerstraße 22; Wohnhaus, Nebengebäude, Garten zu	505 qm

Allgemeine Feststellungen:
– Beschlagnahme: 13. 3. 2009
– Versteigerungstermin 17. 7. 2009
– Verkehrswert: 250 000 €
– Bestrangig betr. Gl: Persönlicher Gl wegen 10 000 € aus einem Endurteil.

I. Bestehenbleibende Rechte (§ 52 I)

1. Hypothek Abt III Nr 1
der Sparkasse Regensburg (§ 45 I, § 10 I 4)   20 000 €

§§ 44, 45 [Feststellung des geringsten Gebots]

2. Wohnungsrecht Abt II Nr 1
 für Anna Arm (§ 45 I, § 10 I 4)
 gemäß § 51 II gewertet auf . . . . 16 800 €
3. Grundschuld ohne Brief Abt III Nr 2
 der Dresdner Bank AG (§ 45 I, § 10 I 4) . . . . 40 000 €
4. Grundschuld Abt III Nr 3
 der Vereinsbank Regensburg (§ 45 I, § 10 I 4) . . . . 20 000 €
5. Vormerkung zur Sicherung des Anspruchs auf Eintragung einer
 Grundschuld ohne Brief Abt III Nr 4 der Darlehenskasse R-
 Stadt (§ 48, § 45 I, § 10 I 4) . . . . 12 000 €
6. Zwangs-Sicherungshypothek Abt III Nr 5 für Roland Poll (§ 45
 I, § 10 I 4) . . . . 10 000 €
7. Eigentümergrundschuld Abt III Nr 6 (§ 45 I, § 10 I 4) . . . . . . 30 000 €

Gesamtbetrag der bestehenbleibenden Rechte: 148 800 €

II. Bar zu zahlender Teil (§ 49 I)

1. Verfahrenskosten (§ 109 I) . . . . 4000,– €
2. Stadt Regensburg: Grundsteuer (§ 10 I 3 § 45 I)
 vom 1. 1. 2009–31. 7. 2009 (§ 13 I 1 § 47 I 1) . . . . 70,– €
 vom 1. 1. 2007–31. 12. 2008 (§ 13 I 2) . . . . 240,– €
 310,– €
 Die Grundsteuer für 1. 1. 2006–31. 12. 2006 fällt in § 10 I 7.
3. Stadtkasse Regensburg
 Erschließungsbeitrag (§ 10 I 3, § 45 I) . . . . 5000,– €
4. Schornsteinfeger Schwarz
 Kehrgebühren (§ 10 I 3, § 45 I) . . . . 30,– €
5. Sparkasse Regensburg
 Ansprüche aus der Hypothek Abt III Nr 1 zu 20 000 €
 (§ 12 Nr 2, § 10 I 4)
 6 % Zinsen für 1. 7. 2008–31. 7. 2009 (§ 45 II, § 13 I 1, § 47 I 1) 1300,– €
6. Wohnungsrecht Abt II Nr 1 für Anna Arm: keine Kosten, keine
 laufenden Leistungen.
7. Dresdner Bank AG
 Ansprüche aus der Grundschuld Abt III Nr 2 zu 40 000 €
 (§ 12 Nr 2, § 10 I 4) 9 % Zinsen für
 1. 1. 2008–31. 7. 2009 (§ 45 II, § 13 I 1, § 47 I 1) . . . . 5700,– €
 1. 1. 2006–31. 12. 2007 (§ 45 II; § 13 I 2) . . . . 7200,– €
 12 900,– €
 Die Zinsen für 1. 1. 2005–31. 12. 2005 fallen in § 10 I 8.
8. Vereinsbank Regensburg
 Ansprüche aus der Grundschuld Abt III Nr 3 zu 20 000 €
 (§ 12 Nr 2, § 10 I 4)
 12 % Zinsen für 1. 7. 2008–31. 7. 2009 (§ 45 II, § 13 I 1, § 47 I 1) 2600,– €
9. Vormerkung Abt III Nr 4 für R-Stadt: keine Kosten, keine laufenden Leistungen.
10. Roland Poll
 Ansprüche aus der Zwangssicherungshypothek Abt III Nr 5 zu
 10 000 €, und zwar
 a) Kosten der Rechtsverfolgung (§ 12 Nr 1, § 10 II) . . . . 400,– €

§ 46

b) 12% Zinsen für (§ 12 Nr 2, § 10 I 4) 1. 1. 2009–31. 7. 2009 (§ 45 II, § 13 I, § 47 I 1)	700,– €
	1100,– €
11. Eigentümergrundschuld Abt III Nr 6: keine Kosten keine Zinsen (§ 1197 II BGB)	
Gesamtbetrag des bar zu zahlenden Teils	27 240,– €
III. Zusammenfassung	
Bestehenbleibende Rechte	148 800,– €
Bar zu zahlender Teil	27 240,– €
Wirtschaftliches Gebot	176 040,– €

§ 46 [Wiederkehrende Naturalleistungen]

Für wiederkehrende Leistungen, die nicht in Geld bestehen, hat das Gericht einen Geldbetrag festzusetzen, auch wenn ein solcher nicht angemeldet ist.

1. Allgemeines

Wiederkehrende Leistungen eines dinglichen Rechts sind im gG in den bar zu zahlenden Teil aufzunehmen (§ 49 I, § 12 Nr 2). Handelt es sich dabei um Sachleistungen, so bestimmt § 46 dafür die Umrechnung in Geld. Die Norm gilt für alle Versteigerungsverfahren. **1**

2. Wiederkehrende Leistungen

Wiederkehrende Leistungen, die nicht in Geld bestehen, sind in § 10 I Nr 3 Kirchen- und Schullasten, Wegebaulasten oder ähnliche Dienstleistungen, in § 10 I Nr 4 Leistungen aus einer Reallast oder einem Altenteil oder einer Dienstbarkeit im Rahmen des § 1021 I BGB sowie der Erbbauzins, wenn er in der Form der Sachleistung vereinbart ist. **2**

3. Festsetzung eines Geldbetrages

a) Notwendigkeit einer Feststellung ist stets gegeben, und zwar unabhängig davon, ob eine Anmeldung vorliegt oder nicht (*Steiner/Eickmann* Rdn 5; *Stöber* Rdn 2.2 **aA** OLG Celle NdsRpfl 1951, 139). **3**

b) Maßgeblicher Zeitpunkt des festzusetzenden Wertes ist der der Fälligkeit der Leistungen, nicht der Wert bei Bestellung oder Eintragung des Rechts. **4**

c) Verfahren . Vor der Festsetzung ist der Gl anzuhören. Erforderlichenfalls kann auch ein Sachverständigengutachten erholt werden. Eine Anmeldung begrenzt den festzusetzenden Betrag nach oben (§ 308 I ZPO). Im Übrigen besteht jedoch keine Bindung an die Anmeldung (*Steiner/Eickmann* Rdn 6), dh gemäß gerichtlichem Ermessen ist ein adäquater Wertersatz in Geld festzusetzen. Halten die Beteiligten die Festset- **5**

§ 47 [Wiederkehrende Geld(eistungen]

zung für zu hoch, so kommt eine Zuschlagsanfechtung nicht in Betracht mangels Beeinträchtigung (§ 84), aber der Widerspruch gegen den Teilungsplan. Hält der Berechtigte die Festsetzung für zu niedrig, so kann er den Zuschlag anfechten oder den Mehrbetrag zur Verteilung anmelden, allerdings mit dem Rangverlust nach § 110.

6   **d) Wirkungen.** Die Festsetzung hat Geltung für das gG, aber keinen Einfluss auf den Zuzahlungswert nach § 51 oder die Berechnung der 5/10-Grenze des § 85a oder die der 7/10-Grenze des § 74 a. Sie ist auch in der Verteilung zu berücksichtigen, dh die Festsetzung ersetzt für die Verteilung Anmeldung und Glaubhaftmachung (*Steiner/Eickmann* Rdn 10; *Dassler/Hintzen* Rdn 4 aA *Stöber* Rdn 2.4).

§ 47 [Wiederkehrende Geld(eistungen]

Laufende Beträge regelmäßig wiederkehrender Leistungen sind für die Zeit bis zum Ablaufe von zwei Wochen nach dem Versteigerungstermine zu decken. Nicht regelmäßig wiederkehrende Leistungen werden mit den Beträgen berücksichtigt, welche vor dem Ablaufe dieser Frist zu entrichten sind.

1. Allgemeines

1   Bei bestehen bleibenden Rechten werden die wiederkehrenden Leistungen bis zum Zuschlag aus dem Versteigerungserlös gedeckt (§ 56 S 2). Da jedoch der Zuschlag nicht immer sogleich im Versteigerungstermin erteilt wird (vgl § 87), schreibt § 47 für die wiederkehrenden Leistungen eine Berücksichtigung bis zum Ablauf von zwei Wochen nach dem Versteigerungstermin vor. Diese Norm gilt nur für das gG. Erfolgt die Zuschlagserteilung erst nach der Frist des § 47, und zwar auf ein Gebot in Höhe des gG, so stellt der entstehende Ausfall des Rangletzten im gG auf Grund der größeren Ansprüche der vorgehenden Gl keinen Zuschlagsversagungsgrund dar (*Stöber*, ZVG, Rdn 250; *Eickmann*, ZVG, § 10 II 1 b). Ein Verstoß gegen § 47 ist dann unbeachtlich, wenn das abgegebene Meistbargebot das geringste Bargebot unter Beachtung des § 47 übertrifft (LG Frankfurt Rpfleger 1988, 494; LG Lübeck SchlHA 1973, 129).

2. Wiederkehrende Leistungen

2   Regelmäßig wiederkehrende Leistungen sind – ohne Rücksicht auf die Fälligkeit – bis zwei Wochen nach dem Versteigerungstermin zu decken (§ 47 S 1). Werden sie nur bis einschließlich des Tages vor dem Versteigerungstermin angemeldet, so hat das VollstrG trotzdem fünfzehn Tage (nicht nur vierzehn) hinzuzurechnen (*Stöber* Rdn 2.6). Dazu gehören in § 10 I Nr 3 die Grundsteuern und Schornsteinfegergebühren, in § 10 I Nr 4 die Zinsen, Verwaltungskostenbeiträge, Bürgschaftsgebühren,

§ 48

Geldbeschaffungskosten sowie Entschädigungen für eine höhere Auszahlung bei Grundpfandrechten und die Hauptleistungen aus einer Reallast (also auch die Altenteilsrenten, auch der Erbbauzins).

3. Nicht regelmäßig wiederkehrende Leistungen

Sie werden mit den Beträgen berücksichtigt, welche vor dem Ablauf 3
der zwei Wochen nach dem Versteigerungstermin fällig werden (§ 47 S 2). Sie werden dann ihrem ganzen Umfang nach aufgenommen. Dazu gehören Kanal- und Straßenkostenbeiträge und Kirchenbaulasten.

4. Sonderfälle

§ 47 geht davon aus, dass an die zu berücksichtigenden Beträge sich 4
die fortlaufende Leistungspflicht des Erstehers (§ 56 S 2) anschließt. Bei folgenden im gG zu berücksichtigenden Ansprüchen ist die Hauptsache jedoch bar zu decken und eine künftige Zahlungspflicht des Erstehers entfällt:
– Anspruch eines bisher bestbetreibenden persönlichen Gl (§ 10 I Nr 5) nach seiner Verfahrenseinstellung;
– Sicherungshypothek im Falle der Wiederversteigerung (§ 128 IV);
– Zwangsverwaltungsvorschüsse (§ 10 I Nr 1).
Zur Wahrung des Deckungsgrundsatzes sind die Zinsen usw aus diesen Ansprüchen bis zum mutmaßlichen Verteilungstermin, und nicht nur bis zu zwei Wochen nach dem Versteigerungstermin zu berücksichtigen.

§ 48 [Bedingte Rechte; Vormerkung und Widerspruch]

Bedingte Rechte sind wie unbedingte Rechte, die durch Eintragung eines Widerspruchs oder einer Vormerkung gesichert sind, wie eingetragene Rechte zu berücksichtigen.

1. Allgemeines

Damit der Umfang des gG als wichtigste Versteigerungsbedingung 1
umfangmäßig endgültig entsteht, schreibt § 48 für bedingte, vormerkungs- bzw widerspruchsgesicherte Rechte vor, sie wie bereits endgültig entstandene Rechte zu behandeln Die Norm gilt nur für das gG. Regeln für das Verteilungsverfahren enthalten die §§ 119, 120, 125.

2. Bedingte Rechte

Bedingte Rechte (§ 158 BGB) werden im gG wie unbedingte behan- 2
delt (§ 48); zu beachten sind dabei die §§ 50, 51. Die Bedingung kann eine auflösende oder eine aufschiebende sein. Die Höchstbetragshypothek ist kein bedingtes Recht nach § 48, da sie das Grundstück in voller Höhe belastet und nur der wirkliche Berechtigte offen ist (*Stöber*, ZVG,

§ 48 [Bedingte Rechte; Vormerkung und Widerspruch]

Rdn 257; *Steiner/Eickmann* Rdn 11). Steht objektiv fest, dass eine aufschiebende Bedingung nicht mehr eintreten kann oder eine auflösende Bedingung eingetreten ist, dann bleibt das ursprünglich bedingte Recht ohne Beachtung im gG (*Stöber* Rdn 2.2). Dies ist idR nur dann der Fall, wenn diese Sachlage mittels rechtskräftigen Urteils oder durch formgerechte Löschungsbewilligung (§§ 19, 29 GBO) dem VollstrG nachgewiesen ist (RGZ 57, 209).

3. Vormerkungsgesicherte Rechte

3   Vormerkungsgesicherte Rechte (§ 883 BGB, §§ 18 II, 76 II GBO) werden bei der Erstellung des gG so behandelt, als seien sie selbst schon eingetragen (§ 48); zu beachten sind dabei die §§ 50, 51. Dies gilt jedoch nur für Vormerkungen, die eine Belastungserweiterung sichern, also Vormerkungen auf Neubestellung eines Rechts oder auf belastungsmäßige Erhöhung eines bestehenden Rechts (BGHZ 53, 42). Nicht unter § 48 fallen daher Vormerkungen auf Übertragung und Aufhebung eines Rechts, auf Rangänderung und auf Einräumung eines Rechts an einem Recht; solche Vormerkungen bleiben als Nebenrechte mit der Aufnahme des betroffenen Rechts in das gG mit bestehen. Ein vormerkungsgesichertes Recht bleibt dann unberücksichtigt, wenn durch rechtskräftiges Urteil oder formgerechte Löschungsbewilligung (§§ 19, 29 GBO) nachgewiesen wird, dass der vorgemerkte Anspruch nicht besteht. Eine Auflassungsvormerkung, die dem Anspruch des bestbetreibenden Gl vorgeht, ist in das gG aufzunehmen, und zwar auch dann, wenn die Vormerkung einen bedingten Auflassungsanspruch sichert (BGHZ 46, 124). Ein Ersteher hat bei Geltendmachung der bestehen gebliebenen Vormerkung das Grundstück an den Vormerkungsberechtigten herauszugeben, und zwar ohne Anspruch auf die ausstehende Gegenleistung (*Steiner/Eickmann* Rdn 21; RGRK/*Augustin* § 883 Rdn 98); der Ersteher tritt nämlich nicht in den Kaufvertrag ein. Das Wiederkaufsrecht nach § 20 RSiedlG ist wie eine Auflassungsvormerkung zu behandeln (BGHZ 57, 356).

4. Widerspruchsgesicherte Rechte

4   Widerspruchsgesicherte Rechte (§ 899 BGB; §§ 18 II, 53 GBO) werden bei der Erstellung des gG wie eingetragene Rechte behandelt (§ 48); zu beachten sind dabei die §§ 50, 51. Dies gilt jedoch nur für Widersprüche, die eine Belastungserweiterung sichern, also Widersprüche gegen die Löschung eines Rechts oder gegen die Nichteintragung eines außerhalb des GB entstandenen Rechts. Nicht unter § 48 fallen daher Widersprüche gegen das Eigentum (vgl dazu § 28 Rdn 36), gegen den aus dem GB ersichtlichen Rang, gegen das Bestehen eines eingetragenen Rechts und gegen einen eingetragenen Berechtigten. Solche Widersprüche bleiben als Nebenrechte mit der Aufnahme des betroffenen Rechts in das

gG nicht bestehen. Ein widerspruchsgesichertes Recht bleibt dann unberücksichtigt, wenn durch rechtskräftiges Urteil oder formgerechte Löschungsbewilligung (§§ 19, 29 GBO) nachgewiesen wird, dass der Berichtigungsanspruch nicht besteht.

5. Betagte Rechte

Betagte Rechte, dh Rechte, deren Fälligkeit hinausgeschoben ist, fallen nicht unter § 48. Bei den bestehen bleibenden Rechten wird ein betagter Anspruch in voller Höhe aufgenommen. Ist der betagte unverzinsliche Anspruch in das Bargebot aufzunehmen, so ist er in Analogie zu § 111 S 2 um den Zwischenzins zu kürzen, weil der Gl vor Fälligkeit berücksichtigt wird.

§ 49 [Bargebot]

^IDer Teil des geringsten Gebots, welcher zur Deckung der Kosten sowie der im § 10 Nr. 1 bis 3 und im § 12 Nr. 1, 2 bezeichneten Ansprüche bestimmt ist, desgleichen der das geringste Gebot übersteigende Betrag des Meistgebots ist von dem Ersteher vor dem Verteilungstermin zu berichten (Bargebot).
^{II}Das Bargebot ist von dem Zuschlag an zu verzinsen.
^{III}Das Bargebot ist so rechtzeitig durch Überweisung oder Einzahlung auf ein Konto der Gerichtskasse zu entrichten, dass der Betrag der Gerichtskasse vor dem Verteilungstermin gutgeschrieben ist und ein Nachweis hierüber im Termin vorliegt.
^{IV}Der Ersteher wird durch Hinterlegung von seiner Verbindlichkeit befreit, wenn die Hinterlegung und die Ausschließung der Rücknahme im Verteilungstermine nachgewiesen werden.

Schrifttum: *Böttcher,* Schuldner-, Bieter- und Ersteherzahlungen im Versteigerungsverfahren, ZfIR 2007, 597; *Kappelhoff,* Zahlung oder Hinterlegung des "Bar"-gebots gem § 49 ZVG, Rpfleger 1986, 353.

1. Begriffe

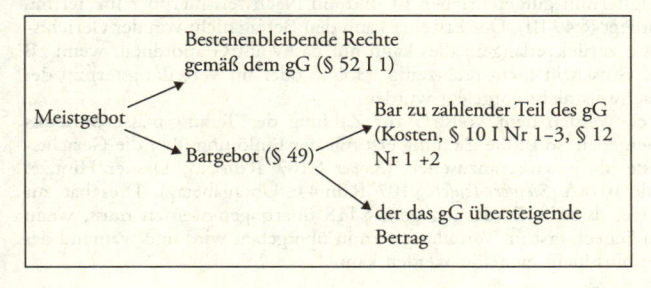

```
                    Bestehenbleibende Rechte
                    gemäß dem gG (§ 52 I 1)
                   ↗
                                          Bar zu zahlender Teil des gG
    Meistgebot                          ↗ (Kosten, § 10 I Nr 1–3, § 12
                                          Nr 1 +2
                   ↘ Bargebot (§ 49)
                                        ↘
                                          der das gG übersteigende
                                          Betrag
```

§ 49 [Bargebot]

2 **a) Meistgebot.** Es stellt den "Preis" dar, zu dem der Ersteher das Grundstück erwirbt, und besteht aus den bestehen bleibenden Rechten gemäß dem gG (§ 52 I 1) und dem Bargebot (§ 49).

3 **b) Bargebot.** Es umfasst den bar zu zahlenden Teil des gG (= Kosten, § 10 I Nr 1–3, § 12 Nr 1 und 2) sowie den das gG übersteigenden Betrag. Ein Bieter gibt immer nur das Bargebot ab, nicht das Meistgebot; um seine gesamte Verpflichtung zu erkennen, muss er die bestehen bleibenden Rechte in Gedanken dazuzählen. Darauf muss das VollstrG im Termin eindringlich hinweisen.

4 **c) Bar zu zahlender Teil des gG** (= geringstes Bargebot) enthält
– Kosten des Verfahrens (§ 109),
– Ansprüche der Rangklassen § 10 I Nr 1–3, falls sie nach dem Deckungsgrundsatz (§ 44) überhaupt ins gG aufzunehmen sind,
– Kosten der Rechtsverfolgung sowie die wiederkehrenden Leistungen aus den bestehen bleibenden Rechten (§ 12 Nr 1 und 2),
– Ansprüche der Rangklasse § 10 I Nr 5, wenn sie als zunächst bestrangige Betreibende ihr Verfahren dann einstellen, aber noch ein nachrangiger GI in § 10 I Nr 5 betreibt (*Stöber* Rdn 2.7).

2. Zahlungspflicht des Erstehers (§ 49 I)

5 **a)** Das Bargebot ist von dem Ersteher **vor dem Verteilungstermin** zu berichtigen.. Der Anspruch auf Bezahlung des Versteigerungserlöses gehört zum Vermögen des Vollstreckungsschuldners. Dieser erlangt das mit dem Vollstreckungspfandrecht der Beteiligten belastete Eigentum an dem Geld, wenn bezahlt wird. Eine Bargeldzahlung ist ausgeschlossen.

6 **b)** Das Bargebot ist zu entrichten durch **Überweisung oder Einzahlung auf ein Konto der Gerichtskasse** (§ 49 III). Werden die Aufgaben der Gerichtskassen durch die Gerichtszahlstellen wahrgenommen, so genügt die Überweisung oder Einzahlung auf ein Konto der Gerichtszahlstelle (*Hornung* NJW 1999, 460). Diese Art der Entrichtung des Bargebots verlangt, dass der Betrag der Gerichtskasse vor dem Verteilungstermin gutgeschrieben ist und ein Nachweis hierüber im Termin vorliegt (§ 49 III). Der Ersteher kann den Betrag nicht von der Gerichtskasse zurückverlangen; dies kann nur das VollstrG anordnen, wenn zB die Gutschrift nicht rechtzeitig erfolgte oder im Verteilungstermin der Nachweis nicht vorgelegt wurden.

7 **c)** Werden dem VollstrG zur Zahlung der Teilungsmasse **Schecks** übergeben, so ist die Zahlung erst mit der Einlösung über die Gerichtskasse als bewirkt anzusehen (*Stöber* § 107 Rdn 3.3; Dassler/Hintzen Rdn 10 **aA** *Steiner/Teufel* § 107 Rdn 44: Übergabetag). Dies hat zur Folge, dass die Forderung gem § 118 übertragen werden muss, wenn ein Scheck erst im Verteilungstermin übergeben wird und während des Termins nicht eingelöst werden kann.

§ 49

3. Hinterlegungsmöglichkeit (§ 49 IV)

a) Der Ersteher kann seiner Zahlungspflicht auch durch **Hinterlegung des Bargebots,** und zwar unter Ausschließung der Rücknahme (§ 376 II, § 378 BGB) nachkommen; dies muss im Verteilungstermin nachgewiesen werden. Eine wirksame Hinterlegung unter Rücknahmeverzicht bringt somit die Zahlungspflicht des Erstehers zum Erlöschen. Dies ist dann der Fall, wenn der Ersteher sein Bargebot bei der Hinterlegungskasse einbezahlt hat und die Hinterlegungsstelle die Annahme gemäß § 6 I HinterlO angeordnet hat (*Stöber* Rdn 5.1). Erfolgt die Zahlung mittels Postüberweisung, so entscheidet der Tag der Einzahlung bei der Post (§ 375 BGB). Bei bargeldloser Übermittlung ist auf den Tag abzustellen, an dem der Betrag der Kasse gutgeschrieben wird. Auch ein Teil des Bargebots kann hinterlegt werden. Erfolgt die Hinterlegung ohne Rücknahmeverzicht, so hat dies nicht das Erlöschen der Zahlungspflicht des Erstehers zur Folge. Die Kosten einer Hinterlegung hat der Ersteher zu tragen. Wenn wirksam hinterlegt wird, erlangt der Vollstreckungsschuldner eine Forderung gegen die Hinterlegungsstelle, allerdings belastet mit den Gläubigerpfandrechten; anstelle des versteigerten Grundstücks gehört der Anspruch auf Bezahlung des Versteigerungserlöses zum Vermögen des Vollstreckungsschuldners.

8

b) § 107 III stellt klar, dass ein zum Nachweis der **Sicherheitsleistung** auf das Konto der Gerichtskasse überwiesener Betrag auf die Zahlung des Meistbargebots angerechnet wird. Damit ist aber nicht gesagt, dass für diesen Betrag auch die Verzinsungspflicht entfällt. Denn dies ist nach § 49 IV nur dann der Fall, wenn der Betrag unter Verzicht auf die Rücknahme hinterlegt wird. Die Sicherheitsleistung kann aber nicht hinterlegt werden (vgl § 69). § 69 III 2 aF bestimmte noch, dass die Übergabe des Bargeldes für die Sicherheitsleistung an das Versteigerungsgericht die Wirkung einer Hinterlegung hatte; verzichtete der Bieter dann noch auf die Rücknahme, wurde er insoweit von der Verzinsungspflicht befreit (§ 49 IV). Die Nichtmitübernahme des § 69 III 2 aF in den neuen § 69 IV kann aber nicht dazu führen, dass für den bereits überwiesenen Betrag der Sicherheitsleistung eine förmliche Hinterlegung für den kurzen Zeitraum bis zum Verteilungstermin durchgeführt werden muss. Das Hinterlegungsverfahren wäre eine nicht zu rechtfertigende Förmelei. In analoger Anwendung des § 49 IV ist vielmehr davon auszugehen, dass die durch eine Überweisung auf ein Konto der Gerichtskasse bewirkte Sicherheitsleistung von der Verpflichtung zur Verzinsung des Meistbargebots (§ 49 II) befreit (*Böttcher* ZfIR 2007, 597, 602).

9

4. Verzinsungspflicht (§ 49 II)

Das Bargebot ist vom Tage der Zuschlagswirksamkeit (§§ 89, 104; dieser Tag einschließlich) bis zum Tage des Verteilungstermins (aus-

10

§§ 50, 51 [Erhöhung bei Nichthypothekenrechten]

schließlich dieses Tages) mit **4 % jährlich** zu verzinsen. Bei der Berechnung des Zinszeitraumes ist vom **Kalenderjahr und –tagen** auszugehen und nicht von 360 Tagen im Jahr und 30 Tagen im Monat (*Stöber* Rdn 3.4 **aA** *Dassler/Hintzen* Rdn 12). Die Verzinsungspflicht entfällt, wenn der Ersteher das Bargebot unter Verzicht auf die Rücknahme zur Verfügung des VollstrG bei der Hinterlegungsstelle des Amtsgerichts hinterlegt (§ 49 IV), und zwar mit dem Tag vor Wirksamkeit der befreienden Hinterlegung. Mit der Überweisung oder Einzahlung auf ein Konto der Gerichtskasse endet die Verzinsungspflicht nicht (*Stöber* Rdn 3.1). An der Verzinsungspflicht ändert sich nichts, wenn
a) eine Liegenbelassungsvereinbarung nach § 91 II vorgelegt wird,
b) die aus dem Bargebot zu deckenden Ansprüche unverzinslich sind,
c) der Ersteher vor dem Verteilungstermin einen hebungsberechtigten Gl außergerichtlich befriedigt (LG Berlin Rpfleger 1978, 33),
d) der Ersteher selbst hebungsberechtigt ist und eine Befriedigungserklärung abgibt (*Stöber* Rdn 3.3 **aA** *Steiner/Eickmann* Rdn 15).

§ 50 [Erhöhung des zu zahlenden Betrages]

^I**Soweit eine bei der Feststellung des geringsten Gebots berücksichtigte Hypothek, Grundschuld oder Rentenschuld nicht besteht, hat der Ersteher außer dem Bargebot auch den Betrag des berücksichtigten Kapitals zu zahlen. In Ansehung der Verzinslichkeit, des Zinssatzes, der Zahlungszeit, der Kündigung und des Zahlungsorts bleiben die für das berücksichtigte Recht getroffenen Bestimmungen maßgebend.**
^{II}**Das gleiche gilt:**
1. **wenn das Recht bedingt ist und die aufschiebende Bedingung ausfällt oder die auflösende Bedingung eintritt;**
2. **wenn das Recht noch an einem anderen Grundstücke besteht und an dem versteigerten Grundstücke nach den besonderen Vorschriften über die Gesamthypothek erlischt.**
^{III}**Haftet der Ersteher im Falle des Absatzes 2 Nr. 2 zugleich persönlich, so ist die Erhöhung des zu zahlenden Betrags ausgeschlossen, soweit der Ersteher nicht bereichert ist.**

§ 51 [Erhöhung bei Nichthypothekenrechten]

^I**Ist das berücksichtigte Recht nicht eine Hypothek, Grundschuld oder Rentenschuld, so finden die Vorschriften des § 50 entsprechende Anwendung. Der Ersteher hat statt des Kapitals den Betrag, um welchen sich der Wert des Grundstücks erhöht, drei Monate nach erfolgter Kündigung zu zahlen und von dem Zuschlag an zu verzinsen.**

§§ 50, 51

IIDer Betrag soll von dem Gerichte bei der Feststellung des geringsten Gebots bestimmt werden.

Schrifttum: *Alff,* Zur Bedeutung des Zuzahlungsbetrages nach § 51 Abs 2 ZVG in der Zwangsversteigerung, RpflStud 2003, 114; *Häsemeyer,* Vormerkung in der Zwangsversteigerung – Rechtskraftdurchbrechung bei einem Zuschlagsbeschluß, KTS 1971, 22; *Helwich,* Erbbaugrundstücke in der Zwangsversteigerung, Rpfleger 1989, 389; *Marcus,* Die Behandlung einer auf mehreren Grundstücken lastenden Reallast im Zwangsversteigerungsverfahren, Gruchot 56, 778; *Mayer,* Nicht entstandene und erloschene Rechte im geringsten Gebot, RpflStud 1980, 49; *Pöschl,* Das Erbbaurecht in der Zwangsversteigerung, BWNotZ 1956, 41; *Rogler,* Zuzahlungsansprüche in der Zwangsversteigerung: Bereicherungsrecht (insbesondere § 816 Abs. 2 BGB) oder § 50 ZVG analog?, ZNotP 2007, 322; *Schiffhauer,* Die Grunddienstbarkeit in der Zwangsversteigerung, Rpfleger 1975, 187; *Sichtermann,* Bewertung von Vorkaufsrechten, BB 1953, 543; *Stöber,* Die nach Inhaltsvereinbarung bestehenbleibende Erbbauzins-Reallast, Rpfleger, 1996, 136; *Streuer,* Bewertung des Erbbauzinses und des "reinen" Erbbauzinses in der Zwangsversteigerung des Erbbaurechts, Rpfleger 1997, 141.

Übersicht

	Rn.
I. Normzweck	1
II. Anwendungsbereich	2
1. Betroffene Rechte	2
2. Ins geringste Gebot eingestellte Rechte	3
3. Zuzahlungsfälle	4
4. Nichtanwendbarkeit	5
III. Das nicht bestehende Recht (§ 50 I 1, § 51 I 1)	6
1. Grundsatz	6
2. Ursachen	7
IV. Das bedingte Recht (§ 50 II Nr 1, § 51 I 1)	8
1. Grundsatz	8
2. Einzelfälle	9
a) Auflassungsvormerkung	9
b) Durch Vormerkung oder Widerspruch gesicherte Rechte	10
c) Löschungsanspruch gegen ein bestehen bleibendes Recht	11
V. Der Wegfall des Gesamtrechts (§ 50 II Nr 2, § 51 I 1)	12
1. Grundsatz	12
2. Einzelfälle	13
a) Grundpfandrechte	13
b) Rechte in Abteilung II des Grundbuches	22
3. Ausnahme des § 50 III	23
VI. Höhe des Zuzahlungsbetrages	24
1. Grundpfandrechte (§ 50 I)	24
2. Rechte in Abt II des Grundbuchs (§ 51 I 2)	25
a) Allgemein	25
b) Einzelfälle	26
VII. Verfahren	39

§§ 50, 51 [Erhöhung bei Nichthypothekenrechten]

1. Allgemein 39
2. Rechte in Abteilung II des Grundbuches (§ 51 II) .. 40

I. Normzweck

1 Das Meistgebot des Erstehers besteht neben seinem Bargebot auch aus den bestehen bleibenden Rechten, deren Kapitalbetrag damit einen Teil des "Kaufpreises" für das Grundstück darstellt. Belastet ein solches bestehen bleibendes Grundpfandrecht den Ersteher nicht (mehr) – sei es, dass es nicht besteht bzw nach den Regeln über bedingte Rechte oder nach den Regeln über die Gesamthaftung erlischt –, so käme dies dem Ersteher zugute, weil er das Grundstück "billiger" erlangt hätte, als die Versteigerungsbedingungen dies vorsahen. § 50 bestimmt daher für diese Fälle eine Zuzahlungspflicht für den Ersteher. § 51 überträgt diese Grundsätze auch auf Rechte in Abt II des GB.

II. Anwendungsbereich

1. Betroffene Rechte

2 § 50 regelt die Problematik hinsichtlich der Grundpfandrechte (= Hypothek, Grundschuld, Rentenschuld). § 51 erfasst alle in Abt II des GB eingetragenen beschränkten dinglichen Rechte (= Nießbrauch, Grunddienstbarkeit, Vorkaufsrecht, Reallast, Erbbauzins, Altenteil, Dauerwohnrecht, Erbbaurecht). Auch auf eine Auflassungsvormerkung ist § 51 jedenfalls entsprechend anzuwenden (BGHZ 36, 107, 124).

2. Ins geringste Gebot eingestellte Rechte

3 Die §§ 50, 51 gelten nur für Rechte, die in das gG aufzunehmen waren und auch aufgenommen wurden. Die Vorschriften sind auch anzuwenden, wenn ein Recht unter Verstoß gegen den Deckungsgrundsatz (§ 44) versehentlich ins gG kam (*Steiner/Eickmann* § 50 Rdn 53 **aA** *Dassler/ Hintzen* § 50 Rdn 3; *Stöber* § 50 Rdn 2.4). Eine analoge Anwendung ist geboten bei einer nicht eingetragenen altrechtlichen Dienstbarkeit und einem dem bestbetreibenden Recht gleich- oder nachrangigen Altenteil, für die das Landesrecht gemäß § 9 I EGZVG das Bestehen bleiben außerhalb des gG vorsieht (*Dassler/Hintzen* § 51 Rdn 8; *Schiffhauer* Rpfleger 1975, 187, 196; 1986, 326, 344; *Steiner/Eickmann* § 51 Rdn 5 **aA** *Stöber* § 51 Rdn 4.1). Gleiches gilt für eine gemäß § 9 III 1 Nr 1 ErbbauRG, § 52 II 2 bestehen bleibende Erbbauzins-Reallast (*Stöber* Rpfleger 1996, 136). Der gesetzgeberische Zweck, der für die Regelung des § 51 II besteht, gilt in diesen Fällen in gleicher Weise. Die §§ 50, 51 gelten

III. Das nicht bestehende Recht (§ 50 I 1, § 51 I 1) **§§ 50, 51**

dagegen nicht für erlöschende Rechte, die auf Grund des Deckungsgrundsatzes nicht ins gG kommen.

3. Zuzahlungsfälle

Zuzahlungsfälle bestehen bei 4
– Nichtbestehen eines Rechts (§§ 50 I 1, 51 I 1),
– Wegfall eines bedingten Rechts (§§ 50 II Nr 1, 51 I 1),
– Erlöschen eines Gesamtrechts (§§ 50 II Nr 2, 51 I 1),

4. Nichtanwendbarkeit

Nichtanwendbarkeit der §§ 50, 51 liegt vor bei 5
a) befristeten Rechten (*Steiner/Eickmann* § 50 Rdn 14),
b) Rechten, die auf einen anderen (auch den Ersteher) übergegangen sind (BGH MittBayNot 1993, 207, 208; *Steiner/Eickmann* § 50 Rdn 51),
c) Rechten, die versehentlich nicht ins gG aufgenommen wurden (RGZ 59, 266),
d) Rechten, die nur relativ unwirksam sind (RGZ 138, 126),
e) Rechten, die nach dem AnfG angefochten wurden (*Steiner/Eickmann* § 50 Rdn 56),
f) Grundschulden, die zwar bestehen geblieben sind, aber der Gl zur Rückgewähr verpflichtet ist, weil zB die gesicherte Forderung erloschen ist (BGH NJW 1993, 1919) oder aber der Gl unter Verstoß gegen den Rückgewähranspruch dem Ersteher eine Löschungsbewilligung erteilt hat (BGH NJW 1989, 1349); wird infolge der anschließenden Löschung der Grundschuld dem früheren Eigentümer eine Befriedigungschance genommen, kann diesem ein bereicherungsrechtlicher Ausgleichsanspruch aus § 816 II BGB zustehen (BGH ZflR 2008, 205 m zust Anm *Clemente*). Eine analoge Anwendung von § 50 kommt nicht in Betracht (BGH NJW 1993, 1919; *Stöber* § 50 Rdn 3.2 **aA** OLG Hamm MDR 2002, 1273; *Rogler* ZNotP 2007, 322).

III. Das nicht bestehende Recht (§ 50 I 1, § 51 I 1)

1. Grundsatz

Besteht ein im gG als bestehen bleibend angesetztes Recht im Zeit- 6 punkt des Wirksamwerdens des Zuschlags nicht (§§ 89, 104), besteht für den Ersteher eine Zuzahlungspflicht. Tritt das Erlöschen des Rechts erst nach der Zuschlagserteilung ein, so kommt der Vorteil dem Ersteher ohne Zuzahlungspflicht zugute. Der Zuschlagszeitpunkt ist deshalb entscheidend, weil mit dem Zuschlag die Ersteherrechte und -pflichten begründet werden (*Eickmann,* ZVG, § 12 II 1 a).

§§ 50, 51 [Erhöhung bei Nichthypothekenrechten]

2. Ursachen

7   Das Nichtbestehen eines Rechts kann beruhen auf
g) Mängel bei der dinglichen Einigung einschließlich deren Fehlen,
h) Eintragungsmängel (zB fehlende Unterzeichnung),
i) Erlöschen kraft Gesetzes, zB wenn ein Grundstück nach § 1026 BGB von einer Grunddienstbarkeit frei wird, ein Grundpfandrecht durch Befriedigung aus dem Grundstück erlischt (§ 1181 BGB), ein Recht mit dem Tode des Berechtigten erlischt (§ 1061; § 1090 II, § 1061; §§ 473, 1098 I BGB),
j) Eintragung von nichtigen oder inhaltlich unzulässigen Rechten.

IV. Das bedingte Recht (§ 50 II Nr 1, § 51 I 1)

1. Grundsatz

8   Wenn bei einem aufschiebend bedingten Recht die Bedingung entfällt oder bei einem auflösend bedingten Recht die Bedingung eintritt, trifft den Ersteher die Zuzahlungspflicht. Dabei ist es gleichgültig, ob der Wegfall des Rechts vor oder nach dem Zuschlag eintritt. Ursache dafür ist die dem Recht erkennbar (Grundbucheintrag!) anhaftende Unsicherheit des Bestandes, die von den Beteiligten mit ins Kalkül gezogen wird (*Eickmann*, ZVG, § 12 II 1 b).

2. Einzelfälle

9   **a) Auflassungsvormerkung.** gilt als bedingtes Recht iS dieser Vorschriften (BGHZ 36, 107, 124).

b) Durch Vormerkung oder Widerspruch gesicherte Rechte.
10   Da die Frage ihres Entstehens oder Bestehens offen ist, wird § 50 II Nr 1 auf sie analog angewendet (BGHZ 53, 47). Entsteht das vorgemerkte Recht nicht oder wird festgestellt, dass der Widerspruch zu Unrecht bestand, so hat der Ersteher Zuzahlung zu leisten.

c) Löschungsanspruch gegen ein bestehen bleibendes Recht.
11   Ist für den Gl eines nicht ins gG aufzunehmenden Rechts eine Löschungsvormerkung eingetragen oder besteht ein gesetzlicher Löschungsanspruch, so ist das vom Löschungsanspruch betroffene bestehen bleibende Recht wie ein bedingtes zu behandeln.

V. Der Wegfall des Gesamtrechts (§ 50 II Nr 2, § 51 I 1)

1. Grundsatz

Ruht auf dem zu versteigernden Grundstück ein Gesamtrecht, so ist es in seiner vollen Höhe in das gG aufzunehmen. Erlischt das Recht nach den Regeln für die Gesamthypothek am Versteigerungsobjekt, trifft den Ersteher die Zuzahlungspflicht. Dabei ist es gleichgültig, ob das Gesamtrecht am versteigerten Grundstück vor oder nach dem Zuschlag wegfällt. Keine Zuzahlungspflicht tritt ein, wenn die auf dem versteigerten Grundstück bestehen gebliebene Gesamtgrundschuld eine Forderung sichert und diese weggefallen ist; es besteht nur der zu erfüllende Rückgewähranspruch (*Dassler/Hintzen* § 50 Rdn 27; *Stöber* § 50 Rdn 4.2 **aA** LG Freiburg NJW-RR 1987, 1420). 12

2. Einzelfälle

a) Grundpfandrechte. Ein Gesamtrecht erlischt und die Zuzahlungspflicht tritt ein in folgenden Fällen (ausführlich dazu: *Steiner/Eickmann* § 50 Rdn 19–35):

aa) Verteilung des nach § 1163 BGB entstandenen Eigentümerrechts (§ 1172 II BGB); 13

bb) Befriedigung durch einen mit dem persönlichen Schu identischen Eigentümer, der keinen Ersatzanspruch hat (§ 1173 I 1 BGB); hat dagegen ein Bruchteilseigentümer eines mit einer Hypothek belasteten Grundstücks den Gl befriedigt und bleibt das Recht nach den Versteigerungsbedingungen bestehen, so hat er gegen den Ersteher keinen Zuzahlungsanspruch nach §§ 50, 51 oder § 812 BGB, sondern allenfalls einen Anspruch auf Duldung der ZwV in seinen früheren Miteigentumsanteil (OLG Düsseldorf Rpfleger 1996, 298); 14

cc) Befriedigung durch einen mit dem persönlichen Schu identischen Eigentümer, der einen Ersatzanspruch hat (§ 1173 II BGB); 15

dd) Befriedigung durch einen vom persönlichen Schu verschiedenen Eigentümer (§ 1143 II, § 1173 I 1 BGB); 16

ee) Befriedigung durch einen vom Eigentümer verschiedenen persönlichen Schu, der keinen Ersatzanspruch hat (§ 1172 BGB); 17

ff) Befriedigung durch einen vom Eigentümer verschiedenen persönlichen Schu, der einen Ersatzanspruch nur gegen einen Eigentümer hat (§ 1174 I BGB); besteht dagegen ein Ersatzanspruch gegen alle Eigentümer, gilt der Gedanke des § 1164 BGB, dh die Gesamthypothek geht auf den Zahlenden über und erlischt nicht; 18

gg) Verteilung nach Verzicht des Gl auf das Recht an allen Grundstücken (§ 1172 II, § 1175 I 1 BGB); 19

§§ 50, 51 [Erhöhung bei Nichthypothekenrechten]

20   **hh)** Verzicht des Gl auf das Recht an einem Grundstück (§ 1175 I 2 BGB);

21   **ii)** Befriedigung aus einem der Grundstücke (§ 1181 II, § 1182 BGB); dies gilt auch, wenn alle mithaftenden Grundstücke zu einem Gesamtausgebot zugeschlagen werden und das Gesamtrecht bei (oder einigen) Grundstücken ins gG fällt, bei anderen wegfällt, sofern der Gl bei einem der Grundstücke aus dem Versteigerungserlös Deckung erlangt (BGHZ 46, 246).

22   **b) Rechte in Abteilung II des Grundbuches .** Eine Anwendung des § 50 II Nr 2 auf Rechte in Abt II des GB über § 51 I 1 kommt nur bei der Reallast in Betracht, weil sie hinsichtlich ihrer Einzelleistungen dem Hypothekenrecht unterworfen ist (§ 1107 BGB). Eine **Gesamtreallast** erlischt, wenn der Gl von einem der Eigentümer befriedigt wurde oder wenn der Berechtigte aus einem der Grundstücke Befriedigung erlangt hat. § 50 II Nr 2 ist dann nach der ratio dieser Norm anwendbar (*Steiner/Eickmann* § 51 Rdn 21).

3. Ausnahme des § 50 III

23   Nach § 50 III entfällt eine Zuzahlungspflicht gemäß § 50 II Nr 2, sofern der Ersteher wegen Forbestehens seiner persönlichen Schuld nicht als bereichert angesehen werden kann. Bei den möglichen Konstellationen (vgl Rdn 13–21) ist dies nur bei Befriedigung durch einen vom persönlichen Schu verschiedenen Eigentümer (vgl Rdn 16) oder beim Gläubigerverzicht (vgl Rdn 19, 20) der Fall, sofern der Ersteher gemäß § 53 die persönliche Schuld übernommen hat (ausführlich *Steiner/Eickmann* § 50 Rdn 37–43).

VI. Höhe des Zuzahlungsbetrages

1. Grundpfandrechte (§ 50 I)

24   Die Zuzahlungspflicht besteht in Höhe des in das gG eingestellten Stammrechts (§ 50 I 1); die im gG eingestellten Zinsen und Kosten bleiben unberücksichtigt, denn sie sind ja bezahlt. Hinsichtlich der allgemeinen Zahlungsbedingungen (Fälligkeit, Zinssatz usw) gilt das für das übernommene Recht Eingetragene (§ 50 I 2).

2. Rechte in Abt II des Grundbuchs (§ 51 I 2)

25   **a) Allgemein.** Festzusetzen ist der Betrag, um welchen sich der Wert des Grundstücks durch den Wegfall des Rechts erhöht (§ 51 I 2). Die Höhe des Zuzahlungsbetrags bemisst sich damit nach dem Betrag, um den der Wert des Grundstücks objektiv durch die Belastung gemindert ist, der somit bei Verkauf des Grundstücks ohne die

VI. Höhe des Zuzahlungsbetrages §§ 50, 51

zu wertende Einzelbelastung über den bei Veräußerung des belasteten Grundstücks erreichbaren Kaufpreis erzielt werden könnte (OLG Hamm Rpfleger 1984, 30). Gemeint ist der Wert, den das Nichtbestehen des Rechts für den Ersteher hat; der Betrag also, den der Wegfall der Last für den Ersteher hat. Der Zuzahlungsbetrag gemäß § 51 I 2 richtet sich somit nach der **Werterhöhung des Grundstücks ohne das Recht.** Bei den Nutzungs- und Duldungsrechten (Nießbrauch, Grunddienstbarkeit, beschränkte persönliche Dienstbarkeit, Vorkaufsrecht, Erbbaurecht, Dauerwohnrecht) ist der Wert des Rechtes, den der Berechtigte nach § 92 aus dem Erlös verlangen könnte, unbeachtlich (*Steiner/Eickmann* § 51 Rdn 22; *Alff* RpflStud 2003, 114, 115); ebenso ein im GB eingetragener Wertersatz nach § 882 BGB (OLG Hamm Rpfleger 1984, 30). Bei den Leistungsrechten (Reallast, Erbbauzins, ist der Zuzahlungsbetrag gemäß § 51 I 2 aber mit dem Ersatzbetrag nach § 92 zumindest der Höhe nach identisch (*Eickmann,* ZVG, § 12 II 2; *Streuer* Rpfleger 1997, 141, 145). Der Jahreswert eines Rechtes multipliziert mit der voraussichtlichen Dauer des Bestehens kann nur ein Anhaltspunkt für den Zuzahlungsbetrag sein, diesen aber nicht exakt festlegen. Deshalb ist bei einem hochgerechneten Jahreswert auch kein Zwischenzins in Abzug zu bringen (*Dassler/Hintzen* § 51 Rdn 40; *Stöber* § 51 Rdn 3.2 aA *Streuer* Rpfleger 1997, 141, 144; *Steiner/Eickmann* § 51 Rdn 23 mit Fn 23). Der Zuzahlungsbetrag kann idR von den Gutachterausschüssen gemäß BauGB unter Berücksichtigung des örtlichen Grundstücksmarktes bestimmt werden. Der Zuzahlungsbetrag ist vom Zuschlag an (einschließlich) bis zum Zahlungstage (ausschließlich) mit 4 % zu verzinsen (§ 51 I 2). Anders als in § 49 IV wird der Ersteher von der Zinspflicht nicht durch Hinterlegung frei (*Steiner/Eickmann* § 51 Rdn 33 aA *Stöber* § 51 Rdn 6.1). Der Zuzahlungsbetrag wird drei Monate nach der Kündigung fällig (§ 51 I 2). Kündigungsberechtigt ist derjenige, dem der Anspruch aus dem Zuzahlungsbetrag nach § 125 übertragen worden ist oder der als nächster hebungsberechtigt ist. Soweit der Ersteher nur Zug um Zug gegen Aushändigung der Löschungsunterlagen zur Zahlung verpflichtet sein soll (*Stöber* § 51 Rdn 6.2; *Dassler/Hintzen* § 51 Rdn 50; *Schiffhauer* Rpfleger 1975, 187, 190 Fn 62), begegnet dies Bedenken, da der Inhaber des Zuzahlungsanspruchs ein anderer ist als der Gl des wegfallenden Rechts (*Steiner/ Eickmann* § 51 Rdn 34).

b) Einzelfälle. aa) Beim **Altenteil** bietet der Jahreswert, mulipliziert 26 mit der voraussichtlichen Lebensdauer, einen Anhaltspunkt für den Zuzahlungsbetrag.

bb) Bei der **Auflassungsvormerkung** ist vom Verkehrswert des 27 Grundstücks auszugehen, der um die Rechte vermindert wird, die der Vormerkungsberechtigte hätte übernehmen müssen. Dies gilt auch,

Böttcher

§§ 50, 51 [Erhöhung bei Nichthypothekenrechten]

wenn die Vormerkung nur einen bedingten Anspruch sichert (BGHZ 46, 124); die Tatsache der Bedingung hat keinen Einfluss auf die Höhe des Zuzahlungsbetrages (*Stöber* § 51 Rdn 4.2 d). Der Ersteher muss Zuzahlung leisten, wenn die aufschiebende Bedingung ausfällt; musste er für das Nichtentstehen des vorgemerkten Eigentumsverschaffungsanspruchs eine Leistung erbringen, so vermindert sich seine Zuzahlungspflicht um diesen Betrag (BGHZ 46, 124). Steht für das VollstrG objektiv fest, dass eine Auflassungsvormerkung nicht entstanden (zB mangels öffentlichrechtlicher Genehmigung) oder wieder erloschen ist (zB durch Erfüllung) so ist sie nicht ins gG aufzunehmen; die Festsetzung eines Zuzahlungsbetrages erübrigt sich dann (*Stöber* § 51 Rdn 4.2 f **aA** *Steiner/Eickmann* § 51 Rdn 25; *Dassler/Hintzen* § 51 Rdn 46; *Häsemeyer* KTS 1971, 22: Zuzahlungsbetrag mit 0 € anzusetzen).

28 cc) Bei der **beschränkten persönlichen Dienstbarkeit** kommt nur eine Schätzung nach billigem Ermessen in Betracht. Hilfreich ist dabei, wenn eine Gegenleistung vertraglich festgelegt ist; deren Jahresbetrag vervielfältigt mit der voraussichtlichen Lebensdauer des Berechtigten kann einen Gesichtspunkt für den Zuzahlungsbetrag darstellen. Bei einer Tankstellendienstbarkeit kann der jährliche Pachtzins multipliziert mit der Laufzeit ein Anhaltspunkt sein. Beeinträchtigt ein Leistungsrecht auf einem landwirtschaftlichen Grundstück dessen Nutzbarkeit, wird der Grundstückswert um 10 % (OLG Hamm MDR 1982, 759) bis 20 % (OLG Nürnberg RdL 1969, 295) gemindert. Gesetzeswidrig und damit unrichtig ist die Auffassung des LG Heilbronn (Rpfleger 2004, 56 und 511), ein Wohnrecht mit Null zu bewerten (*Hintzen* Rpfleger 2004, 57 und 513).

29 dd) Bei einem **Dauerwohnrecht** und Dauernutzungsrecht nach §§ 31 ff WEG stellt die marktübliche Miete einen Gesichtspunkt dar; die Lebenserwartung des Berechtigten ist wegen der Vererblichkeit (§ 33 I WEG) ohne Bedeutung (*Dassler/Hintzen* § 51 Rdn 42; *Stöber* § 51 Rdn 4.4 **aA** *Steiner/Eickmann* § 51 Rdn 26).

30 ee) Beim **Erbbaurecht** wird der Zuzahlungsbetrag in Richtung "Null" tendieren (*Storz/Kiderlen*, ZVG, B 6.2.4.1; *Helwich* Rpfleger 1989, 389, 392; **aA** *Dassler/Hintzen* § 51 Rdn 38). Der rechtliche Vermögensvorteil für den Ersteher bei nichtigem Erbbaurecht entspricht dem Wert des Gebäudes plus Nutzungsvorteil beim Grundstück. Dagegenzuhalten sind der Verlust auf Geltendmachung der Erbbauzinsen und die Geldentschädigung für das Haus.

31 ff) Beim **Erbbauzins** ist der Jahreswert mit der Restdauer des Erbbaurechts zu vervielfältigen (*Steiner/Eickmann* § 51 Rdn 29; *Stöber* § 51 Rdn 4.6). Eine Wertsicherung hinsichtlich künftig möglicher Veränderungen wird nicht berücksichtigt (*Streuer* Rpfleger 1997, 141, 145). Für eine bestehen bleibende Vormerkung zur Sicherung des Anspruchs auf Eintragung erhöhter Erbbauzinsreallasten ist ein Zuzahlungsbetrag festzusetzen (*Stöber*, § 52 Rdn 5.4; vgl auch *Streuer* Rpfleger 1997, 141, 145).

gg) Bei einer **Grunddienstbarkeit** ist der Zuzahlungsbetrag nach 32
billigem Ermessen zu schätzen (BGHZ 83, 61; *Stöber* § 51 Rdn 4.8).
Zur Feststellung des Zuzahlungsbetrages ist vom Grundstückswert ohne
Grunddienstbarkeit der Grundstückswert mit Grunddienstbarkeit abzuziehen (*Schiffhauer* Rpfleger 1975, 187; BGH NJW 1993, 457).

hh) Beim **Nießbrauch** ist der Schätzwert aller möglichen Nutzungen 33
vervielfältigt mit der voraussichtlichen Lebensdauer des Berechtigten ein
Anhaltspunkt für den Zuzahlungsbetrag.

ii) Bei einer **Reallast** bietet der Jahreswert der wiederkehrenden Leis- 34
tungen vervielfältigt mit der voraussichtlichen Restdauer einen Anhaltspunkt für den Zuzahlungsbetrag. Künftige mögliche Veränderungen auf
Grund einer Wertsicherungsvereinbarung können nicht einbezogen werden (*Streuer* Rpfleger 1997, 141, 145 **aA** *Dassler/Hintzen* § 51 Rdn 25).

jj) Bei einem **Vorkaufsrecht** für mehrere Verkaufsfälle (für einen 35
Verkaufsfall vgl **§§ 44, 45 Rdn 72**) ist ein Wert von 2–3 % des Grundstücksverkehrswertes üblich.

kk) Vormerkungen und Widersprüche werden wie die eingetrage- 36
nen Rechte behandelt (§ 48).

ll) Das Mitbenutzungsrecht in den neuen Bundesländern 37
(§§ 321, 322 ZGB) ist wie eine Grunddienstbarkeit zu behandeln (*Keller*
Rpfleger 1992, 501, 506); vgl dazu Rdn 32.

mm) Das Nutzungsrecht in den neuen Bundesländern (vgl § 52 38
Rdn 21, 22) ist wie das Erbbaurecht zu behandeln; vgl dazu Rdn 30.

VII. Verfahren

1. Allgemein

Auf die möglicherweise bestehende Zuzahlungspflicht gemäß §§ 50, 39
51 hat das VollstrG die Beteiligten hinzuweisen. Steht im Verteilungsverfahren bereits fest, dass der Zuzahlungsfall eingetreten ist, so wird der
Zuzahlungsbetrag bei Barzahlungen nach den allgemeinen Regeln mit
verteilt oder gemäß §§ 125, 128 sichergestellt. Ist der Zuzahlungsfall streitig, so kann die Sicherstellung nur bedingungsweise erfolgen. Steht fest,
dass der Zuzahlungsfall noch nicht eingetreten ist, so unterbleibt eine
Verteilung des Zuzahlungsbetrags. Stellt sich der die Zuzahlung auslösende Tatbestand erst nach dem Verteilungstermin heraus, so findet keine
Nachtragsverteilung statt; vielmehr muss der als Nächstrangiger nach der
letzten Zuteilung hebungsberechtigte Gl den Zuzahlungsanspruch im
Klagewege geltend machen, wobei die §§ 50, 51 die Anspruchsgrundlage
darstellen (BGH NJW 1966, 154; OLG Celle BB 1958, 934). Er hat
allerdings Zug um Zug für die Löschung des wegfallenden Rechts zu
sorgen, sei es durch Bereitstellung der erforderlichen Urkunden gemäß
§ 22 GBO (vgl aber Rdn 25) oder durch ein gegen den Eingetragenen
zu erwirkendes Urteil auf Löschungszustimmung.

2. Rechte in Abteilung II des Grundbuches (§ 51 II)

40 Für sie soll im gG der Zuzahlungsbetrag festgesetzt werden, auch wenn noch keine Anhaltspunkte für einen Zuzahlungsfall vorliegen (§ 51 II). Dabei handelt es sich um eine gesetzliche Versteigerungsbedingung, dh das VollstrG muss festsetzen (BGH Rpfleger 1966, 206). Die Festsetzung geschieht durch Beschluss und sollte begründet werden. Sie ist nur im Rahmen der Zuschlagsanfechtung angreifbar. Ist der Zuschlag rechtskräftig geworden, so steht der Zuzahlungsbetrag der Höhe nach unabänderlich fest und bindet Gerichte in einem künftigen Rechtsstreit. Ist die Fortsetzung unterblieben oder unrichtig, so stellt § 83 Nr 1, § 84 I bei Beeinträchtigung einen Zuschlagsversagungsgrund dar sowie gemäß § 100 I einen Grund zur Zuschlagsbeschwerde (OLG Hamm Rpfleger 1984, 30). Der Ersteher hat kein Beschwerderecht.

§ 52 [Bestehenbleibende Rechte]

¹Ein Recht bleibt insoweit bestehen, als es bei der Feststellung des geringsten Gebots berücksichtigt und nicht durch Zahlung zu decken ist. Im übrigen erlöschen die Rechte.

ᴵᴵDas Recht auf eine der in den §§ 912 bis 917 des Bürgerlichen Gesetzbuchs bezeichneten Renten bleibt auch dann bestehen, wenn es bei der Feststellung des geringsten Gebots nicht berücksichtigt ist. Satz 1 ist entsprechend anzuwenden auf
k) den Erbbauzins, wenn nach § 9 Abs. 3 des Erbbaurechtsgesetzes das Bestehenbleiben des Erbbauzinses als Inhalt der Reallast vereinbart worden ist;
l) Grunddienstbarkeiten und beschränkte persönliche Dienstbarkeiten, die auf dem Grundstück als Ganzem lasten, wenn in ein Wohnungseigentum mit dem Rang nach § 10 Abs. 1 Nr. 2 vollstreckt wird und diesen kein anderes Recht der Rangklasse 4 vorgeht, aus dem die Versteigerung betrieben werden kann.

Übersicht

	Rn.
I. Bestehen bleiben und Erlöschen von Rechten gemäß dem geringsten Gebot	1
1. Allgemeines	1
2. Bedeutung	2
3. Einzelfälle	3
a) Auflassungsvormerkung	3
b) Dienstbarkeiten	4
c) Eigentümerrechte	5
d) Erbbaurecht	6
e) Erbbauzins	7

I. Erlöschen von Rechten § 52

       f) Löschungsanspruch 8
       g) Rangvorbehalt 9
       h) Vereinbarung nach § 1010 BGB 10
       i) Zwangssicherungshypothek 11
  II. Bestehen bleiben von Rechten auf Grund besonderer
     Vorschriften 12
     1. Altenteil 12
     2. Altenrechtliche Dienstbarkeit 13
     3. Dauerwohn- und Dauernutzungsrecht 14
     4. Erbbaurecht 15
     5. Heimfallanspruch 16
     6. Notwegrente 17
     7. Öffentliche Lasten, Vorkaufsrechte 18
     8. Reichsheimstättenvermerk 19
     9. Überbaurente 20
    10. Nutzungsrechte der ehem. DDR 21

I. Bestehen bleiben und Erlöschen von Rechten gemäß dem geringsten Gebot

1. Allgemeines

Auf Grund des Deckungsgrundsatzes des § 44 werden alle dem Anspruch des bestbetreibenden Gl im Rang vorgehenden Rechte ins gG aufgenommen. Diese Rechte muss ein Ersteher jedoch nicht bar bezahlen. § 52, der für alle Versteigerungsverfahren gilt, beinhaltet vielmehr einen **Übernahmegrundsatz,** (vgl dazu *Eickmann*, ZVG, § 7 II), dh der Ersteher übernimmt die Hauptsache (nicht aber die nach § 49 bar zu zahlenden Kosten, wiederkehrenden Leistungen und anderen Nebenleistungen) der in das gG fallenden Rechte, sie bleiben am Grundstück bestehen und müssen vom Ersteher nach Maßgabe der für diese Rechte geltenden Vereinbarungen erfüllt werden **(§ 52 I 1).** Diese Rechte bleiben mit allen Nebenrechten (zB Pfandrecht) bestehen. Verfügungsbeeinträchtigungen, die an einem solchen Recht bestehen und sich gegen dessen Gl richten, bestehen gleichfalls fort. Die Rechte, die nicht in das gG aufgenommen werden, erlöschen durch den Zuschlag (§ 52 I 2). Dies bedeutet jedoch nicht, dass sie ersatzlos wegfallen. Sie erlöschen lediglich am Grundstück, setzen sich jedoch nach dem **Surrogationsgrundsatz** (vgl dazu *Eickmann, ZVG,* § 7 III) am Versteigerungserlös fort.

2. Bedeutung

Bedeutung des gG liegt darin, dass es klar zwischen den zu übernehmenden und erlöschenden Rechten unterscheidet. § 52 stellt dabei auf das tatsächliche errichtete gG ab und nicht darauf, wie es hätte erstellt werden müssen. Bestehen bleibt daher ein bei der Feststellung des gG

§ 52 [Bestehenbleibende Rechte]

berücksichtigtes Recht auch dann, wenn die Berücksichtigung zu Unrecht erfolgt ist (KG Rpfleger 1975, 68). Ein im gG berücksichtigtes Recht, das nicht (mehr) besteht, kann nicht bestehen bleiben, ein Wiederaufleben ist nicht möglich. Wurde ein Recht zu Unrecht nicht in das gG aufgenommen, so erlischt es. Der Zuschlagsbeschluss kann deshalb angefochten werden (§ 83 Nr 1, § 100 I). War das Recht entweder grundbuchersichtlich oder jedenfalls angemeldet, so ist das erloschene Recht mit seinem Rang nach § 10 I Nr 4 aus dem Erlös zu befriedigen. Dieser Anspruch kann durch Widerspruch gegen den TLP und Bereicherungsklage gegen den hebungsberechtigten Gl verfolgt werden. Ein Bereicherungsanspruch scheidet jedoch gegen einen Gl aus, dessen Recht zu Recht im gG steht oder dessen Recht anstelle des zu berücksichtigenden Rechts ins gG eingestellt wurde.

3. Einzelfälle

a) Auflassungsvormerkung.

Schrifttum: *Böttcher*, Das wertlose Grundbuch bei Vormerkungen, NotBZ 2007, 401.

3   Wenn sie dem Recht des bestbetreibenden Gl im Rang vorgeht, ist sie in das gG aufzunehmen und bleibt bestehen (§§ 44 I, 52 I 1). Der Eigentumserwerb des Erstehers ist dem Vormerkungsberechtigten gegenüber relativ unwirksam (§ 883 II 2 BGB). Letzterer hat seinen Eigentumsverschaffungsanspruch (zB aus § 433 I 1 BGB) weiterhin gegen den Vollstreckungsschuldner; der Ersteher muss der Verwirklichung dieses Anspruchs gemäß § 888 I BGB zustimmen (*Stöber* Rdn 2.6). Trotzdem hat der Ersteher keinen Anspruch auf die vom Vormerkungsberechtigten geschuldete Gegenleistung (*Steiner/Eickmann* § 48 Rdn 21; *Stöber* Rdn 2.6 b). Eine dem betreibenden Gl vorgehende Auflassungsvormerkung kommt jedoch dann nicht ins gG und erlischt mit dem Zuschlag, wenn der Vormerkungsberechtigte der nachfolgenden Grundpfandrechtsbestellung zugestimmt hat, dh das später eingetragene Grundpfandrecht nicht relativ unwirksam (§ 883 II BGB), sondern wirksam ist (*Stöber* § 48 Rdn 3.3; *Stöber* MittBayNot 1997, 143, 144; *Frank* MittBayNot 1996, 271, 273; *Lehmann* NJW 1993, 1558, 1559; *Ulbrich* MittRhNotK 1995, 289, 308). Die Wirksamkeit des Grundpfandrechts gegenüber der Auflassungsvormerkung ist vom VollstrG zu beachten bei eingetragenem **Wirksamkeitsvermerk** (*Skidzun* Rpfleger 2002, 9; *Schultz* RNotZ 2001, 541, 555; BGH Rpfleger 1999, 68) oder Zustimmung des Vormerkungsberechtigten in öffentlicher oder öffentlich beglaubigter Urkunde (*Schultz* RNotZ 2001, 541, 552 f). Geht die Auflassungsvormerkung dem bestrangig betreibenden Gl nach, so erlischt sie (§§ 91 I, 52 I 2). Wird aus der **vorrangigen Rangklasse 2** des § 10 I die ZwVerst wegen rückständiger Hausgeldansprüche betrieben, erlischt eine im Grundbuch

I. Erlöschen von Rechten § 52

eingetragene Auflassungsvormerkung, die in Rangklasse 4 des § 10 I steht (*Schneider* ZMR 2009, 165, 169; *Morvilius* in D/M/V 4. Kap Rdn 296 a; *Stöber* § 10 Rdn 16.8; *Alff* ZWE 2010, 105; **aA** *Fabis* ZfIR 2010, 354; *Kesseler* NJW 2009, 121). Der Berechtigte der Vormerkung kann dies durch Ablösung der vorrangigen Hausgeldansprüche verhindern.

Nach der Rspr des BGH (NJW 2000, 805) kann bei einer im Grundbuch noch eingetragenen aber erloschenen Vormerkung nachträglich ein neuer Anspruch vereinbart werden, wenn der ursprüngliche erloschen ist (= **Novation**), was zum Wiederaufleben der Vormerkung führen soll, und zwar ohne dass dafür eine neue konstitutive Grundbucheintragung erforderlich sei; der Rang der reanimierten Vormerkung soll sich nach der materiellen Bewilligung des § 885 BGB bestimmen. Dieser Auffassung kann nicht zugestimmt werden (so auch *Staudinger/Gursky* § 883 BGB Rdn 361; *Amann* MittBayNot 2000, 197; DNotZ 2008, 520; *Streuer* Rpfleger 2000,155; *Demharter* MittBayNot 2000, 106; 2008, 214; *Volmer* ZfIR 2000, 207; *Zimmer* NJW 2000, 2978; ZfIR 2008, 91; *Schubert* JR 2001, 61). Der Wirksamkeitszeitpunkt der Vormerkung ist nämlich damit weder aus dem Grundbuch noch aus der in Bezug genommenen formellen Bewilligung (§ 19 GBO) ersichtlich. Da die materielle Bewilligung (§ 885 I BGB) keinerlei Form bedarf, somit auch mündlich abgegeben werden kann, ist im Einzelfall der Zeitpunkt des Entstehens einer Vormerkung, dh ihr Rang, nicht sicher feststellbar. Entscheidend ist nicht der Zeitpunkt der neuen materiellen Bewilligung oder der ursprünglichen Eintragung der inzwischen erloschenen Vormerkung, sondern der Zeitpunkt einer notwendigen neuen Grundbucheintragung der Vormerkung analog § 1180 I BGB (*Schöner/Stöber*, Grundbuchrecht, Rdn 1488; *Demharter* MittBayNot 2000, 106, 107; *Streuer* Rpfleger 2000, 155; *Amann* DNotZ 2008, 520, 523). Gläubiger des Verkäufers, die in dessen Grundstück vollstrecken wollen, müssten ansonsten wohl kapitulieren. Selbst bei der Kenntnis vom Erlöschen des Übereignungsanspruchs und damit der Vormerkung, hätten sie keinerlei Gewissheit darüber, ob nicht inzwischen ein neuer Übereignungsanspruch nachgeschoben wurde und damit deren Eintragung einer Zwangshypothek beispielsweise relativ unwirksam sein ließe (§ 883 II 2 BGB) – ein für den Rechtsverkehr unhaltbarer Zustand. Würde eine Zwangshypothek in dem Zeitraum zwischen Eintragung einer Vormerkung und Erlöschen des bisherigen Übereignungsanspruchs und damit der Vormerkung und Neubegründung eines Eigentumsverschaffungsanspruchs und Bewilligung einer neuen Vormerkung im Grundbuch eingetragen, wäre nach der Ansicht des *BGH* die Zwangshypothek auch dem Vormerkungsberechtigten gegenüber wirksam, jedoch aus dem Grundbuch wäre dies nicht zu erkennen. Bei Einsicht in das Grundbuch würde der Eindruck entstehen, dass die Zwangshypothek dem Vormerkungsberechtigten gegenüber relativ unwirksam ist, was nicht der wahren Rechtslage entspricht. Das VollstrG kann bei Beurteilung der Rechtslage grundsätzlich

3a

§ 52 [Bestehenbleibende Rechte]

nur vom Grundbuchstand ausgehen (*Stöber* § 28 Rdn 4.8 f); die Nichtexistenz des Anspruchs und dessen Neubegründung sind im Versteigerungsverfahren nur zu berücksichtigen, wenn sie und der Zeitpunkt der neuen Bewilligung durch öffentliche oder öffentlich beglaubigte Urkunden nachgewiesen werden (*Amann* NotBZ 2009, 381, 382).

3b Im Fall einer späteren Erweiterung des durch eine Eigentumsvormerkung gesicherten Übereignungsanspruchs (zB durch zusätzliche Rücktrittsgründe bei einer Rückauflassungsvormerkung = **Extension**) hält der BGH (NJW 2008, 578) eine weitere Eintragung in das Grundbuch nicht für erforderlich. Der Rang der durch die ursprüngliche Vormerkung zusätzlich gesicherten Anspruchsvoraussetzungen soll sich nach Auffassung des BGH nach dem Zeitpunkt der neuen materiellen Bewilligung des Grundstückseigentümers richten (§ 885 I BGB). Diese bedarf keiner Form, dh sie kann auch mündlich abgegeben werden. Für Gläubiger (zB von Grundpfandrechten), die sich zeitlich nach der Eigentumsvormerkung ins Grundbuch eintragen lassen, wäre dies äußerst problematisch. Denn ein erweiterter Sicherungsumfang würde bereits zu einem Zeitpunkt wirken, den außer dem Grundstückseigentümer und dem Vormerkungsberechtigten keiner kennt. Für einen Grundpfandrechtsgläubiger, der sich beispielsweise nach einer Rückauflassungsvormerkung eintragen lassen will, ist es von größter Bedeutung, ob als aufschiebende Bedingung für den vormerkungsgesicherten Rückübereignungsanspruch der Übergeber „Zwangsvollstreckungsmaßnahmen in das Grundstück" vereinbart sind. Wenn dies bei der ursprünglichen Vormerkung nicht geschehen ist und danach eine Zwangshypothek eingetragen wird, wird deren Gläubiger doch überrascht sein, wenn er spätestens bei seiner Vollstreckung erfährt, dass vor seiner Eintragung ein weiterer Rückübereignungsgrund, nämlich „Zwangsvollstreckung in das Grundstück", bewilligt wurde, der dann auch noch ohne zusätzlich Grundbucheintragung vormerkungsgeschützt sein soll. Nach der Auffassung des BGH kann eine Eigentumsvormerkung nun einen unterschiedlichen „Rang" haben: Die Grundbucheintragung ist maßgebend bei Begründung der Vormerkung und die materielle (evtl mündliche) Bewilligung des Grundstückseigentümers bei nachträglicher Erweiterung des Anspruchs (zB durch weitere Rückübereignungsgründe). Ein und dieselbe Vormerkung könnte demnach einen Anspruch mit alternativen Anspruchsvoraussetzungen sichern, und zwar einmal mit Wirkung ab Grundbucheintragung und einmal mit Wirkung ab der späteren materiellen Bewilligung, die nicht aus dem Grundbuch ersichtlich wäre. Betreibt ein Grundpfandrechtsgläubiger die ZwVerst des Grundstücks aus einem Recht, das zwar nach der Eintragung der Eigentumsvormerkung aber vor der materiellen Bewilligung des Grundstückseigentümers für weitere Anspruchsvoraussetzungen im Grundbuch eingetragen wurde, müsste die ursprünglich Vormerkung als vorgehendes Recht mit dem ursprünglichen Anspruch bestehen bleiben und die Vormerkung mit den erwei-

I. Erlöschen von Rechten §52

terten Anspruchsvoraussetzungen als nachgehendes Recht erlöschen. Der Auffassung des BGH zum Rang einer erweiterten Vormerkung kann nach alledem nicht zugestimmt werden (*Staudinger/Gursky* § 883 BGB Rdn 357-359; *Heggen* RNotZ 2008, 213; *Demharter* MittBayNot 2008, 214; *Amann* DNotZ 2008, 520). Eine erweiterte Vormerkung kann den „Vorrang" vor anderen Eintragungen im Grundbuch erst ab der Grundbucheintragung der Anspruchserweiterung beanspruchen (*Heggen* RNotZ 2008, 213, 217; *Amann* DNotZ 2008, 520, 524). Das VollstrG kann grundsätzlich sowieso nur vom Grundbuchstand ausgehen (*Stöber* § 28 Rdn 4.8g).

b) Dienstbarkeiten. (Grunddienstbarkeit, beschränkte persönliche Dienstbarkeit)

Schrifttum: *Schiffhauer,* Die Grunddienstbarkeit in der Zwangsversteigerung, Rpfleger 1975, 187; *Schubert/Czub,* Die Grunddienstbarkeit in der Zwangsversteigerung, ZiP 1982, 266.

Eine Dienstbarkeit bleibt bestehen und ist vom Ersteher zu übernehmen, wenn sie dem bestbetreibenden Gl im Rang vorgeht; ansonsten erlischt sie (§ 52 I). Dies gilt auch für den Fall, dass ein in Bruchteileigentum (zB Wohnungseigentum) aufgeteiltes Grundstück mit einer Dienstbarkeit belastet ist und nur einer der Bruchteile versteigert wird. Fällt in diesem Verfahren die Dienstbarkeit nicht ins gG, so erlischt sie auf diesem Bruchteil. Dies hat zur Folge, dass ihre Eintragung auf den nicht versteigerten Bruchteilen inhaltlich unzulässig wird und von Amts wegen gemäß § 53 I 2 GBO zu löschen ist (KG Rpfleger 1975, 68; OLG Frankfurt Rpfleger 1979, 149). Wird jedoch **in ein Wohnungseigentum mit dem Rang nach § 10 I Nr 2 vollstreckt,** bleibt eine Grunddienstbarkeit und beschränkte persönliche Dienstbarkeit in Rangklasse 4, die auf dem Grundstück als Ganzem lastet (zB Geh- und Fahrtrecht, Leitungs- und Versorgungsrecht), bestehen, wenn der Dienstbarkeit kein anderes Recht der Rangklasse 4 vorgeht, aus dem die ZwVerst betrieben werden kann, zB Hypothek, Grundschuld, Reallast **(§ 52 II 2 Nr b)**; dies gilt nicht, soweit aus der Rangklasse 3 des § 10 I die ZwVerst des Wohnungseigentums betrieben wird (*Stöber* Rdn 7.4; *Dassler/Hintzen* Rdn 17). Eine **beschränkte persönliche Dienstbarkeit zugunsten eines Wasserversorgungsunternehmens gem § 9 I, IX GBBerG, § 1 SachenR-DV** ist im Rahmen der ZwVerst des belasteten Grundstücks bei der Aufstellung des gG zu berücksichtigen, sofern das vorrangige Recht eingetragen ist oder die Voraussetzungen des § 45 I vorliegen (BGH ZfIR 2006, 142). 4

c) Eigentümerrechte. Offene und verdeckte Eigentümerrechte im Rang vor dem bestbetreibenden Gl bleiben bestehen (§§ 44 I, 52 I 1). Auch wenn das gG noch das Fremdrecht bezeichnet, bleibt das aus ihm entstandene Eigentümerrecht bestehen (BGH Rpfleger 1961, 353). Eine 5

§ 52 [Bestehenbleibende Rechte]

gesonderte Anmeldung des Eigentümers ist nicht erforderlich (*Stöber* Rdn 2.8). Mit dem Zuschlag an einen anderen als den bisherigen Eigentümer verwandelt sich das Eigentümerrecht in ein Fremdrecht des bisherigen Eigentümers. Soweit die Forderung für die eine Gesamthypothek an den Miteigentumsanteilen der Schu bestellt ist, durch deren ihrem Innenverhältnis entsprechenden Leistungen erlischt, erwerben die Miteigentümer eine ihnen gemeinschaftlich zustehende Eigentümergesamtgrundschuld; bleibt diese nach den Versteigerungsbedingungen bestehen, wird sie Fremdgrundschuld, auch wenn einem der Miteigentümer das Grundstück zugeschlagen wird (BGH Rpfleger 1986, 58).

6   **d) Erbbaurecht.** Bei der ZwVerst des belasteten Grundstücks bleibt es immer bestehen. Geht es dem bestrangig betreibenden Gl im Rang vor, ergibt sie dies aus §§ 44 I, 52 I 1. Wird aus einem rangmäßig gleich- oder vorgehenden Anspruch betrieben, dann vgl Rdn 15.

e) Erbbauzins. Schrifttum: *Bertolini*, Erbbauzins und Vereinbarung gemäß § 59 I ZVG; *Bräuer*, Die zwangsversteigerungsfeste Erbbauzins-Reallast, Rpfleger 2004, 401; *Groth*, Erbbaurecht ohne Erbbauzins?, DNotZ 1983, 652 und 1984, 372; *Dedekind*, Der Konflikt zwischen Erbbauzinsreallast und Finanzierungsgrundpfandrecht, MittRhNotK 1993, 109; *Karow*, Rangkonflikt Erbbauzinsreallast/ Grundpfandrecht – Lösung durch Stillhalteerklärung?, NJW 1984, 2669; *Muth*, "Stillhalteerklärung" und Zwangsversteigerung des Erbbaurechts, JurBüro 1985, 801 und 969; *Ruhland*, Wegfall des Erbbauzinses in der Zwangsversteigerung, NJW 1983, 96; *Sperling*, Die Stillhalteerklärung als Mittel zur Sicherung des Erbbauzinses im Falle der Zwangsversteigerung, NJW 1983, 2487; *Stakemann*, Zur Zwangsversteigerung des Erbbaurechts, NJW 1984, 962; *Stöber*, Die nach Inhaltsvereinbarung bestehen bleibende Erbbauzins-Reallast, Rpfleger 1996, 136; *Trodt*, Der Erbbauzins und die Zwangsversteigerung des Erbbaurechts, DNotZ 1984, 370; *Winkler*, Der Erbbauzins in der Zwangsversteigerung des Erbbaurechts, DNotZ 1970, 390 und NJW 1985, 940.

7   Die zur Sicherung eines Erbbauzinsanspruchs zugunsten des Grundstückseigentümers eingetragene Reallast erlischt bei der ZwVerst des Erbbaurechts wie jedes andere dingliche Recht, wenn sie nicht in das gG fällt, dh dem Recht des bestbetreibenden Gl im Rang gleich- oder nachsteht; der Eigentümer ist dann auch nicht berechtigt, den mit dem früheren Erbbauberechtigten vereinbarten Erbbauzins von dem Ersteher zu verlangen (BGHZ 81, 358 = NJW 1982, 234; OLG Nürnberg MDR 1980, 401; OLG Hamburg MDR 1975, 853; NJW-RR 1991, 658; LG Münster Rpfleger 1991, 330 m Anm *Meyer-Stolte*). Dies stellt keinen Grund für den bisherigen Eigentümer dar, seine nach § 5 ErbbauRG erforderliche Zustimmung für den Zuschlag zu verweigern (vgl §§ 15, 16 Rdn 85). Die analoge Anwendung des § 52 II (*Steiner/Eickmann* Rdn 33; *Winkler* DNotZ 1970, 390) wurde vom BGH aaO zu Recht wegen des Ausnahmecharakters der Norm abgelehnt. Der Grundstückseigentümer ist vielmehr hinsichtlich des erlöschenden Erbbauzinses auf den Erlös

I. Erlöschen von Rechten § 52

angewiesen, was bei einer noch langen Laufzeit des Erbbaurechts meist zu erheblichen Verlusten führt; er muss das Grundstück dann auf Jahrzehnte praktisch unentgeltlich überlassen. Dieses Ergebnis kann vermieden werden durch abweichende Versteigerungsbedingungen gemäß § 59 (= Bestehen bleiben des Erbbauzinses) oder Vereinbarung einer Liegenbelassung nach § 91 II. Sind diese Regelungen nicht erreichbar, kann der Eigentümer das Erbbaurecht selbst ersteigern, durch einseitige Erklärung gemäß § 91 II dann bestimmen, dass der Erbbauzins bestehen bleibt und das Erbbaurecht anschließend freihändig veräußern. Außerdem kann der Eigentümer den vorgehenden Gl ablösen (§§ 268, 1150 BGB) und somit die ZwVerst zum Stillstand bringen (§§ 29, 30). Um dem Erbbauzins gemäß § 59 zum Bestehen bleiben zu verhelfen, verwendet die Praxis häufig eine sog "Stillhalteerklärung" (vgl ausführlich dazu: *Dedekind* MittRhNotK 1993, 109). Darin erklären sich der Gl des vorrangigen Grundpfandrechts und der Grundstückseigentümer bereit, im Falle der ZwVerst des Erbbaurechts darin einzuwilligen, dass der Fortbestand des Erbbauzinses nach § 59 vereinbart wird. Schwierig wird es jedoch sein, die gemäß § 59 I 2 erforderliche Zustimmung aller durch die Abweichung Beeinträchtigten zu erreichen (Folge: Doppelausgebot). Außerdem wirkt die schuldrechtliche Stillhalteerklärung nicht gegen Sonderrechtsnachfolger. Zur Vermeidung dieser Schwierigkeiten wurden mit dem SachenRÄndG vom 21.9. 1994 (BGBl I 2457, 2489) die §§ 52 II 2 ZVG, 9 III ErbbauVO eingeführt. Nach **§ 9 III 1 Nr 1 ErbbauRG** kann vereinbart werden, dass die Erbbauzinsreallast bei der ZwVerst des Erbbaurechts auch dann bestehenbleibt, wenn das Verfahren aus dem Erbbauzins selbst oder einem ihm rangmäßig gleichstehenden bzw vorgehenden Recht betrieben wird. Diese Vereinbarung kann sowohl sofort bei Bestellung des Erbbauzinses (§ 873 BGB) als auch nachträglich abgeschlossen werden (§ 877 BGB); sie erfordert Einigung und GB-Eintragung. Ist eine Vereinbarung nach § 9 III 1 Nr 1 ErbbauRG getroffen, **bleibt die Erbbauzinsreallast außerhalb des gG bestehen (§ 52 II 2 Nr a aA** *Stöber* Rdn 6.2; *Bräuer* Rpfleger 2004, 401, 404). Die gemäß § 9 III 1 Nr 1 ErbbauRG bestehen bleibende Erbbauzins-Reallast ist bei der Feststellung des gG und der Versteigerungsbedingungen im Versteigerungstermin (§ 66 I) zu bezeichnen (*Stöber* Rpfleger 1996, 136). Ab Zuschlagserteilung trifft den Ersteher die Zahlungspflicht (§ 56 S 2). Die Baransprüche aus der Erbbauzinsreallast bis zum Zuschlag (= laufende und rückständige wiederkehrende Leistungen) kommen jedoch nicht ins gG, sondern stehen an der Rangstelle des Rechts selbst nach § 10 I (*Bräuer* Rpfleger 2004, 401, 405; *Eickmann,* SachenRBer, § 9 ErbbauRG Rdn 14).

Betreibt die **ZwVerst eines Wohnungserbbaurechtes** die Wohnungseigentümergemeinschaft wegen rückständiger Hausgeldansprüche aus der Rangklasse 2 des § 10 I, so führt die Zuschlagserteilung zum Erlöschen der Erbbauzinsreallast, die in Rangklasse 4 des § 10 I steht. 7a

§ 52 [Bestehenbleibende Rechte]

Dies gilt auch dann, wenn seit dem 21.9.1994 eine Vereinbarung nach § 9 III 1 Nr 1 ErbbauRG getroffen wurde, da diese Norm nur die Fälle betraf, bei denen die ZwVerst aus der Erbbauzinsreallast selbst oder einem rangmäßig vorgehenden oder gleichstehenden Grundpfandrecht betrieben wird. Damit besteht die Gefahr, dass infolge der ZwVerst des Wohnungserbbaurechts die Erbbauzinsreallast erlischt und ein erbbauzinsloses Wohnungserbbaurecht entsteht. Um dies zu verhindern, wurde mit Gesetz zur Änderung des WEG vom 26.3.2007 (BGBl I S 370) auf einen Vorschlag von *Schneider* (ZMR 2006, 660) § 9 III 1 Nr 1 ErbbauRG insoweit erweitert, so dass nunmehr auch ein Untergang des Erbbauzinses am Wohnungserbbaurecht (Rangklasse 4 des § 10 I) grundsätzlich verhindert werden kann, wenn die ZwVerst wegen rückständiger Hausgeldansprüche aus der Rangklasse 2 des § 10 I erfolgt (§ 9 III 1 Nr 1 ErbbauRG iVm. § 52 II 2 Nr a); die Erbbauzinsreallast bleibt außerhalb des gG bestehen (§ 52 II 2 Nr a). Die Erbbauzinsreallast bleibt bei der ZwVerst eines Wohnungserbbaurechts aus Rangklasse 2 des § 10 I jedoch nicht kraft Gesetzes bestehen, sondern nur wenn dies nach § 9 III 1 Nr 1 ErbbauRG nF vereinbart ist. Bei einer Bestehenbleibensvereinbarung nach § 9 III 1 Nr 1 ErbbauRG aF aus der Zeit von 1994 – 2007 kommt es auch zum Erlöschen der Erbbauzinsreallast bei der ZwVerst eines Wohnungserbbaurechts der Rangklasse 2 des § 10 I. Die Vereinbarung des Bestehenbleibens der Erbbauzinsreallast nach § 9 III 1 Nr 1 ErbbauRG kann als Inhalt des Erbbauzinses sowohl bei der Neubegründung von Wohnungserbbaurechten gemäß § 30 WEG als auch bei bereits bestehenden Wohnungserbbaurechten getroffen werden. Materiellrechtlich sind dafür die Einigung des Wohnungserbbauberechtigten und des Erbbauzinsberechtigten (= Grundstückseigentümer) und die Eintragung im Wohnungserbbaugrundbuch erforderlich (§§ 873, 877 BGB). Ist bei Begründung der Vereinbarung nach § 9 III 1 Nr 1 ErbbauRG das Wohnungserbbaurecht bereits mit der Erbbauzinsreallst rangmäßig vorgehenden oder gleichstehenden Rechten belastet, müssen deren Inhaber zustimmen (§ 9 III 2 ErbbauRG). Die Zustimmung nachrangiger Gläubiger ist nicht erforderlich. Formellrechtlich sind für die Grundbucheintragung die öffentlich beglaubigte Eintragungsbewilligung des betroffenen Wohnungserbbauberechtigten (§§ 19, 29 GBO) und – falls vorhanden – die Zustimmung der der Erbbauzinsreallast im Rang vorgehenden und gleichstehenden dinglich Berechtigten (§ 9 III 2 ErbbauRG, §§ 19, 29 GBO) erforderlich. Kommt es deshalb nicht zu dieser Bestehenbleibensvereinbarung, ist bei der ZwaVerst eines Wohnungserbbaurechts ein erbbauzinsloser Erwerb möglich, und zwar vor allem bei dem Betreiben aus der Rangklasse 2 des § 10 I wegen nicht bezahlter Hausgeldansprüche.

8   **f) Löschungsanspruch.** Ist eine Löschungsvormerkung eingetragen, so bleibt sie und der gesicherte Löschungsanspruch zusammen mit dem belasteten Recht (= bestehen bleibendes Recht) bestehen, auch wenn das begünstigte Recht erlischt (OLG Hamm Rpfleger 1959, 130; *Stöber* Rpfleger 1978, 75). Der gesetzliche Löschungsanspruch (§ 1179 a BGB) erlischt nur insoweit, als das begünstigte Recht aus dem Grundstück (= Versteigerungserlös) befriedigt wird (§ 91 IV). Ausführlich dazu **§ 114 Rdn 30–41!**

g) Rangvorbehalt. Er bleibt bestehen, wenn das mit ihm belastete 9 Recht bestehen bleibt, und steht dann zur Verfügung des Erstehers. Steht das mit dem RV belastete Recht im Gleichrang mit dem bestbetreibenden Gl oder geht es ihm im Rang nach, so erlischt das belastete Recht (§§ 91 I, 52 I 2) und damit auch der Rangvorbehalt (*Stöber* Rdn 2.13).

h) Vereinbarung nach § 1010 BGB. Ist sie im GB eingetragen, 10 bleibt sie bestehen, wenn sie dem bestrangig betreibenden Gl im Rang vorgeht; ansonsten erlischt sie (§§ 44 I, 52 I, 91 I). Im letzteren Fall wirken die vereinbarte Verwaltungs- und Benutzungsregelung sowie der Aufhebungsbeschluss nicht gegen den Ersteher (*Döbler* MittRhNotK 1983, 181, 194; *Stöber* Rdn 2.12).

i) Zwangssicherungshypothek. Sie bleibt bestehen, wenn sie dem 11 bestbetreibenden Gl im Rang vorgeht (§§ 44 I, 52 I 1), insbesondere wenn nur aus dem ihr zugrunde liegenden persönlichen Anspruch (§ 10 I Nr 5) die ZwVerst betrieben wird; ansonsten erlischt sie (§§ 91 I, 52 I 2).

II. Bestehen bleiben von Rechten auf Grund besonderer Vorschriften

1. Altenteil

Schrifttum: *Alff,* Versteigerungsrechtliche Probleme beim Altenteil, RpflStud 2009, 65; *Drischler,* Das Altenteil in der Zwangsversteigerung, Rpfleger 1983, 229; *Drischler,* Das Altenteil in der Immobiliarvollstreckung, RpflJB 1991, 196; *Kahlke,* Erlöschen des Altenteils in der Zwangsversteigerung?, Rpfleger 1990, 233.

Geht es dem bestrangig betreibenden Gl im Rang vor, bleibt es beste- 12 hen und ist vom Ersteher zu übernehmen (§§ 44 I, 52 I 1). Ist der Berechtigte des Altenteils selbst der bestrangig Betreibende oder steht das Altenteil dem bestbetreibenden Recht im Rang gleich oder nach, so kann nach **§ 9 I EGZVG** durch Landesrecht angeordnet werden, dass das Altenteil außerhalb des gG bestehenbleibt. Vgl *Baden-Württemberg:* § 33 AGGVG; *Bayern:* Art 30 AGGVG; *Berlin:* Art 6 AGZVG; *Hessen:* Art 4 II AGZPO und ZVG; *Niedersachsen:* § 18 AGZPO und ZVG für das Herzogtum Oldenburg; Art 6 II PreußAGZVG; § 3 Braunschweigisches AGZVG; *Nordrhein-Westfalen:* Art 6 II PreußAGZVG; § 2 des Lippeschen AGZVG; *Rheinland-Pfalz:* § 5 II AGZPO und ZVG; *Saarland:* § 43 II

§ 52 [Bestehenbleibende Rechte]

AGJusG; *Schleswig-Holstein:* Art 6 II PreußAGZVG; *Thüringen:* § 3 II AGZVG. Die anderen Bundesländer haben von § 9 I EGZVG keinen Gebrauch gemacht; dort kann ein Bestehen bleiben des nicht im gG stehenden Altenteils nur über § 59 oder § 91 II erreicht werden. Soll ein Altenteil trotz § 9 I EGZVG iVm dem Landesrecht erlöschen, so muss dies ausdrücklich in den Versteigerungsbedingungen festgestellt sein (BayObLGZ 1964, 344); ist dies nicht geschehen, bleibt das Altenteil kraft Gesetzes außerhalb des gG bestehen, selbst wenn das VollstrG und die Beteiligten die Problematik nicht erkannt haben, zB beim Altenteils-Wohnungsrecht (OLG Hamm Rpfleger 1986, 270; *Fuchs* Rpfleger 1987, 76). Ist das Altenteil dem betreibenden Gl ggü beschlagnahmeunwirksam gemäß § 10 I Nr 6, so gilt § 9 I EGZVG nicht (OLG Hamm Rpfleger 2001, 254; AG Dühnen Rpfleger 1999, 342; *Steiner/Eickmann* Rdn 23). Das Gegenteil ist der Fall, wenn das Altenteil hinter ein ggü dem betreibenden Gl beschlagnahmewirksames Recht zurücktritt (*Steiner/Eickmann* Rdn 23). Bleibt das Recht des betreibenden Gl nach § 9 I EGZVG von der ZwVerst unberührt und kommt deshalb für jeden anderen Interessenten die Abgabe eines Gebots nicht in Betracht, verstößt der Gl, wenn er das Grundstück zum gG ersteigert, um es sogleich lastenfrei zu einem höheren Preis zu veräußern, jedenfalls dann nicht gegen Treu und Glauben, wenn dessen Erträge nicht ausreichen, seine Forderung zu erfüllen, und er keine Aussicht hat, diese in absehbarer Zeit gegen den persönlichen Schu durchzusetzen (BGH Rpfleger 1984, 364). Ein Altenteil ist der durch Vertrag oder letztwillige Verfügung zugewendete Inbegriff von dinglich gesicherten Nutzungen und Leistungen zum Zweck der persönlichen Versorgung des Berechtigten (RGZ 152, 104, 106; 162, 52, 54; *Böhringer* MittBayNot 1988, 103). In der Regel wird das Altenteil als Reallast und als beschränkte persönliche Dienstbarkeit eingetragen, wobei es unbefristet sein und in Natur zu erbringende Versorgungsleistungen enthalten muss; nicht möglich ist es als Nießbrauch am Grundstück (BayObLG Rpfleger 1975, 324). Ein Wohnungsrecht ist dann ein Anteilsrecht iSv § 9 EGZVG, wenn es dem Unterhalt (der Versorgung) des Berechtigten dient, auf die Lebenszeit des Berechtigten abgestellt ist und mit der Übergabe von Grundbesitz in Verbindung steht (RGZ 152, 104; BGH DNotZ 1982, 45 und 697; BayObLG Rpfleger 1975, 314). Der Zwangsversteigerungsrechtspfleger muss daher bei jedem Wohnungsrecht den Altenteilscharakter prüfen, damit ein an sich erlöschendes Wohnungsrecht (§ 52 I) nicht auf einmal ganz überraschend gem § 9 I EGZVG bestehen geblieben ist (OLG Hamm Rpfleger 1986, 270; *Fuchs* Rpfleger 1987, 76). Unwesentlich ist, ob das Recht im GB als Altenteil bezeichnet ist; es kommt auf den sich aus dem GB und der Bewilligung ergebenden Inhalt an (OLG Hamm DNotZ 1970, 37; LG Frankenthal Rpfleger 1989, 324). In § 9 II EGZVG ist bestimmt, dass auf Verlangen eines Beteiligten das Erlöschen des Altenteils als Versteigerungsbedingung zu bestimmen ist, sofern das Bestehen bleiben des Altenteils das

II. Bestehen bleiben von Rechten § 52

vorgehende oder gleichrangige Recht dieses Beteiligten beeinträchtigen könnte; **vgl dazu** § 59 **Rdn 26, 27.**

2. Altenrechtliche Dienstbarkeit

Altrechtliche Dienstbarkeiten bedurften gemäß Art 187, 188 EGBGB auch nach dem Inkrafttreten des BGB zu ihrer Weitergeltung keiner GB-Eintragung. Für sie gelten die Grundsätze des § 9 I **EGZVG** ebenfalls (vgl **Rdn 12**). 13

3. Dauerwohn- und Dauernutzungsrecht

Es bleibt bestehen und ist vom Ersteher zu übernehmen, wenn es im Rang vor dem bestbetreibenden Gl im gG steht; andernfalls erlischt es (§ 52 I). Als Inhalt des Rechts kann nach § 39 I **WEG** vereinbart sein, dass es stets auch dann bestehen bleiben soll, wenn der Gl einer im Rang vorgehenden oder gleichstehenden Hypothek, Grundschuld, Rentenschuld oder Reallast die ZwVerst betreibt. Zur Wirksamkeit der Vereinbarung gemäß § 39 I WEG ist die Zustimmung aller im Rang vorgehender oder gleichstehender Grundpfandgläubiger und Reallastberechtigten erforderlich **(§ 39 II WEG);** die Zustimmung anderer Berechtigter (zB Vorkaufsrecht) ist nicht notwendig. Die Vereinbarung nach § 39 I WEG ist im GB beim Dauerwohnrecht und die Zustimmungen nach § 39 II WEG sind bei den betroffenen Rechten einzutragen (OLG Schleswig SchlHA 1962, 146; LG Hildesheim Rpfleger 1966, 116). Zur Wirksamkeit der Vereinbarung gemäß § 39 I WEG ist erforderlich, dass der Dauerwohnberechtigte im Zeitpunkt der Feststellung der Versteigerungsbedingungen (§ 66 I) seine fälligen Zahlungsverpflichtungen nach § 33 IV Nr 3–5 WEG gegenüber dem Eigentümer erfüllt hat **(§ 39 III WEG).** Ob die Vereinbarung nach § 39 I WEG und die Zustimmungen nach § 39 II WEG vorliegen, kann das VollstrG aus dem GB entnehmen. Die Voraussetzung des § 39 III WEG kann nur durch das Befragen der Beteiligten geklärt werden. Steht fest, dass alle erforderlichen Zustimmungen vorliegen und die Zahlungsverpflichtungen des Dauerwohnberechtigten erfüllt sind, bleibt das Recht nicht außerhalb des gG bestehen, sondern ist in das gG als bestehen bleibendes Recht aufzunehmen. Ist die Frage nach den Voraussetzungen des § 39 (insbesondere Abs 3) offen geblieben, so ist das Dauerwohnrecht als bedingtes Recht in das gG einzustellen mit den Folgen des § 51 (*Steiner/Eickmann* Rdn 31). Steht fest, dass die Vereinbarung nicht wirkt (= betreibender Gl aus § 10 I Nr 1–3; fehlende Zustimmung von im Rang nach dem bestbetreibenden Gl stehenden Rechten; Eingeständnis von Zahlungsrückständen durch den Dauerwohnberechtigten), so ist das Recht nicht in das gG einzustellen (*Steiner/Eickmann* Rdn 31; *Stöber* § 44 Rdn 5.29). 14

Böttcher 373

§ 52 [Bestehenbleibende Rechte]

4. Erbbaurecht

15 Wird aus einem rangmäßig gleich- oder vorgehenden Anspruch betrieben (zB § 10 I Nr 1–3), so bleibt das Erbbaurecht außerhalb des gG gemäß **§ 25 ErbbauRG** bestehen.

5. Heimfallanspruch

Schrifttum: *Behmer,* Der Rang des Heimfallanspruchs beim Erbbaurecht, Rpfleger 1983, 477; *Scharen,* Der Heimfallanspruch in der Zwangsversteigerung des Erbbaurechts, Rpfleger 1983, 342; *Weichhaus,* Der Heimfallanspruch bei der Zwangsversteigerung eines Erbaurechts, Rpfleger 1979, 329.

16 Der Heimfallanspruch ist ein dinglicher Anspruch des jeweiligen Grundstückseigentümers gegen den jeweiligen Erbbauberechtigten das Erbbaurecht unter bestimmten Voraussetzungen (zB bei Anordnung der ZwVerst des Erbbaurechts) an ihn oder an einen von ihm zu benennenden Dritten zu übertragen (§ 2 Nr 4, § 3 ErbbauRG). Er ist kein der ZwVerst entgegenstehendes Recht iSv § 28. Außerdem ist kein Zuzahlungsbetrag gemäß § 51 zu bestimmen. In das gG wird der Heimfallanspruch nicht aufgenommen (*Weichhaus* Rpfleger 1979, 329; *Behmer* Rpfleger 1984, 377 **aA** *Scharen* Rpfleger 1984, 342). Da er zum Inhalt des Erbbaurechts gehört, somit dinglicher Natur ist, muss ihn auch ein Ersteher nach der ZwVerst des Erbbaurechts erfüllen (*Weichhaus* Rpfleger 1979, 329; *Behmer* Rpfleger 1984, 377 **aA** *Scharen* Rpfleger 1984, 342). Verwirklicht der Grundstückseigentümer seinen Heimfallanspruch vor Zuschlagsentscheidung, so entsteht mit der GB-Eintragung ein Eigentümererbbaurecht. Die ZwVerst eines persönlichen Gl (§ 10 I Nr 5) ist dann aufzuheben gemäß § 28 bzw der Zuschlag ist zu versagen nach § 33 (AG Arnsberg Rpfleger 1979, 274). Dies ergibt sich daraus, weil sich die Position des neuen Erbbauberechtigten auf den vor der Beschlagnahme begründeten verdinglichten Heimfallanspruch gründet, der wie eine Auflassungsvormerkung zu behandeln ist; vgl deshalb und für den Fall des Betreibens durch dingliche Gl (§ 10 I Nr 4) § 28 Rdn 4–10! Entsteht ein Heimfallanspruch zwar während einer ZwVerst und kommt es aber zur Durchsetzung mittels GB-Eintragung nicht mehr vor Zuschlagserteilung, so muss der Ersteher den Heimfallanspruch erfüllen (OLG Oldenburg DNotZ 1988, 591; *Weichhaus* Rpfleger 1979, 329; *Behmer* Rpfleger 1984, 377 **aA** *Scharen* Rpfleger 1984, 342).

6. Notwegrente

17 Die Rente nach §§ 913–916 BGB bleibt auch dann bestehen, wenn sie im gG nicht berücksichtigt ist **(§ 52 II).**

7. Öffentliche Lasten, Vorkaufsrechte

Öffentliche Lasten sind versteigerungsunabhängig; der Ersteher muss sie übernehmen. Öffentlich-rechtliche Vorkaufsrechte (zB § 24 BauGB) bleiben von der ZwVerst des Grundstücks unberührt; sie können daher auch gegenüber dem Ersteher bei einem Ausübungsfall genutzt werden. **18**

8. Reichsheimstättenvermerk

Die Eigenschaft als Heimstätte bleibt bestehen, auch wenn sie nicht im gG berücksichtigt ist. **19**

9. Überbaurente

Sie bleibt auch dann bestehen, wenn sie nicht im gG berücksichtigt ist (**§ 52 II**). **20**

10. Nutzungsrechte der ehem. DDR

Nutzungsrechte der ehemaligen DDR gemäß § 286 ZGB bestehen weiter und sind untrennbar mit dem Gebäudeeigentum verbunden (Art 231 § 5 II EGBGB). Das Gebäude ist Eigentum des Nutzungsberechtigten, (§§ 288 IV, 292 III ZGB). **21**

Das **Nutzungsrecht** entstand rangmäßig mit dem in der Verleihungsurkunde festgelegten Zeitpunkt (§ 287 II 2 ZGB, § 4 II VerleihG); eine Grundbucheintragung hat daher nur deklaratorische Wirkung. Wird die ZwVerst aus § 10 I Nr 4 betrieben, so wird das Nutzungsrecht bestehen bleiben, da es als einzige Belastung, zumindest erste, am volkseigenen oder genossenschaftlich genutzten Grundstück möglich war (*Keller* Rpfleger 1992, 501, 504). Steht der betreibende Gl in § 10 I Nr 3, so bleibt das Nutzungsrecht bei einer bis zum 31. 12. 2000 angeordneten ZwVerst außerhalb des gG bestehen (Art 233 § 4 IV EGBGB). Deshalb ist das Nutzungsrecht auch dann von Amts wegen zu berücksichtigen, wenn es zwar nicht im GB eingetragen ist, aber dem VollstrG bekannt wird (*Eickmann* ZIR 1997, 61, 67; *Keller* Rpfleger 1992, 501, 504); vgl auch §§ 37, 38 Rdn 14. Außerhalb des gG bleibt das Nutzungsrecht jedoch nur dann bestehen, wenn im Zuschlagszeitpunkt das Gebäudeeigentum auch besteht (*Eickmann* aaO). Besteht im Zuschlagszeitpunkt noch kein Gebäudeeigentum, gilt Art 233 § 4 IV EGBGB nicht, dh das Nutzungsrecht erlischt nach §§ 44, 52, wenn es nicht im gG steht. **22**

Mitbenutzungsrechte nach § 321 I–III, § 322 ZGB-DDR bedurften zu ihrer Wirksamkeit nicht der Grundbucheintragung. Sie sind nunmehr dingliche Rechte (Art 233 § 5 I EGBGB) und bestehen mit dem bisherigen Rechtsinhalt auch ohne Grundbucheintragung weiter (Art 233 § 5 II 1 EGBGB). Ihre Eintragung ist im Wege der Grundbuchberichtigung möglich (Art 233 § 5 III 1 EGBGB). Der Rang ergibt sich entweder aus **23**

einem Entstehungszeitvermerk (Art 233 § 5 III 2 EGBGB), aus einem Vorrangvermerk (Art 233 § 5 III 3 EGBGB) oder aus dem Zeitpunkt der Eintragung (*Eickmann* ZIR 1997, 61, 66). Die Mitbenutzungsrechte sind zum 31. 12. 2000 kraft Gesetzes bei nicht rechtzeitiger Anerkennung durch den Eigentümer oder gerichtlicher Geltendmachung durch den Rechtsinhaber erloschen (§ 8 GBBerG, Art 233 § 5 EGBGB, § 13 SachenR-DV). Ist ein Mitbenutzungsrecht bestehengeblieben ohne im Grundbuch eingetragen zu sein, ist ab dem 1. 1. 2001 ein Erlöschen durch gutgläubigen lastenfreien Erwerb des Grundstücks möglich (Art 233 § 5 EGBGB). Geht das Mitbenutzungsrecht bei der ZwVerst des Grundstücks dem bestbetreibenden Gl im Rang vor, so fällt es in das gG und bleibt bestehen. Geht das Mitbenutzungsrecht dem bestbetreibenden Gl im Rang nach, käme es nach den allgemeinen Regeln (§§ 44, 52, 91) nicht in das gG und würde mit dem Zuschlag erlöschen. Nach Art 233 § 5 II 3 EGBGB findet jedoch in diesem Fall § 9 EGZVG Anwendung, wonach es dem Landesgesetzgeber gestattet ist, das Bestehen bleiben des Rechts außerhalb dem gG zu sichern (vgl Rdn 12). Weil aber entsprechende landesrechtlichen Regelungen für das Mitbenutzungsrecht fehlen, geht die Verweisung ins Leere und es bleibt bei den allgemeinen Regeln (*Eickmann* ZIR 1997, 61, 67; *Keller,* Grundstücke in Vollstreckung und Insolvenz, Rdn 417 **aA** *Stöber* § 9 a EGZVG Rdn 4.2: unmittelbar bundesgesetzliche Anwendung des § 9 EGZVG).

§ 53 [Schuldübernahme]

¹Haftet bei einer Hypothek, die bestehenbleibt, der Schuldner zugleich persönlich, so übernimmt der Ersteher die Schuld in Höhe der Hypothek; die Vorschriften des § 416 des Bürgerlichen Gesetzbuchs finden mit der Maßgabe entsprechende Anwendung, daß als Veräußerer im Sinne dieser Vorschriften der Schuldner anzusehen ist.

ⁿDas gleiche gilt, wenn bei einer Grundschuld oder Rentenschuld, die bestehenbleibt, der Schuldner zugleich persönlich haftet, sofern er spätestens im Versteigerungstermine vor der Aufforderung zur Abgabe von Geboten die gegen ihn bestehende Forderung unter Angabe ihres Betrags und Grundes angemeldet und auf Verlangen des Gerichts oder eines Beteiligten glaubhaft gemacht hat.

Schrifttum: *Eickmann,* Die in der Zwangsversteigerung bestehenbleibende Grundschuld, FS Merz, 1992, 49; *Grziwotz,* Stehengebliebene Sicherungsgrundschuld und Zwangsversteigerung, FS Wolfsteiner, 2008, 31; *Scholtz,* Schuldübernahmen in der Zwangsversteigerung, ZfIR 1999, 165.

I. Allgemeines

§ 53, der für alle Versteigerungen gilt, ergänzt den dinglichen Übernahmegrundsatz des § 52 mit einem **persönlichen Übernahmegrundsatz bei Hypotheken und Sicherungsgrundschulden;** bei einer isolierten Grundschuld entfällt die Anwendung des § 53 bereits begrifflich. Auch für **Reallasten gilt § 53 nicht.** Der Ersteher haftet ab dem Zuschlag dem Reallastberechtigten ggü nicht nur dinglich, sondern nach § 1108 BGB auch persönlich. Da dem Gl der Reallast ggü die persönliche Haftung des Vollstreckungsschuldners bleibt, haften im Außenverhältnis Schu und Ersteher als Gesamtschuldner (BGHZ 58, 191, 194). Im Innenverhältnis haftet der Ersteher für die nach dem Zuschlag fällig werdenden Leistungen allein, § 56 S 2 (BGH Rpfleger 1993, 503). § 53 will den Schu, der zwangsweise sein Grundstück verliert, gegen eine weitere Inanspruchnahme aus seiner persönlichen Verbindlichkeit schützen (BGHZ 64, 170). Eine persönliche Weiterhaftung des Schu widerspräche dem Charakter der ZwVerst als eines – auf das Grundstück bezogenen – Schuldenbereinigungsverfahrens. Der Ersteher soll anstelle des Schu zahlen, weil er infolge der Übernahme des bestehengebliebenen dinglichen Rechts weniger gezahlt hat und bereichert wäre, wenn der Schu noch die persönliche Forderung tilgen müsste (BGH Rpfleger 1996, 520). Die Vorschrift gilt auch in der Teilungsversteigerung gemäß § 180 (BGH aaO). Allzu häufig erlangt § 53 keine praktische Bedeutung, da es bei vielen Vesteigerungsverfahren keine bestehen bleibenden Rechte gibt (*Scholtz* ZfIR 1999, 165, 166).

II. Übernahme der persönlichen Schuld bei einer Hypothek (§ 53 I)

1. Voraussetzungen

§ 53 gilt für **Hypotheken,** die auf Grund gesetzlicher (§ 52 I 1) oder abweichender (§ 59) Versteigerungsbedingungen **bestehen bleiben;** nicht dagegen bei einer Liegenbelassungsvereinbarung gemäß § 91 II (BGH NJW 1981, 1601). Die Hypothek, deren Bestehen bleiben nach den Versteigerungsbedingungen vorgesehen ist, muss im Zeitpunkt des Zuschlags auch tatsächlich bestehen. Der **dinglich haftende Vollstreckungsschuldner muss auch zugleich persönlich haften;** haftet ein Dritter persönlich, findet § 53 keine Anwendung; gleiches gilt auch, wenn sich der Vollstreckungsschuldner (= Grundstückseigentümer) bei seinem Eigentumserwerb nur als Erfüllungsübernehmer (§ 415 III BGB) gegenüber dem persönlichen Schu verpflichtet hat (*Scholtz* ZfIR 1999, 165, 167).

§ 53 [Schuldübernahme]

3   Hat ein neu eingetretener Eigentümer die persönliche Schuld bereits wirksam übernommen, so ist § 53 analog anwendbar, und zwar ohne dass es auf eine Titelumschreibung ankommt (*Steiner/Eickmann* Rdn 9 aA *Dassler/Hintzen* Rdn 4). Die persönliche Haftung des Schu muss im Zeitpunkt des Zuschlags bestanden haben; daraus folgt, dass bei Rechten, die einen Forderungskreis oder eine Kontokorrentforderung sichern, eine Übernahme solcher Forderungen ausscheidet, die erst nach dem Zuschlag entstehen.

2. Wirkungen

4   Obwohl § 53 ausdrücklich nur auf § 416 BGB verweist, finden die §§ 414 ff insgesamt Anwendung (BGH Rpfleger 1996, 520; *Scholtz* ZflR 1999, 165, 167). Gemäß § 53 I 1. Hs, § 415 I 1 BGB kommt ein Übernahmevertrag kraft Gesetzes zwischen dem Ersteher und dem bisherigen Vollstreckungsschuldner hinsichtlich der persönlichen Forderung des Gl zustande (*Steiner/Eickmann* Rdn 12; *Scholtz* ZflR 1999, 1 65, 167). Für die Beurteilung der weiteren Rechtsfolgen kommt es auf die Reaktion des Gl an.

5   **a) Erfüllungsübernahme durch den Ersteher.** Beim Schweigen des Gl (§ 415 III 1 BGB) oder Verweigerung der Genehmigung zum Übernahmevertrag durch den Gl (§ 415 III 2 BGB) ist der Ersteher dem Vollstreckungsschuldner gegenüber nur verpflichtet, den Gl zu befriedigen (BGH Rpfleger 1996, 520; *Scholtz* ZflR 1999, 165, 167; *Steiner/Eickmann* Rdn 11). Der Vollstreckungsschuldner haftet daher weiterhin persönlich für die Forderung (*Steiner/Eickmann* Rdn 24).

**b) Schuldübernahme durch den Ersteher. aa) Genehmigung
6   durch den Gl.** Ist der Übernahmevertrag durch den Gl ausdrücklich genehmigt (§ 415 I 1 BGB) oder gilt er nach § 416 I BGB, § 53 I 2. Hs als genehmigt, so wird der Schu frei und der Ersteher haftet nunmehr allein als persönlicher Schu (BGH Rpfleger 1996, 520; *Scholtz* ZflR 1999, 165, 167; *Steiner/Eickmann* Rdn 27).

7   Den durch § 53 I zwangsweise zustandegekommenen Übernahmevertrag zwischen Schu und Ersteher kann der Gl somit **ausdrücklich genehmigen (§ 415 I 1 BGB)** und damit die befreiende Schuldübernahme wirksam machen; die Genehmigung kann dem Schu oder dem Ersteher ggü erklärt werden (§ 182 I BGB). Die Genehmigungserklärung des Gl liegt in einer Klageerhebung gegen den Ersteher (BGH WPM 1975, 331, 332), in einer Aufrechnungserklärung (RG Recht 1918 Nr 982) oder Stundung (RG JW 1910, 13 Nr 18); desgleichen in seiner Zustimmung nach § 59, wenn das Bestehen bleiben des Rechts beantragt wurde (*Steiner/Eickmann* Rdn 16); aber keinesfalls in der bloßen Anwesenheit des Gl im Versteigerungstermin. Die Anwendbarkeit des § 415

II. Übernahme der persönlichen Schuld § 53

BGB wird zwar auch ohne ausdrückliche Erwähnung als selbstverständlich angesehen (RGZ 125, 100; 126, 91, 95), jedoch bedarf es entgegen der hM (RGZ 136, 91, 95; *Stöber* Rdn 2.3; *Scholtz* ZfIR 1999, 165, 167) nicht der Mitteilung des Übernahmevertrages an den Gl durch den Schu oder Ersteher gemäß § 415 I 2 (*Steiner/Eickmann* Rdn 15); die ratio der Norm entfällt in der ZwVerst, weil die Übernahmepflicht des Erstehers gesetzlich vorgeschrieben und deshalb nach dem Zuschlag nicht mehr abänderbar ist. Wird der Hypothekengläubiger nicht tätig, kann ihm der Schu den zustandegekommenen Übernahmevertrag mit dem Ersteher (§ 53 I) mitteilen; verweigert der Gl seine Genehmigung nicht ausdrücklich, so **gilt sie als erteilt (§ 416 I 2 BGB).**

Die Mitteilung nach § 416 I 1 BGB muss vom Schu ausgehen, nicht 8 vom Ersteher (RGZ 63, 42; 80, 92); sie ist entgegen § 416 II 1 BGB ab dem Zuschlag möglich (*Steiner/Eickmann* Rdn 22).

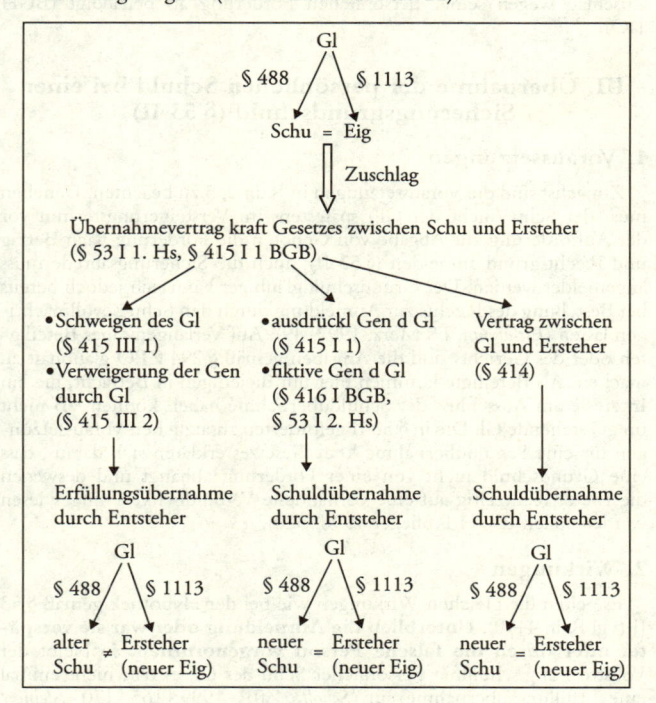

```
                              Gl
                        § 488 / \ § 1113
                             Schu = Eig
                              ⇓ Zuschlag

    Übernahmevertrag kraft Gesetzes zwischen Schu und Ersteher
    (§ 53 I 1. Hs, § 415 I 1 BGB)

  • Schweigen des Gl       • ausdrückl Gen d Gl      Vertrag zwischen
    (§ 415 III 1)            (§ 415 I 1)             Gl und Ersteher
  • Verweigerung der Gen   • fiktive Gen d Gl        (§ 414)
    durch Gl                 (§ 416 I BGB,
    (§ 415 III 2)            § 53 I 2. Hs)

  Erfüllungsübernahme      Schuldübernahme           Schuldübernahme
  durch Entsteher          durch Entsteher           durch Entsteher

         Gl                       Gl                         Gl
    § 488 / \ § 1113         § 488 / \ § 1113          § 488 / \ § 1113

  alter  ≠  Ersteher       neuer  =  Ersteher        neuer  =  Ersteher
  Schu      (neuer Eig)    Schu      (neuer Eig)     Schu      (neuer Eig)
```

§ 53 [Schuldübernahme]

9 **bb) Vertrag zwischen Gl und Ersteher (§ 414 BGB).** Da § 53 trotz seines Wortlautes eine Verweisung auf das gesamte Recht der Schuldübernahme des BGB (§§ 414 ff) enthält, kann sich der Hypothekengläubiger mit dem Ersteher nach § 414 BGB dahin einigen, dass dieser die persönliche Schuld übernimmt (*Steiner/Eickmann* Rdn 14).

10 **c) Ersteher.** Ersteher iA der Gläubiger einer bestehen bleibenden Hypothek und der dadurch gesicherten Forderung. In diesem Fall erlischt die persönliche Forderung regelmäßig in Höhe der Hypothek, weil sie sich mit der Schuld in einer Person vereinigt (BGH Rpfleger 1996, 520; *Scholtz* ZflR 1999, 165, 167 f). Diese Wirkung hängt nicht davon ab, dass der Gl, der zugleich Ersteher ist, sie gemäß § 416 BGB genehmigt; dieser gilt vielmehr kraft Gesetzes mit dem Zuschlag wegen seiner persönlichen Forderung als befriedigt (BGH aaO).

III. Übernahme der persönlichen Schuld bei einer Sicherungsgrundschuld (§ 53 II)

1. Voraussetzungen

11 Zunächst sind die Voraussetzungen in Rdn 2, 3 zu beachten. Daneben muss der Schu (nicht der Gl!) spätestens im Versteigerungstermin vor der Aufforderung zur Abgabe von Geboten die Forderung nach Betrag und Rechtsgrund anmelden (§ 53 II); auch die Sicherungsabrede muss angemeldet werden. Der Grundschuldgläubiger kann sich jedoch bereits bei Bestellung des Rechts zur Anmeldung durch den Schu bevollmächtigen lassen (*Eickmann,* FS Merz, 1992, 49). Auf Verlangen eines Beteiligten oder des Gerichts sind die Angaben gemäß § 294 ZPO glaubhaft zu machen. Als Beteiligte kommen nur nur diejenigen in Betracht, die ein Interesse am Ausschluss der Schuldübernahme haben können, zB nicht im gG stehende Gl. Die in § 53 II geforderten zusätzlichen Voraussetzungen für eine Schuldübernahme kraft Gesetzes erklären sich daraus, dass eine Grundschuld nicht von einer Forderung abhängt und deswegen die Bieter rechtzeitig auf eine vorhandene Verbindlichkeit hingewiesen werden sollen (BGH Rpfleger 1996, 520).

2. Wirkungen

12 Es gelten die gleichen Wirkungen wie bei der Hypothek gemäß § 53 II (vgl Rdn 4–10). **Unterblieb die Anmeldung oder war sie verspätet oder durch die falsche Person vorgenommen**, so bleibt der Vollstreckungsschuldner persönlicher Schu des Gl, es tritt nicht einmal eine Erfüllungsübernahme ein (*Scholtz* ZflR 1999, 165, 170; *Steiner/ Eickmann* Rdn 39). Wenn er aber aus dieser Schuld vom Grundschuld-

III. Übernahme der persönlichen Schuld § 53

gläubiger in Anspruch genommen wird, so hat er gegen den Ersteher keinen Anspruch aus ungerechtfertigter Bereicherung (BGHZ 133, 51; 106, 375, 378). Der Ersteher eines Grundstücks in der Zwangsversteigerung, der aus einer bestehen gebliebenen Grundschuld dinglich in Anspruch genommen wird, kann dem Grundschuldgläubiger keine Einreden entgegensetzen, die sich aus dem zwischen dem früheren Eigentümer (Sicherungsgeber) und dem Gl (Sicherungsnehmer) abgeschlossenen Sicherungsvertrag ergeben (BGH Rpfleger 2003, 522; OLG Zweibrücken ZflR 2003, 214). Die Sicherungsabrede wirkt nur zwischen Sicherungsgeber und Gläubiger, nicht aber im Verhältnis zum Ersteher als neuem Eigentümer; letzteren trifft nur die dingliche Haftung, dh aus der persönlichen Forderung kann er nicht in Anspruch genommen werden. Der Ersteher muss die volle Grundschuldsumme unabhängig von ihrer Valutierung bezahlen. Leistet er auf die Grundschuld, so geht sie kraft Gesetzes auf den Ersteher über und wird zur Eigentümergrundschuld. Der Grundschuldgläubiger kann vom Ersteher ab dem Zuschlag (§ 56 S 2) auch die im GB eingetragenen dinglichen Zinsen (idR 14 – 18 %) fordern, selbst wenn das Darlehen nur mit einem wesentlich geringeren Satz zu verzinsen ist (*Grziwotz*, FS Wolfsteiner, 2008, 31, 35). Wenn der Ersteher an den Grundschuldgläubiger das Grundschuldkapital und die dinglichen Zinsen bezahlt, kann der Alteigentümer den Betrag fordern, der nicht zur Erfüllung der Darlehensforderung und der schuldrechtlichen Zinsen benötigt wird (*Grziwotz,* FS Wolfsteiner, 2008, 31, 38).

Der **Rückgewähranspruch** des Vollstreckungsschuldners wird durch 13 den Eigentumswechsel auf Grund Zuschlagserteilung grundsätzlich nicht berührt (*Eickmann,* ZVG, § 18 IV 3). Er geht jedoch auf den Ersteher als neuen Eigentümer über, wenn dieser die persönliche Forderung übernimmt (*Stöber* Rdn 3.2; *Eickmann,* FS Merz, 1992, 49, 53); dies gilt jedoch nur insoweit, als das Recht noch valutiert. Soweit die Forderung bereits vor dem Zuschlag erloschen ist, steht der Rückgewähranspruch dem Vollstreckungsschuldner und nicht dem Ersteher zu. Dieser ist durch Abtretung eines entsprechenden Teilrechts an den Schu zu erfüllen. Ist der Rückgewähranspruch auf Löschung gerichtet, stellt dies eine unangemessene Benachteiligung (§ 307 BGB) des Schu dar, denn eine solche Aufhebung (ebenso Verzicht, § 1168 BGB) käme allein dem Ersteher, nicht aber dem Anspruchsinhaber zugute (BGH ZIP 1989, 700; *Eickmann,* FS Merz, 1992, 49, 53 f). Bei Zession des Rückgewähranspruchs gilt (vgl *Eickmann,* FS Merz, 1992, 49, 54 f): In Bezug auf Tilgungen vor dem Zuschlag kann der Ersteher keinen Rückgewähranspruch erwerben; dieser steht dem Zessionar zu. In Bezug auf Tilgungen nach dem Zuschlag hat eine Zession Bestand, wenn das Recht des Zessionars bestehen bleibt. Erlischt das Recht des Zessionars gemäß § 52 I 2, so hat die Zession keinen Bestand.

§ 54 [Kündigung von Grundpfandrechten]

^I**Die von dem Gläubiger dem Eigentümer oder von diesem dem Gläubiger erklärte Kündigung einer Hypothek, einer Grundschuld oder einer Rentenschuld ist dem Ersteher gegenüber nur wirksam, wenn sie spätestens in dem Versteigerungstermine vor der Aufforderung zur Abgabe von Geboten erfolgt und bei dem Gericht angemeldet worden ist.**

^{II}**Das gleiche gilt von einer aus dem Grundbuche nicht ersichtlichen Tatsache, infolge deren der Anspruch vor der Zeit geltend gemacht werden kann.**

I. Allgemeines

1 § 54, der für alle Versteigerungsverfahren gilt, will den Ersteher davor schützen, dass er ein als bestehendbleibend übernommenes Grundpfandrecht vorzeitig zurückzahlen muss; er geht daher von einer Anmeldepflicht für die nicht grundbuchersichtliche Kündigung und sonstige Fälligkeit aus. Zu unterscheiden sind die fälligkeitsbegründende Vereinbarung (zB dass das Grundpfandrecht nach Kündigung, bei Insolvenzeröffnung oder Zahlungsverzug fällig wird) und der Eintritt der fälligkeitsauslösenden Tatsache (= Kündigung, Insolvenzeröffnung usw).

II. Wirksamkeit der Grundpfandrechtsfälligkeit gegen den Ersteher

1. Grundbuchersichtlichkeit

2 Wenn sowohl die fälligkeitsbegründende Vereinbarung als auch der Eintritt der fälligkeitsauslösenden Tatsache aus dem GB ersichtlich sind, muss der Ersteher eine vorzeitige Fälligkeit des übernommenen Grundpfandrechts gegen sich gelten lassen.

2. Anmeldung

3 Wirksamkeit der Grundpfandrechtsfälligkeit ggü dem Ersteher tritt auch ein, wenn sie spätestens in dem Versteigerungstermin vor der Aufforderung zur Abgabe von Geboten erfolgt und bei dem Gericht angemeldet worden ist (§ 54 I). Die Anmeldung muss schriftlich oder zu Protokoll der Geschäftsstelle bzw im Versteigerungstermin erfolgen. Anmeldeberechtigt sind der Grundpfandrechtsgläubiger, der Schu und sogar ein Dritter, der ein rechtliches Interesse daran hat, zB Pfandgläubiger oder Nießbraucher. Die Anmeldung muss im Versteigerungstermin vor der Aufforderung zur Abgabe von Geboten erfolgen (§ 54 I). Sie ist dann im Termin bekanntzumachen (§ 66 I); ist dies unterblieben, so tritt

IV. Kündigungsunabhängige Fälligkeit (§ 54 II) §54

die Fälligkeit dem Ersteher ggü nur dann ein, wenn ihm die Grundpfandrechtsfälligkeit bekannt geworden ist (*Steiner/Eickmann* Rdn 12; *Dassler/ Hintzen* Rdn 4 **aA** *Stöber* Rdn 2.2: trotzdem Fälligkeit ggü dem Ersteher).

3. Kenntnis

Wenn die fälligkeitsbegründende Vereinbarung und die fälligkeitsauslösende Tatsache weder grundbuchersichtlich noch ordnungsgemäß angemeldet sind, muss sie der Ersteher gegen sich gelten lassen, wenn er sie kennt (*Steiner/Eickmann* Rdn 4; *Dassler/Hintzen* Rdn 4 **aA** *Stöber* Rdn 2.3). § 54 will den Ersteher vor einer überraschenden Fälligkeit schützen; diesen Schutz braucht er jedoch nicht, wenn er den Eintritt der Fälligkeit kennt. 4

III. Kündigungsabhängige Fälligkeit (§ 54 I)

Ist die Grundpfandrechtsfälligkeit von einer Kündigung abhängig, so muss der Ersteher sie gegen sich gelten lassen, wenn sie materiell wirksam ist, spätestens im Versteigerungstermin vor der Aufforderung zur Abgabe von Geboten vorgenommen wurde und ordnungsgemäß angemeldet (Rdn 3) oder dem Ersteher bekannt ist (Rdn 4). § 54 regelt nicht die Voraussetzungen einer Kündigung, sondern nur deren Durchsetzung ggü dem Ersteher; wenn die Kündigung materiell nicht wirksam ist, findet § 54 keine Anwendung. Die Kündigung bestimmt sich bei einer Hypothek nach § 1141 BGB, bei einer Grundschuld nach § 1193 BGB. 5

IV. Kündigungsunabhängige Fälligkeit (§ 54 II)

Ist die Grundpfandrechtsfälligkeit nicht von einer Kündigung abhängig, sondern tritt sie ipso iure beim Vorliegen bestimmter Tatsachen ein, so muss sie der Ersteher gegen sich gelten lassen, wenn der Eintritt der Tatsache vor der Aufforderung zur Abgabe von Geboten erfolgt ist und ordnungsgemäß angemeldet (Rdn 3) oder dem Ersteher bekannt (Rdn 4) oder ausnahmsweise sogar aus dem GB ersichtlich ist (Rdn 2). Letzteres ist der Fall, wenn für die Fälligkeit die Anordnung der ZwVerst oder die Insolvenzeröffnung vorausgesetzt und der Zwangsversteigerungs- oder Insolvenzvermerk im GB eingetragen ist. Setzt die Fälligkeit einen Zahlungsverzug voraus, so ist zwar die fälligkeitsbegründende Vereinbarung grundbuchersichtlich, nicht aber die fälligkeitsauslösende Tatsache des Zahlungsverzugs; letzteres muss angemeldet werden (Anmeldung rückständiger Leistungen nach § 45 II genügt) oder dem Ersteher bekannt sein. Bei einer Gefährdung der Sicherheit der Hypothek infolge Verschlechterung des Grundstücks (§ 1133 BGB) oder des Zubehörs (§ 1135 6

§ 55 [Gegenstand der Versteigerung]

BGB) wird das Grundpfandrecht nach fruchtloser Fristbestimmung fällig; in diesem Fall sind sowohl die fälligkeitsbegründende Regelung als auch die fälligkeitsauslösende Tatsache anzumelden.

V. Fälligkeit infolge Rechtskraftwirkung

7   Hat ein Grundpfandrechtsgläubiger den dinglichen Anspruch aus § 1147 BGB gerichtlich geltend gemacht und wird das gegen den Vollstreckungsschuldner (= bisheriger Eigentümer) ergehende Urteil nach Anordnung der ZwVerst rechtskräftig, so wirkt es gegen den Ersteher nur dann, wenn die Rechtshängigkeit spätestens im Versteigerungstermin vor der Aufforderung zur Abgabe von Geboten angemeldet worden ist (§ 325 III 2 ZPO); eine Kenntnis des Erstehers genügt hier nicht. Sofern die Rechtskraft auch vor der Aufforderung zur Gebotsabgabe eintritt, ist nicht die Rechtshängigkeit, sondern die Rechtskraft als solches gemäß § 54 II anzumelden (*Steiner/Eickmann* Rdn 20); gleiches gilt, wenn die Rechtskraft bereits vor der Anordnung der ZwVerst eintritt (*Steiner/Eickmann* Rdn 19; *Dassler/Hintzen* Rdn 5 **aA** *Stöber* Rdn 4.2).

§ 55 [Gegenstand der Versteigerung]

^I**Die Versteigerung des Grundstücks erstreckt sich auf alle Gegenstände, deren Beschlagnahme noch wirksam ist.**

^{II}**Auf Zubehörstücke, die sich im Besitze des Schuldners oder eines neu eingetretenen Eigentümers befinden, erstreckt sich die Versteigerung auch dann, wenn sie einem Dritten gehören, es sei denn, daß dieser sein Recht nach Maßgabe des § 37 Nr. 5 geltend gemacht hat.**

Schrifttum: *Dorn,* Bestandteile und Zubehör in der Zwangsversteigerung, Rpfleger 1987, 143; *Gerken,* Leasinggegenstände in der Zwangsversteigerung, Rpfleger 1999, 209; *Graba/Teufel,* Anwartschaftsrecht am Zubehör in der Zwangsversteigerung, Rpfleger 1979, 401; *Möschel,* Die Eigentumsanwartschaft an Zubehörstücken in der Grundstückszwangsversteigerung, BB 1970, 237; *Mümmler,* Bestandteil und Zubehör im Zwangsversteigerungsverfahren, JurBüro 1971, 805; *Teufel,* Der Beitritt zur Zwangsversteigerung und das Zubehör, Rpfleger 1979, 186; *Weimar,* Die mithaftenden Gegenstände bei den Grundpfandrechten, MDR 1979, 464; *ders.,* Das Zubehör und seine Rechtslage, MDR 1980, 907.

Übersicht

	Rn.
I. Allgemeines	1
II. Beschlagnahmte Gegenstände (§ 55 I)	2
1. Versteigerung	2
2. Anwartschaftsrecht	3

II. Beschlagnahmte Gegenstände (§ 55 I) § 55

```
        3. Umfang .................................................. 4
III. Fremdes Zubehör (§ 55 II) ............................. 5
     1. Voraussetzungen ..................................... 6
        a) Zubehör .............................................. 6
        b) Besitz des Schuldners ........................... 7
        c) Eigentum eines Dritten ......................... 8
        d) Keine Geltendmachung nach § 37 Nr 5 .......... 9
        e) Maßgebender Zeitpunkt ......................... 14
     2. Wirkungen ............................................. 15
        a) Eigentumserwerb des Erstehers ............... 15
        b) Ersatzanspruch des Dritten ................... 16
IV. Überbau ...................................................... 17
```

I. Allgemeines

Der Ersteher erwirbt mit dem Zuschlag die Gegenstände, auf welche **1** sich die Versteigerung erstreckt hat (§ 90 II). § 55 regelt nun den Umfang der Versteigerung: die ZwVerst erstreckt sich auf alle Gegenstände, deren Beschlagnahme noch wirksam ist (Abs 1) und schuldnerfremdes Zubehör (Abs 2).

II. Beschlagnahmte Gegenstände (§ 55 I)

1. Versteigerung

Die Versteigerung erstreckt sich auf die Gegenstände, deren Beschlag- **2** nahme bei Beginn der Versteigerung, dh bei der Aufforderung zur Abgabe von Geboten gemäß § 66 II (RGZ 143, 33, 39; BGHZ 58, 309), noch wirksam ist (§ 55 I). Maßgebend ist die Beschlagnahme in der ZwVerst, nicht eine in der ZwVerw. Die Beschlagnahme erstreckt sich grundsätzlich auf die Gegenstände, für die eine Grundpfandrechtshaftung besteht **(§§ 20, 21)**. Grundpfandrechtshaftung **(§§ 1120 ff BGB)** unterliegen: Unbewegliches Vermögen (vgl §§ 20, 21 Rdn 12), Bestandteile (vgl §§ 20, 21 Rdn 13–34), Zubehör des Vollstreckungsschuldners (vgl §§ 20, 21 Rdn 35–46), Versicherungsforderungen (vgl §§ 20, 21 Rdn 47–54), Miet- und Pachtzinsforderungen (vgl §§ 20, 21 Rdn 55). Zwischen dem Wirksamwerden der Beschlagnahme (§ 22) und dem Beginn der Versteigerung (§ 66 II) kann sich der Beschlagnahmeumfang ändern. Eine Erweiterung ist dadurch möglich, dass Zubehör aufs Grundstück gelangt oder wesentliche Bestandteile zum Grundstück kommen. Eine Verringerung des Beschlagnahmeumfanges ist möglich durch Vernichtung und Untergang von Gegenständen, Aufhebung des Verfahrens hinsichtlich einzelner Gegenständen (§ 29), Veräußerung von Gegenständen in den Grenzen einer ordnungsgemäßen Wirtschaft (§ 23 I 2) oder bei gutgläubigem Erwerb durch Dritte gemäß § 892 BGB.

2. Anwartschaftsrecht

3   Kauft der Grundstückseigentümer (= Vollstreckungsschuldner) Gegenstände unter Eigentumsvorbehalt, so erwirbt er durch die bedingte Übereignung ein **Anwartschaftsrecht am Zubehör.** Die Beschlagnahme erfasst dieses Anwartschaftsrecht **(vgl §§ 20, 21 Rdn 40),** so dass sich nach § 55 I auch die Versteigerung darauf erstreckt, und zwar selbst dann, wenn der Zubehörgegenstand nicht mitversteigert wird. Kommt es zur Zuschlagserteilung, dann erwirbt der Ersteher das Anwartschaftsrecht gemäß § 90 II und beim nachfolgenden Bindungseintritt das Vollrecht, dh das Eigentum am Zubehör. Gegen die Versteigerung des beschlagnahmten Anwartschaftsrechtes kann der Vorbehaltseigentümer nicht widersprechen nach § 37 Nr 5, § 55 II, wohl aber soweit es um sein Eigentum am Zubehörgegenstand geht (*Graba/Teufel* Rpfleger 1979, 401).

3. Umfang

4   Bestehen Zweifel über den Umfang der Beschlagnahme und auch der Versteigerung, so muss das VollstrG versuchen, diese aufzuklären. Gelingt dies nicht, ist darauf im Versteigerungstermin hinzuweisen. Die abschließende Klärung der Frage, ob ein Gegenstand wesentlicher Bestandteil oder Zubehör ist, obliegt dem Prozessgericht und nicht dem VollstrG; eine dazu geäußerte Rechtsansicht des Versteigerungsrechtspflegers ist unverbindlich (OLG Hamm JurBüro 1967, 1026; *Dorn* Rpfleger 1987, 143, 145). Wird ein Gegenstand im Schätzgutachten oder Wertfestsetzungsbeschluss oder Zuschlagsbeschluss als Zubehör bezeichnet, so besteht dafür dennoch keine Gewähr. Ist umgekehrt ein Gegenstand zB im Zuschlagsbeschluss von der Versteigerung ausgenommen worden, dann erwirbt ein Ersteher trotzdem Eigentum davon, wenn es sich um einen wesentlichen Bestandteil handelt (OLG Koblenz Rpfleger 1988, 493).

III. Fremdes Zubehör (§ 55 II)

5   Die Versteigerung erstreckt sich auf nicht beschlagnahmtes Zubehör, das einem Dritten gehört, wenn sich das Zubehör im Besitz des Schu oder eines neu eingetretenen Eigentümers befindet und der Dritte als Eigentümer seine Rechte nicht nach Maßgabe des § 37 Nr 5 rechtzeitig geltend gemacht hat. Ein Bieter soll die Gewissheit haben, dass er alle Zubehörstücke auf dem Grundstück mitversteigert, und zwar unabhängig von den Eigentumsverhältnissen daran (BGH NJW 1969, 2135; *Eickmann,* ZVG, § 9 III 3 b).

III. Fremdes Zubehör (§ 55 II) § 55

1. Voraussetzungen

a) Zubehör. Der Begriff des Zubehörs nach § 55 II ist identisch mit dem der §§ 97, 98 BGB **(vgl §§ 20, 21 Rdn 35–46).** Die vorübergehende Trennung vom Grundstück hebt die Zubehöreigenschaft nicht auf (§ 97 II 2 BGB), so zB wenn Sachen zur Instandsetzung oder Reparatur weggebracht werden. Umgekehrt begründet eine vorübergehende Nutzung oder Benutzung einer beweglichen Sache für das Grundstück noch nicht die Zubehöreigenschaft (§ 97 II 1 BGB). Sachen, die ein Mieter oder Pächter zur vorübergehenden Benutzung auf das Grundstück gebracht hat (zB Öfen, Herde, Badeinrichtungen), sind daher kein Zubehör (RGZ 143, 33); gleiches gilt idR für Leasinggegenstände auf dem Grundstück des Schu (*Gerken* Rpfleger 1999, 209).

b) Besitz des Schuldners. Besitz des Schu oder eines neu eingetretenen Eigentümers ist nach § 55 II Voraussetzung für die Mitversteigerung des Fremdzubehörs. Sowohl unmittelbarer als auch mittelbarer Besitz sind ausreichend, nicht aber Besitzdienerschaft nach § 855 BGB und fehlerhafter Besitz gemäß § 858 BGB (*Stöber*, ZVG, Rdn 282 a). Befindet sich das Zubehör für einen Bieter erkennbar im Besitz eines Dritten, so wird es nicht gemäß § 55 II mitversteigert. Die Vermutung des § 739 ZPO für Ehegatten gilt nicht in ZwVerst (OLG Frankfurt FamRZ 1962, 391).

c) Eigentum eines Dritten. Das nicht beschlagnahmte Zubehör muss im Eigentum eines Dritten stehen, zB eines Entleihers. Auch der Vorbehaltsverkäufer zählt dazu, von dem der Vollstreckungsschuldner die Zubehörstücke unter Eigentumsvorbehalt gekauft und in Besitz genommen hat; der Vorbehaltsverkäufer muss sein Eigentum notfalls nach § 37 Nr 5, § 771 ZPO durchsetzen (*Stöber* Rdn 3.11). Die unter Eigentumsvorbehalt gelieferten Baumaterialien oder Einrichtungen für Bad, Heizung, Aufzug, Elektroanlagen usw sind Fremdzubehör vor ihrem Einbau, werden aber Bestandteile nach § 94 II BGB durch die Verarbeitung bzw Einbringung (BGHZ 58, 309; OLG Frankfurt DNotZ 1968, 656).

d) Keine Geltendmachung nach § 37 Nr 5. aa) Die Versteigerung erstreckt sich auf die im Besitz des Schu oder eines eingetretenen Eigentümers befindlichen Zubehörstücke, die einem Dritten gehören, nur dann, wenn dieser sein Recht nicht nach Maßgabe des § 37 Nr 5 geltend gemacht hat. Für die **Geltendmachung** genügt nicht die Anmeldung des Fremdzubehörs zum VollstrG, auch nicht die Bekanntgabe einer solchen Anmeldung im Versteigerungstermin; der Dritteigentümer muss für sein Zubehör vielmehr die Verfahrenseinstellung oder -aufhebung (§§ 29, 30) hinsichtlich aller die ZwVerst betreibender Gl herbeiführen.

bb) Die notwendige **Aufhebung oder Einstellung** des Verfahrens hinsichtlich der Zubehörstücke erfolgt grundsätzlich durch die Antrags-

§ 55 [Gegenstand der Versteigerung]

rücknahme oder Bewilligung der Einstellung **aller betreibender Gl** und anschließender Beschlussfassung durch das VollstrG nach §§ 29, 30. Nach Vorlage einer entsprechenden Entscheidung des Prozessgerichts (§ 771 ZPO) hat das VollstrG einen Vollzugsbeschluss zu erlassen gemäß §§ 775, 776 ZPO. Soweit das Prozessgericht noch nicht über die Widerspruchsklage nach § 771 ZPO entschieden hat, bleibt dem Widersprechenden der Weg, eine vorläufige Anordnung des Prozessgerichts aus § 771 III, § 769 I ZPO zu erwirken, die dem VollstrG zum Vollzug zugehen muss. In einem dringenden Fall, dh wenn es dem Widersprechenden vor dem Versteigerungstermin unmöglich war, eine Entscheidung herbeizuführen, kann das VollstrG das Verfahren einstellen gemäß § 769 II ZPO, und zwar unter Bestimmung einer Frist zur Beibringung der Entscheidung des Prozessgerichts; zuständig ist nicht das Versteigerungsgericht, sondern die allgemeine Vollstreckungsabteilung.

11   cc) **Folge** der rechtzeitigen Aufhebung oder Einstellung des Verfahrens hinsichtlich der Zubehörstücke ist deren Ausscheiden aus der Versteigerung, und zwar auch dann, wenn sie auf dem Grundstück verbleiben. Der Ersteher erlangt mit dem Zuschlag kein Eigentum an dem Zubehör, selbst wenn es nicht im Zuschlagsbeschluss ausgeschlossen ist. Um Zweifeln bei den Betroffenen auszuschließen, empfiehlt sich jedoch der Ausschuss solcher Zubehörstücke in den Versteigerungsbedingungen und dem Zuschlagsbeschluss.

12   dd) Die Geltendmachung muss **rechtzeitig** erfolgt sein, dh vor dem Zuschlag. Geschieht dies vor der Aufforderung zur Abgabe von Geboten, so schließt dies die Mitversteigerung gemäß § 55 II aus. Die Geltendmachung danach bis zum Schluss der Versteigerung (§ 73 II 1) hat zur Folge, dass die bisherigen Gebote erlöschen und erneut in die Versteigerung eingetreten werden muss (*Steiner/Teufel* Rdn 21; *Eickmann*, ZVG, § 9 III 3 b bb **aA** *Stöber* Rdn 3.5). Erfolgen Einstellung oder Aufhebung nach dem Schluss der Versteigerung, dann muss wegen der geänderten Versteigerungsbedingungen der Zuschlag im Ganzen versagt werden (§ 83 Ziff 5), es sei denn, der Meistbietende ist damit einverstanden, dass ihm der Zuschlag auch ohne das ausgenommene Zubehörstück erteilt wird (OLG Hamm OLGZ 1967, 445). Eine Freigabe scheidet aus, wenn der Zuschlag erteilt ist (*Stöber* Rdn 3.5).

13   ee) Ist das Verfahren hinsichtlich von Zubehörstücken nur eingestellt worden, nicht aufgehoben, so ist auch nach der ZwVerst des Grundstücks die **Fortsetzung** des Verfahrens für die Zubehörstücke zulässig. Zur Erlösverteilung ist dann ein neuer Verteilungstermin zu bestimmen, wobei die an der Hauptverteilung ausgefallenen Gl zum Zuge kommen.

14   e) **Maßgebender Zeitpunkt.** Dies ist der Versteigerungsbeginn, dh die **Aufforderung zur Abgabe von Geboten** gemäß § 66 II (BGHZ 58, 309). Genau zu diesem Zeitpunkt muss der Vollstreckungsschuldner das Fremdzubehör im Besitz haben, damit § 55 II Anwendung finden

IV. Überbau   § 55

kann. Ebenso wie der Besitz im Beschlagnahmezeitpunkt (§ 22) nicht ausreicht, braucht er im Zuschlagszeitpunkt nicht mehr vorzuliegen. Unschädlich ist das Wegschaffen von Fremdzubehör zwischen Versteigerungsbeginn (§ 66 II) und Zuschlagserteilung: der Ersteher erwirbt trotzdem Eigentum daran (BGHZ 58, 309); auch die Aufhebung der Zubehöreigenschaft in diesem Zeitraum schließt § 55 II aus.

2. Wirkungen

a) Eigentumserwerb des Erstehers. Mit Zuschlagserteilung wird der Ersteher Eigentümer des Fremdzubehörs (§ 90 II, § 50 II). Daran ändert auch eine Bösgläubigkeit des Erstehers nichts, da sein Eigentumserwerb originär ist und somit die §§ 926 II, 932 BGB keine Anwendung finden. **15**

b) Ersatzanspruch des Dritten. Hat der ursprüngliche Eigentümer des Fremdzubehörs seine Rechtsposition nicht gemäß § 37 Nr 5 geltend gemacht, so verliert er mit Zuschlagserteilung sein Eigentum daran: er kann nur Ersatz aus dem Versteigerungserlös verlangen. Zunächst sind jedoch vom Gesamterlös die Berechtigten des § 10 zu befriedigen. Im Verteilungsverfahren muss der ehemalige Eigentümer des Fremdzubehörs seinen Anspruch mittels Widerspruch (§ 115) gegen die Zuteilung an den (oder die) Gl geltend machen, der (die) zuletzt aus dem Erlös befriedigt worden ist (sind); vgl OLG Celle Rpfleger 1993, 363. Nach Erlösverteilung bleibt nur der Bereicherungsanspruch gemäß § 812 I BGB (Eingriffskondiktion); vgl BGH NJW 1962, 1498. Gegen den Ersteher besteht kein Anspruch (*Steiner/Teufel* Rdn 31; *Eickmann*, ZVG, § 9 III 3 b cc). Der anteilige Wertersatz für das Zubehörstück wird nach folgender Formel berechnet (*Steiner/Teufel* Rdn 27): **16**

$$\text{Erlösanteil des Dritten} = \frac{\text{Versteigerungserlös} \times \text{Wert des Zubehörs}}{\text{Wert des Zubehörs} + \text{Grundstückswert}}$$

IV. Überbau

Beim Überbau hat ein Grundstückseigentümer bei Errichtung eines Gebäudes über die Grenze gebaut, so dass ein Teil desselben auf dem Nachbargrundstück steht (§ 912 BGB). Ein **entschuldigter Überbau** liegt vor, wenn der Überbauende ohne Vorsatz oder grobe Fahrlässigkeit gehandelt und der Nachbar weder vor noch sofort nach der Grenzüberschreitung Widerspruch erhoben hat; in diesem Fall fällt der zu duldende Überbau analog § 95 BGB ins Eigentum des Erbauers, aber das Eigentum am überbauten Grundstücksanteil verbleibt dem Nachbarn (BGHZ 27, 204, 206; 43, 127). Die ZwVerst des Stammgrundstücks umfasst dann **17**

§ 56 [Gefahrübergang]

das gesamte Gebäude, während umgekehrt die ZwVerst des überbauten Grundstücks nicht den darauf befindlichen Gebäudeteil betrifft (*Steiner/ Eickmann* § 90 Rdn 17–19). Ein **unentschuldigter Überbau** liegt vor, wenn der Überbauende vorsätzlich oder grob fahrlässig gehandelt oder der Nachbar vor oder sofort nach dem Überbau Widerspruch erhoben hat; in diesem Fall wird das Eigentum am Gebäude gemäß der Grenzlinie der bebauten Grundstücke geteilt (BGHZ 27, 204, 207; 41, 177; 57, 245, 248). Die ZwVerst eines der Grundstücke umfasst dann immer nur den darauf befindlichen Gebäudeteil (*Steiner/Eickmann* § 90 Rdn 20). Diese Grundsätze gelten auch für den Eigenüberbau (BGH DNotZ 1991, 595; BGHZ 64, 333; RGZ 160, 182); ebenso bei der Grundstücksteilung, wenn nach der Teilung die Grenze durch ein bereits bestehendes Gebäude verläuft (BGHZ 64, 333).

§ 56 [Gefahrübergang]

Die Gefahr des zufälligen Unterganges geht in Ansehung des Grundstücks mit dem Zuschlag, in Ansehung der übrigen Gegenstände mit dem Schlusse der Versteigerung auf den Ersteher über. Von dem Zuschlag an gebühren dem Ersteher die Nutzungen und trägt er die Lasten. Ein Anspruch auf Gewährleistung findet nicht statt.

Schrifttum: *Baumann,* Rückständige Wohngeldbeträge im Zwangsversteigerungsverfahren, WEZ 1987, 239; *Drischler,* Die Grundsteuer in der Zwangsversteigerung, Rpfleger 1984, 340; *ders.,* Baulasten und Zwangsversteigerung, NVwZ 1985, 726; *ders.,* Baulasten in der Zwangsversteigerung, Rpfleger 1986, 289; *ders.,* Einiges zur Baulast, RpflJB 1992, 193; *Ebeling,* Hausgeldrückstände in der Zwangsversteigerung des Wohnungseigentums, Rpfleger 1986, 125; *Eckebrecht,* Die Haftung des Wohnungseigentümers bei Veräußerung und Versteigerung des Wohnungseigentums, ZMR 1994, 93; *Lohre,* Fehler und Fehlerfolgen bei der Baulasteintragung, NJW 1987, 877; *Maletz/Probst,* Rechtsfragen im Umgang mit der öffentlich-rechtlichen Baulast, ZfIR 2007, 777; *Mümmler,* Die Baulast im Zwangsversteigerungsverfahren, JurBüro 1982, 1456; *Röll,* Das Verwaltungsvermögen der Wohnungseigentümergemeinschaft, NJW 1987, 1049; *Sachse,* Das Spannungsverhältnis zwischen Baulastenverzeichnis und Grundbuch, NJW 1979, 195; *Sauren,* Das System der Haftung für Wohnungsgeld im WEG, Rpfleger 1991, 288.

I. Allgemeines

1 § 56, der für alle Versteigerungsverfahren gilt, enthält gesetzliche Versteigerungsbedingungen für den Gefahrübergang, den Übergang der Nutzungen und Lasten sowie die Gewährleistung.

II. Gefahrübergang (§ 56 S 1)

1. Grundstück

Die Gefahr des zufälligen Untergangs geht beim Grundstück in Anlehnung an § 445 BGB mit der Verkündung des **Zuschlagsbeschlusses** oder seiner Zustellung im Beschwerdeverfahren (§§ 89, 104) auf den Ersteher über. Unter dem Begriff des Untergangs nicht nur der rein tatsächliche Verlust, sondern auch ein rechtliches oder wirtschaftliches Verlorengehen zu verstehen: Überschwemmung; Enteignung, Flurbereinigung, Erlöschen eines zu versteigernden Erbbaurechts durch Zeitablauf nach §§ 27, 29 ErbbauVO, Abbrennen von Gebäuden und Waldungen usw. Bei einem teilweisen Untergang (zB nur ein Stallgebäude brennt ab) muss es sich um einen wesentlichen Grundstücksteil handeln, um einen völligen Untergang anzunehmen; ansonsten liegt nur eine Grundstücksverschlechterung vor (LG Frankfurt Rpfleger 1989, 296).

2. Mithaftende Gegenstände

Bei den mitversteigerten Gegenständen geht die Gefahr des zufälligen Untergangs mit dem **Schluss der Versteigerung** (§ 73 II) auf den Ersteher über. Dabei ist zu beachten, dass die wesentlichen Bestandteile und auch sonstige nichtgetrennte Grundstücksbestandteile zum Bestand des Grundstücks gehören und nicht zu den mithaftenden Gegenständen. Der Untergang kann tatsächlicher, rechtlicher oder wirtschaftlicher Art sein. Ein rechtlicher Untergang ist bei der Aufhebung oder Einstellung des Verfahrens hinsichtlich einzelner Gegenstände anzunehmen.

3. Auswirkungen

Beim Untergang des Grundstücks oder eines mitversteigerten Gegenstandes vor der Aufforderung zur Abgabe von Geboten (§ 66 II) können diese Objekte natürlich nicht der Versteigerung unterliegen, so dass sich die Frage nach dem Gefahrübergang gar nicht stellt. Kommt es zum Untergang des Grundstücks zwischen Gebotsaufforderung (§ 66 II) und Zuschlagsentscheidung (§ 56 S 1), so muss der Zuschlag versagt werden bzw ein erteilter Zuschlag muss im Beschwerdeverfahren aufgehoben werden; nach der Rechtskraft des Zuschlags ist der Ersteher daran gebunden. Beim Untergang von mitversteigerten Gegeständen in dieser Zeitspanne gelten die Grundsätze nur, wenn ihr Untergang auch als ganzer oder zumindest wirtschaftlich teilweiser Untergang des Grundstücks anzusehen ist (*Steiner/Teufel* Rdn 13). Ein zufälliger Untergang des Grundstücks oder eines mitversteigerten Gegenstandes nach Gefahrübergang (§ 56 S 1) hat keinerlei Auswirkungen auf die Wirksamkeit oder Höhe des Meistgebots und begründet auch keine Zuschlagsversagung.

§ 56 [Gefahrübergang]

Zufällig ist ein Untergang dann, wenn auf keiner Seite ein Verschulden vorliegt.

III. Übergang von Nutzungen und Lasten (§ 56 S 2)

1. Allgemeines

5   Nach § 56 S 2 gehen Nutzungen und Lasten des Grundstücks mit dem **Tag des Zuschlags** auf den Ersteher über, wobei dieser Tag ihm bereits voll zuzurechnen ist. Es handelt sich dabei um eine nach § 59 abänderbare gesetzliche Versteigerungsbedingung. Für die Verteilung der Nutzungen und Lasten zwischen dem Vollstreckungsschuldner und dem Ersteher gelten die §§ 101–103 BGB. Einmalige Leistungen (zB Erschließungskosten) treffen denjenigen, in dessen Zeitraum sie anfallen; regelmäßig wiederkehrende Leistungen (zB Grundsteuern) treffen den Vollstreckungsschuldner bis einschließlich des Tages vor der Wirksamkeit des Zuschlags, den Ersteher ab dem Tag des Wirksamwerdens.

2. Nutzungen

6   Darunter sind die Früchte einer Sache oder eines Rechts sowie die Vorurteile, welche der Gebrauch der Sache oder des Rechts gewähren, zu verstehen (§ 100 BGB). Früchte umfassen Erzeugnisse, Erträge und sonstige bestimmungsgemäße Ausbeute (§ 99 BGB). Dabei ist zu unterscheiden zwischen unmittelbaren Sachfrüchten (zB Kohle, Kies, Sand, Bäume, Feldfrüchte), mittelbaren Sachfrüchten (zB Mietzins) und Rechtsfrüchten (zB vom Pächter oder Nießbraucher gezogenen landwirtschaftlichen Erzeugnisse). Gemäß § 56 S 2 gebühren dem Ersteher somit die Mietzinsen vom Zeitpunkt des Zuschlags an; die §§ 566, 566 c, 578 BGB stehen dem nicht entgegen (OLG Celle Rpfleger 1979, 32).

3. Lasten

7   **a) Baulast.** Baulast ist eine im öffentlichen Recht begründete, durch den Grundstückseigentümer in notariell beurkundeter Form gegenüber der Bauaufsichtsbehörde abgegebene Erklärung zur Entstehung gelangende Beschränkung des Eigentums am Grundstück in der Weise, dass sich der Eigentümer öffentlich-rechtlichen Beschränkungen unterwirft, die sich nicht aus dem öffentlichen Baurecht ergeben (*Lohre* NJW 1987, 877). Bestritten ist, ob eine auf dem Grundstück ruhende Baulast nach der Zuschlagserteilung auch gegenüber dem Ersteher wirkt. Überwiegend wird die Meinung vertreten, dass die Baulast als öffentlich dingliches Recht allen beschränkten dinglichen Rechten vorgehe, gegenüber jedem Rechtsnachfolger wirke und damit von der ZwVerst unberührt bleibe (BVerwG NJW 1993, 480; OVG Hamburg Rpfleger 1993, 209; *Dassler/ Hintzen* Rdn 18). Dem ist zu widersprechen, da sich aus den Landesge-

III. Übergang von Nutzungen und Lasten (§ 56 S 2) § 56

setzen ergibt, dass durch die Baulast nicht in die privaten Rechte Dritter eingegriffen werden darf, diese somit "vorrangig" gegenüber der Baulast zu behandeln sind (vgl LBauO von *Berlin:* § 73 I 2; *Bremen:* § 107 a I 2; *Hamburg:* § 79 I 2; *Nordrhein-Westfalen:* § 78 I 2; *Schleswig-Holstein:* § 79 I 2). Für die Beantwortung der Frage, wie diese gesetzliche Vorgabe in der ZwVerst verwirklicht werden kann, gibt es mehrere Vorschläge. Soweit die Meinung vertreten wird, dass die Baulast zwar ggü dem Ersteher nicht wirke, aber dann wieder ggü einem späteren rechtsgeschäftlichen Erwerber (so *Drischler* Rpfleger 1986, 289, 291), ist dies abzulehnen, weil es dafür keinen gesetzlichen Anhaltspunkt gibt. Der gesetzlichen Intention besser gerecht wird die Ansicht, die die Baulast nach Zuschlagserteilung nur dann bestehen lässt, wenn sie früher entstanden ist als das Recht, aus dem die ZwVerst betrieben wird (so *Stöber* § 66 Rdn 6.4; in diese Richtung auch OVG NW Baurecht 1996, 241; OVG Berlin MDR 1994, 481: wenn vor dem Zwangsversteigerungsvermerk eingetragen). Der Vorgabe, dass eine Baulast zu keiner Beeinträchtigung der bei ihrer Bestellung bereits bestehenden beschränkten dinglichen Rechten am Grundstück führen darf, wird am besten jedoch die Ansicht gerecht, die eine Baulast nach Zuschlagserteilung nur dann bestehen lässt, wenn die Inhaber der bei ihrer Bestellung bereits vorhandenen und zurzeit des Zuschlags noch bestehenden Rechte der Baulastübernahme zugestimmt haben (so *Alff* Rpfleger 1993, 361; vgl auch § 109 a I 2 und 3 der Bauordnung des Saarlandes). Eine nach Zuschlagserteilung weiterbestehende Baulast schmälert den Grundstückswert, damit auch ein Gebot eines Bieters und damit letztendlich den Erlös für die Berechtigten am Grundstück. Ermittlungen darüber, ob eine Baulast besteht, muss das VollstrG nicht anstellen (*Drischler* NVwZ 1985, 726).

b) Öffentliche Grundstückslasten. Öffentliche Grundstückslasten 8
(§ 10 I Nr 3) hat der Ersteher ab dem Zuschlag zu tragen (§ 56 S 2); für den Zeitraum davor haftet er nicht. Dies gilt auch für Grundsteuern bis zum Zuschlag, die zum Versteigerungstermin nicht angemeldet werden konnten, weil bis zu diesem Zeitpunkt ein höherer Grundsteuermessbetrag vom Finanzamt noch nicht festgesetzt war (BVerwG Rpfleger 1985, 35). Der Ersteher haftet auch für die Grundsteuer, die auf die Zeit ab Zuschlag bis zum Ende des laufenden Kalenderjahres entfällt; die Gemeinde kann die Haftung durch Duldungsbescheid geltend machen (BVerwG Rpfleger 1992, 443; 1985, 35 m Anm v *Meyer-Stolte*; OVG Lüneburg Rpfleger 1990, 377 m Anm v *Hornung*). Einmalige Lasten trägt der Ersteher nicht, wenn sie vor dem Zuschlag fällig werden. Dies gilt unstreitig für Kosten beim Anschluss an das Elektrizitätsnetz, an die Wasserversorgung, an das Gasnetz und an die Fernwärmeversorgung, soweit es öffentliche Grundstückslasten sind, dh soweit es sich um öffentlich-rechtliche Versorgungsunternehmen handelt und die jeweilige Ortssatzung iVm dem Kommunalabgabengesetz sie als solche qualifiziert (dann

§ 56 [Gefahrübergang]

Befriedigung aus dem Erlös § 10 I Nr 3). Ist dies nicht der Fall (zB Versorgungsunternehmen als juristische Person des Privatrechts), so haftet der Ersteher dem Elektrizitätsversorgungsunternehmen ggü auch nicht für den vom Voreigentümer geschuldeten Baukostenzuschuss nach § 9 I der VO über Allgemeine Bedingungen für die Elektrizitätsversorgung von Tarifkunden (AVBEltV) vom 21. 6. 1979 (BGBl I 684) und für die von diesem nicht gezahlten Kosten für die Erstellung des Hausanschlusses gemäß § 10 V AVBEltV, wenn der vom Voreigentümer veranlasste Hausanschluss bereits vor dem Zuschlag in Betrieb gesetzt worden ist, und von diesem schon ein Teil der Kosten gezahlt worden ist; Anschlussnehmer iSv § 9 I, § 10 V AVBEltV ist nur derjenige, auf dessen Veranlassung ein mit der Verteilungsanlage des Versorgungsunternehmens verbundener Hausanschluss erstellt oder verändert worden ist (BGH Rpfleger 1988, 274). Dies muss aber auch für Kosten beim Anschluss an die öffentliche Wasserversorgung, an das Gasnetz und an die Fernwärmeversorgung gelten, und zwar auch dann, wenn der Voreigentümer für den vor dem Zuschlag erstellten Anschluss noch keine Zahlungen geleistet hat oder erst der Ersteher den Anschluss in Betrieb setzt (BGH Rpfleger 1990, 309; 1991, 213; *Hagemann* Rpfleger 1988, 276).

9 c) **Steuern und Abgaben.** Steuern und Abgaben hat der Ersteher ab dem Zuschlag zu tragen (§ 56 S 2). Dies bedeutet, dass er nicht für Steuerrückstände oder Abgaben für Wasser, Strom, Gas usw des ehemaligen Eigentümers aus der Zeit vor der Zuschlagserteilung haftet (*Stöber* Rdn 3.8).

10 d) **Versicherungen.** In die mit dem Grundstück zusammenhängenden Versicherungen tritt der Ersteher ein ab dem Zuschlag (§§ 73, 69 I VVG). Für den Betrag der bei Zuschlagswirksamkeit laufenden Versicherungsperiode haften der Vollstreckungsschuldner und der Ersteher als Gesamtschuldner (§§ 73, 69 II VVG); vgl *Stöber* Rdn 3.9.

11 e) **Wohnungseigentum.** Lasten des gemeinschaftlichen Eigentums sowie Kosten der Instandhaltung, Instandsetzung, sonstigen Verwaltung und eines gemeinschaftlichen Gebrauchs des gemeinschaftlichen Eigentums (§ 16 II WEG) hat der Ersteher ab dem Zuschlag zu tragen (§ 56 S 2). Von da ab hat er auch Hausgeld als Vorschuss zu leisten (§ 28 II WEG). Er haftet für die Beträge, die nach dem Zuschlag fällig werden. Der Ersteher haftet für Verbrauchs-, Reparatur-, Instandhaltungskosten usw dann, wenn erst nach dem Zuschlag diesbezüglich ein Beschluss (§ 28 Abs. 5 WEG) ergeht und die Fälligkeit eintritt; dies gilt aber auch dann, wenn zwar vor dem Zuschlag ein Beschluss über die Beitragspflicht gefasst wird, die Fälligkeit jedoch erst danach eintritt (OLG Hamm FGPrax 1996, 134). Erfolgt die Beschlussfassung nach dem Zuschlag, dann haftet der Erwerber auch dann, wenn es sich um Nachforderungen

III. Übergang von Nutzungen und Lasten (§ 56 S 2) § 56

bezüglich des Hausgelds der früheren Jahre handelt, dh die Fälligkeiten vorher eintraten (BGHZ 104, 197 = Rpfleger 1988, 357; OLG Düsseldorf FGPrax 1997, 94). Ein Ersteher von Wohnungseigentum haftet auf Grund einer nach der Zuschlagserteilung beschlossenen Jahresabrechnung für Wohngeld jedoch nur insoweit, als der Abrechnungsbeschluss eine Wohngeldschuld festsetzt, deren Betrag durch die auf dem beschlossenen Wirtschaftsplan beruhenden Vorschussanforderungen nicht gedeckt ist (*Alff* ZWE 2010, 105, 112; BGH ZfIR 1999, 914; BGHZ 131, 228, 231; BayObLG ZIP 1998, 2099; OLG Köln NJW-RR 1997, 1102). Die Verpflichtung der Wohnungseigentümer zur Zahlung von Beitragsvorschüssen gelangt nicht schon mit Entstehung der Lasten und Kosten, sondern nach § 28 Abs. 2 WEG erst durch den Beschluss der Wohnungseigentümer über den Wirtschaftsplan zur Entstehung (BGHZ 131, 228, 230; 120, 261, 266). In der Jahresabrechnung werden dann die im Geschäftsjahr tatsächlich erzielten Gesamteinnahmen und die geleisteten Gesamtausgaben gegenübergestellt und in der Einzelabrechnung nach dem geltenden Schlüssel auf die einzelnen Wohnungseigentümer verteilt (BGHZ 131, 228, 231). Eine Schuldumschaffung im Sinne einer Novation, dh eine Aufhebung des Beschlusses über den Wirtschaftsplan und vollständige Ersetzung durch den Beschluss über die Jahresabrechnung, ist damit aber nicht verbunden (BGH ZfIR 1999, 914, 916). Ein Wohnungseigentümerbeschluss über die Jahresabrechnung ist daher fehlerhaft, soweit er dem Ersteher von Wohnungseigentum Wohngeldschulden des Veräußerers überbürdet, die diesem gegenüber nach dem Wirtschaftsplan für die betreffende Periode schon fällig waren (BGH ZfIR 1999, 914; KG FGPrax 1995, 28). Der Beschluss ist sogar nichtig, so dass der neue Eigentümer nicht verpflichtet ist, auch den auf rückständigen Vorauszahlungen seines Voreigentümers beruhenden Teil des Abrechnungssaldos zu bezahlen, wenn der Beschluss bestandskräftig wird (BGH ZfIR 1999, 914; KG ZfIR 1999, 539). Für die Frage der Haftung des Erstehers kommt es nicht darauf an, ob der Beschluss angefochten worden ist, weil der Beschluss über die Jahresabrechnung die Begründung einer Schuld des Erstehers in Höhe der rückständigen Vorschüsse des Rechtsvorgängers nicht zum Inhalt hat und ihm ein solcher durch Nichtanfechtung auch nicht zuwächst. Für diesen Betrag haftet aber weiterhin der bisherigen Wohnungseigentümer aufgrund des vorausgegangenen Wirtschaftsplanes (BGH FGPrax 1996, 49; BayObLG WE 1990, 220). Bei Beschlussfassung und Fälligkeit vor der Zuschlagserteilung haftet nur der bisherige Wohnungseigentümer persönlich und nicht der Ersteher (BGHZ 87, 138 = Rpfleger 1983, 310; KG ZfIR 2002, 998; OLG Hamm FGPrax 1996, 134; OLG Düsseldorf Rpfleger 1983, 8). Der Ersteher von Wohnungseigentum innerhalb eines Wirtschaftsjahres haftet persönlich für rückständiges Hausgeld gesetzlich nicht (BGHZ 88, 305; 95, 118, 121; 99, 358, 360; 104, 196; OLG Hamm FGPrax 1996, 134; BayObLG Rpfleger 1979, 352). Ist für den Fall der Veräuße-

§§ 57–57 b

rung des Wohnungseigentums eine Haftung des Erwerbers vereinbart, so ist damit nur der rechtsgeschäftliche Erwerber gemeint, nicht auch der Ersteher in der Zwangsversteigerung (BGHZ 88, 302 = Rpfleger 1984, 70). Eine Vereinbarung, wonach auch der Ersteher von Wohnungseigentum für Hausgeldrückstände des Voreigentümers haftet, verstößt gegen § 56 Abs. 2 ZVG und ist deshalb gem. § 134 BGB nichtig (BGHZ 99, 358 = Rpfleger 1987, 208; OLG Hamm FGPrax 1996, 134).

IV. Gewährleistung (§ 56 S 3)

12 Ein **Gewährleistungsanspruch** des Erstehers **besteht nicht.** Dies gilt sowohl für Sachmängel als auch für Rechtsmängel (zB schlechter Zustand, behördliche Baubeschränkungen usw) und bezieht sich auf das versteigerte Grundstück und die mitversteigerten Gegenstände. Kommt es zu einer Verschlechterung des Versteigerungsobjektes, geht dies zu Lasten des Erstehers, und zwar ohne, dass er das Meistgebot kürzen oder die Versagung bzw Aufhebung des Zuschlags verlangen kann (LG Frankfurt Rpfleger 1989, 296). Der Ersteher kann auch nicht wegen Irrtums über eine verkehrswesentliche Eigenschaft des Grundstücks (zB Flächenabweichung anfechten (BGH Rpfleger 2008, 92; LG Bielefeld MDR 1978, 678; LG Frankfurt Rpfleger 1989, 296). Ebenso hat er keinen Bereicherungsanspruch ggü dem Vollstreckungsgläubiger.

§ 57 [Mieter, Pächter]

Ist das Grundstück einem Mieter oder Pächter überlassen, so finden die Vorschriften der §§ 566, 566 a, 566 b Abs. 1, §§ 566 c und 566 d des Bürgerlichen Gesetzbuchs nach Maßgabe der §§ 57 a und 57 b entsprechende Anwendung.

§ 57 a [Kündigungsrecht des Erstehers]

Der Ersteher ist berechtigt, das Miete oder Pachtverhältnis unter Einhaltung der gesetzlichen Frist zu kündigen. Die Kündigung ist ausgeschlossen, wenn sie nicht für den ersten Termin erfolgt, für den sie zulässig ist.

§ 57 b [Vorausverfügungen über Miet- oder Pachtzins]

[1]Soweit nach den Vorschriften des § 566 b Abs. 1 und der §§ 566 c, 566 d des Bürgerlichen Gesetzbuchs für die Wirkung von Verfügungen und Rechtsgeschäften über die Miet- oder Pacht der Übergang des Eigentums in Betracht kommt, ist an dessen

§§ 57–57 b

Stelle die Beschlagnahme des Grundstücks maßgebend. Ist dem Mieter oder Pächter der Beschluß, durch den die Zwangsversteigerung angeordnet wird, zugestellt, so gilt mit der Zustellung die Beschlagnahme als dem Mieter oder Pächter bekannt; die Zustellung erfolgt auf Antrag des Gläubigers an die von ihm bezeichneten Personen. Dem Beschlusse soll eine Belehrung über die Bedeutung der Beschlagnahme für den Mieter oder Pächter beigefügt werden. Das Gericht hat auf Antrag des Gläubigers zur Feststellung der Mieter und Pächter eines Grundstücks Ermittlungen zu veranlassen; es kann damit einen Gerichtsvollzieher oder einen sonstigen Beamten beauftragen, auch die zuständige örtliche Behörde um Mitteilung der ihr bekannten Mieter und Pächter ersuchen.

II Der Beschlagnahme zum Zwecke der Zwangsversteigerung steht die Beschlagnahme zum Zwecke der Zwangsverwaltung gleich, wenn sie bis zum Zuschlag fortgedauert hat. Ist dem Mieter oder Pächter der Beschluß, durch den ihm verboten wird, an den Schuldner zu zahlen, zugestellt, so gilt mit der Zustellung die Beschlagnahme als dem Mieter oder Pächter bekannt.

III Auf Verfügungen und Rechtsgeschäfte des Zwangsverwalters finden diese Vorschriften keine Anwendung.

§ 57 c und § 57 d (aufgehoben)

Das außerordentliche Kündigungsrecht des Erstehers (§ 57 a) wurde durch die §§ 57 c und d beschränkt. Durch das 2. Justizmodernisierungsgesetz vom 22.12.2006 (BGBl I 3416, 3421) wurden beide Normen mit Wirkung ab 1.2.2007 aufgehoben; dies ist auch in laufenden Verfahren zu berücksichtigen (BGH ZfIR 2009, 884). Ist ein Versteigerungstermin vor dem Außerkrafttreten der bis 31.1.2007 gültigen Vorschrift des § 57 c zu den am Versteigerungstermin geltenden gesetzlichen Versteigerungsbedingungen durchgeführt worden und hat der auf dieser Grundlage nach dem 31.1.2007 erteilte Zuschlagsbeschluss Rechtskraft erlangt, so unterliegt das außerordentliche Kündigungsrecht des Vermieters (§ 57 a) gegenüber einem Mieter, der Rechte im Sinne des § 57 c gemäß § 57 d in der ZwVerst angemeldet hatte, den Beschränkungen des § 57 c (BGH WM 2009, 367).

Schrifttum: *Büchmann,* Kombinierte Bietmanipulation, ZIP 1986, 1357; *Heitgreß,* Zum Wegnahmerecht des Mieters nach Veräußerung oder Zwangsversteigerung des Mietgrundstücks, WuM 1982, 31; *Hurst,* Wirkung von Konkurs und Zwangsversteigerung auf bestehenden Mieterschutz, WuM 1959, 66; *Klawikowski,* Die Auswirkungen der Grundstücksversteigerung auf Miet- und Pachtverhältnisse, Rpfleger 1997, 418; *Liebl-Wachsmuth,* Rechtsverhältnisse über Miet- und Pachtver-

§§ 57–57 b

tragsurkunden nach einer Grundstücksversteigerung, ZMR 1984, 145; *Mayer,* Verkürzt § 57 a ZVG die gesetzliche Kündigungsfrist?, Rpfleger 1999, 210; *Mohrbutter,* Zum Ruhen des außerordentlichen Kündigungsrechts des Erstehers, ZMR 1954, 161; *Pfeiffer,* Kündigung des Mietverhältnisses im Zusammenhang mit der Gewährung von Finanzierungsbeiträgen (Baukostenzuschüssen), WuM 1960, 161; *Schmidberger/Weis,* Mietvorauszahlungen und doch kein Ende?, ZfIR 2008, 170; *Siegelmann,* Das Mietkündigungsrecht des Erstehers im Zwangsversteigerungsverfahren, DWW 1958, 78 und BlGBW 1962, 39; *ders.* Die Wohnungskündigung im Zwangsversteigerungsverfahren, WuM 1965, 76; *Thrum,* Auswirkungen des Wegfalls von §§ 57c und d ZVG a.F. auf Vorausverfügungen und Baukostenzuschüsse, IGZInfo 2009, 6; *Wedekind,* Baukostenzuschüsse/Mieterinvestitionen in der aktuellen Rechtsprechung des BGH, ZfIR 2009, 841; *Weitnauer,* Die §§ 57 c, d des Zwangsversteigerungsgesetzes, WuM 1954, 1; *Witthinrich,* § 57 c, ZVG-Mißbrauch einer Schutzvorschrift, Rpfleger 1986, 47; *ders.,* Kündigungsschutz in der Zwangsversteigerung, Rpfleger 1987, 98; *Wörbelauer,* Das Kündigungsrecht des Erstehers in der Zwangsversteigerung, NJW 1953, 1729; *Zipperer,* Der Anspruch des Mieters auf Rückerstattung der Kaution – eine Riskobetrachtung für Erwerber und Gläubiger des Vermieters, ZfIR 2007, 388..

Übersicht

	Rn.
I. Allgemeines	1
II. Fortbestehen des Miet- oder Pachtverhältnisses (§ 57 ZVG, § 566 BGB)	2
1. Voraussetzungen	2
a) Vermietung oder Verpachtung	2
b) Überlassung an Mieter oder Pächter	3
2. Stellung des bisherigen Vermieters	4
3. Stellung des Erstehers	5
4. Stellung der Mieter	6
5. Neue Bundesländer	7
III. Kündigungsrecht des Erstehers	8
1. Allgemeines Kündigungsrecht	8
2. Sonderkündigungsrecht (§ 57 a)	9
a) Berechtigung	9
b) Form	10
c) Frist	11
d) Termin	12
e) Mieterschutz	13
IV. Mietvorauszahlungen	16
V. Rechtsgeschäfte über Miet- und Pachtzinsen	22
1. Wirksamkeit von Vorausverfügungen und Rechtsgeschäften über Miet- und Pachtzinsen	22
a) Allgemeines	22
b) Vorausverfügungen des Vermieters (§§ 57, 57b I und II ZVG, § 566 b I 1 BGB)	23
c) Rechtsgeschäfte zwischen Vermieter und Mieter (§§ 57, 57 b I und II ZVG, § 566 c BGB)	24
d) Besonderheiten bei Baukostenzuschüssen	25

2. Aufrechnungsbefugnis (§§ 57, 57 b I und II ZVG,
§ 566 d BGB) 26
3. Zwangsverwalter und Ersteher (§ 57 b III) 27

I. Allgemeines

Durch die §§ 57–57b wird die Rechtsstellung des Mieters und Pächters **1**
in der ZwVerst geregelt. Es handelt sich dabei um gesetzliche Versteigerungsbedingungen, die gem § 59 abgeändert werden können. Die Vorschriften gelten für die Vollstreckungsversteigerung und für die Insolvenzverwalter- sowie die Nachlassversteigerung nach §§ 172, 175. In der Teilungsversteigerung gilt gem § 183 nur § 57, nicht die §§ 57 a, b. In der ZwVerw sind die §§ 57–57b nicht anwendbar. Bei der Versteigerung eines Jagdbezirks gilt § 14 Bundesjagdgesetz. Bei einer Fischerei ist § 57 anwendbar.

II. Fortbestehen des Miet- oder Pachtverhältnisses (§ 57 ZVG, § 566 BGB)

1. Voraussetzungen

a) Vermietung oder Verpachtung. Voraussetzung für das Fortbe- **2**
stehen des Miet- oder Pachtverhältnisses ist zunächst, dass das Vertragsverhältnis wirksam begründet wurde und bei Zuschlagserteilung noch besteht. Unerheblich ist dabei, wer den Vertrag geschlossen hat, der Vollstreckungsschuldner oder ein Voreigentümer. Gemäß § 24 kann der Vollstreckungsschuldner auch nach der Beschlagnahme noch Miet- und Pachtverträge abschließen, wenn dies innerhalb der Grenzen einer ordnungsgemäßen Wirtschaft geschieht. Überschreitet der Schu aber dabei diese Grenze (zB besonders niedriger Mietzins), so ist die Vermietung dem Vollstreckungsgläubiger gegenüber unwirksam (LG Kassel NJW-RR 1990, 976 **aA** *Stöber* § 24 Rdn 2.4). Auf die Unwirksamkeit kann sich auch der Ersteher berufen (*Steiner/Teufel* Rdn 23 **aA** *Eickmann*, ZVG, § 19 I 1). Auf den Nießbrauch und das Dauerwohnrecht sind die Vorschriften aber nicht anzuwenden (OLG Frankfurt Rpfleger 1960, 409). Gleiches gilt, wenn ein dinglich Nutzungsberechtigter (zB ein Nießbraucher) vermietet hat und dessen Recht bestehen bleibt; erlischt es dagegen, so tritt der Ersteher in die Verträge ein und es gilt § 57 (*Steiner/Teufel* Rdn 15). Bei einer Vereinbarung durch die ein Ehemann seiner Ehefrau während des Getrenntlebens eine Wohnung in seinem Haus überlässt, ist kein Mietvertrag gegeben, so dass die §§ 57 ff nicht gelten (BGH NJW 1964, 765). In gemischte Verträge tritt der Ersteher nur ein, wenn der Schwerpunkt im mietrechtlichen Bereich liegt; ist dies nicht der Fall (zB Altenheimvertrag), findet § 57 keine Anwendung

§§ 57–57 b

(BGH NJW 1965, 2198; Rpfleger 1982, 32). Ist das Mietverhältnis beendet und der Mieter ausgezogen vor Zuschlagserteilung, kommt es nicht zum Eintritt des Erstehers in den beendeten Mietvertrag (BGH DNotZ 2007, 929).

3 **b) Überlassung an Mieter oder Pächter.** Das Grundstück muss dem Mieter oder Pächter auf Grund des Vertrages überlassen sein (§ 57). Ist dies nicht der Fall, so entstehen zwischen dem Mieter und dem Ersteher keinerlei Rechtsbeziehungen. Eine Überlassung liegt vor, wenn der Vermieter dem Mieter den Besitz verschafft hat, zB durch Schlüsselaushändigung (BGHZ 65, 137). Nicht ausreichend ist es, wenn lediglich die Möglichkeit zum Gebrauch geschaffen wird; es ist aber auch nicht nötig, dass bereits alle Räume bezogen wurden. Die Besitzerlangung des Mieters muss vorliegen bei der Aufforderung zur Abgabe von Geboten nach § 66 II (*Stöber* § 57 Rdn 3.2 **aA** *Steiner/Teufel* Rdn 22): bei Aufstellen der Versteigerungsbedingungen im Termin); ansonsten ist der Ersteher nicht an den Vertrag gebunden. Wird der Besitz vor dem Zuschlag freiwillig und endgültig aufgegeben, so gilt § 57 nicht.

2. Stellung des bisherigen Vermieters

4 Nach der Zuschlagserteilung ist er nicht mehr Vertragspartner aus dem Mietvertrag, er ist nicht mehr Vermieter. Für Verbindlichkeiten aus der Zeit vor der Zuschlagserteilung bleibt die Haftung des bisherigen Vermieters bestehen (*Stöber* § 57 Rdn 3.8). Erfüllt der Ersteher als neuer Vermieter die ihm aus dem Mietvertrag obliegenden Verpflichtungen nicht, so haftet der bisherige Vermieter für den von dem Ersteher zu ersetzenden Schaden wie ein Bürge, der auf die Einrede der Vorausklage verzichtet hat (§ 566 II 1 BGB). Die Betriebskosten für die bei Zuschlagserteilung laufende Abrechnungsperiode sind zwischen Mieter und Ersteher abzurechnen (§ 556 III 1 BGB). Für die bereits bei Zuschlagserteilung abgelaufene Abrechnungsperiode bleibt es bei der Abrechnung zwischen Mieter und Vollstreckungsschuldner (BGH DNotZ 2007, 929; Rpfleger 2004, 303), und zwar auch im gewerblichen Mietrecht (BGH DNotZ 2005, 131); der bisherige Eigentümer bleibt berechtigt zur Erhebung etwaiger Nachzahlungen und verpflichtet zur Rückzahlung etwaiger Guthaben.

3. Stellung des Erstehers

5 Der Ersteher tritt vom Zuschlag an anstelle des bisherigen Vermieters oder Verpächters in die sich aus dem Miet- oder Pachtverhältnis ergebenden Rechte und Pflichten ein (§ 57 ZVG, §§ 566 I, 578 BGB). Der Ersteher ist dabei nicht Rechtsnachfolger, sondern tritt originär in den Vertrag ein. Ist der Mieter auch auf Grund eines dinglichen Wohnungs-

II. Fortbestehen des MietV §§ 57–57 b

rechts zum Besitz berechtigt, so tritt der Ersteher selbst dann in den Mietvertrag ein, wenn das dingliche Recht durch den Zuschlag erlischt, und zwar auch dann, wenn die Miträume auf Grund des vor dem Mietvertrag begründeten Wohnungsrechts überlassen wurden (*Steiner/ Teufel* Rdn 20 **aA** *Stöber* § 57 Rdn 3.13). Hat das versteigerte Grundstück Miteigentümern gehört und nur ein Miteigentümer den Mietvertrag geschlossen, so tritt der Ersteher nicht in diesen Vertrag ein, es sei denn, dass die übrigen Miteigentümer zugestimmt haben (OLG Karlsruhe NJW 1981, 1278). In Rechte und Pflichten, die auf Vereinbarungen beruhen, welche zusammen (neben) dem Mietvertrag geschlossen wurden, tritt der Ersteher nicht ein (BGH NJW 1965, 2198; 1967, 2258), zB Wettbewerbsverbote oder Hausverwaltungsvertrag. Die vom Vermieter übernommene Verpflichtung zur Übernahme der vom Mieter eingebauten Einrichtungsgegenstände (zB Nachtstromspeicher-Heizungsanlage) geht aber auf den Ersteher über (LG Hamburg ZMR 1977, 210). Die Mieter und Pächter können ab Verkündung des Zuschlages mit befreiender Wirkung an den Ersteher zahlen, selbst wenn der Zuschlag im Beschwerdeverfahren aufgehoben wird, aber auch dann nur bis zur Kenntniserlangung der Aufhebung (*Stöber* § 57 Rdn 3.7; *Dassler/Engels § 57 Rdn 11* **aA** *Steiner/Teufel* Rdn 35). An eine Erlaubnis zur Untervermietung (§ 540 BGB) ist der Ersteher gebunden (§ 57 ZVG, § 566 I BGB). Wenn das Hauptmietverhältnis sein Ende findet, gilt dies auch für das Untermietverhältnis (BGHZ 79, 232, 235; 84, 90, 95). In diesem Fall kann der Ersteher vom Untermieter die Räume zurückverlangen (§ 546 III BGB). Der Ersteher tritt auch in die Vereinbarung über eine Kaution ein (§ 57 iVm § 566 a BGB). Er kann vom Vollstreckungsschuldner die Herausgabe dieser Sicherheitsleistung des Mieters verlangen (OLG Hamburg MDR 1970, 1015). Der Anspruch des Mieters auf Rückgabe der **Kaution** richtet sich nach dem Zuschlag gegen den Ersteher, § 57 iVm § 566 a BGB (*Zipperer* ZfIR 2007, 388, 391; *Dassler/ Engels* § 57 Rdn 14; *Stöber* § 57 Rdn 4.6). Ist die Kaution auf einem Sonderkonto angelegt, erfolgt ein gesetzlicher Inhaberwechsel (OLG Düsseldorf NJW-RR 1997, 1170). Ist die fällige Kaution noch nicht bezahlt, steht sie dem Ersteher zu (*Dassler/Engels* § 57 Rdn 14).

4. Stellung der Mieter

Durch die Zuschlagserteilung ändern sich grundsätzlich die Rechte und Pflichten der Mieter nicht. Dem Mieter steht weiterhin das Wegnahmerecht nach § 539 II BGB zu, ebenso dem Ersteher das Ablösungsrecht gemäß § 552 I BGB. Die Zuschlagserteilung gibt dem Mieter keinen Kündigungsgrund. Hat der Mieter dem Ersteher ordnungsgemäß gekündigt, so ändert auch die Aufhebung des Zuschlagsbeschlusses nichts an der Wirksamkeit der Kündigung.

6

§§ 57–57 b

5. Neue Bundesländer

7 Grundstückseigentümer und Nutzer konnten zur kleingärtnerischen Nutzung des Grundstücks ein vertragliches **Nutzungsrecht vereinbaren** (§ 286 I Nr 4, §§ 312– 315 ZGB). Die errichteten Gebäude wurden wie bewegliche Sachen behandelt (§ 286 III ZGB); eine GB-Eintragung erfolgte nicht. Sie waren weder Bestandteile noch Zubehör des Grundstücks (§§ 94, 97 BGB), so dass sie bei der ZwVerst des Grundstücks weder beschlagnahmt noch mitversteigert wurden, §§ 20 II, 55 (*Keller* Rpfleger 1994, 194, 198). Der Ersteher des Grundstücks trat gemäß § 57 ZVG, § 571 BGB in den Nutzungsvertrag ein, ihm stand jedoch das Kündigungsrecht gemäß § 314 ZGB zu (*Keller* aaO; *Stöber* § 57 Rdn 8). Durch § 1 Abs. 1 Nr. 1 iVm § 6 Abs 1 des Schuldrechtsänderungsgesetzes (SchuldRÄndG) von 21. 9. 1994 wurden alle kleingärtnerischen Nutzungsverhältnisse die vor dem 2. 10. 1990 abgeschlossen wurden, mit Wirkung ab dem 1. 1. 1995 in Miet- oder Pachtverhältnisse nach dem BGB umgewandelt. Nach § 11 SchuldRÄndG ging das fortbestehende Gebäudeeigentum mit Beendigung des neuen Vertragsverhältnisses auf den Grundstückseigentümer über, während gleichzeitig Rechte Dritter erloschen sind oder sich an der nach § 12 SchuldRÄndG vorgesehenen Entschädigung fortgesetzt haben.

III. Kündigungsrecht des Erstehers

1. Allgemeines Kündigungsrecht

8 Da der Ersteher durch die Zuschlagserteilung an ihn in das bestehende Miet- oder Pachtverhältnis eintritt, kann er dieses auch auf Grund der vertraglichen Vereinbarungen kündigen.

2. Sonderkündigungsrecht (§ 57 a)

9 a) **Berechtigung.** Neben dem allgemeinen vertraglichen Kündigungsrecht steht dem Ersteher gemäß § 57 a ein Sonderkündigungsrecht zu. **Der Zuschlag bricht nicht Miete, aber er berechtigt, Miete zu brechen.** Berechtigt zur Kündigung nach § 57 a ist nur der Ersteher, nicht dagegen die Mieter oder Pächter, die Mithaftenden gemäß § 81 II–IV, der Vollstreckungsschuldner als Ersteher und der Ersteher eines ideellen Miteigentumsanteils. Das Sonderkündigungsrecht gemäß § 57 a geht auf einen Erwerber über, wenn er es noch innerhalb der gesetzlichen Kündigungsfrist vom Ersteher erwirbt (*Stöber* § 57 a Rdn 2.6). Die Aufhebung des Zuschlagsbeschlusses hat keinen Einfluss auf eine wirksame Kündigung durch den Ersteher (*Dassler/Engels* § 57 a Rdn 12). Das Sonderkündigungsrecht gemäß § 57 a wird durch den Kündigungsschutz nach §§ 8–11 BKleingG (BGBl I 1983, 210) ggü Kleingärtnern nicht

III. Kündigungsrecht des Erstehers §§ 57–57 b

ausgeschlossen (*Stöber* § 57 a Rdn 6.6). Der Ersteher kann sein Gebot nicht anfechten oder Zuschlagsbeschwerde erheben mit der Begründung, bei Abgabe des Gebots über das Bestehen eines Kündigungsrechts gem § 57 a und seine Folgen geirrt zu haben (BGH ZfIR 2009, 884; *Wedekind* ZfIR 2009, 841).

b) Form. Für die Kündigung von Mietverhältnissen über Wohn- 10 räume ist grds die schriftliche Form vorgeschrieben (§ 568 I BGB). Dies muss daher auch für die Sonderkündigung gem § 57 a gelten (*Stöber* § 57 a Rdn 3). Die Zustellung sollte durch den Gerichtsvollzieher erfolgen, denn nur dann gilt sie auch im Falle der Abwesenheit des Mieters als zugegangen nach § 132 I BGB (BGHZ 67, 271).

c) Frist. Die Kündigung muss unter Einhaltung der gesetzlichen Frist 11 ausgeübt werden (§ 57 S 1): bei Miete §§ 573 d, 580 a BGB, bei Pacht §§ 584, 594 a II BGB.

d) Termin. Zulässig ist die Kündigung nur zum erstzulässigen Termin 12 nach dem Zuschlag, sonst entfällt das Sonderkündigungsrecht (§ 57 a S 2). Dabei kommt es auf die Verkündung (§ 89) bzw Zustellung (§ 104) des Zuschlagsbeschlusses an, nicht auf dessen Rechtskraft (RGZ 151, 159). Nach der Zuschlagserteilung muss dem Ersteher aber zunächst eine gewisse Zeit für die Prüfung der Sach- und Rechtslage zugebilligt werden. Eine Frist von einem Tag ist dafür zu kurz; eine Woche ist wohl ausreichend (OLG Oldenburg ZfIR 2002, 1027; vgl auch BGH Rpfleger 2002, 133). Entscheidend ist daher der Termin, für den dem Ersteher die Kündigung ohne schuldhaftes Zögern rein tatsächlich möglich ist; auf die rein rechnerische Zulässigkeit kommt es nicht an (RGZ 98, 273; 103, 271, 274; OLG Düsseldorf Rpfleger 1987, 513).

e) Mieterschutz. Das Sonderkündigungsrecht des Erstehers gemäß 13 § 57 a ist beschränkt durch die Kündigungsschutzbestimmungen des Mieters (BGHZ 84, 90, 100; BayObLG Rpfleger 1992, 531, 533). Die Wirkung des Sonderkündigungsrechts nach § 57 a besteht somit nur darin, dass es die vertragliche Kündigungsfrist auf die gesetzliche Frist abkürzt; gesetzliche Kündigungsfristen werden durch § 57 a nicht verkürzt (*Mayer* Rpfleger 1999, 210). Ein Mieter kann der nach § 57 a vom Ersteher erklärten Kündigung gemäß **§ 574 BGB** widersprechen (*Dassler/Engels* § 57 a 14 Rdn 19). Nach **§ 17 WoBindG** (BGBl I 1982, 972) gelten bei einer ZwVerst des Grundstücks die Wohnungen, für die öffentliche Mittel als Darlehen bewilligt worden sind, bis zum Ablauf des 3. Kalenderjahres nach dem Kalenderjahr, in dem der Zuschlag erteilt worden ist, als öffentlich gefördert, sofern die wegen der öffentlichen Mittel begründeten Grundpfandrechte mit dem Zuschlag erlöschen; sind die öffentlichen Mittel lediglich als Zuschüsse bewilligt worden, so gelten die Wohnungen bis zum Zuschlag als öffentlich gefördert. Sind die wegen der öffent-

§§ 57–57 b

lichen Mittel begründeten Grundpfandrechte mit dem Zuschlag nicht erloschen, so ergibt sich der Zeitpunkt, bis zu dem die Wohnungen als öffentlich gefördert gelten aus §§ 15, 16 WoBindG. Bis dahin ist bei diesen Wohnungen das Kündigungsrecht eingeschränkt und die Miethöhe begrenzt (vgl *Stöber* § 57 a

15 Rdn 6.7). Gemäß **§§ 573 I, 573 d I, 575 a I BGB** kann der Ersteher nur unter Darlegung eines berechtigten Interesses kündigen (BVerfG ZMR 1989, 410; BGHZ 84, 90, 100). Als Beispielsfall nennt das Gesetz dafür ua den Eigenbedarf (§ 573 II Nr 2 BGB).

IV. Mietvorauszahlungen

16 Ein Vermieter hat die für die Zeit nach Beendigung des Mietverhältnisses voraus entrichtete Miete zurückzuerstatten (§ 547 I 1 BGB). Eine zum Nachteil des Mieters abweichende Vereinbarung ist bei einem Mietverhältnis über Wohnraum unwirksam (§ 547 II BGB). Der Ersteher haftet als Erwerber und damit Vermieter bei Beendigung des Mietverhältnisses (§ 57 a) für den Rückzahlungsanspruch dann, wenn die Vorauszahlung ihm gegenüber wirksam ist nach §§ 566 b, c, 578 BGB iVm § 57 b (vgl Rdn 22-24; BGH NJW 1970, 93; *Stöber* § 57 b Rdn 7.6). Dann sieht sich der Ersteher von Wohnraum der Pflicht zur Auszahlung des zuviel gezahlten Anteils der Mietvorauszahlung ab Beendigung des Mietverhältnisses ausgesetzt. Eine Vorausentrichtung ist dem Ersteher ggü im Rahmen des § 566c BGB wirksam (vgl Rdn 24), sofern der Mietzins nach periodischen Zeitabschnitten bemessen war (BGHZ 137, 106). Gleiches soll gelten bei einer Mietvorauszahlung in einem Einmalbetrag, die nicht auf der Grundlage periodischer Zeitabschnitte bemessen ist, wenn sie vor Beschlagnahme erfolgt ist (BGH ZfIR 2008, 207); dies veranlasst *Schmidberger/Weis* (ZfIR 2008, 170, 174) zu dem Ratschlag an die Kreditwirtschaft, sich aus der Finanzierung von freistehenden Wohnhäusern oder Reihenhäusern zurückzuziehen. Zur Vermeidung von Manipulationen wird empfohlen, parallel zur ZwVerst die ZwVerw zu beantragen (*Schmidberger/Weis* aaO; *Wedekind* ZfIR 2009, 841).

17–21 *(nicht besetzt)*

V. Rechtsgeschäfte über Miet- und Pachtzinsen

1. Wirksamkeit von Vorausverfügungen und Rechtsgeschäften über Miet- und Pachtzinsen

22 **a) Allgemeines.** Nach § 57 gelten die Regelungen des Mietrechts des BGB über Vorausverfügungen des Vermieters (**§ 566 b I 1 BGB**) und über Rechtsgeschäfte zwischen Vermieter und Mieter über den Mietzins (**§ 566 c BGB**), allerdings mit den Besonderheiten, die sich

V. Rechtsgeschäfte über Miet- und Pachtzinsen §§ 57–57 b

aus § 57 b ergeben. Bei einem Mietzins, der nach periodischen Zeitabschnitten bemessen ist, liegt in der Vereinbarung der Vorauszahlung ein Rechtsgeschäft iSv §§ 566 b und c BGB, und zwar ohne Rücksicht darauf, ob die Vorauszahlung bereits in dem ursprünglichen Mietvertrag steht oder erst später vereinbart worden ist (BGHZ 15, 293).

b) Vorausverfügungen des Vermieters (§§ 57, 57 b I und II ZVG, § 566 b I 1 BGB). § 566 b I 1 BGB bezieht sich auf Vorausverfü- 23 gungen des Vermieters über den Mietzins, die auf Vereinbarungen mit Dritten (nicht Mieter!) beruhen. Dazu gehören Abtretung und Verpfändung der Mietzinsforderung (*Steiner/Teufel* Rdn 91), ebenso die Pfändung durch Gl des Vermieters (RGZ 58, 181; 76, 118), die vom Vermieter dem Mieter ggü erklärte Aufrechnung und die Nießbrauchbestellung an der Mietzinsforderung zugunsten eines Dritten. Hat der Vermieter vor dem Übergang des Eigentums über den Mietzins, der auf die Zeit der Berechtigung des Erwerbers entfällt, verfügt, so ist nach **§ 566 b I 1 BGB** die Verfügung insoweit wirksam, als sie sich auf den Mietzins für den zurzeit des Übergangs des Eigentums laufenden Kalendermonat bezieht; geht das Eigentum nach dem 15. des Monats über, so ist die Verfügung auch insoweit wirksam, als sie sich auf den Mietzins für den folgenden Kalendermonat bezieht. Soweit es nach § 566 b I 1 BGB auf den Eigentumsübergang ankommt, ist gemäß **§ 57 b I 1** an dessen Stelle die Beschlagnahme des Grundstücks (§ 22) maßgebend. Der Beschlagnahme zum Zwecke der ZwVerst steht die Beschlagnahme zum Zwecke der ZwVerw gleich, wenn sie bis zum Zuschlag fortgedauert hat (**§ 57 b II 1**). Da ein Ersteher in der ZwVerst den Mietzins gemäß § 56 S 2 sowieso erst ab dem Zuschlag erhält, haben § 566 b I 1 BGB iVm § 57 b I 1 nur die Bedeutung, dass dies auch dann gilt, wenn der Vermieter Vorausverfügungen darüber getroffen hat. Diese Grundsätze gelten auch für Verfügungen eines Nießbrauchers, dessen Recht durch Zuschlag erlischt und bei Vorausverfügungen des Insolvenzverwalters, Testamentsvollstreckers und Pfandgläubigers.

c) Rechtsgeschäfte zwischen Vermieter und Mieter (§§ 57, 57 b I und II ZVG, § 566 c BGB). In Betracht kommen Zahlung (= Erfül- 24 lung § 362 BGB), Erlass (§ 397 BGB), Annahme an Zahlungs Statt (§ 364 BGB), Stundung, Vergleich und Vorauszahlung des Mietzinses. Gemäß **§ 566c S 1 BGB** ist ein solches Rechtsgeschäft dem Erwerber gegenüber wirksam, soweit es sich nicht auf den Mietzins für eine spätere Zeit als den Kalendermonat bezieht, in welchem der Mieter von dem Übergang des Eigentums Kenntnis erlangt; erlangt der Mieter die Kenntnis nach dem 15. des Monats, so ist das Rechtsgeschäft auch insoweit wirksam, als es sich auf den Mietzins für den folgenden Kalendermonat bezieht (**§ 566c S 2 BGB**). Ein Rechtsgeschäft, das nach dem Übergang des Eigentums vorgenommen wird, ist jedoch unwirksam, wenn der Mieter bei der Vornahme des Rechtsgeschäfts von dem Eigentumsübergang Kenntnis hat (**§ 566 c S 3 BGB**). Auf Grund von **§ 57 b I 1** bedeutet

§§ 57–57 b

dies in der ZwVerst, dass dem Ersteher ggü ein solches Rechtsgeschäft für die Zeit nach dem Zuschlag (§ 56 S 2) nur wirksam ist, soweit es sich auf den Mietzins für den Kalendermonat bezieht, in welchem der Mieter von der Beschlagnahme Kenntnis erlangt hat; erfolgt dies nach dem 15. des Monats, so ist das Rechtsgeschäft auch noch für den folgenden Monat wirksam. Soweit der Zeitraum vor dem Zuschlag von dem Rechtsgeschäft betroffen wird, ist dies für den Ersteher gemäß § 56 S 2 unbeachtlich. Der entscheidende Zeitpunkt für die Beurteilung der Wirksamkeit des Rechtsgeschäfts ist somit gemäß § 57 ZVG, § 566 c BGB, § 57 b I 1 ZVG die Kenntniserlangung des Mieters von der Beschlagnahme im Wege der ZwVerst. Fahrlässige Unkenntnis (= Kennen-Müssen) genügt nicht. Die Zustellung des Anordnungsbeschlusses (oder des Beitrittsbeschlusses, § 27 II) an den Mieter bewirkt Beschlagnahmekenntnis **(§ 57 b I 2, 1. Hs)**. Die Zustellung erfolgt durch das VollstrG nur auf Antrag eines Anordnungs- oder Beitrittsgläubigers an die von ihm als Mieter bezeichneten Person **(§ 57 b I 2, 2. Hs)**. Dem Beschluss soll eine Belehrung über die Bedeutung der Beschlagnahme für den Mieter beigefügt werden **(§ 57 b I 3)**; wird dies unterlassen, hat dies keine Auswirkung auf die materielle Rechtslage. Ist dem Mieter ein Zahlungsverbot (§ 22 II 1) zugestellt worden, so gilt mit der Zustellung die Beschlagnahme als dem Mieter bekannt **(§ 57 b II 2)**.

25 **d) Besonderheiten bei Baukostenzuschüssen.** Vorausleistungen der Miete und andere, mit der Miete zu verrechnende Finanzierungsbeiträge zum **Aufbau oder Ausbau des Mietgebäudes** (= Zweckbestimmung) durch den Mieter sind vom Ersteher für die Zeit nach Beendigung des Mietverhältnisses gem **§ 547 BGB** zurückzuerstatten, wenn eine entsprechende Vereinbarung zwischen dem Vermieter und Mieter zugrunde liegt und die Vereinbarung dem Ersteher gegenüber nach den §§ 566b, 566c BGB wirksam ist (*Dassler/Engels* § 57 b Rdn 15; *Stöber* § 57 b Rdn 7.6, 7.7); eine Erstattungspflicht des Erstehers hinsichtlich der Baukostenzuschüsse wird nur angenommen, wenn der Ersteher Kenntnis von der Leistung hatte (*Thrum* IGZInfo 2009, 6). Der Zuschuss muss dem Grundstück tatsächlich zugeflossen und nicht zweckwidrig verwendet worden sein (BGH Rpfleger 1955, 67 und 73; NJW 1959, 380; OLG München NJW 1954, 961; OLG Bremen Rpfleger 1955, 69; LG Gießen DWW 1991, 53), ja er muss den Wert des Gebäudes erhöht haben (BGH ZfIR 2002, 849; *Witthinrich* Rpfleger 1986, 46, 48; *Schuster* MDR 1960, 181). Außerdem muss er vor Fertigstellung oder Instandsetzung des Bauwerks gezahlt worden sein (OLG Düsseldorf ZfIR 1997, 571; OLG Hamm MDR 1987, 1034). Die Vereinbarung des Zuschusses muss ausdrücklich erfolgt sein; nicht ausreichend ist es daher, wenn der Mieter nur mit oder sogar ohne Wissen des Vermieters Leistungen erbracht hat (OLG Frankfurt MDR 1983, 669). Bei vorzeitiger Kündigung nach § 57 a hat der Mieter hinsichtlich seines geleisteten Baukostenzuschusses ein Bereicherungsanspruch nach § 812 I 1 Alt 2 BGB gegen den Ersteher (BGH ZfIR 2009, 607; 2006, 92; *Wedekind* ZfIR 2009, 841). Bei der Ersteigerung eines vermieteten oder verpachteten Grundstücks muss der Ersteher daher grundsätzlich damit rechnen, für den Fall einer rechtlich zulässigen vorzeitigen Kündigung des Vertrags gemäß § 57 a zu einem Bereicherungsanspruch ausgesetzt zu sein hinsichtlich eines Baukostenzuschusses (*Wedekind* ZfIR 2009, 841; *Jaeger* ZfIR 2009, 609, 610).

2. Aufrechnungsbefugnis (§§ 57, 57 b I und II ZVG, § 566 d BGB)

Soweit die Entrichtung des Mietzinses an den Vermieter nach § 566 c BGB dem Ersteher ggü wirksam ist (vgl dazu Rdn 24), kann der Mieter gegen die Mietzinsforderung des Erstehers eine ihm gegen den Vermieter zustehende Forderung aufrechnen (**§ 566 d S 1 BGB**). Die Aufrechnung ist aufgeschlossen, wenn der Mieter die Gegenforderung erworben hat, nachdem er von der Beschlagnahme des Grundstücks (§ 22) Kenntnis erlangt hat, oder wenn die Gegenforderung erst nach der Erlangung der Kenntnis oder später als der Mietzins fällig geworden ist (**§ 566 d S 2 BGB,** § 57 b I 1). 26

3. Zwangsverwalter und Ersteher (§ 57 b III)

Auf Verfügungen und sonstige Rechtsgeschäfte des Zwangsverwalters ist § 57 b I und II nicht anwendbar (§ 57 b III). Dies bedeutet, dass die §§ 566 b–566 d BGB ohne die sich aus § 57 b I und II ergebenden Besonderheiten anzuwenden sind; abzustellen ist damit jeweils auf die Zuschlagserteilung und nicht die Beschlagnahme. 27

§ 58 [Kosten des Zuschlagsbeschlusses]

Die Kosten des Beschlusses, durch welchen der Zuschlag erteilt wird, fallen dem Ersteher zur Last.

I. Allgemeines

Entsprechend der Regelung beim rechtsgeschäftlichen Erwerb (§ 447 II BGB) erklärt § 58 den Ersteher hinsichtlich der Kosten des Zuschlagsbeschlusses für zahlungspflichtig. Die Vorschrift gilt für alle Versteigerungsverfahren des ZVG. 1

II. Kostenschuldner

Der Ersteher haftet persönlich für die Kosten der Zuschlagserteilung (§ 58); dies ergibt sich auch aus **§ 26 II 1 GKG**. Im Falle der Abtretung 2

§ 58 [Kosten des Zuschlagsbeschlusses]

der Rechte aus dem Meistgebot (§ 81 II) oder der Erklärung, für einen Dritten geboten zu haben (§ 81 III) haften der Ersteher und der Meistbiende als Gesamtschuldner (§ 81 IV ZVG, **§ 26 II 2 GKG**). Zahlt der Ersteher nicht, so finden die §§ 128, 132, 133 trotzdem keine Anwendung. Kommt es zu einer Wiederversteigerung (§ 133), haftet der neue Ersteher nicht für die Kosten des ersten Zuschlags. Auch der Vollstreckungsschuldner oder ein betreibender Gl sind keine Kostenschuldner für die Zuschlagsgebühr. Aus dem Versteigerungserlös gemäß § 109 darf die Zuschlagsgebühr nicht entnommen werden.

III. Gebühr

3   Die gerichtliche Gebühr für die Zuschlagserteilung beträgt 0,5 einer vollen Gebühr **(KostVerz Nr 2214 zum GKG)**. Wird der Zuschlag in der Beschwerdeinstanz aufgehoben, entfällt die Gebühr wieder. Die Zuschlagsversagung löst keine Gebühr aus. Fällig wird die Zuschlagsgebühr mit der Verkündung des Zuschlags bzw mit der Zustellung des Zuschlagsbeschlusses an den Ersteher, soweit er durch das Beschwerdegericht erteilt wird **(§ 7 I 2 GKG)**.

IV. Wert

4   Er bestimmt sich nach dem Bargebot ohne Zinsen, für das der Zuschlag erteilt ist, einschließlich des Werts der nach den Versteigerungsbedingungen bestehen bleibenden Rechten zuzüglich des Betrags, in dessen Höhe der Ersteher nach § 114a als aus dem Grundstück befriedigt gilt **(§ 54 II 1 GKG)**. Nicht mitgerechnet werden Hinterlegungszinsen nach § 49 Iv, Rechte die außerhalb des gG bestehen bleiben oder auf Grund einer nachträglichen Liegenbelassung (LG Krefeld Rpfleger 1978, 392; *Stöber* Rpfleger 1976, 333). Bei Kapitalrechten ist der Nominalbetrag anzusetzen, bei Gesamtbelastungen die volle Höhe (*Stöber* Einl 79.4 **aA** LG Freiburg Justiz 1977, 349). Bei Rechten ohne Kapitalbetrag ist von Werten nach §§ 50, 51 auszugehen (*Stöber* Einl 79.4 **aA** LG Saarbrücken Rpfleger 1971, 157). Bei einer Teilungsversteigerung vermindert sich der Wert, wenn der Ersteher schon bisher Miteigentümer war, um seinen Anteil an dem versteigerten Gegenstand, wobei im Falle von Gesamthandseigentum jeder Mitberechtigte wie ein Bruchteilseigentümer zu seinem Anteil angesehen wird **(§ 54 II 2 GKG)**. Werden in einem Zuschlagsbeschluss mehrere Zuschläge an verschiedene Ersteher erteilt, so wird die Zuschlagsgebühr von jedem Ersteher nach dem Wert des auf ihn entfallenden Gegenstandes erhoben **(§ 54 V 1 GKG)**. Eine Bietergemeinschaft gilt als ein Ersteher **(§ 54 V 2 GKG)**.

§ 59 [Abweichende Feststellung des geringsten Gebots]

^IJeder Beteiligte kann spätestens im Versteigerungstermin vor der Aufforderung zur Abgabe von Geboten eine von den gesetzlichen Vorschriften abweichende Feststellung des geringsten Gebots und der Versteigerungsbedingungen verlangen. Der Antrag kann spätestens zu dem in Satz 1 genannten Zeitpunkt zurückgenommen werden. Wird durch die Abweichung das Recht eines anderen Beteiligten beeinträchtigt, so ist dessen Zustimmung erforderlich.

^{II}Sofern nicht feststeht, ob das Recht durch die Abweichung beeinträchtigt wird, ist das Grundstück mit der verlangten Abweichung und ohne sie auszubieten.

^{III}Soll das Fortbestehen eines Rechtes bestimmt werden, das nach § 52 erlöschen würde, so bedarf es nicht der Zustimmung eines nachstehenden Beteiligten.

Schrifttum: *Böttcher,* „Begleitschutz" für die Reallast?, ZfIR 2007, 791; *Drischler,* Gesetzliche und abgeänderte Versteigerungsbedingungen in der Immobiliarvollstreckung, RpflJB 1974, 335; *Eickmann,* Vormundschaftsgerichtliche Genehmigungen im Zwangsversteigerungsverfahren, Rpfleger 1983, 199; *Gay,* Feststellung abweichender Versteigerungsbedingungen gemäß § 59 ZVG, 2002; *Mayer,* Ist § 59 Abs. 3 ZVG wirklich verfassungswidrig?, Rpfleger 2003, 281; *Muth,* Das Fortbestehen von Grundpfandrechten als abweichende Versteigerungsbedingungen nach § 59 Abs 3 ZVG, JurBüro 1985, 13; *ders.,* Änderungen von Versteigerungsbedingungen, Rpfleger 1987, 397; *Riedel,* Versteigerungsbedingungen bei Grundstücken mit Geschäft, JurBüro 1961, 425; *Schiffhauer,* § 59 ZVG – eine Crux ohne Ende?, Rpfleger 1986, 326; *Stöber,* Änderung der Versteigerungsbedingungen während der Bietstunde, ZIP 1981, 944; *Storz,* Änderungen von Versteigerungsbedingungen während der Bietstunden, ZIP 1982, 416.

Übersicht

	Rn.
I. Allgemeines	1
II. Antrag	2
1. Allgemeines	2
2. Form	3
3. Berechtigung	4
4. Rücknahme	5
5. Mehrere Anträge	6
6. Zeitliche Zulässigkeit	7
III. Abweichung von den gesetzlichen Vorschriften des gG und der Versteigerungsbedingungen (§ 59 I 1)	8
IV. Beeinträchtigung des Rechts eines anderen Beteiligten	9
1. Allgemeines	9
2. Keine Beeinträchtigung	10
3. Beeinträchtigung steht fest (§ 59 I 3)	11
4. Beeinträchtigung steht nicht fest (§ 59 II)	12

§ 59 [Abweichende Feststellung des geringsten Gebots]

a) Verfahren	12
b) Zuschlagsentscheidung	13
V. Einzelfälle	16
1. Erlöschendes Recht	16
2. Dauerwohnrecht	17
3. Erhöhte Verzinsung des Bargebots	18
4. Erhöhter Zinssatz im Falle der Forderungsübertragung	19
5. Erlöschendes Recht soll bestehen bleiben (§ 59 III)	20
6. Flurbereinigung	21
7. Rechtsstellung des Erstehers ggü Mietern/Pächtern	22
8. Übergang von Gefahr und Nutzungen	23
9. Versteigerungsgegenstand	24
VI. Verstoß gegen § 59	25
VII. Sonderfall: Altenteil (vgl § 52 Rdn 12)	26

I. Allgemeines

1   Da das Versteigerungsverfahren nicht dem Selbstzweck des VollstrG dient, sondern auf die Befriedigung der Gl gerichtet ist, wurden die Versteigerungsbedingungen und die Vorschriften über das gG (**§§ 44–65**) nicht als zwingendes Recht ausgestaltet. Sie bestimmen das Verfahren nur dann, soweit die Beteiligten zur Erzielung eines besseren Versteigerungsergebnisses nicht eine Änderung wünschen. Diese Möglichkeit eröffnet § 59. Die Vorschrift gilt für alle Versteigerungsverfahren des ZVG.

II. Antrag

1. Allgemeines

2   Abweichende Versteigerungsbedingungen setzen das "Verlangen" eines Beteiligten voraus (**§ 59 I 1**). Es ist als eine verstärkte Form des Antrags zu definieren, das dem VollstrG keinen Ermessensspielraum lässt; ihm hat das Gericht nachzukommen, wenn die gesetzlichen Voraussetzungen gegeben sind. Eine Ablehnung des Verlangens kommt nur dann in Betracht, wenn es einen Rechtsmissbrauch darstellt. Dies kann der Fall sein, wenn das Verlangen sehr wohl in einem gem § 62 anberaumten Erörterungstermin hätte gestellt werden können (LG Oldenburg Rpfleger 1976, 225). Der Zurückweisung rechtsmissbräuchlich gestellter Anträge ist aus prozeßökonomischen Gründen der Vorzug vor einer auch möglichen Zuschlagsversagung gem § 83 Nr 6 zu geben (*Schiffhauer* Rpfleger 1986, 326, 329; **aA** *Büchmann* ZiP 1986, 7). Beim Abweichungsverlangen handelt es sich um eine prozessuale Erklärung, sie gleicht insofern einem prozessualen Antrag. Die protokollierten Abweichungsverlangen sind mit den erschienenen Beteiligten zu erörtern;

III. Abweichung von den gesetzlichen Vorschriften   § 59

ihnen ist rechtliches Gehör zu gewähren. Häufig wird es aber nicht möglich sein, ad hoc das Abweichungsverlangen in allen seinen Auswirkungen zu durchdenken oder das notwendige neue gG aufzustellen; es empfiehlt sich dann eine Terminunterbrechung, die auch mehrere Tage betragen kann; ein eigentumsvereitelnder Eingriff in eine Meistbietendeposition liegt deshalb noch nicht vor (*Schiffhauer* Rpfleger 1986, 326, 330 f **aA** *Büchmann* ZiP 1986, 7, 12).

2. Form

Das Abweichungsverlangen kann schriftlich oder zu Protokoll des   3
UrkB der Geschäftsstelle, in einem Vortermin gem § 62 oder im Versteigerungstermin zu Protokoll (§ 162 I ZPO) erklärt werden.

3. Berechtigung

Nach § 59 I 1 kann nur ein Beteiligter Abweichungen verlangen. Es   4
gilt der Beteiligtenbegriff des § 9 (vgl dort).

4. Rücknahme

Das Abweichungsverlangen ist als prozessuale Erklärung dann nicht   5
mehr widerruflich, wenn das VollstrG unter dessen Berücksichtigung zur Abgabe von Geboten aufgefordert hat gem § 66 II; davor ist jedoch eine Rücknahme zulässig (§ 59 I 2).

5. Mehrere Anträge

Sie sind zulässig, und zwar unabhängig davon, ob sie ein Beteiligter   6
stellt oder mehrere (*Stöber* Rdn 3.6). Jedes Abweichungsverlangen behält seine Selbstständigkeit und ist gesondert zu behandeln.

6. Zeitliche Zulässigkeit

Ein Abweichungsverlangen kann bereits vor dem Versteigerungstermin   7
gestellt werden, aber auch im Termin bis zur Aufforderung zur Abgabe von Geboten (§ 59 I 1); ein danach gestellter Antrag ist unzulässig, dh er wird protokolliert und zurückgewiesen (*Dassler/Hintzen* Rdn 15 **aA***Stöber* Rdn 3.3).

III. Abweichung von den gesetzlichen Vorschriften des gG und der Versteigerungsbedingungen (§ 59 I 1)

Nach dem Wortlaut des § 59 I 1 sind Abweichungen nur hinsichtlich   8
der gesetzlichen Vorschriften über die Feststellung des gG und der Ver-

§ 59 [Abweichende Feststellung des geringsten Gebots]

steigerungsbedingungen zulässig: gemeint sind die **§§ 44–65**. Es besteht auch kein Anlass, von diesem Gesetzeswortlaut abzuweichen (ebenso *Eickmann*, ZVG, § 13 I; *Dassler/Hintzen* Rdn 21; *Stöber* Rdn 2.2; *Schiffhauer* Rpfleger 1986, 326, 334); § 59 ist als Ausnahmevorschrift eng auszulegen. Trotzdem wird – zu Unrecht – auch eine Abweichung von anderen Vorschriften für zulässig angesehen, zB § 21 III, §§ 67 ff, 74 a, 74 b, 87, 90 ff, 107 ff, 118, 128, 132, 133 (*Steiner/Storz* Rdn 9; *Muth* Rpfleger 1987, 397, 398). Nach richtiger Ansicht können nicht abgeändert werden:

1. Beschränkungen nach dem WoBindG.
2. Bindung des Bieters an sein Gebot (OLG Köln Rpfleger 1971, 326).
3. Eigentumsübergang durch den Zuschlag nach § 90.
4. Erlöschen von Geboten nur nach § 72 und durch Zuschlag (*Stöber* ZIP 1981, 944, 949).
5. Notwendigkeit eines dinglichen Titels zur ZwV in § 10 I Nr 4 (**aA** *Steiner/Storz* Rdn 12).
6. Größe der Bietungsschritte, da die § 72 II, § 81 I nicht abänderbar sind (*Stöber* Rdn 5.14; *Dassler/Hintzen* Rdn 22 **aA** OLG Oldenburg Rpfleger 1981, 315; LG Aurich Rpfleger 1981, 153).
7. Nichtberücksichtigung eines persönlichen Anspruchs in § 10 I Nr 5, aus dem nicht betrieben wird.
8. Nichtherausnehmbarkeit von Versteigerungsgegenständen aus der Beschlagnahme (§§ 20, 21).
9. Rangfolge der aus dem Meistgebot gem §§ 10–12, 109 zu befriedigenden Rechte (*Dassler/Hintzen* Rdn 22).
10. Sicherheitsleistung gem §§ 67–70, 184 (*Dassler/Hintzen* Rdn 22; *Schiffhauer* Rpfleger 1986, 326, 341 **aA** *Steiner/Storz* § 69 Rdn 22).
11. Vollstreckbarkeit des Zuschlagsbeschlusses nach §§ 93, 132.
12. Wiederversteigerung (§ 133).
13. Zuschlagserteilung an den Meistbietenden (§ 81).

IV. Beeinträchtigung des Rechts eines anderen Beteiligten

1. Allgemeines

9   Ist das Abweichungsverlangen zulässig (vgl Abschn II und III), so ist zu prüfen, ob es das Recht eines anderen Beteiligten beeinträchtigt **(§ 59 I 3, II)**. Das Gesetz enthält keine Definition, wann eine Beeinträchtigung vorliegt. Nach hM (*Steiner/Storz* Rdn 44; *Stöber* Rdn 4.2) ist ein Beteiligter grundsätzlich dann beeinträchtigt, wenn sein Recht ggü den gesetzlichen Versteigerungsbedingungen zu seinen Ungunsten verändert wird; die Beeinträchtigung braucht dabei nicht materieller Art zu sein, sondern es genügt bereits eine Benachteiligung der formellen Rechtsposition. Demnach braucht nicht notwendig eine wirtschaftliche Schädi-

IV. Beeinträchtigung des Rechts eines anderen Beteiligten § 59

gung in Betracht kommen. Beeinträchtigt ist daher auch, wer Barzahlung erhält, statt bei den bestehen bleibenden Rechten berücksichtigt zu werden oder umgekehrt (*Eickmann*, ZVG, § 13 II 2 b). Aber natürlich auch, wer durch das Meistgebot auf die abweichende Gebotsform weniger Erlös erhalten würde. *Muth* (Rpfleger 1987, 397) vertritt dagegen die Auffassung, eine Beeinträchtigung nach § 59 I 3 liege nur bei einer Abweichung von wesentlichen Grundsätzen des Zwangsversteigerungsrechts vor (zB Deckungs- und Übernahmegrundsatz). Dem ist entgegenzuhalten, dass durch solch unbestimmte Begriffe das Verfahren mit unnötigen Unsicherheiten belastet wird. *Eickmann* (ZVG, § 13 II 2 b) sieht den Begriff der Beeinträchtigung iSv § 59 I 3 nur dann als erfüllt an, wenn die begehrte Änderung unabhängig von der Erlöshöhe bereits als solche objektiv die Rechtsstellung eines Beteiligten verschlechtert. Zum Schutz der Beteiligten ist mit der hM die "Beeinträchtigung" gemäß § 59 I 3 eher dem Begriff des "Berührtwerden" gleichzusetzen; sie müssen gegen jede Veränderung ihrer Position geschützt werden. Zum engeren Begriff der Beeinträchtigung im Rahmen des § 59 II vgl Rdn 12.

2. Keine Beeinträchtigung

Steht sicher fest, dass durch die abweichende Ausgebotsform kein Beteiligter beeinträchtigt wird (in der Praxis dürfte dies wohl nie der Fall sein), so wird die Versteigerung nur mit dieser Gebotsform durchgeführt, und zwar ohne Zustimmung eines Beteiligten (*Eickmann*, ZVG, § 13 II 2 a). 10

3. Beeinträchtigung steht fest (§ 59 I 3)

In diesem Fall kann das Abweichungsverlangen dann berücksichtigt werden, wenn der beeinträchtigte Beteiligte ihm zustimmt; dann wird das Grundstück nur mit der verlangten Abweichung ausgeboten. Wird die Zustimmung nicht erteilt, so ist das Abweichungsverlangen sogleich durch begründeten Beschluss zurückzuweisen; das Ausgebot erfolgt nur unter den gesetzlichen Bedingungen. Ein Doppelausgebot erfolgt in keinem Fall (*Eickmann*, ZVG, § 13 II 2 a). Soweit die Zustimmungserklärung nicht im Termin protokolliert wird, genügt es, wenn sie in Schriftform vorliegt (*Dassler/Hintzen* Rdn 55; *Eickmann*, ZVG, § 13 II 2 b); öffentliche Beglaubigung ist nicht erforderlich (so aber *Steiner/Storz* Rdn 42; *Stöber* Rdn 4.3), denn das Gesetz gibt nichts dafür her (§ 84 II regelt einen anderen Fall). 11

4. Beeinträchtigung steht nicht fest (§ 59 II)

a) Verfahren. Ist es zweifelhaft, ob eine Beeinträchtigung vorliegt, dann muss zwingend ein Doppelausgebot erfolgen, einmal nach den gesetzlichen Bedingungen und einmal mit der verlangten Abweichung 12

§ 59 [Abweichende Feststellung des geringsten Gebots]

(§ 59 II). Dies kann nur verhindert werden, wenn alle möglicherweise Beeinträchtigten zustimmen; dann wird lediglich mit der abweichenden Ausgebotsform versteigert. Im Gegensatz zum weiten Begriff der Beeinträchtigung im Rahmen des § 59 I (vgl Rdn 9), der zum Schutz der Beteiligten auch angebracht ist, ist die Beeinträchtigung nur dann zweifelhaft iSv § 59 II, wenn sie lediglich von der Höhe der abgegebenen Meistgebote abhängt (*Schiffhauer* Rpfleger 1986, 326, 336). Etwas anderes kann durch ein Doppelausgebot auch nicht geklärt werden. Die Beeinträchtigung iSv § 59 II ist somit unter wirtschaftlichen Gesichtspunkten zu beurteilen, liegt also nur vor, wenn ausschließlich die Höhe der Meistgebote entscheidend ist (*Muth* Rpfleger 1987, 397, 398 f). Ziel des Doppelausgebotes ist es, aus den möglicherweise Beeinträchtigten die real Beeinträchtigten herauszukristallisieren.

b) Zuschlagsentscheidung. aa) Gebot nur auf die gesetzliche
13 **Bedingung.** In diesem Fall ist der Zuschlag dem Meistgebot zu erteilen, das auf die gesetzliche Ausgebotsform abgegeben wurde.

14 **bb) Gebot nur auf die abweichende Bedingung.** Nach einer Meinung soll der Zuschlag in diesem Fall nur erteilt werden dürfen, wenn all diejenigen zustimmen, die evtl durch die Abweichung beeinträchtigt sein können (LG Rostock Rpfleger 2001, 509; *Stöber* Rdn 6.3; *Schiffhauer* Rpfleger 1986, 326, 338). Dem kann nicht gefolgt werden. Das Gesetz verlangt nicht, dass auf beide Ausgebote ausgeboten wird. Ergibt sich das bessere Ergebnis für die Abweichung (auf das gesetzliche Ausgebot wurden 0,– € geboten), dann ist die Frage der Beeinträchtigung geklärt. Die Zuschlagserteilung auf das Meistgebot zu den abweichenden Bedingungen kann daher mit der hM ohne weiteres erfolgen (LG Berlin Rpfleger 2006, 93; LG Arnsberg Rpfleger 1984, 427; *Dassler/ Hintzen* Rdn 69; *Steiner/Storz* Rdn 54; *Eickmann*, ZVG, § 13 II 4 c; *Muth* Rpfleger 1987, 397, 401).

cc) Gebote auf gesetzliche und abweichende Ausgebotsform.
15 In diesem Fall ist das Meistgebot zu den gesetzlichen Bedingungen mit dem Meistgebot zu den abweichenden Bedingungen zu vergleichen, damit abschließend geklärt werden kann, ob durch die abweichende Ausgebotsform ein Beteiligter beeinträchtigt wird. Das Doppelausgebot wurde nur durchgeführt, um die Frage der wirtschaftlichen Beeinträchtigung zu beantworten. Beim Vorliegen der Meistgebote ist dies dann möglich. Durch die Aufstellung zweier vorläufiger Teilungspläne, einer unter den gesetzlichen und einer unter den abweichenden Bedingungen lässt sich feststellen, ob und welche Beteiligte beim Meistgebot auf die abweichende Ausgebotsform wirtschaftlich beeinträchtigt werden (*Eickmann*, ZVG, § 13 II 4 d). Zu vergleichen sind die Bargebote unter Berücksichtigung des Wertes evtl bestehen bleibender Rechte. Soweit Rechte in Abt II des GB bestehen bleiben, sind sie (wie bei §§ 74 a, 85 a)

mit dem Wert nach § 51 II anzusetzen (*Steiner/Storz* Rdn 52; *Schiffhauer*, Rpfleger 1986, 326, 337 **aA** *Stöber* Rdn 6.5: Interessenwert der Berechtigten **aA** *Muth* ZiP 1986, 350, 353 und Rpfleger 1987, 397, 401: Differenz aus Ersatzbetrag nach § 92 und Zuzahlungsbetrag gem § 51 II). Stellt sich als Ergebnis das Vergleichs heraus, dass beim Meistgebot auf die abweichenden Bedingungen kein Beteiligter wirtschaftlich beeinträchtigt wird, dh kein Beteiligter erhält weniger, sondern vielleicht mehr oder zumindest gleichviel wie beim Meistgebot auf die gesetzlichen Bedingungen, dann kann der Zuschlag auf die abweichende Ausgebotsform erteilt werden (*Eickmann*, ZVG, § 13 II 4 d). Ergibt sich beim Vergleich aber eine wirtschaftliche Beeinträchtigung mindestens eines Beteiligten, dh erhält beim Meistgebot auf die abweichenden Bedingungen mindestens ein Beteiligter weniger als beim Meistgebot auf die gesetzlichen Bedingungen, dann kann der Zuschlag auf die abweichene Ausgebotsform nur erteilt werden, wenn die wirtschaftlichen Beeinträchtigten zustimmen; ansonsten ist der Zuschlag auf das Meistgebot zu den gesetzlichen Bedingungen zu erteilen (*Eickmann*, ZVG, § 13 II 4 d). Bei der Zuschlagsentscheidung im Rahmen eines Doppelausgebots kann nur auf die wirtschaftliche Beeinträchtigung der Beteiligten abgestellt werden. Der Sinn und Zweck eines Doppelausgebots ist die Feststellung von Meistgeboten zu den verschiedenen Ausgebotsformen, damit unter deren Berücksichtigung eine Beeinträchtigung geprüft werden kann (vgl Rdn 12); dadurch sollen aus den möglicherweise Beeinträchtigten die real Beeinträchtigten herauskristallisiert werden. Ausschlaggebend für die abschließende Beantwortung der Frage einer Beeinträchtigung ist somit allein die Höhe der abgegebenen Meistgebote (so auch mit überzeugender Begründung *Muth* Rpfleger 1987, 397). Soweit im Rahmen der Zuschlagsentscheidung bei einem Doppelausgebot wieder auf den weiten formalen Begriff der Beeinträchtigung (vgl Rdn 9) abgestellt wird (so *Steiner/Storz* Rdn 50; *Stöber* Rdn 6.2; *Schiffhauer* Rpfleger 1986, 326, 337), ist dies inkonsequent. Durch ein Doppelausgebot kann nicht geklärt werden, ob jemand nur rein formal beeinträchtigt wird oder nicht; die abgegebenen Meistgebote sind dafür nicht ausschlaggebend.

V. Einzelfälle

1. Erlöschendes Recht

Ein bestehen bleibendes Recht soll erlöschen und in den bar zu zahlenden Teil des gG eingestellt werden. Dieses Abweichungsverlangen von der Folge des **§ 52 I** ist zulässig. Unter dieser Bedingung kann das Meistgebot niedriger ausfallen. Außerdem ist der Erlös für die nachrangigen Gl niedriger, da das erlöschende Recht Zinsen bis zum Verteilungstermin bekommt, und nicht nur bis zum Zuschlag. Grundsätzlich muss daher ein Doppelausgebot erfolgen, es sei denn die Zustimmungen des

16

Berechtigten des erlöschenden Rechts (fehlt diese, ist der Antrag zurückzuweisen, da dessen Beeinträchtigung feststeht; vgl *Eickmann*, ZVG, § 13 II 2 b) und der nicht im gG stehenden nachrangigen Berechtigten und des Vollstreckungsschuldners liegen vor (LG Arnsberg Rpfleger 2005, 42). Steht der Gl des erlöschenden Rechts unter Vormundschaft, Betreuung, Pflegschaft bedarf der Vormund, Betreuer, Pfleger zur Abgabe der Zustimmung der gerichtlichen Genehmigung nach § 1812 BGB (*Eickmann* Rpfleger 1983, 199, 201); die ansonsten vom Ersteher gem § 56 S 2 weiterzuzahlenden Zinsen gehen nämlich verloren.

2. Dauerwohnrecht

17   Falls es erlischt, hat der Berechtigte ein Sonderrecht gem **§ 39 WEG** (vgl dazu § 52 Rdn 14). Er kann aber auch gem § 59 das Bestehenbleiben verlangen; es muss ein Doppelausgebot erfolgen.

3. Erhöhte Verzinsung des Bargebots

18   Nach **§ 49 II** ist das Bargebot vom Zuschlag an bis zum Verteidigungstermin zu verzinsen, und zwar gem **§ 246 BGB** mit 4 %. Das Abweichungsverlangen auf erhöhte Verzinsung soll unzulässig sein, da durch Hinterlegung die Verzinsungspflicht entfallen kann (§ 49 III) und somit ein Vergleich nicht möglich sein soll (LG Freiburg Rpfleger 1975, 105; *Drischler* KTS 1975, 291). Dem kann auch nicht gefolgt werden. Mit der hM ist ein solches Verlangen als zulässig anzusehen (LG Münster Rpfleger 1982, 77; *Steiner/Storz* Rdn 25; *Stöber* Rdn 5.19; *Schiffhauer* Rpfleger 1986, 326, 338). Grundsätzlich muss ein Doppelausgebot erfolgen, es sei denn die Zustimmungen aller nicht in das gG fallenden Gl und des Schu liegen vor. Beim Vergleich der Gebote sind die Verhältnisse bei der Zuschlagserteilung maßgebend (= frühester Zeitpunkt einer Hinterlegung), nicht ein Abstellen auf einen noch unbekannten Verteilungstermin.

4. Erhöhter Zinssatz im Falle der Forderungsübertragung

19   Im Falle der Nichtzahlung des Bargebots sind die übertragenen Forderungen (§ 118) und die einzutragenden Sicherungshypotheken (§ 128) mit 4 % zu verzinsen (**§ 49 II ZVG, § 246 BGB**). Ein Abweichungsverlangen auf erhöhte Verzinsung ist unbestritten zulässig (LG Aurich Rpfleger 1981, 153). Die nachrangigen Berechtigten von Sicherungshypotheken können bei einer Wiederversteigerung beeinträchtigt werden, wenn die vorgehenden Sicherungshypotheken höhere Zinsen zugeteilt bekommen. Eine mögliche Beeinträchtigung des Schu ergibt sich daraus, dass er einem Sicherungshypothekengläubiger, der durch die ihm vorgehenden Zinsen ganz oder teilweise ausfällt, in höherem Maße persönlich haftet.

V. Einzelfälle **§ 59**

Grundsätzlich muss daher ein Doppelausgebot erfolgen, es sei denn die Zustimmung der Inhaber bestehen bleibender Rechte, aller nicht in das gG fallenden Gl und des Schu liegen vor die Inhaber bestehen bleibender Rechte können dadurch beeinträchtigt sein, dass ihnen Sicherungshypotheken aus Ansprüchen des § 109 oder der Rangklassen § 10 I Nr 1–3 vorgehen. Bei der Frage der Zuschlagserteilung kommt es zu dem Problem, dass noch nicht feststeht, ob die abweichende Bedingung überhaupt eine Rolle spielt; dies ist erst im Verteilungstermin geklärt. Zur Zuschlagserteilung auf das abweichende Ausgebot ist daher ausnahmsweise nicht auf die real wirtschaftliche Beeinträchtigung abzustellen (vgl Rdn 12), sondern die möglicherweise Beeinträchtigten müssen zustimmen (*Stöber* Rdn 5.20) mit Ausnahme des Beteiligten, dessen Sicherungshypothek den 1. Rang erhalten würde und der Beteiligten, die durch eine geleistete Sicherheit befriedigt würden.

5. Erlöschendes Recht soll bestehen bleiben (§ 59 III)

Dieses Abweichungsverlangen von der Folge des § 52 I ist zulässig. 20
Unter dieser Bedingung kann das Meistgebot niedriger ausfallen. Beeinträchtigt können dadurch werden der Berechtigte des betroffenen Rechts (fehlt dessen Zustimmung, ist der Antrag zurückzuweisen, da dessen Beeinträchtigung feststeht), und die vor-, gleich- und nachrangigen Berechtigten außerhalb des gG und der Schu. Nach dem Wortlaut des § 59 III sollen in diesem Fall die Zustimmungen der nachrangigen Berechtigten und damit auch des Schu entbehrlich sein (ebenso *Stöber* Rdn 7.2 und NotBZ 2004, 265 für den Fall der erlöschenden Reallast; *Dassler/Hintzen* Rdn 44). Diese Vorschrift soll jedoch auf einem Versehen des Gesetzgebers beruhen (*Nußbaum* S 108). Im Übrigen bestehen wegen Art 14 GG gegen § 59 III erhebliche verfassungsrechtliche Bedenken (*Muth* JurBüro 1985, 13; vgl aber auch *Mayer* Rpfleger 2003, 281). Eine verfassungskonforme Auslegung des § 59 III führt entgegen seinem Wortlaut zu dem Ergebnis, dass die Berechtigten aller erlöschenden Rechte und der Schu zustimmen müssen, damit ein Doppelausgebot unterbleibt, wenn ein ansonsten erlöschendes Grundpfandrecht bestehen bleiben soll (nicht aber bei Rechten der Abt II des GB, zB Reallast; vgl *Eickmann*, ZVG, § 13 II 2 d; *Böttcher* ZflR 2007, 791, 793; stets die Zustimmung verlangend: *Muth* JurBüro 1985, 13, 22; Rpfleger 1987, 397, 400; *Schiffhauer* Rpfleger 1986, 326, 336). Wird ein Grundpfandrechtsgläubiger durch einen Betreuer, Vormund oder Pfleger vertreten, so bedarf seine Zustimmung der gerichtlichen Genehmigung nach § 1822 Nr 13 BGB bei einer Hypothek bzw nach § 1812 BGB bei anderen Rechten (*Eickmann* Rpfleger 1983, 199, 201).

§ 59 [Abweichende Feststellung des geringsten Gebots]

6. Flurbereinigung

21 Während die gesetzlichen Folgen eines Flurbereinigungsverfahrens nicht gemäß § 59 geändert werden können, ist dies hinsichtlich der gesetzlichen Versteigerungsbedingungen (§§ 44–65) bei einem anhängigen Flurbereinigungsverfahren möglich. Grundsätzlich ist bei der Verkehrswertfestsetzung (§ 74 a V) vom Einlagegrundstück in seinem gegenwärtigen Zustand auszugehen; eine auf Grund vorläufiger Besitzeinweisung vom Schu vorgenommene Bebauung des Abfindungsgrundstücks kann durch abweichende Versteigerungsbedingungen berücksichtigt werden (OLG Hamm Rpfleger 1987, 258; *Stöber* Rdn 5.7).

7. Rechtsstellung des Erstehers ggü Mietern/Pächtern

22 Die §§ 57–57b können gem § 59 abgeändert werden. Mieter/Pächter können einen Ausschluss von § 57 a beantragen. Falls dem Abweichungsverlangen nicht sämtliche Beteiligte (Schu eingeschlossen) zustimmen, muss ein Doppelausgebot erfolgen, da die Beeinträchtigung eines Beteiligten von dem Ergebnis der Meistgebote abhängt.

8. Übergang von Gefahr und Nutzungen

23 Die Rechtsfolge des § 56 S 2 kann gem § 59 abgeändert werden. So kann zB eine Abweichung verlangt werden, dass der Ersteher für Hausgeldrückstände des Wohnungseigentums haftet. Wenn nicht sämtliche Beteiligte zustimmen, muss ein Doppelausgebot erfolgen.

9. Versteigerungsgegenstand

24 Gemäß § 59 kann die Herausnahme von Beschlagnahmegegenständen aus der Versteigerung (**§ 55**) verlangt werden, insbesondere bezüglich Zubehör, nicht aber bei wesentlichen Bestandteilen. Wenn nicht sämtliche Beteiligte zustimmen, muss ein Doppelausgebot erfolgen. Es wird auch die Meinung vertreten, dass ein auf dem zu versteigernden Grundstück befindlicher Gewerbebetrieb dadurch mitverwertet werden kann, dass gem § 59 seine Mitversteigerung zur Versteigerungsbedingung gemacht wird (*Steiner/Storz* Rdn 15; *Stöber* Rdn 5.8). Dem kann nicht zugestimmt werden (ebenso *Schiffhauer* Rpfleger 1986, 326, 340). Dadurch würde das VollstrG in völlig unzulässiger Weise in Rechte Dritter eingreifen. Es ist idR nicht geklärt, ob durch Sicherungseigentum, Eigentumsvorbehalt, Leasingvereinbarungen usw Rechte Dritter an den zum Gewerbebetrieb gehörenden Gegenstände bestehen.

VI. Verstoß gegen § 59

Wenn eine verlangte und zulässige Abweichung nicht zugelassen wird, 25
ist dies ein Grund zur Versagung bzw Aufhebung des Zuschlags gemäß
§ 85 Nr. 1, § 100. Dies rechtfertigt sich bereits aus der Möglichkeit für ein
besseres Meistgebot durch das Abweichungsverlangen. Trotz des Mangels
kann ausnahmsweise der Zuschlag erteilt werden, wenn das Recht des
Beteiligten nicht beeinträchtigt wird oder wenn der Beeinträchtigte das
Verfahren in öffentlich beglaubigter Form genehmigt (§ 84). Ist ein Doppelausgebot unterblieben, so ist der Ersteher nicht beschwerdeberechtigt;
gleiches gilt für denjenigen, der auch dann keinerlei Aussicht auf Befriedigung gehabt hätte, wenn ordnungsgemäß nach § 59 vorgegangen worden wäre (OLG Stuttgart Rpfleger 1988, 200). Bei der Vornahme eines
überflüssigen Ausgebotes ist idR kein Beschwerdegrund gegeben.

VII. Sonderfall: Altenteil (vgl § 52 Rdn 12)

Das dem bestrangig betreibenden Gl nachgehende oder gleichste- 26
hende Altenteilsrecht bleibt entgegen der Regel § 52 I bestehen (§ 9 I
EGZVG). Der Berechtigte eines dem Altenteilsrecht vor- oder gleichrangigen Rechts kann aber das Erlöschen des Altenteils als Versteigerungsbedingung verlangen, sofern durch das Fortbestehen des Altenteils sein
Recht beeinträchtigt wird; der Zustimmung anderer Beteiligter bedarf
der Antragsteller nicht **(§ 9 II EGZVG).** Da die Minderdeckung des
dem Altenteil im Rang vor- oder gleichstehenden Rechts Zulässigkeitsvoraussetzung für den Antrag nach § 9 II EGZVG ist, muss zunächst das
Ausgebot mit der gesetzlichen Versteigerungsbedingung des Bestehenbleibens durchgeführt werden; stellt sich dabei eine Minderdeckung
heraus, so schließt sich nur dann das abweichende Ausgebot an, es kommt
also nicht zu einem gleichzeitigen Doppelausgebot (*Dassler/Hintzen* § 9
EGZVG Rdn 19; *Eickmann*, ZVG, § 11 II 2 b; *Bengel* MittBayNot 1970,
133; *Scheyhing* SchlHAnz 1965, 122 **aA** *Morvilius* in D/M/V 4. Kap
Rdn 377; *Steiner/Storz* Rdn 68; *Stöber* § 52 Rdn 5.9). Soweit bei der
Feststellung der Beeinträchtigung iSv § 9 II EGZVG eine gerichtliche
Interessenabwägung angeregt wird (*Kahlke* Rpfleger 1990, 233), muss
dies abgelehnt werden, weil wegen der damit verbundenen Unsicherheiten die Beleihungsfähigkeit zu sehr eingeschränkt würde. Der Zuschlag
ist auf das beim ersten Ausgebot erzielte Meistgebot zu erteilen, wenn
der Antragsteller bei beiden Ausgeboten nichts oder gleichviel erhalten
würde. Der Zuschlag auf die abweichende Ausgebotsform (§ 9 II
EGZVG) ist nur dann zulässig, wenn der Antragsteller durch das Meistgebot auf die abweichende Ausgebotsform in größerem Umfang gedeckt
wird (*Eickmann*, ZVG, § 11 II 2 b).

§ 62 [Erörterungen über das geringste Gebot]

27 Beispiel:
Im Verteilungstermin sind folgende Ansprüche zu befriedigen:

Verfahrenskosten	3000 €	
§ 10 I Nr 3	500 €	
Abt III Nr 1	50 800 €	(bestbetreibender Gl)
Abt III Nr 2	70 500 €	(Antrag gem § 9 II EGZVG)
Abt II Nr 1	Altenteil	
Abt III Nr 3	50 700 €	

(1) Geboten wurden unter der Bedingung des Bestehenbleibens des Altenteils (§ 9 I EGZVG) 150 000 €.

Der Zuschlag ist auf das Meistgebot zu den gesetzlichen Bedingungen = Bestehenbleiben des Altenteils (§ 9 I EGZVG) zu erteilen, da der Anspruch des antragstellenden Gl III/2 bei dem Gebot iHv 150 000 € voll gedeckt ist. Der Antrag des Gl III/2 gemäß § 9 II EGZVG ist unzulässig.

(2) Geboten wurden zunächst unter der Bedingung des Bestehenbleibens des Altenteils (§ 9 I EGZVG) 124 000 €.

In diesem Fall beeinträchtigt das bestehen bleibende Altenteil den Antragsteller III/2. Bei dem Gebot zu 124 000 € würde er mit 800 € ausfallen.

Unter der Bedingung des Erlöschens des Altenteils (§ 9 II EGZVG) wurden sodann 200 000 € geboten.

Der Zuschlag ist dann auf das Meistgebot unter der abgeänderten Bedingung des Erlöschens des Altenteils zu erteilen, weil der Antragsteller in diesem Fall voll befriedigt wird.

§ 60 [Gebote mit Zahlungsfristen]

(Aufgehoben durch Gesetz vom 1. 2. 1979, BGBl I 127.)

§ 61 [Gebote mit Zahlungsfristen]

(Aufgehoben durch Gesetz vom 1. 2. 1979, BGBl I 127.)

§ 62 [Erörterungen über das geringste Gebot]

Das Gericht kann schon vor dem Versteigerungstermin Erörterungen der Beteiligten über das geringste Gebot und die Versteigerungsbedingungen veranlassen, zu diesem Zwecke auch einen besonderen Termin bestimmen.

1 Die Vorschrift gilt für alle Versteigerungsverfahren des ZVG. Beim Verteilungsverfahren ist entsprechend § 62 auch ein Vortermin zulässig. Ob das VollstrG einen Vortermin bestimmt, liegt in seinem

§ 63

Ermessen; es wird dabei von Amts wegen tätig. In Betracht kommt er zur Klärung von Rangschwierigkeiten, Eigentumsverhältnissen an Zubehörstücken, mehrfacher Ausgebote nach §§ 63, 64 und Fragen der Sicherheitsleistung gem §§ 67 ff, zur Ermittlung der Höhe von Ersatzzahlungen (§§ 50, 51) oder von Geldwerten für wiederkehrende Leistungen (§ 46) bzw für nicht auf Geldzahlung gerichteten Rechten (§ 92). Der Vortermin ist nicht öffentlich, weil es keine Verhandlung iSd § 169 GVG gibt. Das Protokoll soll die Namen aller Teilnehmer und alle Vorkommnisse enthalten, insbesondere deren Anträge, Prozesserklärungen, Entscheidungen und Vergleiche. Im Falle des Vergleichsabschlusses hat das VollstrG die gleiche Aufklärungs- und Belehrungspflicht, die sonst den Notar trifft (BGHZ 64, 246). Der Rechtspfleger, der die Sitzung leitet, kann den Vergleich beurkunden (OLG Nürnberg Rpfleger 1972, 305). Zum Vortermin wird nur formlos geladen; nur wenn das persönliche Erscheinen des Schu angeordnet wird (§ 141 ZPO), ist eine formelle Ladung nötig. Das Ergebnis des Vortermins ist für den Versteigerungstermin nicht bindend, außer wenn die Beteiligten dies ausdrücklich vereinbart haben oder wenn Anträge gestellt werden, die schon vor dem Versteigerungstermin möglich sind, zB nach §§ 59, 63. Derartige Anträge können im Versteigerungstermin als unzulässige Rechtsausübung gem § 226 BGB zurückgewiesen werden, wenn ihre Stellung in einem durchgeführten Vortermin zumutbar war (LG Oldenburg Rpfleger 1976, 225).

§ 63 [Einzel-, Gesamt- und Gruppenausgebot mehrerer Grundstücke]

[I] **Mehrere in demselben Verfahren zu versteigernde Grundstücke sind einzeln auszubieten. Grundstücke, die mit einem einheitlichen Bauwerk überbaut sind, können auch gemeinsam ausgeboten werden.**

[II] **Jeder Beteiligte kann spätestens im Versteigerungstermin vor der Aufforderung zur Abgabe von Geboten verlangen, daß neben dem Einzelausgebot alle Grundstücke zusammen ausgeboten werden (Gesamtausgebot). Sofern einige Grundstücke mit einem und demselben Recht belastet sind, kann jeder Beteiligte auch verlangen, daß diese Grundstücke gemeinsam ausgeboten werden (Gruppenausgebot). Auf Antrag kann das Gericht auch in anderen Fällen das Gesamtausgebot einiger der Grundstücke anordnen (Gruppenausgebot).**

[III] **Wird bei dem Einzelausgebot auf eines der Grundstücke ein Meistgebot abgegeben, das mehr beträgt als das geringste Gebot für dieses Grundstück, so erhöht sich bei dem Gesamtausgebote das geringste Gebot um den Mehrbetrag. Der Zuschlag wird auf**

§ 63 [Einzel-, Gesamt- und Gruppenausgebot mehrerer Grundstücke]

Grund des Gesamtausgebots nur erteilt, wenn das Meistgebot höher ist als das Gesamtergebnis der Einzelausgebote.

IV Das Einzelausgebot unterbleibt, wenn die anwesenden Beteiligten, deren Rechte bei der Feststellung des geringsten Gebots nicht zu berücksichtigen sind, hierauf verzichtet haben. Dieser Verzicht ist bis spätestens vor der Aufforderung zur Abgabe von Geboten zu erklären.

Schrifttum: *Alff*, Einzelversteigerungsgebot bei Bruchteilseigentum – inhaltslose Förmelei oder legitimes taktisches Instrument für den Schuldner?, RpflStud 2004, 33; *Bachmann*, Zuschlagsentscheidung bei Gesamtausgebot, Rpfleger 1992, 3 und 1993, 12; *Heidrich*, Zuschlagsentscheidung bei Gesamtausgebot, Rpfleger 1993, 11; *Muth*, Anzahl zulässiger Ausgebotsarten, Rpfleger 1990, 502.

Übersicht

	Rn.
I. Allgemeines	1
II. Einzelausgebote	2
1. Grundsatz (§ 63 I 1)	2
2. Verzicht (§ 63 IV)	3
3. Einheitliches Bauwerk (§ 63 I 2)	3a
III. Mögliche Abweichungen	4
1. Arten	4
a) Gesamtausgebot (§ 63 II 1)	4
b) Gruppenausgebot (§ 63 II 2 und 3)	5
2. Antrag (§ 63 II)	6
a) Allgemeines	6
b) Berechtigung	7
c) Form	8
d) Gesamtausgebot	9
e) Zeitpunkt	10
3. Anzahl der Ausgebotsarten	11
IV. Geringstes Gebot (§ 63 III 1)	12
V. Zuschlag (§ 63 III 2)	14
1. Gesamtausgebot oder Einzelausgebote	14
2. Einstweilige Einstellung/Antragsrücknahme	16
3. Nachträglicher Fall des § 63 III 1	17
4. Fall des § 76	18
5. Einzelausgebote/Gesamtausgebote	19

I. Allgemeines

1 Das VollstrG kann zwar unter den Voraussetzungen des § 18 die ZwVerst mehrerer Grundstücke zu einem Verfahren verbinden, was jedoch nichts an dem Grundsatz ändert, dass in diesem Verfahren die Grundstücke einzeln ausgeboten werden müssen. Um höhere Gebote und damit einen besseren Gesamterlös zu ermöglichen, kann ausnahmsweise ein **Gesamt- oder Gruppenausgebot** erfolgen (§ 63). Die Anwendung des § 63 setzt zwingend die Verbindung mehrerer Verfahren nach § 18 voraus und gilt auch für grundstücksgleiche Rechte und bei der ZwVerst mehrerer Grundstücksbruchteile, zB bei Ehegatten je zur Hälfte (BGH Rpfleger 2009, 98; OLG Saarbrücken Rpfleger 1992, 123; LG Aurich Rpfleger 2009, 166; *Alff* RpflStud 2004, 33). § 63 gilt für alle Versteigerungsverfahren des ZVG; bei der Teilungsversteigerung mit Besonderheiten (vgl § 180 Rdn 94).

II. Einzelausgebote

1. Grundsatz (§ 63 I 1)

Wenn mehrere selbstständige Grundstücke, Grundstücksbruchteile 2 oder grundstücksgleiche Rechte in einem nach § 18 verbundenen Verfahren versteigert werden sollen, müssen grundsätzlich Einzelausgebote mit gesondert festgestellten geringsten Geboten erfolgen (§ 63 I 1; bei Verstoß: § 83 Nr 2). Dabei sind die Verfahrenskosten und die Ansprüche aus § 101 Nr 3 nach dem Verhältnis der einzelnen Grundstückswerte aufzuteilen, wenn keine Zuordnung auf die betroffenen Grundstücke möglich ist, worauf durch das VollstrG allerdings hinzuwirken hat bei der Klasse § 10 I Nr 3. Einzelansprüche der Rangklasse des § 10 I Nr 4 werden natürlich dem betroffenen Einzelgrundstück zugeordnet; Gesamtansprüche bei jedem belasteten Einzelgrundstück mit dem vollen Betrag, wenn nicht eine Verteilung nach § 64 oder § 1132 BGB erfolgt.

2. Verzicht (§ 63 IV)

Einzelausgebote dürfen nur dann unterbleiben, wenn alle anwesenden 3 Beteiligten, deren Rechte nicht im gG stehen, ausdrücklich darauf verzichten (§ 63 IV 1; vgl BGH Rpfleger 2009, 98; bei Verstoß: § 83 Nr 2); dazu gehört auch der (anwesende) Vollstreckungsschuldner (OLG Saarbrücken Rpfleger 1992, 123; LG Aurich Rpfleger 2009, 166). Nicht verzichten müssen die Beteiligten, die im gG stehen, und die Mieter/Pächter (*Stöber* Rdn 2.1 **aA** *Alff* RpflStud 2004, 33, 36). Der Verzicht muss ausdrücklich erklärt werden (§ 63 IV 1; vgl auch BGH Rpfleger 2009, 98), so dass Schweigen nicht ausreichend ist (OLG Jena Rpfleger 2000, 509). Ein Verzicht durch schlüssiges Handeln ist ebenfalls abzulehnen (BGH Rpfleger 2009, 98; OLG Saarbrücken Rpfleger 1992, 123; *Steiner/Storz* Rdn 13; *Stöber* Rdn 2.1 **aA** LG Aurich Rpfleger 1980, 306). Wurde ein Verzicht bereits vor dem Versteigerungstermin oder in einem Vortermin (§ 62) erklärt, so muss er trotzdem im Versteigerungstermin ausdrücklich bestätigt werden. Sowohl die Abgabe (§ 63 IV 2) als auch die Rücknahme des Verzichts sind nur bis zur Aufforderung zur Abgabe von Geboten nach § 66 II zulässig (*Stöber* Rdn 2.3 **aA** *Steiner/*

§ 63 [Einzel-, Gesamt- und Gruppenausgebot mehrerer Grundstücke]

Storz Rdn 14). Dies bedeutet, dass Beteiligte, die erst nach diesem Zeitpunkt erscheinen, nicht auf die Einzelausgebote verzichten müssen (*Eickmann*, ZVG, § 23 II 1). Wird der Verzicht auf Einzelausgebote rechtsmissbräuchlich verweigert, so kann ein Einzelausgebot auch ohne Zustimmung der anwesenden Beteiligten unterbleiben (OLG Karlsruhe Rpfleger 1994, 376).

3. Einheitliches Bauwerk (§ 63 I 2)

3 a Grundstücke, die mit einem einheitlichen Bauwerk überbaut sind, können auch gemeinsam ausgeboten werden. Dieses Ausgebot ist weder antragsabhängig noch zustimmungsbedürftig, dh das VollstrG entscheidet von Amts wegen unter Berücksichtigung, ob ein besseres Versteigerungsergebnis möglich ist (LG Aurich Rpfleger 2009, 166; *Hornung* NJW 1999, 460, 463). Dazu sind auch die im Versteigerungstermin anwesenden Beteiligten anzuhören. Das Gesamtausgebot nach § 63 I 2 tritt neben die Einzelausgebote nach § 63 I 1 (OLG Jena Rpfleger 2000, 509; *Dassler/Hintzen* Rdn 12; *Stöber* Rdn 3.1 **aA** *Fisch* Rpfleger 2002, 637); letztere unterbleiben nur unter den Voraussetzungen des § 63 IV (BGH Rpfleger 2009, 98; vgl Rdn 3). Die gemeinsame Versteigerung der überbauten Grundstücke ist vor der Aufforderung zur Abgabe von Geboten als Versteigerungsbedingung festzulegen (*Stöber* Rdn 3.3). Ob ein einheitliches Bauwerk vorliegt, lässt sich idR aus dem Sachverständigengutachten (§ 74 a V) entnehmen. Darunter ist eine in sich zusammenhängende bauliche Anlage auf mehreren Grundstücken zu verstehen, zB Fabrik (*Hornung* NJW 1999, 460, 464). Bilden dagegen mehrere Bauwerke nur eine wirtschaftliche Einheit, liegt kein einheitliches Bauwerk iSv § 63 I 2 vor (*Stöber* Rdn 3.2). Bruchteile eines Grundstücks (zB je 1/2 bei Eheleuten) sind grundsätzlich einzeln auszubieten nach § 63 I 1. Steht ein Bauwerk auf dem Grundstück, sind die Grundstücksbruchteile im übertragenen Sinne mit einem einheitlichen Bauwerk überbaut und deshalb idR gemäß § 63 I 2 gemeinsam auszubieten (*Hornung* NJW 1999, 460, 464; *Stöber* Rdn 3.5).

III. Mögliche Abweichungen

1. Arten

4 **a) Gesamtausgebot (§ 63 II 1).** Jeder Beteiligte (§ 9) kann verlangen, dass neben den Einzelausgeboten, auch alle Grundstücke zusammen im Gesamtausgebot zur Versteigerung gelangen (§ 63 II 1; bei Verstoß: § 83 Nr 2). Die Zustimmung irgendeines anderen Beteiligten ist ebenso wenig erforderlich wie eine Gesamtbelastung. Die Einzelausgebote können daneben nur dann unterbleiben, wenn § 63 IV erfüllt ist (vgl Rdn 3).

III. Mögliche Abweichungen

b) Gruppenausgebot (§ 63 II 2 und 3). Dies liegt dann vor, wenn nicht alle Grundstücke des Verfahrens, sondern nur ein Teil von ihnen zusammen ausgeboten wird. Im Verhältnis zu einem Gesamtausgebot ist das Gruppenausgebot wie ein Einzelausgebot, im Verhältnis zu den Einzelausgeboten wie ein Gesamtausgebot zu behandeln (RGZ 66, 391; OLG Koblenz Rpfleger 1963, 53). Jeder Beteiligte (§ 9) kann ein Gruppenausgebot von Grundstücken verlangen, wenn sie mit einem Gesamtrecht belastet sind **(§ 63 II 2)**. Aber auch in anderen Fällen (zB bei wirtschaftlichem Zusammenhang) kann das VollstrG ein Gruppenausgebot zulassen **(§ 63 II 3)**.

2. Antrag (§ 63 II)

a) Allgemeines. Gesamt- und Gruppenausgebote erfolgen nicht von Amts wegen, sondern müssen von den Beteiligten verlangt bzw beantragt werden (§ 63 II). Einem Verlangen auf Gesamtausgebot bzw Gruppenausgebot auf Grund eines Gesamtrechts (§ 63 II 1 und 2) muss das VollstrG nachkommen, es sei denn es liegt eine missbräuchliche Rechtsausübung iSd §§ 138, 226, 242, 826 BGB vor. Einen Antrag auf Gruppenausgebot in sonstigen Fällen (§ 63 II 3) kann das VollstrG nach seinem Ermessen verbescheiden.

b) Berechtigung. Antragsberechtigt sind alle Beteiligten im Sinne von § 9, also auch der Schu und Mieter/Pächter.

c) Form. Das Verlangen (§ 63 II 1 und 2) und der Antrag (§ 63 II 3) sind formlos zulässig; können also auch schriftlich oder zu Protokoll erklärt werden. In dem allseitigen Verzicht auf Einzelausgebote liegt das Verlangen auf Gesamtausgebot.

d) Gesamtausgebot. Rücknahme ist möglich bis zur Aufforderung zur Abgabe von Geboten.

e) Zeitpunkt. Das Verlangen und der Antrag können spätestens im Versteigerungstermin vor der Aufforderung zur Abgabe von Geboten gestellt werden (§ 63 II).

3. Anzahl der Ausgebotsarten

Sie (Einzelausgebote, Gesamtausgebot, Gruppenausgebote) lässt sich nach folgender Formel berechnen (vgl *Muth* Rpfleger 1990, 502):

Anzahl der Ausgebotsarten = $2^{\text{Anzahl der Grundstücke}} - 1$

Bei drei Grundstücken ergibt dies sieben Ausgebotsarten (X = $2^3 - 1 = 7$), nämlich drei Einzelausgebote (A, B, C), ein Gesamtausgebot (ABC) und drei Gruppenausgebote (AB, AC, BC).

§ 63 [Einzel-, Gesamt- und Gruppenausgebot mehrerer Grundstücke]

IV. Geringstes Gebot (§ 63 III 1)

12 Für jede Ausgebotsart ist ein gesondertes gG zu berechnen. Wird bei dem Einzelausgebot auf eines der Grundstücke ein Meistgebot abgegeben, das mehr beträgt als das gG für dieses Grundstück, so erhöht sich gemäß § 63 III 1 bei dem Gesamtausgebot das gG um den Mehrbetrag. Dadurch soll erreicht werden, dass ein Berechtigter, der bei einem Einzelausgebot Befriedigung erlangt, auch bei anderen Ausgebotsarten Deckung erfährt (*Eickmann*, ZVG, § 23 III 2 b). Entgegen dem Gesetzeswortlaut muss das VollstrG die Erhöhung gemäß § 63 III 1 bei jedem das gG übersteigende Gebot auf ein Einzelgrundstück vornehmen, und nicht erst beim Meistgebot (LG Bielefeld Rpfleger 1988, 32). Das VollstrG muss deshalb ständig mitrechnen. Die Erhöhung des gG beim Gesamtausgebot tritt kraft Gesetzes ein, wodurch der bar zu zahlende Teil des gG ex nunc erhöht wird. Diese Erhöhung ist vom VollstrG im Versteigerungstermin stets bekanntzugeben gemäß § 139 ZPO. Wird zunächst auf das Gesamtausgebot, danach auf ein Einzelausgebot geboten, so wird das zuerst abgegebene Gebot auf das Gesamtausgebot mangels Rückwirkung der Erhöhung nach § 63 III 1 nicht unwirksam, wenn es das um den Mehrbetrag erhöhte gG nicht erreicht (*Steiner/Storz* Rdn 45 **aA** LG Bielefeld Rpfleger 1988, 32).

13 Beispiel:
In einem Verfahren werden die Grundstücke A (Wert 20 000 €) und B (Wert 40 000 €) versteigert. Verfahrenskosten: 900 €. Grundsteuern: 180 €. Grundstück A ist mit einer Hypothek III 1 zu 20 000 € (Bargebotszinsen 2400 €) belastet, Grundstück B mit einer Grundschuld III 2 zu 30 000 € (Bargebotszinsen 3000 €). Auf beiden Grundstücken lastet ein Gesamtrecht III 3 zu 5000 € (Bargebotszinsen 500 €). Es betreibt ein Gl der Klasse § 10 I Nr 5.

	Einzelausgebote A	B	Gesamtausgebot A+B
Kosten	300 €	600 €	900 €
Grundsteuern	60 €	120 €	180 €
Zinsen III 1	2 400 €		2 400 €
Zinsen III 2		3 000 €	3 000 €
Zinsen III 3	500 €	500 €	500 €
Bargebot:	3 260 €	4 220 €	6 980 €
Bestehenbl. Rechte:			
III 1	20 000 €		20 000 €
III 2		30 000 €	30 000 €
III 3	5 000 €	5 000 €	5 000 €
	28 260 €	39 220 €	61 980 €

V. Zuschlag (§ 63 III 2)

Es werden folgende Gebote abgegeben von

Bieter	auf A	auf B	Erhöhung des Gesamtausgebots von 6980 € um
A	4 000 €		740 € (= 7720 €)
B		5 000 €	780 € (= 8500 €)
C	5 000 €		1 000 € (= 9500 €)
D		6 000 €	1 000 € (= 10 500 €)

V. Zuschlag (§ 63 III 2)

1. Gesamtausgebot oder Einzelausgebote

Er kann auf das Gesamtausgebot nur erteilt werden, wenn das Meistgebot darauf höher ist als das Gesamtergebnis der Einzelausgebote (§ 63 III 2). Bei gleicher Höhe erfolgt deshalb kein Zuschlag auf das Gesamtausgebot, sondern auf die Einzelausgebote. Wird auf ein einzeln ausgebotenes Grundstück kein Gebot abgegeben, so ist beim Vergleich nach § 63 III 2 der Wert mit 0 € anzusetzen (OLG Frankfurt Rpfleger 1995, 512; OLG Hamm Rpfleger 1959, 57); dies gilt auch, wenn die Beteiligten auf Einzelausgebote bei bestimmten Grundstücken nach § 63 IV verzichtet haben (BGH ZfIR 2007, 147 m Anm *Böttcher; Dassler/Hintzen* Rdn 27, 41). Bei den Meistgeboten sind nicht nur die Bargebote, sondern auch die bestehen bleibenden Rechte zu berücksichtigen (BGH ZfIR 2007, 147 m Anm *Böttcher*; OLG Koblenz Rpfleger 1963, 54); dabei werden die Gesamtrechte beim Gesamtausgebot einmal voll, bei den Einzelausgeboten jedes Mal voll eingestellt (Ausnahme: § 64 ZVG, § 1132 BGB).

Beispiel:
(vgl Rdn 13): Es werden geboten auf Grundstück
A: 4000 €   B: 5000 €   A+B: 10 000 €
Für den Vergleich gem § 63 III 2 betragen

(1) das Gesamtausgebot
  Bargebot   10 000 €
  Bestehenbleibende Rechte   55 000 €
                                                 65 000 €

(2) die Summe der Einzelausgebote
  Grundstück A
  Bargebot   4 000 €
  Bestehenbleibende Rechte   25 000 €
                                   29 000 €

  Grundstück B
  Bargebot   5 000 €
  Bestehenbleibende Rechte   35 000 €
                                                 40 000 €
                                                 69 000 €

Der Zuschlag ist auf die Einzelausgebote zu erteilen.

§ 63 [Einzel-, Gesamt- und Gruppenausgebot mehrerer Grundstücke]

2. Einstweilige Einstellung / Antragsrücknahme

16 Wenn der bestrangig betreibende Gl nach Schluss der Versteigerung (§ 73 II) aber vor der Zuschlagsverkündung die einstweilige Einstellung oder Antragsrücknahme (**§§ 29, 30**) auch nur hinsichtlich eines Grundstücks erklärt, dann muss sowohl hinsichtlich des betroffenen Einzelgrundstücks (§ 33) als auch des dann unvollständigen Gesamtausgebots (§ 83 Nr 6) eine Zuschlagsversagung erfolgen (OLG Köln Rpfleger 1971, 326; OLG Hamm Rpfleger 1972, 149). Mangels Vergleichsmöglichkeit (§ 83 Nr 2, § 63 II 1, § 63 III 2) kann aber auch nicht auf die von der Einstellung (Aufhebung) nicht betroffenen Einzelausgebote zugeschlagen werden (OLG Hamm Rpfleger 1972, 149; *Dassler/Hintzen* Rdn 42; *Steiner/Storz* Rdn 53; *Eickmann*, ZVG, § 23 IV 2 c; *Stöber* Rpfleger 1971, 326 **aA** OLG Köln Rpfleger 1971, 326; OLG Celle Rpfleger 1989, 471). Bei der Einstellung bzw Rücknahme des bestrangig betreibenden Gl hinsichtlich aller Grundstücke bis auf eines ist auf dieses Einzelausgebot der Zuschlag zu erteilen (*Dassler/Hintzen* Rdn 43 **aA** OLG Stuttgart Rpfleger 2002, 165; OLG Hamm Rpfleger 1972, 149; *Steiner/Storz* Rdn 53).

3. Nachträglicher Fall des § 63 III 1

17 Bestritten ist die Frage, ob der Zuschlag auf das Gesamtausgebot erteilt werden kann, wenn zwar der Gebotsvergleich gemäß § 63 III 2 zugunsten des Gesamtausgebots ausfällt, aber ein nachträglicher Fall des **§ 63 III 1** vorliegt, dh das vorher abgegebene Meistbargebot für das Gesamtausgebot den gesetzlich erhöhten Betrag des geringsten Bargebots nicht erreicht (**bejahend:** *Steiner/Storz* Rdn 45; *Bachmann* Rpfleger 1992, 3; **verneinend:** BGH ZflR 2007, 147 m zust Anm *Böttcher; Eickmann*, ZVG, § 23 IV 2 b; LG Bielefeld Rpfleger 1988, 32 m zust Anm *Hagemann; Dassler/Hintzen* Rdn 28). Der verneinenden Ansicht ist zuzustimmen, da der Erhöhungsbetrag des § 63 III 1 der Verwirklichung des Deckungsgrundsatzes dient (vgl § 44 I). Hinsichtlich des Gesamtausgebots ist deshalb der Zuschlag zu versagen gemäß § 83 Nr 1 (BGH ZflR 2007, 147; *Stöber* Rdn 7.4; *Dassler/Hintzen* Rdn 28). Der Zuschlag ist dann auf die Einzelausgebote zu erteilen (LG Bielefeld Rpfleger 1988, 32; *Stöber* Rdn 7.4; *Hagemann* Rpfleger 1988, 34 **aA** *Bachmann* Rpfleger 1992, 3).

4. Fall des § 76

18 Auch wenn auf Grund des § 63 III 2 der Zuschlag auf das Gesamtausgebot erfolgen müsste, ist dies dann nicht möglich, wenn die Meistgebote auf einzelne Grundstücke so hoch sind, dass der Anspruch des Gl gedeckt und das Verfahren bezüglich der restlichen Grundstücke deshalb gemäß

I. Allgemeines   § 64

§ 76 einzustellen ist; der Zuschlag ist vielmehr auf die Einzelmeistgebote zu erteilen.

5. Einzelausgebote/Gesamtausgebote

Soweit nur Einzelausgebote (§ 63 I) oder nur ein Gesamtausgebot (§ 63 IV) erfolgt sind, kann natürlich auch nur auf das jeweilige Ausgebot zugeschlagen werden. Erfolgten Einzelausgebote und ein Gesamtausgebot mit der Folge, dass dann nur auf das Gesamtausgebot oder nur auf die Einzelausgebote Gebote abgegeben wurden, muss der Zuschlag auf die jeweiligen Meistgebote erfolgen. **19**

§ 64 [Gesamthypothek]

[I] Werden mehrere Grundstücke, die mit einer dem Anspruche des Gläubigers vorgehenden Gesamthypothek belastet sind, in demselben Verfahren versteigert, so ist auf Antrag die Gesamthypothek bei der Feststellung des geringsten Gebots für das einzelne Grundstück nur zu dem Teilbetrage zu berücksichtigen, der dem Verhältnisse des Wertes des Grundstücks zu dem Werte der sämtlichen Grundstücke entspricht; der Wert wird unter Abzug der Belastungen berechnet, die der Gesamthypothek im Range vorgehen und bestehen bleiben. Antragsberechtigt sind der Gläubiger, der Eigentümer und jeder dem Hypothekengläubiger gleich- oder nachstehende Beteiligte.

[II] Wird der im Absatz 1 bezeichnete Antrag gestellt, so kann der Hypothekengläubiger bis zum Schlusse der Verhandlung im Versteigerungstermine verlangen, daß bei der Feststellung des geringsten Gebots für die Grundstücke nur die seinem Anspruch vorgehenden Rechte berücksichtigt werden; in diesem Falle sind die Grundstücke auch mit der verlangten Abweichung auszubieten. Erklärt sich nach erfolgtem Ausgebote der Hypothekengläubiger der Aufforderung des Gerichts ungeachtet nicht darüber, welches Ausgebot für die Erteilung des Zuschlags maßgebend sein soll, so verbleibt es bei der auf Grund des Absatzes 1 erfolgten Feststellung des geringsten Gebots.

[III] Diese Vorschriften finden entsprechende Anwendung, wenn die Grundstücke mit einer und derselben Grundschuld oder Rentenschuld belastet sind.

I. Allgemeines

Da bestehen bleibende Gesamtgrundpfandrechte bei jedem einzelnen ausgebotenen Grundstück voll einzusetzen sind, werden die geringsten **1**

§ 64 [Gesamthypothek]

Gebote oft unerreichbar hoch. § 64 I und III eröffnet daher die Möglichkeit, die Gesamtgrundpfandrechte auf die einzelnen Grundstücke aufzuteilen. Dies ist gegen den Willen des Gesamtrechtsgläubigers möglich, der allerdings den Gegenantrag nach § 64 II stellen kann. § 64 gilt für alle Versteigerungsverfahren des ZVG. Eine von § 64 abweichende Verteilung kann nach § 59 verlangt werden, solange erstere noch nicht durchgeführt ist; dann geht § 64 dem § 59 vor.

II. Antrag auf Verteilung gemäß § 64 I

1. Voraussetzungen

2   Es muss sich um ein **Gesamtgrundpfandrecht** handeln, das im gG **bestehenbleibt** und auf Einzelgrundstücken lastet, die in einem nach **§ 18 verbundenen Verfahren** einzeln ausgeboten werden **(§ 64 I 1)**. Bei anderen Gesamtrechten (zB Gesamtreallast) gilt § 64 nicht; sie sind stets voll zu berücksichtigen. § 64 ist analog anzuwenden, wenn ein persönlich betreibender Gl (§ 10 I Nr 5) wegen seiner gesamten Forderung in mehrere Grundstücke gleichzeitig vollstreckt. Das Gesamtgrundpfandrecht muss nur auf mehreren zu versteigernden Grundstücken lasten, nicht auf allen. Es kann daneben noch auf anderen Grundstücken ruhen, die nicht Vollstreckungsobjekte sind. Die Verteilung des Gesamtgrundpfandrechts erfolgt nicht von Amts wegen, sondern nur auf **Antrag** (§ 64 I 1). Antragsberechtigt sind alle betreibenden Gl, der Eigentümer und jeder dem Grundpfandrechtsgläubiger gleich- oder nachstehende Beteiligte **(§ 64 I 2)**. Nicht antragsberechtigt sind dagegen die dem Gesamtrechtsgläubiger vorgehenden Beteiligten, die Mieter und Pächter und der Gesamtrechtsgläubiger selbst, es sei denn ihm steht ein gleich- oder nachrangiges Recht zu. Für den Antrag nach § 64 I ist keine besondere Form vorgeschrieben, dh er kann mündlich zu Protokoll in einem Termin oder zur Niederschrift beim UdG erklärt werden, aber natürlich auch schriftlich. Zulässig ist der Antrag nur bis zur Aufforderung zur Abgabe von Geboten gemäß § 66 II (LG Krefeld Rpfleger 1987, 323; *Dassler/Hintzen* Rdn 8; *Stöber* Rdn 3.4; *Eickmann,* ZVG, § 24 I 2 c **aA** *Steiner/Storz* Rdn 11: bis zum Schluss der Versteigerung gemäß § 73 II). Wird der Antrag während der Bietstunde gestellt, ist er unanfechtbar (vgl § 95) zurückzuweisen (LG Krefeld Rpfleger 1987, 323). Zurückgenommen werden kann der Antrag ebenfalls nur bis zur Aufforderung zur Abgabe von Geboten gemäß § 66 II (*Dassler/Hintzen* Rdn 8; *Stöber* Rdn 3.4 **aA** bis zur Gebotsabgabe auf das Ausgebot mit der Verteilung gemäß § 64: *Steiner/Storz* Rdn 12). Hat der Gesamtrechtsgläubiger eine Verteilung gemäß § 1132 BGB vorgenommen oder über einen Teilverzicht nach §§ 1168, 1175 BGB die gleiche Rechtsfolge erreicht, so scheidet ein Verteilungsantrag (§ 64 I) aus, wenn der jeweilige Vorgang dem VollstrG bis zur Aufforderung zur Abgabe von Geboten nachgewiesen

II. Antrag auf Verteilung gemäß § 64 I   § 64

wird; erfolgt dies danach, so bleibt das bisherige gG davon unberührt (*Stöber* Rdn 8.2 **aA** *Steiner/Storz* Rdn 28).

2. Wirkungen

Das Gesamtgrundpfandrecht ist bei jedem Einzelgrundstück nur mit dem Teilbetrag zu berücksichtigen, der dem Verhältnisse des Wertes des Grundstücks zu dem Wert der sämtliche Grundstücke entspricht (**§ 64 I 1, 1. Hs**). Bei dem Verhältnis der Grundstückswerte ist von den nach § 74a V festgesetzten Werten auszugehen. Von den Grundstückswerten sind die dem Gesamtgrundpfandrecht vorgehenden und bestehen bleibenden Rechte abzuziehen (**§ 64 I 1, 1. Hs**); handelt es sich dabei um Grundpfandrechte, so nimmt man den Kapitalbetrag (ohne Nebenleistungen, Kosten), bei sonstigen Rechten ohne Kapitalbetrag den Zuzahlungsbetrag gemäß § 51 II. Soweit Gesamtrechte vorgehen und nicht verteilt sind, müssen sie bei jedem Einzelgrundstück in voller Höhe abgezogen werden. Die Verfahrenskosten (§ 109) und die vorgehenden Ansprüche aus § 10 I Nr 1–3 sind unbeachtlich. Im gleichen Verhältnis wie der Kapitalbetrag des Gesamtgrundpfandrechtes werden die Nebenleistungen (zB Zinsen) und Kosten daraus auf die Einzelgrundstücke verteilt und in den Barteil des gG aufgenommen. Sind mehrere Gesamtgrundpfandrechte gemäß § 64 I zu verteilen, so ist bei dem rangbesten Recht zu beginnen; bei den nachrangigen Verteilungen sind nur die ermittelten Teilbeträge der vorrangigen Gesamtrechte abzuziehen. Nach Abzug dieser Vorbelastungen müssen mindestens noch zwei Einzelgrundstücke verbleiben, auf die ein Gesamtgrundpfandrecht verteilt werden kann; ist dies nicht der Fall, so ist keine Verteilung nach § 64 I zulässig. Auch wenn das zu verteilende Gesamtgrundpfandrecht noch auf Grundstücken lastet die nicht in die ZwVerst einbezogen sind, wird es in voller Höhe auf die Versteigerungsobjekte verteilt. Auf Grund der Verteilung des § 64 I bleibt das ursprüngliche Gesamtgrundpfandrecht in der Form von Einzelgrundpfandrechten im gG bestehen. Bei der Zuschlagserteilung auf die Einzelausgebote erlischt das Gesamtrecht in Höhe der nicht im gG für die Einzelgrundstücke stehenden Beträge; soweit auf Einzelgrundstücke kein Zuschlag erteilt wird, bleibt das Gesamtrecht in voller Höhe darauf lasten.

Beispiel:
Versteigert werden die Grundstücke:

	A	B	C
Wert (§ 74a V)	150 000,–	60 000,–	30 000,–
Belastungen:			
III 1 (Zinsen 4000,–)	50 000,–		
III 2 (Zinsen 2000,–)		20 000,–	
III 3 (Zinsen 1000,–)			10 000,–
III 4 (Zinsen 8000,–)	80 000,–	80 000,–	80 000,–

§ 64 [Gesamthypothek]

III 5 (Zinsen 1600,–)   20 000,–
III 6 (Zinsen 2400,–)   30 000,–   30 000,–   30 000,–

Die Verfahrenskosten betragen 2400,– €, die Grundsteuern 800,– € und der Schornsteinfegerbeitrag nur für Grundstück A 220,– €. Betrieben wird das Verfahren wegen eines persönlichen Anspruchs aus § 10 I Nr 5. Für die Gesamtrechte III/4 und III/6 wurden Verteilungsanträge gem § 64 I gestellt.

Die Verteilung des Gesamtrechts III/4 erfolgt im Verhältnis der Grundstückswerte nach Abzug der Vorbelastungen:

A		B		C	
150 000,–		60 000,–		30 000,–	
50 000,–	(III 1)	20 000,–	(III 2)	10 000,–	(III 3)
100 000,–		40 000,–		20 000,–	
5	:	2	:	1	

Recht III 4 mit 80 000,– € Hauptsache:

50 000,–   20 000,–   10 000,–

Recht III 4 mit 8000,– € Zinsen:

5 000,–   2 000,–   1 000,–

Die Verteilung des Gesamtrechts III/6 erfolgt im Verhältnis der Grundstückswerte nach Abzug der Vorbelastungen:

A		B		C	
150 000,–		60 000,–		30 000,–	
50 000,–	(III 1)	20 000,–	(III 2)	10 000,–	(III 3)
50 000,–	(III 4)	20 000,–	(III 4)	10 000,–	(III 4)
20 000,–	(III 5)				
30 000,–		20 000,–		10 000,–	
3	:	2	:	1	

Recht III 6 mit 30 000,– € Hauptsache:

15 000,–   10 000,–   5 000,–

Recht III 6 mit 2400,– € Zinsen:

1 200,–   800,–   400,–

Geringste Gebote:

	Einzelausgebote			Gesamtausgebot
	A	B	C	A+B+C
Bestehenbl. Rechte:				
III 1	50 000,–			50 000,–
III 2		20 000,–		20 000,–
III 3			10 000,–	10 000,–
III 4	50 000,–	20 000,–	10 000,–	80 000,–
III 5	20 000,–			20 000,–
III 6	15 000,–	10 000,–	5000,–	30 000,–
	135 000,–	50 000,–	25 000,–	210 000,–
Bargebote:				
Kosten	1 500,–	600,–	300,–	2 400,–
Grundsteuern	500,–	200,–	100,–	800,–
Schornsteinfeger	220,–			

III. Gegenantrag gemäß § 64 II   § 64

III 1	4 000,–		4 000,–
III 2		2 000,–	2 000,–
III 3			1 000,–	1 000,–
III 4	5 000,–	2 000,–	1 000,–	8 000,–
III 5	1 600,–			1 600,–
III 6	1 200,–	800,–	400,–	2 400,–
	14 020,–	5 600,–	2 800,–	22 420,–

Die Verfahrenskosten und Gesamtansprüche § 10 I Nr 3 sind im Verhältnis der Grundstückswerte (5: 2: 1) aufgeteilt worden.

III. Gegenantrag gemäß § 64 II

1. Voraussetzungen (§ 64 II 1, 1. Hs)

Wird der Verteilungsantrag für ein Gesamtgrundpfandrecht gemäß § 64 I gestellt, so kann der Gl dieses Rechts verlangen, dass bei der Feststellung des gG für die Grundstücke nur die seinem Anspruch vorgehenden Rechte berücksichtigt werden. Ist somit kein Verteilungsantrag nach § 64 I gestellt oder wird er zurückgenommen, so ist auch der Gegenantrag gemäß § 64 II nicht möglich. Das Verlangen nach § 64 II ist an keine Form gebunden, dh es kann schriftlich oder zu Protokoll erklärt werden. Entgegen dem Gesetzeswortlaut ("bis zum Schluss der Verhandlung im Termin") kann der Gegenantrag nur bis zur Aufforderung zur Abgabe von Geboten gestellt werden (*Steiner/Storz* Rdn 35; *Dassler/Hintzen* Rdn 22; *Stöber* Rdn 5.3). Bis zum gleichen Zeitpunkt kann der Gegenantrag zurückgenommen werden (*Dassler/Hintzen* Rdn 22; *Stöber* Rdn 5.3).

2. Wirkungen

a) Doppelausgebot. Werden sowohl der Verteilungsantrag gemäß § 64 I als auch der Gegenantrag nach § 64 II gestellt, so muss ein Doppelausgebot erfolgen **(§ 64 II 1, 2. Hs)**: zum einen Einzelausgebote mit einem bestehen bleibenden, aber auf die Einzelgrundstücke verteilten Gesamtrecht und zum anderen Einzelausgebote, bei denen das Gesamtrecht beim gG als bestrangig betreibendes Recht angesehen wird.

b) Geringstes Gebot. Wird der Gegenantrag gem § 64 II gestellt, so werden bei der Feststellung des gG für die Grundstücke nur die dem verteilten Gesamtrecht vorgehenden Rechte berücksichtigt **(§ 64 II 1, 1. Hs)**.

Beispiel:
Fortführung des Beispiels Rdn 4; der Gl des Rechts III/4 hat den Gegenantrag gem § 64 II gestellt. Das Gesamtausgebot bleibt davon unberührt.

§ 64 [Gesamthypothek]

Geringste Gebote:	Einzelausgebote		
	A	B	C
Bestehenbl. Rechte			
III 1	50 000,–		
III 2		20 000,–	
III 3			10 000,–
	50 000,–	20 000,–	10 000,–
Bargebote:			
Kosten	1500,–	600,–	300,–
Grundsteuern	500,–	200,–	100,–
Schornsteinfeger	220,–		
III 1	4000,–		
III 2		2000,–	
III 3			1000,–
	6220,–	2800,–	1400,–

9 Erfolgt neben den Einzelausgeboten (§ 63 I) auch ein Gesamtausgebot (§ 63 II) und wird auf ein Einzelausgebot mit einem gemäß § 64 I verteilten Gesamtrecht ein Gebot über dem gG für dieses Grundstück abgegeben, so erhöht sich nach **§ 63 III 1** bei dem Gesamtausgebot das gG um den Mehrbetrag (*Stöber* Rdn 6.1; *Bachmann* Rpfleger 1992, 3 und 1993, 12). Wird auf ein gemäß § 64 II gebildetes Einzelausgebot ein Gebot über dessen gG abgegeben, so kommt es zur Erhöhung des Gesamtausgebots nach § 63 III 1 erst dann, wenn dieses Gebot auch das nach § 64 I berechnete gG für dieses Grundstück übertrifft (*Lersch* Gruchot 51, 335; *Heidrich* Rpfleger 1993, 11; *Stöber* Rdn 6.2; *Jaeckel/Güthe* §§ 63, 64 Rdn 16; *Reinhard/Müller* § 63 Anm III 2 c und d **aA** *Bachmann*, Rpfleger 1992, 3 und 1993, 12: § 63 III 1 sei nicht anwendbar).

10 c) **Wahlrecht des Gesamtrechtsgläubigers (§ 64 II 2).** Nach Versteigerungsschluss (§ 73 II) ist der Gesamtrechtsgläubiger aufzufordern, sich darüber zu erklären, ob der Zuschlag auf die Gebote nach § 64 I oder § 64 II erteilt werden soll. Ist der Gl nicht (mehr) anwesend, muss dies schriftlich erfolgen (*Steiner/Storz* Rdn 39 **aA** *Dassler/Hintzen* Rdn 31; *Stöber* Rdn 7.2). Wählt der Gl die Meistgebote nach § 64 I oder gibt er keine Erklärung ab, dann erlöschen die Gebote gem § 64 II, so dass der Zuschlag auf die Einzelausgebote gem § 64 I erfolgen kann; erfolgte zugleich ein Gesamtausgebot, muss noch ein Vergleich nach § 63 III 2 durchgeführt werden. Wählt der Gl den Zuschlag auf die Gebote nach § 64 II, dann erlöschen die nach § 64 I erfolgten Gebote und es ist auch hier bei einem zusätzlichen Gesamtausgebot § 63 III 2 zu prüfen. Mehrere ranggleiche Gl müssen sich auf eine gemeinsame Ausübung des Wahlrechts einigen (ein Mehrheitsbeschluss genügt nicht): ansonsten gilt § 64 1.

11 d) **Zuschlag.** War neben den Einzelausgeboten auch ein Gesamtausgebot zugelassen, so ist stets **§ 63 III 2** zu prüfen. Scheidet danach der Zuschlag auf das Gesamtausgebot aus und wählt der Gesamtrechtsgläubi-

III. Gegenantrag gemäß § 64 II   § 64

ger den Zuschlag auf die Gebote gem § 64 II, müssen alle diesem Gesamtrecht gleich- oder nachrangigen Rechte gedeckt sein, solange sie nur dem wirklich bestrangig betreibenden Gl vorgehen, ansonsten muss der Zuschlag versagt werden **(§ 83 Nr 3)**, wenn nicht alle Beeinträchtigten das Verfahren genehmigen (§ 84).

Beispiel: 12
Fortführung der Beispiele Rdn 4 und Rdn 8; geboten werden

für Grundstück	A	B	C
§ 64 I	15 000,–	10 000,–	6000,–
§ 64 II	101 000,–	40 000,–	20 000,–
§ 63 II		31 000,–	

(1) Der Gesamtrechtsgläubiger III/4 entscheidet sich für den Zuschlag nach § 64 I oder gibt keine Erklärung ab; dann Vergleich gem § 63 III 2.

	A	B	C	A+B+C
Bestehenbl. Rechte	135 000,–	50 000,–	25 000,–	210 000,–
Bargebot	15 000,–	10 000,–	6000,–	31 000,–
	150 000,–	60 000,–	31 000,–	241 000,–

Die Summe der Einzelausgebote beträgt 241 000,– €; ebenso das Gesamtausgebot. Der Zuschlag ist daher auf die Einzelausgebote gem § 64 I zu erteilen (§ 63 III 2).

(2) Der Gesamtrechtsgläubiger III/4 entscheidet sich für den Zuschlag nach § 64 II.

	A	B	C	A+B+C
Bestehenbl. Rechte	50 000,–	20 000,–	10 000,–	210 000,–
Bargebot	101 000,–	40 000,–	20 000,–	31 000,–
	151 000,–	60 000,–	30 000,–	241 000,–

Die Summe der Einzelausgebote beträgt 241 000,– €; ebenso das Gesamtausgebot. Der Zuschlag kann daher nur auf die Einzelausgebote gem § 64 II erteilt werden (§ 63 III 2). Es muss aber noch § 83 Nr 3 erfüllt sein, dh die Rechte III/4–III/6 müssen aus den baren Meistgeboten gedeckt sein.

	A	B	C
Bargebot	101 000,–	40 000,–	20 000,–
Kosten	– 1 500,–	– 600,–	– 300,–
Grundsteuer	– 500,–	– 200,–	– 100,–
Schornsteinfeger	– 220,–		
III 1	– 4 000,–		
III 2		– 2000,–	
III 3			– 1 000,–
	94 780,–	37 200,–	18 600,–

III 4 (Gesamtanspruch iHv 88 000,– € gem § 122 aufgeteilt im Verhältnis 94 780,– €: 37 200,– €: 18 600,– €

	– 55 390,09	– 21 739,94	– 10 869,97
III 5	– 21 600,–		
	17 789,91	15 460,06	7730,03
III 6	←	32 400,–	→

Da auch der Anspruch III 6 iHv 32 400,– € aus den verbleibenden Resterlösen iHv insgesamt 40 980,– € gedeckt werden kann, steht § 83 Nr 3 einer Zuschlagserteilung gem § 64 II nicht entgegen.

§ 65 [Besondere Versteigerung; anderweitige Verwertung]

^IDas Gericht kann auf Antrag anordnen, daß eine Forderung oder eine bewegliche Sache von der Versteigerung des Grundstücks ausgeschlossen und besonders versteigert werden soll. Auf Antrag kann auch eine andere Art der Verwertung angeordnet, insbesondere zur Einziehung einer Forderung ein Vertreter bestellt oder die Forderung einem Beteiligten mit dessen Zustimmung an Zahlungs Statt überwiesen werden. Die Vorschriften der §§ 817, 820, 835 der Zivilprozeßordnung finden entsprechende Anwendung. Der Erlös ist zu hinterlegen.

^{II}Die besondere Versteigerung oder die anderweitige Verwertung ist nur zulässig, wenn das geringste Gebot erreicht ist.

I. Allgemeines

1 § 65, der für alle Versteigerungsverfahren gilt, ermöglicht es, dass bewegliche Sachen und Forderungen von der Grundstücksversteigerung ausgenommen und einer besonderen Versteigerung bzw anderweitigen Verwertung zugeführt werden.

II. Verwertungsarten

2 Möglich ist die Sonderverwertung durch besondere Versteigerung **(§ 65 I 1)** oder durch eine andere Art der Verwertung **(§ 65 I 2)**. Letzteres ist etwa der freihändige Verkauf durch den Gerichtsvollzieher, privates Versteigerungsbüro oder Überweisung einer Forderung an Zahlungs Statt (§§ 825, 835 ZPO).

III. Antrag

3 Die besondere Versteigerung erfolgt nicht von Amts wegen, sondern setzt einen entsprechenden Antrag voraus **(§ 65 I 1)**. Darin muss angegeben werden, welche Art der Verwertung gewollt wird. Das VollstrG ist dann daran gebunden, wenn es überhaupt anordnet (*Stöber* Rdn 2.3). Antragsberechtigt sind grundsätzlich alle Beteiligten iSv § 9, soweit die Erlöshöhe für sie von Bedeutung ist, dh auch der Vollstreckungsschuldner und die im gG stehenden Gl, soweit sie auch Baransprüche haben (*Stöber*

Rdn 2.1 **aA** *Steiner/Storz* Rdn 14; *Dassler/Hintzen* Rdn 35, nicht dagegen Mieter und Pächter. Für den Antrag ist keine besondere Form vorgeschrieben, dh er kann zu Protokoll in einem Termin oder zur Niederschrift des UdG erklärt werden, aber natürlich auch schriftlich gestellt werden. Zulässig ist er bis zur Aufforderung zur Abgabe von Geboten gemäß § 66 II (*Dassler/Hintzen* Rdn 6; *Stöber* Rdn 2.2 **aA** *Steiner/Storz* Rdn 15: Versteigerungsschluss gemäß § 73 II); danach ist er als unzulässig zurückzuweisen. Hat das Versteigerungsgericht nach Zustimmung aller betreibender Gl das Verfahren in einzelne Zubehörgegenstände aufgehoben, und ist zwischenzeitlich der Zuschlag erteilt worden, ist für eine abgesonderte Versteigerung der Zubehörgegenstände kein Raum mehr; der Gl kann nur noch im Wege der Mobiliarzwangsvollstreckung seine Befriedigung suchen (OLG Hamm Rpfleger 1994, 176). Der Antrag kann bis zur Anordnung der besonderen Verwertung zurückgenommen werden. Grundpfandrechtsgläubiger, deren Rechte bestehen bleiben, ist vor der Entscheidung rechtliches Gehör zu gewähren (*Eickmann*, ZVG, § 3 II 4): sie haben nämlich ein Widerspruchsrecht (vgl §§ 1134, 1135 BGB), wenn für ihre Haftung eine Verschlechterung möglich ist (*Stöber* Rdn 2.4 **aA***Dassler/Hintzen* Rdn 16).

IV. Anordnung

Sie "kann" erfolgen, dh das VollstrG entscheidet **nach pflichtgemä-** 4
ßen Ermessen. Sinnvoll erscheint die Anordnung, wenn dadurch der Versteigerungserlös erhöht werden kann. Die Interessen der Grundpfandrechtsgläubiger (vgl §§ 1134, 1135 BGB) hat das VollstrG von Amts wegen zu beachten (*Steiner/Storz* Rdn 14; *Dassler/Hintzen* Rdn 16). Möglich ist die Anordnung nach § 65 bis zur Aufforderung zur Abgabe von Geboten gemäß § 66 II (*Stöber* Rdn 3.3). Im Zuschlagsbeschluss für das Grundstück ist anzugeben, dass die Gegenstände, die gemäß § 65 gesondert verwertet werden, nicht mitversteigert wurden.

V. Durchführung

Die Anordnung der besonderen Verwertung darf erst dann ausgeführt 5
werden, wenn feststeht, dass auf das Grundstück ein wirksames und damit das gG deckendes Gebot abgegeben worden ist **(§ 65 II);** der Versteigerungsschluss (§ 73 II) muss nicht abgewartet werden (*Steiner/Storz* Rdn 17; *Stöber* Rdn 3.3 und 3.5 **aA** *Dassler/Hintzen* Rdn 13). Wird § 65 II nicht erfüllt, entfällt die Anordnung der besonderen Verwertung ohne weiteres (*Stöber* Rdn 3.7 **aA** *Steiner/Storz* Rdn 18: ist aufzuheben), und das Grundstück ist einschließlich der zuvor ausgeschlossenen Gegenstände erneut auszubieten. Die Durchführung der besonderen Versteige-

§ 66 [Verfahren im Termin]

rung ist grds Sache des VollstrG (*Steiner/Storz* Rdn 28). Auf die Bestimmung eines Termins dafür finden die Vorschriften des ZVG Anwendung: ungeeignet sind aber die §§ 36 I, II; 37 I 4; 38; 41 II; 42; 43; 44. Die besondere Versteigerung gem § 65 kann auch im Termin der Grundstücksversteigerung erfolgen. Mit der Durchführung der besonderen Versteigerung kann das VollstrG auch einen Gerichtsvollzieher beauftragen. Sie muss unterbleiben und der Anordnungsbeschluss ist aufzuheben, wenn die betreibenden Gl schon durch die ZwVerst des Grundstücks befriedigt sind (RGZ 125, 308; *Dassler/Hintzen* Rdn 17; *Steiner/Storz* Rdn 30 **aA** *Stöber* Rdn 3.7). Eine rechtliche Folge kann das VollstrG nicht berücksichtigen (*Stöber* Rdn 3.7). Das Eigentum an den besonders versteigerten Gegenständen geht nicht mit dem Zuschlag sondern erst mit der Übergabe auf den Ersteher über. Der Erlös aus der besonderen Versteigerung ist zu hinterlegen **(§ 65 I 4)**; er wird Bestandteil der Teilungsmasse (§ 107 II 2). Die Verteilung der Erlöse für das Grundstück und der gesondert verwerteten Gegenstände muss einheitlich erfolgen.

VI. Rechtsbehelfe

6   Gegen die Anordnung gemäß § 65 ist die Vollstreckungserinnerung nach § 766 ZPO und Zuschlagsanfechtung nach § 83 Nr 1, § 100 I möglich (LG Frankenthal Rpfleger 1986, 146). Wird die Anordnung abgelehnt, so ist dagegen nur die Zuschlagsanfechtung nach § 83 Nr 1, § 100 I möglich.

V. Versteigerung (§§ 66–78)

§ 66 [Verfahren im Termin]

¹In dem Versteigerungstermine werden nach dem Aufrufe der Sache die das Grundstück betreffenden Nachweisungen, die das Verfahren betreibenden Gläubiger, deren Ansprüche, die Zeit der Beschlagnahme, der vom Gericht festgesetzte Wert des Grundstücks und die erfolgten Anmeldungen bekanntgemacht, hierauf das geringste Gebot und die Versteigerungsbedingungen nach Anhörung der anwesenden Beteiligten, nötigenfalls mit Hilfe eines Rechnungsverständigen, unter Bezeichnung der einzelnen Rechte festgestellt und die erfolgten Feststellungen verlesen.

IINachdem dies geschehen, hat das Gericht auf die bevorstehende Ausschließung weiterer Anmeldungen hinzuweisen und sodann zur Abgabe von Geboten aufzufordern.

Schrifttum: *Büchmann,* Vielfachversteigerung von Wohnungseigentum bei Konkurs des Eigentümers, ZIP 1988, 825; *Dorn,* Bestandteile und Zubehör in der

§ 66

Zwangsversteigerung, Rpfleger 1987, 143; *Drischler,* Zur Frage der Durchführung mehrerer voneinander unabhängiger Zwangsversteigerungsverfahren in einem Termin, KTS 1985, 31; *Hagemann,* Gleichzeitige Abhaltung mehrerer Versteigerungstermine durch denselben Rechtspfleger, Rpfleger 1984, 256; *Klawikowski,* Vertretung von Beteiligten und Bietern im Zwangsversteigerungsverfahren, Rpfleger 2008, 404; *Mohrbutter,* Was ist bei der Vorbereitung eines Zwangsversteigerungstermins im Büro des Rechtsanwalts zu beachten?, JurBüro 1954, 385; *Storz,* Besondere Gefahrenquellen in der Zwangsversteigerung für den Rechtsanwalt als Berater eines Gl, ZiP 1980, 1049 und 1981, 16; *Witte/Jähne,* Terminswahrnehmung in der Zwangsversteigerung durch Mitarbeiter eines Rechtsanwaltes, Rpfleger 2010, 65.

Übersicht

	Rn.
I. Allgemeines	1
1. Dreiteilung des Termins	1
2. Vorbereitung durch das VollstrG	4
3. Ort der Versteigerung	5
4. Zeit der Versteigerung	6
5. Sitzungsleitung	7
6. Öffentlichkeit	8
7. Terminsunterbrechung	9
8. Termin für mehrere Verfahren	10
II. Aufruf der Sache	12
III. Bekanntmachungen (§ 66 I)	16
1. Das Grundstück betreffende Nachweisungen	16
2. Grundstückswert	17
3. Betreibender Gläubiger	18
4. Zeit der Beschlagnahme	19
5. Anmeldungen	20
6. Weitere Hinweise, Entgegennahme von Erklärungen	21
a) Altenteil und altrechtliche Grunddienstbarkeiten	22
b) Anmeldungen	23
c) Ausländische Währung	24
d) Baulasten	25
e) Dauerwohnrecht	26
f) Erbbaurecht	27
g) Flurbereinigung	28
h) Gesamtausgebot	29
i) Gesamtgrundpfandrechte	30
j) Mieter	31
k) Wohnungseigentum	32
IV. Feststellung und Verlesen des geringsten Gebotes und der Versteigerungsbedingungen (§ 66 I)	33
1. Geringstes Gebot	34
2. Versteigerungsbedingungen	35
V. Hinweise für Bietinteressenten	36
1. Bargebot	37
2. Identifikation	38
3. Vollmacht	39

§ 66 [Verfahren im Termin]

	4. Mehrere Personen	40
	5. Zusatzkosten	41
	6. GB-Eintrag	42
	7. Sicherheitsleistung	43
	8. Grenzen	44
VI.	Hinweis auf die bevorstehende Ausschließung weiterer Anmeldungen (§ 66 II)	45
VII.	Aufforderung zur Abgabe von Geboten (§ 66 II)	46

I. Allgemeines

1. Dreiteilung des Termins

1   a) Der Versteigerungstermin beginnt mit dem sog. **Bekanntmachungsteil (§ 66 I)**. Nach dem Aufruf der Sache werden die anwesenden Beteiligten festgestellt. Anschließend werden die Angaben über das Versteigerungsobjekt, die betreibenden Gl einschließlich ihrer Ansprüche, der Beschlagnahmezeitpunkt, der festgesetzte Grundstückswert und die erfolgten Anmeldungen bekannt gemacht. Im Folgenden müssen das gG und die Versteigerungsbedingungen festgestellt und verlesen werden. Abgeschlossen wird dieser Bekanntmachungsteil mit dem Hinweis auf die bevorstehende Ausschließung weiterer Anmeldungen und der Aufforderung zur Abgabe von Geboten (§ 66 II).

2   b) Danach beginnt der zweite Teil des Termins, die **Bietzeit (§ 73).** Diese muss mindestens 30 volle Minuten betragen und endet mit der Verkündung des Versteigerungsbeschlusses durch das VollstrG. Für ein abgegebenes Gebot muss im Termin noch keine Barzahlung erfolgen, aber evtl Sicherheit geleistet werden (vgl §§ 67–70). Das Meistgebot muss erst im Verteilungstermin beglichen werden.

3   c) Im dritten Teil des Versteigerungstermins kommt es zur **Verhandlung über den Zuschlag (§ 74),** dh mit den Beteiligten wird das Ergebnis der Versteigerung erörtert. Wenn kein Zuschlagsversagungsgrund vorliegt (zB §§ 28, 29, 30, 33, § 74 a, § 85 a, § 765 a ZPO), wird der Zuschlag idR sofort verkündet: aber auch ein Verkündungstermin ist zulässig (§ 87).

2. Vorbereitung durch das VollstrG

4   Das VollstrG muss vor der Durchführung des Versteigerungstermins die Ordnungsmäßigkeit des bisherigen Verfahrens überprüfen: vgl zunächst § 36 Rdn 1! Zusätzlich sind folgende Punkte zu beachten:

a) Terminsbestimmung: Inhalt (§§ 37, 38), rechtzeitige (§ 43 I) Veröffentlichung (§§ 39, 40 II), Anheftung an die Gerichtstafel (§ 40 I) und rechtzeitige (§ 43 II 2. Alt) Zustellung an die Beteiligten (§ 41 I).

b) Rechtzeitige und ordnungsgemäße Mitteilung nach § 41 II.

I. Allgemeines **§ 66**

c) Rechtzeitige und ordnungsgemäße Zustellung der Beschlagnahmebeschlüsse (§ 43 II 1. Alt).

d) Später hinzugekommene Beteiligte zum Grundstückswert angehört, Wertfestsetzungsbeschluss und TB zugestellt, Mitteilung nach § 41 II.

e) Vorhandensein der Grundakten, des Einheitswertbescheides, der Brandversicherungssumme, ggfs Auszug aus dem Baulastenverzeichnis.

f) Erklärungen der Mieter und Pächter.

g) Eingang der Mitteilung der Flurbereinigungsdirektion.

h) Widersprüche und Fehler bei den Anmeldungen.

i) Vorbereitung der Festsetzung der Ersatzwerte nach § 51 II.

j) Vorläufiges geringstes Gebot.

k) Berechnungen nach §§ 74 a, 85 a.

l) Feststellung der Beteiligten, die Sicherheit verlangen können.

3. Ort der Versteigerung

Er muss mit der Terminsbestimmung (**§ 37 Nr 2**) übereinstimmen. 5
Wird der Termin an einem anderen Ort oder in einem anderen Zimmer abgehalten, so muss dafür Sorge getragen werden, dass alle Erscheinenden von dem neuen Terminsort Kenntnis erlangen. Ein schriftlicher Hinweis an dem bisherigen Sitzungssaal kann dafür nicht ausreichen (so aber LG Essen Rpfleger 2006, 665; LG Oldenburg Rpfleger 1990, 470; *Morvilius* in D/M/V 4. Kap Rdn 222; *Dassler/Hintzen* Rdn 7). Vielmehr muss dazu während der gesamten Terminsdauer ein Angehöriger des Gerichts (zB Wachtmeister) den ursprünglichen Terminssaal im Auge behalten, damit eine zuverlässige Unterrichtung aller Erscheinenden gewährleistet ist (OLG Hamm Rpfleger 1979, 29). Ein Verstoß dagegen stellt einen Zuschlagsversagungsgrund nach § 83 Nr 7 dar. Die getroffenen Vorkehrungen müssen im Protokoll aufgenommen werden.

4. Zeit der Versteigerung

Sie muss mit der Terminsbestimmung (**§ 37 Nr 2**) übereinstimmen. 6
Zu einem früheren Zeitpunkt kann der Termin nicht stattfinden. Wird der Termin auf einen späteren Zeitpunkt verlegt, dann muss zum ursprünglichen Zeitpunkt durch einen schriftlichen Hinweis und dem Aufstellen eines Gerichtsangehörigen sichergestellt werden, dass alle Erscheinenden zuverlässig unterrichtet werden (*Stöber* Rdn 3.3).

5. Sitzungsleitung

Sie liegt in der Hand des **Rechtspflegers** (vgl **§§ 175–183 GVG**). 7
Personen, die in einer der Würde des Gerichts nicht entsprechenden Weise erscheinen, kann der Zutritt versagt werden (§ 175 I GVG). Personen, die den zur Aufrechterhaltung der Ordnung getroffenen Anordnun-

§ 66 [Verfahren im Termin]

gen nicht Folge leisten, können aus dem Sitzungszimmer entfernt werden (§ 177 GVG). Gegen Personen, die sich in der Sitzung einer Ungebühr schuldig machen, kann ein Ordnungsgeld bis zu 1000 € festgesetzt werden (§ 178 I GVG). Dem Rechtspfleger ist es aber nicht möglich, eine Ordnungshaft anzuordnen oder eine Beeidigung vorzunehmen (§ 4 II RpflG). Zum Versteigerungstermin sollte stets ein **Protokollführer** zugezogen werden (§ 159 I 2 ZPO). Ebenso sollte bei umfangreichen Terminen ein Rechnungsbeamter anwesend sein (vgl § 1 Rdn 12).

6. Öffentlichkeit

8 Der Versteigerungstermin ist öffentlich; dies ist im Protokoll festzuhalten (§ 159 II Nr 5 ZPO). Während gemäß § 172 GVG die Öffentlichkeit für die Verhandlung ausgeschlossen werden kann, ist dies bei der Zuschlagsverkündung nicht möglich (vgl § 173 GVG). Fernseh- und Rundfunkaufnahmen sowie Ton- und Filmaufnahmen sind unzulässig (§ 169 Satz 2 GVG; *Dassler/Hintzen* Rdn 4).

7. Terminsunterbrechung

9 Ein bereits begonnener Versteigerungstermin kann kurzfristig für Minuten unterbrochen werden; aber auch für Stunden oder sogar Tage ist dies möglich, wenn der bisherige Terminsablauf dadurch nicht in Vergessenheit gerät (OLG Köln Rpfleger 1984, 280). In Betracht kommt eine Terminsunterbrechung zur Erstellung eines neuen gG, Überprüfung von schwierigen Rechtsfragen, aber auch zur Erholung bei Großterminen; der Rechtspfleger hat darüber nach pflichtgemäßem Ermessen zu entscheiden (*Stöber* Rdn 11.1). Kommt es zur Terminsunterbrechung, so muss dies im Protokoll minutiös vermerkt werden. Während der Unterbrechung muss sichergestellt sein, dass die in dieser Zeit erscheinenden Personen von dem Zeitpunkt der Verfahrensfortsetzung Kenntnis erlangen (zB durch den Protokollführer, Anschlag beim Terminssaal). Wird nach der Unterbrechung der Termin fortgesetzt, so brauchen die bisherigen Verfahrensteile natürlich nicht wiederholt werden. Bereits abgegebene Gebote bleiben wirksam; ebenso die eingetretene Ausschließung von Anmeldungen gemäß § 66 II (*Stöber* Rdn 11.2). Die Frist des § 47 beim gG muss nicht neu berechnet werden, wenn das gG vor der Unterbrechung festgestellt und bekanntgemacht wurde, sonst schon (*Stöber* Rdn 11.2).

8. Termin für mehrere Verfahren

10 In den Zeiten steigender Zahlen der Zwangsversteigerungsverfahren ist es zum Teil zur Übung geworden, mehrere voneinander unabhängige Verfahren gleichzeitig oder in kurzen Abständen nacheinander (15–30 Minuten = überlappende Termine) abzuhalten. Eine solche Verfahrens-

I. Allgemeines   § 66

weise wird für zulässig angesehen (BGH ZflR 2007, 725; Rpfleger 2009, 95; OLG Düsseldorf Rpfleger 1989, 419; LG Bremen Rpfleger 1988, 373 m zust Anm *Bischoff*). Davon muss nicht nur dringend abgeraten werden (so *Morvilius* in D/M/V 4. Kap Rdn 120a; *Steiner/Storz* § 73 Rdn 14); vielmehr ist aus verfahrens- und verfassungsrechtlichen Gründen von der **Unzulässigkeit** auszugehen (OLG Köln Rpfleger 1987, 167; OLG Oldenburg NJW-RR 1988, 1468; LG Osnabrück Rpfleger 1987, 471; Stöber Rdn 10; *Hasselblatt* und *Wojtkowiak* NJW 2007, 2998). Das gleichzeitige Abhalten mehrerer Versteigerungstermine hat zur Folge, dass der Bekanntmachungsteil der zweiten ZwVerst in der Bietzeit der ersten ZwVerst erfolgt und im fortgeschrittenen Stadium zu einem Nebeneinanderlaufen von Bietzeiten verschiedener Versteigerungsverfahren führt. Dies hat zur Folge, dass Gebote in einer Sache praktisch nicht abgegeben werden können, wenn das VollstrG in einem anderen Verfahren tätig ist (zB Verlesen der Bekanntmachungen, Entgegennahme von Geboten, Fragen der Sicherheitsleistung; für diese Zeit ist die Bietzeit in der jeweiligen anderen unterbrochen. Die damit verbundene Nichteinhaltung der vollen Bietzeit (§ 73 I 1) ist ein Zuschlagsversagungsgrund (§ 83 Nr 7, § 100 III). Aber selbst wenn man das Recht jedes Terminbeteiligten anerkennt, für seine Gebotsabgabe oder sonstigen Fragen eine Unterbrechung der Bietzeit zu beantragen und dies im Protokoll minutiös vermerken zu lassen, bleibt diese Verfahrensweise aus verfassungsrechtlichen Gründen unzulässig. Die Zwangsversteigerungsverfahren gehören zu den kompliziertesten Angelegenheiten der streitigen Gerichtsbarkeit (vgl Einl Rdn 2) mit den höchsten Streitwerten, die nicht selten zum wirtschaftlichen Ruin eines Schu sowie zu schwerwiegenden finanziellen Verlusten der Gl führen. Den Versteigerungsrechtspfleger trifft daher auf Grund des Gleichheitssatzes (Art 3 GG) eine **besondere Hinweis- und Aufklärungspflicht** (vgl Einl Rdn 31 ff), daneben hat er zur Wahrung der Eigentumsgarantie gem Art 14 GG eine **Fürsorgepflicht,** um eine Grundstücksverschleuderung zu vermeiden (vgl Einl Rdn 37 ff). Der versteigernde Rechtspfleger hat bereits in einem normalen Verfahren eine Vielzahl von Verfahrensfortgängen zu bewältigen. Deren Häufung durch eine gleichzeitige oder überlappende Versteigerung mehrerer Grundstücke ist nicht mehr ordnungsgemäß und für alle Beteiligte durchschaubar zu bewältigen. Das Gebot einer fairen und rechtsstaatlichen Verfahrensausgestaltung (vgl Einl Rdn 42) kann nicht mehr eingehalten werden. Daneben liegt ein Verstoß gegen Art 103 I GG vor. Den mit der Rechtsmaterie nicht vertrauten Bietinteressenten ist es tatsächlich nicht möglich, die Versteigerungsangaben, Gebote und den sonstigen Ablauf des ihn allein interessierenden Verfahrens zu erfassen. Es ist ihnen nicht möglich auseinanderzuhalten, welche jeweilige Hinweise zum gG zu bestehen bleibenden Rechten und dergleichen das gerade sie interessierende Grundstück oder eines der anderen Grundstücke betreffen. Ursache für die Abhaltung von gleichzeitigen oder über-

§ 66 [Verfahren im Termin]

lappenden Terminen ist die Nichtanpassung des Personalbedarfs an den ständig wachsenden Geschäftsanfall. Dies ist jedoch kein Grund, schutzwürdige Rechte von Gl und Schu zu vernachlässigen. Vielmehr ist es eine Aufgabe der Justizverwaltung, bei steigenden Zahlen der Verfahren das Personal zu erhöhen, so dass die Verfahren auch dann noch in angemessener Zeit durchgeführt werden können. *Stöber* (Rdn 10.4) empfiehlt daher, die Rspr des BGH (Rpfleger 2009, 95; ZfIR 2007, 725) zur Zulässigkeit zeitgleicher Termine der „Wohltat des Vergessens" anzuvertrauen.

11 Eine **Ausnahme** von diesen Grundsätzen ist nur dann zuzulassen, wenn mehrere Grundstücksbruchteile (zB bei Wohnungseigentum) oder örtlich und wirtschaftlich zusammenhängende Grundstücke versteigert werden sollen, deren Verfahren gem § 18 nicht verbunden werden können (LG Osnabrück Rpfleger 1987, 471).

II. Aufruf der Sache

12 Der Versteigerungstermin beginnt mit dem Aufruf der Sache (**§ 66 I**). Danach erfolgt die **Feststellung der anwesenden Beteiligten (§ 9)** bzw ihrer Vertreter. Beide Vorgänge sind zu protokollieren. Soweit **Vertreter** im Versteigerungstermin auftreten, müssen sie ihre Berechtigung schriftlich nachweisen (Vollmacht, Handelsregisterauszug, Bestallungsurkunde, gerichtliche bzw behördliche Bescheinigung); ein Original (nicht Kopie oder Telefax) ist vorzulegen und eine Abschrift der Nachweisurkunde ist dem VollstrG zu übergeben (§ 80 I ZPO; vgl *Klawikowski* Rpfleger 2008, 404, 406). Ein Nachweis der Vertretungsmacht ist entbehrlich bei der Vorlage einer Prozessvollmacht, Aufführung des Vertreters im Vollstreckungstitel (§ 81 ZPO) und beim Auftreten eines Rechtsanwalts (§ 88 II ZPO). Verfahrensbeteiligte nach § 9 (Bieter gehören nicht dazu) können sich im Zwangsversteigerungsverfahren neben der Vertretung durch **Rechtsanwälte** nur durch ihre **Beschäftigten** oder unentgeltlich durch **Familienangehörige** oder **Volljuristen** vertreten lassen (§ 79 II ZPO); dies gilt für das gesamte Verfahren (*Klawikowski* Rpfleger 2008, 404, 407). Vertretung durch Servicing-Gesellschaften, Fachdienstleister, Makler, Büroangestellte oder Rechtspfleger usw ist unzulässig (*Klawikowski* aaO; **aA** *Witte/Jähne* Rpfleger 2010, 65). Liegt keine zulässige Vertretung vor, hat das VollstrG den Bevollmächtigten durch konstitutiven Beschluss zurückzuweisen (§ 79 III 1 ZPO). Der Beschluss ist grundsätzlich unanfechtbar; bei Entscheidung durch den Rechtspfleger ist die Erinnerung zulässig (§ 11 II RPflG). Verfahrenshandlungen eines nicht vertretungsbefugten Bevollmächtigten sind bis zu seiner Zurückweisung wirksam (§ 79 III 2 ZPO).

13 **Später erschienene Beteiligte** werden nur dann protokolliert, wenn sie sich als Beteiligte zu erkennen geben, insbesondere also dann, wenn

III. Bekanntmachungen (§ 66 I) § 66

sie Anträge stellen oder Anmeldungen, Erklärungen abgeben; in diesem Fall soll (nicht muss!) der Zeitpunkt ihres Erscheinens protokolliert werden (*Stöber* Rdn 4.2).

Verlässt ein Beteiligter vor dem Ende des Termins diesen endgültig oder vorübergehend, so muss dies nicht im Protokoll aufgenommen werden. Müßte ein solcher Beteiligter aber eine Erklärung im Termin abgeben (zB § 63 V), so muss protokolliert werden, dass dies mangels Anwesenheit nicht möglich war. 14

Das Erscheinen des **Vollstreckungsschuldners** kann nicht angeordnet werden (*Stöber* Rdn 4.5), erst recht nicht die Vorführung eines inhaftierten Schu (LG Braunschweig MDR 1969, 933). 15

III. Bekanntmachungen (§ 66 I)

1. Das Grundstück betreffende Nachweisungen

Bekanntgemacht wird der direkte Inhalt des Grundbuchs (noch nicht die in Bezug genommenen Eintragungsbewilligungen: dies erst bei den bestehen bleibenden Rechten, soweit von Bedeutung für die Interessenten), der Einheitswertbescheid und die Brandversicherungsurkunde. 16

2. Grundstückswert

Bekanntzugeben ist der gem § 74 a V festgesetzte Grundstückswert und der Wert des Zubehörs. Das zugrundeliegende Gutachten des Sachverständigen sollte insoweit vorgetragen werden, als es bedeutende Informationen für die Bietinteressenten enthält; ansonsten ist darauf hinzuweisen, dass es in der Bietzeit eingesehen werden kann. 17

3. Betreibender Gläubiger

Betreibende Gl und deren Ansprüche sind bekanntzumachen. Dies geschieht entsprechend der Mitteilung gem § 41 II (*Stöber* Rdn 5.2). Die Ansprüche sind nicht aufgeschlüsselt nach Kosten, Zinsen und Hauptsache anzugeben, sondern nur mit der Gesamtsumme. Dies gilt nicht für Gl, deren Verfahren eingestellt oder aufgehoben ist. 18

4. Zeit der Beschlagnahme

Anzugeben ist der erste Beschlagnahmezeitpunkt, der für die Abgrenzung der laufenden von den rückständigen wiederkehrenden Leistungen gem § 13 von Bedeutung ist (*Stöber* Rdn 5.2). Der davon abweichende Beschlagnahmezeitpunkt für einen anderen Gl ist nur dann bekanntzumachen, wenn es um die Abgrenzung der Rangklassen Nr 5 und Nr 6 des § 10 I geht. 19

§ 66 [Verfahren im Termin]

5. Anmeldungen

20 Alle Anmeldungen gemäß § 9 Nr 2, § 37 Nr 4, § 45 I, §§ 53, 54 ZVG, § 325 III ZPO sind bekanntzumachen. Dabei spielt es keine Rolle, ob die angemeldeten Ansprüche begründet sind oder nicht, im gG stehen oder nicht, bereits glaubhaft gemacht sind oder nicht.

6. Weitere Hinweise, Entgegennahme von Erklärungen

21 Gemäß § 139 ZPO hat das VollstrG noch weitere für das Verfahren bedeutungsvolle Hinweise zu geben und Erklärungen von Beteiligten entgegenzunehmen.

22 **a) Altenteil und altrechtliche Grunddienstbarkeiten.** Beim Bestehenbleiben außerhalb des gG (vgl § 52 Rdn 12) muss sowohl darauf als auch auf die Möglichkeit der Antragstellung zum Erlöschen (vgl § 59 Rdn 26) hingewiesen werden (BGH Rpfleger 1991, 329).

23 **b) Anmeldungen.** Anmeldungen im Termin sind immer ins Protokoll aufzunehmen, und zwar selbst dann, wenn sie verspätet sind (§ 37 Nr 4), weil sie gemäß § 110 noch zu berücksichtigen sind (*Stöber* Rdn 6.2).

24 **c) Ausländische Währung.** Da das gG in Euro aufgestellt wird, ist bei Grundpfandrechten in ausländischer Währung der Wert in Euro anzugeben (VO über Hypotheken in ausländischer Währung v 13. 2. 1920).

25 **d) Baulasten.** Baulasten sind bekanntzugeben, soweit sie dem VollstrG zur Kenntnis gelangt sind (vgl § 56 Rdn 7).

26 **e) Dauerwohnrecht.** Dauerwohnrecht nach § 39 WEG bleibt uU auch dann bestehen, wenn es dem bestbetreibenden Recht im Rang gleich- oder nachsteht (vgl § 52 Rdn 14). Die Voraussetzungen sind mit den Beteiligten zu erörtern.

27 **f) Erbbaurecht.** Ist für die Zuschlagserteilung die Zustimmung des Grundstückseigentümers gem §§ 5, 8 ErbbauRG erforderlich (vgl §§ 15, 16 Rdn 84), muss darauf hingewiesen werden.

28 **g) Flurbereinigung.** Werden Grundstücke aus dem Gebiet eines laufenden Flurbereinigungsverfahrens versteigert, so muss das VollstrG die sich aus dem jeweiligen Verfahrensstand ergebenden Besonderheiten angeben (vgl § 28 Rdn 14).

29 **h) Gesamtausgebot.** Werden mehrere Grundstücke versteigert, so hat das VollstrG auf die Möglichkeit des Gesamtausgebots hinzuweisen (§ 63 II) und einen entsprechenden Antrag entgegenzunehmen. Danach ist zu erörtern, ob auf die Einzelausgebote verzichtet wird (§ 63 V).

IV. Feststellung geringstes Gebot §66

i) Gesamtgrundpfandrechte. können auf die belasteten Grundstücke verteilt werden für das gG (§ 64 I). Darauf hat das VollstrG hinzuweisen; ebenso auf die Möglichkeit des Gegenantrags gem § 64 II. 30

j) Mieter. Das VollstrG hat auf das grundsätzliche Fortbestehen des Mietverhältnisses gem § 57 ZVG, § 566 BGB hinzuweisen, ebenso auf das Sonderkündigungsrecht eines Erstehers nach § 57 a. 31

k) Wohnungseigentum. Ist für die Zuschlagserteilung die Zustimmung des Verwalters oder eines Dritten gem § 12 WEG erforderlich (§§ 15, 16 Rdn 86), muss darauf hingewiesen werden. 32

IV. Feststellung und Verlesen des geringsten Gebotes und der Versteigerungsbedingungen (§ 66 I)

Im Termin werden die anwesenden Beteiligten zum gG und zu den Versteigerungsbedingungen gehört. Danach schließen sich deren Feststellung und Verlesen an. Dies ist im Protokoll zu vermerken. 33

1. Geringstes Gebot

Es ist gemäß §§ 44–49 aufzustellen. Ist dies erfolgt, dann ändert sich das gG durch eine nachfolgende Einschränkung oder Rücknahme einer Anmeldung nicht mehr; beachtlich ist dies nur für die Erlösverteilung oder einen neuen Versteigerungstermin (*Stöber* Rdn 7.3 d). Unbeachtlich für das gG ist es auch, wenn nach seiner Feststellung ein nachrangig, dh nicht der bestrangig betreibende Gl seinen Antrag zurücknimmt (§ 29) oder sein Verfahren einstellt (§ 30). Macht dies allerdings der bestrangig betreibende Gl, dann wird dadurch das bisherige gG unrichtig, die laufende Bietzeit muss abgebrochen werden, die bisherigen Gebote erlöschen, Sicherheitsleistungen müssen zurückgegeben werden, ein neues gG muss festgestellt und verlesen werden und damit läuft eine neue Bietstunde (LG Köln Rpfleger 1989, 297). Rangwahrende Anmeldungen (§ 37 Nr 4) können aber in diesem Fall nicht nachgeholt werden, da ein einmal erfolgter Ausschluss gemäß § 66 II für den gesamten Termin gilt (*Dassler/Hintzen* Rdn 49; *Stöber* ZIP 1981, 944, 953; *Schiffhauer* Rpfleger 1986, 326, 332 Fn 116; aA *Storz* ZIP 1982, 416, 419; *Muth* Rpfleger 1987, 397, 400). 34

2. Versteigerungsbedingungen

Auch sie werden im Bekanntmachungsteil festgestellt und verlesen (§§ 59–65). Dazu gehören: Bezahlung und Verzinsung des Bargebots (§ 49); Zuzahlungspflichten (§§ 50, 51); bestehen bleibende Rechte mit deren Inhalt gem § 874 BGB (§ 52); Schuldübernahme und Fälligkeit von Grundpfandrechten (§§ 53, 54); Übergang von Nutzungen, Lasten 35 und Gewährleistung (§ 56); Verhältnis zu Mietern/Pächtern (§§ 57–57 d); Zuschlagskosten (§ 58); Verfahren bei mehreren Grundstücken und Gesamtgrundpfandrechten (§§ 63, 64); abgesonderte Versteigerung und anderweitige Verwertung (§ 65). Auch der Umfang der Versteigerung gem § 55 gehört zu den Versteigerungsbedingungen. Er bestimmt sich nach den tatsächlichen Verhältnissen auf dem Grundstück im Zeitpunkt der Aufforderung zur Abgabe von Geboten. Der Rechtspfleger sollte sich dabei jeder Wertung enthalten, ob Gegenstände Zubehör oder Bestandteile sind. Er sollte darauf hinweisen, dass diese materiellrechtlichen Fragen nicht vom VollstrG entschieden werden, sondern vom Prozessgericht im Zweifelsfall (*Dorn* Rpfleger 1987, 143, 147).

V. Hinweise für Bietinteressenten

36 Gesetzlich nicht vorgeschrieben, aber für einen ordnungsgemäßen Verfahrensablauf und ein optimales Versteigerungsergebnis unbedingt erforderlich sind einige Hinweise für die idR rechtsunkundigen Bietinteressenten. Es handelt sich dabei um folgende Punkte:

1. Bargebot

37 Geboten wird nur das Bargebot. Die nach den Versteigerungsbedingungen bestehen bleibenden Rechte bleiben dabei unberührt. Wenn ein Gebot abgegeben wird, muss man sich gedanklich stets die bestehen bleibenden Rechte hinzurechnen.

2. Identifikation

38 Bietinteressenten haben sich durch Vorlage eines Ausweises zu identifizieren.

3. Vollmacht

39 Bietvollmacht ist in öffentlich beglaubigter Form vorzulegen (§ 71 II). Bei Firmen, Gesellschaften usw ist der Vertretungsnachweis durch Vorlage eines Registerauszugs neuesten Datums zu führen.

4. Mehrere Personen

40 Bei Erwerb durch mehrere Personen ist das Anteilsverhältnis anzugeben; bei Ehegatten der Güterstand.

5. Zusatzkosten

41 Ein Ersteher hat außer dem Meistbargebot zu zahlen:
a) 3,5 % Grunderwerbsteuer (§§ 1 I Nr 4, 11 I GrEStG)
b) 0,5 Zuschlagsgebühr (KostVerz Nr 2214 zum GKG)

VII. Aufforderung zur Abgabe von Geboten (§ 66 II) **§ 66**

c) 1/1 Eintragungsgebühr im GB (§§ 60 I, 69 II KostO) je aus dem Meistbargebot einschließlich der bestehen bleibenden Rechte und einem evtl Befriedigungsbetrag gem § 114a (§ 9 I Nr 4 GrEStG und BFH Rpfleger 1986, 189; § 29 II 1 GKG; zur Gebühr des GBA vgl BayObLG Rpfleger 1996, 129).

6. GB-Eintrag

Ein Ersteher darf erst dann in das GB eingetragen werden, wenn die 42 Unbedenklichkeitsbescheinigung des Finanzamts hinsichtlich der Grunderwerbsteuer dem VollstrG vorliegt (§ 22 I GrEStG).

7. Sicherheitsleistung

Hinweis auf die mögliche Pflicht zur Sicherheitsleistung (§§ 67–70). 43

8. Grenzen

Erläuterung der 5/10-Grenze gem § 85a und der 7/10-Grenze nach 44 § 74a.

VI. Hinweis auf die bevorstehende Ausschließung weiterer Anmeldungen (§ 66 II)

Rangwahrende Anmeldungen können nur bis zur Aufforderung zur 45 Abgabe von Geboten erfolgen (§ 37 Nr 4); danach tritt für Anmeldungen ein Rangverlust ein (§ 110). Darauf hat das VollstrG nach dem Verlesen des gG und der Versteigerungsbedingungen (Rdn 33–35) und den Hinweisen für die Bietinteressenten (Rdn 36–44) aufmerksam zu machen; dies ist im Protokoll zu vermerken. Der Hinweis auf die bevorstehende Ausschließung weiterer Anmeldungen gemäß § 66 II erfolgt nur einmal und hat dann Bedeutung für den gesamten Termin. Er muss also nicht wiederholt werden, wenn eine neue Bietzeit abgehalten wird, weil die Versteigerungsbedingungen (§ 59 Rdn 7) oder das gG (Rdn 34) eine Änderung erfahren haben (*Stöber* Rdn 8.2). Unterbleibt der Hinweis gemäß § 66 II, kann der Zuschlag versagt bzw aufgehoben werden (vgl §§ 83 Nr 4, 100 I).

VII. Aufforderung zur Abgabe von Geboten (§ 66 II)

Der Bekanntmachungsteil des Versteigerungstermins endet mit der 46 Aufforderung zur Abgabe von Geboten. Dieser Zeitpunkt ist minutiös zu protokollieren (*Stöber* Rdn 8.3). Danach beginnt die Bietzeit.

§§ 67–70

§ 67 [Verlangen einer Sicherheitsleistung]

^IEin Beteiligter, dessen Recht durch Nichterfüllung des Gebots beeinträchtigt werden würde, kann Sicherheitsleistung verlangen, jedoch nur sofort nach Abgabe des Gebots. Das Verlangen gilt auch für weitere Gebote desselben Bieters.

^{II}Steht dem Bieter eine durch das Gebot ganz oder teilweise gedeckte Hypothek, Grundschuld oder Rentenschuld zu, so braucht er Sicherheit nur auf Verlangen des Gläubigers zu leisten. Auf Gebote des Schuldners oder eines neu eingetretenen Eigentümers findet diese Vorschrift keine Anwendung.

^{III}Für ein Gebot des Bundes, der Deutschen Bundesbank, der Deutschen Genossenschaftsbank, der Deutschen Girozentrale (Deutsche Kommunalbank) oder eines Landes kann Sicherheitsleistung nicht verlangt werden.

§ 68 [Höhe der Sicherheit]

^IDie Sicherheit ist für ein Zehntel des in der Terminsbestimmung genannten, anderenfalls des festgesetzten Verkehrswerts zu leisten. Übersteigt die Sicherheit nach Satz 1 das Bargebot, ist der überschießende Betrag freizugeben. Ist die Sicherheitsleistung durch Überweisung auf das Konto der Gerichtskasse bewirkt, ordnet das Gericht die Auszahlung des überschießenden Betrags an.

^{II}Ein Beteiligter, dessen Recht nach § 52 bestehenbleibt, kann darüber hinausgehende Sicherheitsleistung bis zur Höhe des Betrags verlangen, welcher zur Deckung der seinem Rechte vorgehenden Ansprüche durch Zahlung zu berichtigen ist.

^{III}Bietet der Schuldner oder ein neu eingetretener Eigentümer des Grundstücks, so kann der Gläubiger darüber hinausgehende Sicherheitsleistung bis zur Höhe des Betrags verlangen, welcher zur Deckung seines Anspruchs durch Zahlung zu berichtigen ist.

Die erhöhte Sicherheitsleistung nach den Absätzen 2 und 3 ist spätestens bis zur Entscheidung über den Zuschlag zu erbringen.

§ 69 [Art der Sicherheitsleistung]

Eine Sicherheitsleistung durch Barzahlung ist ausgeschlossen.

^{II} Zur Sicherheitsleistung sind Bundesbankschecks und Verrechnungsschecks geeignet, die frühestens am dritten Werktag vor dem Versteigerungstermin ausgestellt worden sind. Dies gilt nur, wenn sie von einem im Geltungsbereich dieses Gesetzes zum Betreiben von Bankgeschäften berechtigten Kreditinstitut oder

§§ 67–70

der Bundesbank ausgestellt und im Inland zahlbar sind. Als berechtigt im Sinne dieser Vorschrift gelten Kreditinstitute, die in der Liste der zugelassenen Kreditinstitute gemäß Artikel 3 Abs. 7 und Artikel 10 Abs. 2 der Richtlinie 77/780/EWG des Rates vom 12. Dezember 1977 zur Koordinierung der Rechts- und Verwaltungsvorschriften über die Aufnahme und Ausübung der Tätigkeit der Kreditinstitute (ABl. EG Nr. L 322 S. 30) aufgeführt sind.

III Als Sicherheitsleistung ist eine unbefristete, unbedingte und selbstschuldnerische Bürgschaft eines Kreditinstituts im Sinne des Absatzes 2 zuzulassen, wenn die Verpflichtung aus der Bürgschaft im Inland zu erfüllen ist. Dies gilt nicht für Gebote des Schuldners oder eines neu eingetretenen Eigentümers.

IV Die Sicherheitsleistung kann durch Überweisung auf ein Konto der Gerichtskasse bewirkt werden, wenn der Betrag der Gerichtskasse vor dem Versteigerungstermin gutgeschrieben ist und ein Nachweis hierüber im Termin vorliegt.

§ 70 [Sofortige Entscheidung; sofortige Leistung]

I Das Gericht hat über die Sicherheitsleistung sofort zu entscheiden.

II Erklärt das Gericht die Sicherheit für erforderlich, so ist sie sofort zu leisten. Die Sicherheitsleistung durch Überweisung auf ein Konto der Gerichtskasse muss bereits vor dem Versteigerungstermin erfolgen. Unterbleibt die Leistung, so ist das Gebot zurückzuweisen.

III Wird das Gebot ohne Sicherheitsleistung zugelassen und von dem Beteiligten, welcher die Sicherheit verlangt hat, nicht sofort Widerspruch erhoben, so gilt das Verlangen als zurückgenommen.

Schrifttum: *Böttcher,* Schuldner-, Bieter- und Ersteherzahlungen im Versteigerungsverfahren, ZflR 2007, 597; *Drischler,* Die Sicherheitsleistung im Zwangsversteigerungsverfahren, JurBüro 1965, 329; *ders,* Hinterlegungen im Immobiliarvollstreckungsverfahren, RpflJB 1984, 351; *Hock,* Bares ist nicht (mehr) Wahres!, RpflStud 2007, 97; *Holthöfer,* Zur Frage der sofortigen Sicherheitsleistung in der Zwangsversteigerung, JR 1958, 337; *Hornung,* Sicherheitsverlangen des Schuldners im Zwangsversteigerungstermin, Rpfleger 2000, 529; *Klawikowski,* Die Sicherheitsleistung im Zwangsversteigerungsverfahren, Rpfleger 1996, 265; *ders,* Die besondere Sicherheitsleistung im Zwangsversteigerungsverfahren, Rpfleger 1997, 202; *Mayer,* Gl-Mehrheit im Zwangsversteigerungsverfahren, RPfleger 1983, 265; *Pöschl,* Die Sicherheitsleistung in der Zwangsversteigerung, BB 1963, 957; *Ripfel,* Zur Sicherheitsleistung in der Zwangsversteigerung, BWNotZ 1968, 49.

§§ 67–70

Übersicht

	Rn.
I. Allgemeines	1
II. Voraussetzungen der Sicherheitsleistung	2
1. Verlangen (§ 67 I)	2
2. Beteiligter, dessen Recht durch Nichterfüllung des Gebots beeinträchtigt werden würde (§ 67 I 1)	3
a) Beteiligter	3
b) Beeinträchtigung des Rechts durch Nichterfüllung des Gebots	11
3. Sofort nach Gebotsabgabe (§ 67 I 1)	13
4. Sonderfälle	14
a) Grundpfandrechtsgläubiger als Bieter (§ 67 II)	14
b) Bund, Land, Bundesbank ua als Bieter (§ 67 III)	19
III. Sofortige Entscheidung über das Sicherheits-verlangen (§ 70 I)	20
IV. Höhe der Sicherheitsleistung	21
1. Regelmäßige Höhe (§ 68 I)	21
2. Erhöhung beim Verlangen eines Beteiligten, dessen Recht bestehen bleibt (§ 68 II)	23
3. Erhöhung bei Geboten des Vollstreckungsschuldners (§ 68 III)	24
4. Beispiele	27
V. Arten der Sicherheitsleistung	38
1. Bundesbank- und Verrechnungsschecks (§ 69 II)	39
2. Bürgschaften (§ 69 III)	42
3. Überweisung an die Gerichtskasse (§ 69 IV)	45
4. Sonstige Arten	47
VI. Rechtsmittel	50
VII. Bewirkung der Sicherheitsleistung	51
1. Sofortige Leistung der Sicherheit	51
2. Zeitpunkt bei erhöhter Sicherheitsleistung nach § 68 II und III	52
3. Entscheidung über die Zulassung des Gebots (§ 70 II 3, III)	53
4. Verwaltung der Sicherheit	54
5. Verwertung der Sicherheit	55–56

I. Allgemeines

1 Eine Besonderheit des Zwangsversteigerungsverfahrens liegt darin, dass Bieter ihre **Gebote** abgeben können, und zwar **ohne Zahlung des Betrags**. Ja selbst der Meistbietende muss bei der Zuschlagserteilung auf sein Gebot noch keine Zahlung leisten. Erst in dem zum Teil Monate später stattfindenden Verteilungstermin muss der Ersteher sein Meistbargebot erfüllen. Kommt er dieser Verpflichtung dann nicht nach, können die Gl zwar die Wiederversteigerung (§ 133) auf Grund der Forderungsübertragung an sie (§ 118) und der Eintragung von Sicherungshypotheken für sie (§ 128) beantragen: aber durch das weitere Anwachsen der wiederkehrenden Leistungen (zB Zinsen) können schlechtrangige Gl ausfallen, wenn die Haftungssubstanz des Grundstücks nicht ausreicht, was der Normalfall ist. Um dem vorzubeugen, hat der Gesetzgeber das Institut der Sicherheitsleistung (§§ 67–70) geschaffen. Ziel dieser Regelung ist es damit, die aus dem Bargebot zu befriedigenden Gl davor zu schützen, dass der Zuschlag an einen zahlungsunfähigen oder zahlungsunwilligen Bieter erteilt wird. Das Verlangen nach Sicherheitsleistung wird in der Praxis auch zur Steuerung der Versteigerung eingesetzt. Wer bestimmte Bieter ausschließen will, verlangt grundsätzlich Sicherheit von ihnen und stellt dann noch hohe Anforderungen an die Art der Sicherheit. Hier ist der Versteigerungsrechtspfleger gefordert. Er muss durch eine exakte Gesetzesanwendung das Vertrauen in sein Verfahren herstellen (*Eickmann,* ZVG, § 15 III 1).

II. Voraussetzungen der Sicherheitsleistung

1. Verlangen (§ 67 I)

Das Gericht darf nicht von Amts wegen Sicherheitsleistung anordnen 2 oder dazu anregen. Das Gesetz spricht in § 67 I 1 ausdrücklich vom "Verlangen" nach Sicherheitsleistung. Geschieht dies dann aber von einem dazu Berechtigten, muss das Gericht dem nachkommen, es hat insoweit kein Ermessen. Auch eine Kenntnis des Gerichts von der Zahlungsunfähigkeit des Bieters ist dabei unbeachtlich. Ein einmal gestelltes Verlangen nach Sicherheitsleistung gilt auch für weitere Gebote desselben Bieters, die die gleiche Angebotsart innerhalb des gleichen Termins betreffen (§ 67 I 2). Es braucht also nicht für jedes Gebot erneut Sicherheitsleitung verlangt werden. Das Verlangen nach Sicherheit bezieht sich immer nur auf eine bestimmte Angebotsart (Einzel-, Gruppen-, Gesamtausgebot), was bedeutet, dass bei Geboten desselben Bieters auf unterschiedliche Angebotsarten jeweils neu Sicherheit verlangt werden muss (*Steiner/Storz* § 67 Rdn 23 **aA** *Schiffhauer* Rpfleger 1986, 326). Wurde zB Sicherheit für ein Gebot auf ein Gesamtausgebot geleistet und ist diese auf Grund eines Übergebots wieder frei geworden, so kann sie aber für ein Gebot auf ein Einzelausgebot in diesem Verfahren angerechnet werden. Das Sicherheitsverlangen muss nicht gleich beim ersten Gebot eines Bieters angebracht werden, dies ist auch später bei jedem höheren Gebot möglich. Umgekehrt kann der Verlangende bei einem späteren Gebot desselben Bieters auf die Sicherheit verzichten. Das Sicherheitsverlangen kann nur bis zur Leistung der Sicherheit zurückgenommen werden; es gilt als zurückgenommen, wenn für ein Gebot Sicherheit verlangt wurde, das Gebot aber ohne Sicherheitsleistung zugelassen

§§ 67–70

wurde und der Verlangende nicht sofort Widerspruch erhoben hat (§ 70 III).

2. Beteiligter, dessen Recht durch Nichterfüllung des Gebots beeinträchtigt werden würde (§ 67 I 1)

3 **a) Beteiligter.** Sicherheit kann nur derjenige verlangen, der Beteiligter iSd § 9 ist. Dies sind

4 **aa)** jeder betreibende Gl, dh sowohl der Anordnungsgläubiger als auch alle Beitrittsgläubiger, und zwar auch während der einstweiligen Einstellung ihres Verfahrens (Steiner/*Hagemann* § 9 Rdn 19 **aA** OLG Nürnberg OLGZ 1976, 126 = MDR 1976, 234);

5 **bb)** der Vollstreckungsschuldner, dh der Grundstückseigentümer;

6 **cc)** Beteiligte kraft Grundbucheintragung (§ 9 Nr. 1). Von Amts wegen sind diejenigen Beteiligte, für die zurzeit der Eintragung des Versteigerungsvermerks (zumindest gleichzeitig!) ein Recht im Grundbuch eingetragen (= Hypothek, Grundschuld, Reallast, Grunddienstbarkeit, beschränkte persönliche Dienstbarkeit, Nießbrauch, Vorkaufsrecht, Dauerwohnrecht, Erbbaurecht, Erbbauzins, Pfandrecht) oder durch Eintragung gesichert ist (Vormerkung, Widerspruch, Verfügungsbeeinträchtigung);

dd) Beteiligte kraft Anmeldung (§ 9 Nr 2) sind

7 (1) diejenigen, welche ein der Zwangsversteigerung entgegenstehendes Recht haben, zB der nicht eingetragene Pfandrechtsgläubiger;

8 (2) diejenigen, welche ein Recht an einem Grundstück oder Grundstücksrecht haben, das zurzeit der Eintragung des Versteigerungsvermerks (sonst § 9 Nr 1) nicht im Grundbuch eingetragen war;

9 (3) diejenigen, welche einen Befriedigungsanspruch aus dem Grundstück haben, zB gemäß § 10 I Nr 1–3, 7;

10 (4) Mieter und Pächter.

b) Beeinträchtigung des Rechts durch Nichterfüllung des
11 **Gebots.** Sicherheit kann ein Beteiligter nach § 9 nur dann verlangen, wenn sein Recht dadurch beeinträchtigt würde, weil der Bieter sein Gebot nicht erfüllt. Eine solche Beeinträchtigung liegt vor, wenn der Beteiligte auf seinen Baranspruch (Kosten, Zinsen oder Hauptsache) eine, wenn auch noch so geringe Zuteilung bekäme bei dem abgegebenen Gebot; bei Nichterfüllung des Gebots entfiele die Zuteilung. Sicherheit verlangen können demnach alle Beteiligte, deren Baransprüche im geringsten Gebot stehen: Hausgeldansprüche gem § !0 I Nr 2, öffentliche Lasten nach § 10 I Nr. 3, Kosten und wiederkehrende Leistungen (zB Zinsen) aus bestehen bleibenden Grundstücksrechten nach § 10 I Nr 4, II. Aber selbst, wenn ein im geringsten Gebot bestehen bleibendes Recht keine Baransprüche aus dem Erlös verlangt, liegt eine Beeinträchtigung vor, die den Gl berechtigt Sicherheit zu verlangen. Zur Begründung dafür wird überwiegend angegeben, dass das bestehen bleibende Recht

II. Voraussetzungen der Sicherheitsleistung §§ 67–70

bei Nichterfüllung des Gebots dadurch beeinträchtigt werden könnte, soweit vorgehende Baransprüche (Kosten, Zinsen usw) anwachsen, bis zu einer erneuten Versteigerung (*Steiner/Storz* § 67 Rdn 12). Bedeutender erscheint der Umstand, dass es sich das bestehen bleibende Recht gefallen lassen müsste, dass im Falle der Nichtzahlung des Gebots Sicherungshypotheken gemäß § 128 mit Vorrang vor ihm eingetragen werden, und wenn aus diesen dann die Wiederversteigerung betrieben wird, erlischt das bisher bestehen bleibende Recht (*Mayer* RpflStud 1979, 84, 86). Nicht in das geringste Gebot fallende Ansprüche sind dann beeinträchtigt, wenn sie aus dem jeweiligen Gebot zumindest teilweise hinsichtlich der Kosten oder der Zinsen oder des Hauptanspruchs befriedigt würden. Der Vollstreckungsschuldner kann Sicherheit verlangen, wenn er auf Grund eines Eigentümerrechts Zahlung aus dem Bargebot verlangen kann oder ihm ein Erlösüberschuss zufliessen würde, vor allem aber auf Grund persönlicher Haftung für Ansprüche, die aus dem Bargebot zu decken wären (LG Essen Rpfleger 2006, 31; *Hornung* Rpfleger 2000, 529). Nicht gefolgt werden kann einer Entscheidung des OLG Düsseldorf (Rpfleger 1989, 36), wonach der Vollstreckungsschuldner ohne Vorliegen der genannten Vorraussetzungen, dh immer Sicherheit verlangen kann; dafür gibt das Gesetz nichts her (ablehnend daher auch *Meyer-Stolte* Rpfleger 1989, 37). Auch seine Haftung für die Verfahrenskosten (§ 29 Nr 4 GKG) begründet keine Antragsberechtigung (*Stöber* § 67 Rdn 2.2 **aA** *Hornung* Rpfleger 2000, 529). Keine Sicherheit können dagegen die Mieter/Pächter und leerausgehenden Gl verlangen; sie werden durch die Nichterfüllung eines Gebotes nicht beeinträchtigt.

Ob ein Gl durch die Nichterfüllung eines Gebots beeinträchtigt wird, **12** kann der Versteigerungsrechtspfleger nur dann beurteilen, wenn er einen **vorläufigen Teilungsplan** aufgestellt hat. Dieser muss so genau wie möglich ausfallen, da einige Euro entscheiden können. Neben der voraussichtlichen Verfahrenskosten (§ 109 I), den angemeldeten Hausgeldansprüchen (§ 10 I Nr 2) und öffentlichen Lasten bis zum Versteigerungstermin (§ 10 I Nr. 3, § 56 S 2), den Kosten und Zinsen bis zum Versteigerungstermin aus bestehen bleibenden Grundstücksrechten (§ 10 I Nr 4, § 56 S 2) sind die Baransprüche (Kosten, Zinsen bis zum voraussichtlichen Verteilungstermin, Hauptsache) außerhalb des geringsten Gebots (§ 10 I Nr 4–8, II) zu berücksichtigen. Aus einem solchen vorläufigen Teilungsplan kann der Versteigerungsrechtspfleger dann im Termin bei jedem Gebot sofort erkennen, ob der Anspruch eines Gl durch die Nichterfüllung des Gebots beeinträchtigt würde oder nicht.

3. Sofort nach Gebotsabgabe (§ 67 I 1)

Die Sicherheitsleistung kann nur sofort nach Gebotsabgabe verlangt **13** werden. Sofort bedeutet unmittelbar nach Abgabe und vor Zulassung des Gebots, sobald der Beteiligte sich äußern kann. Der Grund für diese

§§ 67–70

strenge Regelung ist darin zu sehen. Ein Gebot erlischt durch Zulassung eines Übergebotes (§ 72 I). Könnte nun danach für das Übergebot, das auch das Meistgebot darstellt, Sicherheit verlangt werden und würde die Sicherheit nicht geleistet, so müsste das Übergebot zurückgewiesen werden (§ 70 II 3). Damit wären sowohl das ursprüngliche Gebot als auch das Übergebot erloschen, was die Erfolglosigkeit der Zwangsversteigerung zur Folge hätte; dies verhindert die Regelung in § 67 I 1. Das Erfordernis des sofortigen Sicherheitsverlangens muss sehr eng ausgelegt werden. Über die Wirksamkeit oder Unwirksamkeit eines Gebots im Termin muss unverzüglich Klarheit herrschen. Sofort ist ein Sicherheitsverlangen daher nur dann, wenn das Gebot bei Nichtleistung der Sicherheit noch mit der Wirkung zurückgewiesen werden kann (§ 70 II 3), dass das vorherige Gebot nicht erlischt, § 72 I. Dies ist dann nicht mehr der Fall, wenn seit der Gebotsabgabe bereits eine Minute vergangen ist. "Sofort" ist das Verlangen nach Sicherheit aber noch, wenn es dem Beteiligten auf Grund anderweitiger Beschäftigung des Rpflegers zB Aufnahme der Personalien des Bieters) gar nicht möglich war, zu Wort zu kommen. Nicht möglich ist es, Sicherheit bereits vor Abgabe eines Gebots, sozusagen rein vorsorglich, zu verlangen, und zwar ganz egal, ob dies allgemein erfolgt oder sich gegen einen bestimmten Bieter richtet. In der Versteigerungspraxis kommt es vor, dass mehrere verschieden hohe Gebote unmittelbar nacheinander abgegeben werden. Dann sollten die Fragen nach der Sicherheitsleistung und der Gebotszulassung für alle Gebote gleichzeitig erörtert werden. Würde nämlich nur das höchste Gebot herangezogen, Sicherheit dafür angeordnet, diese nicht geleistet, dann würde es erlöschen (§ 70 II 3). Ein Verlangen nach Sicherheit für die niedrigeren Gebote käme dann zu spät, so dass sich der Beteiligte das niedrigere Gebot ohne Sicherheitsleistung gefallen lassen müsste. Das Verlangen nach Sicherheit sowie die Verhandlung und Entscheidung darüber sind in das Sitzungsprotokoll aufzunehmen.

4. Sonderfälle

14 **a) Grundpfandrechtsgläubiger als Bieter (§ 67 II).** Nur ein betreibender Gl kann Sicherheit verlangen, wenn dem Bieter ein durch das Gebot ganz oder teilweise gedecktes Grundpfandrecht zusteht (§ 67 II 1). Der Grund für diese Regelung ist die Erleichterung der Gebotsabgabe für einen Grundpfandrechtsgläubiger, wodurch ihm die Rettung seines Rechtes ermöglicht werden soll, indem er die Gebote an und in sein Recht treiben kann.

15 Der **betreibende Gl** kann Sicherheit nur dann verlangen gemäß § 67 I 1, wenn sein Recht durch Nichterfüllung des Gebots beeinträchtigt werden würde (vgl Rdn 11, 12) und auch nur sofort nach Abgabe des Gebots (vgl Rdn 13). Daneben darf sein Verfahren nicht eingestellt sein, und für ihn müssen die Fristen der § 43 II, § 44 II gewahrt sein; sonst

II. Voraussetzungen der Sicherheitsleistung §§ 67–70

ist er nicht betreibender Gl für den Versteigerungstermin. Darunter ist nicht nur der bestrangig betreibende Gl zu verstehen, der dem gG zugrunde gelegt wird (§ 44 I), sondern der Anordnungsgläubige und alle Beitrittsgläubiger.

Dem **Bieter muss ein Grundpfandrecht zustehen,** dh eine Hypo- 16 thek oder Grundschuld am Grundstück; ausreichend ist auch die Belastung eines Grundstücksbruchteils. Ebenso genügt es, wenn nur eine Vormerkung für das Grundpfandrecht eingetragen ist, das Grundpfandrecht eine Sicherungshypothek ist, das Grundpfandrecht im Wege der Zwangsvollstreckung an Zahlungs Statt übertragen bzw zur Einziehung überwiesen oder das angemeldete Grundpfandrecht erst nach dem Versteigerungsvermerk eingetragen wurde. Ist der Bieter außerhalb des Grundbuchs Grundpfandrechtsgläubiger geworden, so müssen der Brief und die Abtretungserklärung bzw der Überweisungsbeschluss vorgelegt werden. Unschädlich ist es, wenn das Grundpfandrecht des Bieters gepfändet, verpfändet oder mit einem Nießbrauch belastet ist, weil der Gl weiterhin berechtigt ist. Liegen dem VollstrG aber ausnahmsweise einmal die Unterlagen vor, die das Grundbuchamt zur Löschung des Grundpfandrechts bräuchte (Löschungsbewilligung des Gl § 19 GBO, Mitbewilligung des Eigentümers § 27 GBO), so ist von der Nichtexistenz des Grundpfandrechts auszugehen.

Das **Grundpfandrecht des Bieters muss durch das Gebot ganz** 17 **oder teilweise gedeckt** werden. Dabei genügt es, wenn das Grundpfandrecht die kleinste mögliche Währungseinheit, dh 1 Cent, als Deckung erlangt. Unerheblich ist, ob die Deckung auf Kosten, Zinsen oder Hauptsache des Grundpfandrechts erfolgt. Unschädlich ist es, wenn das Gebot über die Deckung des Grundpfandrechts des Bieters hinausreicht. Ein Grundpfandrecht ist durch ein Gebot an sich auch dann gedeckt, wenn es als bestehen bleibendes Recht zu berücksichtigen ist. Deshalb war dies nach einer früheren Ansicht ausreichend, selbst wenn auf Kosten oder Zinsen keine Barzuteilung erfolgen würde. Dies wird heute zu Recht überwiegend abgelehnt. Da die Sicherheitsleistung immer nur das Bargebot sichern soll, kann § 67 II nach seinem Sinn und Zweck dann nicht anwendbar sein, wenn der bietende Grundpfandrechtsgläubiger aus dem Bargebot keine Zuteilung erhält (*Steiner/Storz* § 67 Rdn 34).

Das Privileg des § 67 II 1 gilt nicht, wenn der **Vollstreckungsschuld-** 18 **ner** oder ein neu eingetretener Eigentümer ein Gebot abgegeben hat (§ 67 II 2). In diesen Fällen kann Sicherheit verlangt werden. Gleiches gilt, wenn dem Bieter ein anderes ganz oder teilweise gedecktes Grundstücksrecht als ein Grundpfandrecht (zB Reallast) zusteht oder der Bieter durch das Gebot keine Deckung auf Baransprüche seines Grundpfandrechts erhalten würde oder aus einem bestehen bleibenden Grundpfandrecht des Bieters keine Baransprüche (Kosten, Zinsen) erwachsen.

§§ 67–70

19 **b) Bund, Land, Bundesbank ua als Bieter (§ 67 III).** Bestimmte Bieter sind von der Sicherheitsleistung befreit, dh von ihnen kann niemand Sicherheit verlangen. Gemäß § 67 III sind dies: Die Bundesrepublik Deutschland, alle Länder, die Deutsche Bundesbank, die Deutsche Genossenschaftsbank (jetzt: DZ-Bank AG Deutsche Zentralgenossenschaftsbank), die Deutsche Girozentrale (jetzt Dekabank Deutsche Girozentrale). Gemäß § 10 EGZVG bleiben landesgesetzliche Vorschriften unberührt, nach welchen für Gebote kommunaler Körperschaften sowie bestimmter Kreditanstalten und Sparkassen Sicherheitsleistung nicht verlangt werden kann (vgl dazu für **Baden-Württemberg:** § 36 AGGVG; **Bayern:** Art. 32 AGGVG; **Berlin:** Art 9 AGZVG; **Bremen:** § 6 AGZPO; **Hessen:** Art 5 AGZVG; **Niedersachsen:** Art 9 AGZVG; **Nordrhein-Westfahlen:** Art 9 AGZVG; **Rheinland-Pfalz:** § 6 AGZVG; **Saarland:** § 44 SaalAGJusG; **Schleswig-Holstein:** Art 9 AGZVG; **Thüringen:** § 4 AGZVG).

III. Sofortige Entscheidung über das Sicherheitsverlangen (§ 70 I)

20 Das Gericht hat über die Sicherheitsleistung sofort zu entscheiden (§ 70 I), dh im unmittelbaren Anschluss an die Protokollierung des Verlangens, § 80. Dabei hat es keinen Ermessensspielraum, was bedeutet, dass das Gericht Sicherheitsleistung anordnen muss, wenn die gesetzlichen Voraussetzuungen gegeben sind (vgl Rdn 2–19); unberücksichtigt bleiben müssen Erkenntnisse des Gerichts über die Bonität des Bieters. Die Entscheidung des Gerichts erfolgt durch ausdrückliche Zurückweisung oder Anordnung der Sicherheit. Aber auch konkludent ist dies möglich; so liegt zB in der vorbehaltlosen Entgegennahme eines Gebotes die Zurückweisung eines Sicherheitsverlangens. Eine Entscheidung ist selbst dann nötig, wenn das Gebot gleich wieder gemäß § 72 I 1 durch die Zulassung eines Übergebotes erlischt. Das Übergebot könnte durch eine Anfechtung (vgl dazu § 71 Rdn 43, 44) wieder wegfallen und damit das ursprüngliche Gebot Bedeutung erlangen. Bei erfolgreicher Anfechtung ist das Gebot zurückzuweisen, und wenn der Zulassung des wirksam angefochtenen Übergebots widersprochen wurde und daher das zweithöchste Gebot nicht erloschen ist (§ 72 I), muss letzterem der Zuschlag erteilt werden (BGH Rpfleger 1984, 243).

IV. Höhe der Sicherheitsleistung

1. Regelmäßige Höhe (§ 68 I)

21 Sie beträgt **1/10 des in der Terminsbestimmung genannten Verkehrswertes.** Dieser Wert ist auch dann maßgebend, wenn er abwei-

IV. Höhe der Sicherheitsleistung §§ 67–70

chend vom festgesetzten Wert (§ 74 a V) ist oder nach der Terminsbestimmung geändert wurde (*Stöber* § 68 Rdn 2.1 **aA** *Hornung* NJW 1999, 460, 461). Der gemäß § 74 a V festgesetzte Wert ist nur dann maßgebend, wenn in der Terminsbestimmung kein Wert genannt ist (§ 68 I 1). Eine fortlaufende Nachschusspflicht für die Bieter entfällt. Für die Berechnung der Höhe der Sicherheitsleistung ist es unerheblich, welche Höhe die Forderung des die Sicherheit Verlangenden hat; insbesondere begrenzt dessen Forderungsbetrag nicht die Höhe der Sicherheitsleistung, denn die Sicherheit dient dem Schutz aller Beteiligter. Die Sicherheitsleistung iHv 1/10 des in der Terminsbestimmung genannten Wertes ist auch dann maßgebend, wenn das abgegebene Bargebot höher ist, aber auch dann, wenn es niedriger ist (*Stöber* § 68 Rdn 2.3; *Hornung,* NJW 1999, 640, 541 **aA** *Hintzen* Rpfleger 1998, 148, 150). Im letzteren Fall ist zunächst die volle Sicherheit zu leisten und nach dem Schluss der Versteigerung (§ 73 II) muss der überschießende Betrag freigegeben werden (§ 68 I 3). Ist die Sicherheitsleistung durch Überweisung auf das Konto der Gerichtskasse bewirkt, ordnet das Gericht die Auszahlung des überschießenden Betrags an (§ 68 I 4). Freizugeben ist auch die durch Bürgschaft zu viel erbrachte Sicherheitsleistung (§ 69 III).

Die **Umstellung der Höhe der Sicherheitsleistung** von 1/10 des 22 Bargebots auf 1/10 des Verkehrswertes zum 1. 8. 1998 (Gesetz vom 18. 2. 1998, BGBl I 866) ist **begrüßenswert.** Es entfällt seitdem die fortlaufende Nachschusspflicht für die Bieter. Die Befürchtung, dass durch die Höhe der Sicherheitsleistung potentielle Interessenten vom Bieten abgehalten werden (so *Hornung* NJW 1999, 460, 461), hat sich nicht bestätigt.

2. Erhöhung beim Verlangen eines Beteiligten, dessen Recht bestehen bleibt (§ 68 II)

Ein Beteiligter, dessen Recht auch nach der Zuschlagserteilung beste- 23 hen bleibt, kann Sicherheitsleistung bis zur Höhe des Betrages verlangen, der zur Deckung aller ihm vorgehender Rechte im Verteilungstermin erforderlich ist. Dadurch soll dieser Gl des bestehen bleibenden Rechts davor geschützt werden, dass bei Nichterfüllung des Meistgebots ihm vorgehende Ansprüche anwachsen bis zum nächsten Versteigerungstermin, wodurch seine Befriedigungschancen geschmälert würden. Das Recht des die Sicherheit Verlangenden muss auf Grund der gesetzlichen Versteigerungsbedingungen im geringsten Gebot bestehen bleiben gemäß § 44 I, § 53 I 1. Eine erhöhte Sicherheit nach § 68 II kann dann nicht verlangt werden, wenn das Recht bestehen bleibt im geringsten Gebot auf Grund abweichender Versteigerungsbedingungen (§ 59) oder außerhalb des geringsten Gebots nach landesrechtlichen Regelungen (§ 9 EGZVG) oder das Recht in der Wiederversteigerung ins geringste Bargebot aufgenommen wird, § 128 IV; es gilt dann vielmehr § 68 I. Ist die

§§ 67–70

nach § 68 II errechnete Sicherheit einmal niedriger als die Sicherheit gemäß § 68 I, so ist letztere zu leisten, weil § 68 II nur eine Erhöhung der Sicherheit bezweckt, nicht eine Ermäßigung. Will ein Beteiligter die erhöhte Sicherheit nach § 68 II, so muss er diese ausdrücklich verlangen, sonst ist nur die normale Sicherheit gemäß § 68 I zu leisten.

3. Erhöhung bei Geboten des Vollstreckungschuldners (§ 68 III)

24   Bei Geboten des Schu oder eines neu eingetretenen Eigentümers kann ein betreibender Gl soviel Sicherheit verlangen, die dafür ausreicht, alle bar zu deckenden Ansprüche bis und einschließlich dieses Gl sicherzustellen. Das Verlangen nach der erhöhten Sicherheit gemäß § 68 III muss ausdrücklich gestellt werden, ansonsten muss der Bieter nur die gewöhnliche Sicherheit leisten nach § 68 I. Der Grund dafür, vom Vollstreckungsschuldner eine erhöhte Sicherheit zu verlangen, besteht darin, dass dessen Zahlungsfähigkeit von vornherein zweifelhaft ist; nicht gerechtfertigt erscheint es aber, dies auch bei einem neu eingetretenen Eigentümer anzunehmen (ebenso *Eickmann*, ZVG, § 15 III 3 c).

25   Es muss zunächst ein Gebot des Vollstreckungsschuldners vorliegen. Ausreichend ist auch ein Gebot des Insolvenzverwalters für den Insolvenzschuldner bei einer von einem Gl betriebenen Zwangsversteigerung, nicht dagegen bei einer vom Insolvenzverwalter selbst beantragten Zwangsversteigerung gemäß § 172. Bietet der Schu zusammen mit anderen (zB Ehegatten, Kind) in Bruchteilsgemeinschaft oder Gesamthandelsgemeinschaft (zB Gesellschaft bürgerlichen Rechts), darf die Sicherheit von jedem Bieter in voller Höhe, insgesamt aber nur einmal gefordert werden; dies ergibt sich aus der gesamtschuldnerischen Zahlungspflicht jedes Mitbieters. Wird ein im Bruchteils- oder Gesamthandseigentum stehendes Grundstück versteigert, so kann von jedem Miteigentümer, der als Bieter auftritt, die erhöhte Sicherheit gemäß § 68 III verlangt werden; wird dagegen nur der ideelle Miteigentumsanteil an einem Grundstück versteigert, so braucht ein davon nicht betroffener anderer Miteigentümer als Bieter nur die gewöhnliche Sicherheit nach § 68 I zu leisten. Erhöhte Sicherheit auf Grund § 68 III kann ebenfalls nicht verlangt werden bei Geboten des Ehegatten des Schu (Ausnahme: Gütergemeinschaft), eines Kindes des Schu, einer juristischen Person (zB GmbH) mit Beteiligung des Schu oder des Schu als gesetzlicher bzw gewillkürter Vertreter; für die Höhe der Sicherheit kommt dann nur § 68 I in Betracht.

26   Die erhöhte Sicherheit gemäß § 68 III kann nur ein betreibender Gl verlangen. Dessen Verfahren darf nicht eingestellt und die Fristen der § 43 II, § 44 II müssen beachtet sein; ansonsten gilt er für den Versteigerungstermin nicht als betreibender Gl. Betreiben mehrere Gl die Zwangsversteigerung und verlangen auch alle oder mehrere von ihnen Sicherheitsleistung, so muss der Bieter einen Betrag leisten, der bis zur Deckung des

IV. Höhe der Sicherheitsleistung §§ 67–70

Baranspruchs des rangschlechtesten Gl reicht. Ein gewöhnlicher Gl der die Zwangsversteigerung nicht betreibt, kann unter den Voraussetzungen des § 67 I 1 nur die normale Sicherheit verlangen (§ 68 I).

4. Beispiele

Das Grundstück des ZEPPELIN im Wert von 800 000,– € wird zwangsversteigert. Dabei bleiben folgende Rechte bestehen (§ 44 I, § 52 I 1):

– Hypothek III/1 für ANTON zu 100 000,– €
– Grundschuld III/2 für BERTA zu 200 000,– € (zinslos)
– Grundschuld III/3 für CÄSAR zu 300 000,– €

Folgende Baransprüche wären zu befriedigen (abgestellt auf die Zuschlagserteilung im Versteigerungstermin und einen voraussichtlichen Verteilungstermin 6 Wochen später):

– Verfahrenskosten (§ 109 I) 2000,– €
– Öffentliche Lasten (§ 10 I Nr 3) 6000,– €
– Zinsen aus Hypothek III/1 für ANTON 2000,– €
– Zinsen aus Grundschuld III/3 für CÄSAR 10 000,– €
– Kosten, Zinsen, Hauptsache aus erloschener 250 000,– €
  Hypothek III/4 für DIETER (= bestrangig
  betreibender Gl)
– Kosten, Zinsen, Hauptsache aus erloschener 150 000,– €
  Grundschuld III/5 für EMIL
– Ansprüche aus erloschener Eigentümergrund- 80 000,– €
  schuld III/6 für ZEPPELIN
– Ansprüche des Beitrittsgläubigers FRITZ 100 000,– €
  wegen einer persönlichen Forderung (§ 10 I
  Nr 5)

1. Ein Dritter bietet 300 000,– €; EMIL verlangt sofort höchstmögli- 27 che Sicherheit:
EMIL (III/5) ist Beteiligter (§ 9 Nr 1) und würde bei dem abgegebenen Gebot eine Zuteilung von 30 000,– € erhalten. Er kann daher Sicherheitsleistung verlangen (§ 67 I 1), und zwar in Höhe von 80 000,– €; (§ 68 I).

2. Ein Dritter bietet 250 000,– €; EMIL verlangt sofort höchstmögli- 28 che Sicherheit:
EMIL (III/5) ist zwar Beteiligter (§ 9 Nr 1), würde aber bei dem abgegebenen Gebot keine Zuteilung erhalten, so dass er auch keine Sicherheit verlangen kann (§ 67 I 1).

3. Ein Dritter bietet 90 000,– €; CÄSAR verlangt sofort höchstmögli- 29 che Sicherheit:
CÄSAR (III/3) ist Beteiligter (§ 9 Nr 1) und würde bei dem abgegebenen Gebot eine Zuteilung von 10 000,– € auf die Zinsen seiner bestehengebliebenen Grundschuld erhalten. Er kann daher Sicherheitsleistung verlangen (§ 67 I 1), und zwar gemäß § 68 II in Höhe aller ihm vorgehenden Baransprüche, dh 10 000,– €; wegen § 68 I aber 80 000,– €.

§§ 67–70

30 4. Ein Dritter bietet 150 000,– €; BERTA verlangt sofort höchstmögliche Sicherheit:

BERTA (III/2) ist Beteiligte (§ 9 Nr 1); sie hat zwar keine Baransprüche, auf die eine Zuteilung erfolgen könnte, aus als Berechtigte der bestehengebliebenen Grundschuld III/2 gilt sie als beeinträchtigt gemäß § 67 I 1 (vgl Rdn 11). Sie kann daher Sicherheitsleistung verlangen. Vom Wortlaut her würde zwar § 68 II eingreifen, aber da BERTA keine Baransprüche zustehen, können ihr auch keine Baransprüche vorgehen. Dies bedeutet jedoch nicht, dass die Sicherheit mit 0,– € anzusetzen ist, sondern nun greift § 68 I, dh 1/10 vom Grundstückswert (= 80 000,– €) sind zu zahlen (vgl Rdn 23).

31 5. Ein Dritter bietet 450 000,– €; ZEPPELIN verlangt sofort höchstmögliche Sicherheit:

ZEPPELIN ist Beteiligter als Vollstreckungsschuldner (§ 9) und als Inhaber der Eigentümergrundschuld III/6 (§ 9 Nr 1). Auf letztere würde er bei dem abgegebenen Gebot eine Zuteilung von 30 000,– € erhalten, so dass er Sicherheitsleistung verlangen kann (§ 67 I 1). Die Höhe beträgt 80 000,– € (§ 68 I).

32 6. EMIL (III/5) bietet 275 000,– €; DIETER (III/4) verlangt sofort höchstmögliche Sicherheit:

Dem Bieter EMIL steht die erloschene Grundschuld III/5 zu; auf diesen Anspruch würden bei dem abgegebenen Gebot 5000,– € zugeteilt werden. Gemäß § 67 II 1 muss EMIL daher nur auf Verlangen eines betreibenden Gl Sicherheit leisten. DIETER ist bestrangig betreibender Gl, und damit ein Beteiligter (§ 9), dessen Anspruch bei dem abgegebenen Gebot volle Zuteilung in Höhe von 250 000,– € erhalten würde (§ 67 I 1). Sicherheit kann in Höhe von 80 000,– € verlangt werden (§ 68 I).

33 7. EMIL (III/5) bietet 450 000,– €; FRITZ verlangt sofort höchstmögliche Sicherheit:

Dem Bieter EMIL steht die erloschene Grundschuld III/5 zu; auf diesen Anspruch würde bei dem abgegebenen Gebot volle Zuteilung in Höhe von 150 000,– € erfolgen. Gemäß § 67 II 1 muss EMIL daher nur auf Verlangen eines betreibenden Gl Sicherheit leisten. FRITZ ist als Beitrittsgläubiger (§ 10 I Nr 5) zwar ein betreibender Gl, aber sein Anspruch würde bei dem abgegebenen Gebot keine Zuteilung erhalten (§ 67 I 1), so dass er auch keine Sicherheitsleistung von EMIL verlangen kann.

34 8. EMIL (III/5) bietet 250 000,– €; CÄSAR (III/3) verlangt sofort höchstmögliche Sicherheit:

Dem Bieter EMIL steht die erloschene Grundschuld III/5 zu, aber bei dem abgegebenen Gebot würde er keine Zuteilung erhalten, so dass § 67 II 1 keine Anwendung findet, dh nicht nur ein betreibender Gl kann Sicherheit verlangen. Gemäß § 67 I 1 kann daher auch CÄSAR als Beteiligter (§ 9 Nr 1) Sicherheit verlangen, da er bei dem abgegebenen

V. Arten der Sicherheitsleistung **§§ 67–70**

Gebot volle Deckung auf seinen Baranspruch in Höhe von 10 000,– € erhalten würde. Gemäß § 68 II könnte CÄSAR nur alle ihm vorgehenden Baransprüche verlangen, dh 10 000,– €; aber in diesem Fall greift § 68 I, dh 1/10 des Grundstückswertes (= 80 000,– €) sind zu zahlen (vgl Rdn 23).

9. BERTA (III/2) bietet 250 000,– €; EMIL (III/5) verlangt sofort höchstmögliche Sicherheit: **35**

Der Bieterin BERTA steht zwar die bestehen bleibende Grundschuld III/2 zu, jedoch hat sie keine Baransprüche daraus. Deshalb findet § 67 II 1 keine Anwendung (vgl Rdn 17), dh nicht nur ein betreibender Gl kann Sicherheit verlangen. Gemäß § 67 I 1 könnte daher auch EMIL (III/5) als Beteiligter (§ 9 Nr 1) Sicherheit verlangen; da er aber bei dem abgegebenen Gebot keine Zuteilung erhalten würde, scheidet dies aus.

10. ZEPPELIN bietet 500 000,– €; EMIL (III/5) verlangt sofort höchstmögliche Sicherheit: **36**

Dem Bieter ZEPPELIN steht die durch das abgegebene Gebot voll gedeckte Grundschuld III/6 zu. Sicherheit kann trotzdem nicht nur ein betreibender Gl verlangen (§ 67 II 1), weil der Bieter auch Vollstreckungsschuldner ist (§ 67 II 2). EMIL als Beteiligter (§ 9 Abs 1), dessen Anspruch (III/5) bei dem abgegebenen Gebot volle Deckung erlangen würde in Höhe von 150 000,– €, kann Sicherheit verlangen (§ 67 I 1). Die Höhe der Sicherheitsleistung bestimmt sich nach § 68 III, da EMIL kein betreibender Gl ist. ZEPPELIN muss daher 10 % vom Grundstückswert, dh 80 000,– € als Sicherheit leisten (§ 68 I).

11. ZEPPELIN bietet 600 000,– €, FRITZ verlangt sofort höchstmögliche Sicherheit: **37**

§ 67 II 1 wäre zwar erfüllt, da dem Bieter ZEPPELIN eine gedeckte Grundschuld (III/6) zusteht und der die Sicherheit verlangende FRITZ als Beitrittsgläubiger ein betreibender Gl ist, der bei dem abgegebenen Gebot volle Zuteilung erhalten würde. Da der Bieter ZEPPELIN aber der Vollstreckungsschuldner ist, gilt diese Norm nicht (§ 67 II 2). FRITZ kann jedoch als Beteiligter (§ 9), dessen Anspruch durch das Gebot gedeckt ist, Sicherheit verlangen (§ 67 I 1). Die Höhe richtet sich nach § 68 III, weil der Vollstreckungsschuldner ZEPPELIN bietet und der betreibende Gl FRITZ Sicherheit verlangt; sie beträgt danach 600 000,– €.

V. Arten der Sicherheitsleistung

Eine Sicherheitsleistung durch Barzahlung ist ausgeschlossen (§ 69 I). **38**

1. Bundesbank- und Verrechnungsschecks (§ 69 II)

Zur Sicherheitsleistung sind Bundesbank- und Verrechnungsschecks geeignet, die frühestens am dritten Werktag vor dem Versteigerungster- **39**

§§ 67–70

min ausgestellt worden sind (§ 69 II 1). Dies gilt nur, wenn sie von einem im Geltungsbereich des ZVG zum Betreiben von Bankgeschäften berechtigten Kreditinstitut oder der Bundesbank ausgestellt und im Inland zahlbar sind (§ 69 II 2). Unerheblich ist, ob die Bundesbankschecks bestätigt sind oder nicht (*Stöber*, ZVG, Rdn 328). Der Bieter kann mittels eines Schecks mehrfach Sicherheit leisten, wenn im Versteigerungstermin ohne weiteres festgestellt werden kann, dass der Scheck den gesetzlichen Anforderungen entspricht und einen unverbrauchten Wert in ausreichender Höhe verkörpert (BGH Rpfleger 2008,515).

40 Für alle zugelassenen Schecks wird abgestellt auf den **Tag der Ausstellung, der frühestens am dritten Werktag vor dem Versteigerungstermin sein darf.** Bei der Ausstellung des Schecks an einem Donnerstag endet die 3 – Tages – Frist nicht am Samstag, sondern mit Ablauf des nächsten Werktags (in der Regel am Montag, § 222 II ZPO). Ist der Samstag nicht ausnahmsweise ein Feiertag, wird er bei der Fristberechnung als Werktag mit berücksichtigt.

41 Als berechtigt zum Betreiben von Bankgeschäften gelten **Kreditinstitute**, die in der Liste der zugelassenen Kreditinstitute gemäß Art 3 VII und Art 10 II der Richtlinie 77/780/EWG des Rates vom 12.12.1977 zur Koordinierung der Rechts- und Verwaltungsvorschriften über die Aufnahme und Ausübung der Tätigkeit der Kreditinstitute (ABl EG Nr L 322 S. 30) aufgeführt sind (§ 69 II 3). Die in dieser Liste genannten Kreditinstitute gelten ohne weiteres als berechtigt. Die Liste wird jährlich aktualisiert. Sie ist allerdings nicht vollständig. Auch nicht in der Liste aufgeführte Kreditinstitute können im Inland zum Betreiben von Bankgeschäften berechtigt sein, was vom Versteigerungsgericht dann aber gesondert zu prüfen ist. Der Bieter muss den entsprechenden Nachweis erbringen, zB durch Vorlage der Erlaubnisurkunde des Bundesaufsichtsamtes für das Kreditwesen.

2. Bürgschaften (§ 69 III)

42 Als Sicherheitsleistung ist auch eine Bürgschaft zuzulassen, wenn sie von einem **Kreditinstitut** iSd § 69 II stammt (vgl Rdn 41). Ein privater Bürge ist nicht möglich, dessen Tauglichkeit auch schwer prüfbar wäre. Als Sicherheit ist nur eine **unbefristete, unbedingte** und **selbstschuldnerische** Bürgschaft zugelassen (§ 69 III 1). Die Verpflichtung aus der Bürgschaft muss **im Inland zu erfüllen** sein (§ 69 III 1).

43 Bei einem Kaufmann **entfällt die Schriftform** für die Bürgschaftserklärung, wenn die Übernahme für ihn ein Handelsgeschäft darstellt, also zum Betrieb seines Handelsgewerbes gehört (§§ 350, 351, 344 I, 343 I HGB). Dies ist bei Kreditinstituten regelmäßig der Fall, so dass deren Bürgschaftserklärung im Versteigerungstermin nur protokolliert, aber nicht unterschrieben werden muss. Natürlich genügt aber auch die Übergabe einer schriftlichen Bürgschaft.

V. Arten der Sicherheitsleistung **§§ 67–70**

Der **Vollstreckungsschuldner** oder ein neu eingetretener Eigentü- 44
mer können für ihr Gebot keine Sicherheit durch eine Bürgschaft leisten
(§ 69 III 2). Dies erscheint nicht gerechtfertigt. Auf Grund der üblicherweise bestehenden Zahlungsunfähigkeit ist zwar die erhöhte Sicherheit
nach § 68 III angemessen, aber die Art der Sicherheit beim Vollstreckungsschuldner einzuschränken, dafür besteht kein Bedürfnis. Wenn er
ein Kreditinstitut iSv § 69 II als Bürgen hat, sollte ihm auch diese Möglichkeit der Sicherheitsleistung offen stehen (so auch *Steiner/Storz* § 69
Rdn 19).

3. Überweisung an die Gerichtskasse (§ 69 IV)

Die Sicherheitsleistung kann durch Überweisung auf das Konto der 45
Gerichtskasse bewirkt werden, wenn der Betrag vor dem Versteigerungstermin gutgeschrieben ist und ein Nachweis hierüber im Termin vorliegt
(§ 69 IV). Diese Art der Sicherheitsleistung bereitet in der Praxis nicht
unerhebliche Probleme. Was unter dem Begriff der „Gerichtskasse" beispielsweise zu verstehen ist, definiert das Gesetz nicht. Für den in der
Regel laienhaften Bieter befindet sich die Gerichtskasse natürlich beim
Versteigerungsgericht. Mit einer Überweisung auf ein Konto des Amtsgerichts glaubt er alles getan zu haben zum Nachweis der Sicherheitsleistung. Die Gerichtskasse als Institution der Justizverwaltung kann
jedoch auch ein zentrales Justizkonto oder die Gerichtszahlstelle sein. Da
der Bieter die Sicherheit eventuell leisten und nachweisen muss, hat
er sich auch darüber zu informieren, wo die „Gerichtskasse" für die
Überweisung seiner Sicherheit ist. Gelingt ihm im Versteigerungstermin
nämlich der ordnungsgemäße Nachweis nicht, wird sein Gebot zurückgewiesen (§ 70 II 3). Da der Bieter also das Risiko für den rechtzeitigen
Nachweis der Gutschrift seiner Sicherheitsleistung trägt, sollte er bei der
Überweisung das Aktenzeichen des Zwangsversteigerungsverfahrens, das
Datum des Zwangsversteigerungstermins, den Namen des Einzahlers
und dessen Bankverbindung angeben. Der Bieter muss sich aus dem
Nachweis der Sicherheitsleistung ergeben; dies ist nicht der Fall, wenn
der Nachweis eine GmbH als Überweisende nennt, der Bieter aber deren
Gesellschafter ist; die Sicherheitsleistung wäre dann nicht ordnungsgemäß nachgewiesen und das Gebot müsste zurückgewiesen werden. Die
Bareinzahlung der Sicherheitsleistung bei der Gerichtskasse ist grundsätzlich nicht möglich. Wenn die Gerichtskasse jedoch trotzdem das Geld
entgegennimmt und eine Quittung darüber ausstellt, die der Bieter dann
dem VollstrG vorlegt, ist die Sicherheitsleistung erbracht und nachgewiesen (LG Berlin Rpfleger 2008, 660).

Wird eine gutgeschriebene **Sicherheitsleistung** für ein Zwangsvers- 46
teigerungsverfahren **nicht verbraucht**, weil der Bieter in diesem Verfahren keine Sicherheit leisten muss oder kein Gebot abgibt, so kann er
mit dem Einzahlungsnachweis in einem anderen Zwangsversteigerungs-

§§ 67–70

verfahren, das zum Zuständigkeitsbereich der betreffenden Gerichtskasse gehört, den Nachweis der Sicherheitsleistung erbringen.

4. Sonstige Arten

47 Außer den in § 69 genannten Arten der Sicherheitsleistung kann **im Einverständnis mit demjenigen, der die Sicherheit verlangt,** auch auf jede andere Art Sicherheit erbracht werden, zB durch Sparbücher, Bankschecks, ausländische Zahlungsmittel, Wertgegenstände wie Schmuck, Gold usw.

48 Beim **Sparbuch** sind erforderlich die Übergabe an das Gericht, die Ermächtigung des Gerichts den notwendigen Betrag abzuheben zum Verteilungstermin oder eine schriftliche Anzeige des Kontoinhabers an das Kreditinstitut (§ 1280 BGB), die im Termin sofort zu übergeben ist. Zu empfehlen ist die Sicherheitsleistung mittels Sparbuch nicht, da zum einen für den wirklichen Stand des Guthabens nicht die Bucheintragung, sondern die bankinterne Buchung entscheidend ist, und zum anderen das Guthaben ohne Buchübergabe gepfändet oder abgetreten werden kann.

49 **Euroschecks** werden ab 2002 nicht mehr ausgegeben.

VI. Rechtsmittel

50 Die Entscheidung über die Sicherheitsleistung ist selbstständig nicht anfechtbar (vgl § 95); nur gegen die Zuschlagsentscheidung kann ein Rechtsmittel eingelegt werden. Wurde der Zuschlag auf ein Gebot erteilt, ohne dass die dafür verlangte Sicherheit geleistet wurde, kann der die Sicherheit Verlangende nur dann sofortige Beschwerde (§ 793 ZPO) einlegen gegen die Zuschlagserteilung, wenn er der Gebotszulassung ohne Sicherheitsleistung sofort widersprochen hat (vgl § 70 III). Das Gericht der Beschwerde (OLG Hamm KTS 1970, 228: LG Münster NJW 1958, 149) muss in der Sache selbst, dh auf Grund der abgegebenen Gebote über den Zuschlag entscheiden (vgl § 101 I).

VII. Bewirkung der Sicherheitsleistung

1. Sofortige Leistung der Sicherheit

51 Erklärt das Gericht die Sicherheit für erforderlich, so ist sie sofort zu leisten (§ 70 II 1). Das VollstrG ist nicht gehalten, einem Bieter, der seiner Obliegenheit zur Beschaffung einer zugelassenen Sicherheit nicht nachgekommen ist, im Termin noch Gelegenheit zu geben, diese noch während der Bietzeit beizubringen und die Frist zu Abgabe von Geboten zu verlängern (BGH Rpfleger 2006, 211). Wird die geforderte Sicherheit gar nicht oder nicht in ausreichender Höhe oder nicht in der zulässigen

VII. Bewirkung der Sicherheitsleistung **§§ 67–70**

Art oder nicht sofort geleistet, so ist das Gebot zurückzuweisen (§ 70 II 3). Wird in diesen Fällen ein Gebot trotzdem zugelassen, so gilt das Sicherheitsverlangen als zurückgenommen, wenn der Verlangende nicht sofort widerspricht (§ 70 III); das Gebot ist dann wirksam. Die Sicherheitsleistung durch Überweisung auf ein Konto der Gerichtskasse muss bereits vor dem Versteigerungstermin erfolgen (§ 70 II 2) und der Betrag muss der Gerichtskasse vor dem Versteigerungstermin gutgeschrieben werden und ein Nachweis hierüber muss im Versteigerungstermin vorliegen (§ 69 IV). Die Verantwortung für den rechtzeitigen Nachweis der Gutschrift auf dem Konto der Gerichtskasse trägt der Bieter. Er hat deshalb insbesondere die Buchungszeiten zwischen dem beteiligten Kreditinstitut und der Gerichtskasse zu beachten. Der Bieter hat aber nicht nur für die Gutschrift der Sicherheitsleistung auf dem Konto der Gerichtskasse vor dem Versteigerungstermin zu sorgen, sondern auch für den Nachweis im Versteigerungstermin; auf eine Mitteilung der Gerichtskasse an das Versteigerungsgericht von Amts wegen, kann er sich nicht verlassen.

2. Zeitpunkt bei erhöhter Sicherheitsleistung nach § 68 II und III

Die erhöhte Sicherheitsleistung des § 68 Abs. II und III, vor allem also bei Geboten des Vollstreckungsschuldners, ist ausnahmsweise nicht nach § 70 II 1 sofort im Versteigerungstermin zu leisten; sie kann vielmehr auch danach erbracht werden, spätestens jedoch bis zur Entscheidung über den Zuschlag (§ 68 IV). Bei dem Gesamtbetrag für die Sicherheitsleistung in den Fällen des § 68 II und III ist zu unterscheiden zwischen dem Betrag, der der gewöhnlichen Sicherheit nach § 68 I entspricht (= ein Zehntel des in der Terminsbestimmung genannten Verkehrswertes oder die höheren Verfahrenskosten) und dem darüber hinausgehenden Erhöhungsbetrag. Die Betrag der regelmäßigen Sicherheitsleistung nach § 68 I ist „sofort" zu leisten (§ 70 II 1) und nur der Erhöhungsbetrag nach § 68 II oder III kann bis zur Zuschlagsentscheidung erbracht werden (*Stöber*, ZVG, Rdn 329). Einem Bieter ist es in diesen Fällen also nicht gestattet, den gesamten Betrag der Sicherheitsleistung erst bis zur Zuschlagsentscheidung zu erbringen. Kann er die regelmäßige Sicherheitsleistung von einem Zehntel des Verkehrswertes nicht sofort bewirken, wird sein Gebot zurückgewiesen (§ 70 II 1). Dann stellt sich das Problem der Sicherheitsleistung für den Erhöhungsbetrag nach § 68 II oder III bis zur Zuschlagsentscheidung nicht mehr. Wenn aber beispielsweise der Vollstreckungsschuldner als Bieter die gewöhnliche Sicherheit für sein Gebot nach § 68 I sofort geleistet hat (was er sich in der Praxis reiflich überlegen wird!), kann er für den Erhöhungsbetrag nach § 68 III bis zur Zuschlagsentscheidung Sicherheit erbringen (§ 68 IV). Die Zuschlagsentscheidung kann entweder im Versteigerungstermin selbst

52

§§ 67–70

erfolgen oder in einem gesonderten Verkündungstermin (§ 87 I). Bei der Notwendigkeit der erhöhten Sicherheitsleistung nach § 68 II und III verlangt es der Grundsatz des fairen Verfahrens, dass dem Bieter bis zur Zuschlagsentscheidung in einem Verkündungstermin Gelegenheit gegeben wird, die Sicherheit für den Erhöhungsbetrag zu leisten (*Hintzen/Alff* Rpfleger 2007, 233, 236).

52a In den Fällen des § 68 II und III, dh insbesondere bei Geboten des Vollstreckungsschuldner, kann der Erhöhungsbetrag für die Sicherheitsleistung bis zur Entscheidung über den Zuschlag erbracht werden (§ 68 IV). Vorausgesetzt wird dabei, dass zumindest der Regelbetrag von einem Zehntel des veröffentlichten Grundstücksverkehrswertes (§ 68 I) von dem Vollstreckungsschuldner sofort als Sicherheit geleistet wurde. Dann ist das **Übergebot des Vollstreckungsschuldners** zunächst wirksam und bleibt es bis zur Entscheidung über den Zuschlag (*Stöber*, ZVG, Rdn 322, 324). Es kann daher nicht nach § 70 II 3 zurückgewiesen werden. Wird bis zur Zuschlagsentscheidung die erhöhte Sicherheitsleistung erbracht, dann wird das vorläufig wirksame Gebot endgültig wirksam und es kann ihm der Zuschlag erteilt werden. Gleiches gilt, wenn das Verlangen auf erhöhte Sicherheitsleistung zurückgenommen wird. Bei Nichtleistung der erhöhten Sicherheit wird das Gebot zurückgewiesen (§ 70 II 3) und damit unwirksam.

52b Ein Gebot erlischt grundsätzlich, wenn ein Übergebot zugelassen wird (§ 72 I). Wenn für ein Übergebot allerdings Sicherheit zu leisten ist, erlischt das Untergebot erst dann, wenn die Sicherheit geleistet ist. Wenn die erhöhte Sicherheit nach § 68 II und III für ein zugelassenes Übergebot nicht bis zur Entscheidung über den Zuschlag geleistet worden ist, ist das vorausgehende **Untergebot** nicht erloschen (§ 72 IV), so dass ihm der Zuschlag erteilt werden kann. Das Untergebot bleibt in diesen Fällen somit zunächst auch wirksam. Bei Leistung der erhöhten Sicherheit für das Übergebot bis zur Zuschlagsentscheidung erlischt das Untergebot, bei Nichtleistung wird das Untergebot endgültig wirksam. Der Grundsatz, dass ein Untergebot unwirksam und zurückzuweisen ist nach § 71 I, erfährt durch die §§ 68 IV, 72 IV somit eine Ausnahme. Sowohl das Übergebot des Vollstreckungsschuldners als auch ein vorheriges Untergebot sind zunächst vorläufig wirksam bis zur Entscheidung über den Zuschlag. § 72 IV geht von dem Fall aus, dass nach einem wirksamen Gebot eines Dritten ein Übergebot zugelassen wird, für das erhöhte Sicherheit nach § 68 II oder III zu leisten ist, die aber bis zur Entscheidung über den Zuschlag nicht erbracht wird. Bedeutsam, aber leider noch nicht geklärt, ist die Frage, ob nach einem wegen § 68 Abs. II oder III nur vorläufig wirksamen Gebot zB des Vollstreckungsschuldners ein betragsmäßig darunter liegendes Gebot (= Untergebot) zulässig ist. *Hintzen* (Rpfleger 2007, 233, 237*)* und *Weis* (ZfIR 2007, 477, 479) halten solche Untergebote für unzulässig, die deshalb sofort zurückzuweisen seien. Die Richtigkeit dieser Meinung unterstellt, hätte der Vollstre-

VII. Bewirkung der Sicherheitsleistung §§ 67–70

ckungsschuldner eine bisher nicht gekannte Möglichkeit, sich als Versteigerungsverhinderer ins Spiel zu bringen. Er müsste ein mehr oder minder weit über den Verkehrswert liegendes Gebot abgeben, wofür er die erhöhte Sicherheitsleistung nach § 68 III erst bis zur Entscheidung über den Zuschlag erbringen müsste (§ 68 IV); ein Übergebot eines Dritten wäre damit ausgeschlossen. Schon aus diesem Grund kann dieser Ansicht nicht gefolgt werden.

Fall:
Bei der Zwangsversteigerung eines Grundstücks mit einem veröffentlichten Verkehrswert von 350.000 € bietet der Vollstreckungsschuldner als erster sogleich 400.000 €. Der betreibende Gläubiger verlangt daraufhin erhöhte Sicherheitsleistung von ihm nach § 68 III. Der Vollstreckungsschuldner leistet sofort die gewöhnliche Sicherheit nach § 68 I in Höhe von 35.000 €; die erhöhte Sicherheit nach § 68 III will er bis zur Zuschlagsentscheidung in einem gesonderten Verkündungstermin noch erbringen. Sein Gebot in Höhe von 400.000 € ist zunächst wirksam In der Praxis wird sich kaum ein Bieter finden, der ein Übergebot abgibt, womit der Vollstreckungsschuldner die Zwangsversteigerung verhindert hätte. Es bietet aber ein Dritter 250.000 €. Dessen Untergebot muss auch vorläufig wirksam sein und darf nicht zurückgewiesen werden.

Jedes andere Ergebnis würde dem Sinn und Zweck von Sicherheitsleistung und Gebotsabgabe widersprechen. Ein nachfolgendes Untergebot eines Dritten zum vorausgehenden Gebot des Vollstreckungsschuldners muss ebenso vorläufig wirksam sein wie es das vorherige Untergebot im Verhältnis zum nachfolgenden Übergebot des Vollstreckungsschuldners bleibt nach § 72 IV, wenn für das Gebot des Vollstreckungsschuldners die erhöhte Sicherheitsleistung nach § 68 III (ebenso für § 68 II) noch nicht geleistet ist. Eine unterschiedliche Behandlung wäre nicht gerechtfertigt. Das Gebot des zur erhöhten Sicherheitsleistung verpflichteten Bieters ist bis zur Entscheidung über den Zuschlag noch nicht endgültig wirksam, so dass es auch kein anderes Untergebot ausschließen kann. Wird daher ein Gebot zugelassen, für das nach § 68 II und III eine erhöhte Sicherheit zu leisten ist, aber zunächst nur die normale Sicherheit nach § 68 I erbracht wird (= vorläufig wirksames Gebot), und danach erst ein zuschlagsfähiges Untergebot eines Dritten abgegeben wird (= vorläufig wirksames Gebot), so ist letzterem der Zuschlag zu erteilen, wenn die weitergehende Sicherheit für das höhere erste Gebot nicht bis zur Zuschlagsentscheidung geleistet wird (*Stöber*, ZVG, Rdn 322; *Alff* Rpfleger 2007, 233, 237). Und selbst beim Vorliegen zweier vorläufig wirksamer Gebote (zB 200.000 € von einem Dritten und danach 300.000 € vom Vollstreckungsschuldner) kann ein Dritter ein Zwischengebot abgeben (zB 250.000 €). Das Zwischengebot von 250.000 € bringt das Untergebot von 200.000 € zum Erlöschen nach § 72 I 1 (im Verhältnis zu ihm ist es nämlich ein Übergebot); im Verhältnis zum vorläufig wirksamen Gebot des Vollstreckungsschuldners über 300.000 € ist das Zwischengebot in Höhe von 250.000 € zwar ein Untergebot, bleibt aber bis zur

§§ 67–70

Zuschlagsentscheidung trotzdem vorläufig wirksam (entsprechend § 72 IV).

3. Entscheidung über die Zulassung des Gebots (§ 70 II 3, III)

53 Wird die verlangte Sicherheit in ausreichender Höhe (§ 68) und geeigneter Art (§ 69) sofort geleistet, so ist das Gebot zuzulassen (**aA** *Klawikowski* Rpfleger 1996, 528). Wird dagegen die geforderte Sicherheit gar nicht oder nicht in ausreichender Höhe oder nicht in der zulässigen Art oder nicht sofort geleistet, so ist das Gebot zurückzuweisen (§ 70 II 3). Dadurch erlischt das Gebot, wenn nicht der Bieter oder ein Beteiligter sofort widerspricht (§ 72 II). Dann bleibt die Wirksamkeit des Gebots in der Schwebe, erlischt aber durch die widerspruchslose Zulassung eines Übergebots, § 72 I. Ansonsten ist bei der Zuschlagsentscheidung oder im Beschwerdeverfahren die Rechtmäßigkeit der Zurückweisung des Gebots nach § 70 II 3 nochmals zu überprüfen (OLG Hamm Rpfleger 1987, 469). Wird ein Gebot zugelassen, obwohl die verlangte Sicherheit gar nicht oder nicht in ausreichender Höhe oder nicht in geeigneter Art oder verspätet geleistet wurde, so gilt das Sicherheitsverlangen als zurückgenommen, wenn der Verlangende nicht sofort widerspricht (§ 70 III); das Gebot ist dann wirksam. Unerheblich ist dabei, wieso das Gericht das Gebot zugelassen hat, zB weil es das Sicherheitsverlangen überhört oder vergessen hat. Wenn ein Bieter bei seinem früheren Gebot ordnungsgemäß Sicherheit geleistet hat, er dies aber bei einem höheren Gebot unterlässt (vgl § 67 I 2) und dieses versehentlich vom Gericht zugelassen wird, so ist es wirksam, wenn der die Sicherheit Verlangende nicht sofort widerspricht, § 70 III. Der Widerspruch muss sofort erhoben werden. Dies bedeutet, er kann nur berücksichtigt werden, wenn er unmittelbar nach der Gebotszulassung erfolgt; eine Überlegungsfrist dafür gibt es nicht. Durch den wirksamen Widerspruch bleibt das Gebot in der Schwebe und es muss dann bei der Zuschlagsentscheidung darüber endgültig entschieden werden, wenn sich die Frage nicht durch wirksame Übergebote (§ 72 I) von selbst erledigt.

4. Verwaltung der Sicherheit

54 Übergebene Bürgschaftsurkunden werden bei den Gerichtsakten aufbewahrt; eine Aushändigung an den die Sicherheit Verlangenden erfolgt nicht. Übergebene Schecks müssen vom Gericht über die Gerichtskasse unverzüglich eingelöst werden, damit sie nicht verfallen. Bei einem Bundesbankscheck (§ 69 I) erlischt die Verpflichtung aus der Bestätigung, wenn der Scheck nicht innerhalb von 8 Tagen nach der Ausstellung bei der Bundesbank zu Zahlung vorgelegt wird (§ 23 III Bundesbankgesetz). Bei übergebenen Sparbüchern muss das Gericht bereits vor dem Verteilungstermin das notwendige Guthaben abheben. Die Verwaltung von hinterlegten Gegenständen durch die Hinterlegungsstelle richtet sich nach den §§ 7 ff HinterlO.

5. Verwertung der Sicherheit

Zahlt der Ersteher sein Meistgebot einschließlich der Zinsen nicht im Verteilungstermin, so muss die geleistete Sicherheit verwertet und der Erlös unter Vorwegnahme der Kosten auf die Gl entsprechend ihrem Rang verteilt werden. Wurde die Sicherheit durch **Wertpapiere** geleistet, was nur mit dem Einverständnis des die Sicherheit Verlangenden möglich ist (vgl Rdn 47), so werden sie gemäß § 108, § 821 ZPO entweder durch den Gerichtsvollzieher zum Tageskurs veräußert oder, wenn sie keinen Börsen- oder Marktpreis haben, durch den Gerichtsvollzieher versteigert. Den Erlös hat nicht das Versteigerungsgericht, sondern der Gerichtsvollzieher selbst an die Berechtigten gemäß dem Teilungsplan zu verteilen (*Eickmann,* ZVG, § 15 III 7 c). 55–56

Erfolgte die Sicherheitsleistung durch Stellung einer **Bürgschaft,** so wird der Bürge im Zuschlagsbeschluss für mithaftend erklärt (§ 82). Zahlt im Verteilungstermin weder der Ersteher noch der Bürge nach Aufforderung durch das Gericht, so wird die Forderung des Vollstreckungsschuldners gegen den Ersteher auf Zahlung des Erlöses auf die Befriedigungsberechtigten übertragen (§ 11); dadurch geht die Bürgschaft ebenfalls über (§§ 412, 401 BGB), so dass gegen den Bürgen nach § 132 vollstreckt werden kann. Kommt es zur Erfüllung durch den Bürgen, geht die Forderung des hebungsberechtigten Gl gegen den Ersteher auf den Bürgen über (§ 774 BGB). Eine noch einzutragende Sicherungshypothek gemäß § 128 wäre dann gleich für den Bürgen einzutragen, eine bereits eingetragene Sicherungshypothek für den Gl geht auf den Bürgen über, § 1153 BGB (*Eickmann,* ZVG, § 15 III 7 b). 57

§ 71 [Zurückweisung eines unwirksamen Gebots]

¹Ein unwirksames Gebot ist zurückzuweisen.

ᴵᴵIst die Wirksamkeit eines Gebots von der Vertretungsmacht desjenigen, welcher das Gebot für den Bieter abgegeben hat, oder von der Zustimmung eines anderen oder einer Behörde abhängig, so erfolgt die Zurückweisung, sofern nicht die Vertretungsmacht oder die Zustimmung bei dem Gericht offenkundig ist oder durch eine öffentlich beglaubigte Urkunde sofort nachgewiesen wird.

Schrifttum: *Drischler,* Neue Fragen zur Ausbietungsgarantie in der Zwangsversteigerung, KTS 1976, 285; *Eickmann,* Vormundschaftsgerichtliche Genehmigung im Zwangsversteigerungsverfahren, Rpfleger 1983, 199; *Flik,* Vorausgenehmigung zum rechtsgeschäftlichen Grundstücksverkehr und zum Grundstückserwerb im Zwangsversteigerungsverfahren, BWNotZ 1995, 44; *Heiderhoff,* Bietungsabkom-

§ 71 [Zurückweisung eines unwirksamen Gebots]

men im Zwangsversteigerungsverfahren, MittRhNotK 1966, 45; *Kalter,* Das Bietungsabkommen, KTS 1964, 193; *Kirsch,* Risiken des Nachverhandelns in der Zwangsversteigerung, Rpfleger 2006, 373; *Klawikowski*, Vertretung von Beteiligten und Bietern im Zwangsversteigerungsverfahren, Rpfleger 2008, 404; *Papke,* Der Strohmann in der Zwangsversteigerung, KTS 1964, 21; *Riggers,* Zur Anfechtung von Geboten im Zwangsversteigerungsverfahren, JurBüro 1970, 359; *Schiffhauer,* Zur Anfechtung eines Gebots wegen Irrtums, Rpfleger 1972, 341; *Stadlhofer-Wissinger*, Das Gebot in der Zwangsversteigerung, 1993.

Übersicht

	Rn.
I. Allgemeines	1
II. Das Gebot	2
1. Rechtsnatur	2
2. Allgemeine Wirksamkeitsvoraussetzungen	5
3. Vertretung	15
4. Zustimmungspflicht	25
a) Allgemeines	25
b) Einzelfälle	26
5. Widerruflichkeit	42
6. Anfechtung	43
a) Überwiegende Meinung	43
b) Gegenansicht	44
7. Unwirksamkeit	45
a) Ursachen	45
b) Verfahren	46
8. Ausgeschlossene Gebote	47
III. Bietgemeinschaften	48
IV. Bietvereinbarungen	49
V. Ausbietungsgarantie, Ausfallverhütungsgarantie	50
1. Ausbietungsgarantie	50
2. Ausfallverhütungsgarantie	51

I. Allgemeines

1 § 71 schreibt die Zurückweisung unwirksamer Gebote vor. Die Vorschrift gilt für alle Versteigerungsverfahren. Nicht anwendbar ist § 71 I auf ein zunächst zugelassenes Gebot, das erst nachträglich unwirksam wird, zB durch ein Übergebot (§ 72 I).

II. Das Gebot

1. Rechtsnatur

2 Eine Meinung sieht in dem Gebot eine **privatrechtliche Willenserklärung,** deren Wirksamkeit sich nach bürgerlich-rechtlichen Vorschrif-

II. Das Gebot § 71

ten richtet (OLG Hamm Rpfleger 1998, 438; 1972, 378; OLG Stuttgart Justiz 1979, 332; OLG Frankfurt Rpfleger 1980, 441).

Dementgegen wird auch die Meinung vertreten, dass das Gebot ein **Angebot auf Abschluss eines öffentlich-rechtlichen Vertrages** darstellte, der mit dem Zuschlag als Annahme seitens des Staates zustande komme (*Rosenberg/Schilken* § 65 II 1 und § 66 II 1; *Bruns/Peters* § 34 II 2 a und § 35 VI). Grundlegend und überzeugend wurden diese Ansichten von *Stadlhofer-Wissinger* (Das Gebot in der Zwangsversteigerung, 1993) widerlegt. Die Hauptwirkung des Meistgebots, nämlich das Recht auf Zuschlagsentscheidung, richtet sich allein nach dem Verfahrensrecht. 3

Nach richtiger Ansicht ist daher das Gebot in der ZwVerst eine reine **Prozesshandlung** in der Form eines verfahrensrechtlichen Antrags auf Zuschlagserteilung, deren Voraussetzungen und Wirkungen vom Verfahrensrecht geregelt werden (*Stadlhofer-Wissinger* aaO; ebenso *Morvilius* in D/M/V 4. Kap Rdn 397; *Eickmann*, ZVG, § 15 II 1; *Jauernig*, ZwV, § 14 IV). 4

2. Allgemeine Wirksamkeitsvoraussetzungen

Ein Bieter muss sein Gebot **mündlich** im Versteigerungstermin abgeben; es kann nicht schriftlich und auch nicht vor dem Termin abgegeben werden; eine Ausnahme besteht bei den stummen Bietern (§ 186 GVG). Wirksam wird das Gebot, wenn es der Rechtspfleger hört; auf die Protokollierung kommt es dabei nicht an. 5

Die Gebotsabgabe muss in **Euro** erfolgen; dies gilt auch für einen Ausländer. 6

Gebote sind als Verfahrenshandlungen **bedingungs- und befristungsfeindlich**. 7

Bei der **Höhe** eines Gebotes ist es entscheidend, dass es sowohl das gG als auch ein bereits vorliegendes Gebot übertrifft. 8

Beim Bieter müssen **Parteifähigkeit** (§ 50 ZPO) und **Prozessfähigkeit** (§ 52 ZPO) vorliegen (*Eickmann*, ZVG, § 15 II 2 a). 9

Das VollstrG muss bei allen Bietern deren **Personalien** anhand der vorzulegenden Ausweise festhalten. 11

Auch wenn ein **Einzelkaufmann** unter seiner Firma bieten kann, muss das VollstrG trotzdem seinen bürgerlichen Namen aufnehmen; dieser ist erforderlich für den Zuschlagsbeschluss und die GB-Eintragung (§ 15 GBV). 12

Das Auftreten eines **Strohmannes** bei der Gebotsabgabe ist nicht sittenwidrig, sondern sogar vom Gesetz gedeckt (vgl § 81 II und III; BGH Rpfleger 1955, 157). 13

Als Bieter kann auch der **Vollstreckungsschuldner** auftreten; gleiches gilt für einen neu eingetretenen Eigentümer. Ist über das Vermögen des Schuldners das Insolvenzverfahren eröffnet, ist sein Gebot als unwirksam zurückzuweisen (*Dassler/Hintzen* Rdn 29). 14

§ 71 [Zurückweisung eines unwirksamen Gebots]

14 a Nach der Gebotsabgabe muss das VollstrG über die Wirksamkeit entscheiden. Hält das VollstrG ein Gebot für unwirksam, erlässt es einen Zurückweisungsbeschluss (§ 71 I). Im Falle der Wirksamkeit wird es nicht ausdrücklich zugelassen: es ist zugelassen, soweit es nicht zurückgewiesen wird. Wird ein **unwirksames Gebot** vom VollstrG zugelassen, so erlangt es damit trotzdem keine Wirksamkeit; sobald der Fehler bemerkt wird, ist es zurückzuweisen bzw der Zuschlag zu versagen.

3. Vertretung

15 a) Ist die Wirksamkeit eines Gebotes von der **Vertretungsmacht** desjenigen, welcher das Gebot für den Bieter abgegeben hat, abhängig, so erfolgt die Zurückweisung, sofern nicht die Vertretungsmacht bei dem VollstrG **offenkundig** ist oder durch eine **öffentlich beglaubigte Urkunde** sofort nachgewiesen wird (**§ 71 II**). Dies gilt sowohl bei der gesetzlichen als auch bei der gewillkürten Vertretung. Der Nachweis der Vertretungsmacht ist somit nur dann entbehrlich, wenn dem VollstrG die Vertretungsmacht "ohne weiteres", dh ohne Einsicht in Gerichtsakten, bekannt ist (*Stöber* Rdn 6.3 f). Nur aktenkundig und nicht auch offenkundig ist der Vertretungsnachweis, der dem VollstrG aus Akten desselben Amtsgerichts bekannt ist, da die Vollmachtserteilung nicht in dem Akt wirksam geworden ist. Offenkundige Tatsachen bedürfen keines Nachweises, aktenkundige Tatsachen sind nachgewiesen, aber nur dann, wenn die den Vertretungsnachweis enthaltende Akte dem VollstrG bei Gebotsabgabe vorliegt. Nicht ausreichend ist daher eine Vollmacht beim Gerichtsvorstand (*Stöber* Rdn 6.3 f **aA** *Steiner/Storz* Rdn 30). Erst recht ist die Vertretungsmacht zum Bieten nicht offenkundig, nur weil der gleiche Vertreter eines Kreditinstitutes laufend in Terminen auftritt. Ist die Vertretungsmacht nicht offenkundig, muss sie durch eine öffentlich beglaubigte Urkunde nachgewiesen werden. Ausreichend ist natürlich auch eine öffentliche Urkunde, zB die von einer Sparkasse mit Dienstsiegel ausgestellte (*Steiner/Storz* Rdn 28). Der Nachweis der Vertretungsmacht muss sofort bei Gebotsabgabe erfolgen. Sie kann nicht nachgereicht werden; daran ändert auch ein Widerspruch gegen die Zurückweisung des Gebots nichts (OLG Koblenz Rpfleger 1988, 75; LG Mainz Rpfleger 2000, 287). Da ein **Bieter** kein Beteiligter des Zwangsversteigerungsverfahrens gem § 9 ist, gelten für ihn die Vertretungsbeschränkungen des § 79 ZPO nicht, so dass er sich von jeder natürlichen und juristischen Person vertreten lassen (*Stöber* Rdn 6.3 **aA** *Klawikoswki* Rpfleger 2008, 404, 407: § 79 ZPO analog). Die Prüfung, ob eine Bevollmächtigung gegen das Rechtsdienstleistungsgesetz (RDG) verstößt, kann dem VollstrG nicht obliegen, da dies eine umfassende materiell-rechtliche Prüfung der Voraussetzungen erfordern würde, wozu das VollstrG nicht in der Lage ist (*Stöber* Rdn 6.3 **aA** wohl *Klawi-*

kowski Rpfleger 2008, 404; vgl auch LG Fulda Rpfleger 2008, 659; LG Chemnitz Rpfleger 2008, 325).

b) Eine **Vollmacht** zum Bieten bedarf der öffentlichen Beglaubigung (§ 71 II). Sie muss eindeutig zum Ausdruck bringen, dass der Bieter berechtigt ist, Grundstücke im Wege der ZwVerst zu erwerben für den Vertretenen: es genügt "zum Bieten", "zur Abgabe von Geboten", "zum Erwerb des Grundstücks" oder "zur Abgabe aller Erklärungen im Zwangsversteigerungsverfahren" (*Stöber* Rdn 6.3 a). Ausreichend ist auch eine Generalvollmacht. Keine Bietvollmacht stellt eine bloße Terminsvollmacht gemäß § 81 ZPO dar (*Steiner/Storz* Rdn 23); ebenso reicht eine Vollmacht "rechtsgeschäftliche Erklärungen abzugeben" nicht aus (*Stöber* Rdn 6.3 a). Will ein RA bieten, muss er auch eine gesonderte Bietvollmacht vorlegen, da § 88 II ZPO insoweit keine Anwendung findet (*Stöber,* ZVG, Rdn 316). Enthält die Bietvollmacht eine Beschränkung der Gebotshöhe, kann darüber hinaus kein wirksames Gebot abgegeben werden (*Stöber* Rdn 6.3 b). Die Vollmachtsurkunde muss in Urschrift oder Ausfertigung dem VollstrG vorgelegt werden; eine beglaubigte Abschrift genügt nicht (*Stöber* Rdn 6.3 e). Nach Rückgabe an den Vertreter muss allerdings eine beglaubigte Abschrift zu den Versteigerungsakten genommen werden.

c) Bei einer **Gesamtvertretungsberechtigung** müssen grundsätzlich alle bieten. Gibt nur ein Gesamtvertreter ein Gebot ab, genügt dies nur dann, wenn die anderen sich dem Gebot erkennbar anschließen (LG Braunschweig DNotZ 1957, 322). Haben mehrere Personen einen Bieter bevollmächtigt, dann bestimmt letzterer für wen er bietet oder in welchem Beteiligungsverhältnis die Vertretenen erwerben, soweit die Vollmachtsurkunde dazu schweigt.

d) Ein **Geschäftsunfähiger** (§ 104 BGB) ist prozeßunfähig (§ 52 ZPO). Er kann daher kein wirksames Gebot abgeben. An seiner Stelle müssen die gesetzlichen Vertreter handeln: Eltern bzw Mutter bei Kindern (§§ 1626, 1626 a BGB) oder der Vormund beim Mündel (§§ 1793, 1897 BGB).

e) Juristische Personen sind parteifähig (= rechtsfähig, § 50 ZPO) und können daher als Bieter auftreten; gem § 124 I,

§ 161 II HGB können auch die **OHG bzw KG** Bieter sein. Die für sie handelnden Organe (Vorstand eines Vereins, einer Aktiengesellschaft, Geschäftsführer einer GmbH; Gesellschafter einer OHG oder KG usw) müssen ihre Vertretungsmacht sofort bei Gebotsabgabe nachweisen. Dies geschieht insbesondere durch Vorlage eines Handelsregisterauszuges neueren Datums, wobei es eine exakte Zeitgrenze nicht gibt, sondern das pflichtgemäße Ermessen des Rechtspflegers entscheidet (*Stöber,* ZVG, Rdn 318; OLG Hamm Rpfleger 1990, 85); ein vier Wochen alter HR-Auszug kann zu alt sein (LG Mainz Rpfleger 2000, 287). Ist danach ein Handelsregisterauszug zu alt, so soll das VollstrG verpflichtet sein, von Amts wegen beim Registergericht die Vertretungsverhältnisse nachzu-

§ 71 [Zurückweisung eines unwirksamen Gebots]

prüfen, wenn es um die Zulassung eines erheblich höheren als des vorherigen Gebots geht (OLG Hamm Rpfleger 1990, 85). Dies ist abzulehnen. Zum einen ist das Kriterium "erheblich höheres Gebot" untauglich und zum anderen kann es nicht angehen, Aufgaben der Beteiligten dem VollstrG aufzuladen (ebenso LG Mainz Rpfleger 2000, 287; *Hintzen* Rpfleger 1990, 219; *Stöber,* ZVG, Rdn 318). Ein Bieter sollte sich daher rechtzeitig beim VollstrG erkundigen, ob ein Handelsregisterauszug anerkannt wird. Als Nachweis der Vertretungsmacht kann auch nicht auf das Handelsregister desselben Amtsgerichts Bezug genommen werden (*Stöber* Rdn 6.4). Das VollstrG ist nicht verpflichtet, von Amts wegen Daten aus dem EDV-Register (gemeinsames Registerportal der Länder) abzurufen (Stöber Rdn 6.5; OLG Hamm DNotZ 2008, 530).

21   Eine **Vor-GmbH** kann nach heute hM (BGHZ 80, 129; *Meikel/ Böttcher* Einl F Rdn 54) Grundstückseigentümer sein, somit auch Gebote abgeben; in diesem Fall muss dem VollstrG der Gründungsvertrag, die Geschäftsführerbestellung, deren gesondert zu erteilende Vertretungsmacht für die Gebotsabgabe und das Betreiben der Handelsregistereintragung nachgewiesen werden (*Stöber* Rdn 7.13 b; LG München II NJW-RR 1987, 1519). Bedarf der Vorstand eines eV zum Bieten der Zustimmung der Mitgliederversammlung, so muss ein vom Vorstand bevollmächtigter Vertreter neben der Bietungsvollmacht auch die Zustimmung in notariell beglaubigter Form nachweisen (OLG Hamm NJW 1988, 73).

22   f) Eine **Prokura** umfasst auch das Recht zum Grundstückserwerb in der ZwVerst gem § 49 HGB. Der Prokurist muss einen beglaubigten Handelsregisterauszug neueren Datums oder eine öffentlich beglaubigte Vollmachtsurkunde vorlegen.

23   g) Eine **BGB-Gesellschaft** kann zwar nicht nur unter einer bestimmten Bezeichnung im GB eingetragen werden, sondern die einzelnen Gesellschafter sind einzutragen mit dem Zusatz "als Gesellschaft bürgerlichen Rechts"(§ 47 II 1 GBO). Da die (Außen-)Gesellschaft bürgerlichen Rechts aber partei- und rechtsfähig ist (BGHZ 146, 341), kann sie als solches auch bieten. Entweder wird die GbR von allen Gesellschaftern beim Bieten vertreten oder die sonstigen Gesellschafter müssen ihre Vertretungsmacht sofort durch öffentlich beglaubigte Urkunden nach § 71 II nachweisen (*Stöber* Rdn 7.13 g).

24   h) Die Vertretung der **Gemeinden** richtet sich nach den Gemeindeordnungen der Länder (vgl dazu *Schöner/Stöber* Rdn 4075, 4076). Vertretungsberechtigt ist der Bürgermeister; bei seiner Verhinderung treten an seine Stelle der zweite bzw dritte Bürgermeister im süddeutschen Raum oder Beigeordnete im norddeutschen Raum. Das VollstrG muss anhand des Personalausweises die Personalien, anhand des Dienstausweises die Eigenschaft als Bürgermeister usw und anhand des Gemeinderatsbeschlusses die Vertretungsmacht prüfen. Soweit die Gemeindeordnungen

II. Das Gebot §71

für die Gebotsabgabe Schriftform verlangen, wird dies durch die mündliche Gebotsabgabe und deren Protokollierung ersetzt.

i) Nach § 10 VI 1 WEG kann eine **Wohnungseigentümergemein-** 24a
schaft im Rahmen der gesamten Verwaltung des Gemeinschaftseigentums selbst Rechte erwerben und Pflichten eingehen; insoweit ist sie rechtsfähig. Sie kann selbst ein Grundstück oder eine Eigentumswohnung (zB Hausmeisterwohnung) erwerben, auch im Wege der ZwVerst (OLG Celle Rpfleger 2008, 296; LG Frankenthal MittBayNot 2008, 128; LG Deggendorf NotBZ 2008, 198; *Bärmann/Wenzel* § 10 WEG Rdn 213, 224; *Schneider* Rpfleger 2007, 175; 2008, 291 **aA** *Stöber* Rdn 7.23 b). Den Erwerb können die Wohnungseigentümer mit Mehrheit beschließen. Die rechtsfähige Gemeinschaft wird beim Erwerb vom Verwalter vertreten (§ 27 III Nr 7 WEG). Dazu muss er allerdings durch Beschluss ermächtigt werden. Dieser ist dem VollstrG nachzuweisen. Dies geschieht in entsprechender Anwendung von § 26 III, § 24 VI WEG durch Vorlage einer Niederschrift über den Ermächtigungsbeschluss, bei der die Unterschriften von dem Vorsitzenden und einem Wohnungseigentümer und falls ein Verwaltungsbeirat bestellt ist, auch von dessen Vorsitzenden oder seinen Vertreter, öffentlich beglaubigt sind (*Schneider* Rpfleger 2008, 291, 292). Eine Prüfung, ob die Gebotsabgabe im Rahmen der Verwaltung des Gemeinschaftseigentums liegt, hat das VollstrG nicht vorzunehmen; insoweit kann es sich auf die Beschlussfassung der Wohnungseigentümergemeinschaft verlassen (OLG Celle Rpfleger 2008, 296). Die Gemeinschaft muss die Bezeichnung „Wohnungseigentümergemeinschaft" gefolgt von der bestimmten Angabe des gemeinschaftlichen Grundstücks (zB postalische Anschrift oder Grundbuchbezeichnung) führen.

4. Zustimmungspflicht

a) Allgemeines. Eine für ein Gebot erforderliche Zustimmung eines 25
anderen oder einer Behörde muss bei Gebotsabgabe sofort durch eine öffentlich beglaubigte Urkunde nachgewiesen werden, wenn sie nicht bei dem Gericht offenkundig ist; ansonsten erfolgt Zurückweisung des Gebots (§ 71 II). Öffentliche Beurkundung genügt natürlich auch. Die Zustimmung kann nicht nachgereicht werden, weder im Versteigerungstermin noch im Beschwerdeverfahren (OLG Frankfurt Rpfleger 1967, 51).

b) Einzelfälle. aa) Bausparkassen benötigen nach der Neufassung 26
des Versicherungsaufsichtsgesetzes (§ 54) zum Erwerb von Grundstücken keine Genehmigung mehr.

bb) Beschränkt Geschäftsfähige (§ 106 BGB) sind prozessunfähig 27
(§ 52 ZPO) und bedürfen zur Gebotsabgabe der Einwilligung des gesetzlichen Vertreters gem § 107 BGB; ansonsten ist das Gebot unwirksam (§ 111 BGB). Gesetzliche Vertreter sind die Eltern gemeinsam bzw die

§ 71 [Zurückweisung eines unwirksamen Gebots]

Mutter allein (§§ 1626, 1626 a BGB) oder der Vormund (§§ 1793, 1897 BGB).

28 cc) **Ehegatten** im gesetzlichen Güterstand der Zugewinngemeinschaft bedürfen keiner Zustimmung gem § 1365 BGB, wenn das zu zahlende Gebot das gesamte Vermögen ausmachen würde (LG Freiburg Rpfleger 1973, 302). Auch bei der Gütergemeinschaft bedarf der das Gesamtgut allein verwaltende Ehegatte nicht der Zustimmung des anderen gem § 1423 BGB, wenn das Gebot das Gesamtgut im ganzen ausmacht. Verwalten beide das Gesamtgut, müssen auch beide bieten.

29 dd) **Eltern** bedürfen zur Gebotsabgabe als gesetzlicher Vertreter der Genehmigung des Gerichts gem §§ 1643, 1821 I Nr 5 BGB (*Eickmann* Rpfleger 1983, 199, 201).

30 ee) **Handwerkskammern** bedürfen für ihre Gebote keiner Genehmigung der Aufsichtsbehörde (§ 106 I Nr 7, II Handwerksordnung; *Stöber* Rdn 7.10).

31 ff) **Hypothekenbanken** benötigen idR für Gebote der Genehmigung der Aufsichtsbehörde; eine Ausnahme besteht beim Grundstückserwerb zur Verhütung von Verlusten an Hypotheken oder zur Beschaffung von Geschäftsräumen oder Wohnraum für Betriebsangehörige (§ 5 IV HypothekenbankenG). Ob diese Grenzen vorliegen, kann das VollstrG nicht prüfen; deshalb sind die Gebote auch ohne eine Genehmigung zuzulassen (*Steiner/Storz* Rdn 55; *Dassler/Hintzen* Rdn 48).

32 gg) **Innungen und Kreishandwerkschaften** bedürfen zur Gebotsabgabe der Genehmigung der Handwerkskammer (§ 61 III, § 89 I HandwerksO), nicht aber Landesinnungsverbände und der Bundesinnungsverband (§ 83 I, § 85 II HandwerksO; vgl *Stöber* Rdn 7.11 aA*Dassler/Hintzen* Rdn 49, 50).

33 hh) **Kirchenbehörden** der evangelischen und katholischen Konfession können ein wirksames Gebot nur mit Genehmigung der Aufsichtsbehörde abgeben.

34 ii) **Insolvenzverwalter** benötigen zum Grundstückserwerb der Genehmigung des Gläubigerausschusses (§ 160 I InsO). Diese braucht bei Gebotsabgabe jedoch nicht vorgelegt zu werden (§ 164 InsO), vgl *Stöber* Rdn 7.12.

35 jj) **Pfleger** bedürfen zur Gebotsabgabe der gerichtlichen Genehmigung gem §§ 1915, 1821 I Nr 5 BGB (*Eickmann* Rpfleger 1983, 199, 201).

36 kk) **Sozialversicherungsträger** bedürfen zur Abgabe von Geboten der Genehmigung der Aufsichtsbehörde (§ 85 I SGB IV). Dazu gehören die gesetzlichen Kranken-, Unfall- und Rentenversicherungen, Berufsgenossenschaften, landwirtschaftliche Altersklassen.

37 ll) **Testamentsvollstrecker** bedürfen keiner Zustimmung zur Gebotsabgabe.

38 mm) **Versicherungsgesellschaften** (AG, VVaG) benötigen nach der Neufassung des Versicherungsaufsichtsgesetzes (§ 54) keiner Genehmigung zum Bieten.

nn) Vormünder bedürfen zur Gebotsabgabe der gerichtlichen **39** Genehmigung gem § 1821 I Nr 5 BGB (*Eickmann* Rpfleger 1983, 199, 201).

oo) Betreuer bedürfen zur Gebotsabgabe der gerichtlichen Geneh- **40** migung gemäß §§ 1908 i, 1821 I Nr 5 BGB.

Ein **Betreuter** kann grundsätzlich selbst bieten; besteht allerdings ein **41** Einwilligungsvorbehalt, sind die Einwilligung und die gerichtliche Genehmigung sofort bei Gebotsabgabe nachzuweisen (§§ 1903 I, 1908 i BGB).

pp) Ausländer (natürliche und juristische Personen) unterliegen beim **41a** Grundstückserwerb, auch im Wege der ZwVerst, keinerlei Beschränkungen oder Genehmigungspflichten (Art 86 EGBGB). Bei Geboten verheirateter ausländischer Staatsangehöriger kann eine Zurückweisung nur dann erfolgen, wenn dem VollstrG sicher bekannt ist, dass die Erwerbsfähigkeit nicht gegeben ist oder die Bieter in dem angegebenen Anteilsverhältnis (§ 47 GBO) nicht erwerben können (*Dassler/Hintzen* Rdn 7; *Stöber* Rdn 7.1 b). Die Rechts- und Geschäftsfähigkeit einer Person unterliegen dem Recht des Staates, dem die Person angehört (Art 7 I, Art 12 II EGBGB). Empfehlenswert ist es, eine förmliche Rechtswahl (Art 15 II EGBGB) oder Rechtswahlbestätigung (Art 220 III EGBGB) in notariell beurkundeter Form (Art 14 IV EGBGB) zu treffen und diese Urkunde bei Gebotsabgabe vorzulegen (so Stöber Rdn 7.1 b). Art 2 III iVm Art 1 Nr 2 Verordnung (EG) Nr 881/2002 dea Rates vom 27.5.2002 (abgedruckt im Amtsblatt der Europäischen Gemeinschaft vom 29.5.2002) über die Anwendung bestimmter spezifischer restriktiver Maßnahmen gegen bestimmte Personen und Organisationen, die mit **Osama bin Laden**, dem **Al-Quida-Netzwerk** und den **Taliban** in Verbindung stehen, stellt ein vor deutschen Gerichten zu beachtendes Veräußerungsverbot dar (EuGH Rpfleger 2008, 17; LG Berlin Rpfleger 2006, 183). Die in der vom BKA geführten Liste genannten Personen dürfen keine Grundstücke erwerben, auch nicht im Wege der ZwVerst, was vom VollstrG bei der Gebotsabgabe zu beachten ist (*Dassler/Hintzen* Rdn 8).

5. Widerruflichkeit

Ein freier Widerruf des Gebots ist bis zur Zulassung durch das VollstrG **42** möglich. Danach ist der Bieter daran gebunden (OLG Hamm Rpfleger 1972, 378).

6. Anfechtung

a) Überwiegende Meinung. Da das Gebot zum Teil als privatrecht- **43** liche Willenserklärung angesehen wird (vgl Rdn 2–4), lässt diese Ansicht insoweit konsequent auch die Anfechtung wegen Irrtums, Täuschung oder Drohung gemäß §§ 119, 123 BGB zu (BGH NJW 1984, 1950;

§ 71 [Zurückweisung eines unwirksamen Gebots]

RGZ 54, 308; OLG Hamm Rpfleger 1998, 438; 1972, 378; OLG Stuttgart JustABlBW 1979, 332; OLG Frankfurt Rpfleger 1980, 441). Dies komme in Betracht, wenn ein Zeichen des Bieters irrtümlich als Gebot gewertet wurde oder der Bieter auf ein anderes von mehreren versteigerten Einzelgrundstücken bieten wollte als angenommen oder sich der Bieter über wesentliche Eigenschaften des Grundstücks geirrt hat. Nicht zur Anfechtung berechtigen dagegen Irrtümer über den Wert des Versteigerungsobjekts (OLG Hamm Rpfleger 1998, 438), Grundstücksmängel (LG Bielefeld MDR 1978, 678), Rechenfehler (RGZ 64, 268) oder sonstige Motivirrtümer (RGZ 54, 308; LG Bonn JurBüro 1981, 1885), wie zB eine Fehlvorstellung über den Umfang der bestehen bleibenden Rechte (BGH DNotZ 2008, 917). Eine Anfechtung des Meistgebots mit der Begründung eines Irrtums über eine verkehrswesentliche Eigenschaft (zB Größe des Grundstücks, Zugang zu einem See) nach § 119 II BGB ist ausgeschlossen, sofern das Fehlen der Eigenschaft einen Sachmangel begründet (BGH ZfIR 2008, 203); Lage und Beschaffenheit eines Grundstücks gehören nicht zu den Versteigerungsbedingungen; Irrtümer über Grundstücksmängel berechtigten nicht zur Irrtumsanfechtung (LG Neuruppin Rpfleger 2002, 40). Eine an sich zulässige Irrtumsanfechtung sei dann ausgeschlossen, wenn der Bieter verspätet erscheint und ein Gebot abgibt, ohne sich über die Versteigerungsbedingungen zu informieren (OLG Frankfurt Rpfleger 1980, 441; LG Lüneburg Rpfleger 2008, 272). Die Anfechtung müsse ggü dem VollstrG im Termin erfolgen (§ 143 BGB), und zwar unverzüglich nach Entdeckung des Irrtums (§ 121 I BGB). Wird der Anfechtungsgrund erst neun Tage nach Bekanntwerden geltend gemacht, so sei die Anfechtung verspätet (LG Krefeld Rpfleger 1989, 166). Bemerkt der Meistbietende seinen zur Anfechtung berechtigendem Irrtum erst nach Zuschlagsverkündung, so sei die Anfechtungserklärung mit der Zuschlagsbeschwerde zu verbinden (OLG Frankfurt Rpfleger 1980, 441). Nach Rechtskraft des Zuschlagsbeschlusses sei eine Anfechtung nicht mehr möglich (OLG Hamm JurBüro 1966, 889). Der Anfechtende müsse seinen Irrtum beweisen. Der Rechtspfleger müsse nach Sachverhaltsaufklärung (§ 139 ZPO) sofort entscheiden (RGZ 85, 221). Wird ein Gebot sogleich nach dessen Abgabe wirksam angefochten, so sei es zurückzuweisen; erfolgt die Anfechtung nach Versteigerungsschluss (§ 73 II), sei der Zuschlag zu versagen; wird der Zulassung eines Übergebotes widersprochen (§ 72 I, das "Untergebot" erlischt nicht) und dieses dann angefochten, so sei der Zuschlag dem zweithöchsten Gebot zu erteilen (BGH Rpfleger 1984, 243; RGZ 54, 308). Wird das Höchstgebot wirksam angefochten, so seien Untergebote dennoch solange unzulässig, bis das angefochtene Meistgebot vom Rechtspfleger zurückgewiesen wird (OLG Hamm Rpfleger 1972, 378). Wurde einem in der Bietzeit wirksam angefochtenen Gebot nicht widersprochen, so müsse mit dem Bieten neu begonnen werden, weil durch die Zulassung des Übergebotes das vorherige Gebot

II. Das Gebot § 71

gem § 72 I erloschen sei. Ficht der Meistbietende, dem der Zuschlag erteilt worden ist, sein Gebot an und wird der Zuschlag deshalb versagt, so habe er einem anderen Beteiligten, der auf die Wirksamkeit des Meistgebots vertraut und diesem daher nicht widersprochen hat, gem § 122 I BGB den Vertrauensschaden zu ersetzen (BGH Rpfleger 1984, 243).

b) Gegenansicht. Wird ein Gebot richtigerweise als Prozesshandlung 44 angesehen (vgl Rdn 2–4), so folgt daraus, dass es nicht wegen Willensmängel angefochten werden kann (so grundlegend *Stadlhofer-Wissinger,* Das Gebot in der Zwangsversteigerung – eine nicht anfechtbare Prozesshandlung, 1993; ebenso *Morvilus* in D/M/V 4. Kap Rdn 397; *Eickmann,* ZVG, § 15 II 2 c; *Rosenberg/Schilken* § 65 II 1). Aus der gesetzlichen Systematik der §§ 67–72 lässt sich unschwer entnehmen, dass der Gesetzgeber auf jeden Fall eine Ungewissheit bei der Frage der Wirksamkeit eines Gebots vermeiden wollte. Dem Schutz eines sich irrenden Bieters gebührt kein Vorrang vor einer sicheren Rechtsgrundlage für die Zuschlagsentscheidung. Wenn der Bieter irrtümlich davon ausgeht, dass sein Bargebot auch sein Meistgebot ist, dh die bestehen bleibenden Rechte darin enthalten seien und nicht bestehen bleiben, handelt es sich dabei nicht um einen Inhaltsirrtum, sondern um einen unerheblichen Motivirrtum (BGH Rpfleger 2008, 545; **aA***Dassler/Hintzen* Rdn 15).

7. Unwirksamkeit

a) Ursachen. Die Unwirksamkeit von Geboten kann sich sowohl 45 aus dem materiellen Recht als auch aus dem Verfahrensrecht ergeben. **Materielle Nichtigkeitsgründe** führen zur eigentlichen **Unwirksamkeit** von Geboten: Geschäftsunfähigkeit (Rdn 18), beschränkte Geschäftsfähigkeit ohne Einwilligung des gesetzlichen Vertreters (Rdn 27), fehlende gerichtliche Genehmigung der Eltern, Vormund, Pfleger, Betreuer (Rdn 29, 35, 39, 40), sonstige Mängel der Vertretungsmacht (Rdn 15 ff) oder Zustimmungspflicht (Rdn 25 ff), mangelnde Ernstlichkeit (§ 118 BGB), Verstoß gegen Gesetz (§ 134 BGB) oder die guten Sitten (§ 138 BGB), Bedingung und Befristung (Rdn 7). Gebote, die in der Absicht abgegeben werden, im Falle des Meistgebotes hierauf keine Zahlung leisten zu wollen und zu können, sind gemäß § 138 I BGB als **rechtsmissbräuchlich** zurückzuweisen (OLG Nürnberg Rpfleger 1999, 87; OLG Bremen Rpfleger 1999, 88; OLG Hamm, LG Essen Rpfleger 1995, 34, LG Lüneburg Rpfleger 2007, 419). Eine Zurückweisung aus diesem Grunde muss jedoch auf Ausnahmefälle beschränkt bleiben und der Rechtsmissbrauch daher durch offenkundige, nachprüfbare Tatsachen eindeutig belegt sein; der Rechtspfleger hat die Gewährung des rechtlichen Gehörs sowie die wesentlichen Gründe der Zurückweisung im Versteigerungsprotokoll festzuhalten (LG Lüneburg Rpfleger 2007, 419). **Verfahrensrechtliche Nichtigkeitsgründe** führen zur **Unzulässigkeit** des Gebotes: Schriftform (Rdn 5), Nichterreichen des gG (Rdn 8), kein Überschreiten bereits zugelassener Gebote (Rdn 8), mangelnde Sicherheitsleistung (§§ 67–70), ausländische Währung (Rdn 6).

46 **b) Verfahren.** Unwirksame (ebenso unzulässige) Gebote sind sofort zurückzuweisen (§ 71 I). Dies muss idR ausdrücklich geschehen (OLG Düsseldorf NJW 1953, 1757). Ausnahmsweise kann dies unterbleiben, wenn das unwirksame Gebot wirksam überboten wurde (*Stöber* Rdn 2.6). Wird einer förmlichen Zurückweisung nicht widersprochen, führt dies zum Erlöschen des Gebots (§ 72 II). Da das VollstrG sofort über die Wirksamkeit eines Gebots entscheiden muss, sind alternative Bietreihen unzulässig (OLG Hamm Rpfleger 1972, 378).

8. Ausgeschlossene Gebote

47 Die mit der Durchführung der ZwVerst befassten Rechtspfleger, Richter, Rechnungsbeamte und Protokollführer dürfen weder für sich selbst noch für einen anderen bieten (§§ 41, 49 ZPO, § 10 RPflG; vgl *Steiner/Storz* Rdn 94). Solche Gebote müssen zurückgewiesen werden (*Stöber* Rdn 5.1).

III. Bietgemeinschaften

48 Mehrere natürliche oder juristische Personen können gemeinsam bieten. Ist dies eine Bruchteilsgemeinschaft müssen die exakten Bruchteile für jede Person angegeben werden. Bietet eine Gesamthandsgemeinschaft (BGB-Gesellschaft, Gütergemeinschaft, Erbengemeinschaft) muss das maßgebende Rechtsverhältnis bezeichnet werden. Werden diese Angaben nicht gemacht, muss das Gebot zurückgewiesen werden (*Stöber*, ZVG, Rdn 315). Bei der Gebotsabgabe durch eine Bietgemeinschaft können alle gemeinsam handeln. In der Praxis wird jedoch einer von ihnen bieten; die anderen müssen dann zustimmen, und zwar zumindest konkludent (zB durch Kopfnicken). Für die Abwesenden muss eine notariell beglaubigte Bietvollmacht vorgelegt werden (*Stöber* Rdn 4.2).

IV. Bietvereinbarungen

49 Es werden Verträge abgeschlossen, in denen sich **jemand verpflichtet, in der ZwVerst kein Gebot abzugeben** = pactum de non licitando (BGH NJW 1979, 162; 1961, 1012; OLG Celle NJW 1969, 1764; OLG Hamm Rpfleger 1974, 276). Solche Vereinbarungen sind nicht grundsätzlich, sondern nur nach Lage des Einzelfalles sittenwidrig gemäß § 138 BGB (BGH NJW 1979, 162; OLG Koblenz ZfIR 2002, 755; OLG Köln NJW 1978, 47). Dies ist der Fall, wenn eine Vergütung für das Nichtbieten zugesichert wird oder wenn der Zweck hauptsächlich in der Schädigung eines Gl oder des Vollstreckungsschuldners oder des Fiskus besteht (BGH NJW 1961, 1012; OLG Celle NJW 1978, 1764; OLG Karlsruhe Rpfleger 1993, 413; OLG Frankfurt ZIP 1989, 399). Sittenwidrig ist ein solches Bietabkommen auch dann, wenn die Konkurrenz der Bieter geschmälert wird, in dem mindestens ein Bieter, der mehr als andere bieten wollte, von der Teilnahme am Termin abgehalten wird (LG Saarbrücken Rpfleger 2000, 80). Aus einem sittenwidrigen Bietabkommen kann sich ein Schadensersatzanspruch gemäß § 826 BGB für den geschädigten Schu oder Gl ergeben; eine Zuschlagsanfechtung kann damit nicht begründet werden (RGZ 58, 393; BGH BWNotZ 1966, 199; OLG Celle NdsRpfl 1961, 12; OLG Köln BB 1963, 1280; OLG Karlsruhe Rpfleger 1993, 413). Bei Kenntniserlangung des Bietabkommens vor Zuschlagserteilung kann sich aber die Pflicht des VollstrG ergeben, zur Gewährung effektiven Rechtsschutzes und einer fairen Verhandlungsführung von einer sofortigen Zuschlagserteilung abzusehen und die Beteiligten auf die Möglichkeit des Rechtsschutzes gemäß § 765 a ZPO hinzuweisen (OLG Karlsruhe Rpfleger 1993, 413). Wird ein Gebot entgegen einem Bietabkommen abgegeben, so ist dieses wirksam.

V. Ausbietungsgarantie, Ausfallverhütungsgarantie

Schrifttum: *Sichtermann/Hennings,* Die Ausbietungsgarantie, 1992; *Droste,* Die Ausbietungsgarantie in der notariellen Praxis, MittRhNotK 1995, 37; *Zimmer,* Die Anbietungsgarantie in der notariellen Praxis, NotBZ 2002, 55.

1. Ausbietungsgarantie

Die Ausbietungsgarantie verpflichtet den Garanten dazu, selbst ein 50 Gebot einer betraglich bestimmten Mindesthöhe oder in einer aus festgelegten Faktoren eindeutig errechenbaren Mindesthöhe abzugeben, zB muss die Hypothek in Abt III Nr 3 vollständig ausgeboten werden. Sie muss gemäß § 311 b BGB materiell beurkundet sein (BGH Rpfleger 1983, 81; OLG Hamburg MittBayNot 2003, 293; OLG Celle DNotZ 1992, 302; NJW 1977, 52). Eine privatschriftliche und damit formnichtige Ausbietungsgarantie wird mit dem Zuschlag wirksam (vgl § 311 b BGB), nicht erst mit der GB-Eintragung des Erstehers (OLG Koblenz ZfIR 2000, 320). Die Übernahme der Ausbietungsgarantie durch die Eltern, Vormund, Betreuer oder Pfleger bedarf gem §§ 1915, 1643, 1821 I Nr 5 BGB der gerichtlichen Genehmigung. Wird ein Gebot entgegen der Ausbietungsgarantie abgegeben, ist es zwar wirksam, der Garant macht sich jedoch schadensersatzpflichtig. Gibt ein aus dem Grundstück Befriedigungsberechtigter ein Gebot ab, dann führt die Befriedigungsfiktion des § 114a nicht dazu, dass die Schadensersatzpflicht des Ausbietungsgaranten entfällt (OLG Celle Rpfleger 1989, 118).

2. Ausfallverhütungsgarantie

51 **Die Ausfallverhütungsgarantie** soll gewährleisten, dass ein Gl ohne Verlust aus der ZwVerst hervorgeht, zB weil der Garant einen Ausfall ersetzt oder weil ein außenstehender Dritter ein ausreichendes Gebot abgibt (BGH ZIP 1999, 234; 1992, 1538; RGZ 88, 410; 100, 88; 157, 175). Sie bedarf nicht der Form gem § 311b BGB (*Eickmann,* ZVG, § 15 IV 2 a; *Stöber* Rdn 8.6 **aA** LG Göttingen NJW 1976, 571). Ein Gebot entgegen der Ausfallverhütungsgarantie ist wirksam. Die Aufhebung einer ZwVerst gem § 77 II 1 ist nicht wie ein Ausfall in der ZwVerst zu behandeln (BGH EWiR 1999, 1043 m Anm *Böttcher*).

§ 72 [Erlöschen eines Gebots; Übergebot]

^I**Ein Gebot erlischt, wenn ein Übergebot zugelassen wird und ein Beteiligter der Zulassung nicht sofort widerspricht. Das Übergebot gilt als zugelassen, wenn es nicht sofort zurückgewiesen wird.**

^{II}**Ein Gebot erlischt auch dann, wenn es zurückgewiesen wird und der Bieter oder ein Beteiligter der Zurückweisung nicht sofort widerspricht.**

^{III}**Das gleiche gilt, wenn das Verfahren einstweilen eingestellt oder der Termin aufgehoben wird.**

^{IV}**Ein Gebot erlischt nicht, wenn für ein zugelassnes Übergebot die nach § 68 Abs. 2 und 3 zu erbringende Sicherheitsleistung nicht bis zur Entscheidung über den Zuschlag geleistet worden ist.**

I. Allgemeines

1 Die Erlöschungsgründe für Gebote sind in § 72 abschließend geregelt. Die Vorschrift gilt für alle Versteigerungsverfahren des ZVG.

II. Erlöschen der Gebote

1. Zulassung eines Übergebots (§ 72 I).

2 Ein Gebot erlischt, wenn ein Übergebot zugelassen wird und ein Beteiligter dem nicht sofort widerspricht (**§ 72 I 1**). Nicht die Abgabe eines Übergebots ist Erlöschensgrund, sondern erst seine Zulassung; letzteres braucht aber nicht ausdrücklich erfolgen, denn ein Übergebot gilt

als zugelassen, wenn es nicht sofort ausdrücklich zurückgewiesen wird
(§ 72 I 2). Die Zulassung eines Übergebots führt nur dann nicht zum
Erlöschen des Vorgebots, wenn ein Beteiligter (§ 9, nicht der Bieter) der
Zulassung des Übergebots sofort widerspricht (§ 72 I 1). Wird in diesem
Fall kein weiteres Übergebot zugelassen, so liegen für die Zuschlagserteilung zwei verbindliche Gebote vor. Das VollstrG muss dann über die
Wirksamkeit entscheiden; ist das Meistgebot wirksam, so ist der Zuschlag
darauf zu erteilen (§ 81 I), ansonsten dem nicht erloschenen zweithöchsten Gebot (BGH NJW 1984, 1950). Wird nach einem Widerspruch
gegen die Zulassung eines Übergebots ein weiteres Übergebot unwidersprochen zugelassen, so erlöschen die vorgehenden Gebote. Ein Widerspruch als prozessuale Erklärung kann nicht zurückgenommen werden
(*Stöber* Rdn 5.6; *Dassler/Hintzen* Rdn 5 **aA** *Steiner/Storz* Rdn 10). Ein
Übergebot liegt dann vor, wenn es das vorherige nur um die geringste
Währungseinheit (= 1 Cent) übersteigt. Selbstverständlich kann sich
auch der Meistbietende selbst überbieten. Gleichzeitige Gebote (= exakt
im selben Zeitpunkt) in gleicher Höhe kommen praktisch nicht vor (es
würde dann das Los entscheiden, vgl *Steiner/Storz* § 81 Rdn 16 **aA** *Dassler/Hintzen* § 71 Rdn 27; *Stöber* Rdn 2.3); ein Abstand von mehreren
Minuten zwischen Abgabe der Gebote ist sicherlich nicht gleichzeitig
(*Stöber* Rdn 2.3 **aA** OLG Bamberg MDR 1951, 685). Wird ein Übergebot ohne Widerspruch zugelassen, erlischt das vorherige Gebot selbst
dann, wenn das Übergebot sich als unwirksam herausstellt und ihm nicht
der Zuschlag erteilt werden kann. Ist für ein Übergebot Sicherheit zu
leisten, so erlischt das frühere Gebot erst, wenn die Sicherheit geleistet
ist; gleiches gilt bei Zulassung des Übergebots ohne Sicherheitsleistung
(§ 70 III).

2. Zurückweisung eines Gebots (§ 72 II)

Ein Gebot erlischt, wenn es zurückgewiesen wird und der Bieter oder 3
ein Beteiligter (§ 9) nicht sofort widerspricht (§ 72 II): Unerheblich ist
dabei, ob das zurückgewiesene Gebot tatsächlich unwirksam war oder
nicht. Der ausdrücklichen Zurückweisung steht es gleich, wenn das
Gebot als irrig angesehen und stillschweigend übergangen worden ist.
Ein Widerspruch muss sofort erhoben werden, dh unmittelbar an die
Zurückweisung. Ist dies der Fall, bleibt das zurückgewiesene Gebot für
den Bieter bindend; bei der Zuschlagsentscheidung muss das VollstrG
über die Wirksamkeit der Zurückweisung und damit des Gebots befinden, es sei denn, es erlischt bereits durch ein weiteres Übergebot gem
§ 72 I 1 (OLG Koblenz ZIP 1987, 1531; *Stöber* Rdn 5.4). Wurde gegen
die Zurückweisung eines Gebots Widerspruch erhoben, muss ein neues
Gebot dieses nicht übersteigen, da es für das VollstrG ja nicht wirksam
ist. Der Widerspuch gegen die Gebotszurückweisung ist als prozessuale
Erklärung unwiderruflich (*Stöber* Rdn 5.6 **aA** *Steiner/Storz* Rdn 16).

§ 73 [Frist; Verkündung des letzten Gebots]

3. Verfahrenseinstellung, Terminsaufhebung (§ 72 III)

4 Gebote erlöschen, wenn das Verfahren einstweilen eingestellt oder der Termin aufgehoben wird (§ 72 III). Das Gleiche gilt bei der Aufhebung des Verfahrens. Jedoch muss das Verfahren wegen aller oder zumindest dem bestrangig betreibenden Gl eingestellt bzw aufgehoben werden; bei nur nachrangigen Gl erlöschen die Gebote nicht. Als Einstellungs- bzw Aufhebungsgründe kommen die §§ 28, 29, 30, 30 a, 30 d, 31, 75, 76 ZVG und § 765 a ZPO in Betracht. Die Gebote erlöschen auch dann, wenn die Einstellung/Aufhebung zu Unrecht erfolgte. Wurde entgegen § 33 nicht der Zuschlag versagt, sondern ein Einstellungs- bzw Aufhebungsbeschluss erlassen, so erlöschen die Gebote mit der Verkündung des Beschlusses und nicht gem § 86 mit der Rechtskraft (OLG Hamm NJW 1965, 2410; OLG Saarbrücken OLGZ 1966, 182).

4. Wirksamkeit des Gebots trotz fehlender Sicherheitsleistung (§ 72 IV)

5 Vgl dazu §§ 67 – 70 Rdn 52 b und § 83 Rdn 9.

§ 73 [Frist; Verkündung des letzten Gebots]

¹Zwischen der Aufforderung zur Abgabe von Geboten und dem Zeitpunkt, in welchem bezüglich sämtlicher zu versteigernder Grundstücke die Versteigerung geschlossen wird, müssen 30 Minuten liegen. Die Versteigerung muß so lange fortgesetzt werden, bis der Aufforderung des Gerichts ungeachtet ein Gebot nicht mehr abgegeben wird.

IIDas Gericht hat das letzte Gebot und den Schluß der Versteigerung zu verkünden. Die Verkündung des letzten Gebots soll mittels dreimaligen Aufrufs erfolgen.

Schrifttum: *Hornung,* Empfiehlt sich die Abschaffung der Bietungsstunde (§ 73 ZVG)?, KTS 1973, 239; *Schneider,* Die Bieterstunde, JurBüro 1974, 1094; *Stöber,* Änderung von Versteigerungsbedingungen während der Bietstunde, ZiP 1981, 948; *Storz,* Änderung von Versteigerungsbedingungen während der Bietstunde, ZiP 1982, 416.

I. Allgemeines

1 Nach dem Bekanntmachungsteil (§ 66) folgt der zweite Abschnitt des Versteigerungstermins: die Bietstunde. Sie beginnt nach der Aufforderung zur Abgabe von Geboten (§ 66 II) und endet mit der Verkündung des Schlusses der Versteigerung (§ 73 II 1). Die Vorschrift des § 73 gilt für alle Versteigerungsverfahren des ZVG.

II. Bietzeit

1. Mindestdauer von 30 Minuten (§ 73 I)

Zwischen der Aufforderung zur Abgabe von Geboten (§ 66 II) und 2 dem Zeitpunkt, in welchem die Versteigerung geschlossen wird (§ 73 II 1), müssen mindestens 30 Minuten liegen **(§ 73 I 1)**. Beginnt die Bietstunde um 9.17 Uhr, kann sie frühestens um 9.48 Uhr enden. Nach dem Versteigerungsschluss (§ 73 II) sind keine weiteren Gebote mehr möglich (BGHZ 44, 138). Die Bietzeit kann natürlich länger als 30 Minuten dauern, da sie so lange fortzusetzen ist, bis trotz Aufforderung des Gerichts keine Gebote mehr abgegeben werden **(§ 73 I 2)**. Von der Einhaltung der Bietzeit kann auch dann nicht abgesehen werden, wenn niemand zum Termin erscheint. Im Protokoll ist die Bietzeit minutiös nach Beginn und Ende festzuhalten (OLG Celle Rpfleger 1951, 216). Während der Bietzeit darf der Rpfleger den Sitzungssaal nicht verlassen, da er ständig zur Entgegennahme von Geboten bereit sein muss (OLG München Rpfleger 1977, 69; *Steiner/Storz* Rdn 20). Jedes Entfernen aus dem Sitzungssaal, wenn auch für noch so kurze Zeit, bedeutet eine Terminsunterbrechung. Gibt der Rechtspfleger während der Bietzeit Hinweise oder allgemeine Belehrungen, so stellt dies keine Terminsunterbrechung dar, wenn er trotzdem zur Entgegennahme von Geboten bereit ist (OLG München Rpfleger 1977, 69). Keinen Einfluss auf die Bietzeit hat das Entfernen des Protokollführers oder Rechnungsbeamten aus dem Sitzungssaal. Während der Bietzeit kann der Rechtspfleger auch andere Dienstgeschäfte erledigen; nur zur Gebotsannahme muss er bereit bleiben. Nicht nur bei einer vorübergehenden Verhinderung des Rechtspflegers kann die Bietzeit unterbrochen werden, sondern auch zur Klärung von Rechtsfragen oder zur Erstellung eines neuen gG (BGH VersR 1961, 897; *Steiner/Storz* Rdn 23). Beginn und Ende einer Unterbrechung müssen aus dem Protokoll auf die Minute genau ersichtlich sein. Diese Zeit darf in die Bietzeit nicht eingerechnet werden. Werden mehrere Objekte in einem gemeinsamen Verfahren versteigert (§ 18), so muss für jedes die volle Bietzeit eingehalten werden, und zwar auch dann, wenn zu verschiedenen Zeiten zur Abgabe von Geboten aufgefordert wird. Das Ende aller Bietzeiten muss einheitlich erfolgen bei Einzel-, Gruppen-, Gesamt- und Doppelausgeboten (LG Kassel Rpfleger 2007, 97).

Bei der **Verletzung des § 73 I** liegt ein unheilbarer Verfahrensfehler 3 gem §§ 83 Nr 7, 84 I, 100 I vor; der Zuschlag ist zu versagen bzw er kann angefochten werden (BGH ZflR 2003, 743). Auch mit Zustimmung aller Beteiligter ist eine Verkürzung der Bietzeit nicht zulässig. Unschädlich ist es aber, wenn eine Verkürzung der Bietzeit sofort korrigiert wird und mit Sicherheit feststeht, dass sich dieser Ablauf nicht auf

§ 74 [Anhörung über den Zuschlag]

das Ergebnis ausgewirkt hat, weil niemand den Sitzungssaal verlassen hatte (LG Bonn JurBüro 1979, 1325). Keine Verletzung der Bietzeit gemäß § 73 I liegt vor, wenn Bietinteressenten durch Geldzahlungen von der Teilnahme an der Versteigerung abgebracht wurden (OLG Karlsruhe Rpfleger 1993, 413).

2. Schluss der Versteigerung (§ 73 II)

4   Das Gericht hat das letzte Gebot (Name des Bieters, Höhe des Gebots) zu verkünden **(§ 73 II 1),** und zwar mittels dreimaligen Aufrufs **(§ 73 II 2).** Dies bedeutet aber noch nicht das Ende der Bietzeit. Nach dem dreimaligen Aufruf des letzten Gebotes (§ 73 II 2) ist nochmals nach Geboten zu Fragen. Kommt es daraufhin zu einem weiteren Gebot, muss das gerade geschilderte Verfahren wiederholt werden. Wird trotz Aufforderung nicht mehr geboten, ist der Schluss der Versteigerung zu verkünden **(§ 73 II 1).** Dieser Zeitpunkt muss im Protokoll minutiös vermerkt werden. Bei mehreren Ausgebotsformen muss die Verkündung des Versteigerungsbeschlusses jeweils gesondert erfolgen aber zeitlich einheitlich (BGH ZflR 2003, 743; LG Berlin Rpfleger 1995, 80; LG Kassel Rpfleger 2007, 97; *Steiner/Storz* 22, 29). Nach dem Versteigerungsschluss kann nicht mehr geboten werden (BGHZ 44, 138). Vergißt der Rechtspfleger den Schluss der Versteigerung zu verkünden, so kann in dem Beginn der Verhandlung über den Zuschlag (§ 74) der Versteigerungsschluss gesehen werden. Da § 73 II nur eine Ordnungsvorschrift ist (OLG Hamm Rpfleger 1987, 469), stellt es keinen Zuschlagsversagungsgrund dar, wenn das letzte Gebot nicht mittels dreimaligen Aufrufs verkündet wurde oder ein Hinweis auf die Nichtabgabe von Geboten unterblieb (LG Kassel Rpfleger 1984, 474). Ein unheilbarer Zuschlagsversagungsgrund gemäß §§ 83 Nr 7, 84 liegt dagegen vor, wenn entgegen § 73 I 2 vor dem Versteigerungsschluss nicht nochmals zur Gebotsabgabe aufgefordert wurde, dh nach der dreimaligen Gebotsverkündung oder dem Hinweis auf bisher fehlende Gebote (BGH ZflR 2003, 743; OLG Karlsruhe Rpfleger 1998, 79; LG Traunstein MDR 1955, 48, 177; *Steiner/Storz* Rdn 28; *Stöber* Rdn 3.1; **aA** LG Kassel Rpfleger 1984, 474).

§ 74 [Anhörung über den Zuschlag]

Nach dem Schlusse der Versteigerung sind die anwesenden Beteiligten über den Zuschlag zu hören.

I. Allgemeines

1   Nach dem Bekanntmachungsteil (§ 66) und der Bietzeit (§ 73) folgt als dritter Teil des Versteigerungstermins die **Zuschlagsverhandlung (§ 74).** Durch eine möglichst allseitige Darlegung der Gründe für und

§ 74 a

gegen die Zuschlagserteilung sollen die Beschlussfassungen erleichtert und evtl Verfahrensmängel aufgedeckt bzw durch Einholung von Genehmigungen möglichst geheilt (§§ 83 Nr 1–5, 84, 87) werden, umso eine Zuschlagsanfechtung möglichst zu vermeiden (BGH IGZInfo 2010, 21). § 74, der für alle Versteigerungsverfahren des ZVG gilt, ist nur eine Ordnungsvorschrift, so dass ein Verstoß dagegen erst dann eine Zuschlagsanfechtung rechtfertigt, wenn dadurch der Anspruch auf Gewährung rechtlichen Gehörs verletzt wird (LG Lübeck SchlHAnz 1973, 129).

II. Verhandlung über den Zuschlag

Auch wenn das VollstrG die Voraussetzungen für eine Zuschlagsertei- 2 lung von Amts wegen zu prüfen hat, muss es die anwesenden Beteiligten und den Meistbietenden zur Stellungnahme dazu auffordern. Erklärt sich jemand damit ausdrücklich oder konkludent einverstanden, wozu keine Verpflichtung besteht, so genehmigt er alle bekannten Verfahrensmängel; Schweigen reicht nicht (*Steiner/Storz* Rdn 8). Erklärungen in der Zuschlagsverhandlung sollen insbesondere Versagungsgründe zum Vorschein bringen. Ein Vollstreckungsschutzantrag nach § 765 a ZPO kann gestellt werden, ebenso ein Antrag auf Zuschlagsversagung, zB gemäß § 74 a, § 75, § 76, § 85. Nach dem Versteigerungsschluss sind jedoch ausgeschlossen: Verlangen nach Sicherheitsleistung, Übergebote, Widersprüche gemäß § 72, Zustimmung zu Geboten. Nach der Verhandlung über den Zuschlag ergeht eine Entscheidung (= Erteilung oder Versagung des Zuschlags) oder es wird ein Verkündungstermin (§ 87 I) bestimmt. Unzulässig ist ein Beschluss, dass der Verkündungstermin später von Amts wegen festgesetzt wird.

§ 74 a [Antrag auf Versagung des Zuschlags]

IBleibt das abgegebene Meistgebot einschließlich des Kapitalwertes der nach den Versteigerungsbedingungen bestehenbleibenden Rechte unter sieben Zehnteilen des Grundstückswertes, so kann ein Berechtigter, dessen Anspruch ganz oder teilweise durch das Meistgebot nicht gedeckt ist, aber bei einem Gebot in der genannten Höhe voraussichtlich gedeckt sein würde, die Versagung des Zuschlags beantragen. Der Antrag ist abzulehnen, wenn der betreibende Gläubiger widerspricht und glaubhaft macht, daß ihm durch die Versagung des Zuschlags ein unverhältnismäßiger Nachteil erwachsen würde.

IIDer Antrag auf Versagung des Zuschlags kann nur bis zum Schluß der Verhandlung über den Zuschlag gestellt werden; das gleiche gilt von der Erklärung des Widerspruchs.

§ 74 a [Antrag auf Versagung des Zuschlags]

III Wird der Zuschlag gemäß Absatz 1 versagt, so ist von Amts wegen ein neuer Versteigerungstermin zu bestimmen. Der Zeitraum zwischen den beiden Terminen soll, sofern nicht nach den besonderen Verhältnissen des Einzelfalles etwas anderes geboten ist, mindestens drei Monate betragen, darf aber sechs Monate nicht übersteigen.

IV In dem neuen Versteigerungstermin darf der Zuschlag weder aus den Gründen des Absatzes 1 noch aus denen des § 85 a Abs. 1 versagt werden.

V Der Grundstückswert (Verkehrswert) wird vom Vollstreckungsgericht, nötigenfalls nach Anhörung von Sachverständigen, festgesetzt. Der Wert der beweglichen Gegenstände, auf die sich die Versteigerung erstreckt, ist unter Würdigung aller Verhältnisse frei zu schätzen. Der Beschluß über die Festsetzung des Grundstückswertes ist mit der sofortigen Beschwerde anfechtbar. Der Zuschlag oder die Versagung des Zuschlags können mit der Begründung, daß der Grundstückswert unrichtig festgesetzt sei, nicht angefochten werden.

Schrifttum: *Drischler,* Zuschlagserteilung und Zuschlagsversagung unter Berücksichtigung der §§ 74 a und 85 a ZVG, JurBüro 1982, 1121; *Mayer,* Gläubiger-Mehrheit im Zwangsversteigerungsverfahren, Rpfleger 1983, 265.

Übersicht

	Rn.
I. Allgemeines	1
II. Der 7/10-Antrag (§ 74 a I–IV)	2
1. Voraussetzungen	2
a) Gebot unter 7/10 des Grundstückswertes (§ 74 a I 1)	2
b) Antragsberechtigung (§ 74 a I 1)	3
c) Zeitliche Zulässigkeit (§ 74 a II)	16
2. Form	17
3. Einmaligkeit (vgl § 74 a IV)	18
4. Verzicht	19
5. Rücknahme	20
6. Widerspruch (§ 74 a I 2)	21
7. Entscheidung	22
8. Rechtsbehelfe	23
9. Neuer Termin von Amts wegen (§ 74 a III, IV)	24
III. Festsetzung des Grundstückswertes (§ 74 a V)	25
1. Allgemeines	25
a) Grundstückswert = Verkehrswert	25
b) Bedeutung des Grundstückswertes	26
2. Festsetzungsverfahren (§ 74 a V 1, 2)	27
a) Festsetzung durch das Gericht	27
b) Zeitpunkt	34

	c) Rechtliches Gehör	35
	d) Beschluss	36
	e) Formelle relative Rechtskraft	37
	f) Änderungen	38
	3. Rechtsbehelfe	39
	a) Vor Zuschlagsentscheidung (§ 74 a V 3)	39
	b) Nach Zuschlagsentscheidung (§ 74 a V 4)	45

I. Allgemeines

§ 74 a gilt für die Vollstreckungsversteigerung, ebenso in der Insolvenz- **1** verwalter- und Nachlassversteigerung (§§ 172, 175); zur Anwendung in der Teilungsversteigerung vgl § 180 Rdn 86 und Rdn 99. Beteiligte, deren Ansprüche innerhalb der 7/10-Grenze vom Grundstückswert liegen, aber durch das Meistgebot zumindest teilweise nicht erfüllt werden, können zum Schutz vor Verlusten die Zuschlagsversagung beantragen. Auf dieses Antragsrecht gemäß § 74 a hat das VollstrG hinzuweisen (Art 3 I GG, § 139 ZPO), wenn es bemerkt, dass ein unerfahrener Beteiligter diese für ihn positive Möglichkeit nicht kennt (BVerfG Rpfleger 1993, 332).

II. Der 7/10-Antrag (§ 74 a I–IV)

1. Voraussetzungen

a) Gebot unter 7/10 des Grundstückswertes (§ 74 a I 1). Das **2** Meistgebot, bestehend aus Meistbargebot und Kapitalwert der bestehen bleibenden Rechte muss unter 7/10 des nach § 74 a V festgesetzten Grundstückswertes liegen. Die Zinsen aus dem Meistgebot gem § 49 II werden dabei nicht berücksichtigt (*Dassler/Hintzen* Rdn 11; *Stöber* Rdn 3.2 **aA** *Steiner/Storz* Rdn 34). Bei den bestehen bleibenden Rechten ohne Kapitalbetrag ist der nach § 51 II festgesetzte Zahlungsbetrag maßgebend (OLG Hamm Rpfleger 1984, 30; *Alff* RpflStud 2003, 114, 115). In die Berechnung des Meistgebots sind auch die außerhalb des gG bestehen bleibenden Rechte einzubeziehen (zB Altenteil), nicht aber bei einer Liegenbelassungsvereinbarung. Soweit dabei Renten zu kapitalisieren sind, geschieht dies gemäß §§ 92, 121.

b) Antragsberechtigung (§ 74 a I 1). aa) Antragsberechtigt ist ein **3** Berechtigter, dessen Anspruch ganz oder teilweise durch das Meistgebot nicht gedeckt ist, aber bei einem Gebot in Höhe von 7/10 des Grundstückswertes voraussichtlich zumindest teilweise gedeckt sein würde (§ 74 a I 1). Das Antragsrecht steht jedem Gl zu, der einen Anspruch auf Befriedigung aus dem Grundstück iSd § 10 hat, gleichgültig in welcher Rangklasse (BGH MDR 1988, 578). Bei der Berechnung des fiktiven

§ 74 a [Antrag auf Versagung des Zuschlags]

TLP wird auf den mutmaßlichen Verteilungstermin abgestellt; § 47 gilt nicht. Eine Grundschuld ist in den aufzustellenden fiktiven Verteilungsplan mit ihrem Nominalbetrag (Kapital nebst Zinsen und anderen Nebenleistungen) einzustellen (BGH ZfIR 2004, 558). Die Antragsberechtigung muss im Zeitpunkt der Antragstellung vorliegen; spätere Veränderungen sind unbeachtlich (LG Frankenthal Rpfleger 1981, 20; *Dassler/Hintzen* Rdn 29).

4 Beispiel:
Grundstückswert 100 000 €; bestehen bleibendes Recht III 1 mit 40 000 € (Kosten und Zinsen 10 000 €); Verfahrenskosten 3000 €; Ansprüche aus § 10 I Nr 3 mit 2000 €; bestbetreibender Gl III 2 mit 30 000 € (Kosten und Zinsen 5000 €); Meistbargebot 12 000 €.
Der Gl aus dem Recht III 1 kann einen Antrag gem § 74 a I stellen. Das Gebot in Höhe von insgesamt 52 000 € liegt unter 7/10 des Grundstückswertes (= 70 000 €). Aus dem Meistbargebot von 12 000 € werden die Kosten mit 3000 € und die Ansprüche aus § 10 I Nr 3 mit 2000 € gedeckt; so dass für die Baransprüche aus III 1 nur noch 7000 € bleiben; der Ausfall beträgt 3000 €. Bei einem Gebot von 70 000 € (Bargebot 30 000 €) wäre aber das Recht III 1 voll gedeckt.
Der Gl aus dem Recht III 2 kann ebenfalls einen Antrag gem § 74 a I stellen. Bei dem Meistbargebot fällt sein Anspruch ganz aus, während bei einem 7/10-Gebot von 70 000 € (Bargebot 30 000 €) er zumindest 15 000 € bekommen würde (30 000 € – 3000 € – 2000 € – 10 000 € = 15 000 €).

5 **bb)** Werden **mehrere Grundstücke** in einem Verfahren versteigert, und zwar **nur mittels Einzelausgebot** (§ 63 I), so ist die Antragsberechtigung nach § 74 a I für jedes Einzelausgebot extra zu prüfen. Findet **nur ein Gesamtausgebot** statt (§ 63 II, IV), so ergibt sich eine Antragsberechtigung aus § 74 a I nur dann, wenn das Gesamtausgebot unter Berücksichtigung des Kapitalwertes der bestehen bleibenden Rechte hinter der 7/10-Grenze des Gesamtwertes aller Grundstücke zurückbleibt und der Antragsteller bei der nach § 112 vorzunehmenden Verteilung ganz oder teilweise ausfällt, aber bei einem 7/10-Gebot diesen Ausfall zumindest teilweise bekommt. Finden **Einzel- und Gesamtausgebote** statt (§ 63 I, II), so ist gemäß § 63 III 2 zunächst zu entscheiden, welches Gebot für die Zuschlagserteilung in Betracht kommt, und erst dann ist für das in Frage kommende Meistgebot (Einzel- oder Gesamtausgebot) die Antragsberechtigung nach § 74 a I gemäß den gerade geschilderten Grundsätzen zu prüfen (OLG Hamm Rpfleger 1959, 57).

6 **cc)** Als **Antragsberechtigte** gemäß § 74 a I kommen in Betracht:
(1) Alle Gl, die einen Anspruch gemäß § 10 haben. Soweit es sich um die ZwVerst **betreibende Gl** handelt, ist zu unterscheiden: Bei einem allein betreibenden Gl ist dessen Antragsberechtigung gemäß § 74 a I bestritten. Zum Teil wird dies verneint, weil dieser Gl die Einstellungsmöglichkeit nach § 30 habe (*Schiffhauer* MDR 1963, 901; *Drischler* Jur-

II. Der 7/10-Antrag (§ 74 a I–IV) § 74 a

Büro 1964, 241; *Riggers* JurBüro 1968, 777; *Mohrbutter* KTS 1968, 81; in diese Richtung auch BGHZ 46, 107, 109 f). Diese Möglichkeit scheidet jedoch aus, wenn der Gl bereits zweimal eingestellt hat (§ 30 I 3). Deshalb gesteht die überwiegende Ansicht zu Recht auch dem allein betreibenden Gl das Antragsrecht gemäß § 74 a I zu (LG Oldenburg Rpfleger 1974, 324; *Steiner/Storz* Rdn 20; *Dassler/Hintzen* Rdn 14). Unbestritten ist ein betreibender Gl antragsberechtigt, wenn mehrere die ZwVerst betreiben; seine Einstellung gemäß § 30 würde nichts nützen (BGHZ 46, 107).

(2) Alle **Rechtsnachfolger** der Gl gem § 10, wenn die Rechtsnachfolge dem VollstrG nachgewiesen wurde, zB bei Ablösung (§§ 268, 1142, 1150 BGB) oder bei Abtretung (§§ 398, 1153, 1154 BGB). 7

(3) **Pfandgläubiger,** und zwar neben dem eigentlichen Gl. 8

(4) **Gl eines vorgemerkten Rechts** bzw Berechtigter eines Widerspruchs, nicht dagegen Inhaber eines Löschungsanspruchs oder einer Löschungsvormerkung. 9

dd) **Keine Antragsberechtigten** gem § 74 a I sind: 10

(1) Der **Meistbietende,** selbst dann, wenn er gleichzeitig als dinglich Berechtigter einen Antrag stellen könnte (*Stöber* Rdn 3.9 **aA***Dassler/Hintzen* Rdn 19).

(2) **Mieter und Pächter,** weil sie keinen aus dem Grundstück zu befriedigenden Anspruch haben (BGH Rpfleger 1971, 102). 11

(3) **Eventualberechtigte** bei Hilfszuteilungen (*Stöber* Rdn 3.16). 12

(4) **Pfändungsgläubiger und Zessionare des Rückgewähranspruchs** einer nicht (voll) valutierten Sicherungsgrundschuld (LG Düsseldorf Rpfleger 1974, 124; LG Frankenthal Rpfleger 1981, 201; *Dassler/Hintzen* Rdn 18; *Stöber* Rdn 3.15 **aA** *Jestaedt,* Eine dingliche Komponente beim Grundschuld-Rückgewähranspruch?, GS für Dietrich Schultz, 1987, S 149). 13

(5) Der **Vollstreckungsschuldner,** und zwar auch dann nicht, wenn er bei 7/10 des Grundstückswertes eine Zuteilung als Erlösüberschuss bekommen würde. Eine Ausnahme besteht aber dann, wenn eine Eigentümergrundschuld die Voraussetzungen des § 74 a I erfüllt (OLG Hamburg MDR 1957, 238; BGH MDR 1988, 578). 14

(6) Der **Insolvenzverwalter** mit der Begründung, dass bei einem Gebot in Höhe von 7/10 ein Teil des Erlöses in die Insolvenzmasse fallen würde (LG Göttingen NJW 1956, 428); wohl aber, wenn er den Antrag aus einem Eigentümerrecht des Schu stellt. 15

c) **Zeitliche Zulässigkeit (§ 74 a II).** Der Antrag kann nur bis zum Schluss der Verhandlung über den Zuschlag (§ 74) gestellt werden. In einem Verkündungstermin für den Zuschlag (§ 87) oder nach dem Zuschlag ist dies nicht mehr möglich. Frühestens kann der Antrag nach Abgabe eines Gebotes gestellt werden. 16

§ 74 a [Antrag auf Versagung des Zuschlags]

2. Form

17 Der Antrag gemäß § 74 a I 1 ist formlos möglich, dh er kann mündlich gestellt werden; er muss dann protokolliert, vorgelesen und genehmigt werden (§§ 160 III Nr 2, 162 I 1 ZPO; vgl OLG Hamm Rpfleger 1959, 57). Wird der Antrag schriftlich übergeben, muss er verlesen werden.

3. Einmaligkeit (vgl § 74 a IV)

18 Im gesamten Versteigerungsverfahren darf der Antrag gemäß § 74 a I für das gleiche Grundstück nur einmal gestellt werden. Dieser Grundsatz der Einmaligkeit darf allerdings nicht verwechselt werden mit Erstmaligkeit. Wurde nämlich zB ein erster Versteigerungstermin gemäß § 77 oder §§ 30, 33 oder §§ 83, 86 ZVG oder § 765 a ZPO beendet, so kann im zweiten Termin der Antrag gemäß § 74 a I 1 gestellt werden (LG Mainz Rpfleger 2007, 218; *Steiner/Storz* Rdn 44; *Hornung* Rpfleger 2000, 363 aA *Kirsch* Rpfleger 2000, 147 bei § 77). Der Grundsatz der Einmaligkeit kann nicht durch verschiedene Antragsteller durchbrochen werden, dh wurde der Antrag von einem Beteiligten gestellt, dann kann er von einem anderen Beteiligten nicht wiederholt werden. Möglich ist allerdings die gleichzeitige Antragstellung durch mehrere Beteiligte. An dem Grundsatz der Einmaligkeit ändert sich nichts, wenn der Grundstückswert nachträglich ermäßigt wird (*Stöber* Rdn 4.3). Das Antragsrecht kann aber noch einmal entstehen in einem neuen Termin, wenn der Grundstückswert nachträglich erhöht wird und dadurch neue Gl antragsberechtigt werden, aber auch nur diese (*Steiner/Storz* Rdn 46; *Stöber* Rdn 4.3).

4. Verzicht

19 Auf das Antragsrecht gemäß § 74 a I kann im Voraus verzichtet werden; ist dies der Fall, muss ein trotzdem gestellter Antrag zurückgewiesen werden. Dagegen bleibt das Antragsrecht auch dann bestehen, wenn der Meistbietende einem Beteiligten zusagt, ihn bis zur 7/10-Grenze zu befriedigen (OLG Hamburg MDR 1957, 238).

5. Rücknahme

20 Rücknahme des Antrags ist möglich bis zur Entscheidung über den Zuschlag, also auch noch in einem Verkündungstermin (LG Oldenburg KTS 1971, 60).

6. Widerspruch (§ 74 a I 2)

21 Abzulehnen ist der zulässige und begründete Antrag gem § 74 a I 1, wenn der betreibende Gl widerspricht und glaubhaft macht, dass ihm durch die Versagung des Zuschlags ein unverhältnismäßiger Nachteil erwachsen würde (§ 74 a I 2). Das Widerspruchsrecht steht jedem Gl zu,

der für den laufenden Versteigerungstermin das Verfahren betreibt. Jeder betreibende Gl kann sein Widerspruchsrecht selbstständig ausüben. Nicht zu den Widerspruchsberechtigten gehören die Gl, deren Verfahren eingestellt ist oder für die § 43 II nicht gewahrt ist. Durch die Zuschlagsversagung muss dem widersprechenden Gl ein unverhältnismäßiger Nachteil er wachsen. Dies ist zB dann der Fall, wenn der Gl auf Grund eigener Zahlungsverpflichtungen dringend auf das Geld angewiesen ist oder der eigene und vorgehende Zinsanspruch viel stärker anwächst als der Grundstückswert. Bei der Entscheidung über den Widerspruch sind die Interessen des Widersprechenden und des Antragstellers gegeneinander abzuwägen; nicht von Bedeutung sind die Interessen der anderen Gl, des Vollstreckungsschuldners und Meistbietenden. Den unverhältnismäßigen Nachteil muss der Widersprechende gemäß § 294 ZPO glaubhaft machen (§ 74 a I 2), zB mittels eidesstattlicher Versicherung. Der Versagungsantrag ist möglich ab Stellung des Versagungsantrages und bis zum Schluss der Verhandlung über den Zuschlag (§ 74 a II). Er kann zurückgenommen werden bis zur Verkündung der Zuschlagsentscheidung.

7. Entscheidung

Entschieden wird durch Versagung oder Erteilung des Zuschlags. Die 22 Entscheidung ist zu begründen. Falls kein Widerspruch gem § 74 a I 2 erhoben wurde, gibt es kein Ermessen bei der Entscheidung über den 7/10-Antrag. Die Entscheidung ist zu verkünden (§ 87 I); die Zuschlagserteilung ist daneben noch gem § 88 zuzustellen, nicht aber die Zuschlagsversagung.

8. Rechtsbehelfe

Sowohl die Erteilung als auch die Versagung des Zuschlags sind mit 23 sofortiger Beschwerde (§ 793 ZPO) anfechtbar. Bei der Zuschlagserteilung kann nur der Antragsteller anfechten, nicht andere Beteiligte. Dagegen sind bei einer Zuschlagsversagung alle betreibenden Gl, der Meistbietende und evtl aus § 81 II, III Berechtigte anfechtungsberechtigt; wurde trotz eines Widerspruchs gem § 74 a I 2 der Zuschlag versagt, so kann deswegen nur der Widersprechende anfechten. § 74 a I und II gehören nicht zu den Versteigerungsbedingungen, die in den §§ 44–65 geregelt sind; § 83 Nr 1 ist daher nicht einschlägig (**aA** *Steiner/Storz* Rdn 4).

9. Neuer Termin von Amts wegen (§ 74 a III, IV)

Wird der Zuschlag versagt, so wird von Amts wegen ein neuer Termin 24 bestimmt (§ 74 a III 1). Der Zeitraum zwischen beiden Terminen soll mindestens 3 Monate und darf nicht mehr als 6 Monate betragen (§ 74 a III 2). Ein Verstoß dagegen ist allerdings unbeachtlich. Durch den § 74 a

§ 74 a [Antrag auf Versagung des Zuschlags]

III 2 wird die Frist des § 36 II 1 ersetzt. Ansonsten sind jedoch für den neuen Versteigerungstermin die allgemeinen Vorschriften über die Terminsbestimmung (§§ 37, 38), deren Bekanntmachung (§§ 39, 40) und Zustellung (§ 41) sowie die Bekanntmachungsfrist des § 43 I 1 (nicht die verkürzte nach § 43 I 2) und die Ladungsfrist des § 43 II zu beachten. In dem neuen Termin darf der Zuschlag nicht noch einmal wegen § 74 a I 1 versagt werden (§ 74 a IV). § 74 a III und IV gehören nicht zu den Versteigerungsbedingungen, die in den §§ 44–65 geregelt sind; § 83 Nr 1 ist daher nicht einschlägig (**aA** *Steiner/Storz* Rdn 4).

III. Festsetzung des Grundstückswertes (§ 74 a V)

Schrifttum: *Alff,* Alternative Verkehrswertfestsetzung (mit und ohne Belastung) im Versteigerungsverfahren, Rpfleger 2003, 113; *Barties,* Zur Frage der Anhörung von Sachverständigen bei der Wertfestsetzung gem § 74 a ZVG, SchlHA 1985, 49; *Budde,* Anfechtbarkeit der Verkehrswertfestsetzung, Rpfleger 1991, 189; *Dorn,* Bestandteile und Zubehör in der Zwangsversteigerung, Rpfleger 1987, 143; *ders.,* Altlasten in der Immobiliarvollstreckung, Rpfleger 1988, 298; *Drischler,* Zur Festsetzung des Verkehrswertes in der Zwangsversteigerung, Rpfleger 1983, 99; *Fischer/Lorenz/Biederbeck,* Die Erstellung von Gutachten bei Zwangsversteigerungen, Rpfleger 2002, 337; *Grohmann,* Beeinflussen Grundstücksbelastungen, insbesondere Altenteilsrechte, den Wert nach § 74 a Abs 5 ZVG?, JurBüro 1970, 559; *Herwig,* Besteht eine Duldungspflicht des Realschuldners zur Augenscheinseinnahme durch einen Sachverständigen bei bebauten Grundstücken vor der Zwangsversteigerung, NotBZ 2002, 407; *Lorenz,* Die Problematik des Zeitpunktes der Wertfestsetzung gemäß § 74 a Abs 5 ZVG, MDR 1961, 371; *Metz,* Zur Anfechtbarkeit der Verkehrswertfestsetzung in Zwangsversteigerungsverfahren von Privathotels aus verfassungsrechtlicher Sicht, Rpfleger 2010, 13; *Mohrbutter,* Zur Durchführung des Zwangsversteigerungstermins ohne Rechtskraft des Wertfestsetzungsbeschlusses, Rpfleger 1960, 03; *Riggers,* Fragen zur Festsetzung und Auswirkung des Grundstückswertes im Zwangsversteigerungsverfahren, JurBüro 1969, 777; *Schiffhauer,* Muß in jedem Fall der Verkehrswert gemäß § 74 a Abs 5 festgesetzt werden?, MDR 1963, 901; *ders.,* Kann ein Verfahrensbeteiligter die Herabsetzung des Verkehrswertes (§ 74 a Abs 5 ZVG) im Beschwerdeverfahren verlangen?, Rpfleger 1973, 81; *Schmidt,* Der Zeitpunkt der Festsetzung des Grundstückswertes im Zwangsversteigerungsverfahren, Rpfleger 1960, 41; *Schulz,* Verkehrswert bei Zwangsversteigerungen, Rpfleger 1987, 441; *Stöber,* Festsetzung des Grundstückswertes (§ 74 a Abs 5 ZVG) und Entscheidung über den Zuschlag, Rpfleger 1969, 221.

1. Allgemeines

25 a) **Grundstückswert = Verkehrswert.** Grundstückswert iSd ZVG ist der Verkehrswert. Letzterer wird durch den Preis bestimmt, der in dem Zeitpunkt, auf den sich die Ermittlung bezieht, im gewöhnlichen Geschäftsverkehr nach den rechtlichen Gegebenheiten und tatsächlichen Eigenschaften, der sonstigen Beschaffenheit und der Lage des Grundstücks ohne Rücksicht auf ungewöhnliche oder persönliche Verhältnisse zu erzielen wäre. Verkehrswert ist also der normale voraussichtliche Ver-

III. Festsetzung des Grundstückswertes (§ 74 a V) **§ 74 a**

kaufswert eines freihändigen Verkaufs (nicht der Einheitswert oder Liebhaberwert), wobei jedoch persönliche Verhältnisse, Erwartungen und Vorstellungen unbeachtlich sind.

b) Bedeutung des Grundstückswertes. Der nach § 74 a V festgesetzte Grundstückswert ist nicht nur für den 7/10-Antrag gem § 74 a I–IV maßgebend, sondern auch für alle Vorschriften des ZVG, in denen der Grundstückswert eine Rolle spielt, zB §§ 30 a III 2, 64, 85, 85 a, 112 II, 114 a ZVG, § 765 a ZPO (BGHZ 99, 110, 118 = Rpfleger 1987, 120; LG Traunstein MDR 1956, 751). Das VollstrG ist bei der Entscheidung über den Zuschlag an die von ihm getroffene Festsetzung des Verkehrswertes gebunden (BGH Rpfleger 2008, 214). 26

2. Festsetzungsverfahren (§ 74 a V 1, 2)

a) Festsetzung durch das Gericht. aa) Das VollstrG muss in jedem Versteigerungsverfahren den Grundstückswert **von Amts wegen** ermitteln und festsetzen. Dabei gelten die Grundsätze der freien richterlichen Beweiswürdigung nach § 286 ZPO. Der Grundstückswert wird **für das gesamte Versteigerungsverfahren** festgesetzt, dh für einen zweiten Termin oder nach einer Verfahrenseinstellung ist keine Neufestsetzung erforderlich (OLG Schleswig Rpfleger 1981, 27 **aA** LG München I Rpfleger 1969, 251); zu der Frage, wann eine Änderung der Wertfestsetzung in Betracht kommt, vgl Rdn 38. Bedient sich der Rechtspfleger im Zwangsversteigerungsverfahren zum Zwecke der Festsetzung des Verkehrswertes des Grundstücks eines Sachverständigengutachtens, muss dieses zeitnah erstellt worden sein. Bei einem zeitlichen Abstand von 20 Monaten ist diese zeitliche Nähe nicht gegeben (LG Rostock Rpfleger 2001, 40). Ein **Verzicht** auf die Bestimmung des Grundstückswertes ist ausgeschlossen, da es sich um ein Amtsverfahren handelt. 27

bb) Das VollstrG soll "nötigenfalls" einen **Sachverständigen** anhören (§ 74 a V 1). Dies sollte die Regel sein, da der Rechtspfleger idR mit Festsetzung des Grundstückswertes überfordert ist. Die Einholung eines Sachverständigengutachtens zur Verkehrswertfestsetzung nach § 74 a V ist nicht zwingend. Bei Einschaltung eines Gutachterausschusses muss ein Mitglied kein Bediensteter der Finanzbehörde sein (LG Hildesheim Rpfleger 2004, 236). Neben dem Sachverständigengutachten können für die Wertfestsetzung auch private Gutachten, Brandversicherungswert, Bebauungspläne, Baugesuche, Einheitswertbescheid, frühere Verkaufspreise und Äußerungen der Beteiligten in Betracht kommen. Das VollstrG wählt von Amts wegen einen Sachverständigen aus und erteilt ihm den Auftrag zur Erstellung eines Gutachtens, und zwar ohne förmlichen Beweisbeschluss. Als Sachverständige kommen nur die amtlich zugelassenen und vereidigten Grundstücksschätzer in Frage, aber auch Gutachterausschüsse nach können damit beauftragt werden (BGH NJW 1974, 701). Da die betreibenden Gl und der Vollstreckungsschuldner 28

§ 74 a [Antrag auf Versagung des Zuschlags]

den Sachverständigen uU ablehnen können (§ 406 ZPO), müssen sie über dessen Auswahl informiert werden; für die sonstigen Beteiligten des § 9 gilt dies nicht. Der Sachverständige hat einen Besichtigungstermin zu bestimmen und diesen dem VollstrG, den Schu und den betreibenden Gl mitzuteilen (*Stöber* Rdn 10.5; enger OLG München Rpfleger 1983, 319: nur wenn es sinnvoll ist; weiter *Steiner/Storz* Rdn 86: alle Beteiligte gemäß § 9). Allerdings kann weder das VollstrG noch der Sachverständige den Zugang zum Grundstück erzwingen; nur der Vollstreckungsschuldner kann dies zulassen (OLG Koblenz NJW 1968, 897; *Herwig* NotBZ 2002, 407). Verweigert letzterer dies, muss der Sachverständige sein Gutachten auf Grund der amtlichen Unterlagen und nach dem äußeren Anschein erstellen (LG Dortmund Rpfleger 2000, 466); Mutmaßungen oder Unterstellungen sind dabei nicht zulässig (BGH NJW 1984, 355). Der Schu kann die Festsetzung des Verkehrswertes in diesem Fall nicht mit der Begründung der Unrichtigkeit des Wertes anfechten (VerfGH Berlin Rpfleger 2007, 491; LG Lüneburg Rpfleger 2008, 38; LG Dortmund Rpfleger 2000, 466; LG Göttingen Rpfleger 1998, 213). Über eine Ablehnung des Sachverständigen, die wie beim Rechtspfleger möglich ist (*Steiner/Storz* Rdn 86; vgl § 1 Rdn 15), muss das Gericht (= Rechtspfleger) entscheiden (§ 406 ZPO). Der Sachverständige haftet für die Richtigkeit seines Gutachtens grundsätzlich dem Auftraggeber (zum Hessischen Ortsgericht: BGH Rpfleger 1991, 119). Die Haftung eines vom Gericht bestellten Sachverständigen wegen sittenwidriger vorsätzlicher Schädigung eines Dritten durch ein fehlerhaftes Gutachten setzt voraus, dass der Sachverständige bei der Erstellung des Gutachtens leichtfertig und gewissenlos und mindestens mit bedingtem Vorsatz gehandelt hat. Sind dem Sachverständigen die für die Beurteilung maßgeblichen Umstände nicht bekannt und bleiben seine Bemühungen zur Absicherung der Anknüpfungstatsachen erfolglos, so darf er sein Gutachten auch auf Unterstellungen aufbauen, muss dies aber im Gutachten kenntlich machen (BGH ZflR 2004, 80). Eine Haftung des Sachverständigen gegenüber dem Ersteher nach § 839a BGB dürfte an der fehlenden Kausalität des Zuschlagsbeschlusses für einen möglichen Schaden des Grundstückserwerbers scheitern (*Dassler/Hintzen* Rdn 70; *Alff* Rpfleger 2006, 553 **aA** BGH NJW 2006, 1733; *Stöber* Rdn 10.11); es bleibt die Haftung nach § 826 BGB. Die Auswahl und Beauftragung eines Sachverständigen durch das VollstrG ist vom Schu nicht mit der Vollstreckungserinnerung nach § 766 ZPO gesondert anfechtbar (OLG Stuttgart Rpfleger 2000, 227; LG Rostock Rpfleger ZflR 2001, 162).

29   cc) Der **Ermittlung des Verkehrswertes** dienen nach der Wertermittlungsverordnung (WertV) in der Fassung vom 6. 12. 1988 (BGBl I 2209; ergänzt durch die Richtlinien für die Ermittlung der Verkehrswerte von Grundstücken vom 1.3.2006, BAnz Nr 108a vom 10.6.2006, berichtigt am 1.7.2006, BAnz Nr 121 S 4798) drei Verfahren, nämlich das Vergleichswertverfahren (§§ 13, 14 WertV), das Ertragswertverfahren

III. Festsetzung des Grundstückswertes (§ 74 a V) § 74 a

(§§ 15–20 WertV) oder das Sachwertverfahren (§§ 21–25 WertV); vgl dazu *Schulz* Rpfleger 1987, 441. Das ZVG schreibt eine bestimmte Berechnungsmethode nicht vor (LG Mönchengladbach Rpfleger 2003, 379). Der **Sachwert** entscheidet zB bei Einfamilienhäusern (OLG Köln MDR 1963, 411), Hotels (*Metz* Rpfleger 2010, 13; BGH NJW 1970, 2018; BayObLGZ 1979, 69; BFH BB 1981, 1020; LG Mönchengladbach Rpfleger 2003, 379 **aA** LG Kempten Rpfleger 1998, 359), Krankenhaus, Kirche, unbebauten Grundstücken, Theater, Kino und Industriegrundstück; der **Ertragswert** zB bei Miethäusern (OLG Köln MDR 1963, 411; OLG Frankfurt FamRZ 1980, 576), Einkaufszentren, Baumarkt und Geschäftshaus; der **Vergleichswert** zB bei Grundstücken mit sozialen Mietverhältnissen. Belastungen des Grundstücks werden bei der Wertfestsetzung grundsätzlich nicht berücksichtigt (OLG Köln MDR 1959, 223; *Alff* Rpfleger 2003, 113; *Schulz* Rpfleger 1987, 441, 445; *Hintzen* Rpfleger 2004, 57 und 513 **aA** LG Heilbronn Rpfleger 2004, 56 und 511). Ohne Bedeutung ist der eingetragene Zwangsversteigerungsvermerk (*Schulz* Rpfleger 1987, 441). Werterhöhend kann sich eine positive Beantwortung einer weitgehenden Bauvoranfrage auswirken (OLG Köln Rpfleger 1983, 362), wertmindernd Altlasten wie Ablagerungen, Versickerungen im Erdreich, Verfüllungen, Aufhaldungen und Kontaminationen durch Zerstörungen unterirdischer Leitungssysteme und Tanks (*Dorn* Rpfleger 1988, 298). Das Gericht darf einem Sachverständigengutachten dann nicht folgen, wenn es im Rahmen der Ertragswertmethode zur Verkehrswertsschätzung von Grundstücken auf Vergleichsmieten abstellt, ohne die Vergleichsobjekte und Vergleichspreise zu nennen (BGH Rpfleger 1995, 80). Besteht bei einem Grundstück ein ernstzunehmender Altlastenverdacht, muss das VollstrG bei der Verkehrswertermittlung den Verdachtsmomenten nachgehen und alle zumutbaren Erkenntnisquellen über die Bodenbeschaffenheit nutzen; Kosten für ein Bodengutachten sind jedenfalls dann aufzuwenden, wenn sie in einem angemessenen Verhältnis zu den Auswirkungen stehen, die das Gutachten auch angesichts der Aussagekraft vorhandener Unterlagen auf den festzusetzenden Verkehrswert haben kann (BGH Rpfleger 2006, 554).

dd) Bei der ZwVerst von **mehreren Grundstücken** muss für jedes 30 Grundstück (Erbbaurecht, Wohnungseigentum) ein gesonderter Wert festgesetzt werden. Gehört ein zu versteigerndes Objekt mehreren Bruchteilseigentümern zu gleichen Anteilen (zB Eheleuten zu 1/2), so genügt die Wertfestsetzung für das ganze Objekt; der entsprechende Wertanteil ergibt sich dann aus dem Miteigentumsanteil.

ee) Der Wert der mitversteigerten **beweglichen Gegenstände** ist 31 frei zu schätzen (§ 74 a V 2). Zur Erfüllung dieser Aufgabe, sollte der Sachverständige dazu angehalten werden, alle beweglichen Sachen einzeln zu schätzen, es sei denn, die betreibenden Gl haben diese Gegenstände freigegeben. Sowohl im Gutachten als auch im Wertfestsetzungs-

§ 74 a [Antrag auf Versagung des Zuschlags]

beschluss sollten eine Einteilung nach wesentlichen Bestandteilen, Zubehör oder selbstständige Sachen unterbleiben, da insoweit keine rechtsverbindliche Aussage gemacht werden kann (*Dorn* Rpfleger 1987, 143, 145 f). Der einzelne Wert der beweglichen Sachen sollte genau aufgeschlüsselt werden im Beschluss nach § 74 a I, damit bei nachträglicher Freigabe einzelner Gegenstände sofort ein neuer Wert festgesetzt werden kann. Der Wert wesentlicher Bestandteile eines Grundstücks ist bei der Wertfestsetzung dessen Wert hinzuzurechnen (BayObLG Rpfleger 1999, 86).

32 **ff)** Bei der Wertfestsetzung für ein **Erbbaurecht** ist vom Sachwert der Gebäude unter Berücksichtigung des Alters und der Schäden auszugehen; sodann ist unter Beachtung der Restlaufzeit und des Entschädigungsanspruchs beim Heimfall dieser Wert zu vermindern; ist das Versteigerungsobjekt vermietbar, empfiehlt sich, das Mittel aus Gebäudesachwert und Gebäudeertragswert einzusetzen (*Stöber* Rdn 7.7). Ob für das Grundstück selbst auch ein Betrag zu berücksichtigen ist, darüber herrscht Streit. Zum Teil wird dies generell verneint (*v Oefele/Winkler*, Erbbaurecht, Rdn 5.123), zum Teil wird der Grundstückswert prozentual mit der Restlaufzeit des Erbbaurechts angesetzt, zB bei 60 Jahren Laufzeit 60 % des Grundstückswertes (*Stöber* Rdn 7.7). Am sinnvollsten dürfte es wohl sein, aus dem Grundstückswert den jährlichen, durchschnittlichen Erbbauzins zu errechnen und an Hand der Rentenbarwertfaktorentabelle (Anlage 4 zu den Wertermittlungs-Richtlinien idF vom 11. 6. 1991, Beil BAnz Nr 182 a) bezüglich der Restlaufzeit des Erbbaurechts hochzurechnen (BayObLG JurBüro 1977, 395; Rpfleger 1981, 163).

33 **gg)** Bei der ZwVerst von **Gebäudeeigentum** in den neuen Bundesländern (vgl Einl Rdn 28, 28 a) sollte die Wertberechnung wie beim Erbbaurecht erfolgen (*Keller* Rpfleger 1992, 501, 503); vgl Rdn 32.

34 **b) Zeitpunkt.** Rechtskraft des Wertfestsetzungsbeschlusses wird verlangt, zum Teil für die Terminsbestimmung (OLG Schleswig JurBüro 1959, 250) und zum Teil für die Zuschlagsentscheidung (OLG Oldenburg, LG Osnabrück Rpfleger 1992, 209 m abl Anm *Hornung*; LG Coburg Rpfleger 1999, 553; *Budde* Rpfleger 1991, 189). Der BGH (ZfIR 2008, 685 m Anm *Böttcher*) ist der zustimmenden Ansicht, dass der Wertfestsetzungsbeschluss zwar weder bei der TB noch zum Versteigerungstermin selbst formell rechtskräftig sein muss, aber bei der Zuschlagsentscheidung; dies bedeutet, dass der Zuschlag evtl erst in einem Verkündungstermin erteilt werden kann und bis dahin die formelle Rechtskraft des Wertfestsetzungsbeschlusses abgewartet werden muss (ebenso LG Münster Rpfleger 2010, 44). Die Bestimmung des Zeitpunktes der Wertfestsetzung ist dem Ermessen des VollstrG zu überlassen. Der Wert muss so rechtzeitig vor dem Versteigerungstermin festgesetzt werden, dass die im Zeitpunkt der Wertfestsetzung bereits

III. Festsetzung des Grundstückswertes (§ 74 a V) **§ 74 a**

bekannten Beteiligten (§ 9) noch die Möglichkeit haben, vor dem Termin von ihrem Beschwerderecht (§ 74 a V 3) Gebrauch zu machen und eine Entscheidung des Beschwerdegerichts herbeizuführen. Es empfiehlt sich, das Wertfestsetzungsverfahren durchzuführen, nachdem die ZwVerst angeordnet wurde und die Zustellungsurkunde und die Mitteilung des GBA gem § 19 II zum VollstrG gelangt sind; auch ein Einstellungsverfahren des Anordnungsgläubigers soll erst beendet werden (nicht von Beitrittsgläubigern).

c) Rechtliches Gehör. Vor der Wertfestsetzung muss das VollstrG 35 allen bis dahin bekannten Beteiligten (§ 9) rechtliches Gehör nach Art 103 I GG gewähren; dies geschieht entweder durch Übersendung des Sachverständigengutachtens und Fristsetzung zur Stellungnahme oder einer Mitteilung über die beabsichtigte Festsetzungshöhe einschließlich dem Hinweis, das Gutachten auf der Geschäftsstelle einsehen zu können und sich dazu binnen einer Frist zu äußern. Rechtliches Gehör ist grundsätzlich allen Beteiligten gemäß § 9 zu gewähren mit Ausnahme der Mieter und Pächter (BGH MDR 1971, 287; *Steiner/Storz* Rdn 105). Abzustellen ist dabei auf den Zeitpunkt der Festsetzung. Dies bedeutet, dass demjenigen kein rechtliches Gehör gewährt werden muss, der erst nach dem Festsetzungsbeschluss seine Beteiligtenstellung erlangt; er tritt in die ZwVerst in dem gegebenen Verfahrensstand ein (*Stöber* Rdn 7.15 **aA** LG Aachen Rpfleger 1959, 321; *Steiner/Storz* Rdn 105). Gleiches gilt auch für einen Rechtsnachfolger des bisherigen Beteiligten (LG Mainz Rpfleger 1974, 125).

d) Beschluss. Der den Grundstückswert festsetzende Beschluss muss 36 das Versteigerungsobjekt und den Zeitpunkt des Erlasses angeben. Außerdem muss er begründet werden; dazu genügt es, sich dem Gutachten unter Angabe der wesentlichen Tatbestände anzuschließen (BGHZ 39, 198; OLG Celle NJW 1966, 936; LG Stade KTS 1972, 203). Der Festsetzungsbeschluss ist grundsätzlich allen Beteiligten gemäß § 9 förmlich zuzustellen (§ 329 III ZPO) mit Ausnahme der Mieter und Pächter, die kein Anfechtungsrecht haben (*Stöber* Rdn 7.18). Erlangt jemand erst nach dem Beschluss die Beteiligtenstellung, so muss auch diesem zugestellt werden (*Dassler/Hintzen* Rdn 59). Wird der Grundstückswert erst im Versteigerungstermin festgesetzt, muss dieser Beschluss neben seiner Verkündung (§ 329 I ZPO) wegen der Beschwerdemöglichkeit auch noch zugestellt werden (*Steiner/Storz* Rdn 107); letzteres entfällt nach Zuschlagserteilung, weil danach nicht mehr der Festsetzungsbeschluss, sondern nur der Zuschlag angefochten werden kann (*Stöber,* ZVG, Rdn 213). Die Angabe des Grundstückswertes in der TB ersetzt nicht die Zustellung des Festsetzungsbeschlusses (OLG Hamm Rpfleger 1991, 73; LG Aachen Rpfleger 1959, 321).

§ 74 a [Antrag auf Versagung des Zuschlags]

37 **e) Formelle relative Rechtskraft.** Der Wertfestsetzungsbeschluss erwächst nicht in materielle Rechtskraft, da er geändert werden muss, wenn sich seit der Festsetzung neue Tatsachen ergeben haben, die den Wert positiv oder negativ beeinflussen (BGH Rpfleger 2008, 214; ZfIR 2004, 167; vgl Rdn 38). Ihm kommt daher nur formelle Rechtskraft zu, aber auch nicht absolut, sondern nur relativ, weil nach der Wertfestsetzung weitere Beteiligte hinzukommen können, denen ggü der Beschluss erst nach Zustellung und Ablauf der Beschwerdefrist rechtskräftig wird (LG Mönchengladbach Rpfleger 2003, 524). Der fehlende Eintritt der formellen Rechtskraft des Wertfestsetzungsbeschlusses begründet einen Zuschlagsversagungsgrund im Sinne des § 83 Nr 1 bzw Nr 5 ZVG. Eine sachliche Überprüfung der Wertfestsetzung kann im Zuschlagsbeschwerdeverfahren nicht nachgeholt werden (OLG Hamm Rpfleger 2000, 120).

38 **f) Änderungen.** Neue Tatsachen, die den Grundstückswert positiv oder negativ beeinträchtigen, erfordern von Amts wegen in jeder Verfahrenslage eine Überprüfung und evtl Abänderung des festgesetzten Wertes; die Rechtskraft steht dem nicht entgegen (BGH Rpfleger 2008, 214; OLG Koblenz Rpfleger 1985, 410; OLG Köln Rpfleger 1993, 258; OLG Hamm Rpfleger 1991, 73; *Keller* ZfIR 2005, 859, 861). Solche können sein: Schäden durch Feuer, Hagel, Sturm, Wasser, Erdbeben; Freigabe von Zubehör; bauliche Verbesserungen; Änderung der Nutzungsart; Änderung der wirtschaftlichen Verhältnisse oder der Bauleitplanung. Allein die Verfahrensdauer (zB zwei bis drei Jahre) begründet noch keine Veranlassung zu einer Wertüberprüfung (*Keller* ZfIR 2005, 859, 861); sie besteht aber dann, wenn seit der Wertfestsetzung ein langjähriger Zeitraum (zB 4 1/2 Jahre) mit erheblichen allgemeinen Preissteigerungen verstrichen ist (OLG Hamm Rpfleger 1977, 452). Ein Anlass zur Überprüfung kann sich auch aus der allgemeinen Wertentwicklung auf dem Grundstücksmarkt ergeben, wenn diese wesentlich ist, zB bei einer Wertsteigerung um 10% (OLG Köln Rpfleger 1993, 258). Wer eine Änderung des Grundstückswertes wünscht, muss die dazu führenden Tatsachen zur Überzeugung des VollstrG nachweisen (BGH Rpfleger 1971, 212; LG Oldenburg KTS 1970, 63). Den Beteiligten (§ 9) ist rechtliches Gehör zu gewähren (Art 103 I GG) bevor der Änderungsbeschluss erlassen wird; dieser ist dann den Beteiligten zuzustellen. Lehnt das VollstrG eine Änderung ab, so liegt darin kein Verstoß nach § 83 Nr 1 (BGH ZfIR 2004, 167, 168 **aA** OLG Köln Rpfleger 1983, 362; OLG Hamm MDR 1977, 1028). Die Festsetzung des Grundstückswertes und ebenso seine Änderung gehören nicht zu den Versteigerungsbedingungen, die in den §§ 44–65 geregelt sind. Nach Zuschlagsversagung gemäß § 74 a I kann für einen zweiten Termin eine Änderung des Wertfestsetzungsbeschlusses nicht verlangt werden, weil es insoweit am Rechtsschutzbedürfnis fehlt (BGH ZfIR 2004, 167; LG Mönchengladbach Rpfleger 2003, 524 **aA** *Steiner/Storz* Rdn 112). Wird nach rechts-

III. Festsetzung des Grundstückswertes (§ 74 a V) §74a

kräftiger Festsetzung des Verkehrswertes für eine zur Zwangsversteigerung stehende Eigentumswohnung ein Sondernutzungsrecht an einem ihr zugeordneten Pkw-Stellplatz eingetragen, so erfordert dieses aber nach der Verkehrsanschauung mit Blick auf das gesamte Versteigerungsobjekt wesentliche Bewertungsmerkmale eine Wertanpassung von Amts wegen auch in dem nach Zuschlagsverweigerung wegen Nichterreichens der 7/10-Grenze anberaumten weiteren Versteigerungstermin (OLG Düsseldorf Rpfleger 2000, 559).

3. Rechtsbehelfe

a) **Vor Zuschlagsentscheidung (§ 74 a V 3).** Gegen den Wertfestsetzungsbeschluss ist abweichend von § 95 die sofortige Beschwerde gegeben (§ 74 a V 3). Vollstreckungserinnerung (§ 766 ZPO) ist ausgeschlossen (OLG Stuttgart Rpfleger 2000, 227). Lässt der Schu nach Zustellung des Wertfestsetzungsbeschlusses in einem Schreiben an das Versteigerungsgericht erkennen, dass er eine sachliche Überprüfung der von ihm zu niedrig gehaltenen Wertfestsetzung anstrebt, so ist diese Erklärung als sofortige Beschwerde gegen den Wertfestsetzungsbeschluss zu bewerten (OLG Hamm Rpfleger 2000, 120). Gegen den einen Antrag auf nachträgliche Abänderung eines Wertfestsetzungsbeschlusses zurückweisenden Beschluss ist die sofortige Beschwerde gemäß § 74 a V 3 gegeben (OLG Hamm OLGZ 1993, 354; LG Coburg Rpfleger 1999, 553 **aA** LG Berlin Rpfleger 2008, 518; LG Braunschweig Rpfleger 2001, 611; *Stöber* Rdn 7.20b). Wird der bereits festgesetzte Verkehrswert aufgrund geänderter Umstände nachträglich abgeändert, findet gegen diesen Beschluss grundsätzlich auch die sofortige Beschwerde statt (LG Rostock Rpfleger 2003, 205). 39

Die **Beschwerdefrist** beginnt mit der Zustellung des Wertfestsetzungsbeschlusses; die Verkündung ersetzt die Zustellung nicht (OLG Braunschweig NdsRpfl 1984, 259; *Steiner/Storz* Rdn 107; *Dassler/Hintzen* Rdn 72). 40

Beschwerdeberechtigt sind grundsätzlich alle Beteiligten (§ 9) des Wertfestsetzungsverfahrens, auch der Schu (OLG Frankfurt BB 1954, 1043; LG Frankfurt Rpfleger 1980, 30), ein Insolvenzverwalter (nicht aber der Insolvenzschuldner, BGH Rpfleger 2008, 590; LG Lübeck SchlHA 1973, 129), nicht der Mieter und Pächter (BGH MDR 1971, 287). Das Beschwerderecht setzt nicht voraus, dass damit ein Antragsrecht nach § 74 a I 1 begründet wird; das Gesetz gibt nichts dafür her (*Steiner/Storz* Rdn 115; *Drischler* Anm 17; *Stöber* Rdn 9.2; *Meyer-Stolte* Rpfleger 1985, 372 **aA** LG Lüneburg Rpfleger 1985, 371; LG Lübeck SchlHA 1970, 231). Beschwerdeberechtigt ist der Schu auch dann, wenn ein Meistgebot über 7/10 des angestrebten geänderten Verkehrswertes bereits vorliegt, da der Grundstückswert für das Gesamtverfahren von 41

§ 74 b [Ausnahme von § 74 a]

Bedeutung ist (vgl Rdn 26) und nicht nur für den 7/10-Antrag (*Steiner/Storz* Rdn 115 **aA** LG Frankfurt Rpfleger 1980, 30).

42 Mit der Anfechtung des Wertfestsetzungsbeschlusses kann nicht nur eine **Erhöhung**, sondern auch eine **Herabsetzung** verlangt werden (LG Augsburg Rpfleger 2000, 559; *Steiner/Storz* Rdn 116; *Stöber* Rdn 9.4 **aA** LG Halle ZIR 1997, 113; LG Köln Rpfleger 1989, 75).

43 Sofortige Beschwerde ist auch möglich, wenn das LG die Ablehnung des für das Beschwerdeverfahren zugezogenen Sachverständigen als unbegründet verweigert hat (OLG Frankfurt Rpfleger 1977, 66).

44 **Rechtsbeschwerde** gegen die Entscheidung des Beschwerdegerichts ist nur statthaft, wenn sie zugelassen ist (§ 574 I Nr 2 ZPO).

45 **b) Nach Zuschlagsentscheidung (§ 74 a V 4).** Ab diesem Zeitpunkt ist nur noch die sofortige Beschwerde gegen die Versagung oder Erteilung des Zuschlags möglich (LG Rostock Rpfleger 2003, 205); soweit aber bereits ein rechtskräftiger Wertfestsetzungsbeschluss vorliegt, ist dies nicht mit der Begründung möglich, dass der Grundstückswert unrichtig festgesetzt worden sei (**§ 74 a V 4;** vgl. auch LG Lüneburg Rpfleger 1998, 169). Die Bindungswirkung des Wertfestsetzungsbeschlusses für das Zuschlagsbeschwerdeverfahren gemäß § 74 a V 4 greift nur gegenüber den Beteiligten ein, denen gegenüber die formelle Rechtskraft des Wertfestsetzungsbeschlusses eingetreten ist (OLG Hamm Rpfleger 1991, 73). Eine Beschwerde wegen Verletzung des § 74 a V durch Beteiligte, denen ggü der Wertfestsetzungsbeschluss bei Zuschlagsentscheidung noch nicht rechtskräftig war, kann aber nicht nach § 83 Nr 1 zur Zuschlagsversagung oder -anfechtung führen, da die Festsetzung des Grundstückswertes nicht zu den Versteigerungsbedingungen gehört, die in den §§ 44–65 geregelt sind; eine unrichtige Wertfestsetzung gehört vielmehr zu den Gesetzesverletzungen, durch die lediglich bestimmte Rechte betroffen werden und begründet somit einen Versagungs- und Anfechtungsgrund nach § 83 Nr 5 (*Stöber* Rdn 9.9 – 9.11; *Budde* Rpfleger 1991, 189 **aA** OLG Koblenz Rpfleger 1985, 410; OLG Köln Rpfleger 1983, 362). Bei zu niedriger Wertfestsetzung können die Rechte aus §§ 74 a I, 85 I, 85 a ZVG oder § 765 a ZPO betroffen sein, bei zu hoher Wertfestsetzung das Recht auf Zuschlagserteilung (wenn einem Antrag aus § 74 a I stattgegeben werden muss) und außerdem das Recht aus § 114 a (*Stöber* Rdn 9.11).

§ 74 b [Ausnahme von § 74 a]

Ist das Meistgebot von einem zur Befriedigung aus dem Grundstück Berechtigten abgegeben worden, so findet § 74 a keine Anwendung, wenn das Gebot einschließlich des Kapitalwertes der nach den Versteigerungsbedingungen bestehenblei-

§ 75

benden Rechte zusammen mit dem Betrage, mit dem der Meistbietende bei der Verteilung des Erlöses ausfallen würde, sieben Zehnteile des Grundstückswertes erreicht und dieser Betrag im Range unmittelbar hinter dem letzten Betrage steht, der durch das Gebot noch gedeckt ist.

I. Allgemeines

§ 74 b schließt unter bestimmten Voraussetzungen den 7/10-Antrag nach § 74 a aus. **Die Rechtslage wäre idR nicht anders, würde § 74 b fehlen** (BGHZ 46, 107; *Steiner/Storz* Rdn 3). Antragsberechtigt gemäß § 74 a I ist weder der Meistbietende (vgl § 74 a Rdn 10) noch erfüllt ein nachrangiger dritter Gl idR die Voraussetzung, bei einem 7/10-Gebot Befriedigung zu erlangen. Bedeutung erlangt § 74 b daher nur dann, wenn innerhalb der 7/10-Grenze mehrere gleichrangige Rechte liegen und einer der gleichrangigen Gl das Meistgebot abgibt.

II. Voraussetzungen

Das Meistgebot muss von einem aus dem Grundstück Befriedigungsberechtigten iSd § 10 abgegeben worden sein. Das Bargebot einschließlich des Kapitalwertes der bestehen bleibenden Rechte (= Meistgebot) muss zusammen mit dem Betrag, mit dem der Meistbietende bei der Erlösverteilung ausfallen würde, die 7/10-Grenze des Grundstückswertes erreichen. Nur der Ausfall des meistbietenden Gl wird hinzugerechnet, nicht auch derjenige gleichrangiger Gl (BGHZ 46, 107). Der Ausfallbetrag des Meistbietenden muss im Rang unmittelbar hinter dem letzten Betrag stehen, der durch das abgegebene Meistgebot noch gedeckt ist.

§ 75 [Einstellung wegen Vorlegung eines Einzahlungs- oder Überweisungsnachweise im Termin]

Das Verfahren wird eingestellt, wenn der Schuldner im Versteigerungstermin einen Einzahlungs- oder Überweisungsnachweis einer Bank oder Sparkasse oder eine öffentliche Urkunde vorlegt, aus der sich ergibt, dass der Schuldner oder ein Dritter, der berechtigt ist, den Gläubiger zu befriedigen, den zur Befriedigung und zur Deckung der Kosten erforderlichen Betrag an die Gerichtskasse gezahlt hat.

Schrifttum: *Böttcher,* Schuldner-, Bieter- und Ersteherzahlungen im Versteigerungsverfahren, ZfIR 2007, 597; *Hagemann,* Einstellung bzw. Aufhebung des Zwangsversteigerungsverfahrens oder Zuschlagsversagung?, RpflStud 1983, 25 und 73: *Mayer,* Gläubiger-Mehrheit im Zwangsversteigerungsverfahren, Rpfleger 1983,

§ 75 Einstellung im Termin

265; *Rimmelspacher,* Gutglaubensschutz bei der Ablösung von Grundpfandrechten, WM 1986, 813; *Schmittat,* Die Ablösung von Erschließungsbeiträgen in Grundstücksverträgen mit Gemeinden, DNotZ 1991, 288; *Storz,* Gläubigerablösung in der Zwangsversteigerung, ZiP 1980, 159; *Zimmer/Pieper,* Zwangsvollstreckung „wegen eines zuletzt zu zahlenden Teilbetrags", NotBZ 2007, 319.

Übersicht

	Rn.
I. Allgemeines	1
II. Zahlung nach § 75	2
1. Zahlung durch den Schu oder einen befriedigungsberechtigten Dritten	2
2. Zeitpunkt	3
3. Umfang der Zahlung	4
4. Zahlung an die Gerichtskasse	6
5. Wirkungen	7
a) Einstellung	7
b) Es betreibt nur ein Gl die ZwVerst	8
c) Betreiben mehrerer Gl	9
d) Fortsetzung	13
6. Rechtsbehelfe	14
III. Ablösung	15
1. Voraussetzungen	15
2. Berechtigung	19
3. Wirkungen	34

I. Allgemeines

1 Zur Vermeidung der ZwVerst kann der Vollstreckungsschuldner an seine Gl zahlen; aber auch Dritte können gemäß §§ 268, 1142 ff, 1150 BGB die Gl befriedigen (= Ablösung; vgl dazu Rdn 15 ff). § 75 will die Möglichkeit der Zahlung bis zur Verkündung des Zuschlags offen halten. Eine bare Zahlung an das VollstrG ist ausgeschlossen (*Dassler/Hintzen* Rdn 1). Damit es zur Verfahrenseinstellung kommt, müssen sowohl die Vollstreckungsforderung als auch die Verfahrenskosten bezahlt werden. § 75 gilt für die Vollstreckungsversteigerung, aber nicht für die Sonderverfahren nach §§ 172 ff.

II. Zahlung nach § 75

1. Zahlung durch den Schu oder einen befriedigungsberechtigten Dritten

2 Zur Vermeidung der Zwangsversteigerung kann der Vollstreckungsschuldner an die betreibenden Gl bezahlen. § 75 erlaubt darüber hinaus eine Zahlung an die Gerichtskasse. Neben dem Vollstreckungsschuldner

II. Zahlung nach § 75 § 75

kann auch ein Dritter an die Gerichtskasse zahlen, wenn er zur Befriedigung der betreibenden Gläubiger berechtigt ist. Letzteres ist der Fall, wenn der Zahlende gemäß §§ 268 I, 1150 BGB entweder ein dingliches Recht oder zumindest den Besitz an dem betreffenden Grundstück innehat und diese Rechtsposition gefährdet ist. Sind mehrere Zahlungsberechtigte vorhanden, so schließt der zuerst Zahlende die anderen aus. Zahlungsberechtigt neben dem Vollstreckungsschuldner sind daher vor allem die dinglichen Gl, die außerhalb des gG stehen und deren Recht durch den Zuschlag damit erlöschen würde; wegen der Rettung des Besitzes sind auch die Mieter zahlungsberechtigt. Nicht dazu gehören persönliche Gl, die das Verfahren nicht selbst betreiben, da sie kein dingliches Recht oder Besitzrecht am Grundstück haben; nicht zahlungsberechtigt ist auch der Gl eines Rückgewähranspruchs einer Sicherungsgrundschuld (OLG Köln Rpfleger 1988, 324).

2. Zeitpunkt

Der Nachweis der Zahlung muss im Versteigerungstermin vorgelegt werden. Wird ein Verkündungstermin anberaumt, genügt es auch, wenn der Nachweis dort erfolgt. 3

3. Umfang der Zahlung

Der Betrag zur Befriedigung des betreibenden Gl umfasst die Kosten seines Anordnungs- oder Beitrittsbeschlusses (Nr 2210, 9002 KostVerz. zum GKG), seine bisherigen Vollstreckungskosten, die Zinsen bis einen Tag vor dem Versteigerungstermin und die Hauptsache. Bei der Grundschuld ist die Hauptsache der im Grundbuch eingetragene Nennbetrag und nicht die zugrunde liegende Forderung (BGH ZfIR 2006, 27). Betreiben mehrere Gl das Zwangsversteigerungsverfahren, müssen für die Einstellung des Gesamtverfahrens alle betreibende Gl befriedigt werden. Außerdem müssen die Verfahrenskosten nach § 109 I bezahlt werden. Dazu gehören jeweils eine 0,5 Verfahrens- und Versteigerungsgebühr (Nr 2211, 2213 KostVerz. zum GKG) aus dem Grundstückswert, Zustellungsauslagen, Veröffentlichungs- und Sachverständigenkosten. 4

Beispiel: 5
Die ZwVerst des Grundstücks (Wert: 200 000,– €) wird betrieben von A wegen 50 000,– € Hauptforderung nebst 10 % Zinsen hieraus seit dem 1. Juli 2008 sowie 100,– € bisherige Kosten. Versteigerungstermin ist am 1. Juli 2009.
Damit nach § 75 einstweilen eingestellt werden kann, muss nach Aufforderung zur Abgabe von Geboten gezahlt werden:

§ 75 Einstellung im Termin

1. Zur Befriedigung des Gl A
   a) Kosten des Anordnungsbeschlusses   50,– €
      (Nr 2210 KostVerz zum GKG)
      Zustellungskosten (Nr 9002 KostVerz zumGKG)   5,62 €
   b) Bisherige Kosten   100,– €
   c) 10 % Zinsen aus 50 000,– € vom
      1. 7. 2008–30. 6. 2009   5000,– €
   d) Hauptforderung   50 000,– €
2. Verfahrenskosten
   0,5 Verfahrensgebühr aus 200 000,– €   728,– €
   (Nr 2211 KostVerz zum GKG)
   0,5 Versteigerungsgebühr aus 200 000,– €   728,– €
   (Nr 2213 KostVerz zum GKG)
   Postgebühren   111,– €
   (Nr 9002 KostVerz zum GKG)
   Bekanntmachungskosten   100,80 €
   (Nr 9004 KostVerz zum GKG)
   Sachverständigenkosten   800,– €
   (Nr 9005 KostVerz zum GKG)
   Rechnungsgebühren   40,– €

   57 663,42 €

4. Zahlung an die Gerichtskasse

6 Die Zahlung des Schu oder befriedigungsberechtigten Dritten muss nach dem Gesetzeswortlaut an die Gerichtskasse erfolgt sein. Ausgeschlossen ist damit eine Barzahlung an das Versteigerungsgericht im Termin. § 75 verlangt als Nachweis der Zahlung die Vorlage eines Einzahlungs- oder Überweisungsnachweises einer Bank oder Sparkasse an die Gerichtskasse oder eine öffentliche Urkunde, d.h. Zahlungsbeleg der Gerichtskasse. Ein Nachweis der Gutschrift beim Gl ist nicht erforderlich. Nach dem Gesetzeswortlaut reicht es nicht für die Einstellung des Verfahrens, wenn im Versteigerungstermin vom Vollstreckungsschuldner oder einem befriedigungsberechtigten Dritten ein Scheck über den benötigten Betrag vorgelegt wird. Zulässig muss es jedoch sein, wenn daraufhin ein Entscheidungstermin anberaumt und der Scheck zur Einziehung an die Gerichtskasse weiter geleitet wird. Eine positive Mitteilung der Gerichtskasse führt dann zur Einstellung des Verfahrens. Nach dem Wortlaut des § 75 kann nur der Vollstreckungsschuldner dem Versteigerungsgericht den Nachweis der Zahlung vorlegen. Da aber auch ein befriedigungsberechtigter Dritter zur Zahlung der Forderung des betreibenden Gl an die Gerichtskasse berechtigt ist, muss er über den Gesetzeswortlaut hinaus auch zur Vorlage des Nachweises im Versteigerungstermin berechtigt sein (BGH ZfIR 2009, 212 m Anm *Böttcher*). Zu berücksichtigen ist auch eine Zahlungsmitteilung durch die Gerichtskasse selbst (BGH aaO). Das Versteigerungsgericht muss dann die Zahlungsberechtigung und den Zahlungsumfang prüfen.

II. Zahlung nach § 75 **§ 75**

5. Wirkungen

a) Einstellung. Sobald der Vollstreckungsschuldner oder ein zahlungsberechtigter Dritter im Versteigerungstermin die vollständige Bezahlung der Forderung des betreibenden Gl an die Gerichtskasse ordnungsgemäß nachweist, stellt das Versteigerungsgericht das betroffene Einzelverfahren von Amts wegen gemäß § 75 ein. Der Beschluss ist zu verkünden, daneben sind Zustellung gem § 32 und Belehrung nach § 31 erforderlich. 7

b) Es betreibt nur ein Gl die ZwVerst. Um das Einzelverfahren des betreibenden Gl, das in diesem Fall auch das Gesamtverfahren darstellt, einstellen zu können, muss nicht nur die Bezahlung der Forderung des betreibenden Gl nachgewiesen werden, sondern auch die Bezahlung der Verfahrenskosten. Erfolgt der Nachweis bis zum Schluss der Versteigerung (§ 73 II), ist das Gesamtverfahren einzustellen; beim Nachweis nach diesem Zeitpunkt, ist der Zuschlag zu versagen (§ 33). 8

c) Betreiben mehrerer Gl. In diesem Fall kann die Zahlung gem § 75 ggü jedem einzelnen von ihnen erfolgen. 9

aa) Nachweis vor Verkündung des Versteigerungsschlusses (§ 73 II). Die Einstellung der Gesamtversteigerung kann nur bei Bezahlung aller betreibender Gl und der Verfahrenskosten erfolgen. Reicht die Bezahlung nicht für alle betreibende Gl, aber zumindest für den bestbetreibenden Gl, so ist wegen der bezahlten Forderungen das jeweilige Einzelverfahren einzustellen und wegen der weiteren, nicht befriedigten betreibenden Gl das Verfahren nach Neuerstellung des geringsten Gebots mit einer neuen Bietzeit fortzusetzen. 10

Beim Nachweis der Bezahlung von einem oder einigen betreibenden Gl, aber nicht des bestbetreibenden Gl, werden zwar die befriedigten Einzelverfahren eingestellt, aber im Übrigen bleiben das gG und das Gesamtverfahren unberührt. 11

bb) Nachweis nach Verkündung des Versteigerungsschlusses (§ 73 II). Erfolgt der Nachweis der Bezahlung zumindest des bestbetreibenden Gl und der Verfahrenskosten, so ist der Zuschlag zu versagen (§ 33). Hinsichtlich nachrangiger und nicht befriedigter betreibender Gl muss ein neuer Versteigerungstermin anberaumt werden. Die Bezahlung von einem oder einigen nachrangigen betreibenden Gl hat keinen Einfluss auf die Zuschlagsentscheidung. 12

d) Fortsetzung. Das nach § 75 einstweilen eingestellte Verfahren wird nicht von Amts wegen **fortgesetzt**, sondern **nur auf Antrag** des Gl (§ 31 I). Darüber muss er gemäß § 31 III belehrt werden. Einem Fortsetzungsantrag, der auch sofort gestellt werden kann, muss das VollstrG stattgeben; dem Vollstreckungsschuldner bleibt nur die Möglichkeit, sich dagegen gemäß 13

§ 75

§§ 767, 769 ZPO zu wehren. Wird der Antrag nicht binnen sechs Monaten ab Zustellung der Belehrung (§ 31 III) gestellt, so ist das Verfahren des betroffenen Gl aufzuheben (§ 31 I 2).

6. Rechtsbehelfe

14 Der betreibende Gl kann gegen die Einstellung bzw Zuschlagsversagung mit der sofortigen Beschwerde vorgehen. Weigert sich das VollstrG, die Zahlung anzunehmen, so ist für den Schu und den zahlungsberechtigten Dritten Vollstreckungserinnerung (§ 766 ZPO) möglich. Lehnt das VollstrG die Einstellung gemäß § 75 ab, so können der Schu und ein zahlungsberechtigter Dritter gegen den Zuschlag die sofortige Beschwerde einlegen.

III. Ablösung

1. Voraussetzungen

15 Gem § 268 I 1 BGB kann das Recht eines die ZwVerst betreibenden Gl abgelöst werden von jedem, der Gefahr läuft, durch die ZwVerst ein Recht an dem Grundstück zu verlieren. Das Ablösungsrecht besteht in diesem Fall somit ggü betreibenden Gl, und zwar unabhängig davon, aus welcher Rangklasse des § 10 I Nr 1–5 betrieben wird.

16 Zeitlich früher besteht ein Ablösungsrecht ggü Grundpfandrechten gem **§ 1150 BGB,** wenn Befriedigung aus dem Grundstück erlangt wird. Genügend ist dafür eine Mahnung des Gl nach Fälligkeit (RGZ 91, 302; 146, 322), die Kündigung des Gl (*Dassler/Hintzen* Rdn 21) oder der bloße Fälligkeitseintritt, wenn sich der Eigentümer der sofortigen ZwV unterworfen hat gem § 800 ZPO (MünchKomm/*Eickmann* § 1150 Rdn 2). Eine Ablösung ist nicht möglich ggü eingestellten Ansprüchen, weil keine ZwV betrieben wird und auch keine Befriedigung aus dem Grundstück verlangt wird. Auch *öffentliche Lasten* können abgelöst werden (RGZ 67, 214; 135, 25; BGH NJW 1956, 1197; KTS 1971, 193; *Meikel/Morvilius* § 54 Rdn 82), und zwar gem § 268 BGB, wenn wegen ihnen die ZwVerst betrieben wird; aber auch dann gem § 1150 BGB, wenn sie nur außergerichtlich geltend gemacht werden (RGZ 146, 319; *Steiner/Hagemann* § 10 Rdn 103), da sie wie Grundpfandrechte ein Recht auf Befriedigung aus dem Grundstück gewähren. Die subjektive Willensrichtung des Ablösenden (= zur Vermeidung der ZwVerst oder nur zur Erlangung einer besseren Rangstelle) ist für das Vorliegen des Ablösungsrechts unerheblich, da es im Interesse der Klarheit der dinglichen Rechtsverhältnisse an dem Grundstück allein auf das objektive Bestehen eines Ablösungsrechts ankommt (BGH Rpfleger 1994, 374; MittBayNot 1984, 24, 25; OLG Köln Rpfleger 1989, 298 **aA** RGZ 146, 117, 125; MünchKomm/*Eickmann* § 1150 Rdn 3). Ein Gl ist deshalb auch dann

III. Ablösung § 75

ablösungsberechtigt, wenn er die ZwVerst selbst betreiben und fortführen will (OLG Köln EWiR 1989, 333 m zust Anm *Storz*). Einem Gl steht keine Möglichkeit zu, sich gegen eine Ablösung zu wehren; ebenso dem Vollstreckungsschuldner (BGH ZfIR 2009, 212 m Anm *Böttcher*). Möglich ist eine Ablösung bis zur Zuschlagsverkündung.

Eine **Teilablösung** ist nur dann zulässig, wenn der abgelöste Gl die ZwVerst nur aus einem Teil seines Anspruchs betrieben hat; der abgelöste Teil hat dann Nachrang (§ 268 III 2 BGB). Ist der Schu vollstreckbar verpflichtet, die ZwV in sein Grundstück wegen eines zuletzt zu zahlenden Teilbetrags einer Grundschuld zu dulden (vgl dazu BGHZ 108, 372, 376), ist für die Einstellung der ZwV die Befriedigung des Gl nur in Höhe dieses Teilbetrags nebst Kosten, nicht aber die vollständige Ablösung der Grundschuld erforderlich (BGH DNotZ 2007, 675 m zust Anm *Wolfsteiner*). Ein **vorrangiger Grundschuldgläubiger** muss selbst dann in voller Höhe des dinglichen Rechts abgelöst werden, wenn die gesicherte Forderung nicht mehr oder nicht mehr in voller Höhe besteht (BGH ZfIR 2006, 27; *Dassler/Hintzen* Rdn 33). Erzielt der vorrangige Grundschuldgläubiger aufgrund der Ablösung des dinglichen Rechts einen Übererlös, findet zwischen den beiden Grundschuldgläubigern kein bereicherungsrechtlicher Ausgleich statt (BGH aaO). 17

Betreibt ein Gl die **ZwVerst aus mehreren Ansprüchen** (zB Grundschuld und persönlicher Forderung, Hauptsache in § 10 I 4 und ältere Zinsrückstände in § 10 I 8 bzw § 10 I 5), so handelt es sich jeweils um selbstständige Einzelverfahren (OLG Düsseldorf Rpfleger 1991, 28). Ein Ablösungsrecht besteht ggü jeder einzelnen Vollstreckungsforderung, so dass der Abzulösende nicht verlangen kann, dass auch die jeweils anderen Forderungen mitbezahlt werden. Will der Ablösende die Zuschlagsversagung herbeiführen, muss er nur das bestrangig betriebene Verfahren ablösen. 18

2. Berechtigung

Weitere Voraussetzung für eine Ablösung ist die Berechtigung dazu, dh der Ablösende muss gemäß §§ 268 I, 1150 BGB entweder ein **dingliches Recht** oder aber zumindest den **Besitz** an dem betreffenden Grundstück innehaben und diese Rechtsposition muss **gefährdet** sein. Sind **mehrere Ablösungsberechtigte** vorhanden, so schließt der zuerst Befriedigende die anderen aus. Bieten sie gleichzeitig die Ablösung an, so hat der Gl die Wahl (MünchKomm/*Eickmann* § 1150 Rdn 24). 19

Einzelfälle zum Ablösungsrecht:

a) Besitzer: ja gem §§ 268 I2, 1150 BGB; dazu gehört auch der Ehegatte des Schu, soweit sich die Familienwohnung auf dem Grundstück befindet. 20

b) Betreibende Gl: ja für dingliche Gl, aber auch, wenn wegen einer persönlichen Forderung betrieben wird (§ 10 I Nr 5), da durch die 21

§ 75 Einstellung im Termin

Beschlagnahme ein Befriedigungsrecht aus dem Grundstück erworben wird (*Steiner/Storz* Rdn 40).

22 **c) Bieter** oder Bietinteressent: nein.

23 **d) Bürge:** nein, da § 774 BGB ihn ebenso stellt, wie es § 268 III täte; aber auch Bürgen von durch gleich- oder nachrangige Grundpfandrechte gesicherten Forderungen sind nicht ablösungsberechtigt, weil ihnen kein Recht am Grundstück zusteht (MünchKomm/*Eickmann* § 1150 Rdn 11 **aA** *Steiner/Storz* Rdn 41).

24 **e) Dingliche Gl:** nur dann, wenn sie außerhalb des gG stehen, dh ggü dem bestrangig betreibenden Gläubiger gleich- oder nachrangig sind, und zwar auch dann, wenn sie nach der Beschlagnahme ins GB eingetragen wurden und somit in § 10 I Nr 6 stehen (BGH ZfIR 2007, 201 m Anm *Böttcher*). Daran ändert auch nichts ein Gebot, durch das der Ablösende Deckung erhalten würde (LG Verden Rpfleger 1973, 296). Ein in das gG fallender Gl ist wegen Zinsrückstände aus § 10 I Nr 8 ablösungsberechtigt. Zu den dinglichen Rechten, die ein Ablösungsrecht gewähren, gehört auch der Nießbrauch, eine Zwangshypothek (LG Verden Rpfleger 1973, 296) und eine Eigentümergrundschuld.

25 **f) Eigentümer:** nein, wenn er zugleich persönlicher Schu des abzulösenden Rechts ist, da § 1142 BGB dann nicht gilt (*Steiner/Storz* Rdn 34; MünchKomm/*Eickmann* § 1142 Rdn 7); ja, wenn er mit dem persönlichen Schu nicht identisch ist (LG Verden Rpfleger 1973, 296; *Dassler/Hintzen* Rdn 30). Gleiches gilt für den Miteigentümer.

26 **g) Ersteher:** nein (*Steiner/Storz* Rdn 45); ein Ablösungsrecht besteht jedoch dann, wenn der Gl den Zuschlagsbeschluss begründet anficht.

27 **h) Inhaber von der ZwVerst entgegenstehenden Rechten,** wenn sie angemeldet sind gem §§ 28, 37 Nr 5: ja.

28 **i) Mieter/Pächter:** ja, wegen der Rettung des Besitzes (RGZ 91, 302). Gleiches gilt für Untermieter/Unterpächter.

29 **j) Persönliche Gl:** nein, da kein dingliches Recht oder Besitzrecht am Grundstück.

30 **k) Persönlicher Schu des abzulösenden Rechts:** grundsätzlich nein; aber dann, wenn er einen Ersatzanspruch gem § 1164 BGB gg den Eigentümer hat (*Steiner/Storz* Rdn 41; MünchKomm/*Eickmann* § 1150 Rdn 19).

31 **l) Pfandgläubiger:** ja, wenn der Gl des belasteten Rechts seinerseits ablösungsberechtigt wäre (MünchKomm/*Eickmann* § 1150 Rdn 20).

32 **m) Rückübertragungsanspruch einer Grundschuld:** nein (OLG Köln Rpfleger 1988, 324).

33 **n) Vormerkungsberechtigte:** ja, wenn die Vormerkung außerhalb des gG steht (BGH Rpfleger 1994, 374; *Steiner/Storz* Rdn 36).

3. Wirkungen

34 **a)** Soweit der Ablösende den Gl befriedigt, geht das **abgelöste Recht** kraft Gesetzes mit allen Neben- und Vorzugsrechten (§§ 268 III 1, 401, 412,

III. Ablösung § 75

1153 I BGB) **auf den Ablösenden über** (BGH ZflR 2009, 212 m Anm *Böttcher*; RGZ 91, 302; 131, 125; *Steiner/Storz* Rdn 58). Mit einer abgelösten Forderung erwirbt der Ablösende auch die Hypothek, nicht dagegen eine Grundschuld, auf deren Abtretung er aber einen Anspruch hat (BGH NJW 1956, 1197; WM 1981, 691; *Steiner/Storz* Rdn 61). Mit einer abgelösten Hypothek geht auch die persönliche Forderung über; bei einer abgelösten Grundschuld besteht dagegen nur ein Anspruch auf Übertragung der gesicherten Forderung. Der grundbuchrechtliche Rang und die Befriedigungsvorrechte des § 10 I gehen mit dem abgelösten Recht; dies gilt auch bei einer öffentlichen Last nach § 10 I Nr 3 (BGHZ 39, 319; RGZ 135, 25; 146, 317). Der Ablösende tritt in die Rechtsstellung des abgelösten Anordnungs- bzw Beitrittsgläubigers ein, dh ein neuer Beschlagnahmebeschluss ist unzulässig (BGH ZflR 2009, 212 m Anm *Böttcher*; DNotZ 1963, 673). Die Ansprüche auf Rückgewähr vorrangiger Grundschulden sind keine Nebenrechte des nach § 1192 II, §§ 1150, 268 I und III BGB abgelösten Grundpfandrechte; sie gehen deshalb nicht nach §§ 401 I, 412 auf den Ablösenden über (BGH Rpfleger 1988, 306).

b) Beteiligter iSv § 9 wird der Ablösende mit Anmeldung und evtl 35 Glaubhaftmachung (§ 9 Nr 2); irgendwelche Vollstreckungsunterlagen wie Titel oder Klausel sind dafür nicht erforderlich.

c) Betreibender Gl wird der Ablösende erst, wenn er die Rechtsnach- 36 folgeklausel erwirkt (§ 727 I ZPO) und zugestellt (§ 750 II ZPO) und diese Rechtsstellung beim VollstrG angemeldet hat; bis dahin behält der abgelöste Gl trotz Anspruchsverlust seine formelle Position als betreibender Gl (BGH ZNotP 2007, 192; OLG Bremen Rpfleger 1987, 381; OLG Düsseldorf Rpfleger 1987, 75). Wenn also der Ablösende als materieller Anspruchsinhaber noch nicht formell durch die umgeschriebene Klausel und Zustellung legitimiert ist und dem noch formell betreibenden bisherigen Gl die materielle Berechtigung dazu fehlt, ist das Verfahren einstweilen einzustellen und dem Ablösenden die Möglichkeit zur Behebung des Mangels zu gewähren (BGH DNotZ 1963, 673). Werden die Umschreibung und Zustellung der Klausel durch den Ablösenden nachgewiesen, so erfolgt für ihn als betreibenden Gl die Verfahrensfortsetzung; geschieht dies nicht, wird die ZwVerst für den bisherigen betreibenden Gl fortgesetzt, da das VollstrG die materielle Berechtigung nicht abschließend zu prüfen hat (Titel, Klausel und Zustellung liegen ja noch vor). Erklären betreibender und ablösender Gl übereinstimmend zu Protokoll im Termin die Ablösung, so sind dennoch Umschreibung und Neuzustellung des Titels erforderlich (*Bischoff/Bobenhausen* Rpfleger 1987, 381 **aA** *Steiner/Storz* Rdn 72). Wird ein in Rangklasse § 10 I Nr 3 betreibender Gl abgelöst, kann keine Titelumschreibung erfolgen (BGHZ 75, 23). Will der Ablösende in Klasse § 10 I Nr 3 betreiben, muss er im ordentlichen Rechtsweg einen Titel auf Duldung der ZwV in dieser Rangklasse erwirken (RGZ 146, 317; 150, 58, 60; *Steiner/Hagemann* § 10 Rdn 104); auch dafür ist das Einzelverfahren einstweilen einzustellen.

37   d) **Aufhebung (§ 29)** oder – soweit überhaupt erforderlich vgl Rdn 36 – **einstweilige Einstellung (§ 30)** kommt für einen Ablösenden nur dann in Betracht, wenn aus dem abgelösten Recht die ZwVerst betrieben wurde (OLG Hamm Rpfleger 1988, 75). Die Umschreibung der Klausel (§ 727 ZPO) und ihre Zustellung (§ 750 II ZPO) sind dazu nicht notwendig, weil diese keine Maßnahmen gegen den Schu darstellen (BGH ZflR 2007, 201).

§ 76 [Einstellung wegen Deckung des Gläubigers aus einem Einzelausgebot]

¹**Wird bei der Versteigerung mehrerer Grundstücke auf eines oder einige so viel geboten, daß der Anspruch des Gläubigers gedeckt ist, so wird das Verfahren in Ansehung der übrigen Grundstücke einstweilen eingestellt; die Einstellung unterbleibt, wenn sie dem berechtigten Interesse des Gläubigers widerspricht.**
²**Ist die einstweilige Einstellung erfolgt, so kann der Gläubigers die Fortsetzung des Verfahrens verlangen, wenn er ein berechtigtes Interesse daran hat, insbesondere wenn er im Verteilungstermine nicht befriedigt worden ist. Beantragt der Gläubigers die Fortsetzung nicht vor dem Ablaufe von drei Monaten nach dem Verteilungstermine, so gilt der Versteigerungsantrag als zurückgenommen.**

Schrifttum: *Hagemann,* Einstellung bzw. Aufhebung des Zwangsversteigerungsverfahrens oder Zuschlagsversagung?, RpflStud 1983, 25 und 73; *Mayer,* Gl-Mehrheit im Zwangsversteigerungsverfahren, Rpfleger 1983, 265; *Muth,* Versteigerung mehrerer Grundstücke – Verfahrenseinstellung wegen Anspruchsdeckung, Rpfleger 1993, 268.

I. Allgemeines

1   Betreibt ein Gl zur Realisierung seiner Forderung die ZwVerst in mehrere Grundstücke, so will § 76 vermeiden, dass der Vollstreckungsschuldner mehr Grundbesitz verliert, als zur Befriedigung des Gl nötig ist. Die Norm gilt für die Vollstreckungsversteigerung, aber nicht in den Sonderverfahren nach §§ 172 ff.

II. Voraussetzungen

1. Versteigerung mehrerer Grundstücke (§ 76 I 1. Hs)

2   Sie müssen zu einem Gesamtverfahren gemäß § 18 verbunden sein; werden sie einzeln in verschiedenen Verfahren versteigert, gilt § 76 nicht. Letzteres gilt ebenso, wenn nur ein Gesamtausgebot erfolgt gemäß § 63

II. Voraussetzungen **§ 76**

II, IV. Erfolgt die ZwVerst sowohl mittels Einzelausgeboten als auch mittels Gesamtausgebot, dann erhält das über den Einzelausgeboten liegende Gesamtgebot entgegen § 63 III 2 trotzdem nicht den Zuschlag, wenn ein Einzelgebot zur Befriedigung des betreibenden Gl genügt.

2. Deckung der Vollstreckungsforderung (§ 76 I 1. Hs)

Betreibt nur ein Gl die ZwVerst der Grundstücke, so müssen die 3 Kosten, Zinsen (bis einen Tag vor dem voraussichtlichen Verteilungstermin) und Hauptforderung seines Anspruchs gedeckt sein; außerdem die ihm vorgehenden Verfahrenskosten (§ 109) aller Grundstücke und die Baransprüche der geringsten Gebote (= § 10 I Nr 1-3; Kosten und Zinsen aus den bestehen bleibenden Rechten bis einen Tag vor dem Zuschlag).

Betreiben mehrere Gl die ZwVerst und rangieren deren Ansprüche 4 unmittelbar nacheinander, so besteht Einigkeit darüber, dass neben den Verfahrenskosten und den Baransprüchen der geringsten Gebote alle deren Ansprüche gedeckt sein müssen für die Anwendung des § 76. Bestritten ist dagegen die Frage, welche Ansprüche gedeckt sein müssen, wenn zwischen den Rechten der betreibenden Gl Rechte liegen, aus denen die ZwVerst nicht betrieben wird, sog Zwischenrechte. Zum Teil wird die Ansicht vertreten, dass nur der Anspruch des bestrangig betreibenden Gl (*Höfler* BayNotZ 1933, 145, 148f) oder die Ansprüche aller betreibender Gl vor dem ersten Zwischenrecht (*Muth* Rpfleger 1993, 268) gedeckt sein müssen. Daneben wird die Meinung vertreten, dass die Ansprüche aller betreibender Gl durch das Meistgebot gedeckt sein müssen, und zwar unabhängig von Zwischenrechten (OLG München Rpfleger 1993, 121). Diesen Ansichten kann nicht gefolgt werden. Deckung iSv § 76 setzt vielmehr voraus, dass die Ansprüche aller betreibender Gl bei der voraussichtlichen Erlösverteilung erfüllt werden, dh unter Berücksichtigung der Zwischenrechte (*Steiner/Storz* Rdn 7; *Dassler/Hintzen* Rdn 5; *Stöber* Rdn 2.5). Zur mutmaßlichen Teilungsmasse gehören neben dem Bargebot die Zinsen daraus gemäß § 49 II bis einen Tag vor dem voraussichtlichen Verteilungstermin (*Steiner/Storz* Rdn 4 **aA** *Muth* Rpfleger 1993, 268, 269). Betreibende Gl iSv § 76 sind nur solche Gl, deren Einzelverfahren nicht schon eingestellt sind bzw für die die Fristen der §§ 43 II, 44 II gewahrt sind (*Mayer* Rpfleger 1983, 265, 267; *Steiner/Storz* Rdn 7; *Stöber* Rdn 2.5).

3. Nichtgefährdung der Gläubigerinteressen (§ 76 I 2. Hs)

Trotz eines ausreichend hohen Meistgebots unterbleibt die Einstel- 5 lung, wenn sie den Interessen der betreibenden Gl widerspricht. Dies ist der Fall, wenn eine Zuschlagsanfechtung oder Nichtzahlung des Bargebots zu erwarten sind. Die Beteiligten sind zu der Frage zu hören.

III. Einstweilige Einstellung (§ 76 I)

6 Liegen die Voraussetzungen des § 76 I hinsichtlich eines oder einiger Grundstücke vor (vgl Rdn 2–5), so ist das Verfahren bezüglich der übrigen Grundstücke einstweilen einzustellen, und zwar von Amts wegen durch Beschluss; dies kann auch gegen den erklärten Willen des Vollstreckungsschuldners erfolgen. Die Entscheidung sollte erst nach dem Versteigerungsschluss (§ 73 II) für alle Grundstücke erfolgen, dann allerdings durch Zuschlagsversagung gemäß § 33, die nur verkündet aber nicht zugestellt wird (§ 87 I; *Steiner/Storz* Rdn 9; *Stöber* Rdn 2.7). Stellt sich nach dem Versteigerungsschluss heraus, dass mehrere Meistgebote auf Einzelgrundstücke zur Deckung iSv § 76 I genügen, so hat das VollstrG die anwesenden Beteiligten dazu anzuhören und dann unter Berücksichtigung der schutzwürdigen Gl- und Schuldnerinteressen nach pflichtgemäßem Ermessen zu entscheiden, auf welches Grundstück der Zuschlag erteilt wird und bezüglich welcher Grundstücke der Zuschlag zu versagen ist. Der Einstellungsbeschluss nach § 76 I kann vom davon betroffenen betreibenden Gl mittels sofortiger Beschwerde angefochten werden, nicht aber vom Meistbietenden. Gegen einen Zuschlagsversagungsbeschluss gemäß § 76 I, § 33 steht dieser Rechtsbehelf neben dem Gl auch dem Meistbietenden zu (*Stöber* Rdn 3.3). Wird dagegen der Zuschlag erteilt, hat der Vollstreckungsschuldner die Möglichkeit der sofortigen Beschwerde gemäß § 83 Nr 5, § 100.

IV. Fortsetzung der Versteigerung (§ 76 II)

7 Das Verfahren wird fortgesetzt, wenn der betreibende Gl innerhalb von drei Monaten ab dem Verteilungstermin (§ 187 I BGB) die Fortsetzung beantragt und er dazu ein berechtigtes Interesse hat (zB keine Befriedigung im Verteilungstermin oder wenn er seinen Gesamtanspruch befriedigt haben möchte, nachdem zuvor nur ein Teil geltend gemacht wurde). Nach Fristablauf gilt der Versteigerungsantrag als zurückgenommen (§ 76 II 2); das Verfahren muss aufgehoben werden (§ 29). Eine Belehrung über die Fortsetzungsmöglichkeit wie in § 31 III ist bei § 76 nicht vorgesehen, aber noch ein nobile officium (*Dassler/Muth* § 31 Rdn 2 **aA** *Stöber* Rdn 3.2). Die Frist zur Fortsetzung beginnt aber auch dann, wenn der Gl nicht gem § 31 III belehrt wurde. Gegen den Fortsetzungsbeschluss kann der Schu nach seiner Anhörung mit der sofortigen Beschwerde vorgehen; ebenso der betreibende Gl bei Ablehnung der Fortsetzung (*Steiner/Storz* Rdn 13; *Dassler/Hintzen* Rdn 16; **aA** *Stöber* Rdn 3.3: § 767 ZPO).

§ 77 [Einstellung wegen Mangels an Geboten]

^IIst ein Gebot nicht abgegeben oder sind sämtliche Gebote erloschen, so wird das Verfahren einstweilen eingestellt.
^{II}Bleibt die Versteigerung in einem zweiten Termine gleichfalls ergebnislos, so wird das Verfahren aufgehoben. Liegen die Voraussetzungen für die Anordnung der Zwangsverwaltung vor, so kann auf Antrag des Gläubigers das Gericht anordnen, daß das Verfahren als Zwangsverwaltung fortgesetzt wird. In einem solchen Falle bleiben die Wirkungen der für die Zwangsversteigerung erfolgten Beschlagnahme bestehen; die Vorschrift des § 155 Abs. 1 findet jedoch auf die Kosten der Zwangsversteigerung keine Anwendung.

Schrifttum: *Drischler,* Der ergebnislose Versteigerungstermin, JurBüro 1967, 966; *Hagemann,* Einstellung bzw Aufhebung des Zwangsversteigerungsverfahrens oder Zuschlagsversagung?, RpflStud 1983, 25 und 73; *Mayer,* Gläubiger-Mehrheit im Zwangsversteigerungsverfahren, Rpfleger 1983, 265.

I. Allgemeines

§ 77 gilt für alle Versteigerungsverfahren des ZVG, auch für die nach §§ 172, 175, 180.   **1**

II. Kein wirksames Gebot im 1. Termin (§ 77 I)

1. Ergebnislosigkeit

Gem § 77 I wird eingestellt, wenn keine Gebote abgegeben oder sämtliche Gebote erloschen sind. Ein Gebot erlischt durch die widerspruchsfreie Zulassung eines Übergebots und die widerspruchslose Zurückweisung (§ 72 I, II); gleiches gilt, wenn der bestbetreibende Gl vor Versteigerungsschluss (§ 72 II) gem § 30 einstellt und dann eine neue Bietzeit ohne Gebot bleibt (vgl § 72 III). § 77 findet jedoch keine Anwendung, wenn § 765 a ZPO zum Erfolg führt oder ein unwirksames Gebot zugelassen oder ein Gebot unter Widerspruch zurückgewiesen wurde oder wenn alle betreibenden Gl nach Versteigerungsschluss (§ 73 II) eingestellt haben; das Verfahren ist dann einzustellen bzw der Zuschlag ist zu versagen gem §§ 30, 33.   **2**

2. Einstweilige Einstellung

Das Verfahren wird gemäß § 77 I im Termin von Amts wegen durch Beschluss eingestellt, der verkündet und zugestellt wird (§ 32). Über die Fortsetzungsmöglichkeit ist zu belehren (§ 31 III). Eine Zuschlagsversa-   **3**

§ 77 [Einstellung wegen Mangels an Geboten]

gung gemäß § 33 kommt nicht in Betracht; mangels Gebot kommt es nicht zum Versteigerungsschluss iSv § 73 II. Zur Einstellung nach § 77 I kann es nicht nur im 1. Termin kommen, sondern auch in späteren, wenn die früheren gemäß §§ 30, 33, 74 a, 75, 76, 83, 85 a ZVG oder § 765 a ZPO beendet wurden. Die Ergebnislosigkeit eines Termins iSv § 77 I hat nur Bedeutung für die betreibenden Gl, deren Verfahren nicht bereits eingestellt waren bzw für die auch die Fristen der § 43 II, § 44 II eingehalten sind; ist letzteres nämlich der Fall, wird für sie die ZwVerst fortgeführt.

3. Fortsetzung

4   Jeder Gl, für den das Verfahren gemäß § 77 I eingestellt wurde, muss einen Antrag stellen, damit sein Verfahren fortgesetzt wird (§ 31 I 1). Geschieht dies nicht binnen sechs Monaten ab Zustellung der Belehrung, so ist das betroffene Einzelverfahren aufzuheben (§ 31 I 2). Das Gesamtverfahren nimmt somit seinen Fortgang, wenn zumindest ein Gl rechtzeitig den Antrag dafür stellt.

III. Kein wirksames Gebot im 2. Termin (§ 77 II)

1. Wiederholte Ergebnislosigkeit

5   Die Einzelverfahren der betreibenden Gl sind aufzuheben, für die sowohl die erste als auch der zweite Versteigerungstermin ohne wirksames Gebot geblieben ist (§ 77 II 1). Beide Termine müssen sich auf dasselbe Versteigerungsobjekt beziehen. Die Zwangsversteigerung mehrerer Grundstücke ist von Amts wegen aufzuheben, wenn die Versteigerung in einem zweiten Termin ergebnislos bleibt. Hierbei ist es unerheblich, dass im ersten Termin nur ein Gesamtausgebot aller Grundstücke erfolgte, in dem weiteren Termin auch Einzelausgebote zugelassen wurden. Beide Termine müssen sich nur auf dasselbe Versteigerungsobjekt beziehen, nicht erforderlich ist, dass beiden Terminen das gleiche geringste Gebot zugrunde liegt (LG Chemnitz Rpfleger 2003, 205).

2. Aufhebung der betroffenen Einzelverfahren

6   Sie erfolgt von Amts wegen durch Beschluss; für die Bekanntmachung gilt § 32. Die Wirksamkeit des Beschlusses sollte von seiner Rechtskraft abhängig gemacht werden, damit die bestehende Beschlagnahme erhalten bleibt für den Fall einer erfolgreichen Anfechtung. Die beiden ergebnislosen Termine iSv § 77 müssen nicht aufeinander folgen; es ist auch denkbar, dass ein Versteigerungstermin dazwischen gemäß §§ 30, 33, 75, 76 beendet wurde. Zur Frage, ob der betreibende Gl der Aufhebung nach § 77 II 1 durch eine Einstellungsbewilligung (§ 30) zuvorkommen kann, vgl § 30 Rdn 22.

3. Überleitung zur Zwangsverwaltung (§ 77 II 2 und 3)

Liegen die Voraussetzungen für die Anordnung der ZwVerw vor 7 (Titel, Klausel, Zustellung, Grundbucheintragung des Schu usw) vor, so kann auf Antrag der Gl, deren Verfahren sonst nach § 77 II 1 aufgehoben werden müsste, das Gericht anordnen, dass das Verfahren als ZwVerw fortgesetzt wird **(§ 77 II 2)**. Der Antrag kann bereits vor dem Termin schriftlich oder im Termin während der Bietzeit gestellt werden; er muss spätestens bis zur Verkündung des Aufhebungsbeschlusses und nur im Falle der Nichtverkündung bis zu dessen Zustellung gestellt werden; im Rechtsmittelverfahren nicht mehr (LG Krefeld Rpfleger 1986, 233; LG Oldenburg KTS 1970, 234). Kommt es zur Überleitung in die ZwVerw, so handelt es sich bei bereits bestehender ZwVerst um einen Beitritt, ansonsten um die Anordnung. Im letzteren Fall muss ein Zwangsverwalter bestellt und der eingetragene Zwangsversteigerungsvermerk in einen Zwangsverwaltungsvermerk umgeschrieben werden. Durch den Überleitungsbeschluss gilt die Beschlagnahme aus der ZwVerst auch für die ZwVerw (§ 77 II 3).

§ 78 [Protokoll]

Vorgänge in dem Termine, die für die Entscheidung über den Zuschlag oder für das Recht eines Beteiligten in Betracht kommen, sind durch das Protokoll festzustellen; bleibt streitig, ob oder für welches Gebot der Zuschlag zu erteilen ist, so ist das Sachverhältnis mit den gestellten Anträgen in das Protokoll aufzunehmen.

Schrifttum: *Hagemeister,* Zur Berichtigung von Zwangsversteigerungsprotokollen, SchlHAnz 1960, 105.

I. Allgemeines

Ergänzend zu den §§ 159–164, 510a ZPO regelt § 78 die Protokollie- 1 rung im Versteigerungstermin. Die Norm gilt für alle Versteigerungsverfahren des ZVG. In jedem Fall sollte der Rechtspfleger einen **Protokollführer** in den Termin mitnehmen, damit er sich voll auf die Versteigerung konzentrieren kann.

II. Das Protokoll

1. Inhalt

Das Protokoll hat die Vorgänge des Termins auszuweisen, die bei der 2 Zuschlagsentscheidung und im Rechtsmittelverfahren zu berücksichtigen sind (§ 80). Im Einzelnen ist zu protokollieren:

§ 78 [Protokoll]

- Aktenzeichen, Gericht;
- Ort, Zeit, Öffentlichkeit der Verhandlung;
- Namen des Rechtspflegers, Protokollführers, Rechnungsbeamten;
- Bezeichnung der Versteigerungssache (Grundbuchstelle und Beschrieb nach Bestandverzeichnis, Eigentümer);
- Namen der erschienenen Beteiligten und ihrer Bevollmächtigen und gesetzlichen Vertreter (Übergabe von Vollmachten);
- Bekanntmachung gem § 66 I (vgl § 66 Rdn 16 ff);
- Feststellung und Verlesen des gG und der Versteigerungsbedingungen (vgl § 66 Rdn 33 ff);
- Hinweise für Bietinteressenten (vgl § 66 Rdn 36 ff);
- Hinweis auf die bevorstehende Ausschließung weiterer Anmeldungen gem § 66 II (vgl § 66 Rdn 45);
- Aufforderung zur Abgabe von Geboten (vgl § 66 Rdn 46);
- Genauer Beginn und Ende sowie evtl Unterbrechung der Bietstunde;
- Alle Bewilligungen, Anträge, Erklärungen, Anmeldungen, Widersprüche, Genehmigungen (zB nach §§ 29, 30, 37, 59, 63–65, 74 a, 75, 76, 77 II, 81 85, 91 II ZVG oder § 765 a ZPO);
- Vorgänge bei der Gebotsabgabe (§§ 71, 72) mit genauer Bezeichnung der Bieter und evtl Sicherheitsverlangen und -leistung (§§ 67 ff); Gebote, die jeweils durch ein Übergebot, dem nicht widersprochen ist, sofort erlöschen (§ 72 I), brauchen nicht festgehalten zu werden (OLG Hamm Rpfleger 1959, 47);
- Feststellung, dass ungeachtet der Aufforderung des Gerichts kein weiteres Gebot abgegeben, das letzte Gebot dreimal aufgerufen und dann die Versteigerung geschlossen wurde (§ 73 II);
- Verhandlung über den Zuschlag (§ 74);
- Verkündung der Zuschlagsentscheidung (mit genauer Uhrzeit) oder Ansetzung eines Verkündungstermins;
- Unterschrift des Rechtspflegers und des Urkundsbeamten.

2. Berichtigung

3   Ein bereits unterschriebenes Protokoll kann bei einer Unrichtigkeit gem **§ 164 ZPO** berichtigt werden (OLG Hamm Rpfleger 1979, 29). Davor sind Gl und Schu zu hören (§ 164 II ZPO). Die Berichtigung ist auf dem Protokoll zu vermerken und zu unterschreiben (§ 164 III ZPO). Nach Terminende können Erklärungen der Beteiligten, die vorgelesen und genehmigt worden sind, nicht berichtigt werden (OLG Hamm MDR 1983, 410; OLG Schleswig SchlHA 1960, 109). Protokollberichtigung ist möglich bis zur Rechtskraft des Zuschlagsbeschlusses, also auch noch, wenn er bereits angefochten ist und das Beschwerdege-richt darüber entschieden hat (OLG Hamm Rpfleger 1979, 29). Ausgeschlossen ist sie dann, wenn der Rechtspfleger und Urkundsbeamter nicht mehr die Funktionen als Urkundsbeamter ausüben dürfen (OLG München

§ 79

Rpfleger 1981, 67). Die Rechtsmittelinstanz ist solange an ein Protokoll gebunden, bis es berichtigt wird, es sei denn, die offenbare Unrichtigkeit ist für jedermann erkennbar (BGHZ 20, 188). Eine Protokollberichtigung kann nicht angefochten werden (OLG Hamm Rpfleger 1984, 193). Gleiches gilt für die Ablehnung der Berichtigung, es sei denn ein Unzuständiger hat entschieden oder der Antrag wurde als unzulässig zurückgewiesen (OLG Karlsruhe Rpfleger 1994, 311, 312; OLG Frankfurt Rpfleger 1978, 454; OLG München Rpfleger 1981, 67). Ein berichtigtes Protokoll hat volle Beweiskraft iSd § 80 ZVG, § 165 ZPO.

VI. Entscheidung über den Zuschlag (§§ 79–94)

§ 79 [Keine Bindung an Vorentscheidungen]

Bei der Beschlußfassung über den Zuschlag ist das Gericht an eine Entscheidung, die es vorher getroffen hat, nicht gebunden.

Die Vorschrift gilt für alle Versteigerungsverfahren des ZVG. Da die vor der Zuschlagsentscheidung ergangenen Entscheidungen idR nicht anfechtbar sind (§ 95), lässt § 79 bei der Beschlussfassung über den Zuschlag die Bindung des VollstrG an seine Entscheidungen entfallen; somit kann bei der Zuschlagsentscheidung noch einmal die Rechtmäßigkeit des gesamten Verfahrens überprüft werden (OLG Koblenz NJW 1955, 148, 427; OLG Hamm Rpfleger 1960, 410). Nach Zuschlagsversagung (zB wegen § 85 a) richtet sich das weitere Verfahren nicht danach, wie bei richtiger Beurteilung zu verfahren gewesen wäre (zB Zurückweisung des Gebots wegen Rechtsmissbrauch nach § 71 I), sondern nach der formell rechtskräftig gewordenen, wenn auch falschen Entscheidung (BGH Rpfleger 2007, 617). 1

An gem § 95 **nicht selbstständig anfechtbare Entscheidungen, die das VollstrG selbst erlassen hat,** ist es bei der Zuschlagsentscheidung nicht gebunden (§ 79). Erkennt das VollstrG die Unrichtigkeit einer solchen Entscheidung, so ist sie bei der Zuschlagsentscheidung richtig zu stellen, so zB durch Zuschlagserteilung auf ein zurückgewiesenes, aber noch nicht erloschenes (§ 72 I, II) Gebot oder durch Zuschlagsversagung wegen unrichtiger Feststellung des gG oder der Versteigerungsbedingungen. 2

Bindung besteht jedoch für die im **Rechtsmittelverfahren** (Rechtspfleger ggü Richter und Beschwerdegericht) ergangenen sachlichen Entscheidungen und für die im Rechtsmittelverfahren bestätigten Entscheidungen des VollstrG (KG Rpfleger 1966, 310); gleiches gilt für die **außerhalb des Zwangsversteigerungsverfahrens erlassenen Entscheidungen,** wie zB §§ 707, 719, 769, 775, 776 ZPO, selbst wenn das VollstrG einen Vollzugsbeschluss verfügt hat. 3

§ 81 [Zuschlagsberechtigte]

4 Für die **unabhängig von der Zuschlagsentscheidung selbstständig anfechtbaren Entscheidungen** (zB §§ 30 a–d, § 74 a V, § 180 II und III) gilt § 79 grundsätzlich nicht, dh vor, bei und nach der Zuschlagsentscheidung ist das VollstrG daran gebunden.

§ 80 [Nicht protokollierte Vorgänge]

Vorgänge in dem Versteigerungstermine, die nicht aus dem Protokoll ersichtlich sind, werden bei der Entscheidung über den Zuschlag nicht berücksichtigt.

1 Die Vorschrift gilt für alle Versteigerungsverfahren des ZVG. Für die Zuschlagsentscheidung wird nicht berücksichtigt, was an **rechtserheblichen Vorgängen** (vgl dazu § 78 Rdn 2) im Versteigerungstermin nicht protokolliert wurde (§ 80). Grundsätzlich ist somit nur der protokollierte Vorgang für die Zuschlagsentscheidung maßgebend, nicht der tatsächliche Hergang im Termin; dies gilt auch für das Rechtsmittelverfahren gegen die Zuschlagsentscheidung. Gelingt der Beweis einer unrichtigen Protokollierung, so bleibt der entsprechende Vorgang ohne Beachtung. Ein tatsächlich stattgefundener Vorgang wird nicht berücksichtigt, wenn er nicht protokolliert ist; nur nach einer Protokollberichtigung ist dies möglich. § 80 gilt nur für die Zuschlagsentscheidung, so dass bei einem späteren Prozess durchaus nicht protokollierte Vorgänge einer Entscheidung zugrunde gelegt werden können, wenn sie bewiesen werden (BGH NJW 1963, 1060; OLG Oldenburg NdsRpfl 1988, 8). § 80 betrifft nur die Vorgänge im Versteigerungstermin, dh solche außerhalb des Termins werden berücksichtigt auch ohne Protokollierung, zB eine schriftliche Anmeldung vor dem Termin. § 80 ist dann nicht anzuwenden, wenn im Termin eine Grundrechtsverletzung geschieht (OLG Hamm Rpfleger 1990, 85); es genügt ein objektiver Verstoß, ohne dass ein subjektiver Schuldvorwurf gegen den Rechtspfleger erforderlich ist (OLG Celle Rpfleger 1979, 116, 117). Bei der Verletzung des rechtlichen Gehörs und der Aufklärungspflicht des Gerichts genügt deshalb ausnahmsweise deren tatsächliches Feststehen für eine Zuschlagsversagung, auch wenn sie darüber nichts aus dem Protokoll ergibt (OLG Köln Rpfleger 1983, 411; OLG Hamm Rpfleger 1990, 85).

2 Das **Protokoll ist auslegungsfähig,** so dass sich auch nicht protokollierte Vorgänge aus dem Gesamtzusammenhang ergeben können, zB die nicht protokollierte Leistung der Sicherheit aus deren protokollierten Rückgabe (LG Verden Rpfleger 1974, 31).

§ 81 [Zuschlagsberechtigte]

I Der Zuschlag ist dem Meistbietenden zu erteilen.
II Hat der Meistbietende das Recht aus dem Meistgebot an einen anderen abgetreten und dieser die Verpflichtung aus dem Meist-

II. Zuschlagserteilung (§ 81 I) § 81

gebot übernommen, so ist, wenn die Erklärungen im Versteigerungstermin abgegeben oder nachträglich durch öffentlich beglaubigte Urkunden nachgewiesen werden, der Zuschlag nicht dem Meistbietenden, sondern dem anderen zu erteilen.

III Erklärt der Meistbietende im Termin oder nachträglich in einer öffentlich beglaubigten Urkunde, daß er für einen anderen geboten habe, so ist diesem der Zuschlag zu erteilen, wenn die Vertretungsmacht des Meistbietenden oder die Zustimmung des anderen entweder bei dem Gericht offenkundig ist oder durch eine öffentlich beglaubigte Urkunde nachgewiesen wird.

IV Wird der Zuschlag erteilt, so haften der Meistbietende und der Ersteher als Gesamtschuldner.

Schrifttum: *Ebeling,* Abtretung der Rechte aus dem Meistgebot und § 85a Abs 3 ZVG, Rpfleger 1988, 400; *Eickmann,* Vormundschaftsgerichtliche Genehmigungen im Zwangsversteigerungsverfahren, Rpfleger 1983, 199; *Helwich,* Die Mithaft des Meistbietenden in der Zwangsversteigerung, Rpfleger 1988, 467; *Kesseler,* Verfahrensbedingte Risiken des Finanzierungsgläubigers des Erstehers im Zwangsversteigerungsverfahren, WM 2005, 1299; *Krammer/Riedel,* Pfändung des Anspruchs aus dem Meistgebot, Rpfleger 1989, 144; *Stöber,* Vorkaufsrechte in der Zwangsversteigerung, NJW 1988, 3121.

Übersicht

	Rn.
I. Allgemeines	1
II. Zuschlagserteilung (§ 81 I)	2
1. Voraussetzungen	2
2. Wirkungen	16
III. Abtretung der Rechte aus dem Meistgebot (§ 81 II)	19
IV. Verdeckte Vertretung beim Bieten (§ 81 III)	21
V. Gesamtschuldnerische Haftung (§ 81 IV)	22

I. Allgemeines

Die Vorschrift gilt für alle Versteigerungsverfahren des ZVG. 1

II. Zuschlagserteilung (§ 81 I)

1. Voraussetzungen

a) Der Zuschlag muss dem **Meistbietenden** erteilt werden (§ 81 I). 2
Meistbietender in der ZwVerst ist derjenige, dessen Gebot wirksam und das höchste ist (OLG Düsseldorf NJW 1953, 1757, 1758; OLG Koblenz ZIP 1987, 1531, 1533). Auf ein bereits erloschenes Meistgebot, zB gemäß § 72, kann natürlich kein Zuschlag erteilt werden. Das **Meistge-**

§ 81 [Zuschlagsberechtigte]

bot ist das betragsmäßig höchste Gebot; es besteht auf alle Fälle aus dem Bargebot und evtl den bestehen bleibenden Rechten. Außer Betracht bleibt dabei die Befriedigungsfolge des § 114a (*Dassler/Hintzen* Rdn 5; *Ebeling* Rpfleger 1986, 314 **aA** LG Darmstadt Rpfleger 1986, 314). Das Meistgebot bei der ZwVerst von Grundstücken (nebst Zubehör) ist ein Nettobetrag; **Umsatzsteuer** ist darin nicht enthalten (BGH ZfIR 2003, 653).

3   Der Meistbietende hat einen **öffentlich-rechtlichen Anspruch** auf den Zuschlag (RGZ 76, 350; *Steiner/Storz* Rdn 8); dies ist nichts anderes als ein subjektiv öffentliches Recht, und zwar eines auf Zuschlagsentscheidung (*Eickmann*, ZVG, § 16 II 1). Das Gebot verfassungskonformer Anwendung der Verfahrensvorschriften kann es im Hinblick auf Art 14 GG gebieten, auf übereinstimmenden Antrag von Gl und Schu die Verkündung der Zuschlagsentscheidung um 30 Minuten zu verschieben, wenn begründete Aussicht besteht, dass es anschließend zur einstweiligen Einstellung kommt (OLG Düsseldorf Rpfleger 1994, 429). Für die Zuschlagserteilung muss das Verfahren natürlich gesetzesgemäß abgelaufen sein und es darf kein Zuschlagsversagungsgrund nach §§ 83, 85, 85a vorliegen (*Stöber* Rdn 3.3). Dieser Anspruch auf Zuschlagserteilung kann abgetreten (§ 81 II), verpfändet und gem § 857 I, II ZPO gepfändet werden

4   (BGH Rpfleger 1990, 471, 472); dabei muss der **Pfändungsgläubiger** die Übernahme der Verpflichtungen aus dem Meistgebot gem § 81 II nicht erklären (*Krammer/Riedel* Rpfleger 1989, 144; *Dassler/Hintzen* Rdn 10 **aA** *Steiner/Storz* Rdn 8). Die Pfändung ist ab dem Versteigerungsschluss (§ 73 II) bis zur Zuschlagserteilung möglich. Wirksam wird sie durch Zustellung des Pfändungsbeschlusses an den Ersteher (§ 857 II ZPO); zu den Auswirkungen vgl § 130 Rdn. 12. Das Recht auf den Zuschlag kann nur durch Rechtsmitteleinlegung gegen die Zuschlagversagung verfolgt werden.

5   b) Wegen der **Zustimmungspflicht gem § 5 ErbbauRG** zur Zuschlagsverteilung vgl §§ 15, 16 Rdn 83–85.

6   c) Wegen der **Zustimmungspflicht gem § 12 WEG** Zur Zuschlagserteilung vgl §§ 15, 16 Rdn 86.

7   d) **Im Flurbereinigungsverfahren** (vgl § 28 Rdn 14) kann bis zu dem in der Ausführungsanordnung bestimmten Zeitpunkt der Zuschlag auf die Einlagegrundstücke erteilt werden, später nur noch auf die Ersatzgrundstücke bzw die Geldabfindung. Im Zuschlag sollte angegeben werden, dass der Ersteher in das laufende Flurbereinigungsverfahren eintritt.

8   e) **Das Umlegungsverfahren** hindert die Zuschlagserteilung nicht; an die Stelle des alten tritt das neu zugeteilte Grundstück.

9   f) Das gemeindliche gesetzliche **Vorkaufsrecht** nach §§ 24 ff BauGB ist in der Vollstreckungsversteigerung nach § 471 BGB iVm § 28 II 2 BauGB ausgeschlossen. Rechtsgeschäftliche Vorkaufsrechte schuldrechtlicher oder dinglicher Art (vgl §§ 44, 45 Rdn 72) können in der ZwVerst

II. Zuschlagserteilung (§ 81 I) **§ 81**

nicht ausgeübt werden gem §§ 471, 1098 I 1 BGB (*Stöber* NJW 1988, 3121; *Dassler/Hintzen* Rdn 50).

g) Wegen der **Zuschlagserteilung an mehrere Personen** vgl § 71 Rdn 48. 10

h) Hat der Bieter in **offener Vertretung (§ 71 II)** das Meistgebot abgegeben, vgl § 71 Rdn 15 ff. Der Zuschlag darf insbesondere nicht unter dem Vorbehalt einer noch nachzuweisenden Genehmigung oder Vertretungsmacht erteilt werden (OLG Frankfurt Rpfleger 1967, 51). 11

i) Besteht für die Abgabe des Meistgebots eine **Zustimmungspflicht** (zB gerichtliche Genehmigung), vgl § 71 Rdn 25 ff. 12

j) Beim Meistbietenden muss zum Zeitpunkt der Gebotsabgabe **Parteifähigkeit** und **Prozessfähigkeit** vorliegen (vgl § 71 Rdn 9, 10, 18, 27). Wenn er danach prozessunfähig wird, kann ihm der Zuschlag trotzdem erteilt werden; zugestellt wird an den gesetzlichen Vertreter. Auch an eine noch nicht im Handelsregister eingetragene Vor-GmbH (vgl § 71 Rdn 21) kann der Zuschlag erteilt werden, weil sie auch grundbuchfähig ist (*Meikel/Böttcher* Einl F Rdn 54, 55). Wird die Vor-GmbH, die das Gebot abgegeben hat, bis zur Zuschlagserteilung im Handelsregister eingetragen, ist der Zuschlag der GmbH und nicht mehr der Vor-GmbH zu erteilen (LG München NJW-RR 1987, 1519). 13

k) Beim **Tod** des Meistbietenden wird der Zuschlag an die Erben erteilt (*Stöber* Rdn 3.4; *Steiner/Storz* Rdn 13). Sind die Erben unbekannt, so sind Ersteher "die unbekannten Erben des am . . . Verstorbenen . . . gesetzlich vertreten durch . . ." (so nach *Stöber* § 82 Rdn 2.4). Ist der Zuschlag aus Unkenntnis einem bereits Verstorbenen erteilt worden, so wirkt er für und gegen seinen Erben. 14

l) Fällt der Meistbietende vor der Zuschlagsverkündung in **Insolvenz,** so wird ihm trotzdem der Zuschlag erteilt; zugestellt wird an den Insolvenzverwalter (*Stöber* Rdn 3.4). Wird das Meistgebot vor der Insolvenzeröffnung abgegeben, so gehören der Anspruch auf Zuschlagserteilung und anschließend das Grundstück in die Insolvenzmasse. Der Anspruch auf Bezahlung des Meistgebots ist Insolvenzforderung mit dem Recht auf Vorwegbefriedigung aus der Insolvenzmasse. Wird das Meistgebot nach der Insolvenzeröffnung abgegeben, dann fällt das Grundstück in die Insolvenzmasse (§ 35 InsO). 15

2. Wirkungen

Der Zuschlag ist ein konstitutiv wirkender **Staatshoheitsakt,** der die Bedeutung eines **Richterspruchs** hat; durch ihn wird das Eigentum am Grundstück nicht übertragen, sondern in der Person des Erstehers originär begründet (BGH BB 1960, 65; NJW 1970, 565; Rpfleger 1986, 396; *Steiner/Storz* Rdn 31; *Dassler/Hintzen* § 90 Rdn 1; *Eickmann,* ZVG, § 16 I). Der Ersteher ist somit nicht Rechtsnachfolger des Vollstreckungsschuldners. Dem Makler steht deshalb kein Provisionsanspruch zu, wenn 16

§ 81 [Zuschlagsberechtigte]

sein Kunde das vom Makler benannte Grundstück im Wege der ZwVerst erwirbt (BGH Rpfleger 1990, 522). Durch Individualvereinbarung kann aber der Erwerb in der ZwVerst dem Abschluss eines Grundstückskaufvertrages gleichgestellt werden (BGH aaO). Erfolgt eine solche Gleichstellungsabrede in Allgemeinen Geschäftsbedingungen, wird dies wohl an § 307 BGB scheitern, da es einer ausdrücklichen gesetzlichen Anordnung entspricht (§ 652 I 1 BGB), dass der Makler nur beim Nachweis einer Vertragsgelegenheit Provision verdient (*Schwerdtner* JZ 1991, 310, 312 **aA** früher BGH BB 1969, 934).

17 Der Zuschlag ist der materiellen Rechtskraft fähig und eine einem Urteil vergleichbare Entscheidung; der Rechtspfleger übt bei der Zuschlagserteilung **Rechtsprechung im materiellen Sinne** aus (*Dassler/Hintzen* § 82 Rdn 2) und ist daher Richter iSd Grundgesetzes (vgl § 1 Rdn 7). Der Zuschlagsbeschluss ist der rechtliche Grund für den
18 **Eigentumserwerb** des Erstehers; Bereicherungsansprüche gegen gegen ihn gibt es daher nicht (RGZ 129, 155, 159; 138, 125, 127; *Steiner/Storz* Rdn 31). Neben dem Eigentumserwerb des Grundstücks (§ 90 I) hat der Zuschlag vor allem noch folgende Wirkungen: Eigentumserwerb an Gegenständen auf die sich die ZwVerst erstreckte (§ 90 II, § 55); Erlöschen von Rechten, die nach den Versteigerungsbedingungen nicht bestehen bleiben (§ 91 I); Gefahrenübergang (§ 56 S 1); Übergang der Nutzungen und Lasten (§ 56 S 2); Übernahme der persönlichen Schuld bei einer Hypothek und evtl bei einer Grundschuld (§ 53). Eintritt in bestehende Miet- und Pachtverhältnisse (§§ 57–57 d); Kostenpflicht des Erstehers (§ 58). Einwendungen gegen den Zuschlag sind nach dessen Rechtskraft nicht möglich (BGH BB 1960, 65; *Schiffhauer* RdL 1965, 228) er gilt also auch, wenn er fehlerhaft ist, dh alle Mängel werden geheilt (*Steiner/Storz* Rdn 35; *Dassler/Hintzen* § 82 Rdn 5). Ein zu Unrecht in das gG aufgenommenes Recht bleibt daher mit Rechtskraft des Zuschlags bestehen (BGHZ 53, 42). Ein rechtskräftiger Zuschlagsbeschluss kann nur vom Bundesverfassungsgericht wegen einer Grundrechtsverletzung aufgehoben werden (§§ 90, 95 BVerfGG).

III. Abtretung der Rechte aus dem Meistgebot (§ 81 II)

19 Anstelle des Meistbietenden erhält der Zessionar den Zuschlag, wenn sowohl die Abtretung des Rechts aus dem Meistgebot durch den Zedenten als auch die Übernahme der Verpflichtungen aus dem Meistgebot durch den Zessionar dem VollstrG ggü erklärt worden sind, und zwar im Versteigerungstermin (§ 81 II), wozu auch noch ein Verkündungstermin gehört (LG Braunschweig Rpfleger 1999, 554; LG Heilbronn Rpfleger 1996, 78); Abtretung und Übernahme, die nicht gleichzeitig erfolgen müssen, können auch nachträglich durch öffentlich beglaubigte Urkun-

IV. Verdeckte Vertretung beim Bieten (§ 81 III) **§ 81**

den nachgewiesen werden (§ 81 II), aber nicht mehr im Beschwerdeverfahren. Für die Abtretung der Rechte aus dem Meistgebot gelten die §§ 398 ff BGB entsprechend (*Eickmann*, ZVG, § 16 II 2 a; *Ebeling* Rpfleger 1988, 400, 401). Die Abtretungs- und Übernahmeerklärungen können nach dem Eingang beim VollstrG nicht widerrufen oder zurückgenommen werden (*Steiner/Storz* Rdn 49). Bedingungen und Befristungen führen zur Unwirksamkeit. Zulässig ist eine mehrfache Abtretung der Rechte aus dem Meistgebot; ebenso die Abtretung an mehrere Personen unter Beachtung des § 47 GBO. Gleiches gilt für die Abtretung von ideellen Grundstücksbruchteilen; hinsichtlich eines realen, rechtlich nicht selbstständigen Grundstücksteils kann keine Abtretung erfolgen (*Dassler/Hintzen* Rdn 22 **aA** *Steiner/Storz* Rdn 49). Wurde zwar die Abtretung erklärt, aber nicht die Übernahme der Verpflichtung aus dem Meistgebot, muss dieser Mangel bei der Zuschlagsbeschwerde nicht von Amts wegen gemäß § 100 III, § 83 Nr 6 beachtet werden (LG Heilbronn Rpfleger 1996, 78). Ist ein Kind bzw Mündel der Zedent, so bedarf es für die Abtretung der gerichtlichen Genehmigung gem § 1821 I Nr 2, § 1643 BGB; ist das Kind bzw Mündel der Zessionar, so gelten § 1821 I Nr 5, § 1643 BGB (*Eickmann* Rpfleger 1983, 199, 203; *Dassler/Hintzen* Rdn 18; *Brüggemann* FamRZ 1990, 5, 10). Nicht nur die Abgabe des Meistgebots (§ 1 I Nr 4 GrEStG), sondern auch die Abtretung der Rechte hieraus ist grunderwerbssteuerpflichtig (§ 1 I Nr 5 GrEStG), so dass die Steuer dann zweimal anfällt (*Steiner/Storz* Rdn 45; *Dassler/Hintzen* Rdn 24). Im Versteigerungsprotokoll ist festzuhalten:

"*Der Vertreter der A-Bank, München, erklärte: Die Rechte aus dem Meistgebot* 20 *in Höhe von 500 000,– €* werden an Herrn Robert Zander, Am Anger 5, Regensburg, abgetreten. Herr Robert Zander, Am Anger 5, Regensburg, erklärte: Ich übernehme die Verpflichtung aus dem von der A–Bank, München, abgegebenen Meistgebot in Höhe von 500 000,– €."

IV. Verdeckte Vertretung beim Bieten (§ 81 III)

Neben der offenen Vertretung (vgl § 71 II) ist beim Bieten auch eine 21 verdeckte Vertretung gem § 81 III zulässig. Das Gesetz erlaubt damit ausdrücklich das Vorschieben eines Stohmannes, da die Verfahrensbeteiligten keinen Anspruch auf sofortige Offenlegung der wahren Interessenlage beim Bieten haben (BGH Betrieb 1954, 974; *Steiner/Storz* Rdn 53). Der Bieter kann auch für sich und einen verdeckten Vollmachtgeber bieten, zB je zu 1/2 (LG Bonn JMBl NRW 1978, 236). Der Meistbietende muss die Vertretung im Versteigerungstermin (wozu auch noch ein Verkündigungstermin gehört) zu Protokoll oder außerhalb in öffentlich beglaubigter Form offen legen (§ 81 III). Außerdem muss die Vertretungsmacht des Meistbietenden oder die Zustimmung des Vertretenen in öffentlich beglaubigter Urkunde nachgewiesen werden (§ 81 III). Im

Beschwerdeverfahren kann der Nachweis nicht mehr geführt werden. Ein Widerruf ist nach Abgabe beider Erklärungen nicht mehr möglich. Fehlt eine Erklärung der Beteiligten oder die Vollmacht, erfolgt die Zuschlagserteilung an den Meistbietenden. Während im Falle der offenen Vertretung gem § 71 II die Grunderwerbssteuer nur einmal anfällt, ist diese bei der verdeckten Stellvertretung gem § 81 III zweimal zu entrichten gem § 1 I Nr 4, II GrEStG (BFH ZIP 1980, 691).

V. Gesamtschuldnerische Haftung (§ 81 IV)

22 Wird der Zuschlag erteilt, so haften der Meistbietende und der Zessionar (§ 81 II) bzw Vertretene (§ 81 III) als Gesamtschuldner (§ 81 IV) für die Verpflichtung aus dem baren Meistgebot und für die Kosten des Zuschlags gem §§ 421 ff BGB (LG Dortmund Rpfleger 1991, 168). Nur der Zessionar bzw Vertretene als Ersteher haftet für evtl Zuzahlungspflichten nach §§ 50, 51 und für die nach § 53 evtl zu übernehmende persönliche Schuld, ebenso für Altenteilsleistungen nach dem Zuschlag. Werden die Rechte aus dem Meistgebot mehrfach abgetreten, dann haften alle Zedenten gesamtverbindlich (*Stöber* Rdn 6 **aA** *Dassler/Hintzen* Rdn 27; *Steiner/Storz* Rdn 50). Zahlt der Ersteher im Verteilungstermin das Bargebot nicht, dann aber der mithaftende Meistbietende, so bleibt der Ersteher Eigentümer und ist gem §§ 421, 422 BGB von einer weiteren Zahlung dem Vollstreckungsschuldner ggü befreit; sämtliche Ansprüche der aus dem Versteigerungserlös zu befriedigenden Gl erlöschen dann. Kommt die gesamtschuldnerische Haftung im Zuschlagsbeschluss nicht zum Ausdruck, so gilt sie dennoch kraft Gesetzes (*Steiner/Storz* Rdn 51 **aA** *Helwich* Rpfleger 1988, 467, 468).

§ 82 [Inhalt des Zuschlagsbeschlusses]

In dem Beschlusse, durch welchen der Zuschlag erteilt wird, sind das Grundstück, der Ersteher, das Gebot und die Versteigerungsbedingungen zu bezeichnen; auch sind im Falle des § 69 Abs. 3 der Bürge unter Angabe der Höhe seiner Schuld und im Falle des § 81 Abs. 4 der Meistbietende für mithaftend zu erklären.

Schrifttum: *Dorn,* Bestandteile und Zubehör in der Zwangsversteigerung, Rpfleger 1987, 143; *Helwich,* Die Mithaft des Meistbietenden in der Zwangsversteigerung, Rpfleger 1988, 467.

I. Allgemeines

Die Entscheidung über den Zuschlag ergeht durch Beschluss, dessen wesentlicher Inhalt in § 82 geregelt ist. Die Norm gilt für alle Versteigerungsverfahren des ZVG.

II. Inhalt des Zuschlagsbeschlusses

1. Grundstück

Das Versteigerungsobjekt ist übereinstimmend mit dem GB anzugeben, wobei evtl Abweichungen (zB Bebauung) erwähnt werden sollten. Ist es herrschendes Grundstück eines subjektiv-dinglichen Rechts (zB Grunddienstbarkeit), so sollte (nicht muss!) auch dies im Zuschlagsbeschluss angegeben werden; gleiches gilt für von der Versteigerung ausgenommene Gegenstände zB Zubehör (*Steiner/Teufel* §§ 37, 38 Rdn 97; *Dorn* Rpfleger 1987, 143, 149: "muss").

2. Ersteher

Er ist nach Familienname, Vorname, Geburtsdatum, Beruf und Wohnort anzugeben. Dies gilt auch für einen Einzelkaufmann; seine Firma genügt nicht (§ 15 GBV). Handelsgesellschaften und juristische Personen sind mit ihrer Firma und dem Sitz aufzuführen; ebenso deren Vertreter.

3. Gebot

Anzugeben ist der bar zu zahlende Teil des Meistgebots.

4. Versteigerungsbedingungen

Die gesetzlichen Versteigerungsbedingungen müssen nicht unbedingt aufgenommen werden, weil sie gelten, wenn im Zuschlagsbeschluss nichts anderes steht. Die bestehen bleibenden Rechte müssen entgegen hM angegeben werden, da erst die allgemeine Versteigerungsbedingung des § 52 I konkretisiert wird (*Stöber* Rdn 2.5 **aA** *Schiffhauer* Rpfleger 1975, 187, 189; *Eickmann,* ZVG, § 16 IV 2 d; *Steiner/Storz* Rdn 12: "soll"). Ansonsten sollte (nicht muss!) von den gesetzlichen Versteigerungsbedingungen nur die Verzinsungspflicht des Bargebots (§ 49 II) und die Kostentragungspflicht des Erstehers für die Zuschlagskosten (§ 58) aufgeführt werden; daneben genügt der Zusatz: "Im Übrigen gelten die gesetzlichen Versteigerungsbedingungen" (*Stöber* Rdn 2.5): Die abweichenden Versteigerungsbedingungen (§ 59) sind stets in den Zuschlagsbeschluss aufzunehmen.

§ 82 [Inhalt des Zuschlagsbeschlusses]

5. Bürge

6   Im Falle einer Sicherheitsleistung durch Bürgschaft (§ 69 III) ist die Mithaftung des Bürgen unter Angabe der Höhe seiner Schuld anzuführen (§ 82).

6. Mithaft

7   Im Falle der Abtretung der Rechte aus dem Meistgebot (§ 81 II) oder der verdeckten Vertretung (§ 81 III) muss die Mithaft des Meistbietenden (§ 81 IV) angegeben werden (§ 82):

8   "Der Ersteher und der Meistbietende haften für die Verpflichtung aus dem Meistgebot gesamtverbindlich und tragen die Kosten dieses Beschlusses als Gesamtschuldner" (vgl *Helwich* Rpfleger 1988, 467).

7. Datum

9   Das Datum und die Unterschrift dessen, der den Zuschlagsbeschluss erlassen hat, sind erforderlich.

8. Begründung

10   Sie ist im Allgemeinen nicht erforderlich, sondern nur dann, wo unklare rechtliche oder tatsächliche Verhältnisse zu erörtern sind, insbesondere bei Zuschlagsversagung (*Steiner/Storz* Rdn 8; *Dassler/Hintzen* Rdn 13; strenger: *Eickmann*, ZVG, § 16 IV 3; *Stöber* Rdn 3, wonach immer eine Begründung erforderlich ist).

III. Berichtigung

11   Der Zuschlagsbeschluss ist wegen offenbarer Unrichtigkeiten nach § 319 ZPO berichtigungsfähig (OLG Hamm Rpfleger 1976, 146). Sachlich darf er aber nicht ergänzt werden (RGZ 129, 155).

IV. Muster

12   Zuschlagsbeschluss
Das im Grundbuch des Amtsgerichts Nürnberg für Gemarkung Gärten Band 131 Blatt 3333 eingetragene Grundstück FlNr. 521/10 Wohnhaus, Hof, Garten zu 506 qm wird an Herrn Robert Zander, geb. 15. 11. 1957, Justizamtsrat, Augustenstr. 4 a, 84713 Regensburg zu Alleineigentum für den durch Zahlung zu berichtigenden Betrag von
305 000,– €
(mit Worten: Dreihundertfünftausend Euro)
zugeschlagen.

Der Zuschlag an Herrn Robert Zander, der im heutigen Versteigerungstermin vom 18. 2. 2010 Meistbietender geblieben ist, erfolgt unter folgenden Bedingungen:
1. Als Teil des geringsten Gebots bleibt folgendes Recht bestehen: Nießbrauch für Manfred Schober, Nürnberg, Abt II Nr 1 (eingetragen am 5. 8. 1974) gemäß §§ 51, 50 ZVG gewertet auf 30 000,– €
2. Der durch Zahlung zu berichtigende Betrag des Meistgebots ist vom Zuschlag an mit 4 % zu verzinsen.
3. Die Kosten des Zuschlagsbeschlusses fallen dem Ersteher zur Last.
4. Im Übrigen gelten die gesetzlichen Versteigerungsbedingungen.

§ 83 [Versagung des Zuschlags]

Der Zuschlag ist zu versagen:
1. **wenn die Vorschrift des § 43 Abs. 2 oder eine der Vorschriften über die Feststellung des geringsten Gebots oder der Versteigerungsbedingungen verletzt ist;**
2. **wenn bei der Versteigerung mehrerer Grundstücke das Einzelausgebot oder das Gesamtausgebot den Vorschriften des § 63 Abs. 1, Abs. 2 Satz 1, Abs. 4 zuwider unterblieben ist;**
3. **wenn in den Fällen des § 64 Abs. 2 Satz 1, Abs. 3 die Hypothek, Grundschuld oder Rentenschuld oder das Recht eines gleich- oder nachstehenden Beteiligten, der dem Gläubigers vorgeht, durch das Gesamtergebnis der Einzelausgebote nicht gedeckt werden;**
4. **wenn die nach der Aufforderung zur Abgabe von Geboten erfolgte Anmeldung oder Glaubhaftmachung eines Rechtes ohne Beachtung der Vorschrift des § 66 Abs. 2 zurückgewiesen ist;**
5. **wenn der Zwangsversteigerung oder der Fortsetzung des Verfahrens das Recht eines Beteiligten entgegensteht;**
6. **wenn die Zwangsversteigerung oder die Fortsetzung des Verfahrens aus einem sonstigen Grunde unzulässig ist;**
7. **wenn eine der Vorschriften des § 43 Abs. 1 oder des § 73 Abs. 1 verletzt ist,**
8. **wenn die nach § 68 Abs. 2 und 3 verlangte Sicherheitsleistung nicht bis zur Entscheidung über den Zuschlag geleistet worden ist.**

I. Allgemeines

Bevor das VollstrG seine Zuschlagsentscheidung trifft, muss es von Amts wegen noch einmal die Gesetzmäßigkeit seines gesamten Verfahrens überprüfen. Insbesondere müssen natürlich vorhandene Zuschlags-

§ 83 [Versagung des Zuschlags]

versagungsgründe beachtet werden. Die Aufzählung in § 83 ist nicht erschöpfend (*Steiner/Storz* Rdn 2); bei den Voraussetzungen der §§ 81, 85, 85 a ist ebenfalls der Zuschlag zu versagen (vgl § 100 I). Beim Vorliegen von Versagungsgründen gibt es kein Ermessen des VollstrG, sondern der Zuschlag muss versagt werden (*Stöber* Rdn 2.1). Dies geschieht durch einen zu begründenden Beschluss. Die rechtskräftige Zuschlagsversagung wirkt wie eine einstweilige Einstellung, wenn die Verfahrensfortsetzung zulässig ist, andernfalls wie eine Aufhebung (§ 86); dies muss in der Beschlussformel angegeben werden. Nach der Rechtskraft des Zuschlagsbeschlusses kann sich niemand mehr auf Versagungsgründe berufen. § 83 gilt für alle Versteigerungsverfahren des ZVG.

II. § 83 Nr 1

2 Eine Zuschlagsversagung hat zu erfolgen, wenn nicht vier Wochen vor dem Versteigerungstermin dem Vollstreckungsschuldner ein Beschlagnahme- bzw Fortsetzungsbeschluss, auf Grund dessen die Versteigerung erfolgte, und allen Beteiligten, die zZ der Terminsbestimmung dem VollstrG bekannt waren, die Terminsbestimmung zugestellt war (§ 43 II). Gleiches gilt, wenn die §§ 45–65 verletzt wurden, zB Berechnungsfehler, falscher bestbetreibender Gl, fehlerhafte Feststellung der bestehen bleibenden und erlöschenden Rechte, fehlerhafte Ermittlung der Zuzahlungsbeträge gem §§ 50, 51 usw.

III. § 83 Nr 2

3 Der Zuschlag ist nur dann zu versagen, wenn das pflichtgemäße **Einzel- oder Gesamtausgebot** entgegen **§ 63 I, II 1, IV** unterlassen wurde, nicht aber, wenn von einem nur möglichen Gesamtausgebot nach § 63 II 2 abgesehen wurde. Nach der Neufassung des § 63 durch Gesetz vom 18. 2. 1998 (BGBl I 866) wurde vergessen, § 83 Nr 2 anzupassen. Es ist deshalb davon auszugehen, dass eine Verletzung von § 63 I 1, II 1 und 2, IV die Zuschlagsversagung begründen, nicht aber § 63 I 2 und II 3 (so auch *Stöber* Rdn 3.2; *Hornung* NJW 1999, 460, 464).

IV. § 83 Nr 3

4 Ein Verstoß liegt vor, wenn in den Fällen des **§ 64 II 1 und III** das Grundpfandrecht oder das Recht eines gleich- oder nachstehenden Beteiligten, der dem betreibenden Gl vorgeht, durch das Gesamtergebnis der Einzelausgebote nicht gedeckt werden; vgl dazu § 64 Rdn 11, 12.

V. § 83 Nr 4

Ein Verstoß liegt nur vor, wenn ein VollstrG entgegen **§ 66 II** vor der Aufforderung zur Abgabe von Geboten nicht auf die bevorstehende **Ausschließung weiterer Anmeldungen** hingewiesen hat, und wenn eine spätere Anmeldung oder Glaubhaftmachung zurückgewiesen wurde. Das bloße Unterlassen des Hinweises gem § 66 II ist kein Versagungsgrund.

VI. § 83 Nr 5

Der Zuschlag ist zu versagen, wenn ein von Amts wegen zu berücksichtigendes **(§ 28)** oder ein angemeldetes **(§ 37 Nr 5) Gegenrecht** noch berücksichtigt werden muss. Darunter fällt auch die nicht rechtskräftige unrichtige Wertfestsetzung nach **§ 74 a V** (vgl § 74 a Rdn 38, 45) und die Verfahrensfortsetzung von Amts wegen ohne erforderlichen Antrag (BGH IGZInfo 2010, 21).

VII. § 83 Nr 6

Ein Verstoß liegt vor, wenn die **ZwVerst oder die Verfahrensfortsetzung unzulässig** ist. Dies ist der Fall, wenn
1. das Gericht unzuständig ist (§ 1 Rdn 17);
2. Vollstreckungsvoraussetzungen fehlen, zB Titel, Klausel, Zustellung usw (vgl §§ 15, 16 Rdn 2–103);
3. der Antrag gem § 29 zurückgenommen wurde;
4. die Einstellung des Verfahrens erfolgte oder zu erfolgen hätte gem §§ 30, 75, 76;
5. die Zustimmung gem § 5 ErbbauRG (vgl §§ 15, 16 Rdn 83–85) oder § 12 WEG (vgl §§ 15, 16 Rdn 86) fehlt;
6. der Schu partei- oder prozessunfähig ist (vgl §§ 15, 16 Rdn 19–21).
7. die Befriedigung des betreibenden Gl nachgewiesen wird (*Steiner/Storz* Rdn 23);
8. ein Vollstreckungsantrag (zB nach § 765 a ZPO) nicht beachtet oder unbegründet zurückgewiesen worden ist (OLG Karlsruhe BWNotZ 1967, 318);
9. sich aus einer falsch gehenden Gerichtsuhr hinsichtlich der Bietzeit Missverständnisse ergeben haben (OLG Frankfurt JurBüro 1976, 533);
10. gegen die Garantiefunktionen des GG verstoßen wurde, insbesondere gegen die aus dem Gleichheitsgrundsatz (Art 3 GG) fließende Aufklärungspflicht gem § 139 ZPO (OLG Zweibrücken Rpfleger 1978, 107; JurBüro 1981, 112; OLG Celle Rpfleger 1979, 470; OLG

§ 83 [Versagung des Zuschlags]

Köln Rpfleger 1983, 411), gegen die Gewährung effektiven Rechtsschutzes gem Art 14 GG (OLG Celle Rpfleger 1979, 116; *Dassler/Schiffhauer* Rdn 14) und gegen die Gewährung des rechtlichen Gehörs nach Art 103 I GG (OLG Köln Rpfleger 1983, 411); vgl dazu **Einl Rdn 29–45**. § 83 Nr 6 stellt einen Auffangtatbestand für sämtliche Fälle dar, in denen die Zwangsversteigerung oder die Fortsetzung des Verfahrens aus einem anderen Grunde als den in § 83 Nr 1 bis 5 genannten Verfahrensmängeln unzulässig ist. Ein Verfahrensfehler, der nach § 83 Nr 6 zur Versagung des Zuschlags führt, kann trotz § 84 durch Nachholung der unterbliebenen Förmlichkeit geheilt werden, wenn Rechte von Beteiligten nicht beeinträchtigt werden (BGH Rpfleger 2008, 433 **aA***Dassler/Hintzen* Rdn 2; *Steiner/Storz* Rdn 5); dies trifft idR für Mängel bei der Titelzustellung zu, zB unterbliebene Zustellung der Vollmacht für eine Vollstreckungsunterwerfung (BGH aaO; *Morvilius* in D/M/V 4. Kap Rdn 438). Ein Versagungsgrund im Sinne von § 83 Nr 6 ist auch das Fehlen der Ausfertigung des Titels im Versteigerungstermin; legt der Gl die Ausfertigung aber spätestens im Verfahren über die Zuschlagsbeschwerde vor, so ist der Zuschlag nicht zu versagen, wenn festgestellt wird, dass der Titel während des gesamten Zwangsversteigerungsverfahrens unverändert Bestand hatte (BGH MDR 2004, 774).

VIII. § 83 Nr 7

8 Hierunter fällt eine unterlassene oder verspätete oder fehlerhafte oder iSd § 37 unvollständige **Terminsveröffentlichung (§ 43 I)**. Ein Verstoß gegen die Ordnungsvorschriften der §§ 38, 40, 41 II gehört nicht zu § 83 Nr 7. Dies ist jedoch der Fall, wenn ein als unbebaut ausgeschriebenes Grundstück tatsächlich bebaut ist (LG Kaiserslautern Rpfleger 1964, 120 m zust Anm *Stöber*). Auch die Nichteinhaltung der **Bietzeit gem § 73 I** (vgl § 73 Rdn 2) führt zur Zuschlagsversagung (LG Traunstein MDR 1955, 48).

IX. § 83 Nr 8

9 Nach § 83 Nr 8 ist der Zuschlag zu versagen, wenn **die nach § 68 II und III verlangte Sicherheit nicht bis zur Entscheidung über den Zuschlag geleistet** worden ist. Diese Vorschrift wird zu Recht als missverständlich (*Stöber*, ZVG, Rdn 349 a) und überflüssig (*Hintzen/Alff* Rpfleger 2007, 233, 238) bezeichnet. Missverständlich ist § 83 Nr 8 deshalb, weil selbst dann, wenn ein Bieter die erhöhte Sicherheitsleistung nach § 68 II und III bis zur Zuschlagsentscheidung nicht erbracht hat (§ 68 IV), der Zuschlag zu erteilen ist, und zwar auf ein vorläufig wirksames (§ 72 IV) und nun endgültig wirksames Untergebot. Überflüssig ist

§ 83 Nr 8 deshalb, weil sich die Rechtsfolge der Zuschlagsversagung bereits aus der Systematik des ZVG ergibt. Gibt es nur das vorläufig wirksame Gebot, für das erhöhte Sicherheit nach § 68 II und III zu erbringen ist, und kein Untergebot dazu, dann ist es zurückzuweisen, wenn bis zur Zuschlagsentscheidung die erhöhte Sicherheit nicht geleistet wurde (§ 70 II 3). Damit ist das Gebot endgültig unwirksam und der Versteigerungstermin ist ohne wirksames Gebot zu Ende gegangen. Das Verfahren müsste grundsätzlich eingestellt werden nach § 77. Da der Einstellungsgrund nach dem Schluss der Versteigerung (§ 73 II 1) eingetreten ist, muss der Zuschlag gemäß § 33 versagt werden. Des Weiteren ruft § 83 Nr 8 einen nicht erklärbaren Widerspruch hervor. Bei den Zuschlagsversagungsgründen des § 83 müssen die der Nrn 6 und 7 vom Beschwerdegericht von Amts wegen geprüft werden und führen aus rechtsstaatlichen Gründen grundsätzlich zur Aufhebung der Zuschlagserteilung (§ 100 III). Diese Zuschlagsversagungsgründe sind deshalb auch nicht heilbar (§ 84). Der Versagungsgrund des § 83 Nr 8 (= Nichtleistung der erhöhten Sicherheit nach § 68 II und III) ist ebenfalls nicht heilbar (vgl § 84) und trotzdem soll er nicht zu den im Beschwerdeverfahren von Amts wegen zu berücksichtigenden und zur Zuschlagsaufhebung führenden Gründen gehören (vgl § 100 III). Dieser Bruch der Systematik ist schwerlich nachvollziehbar (*Hintzen/Alff* Rpfleger 2007, 233, 238). § 83 Nr 8 sollte vom Gesetzgeber aufgehoben werden (*Dassler/Hintzen* Rdn 38-43).

§ 84 [Keine Versagung des Zuschlags]

^I**Die im § 83 Nr. 1 bis 5 bezeichneten Versagungsgründe stehen der Erteilung des Zuschlags nicht entgegen, wenn das Recht des Beteiligten durch den Zuschlag nicht beeinträchtigt wird oder wenn der Beteiligte das Verfahren genehmigt.**
^{II}**Die Genehmigung ist durch eine öffentlich beglaubigte Urkunde nachzuweisen.**

I. Allgemeines

§ 84 regelt die mögliche Heilung der relativen Zuschlagsversagungsgründe gem **§ 83 Nr 1–5**. Die Vorschrift gilt für alle Versteigerungsverfahren des ZVG. 1

II. Mögliche Beeinträchtigung

Für eine Zuschlagsversagung gem § 83 Nr 1–5 genügt bereits die Möglichkeit der Beeinträchtigung; dann scheidet bereits eine Heilung gem § 84 I 1. Alt aus (OLG Celle NdsRpfl 1956, 33; KG JW 1936, 2

§ 84 [Keine Versagung des Zuschlags]

3402; OLG Hamm Rpfleger 2000, 120; OLGZ 1985, 326; *Steiner/Storz* Rdn 3). Eine Beeinträchtigung eines Gl liegt dann vor, wenn
1. sein Recht bei dem Meistgebot ganz oder teilweise ausfällt;
2. ein eigentlich bestehen bleibendes Recht erlöschen würde oder umgekehrt (AG Bamberg Rpfleger 1968, 98)
3. ein Vorrecht nach § 37 Nr 5 nicht beachtet wird, so dass der Berechtigte auf einen Erlösanteil verwiesen wäre.

Der Schu wird beeinträchtigt, wenn ohne den Verstoß ein besseres Versteigerungsergebnis erzielt worden wäre (OLG Hamm Rpfleger 2000, 120; *Dassler/Hintzen* Rdn 7; *Steiner/Storz* Rdn 8) oder wenn es überhaupt nicht zum Zuschlag gekommen wäre (OLG Celle NdsRpfl 1956, 33).

3   Solange das VollstrG nicht positiv feststellen kann, dass keine Beeinträchtigung vorliegt, ist eine Heilung des Verfahrensverstoßes nur durch die **Genehmigung der Beeinträchtigten** möglich gemäß **§ 84 I 2. Alt.** Die Genehmigung ist durch eine öffentlich beglaubigte Urkunde nachzuweisen **(§ 84 II);** ausreichend ist auch die Aufnahme der Genehmigung in ein Sitzungsprotokoll durch das Gericht, nicht aber die Erklärung zu Niederschrift des UdG. Die Genehmigung muss erklärt werden, so dass bloßes Schweigen des Beeinträchtigten nicht ausreicht; sie kann jedoch in einer anderen Erklärung des Beeinträchtigten liegen, zB in einem Antrag auf Zuschlagserteilung (BGH IGZInfo 2010, 21). Nachzuweisen ist die Genehmigung dem VollstrG spätestens bis zur Verkündung der Zuschlagsentscheidung; im Rechtsmittelverfahren ist dies nicht möglich (OLG Hamm Rpfleger 2000, 171, 172; *Steiner/Storz* Rdn 16). Die Genehmigung ist unwiderruflich. Sie ist eine Prozesshandlung (BGH IGZInfo 2010, 21).

III. Keine Beeinträchtigung

4   Die Versagungsgründe des § 83 Nr 1–5 stehen einer Zuschlagserteilung dann nicht entgegen, wenn positiv feststeht, dass kein Beteiligter dadurch beeinträchtigt wird **(§ 84 I 1. Alt).** Der Ersteher wird durch die unrichtige Feststellung des gG nicht beeinträchtigt, weil er nicht Beteiligter ist. Auch ein Mieter/Pächter ist trotz Verstoßes gegen § 57 c nicht beeinträchtigt, weil seine Ansprüche gegen den Ersteher erhalten bleiben (LG Berlin Rpfleger 1977, 69). Eine Beeinträchtigung liegt auch dann nicht vor, wenn der Anspruch des betroffenen Beteiligten trotz fehlerhafter Nichtberücksichtigung im gG durch das Meistgebot gedeckt ist oder wenn auch bei ordnungsgemäßem Verfahren kein anderes Meistgebot abgegeben worden wäre (OLG Frankfurt Rpfleger 1988, 494; OLG Köln Rpfleger 1990, 176). Sind die Versteigerungsbedingungen unter Verstoß gegen § 59 abgeändert worden, so kann doch der, der auch sonst keinerlei Aussicht auf Befriedigung gehabt hätte, die Versagung des Zuschlags gem § 83 Nr 1 nicht verlangen (OLG Stuttgart Rpfleger 1988, 200).

§ 85 [Versagung bei Antrag auf neuen Versteigerungstermin]

^IDer Zuschlag ist zu versagen, wenn vor dem Schlusse der Verhandlung ein Beteiligter, dessen Recht durch den Zuschlag beeinträchtigt werden würde und der nicht zu den Berechtigten des § 74a Abs. 1 gehört, die Bestimmung eines neuen Versteigerungstermins beantragt und sich zugleich zum Ersatze des durch die Versagung des Zuschlages entstehenden Schadens verpflichtet, auch auf Verlangen eines anderen Beteiligten Sicherheit leistet. Die Vorschriften des § 67 Abs. 3 und des § 69 sind entsprechend anzuwenden. Die Sicherheit ist in Höhe des bis zum Verteilungstermin zu berichtigenden Teils des bisherigen Meistgebots zu leisten.

^{II}Die neue Terminsbestimmung ist auch dem Meistbietenden zuzustellen.

^{III}Für die weitere Versteigerung gilt das bisherige Meistgebot mit Zinsen von dem durch Zahlung zu berichtigenden Teile des Meistgebots unter Hinzurechnung derjenigen Mehrkosten, welche aus dem Versteigerungserlöse zu entnehmen sind, als ein von dem Beteiligten abgegebenes Gebot.

^{IV}In dem fortgesetzten Verfahren findet die Vorschrift des Absatzes 1 keine Anwendung.

I. Allgemeines

Beteiligte, denen kein Antragsrecht auf Zuschlagsversagung gem § 74a zusteht, haben dies aber unter den Voraussetzungen des § 85. Die Vorschrift hat **keine praktische Bedeutung** infolge der Verpflichtung zum Schadensersatz bzw Sicherheitsleistung. Sie gilt für alle Versteigerungsverfahren des ZVG, auch in der Teilungsversteigerung nach §§ 180 ff; dort darf er aber nicht in einen Einstellungsantrag gem § 180 II umgedeutet werden (*Steiner/Storz* Rdn 3; *Stöber* Rdn 2.4; *Mohrbutter* KTS 1974, 240 **aA** OLG Oldenburg KTS 1974, 240). Wird neben dem Antrag gem § 85 auch ein solcher gem § 74a gestellt, so ist über letzteren zu entscheiden, weil er von dem besser Berechtigten ausgeht (*Stöber* § 74a Rdn 11.2; *Dassler/Hintzen* Rdn 4 **aA** *Steiner/Storz* § 74a Rdn 63).

1

II. Voraussetzungen der Zuschlagsversagung (§ 85 I)

1. Antrag

a) Berechtigung. Antragsberechtigt ist gem § 85 I 1 nur ein Beteiligter (§ 9), dessen Recht durch den Zuschlag beeinträchtigt werden würde und der nicht zu den Berechtigten des § 74a I gehört, § 85 I 1 (vgl dazu

2

§ 85 [Versagung bei Antrag auf neuen Versteigerungstermin]

§ 74 a Rdn 3–15). Beeinträchtigt ist ein Gl, wenn er ganz oder teilweise ausfällt (*Steiner/Storz* Rdn 8); der Schu, wenn der Grundstückswert nicht erreicht wird.

3   **b) Vertretung.** Ein Bevollmächtigter benötigt für den Antrag, der einem abgegebenen Gebot gleichsteht (§ 85 III), eine öffentlich beglaubigte Bietvollmacht, wenn die Vertretungsmacht nicht bereits offenkundig ist (§ 71 II); Prozessvollmacht genügt nicht (*Stöber* Rdn 2.2).

4   **c) Zeitliche Zulässigkeit.** Der Antrag ist gemäß § 85 I 1 nur vor dem Schluss der Verhandlung über den Zuschlag (§ 74) zulässig und somit nicht mehr in einem Verkündungstermin.

5   **d) Antragsrücknahme.** Dies ist wegen § 85 III nicht möglich.

2. Verpflichtung zum Schadensersatz

6   § 85 I 1 verlangt vom Antragsteller, dass er sich zum Ersatz des durch die Versagung des Zuschlags entstandenen Schadens verpflichtet. Diese Erklärung muss er gleichzeitig mit dem Versagungsantrag abgeben, und zwar entweder zu Protokoll des Gerichts oder schriftlich. Eltern, Vormund, Pfleger, Betreuer bedürfen dafür wegen der Gebotswirkung (vgl. § 85 III) eine gerichtliche Genehmigung nach § 1821 I Nr 5 BGB. Die Schadensersatzpflicht ergibt sich zum einen aus § 85 III: In einem neuen Termin gelten das bisherige Meistgebot und die Zinsen aus dem Bargebot für die Zeit zwischen den zwei Terminen (§ 49 II) und die zusätzlich anfallenden Verfahrenskosten gemäß § 109 I (zB für Veröffentlichung) als ein Gebot des Antragstellers, das er dann auch begleichen muss, wenn es nicht überboten wird. Zum anderen kann sich ein weiterer Schaden daraus ergeben, dass Gl auf Grund des Meistgebots im zweiten Termin weniger erhalten als beim Meistgebot im ersten Termin, weil zB die Zinsen weiter ansteigen.

3. Sicherheitsleistung

7   Auf Verlangen eines anderen Beteiligten muss der Antragsteller Sicherheit leisten (§ 85 I 1), wenn er nicht nach § 67 III davon befreit ist (§ 85 I 2). Für die Art der Sicherheitsleistung gilt § 69 gem § 85 I 2. Für die Höhe gilt § 85 I 3, wonach der volle im Versteigerungstermin zu berücksichtigende Barteil des bisherigen Meistgebots (ohne Zinsen gem § 49 II) aufgebracht werden muss. Antragsberechtigt sind nur diejenigen Beteiligten, die aus dem bisherigen Meistgebot Zahlungen erwarten könnten und der Schu (§ 67 I 1 analog; vgl *Steiner/Storz* Rdn 15). Der Antrag auf Sicherheitsleistung kann nur bis zum Schluss der Verhandlung über den Zuschlag gestellt werden (§ 74; vgl *Stöber* Rdn 2.3 c). Die Sicherheit kann bis zur Verkündung der Zuschlagsentscheidung geleistet werden, somit auch noch in einem Verkündungstermin. Soweit eine

§ 85 a

zu Recht verlangte Sicherheit nicht geleistet wird, ist der Zuschlag zu erteilen.

III. Fortsetzung des Verfahrens (§ 85 II–IV)

Die rechtskräftige Zuschlagsversagung nach § 85 wirkt wie eine einstweilige Einstellung (§ 86), bringt somit das bisherige Meistgebot zum Erlöschen (§ 72 III). Die Verfahrensfortsetzung erfolgt von Amts wegen; dabei gelten die §§ 36–43. Die Terminsbestimmung wird auch dem bisherigen Meistbietenden zugestellt (**§ 85 II**). Das bisherige Meistgebot zuzüglich der Zinsen des Bargebots (§ 49 II) vom alten bis zum neuen Versteigerungstermin zuzüglich der aus dem Versteigerungserlös zu entnehmenden Mehrkosten (§ 109) gilt im neuen Versteigerungstermin als ein vom Antragsteller abgegebenes Gebot (§ 85 III). Ein Antrag aus § 85 ist im neuen Termin nicht mehr möglich (**§ 85 IV**). Der Zuschlag wird dem Höchstgebot erteilt: entweder dem fingierten Gebot (§ 85 III) oder einem abgegebenen Übergebot (*Stöber* Rdn 4.4).

8

§ 85 a [Versagung bei zu geringem Meistgebot]

^I**Der Zuschlag ist ferner zu versagen, wenn das abgegebene Meistgebot einschließlich des Kapitalwertes der nach den Versteigerungsbedingungen bestehenbleibenden Rechte die Hälfte des Grundstückswertes nicht erreicht.**

^{II}**§ 74 a Abs. 3, 5 ist entsprechend anzuwenden. In dem neuen Versteigerungstermin darf der Zuschlag weder aus den Gründen des Absatzes 1 noch aus denen des § 74 a Abs. 1 versagt werden.**

^{III}**Ist das Meistgebot von einem zur Befriedigung aus dem Grundstück Berechtigten abgegeben worden, so ist Absatz 1 nicht anzuwenden, wenn das Gebot einschließlich des Kapitalwertes der nach den Versteigerungsbedingungen bestehenbleibenden Rechte zusammen mit dem Betrage, mit dem der Meistbietende bei der Verteilung des Erlöses ausfallen würde, die Hälfte des Grundstückswertes erreicht.**

Schrifttum: *Drischler,* Zuschlagserteilung und Zuschlagsversagung unter Berücksichtigung der §§ 74 a, 85 a ZVG, JurBüro 1982, 1121; *Ebeling,* Abtretung der Rechte aus dem Meistgebot und § 85 a Abs 3 ZVG, Rpfleger 1988, 400; *Eickmann,* Aktuelle Probleme des Zwangsversteigerungs- und Zwangsverwaltungsrechts, KTS 1987, 617; *Groß,* Das Eigengebot des Terminvertreters ist wirksam!, Rpfleger 2008, 545; *Hasselblatt,* Scheingebote im Zwangsversteigerungsverfahren oder: Werden Gläubigervertreter noch ernst genommen?, NJW 2006, 1320; *Hennings,* Anwendung und Tücken des § 85 a ZVG, Sparkasse 1982, 263; *Hornung,* Kein Ausschluss der Schutzgrenzen nach ergebnisloser Zwangsversteigerung, Rpfleger 2000, 363; *Keller,* Die Erhaltung der „5/10-Grenze" bei ergebnisloser

§ 85 a [Versagung beizu geringem Meistgebot]

Zwangsversteigerung und die Rechte des insolventen Schuldners, ZfIR 2008, 134; *Keller*, Schuldnerschutz oder Schutz des Rechtsverkehrs? – Zur Unwirksamkeit eines Gebots zur Beseitigung der 5/10-Grenze, ZfIR 2008, 671; *Kirsch*, Ergebnislose Zwangsversteigerung Rpfleger 2000, 147; *Muth*, Zur Zuschlagserteilung nach § 85 a Abs 3 ZVG, Rpfleger 1985, 45; *ders.*, Probleme bei der Abgabe eines Gebots in der Zwangsversteigerung aus Gläubigersicht, ZIP 1986, 350; *ders.*, Hinweis- und Belehrungspflicht bei Zuschlagserteilung nach § 85 a Abs. 3 ZVG, Rpfleger 1986, 417; *Scherer*, Die Anrechnung der Sicherungsgrundschuld bei § 85 a ZVG, Rpfleger 1984, 259 und 1985, 181.

Übersicht

	Rn.
I. Allgemeines	1
II. Zuschlagsversagung gemäß § 85 a I	2
III. Ausnahme des § 85 a III	8
1. Voraussetzungen	8
2. Zwischenrechte	11
3. Abtretung der Rechte aus dem Meistgebot (§ 81 II)	12
4. Verdeckte Vertretung (§ 81 III)	14
IV. Neuer Versteigerungstermin (§ 85 a II)	15
V. Beispiele	16

I. Allgemeines

1 § 85 a will verhindern, dass das Grundstück des Vollstreckungsschuldners verschleudert wird. Er gilt für alle Versteigerungsverfahren des ZVG, auch für die Teilungsversteigerung nach §§ 180 ff (OLG Düsseldorf NJW 1981, 235); nicht aber für die ZwVerst eines Seeschiffes (§ 169 a) und eines ausländischen Schiffes (§ 171 V 1). **§ 74 a** und § 85 a stehen selbstständig nebeneinander; liegen die Voraussetzungen für beide Versagungsgründe vor, wird der Zuschlag von Amts wegen nach § 85 a versagt und der 74 a – Antrag bleibt bis zur Rechtskraft der Zuschlagsversagung wirksam, ohne allerdings entschieden zu werden. Gleiches gilt für das Verhältnis von **§ 765 a ZPO** und § 85 a. Die Beteiligten können auf die Schutzvorschrift des § 85 a nicht verzichten (*Bartels* Rpfleger 2008, 397, 404).

II. Zuschlagsversagung gemäß § 85 a I

2 Der Zuschlag ist **von Amts wegen** zu versagen, wenn das Meistgebot einschließlich des Kapitalwertes der nach den Versteigerungsbedingungen bestehen bleibenden Rechte die Hälfte des Grundstückwertes nicht erreicht (§ 85 a I).

II. Zuschlagsversagung gemäß § 85 a I   § 85 a

Bei den **bestehen bleibenden Rechten** sind solche gem § 52 und § 59 zu berücksichtigen, ebenso die außerhalb des gG bestehen bleibenden (zB Altenteil), nicht aber solche auf Grund einer Liegenbelassung nach § 91 II. Bei den bestehen bleibenden Rechten ohne Kapitalbetrag ist der nach § 51 II festgesetzte Zuzahlungsbetrag maßgebend (LG Hamburg Rpfleger 2003, 142; *Alff* RpflStud 2003, 114, 115).

Die 5/10-Grenze berechnet sich nach dem gem. § 74 a V festgesetzten **Grundstückswert** (§ 85 a II 1).

Ein **Gebot,** das mindestens das gG erreicht, aber unterhalb der 5/10-Grenze liegt, ist nicht unwirksam und damit nicht zurückzuweisen; nur der Zuschlag kann darauf nicht erteilt werden. Die Zuschlagsversagung gem § 85 a I setzt aber zumindest ein wirksames Gebot voraus. Das **Eigengebot eines Gläubigervertreters** bewertete der BGH (Rpfleger 2006, 144) zunächst als unwirksam, wenn er von vornherein nicht an dem Erwerb des Grundstücks interessiert ist, sondern das Gebot nur abgibt, damit in einem weiteren Termin einem anderen der Zuschlag auf ein Gebot unter 7/10 oder unter der Hälfte des Grundstückswertes erteilt werden kann. Diese Ansicht ist zu Recht auf große Ablehnung gestoßen (LG Potsdam Rpfleger 2007, 337; LG Detmold Rpfleger 2006, 491; *Eickmann* ZfIR 2006, 652; *Hasselblatt* NJW 2006, 1320; *Hintzen* Rpfleger 2006, 144; *Mayer* RpflStud 2007, 146; *Stöber*, ZVG, Rdn 344 b). Auf eine neue rechtliche Grundlage stellte der BGH das Eigengebot des Terminvertreters in seinem Beschluss vom 10.5.2007 (Rpfleger 2007, 483). Danach ist das Eigengebot eines Gläubigervertreters, der ausschließlich erreichen will, dass in einem neuen Versteigerungstermin zu Gunsten des Gl unter Umgehung des in der Vorschrift des § 85 a I zum Ausdruck kommenden Schuldnerschutzes der Zuschlag auf ein Gebot unter 7/10 oder unter 5/10 des Grundstückswertes erteilt werden kann, rechtsmissbräuchlich und deshalb unwirksam; es sei nicht geeignet, die Rechtsfolgen des § 85 a I und II herbeizuführen. Bei einem auf die Rechtsfolgen des § 85 a I und II gerichteten Eigengebot des Gläubigervertreters spreche eine tatsächliche Vermutung für die missbräuchliche Absicht, den von dem Gesetz bezweckten Schuldnerschutz zu unterlaufen. Rechtsmissbräuchliches Handeln sei aber nicht auf einen Gläubigervertreter beschränkt. Auch Dritte, die allein das Ziel verfolgen, mit ihrem Gebot die zum Schutze des Schu bestehenden Regelungen auszuhebeln, sollen rechtsmissbräuchlich handeln; ihr Gebot sei unwirksam (BGH ZfIR 2008, 684). Der Unterschied zum Terminsvertreter bestehe nur darin, dass für dessen Rechtsmissbrauch eine tatsächliche Vermutung spreche, während im Falle, dass ein Dritter handelt, das zu missbilligende Verhalten positiv festgestellt werden müsse. Die Rspr des BGH wird zu Recht überwiegend abgelehnt (*Stöber* Rdn 4; *Dassler/Hintzen* Rdn 8 ff; *Morvilius* in D/M/V 4. Kap Rdn 406; *Groß* Rpfleger 2008, 545; *Hasselblatt* NJW 2006, 1320). Das Eigengebot eines Terminsvertreters eines Kreditinstituts oder eines Dritten im ersten Versteigerungstermin unter-

§ 85 a [Versagung bei zu geringem Meistgebot]

halb der Betragsgrenze des § 85 a I ist als wirksam zu behandeln; das Gebot ist auch nicht rechtsmissbräuchlich, da der Bieter nur von einer im Gesetz stehenden Möglichkeit Gebrauch macht. Warum und aus welchen Gründen ein Bieter sein Gebot abgibt, ist seiner freien Entscheidung überlassen. Aus § 85 a I und II lässt sich nichts dafür herleiten, einem legitimen Gebot von vornherein eine rechtsmissbräuchliche Absicht zu unterstellen. Ein Gebot, das objektiv nicht geeignet ist, die 5/10-Grenze zu unterlaufen (zB ein unter Berücksichtigung von § 85 a III die 5/10-Grenze übersteigendes Gebot), wird nicht dadurch rechtsmissbräuchlich, dass der Gl rechtsirrig von einem Gebot unter 5/10 ausgeht (BGH ZfIR 2009, 299).

6   Die Zuschlagsversagung gem § 85 a I erfolgt durch **Beschluss,** der zu begründen ist; mit seiner Rechtskraft erlischt die Bindung des Bieters an sein Meistgebot (§§ 86, 72 III).

7   Werden **mehrere Grundstücke** in einem Verfahren versteigert, so ist § 85 a bei jedem Einzelausgebot und einem Gesamtausgebot gesondert zu prüfen. Ist die Summe der Einzelausgebote niedriger als das Meistgebot auf das Gesamtausgebot, ist dennoch auf die Einzelausgebote der Zuschlag zu erteilen, wenn das Meistgebot beim Gsamtausgebot unter 50% des Grundstückswertes liegt und somit hierauf der Zuschlagsversagungsgrund nach § 85 a vorliegt (OLG Frankfurt Rpfleger 1995, 512). Werden in einem Termin mehrere Grundstücke nur im Gesamtausgebot zur Versteigerung gebracht (unter Verzicht auf die Einzelausgebote) und der Zuschlag wegen Nichterreichens der 5/10-Grenze (oder 7/10) versagt, sind in einem zweiten Termin die Grenzen bei den Einzelausgeboten auch nicht mehr zu beachten (Hock/Mayer/Hilbert/Deimann, Immobiliarvollstreckung, Rdn 1054, 1055).

III. Ausnahme des § 85 a III

1. Voraussetzungen

8   a) Eine Rechnungsgröße ist die Hälfte des nach § 74 a V festgesetzten Grundstückswertes. Diese ist mit einem Betrag zu vergleichen, der sich zusammensetzt aus dem baren Meistgebot, dem Kapitalwert der bestehen bleibenden Rechte und dem Ausfall des Meistbietenden bei der Erlösverteilung; letzter ist nach Kosten, Zinsen und Hauptsache durch einen fiktiven TLP (abgestellt auf den mutmaßlichen Verteilungstermin) zu berechnen. Ergibt die Summe der Beträge 5/10 des Gründstückswertes oder mehr, so liegt der Zuschlagsversagungsgrund gemäß § 85 a I dann nicht vor, wenn das **Meistgebot von einem zur Befriedigung aus dem Grundstück Berechtigten** abgegeben wurde (§ 85 a III). Dies kann jeder Berechtigte eines nach § 10 aus dem Grundstück zu befriedigenden Anspruchs sein, auch eines solchen nach § 10 I Nr 5. § 85 a III ist im Zusammenhang mit § 114 a zu sehen, denn auf Grund der

III. Ausnahme des § 85 a III § 85 a

Befriedigungswirkung des § 114 a ist der materielle Versteigerungserlös höher als 5/10 des Grundstückswertes.

b) Streitig ist, ob bei einer noch **teilweise valutierten Grundschuld** 9 der Ausfall im Sinne der Norm in Höhe des dinglichen Anspruchs anzusetzen ist (BGH Rpfleger 2004, 432; *Dassler/Hintzen* Rdn 27) oder nur noch in Höhe der dem Gl noch zustehenden schuldrechtlichen Forderung (OLG Koblenz Rpfleger 1991, 468 m abl Anm *Hintzen*). Zu folgen ist der dinglichen Lösung. Materiellrechtliche Erwägungen sind dem VollstrG nach dem Prinzip der Funktionsteilung zwischen Erkenntnis- und Vollstreckungsverfahren verwehrt. Es geht jedoch um nichts anderes, als um das für den Geber einer nicht akzessorischen Grundschuld typische Realisierungsrisiko seiner Rückgewährungsansprüche; die Sicherstellung dieser Ansprüche fällt aber nicht in den Schutzbereich von § 85 a. Die schuldrechtliche Lösung würde aber den Schu begünstigen, indem sie seine schuldrechtlichen Ansprüche gegen den Grundschuldgläubiger entweder direkt oder durch schuldbefreiende Leistung an einen anderen wirtschaftlich erfüllt; dies ist jedoch nicht Aufgabe des VollstrG. Der Ersteher ist bei der teilweise valutierten Grundschuld ungerechtfertigt bereichert in Höhe des Differenzbetrages (bis zu 50% des Grundstückswertes); dies muss er an den Schu herausgeben auf Grund §§ 812, 818, 819 I BGB oder des Sicherungsvertrags (BGH ZfIR 2004, 558; *Dassler/Hintzen* Rdn 28; *Muth* Rpfleger 1985, 45, 48; *Brendle* Rpfleger 1986, 61).

c) Eine **Aufklärungspflicht** (§ 139 ZPO) wegen der sich aus § 85 a 10 III ergebenden Rechtsfolgen besteht **ausnahmsweise** nur dann, wenn offensichtlich ist, dass ein Beteiligter die ihm nachteilige Rechtslage nicht erkannt oder ihre Folgen nicht richtig einschätzt (LG Krefeld Rpfleger 1988, 34; *Muth* Rpfleger 1986, 417; zu weitgehend OLG Hamm Rpfleger 1986, 411). Bei Beteiligten, die dem Verfahren intellektuell gewachsen sind, besteht diese Aufklärungspflicht grundsätzlich nicht (vgl Einl Rdn 33, 34); dies gilt insbesondere für Sparkassen und Banken (OLG Schleswig JurBüro 1984, 1263), aber auch für öffentlichrechtliche Einrichtungen wie den Gemeinden (OLG Oldenburg 1988, 277), und zwar selbst dann, wenn sie den Versteigerungstermin nicht wahrnehmen. Weicht dagegen der Rechtspfleger von einer geäußerten Rechtsmeinung ab, so hat er hierzu auch die im Termin nicht anwesenden Beteiligten zu hören (LG Bonn Rpfleger 1989, 211).

2. Zwischenrechte

Solche, die dem Anspruch des Meistbietenden im Rang vor- oder 11 gleichstehen, aber erlöschen und bei dem abgegebenen Gebot unter der 5/10-Grenze ausfallen, werden für die Feststellung des Betrages, mit dem der Meistbietende ausfallen würde und der mit dem baren Meistgebot

§ 85 a [Versagung beizu geringem Meistgebot]

samt Kapitalbetrag der bestehen bleibenden Rechte zusammenzurechnen ist (§ 85 a III), nicht berücksichtigt. Dies folgt aus § 114 a Satz 2.

3. Abtretung der Rechte aus dem Meistgebot (§ 81 II)

12 a) Tritt ein Meistbietender, bei dem der Zuschlag gem § 85 a I zu versagen wäre, seine Rechte aus dem Meistgebot an einen aus dem Grundstück Berechtigten ab (§ 81 II), bei dem die Voraussetzungen des § 85 a III erfüllt sind, so soll trotzdem der Zuschlag zu versagen sein, weil der Zedent nicht mehr übertragen könne, als er selbst durch Abgabe des Meistgebots erworben hätte (OLG Koblenz Rpfleger 1986, 233). Dies ist falsch. Durch das Meistgebot erlangt der Bieter nicht einen Anspruch iSd Bürgerlichen Rechts, sondern ein ausschließlich verfahrensrechtlich zu beurteilendes Recht auf Zuschlagsentscheidung (nicht Zuschlagserteilung). Dieser Entscheidung ist die Sach- und Rechtslage im Entscheidungszeitpunkt zugrunde zu legen. Da in der Person des jetzt die verfahrensrechtliche Position des Meistbietenden einnehmenden Zessionars die Voraussetzungen des § 85 a III vorliegen, ist ihm der Zuschlag zu erteilen (*Eickmann* KTS 1987, 617, 628; *Muth* 3 M Rdn 42; *Rosenberg* Rpfleger 1986, 398). Dieses Ergebnis ist gerechtfertigt, denn ein nicht unter § 85 a III fallender Bieter hätte die 5/10-Grenze ausbieten müssen; der erwerbende Zessionar erbringt die Wertdifferenz durch den ihn ja gem § 114 a treffenden Forderungsverlust.

13 b) Tritt der unter § 85 a III fallende Meistbietende seine Rechte aus dem Meistgebot an eine Person ab, die die Voraussetzungen dieser Norm nicht erfüllt **(§ 85 a I),** so ist diesem trotzdem der Zuschlag zu erteilen (*Eickmann* KTS 1987, 617, 629; *Ebeling* Rpfleger 1988, 400, 401). Da die Befriedigungsfiktion des § 114 a auch beim Zedenten eintritt, obwohl ihm der Zuschlag nicht erteilt wird (vgl § 114 a Rdn 6), ist der vom Gesetz beabsichtigte Schuldnerschutz verwirklicht. Da sich die Ausfallanrechnung durch die mittelbar erbrachte Leistung des § 114 a rechtfertigt, muss diese dem Zedenten ggü dem Schu erbrachte wirtschaftliche Zuwendung nach dem Grundgedanken des § 422 I BGB auch dem Zessionar zugute kommen.

4. Verdeckte Vertretung (§ 81 III)

14 Bei der Prüfung der Frage, ob der Zuschlag in diesem Fall gem § 85 a I zu versagen oder wegen § 85 a III zu erteilen ist, muss auf die Person des Vertretenen abgestellt werden (LG Landau Rpfleger 2001, 366), nicht auf den Meistbietenden.

IV. Neuer Versteigerungstermin (§ 85 a II)

15 Wird der Zuschlag gem § 85 a I versagt, so wird von Amts wegen ein neuer Termin bestimmt (§ 85 a II 1, § 74 a III 1). Der Zeitraum zwischen

beiden Terminen soll mindestens drei Monate betragen, darf aber sechs Monate nicht übersteigen (§ 85 a II 1, § 74 a III 2). In dem neuen Termin darf weder aus § 74 a (= 7/10-Grenze) noch aus § 85 a (= 5/10-Grenze) der Zuschlag versagt werden (§ 85 a II 2). Es gilt somit der Grundsatz der Einmaligkeit, aber nicht der der Erstmaligkeit (vgl § 74 a Rdn 18). Eine ergebnislose Versteigerung (zB nach § 77) wird von den Regeln über die Zuschlagsversagung nach § 85 a nicht erfasst und führt deshalb auch nicht zu einem Wegfall der Wertgrenzen (LG Mainz Rpfleger 2007, 218); eine ergebnislose Versteigerung in diesem Sinn ist auch dann gegeben, wenn der Gl die Einstellung des Verfahrens bewilligt (§ 30) und die Entscheidung darüber nach § 33 durch Zuschlagsversagung erfolgt (BGH ZfIR 2008, 150). Wird nach einer Zuschlagsversagung gemäß § 85 a I der Grundstückswert wegen veränderter Umstände erhöht (vgl. § 74 a Rdn 38), so kann in einem weiteren Termin nochmals § 85 a I greifen.

V. Beispiele

Versteigert wird ein Grundstück mit einem Verkehrswert von 500 000,– €. Es ist belastet mit einer Grundschuld III/1 für A zu 100 000,– € (Zinsen 50 000,– €) und einer Hypothek III/2 für B zu 200 000,– € (Zinsen 50 000,– €). Die Gerichtskosten betragen 7000,– €, die Grundsteuern 3000,– €.

Grundstückswert:	500 000,– €
5/10-Grenze:	250 000,– €

1. Es betreibt III/1; geboten werden von einem Dritten 200 000,– € **16**

Bares Meistgebot	200 000,– €
Bestehenbleibende Rechte	0,– €
Meistgebot	200 000,– €

   Der Zuschlag ist gem § 85 a I von Amts wegen zu versagen.

2. Es betreibt III/2; geboten werden von einem Dritten 200 000,– € **17**

Bares Meistgebot	200 000,– €
Bestehenbleibende Rechte	100 000,– €
	300 000,– €

   § 85 a I steht einer Zuschlagserteilung nicht entgegen.

3. Es betreibt III/1; er bietet auch 10 000,– € **18**

Bares Meistgebot	10 000,– €
Bestehenbleibende Rechte	0,– €
Ausfall III/1	150 000,– €
	160 000,– €

   Der Zuschlag ist gem § 85 a I von Amts wegen zu versagen; auch unter Berücksichtigung des § 85 a III wird die 5/10-Grenze nicht erreicht.

§ 86 [Wirkung der Versagung]

19 4. Es betreibt III/1; es bietet III/210 000,– €

Bares Meistgebot	10 000,– €
Bestehenbleibende Rechte	0,– €
Ausfall III/2	250 000,– €
	260 000,– €

§ 85 a I steht einer Zuschlagserteilung nicht entgegen (§ 85 a III).
Grund: Der Ersteher III/2 gilt dem Schu ggü in Höhe von 250 000,– € als aus dem Grundstück befriedigt (§ 114 a).

7/10-Grenze	350 000,– €
– Bargebot	10 000,– €
– Bestehenbleibende Rechte	0,– €
	340 000,– €

(der Anspruch beträgt aber nur 250 000,– €)

20 5. Es betreibt III/2; es bietet III/160 000,– €

Bares Meistgebot	60 000,– €
Bestehenbleibende Rechte	100 000,– €
Ausfall III/1	0,– €
	160 000,– €

Der Zuschlag ist gem § 85 a I von Amts wegen zu versagen; auch unter Berücksichtigung des § 85 a III wird die 5/10-Grenze nicht erreicht.

21 6. Es betreibt III/2; er bietet auch 60 000,– €

Bares Meistgebot	60 000,– €
Bestehenbleibende Rechte	100 000,– €
Ausfall III/2	250 000,– €
	410 000,– €

§ 85 a I steht einer Zuschlagserteilung nicht entgegen § 85 a III).
Grund: Der Ersteher III/2 gilt dem Schu ggü in Höhe von 190 000,– € als aus dem Grundstück befriedigt (§ 114 a).

7/10-Grenze	350 000,– €
– Bargebot	60 000,– €
– Bestehenbleibende Rechte	100 000,– €
	190 000,– €

§ 86 [Wirkung der Versagung]

Die rechtskräftige Versagung des Zuschlags wirkt, wenn die Fortsetzung des Verfahrens zulässig ist, wie eine einstweilige Einstellung, anderenfalls wie die Aufhebung des Verfahrens.

I. Allgemeines

1 Die Wirkung einer **rechtskräftigen Zuschlagsversagung** bestimmt sich gem § 86 danach, ob eine Verfahrensfortsetzung zulässig ist (dann **einstweilige Einstellung**) oder nicht (dann **Aufhebung**). Sie ist in der

IV. Grundsatz der Einzelverfahren § 86

Beschlussformel anzugeben und zu begründen. § 86 gilt für alle Versteigerungsverfahren des ZVG. Er trifft alle Fälle der Zuschlagsversagung mit Ausnahme derjenigen nach §§ 74 a, 85 a (neuer Termin von Amts wegen) und § 85 (ein Antrag auf Terminsanberaumung liegt bereits im Antrag); vgl *Stöber* Rdn 2.9.

II. Zuschlagsversagung ohne Fortsetzungsmöglichkeit

In diesem Fall wirkt die rechtskräftige Zuschlagsversagung wie eine **Verfahrensaufhebung** (§ 86). Die Fortsetzung des Verfahrens ist unzulässig, wenn das Recht eines Dritten dauernd entgegensteht (§§ 28, 83 Nr 5), bei Antragsrücknahme (§ 29) bzw der dritten Einstellungsbewilligung (§ 30 I 2) oder Fristversäumung (§ 31 I 2, § 76 II 2) und nach Sachlage auch bei Mängeln gem § 83 Nr 6; vgl *Steiner/Storz* Rdn 4. 2

III. Zuschlagsversagung mit Fortsetzungsmöglichkeit

In diesem Fall wirkt die rechtskräftige Zuschlagsversagung wie eine **einstweilige Einstellung** des Verfahrens (§ 86). Die Fortsetzung des Verfahrens ist zulässig bei einer Zuschlagsversagung gemäß §§ 83 Nr 1–5, 84 oder § 33 iVm §§ 28, 30, 30 a, 30 c, 30 d, 75, 76, 77 ZVG bzw nach §§ 765 a, 769 II, 775 ZPO. 3

Das Verfahren wird idR nur auf **Antrag** fortgesetzt (von Amts wegen evtl bei § 28, §§ 765 a, 769 II ZPO); vgl § 31 I. Deshalb 4

muss der von der Einstellungswirkung betroffene Gl darüber **belehrt** werden (§ 31 III), was auch getrennt vom Versagungsbeschluss geschehen kann (Ausnahme: § 76, wonach keine Belehrung vorgeschrieben ist). 5

Die **Frist** für den Fortsetzungsantrag beträgt idR sechs Monate (§ 31 II), nur bei § 76 drei Monate. 6

Der **Beginn** der Frist richtet sich bei § 86 nach der Rechtskraft des Versagungsbeschlusses (= Ablauf von 2 Wochen nach der Verkündung, § 87 I, § 98). Versagt das Rechtsmittelgericht den Zuschlag, so wird die Versagung iSv § 86 mit Ablauf von zwei Wochen nach der zeitlich letzten Zustellung (vgl § 103) rechtskräftig. Bei Zuschlagsversagung gem § 76 ist dagegen § 76 II maßgebend. 7

IV. Grundsatz der Einzelverfahren

Die Wirkung der Zuschlagsversagung gem § 86 bezieht sich nicht auf die Gesamtversteigerung, sondern nur auf das jeweils konkret betroffene Einzelverfahren eines bestimmten betreibenden Gl. Wenn von mehreren betreibenden Gl nach Schluss der Versteigerung aber vor Zuschlagsent- 8 scheidung nur der bestrangig betreibende Gl das Verfahren einstellt (§ 30) oder seinen Antrag zurücknimmt (§ 29), so muss zwar idR der Zuschlag gem §§ 33, 86 versagt werden (vgl § 33 Rdn 12), aber für die davon nicht betroffenen Einzelverfahren der übrigen betreibenden Gl wird die ZwVerst von Amts wegen fortgesetzt mit einem neuen Termin. Gleiches gilt für die Gl, für die im Versteigerungstermin die Fristen der § 43 II, § 44 II nicht gewahrt waren.

§ 87 [Verkündungstermin]

^IDer Beschluß, durch welchen der Zuschlag erteilt oder versagt wird, ist in dem Versteigerungstermin oder in einem sofort zu bestimmenden Termine zu verkünden.

^{II}Der Verkündungstermin soll nicht über eine Woche hinaus bestimmt werden. Die Bestimmung des Termins ist zu verkünden und durch Anheftung an die Gerichtstafel bekanntzumachen.

^{III}Sind nachträglich Tatsachen oder Beweismittel vorgebracht, so sollen in dem Verkündungstermine die anwesenden Beteiligten hierüber gehört werden.

I. Allgemeines

1   Gemäß § 87 müssen sowohl die **Zuschlagserteilung** als auch die **Zuschlagsversagung** verkündet werden. Die Vorschrift gilt für alle Versteigerungsverfahren des ZVG.

II. Verkündung der Zuschlagsentscheidung (§ 87 I)

2   Die Verkündung kann entweder durch Verlesen des Beschlusses oder durch Bekanntgabe seines wesentlichen Inhalts erfolgen. Sie hat selbst dann zu geschehen, wenn keine Verfahrensbeteiligte anwesend sind (*Stöber* Rdn 2.2). Im Protokoll ist die Tatsache der Verkündung zu vermerken. Die Zuschlagsentscheidung wird idR dem Protokoll als Anlage beigefügt. Sie kann auch von einem Rechtspfleger verkündet werden, der den Versteigerungstermin nicht abgehalten hat (LG Aachen Rpfleger 1986, 59; *Stöber* Rdn 3.10), unterschrieben werden muss sie von demjenigen, der sie erlassen hat. Die Verkündung der Zuschlagsentscheidung ist öffentlich. Wird entgegen der zwingenden Vorschrift des § 87 die Zuschlagsentscheidung nicht verkündet, sondern nach deren schriftlichen Abfassung nur den Beteiligten zugestellt, so ist sie trotzdem wirksam (OLG Köln Rpfleger 1982, 113). Bei einer Zuschlagsversagung beginnt die Anfechtungsfrist dann entgegen § 98 S 1 mit der Zustellung (OLG Hamm NJW 1965, 2410).

III. Besonderer Verkündungstermin

1. Allgemein (§ 87 I)

Der Rechtspfleger entscheidet nach pflichtgemäßem Ermessen, ob 3
er die Zuschlagsentscheidung sogleich im Versteigerungstermin oder in
einem besonderen Verkündungstermin bekannt geben will; die Beteiligten haben darauf keinen Einfluss. Ein Verkündungstermin ist insbesondere zweckmäßig bei komplizierter Sach- oder Rechtslage oder wenn
noch Genehmigungen (zB § 5 ErbbauRG) ausstehen. Zur Anberaumung
seines Verkündungstermins kann das VollstrG aber auch verpflichtet sein,
so zB bei einem krassen Mißverhältnis zwischen Meistgebot und Grundstückswert und Abwesenheit des Schu (*Steiner/Storz* Rdn 12; vgl Einl
Rdn 41 und § 30 a Rdn 34). Die Abwesenheit des Schu im Versteigerungstermin ist allein aber kein zwingender Anlass, einen Verkündungstermin anzusetzen (BGH Rpfleger 2004, 434; OLG Frankfurt Rpfleger
1991, 470). Der Verkündungstermin ist öffentlich, da er nur die Fortsetzung des Versteigerungstermins ist.

2. Wochenfrist (§ 87 II 1)

Der Verkündungstermin "soll" nicht über eine Woche hinaus ange- 4
setzt werden (§ 87 II 1). Da es sich hierbei nur um eine Ordnungsvorschrift handelt, ist ein Verstoß dagegen unschädlich (BGHZ 33, 76;
Steiner/Storz Rdn 13). Möglich ist es auch, den Verkündungstermin
mehrmals zu verlegen (*Stöber* Rdn 3.3).

3. Verkündung und Bekanntmachung (§ 87 II 2)

Die Bestimmung des Termins ist zu verkünden, und zwar sofort (§ 87 5
I), dh noch im Versteigerungstermin; außerdem ist die Terminsbestimmung an die Gerichtstafel anzuheften. Ein Verstoß gegen § 87 II 2 ist aber
unschädlich (OLG Köln Rpfleger 1980, 354; OLG Karlsruhe BWNotZ
1967, 216). Die Bestimmung eines neuen Verkündungstermins in einem
Verkündungstermin ist nach § 87 II 2 lediglich zu verkünden. Die Anhaftung an die Gerichtstafel ist keine Wirksamkeitsvoraussetzung des Vertagungsbeschlusses; außerdem ist eine förmliche Zustellung des Beschlusses
an die Beteiligten nicht notwendig (OLG Köln Rpfleger 1997, 34).

4. Neue Tatsachen und Beweismittel (§ 87 III)

Sie können bis zur Verkündung der Zuschlagsentscheidung vorge- 6
bracht werden. In Betracht kommen zB Zahlungen gemäß § 75, Anträge
gemäß § 30 d II, § 765 a ZPO und Erklärungen nach §§ 29, 30, 81 II und
III oder zu §§ 83, 84. Die im Verkündungstermin anwesenden Beteiligten
sollen dazu gehört werden (§ 87 III). Das VollstrG muss in seiner Ent-

scheidung alle Erklärungen vor der Verkündung erkennbar berücksichtigen (OLG Hamm Rpfleger 1960, 410).

§ 88 [Zustellung des Beschlusses]

Der Beschluß, durch welchen der Zuschlag erteilt wird, ist den Beteiligten, soweit sie weder im Versteigerungstermine noch im Verkündungstermin erschienen sind, und dem Ersteher sowie im Falle des § 69 Abs. 3 dem für mithaftend erklärten Bürgen und im Falle des § 81 Abs. 4 dem Meistbietenden zuzustellen. Als Beteiligte gelten auch diejenigen, welche das angemeldete Recht noch glaubhaft zu machen haben.

1   Ein Zuschlagsversagungsbeschluss wird nur verkündet (§ 87 I). Die Zuschlagserteilung wird daneben noch bestimmten Personen zugestellt gem § 88. Zunächst den **Beteiligten (§ 9), die weder im Versteigerungs- noch im Verkündungstermin anwesend** waren. Anwesend war der Beteiligte, der entweder im Versteigerungstermin oder im ersten Verkündungstermin als Anwesender aus dem Protokoll ersichtlich ist (OLG Köln Rpfleger 1980, 354). Unschädlich ist es, wenn sich der Beteiligte vor Terminsende entfernt (OLG Köln JMBl NRW 1966, 103) oder in einem vertagten Verkündungstermin nicht anwesend ist (OLG München Rpfleger 1956, 103). Für die erschienenen Beteiligten beginnt die Frist für die sofortige Erinnerung gegen den Zuschlagsbeschluss stets mit der Verkündung des Beschlusses, auch wenn dieser ihnen – irrtümlich – nochmals zugestellt worden ist (OLG Celle Rpfleger 1986, 489). Als Beteiligte gelten dabei auch solche Personen, die ihr angemeldetes Recht noch glaubhaft machen müssen (§ 88 S 2). Zuzustellen ist die Zuschlagserteilung daneben auch dem **Ersteher,** im Falle des § 81 II, III dem **Meistbietenden** und bei § 61 IV auch dem **Bürgen;** dies gilt unabhängig davon, ob sie im Versteigerungs- bzw Verkündungstermin anwesend waren. Der Zuschlagsbeschluss muss in vollständiger Form, dh mit Begründung, zugestellt werden. Ein Verzicht auf die Zustellung gem § 88 ist zulässig, so dass dann die Beschwerdefrist schon mit der Verkündung beginnt (*Dassler/Hintzen* Rdn 3; vgl auch *Stöber* Rdn 2.4).

§ 89 [Wirksamwerden des Zuschlags]

Der Zuschlag wird mit der Verkündung wirksam.

1   Die Zuschlagsversagung wird mit der Rechtskraft des Beschlusses wirksam (§ 86). Nach § 89, der für alle Versteigerungsverfahren des ZVG

I. Allgemeines § 90

gilt, wird dagegen die Zuschlagserteilung sofort mit der Verkündung wirksam. Ist die Verkündung versehentlich unterblieben ist, aber die Zustellung an den Ersteher erfolgt, ist trotzdem der Zuschlagsbeschluss nicht wirksam geworden; dies ist ein Anfechtungsgrund (*Stöber* § 87 Rdn 2.5, § 89 Rdn 2.1; **anders die hM,** die Wirksamkeit 2 mit der Zustellung annimmt: OLG Köln Rpfleger 1982, 113; OLG Schleswig SchlHA 1957, 158; OLG München MDR 1954, 424). Das Wirksamwerden des Zuschlags mit seiner Verkündung ist nicht von der Zahlung des Meistgebots abhängig (RGZ 75, 316), ebenso ist es nicht aufschiebend bedingt durch die Rechtskraft des Beschlusses oder auflösend bedingt durch die rechtskräftige Aufhebung. Solange ein Rechtsmittelverfahren läuft, ist der Zuschlagsbeschluss wirksam, seine Wirkungen treten erst mit der rechtskräftigen Aufhebung wieder außer Kraft. Der vom Beschwerdegericht nach vorheriger Versagung durch das VollstrG erteilte Zuschlag wird erst mit der Zustellung an den Ersteher wirksam (§ 104).

§ 90 [Eigentumserwerb durch Zuschlag]

^I**Durch den Zuschlag wird der Ersteher Eigentümer des Grundstücks, sofern nicht im Beschwerdewege der Beschluß rechtskräftig aufgehoben wird.**

^{II}**Mit dem Grundstück erwirbt er zugleich die Gegenstände, auf welche sich die Versteigerung erstreckt hat.**

I. Allgemeines

Die Vorschrift gilt für alle Versteigerungsverfahren des ZVG. Der 1 Zuschlagsbeschluss verschafft dem Ersteher **originäres Eigentum,** dh der Ersteher ist nicht Rechtsnachfolger des Vollstreckungsschuldners; der Zuschlag ist ein **staatlicher Hoheitsakt in Form eines der materiellen Rechtskraft fähigen Richterspruches** (BGH BB 1960, 65; NJW 1970, 565; Rpfleger 1986, 396; JZ 1991, 309). Auch wenn der bisherige Eigentümer, dh der Vollstreckungsschuldner, das Grundstück ersteigert, erwirbt er völlig neues Eigentum, das im GB neu zu buchen ist. Der Eigentumserwerb des Erstehers vollzieht sich mit der **Verkündung** des Zuschlags (§ 89); bei der Erteilung durch das Beschwerdegericht mit der Zustellung an den Ersteher (§ 104).

Die Entscheidung gemäß § 90 gehört zur **Rechtssprechung im** 2 **materiellen Sinne,** die unter Art 92 GG fällt (*Dassler/Hintzen* § 82 Rdn 2; aA BGH IGZInfo 2010, 19); der Rechtspfleger kann sie treffen, weil er Richter im Sinne des GG ist (vgl § 1 Rdn 7).

§ 90 [Eigentumserwerb durch Zuschlag]

II. Wirkungen der Zuschlagserteilung

1. Eigentumserwerb am Grundstück (§ 90 I)

3   Bedeutendste Wirkung des Zuschlags ist der Eigentumserwerb des Erstehers am versteigerten Grundstück. Dies gilt auch, wenn der Vollstreckungsschuldner nicht der wahre Eigentümer war, ja sogar, wenn der Ersteher dies wusste (RGZ 129, 155, 159; *Steiner/Eickmann* Rdn 13–15); unschädlich sind auch Willensmängel beim Gebot (OLG Karlsruhe MDR 1954, 112) oder das Fehlen von Zustimmungen zB nach § 12 WEG, § 5 ErbbauRG (*Reinke* Rpfleger 1990, 498, 499) oder die Nichtzahlung des Meistgebots (*Stöber* Rdn 2.1). Ein ausschließlich der Umgehung der Genehmigungspflicht nach § 2 GrdStVG dienendes Zwangsversteigerungsverfahren ist rechtswidrig und müsste aufgehoben werden; ist jedoch der Zuschlag rechtskräftig erteilt, so erwirbt der Ersteher wirksam Eigentum (OLG Stuttgart Rpfleger 1981, 241). Ein nicht mit dem gesetzlich gebotenen oder mit unzulässigem Inhalt begründetes Teileigentum kann dagegen nicht durch den Zuschlag erworben werden (OLG Düsseldorf Rpfleger 1986, 131). Bei einer irrtümlichen Doppelbuchung des Grundstücks – auf den Blättern des Schu und des wahren Eigentümers – kommt es zum Eigentumserwerb des Erstehers, sofern der Zuschlag nicht deshalb mit Erfolg angefochten wird (*Steiner/Teufel* § 37 Rdn 72; *Steiner/Eickmann* Rdn 16 § 66 II 1 a aA RGZ 57, 200; 85, 316). Wegen der Folgen für den Ersteher, wenn sein erworbenes Grundstück mit Altlasten (zB giftige Schwermetalle) belastet ist, vgl *Dorn* Rpfleger 1988, 298.

2. Erwerb der mitversteigerten Gegenstände (§ 90 II)

4   Neben dem Grundstück erwirbt der Ersteher mit dem Zuschlag alle die Gegenstände, auf die sich die Versteigerung erstreckt hat (§ 90 II); welche dies sind, ergibt sich aus § 55. Gemeint sind gem § 55 II schuldnerfremde Zubehörstücke (vgl § 55 Rdn 5–16) und solche Gegenstände, die von der Beschlagnahme (§§ 20, 21) erfasst wurden: **Bestandteile** vgl (§§ 20, 21 Rdn 13–24), **Zubehör** (vgl §§ 20, 21 Rdn 35–46), **Versicherungsforderungen** (vgl §§ 20, 21 Rdn 47–54) und **Miet- und Pachtzinsforderungen** (vgl §§ 20, 21 Rdn 55). Wesentliche Bestandteile können auch gem § 59 nicht von der Versteigerung ausgenommen werden (§ 59 Rdn 24); geschieht dies trotzdem, dann ist eine solche Vereinbarung auf rechtlich Unmögliches gerichtet und deshalb nichtig (*Steiner/Eickmann* Rdn 9; **aA** RGZ 74, 201; 150, 22: der Ersteher ist schuldrechtlich zur Abtrennung und Herausgabe an den Vollstreckungsschuldner verpflichtet).

III. Folgen der Aufhebung des Zuschlags

1. Zuschlagswirkungen

Sie werden mit der rechtskräftigen Aufhebung des Zuschlags ex tunc gegenstandslos (BGH ZflR 2010, 374; RGZ 171, 120, 121). Sowohl das Eigentum des Vollstreckungsschuldners als auch erloschene Rechte leben wieder auf. Wird nach der ZwVerst der Zuschlagsbeschluss im Beschwerdeweg rechtskräftig aufgehoben und der Zuschlag zugleich einem anderen erteilt, verliert der ursprüngliche Ersteher das Eigentum rückwirkend zum Wirksamwerden des ersten Zuschlagbeschlusses und der neue Ersteher wird Eigentümer mit Zustellung des zweiten Zuschlagbeschlusses nach § 104; im dazwischen liegenden Zeitraum ist der Schu Eigentümer (BGH ZflR 2010, 374). Ab dem Eigentumserwerb des neuen Erstehers besteht ein Eigentümer-Besitzer-Verhältnis zum ursprünglichen Ersteher, wenn letzterer das Grundstück weiterhin benutzt; der neue Ersteher hat einen Anspruch auf Nutzungsherausgabe nach § 987 BGB ab dem Zeitpunkt, in welchem dem ursprünglichen Ersteher die im Beschwerdegang ergangene Zuschlagsentscheidung zugestellt worden ist (BGH ZflR 2010, 374).

2. Rechtshandlungen des Erstehers

Wer in der Zeit zwischen Zuschlagserteilung und dessen rechtskräftigen Aufhebung Rechtsobjekte vom Ersteher erwirbt, wird nach Maßgabe der §§ 892, 893, 932 ff, 1155, 1207 BGB geschützt, sofern nicht ohnehin § 185 BGB eingreift. Ein Erwerber muss dafür hinsichtlich der noch möglichen Anfechtbarkeit des Zuschlagsbeschlusses gutgläubig sein (*Steiner/Eickmann* Rdn 26; *Eickmann,* ZVG, § 18 I 1 c **aA** *Stöber* Rdn 2.3, wonach der zwischenzeitliche Erwerb schlechthin wirksam sei, ohne dass es auf den guten Glauben des Begünstigten ankäme). Ein gutgläubiger Erwerb im Immobiliarsachenrecht dürfte idR an § 39 GBO iVm § 130 III scheitern, weil der Ersteher erst nach Rechtskraft des Zuschlagsbeschlusses im GB eingetragen wird (§ 130 I); vgl dazu auch § 96 Rdn 4.

3. Lasten, Nutzungen

Hat der Ersteher Lasten des Grundstücks getragen, so kann er sie nach §§ 994, 995 BGB vom Vollstreckungsschuldner ersetzt verlangen (*Steiner/Eickmann* Rdn 28). Zwischenzeitlich gezogene Nutzungen des Erstehers sind nach den Grundsätzen in §§ 988, 101 BGB herauszugeben (BGH ZflR 2010, 374).

§ 91 [Erlöschen von Rechten]

^IDurch den Zuschlag erlöschen unter der im § 90 Abs. 1 bestimmten Voraussetzung die Rechte, welche nicht nach den Versteigerungsbedingungen bestehen bleiben sollen.

^{II}Ein Recht an dem Grundstücke bleibt jedoch bestehen, wenn dies zwischen dem Berechtigten und dem Ersteher vereinbart ist und die Erklärungen entweder im Verteilungstermin abgegeben oder, bevor das Grundbuchamt um Berichtigung des Grundbuchs ersucht ist, durch eine öffentlich beglaubigte Urkunde nachgewiesen werden.

^{III}Im Falle des Absatzes 2 vermindert sich der durch Zahlung zu berichtigende Teil des Meistgebots um den Betrag, welcher sonst dem Berechtigten gebühren würde. Im übrigen wirkt die Vereinbarung wie die Befriedigung des Berechtigten aus dem Grundstücke.

^{IV}Das Erlöschen eines Rechts, dessen Inhaber zur Zeit des Erlöschens nach § 1179 a des Bürgerlichen Gesetzbuchs die Löschung einer bestehenbleibenden Hypothek, Grundschuld oder Rentenschuld verlangen kann, hat nicht das Erlöschen dieses Anspruchs zur Folge. Der Anspruch erlischt, wenn der Berechtigte aus dem Grundstück befriedigt wird.

Schrifttum: *Drischler,* Der Einfluß einer Vereinbarung gemäß § 91 Abs 2 ZVG auf den Teilungsplan, NJW 1966, 766; *Eickmann,* Vormundschaftsgerichtliche Genehmigungen im Zwangsversteigerungsverfahren, Rpfleger 1983, 199; *ders.,* Die in der Zwangsversteigerung bestehenbleibende Grundschuld, FS Merz, 1992, 49; *Haegele,* Zur Frage des Genehmigungserfordernisses des Vormundschaftsgerichts bei Vereinbarung des Liegenbelassens eines Rechts nach § 91 Abs 2 ZVG, Rpfleger 1970, 232; *Meyer,* Die Behandlung einer Vereinbarung über das Bestehenbleiben von Rechten (§ 91 ZVG) im Verteilungstermin, Rpfleger 1969, 3; *Muth,* Zum Befriedigungsumfang bei einer Liegenbelassung, Rpfleger 1992, 2; *Scholtz,* Schuldübernahmen in der Zwangsversteigerung, ZfIR 1999, 165; *Sickinger,* Die Finanzierung des Grundstückserwerbs aus der Zwangsversteigerung, MittRhNotK 1996, 241; *Strauch,* Die Befriedigungsfiktion im Zwangsversteigerungsgesetz, 1993.

Übersicht

	Rn.
I. Allgemeines	1
II. Erlöschen von Rechten	2
1. Grundsatz (§ 91 I)	2
2. Löschungsansprüche (§ 91 IV)	5
III. Liegenbelassung (§ 91 II, III)	6
1. Betroffene Rechte	6
2. Vereinbarung (§ 91 II)	7
a) Beteiligte	7
b) Gerichtliche Genehmigung	8

c) Form	10
d) Inhalt	11
e) Zeitliche Zulässigkeit	12
3. Wirkungen	13
a) Bestehenbleiben des Rechtes (§ 91 II)	13
b) Minderung des Bargebots (§ 91 III 1)	14
c) Befriedigungswirkung (§ 91 III 2)	17

I. Allgemeines

Die Vorschrift gilt für alle Versteigerungsverfahren des ZVG. 1

II. Erlöschen von Rechten

1. Grundsatz (§ 91 I)

a) Durch den Zuschlag erlöschen alle **Rechte am Grundstück,** die 2 nicht nach den Versteigerungsbedingungen (§§ 52, 59) bestehen bleiben (§ 91 I). Dies muss sich aber aus dem Zuschlagsbeschluss ergeben (§ 89); ansonsten gelten die gesetzlichen Bedingungen gemäß § 52 I, § 44 I; soweit ein Bestehenbleiben nach § 59 nur aus dem Terminsprotokoll ersichtlich ist, ist es unbeachtlich (RGZ 153, 252). Mit den Rechten am Grundstück erlöschen auch alle Rechte an den mitversteigerten Gegenständen. War aber ein der Grundpfandrechtshaftung unterliegender Gegenstand von der Versteigerung ausgenommen (zB gem § 30), so erlischt das Grundpfandrecht nicht nur am Grundstück, sondern auch an der Mobilie, weil es allein daran nicht bestehen kann (*Steiner/Eickmann* Rdn 8; *Stöber* Rdn 2.3 **aA** RGZ 143, 241). Bei der ZwVerst eines Grundstücksbruchteils (zB Wohnungseigentum) wird eine Dienstbarkeit, die an dem versteigerten Miteigentumsanteil inhaltlich unzulässig, weil ein Grundstücksbruchteil nicht mit einer Dienstbarkeit belastet werden kann; Löschung von Amts wegen (§ 53 GBO) ist dann veranlasst (KG Rpfleger 1975, 68; OLG Frankfurt Rpfleger 1979, 149). § 91 I befasst sich nur mit dinglichem Recht.

Die **persönliche Forderung** erlischt erst dann und nur in dem 3 Umfang, in dem der Gl Befriedigung aus dem Erlös erlangt. Ist dies nicht der Fall, so besteht die Forderung gegen den bisherigen persönlichen Schu fort. Hat sich ein Darlehensnehmer bei Bestellung einer Sicherungsgrundschuld der sofortigen ZwV in sein gesamtes Vermögen unterworfen, so wird diese ZwV nicht unzulässig, wenn die Grundschuld in der ZwVerst gemäß § 91 I erloschen ist, ohne dass es zu einer Befriedigung des Gl gekommen ist (BGH Rpfleger 1991, 74; BayObLG Rpfleger 1952, 552; *Eickmann* ZIP 1989, 137, 142).

b) Der Surrogationsgrundsatz besagt, dass dann, wenn ein dingli- 4 ches Recht am Grundstück auf Grund des Zuschlags erlischt, es sich am

§ 91 [Erlöschen von Rechten]

Versteigerungserlös, der an die Stelle des Grundstücks tritt, mit dem bisherigen Inhalt und Rang fortsetzt (RGZ 75, 316; BGHZ 60, 226). Belastete bisher das Grundstücksrecht das Grundstück, richtet sich danach der Ersatzanspruch gegen den Versteigerungserlös. Sowohl das Grundstücksrecht als auch der an seine Stelle getretene Ersatzanspruch betreffen den Vollstreckungsschuldner. Das Ersatzrecht erlischt mit der Befriedigung aus dem Erlös und wird gegenstandslos, sobald feststeht, dass es aus dem Erlös nicht erfüllt werden kann. Da das Ersatzrecht kein Recht am Grundstück mehr ist, wird es nach dem allgemeinen Zessionsregeln übertragen gem §§ 398 ff BGB (RGZ 125, 362, 367; BGH NJW 1964, 813; *Steiner/Eickmann* Rdn 17); gepfändet wird es nach den für Geldforderungen geltenden Regeln gem §§ 829 ff ZPO (BGHZ 58, 298).

2. Löschungsansprüche (§ 91 IV)

5   Ggü Eigentümerrechten können sie bestehen auf Grund von Löschungsvormerkungen alten und/oder neuen Rechts oder als gesetzliche Ansprüche nach § 1179 a BGB. Bleibt ein solches Eigentümerrecht bestehen, erlischt aber das aus dem Löschungsanspruch begünstigte Recht, so bleibt der Löschungsanspruch trotzdem erhalten; das ist für den durch LV gesicherten Anspruch allgemein anerkannt, für den gesetzlichen Löschungsanspruch ergibt es sich aus § 91 IV 1. Um auch die Vormerkungswirkungen (§ 883 II BGB) zu erhalten, darf die LV für das zu löschende begünstigte Recht nicht gelöscht werden bzw beim gesetzlichen Löschungsanspruch kann gem § 130 a nachträglich eine LV eingetragen werden. Der – vorgemerkte oder gesetzliche – Löschungsanspruch erlischt, wenn der Begünstigte volle Befriedigung erfährt (für den gesetzlichen Anspruch ergibt sich dies aus § 91 IV 2).

III. Liegenbelassung (§ 91 II, III)

1. Betroffene Rechte

6   Es kann vereinbart werden, dass Rechte, die nach § 91 I erlöschen würden, bestehen bleiben (§ 91 II). Diese Möglichkeit besteht sowohl für Rechte aus Abt III als auch für Rechte aus Abt II des Grundbuchs, und zwar unabhängig davon, ob auf sie ein Erlös entfallen würde oder nicht. Ist ein Recht teilbar (zB Grundpfandrecht, Geldreallast), so kann eine Liegenbelassung sich auf einen Teil des Rechts beziehen. Wird vereinbart, dass ein Recht ohne Nebenleistungen bestehen bleibt, so hat das VollstrG um die Löschung der Nebenleistungen im Rahmen des § 130 zu ersuchen (OLG Köln Rpfleger 1983, 168).

III. Liegenbelassung (§ 91 II, III)   §91

2. Vereinbarung (§ 91 II)

a) Beteiligte. Die Liegenbelassung muss zwischen dem Berechtigten 7
des betroffenen Rechts und dem Ersteher vereinbart werden. Ersterer
muss seine Rechtsinhaberschaft nachweisen (vgl 891 BGB); bei einem
Briefgrundpfandrecht ist der Brief vorzulegen. Will ein Pfandgläubiger
eine Liegenbelassung vereinbaren, ist dies nur möglich, wenn ihm das
Recht bzw der Ersatzanspruch an Zahlungs Statt überwiesen wurde, da
er nur in diesem Fall materiell Berechtigter wird. Bevollmächtigte müssen eine Vollmacht vorlegen, wobei eine Prozessvollmacht ausreicht.
Handelt es sich bei dem Recht, das Bestehenbleiben soll, um ein Recht
des Erstehers, so kommt die Liegenbelassung durch einseitige Erklärung
des Erstehers zustande (BGH Rpfleger 1976, 10; 1981, 140). Besteht für
das Versteigerungsobjekt eine vertragliche Verfügungsbeschränkung gem
§§ 5 ErbbauRG, 12 WEG, so bedarf es für die Liegenbelassung trotzdem
nicht der Zustimmung des Geschützten, da diese bereits bei der
ursprünglichen Begründung des betroffenen Rechts vorgelegen haben
muss (LG Detmold Rpfleger 2001, 312; *Dassler/Hintzen* Rdn 22).

b) Gerichtliche Genehmigung. Ist das Kind (Mündel, Betreuter, 8
Pflegling) der Gl des betroffenen Rechtes, so ist für die Liegenbelassung
eines Rechtes in Abt II des GB die Gen gem § 1821 I Nr 1, 2. Alt, § 1643,
BGB erforderlich (*Steiner/Eickmann* Rdn 33); für die Liegenbelassung von
Grundpfandrechten gilt dies nur beim Mündel bzw Betreuten, Pflegling
gem §§ 1812, § 1908 i, 1915 BGB (*Dassler/Hintzen* Rdn 21).

Ist das Kind (Mündel, Betreuter, Pflegling) der **Ersteher,** so ist zur 9
Liegenbelassung neben der erforderlichen Erwerbsgenehmigung für die
Gebotsabgabe (§ 1821 I Nr 5, § 1643) keine zusätzliche vg Gen gem
§ 1821 I Nr 1, 1. Alt BGB notwendig, wenn das liegenbelassene Recht
volle Deckung aus dem Bargebot erlangt und das Gericht bei der
Erwerbsgenehmigung die Höhe der zu übernehmenden Lasten nicht
wertmäßig ausdrücklich begrenzt hat (*Eickmann* Rpfleger 1983, 199, 203
aA *Stöber,* ZVG, Rdn 543: stets Genehmigungspflicht).

c) Form. Die Erklärungen müssen entweder mündlich ggü dem 10
Gericht erklärt werden (Aufnahme in das Protokoll, Verlesung, Genehmigung, keine Unterzeichnung §§ 159 ff ZPO) oder durch notariell
beglaubigte Urkunden nachgewiesen werden. Da die gleichzeitige
Anwesenheit von Ersteher und Berechtigten nicht erforderlich ist, genügt
es auch, wenn eine Erklärung in notariell beglaubigter Form vorgelegt
und die andere zu Protokoll erklärt wird.

d) Inhalt. *"Herr . . . als Gl des Rechts Abt III Nr 1 und der Ersteher* 11
erklären: Wir sind darüber einig, dass die Grundschuld Abt III Nr 3 zu
100 000,– € in voller Höhe gem § 91 II ZVG bestehen bleiben soll.
V. u. g."

§ 91 [Erlöschen von Rechten]

12 e) **Zeitliche Zulässigkeit.** Die Liegenbelassungsvereinbarung muss dem VollstrG spätestens bis zum Zeitpunkt des Eingangs des Grundbuchersuchens (§ 130) beim GBA zugehen (LG Frankfurt Rpfleger 1980, 30; *Steiner/Eickmann* Rdn 38), danach wird sie nicht mehr beachtet. Wird die Vereinbarung ggü dem Gericht erklärt, ist dies trotz des Wortlautes des § 91 II nicht nur im Verteilungstermin möglich, sondern auch bereits im Versteigerungs- oder in einem Verkündungstermin. Ist die Vereinbarung vor dem Zuschlag zustande gekommen, steht sie unter der Rechtsbedingung, dass der Vertragspartner den Zuschlag erhält; Wirksamkeit tritt dann mit dem Zuschlag ein. Bei Eingang der Vereinbarung nach dem Verteilungstermin, wird die Forderungsübertragung gegenstandslos, soweit sich die Zahlungspflicht des Erstehers mindert; insoweit ist um Eintragung einer Sicherungshypothek (§ 128) nicht mehr zu ersuchen (LG Frankfurt Rpfleger 1980, 30). Die Liegenbelassung kann auch nach Ablauf der 3-Monatsfrist des § 118 II noch vereinbart werden.

3. Wirkungen

13 a) **Bestehenbleiben des Rechtes (§ 91 II).** Das von der Vereinbarung erfasste Recht bleibt mit dem bisherigen Inhalt und Rang am Grundstück bestehen. Ist die Vereinbarung vor dem Zuschlag zustande gekommen, so wird sie mit der Zuschlagserteilung wirksam und suspendiert die Wirkung des § 91 I; kommt sie nach dem Zuschlag zustande, so wirkt sie ex tunc, dh das Recht ist ohne Unterbrechung bestehen geblieben (BGHZ 53, 327, 330; Rpfleger 1976, 10; 1985, 74). Zwar wirkt die Vereinbarung ggü dem Schu wie eine Befriedigung aus dem Grundstück (§ 92 III 2), was jedoch nicht das Erlöschen gem § 1181 I BGB zur Folge hat, weil § 91 II insoweit lex specialis ist (*Steiner/Eickmann* Rdn 43). Das bestehen bleibende Recht behält seinen Rang vor Sicherungshypotheken (§ 128), die für Gl nachrangiger Ansprüche wegen Nichtberichtigung des Bargebots eingetragen werden (BGH Rpfleger 1976, 10). Werden besserrangige erlöschende Rechte nicht befriedigt, so erhalten die dafür einzutragenden Sicherungshypotheken Rang vor dem liegenbelassenen schlechtrangigen Recht. Erfolgt die Vereinbarung der Liegenbelassung nachdem der Gl des Rechts bereits aus dem Versteigerungserlös befriedigt worden ist, so handelt es sich um eine Neubestellung, weil die Liegenbelassung nur die Wirkung des § 91 I beseitigen kann, und nicht die des § 1181 BGB (*Sickinger* MittRhNotK 1996, 241, 250 f **aA** LG Frankfurt Rpfleger 1980, 30).

14 b) **Minderung des Bargebots (§ 91 III 1).** Der durch Zahlung zu berichtigende Teil des Meistgebots vermindert sich um den Betrag, welcher sonst dem Berechtigten gebühren würde. Die Zahlungspflicht des Erstehers wird dadurch in der Weise beeinflusst, dass der nach § 49 zu zahlende Teil des Meistgebots sich um den Betrag mindert, welchen der Berechtigte bei Verteilung des Erlöses zu erhalten hätte, wenn das Recht

III. Liegenbelassung (§ 91 II, III) § 91

gem § 91 I unterginge. Dies bedeutet nach heute hM im Einzelnen (vgl BGHZ 53, 327; *Steiner/Eickmann* Rdn 48–53):
- Das Bargebot ist zu kürzen um die Zinsen vom Zuschlag bis zum Verteilungstermin und den Hauptsachebetrag, soweit auf sie aus dem ungekürzten Bargebot Zuteilung möglich gewesen wäre;
- Kosten und Zinsen bis zum Zuschlag erhält der Gl aus der Teilungsmasse;
- Die Bargebotszinsen werden aus dem ungekürzten Bargebot errechnet.

Beispiel: 15
Beschlagnahme: 30.6. 2008; Zuschlag: 16.7. 2009; Verteilungstermin: 16.10. 2009; bares Meistgebot: 70 000,– €; Verfahrenskosten: 5000,– €; öffentliche Lasten: 5000,– €; durch Zuschlag erloschen ist die Buchhypothek Abt III Nr 1 zu 200 000,– €, eingetragen mit 12% kalenderhalbjährlich nachzahlbaren Zinsen (angemeldet ab 1.7. 2007); im Verteilungstermin wurde die Liegenbelassung hinsichtlich eines Teiles von 100 000,– € aus dem Recht Abt III Nr 1 vereinbart.

Teilungsmasse (ohne Liegenbelassung):

1.	Bares Meistgebot	70 000,– €
2.	Zinsen 4% für 16.7. 2009–15.10. 2009	700,– €
		70 700,– €

Schuldenmasse (ohne Liegenbelassung).
Verfahrenskosten (§ 109)	5000,– €
Öffentliche Lasten (§ 10 I Nr 3)	5000,– €
Recht Abt III Nr 1	
Kosten: keine	
Zinsen: 12% aus 200 000,– €	
für 1.7. 2007–15.10. 2009	55 000,– €
Hauptsache:	200 000,– €
	255 000,– €

Bei der Teilungsmasse von 70 700,– € wären auf das Recht Abt III Nr 1 bzgl der Zinsen 55 000,– € und bzgl der Hauptsache nur noch 5700,– € zugeteilt worden.

Teilungsmasse (nach Liegenbelassung):

1.	Bares Meistgebot	70 000,– €
2.	Zinsen 4% für 16.7. 2009–15.10. 2009	700,– €
		70 700,– €

Minderung infolge Liegenbelassung:	
12% Zinsen aus 100 000,– €	
für 16.7. 2009–15.10. 2009	– 3 000,– €
Hauptsache	– 5 700,– €
	62 000,– €

Schuldenmasse (nach Liegenbelassung):
Verfahrenskosten (§ 109)	5000,– €
Öffentliche Lasten (§ 10 I Nr 3)	5000,– €
Recht Abt III Nr 1	

§ 91 [Erlöschen von Rechten]

Kosten: keine	
Zinsen: 12% aus 100 000,– €	
für 1. 7. 2007–15. 7. 2009	24 500,– €
12% aus 100 000,– €	
für 1. 7. 2007–15. 10. 2009	27 500,– €
Hauptsache:	100 000,– €
	152 000,– €

16 Die Bargebotskürzung nach § 92 III 1 bedeutet für den Ersteher, dass er von seiner Zahlungspflicht teilweise freigestellt wird. Der Gl des bestehen bleibenden Rechts erbringt somit eine Leistung für den Ersteher, so dass dieser einen Betrag nicht zu bezahlen hat, den sonst der Gl bekäme (BGH ZIP 1984, 1536). Der idR zwischen Gl und Ersteher geschlossenen Darlehensvertrag wird durch Befreiung des Erstehers von der Meistgebotsverbindlichkeit im Umfang der Bargebotskürzung valutiert (*Eickmann*, FS Merz, 1992, 49, 60). Die Vereinbarung der Liegenbelassung beinhaltet auch ohne ausdrückliche Fixierung den Abschluss einer Sicherungsvereinbarung, die ein Darlehen einer Grundschuld unterstellt (*Eickmann* aaO).

17 **c) Befriedigungswirkung (§ 91 III 2).** Die Liegenbelassung wirkt "im Übrigen" wie die Befriedigung aus dem Grundstück für den Gl. Dies hat jedoch nicht das Erlöschen des Grundpfandrechts gem § 1181 I BGB zur Folge, weil § 91 II insoweit lex specialis ist (*Steiner/Eickmann* Rdn 43). Festzuhalten ist vorab, dass in der Vereinbarung der Liegenbelassung nicht auch die Übernahme einer persönlichen Schuld durch den Ersteher erblickt werden kann, da dies ihn uU schlechter stellt; dafür wäre eine ausdrückliche Erklärung erforderlich, worauf das VollstrG hinzuweisen hat (*Steiner/Eickmann* Rdn 57 **aA** RGZ 70, 411; *Scholtz* ZfIR 1999, 165, 171; *Sickinger* MittRhNotK 1996, 241, 246). § 53 ist hier nicht anwendbar (BGH Rpfleger 1981, 140).

18 **aa) Übernimmt der Ersteher keine persönliche Haftung** (neben dem übernommenen dinglichen Recht gem § 91 II), so gilt (vgl *Steiner/Eickmann* Rdn 58; *Scholtz* ZfIR 1999, 165, 171): Ist der persönliche Schu mit dem Eigentümer (= Vollstreckungsschuldner) identisch, so erlischt die ursprüngliche Forderung des Gl gegen den persönlichen Schu (§ 91 III 2, § 362 BGB); ist das liegenbelassene Recht eine Hypothek, so entsteht keine Eigentümergrundschuld gem § 1163 I 2, § 1177 I 1 BGB, sondern eine Fremdgrundschuld (§ 91 II, § 1177 I 1 BGB analog); wurde die Liegenbelassung einer Fremdgrundschuld vereinbart, so ändert sich nichts am Charakter dieses Rechts. Ist der persönliche Schu nicht mit dem Eigentümer (= Vollstreckungsschuldner) identisch, so geht die ursprüngliche Forderung des Hypothekengläubigers gegen den persönlichen Schu auf den bisherigen Eigentümer (= Vollstreckungsschuldner) über (§ 91 III 2, § 1143 I 1 BGB), nicht aber das Grundpfandrecht, dieses verwandelt sich in eine Fremdgrundschuld (§ 91 II, § 1177 I 1 BGB

III. Liegenbelassung (§ 91 II, III) **§ 91**

analog); die durch eine Grundschuld gesicherte persönliche Forderung bleibt bestehen, jedoch muss sie der Gl an den bisherigen Eigentümer (= Vollstreckungsschuldner) abtreten (BGH NJW 1981, 1554; 1987, 838), wobei sich am Charakter der Fremdgrundschuld nichts ändert.

bb) Übernimmt der Ersteher eine persönliche Haftung (neben dem übernommenen dinglichen Recht gem § 91 II), so gilt: Die Vereinbarung zwischen Ersteher und Gl begründet eine abstrakte, dh von der bisherigen Forderung unabhängige, neue Forderung (*Steiner/Eickmann* Rdn 59 **aA** *Scholtz* ZfIR 1999, 165, 171: Schuldübernahme). Ist der persönliche Schu mit dem Eigentümer (= Vollstreckungsschuldner) identisch, so erlischt die ursprüngliche Forderung des Gl gegen den persönlichen Schu (§ 91 III 2, § 362 BGB); das liegenbelassene Grundpfandrecht sichert dann die neue Forderung in seiner bisherigen Form, also entweder als Fremdhypothek oder Fremdgrundschuld. Ist der persönliche Schu nicht mit dem Eigentümer (= Vollstreckungsschuldner) identisch, so geht die ursprüngliche Forderung des Hypothekengläubigers gegen den persönlichen Schu auf den bisherigen Eigentümer (= Vollstreckungsschuldner) über (§ 91 III 2, § 1143 I 1 BGB), nicht aber die Hypothek, die nunmehr die neue Forderung sichert; die durch eine Grundschuld gesicherte persönliche Forderung bleibt bestehen, jedoch muss sie der Gl an den bisherigen Eigentümer (= Vollstreckungsschuldner) abtreten (BGH NJW 1981, 1554; 1987, 838), wobei die Grundschuld nun die neue Forderung sichert. 19

cc) Wenn Hypothekengläubiger und Ersteher identisch sind und mit der einseitigen Liegenbelassung das Recht am eigenen Grundstück erlangt wird, kommt eine Schuldübernahme nicht in Betracht (BGH Rpfleger 1981, 140). Die Folge der Befriedigung aus dem Grundstück (§ 91 III 2) tritt deshalb nur in dem Umfang ein, in dem der Gl aus dem Erlös Deckung erlangt hätte (OLG Düsseldorf OLGZ 1978, 325, 328). Jedenfalls aber hat der Ersteher als Gl einer valutierten Hypothek, die infolge der Liegenbelassungserklärung bestehen bleibt, in dem Umfang, in dem das Recht bei der Erlösverteilung ausfällt, gegen den Schu der Hypothekenforderung einen Bereicherungsanspruch auf Wertersatz gem § 812 I 1, § 818 II BGB (BGH Rpfleger 1981, 140; *Scholtz* ZfIR 1999, 165, 172). 20

dd) Der **Umfang der Befriedigung** gemäß § 91 III 2 soll immer gleich dem Umfang des Liegenbelassens (§ 91 II) sein, dh die persönliche Forderung soll in Höhe des Nennbetrages des liegenbelassenen Rechts erlöschen, und zwar auch dann, wenn der Gl des liegenbelassenen Rechts aus dem Erlös gar nicht oder nur teilweise befriedigt worden wäre (RGZ 156, 271, 276; BGH MDR 1981, 568). Soweit das liegenbelassene Recht in vollem Umfang aus dem Erlös gedeckt werden könnte, ist dieser Ansicht zuzustimmen. Beim Bestehen bleiben nicht erlösgedeckter Rechte muss sich der Umfang der Befriedigung gem § 91 III 2 stets nach dem Umfang der Erlöszuteilung im TLP richten, dh die Erlöschenswir- 21 kung hinsichtlich der persönlichen Forderung tritt nur in Höhe der Bargebotskürzung gemäß § 93 III 1 ein (*Muth* Rpfleger 1990, 2; *Dassler/ Hintzen* Rdn 43; *Eickmann,* ZVG, § 12 III 3 c). Ansonsten würde sich die Rechtsstellung des Vollstreckungsschuldners durch die Liegenbelassung ggü der baren Auszahlung des Erlöses wesentlich verbessern; dies ist nicht gerechtfertigt.

22 Ein im Zuschlagszeitpunkt bestehender **Rückgewähranspruch** hinsichtlich einer Sicherungsgrundschuld bleibt erhalten, wenn das liegenbelassene Recht geringer valutierte als der an sich auf es zuteilende Betrag (BGH ZIP 1984, 1536). Er wandelt sich jedoch in einen Zahlungsanspruch um (BGH Rpfleger 1961, 291) und richtet sich auf Auskehrung des nicht benötigten Übererlöses, nicht gegen die Grundschuld (*Eickmann,* FS Merz, 1992, 49, 59). Keinen Rückgewährungsanspruch hat der Schu, wenn die liegenbelassene Grundschuld im Zuschlagszeitpunkt noch in Höhe der auf sie an sich entfallenden Zuteilung valutiert war (BGH Rpfleger 1979, 128; IiP 1984, 1536; *Eickmann,* FS Merz, 1992, 49, 58).

§ 92 [Anspruch auf Ersatz des Wertes]

^IErlischt durch den Zuschlag ein Recht, das nicht auf Zahlung eines Kapitals gerichtet ist, so tritt an die Stelle des Rechtes der Anspruch auf Ersatz des Wertes aus dem Versteigerungserlöse.

^{II}Der Ersatz für einen Nießbrauch, für eine beschränkte persönliche Dienstbarkeit sowie für eine Reallast von unbestimmter Dauer ist durch Zahlung einer Geldrente zu leisten, die dem Jahreswerte des Rechtes gleichkommt. Der Betrag ist für drei Monate vorauszuzahlen. Der Anspruch auf eine fällig gewordene Zahlung verbleibt dem Berechtigten auch dann, wenn das Recht auf die Rente vor dem Ablaufe der drei Monate erlischt.

^{III}Bei ablösbaren Rechten bestimmt sich der Betrag der Ersatzleistung durch die Ablösungssumme.

Schrifttum: *Drischler,* Das Altenteil in der Zwangsversteigerung, Rpfleger 1983, 229; *Gaßner,* Erloschene Rechte "von unbestimmtem Betrag", Rpfleger 1988, 51; *Götz,* Die Beleihbarkeit von Erbbaurechten, DNotZ 1980, 3; *Keuk,* Auflassungsvormerkung und vormerkungswidrige Grundpfandrechte in Konkurs und Zwangsversteigerung, NJW 1968, 476; *Rahn,* Eigentümerdienstbarkeit und Wertersatz, BWNotZ 1965, 45; *Schiffhauer,* Die Grunddienstbarkeit in der Zwangsversteigerung, Rpfleger 1975, 187; *Schubert/Czub,* Die Grunddienstbarkeit in der Zwangsversteigerung, ZIP 1982, 266; *Staudenmaier,* Eigentümerdienstbarkeit und Wertersatz, BWNotZ 1964, 308; *Streuer,* Bewertung des Erbbauzinses und des "reinen" Erbbaurechts in der Zwangsversteigerung des Erbbaurechts, Rpfleger 1997, 141.

Übersicht

Rn.

I. Allgemeines 1
II. Bestimmung des Kapitalwertes bei Rechten in Abt II
   des Grundbuchs 2
   1. Empfangsberechtigter 2
   2. Ablösungssumme (§ 92 III) 4
   3. Höchstbetrag (§ 882 BGB) 5
   4. Kapitalisierung eingetragener Geldleistungen 6
   5. Anmeldung 7
      a) Mehrere Berechtigte 8
      b) Berechtigungszeitpunkt 9
      c) Zeitpunkt der Anmeldung 10
      d) Inhalt im Falle des § 92 II 11
      e) Bindung für das Vollstreckungsgericht 12
      f) Feststellung des Ersatzbetrages 13
      g) Widerspruch 14
   6. Vormerkung und Widerspruch 15
III. Geldrente (§ 92 II) 16
   1. Allgemeines 16
      a) Rechte mit Versorgungscharakter 16
      b) Deckungskapital 17
      c) Geldrente 18
   2. Nießbrauch 19
   3. Beschränkte persönliche Dienstbarkeit 20
   4. Reallast von unbestimmter Dauer 21
   5. Altenteil 22
   6. Dauerwohnrecht 23
IV. Einmalige Kapitalzahlung (§ 92 I) 24
   1. Allgemeines 24
   2. Auflassungsvormerkung (vgl OLG Düsseldorf ZfIR
      2001, 332). 25
   3. Erbbauzins 26
   4. Grunddienstbarkeit 27
   5. Reallast von bestimmter Dauer 28
   6. Vorkaufsrecht 29
   7. Mitbenutzungsrecht in den neuen Bundesländern .. 30

I. Allgemeines

In § 92 hat der Surrogationsgrundsatz unmittelbaren Ausdruck gefunden, aber nur für nicht auf Kapitalzahlung gerichtete Rechte. Es liegt sogar eine **doppelte Surrogation** ein: zum einen wechselt der Haftungsgegenstand vom Grundstück zum Versteigerungserlös und zum anderen der Inhalt des Rechts vom Nutzungsrecht zum Geldanspruch. § 92 gilt für alle Versteigerungsverfahren des ZVG.

II. Bestimmung des Kapitalwertes bei Rechten in Abt II des Grundbuchs

1. Empfangsberechtigter

2   Empfangsberechtigt bei **subjektiv-persönlichen Rechten** ist der zuletzt eingetragene Gl des Rechts oder derjenige, dem der Ersatzanspruch ordnungsgemäß abgetreten wurde.

3   Bei **subjektiv-dinglichen Rechten** gebührt der Ersatzbetrag demjenigen, der im Zeitpunkt der Erlösverteilung Eigentümer des herrschenden Grundstücks ist (*Steiner/Eickmann* Rdn 32 **aA** LG Ellwangen BWNotZ 1965, 41; *Stöber* Rdn 6.5; *Staudenmaier* BWNotZ 1964, 308: Zuschlagszeitpunkt). Wegen §§ 96, 1120 BGB ist der Ersatzbetrag für den Eigentümer des herrschenden Grundstücks und die Grundpfandrechtsgläubiger an diesem Grundstück zu hinterlegen, wenn im Verteilungstermin keine Einigung über die Empfangsberechtigung vorliegt (*Steiner/Eickmann* Rdn 33).

2. Ablösungssumme (§ 92 III)

4   Ist ein Recht ablösbar, so wird der Ersatzbetrag durch die Ablösungssumme bestimmt. Hierher gehören die Rentenschuld (§ 1199 II 2 BGB) und die nach landesrechtlichen Vorschriften gem dem Vorbehalt in Art 113 EGBGB ablösbaren Dienstbarkeiten und Reallasten (Übersicht dazu bei *Steiner/Eickmann* Rdn 22).

3. Höchstbetrag (§ 882 BGB)

5   Ist ein solcher im GB eingetragen und erfolgt keine davon abweichende Anmeldung, dann wird dieser Betrag in den TLP aufgenommen (§ 114 I); will jemand dagegen vorgehen, muss er Widerspruch gemäß § 115 erheben. Wird ein niedrigerer Betrag angemeldet, so ist dieser entscheidend (*Dassler/Hintzen* Rdn 20; *Stöber* Rdn 3.3 **aA** *Steiner/Eickmann* Rdn 7, 19: trotzdem Höchstbetrag). Eine höhere Anmeldung kann nur bis zum eingetragenen Höchstbetrag berücksichtigt werden.

4. Kapitalisierung eingetragener Geldleistungen

6   Der aus dem GB ersichtliche bestimmte Betrag (**Geldrentenreallast** von bestimmter Dauer, **Erbbauzins**) bedarf keiner Anmeldung. Es wird der durch von Amts wegen vorgenommenen Kapitalisierung der eingetragenen Leistung für die Restlaufzeit und nach Abzug der Zwischenzinsen (§ 111; *Dassler/Hintzen* Rdn 23) bestimmte Ersatzwert oder ein angemeldeter geringerer Betrag in den TLP aufgenommen.

II. Bestimmung des Kapitalwertes § 92

5. Anmeldung

Liegen die soeben aufgeführten Sonderfälle (Nr 2–4) nicht vor, so 7
ist der Ersatzbetrag für erlöschende Rechte ohne Kapitalbetrag nur auf
Anmeldung berücksichtigungsfähig; fehlt eine Anmeldung, so kann das
Recht nicht berücksichtigt werden.

a) Mehrere Berechtigte. Bei Bruchteilsgemeinschaft müssen alle 8
Berechtigte anmelden (§ 747 S 2 BGB), bei einer Gesamthand ebenfalls,
bei Gesamtgläubigerschaft (§ 428 BGB) genügt die Anmeldung durch
einen der Berechtigten.

b) Berechtigungszeitpunkt. Der Ersatzwert bestimmt sich stets 9
nach der Sach- und Rechtslage im Zeitpunkt des Zuschlags (*Dassler/
Hintzen* Rdn 37; *Steiner/Eickmann* Rdn 27), nicht nach dem Verteilungstermin
(so aber BGH NJW 1974, 702). Das Recht geht mit dem
Zuschlag unter und kann danach keine Wertänderung mehr erfahren.

c) Zeitpunkt der Anmeldung. Die Anmeldung der Höhe des 10
Ersatzbetrages fällt nicht unter §§ 37 Nr 4, 110, dh sie kann erstmals auch
im Verteilungstermin erfolgen.

d) Inhalt im Falle des § 92 II. Einigkeit herrscht darüber, dass die 11
Anmeldung den monatlich oder jährlich zu berücksichtigenden Kapitalbetrag
enthalten muss. Außerdem verlangt die überwiegende Meinung
die Angabe der voraussichtlichen Dauer des Rechts, um berücksichtigt
werden zu können (*Steiner/Eickmann* Rdn 26). Interessengerechter
erscheint jedoch die Auffassung, wonach die Dauer angegeben werden
soll, aber nicht muss, dh beim Fehlen wird sie vom VollstrG idR nach
der durchschnittlichen Lebenserwartung bestimmt (*Stöber* Rdn 4.9).

e) Bindung für das Vollstreckungsgericht. Das VollstrG wird sich 12
idR an die Anmeldung halten, jedoch ist sie nicht verbindlich, dh wenn
das VollstrG den angemeldeten Wertersatz nach Betrag und/oder Dauer
für zu hoch hält, so ist nur der nach Auffassung des Gerichts angemessene
Betrag anzusetzen; soweit der Anmeldung nicht entsprochen wird, gilt
sie nach § 115 II als Widerspruch gegen den TLP (*Steiner/Eickmann*
Rdn 28).

f) Feststellung des Ersatzbetrages. Sowohl der Kapitalabfindungsanspruch 13
(§ 92 I) als auch der Rentenzahlungsanspruch (§ 92 II) stehen
unter der aufschiebenden Bedingung, dass der Eigentümer (= Vollstreckungsschuldner)
und der Berechtigte des Rechts durch Vereinbarung
oder Prozessurteil den Wertersatzbetrag feststellen (§ 14); das VollstrG ist
dazu nicht befugt (*Steiner/Teufel* § 14 Rdn 23; *Stöber* Rdn 3.6 und 4.12–
4.15; *Gaßner* Rpfleger 1988, 51). Die einseitige Anmeldung des Ersatzbetrags
ersetzt das Feststellungsgeschäft nicht. Ebenso genügt das Schweigen
des Vollstreckungsschuldners zu einer Anmeldung nicht. Solange der

§ 92 [Anspruch auf Ersatz des Werters]

Ersatzbetrag nicht festgestellt ist, wird der darauf entfallende Erlösanteil dem anmeldenden Berechtigten als Haupthebungsberechtigten und den Ausfallgläubigern in der Rangfolge des § 10 als Hilfsberechtigten gem § 119 zugeteilt und sodann gem § 120 hinterlegt, und zwar auch dann, wenn ein Ausfallgläubiger nicht widerspricht. Widerspricht der Ausfallgläubiger jedoch, so wird sowohl unter den Bedingungen der §§ 119, 120, als auch §§ 115, 124 zugeteilt und jeweils gem § 120 hinterlegt.

14 **g) Widerspruch.** Ausfallgläubiger können sich ggü einem überhöhten Ersatzbetrag durch Erhebung eines Widerspruchs gem § 115 wehren (ausführlich dazu: *Gaßner* Rpfleger 1988, 51). Da das Feststellungsgeschäft eine Inhaltsänderung gem § 877 BGB darstellt, nämlich die Umwandlung vom Nutzungsrecht zum Geldanspruch (*Steiner/Eickmann* Rdn 4), folgt daraus, dass materiellrechtlich dazu die Zustimmungen der Ausfallgläubiger notwendig sind, wenn der Wertersatz überhöht festgestellt wird, weil dies eine Umfangserweiterung darstellt. Verfahrensrechtlich kann aber ein Ausfallgläubiger nach geführtem Feststellungsgeschäft seine Rechte nur durch Widerspruchserhebung (§ 115) durchsetzen. Bei fehlendem Wertfeststellungsgeschäft wird er nur nach Pfändung des Feststellungsanspruchs (§ 857 I, § 829 ZPO), Überweisung (§§ 835, 836 ZPO) und Zustellung an den dinglich Berechtigten als Drittschuldner (§ 829 III, § 835 III ZPO) erfolgreich seinen Widerspruch durchsetzen können. da er dadurch aktiv legitimiert wird, das Feststellungsgeschäft durch Vereinbarung mit dem dinglich Berechtigten oder durch Klage gegen diesen herbeizuführen (*Gaßner* Rpfleger 1988, 51 **aA** *Muth* 1 B Rdn 28).

6. Vormerkung und Widerspruch

15 Ein durch Vormerkung oder Widerspruch gesicherter Anspruch auf Eintragung eines Rechts ohne Kapitalbetrag ist aufschiebend bedingt hinsichtlich des Umfangs durch Wertfeststellung (§ 14) und hinsichtlich des Entstehens des Rechtes selbst; für beide Fälle gelten die §§ 119, 120 (*Stöber* Rdn 6.11).

III. Geldrente (§ 92 II)

1. Allgemeines

16 **a) Rechte mit Versorgungscharakter.** Bei einem erloschenen Nießbrauch, einer beschränkten persönlichen Dienstbarkeit sowie einer Reallast von unbestimmter Dauer ist nach § 92 II eine Geldrente festzustellen, die aus einem Kapitalwert und dessen Zinsen bezahlt wird. Es handelt sich hierbei um **Rechte mit Versorgungscharakter,** so dass eine einmalige Kapitalabfindung deren Charakter nicht gerecht werden würde.

III. Geldrente (§ 92 II) **§ 92**

b) Deckungskapital. Für den Ersatzanspruch ist in den TLP ein 17
Betrag aufzunehmen, welcher der Summe aller künftigen Leistungen
gleichkommt (= Deckungskapital), jedoch den 25fachen Jahresbetrag
nicht übersteigt (§ 121 I). Dieses Deckungskapital bestimmt sich grundsätzlich nach der wahrscheinlichen Laufzeit der Jahresleistungen (zB bei
Reallast). Ist das Recht auf die Lebenszeit des Berechtigten begrenzt
kraft Gesetzes (zB Nießbrauch § 1061 BGB, beschränkte persönliche
Dienstbarkeit § 1090 II BGB) oder seiner Natur nach (zB Reallast innerhalb eines Altenteil), so muss von der statistischen Lebenserwartung (vgl
Anhang) ausgegangen werden (*Steiner/Eickmann* Rdn 13). Die Gegenansicht, die auf die konkrete Lebenserwartung des Berechtigten abstellt
(OLG Karlsruhe Rpfleger 2005, 686; OLG Oldenburg Rpfleger 1965,
80), ist abzulehnen, da sie auf Grund des verfahrensrechtlichen Instrumentariums des Zwangsversteigerungsverfahrens nicht durchführbar ist.
Wenn der Berechtigte zwischen Zuschlag und Verteilungstermin gestorben ist, ist für die Berechnung des Ersatzwertes nur die Zeitspanne bis
zum Ende des Sterbevierteljahres maßgebend (BGH WM 1972, 1032).

c) Geldrente. Aus dem Deckungskapital und den Zinsen, die sich 18
aus der Kapitalanlage ergeben (§ 121 I 2. Hs), erhält der Berechtigte eine
fortlaufende Geldrente, die dem Jahreswert des Rechtes gleichkommt
(§ 92 II 1). Sie steht dem Berechtigten grundsätzlich für die gesamte
Dauer des Rechts zu, wenn es mit dem Tod des Berechtigten erlischt
(§§ 1061, 1090 II BGB), bis dahin. Der Anspruch auf die Geldrente ist
nicht auf höchstens 25 Jahre beschränkt; dies gilt nur als Obergrenze
beim Deckungskapital (§ 121 I). Ausbezahlt wird die Geldrente in Zwölfteln des Jahreswertes, und zwar für jeweils drei Monate im Voraus (§ 92 II
2); der Anspruch auf eine Dreimonatsleistung bleibt auch dann bestehen,
wenn das Recht innerhalb einer begonnenen Dreimonatsperiode erlischt
(§ 92 II 3). Da das Recht mit dem Zuschlag erlischt, wird die erste Rate
der Rente an diesem Tag fällig. Auszahlung erfolgt im Verteilungstermin
(*Stöber* Rdn 4.7). Die Geldrente ist aufschiebend bedingt dadurch, dass
der Berechtigte den Beginn der jeweiligen Dreimonatsperiode erlebt
(LG Berlin WM 1958, 267; *Steiner/Eickmann* Rdn 16), was eine Hilfsverteilung gem § 119 und Hinterlegung nach § 120 erforderlich macht.

2. Nießbrauch

Er fällt unter § 92 II und erlischt mit dem Tode des Berechtigten 19
(§ 1061 BGB). Das Deckungskapital (§ 121 I) errechnet sich aus dem
Jahreswert vervielfältigt mit der statistischen Lebenserwartung (vgl
Anhang und OLG Karlsruhe Rpfleger 2005,686) des Berechtigten,
höchstens jedoch der 25fache Jahresbetrag. Da der Nießbrauch ein
umfassendes Nutzungsrecht am Grundstück ist, bestimmt sich sein Jahresbetrag danach. Handelt es sich um ein Wohngrundstück, ist die tat-

§ 92 [Anspruch auf Ersatz des Werters]

sächlich erzielbare Nettomiete ein Anhaltspunkt (OLG Karlsruhe Rpfleger 2005, 686); bei gewerblich genutzten Grundstücken der Pachtzins.

3. Beschränkte persönliche Dienstbarkeit

20 Sie fällt unter § 92 II und erlischt mit dem Tode des Berechtigten (§ 1090 II, § 1061 BGB). Das Deckungskapital (§ 121 I) errechnet sich aus dem Jahreswert vervielfältigt mit der statistischen Lebenserwartung (vgl Anhang) des Berechtigten, höchstens jedoch der 25fache Jahresbetrag; letzterer ist bei juristischen Personen stets maßgebend, Der Jahreswert für die gesicherte Nutzung bestimmt sich nach den ortsüblichen Entgelten, zB bei Wohnungsrechten nach dem Mietzins, bei Tankstellenrechten nach dem Pachtzins.

4. Reallast von unbestimmter Dauer

21 Ist die Dauer der Reallast unbestimmt, fällt sie unter § 92 II. Das Deckungskapital (§ 121 I) errechnet sich aus dem Jahreswert vervielfältigt mit der wahrscheinlichen Laufzeit des Rechts. Ist die Reallast an die Lebensdauer des Berechtigten gebunden (zB innerhalb eines Altenteils), wird der Jahreswert mit der statistischen Lebenserwartung (vgl Anhang) des Berechtigten vervielfältigt. In jedem Fall ist der 25fache Jahresbetrag die Höchstgrenze. Der Jahreswert ergibt sich bei einer Geldrentenreallast aus der Addierung der Einzelbeträge; bei Naturalleistungen ist anhand der örtlichen Preise umzurechnen. Ist eine Wertsicherungsklausel vereinbart, so ist der Jahreswert unter dieser Berücksichtigung der Wertsicherung nach dem aktuellen Wert im Zeitpunkt der Berechnung zu ermitteln; künftige Veränderungsmöglichkeiten bleiben unberücksichtigt. Für Eheleute werden getrennte Werte errechnet (*Drischler* KTS 1971, 145 mit Berechnungsbeispielen).

5. Altenteil

22 Es wird idR unter § 92 II fallen, weil es üblicherweise aus einer auf Lebenszeit beschränkten Reallast (vgl Rdn 21) und/oder einer beschränkten persönlichen Dienstbarkeit (vgl Rdn 20) besteht. Das Deckungskapital für das Altenteil setzt sich deshalb aus den Ersatzwerten für die einzelnen Rechte zusammen. Berechnungsbeispiele bei *Drischler* Rpfleger 1983, 229.

6. Dauerwohnrecht

23 Es wird idR unter § 92 II fallen, wenn es auf unbestimmte Zeit bestellt ist (*Steiner/Eickmann* Rdn 39; *Steiner/Teufel* § 114 Rdn 117 **aA** *Dassler/Hintzen* Rdn 11; *Stöber*, ZVG, Rdn 458). In seiner Rechtsform steht es den Dienstbarkeiten nahe und dort am ehesten dem Wohnungsrecht gem § 1093 BGB. Der ihm üblicherweise zukommende Versorgungscharakter entspricht dem Grundgedanken des § 92 II (vgl Rdn 16–18). Aus dem Gesetzeswortlaut kann nichts anderes entnommen werden, da das Recht dem Gesetzgeber des ZVG noch nicht bekannt war. Das Deckungskapital (§ 121 I) errechnet sich aus dem Jahreswert vervielfältigt mit der wahrscheinlichen Laufzeit des Rechts, höchstens jedoch der 25fache Jahresbetrag. Für den Jahreswert ist der ortsübliche Mietzins für vergleichbare Wohnungen heranzuziehen.

IV. Einmalige Kapitalzahlung (§ 92 I)

1. Allgemeines

Mit einer einmaligen Kapitalzahlung werden alle anderen Rechte abgefunden, die nicht unter § 92 II fallen: Auflassungsvormerkung, Erbbauzins, Grunddienstbarkeit, Reallast von bestimmter Dauer, Vorkaufsrecht. Der Ersatzwert nach § 92 I ist nicht identisch mit dem Zuzahlungsbetrag nach § 51, sondern soll dem Berechtigten einen Wertausgleich für das erlöschende Recht verschaffen; festzustellen ist deshalb der reale Wert des Rechts für den Berechtigten. Der nach § 51 ermittelte Ersatzbetrag ist der Wert, um den das Grundstück mehr Wert wäre, wenn es nicht mit diesem dinglichen Recht belastet wäre. Der nach § 92 zu ermittelnde Wertersatz ist das Surrogat, dh der materielle Gegenwert für das bisherige Recht eines Begünstigten an dem Grundstück, das er durch den Zuschlag verloren hat. 24

2. Auflassungsvormerkung (vgl OLG Düsseldorf ZfIR 2001, 332).

Der Wert des vorgemerkten Eigentumsübertragungsanspruchs ist der nach Deckung der der AV vorgehenden Rechte verbleibende Erlös ohne Abzug des vom Berechtigten geschuldeten Kaufpreises (RGZ 144, 281, 283; *Steiner/Eickmann* Rdn 36; *Dassler/Hintzen* Rdn 33; *Morvilius* in D/M/V 4. Kap Rdn 528; *Jursnik* MittBayNot 1999, 125, 126 f). Die Gegenansicht, der Kaufpreis müsse berücksichtigt werden (*Siegmann* DNotZ 1995, 209 f; RGRK/*Augustin* § 883 Rdn 98), ist abzulehnen, weil sie zu einer Verquickung sachenrechtlicher und schuldrechtlicher Belange führen würde. Das VollstrG hat sich nicht um schuldrechtliche Vereinbarungen zu kümmern, die einem Recht oder einer Vormerkung zugrunde liegen. 25

3. Erbbauzins

Er wird wie eine Reallast von bestimmter Dauer (= Laufzeit des Erbbaurechts) behandelt (§ 9 I 1 ErbbauRG) und unter Berücksichtigung der Restlaufzeit und Abzug des Zwischenzinses (§ 111; anders bei der Zahlungspflicht gem §§ 50, 51, vgl dort Rdn 25, 31) kapitalisiert (*Steiner/* 26

Eickmann Rdn 42 **aA** *Streuer* Rpfleger 1997, 141, 143), allerdings nicht beschränkt auf 25 Jahre (*Stöber* Rdn 6.4 b). Wenn die Vormerkung zur Sicherheit des Anspruchs auf Eintragung eines erhöhten Erbbauzinses (§ 9 a ErbbauRG) erlischt, tritt an ihre Stelle der Wertersatz nach § 92 I, der aufschiebend bedingt und daher gemäß §§ 119, 120 zu berücksichtigen ist (*Stöber* Rdn 6.4 b **aA** *Streuer* Rpfleger 1997, 141, 143; *Steiner/Eickmann* Rdn 52).

4. Grunddienstbarkeit

27 Die Höhe des Ersatzbetrages ist nach dem Wert zu bemessen, den das Recht für das herrschende Grundstück hatte. Die gilt auch für Eigentümerdienstbarkeiten. Wegen der Frage des Berechtigten vgl. Rdn 3.

5. Reallast von bestimmter Dauer

28 Ist die Dauer der Reallast bestimmt, fällt sie unter § 92 I. Der Kapitalbetrag errechnet sich aus dem Jahreswert vervielfältigt mit der Restdauer der Reallast unter Abzug des Zwischenzinses gem § 111 (*Steiner/Eickmann* Rdn 19; *Stöber* Rdn 6.9; *Dassler/Hintzen* Rdn 24 **aA** *Streuer* Rpfleger 1997, 141, 142). Zur Wertberechnung vgl im übrigen Rdn 21, wobei jedoch hier der 25-fache Jahresbetrag nicht die Höchstgrenze darstellt.

6. Vorkaufsrecht

29 Das für einen Verkaufsfall bestellte Recht erlischt ersatzlos (§§ 44, 45 Rdn 72); eine Berücksichtigung im Rahmen des § 92 findet nicht statt. Dies gilt auch für das Vorkaufsrecht nach § 306 ZGB in den neuen Bundesländern (*Keller* Rpfleger 1992, 501, 505). Das für mehrere Verkaufsfälle bestellte Vorkaufsrecht wird idR mit 2–3 % des Grundstückswertes berücksichtigt (LG Hildesheim Rpfleger 1990, 87; *Steiner/Eickmann* Rdn 49).

7. Mitbenutzungsrecht in den neuen Bundesländern

30 Ist es im GB eingetragen, so ist es vererblich (§ 322 II 1. Alt ZGB) und fällt unter § 92 I (*Eickmann* ZIR 1997, 61, 68). Ist es nicht im GB eingetragen, so wird es nur auf Anmeldung berücksichtigt; dann findet § 92 I ebenfalls Anwendung (*Keller* Rpfleger 1992, 501, 506).

Anhang: Tabelle der durchschnittlichen statistischen Lebenserwartung (Quelle: Abgekürzte Sterbetafel 2005/2007, Statistisches Bundesamt, Wiesbaden)

vollendetes Alter	männlich	weiblich	vollendetes Alter	männlich	weiblich
0	76,89	82,25	50	29,06	33,60
1	76,22	81,54	51	28,19	32,68
2	75,25	80,56	52	27,33	31,76
3	74,27	79,58	53	26,48	30,85
4	73,28	78,59	54	25,64	29,95
5	72,29	77,59	55	24,80	29,04
6	71,30	76,60	56	23,98	28,15
7	70,31	75,61	57	23,16	27,26
8	69,31	74,61	58	22,34	26,37
9	68,32	73,62	59	21,54	25,49
10	67,33	72,62	60	20,75	24,61
11	66,33	71,63	61	19,97	23,74
12	65,34	70,64	62	19,19	22,88
13	64,35	69,64	63	18,43	22,02
14	63,36	68,65	64	17,68	21,17
15	62,36	67,66	65	16,93	20,31
16	61,38	66,67	66	16,20	19,46
17	60,40	65,68	67	15,48	18,62
18	59,42	64,69	68	14,76	17,79
19	58,45	63,71	69	14,07	16,96
20	57,49	62,72	70	13,38	16,15
21	56,53	61,73	71	12,71	15,35
22	55,56	60,75	72	12,07	14,57
23	54,59	59,76	73	11,44	13,80
24	53,63	58,78	74	10,82	13,05
25	52,66	57,79	75	10,23	12,31
26	51,69	56,80	76	9,66	11,59
27	50,73	55,82	77	9,11	10,89
28	49,76	54,83	78	8,58	10,21
29	48,79	53,84	79	8,07	9,56
30	47,82	52,86	80	7,56	8,92
31	46,85	51,87	81	7,08	8,32
32	45,88	50,89	82	6,62	7,74
33	44,92	49,91	83	6,19	7,19
34	43,95	48,93	84	5,78	6,67
35	42,99	47,95	85	5,39	6,17
36	42,03	46,97	86	5,04	5,73
37	41,07	45,99	87	4,70	5,30
38	40,11	45,02	88	4,38	4,89
39	39,15	44,04	89	4,04	4,49
40	38,20	43,08	90	3,73	4,13
41	37,26	42,11	91	3,45	3,81

Anhang

42	36,32	41,15	92	3,23	3,52
43	35,38	40,19	93	3,03	3,29
44	34,46	39,23	94	2,84	3,07
45	35,54	38,28	95	2,66	2,87
46	32,63	37,34	96	2,49	2,70
47	31,72	36,40	97	2,34	2,52
48	30,83	35,46	98	2,20	2,36
49	29,94	34,53	99	2,07	2,21
			100	1,95	2,08

§ 93 [Zuschlagsbeschluß als Vollstreckungstitel]

^I Aus dem Beschlusse, durch welchen der Zuschlag erteilt wird, findet gegen den Besitzer des Grundstücks oder einer mitversteigerten Sache die Zwangsvollstreckung auf Räumung und Herausgabe statt. Die Zwangsvollstreckung soll nicht erfolgen, wenn der Besitzer auf Grund eines Rechtes besitzt, das durch den Zuschlag nicht erloschen ist. Erfolgt gleichwohl die Zwangsvollstreckung, so kann der Besitzer nach Maßgabe des § 771 der Zivilprozeßordnung Widerspruch erheben.

^{II} Zum Ersatze von Verwendungen, die vor dem Zuschlage gemacht sind, ist der Ersteher nicht verpflichtet.

Schrifttum: *Bauer*, Die Zwangsvollstreckung aus dem Zuschlagsbeschluß (§ 93 ZVG), JurBüro 1998, 400; *Eickmann*, Probleme der Vollstreckung von Zuschlagsbeschlüssen über Miteigentumsanteile, DGVZ 1979, 177; *Noack*, Räumungsvollstreckung aus Konkurseröffnungs- und Zuschlagsbeschlüssen, WM 1967, 1; *ders.*, Zur Räumung aufgrund des Zuschlagsbeschlusses, ZMR 1970, 97; *Schmidt-Futterer*, Die Räumungsfrist in der Zwangsvollstreckung aus Zuschlags- und Konkurseröffnungsbeschlüssen, NJW 1968, 143; *Schumacher*, Zur Vollstreckung aus dem Zuschlagsbeschluß, DGVZ 1956, 52.

Übersicht

	Rn.
I. Allgemeines	1
II. Vollstreckungsvoraussetzungen	2
1. Titel	2
a) Allgemeines	2
b) Gegen den bisherigen Eigentümer	3
c) Gegen Ehegatten und Familienangehörige	5
d) Gegen andere Personen	6
2. Klausel	8
3. Zustellung	14
III. Rechtsbehelfe und Vollstreckungsschutz	15
1. Bisheriger Eigentümer	15
2. Dritter	16
IV. Ersatz von Verwendungen (§ 93 II)	17
V. Durchführung der Vollstreckung	18

I. Allgemeines

Die Vorschrift gilt für alle Versteigerungsverfahren des ZVG.   **1**

II. Vollstreckungsvoraussetzungen

1. Titel

2 **a) Allgemeines.** Der Zuschlagsbeschluss ist ein Vollstreckungstitel, der seine Vollstreckungsreife mit seinem Wirksamwerden (= Verkündung, § 89, oder Zustellung, § 104) erlangt; Rechtskraft ist nicht notwendig. In ihm muss zwar das zu räumende Grundstück exakt aufgeführt sein, aber nicht auch die herauszugebenden Gegenstände. Auf dem Zuschlagsbeschluss ist der Tag der Verkündung (bei § 89) bzw der Tag seiner Zustellung (bei § 104) anzugeben. Für die Räumungsvollstreckung auf Grund des Zuschlagsbeschlusses des Rechtspflegers bedarf es keiner richterlichen Anordnung (§ 758a II ZPO).

3 **b) Gegen den bisherigen Eigentümer.** Der Zuschlagsbeschluss ist ein Vollstreckungstitel auf Räumung und Herausgabe des Grundstücks gegen den bisherigen Eigentümer **(§ 885 ZPO)**. Dem Ersteher steht der Herausgabeanspruch gem § 985 BGB zu und der bisherige Eigentümer hat durch die Zuschlagserteilung sein Recht zum Besitz gem § 986 BGB verloren. Der Zuschlagsbeschluss ist aber auch ein Herausgabetitel in Bezug auf die Sachen, die nach § 55 mitversteigert wurden und deshalb gem § 90 II gleichfalls in das Eigentum des Erstehers überge-
4 gangen sind **(§ 883 ZPO)**. Die Gegenstände hat zunächst der Gerichtsvollzieher zu bestimmen, da sie idR weder im Titel noch in der Klausel aufgeführt sind. Auch die sich auf das Grundstück beziehenden Urkunden sind vom bisherigen Eigentümer herauszugeben. Sie wurden mitversteigert und werden ohne besondere Erwähnung von § 93 erfasst, so dass der Gerichtsvollzieher sie auf Antrag des Erstehers wegzunehmen hat. Dazu gehören Kauf-, Miet-, Pacht- und Versicherungsverträge; Grundsteuerbescheide; Einheitswertbescheide; Planungsunterlagen; Grundbuchauszüge und -benachrichtigungen (*Bauer* JurBüro 1998, 400).

5 **c) Gegen Ehegatten und Familienangehörige.** Ist der Miteigentumsanteil des Ehegatten gleichfalls versteigert worden so gilt in Bezug auf ihn ebenfalls § 93. War der Ehegatte jedoch Alleineigentümer des Vollstreckungsobjektes, auf dem sich die eheliche Wohnung befand, so hatte zwar der andere Ehegatte daran gleichberechtigten Mitbesitz; dieser erlosch jedoch durch die Zuschlagserteilung, so dass § 93 I 2 keine Anwendung findet, dh die Vollstreckungswirkungen des § 93 I 1 erfassen auch den Ehegatten, der nicht Vollstreckungsschuldner war (LG Mainz MDR 1978, 765; LG Krefeld DGVZ 1977, 24; LG Oldenburg Rpfleger 1991, 29; *Bauer* JurBüro 1998, 400, 401). Die anderen Familienmitglieder unterliegen der ZwV gleichermaßen, weil ihnen idR kein eigenständiges Besitzrecht gem § 93 I 2 zukommt (LG Krefeld Rpfleger 1987, 259). Der Titel wirkt bei bestehender nichtehelicher Lebensgemeinschaft ebenfalls

II. Vollstreckungsvoraussetzungen § 93

gegen den Partner des Vollstreckungsschuldners (*Bauer* JurBüro 1998, 400, 401; *Muth* Rpfleger 1991, 30).

d) Gegen andere Personen. aa) Besitz auf Grund eines nicht erloschenen Rechts. Ist das zum Besitz berechtigende Rechtsverhältnis 6 zum Zuschlag unberührt geblieben, so steht dem Besitzer § 986 BGB zur Seite und der Ersteher ist nur zum mittelbaren Besitz berechtigt. Das Besitzrecht gem § 986 BGB kann sich auf ein durch den Zuschlag nicht erloschenes dingliches Recht (zB Wohnungsrecht, Altenteil, Nießbrauch) oder auf eine schuldrechtliche Berechtigung (zB Miete, Pacht) stützen (BGH Rpfleger 2004, 368; OLG Hamm NJW 1990, 1277, Rpfleger 1989, 165, 166; LG Detmold Rpfleger 1987, 323; LG Krefeld Rpfleger 1987, 259). In diesem Fall ist eine Vollstreckung gegen den Besitzer unzulässig (§ 93 I 2), dh die vollstreckbare Ausfertigung ist zu versagen; der Besitzer kann sich gem § 771 ZPO dagegen wehren (§ 93 I 3). Die zum Zwecke der Räumungsvollstreckung aus dem Zuschlagsbeschluss zu erteilende Klausel kann auch gegen Mieter erteilt werden, deren Mietvertrag offensichtlich auf einer Scheinvereinbarung beruht (LG Köln Rpfleger 1996, 121). Ein Mietvertrag zwischen Familienangehörigen soll nicht schon dann wegen Sittenwidrigkeit nichtig sein, wenn es alleiniger Zweck ist, die Rechtsfolge des § 93 auszuschalten und sich aus dieser Vorschrift zugunsten des Erstehers ergebenden Rechte zu vereiteln (OLG Düsseldorf Rpfleger 1996, 299; bedenklich).

bb) Besitz auf Grund eines erloschenen Rechts. Ist ein Dritter 7 Besitzer, dessen Besitzrecht durch den Zuschlag erloschen ist, so besteht gegen ihn der Herausgabeanspruch des § 985 BGB, da die Einwendung des § 986 BGB nicht mehr greift. In diesem Fall erfasst der Zuschlagsbeschluss auch den Dritten gem § 93 I 1 (*Steiner/Eickmann* Rdn 10; *Bauer* Jurbüro 1998, 400, 401). Das Besitzrecht ist erloschen, wenn ein Wohnungsrecht oder Nießbrauch gem § 91 I nicht bestehen bleibt. Hierher gehört auch der Fall, dass ein Miet- oder Pachtverhältnis vor dem Zuschlag erloschen ist (*Steiner/Eickmann* Rdn 12; *Bauer* JurBüro 1998, 400, 401). War das Mietverhältnis vor dem Zuschlag gekündigt, die Kündigungsfrist aber zum Zeitpunkt des Zuschlags noch nicht abgelaufen, so kann gem § 93 erst nach deren Ablauf vollstreckt werden (*Steiner/Eickmann* Rdn 13; *Bauer* JurBüro 1998, 400, 401).

2. Klausel

Gemäß § 724 ZPO bedarf der Zuschlagsbeschluss einer Vollstre- 8 ckungsklausel, in der der zu räumende Besitzer zu bezeichnen ist. Soll nicht nur gegen den Schu vollstreckt werden, sondern auch gegen seine Familienangehörigen, so sollten (nicht müssen!) diese ebenfalls in der Klausel aufgeführt werden (*Muth* Rpfleger 1991, 30; *Bauer* JurBüro 1998, 400, 401).

§ 93 [Zuschlagsbeschluß als Vollstreckungstitel]

9 Sie wird nur **auf Antrag** des Erstehers erteilt, der vor der Rechtskraft des Zuschlags zulässig ist. Der Zuschlagbeschluss als Vollstreckungstitel kommt nicht nur dem Ersteher zugute; sein Rechtsnachfolger kann die Umschreibung der Klausel auf sich verlangen nach § 727 ZPO (LG Göttingen Rpfleger 1996, 300). Ist gegen den Zuschlag Beschwerde eingelegt, so hindert diese zwar seine Vollstreckung nicht, aber das Vollstreckungs- oder das Beschwerdegericht können den Vollzug des Zuschlags einstweilen aussetzen gem § 572 II, II ZPO. Eine Klauselerteilung ist denn nicht mehr zulässig; ist sie bereits erfolgt, so hat das Vollstreckungsorgan gem § 775 Nr 2 ZPO zu verfahren.

10 Richtet sich die Klausel gegen den Vollstreckungsschuldner, so bedarf es dessen **Anhörung** nicht; soll jedoch gegen einen anderen Besitzer vollstreckt werden, so ist ihm im Klauselerteilungsverfahren gem Art 103 I GG, § 730 ZPO rechtliches Gehör zu gewähren (*Steiner/Eickmann* Rdn 35).

11 Außer bei der ZwV gegen den Schu wird der **Besitznachweis** des Antragsgegners stets zu verlangen sein. Wenn er nicht offenkundig ist (§ 291 ZPO) und auch kein Zugeständnis des Antragsgegners vorliegt (§ 288 ZPO), muss die Tatsache des Besitzers durch öffentliche Urkunden nachgewiesen werden, öffentliche Beglaubigung genügt nicht. Kann der Antragsteller den Besitz nicht in zulässiger Weise nachweisen, so muss er Klage auf Erteilung der Klausel erheben (§ 731 ZPO). Die Erteilung der Klausel soll abzulehnen sein, wenn Angehörige des Schu anmelden, dass Mietverträge bestehen und Aufwendungen gem § 57 c geleistet worden sind (LG Krefeld Rpfleger 1987, 259). Es dürfte jedoch auf die Umstände des Einzelfalles ankommen, weil sonst die Gefahr des Missbrauchs besteht (*Meyer-Stolte* Rpfleger 1987, 259). In zweifelhaften Fällen sollte daher die Klausel gegen Angehörige erteilt werden, wenn dem VollstrG zumindest Anhaltspunkte dargetan werden, die ein Besitzrecht zum Zeitpunkt der Zuschlagserteilung nahe legen (BGH Rpfleger 2004, 368; OLG Frankfurt Rpfleger 1989, 209; LG Freiburg Rpfleger 1990, 266).

12 **Funktionell zuständig** für die Klauselerteilung ist grundsätzlich der Urkundsbeamte des mittleren Dienstes (*Bauer* JurBüro 1998, 400, 401). Wenn sich die Klausel allerdings gegen einen besitzenden Dritten richtet, somit nach der Systematik eine solche iSd § 727 ZPO ist, hat der Rechtspfleger zu entscheiden gem § 20 Nr 12 RPflG (OLG Hamm NJW-RR 1990, 1277, 1278; Rpfleger 1989, 165). Einwendungen des besitzenden Dritten gegen die Räumungs- und Herausgabevollstreckung aus einem Zuschlagsbeschluss sind bereits im Klauselerteilungsverfahren zu prüfen; sind Umstände erkennbar, die für den nach dem Zuschlag weiterwirkenden Besitz eines Mieters sprechen (zB ein anhängiger Rechtsstreit über das Bestehen des Mietverhältnisses), so ist die Klauselerteilung abzulehnen (OLG Hamm Rpfleger 1989, 165; NJW-RR 1990, 1277).

III. Rechtsbehelfe und Vollstreckungsschutz §93

Die Klausel gegen den ehemaligen Eigentümer kann folgenden **Inhalt** 13
haben:
"Vorstehende Ausfertigung des Zuschlagsbeschlusses, die mit der Urschrift übereinstimmt, wird dem Ersteher zum Zwecke der Zwangsvollstreckung auf Räumung und Herausgabe gegen . . . als Besitzer des Grundstücks erteilt."

3. Zustellung

Der Zuschlagsbeschluss muss zugestellt sein (§ 750 I ZPO). Da dies 14
ggü dem Vollstreckungsschuldner von Amts wegen geschieht (§ 88), wird diese Zustellung der des § 317 ZPO gleichgestellt (*Steiner/Eickmann* Rdn 41; *Bauer* JurBüro 1998, 400, 401). Soll gegen Dritte vollstreckt werden, so ist ihnen außerdem die Klausel und die Urkunden, auf die sie sich stützt, zuzustellen (§ 750 II ZPO); dies geschieht im Wege des Parteibetriebs (*Bauer* JurBüro 1998, 400, 401).

III. Rechtsbehelfe und Vollstreckungsschutz

1. Bisheriger Eigentümer

Wurden bei der ZwV Verfahrensvorschriften nicht beachtet oder hat 15
der Gerichtsvollzieher nicht mitversteigerte Gegenstände weggenommen, so kann der Vollstreckungsschuldner dagegen Vollstreckungserinnerung einlegen **(§ 766 ZPO)**; gemäß § 771 ZPO kann er nicht vorgehen, weil dies ein Rechtsbehelf ist, der einem Dritten zusteht (*Steiner/Eickmann* Rdn 43, 44; *Bauer* JurBüro 1998, 400, 401). Die Zulässigkeit der Vollstreckungsabwehrklage gem **§ 767 ZPO** wegen materiellrechtlicher Einwände (zB Räumungsaufschub, Mietvertrag mit dem Ersteher) ist allgemein anerkannt (*Steiner/Eickmann* Rdn 45); jedoch gilt die Präklusionswirkung des § 767 II ZPO hier nicht (*Steiner/Eickmann* Rdn 46). Vollstreckungsschutz kann der bisherige Eigentümer nur gem **§ 765 a ZPO** geltend machen, da § 721 ZPO nach hM nicht anwendbar ist (OLG München OLGZ 1969, 43; LG Hamburg MDR 1971, 671; *Bauer* JurBüro 1998, 400, 401).

2. Dritter

Mit seinen materiellen Einwänden (zB Recht zum Besitz § 986 BGB) 16
muss der Drittbesitzer gem **§ 771 ZPO** vorgehen **(§ 93 I 3).** Das Fehlen von Voraussetzungen der Klauselerteilung (zB fehlender Besitznachweis) kann gem **§§ 732, 768 ZPO** geltend gemacht werden (*Bauer* JurBüro 1998, 400, 401). Vollstreckungsschutz kann der Dritte nach **§ 765 a ZPO** erlangen. Materielle Einwände (zB Mietvertrag mit dem Ersteher) sind gem **§ 766 ZPO** geltend zu machen.

IV. Ersatz von Verwendungen (§ 93 II)

17 Sind **vor dem Zuschlag** Verwendungen auf das Grundstück oder die mithaftenden Gegenstände gemacht worden, so ist der Ersteher nicht zum Ersatz verpflichtet **(§ 93 II)**. Damit sind die allgemeinen Regeln der §§ 999, 1000 BGB abgeändert. Verwendungen, die **nach dem Zuschlag** gemacht wurden, sind gem §§ 994 ff BGB zu ersetzen. Notwendige Verwendungen sind stets zu ersetzen (§§ 995, 996 BGB); andere (nützliche) Verwendungen nur dann, wenn die Voraussetzungen des § 996 BGB vorliegen (vgl ausführlich dazu: *Steiner/Eickmann* Rdn 57). Ist der Ersteher ersatzpflichtig, so steht dem Besitzer ein Zurückbehaltungsrecht gem § 1000 BGB zu, das nach § 771 ZPO geltend zu machen ist.

V. Durchführung der Vollstreckung

18 Sie erfolgt auf Antrag des Erstehers gemäß § 885 ZPO durch den Gerichtsvollzieher, der den Schu aus dem Besitz setzt und den Ersteher in den Besitz einweist. Die Vollstreckung auf Herausgabe von Zubehör oder mitversteigerten Urkunden geschieht nach § 883 I ZPO, indem der Gerichtsvollzieher diese Sachen dem Schu wegnimmt und dem Ersteher übergibt. Wird die herauszugebende Sache nicht vorgefunden, kann der Ersteher vom Schu die eidesstattliche Versicherung gemäß § 883 II ZPO über deren Verbleib verlangen (*Bauer* JurBüro 1998, 400, 402).

§ 94 [Gerichtliche Verwaltung]

¹Auf Antrag eines Beteiligten, der Befriedigung aus dem Bargebote zu erwarten hat, ist das Grundstück für Rechnung des Erstehers in gerichtliche Verwaltung zu nehmen, solange nicht die Zahlung oder Hinterlegung erfolgt ist. Der Antrag kann schon im Versteigerungstermine gestellt werden.

IIAuf die Bestellung des Verwalters sowie auf dessen Rechte und Pflichten finden die Vorschriften über die Zwangsverwaltung entsprechende Anwendung.

I. Allgemeines

1 Da der Ersteher mit dem Zuschlag Eigentümer des Grundstücks wird (§ 90) und sich gem § 93 auch den Besitz verschaffen kann, dies aber unabhängig davon, ob er das Meistgebot bezahlt hat oder nicht, sieht § 94 vor, dass das Grundstück zwischen Zuschlag und Bezahlung des Meistgebots in gerichtliche Verwaltung genommen werden kann. § 94

IV. Rechtliche Auswirkungen § 94

gilt für alle Versteigerungsverfahren des ZVG, nur nicht für Schiffe und Luftfahrzeuge (*Stöber* Rdn 1.2). Praktische Bedeutung hat die Regelung nicht erlangt.

II. Voraussetzungen

1. Antrag

Antragsberechtigt ist jeder Beteiligte, der Befriedigung aus dem Bargebot zu erwarten hat (**§ 94 I 1**). Diese Voraussetzung ist anhand eines vorläufigen TLP zu prüfen. Ist ein Beteiligter durch eine Bietersicherheit voll gedeckt, so hat er kein Antragsrecht. Der Antrag kann schon im Versteigerungstermin gestellt werden (**§ 94 I 2**), und zwar frühestens nach Abgabe eines Bargebots; ausgeschlossen ist er, wenn der Beteiligte aus dem Erlös befriedigt wurde oder nach § 118 II als befriedigt gilt. Für den Antrag ist keine besondere Form vorgeschrieben; er kann jederzeit zurückgenommen werden. 2

2. Keine Bargebotszahlung oder -hinterlegung

Hat der Ersteher das Bargebot durch Zahlung oder Hinterlegung erfüllt, ist eine Anordnung der Verwaltung unzulässig. Eine Teilzahlung löst diese Folge nur dann aus, wenn sie ausreicht, um den Antragsteller und die ihm vor- und gleichstehender Berechtigten zu decken. Der Besitz des Erstehers am Grundstück ist keine Zulässigkeitsvoraussetzung (LG Dortmund Rpfleger 1994, 121 m Anm *Stumpe*). 3

III. Anordnung und Führung der Verwaltung

Der Anordnungsbeschluss kann erst nach Zuschlagswirksamkeit (§§ 89, 104) ergehen. Zugestellt wird er dem Ersteher (§ 329 III ZPO); formlos mitgeteilt dem Antragsteller und dem Schu (§ 329 II 1 ZPO); die übrigen Beteiligten werden nicht benachrichtigt. In dem Beschluss wird ein Verwalter bestellt (**§§ 94 II, 150 I**). Ihm ist das Grundstück nach Maßgabe des § 150 II zu übergeben. Erforderlichenfalls dient der Anordnungsbeschluss als Vollstreckungstitel gegen den Ersteher. War der Ersteher schon im Besitz des Grundstücks, so steht ihm in entsprechender Anwendung des § 149 ein Wohnrecht zu (*Steiner/Eickmann* Rdn 12). 4

IV. Rechtliche Auswirkungen

1. Anwendbare Normen (§ 94 II)

Nach dem Sinn und Zweck des Verfahrens sind alle Normen des Zwangsverwaltungsrechts unanwendbar, die sich mit der Gläubigerbe- 5

§ 95 [Zulässigkeit]

friedigung oder der Beschlagnahme befassen, das sind die §§ 148, 151 I und II, 156–160; anwendbar gem § 94 II sind dagegen die §§ 150, 151 III, 152–155, 161.

2. Rechtsstellung des Verwalters

6   Er ist Partei kraft Amtes, die im eigenen Namen tätig wird, somit auch prozessführungsbefugt ist im Rahmen seiner Tätigkeit.

3. Aufgaben des Verwalters

7   Er hat alle rechtlichen und tatsächlichen Handlungen vorzunehmen, die erforderlich sind, um das Grundstück in seinem wirtschaftlichen Bestand zu erhalten. Der Verwalter hat die Nutzungen des Grundstücks auszuwerten, zB den Mietzins einziehen. Das Kündigungsrecht hinsichtlich der Miet- und Pachtverträge steht ihm allein zu. Ergeben sich Einnahmen, sind damit die laufenden Ausgaben (zB öffentliche Lasten wie Grundsteuer) zu erfüllen. Soweit danach noch ein Überschuss vorhanden ist, muss er auf Grund eines gerichtlichen TLP an die Berechtigten verteilt werden, die der Ersteher befriedigen muss; dies sind die Gl der bestehen bleibenden Rechte, aber nicht die Inhaber der erloschenen Rechte, die sich an den Versteigerungserlös halten müssen. Hinsichtlich der Kosten der Verwaltung ist der Antragsteller vorschusspflichtig; im Ergebnis muss sie jedoch der Ersteher tragen (*Steiner/Eickmann* Rdn 18; *Stöber* Rdn 3.10).

V. Aufhebung des Verfahrens

8   Wird kein Vorschuss geleistet (§ 161 III), der Antragsteller befriedigt (§ 117), der Zuschlag rechtskräftig aufgehoben, das Meistgebot bezahlt bzw hinterlegt oder der Antrag auf Verwaltung zurückgenommen, so ist die Aufhebung des Verfahrens veranlasst.

VI. Rechtsbehelfe

9   Ist der Ersteher nicht angehört worden, so findet gegen die Verfahrensanordnung die Erinnerung gem § 766 ZPO statt; sonst sofortige Beschwerde.

VII. Beschwerde (§§ 95–104)

§ 95 [Zulässigkeit]

Gegen eine Entscheidung, die vor der Beschlußfassung über den Zuschlag erfolgt, kann die sofortige Beschwerde nur einge-

I. Allgemeines § 95

legt werden, soweit die Entscheidung die Anordnung, Aufhebung, einstweilige Einstellung oder Fortsetzung des Verfahrens betrifft.

Schrifttum: *Engel,* Zwangsversteigerung gegen Querulanten – ein Verfahren ohne Ende, Rpfleger 1981, 81; *Hannemann,* Auswirkungen der Neuregelung der Beschwerde im ZPO-RG auf das Zwangsversteigerungsverfahren, Rpfleger 2002, 12; *Pope,* Auswirkungen der ZPO-Reform auf Beschwerden im Zwangsverwaltungs- und Zwangsversteigerungsverfahren, ZInsO 2001, 891.

Übersicht

	Rn.
I. Allgemeines	1
1. Zuschlagsbeschwerde	1
2. Unstatthafter Rechtsbehelf	2
3. Querulatorischer Rechtsbehelf	3
II. Nicht selbstständig anfechtbare Entscheidungen	4–5
III. Selbstständig anfechtbare Entscheidungen	7
1. Allgemeines	7
2. Verfahrensanordnung	8
3. Verfahrensaufhebung	9
4. Verfahrenseinstellung	10
5. Verfahrensfortsetzung	11
6. Sonstige anfechtbare Entscheidungen	12
IV. Das Rechtsbehelfs- und Rechtsmittelverfahren bei selbstständig anfechtbaren Entscheidungen	15
1. Vollstreckungserinnerung (§ 766 ZPO) oder sofortige Beschwerde (§ 793 ZPO)	15
a) Abgrenzung	15
b) Vollstreckungserinnerung (§ 766 ZPO)	16
c) Sofortige Beschwerde (§ 793 ZPO)	17
2. Beschwerdeverfahren	19
3. Rechtsbeschwerde	30
V. Übersicht	31

I. Allgemeines

1. Zuschlagsbeschwerde

§ 95 schränkt im Interesse der Beschleunigung des Verfahrens die **1** Anfechtbarkeit von die Zuschlagsentscheidung **nur vorbereitenden Vorentscheidungen** auf die **Zuschlagsbeschwerde** ein; dafür gelten gem § 869 ZPO die Vorschriften der §§ 567 ff ZPO und ergänzend die §§ 96–104. Lediglich soweit die Entscheidung die **Anordnung, Aufhebung, einstweilige Einstellung oder Fortsetzung** des Verfahrens betrifft, ist gem § 95 vor der Zuschlagsentscheidung ein **selbstständiger Rechtsbehelf** möglich. § 95 gilt für alle Versteigerungsverfahren des ZVG, aber nicht für die ZwVerw (OLG Koblenz MDR 1957, 172; LG

§ 95 [Zulässigkeit]

Berlin NJW 1958, 1544); er gilt unmittelbar für Entscheidungen des VollstrG, ist aber auch von Rechtsmittel-Instanzen zu beachten.

2. Unstatthafter Rechtsbehelf

2   Es ist streitig, ob **schlechthin unstatthafte Rechtsbehelfe** (vgl zB Rdn 5) überhaupt abgegeben werden müssen (so *Stein/Jonas/Grunsky* § 571 Rdn 3) oder ob die Vorlage unterbleiben darf (OLG Köln Rpfleger 1980, 233; OLG Zweibrücken JurBüro 1980, 304; FamRZ 1984, 1031; LG Trier Rpfleger 1991, 70). Letzterer Ansicht ist zu folgen, wenn aus der Art, in der sich die Rechtsbehelfe häufen, ersichtlich ist, dass es dem Beschwerdeführer darauf ankommt, das Verfahren zu verschleppen. Diese Eingaben gar nicht zu lesen, wäre aber ein Verstoß gegen das Recht auf rechtliches Gehör. Erforderlich ist daher, auch den sinnlosesten Rechtsbehelf zu lesen und dies und den Grund der Nichtbescheidung durch einen Aktenvermerk kenntlich zu machen. Tritt die missbräuchliche Verschleppungsabsicht bei unstatthaften Rechtsbehelfen nicht eindeutig zu Tage, so sind sie nicht sogleich, sondern erst mit dem nächsten statthaften Rechtsbehelf vorzulegen, spätestens aber nach der Zuschlagsentscheidung (*Engel* Rpfleger 1981, 81, 83; *Dassler/Hintzen* Rdn. 55).

3. Querulatorischer Rechtsbehelf

3   Bei **querulatorischen Rechtsbehelfen** sind nicht die Originalakten vorzulegen, weil sonst der Querulant mit seiner Verzögerungstaktik Erfolg hätte. Es reicht daher aus, den Rechtsbehelf und den evtl Nichtabhilfebeschluss mit Kopien des zugehörigen Antrages und Beschlusses zu übersenden. Erst auf Anforderung ist eine vollständige **Kopie der Akte** vorzulegen; die Übersendung der Originalakten kann das Rechtsmittelgericht nicht verlangen (*Engel* Rpfleger 1981, 81, 83).

II. Nicht selbstständig anfechtbare Entscheidungen

4–5   Mit Ausnahme von Verfahrensanordnung, Aufhebung, Einstellung und Fortsetzung sind alle anderen vor der Zuschlagsentscheidung ergehenden und mit ihr in Zusammenhang stehenden (§ 79) Entscheidungen des VollstrG nicht mit der Beschwerde gem § 793 ZPO, sondern nur im Rahmen der **Zuschlagsbeschwerde** angreifbar (§ 95); dafür gelten die Sondervorschriften der **§§ 96–104**. Ausgeschlossen durch § 95 ist die Beschwerde gem § 793 ZPO ggü **Entscheidungen, die den Zuschlag nur vorbereiten,** zB Zurückweisung der Anmeldung eines Vorrechts nach Klasse 1 des § 10 I, die Feststellung des gG, Zulassung bzw Zurückweisung von Geboten und die Zurückweisung eines Verteilungsantrags gem § 64 I (LG Krefeld Rpfleger 1987, 323). Da es sich insoweit um **keine selbstständigen Vollstreckungsmaßnahmen** handelt, ist auch eine Vollstreckungserinnerung nach § 766 ZPO unzulässig (LG Augsburg Rpfleger 2001, 92).

Die den Zuschlag vorbereitenden Entscheidungen können aber auch **selbstständige Vollstreckungsmaßnahmen** darstellen (zB Terminsbestimmung; Verbindung gem § 18, vgl dort Rdn 16). Sind sie ohne vorherige Anhörung ergangen, so ist dagegen die Vollstreckungserinnerung gem § 766 ZPO zulässig; § 95 schließt diesen Rechtsbehelf nicht aus (*Dassler/Hintzen* Rdn 62; *Stöber* Rdn 4.4). Der Rechtspfleger kann abhelfen. Tut er dies nicht, entscheidet der Richter des VollstrG (§ 20 Nr 17 RPflG). Gegen die Entscheidung des Richters ist wegen § 95 keine Beschwerde nach § 793 ZPO möglich (LG Krefeld Rpfleger 1987, 167). Erging die selbstständige Vollstreckungsmaßnahme nach Anhörung, so ist dagegen die befristete Rechtspflegererinnerung zulässig (§ 11 II 1 RPflG), der der Rechtspfleger aber abhelfen kann (§ 11 II 2 RPflG). Die Sache ist bei Nichtabhilfe dem Richter des VollstrG vorzulegen (§ 11 II 3 RPflG), der über Zulässigkeit und Begründetheit entscheidet. Gegen die Entscheidung des Richters ist keine sofortige Beschwerde zum LG (§ 793 ZPO) möglich (§ 95); erst mit der Zuschlagsbeschwerde kann dagegen angegangen werden. 6

III. Selbstständig anfechtbare Entscheidungen

1. Allgemeines

Gem § 95 kann eine Entscheidung, die vor der Beschlussfassung über den Zuschlag ergangen ist, nur dann selbstständig angefochten werden, wenn sie die Anordnung, Aufhebung, einstweilige Einstellung oder Fortsetzung des Verfahrens betrifft. Ab dem Zuschlag gibt es auch in diesen Fällen keine selbstständige Anfechtbarkeit mehr; ihre Unrichtigkeit muss als Grund zur Aufhebung der Zuschlagsentscheidung gem §§ 83, 96 ff geltend gemacht werden. 7

2. Verfahrensanordnung

Sie ist selbstständig anfechtbar, und zwar auch bei Beantragung durch eine Vollstreckungsbehörde nach öffentlichem Recht. Dazu gehören auch entsprechende Zwischenverfügungen und die Zurückweisungen sowie die Zulassung des Beitritts gem § 27. 8

3. Verfahrensaufhebung

Verfahrensaufhebung, zB nach §§ 28, 29, 30 I 3, 31, 77 II ZVG oder § 765a ZPO, aber auch soweit das VollstrG eine Vollzugsentscheidung trifft, zB nach § 776 ZPO, ist selbstständig anfechtbar. 9

§ 95 [Zulässigkeit]

4. Verfahrenseinstellung

10 Verfahrenseinstellung, zB nach §§ 28, 30, 75, 76, 77 ZVG oder § 765 a ZPO, ist selbstständig anfechtbar.

5. Verfahrensfortsetzung

11 Sie ist selbstständig anfechtbar zB nach §§ 31, 76, und zwar auch dann, wenn sie nicht besonders beschlossen, sondern nur faktisch, zB durch Terminsbestimmung vollzogen wird.

6. Sonstige anfechtbare Entscheidungen

12 a) Bei **Zwischenverfahren mit eigenem Rechtsmittelzug** gilt § 95 nicht. Selbstständig anfechtbar sind daher Entscheidungen über einen Einstellungsantrag des Schu (Antragsgegners) nach **§ 30 b III 1** (§ 180 II) und im Wertfestsetzungsverfahren nach **§ 74 a V 3**.

13 b) § 95 gilt auch nicht für **Entscheidungen, die nicht mit dem Zuschlag in Zusammenhang stehen** (*Steiner/Storz* Rdn 16), zB bei Festsetzung von Gebühren (für Zustellungsvertreter gem § 7, Verwalter gem §§ 25, 94 oder Prozessbevollmächtigte) oder Ordnungsgeldern; sie sind selbstständig anfechtbar.

14 c) Bei **Entscheidungen, die nach dem Zuschlag ergehen,** gilt § 95 nicht, dh sie sind selbstständig anfechtbar. Zu nennen sind Beschlüsse zur Sicherungsverwaltung gem § 94, Sicherheitsleistung nach § 108, beim Aufstellen des TLP nach §§ 113 ff, bei der Aussetzung der Planausführung nach § 116 und bei der Grundbuchberichtigung nach § 130.

IV. Das Rechtsbehelfs- und Rechtsmittelverfahren bei selbstständig anfechtbaren Entscheidungen

1. Vollstreckungserinnerung (§ 766 ZPO) oder sofortige Beschwerde (§ 793 ZPO)

15 a) **Abgrenzung.** Ob gegen die selbstständig anfechtbaren Entscheidungen der Verfahrensanordnung, Aufhebung, Einstellung und Fortsetzung die sofortige Beschwerde gem § 793 ZPO oder die Vollstreckungserinnerung nach § 766 ZPO zulässig ist, richtet sich danach, ob er der **Anfechtende vor der Entscheidung gehört wurde** (dann § 793 ZPO) **oder nicht** (dann § 766 ZPO); dies ist hM (RGZ 16, 319; KG NJW 1966, 1273; Rpfleger 1973, 32; *Dassler/Hintzen* Rdn 10).

16 b) **Vollstreckungserinnerung (§ 766 ZPO).** Ihr kann der Rechtspfleger abhelfen (OLG Frankfurt Rpfleger 1979, 111). Hilft er nicht ab, so muss über sie der Richter des VollstrG selbst entscheiden (§ 20 Nr 17

RPflG). Die Entscheidung des Richters ist mit der sofortigen Beschwerde anfechtbar (§ 793 ZPO).

c) Sofortige Beschwerde (§ 793 ZPO). Sie kann schriftlich oder zu Protokoll der Geschäftsstelle eingelegt werden, und zwar bei dem Gericht, dessen Rechtspfleger die Entscheidung erlassen hat, oder beim Beschwerdegericht (§ 569 ZPO). 17

Der Rechtspfleger muss der Beschwerde abhelfen, wenn er sie für begründet hält; ansonsten muss er sie dem LG vorlegen (§ 572 I ZPO). 18

2. Beschwerdeverfahren

Die **14-tägige Notfrist** für die sofortige Beschwerde (§ 569 I ZPO) beginnt idR mit der Zustellung der anzugreifenden Entscheidung, und zwar für jeden Beschwerdeberechtigten gesondert. Einlegung der Beschwerde vor Zustellung der Entscheidung ist zulässig, aber nur nach deren Erlass (RGZ 9, 422; 29, 341; KG JW 1933, 1899). 19

Beschwerdebefugt ist nur, wer durch die Entscheidung beschwert ist. Eine besondere **Form** ist nicht vorgesehen, so dass schriftlich, zu Protokoll der Geschäftsstelle, auch durch Telegramm oder Fernschreiben (BGH JZ 1953, 179) angefochten werden kann. Eine telefonische Einlegung einer sofortigen Beschwerde zu Protokoll des Geschäftsstelle ist nicht zulässig (BGH Rpfleger 2009, 395; LG Münster Rpfleger 2010, 44). 20

Eine **Beschwerdesumme** nach § 567 II ZPO kommt in der ZwVerst nicht in Betracht (*Steiner/Storz* Rdn 26), aber eine Beschränkung auf die Kosten ist nicht zulässig (KG MDR 1954, 690). 21

Eine **Begründung** muss nicht, soll aber erfolgen (§ 571 I ZPO); praktisch ist sie unentbehrlich (OLG Nürnberg JurBüro 1961, 623). Das Beschwerdegericht muss dem Beschwerdeführer Gelegenheit geben, innerhalb angemessener Äußerungszeit die Beschwerde entsprechend seiner Ankündigung zu begründen. 22

Neue Tatsachen und Beweise, auch Glaubhaftmachung, können vorgebracht werden (§ 571 II ZPO). 23

IdR hat die Beschwerde **keine aufschiebende Wirkung,** jedoch können VollstrG und Beschwerdegericht den Vollzug der angefochtenen Entscheidung aussetzen (vgl § 570 II ZPO). 24

Die **Rücknahme** der Beschwerde ist bis zur Bekanntgabe der Beschwerdeentscheidung möglich (RG JW 1935, 2898; 1938, 2277). 25

Ein **Verzicht** des Vollstreckungsschuldners auf die Beschwerde ist im Voraus nicht möglich (*Steiner/Storz* Rdn 32). 26

Die Beschwerdeentscheidung ergeht durch **Beschluss** (§ 572 IV ZPO). Alle bis zur Entscheidung vorgetragenen Tatsachen und Beweismittel müssen erkennbar berücksichtigt werden. 27

Bei einer **Aufhebung des Beschlagnahmebeschlusses** gem §§ 15 ff gilt das Grundstück als von Anfang an beschlagnahmefrei (RGZ 56, 28

§ 95 [Zulässigkeit]

145; 84, 200); trotzdem ist dagegen eine Beschwerde zulässig, wenn die Erneuerung der Beschlagnahme angestrebt wird (OLG Nürnberg Rpfleger 1961, 52 **aA** OLG Stuttgart Rpfleger 1961, 21; LG Verden NdsRpfl 1967, 60). Mit der Wiederherstellung des Beschlagnahmebeschlusses tritt die Wirkung nur ex nunc ein (KG JW 1918, 516; 1923, 82).

29   Bei Zurückweisung der Beschwerde trägt der Beschwerdeführer die **Kosten** des Beschwerdeverfahrens (§ 97 I ZPO), ebenso bei Rücknahme der Beschwerde. Wenn der Beschwerde stattgegeben wird, so ist das Verfahren gebührenfrei.

3. Rechtsbeschwerde

30   Gegen einen Beschluss des Beschwerdegerichts (= LG) ist die Rechtsbeschwerde statthaft, wenn das Beschwerdegericht sie in dem Beschluss zugelassen hat (§ 574 I Nr 2 ZPO). Die Rechtsbeschwerde ist zuzulassen, wenn die Rechtssache grundsätzliche Bedeutung hat oder die Fortbildung des Rechts oder die Sicherung einer einheitlichen Rechtsprechung eine Entscheidung des Rechtsbeschwerdegerichts erfordert (§ 574 III, II ZPO). Über Rechtsbeschwerden aus dem Bereich des Zwangsversteigerungsverfahrens entscheidet stets der **BGH** (§ 133 GVG). Die Rechtsbeschwerde ist binnen einer Notfrist von einem Monat nach Zustellung des Beschlusses durch Einreichen einer Beschwerdeschrift beim BGH einzulegen (§ 575 I 1 ZPO); das Einreichen beim Beschwerdegericht ist nicht fristwahrend. Deshalb ist eine Vertretung durch einen beim BGH zugelassenen Rechtsanwalt notwendig (§ 78 I ZPO). Die Rechtsbeschwerde kann nicht durch Erklärung zu Protokoll der Geschäftsstelle eingelegt werden (*Stöber* Rdn 6). Eine Abhilfebefugnis der Beschwerdeinstanz ist nicht gegeben. Sofern die Beschwerdeschrift keine Begründung enthält, ist die Rechtsbeschwerde binnen einer Frist von einem Monat zu begründen; die Frist beginnt mit der Zustellung der angefochtenen Entscheidung (§ 575 II ZPO).

V. Übersicht

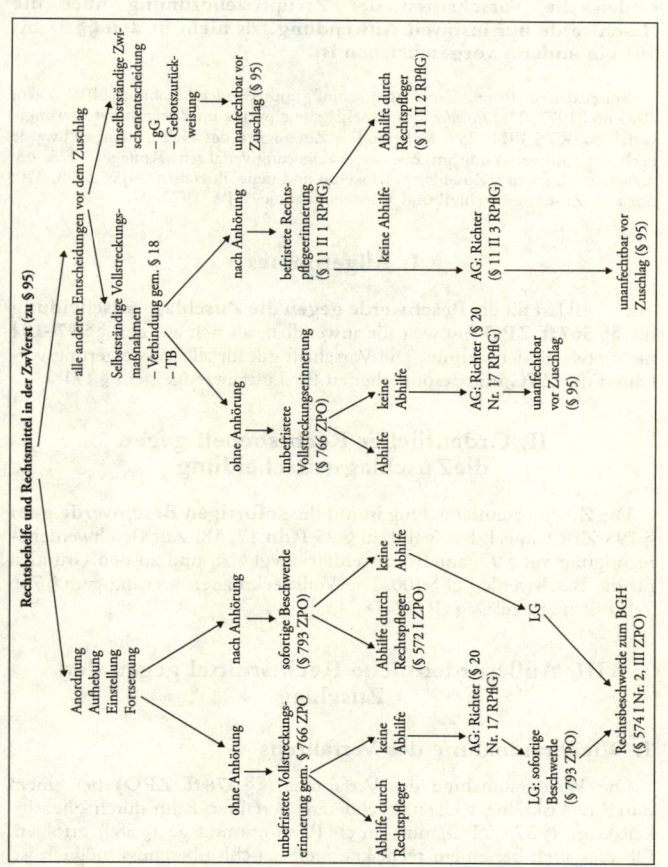

Rechtsbehelfe und Rechtsmittel in der ZwVerst (zu § 95)

- Anordnung / Aufhebung / Einstellung / Fortsetzung
  - ohne Anhörung
    - unbefristete Vollstreckungserinnerung gem. § 766 ZPO
      - Abhilfe durch Rechtspfleger
      - keine Abhilfe → AG: Richter (§ 20 Nr. 17 RPflG) → LG: sofortige Beschwerde (§ 793 ZPO) → Rechtsbeschwerde zum BGH (§ 574 I Nr. 2, III ZPO)
  - nach Anhörung
    - sofortige Beschwerde (§ 793 ZPO)
      - Abhilfe durch Rechtspfleger (§ 572 I ZPO)
      - keine Abhilfe → LG → Rechtsbeschwerde zum BGH (§ 574 I Nr. 2, III ZPO)

- alle anderen Entscheidungen vor dem Zuschlag
  - Selbständige Vollstreckungsmaßnahmen
    - Verbindung gem. § 18
    - TB
    - ohne Anhörung
      - unbefristete Vollstreckungserinnerung (§ 766 ZPO)
        - Abhilfe
        - keine Abhilfe → AG: Richter (§ 20 Nr. 17 RPflG) → unanfechtbar vor Zuschlag (§ 95)
    - nach Anhörung
      - befristete Rechtspflegererinnerung (§ 11 II 1 RPflG)
        - Abhilfe durch Rechtspfleger (§ 11 II 2 RPflG)
        - keine Abhilfe → AG: Richter (§ 11 II 3 RPflG) → unanfechtbar vor Zuschlag (§ 95)
  - unselbständige Zwischenentscheidung
    - gG
    - Gebotszurückweisung → unanfechtbar vor Zuschlag (§ 95)

§ 96 [Anzuwendende Vorschriften]

Auf die Beschwerde gegen die Entscheidung über den Zuschlag finden die Vorschriften der Zivilprozeßordnung über die Beschwerde nur insoweit Anwendung, als nicht in den §§ 97 bis 104 ein anderes vorgeschrieben ist.

Schrifttum: *Braun,* Zuschlagsbeschluß und Wiederaufnahme, NJW 1976, 1923 und 1977, 27; *Drischler,* Zur Zuschlagsbeschwerde im Zwangsversteigerungsverfahren, KTS 1971, 258; *Kirberger,* Die Zulässigkeit der Nichtigkeitsbeschwerde nach der Erlösverteilung im Zwangsversteigerungsverfahren, Rpfleger 1975, 43; *Mohrbutter/Leverseder,* Zuschlagsbeschwerde und neue Tatsachen, NJW 1958, 370; *Schmahl,* Zuschlagsbeschluß und Wiederaufnahme, NJW 1977, 27.

I. Allgemeines

1   § 96 erklärt für die **Beschwerde gegen die Zuschlagsentscheidung** die **§§ 567 ff ZPO** insoweit für anwendbar, als sich aus den **§§ 97–104** nicht etwas anderes ergibt. Die Vorschrift gilt für alle Versteigerungsverfahren des ZVG mit Besonderheiten für Luftfahrzeuge gem § 171 a.

II. Ordentlicher Rechtsbehelf gegen die Zuschlagsentscheidung

2   Die Zuschlagsentscheidung ist mit der **sofortigen Beschwerde gem § 793 ZPO** anfechtbar; vgl dazu **§ 95 Rdn 17, 18.** Zur Beschwerdeberechtigung vgl § 97, zur Beschwerdefrist vgl § 98 und zu den Gründen für die Beschwerde vgl § 100. Die Vollstreckungserinnerung gem § 766 ZPO ist nicht zulässig (RGZ 18, 433).

III. Außerordentliche Rechtsmittel gegen den Zuschlag

1. Wiederaufnahme des Verfahrens

3   Die Wiederaufnahme des Verfahrens **(§§ 578 ff ZPO)** bei einem durch rechtskräftiges Urteil beendetem Verfahren kann durch Nichtigkeitsklage (§ 579 ZPO) und durch Restitutionsklage (§ 580) erfolgen. Ob dies auch bei einem rechtskräftigen Zuschlagsbeschuss möglich ist, darüber herrscht **Streit.** Zum Teil wird dies abgelehnt, weil der Vertrauensschutz auf den Staatsakt keine Rückabwicklung erlaube (RGZ 73, 194; OLG Koblenz EWiR 1988, 935; OLG Bremen JurBüro 1980, 452; OLG Stuttgart NJW 1976, 1324; OLG Köln Rpfleger 1997, 34, 35; 1975, 406). Da aber auch andere rechtsgestaltende Entscheidungen

§ 97

einem Wiederaufnahmeverfahren zugänglich sind (zB Scheidungsurteile), muss dies wohl auch beim Zuschlagsbeschluss möglich sein (OLG Oldenburg Rpfleger 1990, 179; OLG Hamm Rpfleger 1978, 422; *Eickmann*, ZVG, § 16 IV 5 h). Da das Gesetz nicht von Beschlüssen, sondern nur von rechtskräftigen Urteilen spricht, sind die §§ 578 ff ZPO analog anzuwenden.

2. Außerordentliche Beschwerde (§ 569 I 3 ZPO)

Liegen die Voraussetzungen für eine Nichtigkeits- oder Restitutionsklage vor (§§ 578 ff ZPO), so kann uU auch noch nach Ablauf der 2-Wochen-Notfrist (§ 569 I 1 ZPO) eine außerordentliche Beschwerde eingelegt werden (OLG Oldenburg Rpfleger 1990, 179; OLG Koblenz EWiR 1989, 935). Dies ist dann möglich binnen einer 1-Monats-Notfrist beginnend mit der Kenntniserlangung des Anfechtungsgrundes (§ 586 I ZPO). Unabhängig von der Fristverlängerung muss ein Zuschlagsanfechtungsgrund nach § 100 vorliegen (KG Rpfleger 1960, 19; 1976, 368; OLG Stuttgart NJW 1976, 1324). Soweit darüber bereits im normalen Beschwerdeverfahren entschieden wurde, kann dieser Grund nicht nochmals geltend gemacht werden (*Eickmann*, ZVG, § 16 IV 5 g). Wird der Zuschlag aufgehoben, muss der frühere Zustand wiederhergestellt werden (*Steiner/Storz* Rdn 22): das Grundstück ist vom Ersteher an den Vollstreckungsschuldner herauszugeben, der Versteigerungsvermerk und alle auf Grund des Zuschlags gelöschten Rechte werden wieder eingetragen, Zuteilungen an die Gl sind von diesen an den Ersteher zurückzugeben, abquittierte Titel sind zu berichten, unbrauchbar gemachte Briefe sind zu erneuern, Forderungsübertragungen gem § 118 sind rückgängig zu machen, Sicherungshypotheken nach § 128 werden gelöscht. Hat der Ersteher aber das ihm zugeschlagene Grundstück veräußert und der rechtsgeschäftliche Erwerber unanfechtbar Eigentum erworben, weil der die Anfechtbarkeit des Zuschlagsbeschlusses nicht gekannt hat, dann ist eine Zuschlagsbeschwerde nicht mehr zulässig (OLG Frankfurt Rpfleger 1991, 380).

3. Verfassungsbeschwerde (§ 90 BVerfGG)

Nach Ausschöpfung des ordentlichen Rechtsweges kann gegen den Zuschlag uU das BVerfG angerufen werden, wenn Grundrechte verletzt wurden, insbesondere bei Verstößen gegen das verfassungsrechtlich geschützte Eigentum (Art 14 GG) oder das rechtliche Gehör (Art 103 I GG); vgl BVerfGE 46, 325 und 49, 220.

§ 97 [Beschwerdeberechtigte]

¹Die Beschwerde steht im Falle der Erteilung des Zuschlags jedem Beteiligten sowie dem Ersteher und dem für zahlungs-

§ 97 [Beschwerdeberechtigte]

pflichtig erklärten Dritten, im Falle der Versagung dem Gläubiger zu, in beiden Fällen auch dem Bieter, dessen Gebot nicht erloschen ist, sowie demjenigen, welcher nach § 81 an die Stelle des Bieters treten soll.

IIIm Falle des § 9 Nr. 2 genügt es, wenn die Anmeldung und Glaubhaftmachung des Rechtes bei dem Beschwerdegericht erfolgt.

I. Allgemeines

1 Der Kreis der Beschwerdeberechtigten wird durch § 97 eingeschränkt. Insoweit handelt es sich um eine abschließende Aufzählung. § 97 gilt für alle Versteigerungsverfahren des ZVG.

II. Beschwerdeberechtigung bei Zuschlagserteilung

1. Beschwerdeberechtigung

2 Beschwerdeberechtigt sind:
  a) Alle Beteiligte iSd § 9 (auch der Vollstreckungsschuldner) und zwar nach § 97 II auch dann, wenn die Anmeldung bzw Glaubhaftmachung des Rechts erst beim Beschwerdegericht nachgeholt wird (für den Pächter vgl dazu OLG Koblenz Rpfleger 1989, 517). Bei Gesamthandsgemeinschaften ist jeder Gesamthänder beschwerdeberechtigt. Verheiratete Beteiligte benötigen in keinem Güterstand die Zustimmung des anderen Ehegatten. Bei Pfändung eines Anteils oder Anspruchs bedarf der Inhaber des Rechts nicht der Zustimmung des Pfandgläubigers. Die Beschwerdeberechtigung verlangt, dass die Beteiligtenstellung gem § 9 bereits zum Zeitpunkt der Verkündung der Zuschlagserteilung gegeben war (OLG Hamm Rpfleger 1989, 421).
  b) Ersteher
3 **c) Für zahlungspflichtig erklärter Dritter** aus § 82: Bürge im Falle des § 69 III, Zessionar und verdeckter Vollmachtgeber (§ 81 IV iVm § 81 II, III).
4 **d) Bieter, dessen Gebot nicht erloschen ist** (§ 72) oder sein Zessionar (§ 81 II) oder verdeckter Vollmachtgeber (§ 81 III). Der Bieter bleibt beschwerdeberechtigt, wenn sein Gebot erst durch die Zuschlagsentscheidung erlischt, bis dahin aber bestanden hat (OLG Koblenz ZIP 1987, 1531). Ist auf das Gebot des Vertreters einer OHG nicht der OHG sondern dem Vertreter zugeschlagen worden, so kann die OHG den Zuschlag mit dem Ziel anfechten, selbst den Zuschlag zu erhalten (KG Rpfleger 1977, 146).

2. Keine Beschwerdeberechtigung

Nicht beschwerdeberechtigt sind Personen, die lediglich an einem parallel laufenden Zwangsverwaltungsverfahren beteiligt sind, ebenso wenig die Zessionare von Rückgewährungsansprüchen bei Grundschulden (OLG Köln Rpfleger 1988, 324).

III. Beschwerdeberechtigung bei Zuschlagsversagung

1. Beschwerdeberechtigt sind:
a) Alle betreibenden Gl; allerdings diejenigen nicht, deren Verfahren bei der Entscheidungsverkündung einstweilen eingestellt waren (OLG Nürnberg MDR 1976, 234). Ein Beitritt muss mindestens vor Entscheidungsverkündung wirksam geworden sein.
b) Bieter, dessen Gebot nicht erloschen ist (§ 72) oder sein Zessionar (§ 81 II) oder verdeckter Vollmachtgeber (§ 81 III).
2. Nicht beschwerdeberechtigt sind und alle Beteiligten soweit sie die ZwVerst nicht selber betreiben (*Steiner/Storz* Rdn 14; *Dassler/Hintzen* Rdn 8). Nach dem Gesetzeswortlaut ist grundsätzlich auch der Vollstreckungsschuldner nicht beschwerdeberechtigt (OLG Köln Rpfleger 1977, 176). Entgegen dem Wortlaut des § 97 I kann der Schuldner ausnahmsweise die Zuschlagsversagung mit der sofortigen Beschwerde anfechten, wenn die Entscheidung des VollstrG rechtsfehlerhaft ist, zB bei Zuschlagsversagung auf ein unwirksames Gebot (§ 85 a), statt es nach § 71 I zurückzuweisen (BGH Rpfleger 2008, 147).

§ 98 [Beginn der Beschwerdefrist]

Die Frist für die Beschwerde gegen einen Beschluß des Vollstreckungsgerichts, durch welchen der Zuschlag versagt wird, beginnt mit der Verkündung des Beschlusses. Das gleiche gilt im Falle der Erteilung des Zuschlags für die Beteiligten, welche im Versteigerungstermin oder im Verkündungstermin erschienen waren.

I. Allgemeines

§ 98 weicht für den Fristbeginn der Beschwerde von § 569 I 2 ZPO ab; die Frist beträgt 2 Wochen (§ 569 I 1 ZPO). § 98 gilt für alle Versteigerungsverfahren des ZVG; bei Luftfahrzeugen gelten aber die §§ 171 a, 171 m. Der Fristbeginn gem § 98 gilt für die sofortige Beschwerde (§ 793 ZPO) und die außerordentliche Beschwerde nach § 569 I 3 ZPO (dort § 586 II ZPO). Bei Fristversäumnis ist **Wiedereinsetzung in den vorigen Stand** gem §§ 233 ff ZPO möglich. Nach § 234 I ZPO muss die Wiedereinsetzung innerhalb einer zweiwöchigen Frist beantragt werden, die mit dem Tag beginnt, an dem das Hindernis behoben ist (§ 234 II ZPO). Behoben ist das Hindernis, wenn sein Weiterbestehen nicht mehr als unverschuldet angesehen werden kann. Bei der Vertretung durch einen RA, dessen Verschulden dem Wiedereinsetzung Beantragenden nach § 85 II ZPO zuzurechnen ist, beginnt diese Frist daher spätestens in dem Zeitpunkt, in dem der Anwalt bei Anwendung der unter den gegebenen Umständen zu erwartenden Sorgfalt die eingetretene Säumnis hätte erkennen können; auch der Wegfall des Hindernisses vor Ablauf einer später versäumten Notfrist setzt die Frist des § 234 ZPO in Lauf. Für die gemäß § 793 ZPO befristeten Rechtsmittel in Zwangsversteigerungsverfahren (zB Zuschlag, Verkehrswertfestsetzung nach § 74a V, Aufstellung eines Teilungsplans nach § 105) ergibt sich unmittelbar aus der Verfassung (Art 2 I iVm Art 20 III GG: „Anspruch auf wirkungsvollen Rechtsschutz") das Erfordernis einer **Rechtsmittelbelehrung;** unterbleibt die Rechtsmittelbelehrung, steht dies weder der Wirksamkeit der gerichtlichen Entscheidung noch dem Beginn des Laufs der Rechtsmittelfrist entgegen (BGH ZfIR 2009, 523 m krit Anm *Keller*). Ist der Belehrungsmangel für die Versäumung der Rechtsmittelfrist ursächlich, ist bei der Prüfung der Wiedereinsetzung in den vorigen Stand fehlendes Verschulden des Rechtsmittelführers unwiderleglich zu vermuten (BGH aaO).

II. Fristbeginn bei Zuschlagsversagung (§ 98 S 1)

2   Bei Versagen des Zuschlags in der 1. Instanz beginnt die 2- Wochen-Notfrist des § 569 I 1 ZPO gem § 98 S 1 für alle Beschwerdeberechtigten mit der **Verkündung** iSd § 87.

III. Fristbeginn bei Zuschlagserteilung (§ 98 S 2)

3   Bei Zuschlagserteilung beginnt die 2-Wochen-Notfrist des § 569 I 1 ZPO für diejenigen Beteiligten, welche im Versteigerungstermin iSd § 66 oder in einem Verkündungstermin iSd § 87 erschienen oder vertreten waren (BGH Rpfleger 2008, 517; nicht in beiden Terminen notwendig, OLG Hamm Rpfleger 1995, 176), ebenfalls mit der **Verkündung** der Entscheidung (§ 98 S 2), für alle anderen Berechtigten aber erst mit der **Zustellung** (§ 81 S 1, § 88 und § 569 I 2 ZPO). Nicht notwendig ist die Anwesenheit während des ganzen Termins (OLG Hamm Rpfleger 1991, 262; OLG Koblenz Rpfleger 1957, 311; OLG Karlsruhe BWNotZ 1967, 216), die Anwesenheit des Bevollmächtigten neben dem Berechtigten bzw die Anwesenheit aller Bevollmächtigter (OLG Frankfurt Rpfleger 1977, 417; OLG Hamm Rpfleger 1975, 264). Ausreichend ist auch die Anwesenheit in einem Vertagungstermin (OLG München

Rpfleger 1956, 103), nicht aber in einem bloßen Erörterungstermin iSd § 62 (*Steiner/Storz* Rdn 6). Für das Erscheinen ist gem §§ 78, 80 das Protokoll maßgebend, nicht die tatsächliche Anwesenheit (*Steiner/Storz* Rdn 6; *Dassler/Hintzen* Rdn 4 **aA** KG JW 1938, 1054). Die Beschwerdefrist beginnt für die erschienenen Berechtigten auch dann mit Zuschlagsverkündung, wenn der Beschluss ihnen – irrtümlich – nochmals zugestellt worden ist (OLG Celle Rpfleger 1986, 489); gleiches gilt bei einer falschen Rechtsbehelfsbelehrung (LG Göttingen Rpfleger 2000, 510). Die Frist beginnt dann nicht mit der Verkündung des Zuschlagsbeschlusses, wenn der im Versteigerungstermin erschienene Beteiligte prozessunfähig war (OLG Hamm Rpfleger 1991, 262 m Anm *Meyer-Stolte*). Für den gemäß § 69 IV mithaftenden Bürgen, Zessionar (§ 81 II) und verdeckten Bevollmächtigten (§ 81 III) beginnt die Frist zur Anfechtung wegen § 88 stets mit Zustellung des Zuschlags (*Steiner/Storz* Rdn 8). Soweit entgegen § 87 I eine notwendige Verkündung unterblieben und auch keine Zustellung erfolgt ist oder eine nach § 88 erforderliche Zustellung nicht oder fehlerhaft ausgeführt wurde, beginnt die Rechtsmittelfrist spätestens mit dem Ablauf von fünf Monaten nach der Verkündung (§ 569 I 2 ZPO). Die Zwei-Wochen-Frist beginnt auch dann mit der Verkündung des Zuschlags, wenn darin über einen Vollstreckungsschutzantrag des Schu nach § 765a ZPO entschieden wird (OLG Köln Rpfleger 1997, 34). Die Frist für die Beschwerde gegen den Zuschlag beginnt analog § 98 S 2 auch bei einem Beteiligten, der sein Recht gemäß § 97 II nachträglich im Beschwerdeverfahren anmeldet, mit der Verkündung des Zuschlagsbeschlusses (BGH Rpfleger 2007, 675). Wegen der Notwendigkeit der Rechtsmittelbelehrung (BGH Rpfleger 2009, 405) sollte die Zuschlagsentscheidung an alle Beteiligten unverzüglich zugestellt und hierbei eindringlich darauf hingewiesen werden, dass ggü den im Versteigerungstermin Anwesenden die Beschwerdefrist bereits seit Verkündung läuft (*Keller* ZflR 2009, 525, 526).

§ 99 [Gegner des Beschwerdeführers]

^I**Erachtet das Beschwerdegericht eine Gegenerklärung für erforderlich, so hat es zu bestimmen, wer als Gegner des Beschwerdeführers zuzuziehen ist.**
^{II}**Mehrere Beschwerden sind miteinander zu verbinden.**

Die Vorschrift gilt für alle Versteigerungsverfahren des ZVG.

Das Gericht entscheidet nach seinem Ermessen über die **Zuziehung eines Beschwerdegegners** gemäß § 99 I. Davon kann abgesehen werden, wenn das Rechtsmittel ohne weiteres unzulässig oder unbegründet ist; gleiches gilt, wenn Vorgänge entscheidungserheblich sind, die gemäß § 80 im Versteigerungsprotokoll vermerkt sein müssen (*Stöber* Rdn 2.1). Auf jeden Fall muss das rechtliche Gehör (Art 103 GG) gewahrt werden,

§ 100 [Beschwerdegründe]

was bedeutet, dass jeder Beteiligte Gelegenheit haben muss, sich zu für ihn nachteiligen Tatsachen zu äußern (*Stöber* Rdn 2.1). Ein gemäß § 99 I Zugezogener ist keine echte Partei im Rechtsmittelverfahren, so dass er keine Anträge stellen, sondern nur Gegenerklärungen abgeben kann (*Stöber* Rdn 2.3). Deshalb kann weder eine positive noch eine negative Kostenentscheidung für oder gegen den Zugezogenen getroffen werden. Das Rechtsmittelgericht entscheidet nach Aktenlage, wenn keine Erklärungen abgegeben werden. Wird von einer Zuziehung gemäß § 99 I abgesehen, liegt darin kein neuer Beschwerdegrund (*Steiner/Storz* Rdn 5).

3   Nach § 99 II sind **mehrere Beschwerden** miteinander zu verbinden. Dadurch sollen widersprechende Entscheidungen vermieden werden. Eine Verletzung des § 99 II ist unbeachtlich; insoweit liegt nur eine Ordnungsvorschrift vor.

§ 100 [Beschwerdegründe]

^I**Die Beschwerde kann nur darauf gestützt werden, daß eine der Vorschriften der §§ 81, 83 bis 85 a verletzt oder daß der Zuschlag unter anderen als den der Versteigerung zugrunde gelegten Bedingungen erteilt ist.**

^{II}**Auf einen Grund, der nur das Recht eines anderen betrifft, kann weder die Beschwerde noch ein Antrag auf deren Zurückweisung gestützt werden.**

^{III}**Die im § 83 Nr. 6, 7 bezeichneten Versagungsgründe hat das Beschwerdegericht von Amts wegen zu berücksichtigen.**

I. Allgemeines

1   § 100 beschränkt die gegen eine Zuschlagsentscheidung möglichen Beschwerdegründe ein; er enthält eine erschöpfende Aufzählung. Die Vorschrift gilt für alle Versteigerungsverfahren des ZVG; für Luftfahrzeuge gilt die Sonderregelung in §§ 171 a, 171 m. Eine Zuschlagsbeschwerde ist mangels Rechtsschutzinteresse unzulässig, wenn feststeht, dass sich der gerügte Verfahrensverstoß auf das Recht des Beschwerdeführers nicht ausgewirkt hat (BGH Rpfleger 2006, 665), zB bei Gutschrift eines nicht § 69 II entsprechenden Schecks.

II. Beschränkung der Beschwerdegründe

1. Allgemeines

2   Die Anfechtung der Zuschlagsentscheidung ist gem § 100 auf die darin genannten Gründe **(= §§ 81, 83–85 a)** beschränkt. Wenn die

II. Beschränkung der Beschwerdegründe § 100

Beschwerde auf andere Gründe gestützt wird, ist sie als unbegründet zurückzuweisen, nicht als unzulässig. Entscheidend für die Beurteilung des Vorliegens der Beschwerdegründe ist das Versteigerungsprotokoll (*Stöber* Rdn 2.5).

2. Keine neuen Tatsachen und Beweise

Eine Beschwerde kann grundsätzlich nicht auf solche Tatsachen 3 gestützt werden, die erst nach der Zuschlagserteilung entstehen bzw dem Gericht erst danach bekannt werden; dies ergibt sich aus der Begrenzung der Anfechtungsgründe in § 100 I auf die Verletzung der §§ 81, 83–85 a (BGHZ 44, 138; OLG Köln Rpfleger 1992, 491). Die Präklusion hat generelle Bedeutung (*Eickmann,* ZVG, § 16 IV 5 e) und bezieht sich nicht nur auf ein solches Vorbringen, das kraft ausdrücklicher Vorschrift nur bis zu einem bestimmten Zeitpunkt geltend gemacht werden kann, zB § 37 Nr 4 und 5, § 70 II, § 71 II (so aber OLG Hamm Rpfleger 1978, 422). Das Beschwerdegericht ist im Verfahren der Zuschlagsbeschwerde nicht verpflichtet, den Beschwerdeführer durch einen Hinweis nach § 278 III ZPO zur Ergänzung seines Vorbringens aufzufordern (OLG Köln Rpfleger 1992, 491). Auf Grund der Präklusion kann zB eine Sicherheit nicht erst im Beschwerdeverfahren geleistet werden (OLG Zweibrücken Rpfleger 1978, 107, 108). Auch eine Gesetzesänderung nach der Zuschlagserteilung ist idR unbeachtlich, es sei denn sie hat rückwirkende Kraft (*Stöber* Rdn 2.8; *Dassler/Hintzen* Rdn 8). Anders als bei der Anfechtung der Zuschlagserteilung sind bei einer – ungerechtfertigten – Zuschlagsversagung auch nachträglich bekannt gewordene Zuschlagsversagungsgründe vom Beschwerdegericht zu berücksichtigen (LG Aachen Rpfleger 1985, 452 **aA** *Eickmann,* ZVG, § 16 IV 5 e), da das Grundstück in diesem Fall noch nicht der Verfügung von Schu und Gl entzogen ist. § 100 ist wegen des hohen Ranges, der dem Grundrecht auf Leben aus Art 2 II GG zukommt, verfassungskonform dahin einzuschränken, dass auch eine erst im Beschwerdeverfahren gem § 765 a ZPO geltend gemachte ernsthafte Lebensgefahr zu berücksichtigen ist; die Grundrechte der Gl und des Erstehers aus Art 14 GG haben demgegenüber zurückzutreten (BGH ZfIR 2008, 685 m Anm *Böttcher*; NJW 2006, 505).

3. Eigenes rechtliches Interesse (§ 100 II)

Der Beschwerdeführer kann sich nicht auf einen Grund berufen, der 4 nur das Recht eines anderen betrifft. Er muss vielmehr selbst in seinem Recht betroffen sein. Dies gilt nicht bei den Rechtsbeschwerdegründen nach § 83 Nr 6, 7, die gemäß § 100 III von Amts wegen zu beachten sind (OLG Köln Rpfleger 1989, 298).

III. Beschwerdegründe

1. Von Amts wegen zu berücksichtigen (§ 100 III)

5   Die in **§ 83 Nr 6 und 7** bezeichneten Versagungsgründe (vgl dort) sind von Amts wegen zu beachten, wenn das Verfahren in die Rechtsmittelinstanz gelangt. Wird bei einem zulässigen Rechtsmittel eine entsprechende Prüfung vom Beschwerdegericht unterlassen, so stellt dies einen neuen selbstständigen Beschwerdegrund dar (Hamm OLGZ 1971, 187; OLG Celle MDR 1954, 557). Zu § 83 Nr 8 vgl dort Rdn 9.

2. Auf Antrag zu berücksichtigen (§ 100 I)

6   Der Anfechtende muss den Beschwerdegrund und das eigene rechtliche Interesse (§ 100 II) angeben. In Betracht kommen gem § 100 I nur die **§§ 81, 83 Nr 1–5, 84, 85, 85 a** (vgl jeweils dort) und die **Zuschlagserteilung unter anderen als den der Versteigerung zugrunde gelegten Bedingungen.** Eine allgemeine Rüge, wie zB die Verletzung des materiellen und/oder formellen Rechts genügt nicht.

§ 101 [Begründete Beschwerde; weitere Beschwerde]

I Wird die Beschwerde für begründet erachtet, so hat das Beschwerdegericht unter Aufhebung des angefochtenen Beschlusses in der Sache selbst zu entscheiden.
II Wird ein Beschluß, durch welchen der Zuschlag erteilt ist, aufgehoben, auf Rechtsbeschwerde aber für begründet erachtet, so ist unter Aufhebung des Beschlusses des Beschwerdegerichts die gegen die Erteilung des Zuschlags erhobene Beschwerde zurückzuweisen.

I. Allgemeines

1   Die Vorschrift gilt für alle Versteigerungsverfahren des ZVG. Sie geht im Grundsatz von der eigenen abschließenden Entscheidung der Beschwerdegerichte aus und untersagt die Zurückverweisung an das Erstgericht.

II. Entscheidung über die Beschwerde (§ 101 I)

2   Ist eine Beschwerde zulässig und begründet, so muss das Beschwerdegericht unter Aufhebung des angefochtenen Beschlusses in der Sache selbst entscheiden (§ 101 I). Eine Zurückweisung an das Erstgericht ist

daher nicht zulässig, dh das Beschwerdegericht muss den Zuschlag selbst erteilen oder versagen (OLG München Rpfleger 1983, 324). Auch eine noch erforderliche Aufklärung des Sachverhalts oder Gewährung des rechtlichen Gehörs hat das Beschwerdegericht selbst vorzunehmen. Ist eine Beschwerde unzulässig, zB wegen Fristversäumung, so ist sie als unzulässig zu verwerfen. Soweit die Beschwerde unbegründet ist, zB wegen einem nicht in § 100 aufgeführten Anfechtungsgrund, muss sie zurückgewiesen werden. Die Entscheidung des Beschwerdegerichts ergeht durch Beschluss. Den Zuschlag darf das Beschwerdegericht nur zu den Versteigerungsbedingungen des Versteigerungsgerichts erteilen (OLG Hamm OLGZ 1967, 57; 1969, 63). Wenn das Beschwerdegericht entgegen § 101 I zurückverweist, so ist das Erstgericht zwar daran gebunden, aber es ist dagegen die Vollstreckungserinnerung gem § 766 ZPO zum LG gegeben (OLG Hamm OLGZ 1970, 189; *Steiner/Storz* Rdn 5); über sie hat das LG unter Nachholung der unterlassenen Entscheidung in der Sache selbst zu entscheiden (OLG Hamm OLGZ 1970, 189). Hat das VollstrG auf Grund der unzulässigen Zurückverweisung den Zuschlag erteilt und wird diese Entscheidung angefochten, so muss das LG die Unzulässigkeit dieses Zuschlagsverfahrens von Amts wegen beachten (OLG Hamm OLGZ 1970, 189).

III. Entscheidung über die Rechtsbeschwerde (§ 101 II)

Wird der Zuschlag des VollstrG vom Beschwerdegericht aufgehoben, 3
aber auf Rechtsbeschwerde hin der Zuschlag des VollstrG wieder für richtig befunden, so muss auf Grund der Rechtsbeschwerde der Beschluss des Beschwerdegerichts aufgehoben und die Beschwerde gegen die Zuschlagserteilung zurückgewiesen werden (§ 101 II). Diese Regelung bedeutet, dass das Gericht der Rechtsbeschwerde zwar eine eigene Sachentscheidung treffen muss, aber den Zuschlag nicht nochmals ausdrücklich neu erteilen muss; es gilt dann wieder der erste Zuschlagsbeschluss des VollstrG. Im Falle des § 101 II sind daher die mit Verkündung des Zuschlags eingetretenen Wirkungen (§ 89) in keinem Zeitpunkt entfallen. Daran ändert sich auch nichts, wenn das Gericht der Rechtsbeschwerde entgegen § 101 II den Zuschlag selbst ausdrücklich erteilt. Eine Zurückverweisung an das LG soll entgegen § 101 II dann möglich sein, wenn schwerwiegende Verfahrensverstöße (zB Verletzung des rechtlichen Gehörs) vorliegen (OLG München Rpfleger 1983, 324; OLG Köln Rpfleger 1990, 434; *Dassler/Hintzen* Rdn 7). Im Falle der Zuschlagsversagung durch das VollstrG und anschließender Zuschlagserteilung durch das LG kann der BGH selbst auf Zuschlagsversagung erkennen oder die erste Beschwerde zurückweisen, wenn er die Zuschlagsversagung des VollstrG für richtig hält.

§ 104 [Wirksamwerden der Zuschlagserteilung in der Beschwerde]

§ 102 [Berechtigte für weitere Beschwerde]

Hat das Beschwerdegericht den Beschluß, durch welchen der Zuschlag erteilt war, nach der Verteilung des Versteigerungserlöses aufgehoben, so steht die Rechtsbeschwerde, wenn das Beschwerdegericht sie zugelassen hat, auch denjenigen zu, welchen der Erlös zugeteilt ist.

1   Die Vorschrift betrifft den Fall, dass das LG die Zuschlagserteilung des VollstrG aufgehoben hat und zwar nach Verteilung des Erlöses. Die Befriedigungsberechtigten müssten sodann das Empfangene zurückgeben. Um diese Situation zu vermeiden, gewährt § 102 diesen Gl in Erweiterung des § 97 das Recht zur Einlegung der Rechtsbeschwerde, um den Zuschlag des VollstrG Bestand zu verschaffen. Die Vorschrift hat keine praktische Bedeutung erlangt, weil die VollstrG idR erst nach Rechtskraft des Zuschlags den Erlös verteilen. § 102 gilt für alle Versteigerungsverfahren des ZVG. Die Norm schafft keinen neuen Beschwerdegrund; dies bestimmt sich nach § 100. Beschwerdeberechtigte sind nur Gl, die eine Zuteilung auf Baransprüche erhalten haben, nicht dagegen solche, die leer ausgegangen sind. Die Verteilung des Erlöses muss bereits erfolgt sein, und zwar durch Barzahlung (§ 117), Liegenbelassung (§ 91 II) oder Forderungsübertragung (§ 118).

§ 103 [Zustellung der Beschwerdeentscheidung]

Der Beschluß des Beschwerdegerichts ist, wenn der angefochtene Beschluß aufgehoben oder abgeändert wird, allen Beteiligten und demjenigen Bieter, welchem der Zuschlag verweigert oder erteilt wird, sowie im Falle des § 69 Abs. 3 dem für mithaftend erklärten Bürgen und in den Fällen des § 81 Abs. 2, 3 dem Meistbietenden zuzustellen. Wird die Beschwerde zurückgewiesen, so erfolgt die Zustellung des Beschlusses nur an den Beschwerdeführer und den zugezogenen Gegner.

1   Die Vorschrift gilt für alle Versteigerungsverfahren des ZVG.

§ 104 [Wirksamwerden der Zuschlagserteilung in der Beschwerde]

Der Beschluß, durch welchen das Beschwerdegericht den Zuschlag erteilt, wird erst mit der Zustellung an den Ersteher wirksam.

1   Bei Erteilung des Zuschlags durch den Rechtspfleger tritt Wirksamkeit mit der Verkündung ein (§ 89), bei der Erteilung im Beschwerdeverfah-

ren mit der Zustellung an den Ersteher (§ 104). Für die Zuschlagsversagung gilt dagegen unabhängig von der Instanz § 86. Im Rahmen der Zuschlagsanfechtung gilt § 104 für alle Versteigerungsverfahren des ZVG, und zwar für die sofortige Beschwerde (§ 793 ZPO), die weitere Beschwerde (§ 568 II ZPO) und die außerordentliche Beschwerde (§ 577 II 3 ZPO). Der Ersteher kann auf die Zustellung nach § 104 nicht verzichten, weil sie Wirkung für alle Beteiligte hat (*Steiner/Storz* Rdn 7).

VIII. Verteilung des Erlöses (§§ 105–145)

Schrifttum: *Drischler,* Die Verteilung des Versteigerungserlöses, RpflJB 1962, 322.

§ 105 [Bestimmung des Verteilungstermins]

^INach der Erteilung des Zuschlags hat das Gericht einen Termin zur Verteilung des Versteigerungserlöses zu bestimmen.

^{II}Die Terminsbestimmung ist den Beteiligten und dem Ersteher sowie im Falle des § 69 Abs. 3 dem für mithaftend erklärten Bürgen und in den Fällen des § 81 Abs. 2, 3 dem Meistbietenden zuzustellen. Als Beteiligte gelten auch diejenigen, welche das angemeldete Recht noch glaubhaft zu machen haben.

^{III}Die Terminsbestimmung soll an die Gerichtstafel angeheftet werden.

^{IV}Ist die Terminsbestimmung dem Ersteher und im Falle des § 69 Abs. 3 auch dem für mithaftend erklärten Bürgen sowie in den Fällen des § 81 Abs. 2, 3 auch dem Meistbietenden nicht zwei Wochen vor dem Termin zugestellt, so ist der Termin aufzuheben und von neuem zu bestimmen, sofern nicht das Verfahren genehmigt wird.

I. Allgemeines

Im Verteilungstermin stellt das VollstrG den TLP auf (§ 113) und verteilt dann dementsprechend den Versteigerungserlös (§ 117). 1

II. Terminsbestimmung

1. Zeitpunkt (§ 105 I)

Nach der Zuschlagserteilung hat das VollstrG den Verteilungstermin 2 zu bestimmen (§ 105 I). Die Rechtskraft des Zuschlagsbeschlusses

§ 105 [Bestimmung des Verteilungstermins]

braucht nicht abgewartet zu werden. Es empfiehlt sich, den Verteilungstermin unmittelbar nach der Zuschlagsverkündung zu bestimmen, so dass der Zuschlagsbeschluss und die Terminsbestimmung gemeinsam zugestellt werden können (§§ 88, 105 II). Sollte gegen die Zuschlagserteilung sofortige Beschwerde eingelegt worden sein, besteht die Möglichkeit, dass der Verteilungstermin ausgesetzt wird; dann entfällt auch die Terminsbestimmung für den Verteilungstermin zunächst.

2. Zustellung (§ 105 II, IV)

3   Die TB muss allen Beteiligten iSd § 9 sowie dem Ersteher, einem im Falle des § 69 III für mithaftend erklärten Bürgen und in den Fällen des § 81 II, III dem Meistbietenden zugestellt werden (**§ 105 II 1**). Als beteiligt gelten auch jene, die das angemeldete Recht noch glaubhaft zu machen haben (**§ 105 II 2**).

4   Mit Rücksicht auf die Frist des § 118 II ist die TB auch der Justizkasse zuzustellen (*Perger* Rpfleger 1991, 45). An Mieter/Pächter (§ 9 Nr 2) braucht mangels Befriedigungsanspruch aus dem Erlös nicht zugestellt werden. Eine Zustellung der TB ist auch dann erforderlich, wenn sie bereits im Versteigerungstermin verkündet worden ist. Dem Ersteher und den gemäß § 69 III, § 81 II und III Zahlungspflichten ggü ist eine Zustellungsfrist von zwei Wochen einzuhalten (§ 105 IV). Für die Beteiligten (§ 9) sieht zwar das Gesetz keine Frist vor, jedoch müssen auch sie vom Termin so rechtzeitig Kenntnis erlangen, dass sie ihre Rechte ordnungsgemäß wahrnehmen können, dh es bedarf einer Spanne von mehreren Tagen. Wird die Frist nicht eingehalten, muss der Termin aufgehoben und ein neuer Termin bestimmt werden (§ 105 IV). Eine Ausnahme besteht dann, wenn das Verfahren von den Betroffenen genehmigt wird (§ 105 IV), was formlos möglich ist; aber auch durch schlüssiges Verhalten, etwa durch widerspruchslose Teilnahme am Termin oder wenn der aufzubringende Betrag gezahlt oder hinterlegt ist. Ein Verzicht auf die Einhaltung der Frist im Voraus ist zulässig (*Stöber* Rdn 4.2). Die Genehmigung kann nicht widerrufen werden. Ein Verstoß gegen § 105 IV kann mit sofortiger Beschwerde gerügt werden.

3. Aushang (§ 105 III)

5   Die TB soll an der Gerichtstafel angeheftet werden (§ 105 III). Ein Verstoß berührt das weitere Verfahren jedoch nicht, da es sich nur um eine Ordnungsvorschrift handelt.

4. Inhalt

6   Das Gesetz enthält dazu keine Regelung. Um ihren Zweck zu erfüllen muss die TB die Bezeichnung des Gerichts, das betroffene Verfahren, Ort und Zeitpunkt des Termins und die Tatsache der Verteilung enthalten.

§ 107

Zweckmäßig ist auch ein Hinweis auf die Folgen einer Nichtanmeldung (§ 114), auf die Empfangnahme des Erlöses (§ 117), auf die Vorlage von Briefen (§ 126) und sonstigen Urkunden, zB Pfändungsbeschlüsse, Abtretungsurkunden.

5. Rechtsbehelfe

Wird die TB für den Verteilungstermin verzögert, so kann dagegen mit der Dienstaufsichtsbeschwerde oder der Vollstreckungserinnerung nach § 766 ZPO vorgegangen werden. 7

§ 106 [Vorläufiger Teilungsplan]

Zur Vorbereitung des Verteilungsverfahrens kann das Gericht in der Terminsbestimmung die Beteiligten auffordern, binnen zwei Wochen eine Berechnung ihrer Ansprüche einzureichen. In diesem Falle hat das Gericht nach dem Ablaufe der Frist den Teilungsplan anzufertigen und ihn spätestens drei Tage vor dem Termin auf der Geschäftsstelle zur Einsicht der Beteiligten niederzulegen.

Der Verteilungstermin kann sich äußerst schwierig gestalten, zB bei Liegenbelassung (§ 91 II), Widerspruchseinlegung (§ 115) oder Nichtzahlung des Bargebots (§ 118). Zu dessen Vorbereitung kann ein Vortermin abgehalten werden (§ 69), für den § 105 nicht gilt. Daneben kann das VollstrG gemäß § 106 S 1, der für alle Versteigerungsverfahren gilt, in der Terminbestimmung die Beteiligten auffordern, binnen zwei Wochen eine Berechnung ihrer Ansprüche einzureichen, und zwar getrennt nach Kosten, Nebenleistungen und Hauptsache. Die 2-Wochenfrist kann abgekürzt und verlängert werden. Die Fristsetzung nach § 106 S 1 eröffnet keine neue Anmeldungsmöglichkeit gemäß § 37 Nr 4. Für die Beteiligten entstehen keine Nachteile, wenn sie die erbetene Berechnung gar nicht oder nicht fristgemäß einreichen. Nach Ablauf der gesetzten Frist muss das VollstrG den TLP entwerfen und den Entwurf spätestens 3 Tage vor dem Termin auf der Geschäftsstelle zur Einsicht durch die Beteiligten niederlegen (§ 106 S 2). Gebunden ist es daran aber nicht. Die Beteiligten haben die Möglichkeit, bis zum Verteilungstermin eine geänderte Berechnung ihrer Ansprüche einzureichen. Das Verfahren des § 106 hat keine praktische Bedeutung erlangt; er könnte abgeschafft werden. 1

§ 107 [Teilungsmasse]

¹In dem Verteilungstermin ist festzustellen, wieviel die zu verteilende Masse beträgt. Zu der Masse gehört auch der Erlös aus

§ 107 [Teilungsmasse]

denjenigen Gegenständen, welche im Falle des § 65 besonders versteigert oder anderweit verwertet sind.

IIDie von dem Ersteher im Termine zu leistende Zahlung erfolgt an das Gericht. § 49 Abs. 3 gilt entsprechend.

IIIEin Geldbetrag, der zur Sicherheit für das Gebot des Erstehers bei der Gerichtskasse einbezahlt ist, wird auf die Zahlung nach Absatz 2 Satz 1 angerechnet.

Schrifttum: *Drischler,* Hinterlegungen im Immobiliarvollstreckungsverfahren, RpflJB 1984, 351.

Übersicht

	Rn.
I. Allgemeines	1
II. Teilungsmasse (§ 107 I)	2
1. Umfang	2
2. Minderung	8
3. Feststellung der Teilungsmasse	11
4. Rechtsbehelfe	12
III. Zahlungspflicht des Erstehers	13
1. Allgemeines	13
2. Zahlung an die Gerichtskasse (§ 107 II)	14
3. Hinterlegung gem § 49 IV	15
4. Hinterlegte Sicherheit (§ 107 III)	16

I. Allgemeines

1   § 107, der für alle Versteigerungsverfahren des ZVG gilt, schreibt eine Feststellung der Teilungsmasse vor und legt fest, wann an wen zu zahlen ist. Die Teilungsmasse ist das Surrogat für das Versteigerungsobjekt und gehört somit zum Vermögen des Vollstreckungsschuldners. Obwohl der Vollstreckungsschuldner Eigentümer ist, kann er über den Erlös nicht verfügen, weil dieser fortwirkend beschlagnahmt und gemäß §§ 136, 135 BGB gebunden ist.

II. Teilungsmasse (§ 107 I)

1. Umfang

2   a) **Bargebot (§ 49 I)**
3   b) **Bargebotszinsen (§ 49 II)** in Höhe von 4% (§ 246 BGB) und grundsätzlich vom Zuschlag an (einschließlich dieses Tages; § 89, § 101 II, § 104 ZVG; § 187 II BGB) bis einen Tag vor dem Verteilungstermin. Vgl im Übrigen **§ 49 Rdn 10**.

II. Teilungsmasse (§ 107 I) **§ 107**

c) Hinterlegungszinsen aus dem Betrag, der für das Bargebot unter 4
Rücknahmeverzicht hinterlegt wurde (§ 8 HinterlO), sind der Teilungsmasse hinzuzurechnen. Wurde auf die Rücknahme nicht verzichtet oder nur für eine Bietsicherheit hinterlegt, gehören die Hinterlegungszinsen dem Hinterleger und nicht der Teilungsmasse.

d) Zur Teilungsmasse zählt auch der **Erlös für die nach § 65 geson-** 5
dert versteigerten oder anderweit verwerteten Gegenstände (§ 107 I 2). Es empfiehlt sich zwar, mit dem Verteilungstermin so lange zu warten, bis alle Gegenstände verwertet sind. Dies muss aber nicht so sein. Würde diese Verfahrensweise erhebliche Verzögerungen nach sich ziehen, so ist eine Nachtragsverteilung zulässig (*Steiner/Teufel* 17 **aA** *Stöber* Rdn 2.2 c). Zur Teilungsmasse gehört auch der Erlös für nachträglich verwertete Zubehörstücke, wegen deren das Verfahren eingestellt war gemäß § 30 ZVG, § 769 II ZPO.

e) Versicherungsgelder gehören zur Teilungsmasse, wenn sie zwar 6
beschlagnahmt aber nicht mitversteigert wurden (BGH Rpfleger 1967, 109).

f) Zuzahlungen gem §§ 50, 51 gehören dann zur Teilungsmasse, 7
wenn der Tatbestand der Zuzahlungspflicht im Verteilungstermin bereits feststeht. Dies wird aber idR nicht der Fall sein. Soweit die Zuzahlungspflicht ungewiss oder streitig ist, muss sie nach bedingter Zuteilung (§ 125 II, I 1), Forderungsübertragung (§ 125 II, I 2, III; § 118) und Eintragung einer bedingten Sicherungshypothek (§ 128) von den Beteiligten außergerichtlich geltend gemacht werden.

2. Minderung

Die Teilungsmasse verringert sich evtl bei einer **Liegenbelassung** 8
gem § 91 II (*Steiner/Eickmann* Rdn 29; vgl § 91 Rdn 14–16). Soweit der Ersteher einen durch die Teilungsmasse gedeckten Befriedigungsanspruch hat und sich für befriedigt erklärt, unterbleibt die Zahlung an das Gericht.

Die **Befriedigungserklärung** mindert jedoch nicht die Teilungs- 9
masse, sondern ist der Planausführung (§ 117) zuzurechnen (*Steiner/Teufel* Rdn 30; vgl § 117 Rdn 24–26).

Die von einer **Zwangsverwaltung** erfassten Einkünfte zählen nicht 10
zur Teilungsmasse der ZwVerst. Ein Überschuss in der ZwVerw gehört dem Vollstreckungsschuldner und nicht der Teilungsmasse in der ZwVerst.

3. Feststellung der Teilungsmasse

Sie muss im Versteigerungstermin erfolgen (§ 107 I 1), und zwar bei 11
der Aufstellung des TLP (§ 113). Wurde die Teilungsmasse falsch berechnet und hat der Ersteher deshalb zu viel bezahlt, so kann er den überschießenden Betrag nach der Erlösverteilung nicht von dem an letzter

Rangstelle befriedigten Gl nach §§ 812 ff BGB herausverlangen (BGH Rpfleger 1977, 246). Wohl aber besteht ein Kondiktionsanspruch gegenüber dem Schu (*Eickmann*, ZVG, § 20 III 3 b). Solche Fehler können auch zur Staatshaftung führen.

4. Rechtsbehelfe

12 Die Feststellung der Teilungsmasse kann mit der sofortigen Beschwerde angefochten werden (BGH NJW 1977, 1287; LG Verden Rpfleger 1974, 31). Vollstreckungserinnerungen gem § 766 ZPO und Widerspruch nach § 115 kommen nicht in Betracht.

III. Zahlungspflicht des Erstehers

1. Allgemeines

13 Durch den Zuschlag wird der Ersteher zur Zahlung des Bargebots verpflichtet. Der Anspruch auf den Erlös steht dem Vollstreckungsschuldner (= bisheriger Eigentümer) als Surrogat für sein Grundstück zu. Das VollstrG nimmt die Zahlung des Erstehers lediglich in amtlicher Eigenschaft entgegen und leitet sie an die Gl weiter; es ist weder Gl noch Schu oder Drittschuldner (BGH NJW 1977, 1287). Der Anspruch des Vollstreckungsschuldners gegen den Ersteher aus Erlöszahlung kann gepfändet werden und wird wirksam mit der Zustellung des Pfändungsbeschlusses an ihn, da ein Drittschuldner nicht vorhanden ist (vgl § 857 II ZPO; *Steiner/Teufel* Rdn 60). Die Teilungsmasse (= Bargebot und Zinsen) ist im Verteilungstermin zur Zahlung fällig.

2. Zahlung an die Gerichtskasse (§ 107 II)

14 Vgl dazu § 49 Rdn 5–7.

3. Hinterlegung gem § 49 IV

15 Vgl dazu § 49 Rdn 8.

4. Hinterlegte Sicherheit (§ 107 III)

16 Vgl dazu § 49 Rdn 9.

§ 108 [Verwertung einer Sicherheit]

(Aufgehoben durch Gesetz vom 18. 2. 1998, BGBl I 866)

§ 109 [Kosten des Verfahrens; Überschuss]

¹Aus dem Versteigerungserlöse sind die Kosten des Verfahrens vorweg zu entnehmen, mit Ausnahme der durch die Anordnung

des Verfahrens oder den Beitritt eines Gläubigers, durch den Zuschlag oder durch nachträgliche Verteilungsverhandlungen entstehenden Kosten.
II Der Überschuß wird auf die Rechte, welche durch Zahlung zu decken sind, verteilt.

Schrifttum: *Drischler,* Die Verfahrenskosten im Falle der Nichtzahlung des Bargebots in der Zwangsversteigerung, JVBl 1963, 169; *Drischler/Stöber,* In welchem Umfang können im Immobiliarvollstreckungsverfahren Kosten für förmliche Zustellungen aus dem Erlös entnommen werden, Rpfleger 1969, 119 und 122; *Nicken,* Die Vorwegentnahme der Kosten des Zwangsversteigerungsverfahrens bei Gebührenfreiheit des betreibenden oder beitretenden Gläubigers, SchlHA 1960, 213; *Stöber,* Der Rang der Kostenansprüche der Gerichtskasse im Zwangsversteigerungsverfahren bei Gebührenfreiheit und Armenrecht des vollstreckenden Gläubigers, JVBl 1961, 248.

I. Allgemeines

Die Vorschrift gilt für alle Versteigerungsverfahren des ZVG. Die Verfahrenskosten sind aus dem Erlös vorweg zu entnehmen, da sie im Interesse aller Beteiligter zur Verfahrensdurchführung aufgewendet werden.

II. Kosten des Verfahrens (§ 109 I)

1. Bevorrechtigte Kosten

Dazu gehören:
- 0,5 Verfahrensgebühr (KV Nr 2211 GKG) aus dem nach § 74 a V festgesetzten Grundstückswert (§ 54 I 1 GKG);
- 0,5 Versteigerungstermingebühr (KV Nr 2213 GKG) aus dem nach § 74 a V festgesetzten Grundstückswert (§ 54 I 1 GKG);
- 0,5 Verteilungsverfahrensgebühr (KV Nr 2215 GKG) aus dem Meistbargebot ohne Zinsen zuzüglich des Wertes der nach den Versteigerungsbedingungen bestehen bleibenden Rechten (§ 54 III GKG). Rechte, die außerhalb des gG oder auf Grund einer Liegenbelassungsvereinbarung (§ 9 EGZVG, § 91 II) bestehen bleiben, bleiben außer Betracht;
- Zustellungsauslagen (KV Nr 9002 GKG),
- Bekanntmachungskosten (KV Nr 9004 GKG);
- Sachverständigenkosten (KV Nr 9005 GKG);
- Kosten für Auswärtstermine (KV Nr 9006 GKG);
- Rechnungsgebühren (§ 70 GKG).

Die vorweg zu entnehmenden Kosten sind an die Staatskasse zu zahlen. Soweit der betreibende Gl einen Vorschuss geleistet hat (§§ 15, 17 GKG), ist der Betrag für ihn auch vorweg zu entnehmen. Die Forderung der

§ 110 [Nachstehende Rechte]

Gerichtskasse hat jedoch Rang vor dem Erstattungsanspruch des betreibenden Gl, der Kosten vorgeschossen hat (*Steiner/Teufel* Rdn 13 **aA** *Dassler/Hintzen* Rdn 8). Die Erstattungsansprüche mehrerer Gl haben Gleichrang. Die Verfahrenskosten werden durch den Kostenbeamten mittels Kostenrechnung aufgestellt, nicht durch den Rechtspfleger im TLP dagegen ist daher die Erinnerung nach § 66 GKG, über die der Rechtspfleger entscheidet (BayObLG Rpfleger 1974, 391). Da der Ersteher nicht Schu der Verfahrenskosten ist, kann er den Kostenansatz nicht anfechten.

2. Nicht bevorrechtigte Kosten

4   Dazu gehören:
– Gebühr für die Anordnung der ZwVerst und den Beitritt dazu (KV Nr 2210 GKG) samt den Zustellungsauslagen, auch bei Auslandszustellung. Der Vollstreckungsgläubiger kann sie jedoch mit seinem Anspruch geltend machen (§ 10 II, § 12 Nr 1), auch die Gerichtskasse kann sie bei Prozesskostenhilfe oder Gebührenfreiheit des betreibenden Gl nur an der Rangstelle des Rechts verfolgen, zu dem sie gehören, hier im Gleichrang mit den übrigen Kosten nach § 10 II, so dass eine Vorzugsstellung iSv § 109 I nicht besteht.
– Kosten des Zuschlags (KV Nr 2214 GKG) mit Ausnahme der Zustellungsauslagen.
– Kosten nachträglicher Verteilungsverhandlungen, die aus der Sondermasse bei der Nachtragsverteilung vorweg zu entnehmen sind;
– Kosten, die einzelne Beteiligte allein treffen: Beschwerdegebühren; Vergütung und Auslagen des Zustellungsvertreters (§ 7); Kosten für die ZwV aus dem Zuschlag (§ 93); Kosten nach § 765 a ZPO; Vergütung des Rechtsanwalts bei Prozesskostenhilfe.

III. Verteilung des Überschusses (§ 109 II)

5   Der Teil des Versteigerungserlöses, der nach Abzug der gem § 109 I vorweg zu entnehmenden Verfahrenskosten verbleibt, wird in der Befriedigungsreihenfolge des ZVG verteilt (§§ 10–13).

§ 110 [Nachstehende Rechte]

Rechte, die ungeachtet der im § 37 Nr. 4 bestimmten Aufforderung nicht rechtzeitig angemeldet oder glaubhaft gemacht worden sind, stehen bei der Verteilung den übrigen Rechten nach.

Schrifttum: *Riedel*, Die Anmeldungen im Laufe des Zwangsversteigerungsverfahrens, JurBüro 1974, 689; *Traub*, Die Krux mit § 110 ZVG, ZfIR 2010, 273.

I. Allgemeines

Die Vorschrift gilt für alle Zwangsversteigerungsverfahren des ZVG, 1
nicht für die ZwVerw.

II. Voraussetzungen

1. Rechte iSd § 110

Sie sind ausschließlich die bei der Erlösverteilung nicht bereits von 2
Amts wegen zu berücksichtigenden Rechte (§ 114) auf Befriedigung aus
dem Grundstück gem § 10.

2. Aufforderung gem § 37 Nr 4

Ein Rangverlust gem § 110 tritt dann nicht ein, wenn die Aufforde- 3
rung gem § 37 Nr 4 unterblieben oder unvollständig (zB kein Hinweis
auf die Rechtsfolge gem § 110) ist oder es an einer ordnungsgemäßen
Terminsbekanntmachung gem § 43 mangelt. In diesem Fall muss der
Versteigerungstermin aufgehoben, der Zuschlag versagt oder ein bereits
erteilter Zuschlag wieder aufgehoben werden (§§ 43, 83 Nr 1 und 7,
§ 100 III). Der Rangverlust gem § 110 setzt somit eine ordnungsgemäße
Aufforderung nach § 37 Nr 4 voraus.

3. Verspätetes Anmelden oder Glaubhaftmachen

Ein Rangverlust gem § 110 tritt ein, wenn eine Anmeldung nicht 4
rechtzeitig, dh vor der Aufforderung zur Abgabe von Geboten, erfolgt;
gleiches gilt, wenn eine evtl erforderliche Glaubhaftmachung nicht rechtzeitig gelingt. Die Anmeldung/Glaubhaftmachung ist nur dann rechtzeitig, wenn sie im Termin vor der Aufforderung zur Gebotsabgabe dem
Rechtspfleger vorliegt; das Vorliegen bei der Einlaufstelle des Gerichts
genügt nicht (*Stöber* Rdn 2.2 **aA** *Steiner/Teufel* Rdn 29).

III. Folgen

Rechte, die nur auf Grund einer Anmeldung berücksichtigt werden, 5
werden bei der Erlösverteilung ohne Anmeldung überhaupt nicht (§ 114)
und bei einer verspäteten Anmeldung nur an allerletzter Rangstelle
berücksichtigt (§ 110). Erfolgen mehrere Anmeldungen verspätet, so
bestimmt sich deren Rangfolge wieder gem § 10. Ein auf Grund einer
Anmeldung bestehen bleibendes Recht, erscheint nicht im gG und
erlischt mit dem Zuschlag, wenn es nicht oder verspätet angemeldet wird
(§ 45 I); eine Berücksichtigung im TLP ist gem § 110 nach allen anderen

§ 111 [Betagter Anspruch]

Rechten bei Anmeldung bis spätestens zum Verteilungstermin möglich. An den nachteiligen Folgen des § 110 ändert sich nichts, wenn im Rechtsmittelverfahren eine verspätete Anmeldung oder Glaubhaftmachung erfolgt. Die Zurücksetzung der Betroffenen wirkt auch materiell, dh ein bürgerlich-rechtlicher Ausgleich ist ausgeschlossen (BGHZ 21, 30).

§ 111 [Betagter Anspruch]

Ein betagter Anspruch gilt als fällig. Ist der Anspruch unverzinslich, so gebührt dem Berechtigten nur die Summe, welche mit Hinzurechnung der gesetzlichen Zinsen für die Zeit von der Zahlung bis zur Fälligkeit dem Betrage des Anspruchs gleichkommt; solange die Zeit der Fälligkeit ungewiß ist, gilt der Anspruch als aufschiebend bedingt.

I. Allgemeines

1   Die Vorschrift gilt für alle Versteigerungsverfahren des ZVG. Sie betrifft die Behandlung von betagten Ansprüchen bei der Erlösverteilung.

II. Anwendungsbereich

2   § 111 gilt für betagte Rechte, die durch den Zuschlag erloschen sind; bei bestehen bleibenden Rechten findet er keine Anwendung. Betagt ist ein Anspruch, der zwar bereits entstanden ist, aber dessen **Fälligkeit** vom Eintritt eines künftigen Ereignisses abhängt.

3   Die Fälligkeit kann an einem **bestimmten Kalendertag** eintreten (zB zum 31. 12. 2009); ein solch betagter Anspruch gilt als fällig (§ 111 S 1).

4   Die Fälligkeit kann aber auch von einem **bestimmten Ereignis** anhängen (zB Tod einer Person); ein auf diese Weise betagter Anspruch gilt zum einen als fällig (§ 111 S 1) und zum anderen bei Unverzinslichkeit als aufschiebend bedingt (§ 111 S 2, 2. Hs).

5   Hängt die Fälligkeit eines Anspruchs von einem **unbestimmten Ereignis** ab (zB Heirat einer Person), liegt kein von § 111 erfasster Fall vor, der Anspruch gilt unabhängig von § 111 S 2, 2. Hs als aufschiebend bedingt, so dass das VollstrG den vollen Betrag zu berücksichtigen und unmittelbar nach den §§ 119, 120 zu verfahren hat (*Stöber* Rdn 2.3 und 2.5).

6   Ansprüche, die durch **Kündigung** des Gl fällig werden, gelten für die Erlösverteilung als fällig, und zwar unabhängig von einer Kündigung.

IV. Unverzinslich betagte Ansprüche §111

Die Anwendung des § 111 verlangt, dass der Anspruch am Tag des Verteilungstermins noch betagt ist; wird er zuvor fällig, gilt § 111 nicht.

III. Fiktive Fälligkeit betagter Ansprüche (§ 111 S 1)

Ein betagter, dh bei Erlösverteilung nicht fälliger Anspruch, gilt für 7
die Erlösverteilung als fällig (§ 111 S 1), und zwar unabhängig davon, ob der Anspruch verzinslich oder unverzinslich ist, ursprünglich ein Kapitalrecht oder Nichtkapitalrecht war. Als Tag der fiktiven Fälligkeit ist der Tag des Verteilungstermins anzuwenden.

IV. Unverzinslich betagte Ansprüche

1. Zwischenzinsabzug (§ 111 S 2, 1. Hs)

Er erfolgt, weil der Berechtigte den Betrag vor der Fälligkeit erhält. 8
Dieser beträgt 4% (§ 246 BGB) für den Zeitraum von der Zahlung im Verteilungstermin bis zur vorgesehenen Fälligkeit (*Stöber* Rdn 2.9). Berechnet wird nach der Hoffmann'schen Formel (*Steiner/Teufel* Rdn 25):

$$\text{Abgezinstes Kapital} = \frac{100 \times \text{ursprüngliches Kapital}}{100 + (4\% \times \text{Jahre})}$$

$$\text{Abgezinstes Kapital} = \frac{360 \times 100 \times \text{ursprüngliches Kapital}}{360 \times 100 + (4\% \times \text{Tage})}$$

Die Zeiteinheit Jahre oder Tage umfasst die Spanne zwischen Verteilungstermin (einschließlich) und ursprünglicher Fälligkeit (ausschließlich). Für das Jahr werden idR 360 Tage angenommen.

Beispiel: 9
Kapital: 40 000,– €; Fälligkeit: 1. 5. 2012; Verteilungstermin: 1. 12. 2009.

$$\text{Abgezinstes Kapital} = \frac{360 \times 100 \times 40\,000}{360 \times 100 + (4 \times 870)} = 3674{,}16\ €$$

Der Zwischenzinsabzug vermindert nicht das Bargebot des Erstehers, sondern erfolgt nur beim Anspruch des Gl (*Stöber* Rdn 2.10). Bei einer Liegenbelassung gemäß § 91 II vermindert sich die Teilungsmasse nach § 91 III 1 nur um den nach Zwischenzinsabzug noch verbleibenden Betrag.

2. Ungewisse Fälligkeit (§ 111 S 2, 2. Hs)

Sie hat zur Folge, dass der Anspruch als **aufschiebend bedingt** gilt. 10
Dies ist zB der Fall, wenn die Fälligkeit von einem bestimmten Ereignis

§ 112 [Gesamtausgebot]

abhängt, wie dem Tod einer Person. Nach ungekürzter Zuteilung an den Berechtigten müssen dann eine Hilfsverteilung gemäß § 119 und die Hinterlegung nach § 120 erfolgen. Erst wenn sich der genaue Tag der Fälligkeit feststellen lässt, kann die Hinterlegung abgewickelt und der Zwischenzins berechnet werden.

V. Verzinslich betagte Ansprüche

11 gelten als fällig (§ 111 S 1). Sie werden in den TLP aufgenommen mit den vertraglichen Zinsen, und zwar bis einen Tag vor dem Verteilungstermin bei erloschenen Rechten oder bis einen Tag vor dem Zuschlag bei bestehen bleibenden Rechten. Ein Zwischenzinsabzug gemäß § 111 S 2 erfolgt nicht, da diese Vorschrift nur für unverzinsliche Ansprüche gilt. Zu den verzinslichen Ansprüchen gehören auch jene, deren Zinssatz geringer als 4 % ist.

§ 112 [Gesamtausgebot]

[I]Ist bei der Versteigerung mehrerer Grundstücke der Zuschlag auf Grund eines Gesamtausgebots erteilt und wird eine Verteilung des Erlöses auf die einzelnen Grundstücke notwendig, so wird aus dem Erlöse zunächst der Betrag entnommen, welcher zur Deckung der Kosten sowie zur Befriedigung derjenigen bei der Feststellung des geringsten Gebots berücksichtigten und durch Zahlung zu deckenden Rechte erforderlich ist, für welche die Grundstücke ungeteilt haften.

[II]Der Überschuß wird auf die einzelnen Grundstücke nach dem Verhältnisse des Wertes der Grundstücke verteilt. Dem Überschusse wird der Betrag der Rechte, welche nach § 91 nicht erlöschen, hinzugerechnet. Auf den einem Grundstücke zufallenden Anteil am Erlöse wird der Betrag der Rechte, welche an diesem Grundstücke bestehen bleiben, angerechnet. Besteht ein solches Recht an mehreren der versteigerten Grundstücke, so ist bei jedem von ihnen nur ein dem Verhältnisse des Wertes der Grundstücke entsprechender Teilbetrag in Anrechnung zu bringen.

[III]Reicht der nach Absatz 2 auf das einzelne Grundstück entfallende Anteil am Erlöse nicht zur Befriedigung derjenigen Ansprüche aus, welche nach Maßgabe des geringsten Gebots durch Zahlung zu berichtigen sind oder welche durch das bei dem Einzelausgebote für das Grundstück erzielte Meistgebot gedeckt werden, so erhöht sich der Anteil um den Fehlbetrag.

I. Allgemeines

Die Vorschrift gilt für alle Versteigerungsverfahren des ZVG, auch für die ZwVerst ideeller Grundstücksteile. Auch bei einer Teilungsversteigerung (§§ 180 ff) ist bei einer unterschiedlichen Belastung der Anteile eine Aufteilung entsprechend § 112 nötig.

II. Voraussetzungen (§ 112 I)

Eine Aufteilung des Versteigerungserlöses hat gem § 112 zu erfolgen, wenn bei einer **ZwVerst mehrerer Grundstücke** der **Zuschlag auf Grund eines Gesamtausgebots** erfolgte und die **Verteilung des Erlöses auf die einzelnen Grundstücke notwendig** ist. Letzteres ist der Fall bei unterschiedlicher Belastung der Versteigerungsobjekte mit Ansprüchen, die nicht im gG stehen; nicht aber, wenn
– der Erlös alle Ansprüche deckt und die Grundstücke demselben Eigentümer gehören oder
– nur Gesamtrechte aus dem Erlös zu befriedigen sind oder
– sich alle Beteiligten über einen anderen Verteilungsmaßstab einigen oder
– nur das gG geboten wurde.
Der Gl eines bestehen bleibenden Rechts kann dieses auch noch nach Zuschlagserteilung gem § 1132 II BGB beliebig auf die Grundstücke verteilen; zur Wirksamkeit der Verteilung ist aber neben der Verteilungserklärung die GB-Eintragung erforderlich (BGH WM 1976, 585). Danach ist von Einzelrechten auszugehen.

III. Aufteilung

1. Dem Erlös vorweg zu entnehmende Beträge (§ 112 I)

Dem Gesamterlös sind die **Kosten iSd § 109 I** und die **Gesamtbelastungen im geringsten Bargebot** vorweg zu entnehmen; zu letzteren gehören die Kosten und Zinsen aus bestehengebliebenen Gesamtgrundpfandrechten und Reallasten (§ 10 I Nr 4), aber auch Kosten, Zinsen und die Hauptsache bei Ansprüchen in Rangklasse § 10 I Nr 5, wenn sich das gG nach einem nachrangigen Gl aus § 10 I Nr 5 bestimmte. Ansprüche aus den Rangklassen § 10 I Nr 1 und 3 sind nicht als Gesamtbelastungen iSd § 112 I zu behandeln, da sie bereits in den geringsten Geboten auf die einzelnen Grundstücke aufgeteilt wurden (aA*Dassler/Hintzen* Rdn 8). Die Vorwegentnahme gem § 112 I ändert an der Rangordnung der §§ 10 ff nichts, so dass bei der Erlösverteilung zunächst die den Gesamtrechten vorgehenden, durch Barzahlung zu erfüllenden

§ 112 [Gesamtausgebot]

Anprüche zum Zuge kommen. Wenn ein vom Ersteher geleisteter Teilbetrag nicht für die gem § 112 I vorweg zu leistenden Beträge und der ihnen im Rang vorgehenden Einzelansprüche ausreicht, ist folgendermaßen zu verfahren (nach *Steiner/Teufel* Rdn 15): Nach der Aufteilung des Teilbetrags auf die einzelnen Grundstücke entsprechend dem Verhältnis der gem § 112 ermittelten Einzelmassen werden die Kosten und Gesamtansprüche nach dem Verhältnis der Grundstückswerte verteilt auf die Grundstücke; danach werden aus den errechneten Teilmassen die das jeweilige Grundstück betreffenden Ansprüche ihrem Rang entsprechend (§ 109 I, §§ 10 ff) befriedigt und der TLP im Übrigen durch Forderungsübertragung ausgeführt (§ 118).

2. Verteilung des Resterlöses auf die einzelnen Grundstücke

4 a) **Addition der bestehen bleibenden Rechte (§ 112 II 2).** Der gem § 112 I errechneten Restteilungsmasse sind zunächst die nach § 91 bestehen bleibenden Rechte hinzuzurechnen. Dazu gehören alle Rechte, die auf Grund gesetzlicher (§ 52) oder abweichender (§ 59) Versteigerungsbedingungen bestehen bleiben, aber nicht solche gem Liegenbelassung (§ 91 II) oder besonderer Vorschriften, zB § 9 I EGZVG. Bei Grundpfandrechten sind die im Zuschlagsbeschluss aufgeführten Kapitalbeträge und im Übrigen die nach § 51 II festgesetzten Werte hinzuzurechnen. Bestehenbleibende Gesamtbelastungen brauchen nicht addiert zu werden, da sie sich nicht auf das Ergebnis auswirken.

5 b) **Errechnung der Einzelmassen (§ 112 II 1).** Die gem § 112 II 2 errechnete Aktivmasse wird danach auf die einzelnen Grundstücke nach dem Verhältnis ihrer Werte aufgeteilt:

$$\frac{\text{Aktivmasse} \times \text{Einzelgrundstückswert}}{\text{Summe der Grundstückswerte}} = \text{Einzelmasse}$$

Der Berechnung sind die gem § 74 a V festgesetzten Grundstückswerte zugrunde zu legen.

3. Abzug der bestehen bleibenden Rechte von der jeweiligen Einzelmasse (§ 112 II 3 und 4)

6 Von den gemäß § 112 II 1 errechneten Einzelmassen müssen die Beträge der nach § 91 bestehen bleibenden Rechte wieder abgezogen werden (§ 112 II 3); zu den bestehen bleibenden Rechten vgl Rdn 4! Besteht ein solches Recht an mehreren der versteigerten Grundstücke, so ist zunächst der Betrag des Rechts entsprechend dem Wert der damit belasteten Grundstücke aufzuteilen (§ 112 II 4).

4. Ergänzung der Erlösanteile (§ 112 III)

Bei der Berechnung der Erlösanteile für die einzelnen Grundstücke gem § 112 I, II kann sich eine negative Zahl ergeben, dh eine unzulängliche oder notleidende Sondermasse. Im Hinblick darauf, dass nach § 63 IV 1 das Gesamtbargebot des Einzelgrundstücks zu erhöhen ist, würde dadurch der Deckungsgrundsatz verletzt werden. Deswegen sieht § 112 III eine Ergänzung der notleidenden Sondermasse zu Lasten der übrigen Erlösanteile vor; allerdings dürfen diese dadurch nicht selbst notleidend werden. Mit der hM ist der Fehlbetrag auf die anderen Grundstücke im Verhältnis von deren Grundstückswerte gem § 74a V aufzuteilen.

IV. Beispiel

Bei der Versteigerung von drei Grundstücken in demselben Verfahren erfolgt der Zuschlag auf das Gesamtausgebot.

Grundstücke:	A	B	C
Werte:	20 000,–	40 000,–	60 000,–
Belastungen:			
III 1	10 000,–	↔ 10 000,–	↔ 10 000,–
III 2	8 000,–		
III 3		26 000,–	
III 4			64 000,–
III 5	8 000,–	↔ 8 000,–	↔ 8 000,–
III 6	40 000,–		

Betrieben wurde aus dem Recht III 5.

Verfahrenskosten:	2 000,–
Zinsen und Kosten aus	
III 1	3 000,–
III 2	1 000,–
III 3	5 000,–
III 4	5 000,–
III 5	1 900,–
III 6	3 000,–

Meistbargebot: 30 000,–; Bargebotszinsen: 3000,–

Teilungsmasse (§ 112 I)		33 000,–
– Verfahrenskosten		2 000,–
– Gesamtbelastungen im geringsten Bargebot:		
III 1 (Zinsen und Kosten)		3 000,–
Restteilungsmasse (§ 112 II 2)		28 000,–
+ Bestehenbleibende Rechte ohne		
Gesamtrechte:	III 2	8 000,–
	III 3	26 000,–
	III 4	64 000,–
Aktivmasse		126 000,–

§ 112 [Gesamtausgebot]

Ermittlung der Einzelmassen (§ 12 II 1):

$$\text{Einzelmasse A} = \frac{126\,000 \times 20\,000}{120\,000} = 21\,000,-$$

$$\text{Einzelmasse B} = \frac{126\,000 \times 20\,000}{120\,000} = 42\,000,-$$

$$\text{Einzelmasse C} = \frac{126\,000 \times 20\,000}{120\,000} = 63\,000,-$$

Erlösanteile:	A	B	C
(§ 112 II 3, 4)	21 000,–	42 000,–	63 000,–
– III 2	8 000,–		
– III 3		26 000,–	
– III 4			64 000,–
	+ 13 000,–	+ 16 000,–	– 1 000,–

Die Sondermasse für das Grundstück C ist notleidend. Der Fehlbetrag von 1000,– € erhöht sich noch um die 5000,– € Zinsen aus dem Recht III 4, die nach dem Deckungsgrundsatz zu befriedigen sind. Der Betrag von 6000,– € muss aus den Sondermassen A und B im Verhältnis der Grundstückswerte entnommen werden, dh im Verhältnis 1 : 2 (= 2000: 4000)

Sondermassen	A	B	C
	+ 13 000,–	+ 16 000,–	– 1 000,–
	– 21 000,–	– 4 000,–	+ 6 000,–
	+ 11 000,–	+ 12 000,–	+ 5 000,–

Daraus werden befriedigt: gem § 112 I vorweg entnommen
Verfahrenskosten Kosten, Zinsen aus

	A	B	C
III 2	1 000,–		
III 3		5 000,–	
III 4			5 000,–
	+ 10 000,–	+ 7 000,–	./.

Die gem § 44 zu deckenden Ansprüche sind damit befriedigt. Aus den verbleibenden Beträgen der Sondermassen A und B erfolgt die Befriedigung der Gl III 5 und III 6.

V. Übersicht zur Berechnung

9 § 112 I:
Teilungsmasse
– Kosten iSd § 109
– Gesamtbelastungen im geringsten Bargebot
§ 112 II 2: ↓
Restteilungsmasse
+ Bestehenbleibende Rechte (ohne Gesamtrechte)
§ 112 II 1: ↓

I. Allgemeines

§ 113

$$\frac{\text{Aktivmasse} \times \text{Wert des Grundstücks}}{\text{Summe der Grundstückswerte}} = \text{Einzelmasse}$$

$$\frac{\text{Aktivmasse} \times \text{Wert des Grundstücks}}{\text{Summe der Grundstückswerte}} = \text{Einzelmasse}$$

§ 112 II 3:

Einzelmasse
− Bestehenbleibende Rechte
  (ohne Gesamtrechte)
= Erlösanteil

Einzelmasse
− Bestehenbleibende Rechte
  (ohne Gesamtrechte)
= Erlösanteil

§ 113 [Aufstellung des Teilungsplans]

¹In dem Verteilungstermine wird nach Anhörung der anwesenden Beteiligten von dem Gerichte, nötigenfalls mit Hilfe eines Rechnungsverständigen, der Teilungsplan aufgestellt.

IIIn dem Plane sind auch die nach § 91 nicht erlöschenden Rechte anzugeben.

Schrifttum: *Perger,* Zustellung des Teilungsplanes und Auszahlung des Versteigerungserlöses, Rpfleger 1991, 45.

I. Allgemeines

Grundlage der Erlösverteilung ist der Teilungsplan, der im Verteilungs- 1
termin aufzustellen ist. Der TLP wird idR als Beschluss erlassen oder durch Beschluss festgestellt. Er hat zwar nicht wie der Zuschlagsbeschluss die Kraft eines Richterspruchs (RGZ 153, 252, 256; OLG Köln MDR 1969, 401; *Steiner/Teufel* Rdn 2); er stellt jedoch eine Entscheidung des VollstrG dar, worin die sich auf den Erlös beziehenden Ansprüche und die Art der Verteilung der Masse festgestellt werden. § 113 gilt für alle Versteigerungsverfahren des ZVG. Der TLP ist lediglich Grundlage und Rechtfertigung der Verteilung ohne Änderung der materiellen Rechtslage mit der Folge, dass spätere Ereignisse zu einem Bereicherungsausgleich führen können (*Eickmann,* ZVG, § 20 II 1; vgl aber auch BGH ZIP 1991, 245, wonach der TLP einen materiellen Rechtsanspruch auf die Zuteilung begründet mit der Folge, dass nach dem Verteilungstermin eingetretene Ereignisse weder für eine Widerspruchs- noch für eine Vollstreckungsabwehrklage berücksichtigt werden können).

§ 113 [Aufstellung des Teilungsplans]

II. Inhalt des TLP

1. Vorbemerkungen

2 Damit der TLP übersichtlich wird, empfiehlt es sich, gewisse Fakten vorab festzuhalten.
   a) Bezeichnung des vom Verfahren betroffenen Grundstücks unter Angabe der Grundbuchstelle und des bisherigen Eigentümers;
   b) Ersteher des Grundstücks;
   c) Bares Meistgebot ua für die Teilungsmasse und die Verteilungsgebühr innerhalb der Verfahrenskosten;
   d) Tag des Zuschlags ua für die Bargebotszinsen und den Zinsen aus den bestehengebliebenen Rechten;
   e) Tag des Verteilungstermins ua für die Bargebotszinsen und den Zinsen aus den erlöschenden Rechten;
   f) Bestrangig betreibender Gl für die Abgrenzung der bestehen bleibenden von den erlöschenden Rechten;
   g) Grundstückswert ua für die Verfahrenskosten;
   h) Tag der Beschlagnahme ua für die Abgrenzung von laufenden und rückständigen wiederkehrenden Leistungen.

2. Teilungsmasse (§ 107 I 1)

3 Sie besteht aus dem baren Meistgebot (§ 49 I) und 4% Zinsen (§ 49 II, § 246 BGB) für die Zeit vom Tag des Zuschlags (einschließlich) bis einen Tag vor dem Verteilungstermin (§ 187 II, § 188 I BGB).

3. Bestehenbleibende Rechte (§ 113 II)

4 Aufzunehmen sind die Rechte, die auf Grund der gesetzlichen Versteigerungsbedingungen bestehen bleiben (§§ 52, 91 I) oder auf Grund einer Liegenbelassungsvereinbarung (§ 91 II).

4. Schuldenmasse (§§ 109, 114)

5 Sie setzt sich zusammen aus den Verfahrenskosten (§ 109 I) und sämtlichen Ansprüchen, für die ein Recht auf Befriedigung aus dem Erlös besteht (§§ 10, 110). Letztere sind entsprechend ihrer Rangfolge aufzuführen, und zwar aufgeschlüsselt nach Kosten, Nebenleistungen und der Hauptsache (§ 12). In der Praxis werden idR nur die zum Zuge kommenden Ansprüche aufgeführt. Davon ist im Hinblick auf eine erst später sich ergebende oder erkennbare Zuzahlungsverpflichtung gem §§ 50, 51 abzuraten (ebenso *Steiner/Teufel* Rdn 7; *Dassler/Hintzen* Rdn 4).

5. Zuteilung

Hier wird festgestellt, ob und in welcher Höhe die Ansprüche aus der Schuldenmasse auf Grund der Teilungsmasse zum Zuge kommen. Außerdem werden auch die empfangsberechtigten Personen bestimmt, dh zu berücksichtigen sind Pfandrechte, Abtretungen und Löschungsansprüche. Auch die Aufteilungen nach den §§ 112, 122 werden hier vorgenommen.

6. Hilfszuteilungen

Sie sind erforderlich in den Fällen der §§ 119, 120, 121 II, §§ 123, 124, 125 II, § 126.

III. Aufstellen des TLP

Dies erfolgt im Verteilungstermin, der nichtöffentlich ist (§ 169 GVG). Zuvor ist aber bereits ein Entwurf des TLP zu fertigen, und zwar grundsätzlich durch einen Rechnungsbeamten, soweit die Möglichkeit dazu besteht. Die anwesenden Beteiligten sind zum TLP anzuhören (**§ 113 I**), mit ihnen ist darüber zu verhandeln (**§ 115 I 1**). Über strittige Punkte können sich die Beteiligten vergleichen; der Rechtspfleger ist zur Beurkundung des Vergleichs zuständig (OLG Nürnberg Rpfleger 1972, 305), Beteiligte des Verteilungsverfahrens sind alle am bisherigen Versteigerungsverfahren Beteiligten gem § 9, sowie alle, die nachträglich Beteiligte wurden oder noch werden, zB durch verspätete Anmeldung, nicht aber der Ersteher.

IV. Rechtsbehelfe gegen den TLP

1. Widerspruch (§ 115)

Widerspruch (§ 115) muss erhoben werden, wenn der TLP zwar formell in Ordnung, aber eine Zuteilung **materiell unrichtig** ist. Letzteres ist dann der Fall, wenn bei dem zugeteilten Betrag, dem angenommenen Rang oder der empfangsberechtigten Person Fehler gemacht wurden. Wurde trotz solch vorhandener Mängel kein Widerspruch erhoben, so ist noch eine Bereicherungsklage gemäß § 812 BGB möglich (RGZ 58, 156; 166, 113; BGH NJW-RR 1987, 890).

2. Sofortige Beschwerde (§ 793 ZPO)

Sofortige Beschwerde (§ 793 ZPO) ist einzulegen, wenn **Verstoß gegen Verfahrensvorschriften** gerügt werden soll (BGH NJW 1977, 1287; OLG Düsseldorf Rpfleger 1995, 265). Darunter fallen zB die

§ 113 [Aufstellung des Teilungsplans]

fehlerhafte Ermittlung der Teilungsmasse (BGHZ 68, 276), das Nichtberücksichtigen einer Liegenbelassungsvereinbarung gem § 91 II, die Aufnahme einer anmeldebedürftigen Forderung von Amts wegen ohne Anmeldung, Nichtbeachtung eines Widerspruchs gem § 115 und die unrichtige Behandlung eines Anspruchs iSd § 14. Die 2-Wochen-Frist (§ 569 ZPO) zur Einlegung der Beschwerde beginnt mit der Zustellung des Beschlusses, durch den der TLP endgültig festgestellt wird; dies ergibt sich aus § 329 III ZPO, wonach auch verkündete Beschlüsse von Amts wegen zuzustellen sind (BGH Rpfleger 2009, 401; OLG Hamm Rpfleger 1985, 453; *Eickmann*, ZVG, § 20 II 2; *Perger* Rpfleger 1991, 45; *Klawikowski* Rpfleger 1996, 528 **aA** OLG Stuttgart Rpfleger 2000, 226; OLG Koblenz InVo 1998, 81; OLG Karlsruhe Rpfleger 1995, 427). Die Beschwerde kann jeder Beteiligte (§ 9) einlegen, der beschwert ist. Sie wird durch Auszahlung der Beträge gegenstandslos, nicht aber bei Forderungsübertragung nach § 118 (OLG Düsseldorf Rpfleger 1995, 265). Die Beschwerde hat zwar keine aufschiebende Wirkung, jedoch sind gemäß § 570 ZPO einstweilige Maßnahmen möglich. Neben der sofortigen Beschwerde wegen Verfahrensverstöße kann auch Widerspruch (§ 115) auf Grund materieller Verstöße erhoben werden, da sich diese Rechtsbehelfe nicht ausschließen (OLG Köln MDR 1969, 401).

3. Berichtigung (§ 319 ZPO)

11 Schreib- und Rechenfehler (zB falsche Ausrechnung der Zinsbeträge) oder ähnliche offenbare Unrichtigkeiten im TLP sind vom VollstrG von Amts wegen zu berichtigen. Ausgeschlossen ist diese Möglichkeit, wenn das VollstrG seinen Berechnungen falsche Fakten (zB falscher Beschlagnahmetag) zugrundegelegt hat (*Stöber* Rdn 6.2).

V. Beispiel

12 Das im GB von Nürnberg Band 33 Blatt 847 auf den Namen des Kaufmanns Gerhard Stark in Nürnberg eingetragene Grundstück Gemarkung Nürnberg Flurstück 11/3 wurde am 1. 10. 2009 versteigert. Der Zuschlag ist Herrn Peter Helldobler in München für ein Bargebot von 46 500,– € erteilt worden. Der Verkehrswert des Grundstücks war auf 180 000,– € festgesetzt worden. Die Beschlagnahme erfolgte am 12. 1. 2009; der Versteigerungsvermerk wurde am 14. 1. 2009 eingetragen. Im GB sind eingetragen:

Abt III Nr. 1:	60 000,– € Hypothek mit 6,5 % Jahreszinsen, fällig, jeweils kalendervierteljährlich nachträglich, für die Hypothekenbank AG in München; eingetragen am 15. 4. 2002

V. Beispiel § 113

Abt III Nr. 2:	40 000,– € Grundschuld mit 8 % Jahreszinsen, fällig kalenderjährlich im voraus, für Landesbausparkasse in München; eingetragen am 20. 4. 2002
Abt III Nr. 3:	10 000,– € Zwangssicherungshypothek nebst 5 % Jahreszinsen seit dem 1. 4. 2002 für den Kaufmann Robert Zander in München; eingetragen auf Grund des Urteils des LG München I vom 10. 5. 2002 am 18. 6. 2002
Abt III Nr. 4:	30 000,– € Grundschuld mit 10 % Jahreszinsen seit 1. 3. 2003, fällig jährlich nachträglich, für die Stadtsparkasse München; eingetragen am 6. 3. 2003
Abt III Nr. 5:	5 000,– € Hypothek mit 6 % Jahreszinsen, fällig kalenderjährlich nachträglich, für die Stadt München, eingetragen am 10. 4. 2003
Abt III Nr. 6:	Vormerkung zur Sicherung des Anspruchs auf Eintragung einer Hypothek von 10 000,– € nebst 12 % Jahreszinsen ab 1. 1. 2004 (fällig jährlich im voraus) für den Kaufmann Martin Koller in München, eingetragen auf Grund der Bewilligung vom 10. 12. 2003 am 12. 12. 2003
Abt III Nr. 7:	15 000,– € Hypothek mit 6 % Zinsen (pro Jahr) ab 1. 1. 2009, fällig kalendervierteljährlich im voraus für den Kaufmann Manfred Schober in München; eingetragen am 15. 6. 2009

Betrieben wird die ZwVerst von der Stadt München auf Grund eines dinglichen Titel wegen der Hypothek Abt III Nr 5 zu 5 000,– € nebst 6 % Zinsen seit dem 1. 1. 2005

Zum Versteigerungstermin am 1. 10. 2009 haben angemeldet:
1. Stadtkasse München rückständige Grundsteuern ab 1. 10. 2008 mit monatlich 50,– €;
2. Hypothekenbank AG in München rückständige Zinsen aus der Hypothek Abt III Nr 1 seit 1. 10. 2005
3. Stadtsparkasse München rückständige Zinsen aus der Grundschuld Abt III Nr 4 seit 1. 3. 2004
4. Stadt München 225,– € insgesamt Kosten für die Anordnung der ZwVerst und der dinglichen Rechtsverfolgung.

Zum Verteilungstermin am 1. 12. 2009 meldet der Kaufmann Manfred Schober in München 15 000,– € Kapital und die Zinsen aus der Hypothek Abt III Nr 7 seit dem 1. 1. 2009 an. Verfahrenskosten sind in Höhe von 3 000,– € entstanden.

§ 113 [Aufstellung des Teilungsplans]

Teilungsplan (§ 113 I)

in dem Verfahren zur Zwangsversteigerung des im GB des Amtsgerichts Nürnberg für die Gemarkung Nürnberg Band 33 Blatt 847 auf den Namen von Gerhard Stark in Nürnberg
eingetragenen Beschlagnahmegrundstücks

FlSt. 11/3   An der Oberen Kieselbergstraße; Wohnhaus zu 500 qm.

I. Vorbemerkungen:
   Bares Meistgebot   46 500,– €
   Zuschlag   1. 10. 2009
   Verteilungstermin   1. 12. 2009
   Bestbetreibender Gl   Abt III Nr 5
   Grundstückswert   180 000,– €
   Beschlagnahme   12. 1. 2009
   Ersteher: Peter Helldobler in München

II. Teilungsmasse (§ 107 I 1):
   4. Bares Meistgebot (§ 49 I)   46 500,– €
   5. 4% Zinsen (§ 49 II, § 246 BGB) für 1. 10. 2009–30. 11.   310,– €
      2009 (§§ 187 II, 188 I BGB)
                                                                   —————————
                                                                   46 810,– €

III. Bestehenbleibende Rechte (§ 113 II):
   1. Hypothek Abt III Nr 1 Hypothekenbank AG in München   60 000,– €
   2. Grundschuld Abt III Nr 2 Landesbausparkasse in München   40 000,– €
   3. Zwangssicherungshypothek Abt III Nr 3 Robert Zander   10 000,– €
      in München
   4. Grundschuld Abt III Nr 4 Stadtsparkasse München   30 000,– €
                                                                   —————————
                                                                   140 000,– €

IV. Schuldenmasse (§§ 109, 114):
   1. Verfahrenskosten (§ 109 I)   3 000,– €
   2. Stadtkasse München (§§ 109 II, 101 Nr 3) Grundsteuer   600,– €
      für die Zeit von 1. 10. 2008–30. 9. 2009 (§§ 114 I 1; 13
      I 1; 56 S 2)
   3. Hypothekenbank AG in München (§§ 109 II, 10 I Nr 4)   11 700,– €
      6,5 % Zinsen aus der Hyp Abt III Nr 1 für die Zeit von
      1. 10. 2006–30. 9. 2009 (§§ 114 I 1, II; 13 I; 56 S 2)
   4. Landesbausparkasse in München (§§ 109 II, 10 I Nr 4)   2 400,– €
      8% Zinsen aus der Grdsch Abt III Nr 2 für die Zeit vom
      1. 1. 2009–30. 9. 2009 (§§ 114 II; 13 I 1; 56 S 2)
   5. Robert Zander in München (§§ 109 I, 10 I Nr 4) 5%   359,72 €
      Zinsen aus der Hyp Abt III Nr 3 für die Zeit vom 12. 1.
      2009–30. 9. 2009 (§§ 114 II; 13 I 1, III; 56 S 2)
   6. Stadtsparkasse München (§§ 109 II, 10 I Nr 4) 10 % Zin-   13 750,– €
      sen aus der Grdsch Abt III Nr 4 für die Zeit vom 1. 3.
      2005–30. 9. 2009 (§§ 114 I 1, II; 13 I; 56 S 2)
   7. Stadt München (§§ 109 II, 10 I Nr 4, 12) Ansprüche aus
      der Hyp Abt III Nr 5

V. Beispiel § 113

    a) Kosten (§ 114 I)   225,– €
    b) 6% Zinsen für die Zeit vom 1.1. 2006–30.11. 2009   1175,– €
       (§§ 114 I; 13 I)
    c) Hauptsache (§ 114 I)   5 000,– €
                                          6 400,– €

8. Martin Koller in München (§§ 109 II, 10 I Nr 4) Ansprüche aus der Vormerkung Abt III Nr 6
    a) 12% Zinsen für die Zeit vom 1.1. 2009–30.11. 2009   1 100,– €
       (§§ 114 II; 13 I 1)
    b) Hauptsache (§ 114 I 1)   10 000,– €
                                          11 100,– €
    für den Fall, dass und soweit der gesicherte Anspruch auf Eintragung der Hypothek besteht.

9. Stadt München (§§ 109 II, 10 I Nr 5) 6% Zinsen aus der Hyp Abt III Nr 5 zu   5 000,– €
    für die Zeit von 1.1. 2005–31.12. 2005 (§ 114 I)   300,– €
10. Hypothekenbank AG in München (§§ 109 II, 10 I Nr 8) 6,5% Zinsen aus der Hyp Abt III Nr 1 für die Zeit von 1.10. 2005–30.9. 2006 (§ 114 I 1)   3 900,– €
11. Stadtsparkasse München (§§ 109 II, 10 I Nr 8) 10% Zinsen aus der Grdsch Abt III Nr 4 für die Zeit von 1.3. 2004–30.2. 2005 (§ 114 I 1)   3 000,– €
12. Manfred Schober in München (§ 110) Ansprüche aus der Hyp Abt III Nr 7 zu   15 000,– €
    a) 6% Zinsen für die Zeit vom 1.1. 2009–30.11. 2009   825,– €
    b) Hauptsache   15 000,– €
                                        15 825,– €

V. Zuteilung
    1. Oberjustizkasse (Verfahrenskosten)   3 000, €
    2. Stadtkasse München (Grundsteuern)   600, €
    3. Hypothekenbank AG (Zinsen aus Abt III Nr 1)   11 700, €
    4. Landesbausparkasse (Zinsen aus Abt III Nr 2)   2 400, €
    5. Robert Zander (Zinsen aus Abt III Nr 3)   359,72 €
    6. Stadtsparkasse München (Zinsen aus Abt III Nr 4)   13 750, €
    7. Stadt München (Abt III Nr 5)   6 400, €
    8. Martin Koller (Abt III Nr 6)   8 600,28 €
    für den Fall, dass und soweit der durch die Vormerkung gesicherte Anspruch auf Eintragung der Hypothek besteht.   6 810, €

VI. Hilfsverteilung nach § 119
    Zugeteilt wird für den Fall, dass der durch die Vormerkung gesicherte Anspruch von Martin Koller auf Bestellung der Hypothek (Abt III Nr 6) nicht besteht, der freiwerdende Betrag von 8600,28 € auf:
    1. Stadt München (Zinsen aus Abt III Nr 5)   300, €
    2. Hypothekenbank AG (Zinsen aus Abt III Nr 1)   3 900, €
    3. Stadtsparkasse München (Zinsen aus Abt III Nr 4)   3 000, €
    4. Manfred Schober (Abt III Nr 7)   1 400,28 €
                                        600,28 €

Der streitige Betrag von 8600,28 € ist gem § 120 zu hinterlegen.

§ 114 [Aufzunehmende Ansprüche]

ᴵIn den Teilungsplan sind Ansprüche, soweit ihr Betrag oder ihr Höchstbetrag zur Zeit der Eintragung des Versteigerungsvermerkes aus dem Grundbuch ersichtlich war, nach dem Inhalte des Buches, im übrigen nur dann aufzunehmen, wenn sie spätestens in dem Termin angemeldet sind. Die Ansprüche des Gläubigers gelten als angemeldet, soweit sie sich aus dem Versteigerungsantrag ergeben.

ᴵᴵLaufende Beträge wiederkehrender Leistungen, die nach dem Inhalte des Grundbuchs zu entrichten sind, brauchen nicht angemeldet zu werden.

Übersicht

	Rn.
I. Allgemeines	1
II. Berücksichtigung der Ansprüche im TLP	2
1. Von Amts wegen	2
a) Verfahrenskosten (§ 109 I)	2
b) Ansprüche, soweit sie zurzeit der Eintragung des Versteigerungsvermerks aus dem GB ersichtlich waren (§ 114 I 1)	3
c) Laufende Beträge wiederkehrender GB-Leistungen (§ 114 II)	4
2. Auf Grund Anmeldung	5
a) Allgemeines	5
b) Anmeldebedürftige Ansprüche	12
III. Einzelfälle	17
1. Altenteil	17
2. Auflassungsvormerkung	18
3. Beschränkte persönliche Dienstbarkeit	19
4. Dauerwohn- und Dauernutzungsrecht	20
5. Eigentümergrundschuld	21
a) Offene Eigentümergrundschuld	21
b) Zwangsvollstreckung	22
c) Zinsen	23
d) Verschleierte Eigentümergrundschuld	24
6. Grunddienstbarkeit	25
7. Grundschuld	26
8. Höchstbetragshypothek	27
9. Hypothek	28
10. Löschungsanspruch und seine Sicherung	30
a) Gesetzlicher Löschungsanspruch	30
b) Löschungsvormerkung	40
c) Löschungsanspruch und Rückgewähranspruch	41
11. Nießbrauch	42
12. Öffentliche Lasten	43
13. Persönliche Ansprüche iSv § 10 I Nr 5	44

14. Rangvorbehalte	45
15. Reallast	47
16. Sicherungsgrundschuld	48
a) Sicherungsvertrag	48
b) Nicht entstandene Forderung	51
c) Erloschene Forderung	52
d) Erlösanspruch	54
e) Haftungsrahmen der Grundschuld durch Gläubiger	56
17. Sicherungshypothek nach §§ 1184 ff BGB	58
18. Tilgungshypothek	59
19. Vorkaufsrecht	60
20. Zwangssicherungshypothek	61
21. Rangänderungen	1

I. Allgemeines

Die Vorschrift gilt für alle Versteigerungsverfahren des ZVG. 1

II. Berücksichtigung der Ansprüche im TLP

1. Von Amts wegen

a) Verfahrenskosten (§ 109 I). Sie werden von Amts wegen in den 2 TLP aufgenommen, und zwar vor sämtlichen Ansprüchen iSd § 10.

b) Ansprüche, soweit sie zurzeit der Eintragung des Versteigerungsvermerks aus dem GB ersichtlich waren (§ 114 I 1). Der 3 Betrag oder der Höchstbetrag müssen aus dem GB ersichtlich sein. Bei Nichtkapitalrechten ergibt sich dann ein Geldbetrag aus dem GB, wenn ein Höchstbetrag des Wertersatzes eingetragen ist (§ 882 BGB); ansonsten bedarf es zur Aufnahme eines Wertersatzes in den TLP der Anmeldung. § 114 bezieht sich nur auf den Anspruch, nicht auf die Person des Berechtigten; selbst einen Wechsel nach dem Versteigerungsvermerk hat das VollstrG von Amts wegen zu berücksichtigen. Vgl im Übrigen §§ 44, 45 Rdn. 36!

c) Laufende Beträge wiederkehrender GB-Leistungen (§ 114 II). Laufende Beträge sind der letzte vor der Beschlagnahme fällig gewor- 4 dene Betrag und die später fällig werdenden Beträge **(§ 13 I 1)**; soweit sie nach dem Inhalt des GB zu entrichten sind, werden sie von Amts wegen in den TLP aufgenommen. Laufende Beträge wiederkehrender Leistungen, die nicht nach dem GB-Inhalt zu leisten sind, und alle rückständigen Beträge wiederkehrender Leistungen **(§ 13 I 2)** bedürfen der Anmeldung, um in den TLP aufgenommen zu werden.

§ 114 [Aufzunehmende Ansprüche]

2. Auf Grund Anmeldung

Schrifttum: *Riedel,* Die Anmeldung im Laufe des Zwangsversteigerungsverfahrens, JurBüro 1974, 689; *Warias,* Die beschränkte Anmeldung von laufenden Zinsen im Zwangsversteigerungsverfahren, RpflStud 1980, 78.

5 a) **Allgemeines. aa)** Ein nicht von Amts wegen zu berücksichtigender Anspruch muss angemeldet werden, damit er in den TLP aufgenommen werden kann (**§ 114 I 1**). Das **Nichtanmelden** bedeutet keinen materiellen Verzicht auf den Anspruch, sondern führt nur zur verfahrensrechtlichen Nichtberücksichtigung im TLP.

6 bb) Die Anmeldung muss **spätestens im Verteilungstermin** erfolgen, damit ein Anspruch in den TLP aufgenommen werden kann (**§ 114 I 1**). Erfolgte sie aber nach der Aufforderung zur Gebotsabgabe (**§ 37 Nr 4**), so hat dies einen Rangverlust gem § 110 zur Folge. Eine früher vorgenommene Anmeldung braucht zum Verteilungstermin nicht wiederholt zu werden; sie gilt weiter, kann jedoch geändert werden.

7 cc) **Die Ansprüche des betreibenden Gl** gelten als angemeldet, soweit sie sich aus dem Versteigerungsantrag ergeben (**§ 114 I 2**). Daran ändert auch die Einstellung des Verfahrens (§ 30) nichts. Wird jedoch der Antrag zurückgenommen und das Verfahren aufgehoben (§ 29), entfällt auch die fiktive Anmeldungswirkung des § 114 I 2. Die Kosten der gegenwärtigen Rechtsverfolgung (zB Gerichts- und Rechtsanwaltskosten für Anordnung oder Beitritt) müssen detailliert mit Beträgen angemeldet werden; der allgemeine Hinweis auf diese Kosten im Versteigerungsantrag genügt nicht.

8 dd) Eine Anmeldung in einer parallel laufenden **Zwangsverwaltung** wirkt nicht auch für die ZwVerst; gleiches gilt umgekehrt. In jedem Verfahren muss die Anmeldung gesondert erfolgen.

9 ee) Obwohl im § 114 nicht erwähnt, kann **Glaubhaftmachung** entsprechend § 45 I vom VollstrG oder betreibenden Gl verlangt werden, wenn zweifelhaft ist, ob ein angemeldeter Anspruch überhaupt besteht; soweit dem Verlangen nicht entsprochen wird, unterbleibt die Aufnahme des Anspruchs in den TLP. Ein darin liegender Widerspruch (§ 115 II) ist zurückzuweisen, weil der Anmeldende nicht Beteiligter (§ 9) ist mangels Glaubhaftmachung. Hinsichtlich rückständiger (§ 13 I 2) wiederkehrender Leistungen kann keine Glaubhaftmachung verlangt werden (§ 45 II analog).

10 ff) **Minderanmeldung.** Vgl §§ 44, 45 Rdn 44.

11 gg) **Unzulässige Anmeldungen.** Vgl §§ 44, 45 Rdn 45.

12 b) **Anmeldebedürftige Ansprüche. aa)** Ansprüche aus § 10 I Nr 1–3.

13 bb) **Kosten iSd § 10 II.** Zur Vermeidung des Rangverlustes gem §§ 37 Nr 4, 110 wird zum Versteigerungstermin idR zunächst ein Pauschalbetrag angemeldet. Für die Erlösverteilung müssen die Kosten dann jedoch aufgeschlüsselt angemeldet werden.

cc) Rückständige wiederkehrende Leistungen, und zwar auch dann, wenn sie aus dem GB ersichtlich sind. 14

dd) Wertersatz für Nichtkapitalrechte gem § 92. 15

ee) Rechte, die nach dem Versteigerungsvermerk in das GB eingetragen wurden. 16

III. Einzelfälle

1. Altenteil

Schrifttum: *Drischler*, Das Altenteil in der Zwangsversteigerung, Rpfleger 1983, 229; *Drischler*, Das Altenteil in der Immobiliarvollstreckung, RpflJB1991, 196.

Geht das Altenteil dem bestrangig betreibenden Gl im Rang vor, bleibt es bestehen (§ 52 I 1). Aber auch, wenn der Berechtigte des Altenteils selbst der bestrangig Betreibende ist oder wenn das Altenteil dem bestbetreibenden Recht im Rang gleich- bzw nachsteht, bleibt es gem § 9 I EGZVG außerhalb des gG bestehen **(vgl § 52 Rdn 12)**; nach § 9 II EGZVG kann aber in diesem Fall auch das Erlöschen des Altenteils als Versteigerungsbedingung verlangt werden **(vgl § 59 Rdn 26, 27)**. Erlischt das Altenteil durch den Zuschlag, so ist durch Zahlung einer Geldrente gem §§ 92 II, 121 Ersatz zu leisten **(vgl § 92 Rdn 22)**. 17

2. Auflassungsvormerkung

Geht sie dem bestrangig betreibenden Gl im Rang vor, bleibt sie bestehen, ansonsten erlischt sie **(vgl § 52 Rdn 3)**. An die Stelle der erloschenen AV tritt ein einmaliger Kapitalbetrag gem **§ 92 I (vgl dort Rdn 25)**; der Ersatzbetrag muss angemeldet werden. Da es sich um einen aufschiebend bedingten Anspruch handelt, sind die §§ 119, 120 zu beachten. 18

3. Beschränkte persönliche Dienstbarkeit

Sie bleibt bestehen, wenn sie dem bestrangig betreibenden Gl im Rang vorgeht, ansonsten erlischt sie **(vgl § 52 Rdn 4)**. Für das erlöschende Recht ist gem §§ 92 II, 121 Ersatz durch Zahlung einer Geldrente zu leisten **(vgl § 92 Rdn 20)**. Die zur Berechnung des Deckungskapitals erforderlichen Umstände sind anzumelden. Bis zur endgültigen Festsetzung des Betrages gilt der Anspruch als aufschiebend bedingt **(§ 14 Rdn 8)**. Das VollstrG muss daher nach den §§ 119, 120 verfahren. 19

§ 114 [Aufzunehmende Ansprüche]

4. Dauerwohn- und Dauernutzungsrecht

20 Es bleibt bestehen, wenn es dem bestbetreibenden Gl im Rang vorgeht; andernfalls erlischt es (§ 52 I). Abweichend von diesen allgemeinen Grundsätzen ist ein Bestehenbleiben ausnahmsweise gem § 39 WEG möglich **(vgl § 52 Rdn 14)**. Für ein erloschenes Recht ist nach §§ 92 II, 121 Ersatz durch Zahlung einer Geldrente zu leisten **(vgl § 92 Rdn 23)**. Die zur Berechnung des Deckungskapitals erforderlichen Umstände sind anzumelden. Bis zur endgültigen Feststellung des Betrages gilt der Anspruch als aufschiebend bedingt **(§ 14 Rdn 4)**. Das VollstrG muss daher nach den §§ 119, 120 verfahren.

5. Eigentümergrundschuld

Schrifttum: Bayer, Zinsen für die Eigentümergrundschuld? AcP 189, 470; *Mümmler*, Pfändung erloschener Eigentümergrundschulden im Zwangsversteigerungsverfahren, JurBüro 1983, 1141; *Stöber*, Zweifelsfragen bei Pfändung von Eigentümergrundschulden und Eigentümerhypotheken, Rpfleger 1958, 251.

21 **a) Offene Eigentümergrundschuld.** Gemäß **§ 1196 BGB** kann sich der Eigentümer selbst eine Grundschuld bestellen; es handelt sich hierbei um eine offene Eigentümergrundschuld, die aus dem GB ersichtlich ist. Nach hM ist das Eigentümerrecht ein selbstständiges dingliches Recht am Grundstück, das auch am Versteigerungserlös rangmäßig beteiligt wird (MünchKomm/*Eickmann* § 1177 Rdn 3). Von Amts wegen wird es berücksichtigt, wenn es zurzeit der Eintragung des Versteigerungsvermerks aus dem GB ersichtlich war; ansonsten bedarf es der Anmeldung (§ 114 I 1). Geht das Eigentümerrecht dem bestrangig betreibenden Gl im Rang vor, bleibt es bestehen; andernfalls erlischt es (§ 52 I).

22 **b) Zwangsvollstreckung.** Die Zwangsvollstreckung aus einem Eigentümerrecht kann der Eigentümer nicht betreiben **(§ 1197 I BGB)**. Der Gl, der das Eigentümerrecht gepfändet hat oder dem es verpfändet ist, unterliegt den Beschränkungen des § 1197 I BGB nicht (BGH Rpfleger 1988, 181); gleiches gilt für den Insolvenzverwalter (MünchKomm/*Eickmann* § 1197 Rdn 8).

23 **c) Zinsen.** Eine Eigentümergrundschuld kann als verzinsliches Recht bestellt und im GB mit einem Zinsbeginn vor ihrer Eintragung eingetragen werden (BGHZ 64, 316, 320; BayObLG Rpfleger 1978, 309; 1979, 100). Zinsen aus einer Eigentümergrundschuld gebühren dem Eigentümer aber in der ZwVerst nicht **(§ 1197 II BGB)**, bei einer erloschenen Eigentümergrundschuld auch nicht für die Zeit vom Zuschlag bis zur Verteilung (RGZ 60, 359, 362; *Stöber* Rpfleger 1958, 339, 342 **aA** *Bayer* AcP 189, 470, 488). Die Beschränkung des § 1197 II BGB gilt nicht, dh Zinsen können auch in der ZwVerst verlangen, der Pfandgläubiger

III. Einzelfälle **§ 114**

(LG Hof Rpfleger 1965, 369; MünchKomm/*Eickmann* § 1197 Rdn 7; *Bayer* AcP 189, 470, 478 **aA** *Stöber* Rdn 6.10) und der Insolvenzverwalter (MünchKomm/*Eickmann* § 1197 Rdn 8 **aA** *Bayer* AcP 189, 470, 481; *Stöber* Rdn 6.11). Sobald die Eigentümergrundschuld ein Fremdrecht wird (zB durch Abtretung oder Grundstücksveräußerung), gilt § 1197 II nicht mehr. Zinsen der Eigentümergrundschuld von ihrer Eintragung bis zu ihrer Abtretung können mitabgetreten werden, da sie zwar entstanden sind, nur dem Eigentümer nicht "gebührten" (BayObLG Rpfleger 1987, 364; OLG Celle Rpfleger 1989, 323; OLG Düsseldorf Rpfleger 1989, 498 **aA** *Bayer* AcP 189, 470, 475 f). Bleibt das Eigentümerrecht nach der Zuschlagserteilung bestehen, verwandelt es sich ab diesem Zeitpunkt in ein Fremdrecht, für das § 1197 II BGB nicht gilt. In den TLP sind Zinsen bis zum Zuschlag nicht aufzunehmen, danach hat sie der Ersteher gemäß § 56 S 2 zu zahlen (*Stöber* Rdn 6.13).

d) Verschleierte Eigentümergrundschuld. Eine verschleierte 24 Eigentümergrundschuld, die nicht aus dem GB ersichtlich ist, liegt vor, wenn bei einer im GB eingetragenen Fremdhypothek die zugrundeliegende Forderung nicht entstanden (§ 1163 I 1, § 1177 I BGB) oder wieder erloschen ist (§ 1163 I 2, § 1177 I BGB); gleiches gilt bei fehlender Briefübergabe (§ 1163 II BGB) und Verzicht (§ 1168 BGB) und Konfusion (§ 889 BGB). Eine Eigentümerhypothek entsteht, wenn der vom persönlichen Schu verschiedene Eigentümer den Gl befriedigt (§ 1143 I, § 1153 I, §§ 412, 401; § 1177 II BGB). Ist eine verschleierte Eigentümergrundschuld durch den Zuschlag erloschen, ist sie als solche im TLP zu berücksichtigen, wenn dem VollstrG ihre Existenz bekannt geworden ist; eine Nachforschungspflicht des VollstrG diesbezüglich besteht nicht (LG Bonn JurBüro 1975, 1243). Da das Eigentümerrecht erloschen ist, bedarf sein Nachweis nicht der Form des § 29 GBO, dh es genügt Schriftform oder eine Erklärung zu Niederschrift des VollstrG. Der Nachweis bei einer Hypothek ist geführt durch eine Erklärung des Gl, dass eine Forderung nicht entstanden (§ 1163 I 1 BGB) oder erloschen (§ 1163 I 2 BGB) ist; gleiches gilt bei Grundpfandrechten auf Grund einer Verzichtserklärung des Gl (§ 1168 BGB).

6. Grunddienstbarkeit

Schrifttum: *Schiffhauer,* Die Grunddienstbarkeit in der Zwangsversteigerung, Rpfleger 1975, 187; *Schubert/Czub,* Die Grunddienstbarkeit in der Zwangsversteigerung, ZIP 1982, 266.

Die Grunddienstbarkeit bleibt bestehen, wenn sie dem bestbetreibenden Gl im Rang vorgeht; ansonsten erlischt sie **(§ 52 Rdn 4)**. An die Stelle des erloschenen Rechts tritt der Kapitalbetrag gem **§ 92 I (vgl dort Rdn 27)**. Der Ersatzbetrag wird nur auf Anmeldung in den TLP aufgenommen. Bis zur endgültigen Festsetzung des Ersatzes gilt der 25

§ 114 [Aufzunehmende Ansprüche]

Anspruch als aufschiebend bedingt (**§ 14 Rdn 7**). Das VollstrG hat daher nach den §§ 119, 120 zu verfahren.

7. Grundschuld

26 Sie ist nicht abhängig vom Bestehen einer Forderung, sie ist vielmehr abstrakt (**§ 1192 I BGB**). Die Grundschuld berechtigt somit schlechthin zur Befriedigung aus dem Grundstück. Soweit sie zurzeit der Eintragung des Versteigerungsvermerks aus dem GB ersichtlich war, werden der Hauptsachebetrag und die laufenden wiederkehrenden Leistungen von Amts wegen berücksichtigt (§ 114). Die Kosten (§ 10 II) und die rückständigen wiederkehrenden Leistungen bedürfen der Anmeldung (§ 114 I 1). Die Grundschuld bleibt bestehen, wenn sie dem bestrangig betreibenden Gl im Rang vorgeht; ansonsten erlischt sie (§ 52 I). Berechtigter ist der Gl der Grundschuld; er ist im TLP festzustellen, und an ihn ist auszuzahlen. Wiederkehrende Leistungen (zB Zinsen) aus einer bestehen bleibenden Grundschuld werden bis zum Tag vor dem Zuschlag berücksichtigt; vom Zuschlag an trägt sie der Ersteher (§ 56 S 2). Endtermin für die wiederkehrenden Leistungen einer erloschenen Grundschuld ist der Tag vor dem Verteilungstermin.

8. Höchstbetragshypothek

27 Das Grundstück ist mit dem eingetragenen Höchstbetrag belastet (§ 1190 I BGB); Zinsen sind im Höchstbetrag enthalten (§ 1190 II BGB). Erlischt das Recht durch den Zuschlag, muss der Berechtigte festgestellt werden; **vgl dazu § 117 Rdn 12**.

9. Hypothek

Schrifttum: *Stöber,* Pfändung hypothekarischer Rechte und Ansprüche, RpflJB 1962, 303.

28 Sie wird von Amts wegen berücksichtigt, soweit sie zurzeit der Eintragung des Zwangsversteigerungsvermerks aus dem GB ersichtlich war (§ 114 I 1); gleiches gilt für die laufenden wiederkehrenden Leistungen aus dem GB (§ 114 II). Der Anmeldung bedürfen die Kosten und die rückständigen wiederkehrenden Leistungen aus dem GB (§ 114 I 1). Die Hypothek bleibt bestehen, soweit sie dem bestrangig betreibenden Gl im Rang vorgeht; ansonsten erlischt sie (§ 52 I). Wiederkehrende Leistungen aus einer bestehen bleibenden Hypothek werden bis zum Tag vor dem Zuschlag berücksichtigt; vom Zuschlag an trägt sie nach § 56 S 2 der Ersteher. Endtermin für die wiederkehrenden Leistungen einer erloschenen Hypothek ist der Tag vor dem Verteilungstermin; dies ergibt sich daraus, dass einerseits die Zinsen so lange verlangt werden können, als der Gl nicht befriedigt ist, dass aber andererseits mit der Erschöpfung

III. Einzelfälle § 114

der Haftungssubstanz am Tage der Verteilung der Zinslauf sein Ende finden muss (*Stöber* Rdn 5. 30).

Die **Hypotheken nach dem ZGB (§§ 452 ff) der ehemaligen DDR** sind wie Sicherungshypotheken gemäß § 1184 BGB zu behandeln, Art 233 § 6 EGBGB (*Keller* Rpfleger 1992, 501, 507); vgl dazu **Rdn 58**. Erlischt die zugrundeliegende Forderung, erlischt auch die Hypothek, es entsteht kein Eigentümerrecht (§ 454 II ZGB). Meldet daher der Gl außerhalb des Termins weniger als den ursprünglichen Kapitalbetrag an, so wird sein Recht auch nur in der angemeldeten Höhe berücksichtigt (*Keller* Rpfleger 1992, 501, 507; zweifelnd *Eickmann* ZIR 1997, 61, 66). Das vollständige oder teilweise Erlöschen von Forderung und Hypothek sind ebenfalls zu berücksichtigen, wenn eine formgerechte (§ 29 GBO) löschungsfähige Quittung oder eine entsprechende Erklärung des Berechtigten zu Protokoll vorliegen; gleiches muss gelten für eine Löschungsbewilligung oder Quittung der sog Bewilligungsstelle nach § 105 Nr 6 GBV (*Eickmann* ZIR 1997, 61, 66).

29

10. Löschungsanspruch und seine Sicherung

Schrifttum: *Alff,* Der gesetzliche Löschungsanspruch im Verteilungsverfahren nach §§ 105 ff. ZVG, Rpfleger 2006, 241; *Böttcher,* Gesetzlicher Löschungsanspruch (§ 1179 a BGB) gegenüber durch Verzicht entstandener Eigentümerrechte, RpflStud 2007, 116; *Böttcher,* Der gesetzliche Löschungsanspruch des § 1179 a BGB bei Insolvenz des Grundstückseigentümers, ZfIR 2007, 395; *Drischler,* Neuregelung der Löschungsvormerkung und Zwangsversteigerung, RpflJB 1979, 327; *Hintzen/ Böhringer,* Durchsetzung von Löschungsansprüchen bei Grundschulden, Rpfleger 2004, 661; *Keller,* Der Löschungsanspruch in der Zwangsversteigerung, RpflJB 1993, 213; *Mayer,* Der gesetzliche Löschungsanspruch und der BGH, RpflStud 2005, 41; *Mohrbutter,* Löschungsvormerkungen in der Zwangsversteigerung nach neuerem Recht, KTS 1978, 17; *Rein,* Der Löschungsanspruch eines nachrangigen Grundschuldgläubigers in der Insolvenz des Grundstückseigentümers, NJW 2006, 3470; *Riggers,* Die Löschungsvormerkung im Zwangsversteigerungsverfahren, Jur-Büro 1969, 23; *Ripfel,* Zur Löschungsvormerkung im Zwangsversteigerungsverfahren, JurBüro 1970, 121; *Stöber,* Löschungs"vormerkung" und Grundschuldverlösungsanspruch, WM 2006, 607; *Stöber,* Der Streit um die Löschungsvormerkung in der Zwangsversteigerung, Rpfleger 1957, 205; *ders.,* Löschungsvormerkung und gesetzlich vorgemerkter Löschungsanspruch, Rpfleger 1977, 399, 435.

a) Gesetzlicher Löschungsanspruch. aa) Allgemeines. Für nach dem 1.1.1978 beantragte und eingetragene Grundpfandrechte (= Neurechte) besteht ggü vor- oder gleichrangigen Eigentümergrundpfandrechten ein gesetzlicher Löschungsanspruch (§§ 1179a I 1 und 2, 1192 I BGB); dies gilt auch ggü Rechten, die vor dem 1.1.1978 im GB eingetragen wurden (BGH Rpfleger 1987, 238). Gesichert ist der gesetzliche Löschungsanspruch in gleicher Weise, als wenn eine LV eingetragen wäre (§ 1179 a I 3 BGB), dh die Vormerkungswirkungen entstehen kraft Gesetzes ohne Eintragung einer LV. Entgegen der Auffassung des BGH

30

§ 114 [Aufzunehmende Ansprüche]

(ZfIR 2007, 419) ist der aufschiebend bedingte Löschungsanspruch aufgrund seiner gesetzlichen Vormerkungswirkung auch insolvenzfest iSv § 106 InsO (*Böttcher* ZfIR 2007, 395; *Rein* NJW 2006, 3470; *Alff* Rpfleger 2006, 486; *Dassler/Hintzen* Rdn 101; *Morvilius* in D/M/V 4. Kap Rdn 595-598). Auch den Gl von Zwangssicherungshypotheken (§§ 866 ff ZPO) oder von Sicherungshypotheken für übertragene Forderungen gg den Ersteher (§ 128) steht der gesetzliche Löschungsanspruch zu. Ggü einer ursprünglichen Eigentümergrundschuld gem § 1163 I 1, § 1177 I BGB besteht zwar auch der gesetzliche Löschungsanspruch, er kann jedoch erst geltend gemacht werden, wenn die zu sichernde Forderung nicht mehr entstehen wird (§ 1179 a II 1 BGB). **Kein gesetzlicher Löschungsanspruch** besteht

– für vor dem 1. 1. 1978 beantragte und eingetragene Grundpfandrechte (= Altrechte);
– für vor dem 1. 1. 1978 beantragte und nach dem 31. 12. 1977 eingetragene Grundpfandrechte (= Übergangsrechte);
– für andere beschränkte dingliche Rechte als Grundpfandrechte, zB Dienstbarkeiten (§ 1179 BGB nF);
– ggü einer Eigentümergrundschuld aus einem Briefrecht vor Briefübergabe (§ 1179 a II 2 BGB);
– wenn er ausgeschlossen ist (§ 1179 a V BGB);
– ggü einer ursprünglichen offenen Eigentümergrundschuld (§ 1196 III BGB);
– für den Gl einer Arrestsicherungshypothek (§ 932 I 2 ZPO); dagegen bestehen – wegen des Vergleichs mit der Höchstbetragshypothek, der ein Löschungsanspruch zusteht – verfassungsrechtliche Bedenken aus Art 3 GG (vgl MünchKomm/*Eickmann* § 1179 a Rdn 14; *Zöller/Vollkommer* § 932 Rdn 1; *Stöber* Rpfleger 1977, 425 **aA** *Keller* RpflJB 1993, 213, 217).
– ggü Hypotheken nach §§ 452 ff ZGB der ehemaligen DDR, weil aus ihnen kein Eigentümerrecht entstehen kann, § 454 II ZGB (*Keller* Rpfleger 1992, 501, 506).

Nach Ansicht des BGH (ZfIR 2004, 1028) kann ein nachrangiger Grundpfandrechtsgläubiger auf Grund seines gesetzlichen Löschungsanspruchs der Zuteilung an ein vorrangiges Eigentümerrecht dann nicht widersprechen, wenn der **vorrangige Grundpfandrechtsgläubiger erst im Verteilungsverfahren für den nicht valutierten Teil seines Rechts auf den Erlös verzichtet.** *Stöber* (WM 2006, 607, 608) führt dazu aus: „Das ist ebenso verblüffend wie rechtsirrig oder, wenn man so will, falsch. Für das gleichermaßen erstaunliche wie untragbare Ergebnis... bietet das Gesetz nicht den geringsten Anhalt." In der Tat darf es für den gesetzlichen Löschungsanspruch keinen Unterschied machen, ob der vorrangige Grundpfandrechtsgläubiger vor oder nach dem Zuschlag auf sein Grundpfandrecht verzichtet (*Böttcher* RpflStud 2007,

III. Einzelfälle § 114

116; *Alff* Rpfleger 2006, 241; *Dassler/Hintzen* Rdn 106; *Morvilius* in D/M/V 4. Kap Rdn 590).

Tritt ein Alt- oder Übergangsrecht im Rang hinter ein Neurecht 31 zurück, so steht ihm trotzdem kein gesetzlicher Löschungsanspruch zu (BayObLG Rpfleger 1979, 261). Erfolgt aber hinsichtlich eines Alt- oder Übergangsrechts eine Pfanderstreckung auf ein weiteres Grundstück nach dem 1. 1. 1978, so steht ihm auf dem neuen Grundstück ein gesetzlicher Löschungsanspruch ggü vor- oder gleichrangigen Eigentümergrundpfandrechten zu (BGH Rpfleger 1981, 228). Soweit einem Recht kein gesetzlicher Löschungsanspruch zusteht, kann auch nach dem 1. 1. 1978 eine LV nach § 1179 BGB aF eingetragen werden.

bb) Die erloschene Eigentümergrundschuld. Der gesetzliche 32 Löschungsanspruch und die "fingierte LV" (§ 1179a I BGB) hindern das Entstehen einer Eigentümergrundschuld nicht. Der Berechtigte des gesetzlichen Löschungsanspruchs hat einen Anspruch gegen den Eigentümer auf Löschung des Eigentümerrechts. Dieser Löschungsanspruch bleibt bestehen bei dem Erlöschen des Eigentümerrechts durch den Zuschlag. Von diesem Zeitpunkt an hat der Berechtigte einen Anspruch, dass der bisherige Grundstückseigentümer den auf die Eigentümergrundschuld entfallenden Erlösanteil ihm insoweit überlässt, als er ihm zustehen würde, wenn die Löschung der Eigentümergrundschuld schon vor dem Zuschlag erfolgt wäre (BGHZ 25, 382; RGZ 84, 78, 83).

Rangiert das **aus dem LA begünstigte Recht unmittelbar nach** 33 **dem mit dem LA belasteten Recht,** kommt der Erlösanteil dem Berechtigten des begünstigten Rechts unmittelbar zugute. Der Gl des Löschungsanspruchs kann die Überlassung des Erlösanteils aber nicht schlechthin verlangen, sondern nur insoweit, als sein rechtliches Interesse reicht; dieses erschöpft sich mit der Befriedigung seines Rechts (RGZ 63, 152; 84, 78, 83). Eine den Anspruch des Berechtigten aus dem LA übersteigende Zuteilung auf das Eigentümerrecht verbleibt ggf dem Vollstreckungsschuldner.

Mehrere LA stehen im keinem Rangverhältnis untereinander. Wer- 34 den sie geltend gemacht, ist für die Zuteilung der Rang der begünstigten Rechte maßgebend.

Sind **Zwischenrechte** vorhanden, dh Rechte zwischen dem mit dem 35 LA belasteten Eigentümerrecht und dem aus dem LA begünstigten Recht, so wirkt sich die Durchsetzung des Löschungsanspruchs nach hM wie folgt aus (BGHZ 25, 382; 39, 242; OLG Düsseldorf Rpfleger 1989, 422; *Keller* RpflJB 1993, 213, 219 f; *Eickmann,* ZVG, § 21 III b):
– Auf das Recht des Löschungsberechtigten erfolgt eine Zuteilung, als wenn überhaupt kein Eigentümerrecht bestehen würde;
– Auf das Zwischenrecht erfolgt eine Zuteilung, als wenn kein Löschungsanspruch bestehen würde;
– Auf das Eigentümerrecht wird der Rest zugeteilt.

§ 114 [Aufzunehmende Ansprüche]

36 Beispiele:

	Grundpfandrechte		Erlös	Zuteilung
(1)	15 000,–	EigtR	45 000,–	0,–
	30 000,–			30 000,–
	25 000,–	LA		15 000,–
	10 000,–			0,–
(2)	15 000,–	EigtR	45 000,–	15 000,–
	30 000,–			30 000,–
	25 000,–			0,–
	10 000,–	LA		0,–
(3)	15 000,–	EigtR	60 000,–	5 000,–
	30 000,–			30 000,–
	25 000,–	LA		25 000,–
	10 000,–			0,–
(4)	15 000,–	EigtR	60 000,–	10 000,–
	30 000,–			30 000,–
	25 000,–			15 000,–
	10 000,–	LA		5 000,–
(5)	15 000,–	EigtR	35 000,–	10 000,–
	30 000,–			20 000,–
	25 000,–	LA		5 000,–
	10 000,–	LA		0,–

37 Bei der **formellen Behandlung des Löschungsanspruchs** ist nach heute hM zu beachten (*Steiner/Teufel* Rdn 90): Der Löschungsanspruch ist als schuldrechtlicher Anspruch vom VollstrG nicht von Amts wegen zu beachten; er bedarf vielmehr der Geltendmachung mittels Anmeldung. Diese unterliegt jedoch nicht dem Ausschluss nach § 37 Nr 4, § 110, sondern kann schriftlich oder durch Erklärung zu Protokoll spätestens im Verteilungstermin erfolgen. Mit der Anmeldung des Löschungsanspruchs ist der auf die Eigentümergrundschuld treffende Erlösanteil als auflösend bedingter Anspruch nach § 119 zu behandeln; er ist auflösend bedingt durch die Verwirklichung des Löschungsanspruchs. Neben der Zuteilung auf das Eigentümerrecht ohne Rücksicht auf den Löschungsanspruch muss daher auch eine Hilfsverteilung erfolgen für den Fall, dass der Löschungsanspruch verwirklicht wird (§ 119). Da bei auflösend bedingten Rechten der TLP durch Zahlung an den derzeit Berechtigten auszuführen ist, hat sich der Gl des Löschungsanspruchs durch Widerspruch (§ 115) gegen die Planausführung zu wenden, wenn er die Zahlung an den Inhaber des Eigentümerrechts verhindern will. In der Geltendmachung des Löschungsanspruchs durch Anmeldung beim VollstrG liegt idR bereits der Widerspruch des Berechtigten des Löschungsanspruchs (§ 115). Dies hat zur Folge, dass neben der Hilfsverteilung gem § 119 der auf Grund des Löschungsanspruchs verlangte Betrag hinterlegt wird (§ 124 II, § 120); zur Formulierung der Zuteilung vgl *Keller* RpflJB 1993, 213, 228. Auszahlung an den Berechtigten des Löschungsanspruchs

III. Einzelfälle § 114

kann nur erfolgen, wenn der Vollstreckungsschuldner den Anspruch anerkennt oder ein entsprechendes Urteil vorgelegt wird.

cc) Die bestehen bleibende Eigentümergrundschuld. Der 38 gesetzliche Löschungsanspruch und die "fingierte LV" (§ 1179 a I BGB) erlöschen nicht, wenn das aus dem Löschungsanspruch begünstigte Recht erlischt, aber das betroffene Eigentümerrecht bestehenbleibt (**§ 91 IV 1**); der gesetzliche Löschungsanspruch erlischt nur dann, wenn der Berechtigte aus dem Grundstück befriedigt wird (**§ 91 IV 2**). Der schuldrechtliche Anspruch auf Löschung des bestehen bleibenden Eigentümerrechts kann jederzeit noch geltend gemacht werden. Daran ändert auch die durch den Zuschlag erfolgte Umwandlung in ein Fremdrecht nichts, da dies dem Berechtigten des Löschungsanspruchs ggü relativ unwirksam ist (**§ 883 II BGB**). Der Gl des Löschungsanspruchs kann ihn nur ausüben, falls es zu seiner Befriedigung erforderlich ist. Wird er auch schon ohne Geltendmachung des Anspruchs voll befriedigt, erlischt der Löschungsanspruch. Der Löschungsanspruch wird vom VollstrG jedoch nicht von Amts wegen berücksichtigt; er bedarf vielmehr der Geltendmachung mittels Anmeldung (*Muth* 1 L Rdn 22 **aA** *Steiner/ Teufel* § 125 Rdn 8: ohne Geltendmachung). Mit der Anmeldung des Löschungsanspruchs spätestens im Verteilungstermin ist die bestehen bleibende Eigentümergrundschuld auflösend bedingt durch die Verwirklichung des gesicherten Löschungsanspruchs. Bei Eintritt der auflösenden Bedingung müsste der Ersteher Zuzahlung gem § 50 II Nr 1 leisten. Da die Zuzahlungspflicht aber noch ungewiss ist, hat eine bedingte Zuteilung für den Fall der Durchsetzung des Löschungsanspruchs gem § 125 II, I 1 zu erfolgen (Zur Formulierung vgl *Keller* RpflJB 1993, 213, 226).

Mit der Löschung des aus dem gesetzlichen Löschungsanspruch 39 begünstigten Rechts auf Grund der Ausführung des Grundbuchersuchens des VollstrG **entfällt die Vormerkungswirkung des § 1179 a I 3 BGB** (vgl § 130 a I); der gesetzliche Löschungsanspruch besteht dagegen fort. Mit dem Wegfall der Vormerkungswirkungen durch die Löschung des begünstigten Rechts besteht die Möglichkeit, dass über das Eigentümerrecht verfügt und somit die Durchsetzung des Löschungsanspruchs vereitelt wird (§ 883 II BGB gilt ja nicht mehr). Damit der Löschungsanspruch auch weiterhin dinglich gesichert bleibt, hat das VollstrG auf Antrag des Gl des begünstigten Rechts das GBA um Eintragung einer Vormerkung zu ersuchen (**§ 130 a II 1**). Die einzutragende Vormerkung sichert einen Löschungsanspruch nur noch wegen solcher Vereinigungen, die vor dem Zuschlag eingetreten sind.

b) Löschungsvormerkung. aa) Die erloschene Eigentümergrundschuld. Eine eingetragene LV (§ 1179 BGB aF und nF) hindert 40 das Entstehen einer Eigentümergrundschuld (zB nach § 1163 I 2, § 1177 I BGB) nicht (RG JW 1932, 1550; *Stöber* Rpfleger 1957, 205; *Steiner/ Teufel* Rdn 88). Der nachrangige Berechtigte aus der LV hat einen

Anspruch gegen den Eigentümer auf Löschung seines Eigentümerrechts. Vgl dazu **Rdn 32–37**.

bb) Die bestehen bleibende Eigentümergrundschuld. Soweit das mit der LV belastete Eigentümerrecht bestehenbleibt, aber das aus der LV begünstigte Recht erlischt, ändert dies nichts an dem Löschungsanspruch und seiner LV; sie bestehen weiterhin. Vgl dazu **Rdn 38**.

Der Anspruch des ausfallenden Berechtigten des Löschungsanspruchs auf den bei der Durchsetzung des Löschungsanspruchs zu leistenden Zuzahlungsbetrag (§ 50 II Nr 1) muss durch die LV gesichert bleiben. Damit dieser Anspruch nicht durch Abtretung des Eigentümerrechts seitens des ehemaligen Eigentümers vereitelt werden kann, darf die LV nicht gelöscht werden (§ 883 II BGB); sie bleibt mit dem Recht, an dem sie lastet, bestehen (OLG Hamm Rpfleger 1959, 130).

41 **c) Löschungsanspruch und Rückgewähranspruch.** Erfüllt der Gl einer Grundschuld den Rückgewähranspruch durch Abtretung des Rechts an den Eigentümer oder durch Verzicht (§ 1168 BGB), so entstehen eine Eigentümergrundschuld und damit der gesetzliche Löschungsanspruch nachrangiger Gl. Letzterer versagt jedoch, wenn der Rückgewährungsanspruch ge- oder verpfändet ist, der befriedigte Gl an einen Zessionar des Rückgewähranspruchs abtritt (BGH NJW 1975, 980) oder wenn der Gl das Recht in der Erlösverteilung als geltend macht und den schuldrechtlich nicht mehr benötigten Erlös an den Eigentümer auskehrt (*Eickmann,* ZVG, § 21 V). Deshalb sollte sich der Löschungsberechtigte immer auch den Rückgewähranspruch abtreten lassen.

11. Nießbrauch

42 Er bleibt bestehen, wenn er dem bestrangig betreibenden Gl im Rang vorgeht, ansonsten erlischt er (§ 52 I). Für das erlöschende Recht ist gem § 92 II, § 121 Ersatz durch Zahlung einer Geldrente zu leisten **(vgl § 92 Rdn 19)**. Die zur Berechnung des Deckungskapitals erforderliche Umstände sind anzumelden. Bis zur endgültigen Festsetzung des Betrages gilt der Anspruch als aufschiebend bedingt **(§ 14 Rdn 8)**. Das VollstrG muss daher nach den §§ 119, 120 verfahren.

12. Öffentliche Lasten

43 Sie werden nicht von Amts wegen, sondern nur auf Grund einer Anmeldung in den TLP aufgenommen **(§ 114 I 1)**. Einmalige öffentliche Grundstückslasten werden wegen der aus den letzten vier Jahren rückständigen Beträge in **§ 10 I Nr 3** berücksichtigt, wiederkehrende Leistungen dagegen nur für die laufenden Beträge und für die Rückstände aus den letzten zwei Jahren; ansonsten gilt die Rangklasse **§ 10 I Nr 7**, es sei denn, es wird wegen der öffentlichen Lasten die ZwVerst betrieben, dann gilt § 10 I Nr 5. Aus der Teilungsmasse werden die öffentlichen

III. Einzelfälle § 114

Lasten entnommen bis einen Tag vor dem Zuschlag, danach haftet der Ersteher dafür (§ 56 S 2).

13. Persönliche Ansprüche iSv § 10 I Nr 5

Die Ansprüche des betreibenden Gl gelten als angemeldet, soweit sie sich aus dem Versteigerungsantrag ergeben (§ 114 I 2). Anmeldepflichtig sind aber die ziffernmäßig nicht angegebenen Kosten des Gl, so insbesondere die Kosten für das Anordnungs- bzw Beitrittsverfahren. Nebenleistungen aus den persönlichen Ansprüchen (zB Zinsen) können bis einen Tag vor dem Verteilungstermin berücksichtigt werden. 44

14. Rangvorbehalte

Schrifttum: *Eickmann,* Der Rang der Grundstücksrechte, RpflStud 1982, 74 und 85; *Morvilius,* Versteigerungsrechtliche Auswirkungen von Rangvorbehalt und Rangrücktritt auf die Eigentumsvormerkung, MittBayNot 2005, 477; *Schiffhauer,* Die Wirkung des Rangvorbehalts in der Zwangsversteigerung, BlGBW 1962, 17.

Ist der RV noch nicht ausgeübt beim Zuschlag, **vgl § 52 Rdn 9**. Die Auswirkungen eines bereits vor der Zuschlagserteilung ausgeübten RV auf die Erlösverteilung sind verschieden: Folgen belastetes und ausübendes Recht unmittelbar nacheinander, so hat der RV die Wirkung eines gewöhnlichen Rangtausches (*Meikel/Böttcher* § 45 Rdn 201). Ist jedoch ein Zwischenrecht vorhanden, das in der Zeit zwischen der Eintragung des RV und der Eintragung des mit dem Vorrang ausgestatteten Rechts entstanden ist (RGZ 131, 206), so entsteht ein relatives Rangverhältnis. Wegen § 880 V BGB darf dem vorbehaltlos eingetragenen Zwischenrecht nicht mehr vorgehen, als das zum Zeitpunkt der Eintragung an erster Rangstelle stehende Recht; der dort eingetragene RV belastet das Zwischenrecht nicht. Wegen § 880 IV BGB darf dem belasteten Recht nur so viel vorgehen, wie durch den Vorbehalt vereinbart; das Zwischenrecht wirkt nicht zu Lasten dieses Rechts. Aus diesen Feststellungen ergibt sich die allgemein anerkannte Herfurth'sche Formel (*Herfurth* DGWR 36, 156; *Steiner/Eickmann* § 44 Rdn 85; *Meikel/Böttcher* § 45 Rdn 202–204): 45

Recht 1 (= belastetes Recht)	erhält: Erlös – Recht 3
Recht 2 (= Zwischenrecht)	erhält: Erlös – Recht 1
Recht 3 (ausübendes Recht)	erhält: Rest

Beispiele: 46

Recht 1:	€ 15 000,–	mit RV für € 20 000,–
Recht 2:	€ 30 000,–	(Zwischenrecht)
Recht 3:	€ 20 000,–	(unter Ausnutzung des RV)

§ 114 [Aufzunehmende Ansprüche]

Erlös	Recht 1	Recht 2	Recht 3
15 000,–	–	–	15 000,–
35 000,–	15 000,–	20 000,–	–
50 000,–	15 000,–	30 000,–	5 000,–

15. Reallast

47 Sie bleibt bestehen, wenn sie dem bestrangig betreibenden Gl im Rang vorgeht, ansonsten erlischt sie (§ 52 I). Bei einer bestehen bleibenden Reallast werden die wiederkehrenden Leistungen bis einen Tag vor dem Zuschlag in den TLP aufgenommen, danach hat der Ersteher dafür aufzukommen (§ 56, S 2); wenn Naturalleistungen geschuldet werden, sind die §§ 14, 119, 120 zu beachten. Erloschene Reallasten von bestimmter Dauer werden, wenn wiederkehrende Geldleistungen geschuldet sind, mit dem kapitalisierten, um den Zwischenzins (§ 111) verminderten Wert, im Übrigen mit dem Wertersatz in Geld gem § 92 I in den TLP aufgenommen **(vgl § 92 Rdn 27)**. Bei Reallasten von unbestimmter Dauer ist Ersatz durch Zahlung einer Geldrente gem § 92 II zu leisten, die aus dem Deckungskapital nach § 121 zu entnehmen ist **(vgl § 92 Rdn 21)**. Reallasten für persönliche Leistungen oder Naturalien sind unbestimmt iSd § 14 und damit als aufschiebend bedingte Ansprüche gem §§ 119, 120 zu behandeln **(vgl § 14 Rdn 8, 9)**.

16. Sicherungsgrundschuld

Schrifttum: *Clemente,* Recht der Sicherungsgrundschuld, 4. Aufl, 2008; *Clemente,* Die Anrechnung des Verwertungserlöses auf die gesicherten Forderungen, ZfIR 1998, 61; *Clemente,* Planmäßige Übersicherung durch Grundschuldzinsen, ZfIR 2002, 337; *Dorrie,* Der Anspruch auf Rückgewähr der Grundschuld und seine Funktion in der Finanzierung, ZfIR 1999, 717; *Eickmann,* Die in der Zwangsversteigerung bestehen bleibende Grundschuld, FS Merz, 1992, 49; *Gaberdiel/Gladenbeck,* Kreditsicherung durch Grundschulden, 8. Aufl, 2008; *Geißler,* Die Verwertung der Sicherungsgrundschuld in der Zwangsversteigerung, JuS 1990, 284; *Hattenhauer,* Grundschulverwertung und Erlöserrechnung, JuS 2002, 118; *Jestaedt,* Eine dingliche Komponente beim Grundschuld-Rückgewähranspruch? GS für Dietrich Schultz, 1987, 149; *Mayer,* Wenn sich die Gl um die Grundschuld streiten . . . Rückgewähranspruch und Zwangsversteigerung, RpflStud 1986, 94; *Peters,* Grundschulzinsen, JZ 2001, 1017; *Sostmann,* Der Umfang des Zinsanspruchs bei Grundschulden, MittRhNotK 1999, 274; *Stöber,* Die Pfändung des (Rück-)Übertragungsanspruchs bei Sicherungsgrundschulden, Rpfleger 1959, 84; *ders.,* Zuteilung des Versteigerungserlöses an den Gl einer Grundschuld, ZIP 1980, 833; *ders,* Verjährte, rückständige und laufende Grundschuldzinsen in der Zwangsversteigerung, MittBayNot 1999, 441; *Storz,* Die nicht voll valutierte Sicherungsgrundschuld in der Zwangsversteigerung, ZIP 1980, 506.

48 **a) Sicherungsvertrag.** Die isolierte Grundschuld, die nicht der Absicherung einer Forderung dient, ist äußerst selten (vgl dazu Rdn 26). In der Kreditpraxis wird die Grundschuld heute idR zur Sicherung einer

III. Einzelfälle § 114

Forderung verwendet, sog Sicherungsgrundschuld. Während bei einer Hypothek die Verbindung von Grundpfandrecht und Forderung durch das Gesetz erzwungen wird (§ 1153 BGB), schafft dies bei der Grundschuld der **Sicherungsvertrag** (= Sicherungsabrede, Zweckbestimmungserklärung). Er ist die causa für das dingliche Bestellungsgeschäft, dh kommt ein Sicherungsvertrag nicht wirksam zustande, ist die Grundschuld ohne Rechtsgrund gegeben und somit nach § 812 BGB zurückzugewähren (*Westermann/Eickmann* § 130 II 1 a). Inhalt des Sicherungsvertrages ist ua:
– Verpflichtung des Sicherungsgebers, die Grundschuld zu bestellen; 49
– Verpflichtung des Sicherungsnehmers, die Grundschuld nur zu verwerten (zB durch Übertragung oder ZwV), wenn der Sicherungsfall eintritt, dh wenn die Forderung fällig, aber nicht bezahlt wird;
– Bezeichnung der gesicherten Forderung, weil außerhalb ihres Umfanges die Grundschuld nicht in Anspruch genommen werden darf; häufig wird eine erweiterte Sicherungsklausel vereinbart, dh die Grundschuld soll dann nicht nur der Sicherung einer bestimmten Forderung dienen, sondern aller bestehenden und künftigen Forderungen des Gl (vgl dazu *Eickmann* ZIP 1989, 137);
– Verpflichtung des Sicherungsnehmers, bei Erlöschen der Forderung nach Wahl des Sicherungsgebers die Grundschuld zurückzuübertragen, darauf zu verzichten oder sie aufzuheben (= Rückgewähranspruch);
– Verpflichtung des Sicherungsnehmers, den auf die Grundschuld im Falle der ZwV entfallenden Übererlös, der nach Abdeckung der gesicherten Forderung verbleibt, an den Berechtigten des Rückgewähranspruchs auszuzahlen.

Die dingliche Sicherungsgrundschuld ist abstrakt zum schuldrechtlichen 50 Sicherungsvertrag; letzterer berührt die rechtliche Selbstständigkeit der Grundschuld nicht. Ist **kein wirksamer Sicherungsvertrag** vorhanden, hat dies keinen Einfluss auf die Begründung auf den Fortbestand der Grundschuld; an den Grundschuldgläubiger ist daher auch in diesem Fall ein Erlös zuzuteilen. Der Eigentümer als Sicherungsgeber muss seine Rechte (§ 812 BGB) mit Widerspruch gegen die Zuteilung im TLP (§ 115 I) und anschließender Widerspruchsklage (§ 878 ZPO) geltend machen; Hilfsverteilung und Planausführung erfolgen dann gem §§ 124, 120.

b) Nicht entstandene Forderung. Die dingliche Sicherungsgrund- 51
schuld ist abstrakt zu der zu sichernden Forderung. Ist die Forderung nicht entstanden, steht die Grundschuld trotzdem dem Gl zu und an diesen ist auch ein Erlös zuzuteilen. Mit dem Nichtentstehen der Forderung kommt es zu keiner Eigentümergrundschuld, da § 1163 I 1 BGB nicht gilt (BGH Rpfleger 1958, 51; 1981, 292). Ist die Forderung nicht entstanden, so kann der mit der Grundschuldbestellung bezweckte Erfolg

§ 114 [Aufzunehmende Ansprüche]

(= Kreditsicherung) nicht mehr erreicht werden, so dass der Eigentümer das dingliche Recht gem § 812 I 2, 2. Hs BGB kondizieren kann (BGH Rpfleger 1958, 51; *Westermann/Eickmann* § 131 III 4). Der Eigentümer muss seinen Anspruch mit Widerspruch gegen die Zuteilung an den Grundschuldgläubiger (§ 115 I) und anschließender Widerspruchsklage (§ 878 ZPO) geltend machen. Hilfsverteilung und Planausführung erfolgen dann gem §§ 124, 120.

52 c) **Erloschene Forderung.** Ist die durch die Grundschuld gesicherte Forderung erloschen, so steht die Grundschuld trotzdem ihrem Gl unverändert zu und an diesen ist auch ein Erlös zuzuteilen. Mit dem Wegfall der Forderung kommt es zu keiner Eigentümergrundschuld, da § 1163 I 2 BGB nicht gilt (BGH Rpfleger 1958, 51; 1981, 292).

53 Ist die Forderung erloschen, so steht dem Eigentümer aber der **Rückgewähranspruch** aus dem Sicherungsvertrag zu (BGH Rpfleger 1959, 273; 1986, 297). Der Rückgewähranspruch ist zu erfüllen durch Zession der Grundschuld auf den Anspruchsberechtigten (§§ 873, 1154, 1192 I BGB) oder Verzicht auf die Grundschuld (§§ 1168, 1192 I BGB) oder durch Aufhebung der Grundschuld gem §§ 875, 1183, 1192 BGB; diese drei Leistungen werden wahlweise geschuldet. Wahlberechtigt ist der anspruchsberechtigte Sicherungsgeber (*Stöber* Rpfleger 1959, 84), und zwar auch ggü dem Zessionar der Grundschuld (BGH Rpfleger 1990, 32). Wenn die **Grundschuld mit dem Zuschlag erloschen** ist, setzt sich der Rückgewähranspruch im Wege der Surrogation am Versteigerungserlös fort (BGH Rpfleger 1977, 56). War der Anspruch gepfändet, setzt sich auch das Pfandrecht an dem Anspruch des Schu auf den Versteigerungserlös fort (BGH Rpfleger 1961, 291). Verzichtet der Berechtigte auf seine Grundschuld (§ 1168 BGB), so erwirbt der Pfändungsgläubiger kein Ersatzpfandrecht an der Eigentümergrundschuld (BGH Rpfleger 1990, 32). Erfüllt der Grundschuldgläubiger den Rückgewähranspruch nicht, so kann der Anspruchsberechtigte gegen die Aufnahme des Gl in TLP Widerspruch gem § 115 erheben (BGH ZfIR 2002, 411; WM 1981, 693; *Steiner/Teufel* Rdn 82 **aA** OLG Köln Rpfleger 1988, 324); von Amts wegen wird der schuldrechtliche Rückgewähranspruch nicht berücksichtigt. Soweit der Widerspruch nicht vom Grundschuldgläubiger als begründet anerkannt wird (vgl § 876 S 3 ZPO), ist eine Hilfsverteilung vorzunehmen (§ 124 I) und der Erlösanteil zu hinterlegen (§ 124 II, § 120). Der Widerspruch ist sodann mit der Widerspruchsklage (§ 878 ZPO) zu verfolgen. Der Rückgewähranspruch bedarf als solcher keiner Anmeldung gem § 37 Nr 4 (BGH Rpfleger 1978, 363); er kann daher auch im Verteilungstermin mittels Widerspruch geltend gemacht werden (*Jestaedt,* Eine dingliche Komponente beim Grundschuld – Rückgewähranspruch?, GS für Dietrich Schultz, 1987, 149). Der Rückgewähranspruch kann auch abgetreten (BGH Rpfleger 1952, 487; 1958, 53; 1977, 56; OLG Schleswig WM 1985, 700), gepfändet (BGH Rpfleger 1975,

III. Einzelfälle § 114

219) und verpfändet werden; diese neuen Berechtigten müssen den Rückgewähranspruch dann ebenfalls mittels Widerspruch (§ 115) geltend machen. Wird ein dinglich zu weitgreifend gesichertes Bankdarlehen von einem anderen Kreditinstitut abgelöst, geht eine Pfändung des Rückgewähranspruchs des Grundstückseigentümers ins Leere, wenn der Vertrag mit der ursprünglichen Darlehensgeberin folgende Klausel enthält: „Zahlt ein Bürge oder ein anderer Dritter an die Gläubigerin, so verpflichtet sie sich, die Grundschuld einschließlich der anderen Sicherungsrechte auf diesen zu übertragen, sofern nicht eine Abrede des Sicherungsgebers mit ihr oder Rechte Dritter entgegenstehen" (OLG Koblenz NotBZ 2008, 79). Steht der Rückgewähranspruch nach Abtretung einem Grundpfandrechtsgläubiger zu, so geht er mit der Ablösung dieses Grundpfandrechts nicht nach § 401 I, § 412 BGB auf den Ablösenden über, dh die Ansprüche auf Rückgewähr vorrangiger Grundschulden sind keine Nebenrechte des nach § 1192 II, §§ 1150, 268 I und III BGB abgelösten Grundpfandrechts (BGH Rpfleger 1988, 306). Wenn der Sicherungsgeber den Rückgewähranspruch mehrfach abtritt, so ist nur die erste Abtretung wirksam; die anderen sind unwirksam, da der Sicherungsgeber dann als Nichtberechtigter handelt. Wird bei einer ZwVerst eine **Grundschuld – einschließlich ihres nicht valutierten Teils – als bestehen bleibendes Recht** von dem Ersteher übernommen und löst dieser sodann die Grundschuld **in voller Höhe** ab, so steht an Stelle des zuvor bestehenden Rückgewähranspruchs nunmehr der auf den nicht valutierten Teil der Grundschuld entfallende "Übererlös", den der Sicherungsnehmer erzielt, dem Sicherungsgeber zu (BGH Rpfleger 1989, 120). Da der Rückgewähranspruch dem Berechtigten keine Rechte an der Grundschuld selbst verschafft (BGHZ 108, 237, 246; 115, 241, 246), hat der frühere Eigentümer gegen den Ersteher, dem nach Ablösung des **noch valutierten Rechts** der Grundschuld eine uneingeschränkte Löschungsbewilligung (§ 19 GBO) erteilt wurde, keinen Anspruch aus § 812 I 1 BGB wegen der Vereitelung seines Rückgewähranspruchs gegen den Grundschuldgläubiger hinsichtlich des vor der Ablösung bereits nicht mehr valutierten Teil der Grundschuld (BGH MittBayNot 1993, 207). Der Ersteher ist jedoch als Nichtberechtigter iSv § 816 II BGB verpflichtet, das zu viel Erlangte, dh der Differenzbetrag zwischen Nominalwert und Zahlungsbetrag an den bisherigen Eigentümer zurückzugewähren (OLG Koblenz ZfIR 2000, 155).

d) Erlösanspruch. Dem Gl steht die Grundschuld auch dann zu, **54** wenn kein wirksamer Sicherungsvertrag vorliegt (Rdn 48–50) oder die Forderung nicht entstanden (Rdn 51) bzw wieder erloschen ist (Rdn 52); der schuldrechtliche Rückübertragungsanspruch aus § 812 BGB oder der Sicherungsvertrag ändert daran nichts. Dem **bisherigen Grundschuldgläubiger** gebührt daher auch in diesen Fällen der auf das Recht entfallende **Erlösanspruch**. Eine Verfügung über den an die

§ 114 [Aufzunehmende Ansprüche]

Stelle der erloschenen Grundschuld getretenen Erlösanspruch geschieht nach den Bestimmungen des Sachenrechts, mit Ausnahme der Normen, die zur Wirksamkeit der GB-Eintragung oder Briefübergabe erfordern (*Stöber* ZIP 1980, 833). Den Rückgewähranspruch kann der Gl dann erfüllen durch (vgl *Eickmann*, ZVG, § 20 V 2 d:
– Abtretung: Erforderlich ist die Einigung zwischen Grundschuldgläubiger und Zessionar (§ 873 BGB). Einer GB-Eintragung oder Briefübergabe bedarf es nicht. Der Zessionar tritt als neuer Gl an die Stelle des bisherigen Berechtigten. Die Abtretung des künftigen Erlösanspruchs vor der Zuschlagserteilung soll unwirksam sein und es auch nach dem Zuschlag bleiben (BGH Rpfleger 1964, 142 m Anm *Stöber*; *Steiner/Teufel* Rdn 13).
– Verzicht: Der Grundschuldgläubiger muss auf den Erlös verzichten (§§ 1168, 1192 I BGB): Eine GB-Eintragung ist nicht erforderlich. Als Folge erwirbt der Eigentümer bei Zuschlag den Erlös als Eigentümerberechtigung (BGH Rpfleger 1963, 234; 1978, 363; LG München I KTS 1976, 247), allerdings mit Ausnahme des Betrages, der auf rückständige Nebenleistungen sowie auf Kosten entfällt; insoweit erlischt der Erlösanspruch (§ 1178 I BGB) und die nachrangigen Berechtigten rücken entsprechend auf (BGHZ 39, 242).
– Aufhebung: Der Grundschuldgläubiger muss die Aufgabe erklären und der Eigentümer bei Zuschlagsverteilung muss zustimmen (§§ 875, 1183, 1192 I BGB). Die Löschung im GB ist nicht erforderlich. Infolge der Aufgabe geht der Erlösanspruch unter, Nachrangige rücken auf.

55 Wurde über den Grundschulderlös wirksam durch Abtretung, Verzicht oder Aufhebung verfügt, so hat dies eine Änderung der Berechtigung zur Folge. Erfolgt dies durch Erklärungen zu Niederschrift des VollstrG oder sind die Erklärungen dem VollstrG eingereicht worden, so ist bei der Aufstellung und Ausführung des TLP die **neue Berechtigung** zu berücksichtigen. Keine Änderung der Berechtigung auf den Grundschulderlös liegt dann vor, wenn der Grundschuldgläubiger nur einen Teil des auf die Grundschuld entfallenden Erlösanspruchs anmeldet und erklärt, wegen des Restes eine Valuta nicht gewähr oder nicht mehr zu haben; in diesem Fall muss trotzdem die gesamte Grundschuld dem Gl zugeteilt werden (BGH Rpfleger 1958, 51); gleiches gilt, wenn der Grundschuldgläubiger erklärt, er erhebe keinen Anspruch auf den Erlös, weil die Grundschuld nicht valutiert sei (RG JW 1931, 2733; Münch-Komm/*Eickmann* § 1191 Rdn 99). Auch ein sog Hebungsverzicht mit dem der Grundschuldgläubiger erklärt, dass er keinen Anspruch auf den betreffenden Erlösanteil erhebe, ist unbeachtlich; es ist nicht Aufgabe des VollstrG, den Gl des Rückgewähranspruchs zu ermitteln und an diesen auszuzahlen (*Stöber* ZIP 1980, 833; *Steiner/Teufel* Rdn 40, 81; *Eickmann*, ZVG, § 20 V 2 d; *Mayer* Rpfleger 1986, 443 **aA** *Storz* ZIP 1980, 506, 512; BGH Rpfleger 1986, 312). Sollte der Grundschuldgläubiger seinen

III. Einzelfälle § 114

Erlösanteil nicht annehmen, ist er nach § 117 II 3 zu hinterlegen. Der Verpflichtete des Rückgewähranspruchs kann diesen neben der Abtretung, dem Verzicht und der Aufhebung nur dadurch erfüllen, dass er den Gesamterlös in Empfang nimmt und den nicht benötigten Betrag, der also die persönliche Forderung übersteigt, dem Berechtigten des Rückgewähranspruchs ausbezahlt (*Mayer* Rpfleger 1986, 443).

e) Haftungsrahmen der Grundschuld durch Gläubiger. Da der 56 Gl vor Erfüllung des Rückgewähranspruchs dem VollstrG ggü voll legitimiert ist, stellt sich die Frage nach der **Ausfüllung des Haftungsrahmens der Grundschuld** durch den Gl. Nach allgemeiner Meinung ist der Gl berechtigt, den **vollen Nennbetrag** zu liquidieren, selbst wenn die gesicherte Forderung nicht mehr oder nicht in voller Höhe besteht (BGH NJW 1981, 1505; *Stöber* ZIP 1980, 833; *Eickmann*, ZVG, § 20 V 2 b). Grundsätzlich besteht für den Grundschuldgläubiger diesbezüglich sogar eine Verpflichtung aus der Interessenwahrungspflicht, da dies für den Schu günstiger sein kann als die Erfüllung des Rückgewähranspruchs; im letzteren Fall könnte der dem Eigentümer zustehende Erlösanteil uU von nachrangigen Löschungsberechtigten in Anspruch genommen werden (BGH NJW 1981, 1505; OLG München NJW 1980, 1051). Neuerdings trifft *Eickmann* (ZVG, § 20 V 2 c) folgende sinnvolle Unterscheidung: Zugunsten des Sicherungsgebers besteht keine überschießende Liquidationspflicht, wohl aber gegenüber Zessionaren und Pfandgläubigern des Rückgewähranspruchs.

Laufende und rückständige **Grundschuldzinsen** (zu Recht kritisch 57 zu deren Höhe von 14–18 % *Peters* JZ 2001, 1017; *Clemente* ZfIR 2002, 337) kann der Gl auch dann geltend machen, wenn ihm auf die gesicherte Forderung vom Schu bezahlt worden sind (BGH DNotZ 1966, 98; *Stöber* MittBayNot 1999, 441, 445). Der Grundschuldgläubiger ist auch berechtigt, die Grundschuldzinsen in der ZwVerst zu verlangen, wenn er sie zur Abdeckung seiner persönlichen Forderung nicht benötigt (BGH Rpfleger 1981, 292; *Steiner/Teufel* Rdn 50). Bestritten ist, ob der Gl bei einer nur teilweise oder nicht mehr valutierten Grundschuld auch laufende und rückständige Zinsen geltend machen muss, selbst wenn er sie – wegen Verrechnung auf das Kapital – bereits erhalten hat. Eine solche Verpflichtung wird bejaht (*Eckelt* WM 1980, 454), aber überwiegend zu Recht vereint (OLG München NJW 1980, 1051; *Steiner/Teufel* Rdn 37). Der Grundschuldgläubiger hat zwar die Interessen des Sicherungsgebers zu wahren; bei den Zinsen ist jedoch davon auszugehen, dass der Schu durch die Erfüllung einer Nebenpflicht aus dem Sicherungsvertrag nicht besser gestellt sein darf, als er im Hinblick auf § 1197 II BGB nach Erfüllung der Hauptpflicht (= Überlassung des Rechts als Eigentümerrecht) stünde. Soweit der Grundschuldgläubiger auf Grund seiner dinglichen Rechtsstellung einen Erlösanteil zugeteilt bekommt, der zur Abdeckung seiner Forderung nicht benötigt wird, muss er ihn

§ 114 [Aufzunehmende Ansprüche]

dem Sicherungsgeber in Erfüllung des Rückgewähranspruchs auszahlen (BGH Rpfleger 1981, 292; DNotZ 1993, 112). Zinsen aus Sicherungsgrundschulden unterliegen gemäß § 902 I 2 BGB der **Verjährung**. Die Verjährungsfrist beträgt nach §§ 195, 197 II BGB drei Jahre und beginnt mit dem Schluss des Jahres, in dem der Zinsanspruch fällig wird. Die Verjährung ist nicht bis zum Eintritt des Sicherungsfalles gehemmt (BGH, XI. Zivilsenat, ZfIR 2001, 856; ZIP 1999, 1883; BGH, IX. Zivilsenat, ZIP 1999, 917). Unterbrochen wird die Verjährung der Zinsen mit Antragstellung auf ZwVerst, Fortsetzungsantrag nach eingestellter ZwVerst und Vornahme einer jeden Vollstreckungshandlung, zB Verfahrensanordnung, Beitrittszulassung, Verkehrswertfestsetzung, Terminsbestimmung, Feststellung des gG und der Versteigerungsbedingungen im Versteigerungstermin (BGH ZfIR 2001, 856; *Stöber* MittBayNot 1999, 441, 442); nicht dazu gehört die Anmeldung nach § 37 Nr 4 (*Stöber* MittBayNot 1999, 441, 443). Nach der Rspr des BGH (BGHZ 72, 23; 93, 287; 122, 287; 137, 193) betrifft die Verjährungsunterbrechung nur die zum jeweiligen Ereignis bereits fälligen und vollstreckten Zinsen; danach läuft sogleich die neue Verjährungsfrist, die durch weitere Vollstreckungstatbestände allerdings erneut unterbrochen wird. Die Verjährungsunterbrechung findet bei nicht selbst vollstreckenden Gl keine Anwendung (*Stöber* MittBayNot 1999, 441, 442). Zur Behandlung von verjährten Zinsen in der ZwVerst vgl **§ 28 Rdn 55**. Bekam ein Grundpfandrechtsgläubiger Erlöszuteilung auf verjährte Zinsen, können sie nicht zurückverlangt werden (vgl *Stöber* MittBayNot 1999, 441, 446).

57 a Reicht der an die Stelle einer erloschenen Sicherungsgrundschuld getretene Erlös nicht aus, um **alle durch die Grundschuld gesicherten Forderungen** zu befriedigen, so kann der Gl kraft Gesetzes nicht bestimmen, auf welche Forderungen der Erlös anzurechnen ist (BGH ZIP 1991, 155; RGZ 114, 206, 211). Mittels einer Individualvereinbarung können Gl und Schu aber eine solche Regelung oder eine andere über die Anrechnung des Erlöses treffen (BGH ZIP 1993, 910; WM 1966, 337). Eine formularmäßige Bestimmung, wonach der Gl das Recht hat zu bestimmen, auf welche Forderungen der Erlös verrechnet wird, ist gemäß § 307 BGB unwirksam (BGHZ 91, 375; OLG Karlsruhe WM 1988, 954). Mangels Individualvereinbarung wird der Erlös gemäß § 366 II BGB auf die gesicherten Forderungen verrechnet; der Schu hat insoweit kein Tilgungsbestimmungsrecht nach § 366 I BGB, weil er nicht zur Erfüllung seiner Pflichten tätig wurde, sondern pflichtwidrig nicht leistete (BGH Rpfleger 1999, 286; OLG Köln JurBüro 1962, 340). Nach § 366 II BGB werden zunächst die fälligen Forderungen getilgt. Unter mehreren fälligen Schulden werden zunächst die weniger sicheren gedeckt (zB keine zusätzliche Sicherheit). Unter mehreren gleich sicheren Forderungen werden dann die dem Schu lästigeren Forderungen getilgt (zB höher verzinslich). Unter mehreren gleich ungünstigen wer-

III. Einzelfälle § 114

den zunächst die älteren und bei gleich alten Forderungen wird verhältnismäßig befriedigt.

17. Sicherungshypothek nach §§ 1184 ff BGB

Sie bleibt bestehen, wenn sie dem bestrangig betreibenden Gl im Rang 58 vorgeht, ansonsten erlischt sie (§ 52 I). Der auf die rechtsgeschäftlich bestellte Sicherungshypothek entfallende Erlös ist stets dem eingetragenen Gl auszuzahlen, dieser kann sich zwar gem § 1184 I BGB nicht auf die GB-Eintragung berufen für den Bestand der Forderung, aber diese Beweislastregelung wirkt sich erst im Widerspruchsprozess aus, in dem der Gl dann beweispflichtig ist (BGH NJW 1986, 53).

18. Tilgungshypothek

Schrifttum: *Hagemann*, Die Tilgungshypothek im geringsten Gebot und Teilungsplan, RpflStud 1982, 25.

Zum Begriff vgl zunächst **§ 10 Rdn 51** und **§§ 44, 45 Rdn 66**. Steht 59 die Tilgungshypothek dem bestrangig betreibenden Gl im Rang gleich oder geht sie ihm im Rang nach, so erlischt sie durch den Zuschlag; ansonsten bleibt sie bestehen (§ 52 I). Sie wird von Amts wegen berücksichtigt, soweit sie zurzeit der Eintragung des Zwangsversteigerungsvermerks aus dem GB ersichtlich war (§ 114 I 1); gleiches gilt für die nach dem GB-Inhalt zu entrichtenden laufenden wiederkehrenden Leistungen wie Zinsen und Tilgungsanteile (§ 114 II). Der Anmeldung bedürfen die Kosten, die nach dem GB-Inhalt zu entrichtenden rückständigen wiederkehrenden Leistungen (Zinsen und Tilgungsanteile) und alle sonstigen wiederkehrenden Leistungen, die sich nicht aus dem GB ergeben (§ 114 I 1, II). Bei einer erloschenen Tilgungshypothek werden die für 2 Jahre rückständigen und die laufenden Zinsen bis einem Tag vor dem Verteilungstermin in § 10 I Nr 4 berücksichtigt, ansonsten in § 10 I Nr 8 (vgl § 10 Rdn 51). Bleibt die Tilgungshypothek bestehen, werden die laufenden Zinsen nur bis einen Tag vor dem Zuschlag in den TLP aufgenommen (§ 56 S 2); danach muss sie der Ersteher tragen. Dies gilt auch, wenn aus der Tilgungshypothek vor dem Zuschlag bereits Eigentümergrundschulden (§ 1163 I 2, § 1177 I BGB) entstanden waren (BGH Rpfleger 1977, 16). Während die Zinsen altern, dh nur mit den laufenden Beträgen und 2 Jahren Rückstände in § 10 I Nr 4 berücksichtigt werden **(vgl §§ 44, 45 Rdn 67)**, altern die Tilgungsanteile nicht, dh sie werden ohne zeitliche Beschränkung in den TLP aufgenommen, und zwar in den bar zu zahlenden Teil **(vgl §§ 44, 45 Rdn 68)**. Tilgungsanteile sind insoweit in den TLP aufzunehmen, als sie vor dem Zuschlag fällig geworden sind. In Höhe der im Bargebot berücksichtigten Tilgungsraten erlischt die Hypothek gem § 1181 I BGB, was beim

§ 114 [Aufzunehmende Ansprüche]

Hauptsachebetrag innerhalb der bestehen bleibenden Rechte zu berücksichtigen ist **(vgl §§ 44, 45 Rdn 69)**.

19. Vorkaufsrecht

60 Das auf **einen Verkaufsfall** beschränkte Vorkaufsrecht erlischt bei Zuschlagserteilung selbst dann, wenn es dem betreibenden Gl im Rang vorgeht; ja sogar, wenn es irrtümlich als bestehen bleibendes Recht berücksichtigt wurde **(vgl §§ 44, 45 Rdn 72)**. Da das Erlöschen keine Folge der ZwVerst ist, sondern des materiellen Rechts (§ 471 BGB), gibt es auch keinen Wertersatz gem § 92. Das für **mehrere Verkaufsfälle** bestellte Vorkaufsrecht bleibt bestehen, wenn es dem bestbetreibenden Gl im Rang vorgeht, ansonsten erlischt es (§ 52 I). An die Stelle des erloschenen Rechts tritt der Kapitalbetrag gem **§ 92 I (vgl dort Rdn 29)**. Der Ersatzbetrag wird nur auf Anmeldung in den TLP aufgenommen. Bis zur endgültigen Festsetzung des Ersatzes gilt der Anspruch als aufschiebend bedingt **(vgl § 14 Rdn 6)**. Das VollstrG hat daher nach den §§ 119, 120 zu verfahren.

20. Zwangssicherungshypothek

Schrifttum: *Hagemann,* Die Zwangssicherungshypothek in der Zwangsversteigerung, Rpfleger 1982, 165; *Steffen,* Die Zwangssicherungshypothek in der Zwangsversteigerung, RpflStud 1996, 129.

61 Die Zwangshypothek wird grundsätzlich wie eine rechtsgeschäftlich bestellte Sicherungshypothek gem §§ 1183 ff BGB behandelt (vgl Rdn 58). Sie bleibt bestehen, wenn sie dem bestrangig betreibenden Gl im Rang vorgeht, ansonsten erlischt sie (vgl § 52 Rdn 11). Betreibt der Gl der Zwangshypothek **nur wegen des persönlichen Anspruchs** die ZwVerst, so bleibt die Zwangshypothek bestehen und der Gl erhält bei ausreichendem Erlös seinen Anspruch nach Kosten, Zinsen und Hauptsache in § 10 I Nr 5 befriedigt, soweit nicht schon wegen Kosten und Zinsen eine Befriedigung in § 10 I Nr 4 erfolgt ist. Die bestehengebliebene Zwangshypothek geht auf den bisherigen Eigentümer über (§ 1164 BGB) und sichert im Rahmen der gesetzlichen Forderungsauswechslung seinen Ersatzanspruch nach § 53 gegen der Ersteher. Nur wenn ausnahmsweise der Gl der Zwangshypothek die Schuldübernahme durch den Ersteher genehmigt und er dies dem VollstrG mitteilt, kann auf die persönliche Forderung in § 10 I Nr 5 nichts zugeteilt werden. Gegen den bisherigen Vollstreckungsschuldner und den ihm gehörenden Versteigerungserlös besteht keine Forderung mehr, es haftet nur noch der Ersteher (§ 53, § 416 BGB). Die Zwangshypothek bleibt dann ein Fremdrecht und richtet sich gegen den Ersteher. Wenn der Vollstreckungsschuldner die der Zwangssicherungshypothek **zugrundeliegende Forderung bestreiten** will, muss er Widerspruch gg den TLP

III. Einzelfälle § 114

erheben. Dieser wird gem §§ 767, 769, 770 ZPO erledigt, wenn ein vollstreckbarer Anspruch vorliegt (§ 115 III); gemäß § 769 II ZPO ist eine einstweilige Einstellung möglich, wobei ein entsprechender Antrag im Widerspruch liegt. Ist die Zwangshypothek im Rahmen der Sicherungsvollstreckung gem **§ 720 a ZPO** eingetragen worden, vgl § 117 Rdn 20.

21. Rangänderungen

Schrifttum: *Morvilius,* Versteigerungsrechtliche Auswirkungen von Rangvorbehalt und Rangrücktritt auf die Eigentumsvormerkung, MittBayNot 2005, 477

Beispiel:
Im GB sind eingetragen:

III 1	Hypothek für A zu 10 000 € mit 8 % Zinsen
III 2	Grundschuld für B zu 5000 € unverzinslich
III 3	Hypothek für C zu 15 000 € mit 10 % Zinsen

Recht III 1 räumt Recht III 3 den Vorrang ein!
Unter Berücksichtigung von § 880 V BGB ergibt sich folgende Rangfolge:

10 000 €	+ 8 %	(Teil von III 3)
5 000 €		(III 2)
5 000 €	+ 10 %	(Teil von III 3)
2 % aus 10 000 €		(Rest von III 3)
10 000 €	+ 8 %	(III 1)

Wie ist ein Erlös von 28 000 € in der ZwVerst auf diese Rechte zu verteilen, wenn angemeldet sind:

III 1	Hauptsache + Zinsen für 1 Jahr
III 2	Hauptsache
III 3	Hauptsache + Zinsen für 2 Jahre und 2000 € Kosten der dinglichen Rechtsverfolgung_

In die obige Rangordnung sind die tatsächlich geltendgemachten Beträge einzusetzen.
Zunächst ist festzustellen, wie ohne Rangänderung verteilt worden wäre:

III 1	8 % aus 10 000 € (1 Jahr)	= 800 €
	Hauptsache	= 10 000 €
III 2	Hauptsache	= 5 000 €
III 3	Kosten	= 2 000 €
	10 % aus 15 000 € (2 Jahre)	= 3 000 €
	Hauptsache	= 15 000 €

Ohne Rangänderung hätte sich also III 2 einen Betrag von 10 800 € vorhergehen lassen müssen. III 2 hätte sodann 5000 € erhalten. III 3 hätte den Rest von 12 200 € erhalten, wäre also zum Teil ausgefallen.
Nach der Rangänderung muss sich III 2 gleichfalls nur 10 800 € vorgehen lassen (§ 880 V BGB):

10 800 € für C	(III 3)
5000 € für B	(III 2)
9200 € für C	(Rest von III 3)

§ 114 a [Kein Anspruch des Erstehers unter 7/10-Grenze]

3000 € für A	(III 1)
28 000 €	

A (III 1) fällt also mit 7800 € aus!

Beispiel:
Im GB sind eingetragen:

III 1	Hypothek für A zu 200 000 € mit 5 % Zinsen
III 2	Hypothek für B zu 10 000 € mit 10 % Zinsen
III 3	Hypothek für C zu 100 000 € mit 7,5 % Zinsen

Die Rechte III 1 und III 3 erhalten Gleichrang!
Wie ist der Versteigerungserlös von 249 000 € zu verteilen, wenn angemeldet sind:

III 1	Hauptsache + Zinsen für 2 Jahre
III 2	Hauptsache + Zinsen für 2 Jahre
III 3	Hauptsache, Zinsen für 2 Jahre und Kosten der dinglichen Rechtsverfolgung iHv 5000 €.

Zunächst ist festzustellen, wie ohne Rangänderung verteilt worden wäre:

III 1	Zinsen	20 000 €
	Hauptsache	200 000 €
		220 000 €
III 2	Zinsen	2000 €
	Hauptsache	10 000 €
		12 000 €
III 3	Kosten	5000 €
	Zinsen	15 000 €
	Hautpsache	100 000 €
		120 000 €

Bei einem Erlös von 249 000 € wäre III 3 mit 103 000 € ausgefallen. Nach Vollzug der Rangänderung muss sich III 2 nach wie vor nur 220 000 € vorgehen lassen (§ 880 V BGB), allerdings teilen sich diesen Betrag III 1 und III 3 im Verhältnis ihrer Gesamtforderung.

220 000 : 120 000 = 11 : 6

1.	142 353 €	(Teil von III 1)
	77 647 €	(Teil von III 3)
2.	12 000 €	(III 2)
3.	11 000 €	(weiterer Teil von III 1)
	6 000 €	(weiterer Teil von III 3)

§ 114 a [Kein Anspruch des Erstehers unter 7/10-Grenze]

Ist der Zuschlag einem zur Befriedigung aus dem Grundstück Berechtigten zu einem Gebot erteilt, das einschließlich des Kapitalwertes der nach den Versteigerungsbedingungen bestehenbleibenden Rechte hinter sieben Zehnteilen des Grundstückswertes zurückbleibt, so gilt der Ersteher auch insoweit als aus dem

I. Allgemeines

§ 114a

Grundstück befriedigt, als sein Anspruch durch das abgegebene Meistgebot nicht gedeckt ist, aber bei einem Gebot zum Betrage der Sieben-Zehnteile -Grenze gedeckt sein würde. Hierbei sind dem Anspruch des Erstehers vorgehende oder gleichstehende Rechte, die erlöschen, nicht zu berücksichtigen.

Schrifttum: *Bauch,* Zur Befriedigungsfiktion nach § 114a ZVG, Rpfleger 1986, 457; *Ebeling,* Befriedigungsfiktion des § 114a ZVG in der Vollstreckungspraxis, Rpfleger 1985, 279; *Eickmann,* Aktuelle Probleme des Zwangsversteigerungs- und Zwangsverwaltungsrechts, KTS 1987, 617; *Foerste,* Gewinne des Gläubigers bei Unter-Wert-Erwerb von Sicherungsgut, ZBB 2009, 285; *Häusele,* Zur Verfassungswidrigkeit der Befriedigungsfiktion des § 114a ZVG, KTS 1991, 47; *Kahler,* Die fiktive Befriedigungswirkung gemäß § 114a ZVG, MDR 1983, 903; *Keller,* Grundstücksverschleuderung und Befriedigungsfiktion des § 114a ZVG in der Zwangsversteigerung, ZfIR 2005, 859; *Mohrbutter,* Zum Verzicht auf die fiktive Befriedigung aus § 114a ZVG, KTS 1977, 89; *Muth,* Probleme bei der Abgabe eines Gebots in der Zwangsversteigerung aus Glsicht, ZIP 1986, 350; *ders.,* Alte und neue Fragen zur Befriedigungsfiktion des § 114a ZVG, Rpfleger 1987, 89; *Schiffhauer,* Was ist Grundstückswert im Sinne des § 114a ZVG?, KTS 1968, 218 und 1969, 165; *ders,* Die Befriedigungsfiktion des § 114a ZVG beim Vorhandensein von Zwischenrechten, Rpfleger 1970, 316; *Strauch,* Die Befriedigungsfiktion im Zwangsversteigerungsgesetz, 1993; *Weber/Beckers,* Umfang und Wirkung der Befriedigungsfiktion bei Ersteigerung durch beteiligten Gl (§ 114a ZVG), WM 1988, 1.

Übersicht

	Rn.
I. Allgemeines	1
II. Voraussetzungen	6
1. Befriedigungsberechtigter als Ersteher	6
2. Gebotshöhe unter 7/10-Grenze	7
3. Keine vollständige Befriedigung	10
III. Wirkungen	11
1. Befriedigungsfiktion	11
2. Zeitpunkt	12
3. Drittsicherung	13
4. Sicherungsgrundschuld	14
5. Gesamtrechte	15
IV. Ausschluss der Befriedigungswirkung	16

I. Allgemeines

§ 114a wurde durch das Zwangsvollstreckungsmaßnahmengesetz vom 1
20. 8. 1953 (BGBl I 952) in das ZVG eingefügt. Bis dahin war es nämlich sehr häufig vorgekommen, dass ein Grundpfandrechtsgläubiger an die untere Grenze seines Rechts herangeboten hatte und ihm der Zuschlag erteilt wurde; dadurch erlosch zwar das Grundpfandrecht, aber die per-

§ 114 a [Kein Anspruch des Erstehers unter 7/10-Grenze]

sönliche Forderung des Gl blieb bestehen, da er keine Zuteilung erhielt. Der Gl hatte somit billig ein Grundstück erstanden und konnte daneben die persönliche Forderung in voller Höhe gegen den Schu geltend machen. Dies wird durch § 114 a S 1 nun verhindert.

2   Der **Grundgedanke** ist der, dass der Wertzufluss, den der Ersteher erfährt, ihm auf seine Forderung angerechnet werden soll, sofern er die 7/10-Grenze nicht ausgeboten hat, weil der Erwerb ja nur zum Zwecke der Realisierung der Sicherheit geschieht. Die Beschränkung auf 7/10 des Grundstückswertes berücksichtigt die Interessen des Gl, der dadurch das Grundstück ohne größere Verluste unter Wert verkaufen kann, um sein Geld zurückzuerhalten.

3   Mit Gesetz vom 1. 2. 1979 (BGBl I 127) wurde § 114 a S 2 eingefügt, um eine Fehlentscheidung des BGH vom 29. 3. 1968 (Rpfleger 1968, 219) zu korrigieren, § 114 a ist eine **materiellrechtliche Vorschrift,** die das Schicksal der persönlichen Forderung regelt; sie ist daher im ZVG deplaziert. Ihre Auswirkungen sind im Versteigerungsverfahren nur dort zu berücksichtigen, wo eben gerade die materielle Rechtslage in Bezug auf die Forderung zu beachten ist (*Steiner/Eickmann* Rdn 5); dies ist in erster Linie bei § 85 a III (vgl dort Rdn 8, 16–21) und § 765 a ZPO (bei der Frage der Grundstücksverschleuderung im Falle der Ersteigerung durch einen Befriedigungsberechtigten; vgl *Keller* ZfIR 2005, 859, 862).

4   § 114 a **gilt für alle Versteigerungsverfahren des ZVG,** dh auch für die Teilungsversteigerung.

5   Er ist **nicht verfassungswidrig,** verstößt weder gegen Art 3 I GG noch gegen Art 14 GG (BVerfG NJW 1990, 2357; BGH ZIP 1992, 274 = Rpfleger 1992, 264 **aA** *Häusele* KTS 1991, 47).

II. Voraussetzungen

1. Befriedigungsberechtigter als Ersteher

6   Der Zuschlag muss einem aus dem Grundstück Befriedigungsberechtigten erteilt worden sein. Wer befriedigungsberechtigt ist, ergibt sich aus § 10 I. Als "Berechtigter" gilt auch ein betreibender Pfändungsgläubiger, dem ein Recht zur Einziehung überwiesen ist. Bei der Abtretung der Rechte aus dem Meistgebot (§ 81 II) oder dem Bieten in verdeckter Vertretung (§ 81 III) ist zu unterscheiden: Sind die Voraussetzungen des § 114 a nur bei dem Meistbietenden (Zedenten) erfüllt, so gilt § 114 a ihm gegenüber, weil die Abtretung der Meistgebotsrechte aus seiner Sicht praktisch dem Verkauf des Versteigerungsobjektes entspricht (BGH Rpfleger 1989, 421; WM 1979, 977; OLG Celle NJW-RR 1989, 639; OLG Düsseldorf JurBüro 1988, 673). Liegen die Voraussetzungen des § 114 a nur beim Ersteher (Zessionar) vor, so trifft ihn die Befriedigungsfiktion, weil die Norm auf den Ersteher abstellt (*Dassler/Hintzen* Rdn 20). Die Wirkung des § 114 ergreift sowohl den Ersteher wie den

II. Voraussetzungen § 114 a

Zedenten bzw Stellvertreter, sofern sie befriedigungsberechtigt sind iSv § 114 a (BGH WM 1979, 977; Rpfleger 1989, 421; OLG Düsseldorf JurBüro 1988, 673; OLG Celle NJW-RR 1989, 639). Bei (nachweisbarer!) Einschaltung eines weisungsgebundenen Strohmannes tritt die Befriedigungswirkung bei diesem ein (BGH MDR 1979, 1018; ZIP 1992, 274), wobei ein Ehegatte nicht grundsätzlich als weisungsgebundener Strohmann angesehen werden kann (*Dassler/Hintzen* Rdn 25). Da es für § 114 a auf die wirtschaftliche Auswirkung ankommt, ist die Vorschrift auch auf einen Treugeber (Hintermann) oder Dritten anzuwenden (BGH Rpfleger 2005, 554; 1992, 264; *Steiner/Eickmann* Rdn 12; *Keller* ZfIR 2005, 859, 862). Auch das Ersteigern durch eine 100% Tochtergesellschaft des befriedigungsberechtigten Gl ist nicht geeignet, die Fiktion des § 114 a auszuschalten (BGH ZIP 1992, 274; OLG Celle Rpfleger 1989, 118; LG Landau Rpfleger 2001, 366). Beim Vorliegen einer Ausbietungsgarantie kann der Ausbietungsgarant, der vertragswidrig kein Gebot abgegeben hat, die Zahlung eines Schadensersatzes ggü dem befriedigungsberechtigten Ersteher nicht unter Berufung auf § 114 a verweigern (OLG Celle Rpfleger 1989, 118).

2. Gebotshöhe unter 7/10-Grenze

Das Meistgebot muss hinter der 7/10-Grenze zurückbleiben. 7

a) Das anrechenbare Gebot besteht aus dem Bargebot (ohne die 8 Bargebotszinsen: aA *Steiner/Eickmann* Rdn 13) und den bestehen bleibenden Rechten; zu den letzteren zählen die Rechte, die auf Grund der gesetzlichen oder abweichenden (§ 59) Versteigerungsbedingungen bestehen bleiben; auch solche die kraft Gesetzes außerhalb des gG bestehen bleiben, nicht aber auf solche auf Grund Liegenbelassungsvereinbarung gem § 91 II. Bei den Grundpfandrechten ist der Nennbetrag, bei den Rechten in Abt II des GB der gem § 51 II festgesetzte Ersatzbetrag maßgebend (*Steiner/Eickmann* Rdn 13; *Alff* RpflStud 2003, 114, 115).

b) Grundstückswert iSd § 114 a ist der gem § 74 a V festgesetzte 9 Wert, so dass das Prozessgericht nach hM im Falle eines Streites über den Umfang der Befriedigungsfiktion an den vom VollstrG nach § 74 a V festgesetzten Grundstückswert gebunden ist (BGH Rpfleger 1987, 120 m Anm *Ebeling* = EWiR 1987, 201 m Anm *Storz;* KG Rpfleger 1968, 403; OLG Frankfurt JurBüro 1976, 533). Der Wert des mitversteigerten Zubehörs ist in die Berechnung der 7/10-Grenze einzubeziehen (BGH Rpfleger 1992, 264), und zwar in Höhe des vom VollstrG festgesetzten Betrages (OLG Celle Rpfleger 1993, 363). Wird der Zuschlag versagt, weil das Meistgebot nicht sieben Zehnteile oder die Hälfte des Grundstückswertes erreicht, und entfällt im weiteren Verfahrensverlauf das Rechtsschutzinteresse für eine Anpassung des festgesetzten Grundstückswertes an veränderte Umstände, so ist die (überholte) Festsetzung

§ 114a [Kein Anspruch des Erstehers unter 7/10-Grenze]

in dieser Hinsicht für das Prozessgericht bei Anwendung des § 114a nicht bindend (BGH Rpfleger 2004, 433).

3. Keine vollständige Befriedigung

10   Weitere Voraussetzung ist, dass der Ersteher (= befriedigungsberechtigter Gl) durch das Gebot keine oder keine volle Deckung erlangt hat.

III. Wirkungen

1. Befriedigungsfiktion

11   Die am Grundstück gesicherte **persönliche Forderung** des Gl – Erstehers gegen den Schu **erlischt** in Höhe des Betrages, der sich aus der Differenz zwischen 7/10-Grundstückswert und dem Meistgebot ergibt **(§ 114a S 1)**. Diese Wirkung setzt voraus, dass eine persönliche Forderung besteht; ist dies nicht der Fall, so kann die Wirkung nicht oder nur in der Höhe eingreifen, in der eine Forderung besteht. **Zwischenrechte** (= die vor dem Recht oder Anspruch des Erstehers oder gleichrangig mit ihm in dem 7/10-Wert stehenden, durch den Zuschlag erlöschenden und ebenfalls ausfallende Rechte) werden bei Feststellung der Befriedigungsfiktion nicht berücksichtigt **(§ 114a S 2)**. Die Befriedigung nach § 114a wird nicht im Verteilungstermin festgestellt; sie ist als materiellrechtliche Folge bei Streit im Prozessverfahren zu klären (BGH Rpfleger 2004, 433). Die Verrechnung auf die Forderung geschieht nach § 367 BGB.

Beispiel:

Grundstückswert:		300 000 €
Belastungen:	A	50 000 €
	B	70 000 €
	C	130 000 €
	D	130 000 €

B ist bestbetreibender Gl. D ersteigert das Grundstück für ein Bargebot von 130 000 €.

Das Meistgebot beträgt somit 180 000 € (= 130 000 € Bargebot + 50 000 € bestehen bleibendes Recht für A).

D muss hinsichtlich seiner persönlichen Forderung in Höhe von 30 000 € als befriedigt behandeln lassen (= 7/10-Grundstückswert: 210 000 € – Meistgebot: 180 000 €).

Bei dem abgegebenen Bargebot iHv 130 000 € fallen auf B 70 000 € und auf C 60 000 €. Bei einem 7/10-Gebot von 210 000 € (160 000 € bar + 50 000 € für A als bestehen bleibendes Recht) würden auf B 70 000 €, auf C 60 000 € (wie beim tatsächlichen Gebot, aber nicht mehr wegen § 114a S 2) und auf D somit 30 000 € entfallen; hinsichtlich des letzteren Betrages gilt D als befriedigt!

III. Wirkungen § 114a

2. Zeitpunkt

Das Erlöschen der persönlichen Forderung gegen den Vollstreckungsschuldner tritt mit der Verkündung des Zuschlags (§ 89), bei Erteilung desselben im Rechtsmittelzug mit der Zustellung an den Ersteher ein gem § 104 (*Stöber* Rdn 3.4; *Steiner/Eickmann* Rdn 24 **aA** *Dassler/Hintzen* Rdn 9; *Bauch* Rpfleger 1986, 461: Verteilungstermin). 12

3. Drittsicherung

Nach hM gilt § 114a auch dann, wenn persönliche Schu und Grundstückseigentümer verschiedene Personen sind (*Steiner/Eickmann* Rdn 24 **aA** *Kahler* MDR 1983, 903). Bei einer **Hypothek** geht die gesicherte Forderung in Höhe des Betrages, für den der Gl gem § 114a als befriedigt gilt, auf den bisherigen Eigentümer über entsprechend dem Rechtsgedanken des § 1143 I 1 BGB (*Eickmann* KTS 1987, 617, 626). Bei einer **Grundschuld** leistet der vom Schu personenverschiedene Eigentümer idR auf das dingliche Recht (BGH KTS 1987, 353), was die Zessionspflicht der gesicherten Forderung an ihn zur Folge hat (BGH NJW 1981, 1554; 1987, 838). Die Fiktion des § 114a ergreift jedoch nicht das dingliche Recht, sondern nur den persönlichen Anspruch. Der Eigentümer kann jedoch ausnahmsweise auch auf die persönliche Forderung leisten, wenn er dies ausdrücklich erklärt; in diesem Fall geht bei Annahme durch den Gl dessen Forderung auf den Leistenden über (BGH NJW 1982, 2308). Dieser Grundsatz ist auf die gesetzliche Befriedigung des § 114a so zu übertragen, dass man insoweit eine Zessionspflicht des Gl annimmt (*Eickmann* KTS 1987, 617, 626 f). 13

4. Sicherungsgrundschuld

Die Befriedigungsfiktion des § 114a erfasst nur die persönliche Forderung und nicht das dingliche Recht (BGH NJW 1987, 503 = Rpfleger 1987, 120; LG Hanau Rpfleger 1988, 77; *Dassler/Hintzen* Rdn 11, 12). Der dingliche Anspruch erlischt erst durch die tatsächliche Befriedigung gem § 1181 BGB; in dem Umfang, in dem er keine Befriedigung erlangt, wird er gegenstandslos. Die Befriedigungsfiktion des § 114a umfasst die Forderungen, die nach dem Sicherungsvertrag von der Grundschuld gesichert waren. Wenn die persönliche Forderung des ersteigernden Gl geringer ist als die 7/10-Grenze, steht dem Vollstreckungsschuldner kein Bereicherungsanspruch hinsichtlich des Unterschiedsbetrages zwischen der 7/10-Grenze und der niedrigeren Höhe der persönlichen Forderung zu (BGH Rpfleger 1987, 120). Auch in den Deckungsbereich der Grundschuld fallende, aber noch nicht fällige Forderungen, werden von der Befriedigungsfiktion erfasst (BGH Rpfleger 1987, 120). 14

5. Gesamtrechte

15 Ersteht der befriedigungsberechtigte Gl nicht alle Grundstücke zusammen, so wird zunächst gem § 114 a ermittelt, inwieweit der Gl als befriedigt gilt, und anschließend wird dann ggf gem § 122 verteilt (*Steiner/Eickmann* Rdn 30–35; *Dassler/Hintzen* Rdn 17). Im Interesse des Schuldnerschutzes geht § 114 a dem § 122 vor.

IV. Ausschluss der Befriedigungswirkung

16 Nach hM kann die Befriedigungswirkung des § 114a durch Vertrag zwischen Ersteher und Schu bis zum Zuschlag ausgeschlossen werden (*Steiner/Eickmann* Rdn 20; *Dassler/Hintzen* Rdn 27). Sofern dem Schu keine Gegenleistung versprochen wird, ist die Form des § 518 BGB erforderlich; mit dem Wirksamwerden des Zuschlags wird allerdings ein Formmangel durch Leistungsfiktion geheilt. Verspricht der Gl-Ersteher jedoch die Anrechnung eines etwaigen Gewinnes aus der Weiterveräußerung auf die Forderung, so liegt keine Schenkung vor und § 518 BGB gilt dann nicht.

§ 115 [Widerspruch gegen den Teilungsplan]

^I**Über den Teilungsplan wird sofort verhandelt. Auf die Verhandlung sowie auf die Erledigung erhobener Widersprüche und die Ausführung des Planes finden die §§ 876 bis 882 der Zivilprozeßordnung entsprechende Anwendung.**

^{II}**Ist ein vor dem Termin angemeldeter Anspruch nicht nach dem Antrag in den Plan aufgenommen, so gilt die Anmeldung als Widerspruch gegen den Plan.**

^{III}**Der Widerspruch des Schuldners gegen einen vollstreckbaren Anspruch wird nach den §§ 767, 769, 770 der Zivilprozeßordnung erledigt.**

^{IV}**Soweit der Schuldner durch Sicherheitsleistung oder Hinterlegung die Befriedigung eines solchen Anspruchs abwenden darf, unterbleibt die Ausführung des Planes, wenn die Sicherheit geleistet oder die Hinterlegung erfolgt ist.**

Schrifttum: *Drischler,* Hinterlegungen im Immobiliarvollstreckungsverfahren, RpflJB 1984, 351; *Zwingel,* Widerspruch des Schuldners gegen nicht valutierten Teil einer Grundschuld, Rpfleger 2000, 437.

Übersicht

	Rn.
I. Allgemeines	1
II. Verhandlung über den TLP (§ 115 I)	2
III. Widerspruch gegen den TLP	3
1. Gegenstand des Widerspruchs	3
2. Widerspruchsberechtigung	4
a) Allgemein	4
b) Vollstreckungsschuldner	8
c) Neuer Eigentümer	12
d) Pfandgläubiger	13
e) Dritter iSd § 37 Nr 5	14
f) Bruchteilseigentümer	15
g) Ersteher	16
h) Mieter/Pächter	17
i) Schuldrechtlicher Anspruch	18
3. Inhalt	19
4. Form	20
5. Zeitpunkt	21
6. Rücknahme	22
7. Prüfung der Zulässigkeit	23
8. Verhandlung über zulässigen Widerspruch	26
a) Widerspruch begründet	27
b) Widerspruch erledigt	28
9. Widerspruchsklage	29
a) Allgemein	29
b) Zuständigkeit	33
c) Monatsfrist des § 878 ZPO	34
d) Fristversäumnis	35
e) Nachweis	36
IV. Bereicherungsklage	37
V. Übersicht zur Widerspruchsbehandlung	38

I. Allgemeines

Die Vorschrift regelt die Verhandlung über den TLP und gilt für alle 1
Versteigerungsverfahren des ZVG.

II. Verhandlung über den TLP (§ 115 I)

Über den TLP muss sofort im Termin verhandelt werden (**§ 115 I** 2
1); auf diese Verhandlung finden die §§ 876–882 ZPO entsprechende
Anwendung (**§ 115 I 2**). Wird kein Widerspruch erhoben, ist der Teilungsplan sofort auszuführen (§ 876 S 1 ZPO). Gegen einen Beteiligten,
der im Verteilungstermin weder erschienen ist noch davor bei dem
VollstrG Widerspruch erhoben hat, wird angenommen, dass er mit der

§ 115 [Widerspruch gegen den Teilungsplan]

Ausführung des TLP einverstanden sei (§ 877 I ZPO). Gleiches gilt, wenn ein im Verteilungstermin erschienener Beteiligter zum TLP schweigt (*Stöber* Rdn 2.3): Die Abwesenheit vom und das Schweigen im Verteilungstermin bedeuten jedoch kein materielles Anerkennen des TLP, sondern haben nur verfahrensrechtliche Wirkung. Eine Widerspruchsklage ist ausgeschlossen nach Ausführung des TLP, da dieser danach nicht mehr geändert werden kann (*Stöber* Rdn 2.8). Während mit dem **Widerspruch** gem § 115 **materiellrechtliche Unrichtigkeiten** des TLP gerügt werden (LG Heilbronn ZfIR 2010, 288), ist die sofortige Beschwerde gegeben bei **formellrechtlichen Beanstandungen** des TLP, dh wenn ein Verstoß gegen Verfahrensvorschriften vorliegt (*Stöber* Rdn 3; *Steiner/Teufel* Rdn 8, 11), zB die unrichtige Feststellung der Teilungsmasse gem §§ 49, 107, Barzahlung statt Bestehenbleiben (OLG Köln OLGZ 1966, 190), unterlassene Eventualzuteilung zB gem § 125. Da die Beteiligten zunächst gehört werden (§ 113 I), ist bei formellen Beanstandungen gegen den TLP die Erinnerung nach § 766 ZPO nicht zulässig. Werden sowohl die formelle Unrichtigkeit des TLP als auch die sachliche Unrichtigkeit behauptet, steht dem Gl neben der sofortigen Beschwerde auch der Widerspruch nach § 115 zu (OLG Köln MDR 1969, 401).

III. Widerspruch gegen den TLP

1. Gegenstand des Widerspruchs

3 Liegt eine **materielle Unrichtigkeit der Erlösverteilung** vor, so kann dies mittels Widerspruch (§ 115 ZVG, § 876 ZPO) gerügt werden (RGZ 101, 117; LG Heilbronn ZfIR 2010, 288; *Stöber* Rdn 3.2). Die Unrichtigkeit kann sich beziehen auf den Rang, den Inhaber, die Existenz und die Höhe des Rechts bzw Anspruchs. Sind gleich- oder nachrangige Gl mit der Höhe des Wertersatzes nach § 92 nicht einverstanden, müssen sie ebenfalls Widerspruch erheben (vgl § 92 Rdn 14; *Steiner/Teufel* Rdn 19). Einwendungen gegen die Person des Hilfsberechtigten gemäß §§ 119, 125 sind mittels Widerspruchs geltend zu machen; gleiches muss geltend, wenn diese Hilfsberechtigten einen höheren Zuzahlungsbetrag wollen (*Stöber* § 125 Rdn 2.7 **aA** *Steiner/Teufel* Rdn 20; *Schiffhauer* Rpfleger 1975, 187, 190). Wurde im TLP eine Fremdhypothek berücksichtigt, obwohl eine Eigentümergrundschuld entstanden ist gemäß §§ 1163 I 2, 1177 I BGB, kann nach § 115 vorgegangen werden. Bleibt ein Recht auf Grund der Versteigerungsbedingungen bestehen (§§ 44, 52, 59), kann dagegen kein Widerspruch erhoben werden, weil nicht eine andere Verteilung, sondern eine Vermehrung der Teilungsmasse nach §§ 50, 51 angestrebt wird; das Gegenteil gilt jedoch bei einem gemäß § 91 II vereinbarten Bestehenbleiben eines Rechts, weil geltend gemacht wird, dass der Erlösanteil nach § 91 III 1 nicht dem Berechtigten

III. Widerspruch gegen den TLP   § 115

zustehe. Allgemein muss der Widersprechende die Verbesserung seiner eigenen Rechtsstellung beabsichtigen, dh gegen einen Nachrangigen oder zugunsten eines Vorrangigen kann kein Widerspruch erhoben werden (*Stöber* Rdn 3.2).

2. Widerspruchsberechtigung

a) Allgemein. Nur ein **Beteiligter gemäß § 9**, der eine Änderung 4 des TLP zu seinen Gunsten verlangt, kann Widerspruch erheben (BGH Rpfleger 1969, 202). Liegt noch keine Beteiligtenstellung vor, kann sich eine Widerspruchsberechtigung nur bei Anmeldung und ggf Glaubhaftmachung seines Rechts ergeben § 9 Nr 2). Der Widersprechende muss außerdem ein **Befriedigungs-** 5 **recht aus dem Erlös gemäß § 10** haben, aber nach dem TLP von einem anderen zumindest teilweise verdrängt werden (BGH Rpfleger 1971, 102). Deshalb ist ein Widerspruch gegen einen selbst ausfallenden Gl unzulässig.

Verdrängt wird ein Gl, wenn er bei der Erlösverteilung ausfällt oder 6 sich mit einer Forderungsübertragung (§ 118) anstelle der Zahlung zufriedengeben muss oder sich mit der Absicherung der ihm zu übertragenden Forderung (§ 118) an schlechterer Rangstelle begnügen muss.

Der Widersprechende muss an der beabsichtigten Änderung des TLP 7 **ein eigenes rechtliches Interesse** haben (OLG Hamburg MDR 1955, 492; *Steiner/Teufel* Rdn 24, 34). Ist dies nicht der Fall, so ist der Widerspruch entweder vom VollstrG als unzulässig oder vom Prozessgericht als unbegründet zurückzuweisen (BGH Rpfleger 1969, 202; WM 1972, 1032). Bei der Beurteilung der Zulässigkeit eines Widerspruchs durch das VollstrG ist von den Umständen zum Zeitpunkt der Widerspruchseinlegung auszugehen (OLG Hamburg MDR 1955, 492; *Stöber* Rdn 3.4 a aA *Steiner/Teufel* Rdn 35: Zeitpunkt der Entscheidung des VollstrG).

b) Vollstreckungsschuldner. aa) Gegenüber einem **nicht voll-** 8 **streckbaren Anspruch**, dh wenn kein Vollstreckungstitel zugrundeliegt, kann er nach den allgemeinen Regeln (§ 115 I ZVG, §§ 876–882 ZPO) Widerspruch erheben (LG Krefeld Rpfleger 1988, 377; *Stöber* Rdn 3.46). Widerspruchsberechtigt ist der Vollstreckungsschuldner, wenn er einen Übererlös für sich beansprucht oder eine Zuteilung für sein Eigentümergrundpfandrecht verlangt. Er kann seinen Widerspruch aber auch damit begründen, dass eine Zahlung auf einen nicht bestehenden Anspruch unterbleibt, so dass dieser Erlösanteil einem nachrangigen Gl zugute kommt.

bb) Der Widerspruch des Schu gegen einen **vollstreckbaren** 9 **Anspruch** ist nach den §§ 767, 769, 770 ZPO zu erledigen **(§ 115 III).** Für den Anspruch, gegen den sich der Widerspruch richtet, muss somit ein Vollstreckungstitel (§§ 704, 794 ZPO) vorliegen; nicht erforderlich

§ 115 [Widerspruch gegen den Teilungsplan]

sind die sonstigen Vollstreckungsvoraussetzungen, wie zB Klausel, Zustellung usw (*Stöber* Rdn 6.1). Zu unterscheiden ist, ob für den betroffenen Anspruch ein rechtskräftiger oder vorläufig vollstreckbarer Anspruch vorliegt (auch Grundschuldbestellungsurkunde nach § 794 I Nr 5 ZPO).

10 Wenn ein **rechtskräftiger Vollstreckungstitel** (auch Grundschuldbestellungsurkunde nach § 794 I Nr 5 ZPO) vorliegt, kann gegen die Zuteilung auf diesen Anspruch Widerspruch erhoben werden, wie sich aus § 115 III ergibt (*Zwingel* Rpfleger 2000, 437; *Steiner/Teufel* Rdn 38; *Hagemann* Rpfleger 1982, 165, 167 **aA** *Stöber* Rdn 6: nur Vollstreckungsgegenklage). Ein solcher Widerspruch ist jedoch nach den §§ 767, 769 ZPO zu erledigen. Um die Ausführung des TLP zu hemmen muss in dem Widerspruch des Schu ein Einstellungsantrag gemäß § 769 II ZPO erblickt werden (*Zwingel* Rpfleger 2000, 437); das VollstrG (= allgemeine Vollstreckungsabteilung, vgl § 28 Rdn 59) muss daraufhin unter Fristsetzung einstweilen einstellen, damit eine Entscheidung des Prozessgerichts herbeigeführt werden kann (*Steiner/Teufel* Rdn 39). Das Prozessgericht entscheidet über den Widerspruch auf Grund einer Vollstreckungsgegenklage nach § 767 ZPO. Eine Widerspruchsklage kann in eine solche Klage umgedeutet werden (BGH WM 1981, 693).

11 Ein Widerspruch des Schu gegen einen **vorläufig vollstreckbaren Anspruch** ist nur zulässig, wenn eine einstweilige Anordnung des Prozessgerichts vorgelegt wird, da in diesem Fall für eine Vollstreckungsgegenklage gem § 767 ZPO kein Raum ist und nur das Prozessgericht nach §§ 719, 707 ZPO die Ausführung des TLP verhindern kann; ansonsten ist der Widerspruch als unzulässig zurückzuweisen. Soweit der Schu durch Sicherheitsleistung oder Hinterlegung die Befriedigung eines solchen Anspruchs abwenden darf (§§ 711, 712 ZPO), unterbleibt die Planausführung, wenn die Sicherheit geleistet oder die Hinterlegung erfolgt ist (**§ 115 IV**). Unterbleibt im Fall des § 115 III die Ausführung des TLP, so hat das VollstrG eine Hilfsverteilung vorzunehmen; für § 115 IV folgt dies aus **§ 124 III**, ansonsten gilt § 124 analog. Der Erlösanteil ist zu hinterlegen (**§ 124 II, § 120**). Zur endgültigen Planausführung kommt es, wenn innerhalb der gesetzten Frist keine Einstellungsentscheidung des Prozessgerichts oder ein rechtskräftiges Urteil vorgelegt wird.

12 **c) Neuer Eigentümer.** Erfolgt nach der Beschlagnahme ein Eigentumswechsel, so ist der neue Eigentümer nach Anmeldung (und ggf Glaubhaftmachung) widerspruchsberechtigt. § 115 III, IV ist anzuwenden, wenn eine umgeschriebende vollstreckbare Ausfertigung des Titels gegen den neuen Eigentümer vorgelegt wird.

13 **d) Pfandgläubiger.** Widerspruchsberechtigt ist ein Pfändungsgläubiger, zu dessen Gunsten ein Recht auf Befriedigung aus dem Erlös gepfändet ist.

III. Widerspruch gegen den TLP § 115

e) Dritter iSd § 37 Nr 5. Hat er sein Recht (zB Dritteigentum am Zubehör) mit dem Zuschlag verloren, kann er gegen den zuletzt zum Zuge kommenden Berechtigten Widerspruch erheben. 14

f) Bruchteilseigentümer. Ein Bruchteilseigentümer ist widerspruchsberechtigt, wenn die mehreren Eigentümer eine Eigentümergrundschuld bestellt hatten, bei der ZwVerst des jeweils anderen Bruchteils (BGH NJW 1975). 15

g) Ersteher. Er ist grundsätzlich nicht widerspruchsberechtigt (ebenso mithaftende Dritte, § 69 IV, § 81 IV), es sei denn er ist gleichzeitig befriedungsberechtigter Gl (BGH WM 1972, 1032). 16

h) Mieter/Pächter. Sie sind nicht widerspruchsberechtigt, selbst wenn sie Baukostenzuschüsse geleistet haben (BGH Rpfleger 1971). 17

i) Schuldrechtlicher Anspruch. Ein **schuldrechtlicher Anspruch,** aus dem die ZwVerst nicht betrieben wird, berechtigt grundsätzlich nicht zum Widerspruch (BGH BB 1962, 1222; RPfleger 1969, 202). Eine Ausnahme gilt dann, wenn der schuldrechtliche Anspruch geeignet ist, den vom Widerspruch betroffenen Gl zu verpflichten, den auf sein Recht entfallenden Erlösanteil an den Widersprechenden herauszugeben (BGH ZfIR 2002, 411; *Steiner/Teufel* Rdn 53); letzterem muss außerdem ein Befriedigungsrecht nach § 10 zustehen, das nicht voll gedeckt wird (BGH WM 1981, 693). In Betracht kommen ein Abtretungsvertrag und eine Pfandentlassungsverpflichtung. Bei einer Sicherungsgrundschuld kann der **Rückgewähranspruch** durch Widerspruch geltend gemacht werden (vgl § 114 Rdn 52, 53). 18

3. Inhalt

Der Widerspruch muss nicht begründet werden (*Stöber,* ZVG, Rdn 481). Er muss jedoch erkennen lassen, gegen welche Zuteilung er sich richtet und welche Verteilung begehrt wird; ansonsten kann über ihn nicht verhandelt werden (§ 115 I 1 ZVG, § 876 ZPO). Der Widerspruch ist in diesem Fall zurückzuweisen. Die Anmeldung gilt gem **§ 115 II** als Widerspruch, wenn der Anspruch nicht, wie angemeldet, in den TLP aufgenommen wurde. Dies gilt auch, wenn Ansprüche, die in dem Versteigerungsantrag enthalten sind, als angemeldet gelten (§ 114 I 2). Eine Anmeldung gilt auch dann als Widerspruch, wenn der geltend gemachte Anspruch im Verfahren überhaupt nicht berücksichtigt werden kann (zB ein persönlicher Anspruch, wegen dem die ZwVerst nicht betrieben wird). Der Widerspruch muss dann als unzulässig zurückgewiesen werden, da es sowohl an der Beteiligtenstellung (§ 9) als auch an einem Recht auf Befriedigung aus dem Erlös mangelt (*Steiner/Teufel* Rdn 59 **aA** *Stöber* Rdn 4: einfach unberücksichtigt lassen). 19

§ 115 [Widerspruch gegen den Teilungsplan]

4. Form

20 Eine bestimmte Form ist für den Widerspruch nicht vorgesehen. Er kann schriftlich und im Verteilungstermin auch mündlich zu Protokoll erklärt werden. Auch in einem schlüssigen Handeln kann uU ein Widerspruch liegen (*Steiner/Teufel* Rdn 57), zB in der Vorlage eines mit dem Zustellungsnachweis versehenen Pfändungsbeschlusses.

5. Zeitpunkt

21 Der Widerspruch ist grundsätzlich nur bis spätestens zur Beendigung des Verteilungstermins möglich (vgl § 115 I 2 ZVG, § 876 ZPO; OLG Köln Rpfleger 1991, 519; *Steiner/Teufel* Rdn 60); darunter ist die Schließung des Verteilungstermins durch den Rechtspfleger zu verstehen (vgl § 136 IV ZPO; *Meyer-Stolte* Rpfleger 1991, 520). Erfolgt ausnahmsweise im Verteilungstermin Barauszahlung (vgl § 117 Rdn 22), so ist bereits danach ein eingelegter Widerspruch unzulässig (OLG Köln Rpfleger 1991, 519). Gleiches muss gelten, wenn im Verteilungstermin bereits die Anordnung der unbaren Auszahlung verfügt wird (*Meyer-Stolte* Rpfleger 1991, 520 **aA** OLG Köln Rpfleger 1991, 519), weil damit die Befriedigungswirkung eintritt als wenn Barauszahlung erfolgen würde (vgl § 117 Rdn 23). Ein verspätet eingelegter Widerspruch berührt den TLP nicht mehr (§ 115 I 2 ZVG, § 877 ZPO).

6. Rücknahme

22 des Widerspruchs ist möglich, und zwar auch noch nach dem Verteilungstermin.

7. Prüfung der Zulässigkeit

23 Das VollstrG darf nur die Zulässigkeit des Widerspruchs prüfen.
24 Dh ob der Widersprechende ein **Beteiligter gemäß § 9** ist und er bei einem erfolgreichen Widerspruch eine Zuteilung bekommen
25 würde (= **Beschwer;** vgl LG Münster MDR 1966, 1011; *Stöber* Rdn 3.11 a). Ein unzulässiger Widerspruch ist durch begründeten Beschluss zurückzuweisen; dagegen ist die sofortige Beschwerde zulässig (OLG Köln Rpfleger 1991, 519). Über die Begründetheit eines Widerspruchs entscheidet das Prozessgericht auf Grund einer Widerspruchsklage; das VollstrG ist dazu nicht befugt, dh es darf den Widerspruch nicht zurückweisen, auch wenn es ihn für unbegründet hält (OLG Köln Rpfleger 1991, 518). Entscheidet das VollstrG trotzdem über die Begründetheit eines Widerspruchs, so kann dagegen sofortige Beschwerde eingelegt werden (OLG Hamm JMBl 1962, 97).

8. Verhandlung über zulässigen Widerspruch

Das VollstrG hat über einen zulässigen Widerspruch mit den Beteiligten zu verhandeln; jeder anwesende Beteiligte hat sich sofort zu erklären (**§ 876 S 2 ZPO**). Gegen die Zulassung des Widerspruchs gibt es keinen Rechtsbehelf. 26

a) Widerspruch begründet. Wird von dem betroffenen Beteiligten der **Widerspruch als begründet anerkannt** oder kommt anderweit eine Einigung zustande, muss der TLP entsprechend berichtigt werden (**§ 876 S 3 ZPO**). Das VollstG hat so zu verfahren, auch wenn es den Widerspruch für unbegründet erachtet. 27

b) Widerspruch erledigt. Der **Widerspruch erledigt sich nicht,** wenn der davon betroffene Beteiligte nicht zum Termin erschienen ist, da dann angenommen wird, dass er den Widerspruch nicht als begründet anerkenne (**§ 877 II ZPO**). Gleiches gilt, wenn der im Termin Anwesende schweigt, da ein Anerkenntnis ausdrücklich erklärt werden muss. Bei einem zulässigen aber nicht erledigten Widerspruch ist der TLP insoweit auszuführen, als er durch den Widerspruch nicht betroffen wird (**§ 876 S 4 ZPO**). Für den streitigen Betrag ist eine Hilfsverteilung anzuordnen; durch den TLP ist festzustellen, wie er anderweitig verteilt werden soll, wenn der Widerspruch für begründet erklärt wird (§ 124 I). Zweitberechtigter ist stets der Widersprechende, und zwar ohne Rücksicht auf Zwischenberechtigte (*Stöber,* ZVG, Rdn 483, 483 a). Bis zur Erledigung des Widerspruchs ist der streitige Betrag für den Erstberechtigten und den Widersprechenden zu hinterlegen (**§ 124 II, § 120),** soweit das Bargebot bezahlt wurde, ist dies nicht der Fall, erfolgen bedingte Forderungsübertragung (§ 118) und die Eintragung einer Sicherungshypothek gem § 128. 28

9. Widerspruchsklage

a) Allgemein. Über die Begründetheit eines Widerspruchs muss das Prozessgericht entscheiden. Der widersprechende Gl muss gegen den betroffenen Beteiligten Widerspruchsklage erheben (§ 878 I 1 ZPO). 29

Richtet sich ein Widerspruch gegen einen **öffentlich-rechtlichen Anspruch,** so ist zu unterscheiden (vgl RGZ 56, 396; 83, 87; 116, 368; *Steiner/Teufel* Rdn 69): Sind die Art, die Existenz oder die Höhe des Anspruchs streitig, wird die Widerspruchsklage für einen Zwischenstreit vor der Verwaltungsbehörde ausgesetzt gemäß § 148 ZPO; über das Vorrecht, die Veranlagung oder die Fälligkeit entscheidet nur das Prozessgericht. 30

Unzulässig ist eine **Feststellungsklage,** das der Widerspruch unbegründet sei. 31

Für eine **Widerklage** ist § 33 II ZPO zu beachten. 32

§ 115 [Widerspruch gegen den Teilungsplan]

33 **b) Zuständigkeit.** Die Widerspruchsklage ist beim AG bzw LG des Versteigerungsgerichts zu erheben **(§ 879 I, § 802 ZPO).**

34 **c) Monatsfrist des § 878 ZPO.** Der widersprechende Gl muss ohne Aufforderung binnen einer Frist von einem Monat dem VollstrG nachweisen, dass er Widerspruchsklage erhoben habe (§ 878 I 1 ZPO). Die Frist beginnt mit dem Tag des Verteilungstermins (§ 878 I 1 ZPO), wobei dieser Tag gem § 187 II BGB mitgerechnet wird (*Steiner/Teufel* Rdn 73). Findet der Verteilungstermin am 20. April statt, endet die Frist mit Ablauf des 19. Mai, soweit nicht § 222 II ZPO gilt (Samstag, Sonntag, gesetzlicher Feiertag). Die Monatsfrist ist keine Notfrist (§ 223 III ZPO) und kann vom VollstrG weder verlängert noch abgekürzt werden (§ 224 ZPO). Die Parteien können eine Abkürzung vereinbaren (OLG Frankfurt NJW 1961, 787). Bei Fristversäumung gibt es keine Wiedereinsetzung in den vorigen Stand nach § 233 ZPO. Innerhalb der Monatsfrist muss nicht nur die Widerspruchsklage erhoben, sondern auch der Nachweis darüber beim VollstrG geführt werden. Erhoben ist die Klage erst durch Zustellung der Klageschrift (§ 253 I ZPO); da jedoch Klagen von Amts wegen zugestellt werden (§ 270 I ZPO), und zwar unverzüglich (§ 271 I ZPO), genügt zur Fristwahrung der Nachweis der Klageeinreichung und der Barzahlung der fälligen Prozessgebühr samt Zustellungsunterlagen oder des Gesuchs um Prozesskostenhilfe oder Stundung der Gebühr nach § 65 VII GKG (*Stöber* Rdn 5.9). Der Widersprechende kann die rechtzeitige Klageeinreichung dem VollstrG gegenüber nachweisen durch Bezugnahme auf die Prozessakten des gleichen Amtsgerichts oder des übergeordneten Landgerichts bzw mittels Bestätigung durch das Prozessgericht (*Stöber* Rdn 5.9 b).

35 **d) Fristversäumnis.** Der TLP ist ohne Rücksicht auf den Widerspruch auszuführen, wenn dem VollstrG die Erhebung der Klage nicht rechtzeitig nachgewiesen wird **(§ 878 I 2 ZPO).** Das VollstrG hat die Hinterlegungsstelle zu ersuchen, den Betrag an den Erstberechtigten auszuzahlen. War die Planausführung durch Forderungsübertragungen (§ 118) und Eintragung von Sicherungshypotheken (§ 128) erfolgt, wird das VollstrG zum einen Klarstellungsbeschluss und zum anderen ein Berichtigungsersuchen an das GBA erlassen, wonach die übertragene Forderung bzw eingetragene Sicherungshypothek dem zunächst Berechtigten nunmehr endgültig zusteht. Ist zwar die Frist versäumt, aber der TLP noch nicht ausgeführt, bleibt die Widerspruchsklage zulässig (BGHZ 21, 30; RGZ 99, 202). Dadurch wird jedoch die Planausführung durch das VollstrG nicht mehr gehemmt. Wird ein Urteil zwar nach Fristablauf, aber vor Planausführung vorgelegt, so muss es das VollstrG beachten (BGH BB 1954, 39). Ist die Verteilung durch das VollstrG beendet, wird eine Widerspruchsklage unzulässig (BGHZ 21, 30; OLG Frankfurt NJW 1961, 787). Außerhalb des Verteilungsverfahrens kann der Widersprechende seine Rechte nur mittels einer Bereicherungsklage

geltend machen (**§ 878 II ZPO,** § 812 BGB), worin eine Widerspruchsklage überzuleiten ist.

e) Nachweis. Rechtzeitiger Nachweis der Widerspruchsklage. In diesem Fall bleibt das bereits einen Monat ruhende Verfahren weiterhin ausgesetzt, und zwar solange bis dem VollstrG ein rechtskräftiges Urteil des Prozessgerichts, ein Vergleich oder die Klageübernahme des Widersprechenden vorgelegt wird. Ist die Widerspruchsklage unzulässig, muss sie durch ein Prozessurteil zurückgewiesen werden. Bei Unbegründetheit muss ein Sachurteil den Widerspruch für unbegründet erklären und die Klage abweisen. Eine Widerspruchsklage ist als unbegründet, nicht als unzulässig abzuweisen, wenn der Kläger mangels eines dinglichen Rechts nicht an der ZwVerst beteiligt ist (BGH Rpfleger 1969, 202). Bei einem zulässigen und begründeten Widerspruch ist in dem Urteil zu bestimmen, an welche Gl und in welchen Beträgen der streitige Teil des Erlöses auszuzahlen ist (**§ 880 S 1 ZPO**). Das Prozessgericht hat bei seiner Entscheidung die Sach- und Rechtslage zum Zeitpunkt des Verteilungstermins zugrunde zu legen; nachträglich eingetretene Tatsachen und Ereignisse können deshalb nicht mehr berücksichtigt werden (BGH Rpfleger 1992. 32; 1974, 187). **36**

IV. Bereicherungsklage

Sie verbleibt dem Gl, wenn er **37**
1. den Widerspruch überhaupt nicht oder verspätet eingelegt hat oder
2. die Frist zum Nachweis der Klageerhebung (§ 878 ZPO) ohne den erforderlichen Nachweis verstreichen ließ oder
3. sein besseres Recht nur auf Tatsachen stützen kann, die erst nach dem Ende des Verteilungstermins entstanden sind.

§ 115 [Widerspruch gegen den Teilungsplan]

V. Übersicht zur Widerspruchsbehandlung

38 Prüfung der Zulässigkeit durch das VollstrG:

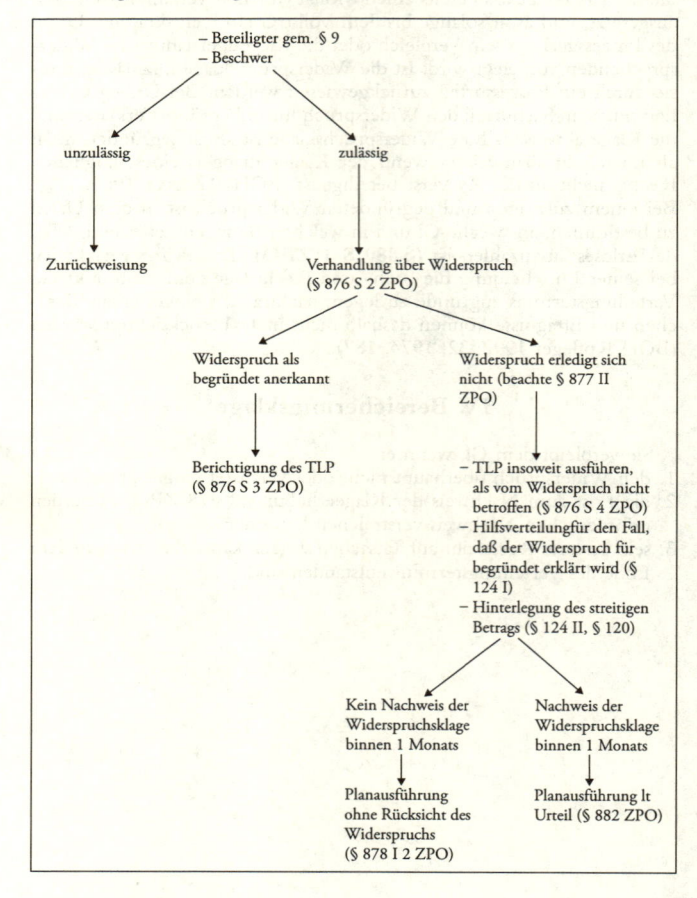

- Beteiligter gem. § 9
- Beschwer

↙ unzulässig → Zurückweisung

↘ zulässig → Verhandlung über Widerspruch (§ 876 S 2 ZPO)

↙ Widerspruch als begründet anerkannt → Berichtigung des TLP (§ 876 S 3 ZPO)

↘ Widerspruch erledigt sich nicht (beachte § 877 II ZPO)
- TLP insoweit ausführen, als vom Widerspruch nicht betroffen (§ 876 S 4 ZPO)
- Hilfsverteilung für den Fall, daß der Widerspruch für begründet erklärt wird (§ 124 I)
- Hinterlegung des streitigen Betrags (§ 124 II, § 120)

↙ Kein Nachweis der Widerspruchsklage binnen 1 Monats → Planausführung ohne Rücksicht des Widerspruchs (§ 878 I 2 ZPO)

↘ Nachweis der Widerspruchsklage binnen 1 Monats → Planausführung lt Urteil (§ 882 ZPO)

§ 116 [Aussetzung der Ausführung]

Die Ausführung des Teilungsplans soll bis zur Rechtskraft des Zuschlags ausgesetzt werden, wenn der Ersteher oder im Falle des § 69 Abs. 3 der für mithaftend erklärte Bürge sowie in den Fällen des § 81 Abs. 2, 3 der Meistbietende die Aussetzung beantragt.

Der Verteilungstermin (§ 105 I) kann bestimmt werden, ohne dass die Rechtskraft des Zuschlagsbeschlusses abgewartet werden muss. In der Praxis wird idR auch sogleich nach der Zuschlagsverkündung der Verteilungstermin bestimmt, weil dann der Zuschlagsbeschluss und die Terminsbestimmung für den Verteilungstermin einheitlich zugestellt werden können (§§ 88, 105 II). Wird der Zuschlagsbeschluss angefochten, so gestattet § 572 ZPO eine Aussetzung der Planausführung (vgl auch § 115 IV). Unabhängig davon ist dies nach § 116, der für alle Versteigerungsverfahren des ZVG gilt, möglich, wenn die darin genannten Personen dies beantragen. 1

Die Vorschrift verlangt nur einen noch **nicht rechtskräftigen Zuschlagsbeschluss**; angefochten muss er nicht sein. 2

Daneben ist ein form- und fristloser **Antrag** erforderlich (*Steiner/Teufel* Rdn 7). Antragsberechtigt sind nur der Ersteher oder im Falle des § 69 IV der für mithaftend erklärte Bürge sowie in den Fällen des § 81 II, III der Meistbietende; andere Personen auch dann nicht, wenn die Beteiligten damit einverstanden sind. Auf Grund eines zulässigen Antrags gemäß § 116 wird nur die Planausführung (§§ 117, 118) ausgesetzt, währenddessen der Verteilungstermin abgehalten, der TLP aufgestellt, Widersprüche behandelt und die Zahlung des Erstehers entgegengenommen wird. Der Aussetzung der Planausführung nach § 116 ergeht durch Beschluss. Es steht im Ermessen des VollstrG, ob es einen solchen erlässt, da § 116 nur eine Sollvorschrift ist. Anfechtbar ist die Entscheidung mit sofortiger Beschwerde. Kommt es zur Aussetzung der Planausführung, dann darf danach auch kein GB-Ersuchen (§ 130) erlassen, keine vollstreckbare Ausfertigung (§ 132 II) erteilt und keine Vollstreckung gemäß §§ 132, 133 durchgeführt werden. 3

Nach Rechtskraft des Zuschlagsbeschlusses wird von Amts wegen ein neuer Verteilungstermin angesetzt, in dem der TLP ergänzt wird hinsichtlich der weiter aufgelaufenen Zinsen. Zur Teilungsmasse kommen die Hinterlegungszinsen, wenn der Erlös hinterlegt ist. Bis zu dem neuen Termin können noch Widersprüche erhoben oder Anmeldungen vorgenommen werden; an einem Rangverlust nach § 110 ändert sich dadurch aber nichts. Im neuen Verteilungstermin sind vor allem die Auszahlungsanordnung (§ 117) oder die Forderungsübertragung (§ 118) vorzunehmen. 4

§ 117 [Ausführung bei Zahlung des Bargebots]

^ISoweit der Versteigerungserlös in Geld vorhanden ist, wird der Teilungsplan durch Zahlung an die Berechtigten ausgeführt. Die Zahlung ist unbar zu leisten.
^{II}Die Auszahlung an einen im Termine nicht erschienenen Berechtigten ist von Amts wegen anzuordnen. Die Art der Auszahlung bestimmt sich nach den Landesgesetzen. Kann die Auszahlung nicht erfolgen, so ist der Betrag für den Berechtigten zu hinterlegen.
^{III}Im Falle der Hinterlegung des Erlöses kann statt der Zahlung eine Anweisung auf den hinterlegten Betrag erteilt werden.

Schrifttum: *Behr/Eickmann*, Pfändung von Grundpfandrechten und ihre Auswirkungen auf die Zwangsversteigerung, 1989; *Drischler*, Hinterlegungen im Immobiliarvollstreckungsverfahren, RpflJB 1984, 351; *ders.*, Sofortige Auszahlung des Versteigerungserlöses, Rpfleger 1989, 359; *Perger*, Zustellung des Teilungsplanes und Auszahlung des Versteigerungserlöses, Rpfleger 1991, 45; *Sievers*, Sofortige Auszahlung des Versteigerungserlöses, Rpfleger 1989, 53.

Übersicht

	Rn.
I. Allgemeines	1
II. Berechtigter	2
1. Allgemeines	2
2. Verfahrensgrundlage	3
3. Feststellung des Berechtigten	5
a) Bei Aufstellung des TLP	5
b) Ausführung TLP	6
4. Einzelfälle	7
a) Abtretung	7
b) Arresthypothek	8
c) Briefgrundpfandrechte	9
d) Gemeinschaftlich Berechtigte	10
e) Gesamtrechtsnachfolge	11
f) Höchstbetragshypothek (Arresthypothek)	12
g) Nießbrauch am Grundstücksrecht	13
h) Pfandrecht	14
i) Sicherungshypothek	19
j) Unbekannte Berechtigte	21
III. Auszahlung	22
1. Anwesende Berechtigte	22
2. Abwesende Berechtigte (§ 117 II 1, 2)	23
3. Befriedigterklärung	24
4. Verzicht	27
IV. Hinterlegung	28
1. Einzelfälle	28
a) Die Auszahlung kann nicht erfolgen (§ 117 II 3)	28

II. Berechtigter § 117

    b) Aufschiebend bedingter Anspruch (§ 120 I) 30
    c) Deckungskapital gemäß § 92 II (§ 121 II, § 120
       I) 31
    d) Widerspruch (§ 124 II, § 120 I) 32
    e) Der Person nach unbekannte Berechtigte (§ 126
       II) 33
    f) Ungewissheit über die Person des Berechtigten
       (§ 372 BGB) 34
    g) Mehrzahl von Pfändungen und Überweisungen
       (§ 853 ZPO) 35
  2. Anweisung auf einen hinterlegten Betrag (§ 117
     III) 36

I. Allgemeines

§ 117, der für alle Versteigerungsverfahren des ZVG gilt, regelt die 1
Ausführung des TLP, soweit der Ersteher das Meistgebot bezahlt hat.
Auf Grund des Zuschlagsbeschlusses ist der Ersteher zur Zahlung verpflichtet. Die Planausführung setzt voraus, dass die Verhandlung über
den TLP beendet und eine evtl erforderliche Widerspruchsbehandlung
erfolgt ist (*Stöber* Rdn 1.3).

II. Berechtigter

1. Allgemeines

Der TLP wird durch unbare Zahlung an die Berechtigten ausgeführt 2
(§ 117 I, II 1). Dies sind die Gl des § 10, soweit im TLP eine Zuteilung
an sie festgestellt wurde. Ein Erlösüberschuss gebührt dem Grundstückseigentümer zum Zeitpunkt der Zuschlagserteilung (*Stöber* Rdn 2.1). Da
§ 117 von der **materiellen Rechtslage** ausgeht, müssen die Zahlungen
an die wirklichen Berechtigten erfolgen.

2. Verfahrensgrundlage

Bei der Feststellung der Empfangsberechtigten kann sich das VollstrG 3
an die **Vollstreckungstitel** (einschließlich evtl Rechtsnachfolgeklausel)
und **Anmeldungen** halten. Soweit es um Inhaber von Grundstücksrechten geht, kann sich das VollstrG auf § 891 berufen, dh es ist vom GB-Inhalt auszugehen (BGH JZ 1970, 373). Nicht entkräftet wird die Richtigkeitsvermutung des § 891 BGB durch einen eingetragenen Widerspruch, Zweifeln an der GB-Richtigkeit oder Glaubhaftmachung der
GB-Unrichtigkeit. Die Vermutung des § 891 BGB ist nur dann widerlegt, wenn eine GB-Unrichtigkeit für das VollstrG objektiv feststeht (*Stöber* Rdn 2.3).

§ 117 [Ausführung bei Zahlung des Bargebots]

4   Bei der Beurteilung der Empfangsberechtigung muss von dem **GB-Stand zum Zeitpunkt der Zuschlagserteilung** ausgegangen werden; dabei kann sich das VollstrG nicht auf den GB-Stand bei Eintragung des Versteigerungsvermerks und den nachfolgenden Mitteilungen des GBA nach § 19 III verlassen (*Steiner/Teufel* Rdn 9). Erlischt ein Grundstücksrecht durch Zuschlagserteilung, so kann über den an die Stelle getretenen Erlösanteil ohne Grundbucheintragung verfügt werden.

3. Feststellung des Berechtigten

5   a) **Bei Aufstellung des TLP.** Das VollstrG hat die zu diesem Zeitpunkt materiell Empfangsberechtigten zu ermitteln (*Stöber* Rdn 2.2). **Alle Rechtsänderungen bis zum Verteilungstermin** müssen vom VollstrG berücksichtigt werden, natürlich nur, wenn es davon Kenntnis erlangt. Grundsätzlich wird das VollstrG die Empfangsberechtigten aus dem GB, den Vollstreckungstiteln und Anmeldungen entnehmen. Daran kann es sich aber nur halten, wenn ihm zB eine Abtretung eines Erlösanspruches nach der Zuschlagserteilung nicht bekannt wird.

6   b) **Ausführung TLP.** Bei Ausführung des TLP zahlt das VollstrG den Erlös aus dem Schuvermögen an die Berechtigten. Aufgabe des VollstrG ist es daher, den **materiell Berechtigten zum Zeitpunkt der Auszahlung** (§ 117) oder der Forderungsübertragung (§ 118) sicher festzustellen (RGZ 73, 298). Dabei kann es sich an die Feststellungen im TLP (vgl Rdn 5) halten. Wenn sich jedoch die materielle Berechtigung danach noch ändert, muss dies das VollstrG beachten. Kommt es nach Aufstellung des TLP zu Veränderungen, zB durch Abtretung oder Pfändung, kann nicht mehr an den vorgesehenen Berechtigten ausgezahlt werden, wenn dies zur Kenntnis des VollstrG gelangt. Die neue Empfangsberechtigung hat es dem bisherigen Berechtigten mitzuteilen; letzterer kann gegen die Abweichung vom TLP nach § 766 ZPO vorgehen. Bei der Prüfung der materiellen Berechtigung kann das VollstrG von den Vollstreckungstiteln, Anmeldungen und dem GB-Stand (§ 891 BGB) ausgehen. Deshalb leistet das VollstrG an einem zum Zeitpunkt des Zuschlags im GB Eintragungen befreiend (entsprechend § 893 BGB), wenn ihm die GB-Unrichtigkeit nicht bekannt ist (*Stöber* 2.4 c). Hat das VollstrG Zweifel an der materiellen Berechtigung, hat es sich von Amts wegen um Aufklärung zu bemühen. Führt dies zu keinem Ergebnis, besteht die Möglichkeit der Hinterlegung nach § 372 BGB.

4. Einzelfälle

7   a) **Abtretung.** Vor dem Zuschlag werden dingliche Rechte idR durch Einigung und GB-Eintragung übertragen (§ 873 BGB); Besonderheiten gelten bei Briefgrundpfandrechten gem § 1154 BGB. Nach dem Zuschlag wird der Anspruch auf den Erlös, der an die Stelle des erlosche-

II. Berechtigter §117

nen dinglichen Rechts getreten ist, durch formlosen Abtretungsvertrag übertragen (§§ 398 ff BGB). Erfolgt die Abtretung des Versteigerungserlöses zu einem Zeitpunkt, in dem das Grundpfandrecht noch besteht, so ist sie unwirksam und bleibt es auch nach der Zuschlagserteilung (BGH Rpfleger 1964, 142 m Anm *Stöber*).

b) Arresthypothek. Vgl Rdn 12. 8

c) Briefgrundpfandrechte. Während bei Buchgrundpfandrechten 9 von demjenigen auszugehen ist, der bei Zuschlagserteilung als Berechtigter im GB eingetragen war, hat der Gl eines Briefgrundpfandrechtes seine Berechtigung durch Vorlage des Briefes nachzuweisen (§§ 1160, 1192 BGB). Dies gilt auch, wenn nur rückständige Zinsen, Kosten und sonstige Nebenleistungen auszuzahlen sind. Unter Umständen sind neben dem Brief die in **§ 1155 BGB** bezeichneten Urkunden vorzulegen. Wird der Brief nicht beigebracht, ist nach § 126 zu verfahren.

d) Gemeinschaftlich Berechtigte. Die Vermutung des § 891 gilt 10 auch für die Art des Gemeinschaftsverhältnisses. Steht ein Anspruch mehreren Berechtigten in Bruchteils- oder Gesamthandsgemeinschaft zu, so hat Zahlung an alle gemeinsam zu erfolgen, falls nicht eine empfangsberechtigte Person vorhanden ist, an die schuldbefreiend geleistet werden kann. Ist danach eine Zahlung nicht möglich, muss hinterlegt werden (§ 117 II 3).

e) Gesamtrechtsnachfolge. Die Vermutung des § 891 BGB wirkt 11 auch zugunsten eines Gesamtrechtsnachfolgers des im GB eingetragenen Berechtigten. Die Erbfolge ist gem § 35 GBO nachzuweisen durch Erbschein oder ein öffentliches Testament mit Eröffnungsniederschrift, die Gütergemeinschaft durch Vorlage des Ehevertrages.

f) Höchstbetragshypothek (Arresthypothek). Bei der Höchstbetragshypothek gemäß § 1190 BGB bzw § 454 a ZGB in den neuen Bundesländern (vgl *Keller* Rpfleger 1992, 501, 507) und der Arresthypothek gemäß § 932 ZPO stellt sich die Frage, ob und in welcher Höhe eine Fremdhypothek oder Eigentümergrundschuld vorliegt; dies richtet sich danach, inwieweit eine zugrundeliegende Forderung besteht. Die Berechtigung des Eigentümers ist auflösend bedingt durch das Entstehen oder die Erweiterung der zu sichernden Forderung und zugleich aufschiebend bedingt durch deren Erlöschen oder Verminderung; entsprechendes gilt für die Berechtigung des Gl (*Steiner/Teufel* Rdn 27). Die genaue Festlegung der Forderung bedarf einer Einigung zwischen dem Gl und Eigentümer oder geschieht mittels Urteil durch ein Prozessgericht. Nicht ausreichend ist die Abwesenheit des ehemaligen Eigentümers im Verteilungstermin oder Schweigen im Termin. Zugeteilt wird ohne Feststellung an den Gl "unter der Bedingung, dass er die Feststellung der Forderung durch Anerkenntnis oder durch rechtskräftiges Prozessurteil nachweist, und an den Eigentümer, wenn und soweit die Forderung des Gl nicht nachgewiesen wird und nicht besteht" (so *Stöber,* ZVG, Rdn 437). Die Bedingung hält hier somit nicht in das Entstehen oder Bestehen des Rechts, sondern den Rechtsinhaber in der Schwebe. Deshalb sind die §§ 119, 120 nicht anwendbar, weil sie nur für bedingte Ansprüche gelten (*Steiner/Teufel* §§ 119, 120 Rdn 4). Der auf das Recht entfallende Erlös ist vom VollstrG nach § 372 BGB unter Rücknahmeverzicht mit schuldbefreiender Wirkung zugunsten der möglichen Berechtigten zu hinterlegen. Kommt es nach der Hypothekeneintragung zu einem Eigentumswechsel, so sind empfangsberechtigt der frühere Eigentümer und der Gl. Der spätere Eigentümer ist außer Acht zu lassen; seine Berechtigung muss er notfalls mittels Widerspruch (§ 115) geltend machen.

13   **g) Nießbrauch am Grundstücksrecht.** Wenn ein Recht mit einem Nießbrauch belastet ist (§§ 1068 ff BGB), hat die Zahlung an den Erstberechtigten und den Nießbraucher gemeinsam zu erfolgen; ist danach eine Zahlung nicht möglich, muss hinterlegt werden (§ 117 II 3). Nur bei Zustimmung des einen von ihnen kann an den anderen ausbezahlt werden **(§ 1078 BGB).** Während der Dauer des Nießbrauchs ist der Nießbraucher allein berechtigt, die Zinsen einzuziehen.

h) Pfandrecht. Schrifttum: *Behr/Eickmann,* Pfändung von Grundpfandrechten und ihre Auswirkungen auf die Zwangsversteigerung, 2. Aufl, 1989.

14   **aa)** Ist ein zu befriedigender Anspruch auf Grund **rechtsgeschäftlicher Verpfändung** mit einem Pfandrecht belastet (§§ 1273 ff BGB), so kann vor Pfandreife nur an Gl und Pfandgläubiger gemeinsam, nach der Pfandreife an den Pfandgläubiger allein gezahlt werden gem §§ 1281, 1282 BGB (*Stöber* Rdn 3.5). Ist vor Pfandreife keine Auszahlung an beide möglich, so ist zu hinterlegen (§ 117 II 3); nur bei Zustimmung des einen von ihnen kann an den anderen gezahlt werden gem § 1285 BGB.

15   **bb)** Wird dem VollstrG die **gerichtliche Pfändung** eines Rechts bzw Anspruchs nachgewiesen, so sind grundsätzlich Gl und Pfandgläubiger gemeinsam empfangsberechtigt; nur wenn die Überweisung an den Pfandgläubiger erfolgt ist (§ 835 ZPO), ist dieser der alleinige Empfangsberechtigte (*Stöber* Rdn 3.5).

16   Ist der **Zuschlag noch nicht erteilt,** kommen als Pfandgegenstand nur das Grundstück (§§ 864 ff ZPO) und die Grundstücksrechte (§§ 830, 857 ZPO) in Betracht, nicht dagegen der Versteigerungserlös als Surrogat für erlöschende Rechte oder als Übererlös. Für eine Eigentümerbriefgrundschuld sind zB ein Pfändungsbeschluss und die Briefübergabe erforderlich (§ 857 VI, § 830 I 1 ZPO). Wurde der PfÜB bezüglich des Grundstücksrechts vor dem Zuschlag erlassen und konnte die Pfändung mangels GB-Eintragung oder Briefwegnahme aber nicht wirksam werden, so führt eine Zustellung des Beschlusses nach dem Zuschlag zur

Pfändung des damit entstandenen Erlösanteils (*Stöber* Rpfleger 1958, 251).

Der durch den **Zuschlag** als Surrogat für ein erloschenes Grundstücksrecht entstandene Erlösanspruch ist wie eine gewöhnliche Forderung pfändbar nach § 857 I und II, § 829 ZPO (BGHZ 58, 298). Steht er einem Dritten zu, ist der bisherige Grundstückseigentümer Drittschuldner, so dass die Pfändung mit der Zustellung an letzteren wirksam wird gemäß § 892 III ZPO; bei einem Erlösanspruch für den Eigentümer gibt es keinen Drittschuldner, weshalb die Zustellungen an ihn zur Wirksamkeit führt nach § 857 II ZPO (*Stöber,* Forderungspfändung, Rdn 1983). Die Pfändung des Erlösanteils für ein Briefgrundpfandrecht setzt keine Briefübergabe voraus; im Verteilungstermin muss der Pfändungsgläubiger aber dafür Sorge tragen, dass der Brief dem VollstrG vorliegt, da ansonsten der Empfangsberechtigte als unbekannt gilt (§ 126, §§ 135 ff). Wird ein Erlösanspruch bereits vor der Zuschlagserteilung, dh vor seiner Existenz, gepfändet (= PfÜB und Zustellung gemäß § 857 I und II, § 829 ZPO); dann ist dies unwirksam. Eine wirksame Pfändung muss dem VollstrG vor der Ausführung des TLP bekannt werden, um Berücksichtigung zu finden. Für die Anmeldung der Pfändung genügt die Vorlage des PfÜB nebst Zustellungsnachweis. Die Wirksamkeit ist vom VollstrG zu prüfen. Gelangt es zur Unwirksamkeit der Pfändung, liegt kein Widerspruch nach § 115 II vor, da der im PfÜB genannte Gl kein Beteiligter gemäß § 9 ist.

Für die Pfändung des **Übererlöses** des Vollstreckungsschuldners genügt die Zustellung des PfÜB an ihn nach § 857 II ZPO; Drittschuldner ist weder der Ersteher noch das VollstrG.

i) Sicherungshypothek. aa) Bei einer **Sicherungshypothek gemäß §§ 1184 ff BGB** ist wie bei einer Verkehrshypothek ohne Brief dem zuletzt im GB eingetragenen Gl auszuzahlen.

bb) Wurde eine **Zwangssicherungshypothek gem §§ 866 ff ZPO im Wege der Sicherungsvollstreckung nach § 720 a ZPO** eingetragen, kann an den Gl ein darauf entfallender Erlös nur dann ausbezahlt werden, wenn er Sicherheit geleistet hat (§ 720 a I 2 ZPO) oder der Titel ohne Sicherheitsleistung vollstreckbar geworden ist. An den Gl ist daher nur unter diesem Vorbehalt zuzuteilen; Hilfsberechtigter ist der Eigentümer bei Zuschlag. Für Rückstände von Zinsen und sonstigen Nebenleistungen sowie für Kosten (§ 12 Nr 1, 2) ist Hilfsberechtigter der erstausfallende Gl (*Eickmann,* ZVG, § 20 VII 2 h). Bis zur alleinigen Empfangsberechtigung des Gl ist der betroffene Erlös für ihn und die Hilfsberechtigten zu hinterlegen; darüber besteht Einigkeit, nur die Begründungen dafür sind unterschiedlich (*Stöber,* ZVG, Rdn 436 a: § 720 a I 2 iVm II und § 930 II ZPO analog; *Steiner/Teufel* §§ 119, 120 Rdn 5: §§ 372 ff BGB für die Hauptsache, §§ 119, 120 für die Nebenleistungen; *Eickmann,* ZVG, § 20 VII 2 h: §§ 119, 120): Der TLP ist mit der

§ 117 [Ausführung bei Zahlung des Bargebots]

Hinterlegung ausgeführt; das VollstrG ist bei der Auszahlung nicht mehr beteiligt. Der Antrag auf Herausgabe ist an die Hinterlegungsstelle zu richten (§§ 12 ff HinterlO).

21 **j) Unbekannte Berechtigte.** Wenn der Berechtigte eines Anspruchs der Person nach unbekannt ist, muss der auf ihn entfallende Betrag hinterlegt werden **(§ 126).** Sobald der Berechtigte ermittelt oder nach der im Wege des Aufgebotsverfahrens erfolgten Ausschließung des Unbekannten an die nach § 126 I bestimmten Hilfsberechtigten gezahlt werden kann, hat das VollstrG die Auszahlung der Hinterlegungsmasse zu veranlassen.

III. Auszahlung

1. Anwesende Berechtigte

22 Die Auszahlung durch das VollstrG hat **unbar** erfolgen (§ 117 I 2, § 49 III); die Befriedigungswirkung tritt mit Anordnung der Auszahlung ein (*Stöber* Rdn 3.1).

2. Abwesende Berechtigte (§ 117 II 1, 2)

23 Das VollstrG hat die Auszahlung von Amts wegen anzuordnen. Die Zahlung erfolgt **unbar** mittels Überweisung, Postanweisung usw auf Kosten und Gefahr der auszahlenden Kasse. Die Befriedigungswirkung tritt ein mit der Anordnung auf Überweisung usw durch das VollstrG (*Stöber* Rdn 3.1 **aA** OLG Köln Rpfleger 1991, 519; *Steiner/Teufel* Rdn 33: Gutschrift auf dem Konto des Empfängers). Für die Auszahlung bzw Anordnung der Überweisung durch das VollstrG muss die formelle Rechtskraft des TLP nicht abgewartet werden (*Drischler* Rpfleger 1989, 359; *Perger* Rpfleger 1991, 45; OLG Köln Rpfleger 1991, 519 **aA** *Eickmann*, ZVG, § 20 VII 1 a; *Sievers* Rpfleger 1989, 53). In § 117 ist nichts von einer formellen Rechtskraft des TLP für dessen Ausführung zu finden.

3. Befriedigterklärung

24 Ein **Ersteher** kann sich ggü dem VollstrG für befriedigt erklären, wenn er selbst Empfangsberechtigter aus dem Versteigerungserlös ist. Den im TLP zugedachten Betrag muss er dann nicht erst ans VollstrG einzahlen, um ihn danach wieder ausbezahlt zu erhalten.

25 Daneben gibt es auch eine Befriedigterklärung eines **Gl,** der nicht Ersteher ist; sie ist eine Erklärung, dass das, was ihm nach dem TLP zusteht, bereits erhalten habe, dh das, was auf ihn laut TLP entfällt, braucht nicht eingezahlt zu werden und bei der Planausführung wird an den Gl nichts mehr ausbezahlt (BGH Rpfleger 1988, 495 m Anm *Schiffhauer*).

III. Auszahlung **§ 117**

Die **Befriedigterklärung** ist eine vereinfachte Form der Erlöszahlung 26
und keine Aufrechnung des Erstehers; sie ist so zu behandeln, als wenn
der Ersteher/Gl den ihn betreffenden Betrag im Verteilungstermin an
das VollstrG bezahlt und danach sogleich wieder ausbezahlt bekommen
hätte. Dies hätte zur Folge, dass der Anspruch des Berechtigten aus dem
Versteigerungserlös befriedigt wird (BGH Rpfleger 1988, 495). Am TLP
ändert sich nichts, insbesondere auch nichts an der Verzinsung des Bargebots nach § 49 II, und zwar sowohl bei der Befriedigterklärung durch
den Gl als auch durch den Ersteher (*Stöber* Rdn 5.5; *Hagemeister* SchlHA
1961, 7; OLG Schleswig SchlHA 1961, 16 **aA** *Steiner/Teufel* Rdn 37;
Eickmann, ZVG, § 20 III 2 b, *Schiffhauer* Rpfleger 1988, 498: Bargebotsteil
ist mit Eingang der Befriedigterklärung nicht mehr zu verzinsen). Für
die Befriedigterklärung genügt Schriftform (*Steiner/Teufel* Rdn 40; *Schiffhauer* Rpfleger 1988, 498 **aA** *Stöber* Rdn 5.2; Öffentliche Beglaubigung);
sie kann auch im Verteilungstermin zu Protokoll erklärt werden.

4. Verzicht

Verzichtet ein Berechtigter auf seinen Erlösanteil, so ist dies vom 27
VollstrG zu beachten (*Stöber* § 114 Rdn 11). Kein Verzicht liegt allerdings
vor bei einer Nichtanmeldung oder den Erklärungen, dass das Recht
nicht valutiert sei bzw weniger Kapital angemeldet wird, als im GB
eingetragen (*Stöber* § 114 Rdn 11.1). Verzichtet ein Hypothekengläubiger nach dem Zuschlag auf den Erlösanteil an der Hauptsache, so fällt
dieser dem Eigentümer zurzeit des Zuschlags zu (vgl 1168 BGB). Der
Verzicht bedarf nicht mehr der GB-Eintragung (BGH Rpfleger 1963,
234 m Anm *Stöber*), es genügt eine formlose Erklärung ggü dem VollstrG.
Ein Grundschuldgläubiger kann seinen Erlösanspruch vom Zuschlag an
durch Verzicht willentlich aufgeben; bis zur Wirksamkeit einer solchen
Verfügung bleibt er Berechtigter, woran auch ein Rückgewähranspruch
nichts ändert. Wenn ein Grundschuldgläubiger erklärt, er habe keinen
Anspruch auf den Erlös, weil die Grundschuld nicht valutiert sei, so liegt
darin idR kein Verzicht. Der wirksame Verzicht auf den Kapitalbetrag
einer erloschenen Grundschuld führt dazu, dass der darauf entfallende
Erlösbetrag dem bisherigen Eigentümer zusteht (*Stöber* § 114 Rdn 11.2).
Beim Verzicht auf laufende und rückständige wiederkehrende Leistungen
aus Grundpfandrechten kommen die wegfallenden Beträge wegen
§§ 1178, 1168 BGB den Nachberechtigten zugute (*Stöber* § 114
Rdn 11.3). Gleiches gilt beim Verzicht auf Ansprüche aus § 10 I Nr 1–
3, 5 (*Stöber* § 114 11.4 und 11.5), Ein Verzicht ist vom VollstrG nur bis
zur Auszahlung der Beträge an die Berechtigten zu berücksichtigen (*Stöber* § 114 Rdn 11.6).

§ 117 [Ausführung bei Zahlung des Bargebots]

IV. Hinterlegung

1. Einzelfälle

28 **a) Die Auszahlung kann nicht erfolgen (§ 117 II 3).** Dies ist der Fall, wenn **mehrere Personen empfangsberechtigt sind und sich nicht einigen** (so *Stöber* Rdn 6.1), zB ein Erlösanspruch mehreren in Bruchteilsgemeinschaft zusteht (vgl Rdn 10) oder ein Erlösüberschuss (vor allem in der Teilungsversteigerung) den bisherigen Eigentümern in Erbengemeinschaft zufällt. Die Problematik kann auch auftreten, wenn ein erloschenes Grundstücksrecht mit einem Nießbrauch oder Pfandrecht belastet war (vgl Rdn 13–18). Wenn sich die mehreren Berechtigten vor der Hinterlegung einigen, wird das VollstrG der Einigung entsprechend auszahlen. Ist dies nicht der Fall, hat das VollstrG den Erlösanteil für alle Mitberechtigten zu hinterlegen, es sei denn, sie nennen einen gemeinsamen Empfangsberechtigten oder ein einheitliches Konto.

29 **Erscheint ein Befriedigungsberechtigter nicht zum Verteilungstermin** und sind seine Bankverbindung oder Anschrift unbekannt, dann muss das VollstrG danach forschen und dann im Falle des Erfolges unbar oder im Wege der Postanweisung zahlen. Bis dahin bietet sich die Hinterlegung gemäß § 117 II 3 an. Hinterlegungsgrund ist § 117 II 3 (*Stöber* Rdn 6.1). Ein Rücknahmeverzicht braucht nicht zu erfolgen.

30 **b) Aufschiebend bedingter Anspruch (§ 120 I).** Der auf einen aufschiebend bedingten Anspruch entfallende Erlösanteil ist gem § 120 I für den Erstberechtigten zu hinterlegen, wenn und soweit die aufschiebende Bedingung eintritt, und zugunsten des Eventualberechtigten (§ 119) für den Fall, dass die aufschiebende Bedingung ausfällt. Ansprüche von unbestimmtem Betrag gelten als aufschiebend bedingt (§ 14). Für einen auflösend bedingten Anspruch gilt § 120 nicht, dh der TLP wird insoweit durch Zahlung ausgeführt.

31 **c) Deckungskapital gemäß § 92 II (§ 121 II, § 120 I).** Als Ersatz für einen mit dem Zuschlag erloschenen Nießbrauch, einer beschränkten persönlichen Dienstbarkeit sowie einer Reallast von unbestimmter Dauer erhält der Berechtigte einen Anspruch auf eine Geldrente (§ 92 II): Die Rentenzahlungen sind aus dem Deckungskapital zu leisten. Der Erlösanteil ist mit der Bestimmung zu hinterlegen, dass aus den Hinterlegungszinsen und dem Deckungskapital selbst die einzelnen Leistungen bei Fälligkeit zu entnehmen sind (§§ 121 II, 120). Hinterlegt wird für den Erst- und die Eventualberechtigten (§ 119).

32 **d) Widerspruch (§ 124 II, § 120 I).** Im Falle des Widerspruchs gegen den TLP (§ 115) hat das VollstrG festzustellen, wie der streitige Betrag verteilt werden soll, wenn der Widerspruch für begründet erklärt

§ 118

wird (§ 124 I). Der vom Widerspruch betroffene Erlösanteil ist zu hinterlegen (§ 124 II, § 120 I).

e) Der Person nach unbekannte Berechtigte (§ 126 II). Der Berechtigte ist zB in diesem Sinn unbekannt, wenn der Hypotheken- oder Grundschuldbrief nicht vorgelegt wird (§ 126 I). Vgl §§ 135 ff. 33

f) Ungewissheit über die Person des Berechtigten (§ 372 BGB). § 372 BGB setzt voraus, dass es sich um eine ganz bestimmte Verbindlichkeit handelt und dass es zweifelhaft ist, wer Gl ist (BGH BB 1955, 111); zB bei einer Höchstbetragshypothek (vgl Rdn 12) oder einer Zwangssicherungshypothek, die im Wege der Sicherungsvollstreckung gem § 720 a ZPO eingetragen wurde (vgl Rdn 20). Das VollstrG muss zunächst um die Aufklärung des Sachverhalts und der Rechtslage bemüht sein (BHGZ 7, 302). Bringt dies keinen Erfolg, ist nach § 372 BGB zu hinterlegen; wird ein Berechtigter ermittelt, so ist an ihn auszuzahlen und den außer Acht gelassenen Personen bleibt nur der Widerspruch gemäß § 115. 34

g) Mehrzahl von Pfändungen und Überweisungen (§ 853 ZPO). In diesem Fall hat das VollstrG zu entscheiden, an welchen Pfändungsgläubiger zu zahlen ist. Auf Verlangen eines Gl, dem die Forderung überwiesen wurde, hat es die Pflicht, den auf den gepfändeten Anspruch entfallenden Erlösanteil gem § 853 ZPO zu hinterlegen und damit die Voraussetzungen für ein eigenständiges Verteilungsverfahren gem § 872 ZPO zu schaffen. 35

2. Anweisung auf einen hinterlegten Betrag (§ 117 III)

Wenn der Versteigerungserlös hinterlegt ist (§ 49 IV, § 65 I, § 107 III, §§ 124, 126), kann das VollstrG eine Anweisung auf den hinterlegten Betrag erteilen (§ 117 III); vgl dazu § 15 HinterlO. Es kann auch das Geld bei der Hinterlegungsstelle abholen und bar an den Berechtigten auszahlen. Die Verfahrensweise steht im Ermessen des VollstrG (*Stöber* Rdn 7). 36

§ 118 [Ausführung bei Nichtzahlung des Versteigerungserlöses]

¹Soweit das Bargebot nicht berichtigt wird, ist der Teilungsplan dadurch auszuführen, daß die Forderung gegen den Ersteher auf die Berechtigten übertragen und im Falle des § 69 Abs. 3 gegen den für mithaftend erklärten Bürgen auf die Berechtigten mitübertragen wird; Übertragung und Mitübertragung erfolgen durch Anordnung des Gerichts.

ᴵᴵDie Übertragung wirkt wie die Befriedigung aus dem Grundstücke. Diese Wirkung tritt jedoch im Falle des Absatzes 1 nicht

§ 118 [Ausführung bei Nichtzahlung des Versteigerungserlöses]

ein, wenn vor dem Ablaufe von drei Monaten der Berechtigte dem Gerichte gegenüber den Verzicht auf die Rechte aus der Übertragung erklärt oder die Zwangsversteigerung beantragt. Wird der Antrag auf Zwangsversteigerung zurückgenommen oder das Verfahren nach § 31 Abs. 2 aufgehoben, so gilt er als nicht gestellt. Im Falle des Verzichts soll das Gericht die Erklärung dem Ersteher sowie demjenigen mitteilen, auf welchen die Forderung infolge des Verzichts übergeht.

Schrifttum: *Eickmann,* Auswirkungen der neuen Verzugsregeln auf das Zwangsversteigerungsverfahren, ZflR 2001, 183; *Fischer,* Forderungsübertragung und Sicherungshypothek im Zwangsversteigerungsverfahren, NJW 1956, 1095; *Hannemann,* Die Verzinsung der nach § 118 ZVG übertragenen Forderung, RpflStud 2001, 169; *Helwich,* Die Mithaft des Meistbietenden in der Zwangsversteigerung, Rpfleger 1988, 467 und 1989, 316; *Petershagen,* Der Verzug des säumigen Erstehers bei Übertragung der Forderung an den Berechtigten, Rpfleger 2009,442; *Strauch,* Die Befriedigungsfiktion im Zwangsversteigerungsgesetz, 1993; *ders,* Die Mithaft des Meistbietenden in der Zwangsversteigerung, Rpfleger 1989, 314; *Streuer,* Verzinsung gemäß § 118 Abs. 1 ZVG übertragenen Forderung und Neuregelung des Schuldnerverzugs im Fall einer Geldforderung, Rpfleger 2001, 401; *Wilhelm,* Zur Neuordnung der Verzugsfolgen durch das Gesetz zur Beschleunigung fälliger Zahlungen, Rpfleger 2001, 166.

Übersicht

	Rn.
I. Allgemeines	1
II. Forderungsübertragung (§ 118 I)	2
1. Die zu übertragende Forderung	2
2. Berechtigte	6
3. Anordnung des VollstrG	14
4. Rechtsbehelfe	17
III. Rechtsfolgen	18
1. Forderungserwerb durch die Befriedigungsberechtigten	18
2. Erfüllungswirkung (§ 118 II 1)	21
3. Keine Erfüllungswirkung	22
a) Allgemein	22
b) Verzicht (§ 118 II 2, 4)	25
c) Wiederversteigerung (§ 118 II 2, 3)	27

I. Allgemeines

1   Kommt der Ersteher seiner Zahlungspflicht im Verteilungstermin nicht nach, so wird der TLP dadurch ausgeführt, dass die **Forderung des Vollstreckungsschuldners** (= bisheriger Eigentümer) **gegen den Ersteher** auf Bezahlung des Meistgebots **auf die hebungsberechtigten Gl übertragen** wird gem § 118. Die Vorschrift gilt für alle Versteigerungsverfahren des ZVG. Bei teilweiser Nichtzahlung ist der TLP sowohl nach § 117 als auch nach § 118 auszuführen. Nach der Planausführung durch Forderungsübertragung gem § 118 ist das VollstrG nicht mehr verpflichtet, eine Zahlung des Erstehers entgegenzunehmen.

II. Forderungsübertragung (§ 118 I)

1. Die zu übertragende Forderung

a) Für den Ersteher entsteht mit der Zuschlagserteilung eine Verpflich- 2 tung zur Zahlung des Meistbargebots und der Bargebotszinsen. Dieser Anspruch auf den Versteigerungserlös steht dem Vollstreckungsschuldner (= bisheriger Eigentümer) zu (*Stöber* Rdn 2.1). Das VollstrG nimmt die Zahlung lediglich für ihn in amtlicher Eigenschaft entgegen und leitet sie an die Gl weiter (BGHZ 39, 242, 244). Letztere werden somit aus dem Vermögen des Vollstreckungsschuldners (= Versteigerungserlös als Surrogat für das Grundstück) befriedigt (BGH Rpfleger 1958, 51; 1961, 291); in rechtliche Beziehungen zum Ersteher treten sie im Fall des § 117 nicht (BGH Rpfleger 1977, 246). Anders ist dies bei Nichtzahlung des Versteigerungserlöses. Gem § 118 wird dann die **Forderung des Vollstreckungsschuldners gegen den Ersteher auf die hebungsberechtigten Gl übertragen**; letztere treten damit in rechtliche Beziehungen zum Ersteher. Die übertragene Forderung ersetzt wirtschaftlich die ursprünglichen Ansprüche der Gl; sie ist mit ihnen jedoch nicht identisch.

b) Auf die Gl übertragen wird die Forderung zur Zahlung des **Meist-** 3 **bargebots** und der **Bargebotszinsen** vom Zuschlag bis einen Tag vor dem Verteilungstermin, und zwar in der genannten Reihenfolge. Steht im Verteilungstermin fest, dass der Ersteher einen weiteren **Betrag gem §§ 50, 51** zuzuzahlen hat, und zahlt dieser nicht, muss der TLP ebenfalls durch Forderungsübertragung ausgeführt werden (§ 125); vgl *Steiner/ Teufel* Rdn 17.

c) Gesetzliche Zinsen aus der übertragenen Forderung sind 4 % 4 (§ 246 BGB). Eine Erhöhung nach Erteilung des Zuschlags ist bei Forderungsübertragung ausgeschlossen (LG Wiesbaden Rpfleger 1975, 375; AG Landstuhl Rpfleger 1985, 314). Die übertragene Forderung ist ab dem Tag des Verteilungstermins bis zur Zahlung mit 4 % zu verzinsen; nicht aber die übertragene Forderung auf Zahlung der Bargebotszinsen wegen des Zinseszinsverbots gem § 289 BGB (LG Oldenburg Rpfleger 1986, 103 m zust Anm *Schiffhauer; Steiner/Teufel* Rdn 16 **aA** *Eickmann,* ZVG, § 22 I 1 b). Die **gesetzlichen Verzugszinsen** betragen für das Jahr 5 % über dem Basisgrundsatz (§ 288 I BGB). Berichtigt der Ersteher das Bargebot nicht im Verteilungstermin, so sollen die gem § 118 übertragenen Forderungen ab dem Verteilungstermin mit 5 % über dem jeweiligen Basiszinssatz zu verzinsen sein (LG Wuppertal Rpfleger 2009,

§ 118 [Ausführung bei Nichtzahlung des Versteigerungserlöses]

166; LG Hannover Rpfleger 2005, 324; LG Cottbus Rpfleger 2003, 256; LG Augsburg Rpfleger 2002, 374; LG Kempten und LG Berlin Rpfleger 2001, 192; *Eickmann*, ZVG, § 22 I 1 b und II 3; *Petershagen* Rpfleger 2009,442). Verzug soll ohne Mahnung eingetreten sein nach § 286 II Nr 1 BGB, da für die Leistung eine Zeit nach dem Kalender bestimmt sei (= Verteilungstermin; so *Eickmann*, *Petershagen*, LG Wuppertal, LG Kempten, LG Berlin je aaO) oder nach § 286 II Nr 2 BGB, da der Leistung ein Ereignis vorausgehe (= Bestimmungen des Verteilungstermins) und die dem Ersteher damit bekannt gegebene Frist zur Zahlung sei angemessen und lässt sich nach dem Kalender berechnen (so LG Hannover, LG Cottbus, LG Augsburg je aaO). Diesen Ansichten kann nicht gefolgt werden. Zum einen greift weder § 286 II Nr 1 BGB, weil mit der Bestimmung des Verteilungstermins durch das VollstrG keine gesetzliche Leistungsbestimmung nach dem Kalender ist, noch § 286 II Nr 2 BGB, weil mit der Bestimmung des Verteilungstermins auch keine von da ab kalendermäßig berechenbare Frist zur Zahlung in Gang setzt. Der Ersteher kommt vielmehr erst durch Mahnung nach Forderungsübertragung in Verzug (§ 286 I BGB). Dies ist nicht dem VollstrG übertragen. Es prüft auch nicht die materiellen Voraussetzungen des Verzugs. Verzugszinsen sind bei der Forderungsübertragung nach § 118 und der Eintragung von Sicherungshypotheken gem § 128 nicht zu berücksichtigen (*Dassler/Hintzen* Rdn 18; *Stöber* Rdn 5; *Steiner/Teufel* § 107 Rdn 12, § 118 Rdn 16; *Streuer* Rpfleger 2001, 401; *Wilhelm* Rpfleger 2001, 166; *Hannemann* RpflStud 2001, 169).

5   **d)** Bei der **Abtretung des Meistgebots** gem § 81 II steht den berechtigten Gl neben dem Ersteher auch der Meistbietende als Gesamtschuldner zur Seite (§ 81 IV ZVG, §§ 421 ff BGB). Somit können die aus dem Versteigerungserlös zu befriedigenden Gl wahlweise sowohl in das Vermögen des Erstehers als auch des Meistbietenden vollstrecken. Dies setzt allerdings die ausdrückliche Forderungsübertragung gegen den mithaftenden Meistbietenden voraus (*Steiner/Teufel* Rdn 14; *Helwich* Rpfleger 1988, 467, 469; 1989, 316; *Strauch* Rpfleger 1989, 314, 315 **aA** *Eickmann*, ZVG, § 22 I 2 a; *Stöber* Rdn 3.1; Dassler/Hintzen Rdn 11).

2. Berechtigte

6   **a)** Jedem hebungsberechtigten Gl ist eine **Forderung in Höhe des ihm zustehenden Betrags zuzüglich 4 % Zinsen ab dem Verteilungstermins** zu übertragen. Die Verzinsung wird unabhängig davon ausgesprochen, ob die ursprüngliche Forderung gegen den Vollstreckungsschuldner verzinslich war oder nicht (*Stöber*, ZVG, Rdn 471). Bei Ausführung des TLP durch Forderungsübertragung muss das VollstrG die materielle Empfangsberechtigung der Gl feststellen; vgl daher zunächst **§ 117 Rdn 2 ff.**

II. Forderungsübertragung (§ 118 I) §118

b) Ergibt sich als Berechtigter der **Vollstreckungsschuldner**, ist für 7
die Ausführung des TLP maßgebend, woraus sich sein Anspruch herleitet. Soweit er in einem Erlösüberschuss begründet ist, wird die Forderung nicht übertragen. Ergibt sich der Anspruch dagegen aus einem Recht an dem Grundstück (zB Eigentümergrundschuld), wird die Forderung gem § 118 übertragen.

c) Dritteigentümer iSv § 55 II sind nach dem Surrogationsprinzip 8
originär am Erlös berechtigt; einer Forderungsübertragung gem § 118
zu ihren Gunsten bedarf es nicht.

d) Steht der zu erfüllende Anspruch **mehreren Berechtigten** zu (zB 9
in Bruchteilsgemeinschaft, Erbengemeinschaft), erfolgt die Forderungsübertragung für die gleiche Gemeinschaft.

e) Ist der Befriedigungsanspruch mit einem **Nießbrauch** belastet oder 10
gepfändet mit Überweisung zur Einziehung, sind bei der Forderungsübertragung an den Erstberechtigten auch ein entsprechender Nießbrauchs- Pfändungs-, Einziehungsvermerk anzubringen. Bei einer Überweisung an Zahlungs Statt ist die Forderung nur auf den Pfändungsgläubiger zu übertragen (*Stöber,* ZVG, Rdn 474).

f) Ist der **Ersteher** selbst befriedigungsberechtigt, muss auch an ihn 11
ausdrücklich eine Forderungsübertragung gem § 118 erfolgen. Mit der Übertragung an ihn erlischt der Anspruch infolge der Vereinigung von Forderung und Schuld. Eine Forderungsübertragung ist ausnahmsweise dann entbehrlich, wenn sich der Ersteher für befriedigt erklärt, da dies der Zahlung gleichsteht.

g) Gleiches wie beim Ersteher (so) muss auch für den zahlungspflichti- 12
gen **Meistbietenden gem § 81 II, IV** gelten (LG Dortmund Rpfleger 1991, 168). Steht ihm auf Grund eines erloschenen Grundpfandrechts ein Befriedigungsanspruch aus dem Versteigerungserlös zu, und wird der Erlös weder von dem Ersteher noch von dem Meistbietenden erbracht, gilt grundsätzlich auch der Meistbietende mit der Übertragung seiner Forderung nach § 118 II 1 als befriedigt. Allerdings ergeben sich gem § 425 II BGB Abweichungen von der gesetzlichen Regelung dahingehend, dass die Konfusion nur für denjenigen Gesamtschuldner zutrifft, in dessen Person die Vereinigung von Forderung und Schuld tatsächlich eingetreten ist. Im Gesamtschuldverhältnis zwischen Ersteher und Meistbietenden führt die Konfusion daher nicht ohne weiteres zum Erlöschen der gesamten Forderung des Meistbietenden, sondern bewirkt uU einen Forderungsübergang gem § 426 II BGB, der sich nach der vereinbarten Ausgleichspflicht unter den Gesamtschuldnern bemisst. Der Meistbietende muss daher von der übertragenen Forderung seinen eigenen Ausgleichsbetrag abziehen.

h) Forderungsberechtigter wird derjenige, dem das VollstrG die Forde- 13
rung überträgt, und zwar auch dann, wenn er nicht oder nicht mehr zu den Berechtigten zählt. Die Übertragung auf einen **Nichtberechtigten**

§ 118 [Ausführung bei Nichtzahlung des Versteigerungserlöses]

berührt die Forderung des Berechtigten gegen den Vollstreckungsschuldner nicht; letztere bleibt bestehen.

3. Anordnung des VollstrG

14 Die Forderungsübertragung ist ein **hoheitlicher Akt,** der im Rahmen einer ZwV erfolgt, aber kein Akt der Vollstreckung gegen den Ersteher ist; sie ist daher auch während eines Insolvenzverfahrens gegen den Ersteher trotz § 89 I InsO zulässig. Die Übertragung muss ausdrücklich erklärt werden; formlos oder stillschweigend geht dies nicht.

15 Sie muss **im Versteigerungstermin** erklärt und verkündet werden (*Stöber* Rdn 3.6 **aA** *Steiner/Teufel* Rdn 35). Der Vorgang ist im Protokoll festzuhalten. Einer Zustellung oder Mitteilung bedarf es daneben nicht.

16 Der **Beschluss** kann wie folgt gefasst werden (vgl *Steiner/Teufel* Rdn 36):

Die Forderung gegen den Ersteher Michael Bachmann, Arzt in München, Am Anger 5, (und gegen den Meistbietenden, die Hypothekenbank AG, München, im Falle des § 81 II) wird gemäß § 118 ZVG in Höhe von 200 000,– € (Meistbargebot) nebst 4 % Zinsen seit dem 1.3. 2009 (Verteilungstermin) sowie 400,– € Bargebotszinsen unverzinslich (§§ 248, 289 BGB) übertragen auf:
1. den Freistaat Bayern, vertreten durch die OJK München, zur Deckung der Verfahrenskosten iHv 3000,– €
2. . . . . usw

Die Übertragung der unter Nrn 1 bis 11 genannten Beträge erfolgt nebst 4 % Zinsen seit dem 1.3. 2009 (Verteilungstermin). Die an den Berechtigten unter Nr 11 übertragene Forderung ist in Höhe eines Teilbetrags von 31 000,– € ebenfalls mit 4 % ab dem 1.3. 2009 zu verzinsen; die restliche, dem Berechtigten unter Nr 11 übertragene Forderung (= Betrag der Bargebotszinsen) ist unverzinslich.

4. Rechtsbehelfe

17 Die Forderungsübertragung gem § 118 und die ablehnende Entscheidung können mit sofortiger Beschwerde angefochten werden. Die Frist läuft ab Verkündung der Entscheidung.

III. Rechtsfolgen

1. Forderungserwerb durch die Befriedigungsberechtigten

18 Die Forderung des Vollstreckungsschuldners gegen den Ersteher, den gesamtschuldnerisch mithaftenden Meistbietenden (§ 81 IV), den für mithaftend erklärten Bürgen (§ 69 II) wird durch die Anordnung der Forderungsübertragung den Befriedigungsberechtigten zugewiesen.

III. Rechtsfolgen **§ 118**

Die Übertragung erfolgt idR an verschiedene Berechtigte; damit entstehen selbstständige **Teilforderungen ohne Rangverhältnis** zueinander. Zwischen den für sie einzutragenden Sicherungshypotheken (§ 128) bestimmt sich das Rangverhältnis allerdings nach den ursprünglichen Ansprüchen. 19

Einwendungen und Einreden aus dem Rechtsverhältnis zwischen dem Vollstreckungsschuldner und den Gl kann der Ersteher grundsätzlich nicht erheben (OLG Schleswig ZIP 1982, 160, 162; *Steiner/Teufel* Rdn 40). Eine Ausnahme gilt, wenn der Vollstreckungsschuldner selbst sein Grundstück ersteigert hat; an den ihm bisher zustehenden Einwendungen ändert sich nichts. Nach der Forderungsübertragung ist eine Aufrechnung des Erstehers gegen die Gl zulässig (BGH Rpfleger 1963, 234; 1987, 381). 20

2. Erfüllungswirkung (§ 118 II 1)

Die Forderungsübertragung wirkt wie die Befriedigung der Berechtigten aus dem Grundstück (§ 118 II 1). Die ursprünglichen Forderungen der Berechtigten gegen den Vollstreckungsschuldner erlöschen mit den hierfür existierenden Nebenrechten wie Pfandrechten und Bürgschaften (BGH Rpfleger 1987, 323). Bei der Übertragung von Zahlungsansprüchen (§§ 50, 51) tritt diese Befriedigungswirkung nicht ein **(§ 125 III)**. 21

3. Keine Erfüllungswirkung

a) Allgemein. Die Forderungsübertragung wirkt nicht wie die Befriedigung aus dem Grundstück, wenn der Berechtigte vor dem **Ablauf von 3 Monaten** auf die **Rechte aus der Übertragung verzichtet** oder die **ZwVerst gegen den Ersteher beantragt** und dieses Verfahren nicht durch Antragsrücknahme oder Aufhebung nach § 31 I 2 abgeschlossen wird (§ 118 II 2 und 3). Die 3-Monatsfrist beginnt mit der Verkündung der Forderungsübertragung. Bei der Fristberechnung wird der Tag der Verkündung nicht mitgerechnet (§§ 869, 222 ZPO; § 187 I, § 188 II und III BGB). Die Frist von 3 Monaten kann weder verkürzt noch verlängert werden. 22

Die **Befriedigungswirkung** des § 118 II 1 tritt auf Grund des Gesetzeswortlautes schon **mit der Verkündung der Forderungsübertragung** im Verteilungstermin ein (*Steiner/Teufel* Rdn 49) und nicht erst mit Ablauf der 3-Monatsfrist (so aber *Stöber* Rdn 4.8); der BGH (NJW 1987, 1027 = Rpfleger 1987, 323) hat diese Frage ausdrücklich für offen erklärt. 23

Der Berechtigte hat ein **Wahlrecht** für das für ihn bessere Ergebnis: **Forderungsübertragung oder Verzicht bzw Wiederversteigerung** (*Stöber* Rdn 4.2). Er darf es nur nicht treuwidrig (§ 242 BGB) ausüben. Gibt der Gl eine dingliche Sicherheit auf, die von einem Gesamtschuldner bestellt ist und die bei Befriedigung des Gl durch einen im Innerver- 24

§ 118 [Ausführung bei Nichtzahlung des Versteigerungserlöses]

hältnis ausgleichsberechtigten anderen Gesamtschuldner auf diesen übergegangen wäre, kann eine derartige Gestaltung vorliegen (BGH NJW 1967, 2203, 2205). Der Verzicht auf die Rechte aus der Übertragung der Forderung gegen den Ersteher nach § 118 II 2 kann als Aufgabe einer Sicherheit zu werten sein (BGH Rpfleger 1983, 289).

25   **b) Verzicht (§ 118 II 2, 4).** Mit dem Verzicht auf die übertragene Forderung verliert der Berechtigte die Forderung gegen den Ersteher (§ 118 I), eine dafür eingetragene Sicherungshypothek (§ 128) und seine Befriedigungsberechtigung aus dem Versteigerungserlös. Die ursprüngliche Forderung des Berechtigten gegen den Vollstreckungsschuldner lebt mit allen Nebenrechten wieder auf. Die übertragene Forderung steht zwar nach dem Verzicht nicht mehr den ursprünglichen Berechtigten zu, sie erlischt aber nicht, sondern geht kraft Gesetzes auf den oder die zunächst ausgefallenen Berechtigten über. War der Verzichtende vor dem Zuschlag Inhaber eines Grundpfandrechtes, so geht die Forderung auf den Eigentümer im Zuschlagszeitpunkt über. Der Verzicht wird wirksam, wenn die Erklärung des Berechtigten dem VollstrG vor Ablauf der 3-Monatsfrist zugegangen ist. Bei Belastung mit Rechten Dritter müssen diese dem Verzicht rechtzeitig zustimmen.

26   Eine bestimmte **Form** ist für die Verzichtserklärung nicht vorgesehen, so dass sie schriftlich oder mündlich zu Niederschrift des Gerichts abgegeben werden kann. Das VollstrG hat den Ersteher und denjenigen, auf den die Forderung infolge des Verzichts übergeht, vom Verzicht in Kenntnis zu setzen (§ 118 II 4); ein Unterlassen berührt die Wirksamkeit des Forderungsübergangs nicht.

27   **c) Wiederversteigerung (§ 118 II 2, 3).** Ein Antrag auf ZwVerst des dem Ersteher zugeschlagenen Grundstücks innerhalb der 3-Monatsfrist **schließt die Befriedigungswirkung aus** (§ 118 II 2). Der Berechtigte behält seinen ursprünglichen Anspruch gegen den Vollstreckungsschuldner.

28   Im Unterschied zum Verzicht **steht dem Berechtigten weiterhin die übertragene Forderung gegen den Ersteher zu,** die durch eine Sicherungshypothek abgesichert ist gem § 128. Der Antrag auf ZwVerst führt zu einem neuen selbstständigen Verfahren gegen den Ersteher (= Wiederversteigerung).

29   **Vollstreckungstitel** ist der Zuschlagsbeschluss (§ 132 II), nicht der Beschluss, durch den die Forderungsübertragung angeordnet wurde. Die Wiederversteigerung kann wegen des gem § 118 I erworbenen persönlichen Anspruchs gegen den Ersteher (§ 10 I Nr 5) oder aus der Sicherungshypothek gem § 128 (§ 10 I Nr 4) betrieben werden. Die Befriedigungswirkung der Forderungsübertragung (§ 118 II 1) ist dann nicht ausgeschlossen, wenn der Antrag nach § 29 zurückgenommen oder das Verfahren nach einer einstweiligen Einstellung deswegen aufgehoben wird (§ 31 II), weil ein Fortsetzungsantrag nicht rechtzeitig gestellt wurde

II. Anwendungsbereich   §§ 119, 120

(§ 118 II 3). Andere Aufhebungsgründe wie etwa ein Mangel an Geboten (§ 77 II) führen nicht zum Eintritt der Befriedigung.

§ 119 [Aufstellung des Teilungsplans bei bedingtem Anspruch]

Wird auf einen bedingten Anspruch ein Betrag zugeteilt, so ist durch den Teilungsplan festzustellen, wie der Betrag anderweit verteilt werden soll, wenn der Anspruch wegfällt.

§ 120 [Ausführung des Teilungsplans bei aufschiebender Bedingung]

[I]Ist der Anspruch aufschiebend bedingt, so ist der Betrag für die Berechtigten zu hinterlegen. Soweit der Betrag nicht gezahlt ist, wird die Forderung gegen den Ersteher auf die Berechtigten übertragen. Die Hinterlegung sowie die Übertragung erfolgt für jeden unter der entsprechenden Bedingung.

[II]Während der Schwebezeit gelten für die Anlegung des hinterlegten Geldes, für die Kündigung und Einziehung der übertragenen Forderung sowie für die Anlegung des eingezogenen Geldes die Vorschriften der §§ 1077 bis 1079 des Bürgerlichen Gesetzbuchs; die Art der Anlegung bestimmt derjenige, welchem der Betrag gebührt, wenn die Bedingung ausfällt.

Schrifttum: *Drischler,* Hinterlegungen im Immobiliarvollstreckungsverfahren, RpflJB 1984, 351.

I. Allgemeines

Die Vorschriften gelten für alle Versteigerungsverfahren des ZVG.   1

II. Anwendungsbereich

Bei einem durch Zahlung zu erfüllenden bedingten Anspruch, 2
wozu auch die Kosten und die wiederkehrenden Leistungen eines bestehengebliebenen bedingten Rechts gehören (zum Hauptrecht selbst vgl § 50 II Nr 1, §§ 51, 125), sind bei der Aufstellung des TLP § 119 und bei dessen Ausführung § 120 zu beachten.

Eine **Bedingung** (§§ 158 ff BGB) ist eine Bestimmung, welche die 3
Rechtswirkungen des Geschäfts von einem künftigen, aber noch ungewissen Ereignis abhängig macht. Soweit ein Anspruch **aufschiebend** bedingt ist, kann er erst bei Eintritt der Bedingung erfüllt werden (§ 158

§§ 119, 120 Ausführung des Teilungsplans

I BGB). Ein **auflösend** bedingter Anspruch besteht zunächst wirksam und entfällt mit dem Eintritt der Bedingung (§ 158 II BGB).

4   Als aufschiebend bedingt gelten die **Ansprüche von unbestimmtem Betrag (§ 14),** wozu insbesondere die Rechte in Abt II des GB gehören (vgl § 92).

5   Gleiches gilt für alle **unverzinslichen, noch nicht fälligen Ansprüche** mit ungewissem Fälligkeitspunkt (§ 111 S 2).

6   Eine **Vormerkung** zur Eintragung eines Rechtes (§ 48) ist als aufschiebend bedingtes Recht zu behandeln; eine Vormerkung auf Löschung eines Rechtes führt zu einem auflösend bedingten Recht (vgl § 114 Rdn 30–41).

7   Soweit sich ein **Widerspruch** gegen die Eintragung eines Rechts richtet, ist das Recht als auflösend bedingt zu behandeln; der Widerspruch gegen die Löschung eines Rechtes führt zu einem aufschiebend bedingten Recht (*Steiner/Teufel* Rdn 12 **aA** *Dassler/Hintzen* § 119 Rdn 12: auflösend bedingt).

III. Bedingte Ansprüche im TLP (119)

8   Aufschiebend und auflösend bedingte Ansprüche sind in den TLP zunächst aufzunehmen für den Fall, dass die aufschiebende Bedingung eintritt bzw die auflösende Bedingung ausfällt. Sodann ist jedoch gem § 119 eine **Hilfsverteilung** vorzunehmen für den Fall, dass die aufschiebende Bedingung ausfällt bzw die auflösende Bedingung eintritt. Als Hilfsberechtigte kommen die zunächst ausfallenden Berechtigten in der Rangfolge ihrer Ansprüche, zuletzt der ursprüngliche Grundstückseigentümer in Betracht. Steht bei der Aufstellung des TLP bereits fest, dass das bedingte Recht nicht mehr zur Entstehung gelangen kann bzw bereits weggefallen ist, ist eine Hilfsverteilung gem § 119 nicht notwendig; das VollstrG hat den TLP unter Berücksichtigung der neuen Rechtslage aufzustellen.

9   **Beispiel:**
Teilungsplan: Abschnitt Schuldenmasse
Sparkasse Cham
Anspruch aus der Hypothek Abt III Nr. 1 zu 30 000,– € für den Fall, dass die aufschiebende Bedingung, nämlich . . . eintritt

a) Kosten	500,– €
b) 10 % Zinsen aus für 1. 1. 2009–31. 12. 2009	3 000.– €
c) Hauptsache	30 000,– €

Teilungsplan: Abschnitt Zuteilung
Sparkasse Cham
auf die Ansprüche aus der Hypothek Abt III Nr 1
(vgl Schuldenmasse . . .)
für den Fall, dass die aufschiebende Bedingung,
nämlich . . . eintritt, in Höhe von   33 500,– €
Teilungsplan: Abschnitt Hilfsverteilung

IV. Ausführung des TLP bei bedingten Ansprüchen §§ 119, 120

Für den Fall dass der Anspruch der Sparkasse Cham aus der Hypothek Abt III Nr 1 (vgl Schuldenmasse ... und Zuteilung ...) in Höhe von 33 500,- € wegfällt, weil die aufschiebende Bedingung, nämlich ..., ausfällt, wird der freiwerdende Betrag folgenden Gl zugeteilt: ...

IV. Ausführung des TLP bei bedingten Ansprüchen

1. Auflösend bedingter Anspruch

Bei Barzahlung des Meistgebots (§ 117) wird an den Berechtigten des auflösend bedingten Anspruchs **ausbezahlt** als wäre sein Anspruch unbedingt. Bei Nichtzahlung des Meistgebots wird die Forderung des Vollstreckungsschuldners gegen den Ersteher auf den auflösend bedingt Berechtigten bedingungslos übertragen (§ 118) und für ihn allein eine unbedingte Sicherungshypothek (§ 128) eingetragen. Nach dem Eintritt der auflösenden Bedingung hat der Hilfsberechtigte einen Rückgewährsanspruch gegen den Erstberechtigten, den er außerhalb der ZwVerst im Prozessweg verfolgen muss. Der Hilfsberechtigte kann sein Recht auch durch die Erhebung eines Widerspruchs (§ 115) und der damit verbundenen Hilfsverteilung sowie Hinterlegung gem § 124 III, § 120 sichern (*Stöber* § 119 Rdn 3.1 **aA***Dassler/Hintzen* § 119 Rdn 16).

2. Aufschiebend bedingter Anspruch (§ 120)

Soweit der Versteigerungserlös in Geld vorhanden ist (§ 117), wird der auf einen aufschiebend bedingten Anspruch entfallende Erlösanteil zugunsten des Erst- und der Hilfsberechtigten je unter der entsprechenden Bedingung **hinterlegt (§ 120 I 1, 3)**. Damit ist die Tätigkeit des VollstrG diesbezüglich erledigt, und es ist Sache der Beteiligten, den Betrag von der Hinterlegungsstelle herauszuverlangen (§ 13 HinterlO). Nach dem Eintritt der aufschiebenden Bedingung gebühren dem Erstberechtigten nicht nur der hinterlegte Hauptsachebetrag, sondern auch die Hinterlegungszinsen bis zum Eintritt der Bedingung (*Steiner/Teufel* § 117 Rdn 62 **aA** *Stöber* § 120 Rdn 2.3: Hinterlegungszinsen gehören dem Hilfsberechtigten) Von einer Hinterlegung nach § 120 I 1 ist abzusehen bei der Einigung der Berechtigten, die spätestens im Verteilungstermin vorliegen muss. Bei Nichtzahlung des Meistgebots (§ 118) wird die Forderung des Vollstreckungsschuldners gegen den Ersteher auf den Erst- und den (die) Hilfsberechtigten je unter der entsprechenden Bedingung übertragen **(§ 120 I 2, 3);** dafür wird eine unbedingte Sicherungshypothek gem § 128 eingetragen (vgl § 128 Rdn 15). Die Forderungsübertragung wirkt wie die Befriedigung aus dem Grundstück (§ 118 II 1), und zwar zum Zeitpunkt des Eintritts oder Ausfalls der aufschiebenden Bedingung. Die Frist für den Verzicht auf die Rechte aus der Forderungsübertragung gem § 118 II 2 beginnt, wenn der Berechtigte vom Eintritt oder Ausfall der Bedingung Kenntnis erhält (*Steiner/Teufel* § 118 Rdn 50; *Dassler/Hintzen* § 120 Rdn 6).

§ 121 [Zuteilung auf Ersatzansprüche]

ᴵIn den Fällen des § 92 Abs. 2 ist für den Ersatzanspruch in den Teilungsplan ein Betrag aufzunehmen, welcher der Summe aller künftigen Leistungen gleichkommt, den fünfundzwanzigfachen Betrag einer Jahresleistung jedoch nicht übersteigt; zugleich ist zu bestimmen, daß aus den Zinsen und dem Betrage selbst die einzelnen Leistungen zur Zeit der Fälligkeit zu entnehmen sind.
ᴵᴵDie Vorschriften der §§ 119, 120 finden entsprechende Anwendung; die Art der Anlegung des Geldes bestimmt der zunächst Berechtigte.

Schrifttum: *Drischler,* Hinterlegungen im Immobiliarvollstreckungsverfahren, RpflJB 1984, 351.

I. Allgemeines

1 Die Vorschrift gilt für alle Versteigerungsverfahren des ZVG. Wenn die in **§ 92 II** genannten Rechte durch den Zuschlag erlöschen, tritt an ihre Stelle ein Wertersatz, der durch eine **Geldrente** zu erfüllen ist. Dafür ist gemäß § 121 ein Deckungsanteil in den TLP aufzunehmen.

II. Deckungskapital

2 Wenn ein **Nießbrauch,** eine **beschränkte persönliche Dienstbarkeit** oder eine **Reallast von unbestimmter Dauer** durch Zuschlag erlöschen, ist der Ersatz dafür durch Zahlung einer Geldrente zu leisten, wobei vom Jahreswert des Rechts auszugehen ist (§ 92 II 1). Diesen und die voraussichtliche Dauer des Rechts hat der Berechtigte spätestens im Verteilungstermin anzumelden (§ 92 Rdn 6).

3 In den TLP ist dann ein Betrag aufzunehmen, welcher der **Summe aller künftigen Leistungen** gleichkommt (= Deckungskapital), jedoch den 25fachen Jahresbetrag nicht übersteigt (**§ 121 I 1. Hs**); auszugehen ist dabei idR von der wahrscheinlichen Laufzeit der Jahresleistungen, dh bei auf die Lebenszeit des Berechtigten beschränkten Rechte von der statistischen Lebenserwartung (§ 92 Rdn 17). An die Stelle des 25fachen Jahresbetrages tritt eine Ablösungssumme (§ 92 III) oder ein im GB eingetragener Höchstbetrag gem § 882 BGB, falls er geringer ist (§ 92 Rdn 4, 5). Der Jahresbetrag wird in Teilbeträgen für jeweils drei Monate im Voraus gezahlt (§ 92 II 2), beginnend mit dem Tag des Zuschlags (§ 92 Rdn 18), und zwar aus dem Deckungskapital und den Zinsen, die

sich aus der Kapitalanlage ergeben (**§ 121 I 2. Hs**). Sollten sich der Rentenanspruch und ein anderer Anspruch im Gleichrang befinden, und reicht der Erlös nicht für beide, so sind das Deckungskapital und der andere Anspruch im Verhältnis ihrer Höhe zu kürzen; auf die einzelnen Rententeilbeträge wirkt sich dies nicht aus (*Steiner/Teufel* Rdn 10; *Stöber* Rdn 3.8; *Dassler/Hintzen* Rdn 7).

III. Aufstellung des TLP

Im Teilungsplan ist im Abschnitt **Schuldenmasse** der Anspruch unter Angabe des Deckungskapitals darzustellen. Soweit der Vollstreckungsschuldner den Jahreswert und seine Dauer nicht anerkannt hat, gilt der Betrag des Deckungskapitals nach der Fiktion des § 14 als aufschiebend bedingt und muss daher nach §§ 119, 120 behandelt werden (vgl § 92 Rdn 13). 4

Weiterhin ist im TLP im Abschnitt **Zuteilung** die Anordnung zu treffen, dass aus den Zinsen des hinterlegten oder angelegten Deckungskapitals und dem Deckungskapital selbst die einzelnen dreimonatigen Leistungen (§ 92 II 2) zurzeit der Fälligkeit zu entnehmen sind (§ 121 I). Die Fälligkeit der Geldrente beginnt mit dem Zuschlagstag und entsteht fortlaufend nach jeweils 3 Monaten. Der Anspruch auf eine fällig gewordene Vierteljahresleistung verbleibt dem Berechtigten auch dann voll, wenn das Recht auf die Rente vor dem Ablauf der drei Monate erlischt (§ 92 II 3). Die Zahlung der Geldrente ist nicht auf 25 Jahre beschränkt, sondern endet nur mit Erschöpfung des Deckungskapitals oder mit dem Wegfall des Anspruchs. 5

Da vor Erschöpfung des Deckungskapitals mit dem Erlöschen des Anspruchs (durch Tod des Berechtigten) gerechnet werden muss, ist gem § 121 II, § 119 eine **Hilfsverteilung** notwendig. Dabei müssen die Hilfsberechtigten und die Umstände, unter denen sie zum Zuge kommen, angegeben werden (so *Steiner/Teufel* Rdn 13). 6

Beispiel: 7
Teilungsplan: Abschnitt Schuldenmasse
Robert Zander

Ansprüche aus dem Wohnungsrecht Abt II Nr 1 Deckungskapital
gemäß § 121 I   150 000,– €
(Jahresleistung: 6000 €; Alter des Berechtigten: 35; Dauer noch ca
39 Jahre; höchstens jedoch 25 Jahresleistungen) für den Fall, dass die
aufschiebende Bedingung (= Betragsfeststellung, § 14 ZVG) eintritt.
Teilungsplan: Abschnitt Zuteilung
Robert Zander
auf die in der Schuldmasse (Nr . . .) festgestellten Ansprüche aus
dem Wohnungsrecht Abt II Nr 1, und zwar

§ 121 [Zuteilung auf Ersatzansprüche]

(1) Für den Fall, dass der Anspruch des Robert Zander mit dem Eintritt der aufschiebenden Bedingung (Betragsfeststellung gemäß § 14 ZVG) entsteht:
- der bereits am 10. Mai 2009 (= Tag des Zuschlags) und 10. August 2004 fällige Betrag iHv 2 × 1500 € =   3000,– €
- das weitere Deckungskapital iHv   147 000,– €

Aus diesem Deckungskapital ist dem Berechtigten Robert Zander eine für 3 Monate vorausbezahlbare Geldrente von monatlich 500 €, vierteljährlich also 1500 € zu zahlen. Fälligkeit jeweils am 10. Februar, 10. Mai, 10. August und 10. November jeden Jahres, erstmals ab 10. November 2009. Die Leistungen mit vierteljährlich 1500 € sind zur Zeit der Fälligkeitszeitpunkte aus den Zinsen und dem Deckungskapital selbst zu entnehmen (§§ 121 I, 92 II).

Für den Fall, dass und soweit der Anspruch des Berechtigten Robert Zander mit dessen Tod wegfällt, wird der Betrag zugeteilt an . . . auf den Anspruch . . . bis zur Höhe von (§§ 121 II, 119)   147 000,– €

(2) Für den Fall, dass der Anspruch des Robert Zander mit dem Ausfall der aufschiebenden Bedingung (= Betragsfeststellung gemäß § 14 ZVG) nicht besteht, der freiwerdende Betrag an die . . . auf den Anspruch . . . bis zur Höhe von (§ 119)   150 000,– €

IV. Ausführung des TLP

1. Versteigerungserlös in Geld vorhanden

8 In diesem Fall werden die **bereits fälligen Vierteljahresbeiträge** an den Berechtigten ausbezahlt (§ 117 I) oder bei fehlender Betragsfeststellung gemäß § 14 hinterlegt (§ 120). Das **restliche Deckungskapital** wird mit der Bestimmung hinterlegt, dass die Vierteljahresbeträge dem Erstberechtigten für den Fall des Erlebens des Fälligkeitstages zustehen, für den entgegengesetzten Fall dem Hilfsberechtigten (§ 121 II, § 120).

9 Bei fehlender Feststellung des Betrages gem § 14 muss die Hinterlegung unter der weiteren Bedingung der Feststellung erfolgen (§ 120). Mit der Hinterlegung ist die Tätigkeit des VollstrG beendet.

10 Die Beteiligten müssen die Herausgabe bei der Hinterlegungsstelle beantragen. Der Erstberechtigte kann dies natürlich nur solange er am Leben ist; im Falle des § 14 muss er daneben zusätzlich die Betragsfeststellung nachweisen.

2. Keine Bezahlung des Versteigerungserlöses

11 In diesem Fall wird der TLP dadurch ausgeführt, dass die Forderung des Vollstreckungsschuldners gegen den Ersteher auf Bezahlung des Erlöses auf den Erst- und die Hilfsberechtigten unter den genannten Bedingungen (vgl Rdn 8–10) übertragen wird (§ 118 I). Die Befriedigungsfiktion des § 118 II bezieht sich auf die Fälligkeit der Vierteljahresbeiträge und nicht auf den Zeitpunkt der Forderungsübertragung.

§ 122 [Verteilung bei Gesamthypothek]

¹Sind mehrere für den Anspruch eines Beteiligten haftende Grundstücke in demselben Verfahren versteigert worden, so ist, unbeschadet der Vorschrift des § 1132 Abs. 1 Satz 2 des Bürgerlichen Gesetzbuchs, bei jedem einzelnen Grundstücke nur ein nach dem Verhältnisse der Erlöse zu bestimmender Betrag in den Teilungsplan aufzunehmen. Der Erlös wird unter Abzug des Betrags der Ansprüche berechnet, welche dem Anspruche des Beteiligten vorgehen.
²Unterbleibt die Zahlung eines auf den Anspruch des Beteiligten zugeteilten Betrags, so ist der Anspruch bei jedem Grundstück in Höhe dieses Betrags in den Plan aufzunehmen.

I. Allgemeines

Die Vorschrift gilt für alle Versteigerungsverfahren des ZVG. Sie bestimmt, wie ein bar zu zahlender Gesamtanspruch aus einem Grundstück zu erfüllen ist, wenn bei der ZwVerst mehrere Grundstücke in einem Verfahren der Zuschlag auf die Einzelausgebote oder auf das Gesamtausgebot mit anschließender Bildung von Einzelmassen gem § 112 erteilt ist. 1

II. Verteilung der Gesamtansprüche

1. Voraussetzungen

a) **Gesamtrecht.** In Frage kommen vor allem die Gesamtansprüche aus den erloschenen Gesamtgrundstücksrechten (zB Gesamthypothek oder -reallast), aber auch solche in den Rangklassen 3 und 5 des § 10. 2

b) **Bar zu zahlender Anspruch.** § 122 findet Anwendung bei erloschenen Gesamtgrundstücksrechten, hinsichtlich der Kosten und der Zinsen bis zum Zuschlag bei bestehen gebliebenen Gesamtgrundstücksrechten (aA *Dassler/Hintzen* Rdn 7) und der Gesamtansprüche des § 10 I Nr 3, 5; nicht dagegen für den Hauptsachebetrag der bestehen bleibenden Gesamtgrundstücksrechte. 3

c) **Einzelmassen.** § 122 setzt immer Einzelmassen voraus. Diese ergeben sich durch Zuschlagserteilung auf Einzelausgebote und beim Zuschlag auf ein Gesamtausgebot nach der Aufteilung gem § 112. 4

d) **Dasselbe Verfahren.** Die für den Gesamtanspruch haftenden Grundstücke müssen in einem nach § 18 verbundenen Verfahren versteigert worden sein. § 122 ist dagegen nicht anzuwenden, wenn zwar meh- 5

§ 122 [Verteilung bei Gesamthypothek]

rere Grundstücke in einem Verfahren versteigert wurden, aber das Gesamtrecht nur an einem dieser Grundstücke lastet.

6 **e) Fehlen einer Verteilung gem § 1132 BGB.** Der Gl eines Gesamtgrundpfandrechts kann wählen, aus welchen der versteigerten Grundstücke und in welcher Höhe er den Erlös in Anspruch nehmen will (§ 1132 I 2 BGB). Das ZVG lässt dieses Recht unberührt (§ 122 I 1). Nimmt es der Gl wahr, scheidet eine Aufteilung gem § 122 aus. Das Wahlrecht nach § 1132 BGB kann noch im Verteilungstermin ausgeübt werden (BGHZ 46, 246), ja sogar bis zur Ausführung des TLP (*Steiner/Teufel* Rdn 14 **aA** *Dassler/Hintzen* Rdn 6). Für die Erklärung ist keine Form vorgeschrieben (*Steiner/Teufel* Rdn 15); sie ist unwiderruflich.

2. Durchführung

7 **a) Bezahlung des Versteigerungserlöses.** In diesem Fall bestimmt sich die Verteilung der Gesamtansprüche nach § 122 I. Zunächst sind von den jeweiligen Teilungsmassen (bei Einzelgeboten) oder den Erlösanteilen (bei Aufteilung gem § 112 nach Gesamtausgebot) die Beträge abzuziehen, die dem betroffenen Gesamtanspruch im Rang vorgehen (§ 122 I 2). Danach wird entsprechend dem **Verhältnis der Resterlöse** der Gesamtrechtsanspruch aufgeteilt (§ 122 I 1), und zwar nach folgender Formel (*Steiner/Teufel* Rdn 22; *Eickmann*, ZVG, § 24 IV 1 b):

$$\frac{\text{Resterlös des Einzelgrundstücks} \times \text{Gesamtrechtsanspruch}}{\text{Summe aller Resterlöse}} = \text{Einzelanteil}$$

Außer Betracht bleiben nichtversteigerte Grundstücke, die mithaften, und die Erlöse der nicht mithaftenden Grundstücke.

8 **Beispiel:**
Es ist ein Gesamtrechtsanspruch iHv 150 000 € (Kosten, Zinsen, Hauptsache) zu befriedigen. An Resterlösen gem § 122 I 2 stehen zur Verfügung:

Grundstücke	A	B	C	Summe
	50 000,–	75 000,–	100 000,–	225 000,–

Errechnung der Anteile

A: $\dfrac{50\,000 \times 150\,000}{225\,000} = 33\,333{,}33\,€$

B: $\dfrac{75\,000 \times 150\,000}{225\,000} = 50\,000{,}00\,€$

C: $\dfrac{100\,000 \times 150\,000}{225\,000} = 66\,666{,}67\,€$

9 **b) Nichtzahlung des Versteigerungserlöses (§ 122 II).** In diesem Fall bestimmt § 122 II, dass der Anspruch des Gesamtrechtsgläubigers

§ 123

bei jedem Grundstück in Höhe des nichtgedeckten Teils in den TLP aufzunehmen ist.

aa) Es kommt bei einem oder mehreren Grundstücken zu keiner oder keiner ausreichenden Zahlung auf die Bargebote. In diesem Fall tragen die anderen Grundstücke den Ausfall, und zwar nach dem Verhältnis der bei ihnen noch vorhandenen Resterlöse.

Beispiel
(Fortführung von Rdn 8):
Das Bargebot für Grundstück A wird nicht bezahlt.

Grundstücke	A	B	C
Resterlöse (§ 122 I 2)	50 000,–	75 000,–	100 000,–
Aufteilung (§ 122 I 1)	33 333,33	50 000,–	66 666,67
	16 666,67	25 000,–	33 333,33

Aufteilung
des bei A ausfallenden Anspruchs iHv 33 333,33 €

$$\frac{20\,000 \times 33\,333,33}{58\,333,33} = 14\,285,71\ €$$

$$\frac{33\,333,33 \times 33\,333,33}{58\,333,33} = 19\,047,62\ €$$

bb) Es kommt bei allen Grundstücken zu keiner oder keiner ausreichenden Zahlung auf die Bargebote. In diesem Fall haften wieder alle Grundstücke auf den vollen oder nichtgedeckten Betrag.

§ 123 [Hilfsübertragung bei Gesamthypothek]

^ISoweit auf einen Anspruch, für den auch ein anderes Grundstück haftet, der zugeteilte Betrag nicht gezahlt wird, ist durch den Teilungsplan festzustellen, wie der Betrag anderweit verteilt werden soll, wenn das Recht auf Befriedigung aus dem zugeteilten Betrage nach Maßgabe der besonderen Vorschriften über die Gesamthypothek erlischt.
^{II}Die Zuteilung ist dadurch auszuführen, daß die Forderung gegen den Ersteher unter der entsprechenden Bedingung übertragen wird.

Im Falle des **§ 122 II** (vgl dort Rdn 9–12) ist durch den TLP festzustellen, wie der zugeteilte Betrag anderweitig verteilt werden soll, wenn der Gesamtgläubiger aus einem anderen Grundstück befriedigt wird, dh der Befriedigungsanspruch auf Grund der Vorschriften über die Gesamthypothek (§ 1143 II, §§ 1173–1176, 1181, 1182 BGB) erlischt. Der auf den Gesamtanspruch entfallende Betrag ist zunächst zugunsten des Gesamtrechtsgläubigers unter der auflösenden Bedingung zuzuteilen, dass der Gesamtanspruch bis zur Erfüllung nicht infolge der Vorschriften für die Gesamthypothek erlischt, und sodann zugunsten des nachrangig Hebungsberechtigten unter der aufschiebenden Bedingung, dass der Betrag aus demselben Grunde dem Erstberechtigten nicht mehr gebührt. Die Ausführung des TLP erfolgt dadurch, dass die Forderung des Vollstreckungsschuldners gegen den Ersteher auflösend bedingt an den Berechtigten des Gesamtanspruchs und aufschiebend bedingt an den oder die Hilfsberechtigten übertragen wird (§ 123 II, § 118). Die übertragene Forderung ist sodann durch eine unbedingte Sicherungshypothek (§ 128) für beide abzusichern (*Stöber* § 128 Rdn 6 **aA** *Steiner/Eickmann* § 128 Rdn 31; *Dassler/Hintzen* Rdn 5: bedingte Sicherungshypothek).

§ 124 [Verteilung bei Widerspruch gegen den Teilungsplan]

ᴵIm Falle eines Widerspruchs gegen den Teilungsplan ist durch den Plan festzustellen, wie der streitige Betrag verteilt werden soll, wenn der Widerspruch für begründet erklärt wird.

ᴵᴵDie Vorschriften des § 120 finden entsprechende Anwendung; die Art der Anlegung bestimmt derjenige, welcher den Anspruch geltend macht.

ᴵᴵᴵDas gleiche gilt, soweit nach § 115 Abs. 4 die Ausführung des Planes unterbleibt.

I. Allgemeines

1   Die Vorschrift gilt für alle Versteigerungsverfahren des ZVG. Sie befasst sich mit der Aufstellung des TLP und dessen Ausführung im Falle eines **Widerspruches gem § 115**.

II. Hilfsverteilung (§ 124 I)

2   Liegt dem VollstrG ein zulässiger (vgl § 115 Rdn 23–25) Widerspruch vor, der nicht als begründet anerkannt wird (vgl § 115 Rdn 26–28), so ist der bisherige TLP gem § 124 I zu ergänzen.

3   Dies geschieht in der Praxis wie folgt (*Drischler* RpflJB 1973, 338; *Steiner/Teufel* Rdn 6):
Auf Grund des Widerspruchs des Gl A gegen die unter Nr . . . Abschnitt "Zuteilung" des Teilungsplans erfolgte Zuteilung von . . . € an den Gl B wird der vorläufige Teilungsplan hinsichtlich dieser Zahlung gem § 124 ZVG wie folgt ergänzt:

Der streitige Betrag von . . . € wird zugeteilt an
1. *den Gl B, soweit der Widerspruch des A nicht begründet ist oder die Klageerhebung gem § 878 ZPO nicht rechtzeitig nachgewiesen wird,*
2. *den widersprechenden Gl A, wenn und soweit sein Widerspruch begründet ist.*

Hilfsberechtigter kann nur der Widersprechende sein, nicht ein Zwischenberechtigter. Wenn mehrere Widersprüche gegen dieselbe Zuteilung vorliegen, muss das VollstrG die Rangfolge bei begründeten Widersprüchen festlegen; sie bestimmt sich nach §§ 10 ff. Für den Fall, dass das VollstrG die Hilfsverteilung vergessen hat, kann diese gemäß § 880 ZPO vom Prozessgericht nachgeholt werden. Diese Möglichkeit besteht nicht, wenn das VollstrG eine unrichtige Hilfsverteilung vorgenommen hat, dagegen aber kein Widerspruch erhoben wurde (BGH NJW 1987, 131, 132; *Dassler/Hintzen* Rdn 4 **aA** *Stöber* Rdn 2.6).

III. Ausführung des TLP (§ 124 II)

Wird der Versteigerungserlös vom Ersteher, bezahlt ist der vom Widerspruch betroffene Betrag zugunsten des Erst- und Zweitberechtigten zu **hinterlegen (§ 124 II, 1. Hs, § 120)**. Hat der Ersteher sein Meistbargebot einschließlich der Zinsen bezahlt, ist die Forderung des Vollstreckungsschuldner gegen den Ersteher an den Erst- und Zweitberechtigten zu übertragen (§ 118), die übertragene Forderung ist durch eine unbedingte Sicherungshypothek (§ 128) zu sichern (vgl § 128 Rdn 15). Damit ist die Tätigkeit des VollstrG aber noch nicht erledigt.

Die **endgültige Planausführung** kann erfolgen nach einem Urteil des Prozessgerichts, einer Rücknahme der Widerspruchsklage, einem gerichtlichen Vergleich, einer privaten Einigung der Beteiligten oder wenn die Widerspruchsklage nicht bzw verspätet nachgewiesen wird (§ 878 ZPO). Das VollstrG hat die weitere Ausführung des TLP dann von Amts wegen vorzunehmen. Es trifft die Feststellung, wem der vom Widerspruch betroffene Betrag endgültig zusteht und ersucht die Hinterlegungsstelle um Auszahlung der Hinterlegungsmasse einschließlich der Hinterlegungszinsen. Soweit der TLP vorläufig gem §§ 118, 128 ausgeführt worden war, veranlasst das VollstrG neben der endgültigen Feststellung der Betragszuteilung eine Berichtigung des GB im Hinblick auf eingetragene Sicherungshypotheken gem § 128. Für die Schwebezeit bestimmt derjenige, der den Anspruch im Wege des Widerspruchs geltend macht, die Art der Anlegung des Geldes (§ 124 II 2. Hs). Erst die Auszahlung an den letztlich zum Zuge kommenden Berechtigten führt zum Erlöschen seines Anspruchs auf Befriedigung aus dem Grundstück (*Steiner/Teufel* Rdn 17). Die Befriedigungswirkung nach § 118 II 1 tritt auch erst dann ein, wenn die Forderungsübertragung nicht mehr bedingt ist.

§ 125 [Zuteilung des erhöhten Betrages]

I Hat der Ersteher außer dem durch Zahlung zu berichtigenden Teile des Meistgebots einen weiteren Betrag nach den §§ 50, 51 zu zahlen, so ist durch den Teilungsplan festzustellen, wem dieser Betrag zugeteilt werden soll. Die Zuteilung ist dadurch auszuführen, daß die Forderung gegen den Ersteher übertragen wird.

II Ist ungewiß oder streitig, ob der weitere Betrag zu zahlen ist, so erfolgt die Zuteilung und Übertragung unter der entsprechenden Bedingung. Die §§ 878 bis 882 der Zivilprozeßordnung finden keine Anwendung.

III Die Übertragung hat nicht die Wirkung der Befriedigung aus dem Grundstücke.

Schrifttum: *Mayer*, Das Verfahren im Verteilungstermin, wenn im "geringsten Gebot" (als bestehenbleibend) berücksichtigte Rechte nicht entstanden oder erloschen sind, RpflStud 1980, 49.

Übersicht

	Rn.
I. Allgemeines	1
II. Zuzahlungspflicht bei Erlösverteilung	2
1. Allgemeines	2
2. Festehende Zuzahlungspflicht	4
a) Allgemeines	4
b) Zuteilung (§ 125 I 1)	9
c) Planausführung (§ 125 I 2)	11
3. Die ungewisse oder umstrittene Zuzahlungsverpflichtung	12
a) Allgemeines	12
b) Zuteilung (§ 125 II, I 1)	14
c) Planausführung (§ 125 II, I 2)	16
5. Wirkung der Forderungsübertragung (§ 125 III)	18
III. Zuzahlungspflicht nach Erlösverteilung	19
IV. Übersicht	20

I. Allgemeines

1 Die Vorschrift gilt für alle Versteigerungsverfahren des ZVG. Das wirtschaftliche Gebot eines Erstehers besteht aus dem Meistbargebot und der **Übernahme der bestehen bleibenden Rechte.** Besteht ein solches Recht bei Zuschlagserteilung tatsächlich aber nicht oder fällt es ohne wirtschaftliche Gegenleistung des Erstehers später weg, so hätte dieser einen unverdienten Vorteil erlangt. Da dies nicht sein darf, ordnet das Gesetz in den §§ 50, 51 an, dass der Ersteher in diesen Fällen eine Zuzahlung leisten muss.

II. Zuzahlungspflicht bei Erlösverteilung

1. Allgemeines

Der Ersteher hat eine Zuzahlung zu leisten wenn ein im gG berücksichtigtes

a) Recht nicht besteht bei Zuschlagserteilung (§ 50 I, § 51I),

b) Recht bedingt ist und vor oder nach dem Zuschlag die aufschiebende Bedingung ausfällt oder die auflösende Bedingung eintritt (§ 50 II Nr 1, § 51 I)

c) Gesamtgrundpfandrecht vor oder nach der Zuschlagserteilung an dem versteigerten Grundstück nach den besonderen Vorschriften über die Gesamthypothek erlischt (§ 50 II Nr 2).

Bei Grundpfandrechten ist der Zuzahlungsbetrag der Kapitalbetrag. Bei anderen Rechten der vom VollstrG gem § 51 II festgesetzte Betrag; wurde diese Festsetzung unterlassen, ist sie bei Aufstellung des TLP nachzuholen. Das VollstrG muss von Amts wegen jede ihm bekannte Zuzahlungspflicht beachten, und zwar unabhängig davon, ob sie bereits feststeht (§ 125 I) oder ungewiss bzw umstritten ist (§ 125 II); seine Kenntnis kann das VollstrG aus dem GB-Inhalt oder auf Grund Vortrages durch die Beteiligten erhalten haben. Von Amts wegen braucht das VollstrG Ermittlungen nicht anzustellen.

2. Festehende Zuzahlungspflicht

a) Allgemeines. Die Zuzahlungspflicht des Erstehers gemäß §§ 50, 51 steht dann objektiv fest, wenn das Nichtbestehen oder der Wegfall eines im gG berücksichtigten Rechts für das VollstrG zweifelsfrei ist. Die Vorlage einer Löschungsbewilligung im Falle einer konstitutiven Löschung (§ 875 BGB) genügt ebenso wenig wie eine Berichtigungsbewilligung bei einer berichtigenden Löschung (§ 19 GBO); in diesen Fällen gilt § 125 II (*Stöber* Rdn 2.4 **aA** *Dassler/Hintzen* Rdn 6 für die Löschungsbewilligung, die Berichtigungsbewilligung nicht erörternd). Feststehend ist die Zuzahlungspflicht ua dann, wenn

aa) das betreffende Recht bei der Zuschlagserteilung im GB bereits gelöscht war;

bb) durch ein rechtskräftiges Urteil nachgewiesen ist, dass ein im Zuschlagsbeschluss als bestehen bleibend berücksichtigtes Recht tatsächlich nicht bestand (*Steiner/Teufel* Rdn 11);

cc) das betroffene Recht außerhalb des GB erloschen ist und die Berichtigungsunterlagen in grundbuchmäßiger Form vorliegen (§§ 22, 29 GBO), so zB die Sterbeurkunde bei einem Nießbrauch, § 1061 BGB (*Stöber* Rdn 2.4; *Dassler/Hintzen* Rdn 6);

§ 125 [Zuteilung des erhöhten Betrages]

8   dd) sich die betroffenen Beteiligten und der Ersteher über das Nichtbestehen eines solchen Rechts einig sind (*Steiner/Teufel* Rdn 11 *Dassler/Hintzen* Rdn 6 **aA** *Stöber* Rdn 2.4).

9   **b) Zuteilung (§ 125 I 1).** Der Zuzahlungsbetrag des Erstehers ist im TLP im Abschnitt "Teilungsmasse" aufzuführen. Zugeteilt wird er an die erstausfallenden Gl entsprechend ihrer Rangfolge gemäß § 10 (*Stöber* Rdn 2.5).

10 Beispiel:
Die im gG berücksichtigte Grundschuld Abt III 1 bestand bei Zuschlagserteilung nicht. Der vom Ersteher deshalb außer dem Bargebot zu zahlende Betrag gem § 50 I ZVG von . . . € wird zugeteilt:
(1) an . . . auf den Anspruch . . . in Höhe von . . . € mit . . . vH Zinsen hieraus seit . . . (= Tag des Verteilungstermins)
(2) an . . .

11   **c) Planausführung (§ 125 I 2).** Wenn der Ersteher den Zuzahlungsbetrag einschließlich der Zinsen bis zum Verteilungstermin an das VollstrG gezahlt hat, so wird dieser Betrag zusammen mit der sonstigen Teilungsmasse ausbezahlt. Ansonsten wird der TLP dadurch ausgeführt, dass die **Forderung** des Vollstreckungsschuldners gegen den Ersteher auf Zuzahlung gem §§ 50, 51 auf die nachdem TLP nächstberechtigten Gl **übertragen** wird, und zwar unbedingt (§ 125 I 2). Danach veranlasst das VollstrG die GB-Eintragung einer unbedingten Sicherungshypothek zur Sicherung der übertragenen Forderung (§ 128). Sie erhält den Rang, den der Befriedigungsanspruch des durch die Forderungsübertragung begünstigten Gl hatte. Mit der Eintragung der Sicherungshypothek ist die Tätigkeit des VollstrG abgeschlossen (*Stöber* Rdn 2.6).

3. Die ungewisse oder umstrittene Zuzahlungsverpflichtung

12   **a) Allgemeines.** § 125 II findet dann Anwendung, wenn
– ein bedingtes Recht bestehen bleibt und nicht ersichtlich ist, ob die aufschiebende Bedingung ausgefallen oder die auflösende Bedingung eingetreten ist (§ 50 II Nr 1, § 51 I),
– ein Gesamtgrundpfandrecht bestehen bleibt und nicht ersichtlich ist, ob das Recht bereits nach den Vorschriften über die Gesamthypothek erloschen ist (§ 50 II Nr 2),
– das Nichtbestehen eines sonstigen Rechts ungewiss oder umstritten ist (§ 50 I, § 51 I).

13   Letzteres ist insbesondere dann der Fall, wenn das Nichtbestehen oder der Wegfall des Rechts nicht urkundlich nachgewiesen werden kann (vgl Rdn 4–8). Wird ein Widerspruch gegen das Bestehenbleiben eines Rechts erhoben, so ist dies kein Widerspruch gem § 115, sondern die Erklärung ist dahingehend umzudeuten, dass die Berücksichtigung einer

II. Zuzahlungspflicht bei Erlösverteilung § 125

möglichen Zuzahlungsverpflichtung bei der Erlösverteilung gem §§ 125, 50, 51 verlangt wird.

b) Zuteilung (§ 125 II, I 1). Der evtl zu zahlende Betrag gem §§ 50, 14
51 wird zunächst bei der Teilungsmasse im TLP angeführt. Dann erfolgt eine Zuteilung des betroffenen Betrages an die nächstausfallenden Gl im TLP, und zwar unter der Bedingung, dass das Recht zurzeit des Zuschlags nicht bestanden hat oder dass eine aufschiebende Bedingung ausfällt oder eine auflösende eintritt oder dass das Recht nach den besonderen Vorschriften für die Gesamthypothek erlischt (§ 125 II, I 1).

Beispiel 15
Bei der Feststellung des gG ist die Vormerkung Abt III Nr 1 als aufschiebend bedingtes Recht bestehengeblieben. Für den Fall, dass und soweit der Ersteher außer dem Bargebot einen Zuzahlungsbetrag in Höhe von ... € gem § 50 II Nr 1 zu leisten hat, weil der durch die Vormerkung gesicherte Anspruch auf Eintragung einer Grundschuld nicht besteht und deshalb die Vormerkung wegfällt, wird dieser Betrag zugeteilt.
(1) an ... auf den Anspruch ... in Höhe von ... € mit ... vH Zinsen hieraus seit ... (= Tag des Verteilungstermins)
(2) an ...

c) Planausführung (§ 125 II, I 2). Eine Zahlung des Erstehers an 16
das VollstrG und eine Weiterleitung an die Gl kommt hier nicht in Betracht. Der TLP wird insoweit durch eine **bedingte Forderungsübertragung** auf die Berechtigten ausgeführt (§ 125 II, I 2), dh die Forderung des Vollstreckungsschuldners gegen den Ersteher wird auf die im TLP nächstausfallenden Gl übertragen für den Fall, dass das Recht zurzeit des Zuschlags nicht bestanden hat oder dass eine auflösende Bedingung eintritt bzw eine aufschiebende ausfällt oder dass das Recht nach den besonderen Vorschriften für die Gesamthypothek erlischt. Danach veranlasst das VollstrG die GB-Eintragung einer bedingten Sicherungshypothek gem § 128.

Die Sicherungshypothek bekommt den Rang, den der Befriedigungsanspruch des Gl im Rahmen des § 10 hatte. Damit ist die Tätigkeit des VollstrG beendet.

Übersicht 17
Zuzahlungspflicht bei bestehengebliebenen Rechten

Tatbestände	Zuzahlungspflicht	Zuteilung	Ausführung
• Im gG als bestehenbleibend berücksichtigtes Recht besteht beim Zuschlag nicht	§ 50 I, § 51 I		• Auszahlung oder

§ 125 [Zuteilung des erhöhten Betrages]

• Im gG stehendes bedingtes Recht fällt vor dem Zuschlag weg, weil aufschiebende Bedingung ausfällt auflösende Bedingung eintritt	§ 50 II Nr 1 § 51 I	Zuteilung nach neuen Feststellungen § 125 I 1	• Forderungsübertragung § 125 I 2 • Sicherungshypothek § 128
• Im gG stehendes Gesamtgrundpfandrecht erlischt vor dem Zuschlag auf Grund der Vorschriften über die Gesamtgrundpfandrechte	§ 50 II Nr 2 Ausnahme § 50 III		
• Nichtbestehen ist unsicher • Bedingtes Recht bleibt bestehen • Gesamtgrundpfandrecht bleibt bestehen		Bedingte Zuteilung § 125 II 1, § 125 I 1	• Bedingte Forderungsübertragung § 125 II 1, § 125 I 2 • Bedingte Sicherungshypothek § 128

5. Wirkung der Forderungsübertragung (§ 125 III)

18 Entgegen § 118 II 1 wirkt die Forderungsübertragung gegen den Ersteher auf feststehende, ungewisse oder streitige Zuzahlung nicht wie die Befriedigung aus dem Grundstück (§ 125 III). Die Forderung gegen den Ersteher (ebenso der dingliche Anspruch aus der Sicherungshypothek, § 128) ist nicht vollstreckbar (§ 132 I 2); dafür muss der Gl erst einen Titel erwirken, da der Zuschlagsbeschluss dafür nicht ausreicht. Die Forderungsübertragung dient damit lediglich der Legitimation des Gl, die Forderung gegen den Ersteher geltend machen zu können. Mit der tatsächlichen Zahlung an den Gl kommt es erst zu dessen Befriedigung.

III. Zuzahlungspflicht nach Erlösverteilung

19 Stellt sich erst nach dem Verteilungstermin heraus, dass für den Ersteher eine Zuzahlungspflicht gem §§ 50, 51 besteht, kommt es trotzdem zu **keiner Nachtragsverteilung** durch das VollstrG; der Berechtigte muss seinen Anspruch aus dem §§ 50, 51 (nicht aus § 812 BGB) notfalls im Prozessweg geltend machen (BGH NJW 1966, 154; OLG Celle NJW 1958, 1543).

§ 126

IV. Übersicht

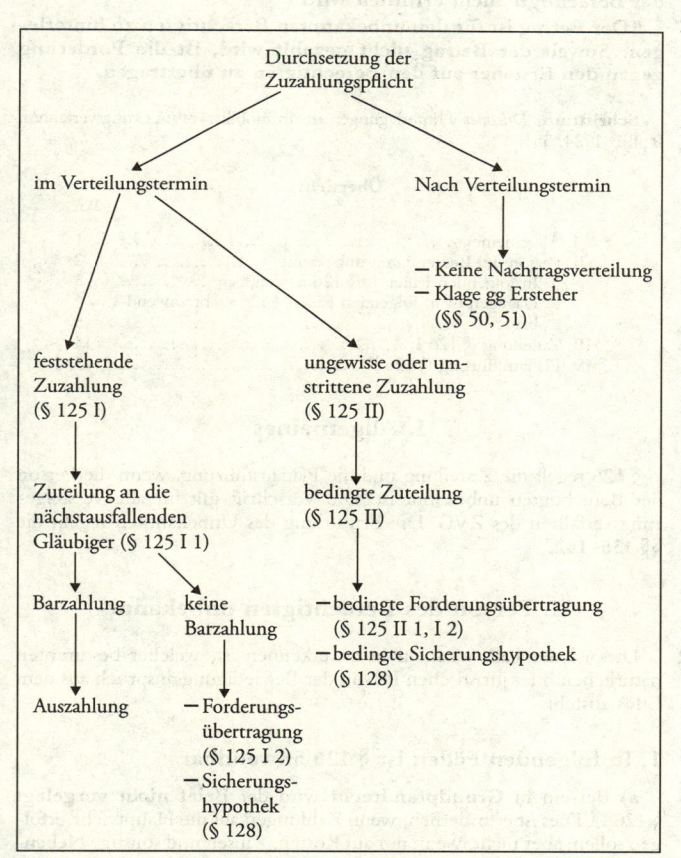

20

```
                    Durchsetzung der
                    Zuzahlungspflicht
                    ↙              ↘
        im Verteilungstermin       Nach Verteilungstermin
                                        ↓
                                   — Keine Nachtragsverteilung
                                   — Klage gg Ersteher
                                     (§§ 50, 51)

   feststehende           ungewisse oder um-
   Zuzahlung              strittene Zuzahlung
   (§ 125 I)              (§ 125 II)
        ↓                      ↓
   Zuteilung an die       bedingte Zuteilung
   nächstausfallenden     (§ 125 II)
   Gläubiger (§ 125 I 1)       ↓
     ↓         ↘          — bedingte Forderungsübertragung
                            (§ 125 II 1, I 2)
   Barzahlung  keine      — bedingte Sicherungshypothek
               Barzahlung   (§ 128)
     ↓            ↓
   Auszahlung  — Forderungs-
                 übertragung
                 (§ 125 I 2)
               — Sicherungs-
                 hypothek
                 (§ 128)
```

§ 126 [Hilfszuteilung bei unbekannten Berechtigten]

¹**Ist für einen zugeteilten Betrag die Person des Berechtigten unbekannt, insbesondere bei einer Hypothek, Grundschuld oder**

§ 126 [Hilfszuteilung bei unbekannten Berechtigten]

Rentenschuld der Brief nicht vorgelegt, so ist durch den Teilungsplan festzustellen, wie der Betrag verteilt werden soll, wenn der Berechtigte nicht ermittelt wird.

IIDer Betrag ist für den unbekannten Berechtigten zu hinterlegen. Soweit der Betrag nicht gezahlt wird, ist die Forderung gegen den Ersteher auf den Berechtigten zu übertragen.

Schrifttum: *Drischler,* Hinterlegungen im Immobiliarvollstreckungsverfahren, RpflJB 1984, 351.

Übersicht

	Rn.
I. Allgemeines	1
II. Person des Berechtigten unbekannt	2
1. In folgenden Fällen ist § 126 anwendbar	3
2. Dagegen ist in folgenden Fällen § 126 nicht anwendbar	5
III. Zuteilung (§ 126 I)	14
IV. Planausführung (§ 126 II)	15

I. Allgemeines

1 § 126 regelt die Zuteilung und die Planausführung, wenn die Person des Berechtigten unbekannt ist. Die Vorschrift gilt für alle Versteigerungsverfahren des ZVG. Die Ermittlung des Unbekannten regeln die **§§ 135–142**.

II. Person des Berechtigten unbekannt

2 Dies ist der Fall, wenn nicht zu erkennen ist, welcher bestimmten natürlichen oder juristischen Person der Befriedigungsanspruch aus dem Erlös zusteht.

1. In folgenden Fällen ist § 126 anwendbar

3 **a)** Bei einem **Grundpfandrecht** wird der **Brief nicht vorgelegt** § 126 I). Dies ist erforderlich, wenn Zahlungen auf die Hauptsache erfolgen sollen, aber nicht, wenn nur auf Kosten, Zinsen und sonstige Nebenleistungen ein Erlös zugeteilt wird, §§ 1159, 1160 III BGB (*Stöber* Rdn 2.1; **aA***Dassler/Hintzen* Rdn 7; *Steiner/Teufel* Rdn 12; *Morvilius* in D/M/V 4. Kap Rdn 554). Ist der Empfangsberechtigte nicht im GB eingetragen ist neben dem Brief die Vorlage von öffentlich beglaubigten Abtretungserklärungen gem § 1155 BGB erforderlich, die auf den im GB eingetragenen Gl zurückführen (*Stöber* Rdn 2.1).

b) Der bisherige Berechtigte ist verstorben und die **Erben sind noch** 4
unbekannt (*Stöber* Rdn 2.2 **aA** *Steiner/Teufel* Rdn 8).

2. Dagegen ist in folgenden Fällen § 126 nicht anwendbar

a) Es besteht **Pflegschaft für eine Leibesfrucht** gem § 1912 BGB 5
(*Dassler/Hintzen* Rdn 3; *Steiner/Teufel* Rdn 8 **aA** *Stöber* Rdn 2.2).
b) **Für unbekannte Beteiligte** ist **Pflegschaft** gem § 1913 BGB 6
angeordnet (*Steiner/Teufel* Rdn 8).
c) Es besteht **Testamentvollstreckung, Nachlassverwaltung** oder 7
Nachlasspflegschaft.
d) Der Vertreter kann auf Grund einer **Vollmacht über den Tod** 8
hinaus für die noch unbekannten Erben handeln.
e) Der **gesetzliche Vertreter** des bekannten Berechtigten ist **unbe-** 9
kannt (*Stöber* Rdn 2.2).
f) Der **Aufenthaltsort** eines bekannten Berechtigten ist **unbekannt** 10
dann § 117 II 3.
g) Der **Berechtigte** kann sich **nicht genügend ausweisen;** dann 11
§ 117 II 3.
h) Der **Vertreter** kann seine **Vertretungsmacht nicht nachweisen;** 12
dann § 117 II 3.
i) Wenn **mehrere Berechtigte** vorhanden sind und sich nicht einigen 13
können, wird gem § 117 II 3 hinterlegt **(§ 117 Rdn 28).** Bei der Ungewissheit über die Person des Berechtigten von mehreren Bekannten (zB bei der Höchstbetragshypothek) ist gem § 372 BGB zu hinterlegen.

III. Zuteilung (§ 126 I)

Das VollstrG hat im TLP von Amts wegen festzustellen, wie der Betrag 14
verteilt werden soll, wenn der Berechtigte nicht ermittelt wird (§ 126 I).
Der auf den betroffenen Anspruch entfallende Erlös wird zunächst dem
unbekannten Berechtigten zugeteilt und dann dem nächstberechtigten,
leer ausgehenden Gl unter der Bedingung, dass der Erstberechtigte nicht
ermittelt wird. Wenn sich das Unbekanntsein der Person des Berechtigten erst nach dem Verteilungstermin herausstellt, muss der TLP in einem
neuen Termin ergänzt werden.

IV. Planausführung (§ 126 II)

Ist der Erlös in Geld vorhanden, wird der TLP insoweit durch Hinter- 15
legung für den unbekannten Berechtigten ausgeführt **(§ 126 II 1).** Im
Falle der Nichtzahlung des Erlöses wird die Forderung des Vollstreckungsschuldners gegen den Ersteher unbedingt auf den unbekannten

§ 127 [Vermerke auf Hypothekenbriefen und vollstreckbaren Titeln]

Berechtigten übertragen (**§ 126 II 2**); für ihn wird noch eine Sicherungshypothek eingetragen (§ 128). Weder bei der **Hinterlegung** noch bei der **Forderungsübertragung** werden die Hilfsberechtigten berücksichtigt (*Steiner/Teufel* Rdn 19). Sobald der **unbekannte Berechtigte ermittelt** ist, hat das VollstrG die Hinterlegungsstelle um Auszahlung des Betrages einschließlich der Hinterlegungszinsen an diesen zu ersuchen; bei Forderungsübertragung muss das VollstrG das GBA um Berichtigung der Sicherungshypothek ersuchen. An den Hilfsberechtigten kann nur ausgezahlt werden, bzw er kann nur als Gl der Sicherungshypothek eingetragen werden, wenn ein Aufgebotsverfahren vorausgegangen ist (§ 141).

§ 127 [Vermerke auf Hypothekenbriefen und vollstreckbaren Titeln]

^I**Wird der Brief über eine infolge der Versteigerung erloschene Hypothek, Grundschuld oder Rentenschuld vorgelegt, so hat das Gericht ihn unbrauchbar zu machen. Ist das Recht nur zum Teil erloschen, so ist dies auf dem Briefe zu vermerken. Wird der Brief nicht vorgelegt, so kann das Gericht ihn von dem Berechtigten einfordern.**

^{II}**Im Falle der Vorlegung eines vollstreckbaren Titels über einen Anspruch, auf welchen ein Betrag zugeteilt wird, hat das Gericht auf dem Titel zu vermerken, in welchem Umfange der Betrag durch Zahlung, Hinterlegung oder Übertragung gedeckt worden ist.**

^{III}**Der Wortlaut der Vermerke ist durch Protokoll festzustellen.**

I. Allgemeines

1   Die Vorschrift gilt für alle Versteigerungsverfahren des ZVG.

II. Grundpfandrechtsbriefe (§ 127 I)

1. Vorlage

2   Wenn der Brief dem VollstrG nicht vorliegt, kann es ihn anfordern (**§ 127 I 3**). Damit wird ihm kein Ermessensspielraum eingeräumt, sondern die Befugnis, stets davon Gebrauch zu machen. Zwangsmittel stehen dem VollstrG aber nicht zu.

2. Behandlung

3   **a) Ein Einzelgrundpfandrecht ist vollständig erloschen.** In diesem Fall ist der Brief unbrauchbar zu machen (§ 127 I 1), was gem § 69

GBO, § 53 GBV geschieht. Das Erlöschen des Rechts sollte, obwohl gesetzlich nicht vorgeschrieben, auf dem Brief vermerkt werden.

Das Recht ist im Zwangsversteigerungsverfahren ... (Az) gem § 91 Abs 1 ZVG erloschen.

Amtsgericht ...
Vollstreckungsgericht
Siegel, Unterschrift

b) Ein Einzelgrundpfandrecht ist teilweise erloschen. Das teilweise Erlöschen ist auf dem Brief zu vermerken (§ 127 I 2). Das Recht ist im Zwangsversteigerungsverfahren ... (Az) in Höhe von ... € gem § 91 Abs 1 ZVG erloschen. 4

Amtsgericht ...
Vollstreckungsgericht
Siegel, Unterschrift

c) Ein Gesamtgrundpfandrecht ist ganz oder teilweise erloschen. Das VollstrG hat nur das Ergebnis der ZwVerst in Bezug auf das versteigerte Grundstück auf dem Brief zu vermerken, nicht aber die Rechtsfolgen für die anderen mitbelasteten Grundstücke, wie zB §§ 1181, 1182 BGB. 5

Das Recht ist im Zwangsversteigerungsverfahren ... (Az) auf dem Grundstück Nr ... gem § 91 Abs 1 ZVG erloschen.

Amtsgericht ...
Vollstreckungsgericht
Siegel, Unterschrift

d) Die Liegenbelassung eines an sich erlöschenden Rechtes ist vereinbart. Soweit es sich um ein **Einzelrecht** handelt, ist ein Vermerk auf dem Brief nicht anzubringen und der Brief ist auch nicht unbrauchbar zu machen. Bei einem **Gesamtrecht** muss wegen der sich aus § 91 III 2, §§ 1181 II, 1182 BGB ergebenden Rechtsfolgen ein Briefvermerk angebracht werden (*Steiner/Eickmann* Rdn 14 **aA** *Dassler/Hintzen* Rdn 11). 6

Im Zwangsversteigerungsverfahren ... (Az), betreffend das Grundstück Nr ... ist das Bestehenbleiben des Rechts gem § 91 Abs 2 ZVG vereinbart worden.

Amtsgericht
Vollstreckungsgericht
Siegel, Unterschrift

3. Weiterer Verbleib

Unbrauchbar gemachte Briefe sind zu den Versteigerungsakten zu nehmen und nicht an das GBA zu senden (*Steiner/Eickmann* Rdn 23; *Dassler/Hintzen* Rdn 7 **aA** *Stöber* Rdn 2.3). Ansonsten ist der Brief an den Einreicher zurückzugeben. 7

III. Vollstreckungstitel (§ 127 II)

1. Vorlage

8   Sie kann vom VollstrG nicht verlangt werden, muss also freiwillig geschehen.

2. Behandlung

9   Soweit ein Titel dem VollstrG vorliegt, ist auf ihm ein Quittungsvermerk anzubringen, wenn auf das Recht ein Erlösanteil entfällt (§ 127 II).

> In dem Zwangsversteigerungsverfahren ... (Az) wurden der ... Bank München auf den Anspruch aus der Grundschuld Abt. III Nr 2 zugeteilt:
> 300,– € Kosten der Rechtsverfolgung
> 10 000,– € Zinsen für die Zeit von ... bis ...
> 250 000,– € Hauptsache
> Die Beträge wurden durch Zahlung gedeckt.
> Amtsgericht ...
> Vollstreckungsgericht
> Siegel, Unterschrift
> § 127 II gilt auch für bestehengebliebene Rechte, soweit auf Kosten oder Nebenleistungen ein Erlös entfällt. Anzugeben ist die Art der Zuteilung: Auszahlung, Hinterlegung oder Forderungsübertragung. Eine Vereinbarung nach § 91 II ist nicht auf dem Titel zu vermerken (*Steiner/Eickmann* Rdn 18; *Dassler/Hintzen* Rdn 15 **aA** *Stöber* Rdn 3.1); ebenso nicht die Auswirkungen nach § 114 a.

3. Weiterer Verbleib

10   Die Titel sind immer an die Einreicher zurückzugeben, und zwar auch dann, wenn der Gl voll befriedigt wurde; eine Aushändigung an den Schu (§ 757 ZPO) scheidet aus.

IV. Protokollvermerke (§ 127 III)

11   Die auf den Briefen (§ 127 I) und den Vollstreckungstiteln (§ 127 III) angebrachten Vermerke sind im vollen Wortlaut in das Protokoll oder einer Anlage dazu zu übernehmen (§ 127 II). Werden Unterlagen erst nach dem Verteilungstermin oder gar nicht vorgelegt, so sind die entsprechenden Vermerke in den Versteigerungsakten anzubringen.

§ 128 [Eintragung einer Sicherungshypothek]

[1]Soweit für einen Anspruch die Forderung gegen den Ersteher übertragen wird, ist für die Forderung eine Sicherungshypothek an dem Grundstücke mit dem Range des Anspruchs einzutragen.

I. Allgemeines § 128

War das Recht, aus welchem der Anspruch herrührt, nach dem Inhalte des Grundbuchs mit dem Rechte eines Dritten belastet, so wird dieses Recht als Recht an der Forderung miteingetragen.

II Soweit die Forderung gegen den Ersteher unverteilt bleibt, wird eine Sicherungshypothek für denjenigen eingetragen, welcher zur Zeit des Zuschlags Eigentümer des Grundstücks war.

III Mit der Eintragung entsteht die Hypothek. Vereinigt sich die Hypothek mit dem Eigentum in einer Person, so kann sie nicht zum Nachteil eines Rechtes, das bestehen geblieben ist, oder einer nach Absätzen 1, 2 eingetragenen Sicherungshypothek geltend gemacht werden.

IV Wird das Grundstück von neuem versteigert, ist der zur Deckung der Hypothek erforderliche Betrag als Teil des Bargebots zu berücksichtigen.

Schrifttum: *Helwich/Strauch,* Die Mithaft des Meistbietenden in der Zwangsversteigerung, Rpfleger 1988, 467 und 1989, 314, 316.

Übersicht

	Rn.
I. Allgemeines	1
II. Eintragung der Sicherungshypothek	2
1. Voraussetzungen	3
2. Belastungsgegenstand	5
3. Inhalt	6
a) Art des Rechts	6
b) Forderung	7
c) Gläubiger	8
d) Rechte Dritter (§ 128 I 2)	13
e) Bedingung	15
4. Rang (§ 128 I 1)	16
5. Muster	18
III. Besonderheiten der Sicherungshypothek	19
1. Rangverschiebung (§ 128 III 2)	19
2. Wiederversteigerung (§ 128 IV)	20

I. Allgemeines

Wenn der Ersteher sein abgegebenes Meistbargebot nicht bezahlt, wird 1 die Forderung des Vollstreckungsschuldners gegen den Ersteher auf die nach dem TLP Berechtigten übertragen (**§ 118**). Um diese Forderungen am ersteigerten Grundstück des Erstehers dinglich zu sichern, werden für die Berechtigten aus der Forderungsübertragung Sicherungshypotheken gem § 128 eingetragen. Die Vorschrift gilt für alle Versteigerungsverfahren des ZVG.

II. Eintragung der Sicherungshypothek

2 Entsprechend dem allgemeinen Grundsatz im Grundstücksrecht (§ 873 I BGB) entsteht die Sicherungshypothek erst mit der Eintragung im GB (**§ 128 III 1**).

1. Voraussetzungen

3 **a) Materiell** ordnet § 128 I 1 zwingend die Eintragung einer Sicherungshypothek an, wenn eine Forderungsübertragung gem § 118 (§ 120 I 2, § 124 II, § 125 I 2, § 126 II 2) erfolgt ist. Die Eintragung unterbleibt nur dann, wenn

aa) die Befriedigung des Berechtigten in öffentlicher Form nachgewiesen wird;

bb) der Berechtigte in öffentlicher Form auf die Eintragung verzichtet (*Steiner/Eickmann* Rdn 7; *Dassler/Hintzen* Rdn 17 **aA** *Hornung* Rpfleger 1994, 9, 12 Fn 25: Schriftform);

cc) der auf die Forderung entfallende Betrag unter Rücknahmeverzicht hinterlegt ist.

4 **b) Formell** trägt das GBA die Sicherungshypotheken ein auf Grund eines Ersuchens des VollstrG gem **§ 130 I 1**. Da die Eintragung der Sicherungshypothek keine selbstständige Zwangsvollstreckungsmaßnahme ist, sondern nur die gesetzliche Verfahrensfolge der ZwVerst, hindern Verfügungsbeeinträchtigungen wie zB die Insolvenzeröffnung (§ 89 I InsO) nicht die GB-Eintragung (OLG Düsseldorf Rpfleger 1989, 339).

2. Belastungsgegenstand

5 Dies ist das Versteigerungsobjekt (§ 128 I 1). Dies gilt auch dann, wenn ein ideeller Miteigentumsanteil von dem früheren Miteigentümer ersteigert wurde und deshalb ein Bruchteil eigentlich nicht mehr vorhanden ist. Wurde ausnahmsweise nicht ein Grundstück im Rechtssinn versteigert, sondern nur ein katastertechnisches Flurstück (vgl Einl Rdn 15–17), so erfordert die Eintragung der Sicherungshypothek eine von Amts wegen vom GBA durchzuführende notwendige Teilung des Grundstücks gem § 7 I GBO (*Steiner/Eickmann* Rdn 11).

3. Inhalt

6 **a) Art des Rechts.** Das einzutragende Recht ist eine **Sicherungshypothek gem § 1184** BGB, und zwar auch dann, wenn es für den Ersteher eingetragen wird. Insbesondere handelt es sich nicht um eine Zwangssicherungshypothek nach § 866 ZPO (*Steiner/Eickmann* § 130 Rdn 30), so dass sie auch für eine Forderung von 750 € und weniger

II. Eintragung der Sicherungshypothek § 128

eingetragen werden kann; § 866 III ZPO gilt nicht (*Stöber* Rdn 2.4). Ungeachtet des § 867 II ZPO kann auch eine **Gesamtsicherungshypothek** eingetragen werden (OLG Düssdorf Rpfleger 1989, 339).

b) Forderung. Die durch die Hypothek gem § 128 gesicherte Forderung ist die nach § 118 übertragene Forderung gegen den Ersteher und nicht der ursprüngliche Anspruch des Gl. Die Sicherungshypothek muss daher inhaltlich (zB Betrag und Zinsen) der Forderungsübertragung entsprechen. Verzugszinsen (vgl dazu § 118 Rdn 4) sind gesetzliche Zinsen (§ 288 BGB), für die das Grundstück durch die Sicherungshypothek kraft Gesetzes haftet (§ 1118 BGB). Sie können daher nicht im GB eingetragen werden; das VollstrG darf nicht um deren Eintragung ersuchen (§ 130) und das GBA müsste ein entsprechendes Ersuchen insoweit zurückweisen (*Stöber,* § 118 Rdn 5.3; *Streuer,* Rpfleger 2001, 401 **aA** KG Rpfleger 2003, 204; *Eickmann,* ZVG, § 22 II 3); selbst unter Berücksichtigung der Gegenansicht wäre kein Höchstzinssatz einzutragen (LG Kassel Rpfleger 2001, 176; *Eickmann,* ZVG, § 22 II 3). 7

c) Gläubiger. aa) Allgemein. Als Gl bei der Sicherungshypothek ist derjenige einzutragen, dem die Forderung gem § 118 übertragen wurde. Dies gilt auch, wenn der Berechtigte inzwischen verstorben ist (*Stöber* Rdn 2.9). Ebenso muss ein nach § 126 unbekannter Berechtigter eingetragen werden. 8

bb) Der **bisherige Grundstückseigentümer** ist als Berechtigter der Sicherungshypothek einzutragen, wenn sich ein Erlösüberschuss für ihn ergab **(§ 128 II),** obwohl in diesem Fall eine Forderungsübertragung gem § 118 nicht erfolgt (vgl. § 118 Rdn 7). 9

cc) Stand ein Recht **mehreren Berechtigten** zu, so setzt sich deren Berechtigung grundsätzlich an der übertragenen Forderung (§ 118) und damit an der Sicherungshypothek (§ 128) fort (BGH WM 1966, 576, 578). Soweit zuvor Bruchteilsgemeinschaft an einem Recht bestanden hat, besteht nunmehr eine Mitberechtigung nach § 432 BGB, da jeder Teilhaber vom Ersteher nur Zahlung an alle Teilhaber gemeinsam verlangen kann (BGH Rpfleger 2008, 379; OLG Zweibrücken Rpfleger 1972, 168). Da die Eintragungsfähigkeit dieser Berechtigung heute überwiegend bejaht wird (BGH Rpfleger 1979, 56; 1980, 464; LG Bochum Rpfleger 1981, 148 **aA** KG Rpfleger 1985, 435), ist die Sicherungshypothek für die Berechtigten gem § 432 BGB einzutragen (*Steiner/Eickmann* Rdn 16, 17; *Dassler/Hintzen* Rdn 8 **aA** *Stöber* Rdn 2.10; *Morvilius* in D/M/V 4. Kap Rdn 645). 10

dd) War der **Ersteher** am Versteigerungsobjekt dinglich berechtigt und entfiel auf sein Recht ein Erlösanteil, so muss bei Nichtzahlung des Erlöses auch eine ausdrückliche Forderungsübertragung gem § 118 an ihn erfolgen (vgl **§ 118 Rdn 11**). Damit tritt jedoch Konfusion ein, so dass mangels Forderung keine Sicherungshypothek gem § 128 für den Ersteher eingetragen werden kann (LG Dortmund Rpfleger 1991, 168). 11

§ 128 [Eintragung einer Sicherungshypothek]

Eine Ausnahme besteht dann, wenn gegen den Anspruch des Erstehers Widerspruch erhoben wurde gem § 115 oder wenn das Recht des Erstehers mit dem bereits im GB eingetragenen Recht eines Dritten belastet war, zB Pfandrecht, Nießbrauch *(Dassler/Hintzen* Rdn 13); war das Recht des Dritten noch nicht im GB eingetragen, so braucht grundsätzlich auch keine Sicherungshypothek eingetragen werden (zB bei einer Buchhypothek wegen § 830 I 3 ZPO, vgl. RGZ 60, 221, 223), es sei denn, das Recht des Dritten entsteht außerhalb des GB (zB bei einer Briefhypothek; vgl *Steiner/Eickmann* Rdn 15, 23).

12 **ee)** Auch zugunsten eines **Meistbietenden gem § 81 II, IV** kann eine Forderungsübertragung im Falle der Nichtzahlung des Erlöses gem § 118 erfolgen. Damit muss es jedoch nicht unbedingt zur Konfusion kommen (vgl **§ 118 Rdn 12**). Der Fortbestand der dem Meistbietenden (= Gl) gegen den Ersteher übertragenen Forderung hängt vom Innenverhältnis der beiden zueinander ab. Die Erforschung dieses Innenverhältnisses ist aber nicht Aufgabe des VollstrG. Im Rahmen des § 425 BGB ist der ungeschmälerte Fortbestand der Forderung des Meistbietenden die Regel, während Abweichungen hiervon, die sich aus dem Innenverhältnis der Gesamtschuldner ergeben, vom Ersteher durch Vollstreckungsgegenklage (§ 767 ZPO) geltend zu machen sind, sobald der Meistbietende gegen ihn vollstreckt. Daher hat das VollstrG die Eintragung einer Sicherungshypothek für den selbst hebungsberechtigten Meistbietenden anzuordnen (*Strauch* Rpfleger 1989, 314; **aA** LG Dortmund Rpfleger 1991, 168; *Helwich* Rpfleger 1988, 467, 470; 1989, 316).

13 **d) Rechte Dritter (§ 128 I 2).** War das **erloschene Recht** (der frühere Anspruch) mit einem Drittrecht (zB Pfandrecht, Nießbrauch) belastet, so erstreckt sich dieses Recht auf den Erlösanteil, die übertragene Forderung gegen den Ersteher und damit auch auf die Sicherungshypothek (§ 128 I 2). War das Drittrecht grundbuchersichtlich, so ist es von Amts wegen bei der Sicherungshypothek zu vermerken, sonst auf Grund Nachweises.

14 Dasselbe gilt nach der ratio des § 128 I 2, wenn am **Anspruch auf Auskehrung des Erlösanteils** ein Drittrecht besteht. Aber auch die gem § 118 **übertragene Forderung gegen den Ersteher** kann mit Drittrechten belastet sein, weil über sie verfügt und sie deshalb gepfändet werden kann (BGHZ 58, 298, 302); wird dies dem VollstrG vor Absendung des GB-Ersuchens (§ 130) bekannt, ist es bei der Sicherungshypothek zu berücksichtigen, ansonsten nur gem § 22 GBO.

15 **e) Bedingung.** Die Forderungsübertragung gem § 118 erfolgt in den Fällen der §§ 119, 120 I 2, § 121 II, § 123 II, § 124 II, § 125 II bedingt. Im Falle des **§ 125 II** wird auch eine **bedingte Sicherungshypothek** gem § 128 eingetragen, da sowohl die Zuteilung als auch die Forderungsübertragung an den Hilfsberechtigten von dem ungewissen oder streitigen Wegfall des bestehen bleibenden Rechts abhängig sind (*Stöber*

II. Eintragung der Sicherungshypothek § 128

Rdn 6.2). In den Fällen der §§ 119, 120 I 2, § 121 II, § 123 II, § 124 II wird dagegen trotz bedingter Forderungsübertragung eine **unbedingte Sicherungshypothek** eingetragen.

4. Rang (§ 128 I 1)

Eingetragen wird eine Sicherungshypothek mit dem Rang des Anspruchs, für den die zu sichernde Forderung übertragen ist (§ 128 I 1). Es gelten also zunächst die §§ 109, 10–12. Für Kosten, Zinsen und Hauptsache werden getrennte Sicherungshypotheken eingetragen (*Steiner/Eickmann* Rdn 32; *Meikel/Roth* § 38 Rdn 95; *Dassler/Hintzen* § 130 Rdn 21). Folgende Rangfolge ist einzuhalten: 16
– Kosten des Verfahrens gem § 109,
– Ansprüche aus § 10 I Nr 1–3 (untereinander Gleichrang);
– Bar zu zahlende Kosten, Zinsen und dann die Hauptsache der bestehengebliebenen Rechte in § 10 I Nr 4 gemäß GB-Rang;
– Kosten, Zinsen und Hauptsache der erlöschenden Rechte in § 10 I Nr 4 gemäß GB-Rang;
– Kosten, Zinsen und Hauptsache der Gl gem § 10 I Nr 5 gemäß der Beschlagnahmezeitpunkte;
– Kosten, Zinsen und Hauptsache in § 10 I Nr 6 gemäß GB-Rang;
– Ansprüche aus § 10 I Nr 7 (untereinander: Gleichrang);
– Ansprüche aus § 10 I Nr 8 gemäß GB-Rang;
– Unverteilte Forderung des Eigentümers nach § 128 II.

Dieses Rangverhältnis ist vom VollstrG im GB-Ersuchen nach § 130 festzustellen. Wird die Liegenbelassung eines Rechts vereinbart (§ 91 II), so behält es seinen Rang, selbst wenn die Vereinbarung erst nach dem Verteilungstermin vorgelegt wird (BGH Rpfleger 1976, 10). Erfolgt die Eintragung von Sicherungshypotheken vor einem Erbbaurecht am Grundstück, so liegt darin kein Verstoß gegen § 10 ErbbauRG, weil dadurch nur der rechtsgeschäftliche Verlust der ersten Rangstelle untersagt ist (BGH Rpfleger 1969, 13). 17

5. Muster

Sicherungshypothek für einhunderttausend Euro im Zwangsversteigerungsverfahren K 85/05 des Amtsgerichts Regensburg übertragene Forderung gegen den Ersteher mit 4 % seit 1. 10. 2009 (= Tag des Verteilungstermins) für die Sparkasse Regensburg mit dem Sitz in Regensburg. Das Recht kann nicht zum Nachteil der Rechte Nr 1, 2, 3 und 5 geltend gemacht werden, es sei denn, dass der vor dem Ablauf von sechs Monaten der Gl die Zwangsversteigerung beantragt. Soweit sich dieses Recht mit dem Eigentum in einer Person vereinigt, kann es nicht zum Nachteil der Rechte Nr 1, 2, 3 und 5 geltend gemacht werden. 18

Böttcher

III. Besonderheiten der Sicherungshypothek

1. Rangverschiebung (§ 128 III 2)

19 Vereinigen sich die Sicherungshypotheken nach § 128 und das Eigentum am Grundstück in einer Person, so tritt die Hypothek grundsätzlich im Rang hinter die anderen nach § 128 eingetragenen Hypotheken und die bestehengebliebenen Rechte zurück (§ 128 III 2). Dies gilt jedoch dann nicht, wenn an der Sicherungshypothek das Recht eines Dritten besteht (zB Pfandrecht, Nießbrauch), das bereits vor dem Zuschlag entstanden war (*Dassler/Hintzen* Rdn 27; *Eickmann,* ZVG, § 22 II 5a **aA** *Stöber* Rdn 5); gleiches muss nach der ratio der Norm auch bei nach dem Zuschlag erworbenen Drittrechten gelten (*Steiner/Eickmann* Rdn 36). Diese Beschränkung muss bei der Sicherungshypothek vermerkt werden (vgl § 130 Rdn 16). Bei der Umschreibung der Sicherungshypothek auf den Eigentümer ist die Rangverschiebung gemäß § 128 III 2 von Amts wegen zu vermerken.

2. Wiederversteigerung (§ 128 IV)

20 Kommt es zu einer erneuten Versteigerung, bleibt eine Sicherungshypothek gem § 128, die in gG fällt, nicht bestehen, sondern wird insgesamt in das geringste Bargebot aufgenommen (§ 128 IV) mit Zinsen bis zum mutmaßlichen Verteilungstermin. Soweit die Sicherungshypothek nicht in das gG fällt, erhält sie wie üblich bare Deckung nur in der Höhe, die der Versteigerungserlös zulässt.

§ 129 [Spätere Rangverschiebung der Sicherungshypotheken]

Die Sicherungshypothek für die im § 10 Nr. 1 bis 3 bezeichneten Ansprüche, für die im § 10 Nr. 4 bezeichneten Ansprüche auf wiederkehrende Leistungen und für die im § 10 Abs. 2 bezeichneten Kosten kann nicht zum Nachteile der Rechte, welche bestehen geblieben sind, und der übrigen nach § 128 Abs. 1, 2 eingetragenen Sicherungshypotheken geltend gemacht werden, es sei denn, daß vor dem Ablaufe von sechs Monaten nach der Eintragung derjenige, welchem die Hypothek zusteht, die Zwangsversteigerung des Grundstücks beantragt. Wird der Antrag auf Zwangsversteigerung zurückgenommen oder das Verfahren nach § 31 Abs. 2 aufgehoben, so gilt er als nicht gestellt.

I. Allgemeines

1 Die Vorschrift gilt für alle Versteigerungsverfahren des ZVG.

II. Rangverschiebung bei Sicherungshypotheken

1. Betroffene Rechte

Dies sind Sicherungshypotheken aus Ansprüchen 2
- der Rangklasse des § 10 I Nr 1–3;
- auf wiederkehrenden Leistungen der Rangklasse des § 10 I Nr 4;
- auf Kostenerstattung gemäß § 10 II.

Nach dem Sinn und Zweck der Regelung sind auch die Sicherungshypotheken betroffen, die für ältere Rückstände aus den Rangklassen des § 10 I Nr 7, 8 eingetragen sind bzw für wiederkehrende Leistungen aus § 10 I Nr 6 (*Steiner/Eickmann* Rdn 3; *Dassler/Hintzen* Rdn 2 **aA** *Stöber* Rdn 2.1). Nicht betroffen ist die für die Kostenforderung des Fiskus (§ 109) oder eines Vorschussgläubigers eingetragene Sicherungshypothek.

2. Begünstigte Rechte

Dies sind 3
- die bestehengebliebenen Rechte, und zwar unabhängig davon, ob innerhalb oder außerhalb des gG bzw nach § 91 II;
- die gem § 128 I, II eingetragenen Sicherungshypotheken für ehemalige Stammrechte nach § 12 Nr 3;
- alle an sich unter § 129 fallenden Sicherungshypotheken, soweit aus ihnen rechtzeitig die erneute ZwVerst betrieben wird.

3. Wirkung

Die betroffenen Rechte können nicht zum Nachteil der begünstigten 4
Rechte geltend gemacht werden **(§ 129 S 1)**. Dies bedeutet eine **materiellrechtliche Rangregelung,** dh die betroffenen Rechte treten materiellrechtlich hinter die begünstigten Rechte im Rang zurück. Damit wird das GB unrichtig und kann auf Antrag (§ 13 GBO) berichtigt werden durch urkundlichen Nachweis der GB-Unrichtigkeit (§§ 22, 29 GBO) oder auf Grund einer Berichtigungsbewilligung des Gl des im Rang zurückversetzten Rechts einschließlich der schlüssigen Behauptung der GB-Unrichtigkeit gemäß § 19 GBO.

III. Keine Rangverschiebung

1. Gutgläubiger Erwerb

Die zunächst gemäß § 129 S 1 eingetretene Rangverschiebung kann 5
dadurch wieder verlorengehen, wenn ein gutgläubiger Zessionar die im GB noch ausgewiesene bessere Rangstelle nach § 892 BGB erwirbt. Bös-

gläubigkeit liegt vor bei Kenntnis des tatsächlichen Rangverhältnisses, eingetragenem Widerspruch und im GB ausgewiesener Vorläufigkeit des Vorranges (vgl § 130 Rdn 16), aber nicht schon durch den Hinweis gemäß § 130 I 2 (so *Jaeckel/Güthe* §§ 128, 129 Rdn 10; **aA** *Dassler/Hintzen* Rdn 6) oder durch Bezugnahme auf das Eintragungsersuchen, aus dem sich der Charakter der ehemaligen Ansprüche ergibt (so *Stöber* § 128 Rdn 2.15), denn die den gutgläubigen Erwerb hindernde Eintragung muss stets eine unmittelbare sein (*Steiner/Eickmann* Rdn 7).

2. Rechtzeitiger Versteigerungsantrag

6   Stellt der Gl einen Antrag auf erneute Versteigerung binnen sechs Monaten nach der Eintragung der Sicherungshypothek, so tritt keine Rangverschiebung ein (**§ 129 S 1**). Dies gilt aber nur für seine Sicherungshypothek. Wollen auch andere Gl den Rangverlust verhindern, müssen sie innerhalb der für sie laufenden 6-Monats-Frist dem Verfahren beitreten. Die rangerhaltende Wirkung tritt dann nicht ein, wenn der Antrag zurückgenommen oder das Verfahren nach § 31 II aufgehoben wurde (**§ 129 S 2**). Dieser im § 129 S 2 erwähnte § 31 II betrifft seit dem Änderungsgesetz 1953 (BGBl 952) den § 31 I 2; die Anpassung des Wortlautes von § 129 S 2 ist jedoch nicht erfolgt. Der Rangverlust tritt somit in jedem Fall einer auf § 31 I 2 gestützten Aufhebung ein. Eine rechtzeitige Antragstellung auf ZwVerst führt auch dann nicht zur Rangwahrung, wenn der Antrag endgültig zurückgewiesen wurde.

§ 130 [Eintragungen in das Grundbuch]

¹Ist der Teilungsplan ausgeführt und der Zuschlag rechtskräftig, so ist das Grundbuchamt zu ersuchen, den Ersteher als Eigentümer einzutragen, den Versteigerungsvermerk sowie die durch den Zuschlag erloschenen Rechte zu löschen und die Eintragung der Sicherungshypotheken für die Forderung gegen den Ersteher zu bewirken. Bei der Eintragung der Hypotheken soll im Grundbuch ersichtlich gemacht werden, daß sie auf Grund eines Zwangsversteigerungsverfahren erfolgt ist.

II Ergibt sich, daß ein bei der Feststellung des geringsten Gebots berücksichtigtes Recht nicht zur Entstehung gelangt oder daß es erloschen ist, so ist das Ersuchen auch auf die Löschung dieses Rechtes zu richten.

III Hat der Ersteher, bevor er als Eigentümer eingetragen worden ist, die Eintragung eines Rechtes an dem versteigerten Grundstück bewilligt, so darf die Eintragung nicht vor der Erledigung des im Absatz 1 bezeichneten Ersuchens erfolgen.

Schrifttum: *Deichsel,* Der Weiterverkauf von Grundstücken nach Zuschlag in der Zwangsversteigerung, wenn nur ein Teil des Meistgebots gezahlt wurde, NotBZ

1999, 246; *Herzig,* Wer hat im Zwangsversteigerungsverfahren die Unbedenklichkeitsbescheinigung zu beschaffen, wenn der Ersteher sich um sie nicht bemüht?, JurBüro 1968, 868; *Hornung,* Löschung der nach Zuschlagserteilung "unwirksam" eingetragenen Rechte, Rpfleger 1980, 249; *Krammer/Riedel,* Pfändung des Anspruchs aus dem Meistgebot, Rpfleger 1989, 144; *Meyer-Stolte,* Eintragungen zwischen Zuschlag und Eigentumsberichtigung, Rpfleger 1983, 240.

Übersicht

	Rn.
I. Allgemeines	1
II. Grundbuchersuchen des VollstrG	2
III. Eintragungsverfahren des GBA	22
1. Rechtsnatur des Ersuchens	22
2. Prüfungsrecht	23
3. Rechtsbehelfe	27
IV. Vollzugssperre gemäß § 130 III	28

I. Allgemeines

Durch den Zuschlag wird das GB unrichtig in Bezug auf den Eigentümer und die erloschenen Rechte. Das VollstrG soll nach der Beendigung des eigentlichen Verfahrens nun die **GB-Bereinigung** veranlassen gem § 130, die den dem Ersteher zustehenden Berichtigungsanspruch realisiert. Die Vorschrift gilt für alle Versteigerungen des ZVG. 1

II. Grundbuchersuchen des VollstrG

1. Voraussetzungen (§ 130 I 1) für das GB-Ersuchen des VollstrG sind

a) Rechtskraft des Zuschlagsbeschlusses, die von Amts wegen festzustellen ist; 2

b) Ausführung des TLP durch Zahlung bzw Hinterlegung (§ 117) oder Forderungsübertragung (§ 118). Bei Hilfsverteilungen (zB §§ 119, 121 II, § 123 I, § 124 I, § 125 I 1, § 126 I) muss der Eintritt bzw Ausfall der Bedingung nicht abgewartet werden. Dagegen muss eine abgesonderte Verwertung (§ 65) oder eine Sicherheitsverwertung (§ 108) abgeschlossen sein. 3

2. Inhalt (§ 130 I 1)

a) Allgemein. Der Inhalt des GB-Ersuchens ergibt sich aus § 130 I 1. Grundsatz dabei ist, dass nur um solche Eintragungen ersucht werden darf, die auf der ZwVerst unmittelbar beruhen (OLG Hamm Rpfleger 1959, 130). **Nicht** in das GB-Ersuchen gehören 4

aa) das **Erlöschen von Gesamtbelastungen** auf anderen, nicht versteigerten Grundstücken gem § 1181 II BGB (*Meikel/Roth* § 38 Rdn 91); 5

§ 130 [Eintragungen in das Grundbuch]

6   **bb) Inhaltsänderungen** bei bestehengebliebenen oder liegenbelassenen Rechten (*Meikel/Roth* § 38 Rdn 92);

7   **cc)** das **Erlöschen von Dienstbarkeiten** auf nicht versteigerten Grundstücksbruchteilen, wenn sie am versteigerten Bruchteil erloschen sind (KG Rpfleger 1975, 68; OLG Frankfurt Rpfleger 1979, 149); für das GBA gilt dann § 53 I 2 GBO;

8   **b) Ersteher** ist im Ersuchen gem **§ 15 GBV** zu bezeichnen; bei mehreren ist das Anteilsverhältnis nach **§ 47 GBO** anzugeben.

9   Ein **Einzelkaufmann** muss unter seinem bürgerlichen Namen, nicht seiner Firma eingetragen werden (BayObLG Rpfleger 1981, 192). Da der Ersteher das Eigentum originär erwirbt, muss er erneut eingetragen werden, wenn er **bereits zuvor Eigentümer** war (*Meikel/Roth* § 38 Rdn 83).

10 Ist der Ersteher nach dem Zuschlag **verstorben,** so ist er trotzdem in das GB einzutragen.

11 Unterliegt der Ersteher einem **Insolvenzverfahren,** so ist er trotzdem als Eigentümer einzutragen (*Steiner/Eickmann* Rdn 26). Das VollstrG muss um die Eintragung des Insolvenzvermerks ersuchen, wenn der IV das Meistgebot abgegeben hat (**aA** *Dassler/Hintzen* Rdn 22); gleiches gilt, wenn der Insolvenzschuldner geboten hat und das Insolvenzverfahren zwar nach Abgabe des Meistgebots, aber vor Zuschlagserteilung eröffnet wurde.

12 Die Wirkungen der **Pfändung des Anspruchs aus dem Meistgebot** (vgl § 81 Rdn 4), die nicht darauf abzielt, dass der Pfändungsgläubiger Zuschlagsberechtigter wird, bestimmen sich nach § 848 II 2 ZPO analog, dh der Pfändungsgläubiger erwirbt mit dem Zuschlag eine Sicherungshypothek in Höhe seiner persönlichen Forderung (*Steiner/Eickmann* Rdn 28). Diese Sicherungshypothek geht den gem § 52 I, § 91 II bestehen bleibenden Rechten und den Sicherungshypotheken gem § 128 im Rang nach; ebenso den Rechten, die der Finanzierung des Bargebots dienen (*Krammer/Riedel* Rpfleger 1989, 144, 145; *Böttcher* Rpfleger 1988, 252 beim rechtsgeschäftlichen Eigentumserwerb). In das GB-Ersuchen ist die Sicherungshypothek nicht aufzunehmen, da sie sich nicht unmittelbar aus der ZwVerst ergibt (vgl Rdn 4–7). Vielmehr wird sie auf Antrag (§ 13 GBO) des Pfändungsgläubigers eingetragen, wenn er dem GBA den Pfändungsbeschluss samt Zustellungsnachweis gem § 22 GBO vorlegt (*Krammer/Riedel* Rpfleger 1989, 144).

13 **c) Löschung des Versteigerungsvermerks** hat zu erfolgen, weil er seinen Zweck erfüllt hat.

14 **d) Löschung der erloschenen Rechte**
    aa) Rechte außerhalb des gG, die nach § 91 I erloschen sind, sind in das Ersuchen unter genauer Angabe ihrer GB-Stelle ("Abt. III Nr. 1 . . .") aufzunehmen; eine pauschale Bezeichnung oder die Verweisung auf den Zuschlagsbeschluss, das gG, den TLP usw ist nicht zulässig (*Meikel/Roth* § 38 Rdn 86, 87). Dies gilt auch für Rechte, die nach dem

II. Grundbuchersuchen des VollstrG   § 130

Versteigerungsvermerk (*Stöber* Rdn 2.13 b) oder nach dem Zuschlag eingetragen worden sind (*Hornung* Rpfleger 1980, 249; *Meyer-Stolte* Rpfleger 1983, 240; *Steiner/Eickmann* Rdn 39 **aA** *Meikel/Roth* § 38 Rdn 89; *Dassler/Hintzen* Rdn 9; *Stöber* Rdn 2.13 c). Haben die Beteiligten vereinbart, dass ein durch Zuschlag erloschenes Recht teilweise bestehen bleiben soll, so kann das VollstrG das GBA um Löschung des nicht liegenbelassenen Teils ersuchen (OLG Köln Rpfleger 1983, 168).

bb) Rechte im gG, die nicht zur Entstehung gelangt sind oder nicht 15 mehr bestehen, sind zur Löschung in das GB-Ersuchen aufzunehmen (**§ 130 II**), wenn dies offenkundig oder in der Form des § 29 GBO nachgewiesen ist oder die Löschungsunterlagen vorliegen. Dabei ist daran zu denken, dass ein Recht infolge Fehlens einer materiellrechtlichen Voraussetzung nicht entstanden ist oder schwerwiegende Eintragungsmängel vorliegen (zB fehlende Unterschrift gem § 44 GBO) oder § 1181 II BGB gegeben ist. Darunter fällt auch ein auf die Lebenszeit des Berichtigten beschränktes Recht, wenn der Berechtigte vor dem Zuschlag verstorben ist; § 23 GBO findet keine Anwendung.

e) Sicherungshypotheken. Liegen die Voraussetzungen des **§ 128** 16 vor, sind die Sicherungshypotheken in das Ersuchen aufzunehmen. Sie sind getrennt für Kosten, Zinsen und Hauptsache anzugeben (*Meikel/ Roth* § 38 Rdn 95). Dabei ist ersichtlich zu machen, dass sie auf Grund einer ZwVerst bewirkt worden sind (**§ 130 I 2**). Der Rang der Sicherungshypothek (vgl § 128 Rdn 16, 17) und evtl miteinzutragende Rechte Dritter (vgl § 128 Rdn 13, 14) sind anzugeben (*Meikel/Roth* § 38 Rdn 94). Bei Eventualberechtigungen gem §§ 120, 121, 123, 124 (vgl § 128 Rdn 15) müssen Erst- und Zweitberechtigte eingetragen werden (*Meikel/Roth* § 38 Rdn 96). Bei unbekannten Berechtigten ist für die unbekannt gebliebenen Berechtigten einzutragen (§ 126 II). Weiter einzutragen sind die Beschränkung gem § 128 III 2 (". . . *Soweit sich diese Hypothek mit dem Eigentum in einer Person vereinigt, kann sie nicht zum Nachteil der Rechte Nr. . .geltend gemacht werden*") und gem § 129 ("*Das Recht kann, sofern nicht vor dem Ablauf von sechs Monaten nach Eintragung der Gl die ZwVerst beantragt wird, nicht zum Nachteil der Rechte Nr. . . geltend gemacht werden*").

3. Form. Das Ersuchen des VollstrG muss der Form des **§ 29 III** 17 **GBO** genügen, dh es muss vom Rechtspfleger unterschrieben und mit dem Dienstsiegel versehen sein (*Meikel/Roth* § 38 Rdn 23).

4. Anlagen. Das VollstrG muss dem Ersuchen nur die **Unbedenk-** 18 **lichkeitsbescheinigung** des Finanzamtes beifügen (§ 22 GrEStG), es sei denn, es hat zuverlässige Kenntnis davon, dass sie dem GBA bereits vorliegt. Nicht erforderlich sind dagegen ein Negativzeugnis der Gemeinde gem § 28 BauGB (LG Frankenthal Rpfleger 1984, 183), Zustimmung dritter Personen (zB § 12 WEG, § 5 ErbbauRG), das gG und die Versteigerungs- bzw Verteilungsprotokolle (*Meikel/Roth* § 38 Rdn 82). Gleiches gilt für den **Zuschlagsbeschluss** und den **Teilungs-**

§ 130 [Eintragungen in das Grundbuch]

plan; deren Beigabe empfiehlt sich jedoch, um dem GBA die Prüfung der Richtigkeit des Ersuchens zu ermöglichen (*Steiner/Eickmann* Rdn 5; *Stöber* Rdn 2.3).

19 **5. Änderungen und Berichtigungen** des Erstehers vor dessen Vollzug sind jederzeit möglich (*Meikel/Roth* § 38 Rdn 35). Dies gilt grundsätzlich auch nach dessen Vollzug, es sei denn, dass inzwischen ein gutgläubiger Erwerb eines Dritten stattgefunden haben kann; in ein solches Recht darf nicht mehr eingegriffen werden (*Meikel/Roth* § 38 Rdn 36).

20 **6. Rechtsbehelf** der Beteiligten gegen das Eruchen ist die Vollstreckungserinnerung gemäß § 766 ZPO, da das Ersuchen eine Maßnahme innerhalb eines Vollstreckungsverfahren ist; entscheiden muss der Richter (§ 20 Nr 17 RpflG).

21 **7. Muster**

Amtsgericht Regensburg
Regensburg, den . . .
Vollstreckungsgericht
An das
Amtsgericht Regensburg
Grundbuchamt
Betreff: Prüfening Band 10 Bl 58
Unter Vorlage der Unbedenklichkeitsbescheinigung des Finanzamtes . . . vom . . ., einer Ausfertigung des rechtskräftigen Zuschlagsbeschlusses vom . . . und des Teilungsplanes vom . . . ersuche ich gemäß § 130 ZVG um die Vornahme folgender Eintragungen:

1. Abt. I:	Robert Zander, geb. 26. 7. 1955, Rechtspfleger in Regensburg, auf Grund des Zuschlagsbeschlusses des Amtsgericht Regensburg vom . . .
2. Abt. II:	Löschung des Zwangsversteigerungsvermerks Nr. 2.
3. Abt. III:	Löschung der Hypothek Abt. III Nr. 1 zu 60 000 € für die Sparkasse Regensburg.

Amtsgericht, Vollstreckungsgericht
(Siegel) Unterschrift

III. Eintragungsverfahren des GBA

1. Rechtsnatur des Ersuchens

22 Das Ersuchen des VollstrG gem § 130 ist eine **grundbuchrechtliche Verfahrenshandlung** (*Meikel/Roth* § 38 Rdn 5). § 38 GBO ist auf es nur analog anwendbar, da das Gericht keine Behörde iSd Vorschrift ist (*Steiner/Eickmann* Rdn 2). Das Ersuchen ersetzt den Antrag (§ 13 GBO), die Bewilligung (§ 19 GBO), den Unrichtigkeitsnachweis (§ 22 I GBO) und notwendige Zustimmungen Dritter zB nach § 22 II, § 27 GBO (*Meikel/Roth* § 38 Rdn 3). Das Ersuchen befreit dagegen nicht vom Erfordernis der Voreintragung des Betroffenen gem § 39 GBO (*Meikel/*

Roth § 38 Rdn 7) und der Vorlag der Unbedenklichkeitsbescheinigung des Finanzamts nach § 22 GrEStG (*Meikel/Roth* § 38 Rdn 10). Das Grundstück ist gemäß § 28 GBO zu bezeichnen.

2. Prüfungsrecht

Das GBA hat im Hinblick auf das Ersuchen des VollstrG gem § 130 nur ein **formelles** Prüfungsrecht, dh es prüft nur die förmlichen Voraussetzungen des Ersuchens, nicht aber dessen sachliche Richtigkeit, was allein Sache des VollstrG ist (*Meikel/Roth* § 38 Rdn 77).

a) Das GBA hat zu prüfen, ob
- das Ersuchen sich auf das versteigerte Grundstück bezieht (§ 28 GBO);
- die Form des § 29 III GBO gewahrt ist;
- die Berechtigten gemäß § 15 GBV bezeichnet sind;
- bei mehreren Berechtigten das Gemeinschaftsverhältnis angegeben ist (§ 47 GBO);
- die Voreintragung der Betroffenen vorliegt (§ 39 GBO);
- die Unbedenklichkeitsbescheinigung beiliegt;
- der Umfang des Ersuchens durch § 130 I 1, II gedeckt ist (vgl Rdn 4–7).

b) Das GBA hat nicht zu prüfen, ob
- der Zuschlag rechtskräftig ist;
- der TLP ausgeführt ist;
- ein Recht tatsächlich erloschen oder bestehengeblieben ist;
- erforderliche Genehmigung bei Zuschlagserteilung vorlagen, zB § 12 WEG, § 5 ErbbauRG (*Meikel/Roth* § 38 Rdn 84).

Hält das GBA eine Eintragung, um die es ersucht wurde, für sachlich unrichtig, so hat es das VollstrG darauf hinzuweisen. Ändert das VollstrG daraufhin das Ersuchen jedoch nicht, muss es vom GBA vollzogen werden, da die Verantwortung für die Richtigkeit des Ersuchens allein beim VollstrG liegt (*Steiner/Eickmann* Rdn 12 **aA** KG Rpfleger 1975, 68).

3. Rechtsbehelfe

Erlässt das GBA hinsichtlich dem Ersuchen eine Zurückweisung oder eine Zwischenverfügung (§ 18 GBO), so stehen dem VollstrG (Rechtspfleger), dem Ersteher und den Gl von Sicherungshypotheken gemäß § 128 das Beschwerderecht nach § 71 GBO zu. Bei Verzögerungen des GB-Vollzugs steht die Dienstaufsichtsbeschwerde offen.

IV. Vollzugssperre gemäß § 130 III

Hat der Ersteher, bevor er als Eigentümer eingetragen worden ist, die Eintragung eines Rechts an dem versteigerten Grundstück bewilligt, so darf das GBA nicht vor Erledigung des Ersuchens nach § 130 I eingetra-

§ 130 a [Vormerkung]

gen (§ 130 III). Solche Anträge dürfen weder zurückgewiesen noch durch Zwischenverfügung verbeschieden werden (§ 18 I GBO), weil ein Hindernis vorliegt, das der Antragsteller ohne Mitwirkung des VollstrG gar nicht beheben kann (*Meikel/Böttcher* § 18 Rdn 16; *Sickinger* MittRhNotK 1996, 241, 249; *Siegfried Schmidt* BWNotZ 1992, 35, 42). Die Anträge werden vom GBA entgegengenommen und bei den Akten behalten, um im unmittelbaren Anschluss an die GB-Berichtigung und im Rang nach den Sicherungshypotheken gemäß § 128 erledigt zu werden (LG Gera ZfIR 2003, 240). § 130 III ist auch dann anzuwenden, wenn der Ersteher der bisherige Eigentümer ist und als solcher noch im GB steht; er erwirbt ja das Eigentum originär. Entsprechend gilt die Norm, wenn Zwangseintragungen (zB Zwangshypothek) gegen den Ersteher erfolgen sollen (OLG Jena FGPrax 2001, 99; LG Lahn-Gießen Rpfleger 1979, 352 Anm *Schiffhauer*). Ein Verstoß gegen § 130 III macht die Eintragung nicht gänzlich unwirksam, sondern nur insoweit, als sie den eingetragenen Rechten den Vorrang vor einzutragenden Sicherungshypotheken verschafft. Die unter Verstoß gem § 130 III eingetragenen Rechte sind also nicht zu löschen, sondern ihr Nachrang ggü den Sicherungshypotheken (§ 128) ist bei Erledigung des Ersuchens von Amts wegen zum Ausdruck zu bringen (*Stöber* MittBayNot 2003, 131; *Dassler/Hintzen* Rdn 43 **aA** *Meyer-Stolte* Rpfleger 1983, 240, 241).

§ 130 a [Vormerkung]

[I]**Soweit für den Gläubiger eines erloschenen Rechts gegenüber einer bestehenbleibenden Hypothek, Grundschuld oder Rentenschuld nach § 1179 a des Bürgerlichen Gesetzbuchs die Wirkungen einer Vormerkung bestanden, fallen diese Wirkungen mit der Ausführung des Ersuchens nach § 130 weg.**

[II]**Ist bei einem solchen Recht der Löschungsanspruch nach § 1179 a des Bürgerlichen Gesetzbuchs gegenüber einem bestehenbleibenden Recht nicht nach § 91 Abs. 4 Satz 2 erloschen, so ist das Ersuchen nach § 130 auf einen spätestens im Verteilungstermin zu stellenden Antrag des Anspruchsberechtigten jedoch auch darauf zu richten, daß für ihn bei dem bestehenbleibenden Recht eine Vormerkung zur Sicherung des sich aus der erloschenen Hypothek, Grundschuld oder Rentenschuld ergebenden Anspruchs auf Löschung einzutragen ist. Die Vormerkung sichert den Löschungsanspruch vom gleichen Zeitpunkt an, von dem ab die Wirkungen des § 1179 a Abs. 1 Satz 3 des Bürgerlichen Gesetzbuchs bestanden. Wer durch die Eintragung der Vormerkung beeinträchtigt wird, kann von dem Berechtigten die Zustimmung zu deren Löschung verlangen, wenn diesem zur Zeit des Erlöschens seines Rechts ein Anspruch auf Löschung des bestehenbleibenden Rechts nicht zustand oder er auch bei**

II. Gesetzlicher Löschungsanspruch in der ZwVerst § 130 a

Verwirklichung dieses Anspruchs eine weitere Befriedigung nicht erlangen würde; die Kosten der Löschung der Vormerkung und der dazu erforderlichen Erklärungen hat derjenige zu tragen, für den die Vormerkung eingetragen war.

Schrifttum: *Stöber,* Löschungsvormerkung und gesetzlich vorgemerkter Löschungsanspruch, Rpfleger 1977, 399 und 425.

I. Allgemeines

Die Vorschrift wurde durch Gesetz vom 22. 6. 1977 (BGBl I 998) 1 eingefügt. Sie gilt für alle Versteigerungsverfahren des ZVG mit Ausnahme der ZwVerst von Schiffen, Schiffsbauwerken und Luftfahrzeugen (*Stöber* Rdn 1.2).

II. Gesetzlicher Löschungsanspruch in der ZwVerst

1. Voraussetzungen

Die fingierte Vormerkungswirkung gemäß § 1179 a I 3 BGB fällt weg 2 nach § 130 a I, wenn ein **erlöschendes Recht mit gesetzlichem Löschungsanspruch** gegenüber einem **bestehengebliebenen Eigentümergrundpfandrecht** vorhanden ist, und zwar mit der **Ausführung des GB-Ersuchens** nach § 130.

2. Folgen

a) Fortbestehen des Löschungsanspruchs (§ 91 IV 1). Wenn das 3 mit gesetzlichem Löschungsanspuch ausgestattete Recht gemäß § 91 I erlischt, ohne dass es in der Zuteilung volle Deckung erlangt hat, so bleibt der Löschungsanspruch ggü dem bestehen gebliebenen Eigentümerrecht existent (§ 91 IV 1).

b) Wegfall der Vormerkungswirkungen (§ 130 a I). Mit Ausfüh- 4 rung des GB-Ersuchens gem § 130, dh nach Löschung des mit dem gesetzlichen Löschungsanspruchs versehenen, aber durch Zuschlag erloschenen dinglichen Rechts, entfällt die dingliche Sicherung des weiterbestehenden schuldrechtlichen Löschungsanspruchs (§ 91 IV 1), dh die fingierte Vormerkungswirkung gem § 1179 a I 3 BGB (§ 130 a I). Verfügungen über das vor dem Zuschlag entstandene Eigentümergrundpfandrecht (zB Abtretung) sind ggü dem Berechtigten der fingierten Vormerkung (= Gl des gesetzlichen Löschungsanspruchs) relativ unwirksam (§ 883 II 1 BGB); dies gilt auch für Verfügungen im Wege der ZwV (§ 883 II 2 BGB), so wenn sich aus dem Eigentümerrecht durch Zuschlagserteilung ein Fremdgrundpfandrecht entwickelt. Dieser Vor-

§ 130 a [Vormerkung]

merkungsschutz entfällt mit Ausführung des GB-Ersuchens, dh frühere vormerkungswidrige Verfügungen werden voll wirksam. Die zunächst eingetretene relative Unwirksamkeit der Umwandlung des Eigentümergrundpfandrechts in ein Fremdrecht wird somit in Wirksamkeit geändert.

III. Eintragung einer Löschungsvormerkung

1. Voraussetzungen (§ 130 a II 1)

a) Kein Erlöschen des Löschungsanspruchs gemäß § 91 IV 2.
5 Der gesetzliche Löschungsanspruch erlischt, wenn der Gl des begünstigten Rechts aus dem Versteigerungserlös vollständige Befriedigung erlangt (§ 91 IV 2). In diesem Fall braucht es auch keiner Eintragung einer Löschungsvormerkung nach § 130 a II mehr.

6 **b) Antragstellung.** Die Löschungsvormerkung gem § 130 a II 1 wird nur auf Antrag in das GB-Ersuchen aufgenommen, nicht von Amts wegen (zur Formulierung vgl *Keller* RpflJB 1993, 213, 231). Antragsberechtigter ist der letzte legitimierte Gl des begünstigten Rechts im Zeitpunkt des Zuschlags. Der Antrag muss spätestens im Verteilungstermin gestellt werden; danach ist er unzulässig, wenn das GB-Ersuchen noch nicht erstellt ist. Er kann jedoch vor dem Verteilungstermin schriftlich oder zu Protokoll der Urkundsbeamten gestellt werden (*Stöber* Rdn 3.2). In der Geltendmachung des Löschungsanspruchs (vgl § 114 Rdn 36) liegt die Antragstellung gem § 130 a II 1; umgekehrt ist die Antragstellung iSd § 130 a II 1 auch als Geltendmachung des Löschungsanspruchs anzusehen. Nicht zu prüfen hat das VollstrG, ob der Antragsteller bei Löschung des vom Löschungsanspruch betroffenen Rechts eine Zuteilung erhalten würde (*Steiner/Eickmann* Rdn 14; *Stöber* Rdn 3.4 **aA** *Dassler/Hintzen* Rdn 11).

2. Entscheidung

7 **a)** Liegen die Voraussetzungen für eine Löschungsvormerkung gem § 130 a II 1 nicht vor (vgl Rdn 5, 6), so muss **keine ausdrückliche Antragszurückweisung** erfolgen, sondern die Aufnahme in das GB-Ersuchen unterbleibt lediglich. Dem Antragsteller wird dies jedoch wegen Art 103 GG bekannt gemacht.

8 **b)** Sind die Voraussetzungen für eine Löschungsvormerkung nach § 130 a II 1 erfüllt (vgl Rdn 5, 6), so erfolgt eine **Aufnahme in das GB-Ersuchen:**

Es wird gemäß §§ 130, 130 a Abs. 2 weiter ersucht, bei dem bestehen bleibenden Recht Abt. III Nr 1 zu . . . € für . . . eine Vormerkung zur Sicherung des sich aus dem erloschenen Recht Abt. III Nr. 5 zu . . . € ergebenden Anspruchs auf Löschung (§ 1179 a BGB) für . . . einzutragen.

IV. Anspruch auf Löschung der Vormerkung (§ 130 a II 3)   § 130 a

3. Eintragung (§ 130 a II 1)

Die Löschungsvormerkung wird bei dem bestehen bleibenden Recht 9
in den Veränderungsspalten eingetragen (§ 12 I c GBV):
Vormerkung zur Sicherung des sich aus der erloschenen Hypothek
Nr. 5 ergebenden Löschungsanspruches nach § 1179 a BGB; eingetragen
für . . . gemäß § 130 a II ZVG am . . .

4. Wirkungen

Soweit sich das vom gesetzlichen Löschungsanspruch betroffene 10
Grundpfandrecht vor dem Zuschlag mit dem Eigentum am Grundstück
vereinigt hat, setzt die gem § 130 a II 1 eingetragene Löschungsvormerkung die Vormerkungswirkung nach § 1179 a I 3 BGB für den Berechtigten des erloschenen begünstigten Rechts fort, dh sie sichert den fortbestehenden schuldrechtlichen Löschungsanspruch (§ 91 IV 1) weiter, und zwar von dem Zeitpunkt an, von dem ab die Wirkungen des § 1179 a I 3 BGB bestanden (**§ 130 a II 2**). Vereinigt sich ein Grundpfandrecht nach dem Zuschlag mit dem Eigentum, so besteht gegen den Ersteher aus einer nach § 130 a II 1 eingetragenen Vormerkung kein Löschungsanspruch.

IV. Anspruch auf Löschung der Vormerkung (§ 130 a II 3)

Die materiellrechtliche Anspruchsgrundlage des § 130 a II 3 auf
Löschung der eingetragenen Löschungsvormerkung setzt voraus:
1. Beeinträchtigung desjenigen, der den Anspruch geltend macht, 11
das ist der **Gl des betroffenen Rechts**.
2. Dass ein Löschungsanspruch nicht bestand **oder** dass – bei Bestehen 12
des Anspruchs – eine weitere Befriedigung nicht erreichbar ist.
a) Der Löschungsanspruch besteht nicht. vgl dazu § 114 Rdn 37. 13
In diesem Fall besteht wegen der Akzessorietät auch die Löschungsvormerkung nicht, das GB ist unrichtig und ein Klageantrag geht auf Abgabe einer Berichtigungsbewilligung (§ 19 GBO).
b) Wenn der Berechtigte aus dem Löschungsanspruch trotz dieses 14
Anspruchs **keine weitere Befriedigung** erlangen kann (zB weil bei Vorhandensein eines Zwischenrechts der Betrag nicht dem Löschungsberechtigten zugute kommt, vgl § 114 Rdn 33, 34), kann der betroffene Gl Klage auf Abgabe der Aufhebungserklärung gem § 875 BGB erheben.

§ 131 [Löschung einer Hypothek, Grundschuld oder Rentenschuld]

§ 131 [Löschung einer Hypothek, Grundschuld oder Rentenschuld]

In den Fällen des § 130 Abs. 1 ist zur Löschung einer Hypothek, einer Grundschuld oder einer Rentenschuld, im Falle des § 128 zur Eintragung des Vorranges einer Sicherungshypothek die Vorlegung des über das Recht erteilten Briefes nicht erforderlich. Das gleiche gilt für die Eintragung der Vormerkung nach § 130 a Abs. 2 Satz 1.

I. Allgemeines

1 Die Vorschrift gilt für alle Versteigerungsverfahren des ZVG. Satz 2 wurde durch Gesetz vom 22. 6. 1977 (BGBl I 998) eingefügt.

II. Befreiung von der Briefvorlage

2 Die Befreiung von der Briefvorlage erfolgt in Ausnahme von den §§ 41, 42, 62–70.

1. Löschung von Briefgrundpfandrechten

3 Soweit Briefgrundpfandrechte durch Zuschlag erloschen sind (§ 91 I), sind sie auf Grund des GB-Ersuchens zu löschen (§ 130 I 1). Der Brief ist dann unbrauchbar zu machen, wenn er vorliegt (§ 127 I 1). Ein Zwangsmittel zur Vorlage ist nicht vorgesehen (vgl § 127 Rdn 2). § 131 besagt ausdrücklich, dass zur Löschung die Briefvorlage nicht notwendig ist.

2. Vorrang einer Sicherungshypothek

4 Sicherungshypotheken gem § 128 für Ansprüche aus § 109 bzw § 10 I Nr 1–3 haben Vorrang vor den bestehen bleibenden Rechten (vgl § 128 Rdn 16, 17). Dieser Vorrang müsste gem §§ 41 I 1, 62 I GBO auf dem Brief des nachrangigen Rechts vermerkt werden. § 131 befreit von der Briefvorlage.

3. Eintragung einer Löschungsvormerkung gem § 130 a II 1

5 Auch in diesem Fall erübrigt sich die Briefvorlage gem § 131 (vgl auch § 41 I 3 GBO).

III. Keine Befreiung von der Briefvorlage

Keine Befreiung von der Briefvorlage liegt vor bei der Löschung von 6
Briefgrundpfandrechten, die nach dem Zuschlag eingetragen wurden
(vgl § 130 Rdn 14) oder unter § 130 II fallen. Da das VollstrG wegen
§ 127 die Briefe nicht zwangsweise einfordern kann, muss dieses Recht
dem GBA analog § 62 GBO, § 33 FGG zugestanden werden.

§ 132 [Vollstreckbarkeit; Vollstreckungsklausel]

ᴵNach der Ausführung des Teilungsplans ist die Forderung gegen den Ersteher, im Falle des § 69 Abs. 3 auch gegen den für mithaftend erklärten Bürgen und im Falle des § 81 Abs. 4 auch gegen den für mithaftend erklärten Meistbietenden, der Anspruch aus der Sicherungshypothek gegen den Ersteher und jeden späteren Eigentümer vollstreckbar. Diese Vorschrift findet keine Anwendung, soweit der Ersteher einen weiteren Betrag nach den §§ 50, 51 zu zahlen hat.

ᴵᴵDie Zwangsvollstreckung erfolgt auf Grund einer vollstreckbaren Ausfertigung des Beschlusses, durch welchen der Zuschlag erteilt ist. In der Vollstreckungsklausel ist der Berechtigte sowie der Betrag der Forderung anzugeben; der Zustellung einer Urkunde über die Übertragung der Forderung bedarf es nicht.

Schrifttum: *Hornung/Schiffhauer,* Wiederversteigerung aus der Sicherungshypothek, Rpfleger 1994, 9 und 402.

I. Allgemeines

Die Vorschrift gilt für alle Versteigerungsverfahren des ZVG. 1

II. Vollstreckbarkeit (§ 132 I)

1. Die übertragene Forderung gemäß § 118 ist vollstreckbar, und 2
zwar in das gesamte Vermögen von Ersteher, Bürgen (§ 69 IV) und
Meistbietenden (§ 81 IV). Voraussetzung dafür ist gemäß **§ 132 I 1** die
Ausführung des TLP (vgl dazu § 130 Rdn 3). Der Zuschlag muss noch
nicht rechtskräftig sein, bevor er vollstreckt wird; Schutz für den Ersteher
bietet § 116. Macht er davon keinen Gebrauch und wird der Zuschlag
aufgehoben, bevor die Vollstreckungsmaßnahme durchgeführt ist, so ist
noch § 775 Nr 1, § 776 ZPO zu verfahren. Wird der Zuschlag erst nach
Beendigung der ZwV aufgehoben, so ist § 717 II ZPO analog anzuwenden (*Steiner/Eickmann* Rdn 10).

§ 132 [Vollstreckbarkeit; Vollstreckungsklausel]

3   **2. Die Sicherungshypothek gemäß § 128** ist vollstreckbar gegen jeden Eigentümer des Grundstücks (ohne gesonderte Unterwerfung nach § 800 ZPO), und zwar ab deren **GB-Eintragung** gemäß § 128 III 1 (*Steiner/Eickmann* Rdn 11). Die Umwandlung der Sicherungshypothek in eine gewöhnliche Hypothek oder Grundschuld ändert nichts an der Vollstreckbarkeit nach § 132 I (*Steiner/Eickmann* Rdn 8; *Dassler/Hintzen* Rdn 4 **aA** *Stöber* Rdn 2.3).

4   **3. Zuzahlungsforderung gemäß §§ 50, 51** ist nicht in der vereinfachten Form vollstreckbar (**§ 132 I 2**).

III. Vollstreckungsvoraussetzungen

1. Titel

5   Dies ist eine Ausfertigung des **Zuschlagsbeschlusses (§ 132 II 1)**. Der Beschluss über die Forderungsübertragung nach § 118 ist nicht erforderlich.

2. Klausel

6   Sie wird erteilt vom Urkundsbeamten der Geschäftsstelle, da § 727 ZPO nicht gilt. Ist gegen eine Zuteilung Widerspruch erhoben worden, so ist eine Klauselerteilung erst möglich, wenn der Widerspruchsprozess entschieden oder die Frist zum Nachweis der Klageerhebung (§ 115 I ZVG, § 878 I 1 ZPO) abgelaufen ist. Die Klausel hat bei **persönlichen Ansprüchen** (§ 118) den Berechtigten sowie den Forderungsbetrag anzugeben (§ 132 II 2):

7   Vorstehende Ausfertigung wird Herrn Erhard Eichermüller, Arzt, Rosenstr. 5, 85100 Nürnberg, wegen einer gem § 118 ZVG übertragenen Forderung in Höhe von . . . € zum Zwecke der Zwangsvollstreckung gegen den Ersteher (Bürgen, Meistbietenden) erteilt.

8   Bei **dinglichen Ansprüchen** (§ 128) lautet die Klausel (*Steiner/Eickmann* Rdn 19; vgl aber auch *Hornung* Rpfleger 1994, 9, 11):

9   Liegt eine **Hilfsverteilung** vor (§§ 119, 121, 123, 124), so ist die Klausel zwar dem Antragsteller zu erteilen, aber zugleich zu vermerken, dass der Anspruch bedingt ist und ersatzweise dem anderen Berechtigten zusteht. Zugleich ist zu bestimmen, dass ein beigetriebender Betrag zugunsten aller in der Klausel Genannten zu hinterlegen ist, und zwar auch dann, wenn die Erteilung der Klausel von Haupt- und Hilfsberechtigten gemeinsam beantragt wurde.

3. Zustellung

vgl § 133 Rdn 2.

§ 133 [Vollstreckung ohne Zustellung des Vollstreckungstitels]

Die Zwangsvollstreckung in das Grundstück ist gegen den Ersteher ohne Zustellung des vollstreckbaren Titels oder der nach § 132 erteilten Vollstreckungsklausel zulässig; sie kann erfolgen, auch wenn der Ersteher noch nicht als Eigentümer eingetragen ist. Der Vorlegung des im § 17 Abs. 2 bezeichneten Zeugnisses bedarf es nicht, solange das Grundbuchamt noch nicht um die Eintragung ersucht ist.

Schrifttum: *Fischer,* Forderungsübertragung und Sicherungshypothek im Zwangsversteigerungsverfahren, NJW 1956, 1095; *Hornung/Schiffhauer,* Wiederversteigerung aus der Sicherungshypothek, Rpfleger 1994, 9 und 402; *Muth,* Wiederversteigerung und Unbedenklichkeitsbescheinigung, JurBüro 1984, 1779; *Schiffhauer,* Wiederversteigerung ohne vorherige Berichtigung des Grundbuchs?, Rpfleger 1975, 12.

I. Allgemeines

Die Vorschrift gilt für alle Versteigerungsverfahren des ZVG. Sie enthält Erleichterungen für die Wiederversteigerung. 1

II. Besonderheiten der Wiederversteigerung

1. Keine Zustellung (§ 133 S 1, 1. Hs)

Keine Zustellung (§ 133 S 1, 1. Hs) des Zuschlagsbeschlusses mit der 2 Klausel ist erforderlich für die Wiederversteigerung des Grundstücks gegen den Ersteher, und zwar unabhängig davon, ob die ZwVerst aus der übertragenen Forderung (§ 118) oder der eingetragenen Sicherungshypothek (§ 128) betrieben wird (*Stöber* Rdn 2. 3). Dagegen bedarf es sehr wohl einer **Zustellung,** wenn nicht in das Grundstück, sondern in das sonstige Vermögen des Erstehers vollstreckt wird (§ 750 ZPO); gleiches gilt, wenn die ZwV gegen einen Rechtsnachfolger (§ 727 ZPO) betrieben wird, und zwar unabhängig vom Vollstreckungsobjekt.

2. Verfahrensanordnung

Sie kann erfolgen, auch wenn der Ersteher noch nicht im GB steht 3 (**§ 133 S 1, 2. Hs;** entgegen § 17 I); außerdem bedarf es vor dem Eingang des Ersuchens beim GBA nicht der Vorlegung des in § 17 II vorgeschriebenen Zeugnisses (**§ 133 S 2).** Die Anordnung bewirkt eine **neue Beschlagnahme.** Es ist daher auch ein **neuer Zwangsversteigerungsvermerk** einzutragen ("Wiederversteigerung ist angeordnet . . ."), und zwar auch dann, wenn der alte Vermerk noch nicht gelöscht ist. Nach der hM erleichtert § 133 nur die Verfahrensanordnung, nicht aber die

§ 133 [Vollstreckung ohne Zustellung des Vollstreckungstitels]

weitere Durchführung der ZwVerst; bevor der **Versteigerungstermin angesetzt** werden kann, muss das GB-Ersuchen gem § 130 vollzogen sein (*Steiner/Eickmann* Rdn 11 **aA** LG Frankenthal Rpfleger 1975, 35).

4 Für die Absendung des GB-Ersuchens bedarf es jedoch der Vorlage der **Unbedenklichkeitsbescheinigung** gem § 22 GrEStG. Würde der Ersteher die Steuerschuld nicht begleichen, das Finanzamt somit die UB nicht erteilen, könnte es zu keiner Wiederversteigerung kommen. Die Finanzverwaltung hat dieses Problem erkannt und durch Erlass des FinMin von Niedersachsen vom 30. 8. 1989 (KTS 1990, 43) im Einvernehmen mit den obersten Finanzbehörden bundeseinheitlich geregelt:

". . . Es kann deshalb, falls die Zwangsversteigerung eines Grundstücks betrieben werden soll

a) aus Forderungen gegen den Ersteher, die wegen Nichtberichtigung des Bargebots aus der vorangegangenen Versteigerung auf die Berechtigten übertragen worden sind (§§ 118, 132 Abs 2 ZVG),

b) wegen eines Anspruchs auf Barauszahlung infolge Nichtbestehens eines bei Feststellung des geringsten Gebots in dem vorangegangenen Versteigerungsverfahren berücksichtigten Rechts (§§ 50, 51 ZVG), oder

c) auf Grund eines Rechts an dem Grundstück, das gemäß § 91 ZVG bei der vorangegangenen Versteigerung bestehen geblieben ist, wie folgt verfahren werden:

Bei dem neuen Versteigerungsverfahren erteilt das Finanzamt auf Antrag des Vollstreckungsgerichts dem Grundbuchamt die Unbedenklichkeitsbescheinigung für die Eintragung des Erstehers aus dem vorangegangenen Versteigerungsverfahren. Handelt es sich um eine Wiederversteigerung (Buchstabe a), so wird der Erwerb aus dem vorangegangenen Versteigerungsverfahren rückgängig gemacht, sobald die Wiederversteigerung abgeschlossen ist (BFH, BStBl II 1989, 150 = KTS 1989, 648 Ls). Von der Einziehung der Steuer für diesen Erwerb kann deshalb abgesehen und eine bereits erfolgte Steuerfestsetzung nach Abschluss der Wiederversteigerung gem § 16 II Nr 3 GrEStG von Amts wegen aufgehoben werden. Bei einer erneuten Versteigerung (Buchstabe b und c) ist § 16 GrEStG nicht anwendbar. In solchen Fällen beschleunigt das Finanzamt die Einziehung der Steuer; gegebenenfalls beantragt es die Eintragung einer Sicherungshypothek an bereitester Stelle und beteiligt sich an dem neuen Versteigerungsverfahren."

3. Beteiligte

5 **a) Allgemeines.** Vor Berichtigung des GB kann sich die Beteiligtenstellung nicht nach § 9 Nr 1 bestimmen. An ihre Stelle treten diejenigen, deren Rechte bestehen geblieben sind und diejenigen, denen ausweislich des TLP nebst Protokoll die Forderung gegen Ersteher übertragen wurde.

§ 135

b) Gläubiger, und zwar betreibender, kann bei der Wiederversteige- 6
rung nur jemand sein, an den in der vorherigen ZwVerst eine Forderung
gem § 118 übertragen wurde; dies kann somit auch die Justizkasse (§ 109)
oder der frühere Eigentümer sein (§ 128 II). Keine Wiederversteigerung
gem § 133 liegt vor, wenn aus einem in der vorherigen ZwVerst bestehengebliebenen Recht (§§ 52 I, 91 II) betrieben wird.

c) Schuldner der Wiederversteigerung gem § 133 ist der Ersteher 7
oder sein Gesamtrechtsnachfolger, nicht aber sein Sonderrechtsnachfolger.

4. Geringstes Gebot

Da die Wiederversteigerung gem § 133 ein neues, selbstständiges Ver- 8
fahren ist, gelten grundsätzlich die **§§ 44 ff.** Als Besonderheit ist das
Barzahlungsgebot nach § 128 IV zu beachten. Die **Rangverschiebung gem § 129** führt zu folgender Unterscheidung (nach *Steiner/Eick-
mann* Rdn 18–20):
u) Findet der Versteigerungstermin nach dem Ablauf der einheitlichen
   6-Monats-Frist statt, so ist das gG gem § 129 zu erstellen;
v) Im gegenteiligen Fall ist das gG auf Grund der dann noch geltenden
   Rangordnung des § 128 aufzustellen.

5. Zuschlagsaufhebung im Erstverfahren

Ist in diesem Fall der Zuschlag im Wiederversteigerungsverfahren 9
noch nicht erteilt, wird das Verfahren aufgehoben. Erfolgte dagegen im
Wiederversteigerungsverfahren bereits die Zuschlagserteilung, so ist zu
unterscheiden, ob diesbezüglich bereits Rechtskraft eingetreten ist oder
nicht. Verneinendenfalls ist der Zuschlag im Wiederversteigerungsverfahren anfechtbar, bejahendenfalls behält der Zuschlag seine Wirkungen.

6. Erlösverteilung

Ergibt sich in der durchgeführten Wiederversteigerung ein Übererlös, 10
so steht dieser Betrag dem Ersteher aus der Erstversteigerung zu und
nicht dem ursprünglichen Eigentümer (OLG Karlsruhe Rpfleger 1995,
513; LG Karlsruhe Rpfleger 1994, 312).

§ 134 *Aufgehoben durch Gesetz vom 1. 2. 1979 (BGBl I 127).*

§ 135 [Vertreter für unbekannten Berechtigten]

**Ist für einen zugeteilten Betrag die Person des Berechtigten
unbekannt, so hat das Vollstreckungsgericht zur Ermittlung des
Berechtigten einen Vertreter zu bestellen. Die Vorschriften des
§ 7 Abs. 2 finden entsprechende Anwendung. Die Auslagen und**

Gebühren des Vertreters sind aus dem zugeteilten Betrage vorweg zu entnehmen.

§ 136 [Kraftloserklärung von Grundpfandbriefen]

Ist der Nachweis des Berechtigten von der Beibringung des Briefes über eine Hypothek, Grundschuld oder Rentenschuld abhängig, so kann der Brief im Wege des Aufgebotsverfahrens auch dann für kraftlos erklärt werden, wenn das Recht bereits gelöscht ist.

§ 137 [Nachträgliche Ermittlung des Berechtigten]

¹Wird der Berechtigte nachträglich ermittelt, so ist der Teilungsplan weiter auszuführen.

¹¹Liegt ein Widerspruch gegen den Anspruch vor, so ist derjenige, welcher den Widerspruch erhoben hat, von der Ermittlung des Berechtigten zu benachrichtigen. Die im § 878 der Zivilprozeßordnung bestimmte Frist zur Erhebung der Klage beginnt mit der Zustellung der Benachrichtigung.

§ 138 [Ermächtigung zum Aufgebot]

¹Wird der Berechtigte nicht vor dem Ablaufe von drei Monaten seit dem Verteilungstermin ermittelt, so hat auf Antrag das Gericht den Beteiligten, welchem der Betrag anderweit zugeteilt ist, zu ermächtigen, das Aufgebotsverfahren zum Zwecke der Ausschließung des unbekannten Berechtigten von der Befriedigung aus dem zugeteilten Betrage zu beantragen.

¹¹Wird nach der Erteilung der Ermächtigung der Berechtigte ermittelt, so hat das Gericht den Ermächtigten hiervon zu benachrichtigen. Mit der Benachrichtigung erlischt die Ermächtigung.

§ 139 [Terminsbestimmung bei nachträglicher Ermittlung]

¹Das Gericht kann im Falle der nachträglichen Ermittlung des Berechtigten zur weiteren Ausführung des Teilungsplans einen Termin bestimmen. Die Terminsbestimmung ist dem Berechtigten und dessen Vertreter, dem Beteiligten, welchem der Betrag anderweit zugeteilt ist, und demjenigen zuzustellen, welcher zurzeit des Zuschlags Eigentümer des Grundstücks war.

¹¹Liegt ein Widerspruch gegen den Anspruch vor, so erfolgt die Zustellung der Terminsbestimmung auch an denjenigen, welcher

§ 142

den Widerspruch erhoben hat. Die im § 878 der Zivilprozeßordnung bestimmte Frist zur Erhebung der Klage beginnt mit dem Termine.

§ 140 [Aufgebotsverfahren]

^IFür das Aufgebotsverfahren ist das Vollstreckungsgericht zuständig.

^{II}Der Antragsteller hat zur Begründung des Antrags die ihm bekannten Rechtsnachfolger desjenigen anzugeben, welcher als letzter Berechtigter ermittelt ist.

^{III}In dem Aufgebot ist der unbekannte Berechtigte aufzufordern, sein Recht innerhalb der Aufgebotsfrist anzumelden, widrigenfalls seine Ausschließung von der Befriedigung aus dem zugeteilten Betrag erfolgen werde.

^{IV}Das Aufgebot ist demjenigen, welcher als letzter Berechtigter ermittelt ist, den angezeigten Rechtsnachfolgern sowie dem Vertreter des unbekannten Berechtigten zuzustellen.

^VEine im Vollstreckungsverfahren erfolgte Anmeldung gilt auch für das Aufgebotsverfahren.

^{VI}Der Antragsteller kann die Erstattung der Kosten des Verfahrens aus dem zugeteilten Betrage verlangen.

§ 141 [Ausführung des Teilungsplans nach Ausschließungsbeschluß]

Nach der Erlassung des Ausschließungsbeschlusses hat das Gericht einen Termin zur weiteren Ausführung des Teilungsplans zu bestimmen. Die Terminsbestimmung ist dem Antragsteller und den Personen, welchen Rechte in dem Urteile vorbehalten sind, dem Vertreter des unbekannten Berechtigten sowie demjenigen zuzustellen, welcher zur Zeit des Zuschlags Eigentümer des Grundstücks war.

§ 142 [Dreißigjährige Frist für hinterlegten Betrag]

In den Fällen des § 117 Abs. 2 und der §§ 120, 121, 124, 126 erlöschen die Rechte auf den hinterlegten Betrag mit dem Ablaufe von dreißig Jahren, wenn nicht der Empfangsberechtigte sich vorher bei der Hinterlegungsstelle meldet; derjenige, welcher zur Zeit des Zuschlags Eigentümer des Grundstücks war, ist zur Erhebung berechtigt. Die dreißigjährige Frist beginnt mit der Hinterlegung, in den Fällen der §§ 120, 121 mit dem Eintritt der Bedingung, unter welcher die Hinterlegung erfolgt ist.

§ 143 [Außergerichtliche Einigung über Erlösverteilung]

Die Verteilung des Versteigerungserlöses durch das Gericht findet nicht statt, wenn dem Gerichte durch öffentliche oder öffentlich beglaubigte Urkunden nachgewiesen wird, daß sich die Beteiligten über die Verteilung des Erlöses geeinigt haben.

Schrifttum: *Fritz,* Die außergerichtliche Verteilung des Versteigerungserlöses, SchlHA 1972, 130.

§ 144 [Außergerichtliche Befriedigung der Berechtigten]

[I] Weist der Ersteher oder im Falle des § 69 Abs. 3 der für mithaftend erklärte Bürge dem Gerichte durch öffentliche oder öffentlich beglaubigte Urkunden nach, daß er diejenigen Berechtigten, deren Ansprüche durch das Gebot gedeckt sind, befriedigt hat oder daß er von ihnen als alleiniger Schuldner angenommen ist, so sind auf Anordnung des Gerichts die Urkunden nebst der Erklärung des Erstehers oder des Bürgen zur Einsicht der Beteiligten auf der Geschäftsstelle niederzulegen. Die Beteiligten sind von der Niederlegung zu benachrichtigen und aufzufordern, Erinnerungen binnen zwei Wochen geltend zu machen.

[II] Werden Erinnerungen nicht innerhalb der zweiwöchigen Frist erhoben, so beschränkt sich das Verteilungsverfahren auf die Verteilung des Erlöses aus denjenigen Gegenständen, welche im Falle des § 65 besonders versteigert oder anderweit verwertet worden sind.

§ 145 [Anzuwendende Vorschriften]

Die Vorschriften des § 105 Abs. 2 Satz 2 und der §§ 127, 130 bis 133 finden in den Fällen der §§ 143, 144 entsprechende Anwendung.

IX. Grundpfandrechte in ausländischer Währung

§ 145 a [Sonderbestimmungen]

Für die Zwangsversteigerung eines Grundstücks, das mit einer Hypothek, Grundschuld oder Rentenschuld in einer nach § 28 Satz 2 der Grundbuchordnung zugelassenen Währung belastet ist, gelten folgende Sonderbestimmungen:
1. Die Terminbestimmung muß die Angabe, daß das Grundstück mit einer Hypothek, Grundschuld oder Rentenschuld in einer

§ 146

nach § 28 Satz 2 der Grundbuchordnung zugelassenen Währung belastet ist, und die Bezeichnung dieser Währung enthalten.
2. In dem Zwangsversteigerungstermin wird vor der Aufforderung zur Abgabe von Geboten festgestellt und bekannt gemacht, welchen Wert die in der nach § 28 Satz 2 der Grundbuchordnung zugelassenen Fremdwährung eingetragene Hypothek, Grundschuld oder Rentenschuld nach dem amtlich ermittelten letzten Kurs in Euro hat. Dieser Kurswert bleibt für das weitere Verfahren maßgebend.
3. Die Höhe des Bargebots wird in Euro festgestellt. Die Gebote sind in Euro abzugeben.
4. Der Teilungsplan wird in Euro aufgestellt.
5. Wird ein Gläubiger einer in nach § 28 Satz 2 der Grundbuchordnung zulässigen Fremdwährung eingetragenen Hypothek, Grundschuld oder Rentenschuld nicht vollständig befriedigt, so ist der verbleibende Teil seiner Forderung in der Fremdwährung festzustellen. Die Feststellung ist für die Haftung mitbelasteter Gegenstände, für die Verbindlichkeit des persönlichen Schuldner und für die Geltendmachung des Ausfalls im Insolvenzverfahren maßgebend.

Dritter Titel. Zwangsverwaltung (§§ 146–161)

§ 146 [Anordnung]

^IAuf die Anordnung der Zwangsverwaltung finden die Vorschriften über die Anordnung der Zwangsversteigerung entsprechende Anwendung, soweit sich nicht aus den §§ 147 bis 151 ein anderes ergibt.

^{II}Von der Anordnung sind nach dem Eingange der im § 19 Abs. 2 bezeichneten Mitteilungen des Grundbuchamts die Beteiligten zu benachrichtigen.

Schrifttum allgemein: *Brüggemann/Haut*, Arbeitshilfen Zwangsverwaltung (2008); *Depré/Mayer*, Praxis der Zwangsverwaltung, 5. Aufl, 2010; *Drischler*, Das Verfahren der Immobiliarvollstreckung (Zwangsverwaltung), RpflJB 1974, 371; *ders.*, Lasten und Beschränkungen in der Zwangsversteigerung und Zwangsverwaltung, RpflJB 1981, 318 und 1983, 347; *Frege/Keller*, „Schornsteinhypothek" und Lästigkeitsprämie bei Verwertung von Immobiliarvermögen in der Insolvenz, NZI 2009, 11; *Haarmeyer/Wutzke/Förster/Hintzen*, Zwangsverwaltung 4. Aufl, 2007; *Hintzen*, Entwicklungen im Zwangsversteigerungs- und Zwangsverwaltungsrecht seit 2004, Rpfleger 2006, 57; *Hintzen*, Entwicklungen im Zwangsversteigerungs- und Zwangsverwaltungsrecht seit 2006, Rpfleger 2007, 642; *Hintzen*, Entwicklungen im

§ 146 [Anordnung]

Zwangsversteigerungs- und Zwangsverwaltungsrecht seit 2008, Rpfleger 2009, 659; *Keller*, Grundstücksverwertung im Insolvenzverfahren, ZfIR 2002, 861; *Keller*, Probleme im Umgang mit dem Schuldner aus Sicht des Vollstreckungsgerichts und des Zwangsverwalters, DZWIR 2006, 315; *Keller*, Aktuelle Rechtsprechung zur Zwangsverwaltung im Jahre 2008, ZfIR 2009, 385; *Keller*, Grundprinzipien der Zwangsverwaltung im Spannungsfeld zwischen Einzelzwangsvollstreckung, Gesamtvollstreckung und Mieterschutz, NZI 2009, 745; *Stengel*, Zwangsverwaltung im Eröffnungsverfahren nach Gesamtvollstreckungsordnung und Insolvenzordnung, ZfIR 2001, 347; *Tetzlaff*, Rechtsprobleme der „kalten Zwangsverwaltung", ZfIR 2005, 179.

Übersicht

	Rn.
I. Wesen und Zweck der Zwangsverwaltung	1
II. Verhältnis zum Zwangsversteigerungsverfahren	14
III. Anzuwendende Vorschriften (§ 146 I)	22
IV. Gegenstände der Zwangsverwaltung	29
V. Anordnung der Zwangsverwaltung	35
1. Voraussetzungen	35
2. Unzulässigkeit der Zwangsverwaltung	36
3. Nießbrauch und andere Nutzungsrechte in der Zwangsverwaltung	46
a) Nießbrauch	47
b) Sonstige dingliche Nutzungsrechte	51
c) Schuldrechtliche Nutzungsrechte	54
4. Entscheidung des Gerichts	56
5. Bekanntgabe der Entscheidung; Grundbuchersuchen	59
6. Rechtsbehelfe	63
VI. Benachrichtigung der Beteiligten (§ 146 II)	67
VII. Wirkungen der Anordnung	70
VIII. Einstweilige Einstellung der Zwangsverwaltung	73
1. Allgemeines	73
2. Die einzelnen Einstellungsmöglichkeiten	74
3. Verfahren	79
4. Wirkungen der Einstellung	80
5. Fortsetzung des Verfahrens	81

I. Wesen und Zweck der Zwangsverwaltung

1 Im Rahmen der Vollstreckung wegen einer Geldforderung ist zu unterscheiden, auf welchen Vermögenswert des Schu der Gl zugreift. Bieten sich bei der Vollstreckung in sein bewegliches Vermögen die Pfändung und Verwertung körperlicher Sachen sowie die Pfändung und Überweisung bei Forderungen und anderen Vermögensrechten an, so begründet § 866 I ZPO die Möglichkeiten bei der **Zwangsvollstreckung in Grundstücke** (zu den einzelnen Gegenständen siehe

I. Wesen und Zweck der Zwangsverwaltung § 146

Rdn 29 ff): Eintragung einer Sicherungshypothek, Zwangsversteigerungsverfahren und Zwangsverwaltungsverfahren.

Die drei Arten der Vollstreckung in unbewegl Vermögen können **allein oder nebeneinander** ausgeführt werden (§ 866 I ZPO). Die Eintragung einer **Sicherungshypothek** stellt für den Schu die am wenigsten "spürbare" Maßnahme dar: Er kann das Grundstück weiterhin uneingeschränkt nutzen und läuft keine Gefahr, das Eigentum daran zu verlieren. Oftmals "spürt" der Schu diese Vollstreckungsmaßregel erst bei einer Veräußerung, wenn es darum geht, ob der Erwerber dieses Recht (unter Anrechnung auf den Kaufpreis) übernimmt oder ob bei lastenfreiem Verkauf der Gl die Löschung der Hypothek von der Befriedigung seiner Forderung abhängig macht (zur sog Lästigkeitsprämie *Frege/Keller*, NZI 2009, 11). Aus der Sicherungshypothek kann mit dem Zahlungstitel in der Rangklasse des § 10 I Nr 4 nach § 867 III ZPO zwar auch die Zwangsversteigerung betrieben werden, ihr Erfolg hängt aber wesentlich von der Rangstelle der Sicherungshypothek im Grundbuch ab. 2

Gegenüber der Zwangsversteigerung ist die **Zwangsverwaltung** ein "milderes" Verfahren, lässt es doch die Substanz und das Eigentum des Grundstücks unberührt; die Befriedigung des Gl erfolgt aus den Nutzungen. Zwar wird dem Schu die Verwaltung und Benutzung seines Grundstücks entzogen (§ 148 I), selbstgenutzter Wohnraum bleibt ihm nach § 149 I aber erhalten; gleiches gilt bei land- und forstwirtschaftlichen Grundstücken. Positiv für den Schu wirkt sich auch aus, dass bei der Zwangsverwaltung keine öffentliche Bekanntmachung erfolgt, während bei der Zwangsversteigerung die veröffentlichte Terminsbestimmung (§ 39 I) gerade in ländlichen Gebieten oft eine größere Belastung als der Verlust des Eigentums durch die nachfolgende Versteigerung darstellt. 3

Bei der Zwangsverwaltung wird vom Vollstreckungsgericht ein **Zwangsverwalter** bestellt, der alle Handlungen vorzunehmen hat, die erforderlich sind, um das Grundstück in seinem wirtschaftlichen Bestande zu erhalten und ordnungsgemäß zu benutzen (§ 152 I). Aus den von ihm geltend zu machenden Ansprüchen wird der Gl befriedigt, wobei wegen der Regelung des § 155 II in nur die laufenden wiederkehrenden Leistungen zu decken sind; Hauptsache- und Kapitalbeträge sind erst in der Rangklasse 5 des § 10 I zu befriedigen. Zu einer Kapitalzahlung auf dingliche Rechte (§ 158) oder zu Zahlungen auf die Hauptforderung bei persönlichen Ansprüchen, für welche die Zwangsverwaltung in der Rangklasse 5 des § 10 I betrieben wird, kommt es nur in wenigen Fällen. Wie auch bei der Zwangsversteigerung kann der dingl Gl Zuteilungen auf Zinsen des dingl Rechts auf die gesicherte Forderung verrechnen (BGH Rpfleger 1981, 292; *Stöber* § 114 Rdn 7.5e). 4

Für den die Zwangsverwaltung betreibenden dinglichen **Gl** ist sein Recht nicht risikobehaftet; es wird durch das Verfahren nicht angetastet. Das Recht erlischt außer im seltenen Fall der Kapitalzahlung nach § 158 5

§ 146 [Anordnung]

nicht. Dagegen läuft der Gl im Zwangsversteigerungsverfahren Gefahr, dass sein Recht erlischt, ohne dass er volle Zuteilung erhält; dieses Risiko hat selbst der erstrangig betreibende Gl.

6 Der Zweck des Verfahrens liegt darin, den Gl wegen seiner Geldforderung aus den Nutzungen des Zwangsverwaltungsobjekts zu befriedigen. Auch wenn unmittelbar keine Nutzungen insbes durch Vermietung gezogen werden können, hat der Gl dennoch ein **Rechtsschutzbedürfnis**, wenn mittelbar das Zwangsverwaltungsverfahren der Ziehung von Nutzungen dienen kann; dies geschieht vor allem dann, wenn gleichzeitig ein Zwangsversteigerungsverfahren läuft oder beabsichtigt ist. Mit der Zwangsverwaltung kann einer Verwahrlosung des Grundstücks Einhalt geboten werden, es dient dazu den Vollstreckungsgegenstand in seinem Bestand zu erhalten (BGHZ 151, 384 = Rpfleger 2002, 578). Dies gilt grds auch bei vom Schu selbstgenutzten Immobilien (§ 149). Wenn aber der Schu hilfebedürftig iSd SGB II oder XII ist und nicht einmal die Betriebskosten zahlen kann, ist eine **Zwangsverwaltung unzlässig**, wenn deshalb auf Dauer keinerlei Nutzungen erzielt werden können (BGH Rpfleger 2009, 252 = ZfIR 2009, 147 m. Anm. *Schmidberger*; *Dassler/Engels* Rdn 58; dazu auch *Keller*, ZfIR 2009, 385).Daneben zeigt die Zwangsverwaltung noch rechtliche Auswirkungen, die für ein gleichzeitig laufendes Zwangsversteigerungsverfahren zumindest mittelbar dem Verfahrenszweck dienen: Bei einer nachfolgenden Zwangsversteigerung bewirkt die in der Zwangsverwaltung erfolgte Beschlagnahme eine Vorverlegung des Beschlagnahmezeitpunkts (§ 13 IV 2), was für die Abgrenzung der laufenden von den rückständigen Beträgen bei wiederkehrenden Leistungen eine Auswirkung für die Zuordnung zur Rangklasse 4 oder 8 haben kann. Außerdem kann der Zwangsverwalter im Zwangsversteigerungsverfahren dem Sachverständigen im Rahmen der Wertermittlung oder Interessenten vor dem Termin die Besichtigung des Grundstücks ermöglichen, was der Schu verweigern kann; auf diese Weise kann ein höherer Versteigerungserlös erzielt werden. Daher kann ein Rechtsschutzbedürfnis nur dort im Voraus verneint werden, wenn klar erkennbar ist, dass weder die unmittelbare Befriedigung des Gl erfolgt noch mittelbar durch rechtliche oder tatsächliche Umstände dieser Zweck erreicht werden kann (*H/W/F/H* Rdn 27–29 zu § 146).

7 **Verfahrensdurchführung und -abwicklung** hat nach vernünftigen wirtschaftlichen Aspekten zu erfolgen. Hierbei spielt die **Person des Zwangsverwalters** eine wesentliche Rolle. Das Vollstreckungsgericht hat bei seiner Auswahl größtmögliche Sorgfalt walten zu lassen. In Bezug auf die Art des Grundstücks und seiner Nutzung sollte der Zwangsverwalter geeignet sein und die erforderlichen Kenntnisse besitzen (§ 1 ZwVwV). So sind bei einer Wohnanlage andere Fähigkeiten entscheidend als bei einem großen Waldgrundstück. Bei erstmaliger Beauftragung eines Zwangsverwalters durch ein Vollstreckungsgericht empfiehlt es sich, diesen zunächst mit einem kleineren und überschaubaren Objekt

I. Wesen und Zweck der Zwangsverwaltung § 146

zu betrauen. Der Zwangsverwalter hat wie ein verantwortungsbewusster Eigentümer zu handeln, dabei ist nicht selten wirtschaftlicher Sachverstand gefragt; das Vollstreckungsgericht soll ihn bei seiner Tätigkeit nicht unnötig beschränken und Anweisungen auf das notwendige Maß reduzieren; kleinliches Suchen nach Vorschriften ist nicht hilfreich (fast wortgleich *Stöber* Rdn 2.3; *Steiner/Hagemann* Rdn 9). Der Verwalter muss bestrebt sein, unter Ausnutzung seiner ihm vom Gesetz eingeräumten Möglichkeiten mit eigenverantwortlichem Handeln den Zweck des Verfahrens zu erreichen und gleichzeitig einen sachgerechten Ausgleich zwischen den widerstreitenden Interessen von Gl und Schu zu sorgen.

Teilweise wird die **Ausgestaltung** des Zwangsverwaltungsverfahrens innnerhalb des ZVG in seinem Regelungsinhalt **zu Recht kritisiert** (zB *Stöber* § 161 Rdn 1.2 und § 160 Rdn 1.2). Anderseits sind auch wirtschaftliche und soziale Gesichtspunkte verankert worden, die für alle Beteiligten **positive Auswirkungen** bringen können (zB Einstellungsmöglichkeit auf Antrag des Insolvenzverwalters nach § 153 b; Bestellung des Schu zum Verwalter nach §§ 150 b ff). In jüngster Zeit stellt aber auch gerade die Rspr des für das Mietrecht zust VIII. Zivilsenats des BGH eine ernsthafte Gefahr für das Zwangsverwaltungsverfahren dar, da der BGH dem Zwangsverwalter sämtliche mietrechtlichen Pflichten als Vermieter aufbürdet und das Verfahren über § 152 II explizit als Verfahren des Mieterschutzes betrachtet (eingehend Rdn 41 f zu § 152; *Keller*, NZI 2009, 745). 8

Das Zwangsverwaltungsverfahren ist ein eigenständiges, auf die Vollstreckung einer Geldforderung gerichtetes Vollstreckungsverfahren. Es ist **zu unterscheiden von anderen Verwaltungen,** die im Rahmen des ZVG geregelt sind und solche, die ihre Grundlage außerhalb des ZVG haben. In einem Zwangsversteigerungsverfahren kann eine Verwaltung als Sicherungsmaßregel nach § 25 angeordnet werden; diese Maßnahme bezweckt den Schutz des Gl, wenn durch das Verhalten des Schu eine objektive Gefährdung der Beschlagnahmegegenstände zu befürchten ist. Eine andere Form der gerichtlichen Verwaltung im Rahmen eines Versteigerungsverfahrens hat ihre Grundlage in § 94 I: Sie kann auf Antrag eines Beteiligten angeordnet werden, der Befriedigung aus dem Erlös verlangen kann, wenn und solange der Ersteher das Bargebot nicht gezahlt oder nicht hinterlegt hat. Sie bezweckt die vorläufige Sicherung des Grundstücks und insbesondere seines wirtschaftlichen Bestandes vor nachteiligen Verfügungen des Erstehers. Auf die Bestellung des Verwalters und seine Rechte und Pflichten finden die Vorschriften der Zwangsverwaltung entsprechende Anwendung, § 94 II. 9

Im Falle der Nichtzahlung des Meistgebots durch den Ersteher in der Zwangsversteigerung kann über §§ 132, 133 auch eine „Wiederzwangsverwaltung" ähnlich der Widerversteigerung des § 133 betrieben werden. Es betreibt dann ein Gl die Zwangsverwaltung auf Grund des vollstreckbar ausgefertigten Zuschlagsbeschlusses nach § 132 II mit dem dingl 9a

§ 146 [Anordnung]

Anspruch aus der Sicherungshypothek nach § 128 wegen der ihm übertragenen Forderung nach § 118 (*Stöber* § 132 Rdn 2.3, § 133 Rdn. 2.2).

10 Außerhalb des ZVG kommen **folgende Verwaltungen** in Betracht:
- Sequestration und Verwaltung auf Grund einer einstweiligen Verfügung nach § 938 II ZPO,
- Sequestration bei Pfändung eines Herausgabeanspruchs, der eine unbewegliche Sache betrifft nach §§ 848, 855 ZPO,
- Verwaltung bei der Zwangsvollstreckung in Nutzungsrechte nach § 857 IV ZPO,
- gerichtliche angeordnete Verwaltung beim Nießbrauch nach § 1052 BGB,
- Verwaltungsrechte des Insolvenzverwalters im Rahmen eines Insolvenzverfahrens (§§ 21, 80 InsO).
- Sog „kalte Zwangsverwaltung" (*H/W/F/H* Einl Rdn 8; *Dassler/Engels* Rdn. 40; *Braun/Gerbers*, Rdn 23 zu § 166 InsO; *Tetzlaff*, ZInsO 2005, 179); hier vereinbaren Insolvenzverwalter und dingl Gl die privatrechtl Verwaltung durch den Insolvenzverwalter mit Abführung der Nutzungen an den oder die absonderungsberechtigten Gl.

11 Neben den in § 866 I ZPO genannten Vollstreckungszugriffen bieten sich für den Gl in Bezug auf unbewegliches Vermögen des Schu folgende **weniger schwerwiegende Eingriffe** an:
- bei vermieteten oder verpachteten Grundstücken: Pfändung der Miet- oder Pachtzinsforderung im Wege der Forderungspfändung nach §§ 828 ff ZPO,
- bei landwirtschaftlichen Grundstücken: Pfändung der noch nicht getrennten Früchte nach § 810 ZPO (bei bereits getrennten Früchten: Pfändung nach § 808 ZPO).

12 Bei einem Mitwirken des Schu sind auch **rechtsgeschäftliche Maßnahmen** denkbar, die für den Gl eine Vollstreckung nicht erforderlich machen:
- Abtretung einer Miet- oder Pachtzinsforderung mit der Abrede, dass der Gl die laufenden Lasten übernimmt; die Abtretung verliert bei Beschlagnahme durch Zwangsverwaltung aber nach § 1124 BGB ihre Wirksamkeit, auch dann, wenn sie an einen Grundpfandrechtsgl erfolgte (BGHZ 163, 201).
- Bestellung eines Nießbrauchs zu Gunsten des Gl in der Form, dass die Ausübung des Nießbrauchs durch Vereinbarung mit den Grundpfandrechtsgläubigern geregelt wird.

13 Zusammenfassend lässt sich die **Zwangsverwaltung** als Vollstreckungsmaßregel bezeichnen, die für den Gl zwar nicht eine sofortige aber eine **stetige Deckung seiner Forderung** bringt, wenn Einnahmen aus dem Grundstück vorhanden sind und ein zuverlässiger Zwangsverwalter bestellt wird. Sie stellt für den Schu einen weniger drastischen Eingriff in sein Eigentum dar, ist allerdings für alle Beteiligten mit einem **erheblichen Zeitaufwand** verbunden.

II. Verhältnis zum Zwangsversteigerungsverfahren

Zwangsversteigerungsverfahren und Zwangsverwaltungsverfahren 14
sind selbstständige Verfahren, die unabhängig allein oder nebeneinander
betrieben werden können (§ 866 II ZPO). Die Verfahren können von
jeweils demselben oder verschiedenen Gl betrieben werden. Eine Verbindung der Verfahren nach § 18 ist nicht möglich (*Stöber* Rdn 3.5).
Auch eine gemeinsame Aktenführung kommt nicht in Betracht. Auch
wenn **beide Verfahren unabhängig voneinander** laufen, ergeben sich
doch einige Berührungspunkte und Besonderheiten:

– In der Zwangsversteigerung hat ein die Zwangsverwaltung betreiben- 15
der Gl wegen seiner Kostenvorschüsse Anspruch auf Befriedigung in
der Rangklasse des § 10 I Nr 1.
– Wurde eine Zwangsversteigerung nach einer Zwangsverwaltung 16
angeordnet, so gilt für die Versteigerung der Tag der ersten Beschlagnahme in der Zwangsverwaltung als maßgeblicher Tag für die Abgrenzung der laufenden von den rückständigen Beträgen wiederkehrender
Leistungen, wenn die Zwangsverwaltung bis zur Anordnung der
Zwangsversteigerung fortdauert **(§ 13 IV)**.
– Die Zwangsversteigerung kann nur gegen den Grundstückseigentü- 17
mer angeordnet werden, die Zwangsverwaltung auch gegen den
Eigenbesitzer als Vollstreckungsschuldner **(§ 147)**.
– Wird bei der Versteigerung in einem zweiten Termin kein Gebot 18
abgegeben, so kann auf Antrag des Gl das Verfahren als Zwangsverwaltung fortgesetzt werden, wenn die Voraussetzungen dafür vorliegen
(§ 77 II 2). Die Wirkungen der für die Zwangsversteigerung erfolgten
Beschlagnahme bleiben bestehen (§ 77 II 3).
– Die **Zuschlagserteilung** in der Zwangsversteigerung hat die Aufhe- 19
bung der Zwangsverwaltung zur Folge (vgl § 161 Rdn 19, 39 ff).
– Eine **Anmeldung** in einem Verfahren wirkt nicht für das jeweils 20
andere.
– Die **Erlösverteilung** muss getrennt erfolgen. Verteilungstermin, Auf- 21
stellung und Ausführung des Teilungsplans müssen für jedes Verfahren
getrennt durchgeführt werden (*H/W/F/H* Rdn 19). Bei der Verteilung ist zu beachten, dass ein Berechtigter nicht doppelt befriedigt
wird. Der Gl kann durch seine Anmeldung Einfluss darauf nehmen,
aus welcher Teilungsmasse er befriedigt werden will. Ein Überschuss
im Zwangsverwaltungsverfahren darf nicht der Teilungsmasse des
Zwangsversteigerungsverfahrens zugeführt werden.

III. Anzuwendende Vorschriften (§ 146 I)

Für das Zwangsverwaltungsverfahren sind folgende Vorschriften des allg
Teils des ZVG sowie des Zwangsversteigerungsverfahrens anzuwenden:

§ 146 [Anordnung]

22	§§ 1 bis 14:	Unmittelbar anwendbar als allgemeine Vorschriften für die Zwangsversteigerung und Zwangsverwaltung von Grundstücken im Wege der Zwangsvollstreckung
23	§§ 15 bis 27:	Entsprechend anwendbar durch Verweisung in § 146 I mit folgenden Ausnahmen: – § 21 I und II (wegen § 148 I 1), – § 23 I 2 (wegen § 148 I 2), – § 24 (wegen § 148 II). Soweit die Bestimmungen anwendbar sind ergeben sich Besonderheiten aus §§ 146 II bis 161.
24	§§ 28, 29, 32, 34:	Entsprechend anwendbar durch Verweisung in § 161 IV
25	§§ 30, 30 a bis 30 d, 33:	Grds keine Anwendung (siehe aber nachfolgende Rdn 73 ff)
26	§§ 35 bis 104:	Keine Anwendung, da ausschließlich auf Versteigerungsverfahren zugeschnitten
27	§§ 105 bis 145 a:	Nicht anwendbar, mit folgenden Ausnahmen:
	§ 105 II 2	Verweisung in § 156 II 2
	§ 113 I	Verweisung in § 156 II 2
	§§ 114, 115	Verweisung in § 156 II 2
	§ 117	Verweisung in § 158 III
	§§ 124, 126	Verweisung in § 156 II 2
	§ 127	Verweisung in § 158 III
	§§ 135 bis 142	Verweisung in § 157 II
	§§ 143 bis 145	Verweisung in § 160

28 Daneben finden die Regelungen aus der ZPO Anwendung, soweit sie für das Zwangsverwaltungsverfahren einschlägig sind; vgl hierzu Einl Rdn 2.

28a Ergänzend zum ZVG ist über § 152a die Zwangsverwalterverordnung (ZwVwV) vom 19.12.2003 (BGBl. I S. 2804) maßgebend; sie regelt wesentlich Rechte und Pflichten sowie die Vergütung des Zwangsverwalters (allg *Dassler/Engels* Rdn 41 f zu § 146); abgedruckt in Anhang 2.

IV. Gegenstände der Zwangsverwaltung

Die Zwangsverwaltung kann bezüglich folgender Gegenstände durchgeführt werden:

29 1. **Grundstücke** (§§ 864 I, 866 I ZPO), Einzelheiten hierzu Einl Rdn 14;

30 2. **Grundstücksbruchteile** (§ 864 II ZPO). Ein im Grundbuch eingetragener Ausschluss der Aufhebung der Gemeinschaft hindert die Anordnung des Verfahrens nicht; der Verwalter ist allerdings an die

Regelungen, die die Miteigentümer hinsichtlich Verwaltung und Benutzung des Grundstücks getroffen haben (§§ 745, 746, 1010), gebunden. Ihm stehen daher lediglich die Rechte zu, die der Schu auf Grund der Vereinbarung mit den übrigen Miteigentümern innehat (*Dassler/Engels* Rdn 5). Steht dem Schu überhaupt kein Recht auf Fruchtgenuss zu, so ist die Zwangsverwaltung ausgeschlossen (*Stöber* Rdn 3.3 b). Eine Zwangsverwaltung zur Aufhebung der Gemeinschaft ist begrifflich nicht denkbar.

3. **Wohnungs- oder Teileigentum** ist eine Sonderform des Bruchteilseigentums (vgl Einl Rdn 23); eine Zwangsverwaltung ist möglich, die Regelungen des WEG haben jedoch Einfluss auf das Verfahren, s insbes auch Erl zu § 156. 31

4. **Grundstücksgleiche Rechte** (§§ 864 I, 866 I ZPO) vgl Einl Rdn 25; hierunter fällt insbesonders das Erbbaurecht. Sie werden wie Grundstücke behandelt. Ein Veräußerungs- oder Belastungsverbot nach § 5 ErbbauVO ist kein Verfahrenshindernis. 32

5. In **Gebäudeeigentum** (Einl Rdn 28) kann die Zwangsverwaltung ungehindert durchgeführt werden (*Stöber* Rdn 3.3 d); insbes steht § 78 SachenRBerG nicht entgegen. § 9a EGZVG ist nicht anzuwenden, da die Vorschrift explizit nur Zwangsversteigerungsverfahren betrifft. Das nicht grundbuchersichtliche Gebäudeeigentum (kein Vermerk im Grundstücksgrundbuch, kein Gebäudegrundbuchblatt) ist nicht kraft Gesetzes von der Beschlagnahme des Grundstücks erfasst. Ob bei Anordnung der Zwangsverwaltung selbständiges Gebäudeeigentum besteht oder nicht und wie die Nutzungsverhältnisse sind, hat der Zwangsverwalter bei Inbesitznahme und später zu klären (*Stöber* Rdn 4.5). 33

Die Durchführung eines Zwangsverwaltungsverfahrens ist ausgeschlossen beim Gesamthandseigentum in einen **Gesamthandsanteil.** Möglich ist die Zwangsverwaltung in das Gesamtgrundstück bei Vorliegen eines Vollstreckungstitels gegen alle Gesamthänder (vgl Einl Rdn 24). Bei Schiffen und Luftfahrzeugen ist die Zwangsverwaltung unzulässig; im Rahmen eines Zwangsversteigerungsverfahrens kann aber die Bewachung und Verwahrung nach §§ 165, 171 c III angeordnet werden. 34

V. Anordnung der Zwangsverwaltung

1. Voraussetzungen

Auf die Anordnung der Zwangsverwaltung finden nach § 146 I die für die Zwangsversteigerung geltenden Regelungen der §§ 15 bis 27 entsprechende Anwendung, soweit sich nicht aus §§ 147 bis 151 Besonderheiten ergeben. Für den **Antrag** sowie die **allgemeinen Voraussetzungen der Zwangsvollstreckung** wird auf Rdn 2 ff zu §§ 15, 16 verwiesen; zum Rechtsschutzbedürfnis siehe auch Rdn 6. Daneben müssen 35

§ 146 [Anordnung]

die **besonderen Voraussetzungen der Zwangsvollstreckung** gegeben sein, vgl hierzu Rdn 63 ff zu §§ 15, 16. Die Regelung des § 17, wonach der Schu als Eigentümer im Grundbuch eingetragen oder Erbe des eingetragenen Eigentümers sein muss, wird ergänzt durch § 147; danach ist die Zwangsverwaltung auch gegen den Eigenbesitzer möglich; nähere Einzelheiten hierzu bei § 147.

2. Unzulässigkeit der Zwangsverwaltung

36 Für die Beurteilung der Zulässigkeit der Zwangsverwaltung ergeben sich andere Gesichtspunkte als bei der Zwangsversteigerung. Das Wesen der Zwangsverwaltung ist nicht wie bei der Versteigerung auf den Verlust des Eigentums sondern lediglich auf den **Entzug der Verwaltung und Benutzung des Grundstücks durch den Schu** gerichtet. Daher brauchen einer Versteigerung entgegenstehende Rechte des § 28 für die Zwangsverwaltung kein Hindernis darstellen. Im Einzelnen sind folgende Bemerkungen veranlasst:

37 **a)** Eine bereits eingetragene **Auflassungsvormerkung** steht der Zwangsverwaltung nur dann entgegen, wenn Besitzübergabe auf den Erwerber bereits erfolgt ist. Der Eigentümer kann keine Nutzungen mehr ziehen, so dass die Anordnung der Zwangsverwaltung wegen fehlendem Rechtsschutzbedürfnis abzulehnen ist, falls Besitzübergabe aus den Grundakten bekannt oder sonst offenkundig ist (*Depré/Mayer* Rdn 128). Der Gl eines Grundpfandrechts kann aber nach § 147 gegen den Eigenbesitzer vollstrecken, notw ist Vollstreckungstitel gegen diesen (vgl § 147 Rdn 2–5).

38 **b)** Aus einem **Eigentümerrecht** kann der Gl nach § 1197 I BGB nicht die Zwangsvollstreckung betreiben, also auch nicht die Zwangsverwaltung. Dieser Ausschluss gilt nicht für den Insolvenzverwalter und den Pfändungsgläubiger (BGHZ 103, 30 *Staudinger/Wolfsteiner*, Rdn 5; MüKo/*Eickmann*, BGB, Rdn 8 je zu § 1197; *Stöber* § 15 Rdn 11.2, 11.3).

39 **c)** Beim **Erbbaurecht** steht ein nach § 5 ErbbauVO eingetragenes Veräußerungs- und Belastungsverbot einer Zwangsverwaltung nicht entgegen; in den mit dieser Regelung bezweckten Schutz wird bei einem Zwangsverwaltungsverfahren nicht eingegriffen.

40 **d)** Ein bereits eröffnetes **Insolvenzverfahren** stellt für ein von einem persönlichen Gl beantragten Zwangsverwaltungsverfahren ein nicht behebbares Vollstreckungshindernis dar (§ 89 I InsO). Wird das Verfahren jedoch von einem absonderungsberechtigten Gl (aus einem vor Eröffnung des Insolvenzverfahren eingetragenen Recht) beantragt, ist die Zulässigkeit wegen § 49 InsO nicht beeinträchtigt (*Stöber* Rdn 4.4i; § 15 Rdn 23.4; *Dassler/Engels* Rdn 18 f). Allerdings ist der Vollstreckungstitel gegen in Insolvenzverwalter umzuschreiben (§ 727 ZPO) und diesem zuzustellen (§ 750 II ZPO). War die Beschlagnahme der Zwangsverwaltung bereits vor Insolvenzeröffnung wirksam geworden, ist auch der

V. Anordnung der Zwangsverwaltung   § 146

persönlich betreibende Gl absonderungsberechtigt iSd § 49 InsO vorbehaltlich des § 88 oder des § 131 InsO (eingehend *Keller*, InsR, Rdn 404; *Morvilius*, Rdn 756 ff, 768 ff, 847 ff; *Keller*, ZfIR 2002, 861). Bei vor Insolvenzeröffnung wirksam gewordener Beschlagnahme zG des persönlichen oder des dingl Gl bedarf es keiner nachträgl Titelumschreibung nach § 727 ZPO.

e) Eine eingetragene **Nacherbfolge** hat auf die Zulässigkeit einer 41 Zwangsverwaltung keinen Einfluss, da keine Veräußerung erfolgt. Hierbei spielt es keine Rolle, ob der Schuldtitel noch gegen den Erblasser gerichtet ist (dann allerdings Rechtsnachfolgeklausel und Zustellung erforderlich, §§ 727, 750 II ZPO) oder ob ein Eigengläubiger des Vorerben vollstreckt. Der Eintritt des Nacherbfalls hat keine Auswirkung auf den Verfahrensfortgang, wenn das Verfahren von einem Nachlassgläubiger oder einem dinglichen Gl aus einem dem Nacherben gegenüber wirksamen Recht betrieben wird; die Vollstreckungsklausel ist nach § 728 ZPO gegen den Nacherben umzuschreiben und erneut zuzustellen (§ 750 II ZPO). Dem Verfahrensfortgang einer von einem Gl des Vorerben betriebenen Zwangsverwaltung steht das Eigentum des Nacherben entgegen; gleiches gilt hinsichtlich eines Gl, dessen Recht dem Nacherben gegenüber unwirksam ist; zur Aufhebung der Zwangsverwaltung in diesen Fällen siehe § 161 Rdn 13–15.

f) Zum **Nießbrauch und anderen Nutzungsrechten** siehe 42 Rdn 46–55.

g) Ein bei Anordnung bereits eingetragener **Testamentsvollstreckervermerk** hindert die Zwangsverwaltung nicht, erfordert jedoch 43 Klauselumschreibung gegen den Testamentsvollstrecker und erneute Zustellung (§§ 748, 750 II ZPO).

h) **Veräußerungsverbote** (insbesondere §§ 135, 136 BGB) haben auf 44 die Zwangsverwaltung keinen Einfluss, da in diesem Verfahren keine Veräußerung erfolgt.

i) Bei der Zwangsverwaltung von **Wohnungs- oder Teileigentum** 45 hat eine eingetragene Veräußerungsbeschränkung nach § 12 WEG keine Auswirkungen auf das Verfahren.

3. Nießbrauch und andere Nutzungsrechte in der Zwangsverwaltung

Durch die Zwangsverwaltung werden dem Schu Verwaltung und 46 Benutzung des Grundstücks entzogen (§ 148 II); dem Zwangsverwalter wird der Besitz eingeräumt (§ 150 II), damit er seine ihm in § 152 übertragenen Aufgaben wahrnehmen kann. Andererseits können **Dritte dingliche oder schuldrechtliche Ansprüche** haben, aus denen sie zum Besitz des Grundstücks (oder Teilen davon) berechtigt sind. Der Besitz des Zwangsverwalters kann durch diese Nutzungsrechte Dritter

§ 146 [Anordnung]

beeinträchtigt werden. Für die Zwangsverwaltung ergeben sich dabei folgenden Besonderheiten:

47 **a) Nießbrauch.** Der Nießbraucher ist berechtigt, die Nutzungen aus dem Grundstück zu ziehen (§ 1030 I BGB) und das Grundstück zu besitzen (§ 1036 I BGB). Ein eingetragener Nießbrauch steht der Anordnung der Zwangsverwaltung nach allgemeiner Ansicht nicht entgegen. Das Zwangsverwaltungsverfahren unterliegt weder in Bezug auf die Anordnung noch auf die Durchführung Beschränkungen, wenn zusätzlich zum Vollstreckungstitel gegen den Schu noch ein **Duldungstitel gegen den Nießbraucher oder dessen Zustimmung vorliegen** (*Steiner/Hagemann* Rdn 80).

48 Schwierigkeiten tauchen auf, wenn ein **Duldungstitel gegen den Nießbraucher oder dessen Zustimmung nicht vorliegen**. Entscheidend kommt es dabei darauf an, ob das Zwangsverwaltungsverfahren von einem persönlichen oder dinglichen Gl betrieben wird, bzw ob der dingliche Gl Vorrang oder Nachrang zum Nießbrauch hat.

49 **aa)** Hat der die Zwangsverwaltung betreibende dingliche Gl **Rang vor dem Nießbrauch**, so ist die Zwangsverwaltung unbeschränkt anzuordnen, weil die materielle Rangordnung dinglicher Ansprüche (§ 879 BGB, § 10) dies zum Ausdruck bringen muss (*Dassler/Engels* Rdn 8 f). Der Gl benötigt jedoch bereits zur Anordnung der Zwangsverwaltung einen Duldungstitel gegen den Nießbraucher (BGH Rpfleger 2003, 378; *Depré/Mayer* Rdn 56, *Stöber* Rdn 11.2 f, *Dassler/Engels* Rdn 8, *H/W/F/H* Rdn 12 je zu § 146). Aus dem Anordnungsbeschluss kann der jedoch nicht zur Herausgabe an den Zwangsverwalter gezwungen werden, er muss vielmehr auf Duldung der Zwangsverwaltung verklagt werden, soweit nicht ein bestehende Duldungstitel gegen ihn umgeschrieben werden kann. Bis zur Vorlage eines Duldungstitels ist die Zwangsverwaltung nach §§ 161 IV, 28 einstweilen einzustellen. Wird innerhalb einer dem Gl gesetzten Frist der Duldungstitel gegen den Nießbraucher oder die Rechtsnachfolgeklausel gegen ihn nicht beigebracht, erfolgt die Verfahrensfortsetzung als beschränkte Zwangsverwaltung (wie Rdn 50). Keine Probleme tauchen trotz fehlenden Duldungstitels auf, wenn der Nießbraucher nicht Besitzer des Grundstücks ist. Den Duldungstitel gegen den Nießbraucher kann sich der vorrangige Grundpfandrechtsgläubiger wie folgt verschaffen: Gegen den Eigentümer liegt ein Vollstreckungstitel (häufig: Grundschuldbestellungsurkunde gemäß § 794 I Nr 5 ZPO) vor. Der nachrangige Nießbraucher hat den Besitz erst nach Errichtung der Urkunde oder Eintritt der Rechtshängigkeit iS § 325 ZPO erlangt; er ist insoweit Rechtsnachfolger nach §§ 727, 325 ZPO, so dass gegen ihn unprobl eine vollstreckbare Ausfertigung erteilt werden kann.

50 **bb)** Wurde die Zwangsverwaltung jedoch von einem **dinglichen Gl**, dessen Recht **dem Nießbrauch im Range nachgeht** oder von einem

V. Anordnung der Zwangsverwaltung § 146

persönlichen Gl beantragt, so sind die vorrangigen Rechte des Nießbrauchers dadurch zum Ausdruck zu bringen, dass lediglich eine **beschränkte Zwangsverwaltung** angeordnet wird (*Stöber* Rdn 11.7 f; *Depré/Mayer* Rdn 58). Voraussetzung dafür ist, dass das Vollstreckungsgericht Kenntnis vom Vorrang hat; dies wird bei einem vorliegenden beglaubigten Grundbuchauszug oder bei Grundbucheinsicht der Fall sein, nicht aber bei Vorlage eines Zeugnisses gemäß § 17 II. Bei nachträglicher Kenntnis (in erster Linie durch die nach § 19 II übersandte Mitteilungen) ist die unbeschränkte Zwangsverwaltung in eine beschränkte umzuwandeln. Die Beschränkung der Zwangsverwaltung hat die Auswirkungen, dass der Zwangsverwalter nur die dem Eigentümer gegen den Nießbrauchsberechtigten zustehenden Rechte erlangen kann. Seine Tätigkeit wird hierbei vor allem in überwachenden Maßnahmen bestehen (zB Kontrolle der gesetzlichen und vertraglichen Pflichten, Überwachung ob die öffentlichen Lasten bezahlt werden, § 1047 BGB). Wegen dieser Überwachungs- und Kontrollmöglichkeiten des Zwangsverwalters ist auch das Rechtsschutzbedürfnis für die Zwangsverwaltung zu bejahen. In den unmittelbaren Besitz des Nießbrauchers darf der Zwangsverwalter nicht eingreifen, so dass er regelmäßig nur den mittelbaren Besitz (§ 868 BGB) erlangen kann. Die beschränkte Zwangsverwaltung ist im Anordnungsbeschluss zum Ausdruck zu bringen (vgl *Depré/Mayer* Rdn 60). Zu den Anfechtungsmöglichkeiten für den Nießbraucher siehe Rdn 66.

b) Sonstige dingliche Nutzungsrechte. Auch andere dingliche 51 Nutzungsrechte wie **Altenteil** (Leibgeding) oder beschränkt persönliche Dienstbarkeiten (hier vor allem **Wohnungsrechte** nach § 1093 BGB) stehen einer Anordnung der Zwangsverwaltung nicht entgegen. Die Regelungen über den Nießbrauch finden Anwendung mit der Maßgabe, dass hier nur ein Teil des Grundstücks oder einzelne Räume des Gebäudes benutzt werden können. Auf die Ausführungen unter Rdn 47–50 wird verwiesen.

Ist der **Berechtigte** nicht im Besitz des Grundstücks oder einzelner 52 Räume, weil er **sein Recht momentan nicht ausübt,** so unterliegen Anordnung und Durchführung des Zwangsverwaltungsverfahrens keinerlei Beschränkungen. Im Teilungsplan wird das Recht an der ihm zustehenden Rangstelle berücksichtigt (*Stöber* Rdn 11.13 c). Verlangt der Berechtigte während des Verfahrens vom Zwangsverwalter Besitzeinräumung, so kommt es auf die Rangstelle im Verhältnis zum betreibenden Gl an: Geht das Recht, von dem er seinen Besitz ableitet, dem Gl im Range vor, muss der Zwangsverwalter ihm den Besitz überlassen. Ist jedoch das Recht nachrangig, so kann er keine Besitzeinräumung verlangen.

Bei Belastung des Grundstücks mit einem **Dauerwohnrecht oder** 53 **Dauernutzungsrecht** (§§ 31 ff WEG) gelten die vorstehenden Ausfüh-

§ 146 [Anordnung]

rungen in gleicher Weise; zusätzlich ist jedoch die Bestimmung des § 40 WEG zu beachten.

54 **c) Schuldrechtliche Nutzungsrechte.** Übt ein Dritter den Beisitz auf Grund eines schuldrechtlichen Vertrages aus, kann die Zwangsverwaltung ohne weiteres angeordnet werden. Regelmäßig handelt es sich hierbei um **Miet- oder Pachtverträge;** diese sind nach § 152 II dem Zwangsverwalter gegenüber wirksam. Die daraus erzielten Miet- und Pachteinnahmen werden von der Beschlagnahme erfasst (§ 148 I) und stellen die Nutzungen dar, die der Zwangsverwalter erzielt. Der unmittelbare Besitz des Mieters oder Pächters bleibt unangetastet; für den Zwangsverwalter ist die Erlangung des mittelbaren Besitzes ausreichend (vgl § 150 Rdn 7, 11).

55 Für andere Fälle, aus denen ein Dritter zum Besitz berechtigt ist, gilt § 152 II nicht. Unproblematisch ist die Lage, wenn der Dritte das Grundstück freiwillig an den Zwangsverwalter herausgibt. Ist das nicht der Fall, so kann der Verwalter nicht auf Grund des Anordnungsbeschlusses die Herausgabe verlangen. Allerdings kann ein **dinglicher Gl** einen Duldungstitel gegen den Besitzer erwirken, mit dem dem Besitzer der Besitz entzogen werden kann. Ein **persönlicher Gl** kann sich einen dem Schu zustehenden Herausgabeanspruch – notfalls aus § 985 BGB – pfänden und zur Einziehung überweisen lassen und so die Herausgabe durchsetzen (BGHZ 96, 61, 67). Mit wirksamer Überweisung ist der nicht zur Herausgabe bereite Besitzer auf Herausgabe an den Schuldner zu verklagen, erst nach Erlangung eines solchen Titels kann gegen den Schuldner (!) die Zwangsverwaltung durchgeführt werden (*Stöber* Rdn 10.7). Solange der Zwangsverwalter keine Möglichkeit hat, den Besitz zu erlangen, ist die Zwangsverwaltung wegen des entgegenstehenden Besitzes eines Dritten unzulässig und gemäß §§ 161 IV, 28 aufzuheben; ein Verfahren ist in diesen Fällen rechtlich undurchführbar (BGHZ 96, 61; BGH ZfIR 2004, 746; dazu auch *Hawelka*, ZfIR 2005, 14). Im übrigen ist auch Pfändung des Herausgabeanspruchs und dessen Geltendmachung gegen den Besitzer dem Gl kaum zuzumuten (*Keller*, DZWIR 2006, 315).

4. Entscheidung des Gerichts

56 Für die Behandlung eines Antrags auf Anordnung der Zwangsverwaltung kann auf die Ausführungen beim Zwangsversteigerungsverfahren verwiesen werden, da die §§ 15, 16 gemäß § 146 I entsprechend anwendbar sind; im Einzelnen sind dies für die Beanstandungsverfügung Rdn 104 bis 106 zu §§ 15, 16, für den Zurückweisungsbeschluss Rdn 107 bis 109 zu §§ 15, 16 sowie für die Verfahrensanordnung Rdn 110 bis 124 zu §§ 15, 16.

V. Anordnung der Zwangsverwaltung **§ 146**

Im **Anordnungsbeschluss** empfiehlt es sich, noch folgende **zusätzlichen Angaben** aufzunehmen, die zwar nicht vorgeschrieben aber sachdienlich und dem Verfahrensfortgang förderlich sind: 57
- Hinweis auf die Entziehung der Verwaltung und Benutzung des Grundstücks (§ 148 II),
- Bestellung des Zwangsverwalters, es sei denn, dies erfolgt nicht sogleich (vgl § 150 Rdn 4, 5),
- Art der Besitzverschaffung durch den Zwangsverwalter (vgl § 150 Rdn 8),
- bei Zwangsverwaltung gegen den Eigenbesitzer nach § 147 ein Hinweis auf den Eigenbesitz des Vollstreckungsschuldners,
- bei der Zwangsverwaltung über einen Grundstücksbruchteil der Hinweis, dass der Verwalter nur die Befugnisse ausüben kann, die dem Schu als Miteigentümer zustehen (vgl Rdn 30),
- bei der beschränkten Zwangsverwaltung (vgl Rdn 50) ein Hinweis auf die Beschränkungen.

Wurde das Zwangsverwaltungsverfahren bereits angeordnet und beantragt ein Gl eine erneute Verfahrensanordnung bzw sogleich den Beitritt, so ist der **Beitritt** zuzulassen (§§ 27, 146 I). Für die Voraussetzungen gilt das für den Anordnungsantrag Ausgeführte in gleicher Weise; der Beitrittsbeschluss lautet auf „Zulassung des Beitritts zur Zwangsverwaltung"; auf Rdn 8 bis 11 zu § 27 wird verwiesen. Die oben genannten Hinweise für die Verfahrensanordnung sind nicht mehr erforderlich, allerdings sollte im Beitrittsbeschluss angegeben werden, wer zum Zwangsverwalter bestellt ist, um den Gl davon in Kenntnis zu setzen. 58

5. Bekanntgabe der Entscheidung; Grundbuchersuchen

a) Der **Zurückweisungsbeschluss und die Beanstandungsverfügung** müssen dem Gl bzw seinem Prozessbevollmächtigten von Amts wegen zugestellt werden (§ 329 II 2 ZPO). Der Schu und andere Beteiligte erhalten keine Mitteilung davon. 59

b) Der Anordnungs- und der Beitrittsbeschluss werden dem Schu bzw seinem Prozessbevollmächtigten von Amts wegen zugestellt (vgl dazu Rdn 125 zu §§ 15, 16). Bei Anordnung oder Beitritt gegen eine GbR (§ 705 BGB) genügt Zustellung an den geschäftsführenden Ges (BGH Rpfleger 2007, 216). Dem Gl wird der Beschluss formlos mitgeteilt, es sei denn, seinem Antrag wurde nicht voll entsprochen. Eine Zustellung an den Zwangsverwalter ist zwar nicht gesetzlich vorgeschrieben jedoch empfehlenswert. 60

c) Mit der Anordnung der Zwangsverwaltung ist gleichzeitig das Grundbuchamt um **Eintragung des Zwangsverwaltungsvermerks zu ersuchen** (§§ 19 I, 146 I). Dies gilt auch dann, wenn bereits ein Zwangsversteigerungsvermerk eingetragen ist. Zum Eintragungsersu- 61 chen, der Entscheidung des Grundbuchamts, zum Inhalt und zur Wirkung des Vermerks sowie zu seiner Löschung siehe Rdn 2 bis 14 zu § 19.

62 d) Zu den Benachrichtigungen an **sonstige Beteiligte** vgl Rdn 67–69.

6. Rechtsbehelfe

63 Gegen die **Beanstandungsverfügung und den Zurückweisungsbeschluss** kann der Gl sofortige Beschwerde (§ 11 I RPflG, § 793 I ZPO) einlegen, über die das übergeordnete Landgericht (§ 72 GVG) entscheidet.

64 Der **Anordnungs- und Beitrittsbeschluss** können mit der Vollstreckungserinnerung nach § 766 I ZPO angefochten werden, wenn der Schu vorher nicht gehört wurde, was regelmäßig der Fall sein sollte. Der Rechtspfleger kann der Erinnerung abhelfen; hilft er ihr nicht ab, entscheidet der Vollstreckungsrichter (§ 20 Nr 17 RPflG). Gegen dessen Entscheidung ist sofortige Beschwerde nach § 793 I ZPO möglich, über die wiederum das Landgericht entscheidet.

65 Gegen die **Bestellung des Zwangsverwalters** als solches ist kein Rechtsbehelf möglich; zur Anfechtung der Auswahl des Zwangsverwalters vgl § 150 Rdn 6.

66 Mit der Vollstreckungserinnerung nach § 766 I ZPO kann auch der **Nießbraucher** vorgehen, wenn er nicht gehört und vom Vollstreckungsgericht eine unbeschränkte Zwangsverwaltung angeordnet wurde, aber nur eine beschränkte zulässig gewesen wäre (vgl Rdn 50); bei vorheriger Anhörung ist wiederum die sofortige Beschwerde nach § 11 I RPflG, § 793 I ZPO der entsprechende Rechtsbehelf.

VI. Benachrichtigung der Beteiligten (§ 146 II)

67 Anders als in der Zwangsversteigerung, bei der die Beteiligten erstmals im Wertfestsetzungsverfahren Kenntnis vom Verfahren erhalten, erfahren im Zwangsverwaltungsverfahren die Beteiligten **frühzeitig** davon, weil Verwaltung und Benutzung dem Schu entzogen wurden und nun vom Zwangsverwalter ausgeübt werden. Nach Eintragung des Zwangsverwaltungsvermerks hat das Grundbuchamt dem Vollstreckungsgericht die in § 19 II aufgeführten Mitteilungen zu machen, insbesonders eine beglaubigte Grundbuchblattabschrift zu übersenden. Auf diese Weise kann das Gericht die Beteiligten des Zwangsverwaltungsverfahrens feststellen; maßgeblich ist auch hier § 9.

68 Keine besondere Mitteilung erhalten Gl und Schu, denen bereits der Anordnungsbeschluss übersandt wurde. Der Zwangsverwalter erhält ebenfalls keine Nachricht, da auch er bereits durch den Anordnungsbeschluss vom Verfahren und seiner Bestellung Kenntnis erlangt hat. Nach allgemeiner Auffassung erhalten die Mitteilung nach Abs 2 lediglich die

Beteiligten nach § 9 Nr 1, nicht die Beteiligten kraft Anmeldung nach § 9 Nr 2 (*Stöber* Rdn 8.1); für die Letztgenannten ist die Mitteilung entbehrlich, weil sie ihre Beteiligtenstellung erst durch Anmeldung erlangten, somit bereits Kenntnis vom Verfahren haben, bzw weil sie vom Zwangsverwalter im Rahmen seiner Verwaltungstätigkeit zu unterrichten sind (§ 4 ZwVwV; Mieter, Pächter, Berechtigte der öffentlichen Grundstückslasten der Rangklasse 3). Bei der Zwangsverwaltung eines Erbbaurechts erhält der Grundstückseigentümer Mitteilung vom Verfahren (*Stöber* Rdn 8.2).

Zum **Inhalt** der Mitteilung enthält das ZVG keine Angaben. Es ist 69 ausreichend, dass den Beteiligten unter genauer Bezeichnung des Grundstücks bekanntgegeben wird, dass die Zwangsverwaltung angeordnet wurde. Zweckmäßig und üblich ist es auch, den Zwangsverwalter zu benennen. Die Mitteilung ist **formlos** zu übersenden. Bei einem Betritt erfolgt keine erneute Mitteilung.

VII. Wirkungen der Anordnung

Der Anordnungsbeschluss gilt zu Gunsten des betreibenden Gl als 70 Beschlagnahme des Grundstücks (§§ 20 I, 146 I). Da auch § 23 I 2, II entsprechende Anwendung findet (vgl Rdn 23), hat auch in der Zwangsverwaltung die Beschlagnahme die Wirkungen eines **Verfügungsverbotes;** Einzelheiten hierzu Rdn 22 ff zu § 23. Die Beschlagnahme umfasst nach § 148 I nicht nur das Grundstück mit Bestandteilen, Zubehör und mithaftenden Gegenständen sondern gerade auch Miet- und Pachtzinsen, die land- und forstwirtschaftlichen Erzeugnisse des Grundstücks und Forderungen aus einer Versicherung hieraus, wenn die Erzeugnisse nicht mehr mit dem Boden verbunden und kein Zubehör sind, sowie die Ansprüche aus einem mit dem Eigentum am Grundstück verbundenen Recht auf wiederkehrende Leistungen; zu Einzelheiten siehe § 148 Rdn 3 ff.

Das Wirksamwerden der Beschlagnahme ist in der Zwangsverwaltung 71 gegenüber der Zwangsversteigerung erweitert: Neben den in § 22 I genannten Möglichkeiten kann die Wirksamkeit auch durch **Besitzerlangung des Zwangsverwalters** eintreten (§ 151 I). Hinsichtlich Forderungen hat im Zwangsverwaltungsverfahren § 22 II eine besondere Bedeutung, da Miet- und Pachtforderungen von der Beschlagnahme erfasst werden. Gegenüber Mietern und Pächtern tritt die Wirkung der Beschlagnahme mit Kenntnis oder Zustellung eines Zahlungsverbotes ein.

Durch die Beschlagnahme wird dem **Schu die Verwaltung und** 72 **Benutzung des Grundstücks entzogen** (§ 148 II); Einzelheiten siehe § 148 Rdn 15–17.

§ 146 [Anordnung]

VIII. Einstweilige Einstellung der Zwangsverwaltung

1. Allgemeines

73 Die Möglichkeit einer einstweiligen Einstellung des Zwangsverwaltungsverfahrens wird überweigend bejaht (*Dassler/Engels* Rdn 3 zu § 161), da das ZVG als Teil der ZPO (§ 869 ZPO) auch deren Einstellungsregeln unterworfen ist. Zudem sieht § 153 b eine spez Einstellung bei Insolvenz vor. Die speziell auf das Zwangsversteigerungsverfahren zugeschnitten Einstellungsmöglichkeiten nach §§ 30 a, 33, 75 bis 77 finden keine Anwendung. Sehr str ist die Frage, ob eine Einstellung auf Bewilligung des Gl entsprechend § 30 in der Zwangsverwaltung möglich ist (vgl Rdn 78).

2. Die einzelnen Einstellungsmöglichkeiten

74 a) Nach Erhebung einer **Vollstreckungsabwehrklage nach § 767 ZPO** oder einer **Widerspruchsklage nach § 771 ZPO** kann eine einstweilige Einstellung vom Prozessgericht nach §§ 769, 771 III ZPO angeordnet werden; in dringenden Fällen kann die Anordnung auch vom Vollstreckungsgericht erlassen werden, unter Bestimmung einer Frist innerhalb der die Entscheidung des Prozessgerichts beizubringen ist (§ 769 II 1 ZPO). Ferner ist bei Vorliegen der Voraussetzungen des § 775 ZPO eine Einstellung möglich, sofern nicht nach § 776 ZPO Aufhebung erfolgen muss.

75 b) Bei Vorliegen einer besonderen sittenwidrigen Härte kann im Rahmen des **Vollstreckungsschutzes nach § 765 a ZPO** auch eine Einstellung angeordnet werden (zur Anwendung des § 765a ZPO bei Zwangsverwaltung BGH ZfIR 2009, 147 m. Anm. *Schmidberger*).

76 c) Zu den Einstellungsmöglichkeiten bei einem gleichzeitig laufenden **Insolvenzverfahren** siehe § 153 b.

77 d) Bei einem **entgegenstehenden Recht** findet nach § 161 IV auch § 28 Anwendung. Daher kann bei Vorliegen eines behebbaren Hindernisses die Einstellung in Betracht kommen; Einzelheiten hierzu Rdn 37 ff zu § 28.

78 e) Eine **Einstellung auf Bewilligung des Gl** in entsprechender Anwendung des § 30 ist grundsätzlich möglich (*Steiner/Hagemann* Rdn 109 zu § 161; *Eickmann*, ZVG, § 6 VIII 1). Der Meinung (*Stöber* Rdn 6.5; *Dassler/Engels* § 161 Rdn 4; *Depré/Mayer* Rdn 183; *Morvilius*, Zwangsersteigerung/Zwangsverwaltung, Rdn 866), das Zwangsverwaltungsverfahren sei einstellungsfeindlich und die Einstellung widerspreche dem Sinn und Zweck des auf Dauer angelegten Verfahrens, kann nicht gefolgt werden. Es bestehen weder praktisch noch systematisch Bedenken gegen die Anwendung der §§ 30, 31. Bestenfalls kann sich das Vollstreckungsgericht die Gründe für die einstweilige Einstellung vom Gl

darlegen lassen, um ausschließen zu können, dass verfahrensfremde Ziele verfolgt werden.

3. Verfahren

Die Einstellung erfolgt immer durch **Beschluss** des Vollsteckungsgerichts, auch wenn sie bereits durch das Prozessgericht angeordnet worden ist. Der Beschluss ist dem Gl und dem Schu zuzustellen, bei mehreren Gl nur dem, der von der Einstellung betroffen ist. Dem Zwangsverwalter ist der Beschluss formlos mitzuteilen. Gegen den Beschluss können Gl und Schu sofortige Beschwerde (§ 11 I RPflG, § 793 I ZPO) erheben, soweit sie beschwert sind.

79

4. Wirkungen der Einstellung

Die Einstellung hat auf die Beschlagnahme keinen Einfluss; sie bleibt bestehen. Auch der Zwangsverwalter übt sein Amt weiter aus; er bleibt weiter zur Wahrnehmung seiner ihm nach § 152 I eingeräumten Befugnisse berechtigt und verpflichtet, auch seine Vergütung läuft weiter (krit daher *Dassler/Engels* Rdn 4 zu § 161). Lediglich hinsichtlich des **Teilungsplanes** und seiner Auswirkungen durch die **Zahlungsanordnung** ergeben sich Änderungen: Der Anspruch des (oder der) Gl, hinsichtlich dessen Beschlagnahmebeschluss die Einstellung erfolgt ist, wird nicht mehr durch Zahlung gedeckt. Werden während der Einstellung laufende Leistungen des Gl fällig, darf auf sie nicht gezahlt werden. Die entsprechenden Beträge sind zurückzubehalten und verzinslich anzulegen (keine Hinterlegung, so aber *Stöber* Rdn 6.6).

80

5. Fortsetzung des Verfahrens

Mit § 30 ist auch konsequent § 31 anzuwenden. Im Einstellungsbeschluss ist der Gl nach § 31 zu belehren. Beantragt er nicht rechtzeitig die Fortsetzung des Verfahrens, ist es aufzuheben (eingehend Rdn 18 f zu § 31). Gl und Schu sind vor der Aufhebung der Einstellung zu hören. Der Beschluss ist dem Schu zuzustellen, an den Gl und den Zwangsverwalter genügt formlose Mitteilung. Als zulässiges Rechtsmittel kommt sofortige Beschwerde nach § 11 I RPflG, § 793 I ZPO in Betracht. Mit Aufhebung des Verfahrens hat der Zwangsverwalter die noch offenen Kosten der Zwangsverwaltung zu berichtigen (§ 155 I, § 12 ZwVwV), ein Überschuss ist an den Schuldner auszukehren.

81

§ 147 [Eigenbesitz des Schuldners]

¹**Wegen des Anspruchs aus einem eingetragenen Rechte findet die Zwangsverwaltung auch dann statt, wenn die Voraussetzun-**

§ 147 [Eigenbesitz des Schuldners]

gen des § 17 Abs. 1 nicht vorliegen, **der Schuldner aber das Grundstück im Eigenbesitze hat.**
"Der Besitz ist durch Urkunden glaubhaft zu machen, sofern er nicht bei dem Gericht offenkundig ist.

Schrifttum: *Schneider*, Der dingliche Charakter von Hausgeldansprüchen gemäß § 10 Abs. 1 Nr. 2 ZVG, ZMR 2009, 165; *Schneider*, Anordnung der Zwangsverwaltung gegen den Wohnungseigentümer wegen rückständiger Hausgelder, ZWE 2010, 204.

1. Allgemeines

1   Wie die Zwangsversteigerung richtet sich die Zwangsverwaltung gegen den Eigentümer (§ 17). Weil bei der Zwangsverwaltung aber in die aus dem Grundstück gezogenen Nutzungen vollstreckt werden soll, kann sich das Verfahren auch gegen den (Eigen-)Besitzer des Grundstücks richten. Der Vorschrift kommt **keine große praktische Bedeutung** zu. Hauptanwendungsfall ist folgende Konstellation: Kaufvertrag (mit oder ohne Auflassung) liegt vor, Besitzübergabe ist erfolgt; die Grundbucheintragung verzögert sich aber (zB wegen fehlender öffentlich-rechtlicher Genehmigung). Für diesen Fall ermöglicht § 147 die Zwangsverwaltung gegen den Käufer als Eigenbesitzer. Davon ist der Fall zu unterscheiden, dass ein Dritter das Objekt in Besitz hat, der Vollstreckungstitel aber gegen den Eigentümer als Schu lautet (dazu Rdn 54, 55 zu § 146). Eine besondere Konstellation ist gegeben, wenn der Käufer von Wohnungseigentum noch nicht als Eigentümer eingetragen ist, § 17 also nicht greift, und die im übrigen erst sog „werdende Eigentümergemeinschaft" gegen ihn die Zwangsevrwaltung betreiben will (dazu u Rdn 4).

2. Voraussetzungen der Zwangsverwaltung gegen den Eigenbesitzer

2   **a) Eigenbesitzer als Vollstreckungsschuldner.** Der Begriff "Eigenbesitzer" wird in **§ 872 BGB** definiert. Danach ist Eigenbesitzer, wer eine Sache als ihm gehörend besitzt. Die Gewalt über die Sache muss mit dem Willen ausgeübt werden, sie wie eine ihm gehörende zu besitzen. Eigenbesitzer ist nicht, wer sein Besitzrecht von einem Dritten auf Grund eines dinglichen oder persönlichen Nutzungsrechts ableitet. zB als Nießbraucher, Mieter oder Pächter. In diesem Fall richtet sich die Zwangsverwaltung gegen den Eigentümer mit der Folge, dass die Miet- oder Pachteinnahmen erfasst werden (§ 148 I).

3   Im Fall des § 147 muss sich der **Vollstreckungstitel gegen den Eigenbesitzer** richten; da nur wegen eines Anspruchs aus einem eingetragenen Recht vollstreckt werden kann (vgl Rdn 4), muss es sich um einen Duldungstitel handeln (BGHZ 96, 61). Im Titel oder in der Voll-

§ 147

streckungsklausel muss der Eigenbesitzer namentlich bezeichnet sein. Zustellung des Titels bzw der Klausel und evtl weiterer Urkunden (§ 750 II ZPO) muss an ihn erfolgt sein. In Betracht kommen kann auch bei einem gegen den Eigentümer gerichteten Vollstreckungstitel die Erteilung der Rechtsnachfolgeklausel gegen den Eigenbesitzer gemäß § 727 I ZPO, wenn das Besitzverhältnis durch öffentlich beglaubigte Urkunden (zB Ausfertigung des notariellen Kaufvertrages im unter Rdn 1 dargestellten Hauptanwendungsfall) nachgewiesen oder offenkundig ist. Die Erleichterung des § 800 II ZPO greift bei der Zwangsverwaltung gegen den Eigenbesitzer nicht, da sie sich nicht gegen den im Grundbuch eingetragenen Eigentümer richtet (*Stöber* Rdn 2.4). Der Anordnung der Zwangsverwaltung steht nicht entgegen, dass der Eigenbesitz des eingetragenen Eigentümers bestritten wird; der Dritte ist auf den Klageweg nach § 771 ZPO zu verweisen (BGH ZfIR 2004, 746; dazu auch *Hawelka*, ZfIR 2005, 14).

b) Anspruch aus einem eingetragenen Recht. Die Zwangsverwaltung gegen den Eigenbesitzer ist nur wegen eines Anspruchs aus einem eingetragenen Recht möglich. In Betracht kommen dingliche Ansprüche aus einer Hypothek, Grundschuld, Rentenschuld oder Reallast. Bei der Hypothek kann es sich auch um eine Sicherungshypothek gemäß § 1184 BGB handeln. Nicht ausreichend ist eine Vormerkung auf Eintragung eines der oben genannten dinglichen Rechte (*Stöber* Rdn 2.4). Mit einem persönlichen Vollstreckungstitel gegen den Eigenbesitzer kann die Zwangsverwaltung nicht eingeleitet werden. Ob es durch den Gl einer öffentlichen Last der Rangklasse 3 des § 10 oder die WEG-Gemeinschaft wegen Ansprüchen aus Rangklasse 2 des § 10 möglich ist, nach § 147 gegen den Eigenbesitzer vorzugehen, ist nicht geklärt. Der BGH verneint bei Zwangsverwaltung wegen rückständiger Ansprüche der WEG-Gemeinschaft in der Rangklasse 2 des § 10 die Anwendung des § 147, weil die Ansprüche der Eigentümergemeinschaft nicht im Grundbuch eingetragen seien (BGH Rpfleger 2010, 37 = NZI 2009, 823 m Anm *Drasdo* = ZfIR 2009, 830 m Anm *Schmidberger*). Auch wenn der Anspruch aus § 10 I 2. wegen seines Vorrangs dinglichen Charakter habe, stelle er kein eingetragenes Recht iSd § 147 dar (vgl BGH NZI 2009, 382; dazu *Schneider*, ZWE 2010, 204). Zwangsverwaltung und bspw auch Eintragung einer Sicherungshypothek nach §§ 866, 867 ZPO gegen den Erwerber kann danach durch die WEG-Gemeinschaft erst erfolgen, wenn dieser als Eigentümer im Grundbuch eingetragen ist (vgl auch BGH NJW 2008, 2639; BayObLG NZM 2003, 321; OLG Köln NJW-RR 2006, 445). Für die Eintragung der Sicherungshypothek trifft das schon wgeen § 39 GBO zu. Für die Zwangsverwaltung kann dagegen mit dem Vorrang der Ansprüche der Rangklassen Nrn 2 und 3 des § 10 gegenüber denen des im Grundbuch eingetragenen Gl argumentiert werden; wegen ihres Vorrangs können sie auch nicht schlechter

4

gestellt werden als dieser. So wird zutreffend der WEG-Gemeinschaft wegen ihrer Ansprüche in der Insolvenz des Eigentümers auch ein vollwertiges Absonderungsrecht nach § 49 InsO zugebilligt (AG Koblenz, ZInsO 2010, 777 m Anm *Mintzen*; *Keller* in *Elzer/Fritsch/Meier*, Wohnungseigentumsrecht, § 5 Rdn. 331; *Schneider*, ZMR 2009, 165, 170). Andererseits besteht der Zweck des § 147 darin, den Eigenbesitzer als Rechtsnachfolger bzgl des Besitzes der streitbefangenen Sache iSd § 325 I ZPO für die Ansprüche haftbar zu machen, die er als im Grundbuch eingetragen hätte kennen können. Ansprüche der Rangklassen Nrn 2 und 3 des § 10 I sind nicht eingetragen. Hätte der Gesetzgeber des ZVG diese unter § 147 subsumieren wollen, hätte er schlicht eine andere Formulierung der Vorschrift wählen müssen, die Rangklasse Nr 3 des § 10 I gibt es seit Inkrafttreten des ZVG. Freilich kann sich aber auch hinsichtlich dieser Ansprüche der Eigenbesitzer informieren. Im typischen Fall des § 147 bei Veräußerung des Grundstücks und Vollstreckung gegen den vormerkungsgesicherten Erwerber als Eigenbesitzer (oben Rdn. 1) wird der Käufer in aller Regel auch auf die mögliche Haftung für öffentliche Lasten oder Hausgeldzahlungen hingewiesen.

c) Glaubhaftmachung oder Offenkundigkeit des Eigenbesitzes. Der Eigenbesitz ist vom Gl glaubhaft zu machen sofern er nicht bei Gericht offenkundig ist. Letzteres ist dann gegeben, wenn der Eigenbesitz gerichtskundig (zB aus einem früheren Verfahren oder aus Gerichtsakten) oder allgemeinkundig (zB Tatsachen von lokaler oder regionaler Bedeutung) ist. Da Offenkundigkeit nur in seltenen Fällen gegeben sein wird, ist der Eigenbesitz in der Regel durch Urkunden glaubhaft zu machen, die vom Gl mit dem Anordnungsantrag dem Gericht vorzulegen sind. Anders als bei der Titelumschreibung gemäß § 727 ZPO ist hier die Vorlage **privatschriftlicher** Urkunden ausreichend; als solche sind denkbar behördliche Bescheinigungen, notarielle Verkaufsurkunde im unter Rdn 1 erwähnten Beispiel (Beschaffung durch den Gl gemäß § 792 ZPO) sowie die eidesstattliche Versicherung eines glaubhaften Zeugen in einer privatschriftlichen Urkunde, denn ausgeschlossen ist nur die eidesstattliche Versicherung des Gl (*H/W/F/H* Rdn 7). Ob die Voraussetzungen des Abs 2 vorliegen, entscheidet das Gericht nach freiem Ermessen. Wenn es die Glaubhaftmachung nicht als ausreichend ansieht, kann es den Gl durch eine Beanstandungsverfügung (vgl §§ 15, 16 Rdn 104–106) hierzu anhalten.

3. Verfahrensrechtliche Besonderheiten

Im Anordnungsbeschluss empfiehlt sich ein Hinweis auf den Eigenbesitz. Der nach §§ 146 I, 19 I vorgeschriebene Zwangsverwaltungsvermerk ist auch bei der Vollstreckung gegen den Eigenbesitzer einzutragen; die fehlende Eintragung des Schu oder das eingetragene Eigentum eines Dritten ist hierbei unschädlich.

4. Rechtsstellung des Eigentümers

Das Eigentum eines Dritten ist bei der Zwangsverwaltung gegen den Eigenbesitzer kein der Zwangsverwaltung entgegenstehendes Recht iS § 28, da § 147 gerade diese Möglichkeit zulässt. Der Eigentümer ist Beteiligter gemäß § 9 Nr 1; er ist von der Verfahrensanordnung nach § 146 II zu benachrichtigen. Da der Eigentümer das Grundstück nicht besitzt oder Nutzungen daraus zieht, entfaltet die gegen den Eigenbesitzer angeordnete Zwangsverwaltung gegen ihn keine Wirkungen. Wenn er in seinem Recht verletzt wird, kann er Drittwiderspruchsklage nach § 771 ZPO erheben; denkbar wäre dies, wenn er die Wirksamkeit des eingetragenen Rechts anzweifelt. Bestreitet er den Eigenbesitz des Schu oder macht er sonst das Fehlen einer Vollstreckungsvoraussetzung geltend, kann er dagegen mit der Erinnerung nach § 766 ZPO vorgehen.

5. Rechtsbehelfe

Zu den Möglichkeiten des Eigentümers siehe Rdn 7. Für den Eigenbesitzer gelten die allgemeinen Regeln: Gegen den Anordnungs- (oder Beitritts-)beschluss ohne vorherige Anhörung kann er die Vollstreckungserinnerung gemäß § 766 ZPO einlegen, anschließend die sofortige Beschwerde gemäß § 793 ZPO. Im Einzelnen wird auf § 15, 16 Rdn 134 verwiesen.

§ 148 [Beschlagnahme des Grundstücks; Umfang]

¹ **Die Beschlagnahme des Grundstücks umfaßt auch die im § 21 Abs. 1, 2 bezeichneten Gegenstände. Die Vorschrift des § 23 Abs. 1 Satz 2 findet keine Anwendung.**

II **Durch die Beschlagnahme wird dem Schuldner die Verwaltung und Benutzung des Grundstücks entzogen.**

Schrifttum: *Eickmann,* Temporäre Beschlagnahme- und Verfahrenswirkungen in der Zwangsverwaltung, ZfIR 2003, 102; *Fischer,* Der Zwangsverwalter und § 135 Abs. 3 InsO – Gesellschaftsinterne Nutzungsverhältnisse, ZfIR 2010, 312; *Plander,* Die Erstreckung der Hypothekenhaftung auf bewegliche Sachen u. a., JuS 1975, 345; *Wedekind,* Baukostenzuschuss/Mietinvestitionen in der aktuellen Rechtsprechung des BGH, ZfIR 2009, 841; *Weimar,* Die mithaftenden Gegenstände bei den Grundpfandrechten, MDR 1979, 464; *ders.,* Das Zubehör und seine Rechtslage, MDR 1980, 907.

Übersicht

	Rn.
1. Allgemeines	1
2. Umfang der Beschlagnahme in der Zwangsverwaltung	3
a) Grundstück und Bestandteile	3

§ 148 [Beschlagnahme des Grundstücks; Umfang]

b) Land- und forstwirtschaftliche Erzeugnisse	4
c) Zubehör	5
3. Miet- und Pachtforderungen	6
4. Subjektiv dingliche Rechte	13
5. Gewerbebetrieb	13a
6. Sonstiges	14
7. Entziehung der Verwaltung und Benutzung des Grundstücks	15

1. Allgemeines

1 Um den Zweck des Zwangsverwaltungsverfahrens – die Befriedigung des Gl aus den Nutzungen des Grundstücks herbeizuführen – zu erreichen, **erweitert** § 148 sowohl den **Umfang** der Beschlagnahme als auch deren **Wirkungen** im Vergleich zum Zwangsversteigerungsverfahren. Nachdem § 20 II den Umfang der Beschlagnahme dahingehend normiert, dass sie sich auf alle Gegenstände bezieht, auf die sich gemäß §§ 1120 ff BGB die Hypothek erstreckt, schränkt § 21 I, II für die Zwangsversteigerung deren Umfang wieder ein. § 148 I beseitigt diese Beschränkung und stellt den vollen Beschlagnahmeumfang wieder her. Unerheblich ist hierbei, ob die Zwangsverwaltung aus einem dinglichen oder persönlichen Anspruch betrieben wird (BGH Rpfleger 1985, 161).

2 Anders als in der Zwangsversteigerung wird bei der Zwangsverwaltung dem Schu die Verwaltung und Benutzung des Grundstücks **vollständig entzogen** (Ausnahmen: 149 I, III). § 24, der dem Schu die Verwaltung und Benutzung des Grundstücks im Rahmen einer ordnungsgemäßen Bewirtschaftung gestattet, findet hier keine Anwendung. Ausdrücklich ausgeschlossen ist ferner, dass der Schu über einzelne bewegliche Sachen innerhalb der Grenzen einer ordnungsmäßigen Wirtschaft verfügen kann, § 148 I 2.

2. Umfang der Beschlagnahme in der Zwangsverwaltung

3 **a) Grundstück und Bestandteile.** Da der Umfang der Beschlagnahme in der Zwangsverwaltung weitergehend ist als in der Zwangsversteigerung, erstreckt sie sich zunächst auf die Gegenstände, die schon von der Versteigerungsbeschlagnahme erfasst werden: Grundstücke (§ 864 I ZPO), Grundstücksbruchteile, sofern es sich um Miteigentumsanteile handelt (§ 864 II ZPO), Wohnungs- und Teileigentum (§ 864 II ZPO, §§ 1, 6 WEG), Erbbaurecht und Wohnungserbbaurecht (§ 11 I ErbbauVO, § 864 II ZPO, §§ 1, 6 WEG). Daneben kommen noch in Frage: wesentliche und nichtwesentliche Bestandteile (im Einzelnen hierzu §§ 20, 21 Rdn 13–18), alle zum Zeitpunkt des Wirksamwerdens der Beschlagnahme noch nicht getrennten land- und forstwirtschaftlichen Erzeugnisse; wegen Einzelheiten wird insoweit auf §§ 20, 21 Rdn 7–34 verwiesen.

§ 148

b) Land- und forstwirtschaftliche Erzeugnisse. Der Beschlagnahme unterliegen ferner die vom Boden **getrennten** land- und forstwirtschaftlichen Erzeugnisse. Hierbei ist nicht erforderlich, dass es sich bei diesen Erzeugnissen um Zubehör handelt (§ 148 I, § 21 I). Voraussetzung ist, dass sie noch der Hypothekenhaftung unterliegen (§ 20 II, §§ 1120 bis 1122 BGB). Somit sind von der Beschlagnahme **nicht erfasst:** Bestandteile und Erzeugnisse, die mit der Trennung in das Eigentum eines anderen als des Eigentümers oder des Eigenbesitzers (bei § 147) gelangt sind, zB des Nießbrauchers oder des Pächters; ferner die Erzeugnisse, die von der Haftung nach §§ 1121, 1122 BGB freigeworden sind oder an denen vor Beschlagnahme durch Veräußerung, Verarbeitung oder Vermischung beschlagnahmefreies Eigentums erworben worden ist. 4

c) Zubehör. Auf Zubehör erstreckt sich die Beschlagnahme, wenn es in das Eigentum des Eigentümers (oder des Eigenbesitzers bei § 147) gelangt ist (§ 20 II, § 146 I, § 1120 BGB). Nicht erfasst werden Zubehörgegenstände, die vor Beschlagnahme aus der Hypothekenhaftung nach §§ 1120, 1121 freigeworden sind. Da die Bestimmung des § 55 II in der Zwangsverwaltung keine Anwendung findet, wird Zubehör, das im **Eigentum eines Dritten** steht (Mieter, Pächter, Nießbraucher) **nicht erfasst** (*Stöber* Rdn 2.2; *H/W/F/H* Rdn 10). 5

3. Miet- und Pachtforderungen

Sie sind ausdrücklich von der Beschlagnahme bei der Zwangsverwaltung erfasst (§ 148 I 2 mit § 21 II). Miet- und Pachtverträge, die der Schu vor Verfahrensanordnung mit Mietern/Pächtern geschlossen hat, sind gemäß § 152 II dem Zwangsverwalter gegenüber wirksam, wenn das Grundstück vor der Beschlagnahme dem Mieter oder Pächter auch überlassen wurde. Weil dem Mieter/Pächter das daraus entspringende Benutzungs- oder Fruchtziehungsrecht bleibt, erstreckt sich die Hypothekenhaftung auf die Miet- oder Pachtforderung (§ 1123 I BGB). Zu beachten ist, dass sich die Beschlagnahmewirkung nur auf die Miet- oder Pachtzins**forderung** nicht aber auf bereits wirksam an den Schu gezahlte Miete bezieht; selbst wenn die Miete noch unvermischt beim Schu vorhanden sein sollte, ist die Forderung durch Zahlung erloschen, und der beim Schuldner liegende Geldbetrag ist von der Beschlagnahme nicht erfasst. Unerheblich ist, ob die Miet-/Pachtforderung aus einem entsprechenden Vertrag über das Grundstück selbst oder über einen mithaftenden Gegenstand (zB Zubehör) entspringt (LG Hagen Rpfleger 1999, 341). Der Beschlagnahme unterliegt die sog **Bruttomiete**, also die Miete einschließlich der Vorauszahlungen auf Nebenkosten (*Stöber* Rdn 2.3 und § 152 Rdn 12.9). Die Nebenkostenvorauszahlungen sind iÜ kein durchlaufender Posten des Vermieters, sie sind Bestandteil der Mietforderung und gehen mit Zahlung voll in das Vermögen des Vermieters. Gleiches gilt für **Umsatzsteuer**, wenn die Vermietung mit Umsatzsteuer 6

§ 148 [Beschlagnahme des Grundstücks; Umfang]

erfolgt (§ 4 Nr 12, § 9 UStG; vgl § 152 Rdn 67). Nach Beendigung des Mietverhältnisses bis zur Rückgabe der Mietsache besteht Anspruch des Vermieters auf **Nutzungsentgelt** nach § 546a BGB, dieses ist wie Miete von der Beschlagnahme erfasst. Die Beschlagnahme erstreckt sich auch auf die vom Mieter geleistete **Kaution** (§ 551 BGB) als Nebenforderung des Mietverhältnisses (*Stöber* § 152 Rdn 12.13c; *Staudinger/Wolfsteiner*, BGB, Rdn 27 zu § 1123). Der Schu hat sie an den Zwangsverwalter herauszugeben. Mit dem Anordnungsbeschluss als Vollstreckungstitel kann gegen den Schu auch die Zwangsvollstreckung auf Herausgabe der Kaution betrieben werden (BGH Rpfleger 2005, 463 m Anm *Schmidberger*). Ist der Anspruch auf Rückzahlung der Kaution bereits durch einen anderen Gl gepfändet, geht diese Pfändung nach § 804 III ZPO vor; § 1124 BGB ist nicht anzuwenden, da die Kaution keine wiederkehrende Leistung ist. Bei der Herausgabevollstreckung nach § 883 ZPO und der Abgabe der eidesstattlichen Versicherung zum Verbleib einer Kaution nach § 883 II ZPO ist der Schuldner lediglich zu der Angabe verpflichtet sei, daß er die Kaution nicht mehr habe und auch nicht wisse, wo sie sich befinde (BGH ZfIR 2008, 583; LG Heilbronn Rpfleger 2007. 620). Erklärt der Schuldner, er habe Kautionen mit anderen Ansprüchen gegen den Mieter verrechnet, sei er zu weitergehenden Auskünften nicht mehr verpflichtet.

7 **a) Laufende** Miet-/Pachtforderungen sind von der Beschlagnahme erfasst unter Berücksichtigung des § 1124 II BGB: Rechtsgeschäftliche Verfügungen („**Vorausverfügungen**", insbes Einziehung, Abtretung, Aufrechnung, Erlass, Verpfändung) oder die Fahrnispfändung (konkret: Pfändungs- und Überweisungsbeschluss) sind dem Beschlagnahmegläubiger unwirksam, soweit sie sich auf den Miet- oder Pachtzins für eine spätere Zeit als den zurzeit der Beschlagnahme laufenden Kalendermonat beziehen; erfolgt die Beschlagnahme nach dem fünfzehnten des Monats, so ist die Verfügung insoweit noch wirksam, als sie sich auf den Zins für den folgenden Kalendermonat bezieht. Die Abtretung der Miete ist auch dann unwirksam, wenn sie an einen dem die Zwangsverwaltung betreibenden rangbesseren ding Gl erfolgte (BGHZ 163, 201). Bei der **Pfändung** der Miete ist zu unterscheiden: Erfolgte sie durch einen Gl auf Grund eines Zahlungstitels, ist sie nach § 1124 BGB mit Beschlagnahme unwirksam. Erfolgte sie durch einen dingl Gl auf Grund des Duldungstitels – Grundschuldbestellung mit Vollstreckungsunterwerfung, § 794 I 5. ZPO- (OLG Saarbrücken Rpfleger 1993, 80; *Staudinger/Wolfsteiner*, BGB, Rdn 13, 18 f; MüKo*Eickmann*, BGB, Rdn 22 je zu § 1123 BGB), bleibt sie bestehen, da wegen der Haftung des § 1123 BGB die sog dingl Pfändung als Beschlagnahme iSd § 1124 BGB gilt (BGHZ 163, 201, 208); es gilt die Rangfolge des § 11 mit § 879 BGB. Nach Insolvenzeröffnung ist die dingl Pfändung der Miete unzulässig (BGHZ 168, 339; eing *Keller*, InsR, Rdn 1053). Die Vereinbarung einer Einmalabgeltung als Miete oder eines Baukostenzuschusses für unbest Zeit ist kein Fall des

§ 148

§ 1124 BGB, sie ist auch in der Zwangsverwaltung wirksam (BGH NJW 1959, 380; BGHZ 37, 346; Palandt/*Bassenge* Rdn 4; kritisch *Staudinger/ Wolfsteiner*, BGB, Rdn 25 f je zu § 1124 BGB).

b) **Für rückständige** Miet-/Pachtforderungen wird die Beschlagnahme durch § 1123 II 1 BGB abgegrenzt: Fällige und eben nicht vom Schuldner eingezogene Forderungen werden mit Ablauf eines Jahres nach Eintritt der Fälligkeit von der Haftung frei, wenn nicht vorher die Beschlagnahme im Wege der Zwangsverwaltungsanordnung erfolgt. 8

c) Ansprüche aus Betriebskostenabrechnungen unterliegen als Forderungen aus dem Mietverhältnis der Beschlagnahme. Ihre Enthaftung nach § 1123 II BGB ist ab dem Zugang einer nachprüfbaren Abrechnung an den Mieter zu berechnen, da erst damit der Nachzahlungsanspruch fällig wird (BGHZ 113, 188; *Stöber* Rdn 2.3c). Nach § 556 III 3 BGB kann bei verspäteter Abrechnung (mehr als zwölf Monate) der Mieter eine Nachzahlung verweigern. 9

d) Lastet am beschlagnahmten Grundstück ein **Nießbrauch,** so kommt es für die Beschlagnahme darauf an, ob dieser dem Zwangsverwaltung betreibenden Gl im Range vor- oder nachgeht. Bei Vorrang des Nießbrauchrechtes unterliegen die Miet-/Pachtforderungen nicht der Beschlagnahme, da sie von vorneherein nicht im Vermögensbereich des Eigentümers lagen sondern dem Nießbrauchsberechtigten zustanden. Hat dagegen der Nießbrauch Nachrang, so muss sich der Nießbraucher ab dem Zeitpunkt der Beschlagnahme der Rangwirkung des § 879 BGB unterordnen mit der Folge, dass Miet- und Pachtforderungen von der Beschlagnahme erfasst werden und vom Zwangsverwalter einzuziehen sind. 10

e) Bei **Untermiete** bestehen nur Ansprüche des Mieters gegen den Untermieter. Der Grundstückseigentümer (Vollstreckungsschuldner) ist nicht Inhaber dieser Ansprüche. Daher kann die Beschlagnahme die Mietforderungen aus dem Untermietverhältnis nicht erfassen (BGHZ 161, 289). Beschlagnahme kommt in Betracht, wenn der Hauptmietvertrag wegen Gläubigerschädigung nach § 138 BGB nichtig ist (BGH Rpfleger 2005, 323; eing *Staudinger/Wolfsteiner*, BGB, Rdn 8 zu § 1123 BGB). 11

f) Im **Insolvenzverfahren** (über das Vermögen des Mieters oder Pächters) kann der Insolvenzverwalter ohne Rücksicht auf die Vertragsdauer das Miet- oder Pachtverhältnis kündigen, § 109 I 1 InsO). Gemäß § 109 I 2 InsO steht dem Grundstückseigentümer (Vollstreckungsschuldner der Zwangsverwaltung) ein Schadensersatzanspruch zu. Dieser Schadensersatzanspruch wird bei der Zwangsverwaltung von der Beschlagnahme erfasst (OLG Frankfurt NJW 1981, 235). 12

g) Nach Inkrafttreten des MoMiG (Gesetz zur Modernisierung des GmbH-Rechts und zur Bekämpfung von Missbräuchen v 23.1.2008 (BGBl I S 2026) wurden die Regelungen zum sog **Kapitalersatz** nach § 32a GmbHG weitgehend abgeschafft und in das Insolvenzrecht (§ 39 I 12a

§ 148 [Beschlagnahme des Grundstücks; Umfang]

Nr 5, § 135 InsO) übertragen (*Baumbach/Hueck/Fastrich*, GmbHG, 19. Aufl. 2010, Einl Rdn 38 f). Fraglich ist daher, ob diese Regelungen in der Zwangsverwaltung weiter Beachtung finden. Hat bei der Zwangsverwaltung des einem Gesellschafter einer Kapitalgesellschaft gehörenden Grundstücks der Gesellschafter der Gesellschaft das Grundstück unentgeltlich überlassen (sog kapitalersetzende Nutzungsüberlassung), soll die in Insolvenz befindliche Gesellschaft befugt sein, das Grundstück weiter zu nutzen (BGH Rpfleger 2005, 372 u 374). Nach § 135 III InsO soll dafür ein Nutzungsentgelt gezahlt werden, das aber wohl nur nachrangige Insolvenzforderung nach § 39 I Nr 5 InsO sein kann. Die Rechtslage ist hier noch sehr umstr (vgl *Fischer*, ZfIR 2010, 312; allg *Baumbach/Hueck/Fastrich*, GmbHG, § 30 Anh Rdn 79 f). Hat der Grundstückseigentümer das Grundstück der GmbH kapitalersetzend überlassen, soll nach der Rspr zum früheren § 32a GmbHG in entspr Anwendung § 1124 BGB Nutzungsentgelt an den Zwangsverwalter zu zahlen sein (BGH Rpfleger 2000, 285; *Morvilius*, Rdn 811).

4. Subjektiv dingliche Rechte

13 Diese gelten wegen der Fiktion des § 96 I BGB als Bestandteil des Grundstücks und werden schon als solches von der Beschlagnahme erfasst (hierzu §§ 20, 21 Rdn 26). **Wiederkehrende Leistungen** aus diesen Rechten (zB bei einer subjektiv dinglichen Reallast, Überbau- oder Notwenrente, bei Grunddienstbarkeiten die Ansprüche nach §§ 1021 II, 1022 S 2 BGB) werden in der Zwangsverwaltung gemäß § 148 I 1, § 21 II von der Beschlagnahme erfasst. Dies gilt bei der Zwangsverwaltung des mit einem Erbbaurecht belasteten Grundstücks insbes für den dingl gesicherten Erbbauzins (§ 9 ErbbauRG). Hinsichtlich der zeitlichen Begrenzungen gelten im Wesentlichen die gleichen Regelungen wie bei Miet- oder Pachtforderungen (siehe Rdn 6).

5. Gewerbebetrieb

13a Der Gewerbebetrieb ist von der Beschlagnahme des Grundstücks und mithaftender Gegenstände erfasst, wenn er untrennbar mit dem Grundstück verbunden. Dies ist der Fall, wenn das Gebäude speziell auf das Gewerbe zugeschnitten und eingerichtet ist. Die Beschlagnahme erstreckt sich dann auch auf Zubehör. Beschlagnahmt ist daher der Hotelbetrieb samt Küche, Geschirr, Wäsche und Vorräte (BGHZ 163, 9; *Stöber* Rdn 9.1; *Dassler/Engels*, Rdn 33 je zu § 152). Unter dieser Voraussetzung ist der Zwangsverwalter auch befugt, einen Gewerbebetrieb zumindest zeitweise fortzuführen (BGHZ 163, 9). Weitere Beispiele für beschlagnahmten Gewerbebetrieb sind Gaststätte, Freizeitpark, Kurklinik oder Tankstelle (BGHZ 163, 9, 15, 16; OLG Dresden Rpfleger 1999, 410).

§ 148

6. Sonstiges

Von der Beschlagnahme erfasst werden **Versicherungsforderungen** 14
hinsichtlich des Grundstücks und seiner wesentlichen Bestandteile, die
der Hypothekenhaftung unterliegen (§ 20 II, § 1127 BGB), in der
Zwangsverwaltung auch hinsichtlich land- und forstwirtschaftlicher
Erzeugnisse (§ 21 I, § 148 I 1). Zum Freiwerden der Versicherungsforderungen durch Enthaftung §§ 20, 21 Rdn 51. Auf das **Milchkontingent**
(Referenzmenge, Recht zur abgabefreien Milchanlieferung) erstreckt
sich die Beschlagnahme nicht, da es ein personenbezogenes Recht ist
(BGH Rpfleger 1991, 429; *H/W/F/H* Rdn 8). Auch das gesetzliche
Früchtepfandrecht nach § 10 DüngemittelG wird von der Beschlagnahme nicht berührt. Allerdings kann hier der Zwangsverwalter das
Pfandrecht zum Erlöschen bringen, indem er die Forderung aus dem
Düngemittelankauf durch Zahlung erfüllt, um dann die Früchte selbst
verwerten zu können (*Stöber* Rdn 2.9).

7. Entziehung der Verwaltung und Benutzung des Grundstücks

Mit der Beschlagnahme verliert der Schu die tatsächliche Verwaltungs- 15
und Benutzungsbefugnis über das Grundstück und die miterfassten
Gegenstände. Der Zwangsverwalter tritt insoweit in die Rechtsstellung
des Schu ein (näheres hierzu § 152). Unberührt bleiben Geschäfts- und
Prozessfähigkeit des Schu; ebenso ist seine Rechtsposition hinsichtlich
seiner sonstigen Vermögensgegenstände in keinerlei Weise beeinträchtigt. Auch zu Verfügungen über das Beschlagnahmeobjekt ist weiterhin
nur der Eigentümer befugt; nur er und nicht der Zwangsverwalter kann
Grundbucheintragungen beantragen und bewilligen. Dies gilt bei einer
Zwangsverwaltung über Wohnungs- oder Teileigentum auch für Änderungen der Teilungserklärung (LG Bonn Rpfleger 1983, 324).

Anders als in der Zwangsversteigerung ist dem Schu die Verwaltung 16
und Benutzung des Grundstücks auch innerhalb der Grenzen einer ordnungsgemäßen Wirtschaft nicht gestattet; § 24 findet in der Zwangsverwaltung keine Anwendung. Ausgeschlossen ist das Verfügungsrecht des
Schu auch hinsichtlich **einzelner der Beschlagnahme unterworfener
Gegenstände,** da 148 I 2 die Bestimmung des § 23 I 2 ausdrücklich
verneint. Für Wohnmöglichkeiten des Schu auf dem Grundstück sowie
der Befriedigung seiner Unterhaltsbedürfnisse bei land- und forstwirtschaftlichen sowie gärtnerisch genutzten Grundstücken siehe § 149.

Unzulässig ist es, die Zwangsverwaltung von **vorneherein** auf einen 17
Teil der Nutzungen zu beschränken; allerdings können der (oder die)
betreibende Gl mit Wirkung gegen alle Beteiligten **einzelne** von der
Beschlagnahme erfasste Gegenstände freigeben.

§ 149 [Wohnräume und Unterhalt des Schuldners]

I Wohnt der Schuldner zur Zeit der Beschlagnahme auf dem Grundstücke, so sind ihm die für seinen Hausstand unentbehrlichen Räume zu belassen.

II Gefährdet der Schuldner oder ein Mitglied seines Hausstandes das Grundstück oder die Verwaltung, so hat auf Antrag das Gericht dem Schuldner die Räumung des Grundstücks aufzugeben.

III Bei der Zwangsverwaltung eines landwirtschaftlichen, forstwirtschaftlichen oder gärtnerischen Grundstücks hat der Zwangsverwalter aus den Erträgnissen des Grundstücks oder aus deren Erlös dem Schuldner die Mittel zur Verfügung zu stellen, die zur Befriedigung seiner und seiner Familie notwendigen Bedürfnisse erforderlich sind. Im Streitfall entscheidet das Vollstreckungsgericht nach Anhörung des Gl, des Schuldners und des Zwangsverwalters. Der Beschluß unterliegt der sofortigen Beschwerde.

Schrifttum: *Weimar,* Schranken bei der Zwangsvollstreckung gegen Landwirte, MDR 1973, 197.

Übersicht

	Rn.
1. Allgemeines	1
2. Wohnrecht des Schuldners	2
a) Umfang des Wohnrechts	2
b) Personenkreis der Berechtigten	3
c) Nutzungsentschädigung	4
d) Entscheidung über das Wohnrecht	5
3. Räumung bei Gefährdung	7
a) Räumungsgründe	7
b) Zahlung von Betriebskosten	7a
c) Räumungsbeschluss	8
d) Rechtsbehelfe, Durchführung der Räumung, Vollstreckungsschutz	9
4. Unterhalt des Schuldners	12
a) Grundsatz: Kein Unterhaltsanspruch	12
b) Sonderregelungen bei bestimmten Grundstücken	16
c) Art und Umfang der Unterhaltsgewährung	17
d) Entscheidung über Unterhaltsgewährung; Rechtsbehelfe	19

1. Allgemeines

1 Dem Schu wird bei der Zwangsverwaltung die Verwaltung und Benutzung vollständig entzogen. Aus sozialen Gründen im öffentlichen Inte-

§ 149

resse (drohende Obdachlosigkeit) und aus Billigkeitserwägungen (BGH NJW 1995, 2846) schränkt § 149 diese für ihn einschneidenden Maßnahmen ein und sichert ihm ein Wohnrecht an den für seinen Hausstand unentbehrlichen Räumen. Bei einem land- oder forstwirtschaftlich oder gärtnerisch genutzten Grundstück gewährt § 149 III dem Schu darüberhinaus die Möglichkeit, Unterhalt aus den Erzeugnissen des Grundstücks zu erhalten oder die zur Befriedigung seiner Bedürfnisse erforderlichen Mittel aus dem Verkauf dieser Erzeugnisse zur Verfügung gestellt zu bekommen. Streitfälle in Bezug auf beide Rechtspositionen (Wohnrecht/Unterhalt) hat das Vollstreckungsgericht zu entscheiden. Im Zwangsversteigerungsverfahren ist eine dem § 149 entsprechende Regelung nicht erforderlich, da dem Schu dort die Verwaltung und Benutzung im Rahmen einer ordnungsgemäßen Bewirtschaftung (§ 24) und die Nutzungen bis zur Zuschlagserteilung (§ 56 S 2) belassen werden.

2. Wohnrecht des Schuldners

a) Umfang des Wohnrechts. Ein Wohnrecht kommt nur in Frage, 2 wenn der Schu bei Beschlagnahmeeintritt bereits auf dem Beschlagnahmeobjekt wohnt. Er hat also **kein** Wohnrecht, um in eine während des Zwangsverwaltungsverfahrens frei werdende Wohnung einzuziehen; hier kann er nur durch einen Mietvertrag mit dem Zwangsverwalter gegen Mietzinszahlung die Wohnung benutzen. Er kann seinen Anspruch aus § 149 I nicht abtreten (*H/W/F/H* Rdn 3). Der Schu kann auf den ihm zustehenden Anspruch (insgesamt oder nur hinsichtlich einzelner Räume) verzichten, er erhält in diesem Falle keinen Entschädigungsanspruch aus der Zwangsverwaltungsmasse. Das Recht erstreckt sich nur auf **Wohnräume**, wobei auf ein dauerndes Bewohnen abgestellt wird (keine Ferienwohnung). Zu den Wohnräumen gehören auch die dazu benötigten Nebenräume wie zB Keller, Speicher, Waschraum, Trockenraum usw. Auch das erforderliche Hausgerät ist dem Schu zu belassen, selbst wenn es sich dabei um Zubehör handelt (zB Einbauküche, Waschmaschine, Trockner oä). Bei der Bemessung der überlassenen Räume ist auf die Lebensverhältnisse des Schu insbesondere auch auf seinen Familienstand, die Zahl seiner Kinder oder bei ihm lebende sonstige Verwandte abzustellen. **Gewerblich genutzte Räume** (zB Büro, Lagerraum, Praxis) sind von § 149 I nicht erfasst. Solche Räume kann der Schu nur weiter benutzen, wenn er mit dem Zwangsverwalter einen Mietvertrag darüber abschließt (BGH Rpfleger 1992, 402). Problematisch kann sich die Situation bei gemischt genutzten Wohnungen (Wohnräume/gewerblich genutzte Räume) darstellen, zB der Schu nutzt ein Zimmer seiner Wohnung als Büro für eine selbstständige Tätigkeit als Handelsvertreter; im Zweifel sollte für den Gewerberaum ein Mietvertrag geschlossen werden. Wegen Behandlung bei Streitfällen siehe Rdn 5, 6.

§ 149 [Wohnräume und Unterhalt des Schuldners]

3 **b) Personenkreis der Berechtigten.** Berechtigter des Wohnrechts ist der Eigentümer (Vollstreckungsschuldner), im Fall des § 147 der Eigenbesitzer. Bei Miteigentümern hat jeder Einzelne von ihnen ein eigenes Wohnrecht. Den Mitgliedern des Hausstandes (Ehepartner, eingetr Lebenspartner, Kinder, Eltern, Geschwister, auch nichtehelicher Lebensgef) steht kein eigenes, sondern ein vom Schu abgeleitetes Wohnrecht zu (siehe Rdn 5, 6). Ihnen entstehen daraus Verhaltenspflichten, deren Folgen bei Nichteinhaltung den Schu treffen können (Rdn 7 ff). Trennt sich der Schu während des Zwangsverwaltungsverfahrens von seinem Ehepartner oder stirbt dieser, bleibt den zu diesem Zeitpunkt in der Wohnung lebenden Personen das Wohnrecht (*Stöber* Rdn 2.2; *Steiner/Hagemann* Rdn 4). Veräußert der Schu während des Verfahrens das Grundstück, verliert er sein Wohnrecht; es geht nicht auf den Erwerber über (BGHZ 130, 314, 319). Im Insolvenzverfahren über das Vermögen des Schu findet § 149 keine Anwendung; hier gehört das Objekt zur Insolvenzmasse und ist vom InsVerw zu verwerten. Soweit aber die Zwangsverwaltung dem InsVerw ggü wirksam ist (§ 146 Rdn. 40; allg § 28 Rdn 16 f), bleibt auch das Wohnrecht aus § 149 bestehen. Ist Schu eine **juristische Person** oder eine Personengesellschaft, so scheidet eine Belassung von Wohnraum (auch Unterhalt nach § 149 III) schon begrifflich aus (BGH VersR 1964, 865); dies gilt auch, wenn der Geschäftsführer und Alleingesellschafter der GmbH das Objekt bewhont. Bei ihnen kann nur eine gewerbliche Nutzung in Betracht kommen, deren Schutz § 149 nicht bezweckt.

4 **c) Nutzungsentschädigung.** Die Frage, ob der Schu für sein Wohnrecht eine **Nutzungsentschädigung** zu zahlen hat, ist gesetzlich nicht geregelt; § 149 I gewährt ihm nur einen Anspruch auf Belassung der Räume, ohne dafür eine Gegenleistung festzulegen. Für eine Nutzungsentschädigung fehlt es an einer Anspruchsgrundlage, so dass eine solche auch nicht verlangt werden kann (*Stöber* Rdn 2.3; *Depré/Mayer* Rdn 460; *Dassler/Engels* Rdn 11). Unbestritten ist, dass der Schu die auf ihn treffenden Nebenkosten (Wasser, Gas, Strom, Heizung ua) tragen muss (s a Rdn 7a).

5 **d) Entscheidung über das Wohnrecht.** Über die Frage, ob und in welchem Umfang dem Schu ein Wohnrecht zusteht, entscheidet zunächst der Zwangsverwalter. Er ist hierbei nicht an Wünsche oder Anregungen der Gl gebunden. Zweckmäßigerweise soll er dem Vollstreckungsgericht über die von ihm getroffenen Maßnahmen berichten (§ 3 I 2 e ZwVwV). Auch über den Abschluss von Mietverträgen mit dem Schu über die von § 149 I nicht erfassten Räume entscheidet er nach eigenem Ermessen (siehe auch § 152 Rdn 46).

6 Gl, Schu oder sonstige Beteiligte (§ 9) können eine Entscheidung durch das Vollstreckungsgericht herbeiführen. Das Gericht hat vorher den Zwangsverwalter und die Beteiligten zu hören. Die Entscheidung

§ 149

des Gerichts ist von den Beteiligten mit sofortiger Beschwerde anfechtbar (§ 11 I RPflG, § 793 I ZPO); dem Zwangsverwalter steht kein Anfechtungsrecht zu, da er dem Vollstreckungsgericht weisungsunterworfen ist (*Stöber* Rdn 2.4).

3. Räumung bei Gefährdung

a) Räumungsgründe. Die Räumung kann angeordnet werden, wenn das Grundstück oder die Zwangsverwaltung durch den Schuldner gefährdet werden. Ob eine dieser Voraussetzungen gegeben ist, muss vom Vollstreckungsgericht in jedem Einzelfall geprüft werden. Beispiele für Gefährdungslagen: Beschädigungen durch den Schu, Zulassen von Beschädigungen durch Mitglieder seines Hausstandes, Vernachlässigung der Wohnung, Verwahrlosung (*Steiner/Hagemann* Rdn 24) und mangelnde Beaufsichtigung und Fürsorge gegenüber eigenen Kindern (*Jaeckel/Güthe* Rdn 4), widerrechtliche Benutzung von Räumen, Abschreckung von Miet- oder Pachtinteressenten, Drohungen oder Tätlichkeiten gegenüber Zwangsverwalter, Mieter oder Pächter. Folge der Gefährdungshandlung muss sein, dass das Beschlagnahmeobjekt in seinem Bestand oder seiner Ertragsmöglichkeit beeinträchtigt wird oder dass die Geschäftsführung des Zwangsverwalters wesentlich erschwert oder gar vereitelt wird (LG Bremen MDR 1956, 49). Einzelne Handlungen sind nur dann ausreichend, wenn Wiederholungsgefahr besteht. Es muss schuldhaftes Handeln (Vorsatz, Fahrlässigkeit) vorliegen. Die Beeinträchtigungen müssen vom Schu selbst oder von einem Mitglied seines Hausstandes ausgehen; der Schu hat für schuldhaftes Verhalten von Familienangehörigen einzustehen. Verhalten des Schuldners aus der Zeit vor Anordnung der Zwangsverwaltung ist nur dann relevant, wenn es sich nachwirkend auf die Zwangsverwaltung negativ auswirkt, im übrigen ist nur das Verhalten des Schuldners während des Verfahrens maßgebend (BVerfG Rpfleger 2009, 329).

b) Zahlung von Betriebskosten. Nach bislang einhelliger Ansicht hat der Schuldner für die Überlassung der Wohnräume zwar keine Miete oder Nutzungsentschädigung zu zahlen, wohl aber die Betriebskosten oder bei Wohnungseigentum das laufende Hausgeld (aber keine Vorschusspflicht: LG Duisburg Rpfleger 208, 323 m Anm *Selwe*; *Stöber* Rdn 2.3; *Dassler/Engels* Rdn 11). Die beharrliche Weigerung oder Nichtentrichtung dieser Zahlungen sollte dann ein Grund für eine Räumung nach § 149 II sein (AG Heilbronn Rpfleger 2004, 236 m. Anm. *Schmidberger*; LG Zwickau Rpfleger 2004, 646; LG Leipzig Rpfleger 2009, 337; *Stöber* Rdn 2.3; *Dassler/Engels* Rdn 11, 20). Nach gegenteiliger Ansicht des BGH (Rpfleger 2008, 268 = ZflR 2008, 342 m Anm *Bergsdorf*; BGH Rpfleger 2009, 252 = ZflR 2009, 147 m Anm *Schmidberger*) hat der Zwangsverwalter wegen § 155 I die Pflicht, Betriebskosten zu zahlen oder Hausgeld an die Wohnungseigentümergemeinschaft zu

§ 149 [Wohnräume und Unterhalt des Schuldners]

entrichten. Können die Kosten aus den Nutzungen nicht gedeckt werden, hat er sie beim betreibenden Gläubiger einfordern zu lassen (§ 161 III). Bei Wohnungseigentum könne iÜ § 18 II 2. mit § 19 WEG angewendet werden. Diese Ansicht ist problematisch: Sie übersieht, dass die Gefährdung auch bei Nichtzahlung der Betriebskosten gerade durch den Schuldner selbst herbeigeführt wird. Eine Gefährdung der körperlichen Substanz des Objektes ist nach dem Wortlaut des § 149 II nicht gefordert, ausdrücklich nennt die Vorschrift auch die Gefährdung der Verwaltung. Diese Gefährdung kann beseitigt werden, wenn der Schuldner aus dem Objekt geräumt wird und dieses ordnungsgemäß vermietet wird. Bei Wohnungseigentum ist § 149 II mit § 18 II 2. WEG nicht vergleichbar, da mit der Räumung nach § 149 II der Schuldner gerade nicht zur Veräußerung gezwungen wird. Es dürfte dem Gl auch schwer zu vermitteln sein, dass er durch Vorschusszahlung über § 161 III das Wohnrecht seines Schuldners finanzieren soll. Der Rechtsprechung des BGH kann insoweit Rechnung getragen werden, als eine Betriebskostenzahlung durch den Schu ausscheidet, wenn er tatsächlich wirtschaftlich dazu nicht in der Lage ist, insbes bei Hilfebedürftigkeit iSd SGB II; dann scheidet auch § 149 II aus (so im Sachverhalt BGH Rpfleger 2009, 252; dazu auch § 146 Rdn 6). Ist der Schu zahlungsfähig, ist nicht einzusehen, dass er durch die Zwangsverwaltung besser gestellt sein soll als ohne. § 149 II ist dann anwendbar.

8   c) **Räumungsbeschluss.** Die Voraussetzungen des § 149 und insbes des § 149 II können bei Anordnung der Zwangsverwaltung nicht geprüft werden. Das Vollstreckungsgericht entscheidet nur auf Antrag, nicht von Amts wegen (*Stöber* Rdn 3.4). Antragsberechtigt sind der Zwangsverwalter, der betreibende Gl und sonstige Beteiligte iS § 9, da auch deren Interessen beeinträchtigt sein können. Bei der Festlegung der zu treffenden Maßnahmen hat das Gericht den Grundsatz der Verhältnismäßigkeit zu beachten; es ist also zu prüfen, ob nicht durch Anordnungen gemäß § 25 die Gefährdung beseitigt werden kann (zB Ermahnungen des Schu, Festsetzung von Zwangsgeld und -haft). Wenn solche Maßnahmen nicht als ausreichend anzusehen sind, was regelmäßig der Fall sein wird, ist durch Beschluss die Räumung anzuordnen. Möglich ist hierbei **vollständige Räumung** (sämtliche Personen, sämtliche Räume) aber auch Beschränkung auf einzelne Räume oder einzelne Personen (zB bestimmte Hausangehörige, wobei aber wegen §§ 1353 I 2, 1626 I BGB dies nicht gegen den Ehepartner oder minderjährige Kinder ausgesprochen werden kann, *Stöber* Rdn 3.5). Der Räumungsbeschluss ist dem Schu zuzustellen, hinsichtlich der übrigen Beteiligten genügt formlose Mitteilung. Der Beschluss ist Vollstreckungstitel gemäß § 794 I Nr 3 ZPO; er bedarf keiner Vollstreckungsklausel und ist sofort vollstreckbar (LG Hamburg Rpfleger 2004, 304); empfehlenswert ist aber, die Rechts-

§ 149

kraft abzuwarten, wenn nicht besondere Umstände keinen Aufschub erlauben (*H/W/F/H* Rdn 11).

d) Rechtsbehelfe, Durchführung der Räumung, Vollstreckungsschutz. Beschwerdeberechtigt sind beim Räumungsbeschluss der Schu, beim ablehnenden Beschluss alle Antragsberechtigten mit Ausnahme des Zwangsverwalters; diesem steht kein Beschwerderecht zu (wie Rdn 6). Zulässiges Rechtsmittel ist die **sofortige Beschwerde** gemäß § 11 I RPflG, § 793 I ZPO. 8

Die **Durchführung der Räumung** erfolgt auf Antrag des Zwangsverwalters durch den Gerichtsvollzieher gemäß § 885 ZPO. Eine richterliche Vollstreckungsgenehmigung ist gemäß § 758 a II ZPO nicht erforderlich (*Zöller/Stöber* § 758 a Rdn 33). 10

Vollstreckungsschutz kann dem Schu gemäß § 765 a ZPO gewährt werden, wenn besondere Umstände eine außergewöhnliche Härte für ihn darstellen. Bei dieser Bestimmung handelt es sich aber um eine eng auszulegende Ausnahmeregelung, die nur in seltenen Fällen durchgreift (BGH Rpfleger 2009, 252 = ZfIR 2009, 147 m. Anm. *Schmidberger*; *H/W/F/H* Rdn 12). 11

4. Unterhalt des Schuldners

a) Grundsatz: Kein Unterhaltsanspruch. Grundsätzlich wird dem Schu im Zwangsverwaltungsverfahren kein Unterhaltsanspruch zugebilligt; soweit er kein anderes Einkommen hat, ist er auf ALG II nach SGB II oder Sozialhilfe nach SGB XII zu verweisen (LG Saarbrücken Rpfleger 1995, 265). Der Gl ist für den Lebensunterhalt des Schu nicht verantwortlich. Im Insolvenzverfahren kann Unterhalt aus der Insolvenzmasse gewährt werden, wenn dies von der Gläubigerversammlung beschlossen wird (§ 100 I InsO). Laufen Insolvenzverfahren und Zwangsverwaltung gleichzeitig nebeneinander, verdrängt § 100 I InsO als spezielle Regelung § 149 III. 12

Die nach § 811 Nr 1 bis 3 ZPO **unpfändbaren Sachen** sind dem Schu auch in der Zwangsverwaltung zu belassen. Diese Aussage ist jedoch eher theoretischer Natur, da die nach § 811 Nr 1 und 2 ZPO unpfändbaren Gegenstände ohnehin nur in den äußersten Ausnahmefällen von der Beschlagnahme erfasst sein können; die bei landwirtschaftlichen Grundstücken in Frage kommenden Sachen des § 811 Nr 3 ZPO sind bei der Zwangsverwaltung von §§ 149 III, 150 e geschützt (*Stöber* Rdn 4.5). 13

Wird der **Schu** im Zwangsverwaltungsverfahren für den Zwangsverwalter gegen Entgelt tätig (zB **als Hausmeister**), so kann er für seine Dienste eine Entschädigung aus dem mit dem Zwangsverwalter geschlossenen (Dienst-)Vertrag verlangen; es handelt sich hierbei um keine Unterhaltsgewährung gemäß § 149 III. 14

In ganz außergewöhnlich gelagerten Fällen, die besondere Härten mit sich bringen, kann unabhängig von § 149 III dem Schu im Wege des 15

Vollstreckungsschutzes gemäß **§ 765 a ZPO** eine Unterstützung zugebilligt werden. Dies wird jedoch auf Ausnahmefälle begrenzt sein und nur soweit in Betracht kommen, als andere Möglichkeiten (insbes ALG II und Sozialhilfe) nicht greifen.

16 **b) Sonderregelungen bei bestimmten Grundstücken.** Bei der Zwangsverwaltung über ein land-, forstwirtschaftlich oder gärtnerisch genutztes Grundstück hat der Schu einen Anspruch auf Unterhaltsleistungen aus den Erträgnissen des Grundstücks oder aus deren Erlös. Ob ein derartiges Grundstück gegeben ist, hängt von der tatsächlichen Nutzung ab, nicht von der Grundbucheintragung oder dem Beruf des Eigentümers (OLG Oldenburg DNotZ 1956 , 489).

17 **c) Art und Umfang der Unterhaltsgewährung.** Unterstützung bei diesen land-, forstwirtschaftlich oder gärtnerisch genutzten Grundstücken erfolgt entweder dadurch, dass der Zwangsverwalter dem Schu Erträgnisse des Grundstücks (zB Gemüse, Getreide, Fleisch uä) oder einen Geldbetrag aus deren Verkaufserlös zur Verfügung stellt. Auch eine Kombination von Natural- und Geldleistungen ist möglich. Bei Geldbeträgen empfiehlt es sich, von vornherein eine genau festgelegte Summe zu benennen.

18 Bei der Höhe ist auf die Bedürfnisse des Schu und seiner Familie abzustellen. Der davon betroffene Personenkreis deckt sich nicht mit dem Begriff "Hausstand" in § 149 I; Hausangestellte, die beim Schu wohnen, sind wohl von § 149 I erfasst, aber nicht von § 149 III; andererseits kann eine Unterhaltsleistung für ein zu Ausbildungszwecken auswärts wohnendes Kind des Schu von Abs 3 erfasst sein (*Steiner/Hagemann* Rdn 52). Was unter **"notwendigen Bedürfnissen"** gemäß § 149 III zu verstehen ist, richtet sich nach dem Einzelfall. Anhaltspunkte bieten die jeweiligen Sozialhilfesätze, die vergleichbar bei der Unterhaltspfändung nach § 850 d ZPO gewährt werden sowie die bei der Pfändung von Arbeitseinkommen nach der Tabelle zu § 850 c III ZPO pfandfreien Beträge als Obergrenze. Bei der Festlegung sind sonstige Einkünfte des Schu und seiner Familie zu berücksichtigen.

18 **d) Entscheidung über Unterhaltsgewährung; Rechtsbehelfe.** Ob, in welcher Art und in welcher Höhe überhaupt Unterhalt gemäß § 149 III geleistet wird, entscheidet zunächst der Zwangsverwalter; er hat darüber dem Vollstreckungsgericht zu berichten (§ 3 I 2 Buchst h ZwVwV). Im Streitfall zwischen Zwangsverwalter, Gl oder Schu entscheidet das Gericht, das vorher diese Personen anzuhören hat (§ 149 III 2); eine Anhörung der übrigen Beteiligten (§ 9) ist nicht erforderlich. Der Beschluss ist dem Gl, dem Schu und den sonstigen Beteiligten zuzustellen, an den Zwangsverwalter genügt formlose Mitteilung. Gegen die Entscheidung des Vollstreckungsgerichts ist sofortige Beschwerde möglich, §§ 149 III 3, § 11 I RPflG; über sie entscheidet das zuständige

§ 150

Landgericht (§ 72 GVG). Beschwerdeberechtigt sind alle Beteiligte, nicht der Zwangsverwalter.

Ist der **Schu** gemäß § 150 b zum **Zwangsverwalter** bestellt, entscheidet ausschließlich das Vollstreckungsgericht, ob und in welchem Umfang Erzeugnisse oder deren Erlös aus der Zwangsverwaltungsmasse entnommen werden können; auf Rdn 21 zu §§ 150 b bis e wird verwiesen. 20

§ 150 [Bestellung des Verwalters; Übergabe des Grundstücks]

^I**Der Verwalter wird von dem Gerichte bestellt.**

^{II}**Das Gericht hat dem Verwalter durch einen Gerichtsvollzieher oder durch einen sonstigen Beamten das Grundstück zu übergeben oder ihm die Ermächtigung zu erteilen, sich selbst den Besitz zu verschaffen.**

Schrifttum: *Beier*, Der Gerichtsvollzieher in der Zwangsverwaltung, DGVZ 2008, 149; *Depré*, Die Auswahl der Person des Zwangsverwalters – Grundrechtsschutz auf Kosten der Gläubiger?, ZfIR 2006, 565; *Keller*, Aktuelle Fragen zur Vergütung des Zwangsverwalters, ZfIR 2005, 225.

Übersicht

	Rn.
1. Allgemeines	1
2. Die Bestellung des Zwangsverwalters (§ 150 I)	3
a) Die Person des Zwangsverwalters	3
b) Auswahl des Zwangsverwalters	3b
c) Bestellungsbeschluss	4
d) Rechtsbehelfe	6
3. Höchstpersönlichkeit des Verwalteramtes und Delegationbefugnis	6a
4. Übergabe des Grundstücks (§ 150 II)	7
a) Grundlagen	7
b) Formen der Besitzverschaffung	8
c) Widerstand des Schu	11
d) Besitz eines Dritten	13

1. Allgemeines

Da dem Schu gemäß § 148 II durch die Beschlagnahme die Verwaltung und Benutzung des Grundstücks entzogen wird, muss vom Gericht als sog Zwangsverwalter eine Person eingesetzt werden, die diese Befugnisse übernimmt. § 150 I wird ergänzt durch § 150 a und § 150 b, die besondere Fälle der Verwaltung regeln. 1

Da der Zwangsverwalter sein Amt nur ausüben kann, wenn er den Besitz am Beschlagnahmeobjekt innehat, regelt § 150 II, wie ihm dieser Besitz eingeräumt werden kann. 2

§ 150 [Bestellung des Verwalters; Übergabe des Grundstücks]

2. Die Bestellung des Zwangsverwalters (§ 150 I)

3 **a) Die Person des Zwangsverwalters.** Zum Zwangsverwalter kann nur eine **natürliche Person** bestellt werden, in einem Verfahren kann auch nur ein Zwangsverwalter bestellt werden, ein Nebeneinander von Verwaltern über dasselbe Objekt ist nicht zulässig. Das Anforderungsprofil wird durch § 1 II ZwVwV beschrieben: Danach ist eine **geschäftkundige** Person zu bestellen, die Gewähr für eine ordnungsgemäeß Durchführung der Zwangsverwaltung bietet. Kriterien hierzu sind die Einrichtung eines funktionierenden Büros, rechtliche Kenntnisse besonders im Vollstreckungsrecht, aber auch im Mietrecht und Grundstücksrecht oder Steuerrecht und Gespür für das oeprative Geschäft der Immobilienverwaltung (BR-Drucks 842/03, S. 10). Eine besondere berufliche Qualifikation ist nicht gefordert; zumeist werden Diplom-Kaufleute oder Rechtsanwälte bestellt, denkbar ist auch die Bestellung von berufsmäßigen Hausverwaltern, doch auch hier müssen Kenntnisse in den Besonderheiten der Zwangsverwaltung vorhanden sein. Ob eine **Ortsnähe** vom Zwangsverwalter gefordert werden kann, ist nicht abschließend geklärt, wegen der Notwendigkeit, das konkrete Zwangsverwaltungsobjekt zu bewirtschaften, wird man eine Ortsnähe durchaus fordern können; allerdings ist auch die Delegationsfähigkeit einzelner Tätigkeiten innerhalb des eigenen Büros zu berücksichtigen. **Unabhängigkeit** des Zwangsverwalters vom Schu und dem betreibenden Gl wird – anders als beim Insolvenzverwalter (§ 56 InsO) – nicht ausdrücklich gefordert. Es versteht sich aber, dass keine Person bestellt werden sollte, die dem Schu besonders nahesteht (Steuerberater des Schu LG Augsburg Rpfleger 1997, 78). Eine Nähe zum Gl wird oft mit Verweis auf § 150a für nicht problematisch gehalten; doch auch hier ist zu berücksichtigen, dass der Zwangsverwalter dem Gl nicht weisungsgebunden ist und oft auch gegen dessen Interessen handeln muss. Der Zwangsverwalter muss bei der Ausübung seiner Tätigkeit nicht stets höchstpersönlich handeln, § 1 III ZwVwV übernimmt zwar die wenig glückliche Formulierung der Vorgängernorm, die Begründung der ZwVwV betont aber die **Delegationsfähigkeit** einzelner Tätigkeiten an qualifizierte Mitarbeiter (BR-Drucks 842/03, S. 10). An externe Dienstleister darf der Zwangsverwalter Tätigkeiten delegieren, wenn ein vernünftig handelnder Eigentümer diese auch nach Außen delegiert hätte. Er kann dann bei besonderer beruflicher Qualifikation die Tätigkeit auch selbst erledigen und gesondert honoriert werden (§ 17 III ZwVwV). Der Zwangsverwalter ist nach § 1 IV ZwVwV zum Abschluss einer Vermögensschadenhaftpflichtversicherung verpflichtet.

3a **Unfähig** zum Verwalteramt ist, wer die persönlichen Voraussetzungen des § 1 ZwVwV nicht erfüllt. Das Gericht darf eine ungeeignete Person nicht bestellen. Bei Auswahlverschulden droht Amtshaftung nach § 839 BGB mit Art. 34 GG. Die Bestellung des Zwangsverwalters unterliegt

§ 150

nicht dem Spruchrichterprivileg des § 839 Abs. 2 BGB (zur Insolvenzverwaltebestellung eingehend MüKo/*Graeber*, InsO, § 56 Rdn 177 f). Unfähig ist insbesondere auch, wer durch strafbare Verwendung eines nicht vorhandenen akademischen Grades oder Titels seine Befähigung zum Zwangsverwalteramt vortäuscht. Ein solcher Zwangsverwalter ist von Amts wegen zu entlassen. Er verwirkt damit auch seinen Vergütungsanspruch (BGH Rpfleger 2010, 96; AG Duisburg Rpfleger 2009, 521; zum Insolvenzverwalter: BGHZ 159, 122). Zum Verwalteramt unfähig ist auch der Rechtspfleger, der beim Vollstreckungsgericht selbst Zwangsverwaltungsverfahren bearbeitet (BGH Rpfleger 2010, 151; LG Stuttgart Rpfleger 2009, 44).

b) Auswahl des Zwangsverwalters. Zuständig für Auswahl und Bestellung ist das Vollstreckungsgericht. Die Auswahl ist für den weiteren Verlauf des Zwangsverwaltungsverfahrens von außerordentlich wichtiger Bedeutung; die Bestellung eines Verwalters, der für das Amt ungeeignet ist, kann für alle Beteiligten negative Auswirkungen haben. Die Auswahl des Insolvenzverwalters nach § 56 InsO war in den letzten Jahren umfangreich Gegenstand der Diskussion, das BVerfG hatte durch verschiedene Entscheidungen Grundlagen für die Schaffung sog **Vorauswahllisten** erarbeitet (BVerfG NZI 2004, 574; BVerfG NZI 2006, 453; BVerfG NZI 2009, 641; *Graf-Schlicker*, InsO, 2007, § 56 Rdn 2 bis 26; *Frind* in Hamburger Kommentar, InsO, 3. Aufl. 2009, § 56 Rdn 4 f und 29 f; MüKo/*Graeber*, InsO, § 56 Rdn 85 f). Noch nicht abschließend geklärt ist, ob diese Grundsätze auch für die Auswahl des Zwangsverwalters gelten; sie werden zumindest bedacht werden müssen, auch wenn man der Zwangsverwaltung noch nicht die Qualität einer grundgesetzlich geschützten Berufsausübung iSd Art. 12 GG zubilligen will (OLG Koblenz Rpfleger 2005, 618; eingehend *Depré*, ZfIR 2006, 565; zur Vergütung aber BGH Rpfleger 2004, 367). Nach BVerfG v 3.8.2004 (BVerfG NZI 2004, 574) gelten für die Vorauswahl folgende Grundsätze: Das Gericht erstellt **objektive Kriterien**, die jeder Bewerber erfüllen soll; hier kann theoretisch jeder Vollstreckungsrechtspfleger (§ 3 Nr. 1 i RPflG) selbst entscheiden, eine gemeinsame Linie des Gerichts ist wünschenswert; der Gerichtsvorstand oder auch der Vollstreckungsrichter haben kein Weisungsrecht. Die Kriterien der Vorauswahl sind transparent zu kommunizieren. Es können Fragebögen oder Merkblätter erarbeitet werden. Es dürfen keine sachfremden Kriterien abgefragt werden (zB Familienstand: nein; Vorstrafen aus Vermögensdelikten: ja). Mit den Bewerbern kann auch ein pers Gespräch geführt werden. Erfüllt der Bewerber die sachlichen Vorauswahlkriterien des Gerichts, ist er in die Auswahlliste aufzunehmen. Diese ist ihrm Umfang nach nicht beschränkt. Gegen die Nichtaufnahme in die Liste steht der Rechtsweg nach § 23 EGGVG offen (OLG München ZVI 2005, 318; OLG Schleswig NJW 2005, 1664; OLG Hamburg NJW 2006, 451; OLG Köln NZI

3b

§ 150 [Bestellung des Verwalters; Übergabe des Grundstücks]

2007, 105; OLG Nürnberg NZI 2008, 616); Antragsgegner ist je nach Landesrecht der betr Rechtspfleger (für InsO: Richter BGH ZIP 2007, 1379) oder Gerichtsvorstand (KG EWiR 2008, 145) oder Träger der Landesjustizverw (Sachsen: BGH ZIP 2008, 515). Bei der **Bestellung zum Zwangsverwalter im konkreten Verfahren** ist das Gericht nicht an eine bestimmte Reihenfolge der Liste gebunden (wohl auch nicht an die Liste selbst, MüKo/*Graeber*, InsO, § 56 Rdn 105; aA *Römermann*, ZInsO 2004, 937). Der Bewerber hat keinen konkreten Anspruch auf Bestellung, er kann seine Nichtberücksichtigung nicht anfechten. Er könnte aber bei Nichtberücksichtigung Feststellung der Rechtswidrigkeit entspr § 28 I 4 EGGVG oder Amtshaftung geltend machen wollen (sehr umstr zur Amtshaftung, *Hess/Ruppe*, NZI 2004, 641; *Wieland*, ZIP 2007, 462). Das Vollstreckungsgericht muss bei seiner konkreten Auswahlentscheidung jedenfalls nicht begründen, warum gerade dieser Bewerber geeignet ist und ein anderer nicht (OLG Frankfurt a M Rpfleger 2009, 102).

4 **c) Bestellungsbeschluss. Die Bestellung des Zwangsverwalters** erfolgt im **Anordnungsbeschluss**, um sogleich die erforderlichen Maßnahmen in Gang setzen zu können. Von einer mündlichen Bestellung sollte abgesehen werden. Nach § 2 ZwVwV erhält der Verwalter eine Ausfertigung des Beschlusses, durch den Zwangsverwaltung angeordnet und seine Bestellung erfolgt ist.

5 Die **Bestellung** gilt grundsätzlich für das gesamte Verfahren. Eine **Entlassung** auf Antrag ist nur aus wichtigen Gründen (zB schwere Erkrankung, Ortswechsel) möglich; die Entlassung darf nicht zur Unzeit erfolgen, vor allem wenn wichtige Maßnahmen keinen Aufschub dulden. Die Entlassung wirkt erst mit Zustellung des gerichtlichen Beschlusses (LG Rostock Rpfleger 2001, 40). Zur Entlassung von Amts wegen siehe § 153 Rdn 15.

6 **d) Rechtsbehelfe.** Gegen die getroffene **Auswahl der bestellten Person** können Gl, Schu und sonstige Beteiligte (§ 9) Vollstreckungserinnerung gemäß § 766 ZPO einlegen, wenn ohne vorherige Anhörung entschieden wurde (OLG Hamm Rpfleger 1988, 36). Die gerichtliche Nachprüfung im Erinnerungsverfahren beschränkt sich auf die Ausübung des pflichtgemäßen Ermessens bei der Beurteilung der Geeignetheit des Verwalters (LG Rostock Rpfleger 2001, 40). Gegen die Entscheidung des Richters (§ 20 Nr 17 RPflG) auf diese Erinnerung ist sofortige Beschwerde gemäß § 793 ZPO möglich. Bei Bestellung des Zwangsverwalters nach Anhörung ist unmittelbar sofortige Beschwerde gemäß § 11 I RPflG, § 793 I ZPO zum Landgericht (§ 72 GVG) möglich; diese Anfechtungsmöglichkeit besteht auch für den Zwangsverwalter bei seiner Entlassung (OLG Hamm OLGZ 1994, 611).

§ 150

3. Höchstpersönlichkeit des Verwalteramtes und Delegationbefugnis

Zum Zwangsverwalter ist eine nat Pers zu bestellen. Dies umfasst auch, dass das Amt grds persönlich auszuüben ist. Der Verwalter darf die Verwaltung **nicht gänzlich einem anderen übertragen**. Ist er verhindert, die Verwaltung zu führen, so hat er dies dem Gericht unverzüglich anzuzeigen. Zur Besorgung einzelner Geschäfte kann er sich anderer Personen bedienen. Ihm ist auch gestattet, Hilfskräfte zu unselbstständigen Tätigkeiten unter seiner Verantwortung heranzuziehen (§ 1 III ZwVwV). Zwar geht § 1 III ZwVwV von der **Höchstpersönlichkeit** des Zwangsverwalteramtes aus, eine Delegation einzelner Tätigkeiten ist aber gestattet (der erste Entwurf der Zwangsverwalterverordnung v 28.11.2002 wollte auf Regelungen zur Delegationsfähigkeit insgesamt verzichten). Anhaltspunkte für Zulässigkeit einer Delegation enthalten § 19 ZwVwV betreffend die Stundensätze für einzelne Tätigkeiten sowie § 17 III ZwVwV betreffend die Entnahme besonderer Gebühren (eingehend *Keller*, ZfIR 2009, 385).

6a

Nach bürgerlichem Recht sind Tätigkeiten übertragbar, die allgemein für Stellvertretung offen sind (zur Insolvenzverwaltung *Eickmann*, KTS 1986, 197; *Graeber*, NZI 2003, 569). Verfahrensrechtliche Tätigkeiten oder Erklärungen, die der Zwangsverwalter gegenüber dem Gericht vorzunehmen hat, können nicht durch einen Vertreter erledigt werden. Eine **Delegation** innerhalb des eigenen Büros durch Sachbearbeiter ist bei vorbereitenden Tätigkeiten selbstverständlich möglich. Gleiches gilt für die praktische Führung der Zwangsverwaltung. Es ist eine Frage der Büroorganisation, ob der Zwangsverwalter entsprechende Verträge oder Schriftsätze vorbereiten läßt und lediglich unterzeichnet oder ob er sie selbst ausarbeitet.

6b

Höchstpersönlich sollten rechtsgestaltende Erklärungen und Erklärungen gegenüber dem Gericht (Jahresrechnung, Schlussrechnung) erledigt werden. Ob die Inbesitznahme höchstpersönlich erledigt werden muss, ist streitig; die Praxis fordert dies zumeist (großzügig aber LG Potsdam, ZfIR 2009, 105 m Anm *Hawelka*; eng AG Leipzig ZfIR 2008, 810; aufgehoben durch LG Leipzig, Beschl. v. 18.6.2008 – 3 T 380/08, n veröff). Bei der **Delegation der Inbesitznahme** handelt es sich letztlich aber um eine Frage der Qualifikation der eigenen Mitarbeiter. Die Inbesitznahme ist hoheitliche Maßnahme, die auch die Beschlagnahme herbeiführen kann (§ 151 Abs. 1 ZVG). Ob der Zwangsverwalter die Inbesitznahme qualifizierten Mitarbeitern überträgt, ist ihm zu überlassen. Freilich muß der Inbesitznahmebericht nach § 3 ZwVwV seine Unterschrift tragen und dokumentieren, durch wen die Inbesitznahme erfolgt ist. Eine Delegation an einen externen Dienstleister ist nicht zulässig.

6c

Delegation iSd § 1 III 3 und § 21 II ZwVwV ist Delegation an einen **externen Dienstleister**. Angemessen ist diese Übertragung, wenn ein

6d

§ 150 [Bestellung des Verwalters; Übergabe des Grundstücks]

sonst vernünftig Handelnder, der über keine berufsspezifischen Spezialkenntnisse verfügt, die Tätigkeit einem Dritten übertragen würde (zur Insolvenzverwaltung BGHZ 139, 309; BGH NZI 2005, 103). Der Zwangsverwalter muß nicht Rechtsanwalt oder Steuerberater sein. Soweit er besondere berufliche Qualifikation vorweisen kann, ist ihm eine besondere Vergütung zuzubilligen, wenn er als Rechtsanwalt oder Steuerberater oder in sonstiger Weise beruflich besonders qualifiziert tätig wird (§ 17 III ZwVwV). § 17 III ZwVwV regelt als vergütungsrechtliche Folge das, was sachlichrechtlich ohnehin zulässig ist (für Konkursverwaltung BGHZ 55, 101; BFH NJW 1965, 2271). Die Delegation einzelner Aufgaben ist auch an Personen zulässig, mit denen der Zwangsverwalter gesellschaftsrechtlich verbunden ist (zum Konkursverwalter BGHZ 113, 262). Der Verwalter hat aber dem Gericht rechtzeitig den Sachverhalt unmißverständlich aufzuzeigen. Der Verwalter hat auch über die Höhe des Honorars und die wirtschaftliche Position innerhalb der beauftragten Gesellschaften und Unternehmen Auskunft zu geben. Im Vergütungsantrag hat der Zwangsverwalter umfassend darzulegen, welche Dienst- oder Werkverträge er abgeschlossen hat und welche Vergütungen er hierfür gezahlt hat (für den Insolvenzverwalter § 8 Abs. 2 InsVV; BGH NZI 2005, 103). Das Gericht ist verpflichtet und berechtigt, zu überprüfen, ob die Beauftragung Externer gerechtfertigt war. Maßstab ist das vernünftige Handeln eines Zwangsverwalters, der die für die konkrete Tätigkeit erforderlichen beruflichen Spezialkenntnisse nicht hat. Ergibt sich, dass eine Beauftragung eines Dritten nicht hätte erfolgen dürfen, ist das Gericht berechtigt, das an den Dritten gezahlte Honorar oder die entnommenen Gebühren unmittelbar von der Vergütung abzuziehen.

6e Die Kosten der eigenen Mitarbeiter bei Delegation im Innenverhältnis sind durch die Vergütung des Zwangsverwalters abgegolten (§ 21 I 2 ZwVwV). Die Kosten für eine beauftragte Hausverwaltung oder Hausreinigung gehören zu den Ausgaben der Zwangsverwaltung nach § 155 I. Die Honorare für Beauftragung Dritter (Anwälte etc.) sind als Auslagen iSd § 21 II 2 ZwVwV zur Vergütung des Zwangsverwalters zu zahlen (BGH Rpfleger 2009, 632 = ZfIR 2009, 834 m Anm *Bergsdorf*; *Stöber* § 153 Rdn 6.4; *Dassler/Engels* § 152a Rdn 26; *Keller*, ZfIR 2005, 225, 234). Der Zwangsverwalter kann auch hierfür Vorschuss nach § 22 S. 2 ZwVwV erhalten, das Gericht darf bei der Vorschussbewilligung nicht kleinlich sein, gerade dann nicht, wenn hohe Auslagen entstehen.

4. Übergabe des Grundstücks (§ 150 II)

7 **a) Grundlagen.** Der Zwangsverwalter muss das Grundstück besitzen, um die Verwaltung und Benutzung ausüben zu können (BGHZ 96, 61). Deshalb begründet § 150 II den Anspruch, dass er in den Besitz des Beschlagnahmeobjekts gelangt. Mit Besitzerlangung kann auch die Beschlagnahmewirksamkeit eintreten (§ 151 I). Grundsätzlich ist dem

§ 150

Zwangsverwalter der unmittelbare Besitz zu verschaffen; bei der Zwangsverwaltung über einen Miteigentumsanteil genügt die Verschaffung des Mitbesitzes. Ist der Schu selbst nur mittelbarer Besitzer, genügt es, wenn dem Zwangsverwalter der mittelbare Besitz (§ 868 BGB) übertragen wird; dadurch ist er in die Lage, die sonst dem Eigentümer zustehenden Rechte auszuüben, insbesondere Miet- oder Pachtzinsen zu vereinnahmen. Da sich die Beschlagnahme auch auf Zubehör und mithaftende Gegenstände erstreckt (vgl hierzu § 148) ist auch insoweit der Besitz zu übertragen. Die Besitzverschaffung bezieht sich auch auf Urkunden wie Mietverträge, Abrechnungen, Versicherungsscheine, Nachweise über Kautionen; Vollstreckung erfolgt entspr § 836 III 3 ZPO durch den Gerichtsvollzieher (BGH Rpfleger 2005, 463 m Anm *Schmidberger*; OLG München Rpfleger 2002, 373; LG Berlin Rpfleger 1993, 123; *Stöber* Rdn 7.2; *Dassler/Engels* Rdn 43 f). Über die Inbesitznahme hat der Zwangsverwalter einen umfassenden Bericht nach Maßgabe des § 3 ZwVwV zu erstellen und dem Gericht zuzuleiten.

b) Formen der Besitzverschaffung. Durch § 150 II werden zwei 8 Möglichkeiten aufgezeigt, wie der Zwangsverwalter in den Besitz des Grundstücks gelangt: Entweder durch unmittelbare Besitzübergabe durch einen Gerichtsvollzieher oder sonstigen Beamten oder durch Ermächtigung des Zwangsverwalters, sich den Besitz zu verschaffen.

aa) Mit der **Besitzübergabe** kann vom Vollstreckungsgericht ein 9 Gerichtsvollzieher oder sonstiger Beamter (Urkundsbeamter der Geschäftsstelle, Gemeindebeamter) beauftragt werden; auch der Rechtspfleger selbst kann dies vornehmen. Der Zwangsverwalter wird hierbei durch diese Personen unmittelbar in den Besitz eingesetzt. Diese Form der Besitzeinräumung ist ungebräuchlich und nur dann angezeigt, wenn Schwierigkeiten bei der Besitzerlangung zu erwarten sind; in diesen Fällen kann durch den Gerichtsvollzieher auch polizeiliche Hilfe in Anspruch genommen werden.

bb) Die **Ermächtigung des Zwangsverwalters zur Besitzver-** 10 **schaffung** ist der Regelfall. Zweckmäßigerweise wird sie sogleich im Anordnungsbeschluss aufgenommen. Ist der Schu weder unmittelbarer noch mittelbarer Besitzer des Grundstücks und verweigert der Dritte, der den Besitz innehat, die Herausgabe, ist die Zwangsverwaltung rechtlich undurchführbar (dazu § 146 Rdn 55; BGHZ 96, 61).

c) Widerstand des Schu. Wenn dem Zwangsverwalter der Besitz am 11 Grundstück und den der Beschlagnahme unterliegenden beweglichen Sachen vom Schu freiwillig eingeräumt wird, ergeben sich keine Schwierigkeiten. Bei Widerstand des Schu erfolgt Besitzergreifung unter Zuhilfenahme des Gerichtsvollziehers (*Beier*, DGVZ 2008, 149). Dieser hat nach § 885 I ZPO den Schu aus dem Besitz zu setzen und den Zwangsverwalter in denselben einzuweisen. Bewegliche Sachen nimmt er dem Schu weg und übergibt sich dem Zwangsverwalter (§ 883 I ZPO). Der Zwangsverwalter

§ 150 a [Vorgeschlagener Verwalter]

selbst ist nicht berechtigt, den Widerstand des Schu zu brechen, es muss immer der Gerichtsvollzieher zugezogen werden (§ 892 ZPO).

12 **Vollstreckungstitel** ist der Anordnungsbeschluss mit der Ermächtigung zur Besitzverschaffung; da der Beschluss dem Schu bereits von Amts wegen zugestellt wurde, ist eine erneute Zustellung nur in den Fällen erforderlich, in denen die Ermächtigung in eigenem selbstständigen Beschluss ausgesprochen wurde. Bei der Besitzverschaffung durch den Gerichtsvollzieher handelt es sich um eine Vollstreckungsmaßnahme; erfolgt sie an Sonn- oder Feiertagen oder zur Nachtzeit (§ 188 I 2 ZPO), so darf sie nur erfolgen, wenn sie keine unbillige Härte für den Schu darstellt oder der zu erwartende Erfolg in keinem Mißverhältnis zum Eingriff steht; sie darf nur mit richterlicher Anordnung erfolgen (§ 758 a IV ZPO). Verweigert der Schu das Betreten des Objekts und verhindert er auf diese Weise die Besitzergreifung durch den Zwangsverwalters, kann der Gerichtsvollzieher den Widerstand des Schu brechen und Öffnung und Durchsuchung des Hauses zum Zwecke der Besitzergreifung durchsetzen; eine besondere richterliche Genehmigung ist wegen § 758 a II ZPO nicht erforderlich (*Depré/Mayer* Rdn 448).

13 **d) Besitz eines Dritten.** Ist nicht der Schu sondern ein Dritter unmittelbarer Besitzer des Grundstücks, so ist zunächst darauf abzustellen, ob der Schu mittelbarer Besitzer ist. Trifft dies zu (zB bei Miet- oder Pachtverträgen), so reicht die Erlangung des mittelbaren Besitzes (§ 868 ZPO) durch den Zwangsverwalter aus. Er tritt dann nach Maßgabe des Besitzmittlungsverhältnisses in die Rechte des Schu gemäß § 152 II ein und kann dann Miet- oder Pachtzins vereinnahmen, Kündigungen aussprechen usw.

14 Ist der Schu nicht mittelbarer Besitzer (wenn zwischen ihm und dem Dritten kein Besitzmittlungsverhältnis im Sinne des § 868 BGB besteht), so ist die Besitzerlangung durch den Zwangsverwalter unproblematisch, wenn der Dritte **herausgabebereit** ist. Ist er jedoch dazu bereit, so kann gegen ihn nicht unmittelbar vorgegangen werden (§ Rdn 55 zu 146). Dies gilt auch dann, wenn der Dritte lediglich Mitbesitzer/Mitbewohner ist (BGH Rpfleger 2005, 154). Es ist dann gegen ihn ein Duldungs- (auf Duldung der Zwangsvollstreckung) oder Herausgabetitel vom Gl zu erwirken (LG Göttingen Rpfleger 2006, 32): Der Gl kann sich den Herausgabeanspruch des Eigentümers gegen den Dritten pfänden und zur Einziehung überweisen lassen und so den Duldungs- oder Herausgabeanspruch im Klagewege durchsetzen.

15 Dritte im Sinne der vorstehenden Ausführungen ist nicht der **Besitzdiener** des Schu; hier ist der Schu unmittelbarer Besitzer (§ 855 BGB).

§ 150 a [Vorgeschlagener Verwalter]

[1]**Gehört bei der Zwangsverwaltung eines Grundstücks zu den Beteiligten eine öffentliche Körperschaft, ein unter staatlicher**

§ 150 a

Aufsicht stehendes Institut, eine Hypothekenbank oder ein Siedlungsunternehmen im Sinne des Reichssiedlungsgesetzes, so kann dieser Beteiligte innerhalb einer ihm vom Vollstreckungsgericht zu bestimmenden Frist eine in seinen Diensten stehende Person als Verwalter vorschlagen.

IIDas Gericht hat den Vorgeschlagenen zum Verwalter zu bestellen, wenn der Beteiligte die dem Verwalter nach § 154 Satz 1 obliegende Haftung übernimmt und gegen den Vorgeschlagenen mit Rücksicht auf seine Person oder die Art der Verwaltung Bedenken nicht bestehen. Der vorgeschlagene Verwalter erhält für seine Tätigkeit keine Vergütung.

Schrifttum: *Mayer*, Die Institutsverwaltung heute – ein Plädoyer für die Abschaffung, ZfIR 2005, 809; *Selke*, Vorfahrt für die Institutszwangsverwaltung, ZfIR 2005, 812.

Übersicht

	Rn.
1. Allgemeines	1
2. Vorschlagsrecht	2
3. Voraussetzungen für die Bestellung eines Institutsverwalters	4
4. Bestellung des Vorgeschlagenen	9
5. Verwalterwechsel	13
6. Stellung des Institutsverwalters	14
7. Rechtsbehelfe	15

1. Allgemeines

Die Vorschrift regelt die Möglichkeit, eine bei einem Gl angestellte 1 Person auf dessen Vorschlag zum Zwangsverwalter zu ernennen. Ihren Ursprung hat sie im Jahre 1915, seinerzeit sollte der kriegsbedingt personelle Engpass an Verwaltern kompensiert werden. Der heutige Wortlaut stammt von 1953 (G v 20.8.1953, BGBl I S. 952), § 150a wird heute damit begründet, dass es schwierig sei, geeignete „freie" Zwangsverwalter zu finden. Mit wechselnden Begründungen wurde immer wieder versucht, die Institutsverwaltung zu rechtfertigen (*Mayer*, ZfIR 2005, 809). Tatsächlich ist sie dem Charakter des staatlichen Verfahrens der Zwangsverwaltung fremd, da gleichsam der Gl zum Verwalter gegen den Schu bestellt wird. Mit dem Prinzip der Zwangsvollstreckung als hoheitliche Maßnahme und der gebotenen Unparteilichkeit des Gerichts und seiner Hilfskräfte, zu welchen der Zwangsverwalter gehört, ist § 150a nicht vereinbar. Insbesondere sind vom Zwangsverwalter zwischen Gl und Schu auch widersreitende Interessen zu berücksichtigen; dies ist immer wieder schwierig, wenn der Zwangsverwalter als „langer Arm" des Gl wahrgenommen wird. Seitens der beruflich tätigen „freien"

§ 150 a [Vorgeschlagener Verwalter]

Zwangsverwalter wird nicht zu Unrecht auch kritisiert, dass lukrative Verfahren über § 150a selbst übernommen werden und weniger begehrenswerte Verfahren der „gewöhnlichen" Zwangsverwaltung überlassen werden. Seitens der betroffenen Institute wird dies freilich bestritten und betont, die Institutsverwaltung ermögliche gerade bei schwierigen Verfahren konstruktive Lösungen beispielsweise bei zu finanzierenden Instandhaltungsmaßnahmen oder möglicher Käufersuche. De lege ferenda sollte § 150a am besten abgeschafft werden (*Depré/Mayer* Rdn 90; *Eickmann* § 39 II.2.).

2. Vorschlagsrecht

2   Vorschlagsberechtigt sind nach Abs 1 folgende Beteiligte:
   a) öffentliche Körperschaften nach Bundes- oder Landesrecht. Dazu zählen der Bund und die Länder, die sonstigen kommunalen Gebietskörperschaften (Gemeinden, Städte, Landkreise, Gemeindeverbände), die Sozialversicherungsträger (Ortskrankenkassen, Ersatzkassen, Berufsgenossenschaften, Knappschaften, BfA, Landesversicherungsanstalten), die öffentlichrechtlichen Religionsgemeinschaften sowie alle sonstigen Anstalten des öffentlichen Rechts;
   b) unter staatlicher Aufsicht stehende Kreditinstitute. Hierunter fallen alle Institute, die nach dem Bundesgesetz über das Kreditwesen Bankgeschäfte betreiben (Banken und Sparkassen), die privaten Versicherungsunternehmen sowie Bausparkassen;
   c) Hypothekenbanken;
   d) Siedlungsunternehmen nach dem Reichssiedlungsgesetz.

3   Diese privilegierten Beteiligten haben ein Vorschlagsrecht unabhängig davon, ob sie als Gl selbst das Verfahren (oder den Beitritt) beantragen oder ob für sie lediglich ein Recht im Grundbuch eingetragen ist (§ 9 Nr 1). Tritt ein vorschlagsberechtigter Gl einem angeordneten Verfahren bei (§ 27) und war er nicht schon vorher Beteiligter, hat er kein Vorschlagsrecht (*Stöber* Rdn 25a; *Dassler/Engels* Rdn 13; **aA** *Steiner/Hagemann* Rdn 17).

3. Voraussetzungen für die Bestellung eines Institutsverwalters

4   Wenn die nachfolgenden vier Voraussetzungen gegeben sind, muss das Vollstreckungsgericht den Vorgeschlagenen zum Zwangsverwalter bestellen; es steht ihm kein Ermessensspielraum zu (LG Bayreuth Rpfleger 1999, 459). Liegt nur eine der Voraussetzungen nicht vor, ist der Vorschlag abzulehnen.

5   **a)** Das Institut muss die dem Verwalter nach § 154 I obliegende **Haftung übernehmen**. Diese Übernahme der Haftung muss durch **einseitige, unbedingte Erklärung gegenüber dem Vollstreckungsgericht** erfolgen. Eine generelle Erklärung für Zwangsverwaltungen

§ 150 a

allgemein ist nicht ausreichend, sie muss sich auf das konkrete Verfahren beziehen. Auch eine Mithaftübernahme genügt nicht; erforderlich ist die Übernahme der alleinigen Haftung. Inwieweit das Institut den Zwangsverwalter im Innenverhältnis in Regress nehmen kann, richtet sich nach dem zwischen ihnen bestehenden Vertragsverhältnis.

b) Der Vorgeschlagene muss **in Diensten** des Instituts stehen, was einen 6 festen Dienst- oder Arbeitsvertrag voraussetzt (BGH Rpfleger 2005, 457 m Anm *Erler*). Auch auf Beschäftigte eines 100prozentigen Tochterunternehmen der Gl trifft dies zu (LG Koblzenz Rpfleger 2004, 114). Ferner dürfen gegen den Vorgeschlagenen mit Rücksicht auf seine Person oder die Art der Verwaltung **keine Bedenken** bestehen. Dies bedeutet, dass er unter Berücksichtigung seiner fachlichen Qualifikationen, seiner persönlichen Zuverlässigkeit sowie der Art der Zwangsverwaltung (Mietgrundstück, Gewerbegrundstück) geeignet ist, die Aufgaben eines Zwangsverwalters wahrzunehmen. Die persönlichen Anforderungen des § 1 II ZwVwV müssen erfüllt sein (allgemeiner *Dassler/Engels* Rdn 22).

c) Der Vorgeschlagene darf für seine Tätigkeit **keine Vergütung** 7 (weder aus der Masse noch vom Schu) beanspruchen. Er erhält sein Gehalt vom Institut, bei dem er fest angestellt ist. Dem steht nicht entgegen, dass ihm intern von seinem Arbeitgeber eine besondere Entschädigung gewährt wird; das Institut darf aber seine Kosten weder dem Schu oder einem sonstigen Beteiligten auferlegen noch handelt es sich um Kosten in Sinne des § 10 II.

d) Es darf **kein Fall des § 150 b** vorliegen (Schu ist bei einem land-, 8 forstwirtschaftlichen oder gärtnerischen Grundstück zum Verwalter zu bestellen).

4. Bestellung des Vorgeschlagenen

Beantragt ein vorschlagsberechtigter Gl die Zwangsverwaltung, so 9 wird er einen Vorschlag in der Regel **sogleich** im Antrag machen. Unabhängig davon kann er einen Vorschlag auch **nachträglich** unterbreiten.

Wird kein Vorschlag unterbreitet, hat das Gericht durch **Fristsetzung** 9a den vorschlagsberechtigen Gl aufzufordern, einen solchen zu unterbreiten. Die Fristsetzung ist zuzustellen (§ 329 II 2 ZPO). Wird innerhalb der Frist kein Vorschlag gemacht, **erlischt** das Vorschlagsrecht (BGH Rpfleger 2005, 457 m Anm *Erler*). Setzt das Gericht keine Frist, kann der vorschlagsberechtigte Gl jederzeit während des Verfahrens von seinem Vorschlagsrecht Gebrauch machen. Der bereits bestellte Zwangsverwalter müsste dann entlassen und der Institutsverwalter bestellt werden. Das Gericht muss bei Anordnung der Zwangsverwaltung nicht prüfen, ob ein vorschlagsberechtigter Gl beteiligt ist, die Fristsetzung muss nicht vor Anordnung der Zwangsverwaltung erfolgen. Es wären dann nämlich Verzögerungen bei der Beschlagnahme zu befürchten (*Dassler/Engels* Rdn. 11, 12; *Stöber* Rdn 2.4b).

§ 150 a [Vorgeschlagener Verwalter]

10   Wird der **Zwangsverwaltungsantrag von einem nichtprivilegierten Beteiligten** gestellt, stellt sich die Frage, ob das Gericht verpflichtet ist, vorschlagsberechtigten Instituten eine Frist zur Unterbreitung eines Vorschlags zu stellen. In den weitaus meisten Zwangsverwaltungsverfahren sind solche beteiligt. Es wäre unpraktikabel, verfahrenshemmend und zeitaufwändig, bei ihnen unter Fristsetzung Vorschläge einzuholen; in Eilfällen müsste die Zwangsverwaltung sofort angeordnet und ein vorläufiger Zwangsverwalter bestellt werden, was wiederum mit Kosten verbunden wäre. Aus diesem Grunde kann das Vollstreckungsgericht in der Regel dann, wenn der Anordnungsantrag keinen wirksamen Vorschlag enthält, davon absehen, bei den übrigen vorschlagsberechtigten Beteiligten unter Fristsetzung Vorschläge anzufordern, sondern sogleich die Zwangsverwaltung anordnen und einen endgültigen Zwangsverwalter bestellen (ebenso *Stöber* Rdn 2.4 b).

11   Liegen **mehrere Vorschläge** vor (weil mehrere Zwangsverwaltungsanträge gleichzeitig gestellt sind oder weil die Beteiligten unterschiedliche Vorschläge unterbreitet haben), so entscheidet das Vollstreckungsgericht nach freiem Ermessen. Bei gleich geeigneten Vorschlägen ist es empfehlenswert, dem Vorschlag desjenigen Instituts zu folgen, das das größte Interesse am Verfahren hat; so wird einem Vorschlag eines Grundpfandrechtsgläubigers an vorderer Rangstelle der Vorzug vor einem nachrangigen Gl der Rangklasse des § 10 I Nr 5 einzuräumen sein.

12   Der Vorgeschlagene muss sich zur **Übernahme des Amtes** gegenüber dem Vollstreckungsgericht **bereiterklären.** Die Bestellung des Institutsverwalters erfolgt im Anordnungsbeschluss oder nachträglich durch gesonderten Beschluss.

5. Verwalterwechsel

13   Wie beim freien Zwangsverwalter ist eine Entlassung auch beim Institutsverwalter aus wichtigem Grunde möglich; als solche können eine Interessenskollision bei einem beabsichtigten Erwerb des Grundstücks durch das Institut, schwerwiegende Differenzen zwischen Vollstreckungsgericht und vorschlagendem Institut oder Einsparung von Kosten bei einem nachträglichen Vorschlag (zB eines Beitrittsgläubigers) in Betracht kommen. Ein weiterer Grund für einen Verwalterwechsel ist ferner dann gegeben, wenn das Institut, das den Verwalter vorgeschlagen hat, seine Beteiligtenstellung verliert (zB durch Abtretung seines dinglichen Rechts). Wie in den übrigen Fällen der Entlassung des Zwangsverwalters wirkt sie auch beim Institutsverwalter erst mit Zustellung des gerichtlichen Beschlusses (§ 153 Rdn 16, 17).

6. Stellung des Institutsverwalters

14   Der Institutsverwalter unterscheidet sich hinsichtlich seiner Stellung nicht von dem nach § 150 bestellten Zwangsverwalter (OLG Hamm

Rpfleger 1994, 515). Er unterliegt allein der Aufsicht und den Weisungen des Vollstreckungsgerichts (§§ 153, 154). Er ist allen Beteiligten zur Erfüllung seiner Pflichten verantwortlich; eine Bevorzugung seines Instituts ist unzulässig. Abweichungen ergeben sich lediglich hinsichtlich der Haftung sowie der Vergütung (Rdn 5, 7).

7. Rechtsbehelfe

Die Vollstreckungserinnerung gemäß § 766 ZPO ist gegeben, wenn 15 ein vorschlagsberechtigter Beteiligter nicht zu einem Vorschlag aufgefordert wurde, wenn die Auswahl des bestellten Zwangsverwalters beanstandet wird oder wenn ohne vorherige Anhörung nicht ein Vorgeschlagener sondern ein Dritter zum Zwangsverwalter bestellt wurde. Rechtsbehelfsberechtigt ist in den letztgenannten Fällen nicht nur das vorschlagende Institut sondern alle Beteiligte, weil auch sie ein Interesse an einer kostengünstigen Gestaltung des Verfahrens haben. Erfolgte die angegriffene Entscheidung nach Anhörung, ist sofortige Beschwerde gemäß § 11 I RPflG, § 793 I ZPO gegeben. Der Vorgeschlagene selbst hat bei seiner Ablehnung keinen Rechtsbehelf.

§ 150 b [Schuldner als Verwalter]

^I**Bei der Zwangsverwaltung eines landwirtschaftlichen, forstwirtschaftlichen oder gärtnerischen Grundstücks ist der Schuldner zum Verwalter zu bestellen. Von seiner Bestellung ist nur abzusehen, wenn er nicht dazu bereit ist oder wenn nach Lage der Verhältnisse eine ordnungsgemäße Führung der Verwaltung durch ihn nicht zu erwarten ist.**

^{II}**Vor der Bestellung sollen der betreibende Gläuubigers und etwaige Beteiligte der in § 150 a bezeichneten Art sowie die untere Verwaltungsbehörde gehört werden.**

^{III}**Ein gemäß § 150 a gemachter Vorschlag ist nur für den Fall zu berücksichtigen, daß der Schuldner nicht zum Verwalter bestellt wird.**

§ 150 c [Aufsichtsperson für Schuldner als Verwalter]

^I**Wird der Schuldner zum Zwangsverwalter bestellt, so hat das Gericht eine Aufsichtsperson zu bestellen. Aufsichtsperson kann auch eine Behörde oder juristische Person sein.**

^{II}**Für die Aufsichtsperson gelten die Vorschriften des § 153 Abs. 2 und des § 154 Satz 1 entsprechend. Gerichtliche Anordnungen, die dem Verwalter zugestellt werden, sind auch der Aufsichtsperson zuzustellen. Vor der Erteilung von Anweisungen im Sinne des § 153 ist auch die Aufsichtsperson zu hören.**

§ 150 e [Keine Vergütung für Schuldner als Verwalter]

III Die Aufsichtsperson hat dem Gericht unverzüglich Anzeige zu erstatten, wenn der Schuldner gegen seine Pflichten als Verwalter verstößt.

IV Der Schuldner führt die Verwaltung unter Aufsicht der Aufsichtsperson. Er ist verpflichtet, der Aufsichtsperson jederzeit Auskunft über das Grundstück, den Betrieb und die mit der Bewirtschaftung zusammenhängenden Rechtsverhältnisse zu geben und Einsicht in vorhandene Aufzeichnungen zu gewähren. Er hat, soweit es sich um Geschäfte handelt, die über den Rahmen der laufenden Wirtschaftsführung hinausgehen, rechtzeitig die Entschließung der Aufsichtsperson einzuholen.

§ 150 d [Befugnisse des Schuldners als Verwalter]

Der Schuldner darf als Verwalter über die Nutzungen des Grundstücks und deren Erlös, unbeschadet der Vorschriften der §§ 155 bis 158, nur mit Zustimmung der Aufsichtsperson verfügen. Zur Einziehung von Ansprüchen, auf die sich die Beschlagnahme erstreckt ist, ist er ohne diese Zustimmung befugt; er ist jedoch verpflichtet, die Beträge, die zu notwendigen Zahlungen zur Zeit nicht erforderlich sind, nach näherer Anordnung des Gerichts unverzüglich anzulegen.

§ 150 e [Keine Vergütung für Schuldner als Verwalter]

Der Schuldner erhält als Verwalter keine Vergütung. Erforderlichenfalls bestimmt das Gericht nach Anhörung der Aufsichtsperson, in welchem Umfange der Schuldner Erträgnisse des Grundstücks oder deren Erlös zur Befriedigung seiner und seiner Familie notwendigen Bedürfnisse verwenden darf.

Schrifttum: *Weimar,* Schranken bei der Zwangsverwaltung gegen Landwirte, MDR 1973, 197.

Übersicht

	Rn.
1. Allgemeines	1
2. Die Bestellung des Schuldners als Zwangsverwalter	2
a) Voraussetzungen	2
b) Verfahren über die Bestellung des Schu	8
c) Verhältnis zur Institutsverwaltung	9
3. Bestellung der Aufsichtsperson (§ 150 c)	10
a) Notwendigkeit der Bestellung	10
b) Auswahl und Verfahren über die Bestellung	11
c) Rechtsstellung der Aufsichtsperson	13

§ 150 e

d) Vergütung der Aufsichtsperson	16
4. Führung der Zwangsverwaltung durch den Schu	17
5. Vergütung des Schu	20
6. Unterhalt des Schu	21
7. Rechtsbehelfe	22

1. Allgemeines

Die §§ 150 b bis e beinhalten Sonderregelungen bei der Zwangsverwaltung landwirtschaftlicher, forstwirtschaftlicher oder gärtnerischer Grundstücke. Bei diesen Objekten ist der Bezug des Schu ausgeprägter als bei anderen Grundstücken. Es bietet sich deshalb an, diesen Vorteil unter Ausnutzung der Kenntnisse und Erfahrungen des Schu und durch Einsatz seiner Arbeitskraft zu einer wirtschaftlicheren und kostengünstigeren Zwangsverwaltung zu nutzen als dies bei Bestellung eines fremden Zwangsverwalters möglich wäre. Gleichwohl ist es zum Schutz der Beteiligten geboten, dem Schu eine Aufsichtsperson zur Seite zu stellen. Durch diese Aufsichtsperson sollen Gefahren abgewendet werden, die sich aus der Doppelstellung des Schu als Grundstückseigentümers einerseits sowie des Verwalters für Rechnung Dritter andererseits ergeben können. Daraus resultiert auch die Einschränkung der Verfügungsbefugnis des Schu als Zwangsverwalter gemäß § 150 d. Der Schu erhält für seine Verwaltungstätigkeit zwar keine Vergütung; ihm können jedoch in gewissem Umfang Erträgnisse des Grundstücks oder deren Erlös zur Befriedigung seines und seiner Familie notwendigen Unterhalts belassen werden (§ 150 e). 1

2. Die Bestellung des Schuldners als Zwangsverwalter

a) Voraussetzungen. Wenn die nachfolgend genannten Voraussetzungen gegeben sind, **muss** der Schu zum Zwangsverwalter bestellt werden; wie im Fall der Institutsverwaltung besteht kann kein Ermessensspielraum für das Vollstreckungsgericht (*Stöber* Rdn 3.1). 2

aa) Es muss sich um ein **landwirtschaftlich, forstwirtschaftlich oder gärtnerisch genutztes Grundstück** handeln. Nicht anwendbar ist § 150 b, wenn das landwirtschaftliche usw Grundstück verpachtet ist (*H/W/F/H* Rdn 3; *Dassler/Engels* § 150 b Rdn 3); hier wird das Objekt weiter vom Pächter genutzt und bewirtschaftet, von der Zwangsverwaltung wird lediglich der Pachtzins erfasst, der von einem Zwangsverwalter nach § 150 I zu vereinnahmen ist. 3

bb) Der **Schu muss zur Übernahme des Amtes bereit sein;** seine Bereitschaft hat der gegenüber dem Vollstreckungsgericht zu erklären. Zur Übernahme des Amtes ist er nicht verpflichtet. 4

cc) Durch den Schu muss nach Lage der Verhältnisse eine **ordnungsgemäße Führung der Zwangsverwaltung zu erwarten sein** (§ 150 b I 2). Wie beim Zwangsverwalter nach § 150 I ist hier zunächst auf die 5

§ 150 e [Keine Vergütung für Schuldner als Verwalter]

erforderlichen Qualifikationen und Kenntnisse abzustellen; daneben ist hier noch besonders die moralische und persönliche Eignung zu beachten, also ob er den Anforderungen von Größe und Art des Betriebs gewachsen ist, ob er wirtschaftlich zuverlässig ist usw.

6 Aus der Formulierung der **Voraussetzungen** in § 150 b I 2 ergibt sich, dass von der Bestellung nur abzusehen ist, wenn **begründete Zweifel am Vorliegen** gegeben sind; dies ist im Einzelfall ausdrücklich zu begründen.

7 **Schu im Sinne des § 150 b** kann sowohl der Eigentümer als auch der Eigenbesitzer (bei § 147) sein, auch der Nießbraucher kommt in Betracht (§ 146 Rdn 47), nicht aber ein rechtsgeschäftlicher Vertreter (LG Kiel SchlHA 1989, 67) Sind mehrere Schu vorhanden, so kann nur einer von ihnen zum Zwangsverwalter bestellt werden; hierbei ist besonders darauf zu achten, dass sich mit dem anderen Schu keine Unzuträglichkeiten und Interessenskollisionen ergeben; ist dies zu bejahen, kann darin ein Grund liegen einen Institutsverwalter nach § 150 a oder einen Dritten zu bestellen. Ist der Schu noch minderjährig, so ist einer seiner gesetzlichen Vertreter zu bestellen (*Stöber* § 150 b Rdn 2.8). Eine juristische Person als Schuldnerin kann als nicht zum Zwangsverwalter bestellt werden.

8 **b) Verfahren über die Bestellung des Schu.** Vor der Bestellung des Schu zum Zwangsverwalter sind nach § 150 b II der betreibende Gl, die privilegierten Beteiligten des § 150 a (§ 150 a Rdn 2) sowie die untere Verwaltungsbehörde zu hören; die zuständige untere Verwaltungsbehörde wird durch das Landesrecht bestimmt, in der Regel ist es das Landratsamt oder die kreisfreie Stadt. Auch der Schu ist anzuhören, da er seine Bereitschaft zur Übernahme des Amtes erklären muss. Daher kann in den Fällen des § 150 b nicht sogleich mit dem Anordnungsbeschluss die Bestellung des (endgültigen) Zwangsverwalters erfolgen. Für das Vollstreckungsgericht bieten sich zwei Vorgehensmöglichkeiten an: Es kann zunächst die Zwangsverwaltung angeordnet werden ohne einen Verwalter zu bestellen. Um dies rasch nachholen zu können, sind die den anzuhörenden Beteiligten und dem Schu einzuräumenden Fristen möglichst kurz zu bemessen. Dann kann in einem gesonderten Beschluss die Verwalterbestellung nachgeholt werden. Das Vollstreckungsgericht kann aber bei Vorliegen aller Voraussetzungen sogleich die Zwangsverwaltung anordnen und gleichzeitig einen **vorläufigen Zwangsverwalter** bestellen. Sodann können die nach § 150 b II vorgeschriebenen Anhörungen vorgenommen werden; stellt sich dabei heraus, dass der Schu gemäß § 150 b I zu bestellen ist, kann dies in einem gesonderten Beschluss erfolgen, wobei gleichzeitig der vorläufige Verwalter zu entlassen ist; sprechen Gründe gegen seine Bestellung oder ist er dazu nicht bereit, kann unter den Voraussetzungen des § 150 a ein Institutsverwalter bestellt werden; kommt auch dies nicht in Betracht, ist ein Dritter nach

§ 150 e

§ 150 I zu bestellen. Sofern es sich bei dem Institutsverwalter oder dem Dritten nicht um den vorläufigen Verwalter handelt, ist der Letztgenannte gleichzeitig zu entlassen. Von den aufgezeigten Möglichkeiten ist der zweiten Alternative der Vorzug einzuräumen, da hier das Vollstreckungsgericht ohne Terminsdruck entscheiden kann, etwaige Verzögerungen keinen Nachteil bringen und durch den vorläufigen Zwangsverwalter die erforderlichen Maßnahmen sofort getroffen werden können. Der höhere Kostenaufwand durch die Vergütung des vorläufigen Zwangsverwalters ist hierbei untergeordnet.

c) Verhältnis zur Institutsverwaltung. § 150 b III stellt ausdrücklich klar, dass in den Fällen, in denen sowohl die Voraussetzungen für die Bestellung des Institutsverwalters nach § 150 a als auch diejenigen für die Bestellung des Schu nach § 150 b gegeben sind, die Bestellung des Schu zu erfolgen hat. Nur wenn die oben genannten Voraussetzungen (Rdn 2–7) nicht vorliegen, kann der Institutsverwalter bestellt werden. 9

3. Bestellung der Aufsichtsperson (§ 150 c)

a) Notwendigkeit der Bestellung. Die Bestellung einer Aufsichtsperson ist zwingend, wenn der Schu **gemäß § 150 b** als Zwangsverwalter bestellt ist; sollte er gemäß § 150 bei einem sonstigen Grundstück zum Zwangsverwalter bestellt werden, ist dies nicht vorgeschrieben, weil die Bestimmung des § 150 b gesetzessystematisch in den besonderen Vorschriften über landwirtschaftlich, forstwirtschaftlich oder gärtnerisch genutzte Grundstücke zuzuordnen ist (*Steiner/Hagemann* Rdn 10; **aA** *Stöber* § 150 c Rdn 2.1; *Dassler/Engels* § 150 c Rdn 1: § 150b ist auch anzuwenden, wenn sonst Schu zum Verw bestellt wird). Kann eine Aufsichtsperson nicht gefunden werden scheidet die Bestellung des Schu zum Zwangsverwalter aus; es sind dann die weiteren Alternativen (Institutsverwalter gemäß § 150 a, Bestellung eines Dritten gemäß § 150 I) ins Auge zu fassen, keinesfalls ist die Zwangsverwaltung aufzuheben (*Dassler/Engels* § 150 c Rdn 5, der nur von der Aufhebung der Schuldnerverwaltung spricht; **aA** *Stöber* § 150 c Rdn 2.4). 10

b) Auswahl und Verfahren über die Bestellung. Die Auswahl der Aufsichtsperson liegt im Ermessen des Gerichts. Obwohl nicht vorgeschrieben, empfiehlt es sich, vorher die Beteiligten anzuhören, um daraus Vorschläge zu gewinnen. Die ausgewählte Person muss die zur Überwachung des Schu erforderlichen Kenntnisse und Fähigkeiten aufweisen; sie muss auch von der örtlichen Beziehung in der Lage sein, die Führung der Zwangsverwaltung durch den Schu kontrollieren zu können. Eine enge persönliche Beziehung zum Schu (Verwandtschaft, Nachbarschaft, Beschäftigungsverhältnis) kann Anlass zu Zweifeln an der Geeignetheit nach sich ziehen. Bestellt werden kann aber ein Gl, ein privilegierter Beteiligter nach § 150 a oder einer deren Bediensteten. Daneben lässt 11

§ 150 e [Keine Vergütung für Schuldner als Verwalter]

§ 150 c I 2 ausdrücklich zu, eine Behörde oder juristische Person zu bestellen, zB Landwirtschaftsamt, Forstamt, Gemeindebehörde, Siedlervereinigung, landwirtschaftliche Treuhandgesellschaft oä. Die ausgewählte Person muss sich zur Übernahme des Amtes gegenüber dem Vollstreckungsgericht bereit erklären; eine Pflicht zur Übernahme besteht nicht.

12 Die **Bestellung** kann entweder **sogleich** im Anordnungsbeschluss bei gleichzeitiger Bestellung des Schu zum Zwangsverwalter erfolgen, sie kann aber auch mit einer gesonderten Bestellung des Schu vorgenommen werden; auch eine **nachträgliche** Bestellung ist möglich, sollte allerdings nicht zu lange hinausgeschoben werden. Eine Bestallung ist nicht vorgeschrieben; als Nachweis der Bestellung ist eine Ausfertigung des Bestellungsbeschlusses ausreichend.

13 **c) Rechtsstellung der Aufsichtsperson. aa) Allgemeines.** Die Aufsichtsperson leitet ihre Stellung aus einem öffentlich-rechtlichen Bestellungsakt ab; sie ist daher der des Zwangsverwalters oder des Insolvenzverwalters ähnlich. Sie hat nach ihrer Natur eine beaufsichtigende, überwachende und kontrollierende Funktion. Sie ist weder gesetzlicher Vertreter des Schu noch sein Bevollmächtigter. Sie kann für ihn weder im Rechtsverkehr noch vor Gericht auftreten.

14 **bb) Rechtsstellung zum Zwangsverwalter (= Schu).** Die Aufsichtsperson ist gegenüber dem Schu zur Beaufsichtigung und Überwachung berechtigt und verpflichtet. Sie kann ihm nicht im Einzelfall Weisungen erteilen. Verstöße des Schu hat sie unverzüglich dem Vollstreckungsgericht anzuzeigen (§ 150 c III), das dann nach § 153 gegen ihn vorgehen kann. Die Aufsichtsperson kann vom Schu Auskunft über das Grundstück, den Betrieb und die mit der Bewirtschaftung zusammenhängenden Rechtsverhältnisse verlangen; ferner steht ihr ein Recht auf Einsicht in Unterlagen zu (§ 150 c IV 2). Auch das Recht, das Grundstück zu betreten (zB um den Zustand von Zubehörgegenständen zu überprüfen), muss zugestanden werden. Zu den Beteiligungsmöglichkeiten bei Geschäften des Schu siehe unten Rdn 17 ff.

15 **cc) Rechtsstellung zum Vollstreckungsgericht.** Die Aufsichtsperson hat eng mit dem Vollstreckungsgericht zusammenzuarbeiten, um eine sinnvolle und wirtschaftliche Durchführung der Zwangsverwaltung durch den Schu in seiner Eigenschaft als Verwalter zu gewährleisten. Sie ist für die Erfüllung der ihr obliegenden Verpflichtungen allen Beteiligten gegenüber verantwortlich (§§ 150 c II, 154 S 1). Das Vollstreckungsgericht kann der Aufsichtsperson Anweisungen erteilen. Es kann ihr die Leistung einer Sicherheit auferlegen und Zwangsgeld gegen sie verhängen (§§ 150 c II, 153 II); bei massiven Pflichtverletzungen kann sie auch entlassen werden. Ist eine Behörde oder juristische Person zur Aufsichtsperson bestellt, scheiden Sicherheitsleistung und Zwangsgeld aus; hier

§ 150 e

bleibt nur die Möglichkeit der Entlassung (*Stöber* § 150 c Rdn 3.9). Alle gerichtlichen Anordnungen (Beschlüsse, Verfügungen), die dem Zwangsverwalter zuzustellen oder mitzuteilen sind, sind in gleicher Form auch der Aufsichtsperson zu übermitteln (§ 150 c II 2). Vor der Erteilung von Weisungen an den Zwangsverwalter ist sie zu hören (§ 150 c II 3).

d) Vergütung der Aufsichtsperson. Ein Anspruch auf eine Vergütung ist im Gesetz nicht geregelt; daraus folgt jedoch nicht, dass ihr keine Vergütung zusteht. In entsprechender Anwendung des § 153 I ist ihr danach eine Vergütung zuzubilligen, die vom Vollstreckungsgericht nach freiem Ermessen unter Berücksichtigung von Art, Umfang, Schwierigkeit und Grad der Verantwortlichkeit festzusetzen ist; sinnvoll ist eine Anlehnung an § 19 ZwVwV (*Depré/Mayer* Rdn 108; *Dassler/Engels* § 150c Rdn 16). Notwendige Auslagen sind gleichfalls festsetzbar. Vergütung und Auslagen sind Ausgaben der Verwaltung nach § 155 I, die vorweg aus den Einnahmen zu bestreiten sind. 16

4. Führung der Zwangsverwaltung durch den Schu

Der Schu hat als Zwangsverwalter die gleichen Rechte und Pflichten wie jeder andere Zwangsverwalter; insoweit wird auf § 152 verwiesen. Über laufende Geschäfte im Rahmen der Wirtschaftsführung hat er eigenverantwortlich zu handeln. Beschränkungen ergeben sich für ihn aus § 150 c IV 3 sowie § 150 d. 17

a) Zu Geschäften, die über den Rahmen der laufenden Wirtschaftsführung hinausgehen hat er rechtzeitig die Entschließung der Aufsichtsperson einzuholen. Was zu diesen Geschäften zählt, bestimmt sich nach dem Einzelfall. Hat der Schu ein solches Rechtsgeschäft ohne oder ohne rechtzeitige Zustimmung der Aufsichtsperson vorgenommen, so hat dies auf die Wirksamkeit keinen Einfluss. Ein Rückforderungsrecht gegen den Dritten besteht nicht. Die Genehmigung kann bis zur Erfüllung nachgeholt werden. Wird das Handeln des Schu erst nach Erfüllung entdeckt, kann das pflichtwidrige Verhalten des Schu zu seiner Entlassung führen. Beim Kauf von Düngemitteln, Saatgut und Futtermitteln hat die fehlende Zustimmung der Aufsichtsperson zur Folge, dass die Kaufpreisforderung des Verkäufers gegen den Zwangsverwalter nicht das Vorrecht gemäß § 10 I Nr 1 genießt (§ 155 IV). 18

b) Über **Nutzungen des Grundstücks und deren Erlös** kann der Zwangsverwalter unbeschadet der §§ 155 bis 158 nur mit Zustimmung der Aufsichtsperson verfügen. Unter Verfügungen sind hier vor allem Veräußerung, Abtretung, Verpfändung und Verzicht zu sehen. Liegt die Zustimmung der Aufsichtsperson, die als Einwilligung oder Genehmigung erfolgen kann, nicht vor, so ist die getroffene Verfügung **unwirksam**. Ein gutgläubiger Erwerb durch einen Dritten ist möglich (§ 135 II BGB, §§ 23 II, 146 I). Bei Verweigerung der Zustimmung durch die Aufsichtsperson besteht für den Zwangsverwalter die Möglichkeit, beim 19

§ 150 e   [Keine Vergütung für Schuldner als Verwalter]

Vollstreckungsgericht eine Anweisung gemäß § 153 zu erwirken, durch die diese Zustimmung ersetzt wird (*Stöber* § 150 d Rdn 2.5). Miet- und Pachtforderungen sowie Ansprüche aus der Veräußerung beschlagnahmter Erzeugnisse darf der Schu ohne Zustimmung der Aufsichtsperson einziehen; soweit er die hierdurch erhaltenen Geldbeträge nicht für Zahlungen nach §§ 155 bis 158 benötigt, ist er verpflichtet, sie nach näherer Anordnung des Gerichts unverzüglich anzulegen (§ 150 d S 2).

5. Vergütung des Schu

20   Nach der ausdrücklichen Regelung des § 150 e S 1 erhält der Schu in seiner Eigenschaft als Zwangsverwalter gemäß § 150 b **keine Vergütung**. Evtl Auslagen (zB Arbeitsgeräte, Fahrtkosten) sind als Ausgaben gemäß § 155 I vorweg aus der Zwangsverwaltungsmasse zu entnehmen.

6. Unterhalt des Schu

21   Bereits in § 149 III 1 ist festgelegt, dass bei der Zwangsverwaltung über landwirtschaftliche, forstwirtschaftliche oder gärtnerische Grundstücke aus den Erzeugnissen oder aus deren Erlös dem Schu Mittel zur Bestreitung seines Unterhalts überlassen werden können; vgl § 149 Rdn 16–18. Dieser Anspruch steht auch dem Schu zu, wenn er nach § 150 b zum Zwangsverwalter bestellt ist. Im Fall des § 149 III bestimmt der Zwangsverwalter eigenverantwortlich, ob und in welchem Umfang Unterhaltsleistungen an den Schu überlassen werden; das Vollstreckungsgericht ist nur im Streitfall zur Entscheidung berufen (§ 149 III 2). In den Fällen, in denen der Schu zum Zwangsverwalter bestellt wurde modifiziert § 150 e S 2 das Festsetzungsverfahren. Danach darf der Schu in seiner Eigenschaft als Zwangsverwalter nicht eigenmächtig Erzeugnisse oder deren Erlös aus der Zwangsverwaltungsmasse entnehmen, auch die Zustimmung der Aufsichtsperson reicht nicht aus. Hier ist ausschließlich das Vollstreckungsgericht nach § 150 e S 2 zur Entscheidung berufen, das vorher die Aufsichtsperson anzuhören hat. Die Anhörung weiterer Beteiligter liegt im Ermessen des Gerichts, hinsichtlich des Gl ist sie empfehlenswert. Der Schu darf erst nach Erlass des gerichtlichen Beschlusses Erzeugnisse des Grundstücks oder deren Erlös aus der Zwangsverwaltungsmasse entnehmen. Dabei handelt es sich um Ausgaben der Verwaltung nach § 155 I.

7. Rechtsbehelfe

22   Innerhalb der Bestimmungen der §§ 150 b bis c über die Bestellung des Schu zum Zwangsverwalter ergeben sich eine Reihe von Anfechtungsmöglichkeiten, insbesondere
– Bestellung des Schu zum Zwangsverwalter,
– Entlassung des Zwangsverwalters,

- Anweisung an den Schu nach § 153,
- Auswahl der Aufsichtsperson,
- Entlassung der Aufsichtsperson,
- Anordnung einer Sicherheit oder Zwangsgeld gegen die Aufsichtsperson,
- Anweisungen an die Aufsichtsperson,
- Festsetzung der Vergütung der Aufsichtsperson,
- Entscheidung über die Überlassung von Erzeugnissen oder deren Erlös nach § 150 e S 2.

Ist vor der anzufechtenden Entscheidung eine **Anhörung erfolgt,** ist dagegen die sofortige Beschwerde gemäß § 793 I ZPO, II 1 RPflG gegeben, über die das zuständige Landgericht entscheidet (§ 72 GVG). 23

Wurde die angefochtene Entscheidung **ohne vorherige Anhörung** getroffen, so ist sie mit der Vollstreckungserinnerung nach § 766 I ZPO anfechtbar. Hier kann der Rechtspfleger abhelfen (§ 572 I ZPO entspr). Hilft er nicht ab, entscheidet der Vollstreckungsrichter (§ 20 Nr 17 RPflG); gegen dessen Entscheidung ist sofortige Beschwerde gemäß § 793 I ZPO gegeben. 24

§ 151 [Wirksamwerden der Beschlagnahme]

ᴵDie Beschlagnahme wird auch dadurch wirksam, daß der Verwalter nach § 150 den Besitz des Grundstücks erlangt.

ᴵᴵDer Beschluß, durch welchen der Beitritt eines Gläubigers zugelassen wird, soll dem Verwalter zugestellt werden; die Beschlagnahme wird zugunsten des Gläubigers auch mit dieser Zustellung wirksam, wenn der Verwalter sich bereits im Besitze des Grundstücks befindet.

ᴵᴵᴵDas Zahlungsverbot an den Drittschuldner ist auch auf Antrag des Verwalters zu erlassen.

1. Allgemeines

Der Zeitpunkt des Wirksamwerdens der Beschlagnahme spielt bei der Abgrenzung der laufenden von den rückständigen Leistungen (§ 13) und bei der Beurteilung der Frage, inwieweit Verfügungen über Miet- oder Pachtforderungen dem Gl gegenüber wirksam sind (§§ 1123, 1124 BGB). Für das Zwangsversteigerungsverfahren findet sich die entsprechende Grundlage in § 22, der auch in der Zwangsverwaltung gilt (§ 146 I). Die Bestimmung des § 151 ergänzt für die Zwangsverwaltung die Möglichkeiten des § 22 zum Wirksamwerden der Beschlagnahme zugunsten des Anordnungsgläubigers (§ 151 I), des Beitrittgläubigers (§ 151 II) sowie im Verhältnis zu DrittSchu bei beschlagnahmten Forderungen (§ 151 III). 1

2. Wirksamwerden der Beschlagnahme in der Zwangsverwaltung

2 **a) Bei Anordnung der Zwangsverwaltung (§ 151 I).** Gegenüber dem Anordnungsgläubiger kann die Beschlagnahme zunächst wirksam werden durch Zustellung des Anordnungsbeschlusses an den Schu sowie durch Zugang des Ersuchens um Eintragung des Zwangsverwaltungsvermerks beim Grundbuchamt sofern die Eintragung demnächst erfolgt (§§ 22 I, 146 I); wegen der Einzelheiten wird auf § 22 Rdn 4, 5 verwiesen. § 151 I ergänzt diese Möglichkeiten dahingehend, dass die Zwangsverwaltung auch durch **Besitzerlangung seitens des Zwangsverwalters** wirksam werden kann. Von den drei möglichen Ereignissen ist das Erste das Entscheidende.

3 Die **Besitzerlangung** hat nach § 150 II zu erfolgen entweder durch Besitzübergabe durch einen Gerichtsvollzieher bzw. sonstigen Beamten oder durch Ermächtigung an den Zwangsverwalter, sich den Besitz zu verschaffen (vgl § 150 Rdn 7). In den Fällen, in denen der Zwangsverwalter nur den mittelbaren Besitz erlangen kann, weil das Beschlagnahmeobjekt im unmittelbaren Besitz eines Mieters, Pächters oder Nießbrauchers bleibt, wird die Beschlagnahme mit der Übertragung des mittelbaren Besitzes durch den Anordnungsbeschluss oder einen gesonderten Beschluss wirksam, weil bereits damit der Zwangsverwalter in das Besitzmittlungsverhältnis eintritt; die Aufnahme einer Tätigkeit durch den ZwVwV ist nicht Voraussetzung (*Eickmann* § 38 I 2 **aA** *Stöber* Rdn 2.3).

b) Bei Zulassung des Beitritts zur Zwangsverwaltung (§ 151 II). Bei Zulassung des Beitritts zum Zwangsverwaltungsverfahren kann
4 die Beschlagnahme zugunsten des Gl wirksam werden durch Zustellung des Beitrittsbeschlusses an den Schu (§§ 22 I, 27 I, 146 I). Der Beitrittsbeschluss soll (muss) dem Zwangsverwalter zugestellt werden (§ 151 II, 1. Halbsatz). Mit dieser Zustellung, die nach §§ 4 bis 7 erfolgen kann (§ 8 trifft nicht zu), wird die Beschlagnahme zugunsten des Beitrittsgläubigers ebenfalls wirksam, sofern sich der Zwangsverwalter bereits im Besitz des Grundstücks befindet. Diese Möglichkeit erlangt vor allem dann Bedeutung, wenn eine Zustellung an den Schu nicht sofort durchführbar ist (zB wegen Auslandsaufenthalts, bei öffentlicher Zustellung oder wegen eines anderen Hindernisses).

c) Gegenüber Drittschuldnern bei beschlagnahmten Forde-
5 **rungen (§ 151 III).** Im Zwangsverwaltungsverfahren sind Miet- und Pachtforderungen von der Beschlagnahme erfasst (§ 148 I 2); auf § 148 Rdn 6 wird verwiesen. Gegenüber dem Drittschuldner (also dem Mieter oder Pächter) wird die Beschlagnahme zu dem Zeitpunkt wirksam, in dem sie ihm bekannt wird (§§ 22 II 2, 146 I); Kenntnis des Zwangsverwaltungsantrags ist ausreichend (§§ 23 II 1, 146 I). In der Regel wird der

Drittschuldner durch die nach § 4 ZwVwV vorgeschriebene Mitteilung des Zwangsverwalters Kenntnis erlangen; hierbei ist die Beschlagnahme dem anwesenden Drittschuldner vom Zwangsverwalter bekanntzugeben. Dem abwesenden Drittschuldner hat sie der Zwangsverwalter unverzüglich durch eingeschriebenen Brief mitzuteilen.

Daneben kann die Beschlagnahme auch durch Zustellung eines Zahlungsverbotes an die Drittschuldner wirksam werden (§§ 22 II 2, 146 I). Dieses Zahlungsverbot kann vom Gl (§§ 22 II 1, 146 I) **und vom Zwangsverwalter** beantragt werden (§ 151 III). Zum Zahlungsverbot wird auf Rdn 8 zu § 22 verwiesen. Der Zwangsverwalter kann im Gegensatz zum Gl aber keine Vorpfändung nach § 845 ZPO veranlassen (*Stöber* Rdn 3.1). 6

Bei der Zwangsverwaltung über einen **Grundstücksbruchteil** (siehe § 146 Rdn 30) kann kein Zahlungsverbot erlassen werden. Hier übt der Zwangsverwalter nur die Rechte des Miteigentümers aus; er kann die Miet- oder Pachtforderung nur zusammen mit dem anderen Miteigentümer einziehen (*H/W/F/H* Rdn 6). 7

§ 152 [Aufgaben des Verwalters]

¹Der Verwalter hat das Recht und die Pflicht, alle Handlungen vorzunehmen, die erforderlich sind, um das Grundstück in seinem wirtschaftlichen Bestande zu erhalten und ordnungsmäßig zu benutzen; er hat die Ansprüche, auf welche sich die Beschlagnahme erstreckt, geltend zu machen und die für die Verwaltung entbehrlichen Nutzungen in Geld umzusetzen.

ᴵᴵIst das Grundstück vor der Beschlagnahme einem Mieter oder Pächter überlassen, so ist der Miet- oder Pachtvertrag auch dem Verwalter gegenüber wirksam.

Schrifttum: *Berger,* Barkaution des Mieters in Zwangsverwaltung und Insolvenz, ZfIR 2010, 221; *Depré,* Haftungsverwirklichung für den dinglichen Gläubiger versus Mieterschutz, ZfIR 2006, 313; *Drischler,* Fragen zur Zwangsverwaltung, RpflJB 1969, 375 und 1970, 365; *Hintzen,* Betriebsfortführung in der Zwangsverwaltung, RpflStud. 2002, 142; *Jungmann,* Mietrecht und Zwangsverwaltung, WM 2004, 185; *Onusseit,* Zwangsverwaltung und Umsatzsteuer, ZfIR 2005, 265; *Onusseit,* Zwangsverwaltung und Umsatzsteuer, ZfIR 2007, 121; *Selke,* Betriebsfortführung von Managementimmobilien in der Zwangsverwaltung, ZfIR 2002, 622; *Weber/Graf,* Versicherungen in der Zwangsverwaltung, ZfIR 2006/612; *Wedekind/ Wedekind,* Zwangsverwaltung und abhandengekommene Mietkaution – Steht dem Mieter bis zur Auffüllung der Kaution ein Zurückbehaltungsrecht zu?, ZfIR 2009, 271; *Wedekind/Wedekind,* Wohnraummietvertrag – Schuldner nicht in der Insolvenz: Zwangsverwalter muss vom Schuldner nicht ausgefolgte Kautionen neu anlegen, ZfIR 2009, 315; *Wrobel,* Umfang und Grenzen der Prozeßführung durch den Zwangsverwalter, KTS 1995, 19.

§ 152 [Aufgaben des Verwalters]

Übersicht

	Rn.
1. Allgemeines	1
2. Rechtsstellung des Zwangsverwalters	5
3. Aufgaben des Zwangsverwalters im Allgemeinen; Handlungsgrundsätze	6
4. Bestandserhaltung des Beschlagnahmeobjekts	10
5. Ordnungsgemäße Benutzung des Grundstücks	19
6. Zwangsverwaltung von Wohnungs- und Teileigentum	33
7. Grundstücksbruchteile	34
8. Geltendmachung beschlagnahmter Ansprüche	35
9. Verwertung entbehrlicher Nutzungen	38
10. Miet- und Pachtverhältnisse (§ 152 II)	40
a) Bestehende Miet- und Pachtverträge	40
b) Abschluss von neuen Miet- oder Pachtverträgen	43
c) Geltendmachung der Miet- oder Pachtzinsen	48
11. Verträge im Zwangsverwaltungsverfahren	50
a) Allgemeines	50
b) Dienstverträge	52
c) Energielieferung	53
d) Versicherungen	54
12. Prozessführung des Zwangsverwalters	55
a) Prozessführungsbefugnis des Verwalters	55
b) Fehlende Prozessführungsbefugnis des Verwalters	56
c) Unterbrechung laufender Verfahren	57
d) Verwalterwechsel	58
e) Verfahrensbeendigung	59
f) Schuldenverwalter	60
13. Zwangsvollstreckung während des Zwangsverwaltungsverfahrens	61
a) Vollstreckungshandlungen gegen den Schu	61
b) Zwangsvollstreckung gegen Verwalter	62
c) Vollstreckung durch den Zwangsverwalter	63
d) Pfändung des Zwangsverwaltungsübererlöses	64
14. Abgaben, Steuern, öffentliche Lasten	65
15. Rechtsbehelfe	68

1. Allgemeines

1 Die Bestimmung regelt allgemein die **Rechte und Pflichten des Zwangsverwalters;** sie bildet die Grundlage für die Durchsetzung der Beschlagnahme nach § 148 und die Befriedigung des betreibenden Gl. Gleichzeitig bildet die Vorschrift die Brücke zur Anwendung des allg Mietrechts und damit zur Geschäftsführung des Zwangsverwalters. Einzelheiten regelt die Zwangsverwalterverordnung (ZwVwV) vom 19. 12. 2003 (BGBl. I 2804). Systematisch werden die Wirkungen des § 152 auf allg Mietrecht und weitere Rechtsgebiete, etwa auch des Steuerrechts,

§ 152

durch die Beschlagnahmewirkung des § 148 begrenzt (*Keller*, NZI 2009, 745).

§ 152 wird ergänzt durch **§ 153**, der das Verhältnis zwischen Vollstreckungsgericht und Zwangsverwalter regelt, sowie durch **§ 154,** der die Haftung und Rechnungslegung des Verwalters gegenüber den Beteiligten regelt.

Ausdrücklich verweist § 152 II auf die Fortgeltung der **Miet- und Pachtverträge** und stellt insoweit eine Ausnahme gegenüber anderen schuldrechtlichen Verträgen dar (siehe Rdn 40 ff und Rdn 50 ff).

Der Geltungsbereich des § 152 bezieht sich nicht nur auf den nach § 150 I bestellten Zwangsverwalter, sondern mit Abweichungen auch auf den **Institutsverwalter** nach § 150 a sowie den zum Zwangsverwalter bestellten **Schu** nach § 150 b.

2. Rechtsstellung des Zwangsverwalters

Die rechtliche Qualifikation des Verwalteramtes und die Rechtsstellung des Zwangsverwalters sind in Einzelfragen umstritten (eingehend *Stöber* Rdn 2; *Eickmann*, ZVG § 39 I). Unabhängig davon, welcher Ansicht der Vorzug zu geben ist, zeigt sich, dass der Streit eher theoretischer Natur ist und keine wesentlichen praktischen Auswirkungen hat. Sowohl vom Status des Zwangsverwalters als auch von den Auswirkungen seines Handelns im Rechtsverkehr und im Prozess werden nahezu identische Ergebnisse erzielt. Es kann seine Rechtsstellung wie folgt umschrieben werden: Er ist weder Angestellter noch Vertreter der Beteiligten und des Vollstreckungsgerichts; er wird zwar durch öffentlichrechtlichen Hoheitsakt bestellt, übt aber privatrechtliche Befugnisse aus. Seine Aufgaben, die durch das Gesetz definiert werden, hat er neutral und objektbezogen zu erfüllen. Er verwaltet fremdes Vermögen treuhänderisch im Interesse aller Beteiligten. Im Prozess hat der die Stellung einer Partei kraft Amtes. Im Steuerrecht ist er Vermögensverwalter iSd § 34 III AO.

3. Aufgaben des Zwangsverwalters im Allgemeinen; Handlungsgrundsätze

In § 152 I werden die Aufgaben des Zwangsverwalters allgemein beschrieben. Danach hat er das Recht und die Pflicht
– alle Handlungen vorzunehmen, die erforderlich sind, um das Grundstück in seinem wirtschaftlichen Bestand zu erhalten (Rdn 10 ff),
– alle Handlungen vorzunehmen, die erforderlich sind, um das Grundstück ordnungsgemäß zu nutzen (Rdn 19 ff),
– die Ansprüche, auf die sich die Beschlagnahme erstreckt, geltend zu machen (Rdn 35 ff),
– die für die Verwaltung entbehrlichen Nutzungen in Geld umzusetzen (Rdn 38 ff).

§ 152 [Aufgaben des Verwalters]

7 Diese Tätigkeiten stellen sich je nach Betrachtungsweise als Rechte und Pflichten dar; als **Rechte** insoweit, als damit sein Handeln legitimiert wird, wenn er in Rechtspositionen des Schu eintritt und Dritten gegenüber tätig wird. Umgekehrt bedeuten sie für ihn eine **Verpflichtung**, für deren Beachtung er den Beteiligten und dem Gericht gegenüber verantwortlich ist (§§ 153, 154). Mit den in § 152 I genannten Positionen sind die Bereiche des Verwalterhandelns nicht abschließend aufgezählt. Daraus erwachsen vielmehr weitere Bezugspunkte, die den Aufgabenbereich des Zwangsverwalters ergänzen; hierzu zählen insbesondere die Auswirkungen auf bestehende Rechtsverhältnisse, der Abschluss von Verträgen, die Behandlung bestehender Miet- oder Pachtverhältnisse, die Befugnis, einen beschlagnahmten Gewerbebetrieb zu führen, Prozesse in Bezug auf beschlagnahmte Forderungen zu führen und die Situation von Zwangsvollstreckungshandlungen während des Zwangsverwaltungsverfahrens.

8 Maßstäbe für das Handeln des Zwangsverwalters ist das **Verhalten eines sparsamen, ordentlich wirtschaftenden Eigentümers** unter den besonderen Auswirkungen des Zwangsverwaltungsverfahrens; der Verfahrenszweck, die Befriedigung der Gl herbeizuführen und das Schuldnergrundstück in seinem Bestand zu bewahren, hat hierbei einzufließen. Nur notwendige Maßnahmen sind unter Berücksichtigung der beschränkten Mittel möglich; wünschenswerte und erst recht unwirtschaftliche Maßnahmen sind zu unterlassen, der Zwangsverwalter darf keinen Raubbau treiben (BFH WM 1965, 1199).

9 Hinsichtlich der beschlagnahmten Gegenstände (§ 148) wird dem Schu die **tatsächliche Verfügungsgewalt** entzogen; sie geht auf den Zwangsverwalter über. Der Verwalter ist bei der Erfüllung seiner Aufgaben selbstständig; er wird nicht als Vertreter der Beteiligten sondern aus eigenem Recht tätig. An Weisungen des Gerichts ist er gebunden (§§ 153 I, § 1 I 2 ZwVwV).

4. Bestandserhaltung des Beschlagnahmeobjekts

10 Die dem Zwangsverwalter auferlegte Pflicht zur Bestandserhaltung umfasst einen weiten Bogen. Sie bezieht sich nicht allein auf das Grundstück sondern auch auf Gebäude und Zubehör. Hinsichtlich der näheren Ausfüllung der Pflicht zur Bestandserhaltung kann man sich an den für den Nießbraucher geltenden Bestimmungen der **§§ 1034 bis 1050 BGB** orientieren (*Stöber* Rdn 4.1); eine entsprechende Anwendung kommt jedoch nur dort in Betracht, wo sich die Rechtsstellung des Zwangsverwalters und des Nießbrauchers decken (zB §§ 1041, 1045 BGB).

11 Bestandserhaltung bedeutet zunächst Aufrechterhaltung der bestehenden wirtschaftlichen Bestimmung des Grundstücks; die bei Beginn der Zwangsverwaltung **vorgefundene Nutzungsart ist beizubehalten.** So kann beispielsweise Ackerland nicht zu einem Waldgrundstück aufge-

§ 152

forstet werden, ein Wohnungsmietobjekt kann nicht in gewerbliche Nutzung umgewandelt werden.

Zur Substanzerhaltung gehört auch, der **Verschlechterung des Beschlagnahmeobjekts vorzubeugen.** Rechtzeitige Ausbesserungen von auftauchenden baulichen Mängeln (Reparatur des Daches, Sanierung des Kamins, Außenanstrich der Fenster) ist unerlässlich. Insbesonders bei vermieteten Wohnräumen gehört die Aufrechterhaltung der Räume in einen vertragsgemäßen Zustand dazu. Führen Mängel am Gebäude zu Gefahrenquellen für Mieter oder Dritte (zB abgesenkte Treppe, lockere Dachziegel, technische Probleme am Aufzug), ist der Zwangsverwalter zur Vermeidung einer Haftung zur Ausbesserung verpflichtet. Der Zwangsverwalter eines Hausgrundstücks treffen gem §§ 152, 148 II die Verkehrssicherungspflichten des Hauseigentümers, zB die Winterwartung auf dem Hausgrundstück (OLG Hamm WM 2004, 675). 12

Ein **verwahrlostes Grundstück** ist durch Aufräumarbeiten in einen Zustand zu versetzen, der eine sinnvolle, mit Einnahmen verbundene Nutzung ermöglicht (*Dassler/Engels* Rdn 17). Wohnungen, die unbewohnbar oder nicht mehr vermietbar sind, können soweit umgebaut werden, dass ihre frühere Substanz wieder hergestellt wird. Droht bei einem Mieter eine Verwahrlosung („Messie"), hat der Zwangsverwalter einzuschreiten und geeignete Maßnahmen zu treffen, dazu kann auch die Veranlassung psychiatrischer Behandlung gehören. Entsprechenden Hinweisen der Mitbewohner hat er nachzugehen und zur Vermeidung pers Haftung sein Handeln zu dokumentieren (BGH Rpfleger 2005, 616). 13

Im Einzelfall kann es auch angezeigt sein, eine **begonnene Bebauung** zu vollenden, um durch eine Vermietung Einnahmen zu erzielen (§§ 5 III, 10 I Nr 1 ZwVwV; RGZ 73, 397; BGHZ 5, 378, 382; OLG Schleswig KTS 1984, 320; *Stöber* Rdn 4.2). Hierbei ist besonders auf die Umstände und die Verhältnismäßigkeit der aufzuwendenden Mittel Rücksicht zu nehmen (zur Kostenprgonose und der Vorschussanforderung an Gl LG Stralsund Rpfleger 2009, 165); bei einem gerade begonnenen Bauwerk stellt sich die Situation anders dar als bei einem Gebäude, das bereits größtenteils fertig gestellt ist. Zu einer Umgestaltung und Veränderung der Substanz des Gebäudes, bei der auch der Nutzungszweck geändert wird, ist er nicht befugt (BGHZ 161, 336, arg ex § 1037 BGB; LG Göttingen Rpfleger 2004, 113). 14

Bei **zerstörten Gebäuden** hat der Zwangsverwalter zunächst mögliche Gefahrenquellen auszuschalten. Er darf mit der ausbezahlten Versicherungssumme (§ 1127 BGB) das Gebäude wieder herstellen, insbesonders aus Versicherungsverträgen mit Wiederherstellungsklausel. 15

Auch auf **Zubehör** bezieht sich die Verpflichtung zur Bestandserhaltung. Vor allem bei Fahrzeugen sind notwendige Reparaturen und technische Überholungen zur Erhaltung des bestimmungsgemäßen Gebrau- 16

§ 152 [Aufgaben des Verwalters]

ches möglich.. Über Zubehör darf der Zwangsverwalter nur im Rahmen ordnungsmäßiger Wirtschaft verfügen. Da die Zwangsverwaltung nicht der Substanzverwertung dient, darf Zubehör grds nicht verwertet werden (*Stöber* Rdn 13.3; *Depré/Mayer* Rdn 134 f). Eine Veräußerung darf nur soweit erfolgen, als das Zubehör zur Nutzung des Objektes nicht mehr tauglich ist. Veräußert der Zwangsverwalter im Rahmen ordnungsmäßiger Wirtschaft eine landwirtschaftliche Zugmaschine, hat er eine gleichwertige anzuschaffen. Ein Verwertungserlös bei Veräußerung nicht mehr tauglichen Zubehörs (ohne Neuanschaffung) darf nicht an die Gläubiger verteilt werden, sondern gebührt nach Beendigung des Verfahrens dem Schuldner (*Depré/Mayer* Rdn 137).

17 Die zur Bestandserhaltung **notwendigen Kosten** sind der Zwangsverwaltungsmasse zu entnehmen. Soweit diese nicht ausreicht, ist über das Gericht ein Vorschuss gemäß § 161 III anzufordern; ein unmittelbarer Anspruch des Zwangsverwalters gegen den betreibenden Gl besteht nicht.

18 Der Zwangsverwalter soll **Ausbesserungen und Erneuerungen** auf dem verwalteten Grundstück, die nicht zu einer gewöhnlichen Unterhaltung gehören, nur mit Einwilligung des Gerichts vornehmen (§ 10 I Nr 5 ZwVwV). Dies bezieht sich insbesonders auf die Vollendung angefangener Bauten sowie auf Umbauten an Gebäuden (§ 5 III ZwVwV). Das Vollstreckungsgericht hat Gl und Schu vorher zu hören (§ 153 I).

5. Ordnungsgemäße Benutzung des Grundstücks

19 Mit dem Recht, das Grundstück zu nutzen und zu benutzen, wird in der Zwangsverwaltung das Ziel verfolgt, die Befriedigung des Gl aus den Einnahmen herbeizuführen. Dieses Nutzungsrecht steht gleichwertig neben der Pflicht zur Bestandserhaltung. Der Verwalter muss bei der Nutzung nach den Regeln einer ordnungsmäßen Wirtschaft verfahren. Er ist berechtigt und verpflichtet, **alle möglichen Nutzungen** (und nicht nur einen Teil davon) aus dem Grundstück zu ziehen; er darf andererseits keinen Raubbau betreiben; so ist beispielsweise bei einem Waldgrundstück neben dem Recht, das Grundstück bei entsprechendem Bewuchs abzuholzen auch die Pflicht zur Wiederanpflanzung zu sehen.

20 Der Zwangsverwalter hat die **Art der Nutzung des Grundstücks**, die bis zur Anordnung der Verwaltung bestand, **beizubehalten** (§ 5 I ZwVwV). So darf ein bisher landwirtschaftliches Grundstück nicht durch Aufforstung in ein Waldgrundstück umgewandelt werden, ein gewerbliches Grundstück darf nicht zu Wohnzwecken umgewidmet werden und umgekehrt. Hält der Verwalter im Einzelfall eine Abweichung für geboten, so soll er vorher die Entscheidung des Vollstreckungsgerichts einholen (§ 10 I Nr 1 ZwVwV). Grundstücke, die nicht landwirtschaftlich oder forstwirtschaftlich genutzt werden, sind durch Vermietung nutzbar zu machen. Das Gleiche gilt für Wohnräume, soweit sie nicht dem Schu

§ 152

als unentbehrlich für seinen Hausstand zu belassen sind. Räume, die von dem Schu zu Geschäftszwecken benutzt werden, sind diesem nur gegen ein angemessenes Nutzungsentgelt zu belassen (*Stöber* § 149 Rdn 2.10), § 149 gilt nicht. Einzelne Äcker, Gärten und Wiesen können verpachtet werden, auch wenn sie bis dahin nicht verpachtet waren (§ 5 II ZwVwV).

Verfügungen über das Grundstück (Veräußerung, Belastung) 21 gehören schon begrifflich nicht zu den Nutzungen eines Grundstücks; der Verwalter ist daher hierzu nicht befugt.

Um eine ordnungsgemäße Nutzung weiterzuführen, kann es geboten 22 sein, in **bestehende Verträge des Schu einzutreten oder neue Verträge abzuschließen** (vgl Rdn 40 ff und Rdn 50 ff); hierbei ist an Dienst- und Arbeitsverträge, Werkverträge, Leasingverträge, Energielieferungsverträge uä zu denken. Ausgaben, die der Verwalter im Rahmen der Nutzung des Grundstücks durch die Erfüllung derartiger Verträge entstehen, gehören zu den Ausgaben der Zwangsverwaltung nach § 155 I, die aus der Zwangsverwaltungsmasse vorweg zu decken sind; reicht sie nicht aus oder sind bisher keinerlei Einnahmen zu verzeichnen, ist über das Gericht ein Vorschuss nach § 161 III anzufordern.

Bei **landwirtschaftlichen, forstwirtschaftlichen und gärtnerischen Grundstücken** wird regelmäßig der Schu nach § 150 b zum 23 Zwangsverwalter bestellt; ihm ist dann eine Aufsichtsperson zur Seite zu stellen. Auf die Ausführungen bei §§ 150 b bis e wird verwiesen. Scheidet die Bestellung des Schu aus, weil die Voraussetzungen nicht gegeben sind (fehlende Bereitschaft oder Eignung), wird eine Fortführung des landwirtschaftlichen usw Betriebs durch einen Zwangsverwalter nach § 150 I oder gar einen Institutsverwalter nach § 150 a nur in Ausnahmefällen in Betracht kommen; jedenfalls wäre dann bereits bei der Auswahl des Verwalters darauf Rücksicht zu nehmen sein, dass er alle anfallenden Tätigkeiten zu erledigen oder zu überwachen hat (letztes bei Ausführung durch Hilfskräfte). In aller Regel ist bei derartigen Beschlagnahmeobjekten eine Verpachtung angezeigt (§ 6 ZwVwV).

Bei der Verpachtung eines landwirtschaftlichen Betriebs geht das sog 24 **Milchkontingent** (Recht zur bevorzugten Milchanlieferung) kraft Gesetzes auf den Pächter über; es ist zwar nicht von der Beschlagnahme erfasst, da es personenbezogen ist, kann jedoch nach dem Grundsatz der Betriebsakzessorität vom Pächter ausgeübt werden (*Stöber* § 148 Rdn 2.7). Bei der Festlegung des Pachtzinses ist dies vom Zwangsverwalter zu berücksichtigen. Führt der Zwangsverwalter den Betrieb selbst fort, so steht ihm das Milchkontingent zu.

Bei **forstwirtschaftlichen Grundstücken** sollte das Vollstreckungsgericht den Zwangsverwalter dazu im Rahmen des Weisungsrechts nach 25 § 153 I anhalten, in entsprechender Anwendung von § 1038 BGB einen **Wirtschaftsplan** zu erstellen, der nach Anhörung von Gl und Schu vom Gericht zur Grundlage der forstwirtschaftlichen Nutzung zu erklären ist.

§ 152 [Aufgaben des Verwalters]

Dadurch sind Abholzung und Wiederaufforstung nach den Regeln einer ordnungsgemäßen Wirtschaft sichergestellt.

26 Das **Jagdrecht** steht dem Eigentümer an seinem Grund und Boden zu und ist untrennbar mit dem Eigentum verbunden (§ 3 I BJagdG). Falls die beschlagnahmten Grundstücke die vorgeschriebene Größe erreichen, bilden sie einen Eigenjagdbezirk; sollte insoweit das Jagdrecht bisher vom Schu ausgeübt worden sein, tritt der Zwangsverwalter in diese Rechtsstellung ein. Eine Ausübung des Jagdrechts durch den Verwalter wird jedoch bereits am fehlenden Jagdschein scheitern, falls das Vollstreckungsgericht nicht bereits bei der Auswahl des Verwalters darauf geachtet hat (zur Vorauswahl § 150 Rdn 3a). Regelmäßig wird dann eine Verpachtung des Eigenjagdbezirks in Frage kommen, wobei der Pachtzins vom Verwalter zu vereinnahmen ist. Fehlt dem beschlagnahmten Grundbesitz die zur Bildung eines Eigenjagdbezirkes erforderliche Größe, bildet es mit anderen Grundstücken einen gemeinschaftlichen Jagdbezirk, bei dem das Jagdrecht durch eine Jagdgenossenschaft ausgeübt wird. Der Zwangsverwalter tritt mit Beschlagnahme in die Rechte des Eigentümers an der Jagdgenossenschaft ein (§ 152 II) und kann insbesondere den anteiligen Pachtzins einziehen und das Stimmrecht bei Abstimmungen ausüben.

27 Die Zwangsverwaltung von **gewerblich genutzten Grundstücken** wirft zahlreiche Fragen und Problemen auf. Insbesondere war stets streitig, unter welchen Voraussetzungen der Zwangsverwalter selbst einen Gewerbebetrieb führen darf (RGZ 93, 1; RGZ 135, 197; BGHZ 163, 9, 12, 13; *Jäckel/Güthe* Rdn 4; *Stöber* Rdn 9; *Steiner/Hagemann* Rdn 81 f; *Dassler/Engels* Rdn 39 f; *H/W/F/H* § 5 ZwVwV Rdn 17 f; *Depré/Mayer* Rdn 521 f; *Hintzen*, RPflStud 2002, 142; *Selke*, ZfIR 2002, 622). Die Beschlagnahme erstreckt sich auf die in § 148 genannten Objekte, in erster Linie auf das Grundstück mit seinen Bestandteilen, insbesondere Gebäude und Zubehör, das im Eigentum des Schu steht (§ 1120 BGB). Der Gewerbebetrieb als solcher ist von der Beschlagnahme erfasst, wenn er mit dem Grundstück eng verbunden ist und das Grundstück praktisch zu keinem anderen Zweck genutzt werden kann (BGHZ 163, 9; siehe § 148 Rdn 9). Problematisch ist, dass zum Gewerbebetrieb auch Dinge gehören, die eindeutig nicht der Beschlagnahme unterliegen können. Zum Gewerbebetrieb gehören bewegliche Sachen, die nicht Zubehör sind (zB Warenbestand, Rohstoffe, Halbfertig- und Fertigerzeugnisse – oft mit Eigentumsvorbehalten belastet, Maschinen), aber auch Außenstände, Lieferanten- und Kundenbeziehungen, Geschäftsunterlagen, das "Know-how", Patente, Urheberrechte, Namensrechte an Produkten usw. Anders als beim Insolvenzverfahren, das das gesamte Vermögen des Schu umfasst, handelt es sich bei der Zwangsverwaltung um eine Einzelvollstreckungsmaßnahme in das Grundstück. Ein vom Schu auf dem Grundstück betriebener Gewerbebetrieb ist daher nur unter engen Grenzen als von der Beschlagnahme erfasst anzusehen. Ist der Gewerbe-

§ 152

betrieb auch bei weiter Auslegung von BGHZ 163, 9 nicht beschlagnahmt, kann ihn der Zwangsverwalter auch nicht fortführen (BGHZ 163, 9, 12). Daran ändert sich auch dann nichts, wenn der Schu mit einer Fortführung einverstanden wäre, da der Vollstreckungszugriff weder von ihm noch vom Vollstreckungsgericht erweitert werden kann.

Der Zwangsverwalter kann den **Gewerbebetrieb** zumindest zeitweise **fortführen**, wenn das **Grundstück** und die von der Beschlagnahme miterfassten Gegenstände **Betriebsgrundlage der gewerblichen Tätigkeit** sind (grds ablehnend OLG Hamm Rpfleger 1994, 515; durch BGHZ 163, 9 überholt; kritisch *Stöber* Rdn 9.1, 9.6). So kann er zB einen Campingplatz, eine Minigolfanlage, eine Sportanlage mit Bewirtschaftung (OLG Celle Rpfleger 1989, 519), eine Tennishalle, ein Fitness-Studio, eine Schwimmbad- und Saunaanlage, eine PKW-Waschanlage, eine Tankstelle (OLG Dresden Rpfleger 1999, 410) oder auch ein Hotel betreiben (Hotel mit Restaurant: BGHZ 163, 9, 14; für Hotel: LG Bamberg Rpfleger 1992, 310 m Anm *Hintzen*). In diesem Zusammenhang kann auch eine Heranziehung von Hilfskräften unter Verantwortung des Zwangsverwalters geboten sein (§ 1 III ZwVwV), auch vertragliche Beziehungen mit dem Schu über nicht der Beschlagnahme unterliegende Sachen können notwendig werden. Gehört zur ordnungsmäßigen Grundstücksnutzung auch die **Ausbeutung von Bodenbestandteilen** (Kies, Sand, Torf), ist dies auch durch Führung des entspr Gewerbebetriebes möglich (Kohlegrube RGZ 135, 197). 28

Die Führung des Gewerbebetriebes durch den Zwangsverwalter führt zu zahlreichen Folgefragen, die im konkreten Fall sowohl durch den Zwangsverwalter als auch durch das Gericht (§§ 5, 10 ZwVwV, § 153 ZVG) bedacht werden müssen: Die Entscheidung, den Gewerbebetrieb fortzuführen, stellt nach Ansicht des BAG eine **Betriebsfortführung im Sinne des § 613a BGB** dar (BAG NJW 1980, 2148; dazu *Dassler/Engels* Rdn 52 f; *H/W/F/H* § 5 ZwVwV Rdn 22). Die Betriebsfortführung liegt nicht schon in der Anordnung oder der Inbesitznahme (LAG Köln NZI 1999, 508), sondern in der konkreten Entscheidung der Fortführung. Der Zwangsverwalter unterliegt dann den Beschränkungen des § 613a BGB und ist iÜ Arbeitgeber der bisherigen Mitarbeiter des Unternehmens, damit trifft ihn auch die Abführungspflicht des § 28e SGB IV betr Sozialversicherungsbeiträge der Arbeitnehmer (zu § 613a BGB bei Verpachtung an Dritten BGH NJW 1982, 2186; LAG Hamm ZIP 1987, 91). Da vertragliche Beziehungen des Schu mit Dritten nicht generell unter § 152 II fallen, muss der Zwangsverwalter in jedem Einzelfall entscheiden, ob er zB **Lieferverträge** mit Kunden und Lieferanten oder auch Bankverbindungen fortführen will. Umgekehrt ist auch der Vertragspartner nicht verpflichtet, mit dem Zwangsverwalter zusammen zu arbeiten. Erheblich sind zuletzt die steuerlichen Auswirkungen: Der Zwangsverwalter wird bei Betriebsfortführung für den gesamten Bereich der Tätigkeit Vermögensverwalter iSd § 34 III AO. Er ist voll **umsatz-** 28a

§ 152 [Aufgaben des Verwalters]

steuer- und ggf **einkommensteuerpflichtig** für das Zwangsverwaltungsobjekt und den Gewerbebetrieb (*Dassler/Engels* Rdn 56; *H/W/F/H* § 5 ZwVwV Rdn 24). Im Ergebnis verschwimmt dann die Grenze zwischen Zwangsverwaltung und Insolvenzverwaltung. Diese kann nur dadurch gewahrt werden, dass die Voraussetzungen der Beschlagnahme des Gewerbebetriebes als untrennbarem Teil des Grundstücks eng ausgelegt werden.

29   Das Grundstück als ganzes, Gebäude, Gebäudeteile oder einzelne Räume (Ausstellungsräume, Lagerhalle, Fabrikhalle) können auch durch **gewerbliche Vermietung** durch den Zwangsverwalter genutzt werden. Dies ist vor allem dann angezeigt, wenn ein dafür ausgestattetes Grundstück in gleicher Weise wie bisher weiterbenutzt werden soll. Gerade dadurch dürften für die Zwangsverwaltung die Einnahmemöglichkeiten vorteilhaft sein und deren Zweck erfüllen. Wesentlich hierbei ist jedoch, dass Schwerpunkt der bisherigen gewerblichen Tätigkeit des Schu nicht im Know-how oder der Unternehmensorganisation, sondern nahezu ausschließlich im Gebäude und den errichteten Anlagen selbst liegt (für Tankstelle: OLG Dresden Rpfleger 1999, 410).

30   Will der **Schu** den auf dem Grundstück betriebenen **Gewerbebetrieb selbst fortführen,** so kann es ihm vom Zwangsverwalter gegen angemessene Pachtzahlung überlassen werden; gleiches gilt für andere Gegenstände, die der Beschlagnahme unterworfen sind.

31   Unzulässig ist es für den Zwangsverwalter, auf dem Grundstück einen **neuen Gewerbebetrieb** zu errichten, da er damit seinen Aufgabenkreis überschreitet. Er darf also auch in leer stehenden Räumen kein eigenes Handelsgewerbe beginnen (*Stöber* Rdn 9.5). Wohl aber darf er leerstehende Gewerberäume verpachten und hierfür Umbaumaßnahmen erlauben, etwa kann aus einem ehemaligen Antiquitätengeschäft ein Kuchenladen gemacht werden.

32   Grundstücke, die mit **Wohn- oder Geschäftshäusern** bebaut sind, hat der Zwangsverwalter durch Vermietung zu nutzen. Der Verwalter tritt gemäß § 152 II in die bestehenden Miet- oder Pachtverträge ein (siehe Rdn 40 ff).

6. Zwangsverwaltung von Wohnungs- und Teileigentum

33   Zwangsverwaltung ist auch bei selbstgenutztem Wohnungseigentum und Teileigentum zulässig, sie ist trotz § 149 nicht a priori rechtsmissbräuchlich (zur Hausgeldzahlung durch den Schu § 149 Rdn 7a). Bei vermietetem Wohnungs- oder Teileigentum ist die Anordnung der Zwangsverwaltung ohne weiteres zulässig. Während des Zwangsverwaltungsverfahrens ist der Zwangsverwalter an Stell des Schu innerhalb der Eigentümergemeinschaft berechtigt und verpflichtet. Er hat Stimmrecht in der Eigentümerversammlung; auch dann, wenn der Schuldner zur Veräußerung seines Eigentums verurteilt worden ist (§ 18, 19 WEG;

§ 152

BayObLG Rpfleger 1999, 190; *Stöber* § 152 Rdn 19.1; *Dassler/Engels* Rdn 189 f).

Die Zwangsverwaltung ist für jedes Wohnungs- oder Teileigentum **33a** getrennt zu führen, auch bei Verbindung nach § 18. Der Zwangsverwalter darf Einnahmen und Ausgaben verschiedener Wohnungs- oder Teileigentumseinheiten nicht miteinander vermischen. Wohnungs- und Teileigentum sind nicht wirtschaftlich zusammengehörig (zur Vergütung nach § 20 ZwVwV BGH Rpfleger 2007, 274 = ZfIR 2007, 249 m Anm *Keller*). Inbesondere ist der als Teileigentum gebuchte Tiefgaragenstellplatz rechtlich selbständig vermietbar, er gehröt anders als ein Sondernutzungsrecht nicht zum Wohnungseigentum.

Bei Zwangsverwaltung von Wohnungs- oder Teileigentum wird das **33b** **gemeinschaftliche Eigentum von der Beschlagnahme nicht erfasst** (von der WEG-Verwaltung verwaltetes Vermögen). Hier ist der Zwangsverwalter an wirksame Beschlüsse der Gemeinschaft gebunden (*Dassler/Engels* Rdn 189; zu seltenen Fall der Zwangsverwaltung über alle Einheiten des Wohnungseigentums AG Strausberg Rpfleger 2004, 115).

Zur **Zahlungspflicht betr Hausgelder und Sonderumlagen** ein- **33c** gehend Rdn 10 f zu § 155 sowie Rdn 15 f zu § 10. Beitreibt die WEG-Gemeinschaft die Zwangsverwaltung, ist der Erfolg je nach Einzelfall fraglich: Hinzuweisen ist auf das Rspr des BGH zur Betriebskostenzahlung des Schu bei § 149 (BGH ZfIR 2008, 342 m Anm *Bergsdorf*; BGH Rpfleger 2009, 252 = ZfIR 2009, 147 m Anm *Schmidberger*). Auch die Neuregelungen des § 10 I Nr 2 und des § 156 I 2 sind nicht immer vorteilhaft: Durch § 156 I 2 und § 155 I werden nur die laufenden Ansprüche gedeckt (§ 13). Wegen rückständiger Ansprüche muss die WEG-Gemeinschaft die Zwangsverwaltung in der Rangklasse 2 des § 10 I betreiben, mit älteren Ansprüchen steht sie in der Rangklasse Nr 5 des § 10 I. Da hinsichtlich laufender Ansprüche § 155 I gilt, wäre sogar die WEG-Gemeinschaft als betr Gl vorschusspflichtig nach § 161 III. Ist das Wohnungseigentum vermietet, ergibt sich im übrigen durch die Diskrepanz zwischen § 1124 BGB und § 13 eine Deckungslücke für den Zwangsverwalter: Beschlagnahmt ist bei einer Beschlagnahme nach dem 15. eines Monats erst die übernächste Miete, zahlungspflichtig ist der Zwangsverwalter aber bereits für die letzte vor Beschlagnahme fällig gewordene Hausgeldforderung.

7. Grundstücksbruchteile

Bei der Zwangsverwaltung von **Grundstücksbruchteilen** tritt der **34** Zwangsverwalter in die Rechte ein, die dem Schu nach §§ 743 ff BGB zustehen. Die Verwaltung des Grundstücks als ganzes steht dem Verwalter gemeinschaftlich mit den übrigen Miteigentümern zu (§ 744 I BGB). Er ist an vor der Beschlagnahme vom Schu mit den Miteigentümern getroffene Vereinbarungen gebunden (§ 746 BGB). Bei der Verwaltung des Grundstücks muss er die Zwangsverwaltungsvorschriften im Auge behalten, insbesondere darf er – von öffentlichen Lasten gemäß § 156 I abgesehen – Zahlungen nur nach dem Teilungsplan vornehmen. Bei vermieteten oder verpachteten Grundstücken können der Miet- oder Pachtzins grds nur gemeinschaftlich eingezogen werden, dies entspricht regelmäßig der Vereinbarung der Miteigentümer (MüKo/K. *Schmidt*, BGB, § 744, 745 Rdn 14 f). Fehlt eine Vereinbarung oder ist sie nicht nachweisbar und besteht zwischen Zwangverwalter und den weiteren Miteigentümern Streit, sollte eine anteilige Zahlung der Miete entsprechend den Bruchteilen des Eigentums an Verwalter und übrige Miteigentümer erfolgen; der Zwangsverwalter hat den Anteil des Schu zur Teilungsmasse zu nehmen und die entsprechenden Ausgaben (anteilig) zu begleichen. Der Zwangsverwalter hat dann dafür Sorge zu tragen, dass Ausgaben der Gemeinschaft, die für den Anteil des Schu nur nach dem Teilungsplan vorzunehmen sind (vor allem Zinsen und Tilgungsanteile von Grundpfandrechten) herauszurechnen und von ihm nur entsprechend des Plans zu zahlen sind. Der Abschluss neuer Mietverträge kann praktisch nur durch alle Miteigentümer gemeinsam erfolgen; damit kann die Zwangsverwaltung nur eines Bruchteils die ordnungsgemäße Bewirtschaftung des Grundstücks behindern.

8. Geltendmachung beschlagnahmter Ansprüche

35 Der Verwalter hat für die rechtzeitige Geltendmachung der Ansprüche, auf die sich die Beschlagnahme erstreckt, zu sorgen (§ 153 I, § 7 ZwVwV). Diese Verpflichtung bezieht sich vor allem auf
– Miet- und Pachtzinsforderungen (hierzu Rdn 40 ff),
– Versicherungsleistungen, die von der Beschlagnahme erfasst sind (§ 148 Rdn 14),
– Ansprüche auf wiederkehrende Leistungen bei subjektivdinglichen Rechten (§ 148 Rdn 13), in erster Linie bei subj.-dingl. Reallast, Erbbauzins, Überbau- und Notwegrente,
– Entschädigungsforderungen, soweit sie der Beschlagnahme unterliegen.

36 Bei einem **subjektiv-dinglichen Vorkaufsrecht** hat der Zwangsverwalter zu prüfen, ob die Ausübung bei Eintritt des Verkaufsfalls während der Zwangsverwaltung im Interesse der Beteiligten liegt und die entsprechenden Mittel vorhanden sind. Vor einer Entscheidung hat er die Zustimmung des Vollstreckungsgerichts einzuholen, das Gl und Schu anzuhören hat (§ 153 I). Der Verwalter ist auch berechtigt (und verpflichtet), die Unwirksamkeit der gegen die Beschlagnahme verstoßenden Verfügungen des Schu geltend zu machen. Persönliche Ansprüche des Schu (zB Schadensersatzansprüche, Darlehensrückzahlung, Unterhaltsansprüche) sowie Ansprüche aus einem vorher vom Schu betriebenen Gewer-

§ 152

bebebetriebs sind von der Beschlagnahme nicht erfasst und können daher vom Zwangsverwalter nicht eingefordert werden. Zu Ansprüchen aus den vom Zwangsverwalter selbst abgeschlossenen Verträgen siehe Rdn 50 ff.

Der Zwangsverwalter ist auch berechtigt, eine **Forderung** zu **stunden** oder an Dritte **abzutreten**. Will er von der gerichtlichen Geltendmachung rückständiger Leistungen länger als zwei Monate nach deren Fälligkeit absehen oder nach Erlangung eines Vollstreckungstitels die Zwangsvollstreckung hinausschieben oder unterlassen, so hat er hiervon Gl und Schu zu unterrichten. 37

9. Verwertung entbehrlicher Nutzungen

Der Zwangsverwalter ist zur Verwertung sämtlicher Nutzungen verpflichtet. In Geld gezogene Nutzungen (zB Mieteinnahmen) sind zur Zwangsverwaltungsmasse zu nehmen. Andere Nutzungen, in der Regel Früchte einer Sache (§§ 99, 100 BGB) hat er zu veräußern und den Erlös der Masse zuzuführen. Über die Entbehrlichkeit von Nutzungen entscheidet der Zwangsverwalter eigenverantwortlich. Der Erlös ist nach den Bestimmungen der §§ 155 bis 158 zu verwenden. Soweit und solange er nicht benötigt wird, ist er zu verwahren und verzinslich anzulegen (§ 154 Rdn 6). Für den zum Zwangsverwalter bestellten Schu wird auf §§ 150 b bis e Rdn 19 verwiesen. 38

Der Verwalter ist auch berechtigt, **für die ordnungsgemäße Nutzung nicht erforderliche Grundstücksbestandteile und Zubehörgegenstände** zu veräußern. Der Erlös ist nicht zur Masse zu nehmen sondern verzinslich anzulegen und nach Verfahrensbeendigung an den Schu auszukehren; nur die daraus gezogenen Zinsen sind für die Masse zu vereinnahmen (*Depré/Mayer* Rdn 137). 39

10. Miet- und Pachtverhältnisse (§ 152 II)

a) Bestehende Miet- und Pachtverträge. Während der Zwangsverwalter an Verträge, die der Schu vor Beschlagnahme abgeschlossen hat, grds nicht gebunden ist (vgl Rdn 51), bestimmt § 152 II ausdrücklich, dass Miet- und Pachtverträge auch ihm gegenüber wirksam sind, wenn das Grundstück vor der Beschlagnahme einem Mieter oder Pächter überlassen worden ist. Neben einem wirksamen Miet- oder Pachtvertrag zwischen dem Vollstreckungsschuldner und dem Mieter/Pächter muss das Grundstück (auch Wohnungs- oder Teileigentum) **vor der Beschlagnahme überlassen** worden sein. Dies ist unproblematisch, wenn das Grundstück oder die Wohnung vom Mieter bereits bewohnt bzw. vom Pächter bereits bewirtschaftet wird. Eine Überlassung liegt aber auch vor, wenn die Besitzverschaffung auf andere Weise, insbes durch Schlüsselübergabe, erfolgt ist. Ist der Mieter bereits im Besitz der Wohnung, steht die ausstehende Kautionszahlung der Überlassung nicht 40

§ 152 [Aufgaben des Verwalters]

entgegen (**aA** *Stöber* Rdn 12.1). Bei der Pacht reicht die Einräumung der Gebrauchsmöglichkeit aus (Erlangung des unmittelbaren Besitzes gemäß § 854 II BGB). Wenn die Überlassung bei Beschlagnahmeeintritt noch nicht erfolgt ist, kann sie **mit Zustimmung des Verwalters** auch nachher erfolgen. Ein Fall des Abs 2 ist aber nicht gegeben, wenn der Mieter oder Pächter das Grundstück nicht vom Schu gemietet oder gepachtet hat, insbes bei wirksamer Untervermietung (§ 148 Rdn 11).

41 Liegen die og Voraussetzungen vor, tritt der Zwangsverwalter vollinhaltlich in den **Miet- oder Pachtvertrag** ein. Er hat alle Rechte und Pflichten des Schu vor der Beschlagnahme. Die Rechtswirkung des § 152 II greift aber nur soweit, als Zweck und Ausmaß der Zwangsverwaltung dies erfordern. Es ist systematisch völlig verfehlt, die Vorschrift als reine Mieterschutzvorschrift zu verstehen (so aber insbes der für Wohnraummietrecht zuständige VIII. Zivilsenat des BGH; krit dazu *Wedekind/ Wedekind*, ZfIR 2009, 271 und ZfIR 2009, 315; *Keller*, NZI 2009, 745).

41a Der Zwangsverwalter ist berechtigt und verpflichtet, den Miet- oder Pachtzins für den folgenden Monat (falls Beschlagnahme nach dem 15. erfolgt: für den übernächsten Monat, vgl § 1124 II BGB) zu vereinnahmen (dazu § 148 Rdn 7). Rückständige und nach § 1123 BGB noch **beschlagnahmte Mietforderungen** hat er geltend zu machen (§ 8 ZwVwV). Er ist berechtigt, gegen Mieter die Zwangsvollstreckung zu betreiben. Ein Vollstreckungstitel kann gemäß § 727 ZPO ihn umgeschrieben werden (*Steiner/Hagemann* § 152 Rdn 184). Der Zwangsverwalter kann den Miet- oder Pachtvertrag auch **kündigen** und zwar sowohl unter den gesetzlichen als auch den vertraglichen Bedingungen. Bei Wohnraum muss er die Kündigungsschutzbestimmungen der §§ 573 f BGB beachten. Ob er bei Mietrückstand des Mieters fristlos nach § 543 II BGB kündigen soll, ist wie bei allg Vermietung eine auch wirtschaftlich zu beantwortende Frage (Zahlungsfähigkeit des Mieters, Miethöhe, Option zu zeitnaher Weitervermietung). Mietänderungen, insbes **Mieterhöhungen** darf und muss der Zwangsverwalter nach den allg Regelungen der §§ 557 III, 558 f BGB geltend machen (KG Berlin Rpfleger 1978, 335). Zur Führung von Prozessen mit Mietern oder Pächtern siehe Rdn 55 ff.

41b Der Zwangsverwalter ist zur **Abrechnung der Betriebskosten** gegenüber dem Mieter verpflichtet (*Dassler/Engels* Rdn 150 f). Die frühere Rspr des BGH begründete dies zutreffend mit der Möglichkeit, beschlagnahmte Nachzahlungsansprüche geltend machen zu können (BGH NJW 2003, 2320 = Rpfleger 2003, 456). Für Zeiträume, für welche wegen der Verwirkung nach nach § 556 III 3 BGB gegen den Mieter keine Ansprüche mehr geltend gemacht werden können, brauchte nicht abgerechnet zu werden (dazu *Depré*, ZfIR 2006, 313). In späteren Entscheidungen sieht der BGH die Abrechnungspflicht unabhängig von einem Nachforderungsrecht allein aus § 152 II als Mieterschutzvorschrift (BGH Rpfleger 2006, 488). Danach soll der Zwangsver-

§ 152

walter unbegrenzt für zurückliegende Zeiträume abrechnungspflichtig sein (eingehend *Dassler/Engels* Rdn 156 f). Soweit sich ein Erstattungsanspruch des Mieters ergibt, ist dieser zu zahlen. Soweit sich eine Nachzahlung ergibt, kann sich der Mieter aber auf § 556 III 3 BGB berufen und eine Zahlung verweigern. Der Mieter ist dabei besser gestellt, als bei einer rechtsgeschäftlichen Veräußerung. Der rechtsgeschäftliche Erwerber tritt nach § 566 I BGB nur in die sich während der Dauer seines Eigentums ergebenden Rechte und Pflichten ein, für zurückliegende Abrechnungszeiträume haftet er nicht (BGH Rpfleger 2007, 415; *Palandt/Weidenkaff* § 566 BGB Rn 15 f). Die Praxis behilft sich häufig oft mit Vergleichen zwischen Zwangsverwalter und Mieter, insbes weil der Zwangsverwalter häufig keine Unterlagen besitzt und vom Schu nicht erlangen kann, um eine ordnungsgemäße Abrechnung zu erstellen (zur Abrechnungspflicht ggü dem Ersteher nach Aufhebung der Zwangsverwaltung § 161 Rdn 44).

41c Der Zwangsverwalter ist zur **Rückzahlung der geleisteten Kaution** an den Mieter verpflichtet, wenn das Mietverhältnis während der Zwangsverwaltung endet. Dies gilt entspr § 566a BGB auch und gerade dann, wenn er die Kaution vom Schu nicht erlangen konnte (*Palandt/Weidenkaff* § 566a BGB Rdn 5). Die Herausgabe der mit der Zwangsverwaltung beschlagnahmten Kaution kann gegen den Schu mit dem Anordnungsbeschluss als Titel vollstreckt werden (BGH Rpfleger 2005, 463 m Anm *Schmidberger*; § 148 Rdn 6). Da die Verschärfung der Rückzahlungspflicht durch § 566a BGB seit 1.9.2001 gilt, ist zu unterscheiden (BGH Rpfleger 2005, 459; BGH Rpfleger 2006, 214 = ZfIR 2006, 472 m Anm *Hamdorf*; überholt BGH NJW 2003, 3342 = Rpfleger 2003, 678 m Anm *Alff/Hintzen*; BGH ZfIR 2005, 769 m Anm *Wedekind*):
– War das Mietverhältnis vor dem 1.9.2001 von Schu begründet worden, ist der Zwangsverwalter uneingeschränkt nach § 566a BGB.
– War das Mietverhältnis vor dem 1.9.2001 begründet worden und hat der Schu das Objekt vor diesem Zeitpunkt erworben, ohne dass die Kaution ihm vom damaligen Veräußerer ausgehändigt worden ist, ist der Zwangsverwalter nur nach § 572 S. 2 BGB aF zur Rückzahlung verpflichtet.
– War das Mietverhältnis vor dem 1.9.2001 begründet worden und hat der Schu das Objekt nach diesem Zeitpunkt erworben, gilt § 566a BGB. War zuletzt das Mietverhältnis nach dem 1.9.2001 begründet worden, gilt § 566a BGB erst recht.

42 Sehr streitig ist die Frage, ob der Zwangsverwalter zur **Bildung einer Mietkaution** auch für nicht beendete Mietverhältnisse verpflichtet ist, wenn er die Kaution vom Schu nicht erlangen kann. Allg ist der Vermieter von Wohnraum nach § 551 III BGB zur Kautionsanlegung verpflichtet (BayObLG NJW 1988, 1796; LG Mannheim NJW-RR 1991, 79; MüKo/*Bieber*, BGB, § 551 Rdn 24). Bejaht man eine solche Pflicht zur Rücklagenbildung, hat sie der Zwangsverwalter aus den Nutzungen zu erfüllen, letztlich ist der Gl vorschusspflichtig nach § 161 III. Gerade mit Hinweis auf § 161 III besteht keine Veranlassung, auf das „abstrakte Risiko", dass ein Mieter während des Verfahrens das Mietverhältnis beendet, eine Kautionsbildung zu verlangen (überzeugend *Depré*, ZflR 2006, 313). Diese ist erst notwendig, wenn ein Mietverhältnis während der Zwangsverwaltung endet und der Rückzahlungsanspruch während der Zwangsverwaltung fällig wird. Der Wohnungsmietrechtssenat BGH sieht dagegen eine Pflicht des Zwangsverwalters zur Anlage einer Mietkaution auch für das ungekündigte Mietverhältnis (BGH Rpfleger 2010, 99; BGH Rpfleger 2009, 468 = ZflR 2009, 332; BGH ZflR 2009, 880 m zutr abl Anm *Depré*). Die Begründung des BGH ist systematisch falsch und in den Folgen nicht durchdacht. Der BGH sieht ohne weitere Begründung explizit das Zwangsverwaltungsverfahren als Verfahren des Mieterschutzes. Das ist unhaltbar (*Keller* in *Elzer/Fritsch/Meier*, Wohnungseigentumsrecht, § 5 Rdn. 303; *Wedekind/Wedekind*, ZflR 2009, 315; *Keller*, NZI 2009, 745; *Berger*ZflR 2010, 221; *Depré* in Anm zu BGH ZflR 2009, 880). Die abstrakte Rücklagenbildung benachteiligt allein den Gläubiger, sie bringt dem Mieter keinen Nutzen. Wird das Verfahren nach Antragsrücknahme des Gl (§ 29) aufgehoben, müssen ihm die vorgeschossenen oder aus den Einnahmen erzielten Kautionen zurückgegeben werden. Andernfalls hätte der Mieter nur deshalb einen Vorteil, weil eine Zwangsverwaltung angeordnet war; er wäre besser gestellt als ohne Zwangsverwaltung. Die Rechtsprechung des BGH zur Mietkaution, aber auch zur Betriebskostenabrechnung macht das Zwangsverwaltungsverfahren bei Wohnraum für einen Gl zu einem unkalkulierbaren Risiko und bevorteilt allein den Mieter des Schu. Geschützt ist auch der Schu selbst, der munter Betriebskostenabrechnungen unterlässt und Kautionen veruntreut.

43 b) Abschluss von neuen Miet- oder Pachtverträgen. Als Ausfluss seiner Verpflichtung gemäß § 152 I das Grundstück ordnungsgemäß zu nutzen, hat der Verwalter die Pflicht, das Grundstück oder einzelne Wohnungen zu vermieten, auch wenn dies bisher nicht erfolgt ist (§ 5 II 1 ZwVwV). Er hat die **neue** Miet- oder Pachtverträge abzuschließen oder bestehende zu ändern (erweitern). Die Verträge binden den Schu auch nach Abschluss des Zwangsverwaltungsverfahrens (*Stöber* Rdn 12.4). Sie sind schriftlich abzuschließen (§ 6 I ZwVwV). Für seine Tätigkeit kann der Zwangsverwalter keine Maklerprovision beanspruchen (*Stöber* 12.4; *Steiner/Hagemann* Rdn 149; OLG Oldenburg NdsRpfl 1981, 214). Bei Abschluss eines langfristigen Mietvertrages durch den Zwangsverwalter sind die Belange des Gl an einer wirtschaftlichen Nutzung des Objektes mit denjenigen des Schu an einer möglichst freien Disposition nach Aufhebung der Zwangsverwaltung abzuwägen; besteht kein besonderer Anlass für eine Neuregelung eines Mietverhältnisses, so haben die Belange des Schu Vorrang (OLG Köln Rpfleger 1999, 502). Die Verein-

§ 152

barung eines Zeitmietvertrages ist nur unter den Voraussetzungen des § 575 BGB zulässig.

Der Zwangsverwalter hat nach § 16 II, § 28 I, § 29 I 1 Energieeinsparverordnung vom 24. Juli 2007 (BGBl. I S. 1519) dem Mieter auf Verlangen einen Energieausweis für das Gebäude vorzulegen. Die Vorlage des Energieausweises ist öffentlich-rechtliche, nicht zivilrechtliche Pflicht. Eine abstrakte Pflicht zur Erstellung eines Energieausweises für bestehende Gebäude besteht nicht (zum Energieausweis bei Wohnungseigentum *Maletz/Hillebrand*, ZfIR 2008, 456). 43a

In einem neuen Vertrag müssen folgende **Bedingungen** aufgenommen werden (§ 6 II ZwVwV): 44
- Der Mieter oder Pächter soll nicht berechtigt sein, Ansprüche aus dem Vertrag zu erheben, wenn das Grundstück vor der Überlassung an den Mieter oder Pächter im Wege der Zwangsversteigerung veräußert wird.
- Die gesetzliche Haftung des Vermieters oder Verpächters für den von dem Ersteher zu ersetzenden Schaden soll ausgeschlossen sein, wenn das Grundstück nach der Überlassung an den Mieter oder Pächter im Wege der Zwangsversteigerung veräußert wird und der an die Stelle des Vermieters oder Verpächters tretende Ersteher die sich aus dem Miet- oder Pachtverhältnis ergebenden Verpflichtungen nicht erfüllt.
- Der Vermieter oder Verpächter soll auch von einem sich im Fall einer Kündigung (§ 57a 1 ZVG, § 111 InsO) möglicherweise ergebenden Schadensersatzanspruch freigestellt sein.

Zu einem mündlichen Vertragsabschluss ist der Verwalter nicht befugt (§ 6 I ZwVwG), im übrigen gilt insbes für Wohnraum § 550 BGB. Bei Abweichungen von den Bedingungen des § 6 II ZwVwV hat der Zwangsverwalter die **Entscheidung des Vollstreckungsgerichts** einzuholen (§ 10 I Nr 2 ZwVwV). 45

Wird in einem Mietvertrag über Wohnraum die Stellung einer **Kaution** vereinbart (§ 551 BGB), hat der Zwangsverwalter die Kaution verzinslich anzulegen und dem Mieter zurückzuerstatten, wenn die sonstigen Voraussetzungen gegeben sind. Tritt nach Abschluss des Zwangsverwaltungsverfahrens der Schu in einen vom Zwangsverwalter geschlossenen Mietvertrag ein, so ist ihm die Kaution auszuhändigen. 46

Will der Schu über § 149 I hinaus **weitere Räume nutzen**, so kann der Zwangsverwalter mit ihm darüber einen Mietvertrag abschließen. Der Schu ist dann wie jeder andere Mieter zu behandeln, insbesondere kann der Verwalter wegen Zahlungsrückstandes auch kündigen (§ 543 II BGB). Wegen offener Mietforderungen ist ein Titel gegen den Schu zu erwirken, mit dem in sein übriges Vermögen vollstreckt werden kann; zulässig ist auch ein Zwangsversteigerungsantrag oder -beitritt. Dem Zwangsverwaltungsverfahren kann der Zwangsverwalter wegen der Interessenskollision nicht beitreten. 47

§ 152 [Aufgaben des Verwalters]

48 **c) Geltendmachung der Miet- oder Pachtzinsen.** Wie bei anderen Ansprüchen ist der Zwangsverwalter gemäß § 7 I ZwVwV auch bei Miet- und Pachtzinsen verpflichtet, sie geltend zu machen. Zum Wirksamwerden der Beschlagnahme gegenüber Mietern und Pächtern siehe § 151 Rdn 5–7. Soweit Nebenkosten mit der Miete vereinnahmt wird, hat sie der Zwangsverwalter ordnungsgemäß umzulegen. Benötigt der Zwangsverwalter zur Durchsetzung der Miet- und Pachtzinsen Urkunden und Unterlagen vom Schu, so kann er aus dem Anordnungsbeschluss die Herausgabevollstreckung gemäß § 883 ZPO betreiben; ein gesonderter Titel ist nicht erforderlich (OLG München Rpfleger 2002, 373). Der Zwangsverwalter ist auch berechtigt, Ansprüche aus einer rechtsgrundlosen Nutzung beschlagnahmte Räume durchzusetzen (BGH Rpfleger 2003, 600).

49 Berufen sich Mieter oder Pächter auf geleistete **Mietzins- oder Pachtzinsvorauszahlungen** oder Vorausverfügungen (Baukostenzuschüsse), muss der Verwalter deren Wirksamkeit überprüfen; auf Rdn 22 ff zu §§ 57 bis 57 d und auf Rdn 7 zu § 148 wird verwiesen. Geht er von deren Unwirksamkeit aus, ist der Miet- oder Pachtzins einzuziehen, sofern nicht der Gl darauf verzichtet (§ 8 ZwVwV).

11. Verträge im Zwangsverwaltungsverfahren

50 **a) Allgemeines.** Von den Rechtsgeschäften nehmen die im Zwangsverwaltungsverfahren besonders bedeutsamen Miet- und Pachtverträge eine Sonderstellung ein, für die in § 152 II ausdrücklich bestimmt ist, dass sie dem Zwangsverwalter gegenüber wirksam sind, wenn das Grundstück vor Beschlagnahme dem Mieter oder Pächter überlassen wurde.

51 Hinsichtlich aller **übrigen Verträge** ist der Zwangsverwalter nicht gebunden; er ist nicht Rechtsnachfolger des Schu, so dass er nicht in die vertraglichen Beziehungen eintritt. Die Rechtsgeschäfte wirken somit ausschließlich für und gegen den Schu. Der Zwangsverwalter ist auch dann nicht zur Erfüllung verpflichtet, wenn der Schu seine Gegenleistung bereits erhalten hat oder ein rechtskräftiger Titel vorliegt; der Vertragspartner kann allenfalls dem Zwangsverwaltungsverfahren beitreten (*Stöber* Rdn 5.5). Der Verwalter kann frei entscheiden, ob er in bestehende Verträge anstelle des Schu eintreten will. Maßstab für ihn ist hierbei, ob die Auswirkungen des Vertrages im Interesse einer ordnungsgemäßen Verwaltung liegt. Tritt er in einen Vertrag ein, so gehören die von ihm danach zu erbringenden Leistungen zu den Ausgaben der Verwaltung gemäß § 155 I (vgl § 155 Rdn 8); auch eine Zuordnung zur Rangklasse des § 10 I Nr 1 oder 2 ist denkbar.

52 **b) Dienstverträge.** Bei Dienst- oder Arbeitsverträgen wird es häufig dem Grundsatz ordnungsgemäßer Verwaltung entsprechen, vorhandene Arbeitnehmer weiter zu beschäftigen und in die bestehenden Verträge einzutreten. Allerdings haben die Bediensteten keinen Anspruch darauf

§ 152

und können nicht auf Weiterbeschäftigung klagen (zum Falle einer Betriebsfortführung durch den Zwangsverwalter nach § 613 a BGB siehe Rdn 28a). Bei Wohnhäusern und Wohnungseigentum wird häufig vom Schu ein Unternehmen oder Einzelperson mit der **Hausverwaltung** beauftragt worden sein. Da die Verwaltung zu den Aufgaben des Zwangsverwalters gehört, wird eine Fortführung des Vertrags nur in Ausnahmefällen (größeres Objekt mit vielen Mietern, schwierige Betriebskostenabrechnung oä) angebracht sein. Diese Erwägungen sind auch in Bezug auf einen vom Schu beschäftigten **Hausmeister** anzustellen, doch empfiehlt sich hierbei keine zu kleinliche Handhabung, da durch ihn häufig Reparatur- und Pflegearbeiten übernommen werden, wodurch anderweitige Kosten eingespart werden können. Wenn eine Heranziehung von Hilfskräften erforderlich ist (§ 1 III 2 ZwVwV) oder eine Weiterbeschäftigung der vom Schu angestellten Bediensteten nicht erwägenswert ist, kann der Zwangsverwalter unter Beachtung des Grundsatzes einer ordnungsmäßigen Verwaltung selbstständig Dienst- oder Arbeitsverträge abschließen.

c) **Energielieferung.** Bei Energielieferungsverträgen (Gas, Wasser, Strom, Fernwärme) wird der Zwangsverwalter in der Regel in die bestehenden Verträge eintreten, doch ist besonders hinsichtlich des Strombezugs angebracht, im Rahmen einer sparsamen Verwaltung zu prüfen, ob nicht durch einen Wechsel zu einem anderen Unternehmen Kosten für die Zwangsverwaltung vermindert können. Der Zwangsverwalter haftet nicht für Rückstände des Schu aus der Zeit vor Beschlagnahme. Durch die Energielieferungsunternehmen darf auf Grund ihrer Monopolstellung kein Druck auf den Zwangsverwalter ausgeübt werden, für derartige Rückstände aufzukommen. Sofern er sich im Einzelfall zur Gefahrenabwendung (Frostschäden bei Entzug der Fernwärme) dazu entschließt, die Rückstände unter Verstoß gegen § 155 I zu begleichen, ist eine vorherige Zustimmung des Vollstreckungsgerichts und eine Rücksprache beim Gl und Zahlung unter Vorbehalt empfehlenswert. Ansonsten droht dem Verwalter psr Haftung nach § 154. Diese Ausführungen gelten in gleicher Weise auch für **Wartungsverträge** (vor allem bei Heizanlagen), da es regelmäßig nicht verantwortet werden kann, dass durch deren Wegfall Schäden eintreten könnten.

d) **Versicherungen.** Über bestehende Versicherungsverträge und deren Stand (Prämienzahlung, Rückstände) hat der Zwangsverwalter bei Inbesitznahme des Grundstücks zu berichten (§ 3 I Nr 9, § 9 III ZwVwV). Er hat dann eigenverantwortlich im Rahmen einer ordnungsgemäßen Verwaltung zu prüfen, ob neue Verträge abzuschließen oder bestehende Verträge zu ändern sind (*Dassler/Engels* Rdn 73, 78 f; eing *Weber/Graf*, ZfIR 2006, 612). Bestehende Versicherungsverträge werden durch die Zwangsverwaltung nicht automatisch beendet (OLG Hamm NJW-RR 2001, 394). Versicherungsschutz ist herzustellen für Schäden

§ 152 [Aufgaben des Verwalters]

wegen Feuer, Unfall, Unwetter, Einbruch, Wasser und Haftpflichtschäden, nicht für Mietausfall (LG Hamburg Rpfleger 1985, 314). An die vom Zwangsverwalter abgeschlossenen Versicherungen ist der Schu nach Aufhebung des Zwangsverwaltungsverfahrens gebunden. Bei Rückständen von Prämienzahlungen kann es wegen des dadurch verlorengegangenen Versicherungsschutzes (§§ 37 f VVG) angezeigt sein, ohne Rücksicht auf § 155 I Zahlung zu leisten (*Steiner/Hagemann* Rdn 136).

54a Häufig kann der Zwangsverwalter bei Inbesitznahme nicht feststellen, ob ausreichender Versicherungsschutz besteht. Es wird hier empfohlen, trotz der scheinbaren Zwei-Wochen-Regel des § 9 III ZwVwV unverzüglich einen vorläufigen Versicherungsschutz herzustellen. Sollte sich später herausstellen, dass das Objekt doch ordnungsgemäß versichert ist, bestand zwar für eine gewisse Zeit doppelter Schutz mit doppelten Prämienzahlungen (zur Mehrfachversicherung §§ 77, 78 VVG). Im Hinblick auf die Haftung nach § 154 bei plötzlich eintretendem Versicherungsfall ist es aber stets besser, im Zweifel doppelt versichert zu sein als gar nicht.

12. Prozessführung des Zwangsverwalters

55 **a) Prozessführungsbefugnis des Verwalters.** Die Anordnung der Zwangsverwaltung hat auf die Partei- und Prozessfähigkeit des Schu keinen Einfluss. Da der Verwalter weder sein Pfleger noch sein Betreuer wird, kommt auch eine Prozessunfähigkeit gemäß § 53 ZPO nicht zum Tragen. Allerdings hat der Zwangsverwalter hinsichtlich aller der Beschlagnahme unterliegenden Ansprüche das aktive und passive Prozessführungsrecht (BGH Rpfleger 1992, 402; OLG Stuttgart Rpfleger 1994, 77; allg *Wrobel,* KTS 1995, 19). Es handelt sich hierbei um einen Fall der gesetzlichen Prozessstandschaft. Sonach obliegt dem Zwangsverwalter die (aktive und passive) Prozessführung für alle Streitigkeiten, die ihren Ursprung in dem ihn durch § 152 zugewiesenen Aufgabenkreis haben; dazu zählen die Bestandserhaltung und Nutzung des Grundstücks, Geltendmachung von Ansprüchen (vor allem Miete und Pacht), Streitigkeiten aus Miet- und Pachtverträgen, Streit über Umfang der Beschlagnahme (zB Herausgabe von Gegenständen, die als Zubehör betrachtet). Daneben erstreckt sich die Prozessführungsbefugnis auf alle vom Verwalter selbst abgeschlossenen Verträge. Der Zwangsverwalter hat vor Führung eines Verfahrens (oder Fortführung eines laufenden, siehe nachfolgend Rdn 56) **keine Genehmigung** des Vollstreckungsgerichts einzuholen (aA *Stöber* Rdn 14.5). Er ist in den Verfahren **Partei kraft Amtes:** In der Klageschrift und im Urteil ist er mit seinem Namen als Prozesspartei (nicht als gesetzlicher Vertreter) unter Hinweis auf seine Eigenschaft als Zwangsverwalter zu bezeichnen. Der Schu kann in den vom Verwalter geführten Prozessen als Zeuge vernommen werden (*Stöber* Rdn 14.3). Wird der Zwangsverwalter zur Übernahme der Kosten verurteilt, haftet die Zwangsverwaltungsmasse. Bewilligung von Prozesskos-

§ 152

tenhilfe für ihn wird nicht in Betracht kommen, da dem Gl die Leistung eines Vorschusses aufgegeben werden kann, wenn die Kosten nicht aus der Masse aufgebracht werden können (Rdn 7 zu § 161). Das Prozessführungsrecht des Verwalters erstreckt sich in den ihm zugewiesenen Aufgabenbereichen nicht nur auf Verfahren vor den ordentlichen Gerichten, sondern auch auf Prozesse vor den Arbeits-, Sozial-, Verwaltungs- oder Finanzgerichten, soweit diese Gerichtsbarkeiten gegeben sind (*Stöber* Rdn 14.2).

b) Fehlende Prozessführungsbefugnis des Verwalters. Hinsichtlich der Ansprüche, die nicht aus dem Aufgabenfeld der Zwangsverwaltung entspringen, hat der Zwangsverwalter keine Prozessführungsbefugnis. Hierzu zählen neben persönlichen Ansprüchen und Klagen, durch die erst Voraussetzungen für eine Zwangsverwaltung geschaffen werden sollen, auch eine dingliche Klage gegen den Schu (in seiner Eigenschaft als Grundstückseigentümer), ferner Klage auf Duldung der Zwangsvollstreckung gegen diejenigen, die ein der Zwangsverwaltung entgegenstehendes Recht behaupten, sowie Anfechtungsklagen. 56

c) Unterbrechung laufender Verfahren. Die Auswirkung auf anhängige Verfahren, die vor Beschlagnahme vom oder gegen den Schu eingeleitet wurden, ist umstritten. Eine Unterbrechung des Zivilprozesses wie im Insolvenzverfahren (§ 240 ZPO) oder bei der Nachlasspflegschaft (§ 243 ZPO) vorgeschrieben, wird abgelehnt, da dies bei der Zwangsverwaltung vom Gesetz nicht vorgesehen ist. Durch eine Klageänderung nach § 263 ZPO kann der Verwalter nur mit Genehmigung des Prozessgegners oder dann, wenn es das Gericht für sachdienlich erachtet, eintreten; der Klageantrag ist dann entsprechend (zB auf Leistung oder Herausgabe an den Zwangsverwalter) zu ändern (BGH Rpfleger 1986, 274; *Stöber* Rdn 14.4 **aA** *Depré/Mayer* Rdn 552, der eine Unterbrechung in analoger Anwendung des § 240 ZPO bevorzugt). 57

d) Verwalterwechsel. Tritt im Laufe des Verfahrens ein Wechsel in der Person des Zwangsverwalters ein, so wird das Verfahren in entsprechender Anwendung des § 241 ZPO **unterbrochen.** Da der Zwangsverwalter Partei kraft Amtes ist, ist das Vollstreckungsgericht hier gehalten, unverzüglich einen neuen Verwalter zu bestellen. 58

e) Verfahrensbeendigung. Nach Beendigung des Zwangsverwaltungsverfahrens endet die Befugnis des Verwalters zur Führung anhängiger Prozesse nicht grundsätzlich. Er ist vielmehr im Rahmen der Abwicklung der Zwangsverwaltung berechtigt und verpflichtet, die laufenden Verfahren durchzuführen. Letztlich ist dies aber auch Frage der Aufhebung des Zwangsverwaltungsverfahrens mit Wegfall der Beschlagnahme des jeweiligen Streitgegenstandes (eingehend Rdn 16 c zu § 161). Insbesondere kurz vor dem Abschluss stehende Verfahren und solche, bei deren Obsiegen er in der Lage wäre, die Ausgaben der Verwaltung 59

§ 152 [Aufgaben des Verwalters]

zu decken, sind abzuschließen. Im Übrigen ist in jedem Einzelfall unter Abwägung des Kostenrisikos zu prüfen, ob eine Beendigung des Prozesses für die Zwangsverwaltungsmasse zu positiven Ergebnissen führen wird. Verfahren, die der Verwalter nicht weiterführt, kann der Schu im Wege eines gewillkürten Parteiwechsels fortführen.

59a Das Problem des Wegfalls der Prozessführungsbefugnis des Zwangsverwalters tritt häufig bei Rechtsstreitigkeiten um Rückzahlung einer Mietkaution auf (dazu oben Rdn 41c). Der Zwangsverwalter ist nicht mehr prozessführungsbefugt, kann also nicht verklagt werden, wenn das Zwangsverwaltungsverfahren aufgehoben wird, bevor die Streitsache überhaupt rechtshängig geworden ist (BGH ZflR 2006, 484 m Anm *Hawelka*). Gleiches gilt, wenn das Mietverhältnis beendet und das Objekt vom Mieter geräumt ist, bevor die Beschlagnahme der Zwangsverwaltung wirksam wird. Es kommt dann nicht darauf an, ob und wann der Kautionsrückzahlungsanspruch fällig ist (BGH Rpfleger 2006, 489; zur Fälligkeit BGHZ 101, 244, 250, 251; *Palandt/Weidenkaff*, § 551 BGB Rdn 15).

60 **f) Schuldenverwalter.** Der zum Zwangsverwalter bestellte Schu (§ 150 b) kann nicht mehr Rechte in Anspruch nehmen als er vor Anordnung der Zwangsverwaltung hatte. Er führt alle Aktiv- und Passivprozesse in eigenem Namen weiter. Soweit sie in seiner Eigenschaft als Zwangsverwalter gegen ihn gerichtet sind, kann nur in die Zwangsverwaltungsmasse vollstreckt werden.

13. Zwangsvollstreckung während des Zwangsverwaltungsverfahrens

61 **a) Vollstreckungshandlungen gegen den Schu.** Aus Vollstreckungstiteln gegen den Schu kann in sein bewegliches Vermögen (körperliche Sache, Forderungen und andere Vermögensrechte) uneingeschränkt vollstreckt werden; eine eidesstattliche Versicherung muss der Schu selbst abgeben. Möglich ist auch die Vollstreckung in das Beschlagnahmeobjekt durch Beitritt zur Zwangsverwaltung, Einleitung des Zwangsversteigerungsverfahrens oder Eintragung einer Zwangssicherungshypothek. In die Zwangsverwaltungsmasse selbst, also die der Beschlagnahme unterliegenden Forderungen, Früchte, Zubehör, Erlöse und Einnahmen kann nur aus einem gegen den Zwangsverwalter gerichteten Titel vollstreckt werden (siehe nachfolgend Rdn 62). Wurden vor der Beschlagnahme Früchte auf dem Halm gepfändet (§ 810 I ZPO), so ist das vor Beschlagnahme entstandene Pfandrecht vom Zwangsverwalter zu beachten. Er kann die Unwirksamkeit der Pfändung nur über die Erinnerung nach § 766 ZPO geltend machen, wenn die Pfändung früher als einen Monat vor der gewöhnlichen Reife erfolgt ist (§ 810 I 2 ZPO).

62 **b) Zwangsvollstreckung gegen Verwalter.** Die **Zwangsvollstreckung in die Zwangsverwaltungsmasse** ist möglich mit einem gegen

§ 152

den Zwangsverwalter gerichteten Vollstreckungstitel. Lautet der Titel noch gegen den Schu, kommt eine Vollstreckung nur nach Umschreibung der Vollstreckungsklausel gemäß § 727 ZPO und erneuter Zustellung (§ 750 II ZPO) an den Zwangsverwalter in Frage. Dies ist praktisch ausgeschlossen, da Ansprüche aus der Zeit vor Anordnung der Zwangsverwaltung nicht „passive" Bestandteile der Zwangsverwaltungsmasse sein können. Zwangsvollstreckung gegen den Zwangsverwalter kommt in Betracht aus Forderungen, die unter § 155 I zu subsumieren sind. Der Gl muss hier unmittelbar gegen den Zwangsverwalter als Partei kraft Amtes einen Titel erwirken. Ansprüche, die „aktiv" von der Beschlagnahme erfasst werden (vor allem Miet- und Pachtforderungen) können während des Zwangsverwaltungsverfahrens weder aus einem Titel gegen den Zwangsverwalter noch gegen den Schu gepfändet werden.

c) Vollstreckung durch den Zwangsverwalter. Der Verwalter 63 kann aus einem von ihm gegen einen Dritten erwirkten Vollstreckungstitel vollstrecken. Gleiches gilt bei einem noch auf den Schu lautenden Urteil über einen der Zwangsverwaltung unterliegenden Anspruch (zB einer Mietforderung); allerdings ist vorher die Vollstreckungsklausel auf den Verwalter gemäß § 727 ZPO umzuschreiben und es muss erneut zugestellt werden (§ 750 II ZPO).

d) Pfändung des Zwangsverwaltungsübererlöses. Ein sich nach 64 Aufhebung des Zwangsverwaltungsverfahrens ergebender Überschuss steht dem Schu zu. Dieser Anspruch kann durch Pfändungs- und Überweisungsbeschluss (§§ 829, 835 ZPO) gepfändet werden. Die Pfändung wird mit Zustellung an den Zwangsverwalter als Drittschuldner gemäß § 829 III ZPO wirksam. Treffen mehrere Pfändungen zusammen, so gehen Pfändungen dinglicher Gl denen von persönlichen Gl vor; § 804 III ZPO findet nur im Rangverhältnis mehrerer persönlicher Gl untereinander Anwendung.

14. Abgaben, Steuern, öffentliche Lasten

Das Zwangsverwaltungsverfahren hat auf die Verpflichtung des Schu 65 zur Zahlung **persönlicher Steuern** (zB Einkommensteuer) keinen Einfluss (OLG Zweibrücken Rpfleger 1967, 418). Der Zwangsverwalter ist lediglich verpflichtet, dem Schu die zur Erfüllung dessen gesetzlicher Pflichten gegenüber den Finanzbehörden erforderlichen Unterlagen zur Verfügung zu stellen. Der Verwalter erfüllt diese Verpflichtung in der Regel durch die jährliche Rechnungslegung nach § 154 S 2. Nur wo dies nicht ausreicht, muss er ergänzende Auskünfte erteilen; er ist aber nicht verpflichtet, die Steuererklärung für den Schu abzugeben (*Stöber* Rdn 15.6).

Öffentliche Lasten, insbesondere Grundsteuern, Erschließungsbei- 66 träge (näheres Rdn 23 ff zu § 10) hat der Zwangsverwalter bei der Vertei-

§ 152 [Aufgaben des Verwalters]

lung gemäß §§ 155, 156 I zu berücksichtigen. Nach § 34 Abs 3 AO hat der Zwangsverwalter die Steuerpflichten des Schu nur zu erfüllen, soweit die Zwangsverwaltung reicht. Er haftet nur mit der Zwangsverwaltungsmasse, nicht mit seinem persönlichen Vermögen. Zu seinen Pflichten gemäß § 152 I gehört es auch, Steuerrückerstattungsansprüche geltend zu machen und zur Teilungsmasse zu vereinnahmen.

67 Führt der Zwangsverwalter das Gewerbe des Schu fort oder vermietet er mit **Umsatzsteuer** (§ 4 Nr 12 und § 9 UStG) bleibt dieser und wird nicht der Zwangsverwalter **Steuerschuldner** (§ 33 I AO). Allerdings trifft den Verwalter die Steuererklärungs- und Abführungspflicht nach § 34 III AO. Aus der Zwangsverwaltungsmasse gezahlte Umsatzsteuer gehört zu den Ausgaben der Verwaltung im Sinne des § 155 I (BFHE 154, 181; BFHE 196, 372 = Rpfleger 2002, 165; FG München ZIP 1990, 1606; eingehend *Dassler/Engels* Rdn 97 f). Vereinnahmte Umsatzsteuer ist Teil der beschlagnahmten Miete oder der gewerblichen Tätigkeit. Der Zwangsverwalter ist zur Vorsteuerberichtigung nach § 15a UStG verpflichtet (nicht aber hinsichtlich der umsatzsteueroptierten Zuschlagserteilung in der Zwangsversteigerung, da diese nicht von § 152 erfasst ist, dazu FG München Rpfleger 1999, 555). Steuererstattungen gebühren der Teilungsmasse. Bei der Zwangsverwaltung mehrerer Objekte ist für jedes Objekt eine eigene Steuernummer zur Erfassung der Umsatzsteuer zu beantragen und von der Finanzverwaltung zu erteilen, damit die je für ein einzelnes Objekt gezahlte Vorsteuer (zB Handwerker) ermittelt werden kann (BFHE 154, 181; *Onusseit*, ZfIR 2005, 265, 273). Für Umsätze aus nicht beschlagnahmten Grundstücken tritt allein den Schu die Pflicht zur Abgabe der Steuererklärungen und Voranmeldungen; nur er allein ist Steuerschuldner. Umfassend zur Umsatzsteuer bei Zwangsverwaltung BMF-Schreiben v 8.6.1992, IV a 3-S 7340 – 63/92, BStBl. I 397; mit zahlreichen Einzelfragen *Onusseit*, ZfIR 2005, 265; *Onusseit*, ZfIR 2007, 121; *Depré/Mayer* Rdn 568-600.

67a Der Zwangsverwalter hat bei Vergabe von Bauleistungen § 48 EStG zu beachten. Danach ist bei Rechnungen für Bauleistungen eine pauschale **Bauabzugssteuer** einzubehalten und an das Finanzamt abzuführen, wenn nicht eine Freistellungsbescheinigung nach § 48 II EStG vorgelegt wird.

15. Rechtsbehelfe

68 Im Rahmen seiner sich aus § 152 ergebenden Verpflichtungen entscheidet der Zwangsverwalter selbstständig und eigenverantwortlich. Er unterliegt jedoch der Aufsicht und den Anordnungen des Vollstreckungsgerichts (§ 153 I). Über diesen Weg ist eine Überprüfung seiner Entscheidung möglich. Auf Anregung der Beteiligten können vom Gericht **Anweisungen** ausgesprochen werden. Der Zwangsverwalter kann dagegen keinen Rechtsbehelf einlegen; Schu, Gl und Beteiligte (§ 9) können

sofortige Beschwerde nach § 11 I RPflG, § 793 I ZPO einlegen. Darüber entscheidet das zuständige Landgericht (§ 72 GVG).

Daneben können die Beteiligten gegen jede Maßnahme des Zwangsverwalters **Erinnerung nach § 766 I ZPO** erheben. Hierüber entscheidet der Richter des Vollstreckungsgerichts (§ 20 Nr 17 RPflG). Gegen seine Entscheidung ist wiederum sofortige Beschwerde nach § 793 I ZPO zum Landgericht (§ 72 GVG) möglich. 69

Die Beteiligten können sich auch mit einer **Gegenvorstellung** an den Zwangsverwalter wenden, um eine Änderung seiner Entscheidung herbeizuführen, ohne dass jedoch ein Anspruch auf Berücksichtigung besteht (*Stöber* Rdn 3.8). 70

§ 152 a [Ermächtigung]

Der Bundesminister der Justiz wird ermächtigt, Stellung, Aufgaben und Geschäftsführung des Zwangsverwalters sowie seine Vergütung (Gebühren und Auslagen) durch Rechtsverordnung mit Zustimmung des Bundesrates näher zu regeln. Die Höhe der Vergütung ist an der Art und dem Umfang der Aufgabe sowie an der Leistung des Zwangsverwalters auszurichten. Es sind Mindest- und Höchstsätze vorzusehen.

Schrifttum: *Förster/Hintzen,* Die wesentlichen Inhalte der neuen ZwVwV im Überblick, ZInsO 2004, 14; *Garczynski,* Vergütung für Zwangsverwaltung, JurBüro 1998, 452; *Hintzen,* Die neue Zwangsverwalterverordnung, Rpfleger 2004, 129; *Keller,* Aktuelle Fragen zur Vergütung des Zwangsverwalters, ZfIR 2005, 225; *Keller,* Die Entwicklung der Rechtsprechung zu Fragen der Zwangsverwaltung in den Jahren 2004 und 2005, ZfIR 2006, 445; *Keller,* Die Rechtsprechung zu Fragen der Zwangsverwaltung im Jahre 2006, ZfIR 2007, 377; *Waldherr/Weber,* Die Mindestvergütung des Zwangsverwalters, ZfIR 2005, 184.

Übersicht

	Rn.
1. Allgemeines	1
2. Die Vergütung des Zwangsverwalters gemäß §§ 17 f ZwVwV	3
a) Vergütungsanspruch	3
b) Besondere Vergütung	8
c) Regelvergütung	9
d) Der „Beitreibungszuschlag" gemäß § 18 I 2 ZwVwV	10
e) Die Erhöhung oder Kürzung der Vergütung gemäß § 18 II ZwVwV	12
f) Die Stundensatzvergütung nach § 19 ZwVwV	18
g) Die Mindestvergütung nach § 20 ZwVwV	20
h) Bautätigkeit	23
3. Auslagen des Zwangsverwalters	24

§ 152 a [Ermächtigung]

    4. Die Festsetzung der Vergütung 28
       a) Festsetzungsverfahren 28
       b) Vorschuss 30
    5. Rechtsmittel 32

1. Allgemeines

1   § 152 a enthält die Ermächtigung an das Bundesministerium der Justiz, Stellung, Aufgaben, Geschäftsführung und Vergütung des Zwangsverwalters durch Rechtsverordnung zu regeln (Art 80 I GG). Dies ist durch die Zwangsverwalterverordnung (ZwVwV) vom 19. 12. 2003 (BGBl I 2804) erfolgt. Sie ist in Anhang 2 abgedruckt.

2   Die ZwVwV vom 19.12.1993 ist am 1.1.2004 in Kraft getreten. Sie löst die Verordnung über die Geschäftsführung und die Vergütung des Zwangsverwalters vom 16.2.1970 (BGBl. I S. 185) ab. Der erste Entwurf der neuen Verordnung stammt vom 28.11.2002. Nach zahlreichen Diskussionsbeiträgen auch seitens der gerichtlichen Praxis wurde der Entwurf mehrfach geändert. Die endgültige Fassung basiert auf dem Entwurf vom 6.11.2003 (BR-Drucks 842/03). Wesentliche Inhalte der ZwVwV betreffen die Delegationsbefugnis des Zwangsverwalters (Rdn 6a f zu § 150), Inbesitznahme und Benachrichtigungen (§§ 3, 4 ZwVwV; siehe Erl zu § 150), Aufgaben bei Vermietung oder Baumaßnahmen und Zustimmungsvorbehalte des Gerichts (§§ 5, 10 ZwVwV; siehe Erl zu § 152), Aufgaben bei Beendigung der Zwangsverwaltung (§ 12 ZwVwV; siehe Erl zu § 161). Wesentlich regelt die ZwVwV die Vergütung des Zwangsverwalters (§§ 17 f ZwVwV). Im Gegensatz zur früheren ZwVerwVO, die ähnlich wie die Insolvenzrechtliche Vergütungsverordnung einen Staffelsatz der Vergütung nach den Mieteinnahmen vorsah (§ 24 ZwVerwVO), ist die Regelvergütung des § 18 ZwVwV linear mit zehn Prozent der Mieteinnahmen bemessen (zur verfassungskonformen Auslegung des § 24 ZwVerwVO: BVerfG NZI 2001, 413; zur pauschalen Anhebung der Staffelsätze BGHZ 152, 18; BGH Rpfleger 2004, 577; eingehend *Keller*, ZfIR 2005, 225). In besonderen Fällen kann der Prozentsatz gekürzt oder auf fünfzehn Prozent erhöht werden. Es kann auch eine Vergütung nach Stundenaufwand gewährt werden (§ 19 ZwVwV).

2. Die Vergütung des Zwangsverwalters gemäß §§ 17 f ZwVwV

3   **a) Vergütungsanspruch. Der Anspruch auf Vergütung und Auslagenerstattung** ist in § 152 a S 2 mit § 17 I ZwVwV begründet (zum Verfassungsrang BGH Rpfleger 2004, 367). Nach § 25 ZwVwV gilt die Zwangsverwalterverordnung auch für Zwangsverwaltungen, die vor dem 1. 1. 2004 angeordnet worden sind, bezüglich der Abrechnungszeiträume, die nach diesem Zeitpunkt begonnen haben (für Anwendung des § 19 ZwVwV bei früheren Abrechnungszeiträumen BGH ZfIR

§ 152a

2004, 487). Für frühere Abrechnungszeiträume bemißt sich die Vergütung nach §§ 24 ff. ZwVerwVO (Rdn 2).

Vergütung und Auslagen entnimmt der Zwangsverwalter nach Festsetzung durch das Gericht selbstständig aus der Zwangsverwaltungsmasse; bereits entnommene Vorschüsse sind anzurechnen. Die Vergütung gehört zu den Ausgaben der Verwaltung nach § 155 I. Reicht die Masse nicht aus oder ist gar keine Masse vorhanden, so hat der Verwalter einen Vorschuss des Gl nach § 161 III zu beantragen. Wurde dies unterlassen (OLG Hamm MDR 1991, 358) oder wurde der Vorschuss nicht einbezahlt und ist das Verfahren wieder aufgehoben worden, hat der Verwalter unmittelbar einen **Anspruch gegen** den oder die **Gl**, mehrere Gl haften als Gesamtschuldner (BGH Rpfleger 2004, 579). Der Festsetzungsbeschluss ist aber nicht Vollstreckungstitel gegen den Gl, der Verwalter hat diesen zu verklagen. Allerdings kann das Prozessgericht die rechtskräftig festgesetzte Vergütung der Höhe nach nicht abweichend ausurteilen. Eine Haftung der Staatskasse besteht in keinem Fall (*Stöber* § 153 Rdn 6.6; für vorl Insolvenzverwalter: BGHZ 157, 370; für Sequester nach § 938 ZPO: BVerfG NJW 2004, 437). Zur Vergütung bei Aufhebung des Verfahrens nach Zuschlagserteilung § 161 Rdn 47. 4

Der Vergütungsanspruch entsteht mit der konkreten Arbeitsleistung des Zwangsverwalters, er wird mit Ablauf des jeweiligen Abrechnungszeitraums fällig (§§ 14, 18 ZwVwV; *Stöber* § 153 Rdn 6.3). Abgebrochene Kalenderjahre am Beginn oder Ende des Zwangsverwaltungsverfahrens werden entsprechend abgerechnet (*H/W/F/H* Rdn 10 zu § 18 ZwVwV). Der Vergütungsanspruch besteht bis zur konstitutiven Aufhebung des Verfahrens durch das Gericht, sowohl bei Antragsrücknahme des Gl als auch bei Zuschlagserteilung (LG Heilbronn Rpfleger 2009, 693; dazu Rdn 16, 47 zu § 161). 5

Vereinbarungen über Vergütung und Auslagen zwischen dem Zwangsverwalter und dem Gl sind unzulässig und nichtig (LG Lüneburg Rpfleger 1999, 34; *H/W/F/H* Rdn 18 zu § 18 ZwVwV). 6

Der Institutsverwalter (§ 150a ZVG) und der Schuldnerverwalter (§ 150b ZVG) (§ 150c ZVG; *H/W/F/H* § 150e Rdn 7; anders *Stöber* § 150c Rdn 3.10 mwN) erhalten keine Vergütung. Zur Vergütung der Aufsichtsperson Rdn 16 zu § 150e. 7

b) Besondere Vergütung. Ein Verwalter mit berufsbedingten Spezialkenntnissen (Rechtsanwalt, Steuerberater oder anderre berufliche Qualifikation) kann seine Leistungen für besondere Tätigkeiten nach den besonderen gesetzlichen Vergütungsverordnungen abrechnen (§ 17 III ZwVwV; sa Rdn 6a f zu § 150). Voraussetzung ist, dass ein Zwangsverwalter, der diese berufliche Qualifikation nicht besitzt, im konkreten Fall vernünftigerweise einen Anwalt oder Steuerberater oä beauftragt hätte (BGHZ 139, 309; BGH NZI 2005, 103). Zur Beurteilung des Maßstabs zu § 17 Abs. 3 ZwVwV ist auch zu bedenken, daß der Zwangsverwalter 8 bereits nach § 1 Abs. 2 ZwVwV über ausreichende Geschäftskunde verfügen soll, einfache buchhalterische Aufgaben oder steuerrechtliche Erklärungen gehören zweifelsohne dazu. Der Zwangsverwalter hat die besondere Erledigung insbes bei Beauftragung einer Gesellschaft, an der er selbst beteiligt ist (BGHZ 113, 262), dem Vollstreckungsgericht anzuzeigen, das Gericht ist befugt, die Rechtmäßigkeit der besonderen Erledigung und Vergütung zu prüfen (BGH NZI 2005, 103; BGH Rpfleger 2009, 632 = ZfIR 2009, 834 m Anm *Bergsdorf*). Einfache Rechtshandlungen wie Kündigungsschreiben, Vollstreckungsaufträge an den Gerichtsvollzieher oder einfache Mahnverfahren (*Depré/Mayer* Rdn 688) sind keine solche Tätigkeiten, die vernünftigerweise delegiert würden (*Dassler/Engels* Rdn 16; eher großzügig *H/W/F/H* Rdn 26 zu § 17 ZwVwV). Die Zwangsräumung einer Wohnung wird vernünftigerweise delegiert und kann daher gesondert nach RVG abgerechnet werden, eine zusätzliche Erhöhung der Vergütung nach § 18 II ZwVwV scheidet dann aber aus (BGH Rpfleger 2005, 152). Zweifelhaft ist, ob der Zwangsverwalter die Einigungsgebühr nach VV RVG 1000 erhalten kann, wenn er mit dem Mieter eine außergerichtliche Einigung über Mietzahlungen erzielt oder wenn ein Vertrag mit erheblicher wirtschaftlicher Bedeutung abgeschlossen wird. Auch die Bearbeitung komplexer Mietverträge, die Bearbeitung von Grundstücksangelegenheit mit besonderen Rechtsproblemen oder die Bearbeitung von Zwangsvollstreckungen sind nicht gesondert abrechenbar. Auch ist es nicht gerechtfertigt, wenn der Zwangsverwalter eine Tätigkeit als Steuerberater besonders abrechnet, wenn die Tätigkeit lediglich darin besteht, sogenannte Nullmeldungen zur Umsatzsteuer abzugeben, da das Zwangsverwaltungsobjekt ausschließlich umsatzsteuerfrei vermietet ist.

9   c) **Regelvergütung.** Die Regelvergütung gemäß § 18 I ZwVwV. Die Vergütung des Zwangsverwalters berechnet sich aus den **Einnahmen aus Vermietung und Verpachtung**. Berechnungsgrundlage ist der Bruttobetrag dieser Einnahmen (unter Einschluss der Nebenkosten für Heizung, Wasser, auch Umsatzsteuer). Die Regelvergütung beträgt 10 Prozent der Einnahmen (§ 18 I ZwVwV; bei Mieterwechsel keine getrennte Berechnung: BGH Rpfleger 2004, 577). Bei der Berechnung muss wegen des lienaren Satzes nicht mehr auf eine wirtschaftliche Einheit mehrerer Objekte oder Wohnungen abgestellt werden. 10 Prozent der Gesamteinnahmen sind derselbe Betrag wie die Summe aus 10 Prozent de Einzeleinnahmen. Dieses Problem stellte sich noch bei der früheren Vergütung nach § 24 ZwVerwVO (BGH Rpfleger 2005, 99; BGH Rpfleger 2006, 151; mit Vergleichsberechnungen *Keller*, ZfIR 2005, 225). Ist das Objekt aber nur teilweise vermietet oder verpachtet und teilweise leer stehend (oder vom Schu bewohnt), berechnet sich die Vergütung entweder nur nach § 18 ZwVwV oder nur nach § 19 ZwVwV (*Depré/Mayer*, DZWIR 2003, 362; *Hintzen/Alff*, Rpfleger 2004, 129;

§ 152 a

zum ersten Entwurf des § 18 ZwVwV: *Förster/Klipfel*, ZInsO 2003, 458). Eine Mischung zwischen der Vergütung nach § 18 ZwVwV und derjenigen nach § 19 ZwVwV für einzelne Einheiten ist nicht zulässig (BGH Rpfleger 2009, 634).

d) Der „Beitreibungszuschlag" gemäß § 18 I 2 ZwVwV. Bei nicht eingezogenen Mieten/Pachten werden dem Zwangsverwalter seine erfolglosen Bemühungen dadurch honoriert, dass er 20 Prozent der Vergütung erhält, die er erhalten hätte, wenn diese Einnahmen eingezogen worden wären (§ 18 I 2 ZwVwV). Die besondere Vergütung beträgt mithin 2 Prozent der geschuldeten Miete. Ob die Bemühungen des Zwangsverwalters zeitaufwendig waren oder nicht, spielt hierbei keine Rolle (*Depré/Mayer* Rdn 665). Gelingt es dem Zwangsverwalter in der Folge, die rückständigen Beträge einzuziehen, so muss er sich die bereits vereinnahmte Vergütung anrechnen lassen (§ 18 I 3 ZwVwV). Ergibt sich für diese Abrechnung ein krasses Missverhältnis (zB nahezu alle Mieter einer Eigentumswohnanlage zahlen keine Miete) so kann dies nach § 19 I, II ZwVwV ausgeglichen werden (unten Rdn 8).

Beispiel:
Das Zwangsverwaltungsobjekt ist mit zehn Einheiten voll vermietet, die Brutto-Jahresmiete beträgt gesamt 67.200 EUR (560 EUR monatlich je Einheit). Bei zwei Einheiten konnten die Mieten von gesamt 1.120 EUR monatlich für die Zeit ab Januar nicht eingezogen werden, der Zwangsverwalter betreibt gegen die Mieter die Zwangsvollstreckung.

Vergütungsberechnung nach § 18 I ZwVwV:

Festsatz von 10 Prozent unter Zugrundelegung der Brutto-Jahresmiete von achtmal 6.720 EUR:	5.376,00 EUR
Vergütung für geschuldete Mieten von zweimal 6.720 EUR in Höhe von 20 Prozent des Festsatzes:	268,80 EUR
Gesamt:	5.644,80 EUR

e) Die Erhöhung oder Kürzung der Vergütung gemäß § 18 II ZwVwV. Die Vergütung des Zwangsverwalters ist nach § 18 II ZwVwV zu erhöhen, wenn im Einzelfall die Tätigkeit des Zwangsverwalters besonders aufwendig war und dieser Aufwand durch die Regelvergütung des § 18 Abs. 1 ZwVwV nicht abgedeckt wird. Das Problem der Regelung besteht in der Deckelung der Erhöhung auf **15 Prozent** der Mieteinnahmen, mithin einer Erhöhung der Vergütung um 50 Prozent (BR-Drucks 842/03, S. 16). Da die Vergütung des Zwangsverwalters ebenso wie die des Insolvenzverwalters systematisch für die Besonderheiten des Einzelfalls nach oben offen sein muß (BVerfG NZI 2001, 413), ist es fraglich, ob die Deckelung des § 18 II ZwVwV richtig oder gar verfassungsgemäß ist. Im Einzelfall, bei welchem die konkreten Schwierigkeiten durch § 18 II ZwVwV nicht meh abgedeckt werden, bleibt nur die Stundensatzvergütung nach § 19 II ZwVwV, die aber ihrerseits in der

§ 152 a [Ermächtigung]

Höhe des Stundensatzes und dem erbrachten Zeitaufwand Grenzen für die Vergütung beinhaltet („der Tag hat nur 24 Stunden"). Die Verknüpfung von prozentualer Vergütung nach § 18 ZwVwV und Stundensatzvergütung ist daher systemwidrig.

13 Der Beitreibungszuschlag des § 18 I 2 ZwVwV für nicht eingezogene Miete nimmt an einer Erhöhung der Vergütung zunächst nicht teil; die Regelung des § 18 II ZwVwV bezieht sich ausdrücklich nur auf Absatz 1 Satz 1 der Vorschrift. Zwar sind besonderen Erschwernisse bei der Beitreibung von Miete ausdrücklich erhöhungsrelevant (BGH ZfIR 2004, 922; BGH Rpfleger 2004, 577), diese kann aber erst dann erfolgen, wenn die ausstehenden Mieten eingezogen sind und die Vergütung des § 18 I 1 ZwVwV unter Anrechung des bereits gewährten Beitreibungszuschlags entstanden ist (BR-Drucks 842/03, S. 16 zweiter Absatz; eingehend *Keller*, ZfIR 2005, 225). Kann die geschuldete Miete endgültig nicht eingezogen werden, bleibt nur der Weg über die Stundenvergütung des § 19 ZwVwV, die im Ergebnis aber zwingend höher sein muss als die Vergütung nach § 18 ZwVwV (Keller ZfIR 2005, 225).

14 Zur **Typisierung der Erhöhungskriterien** wurde zunächst versucht, ähnlich wie bei § 3 InsVV Kriterien eines Normalfalles der Zwangsverwaltung aufzustellen, um dann deren Abweichung als Erhöhung zu charakterisieren (so insbes *H/W/F/H* Rdn 20 zu § 18 ZwVwV). Danach sollte Normalfall bspw ein nicht gewerblich genutztes Objekt mit nicht mehr als zehn vermieteten Einheiten sein. Der BGH sah diese Typisierung bereits zum früheren Vergütungsrecht kritisch (BGHZ 152, 18 = ZIP 2002, 1959 = ZfIR 2002, 935 m. Anm. *Holzer* = ZVI 2003, 231 = Rpfleger 2002, 632 m. Anm. *Förster/Hintzen*, dazu EWiR 2004, 259 [*Keller*]). Zu § 18 II ZwVwV entschied er mit Beschluss vom 15.11.2007 grundlegend, dass es einen solchen abstrakten Normalfall nicht gibt (BGH ZfIR 2008, 201 m Anm *Wedekind*): Jedes Zwangsverwaltungsverfahren beinhaltet zunächst den Regelfall in sich („es ist der Fall, was der Fall ist"). Ist ein Objekt bspw gewerblich vermietet oder besteht es aus zahlreichen Einheiten, sorgen bereits die daraus resultierenden Einnahmen für eine angemessen hohe Vergütung auch bei höherem Arbeitsaufwand (so bereits BGH ZIP 2002, 1959, Begr Abschn III 2. e, f; tlw in BGHZ 152, 18 nicht abgedr). Erst wenn das Objekt „nicht mehr normal läuft", bspw Mietstreitigkeiten ausgefochten werden müssen, überdurchschnittlich hoher Reparaturstau besteht (bis zu einem gewissen Maße hinzunehmen), hohe Mieterfluktuation besteht oder besondere Betriebskostenabrechnungen vorzunehmen sind, kommt eine Erhöhung der Vergütung in Betracht. Unter dieser Prämisse sind die Erhöhungskriterien des Einzelfalles nicht mehr abstrakt zu betrachten sondern als Abweichungen des Normalfalles, den zunächst jedes Objekt für sich bildet. Liegen Erhöhungstatbestände im konkreten Verfahren vor, ist die Vergütung zu erhöhen, § 18 I ZwVwV enthält keinen Ermes-

§ 152 a

senstatbestand sondern ist zwingend (BGH ZfIR 2008, 201 m Anm *Wedekind*).

Erhöhungskriterien sind insbes (auch *Dassler/Engels* Rdn 61): Schwierigkeiten bei der Verwaltung eines gewerblich genutzten Objektes (LG Erfurt Rpfleger 2007, 277; LG Potsdam ZInsO 2002, 220; LG Leipzig Rpfleger 2001, 560; LG Flensburg ZInsO 2001, 952; LG Magdeburg ZfIR 1998, 119; AG Nordhausen Rpfleger 2004, 646). Schwierigkeiten bei der Inbesitznahme wegen Zubehör oder wegen obstruktiven Verhaltens des Schuldners (LG Meiningen ZInsO 2003, 559; AG Lüneburg Rpfleger 2002, 92; LG Flensburg ZInsO 2002, 68). Überdurchschnittliche Reparatur- und Sanierungsmaßnahmen (LG Flensburg Rpfleger 2002, 475; LG Flensburg ZInsO 2001, 749; *Wertenbruch*, KTS 1993, 616; anders LG Göttingen Rpfleger 1999, 456). Besondere Schwierigkeiten im Umgang mit dem Schuldner (LG Meiningen ZInsO 2003, 559; AG Lüneburg Rpfleger 2002, 92), insbes Räumung nach § 149 II ZVG (AG Leipzig ZInsO 2001, 1047; LG Münster JurBüro 2000, 435). Rekonstruktion unvollständiger Unterlagen der Buchführung, insbes Nebenkostenabrechnungen (LG Flensburg ZInsO 2002, 68; LG Mainz Rpfleger 1996, 37; LG Bochum Rpfleger 1995, 374; AG Hannover Rpfleger 1990, 133). Häufiger Mieterwechsel und besonderer Aufwand bei Neuvermietung (LG Leipzig Rpfleger 2002, 166 [Erhöhung für den vorliegenden Fall verneint]; AG Greifswald Rpfleger 2006, 334; LG Göttingen ZInsO 2002, 460; kritisch aber BGH ZIP 2002, 1959, Begr Abschn III 2. c., insow in BGHZ 152, 18 nicht abgedr). Notwendigkeit gerichtlicher Durchsetzung rückständiger Miet- und Pachtforderungen (LG Meiningen ZInsO 2003, 559; AG Leipzig, ZInsO 2001, 1047). Rechtsstreitigkeiten mit Mietern, insbesondere wegen Minderung des Mietzinses (LG Göttingen Rpfleger 1999, 456; LG Göttingen Rpfleger 1996, 257; LG Mainz Rpfleger 1996, 37). Beseitigung ökologischer Altlasten am Objekt (LG Lüneburg Rpfleger 1999, 34).

Keine Erhöhung rechtfertigen der Einarbeitungsaufwand des Zwangsverwalters (BGHZ 152, 18, 27 am Ende) oder der Abschluß von Versicherungsverträgen (BGH ZIP 2002, 1959, Begr Abschn III. 2. b, insow in BGHZ 152, 18 nicht abgedr).

Eine **Kürzung** der Vergütung auf bis zu 5 Prozent der Einnahmen ist möglich, wenn die Verwaltung besondere Erleichterungen beinhaltet. Dabei sind die Einnahmen und der Arbeitsaufwand des Zwangsverwalters in ein angemessenes Verhältnis zu setzen. Allein hohe Mieteinnahmen rechtfertigen keine Kürzung der Vergütung. Sie kann aber zulässig sein, wenn für das Objekt eine Hausverwaltung installiert ist und der Zwangsverwalter lediglich „wie ein normaler Eigentümer" die Überschüsse vereinnahmen muss und keinerlei Verwaltungsaufwand hat (LG Leipzig Rpfleger 2002, 166).

f) Die Stundensatzvergütung nach § 19 ZwVwV. Statt der Vergütung nach § 18 ZwVwV kann der Zwangsverwalter eine Vergütung

§ 152 a [Ermächtigung]

nach Stundenaufwand erhalten, wenn entweder keine Mieteinnahmen erzielt werden oder die Vergütung nach § 18 ZwVwV unangemessen niedrig ist. Der Zwangsverwalter kann im jeweiligen Abrechnungszeitraum nur nach § 18 oder nach § 19 ZwVwV vergütet werden, eine Mischung nach vermieteten oder nicht vermieteten Einheiten ist nicht zulässig (*Depré/Mayer*, DZWIR 2003, 362).Es kann aber in einem Abrechnungszeitraum nach § 18 ZwVwV, in einem späteren nach § 19 ZwVwV abgerechnet werden. Die Stundensatzvergütung nach § 19 ZwVwV kommt in Betracht, wenn das Objekt teilweise oder völlig leersteht, also geringe oder keine Einnahmen erzielt werden. Über § 19 II ZwVwV ist die Stundensatzvergütung auch zulässig, wenn die Vergütung nach § 18 ZwVwV unangemessen niedrig ist (BR-Drucks 842/03, S. 17). Dies ist der Fall, wenn die Stundensatzvergütung verglichen mit der nach § 18 II ZwVwV erhöhten Regelvergütung diese um mind **25 Prozent** übersteigt (BGH ZfIR 2008, 71; dazu *Depré*, ZfIR 2008, 49; *H/W/F/H* § 19 ZwVwV Rdn 16; *Depré/Mayer* Rdn 663; 30 Prozent: LG Heilbronn Rpfleger 2006, 616). Bei dem Vergleich müssen keine konkreten Erhöhungstatbestände für § 18 II ZwVwV vorliegen, denn durch die Vergütung nach § 19 ZwVwV wird der tatsächliche Stundenaufwand abgegolten, der, wenn er um 25 Prozent höher ist, bereits die mögliche Erhöhung in sich trägt (**aA** LG Frankenthal, Beschl. v. 18.9.2006 – 1 T 302/06 und Beschl. v. 7.11.2006 – 1 T 339/06, jew n. veröff.; eingehend *Keller*, ZfIR 2007, 377). Umgekehrt ist es freilich nicht möglich, nur die Stundenvergütung zu gewähren, wenn bei hohen Mieten der Zwangsverwalter eine hohe Regelvergütung bei wenig Arbeitseinsatz erhält; hier kann nur nach § 18 II ZwVwV gekürzt werden.

19 Der **Stundensatz** soll nach § 19 I ZwVwV zwischen 35 und 95 € betragen. Er ist nach den **qualitativen Anforderungen** der jeweiligen Tätigkeit zu bemessen, nicht danach, wer sie tatsächlich erledigt hat (BR-Drucks 842/03, S. 17). Die Frage, welcher sog mittlere Stundensatz gilt, ist entscheidend für die Zuerkennung eines Stundensatzes für einfache, mittlere oder schwierige Tätigkeiten. Der Rechtsbeistand – auch der ehem Rechtspfleger – als Zwangsverwalter ist dabei aber mit dem gleichen Stundensatz zu vergüten wie ein Anwalt (BGH Rpfleger 2007, 414). Rechnerisch liegt der mittlere Stundensatz bei 65 €, in Anlehnung an die Mindestvergütung des § 20 ZwVwV und den in der Verordnungsbegründung angesetzten Stundenansatz hierfür kann er auch mit 70 bis 75 € angesetzt werden (*H/W/F/H* Rdn 6 zu § 19 ZwVwV; *Depré/Mayer* Rdn 666; eingehend *Keller*, ZfIR 2006, 445, 451). Der Zwangsverwalter muss daher ständig seinen Stundenaufwand und den seiner Mitarbeiter und die jeweilige Tätigkeit dokumentieren. Es genügt aber, wenn er die erledigten Tätigkeiten und den Zeitaufwand plausibel im Vergütungsantrag darstellt, eine detaillierte Zeiterfassung wird nicht gefordert (LG Heilbronn Rpfleger 2005, 465; LG Frankenthal ZfIR 2006, 36 m Anm

§ 152 a

Depré; LG Erfurt, 7.9.2006 – 2 T 173/06 n. veröff.; *H/W/F/H* § 19 ZwVwV Rdn 19 f.; *Stöber* § 152a Rdn 5.3). Möglich ist insbesondere, die einzelnen Tätigkeiten nach der Zeiterfassungstabelle der Studie des Reichsausschusses für Arbeitszeiterfassung – REFA – mit einem Zeitaufwand zu versehen (abgedruckt Rpfleger 2004, 653; *Dassler/Engels* Rdn 138). Aus der Summe der erledigten Tätigkeiten mit den jeweiligen Stundensätzen ist am Ende ein einheitlicher Stundensatz zu ermitteln.

g) Die Mindestvergütung nach § 20 ZwVwV. Die Mindestvergü- 20 tung kommt in Betracht, wenn das Verfahren kurz nach Anordnung wieder aufgehoben wird, insbesondere weil der betr Gl seinen Antrag zurücknimmt (§ 29). Voraussetzung ist ferner, dass für den Zeitraum des Verfahrens keine Einnahmen erzielt worden sind. Bei der **Mindestvergütung** stellt § 20 ZwVwV darauf ab, ob das Objekt vom Verwalter in Besitz genommen wurde; hierzu zählt auch die Erlangung des mittelbaren Besitzes (*Depré/Mayer* Rdn 672). Ist bereits eine Inbesitznahme erfolgt, beträgt die Mindestvergütung 600 €; ist dies noch nicht geschehen, beträgt die Mindestvergütung 200 €. Hier wird zusätzlich gefordert, dass der Verwalter bereits eine Tätigkeit entfaltet hat. Darunter ist ein aktives Tätigwerden zu sehen (zB Verständigung der Mieter, Einrichtung eines Kontos, Einholung von Erkundigungen). Die bloße Entgegennahme des Anordnungsbeschlusses reicht nicht aus (*H/W/F/H* Rdn 5 zu § 20 ZwVwV). Die Mindestvergütung fällt je Zwangsverwaltungsobjekt an, bei Wohnungs- oder Teileigentum (Tiefgaragenstellplatz) je Einheit, auch wenn die Verfahren nach § 18 verbunden sind (BGH ZfIR 2007, 251 m Anm *Keller*; eingehend *Keller*, ZfIR 2007, 377). Eine wirtschaftliche Einheit von Wohnungs- und Teileigentum besteht nicht, das gilt auch hinsichtlich der Stundenvergütung nach § 19 ZwVwV (BGH Rpfleger 2007, 276). Es erscheint aber fragwürdig, bei der Zwangsverwaltung eines aus mehreren Wohnungen bestehenden Hauses dagegen die Mindestgebühr nur einmal zu gewähren, da ja rechtlich die Zwangsverwaltung nur über ein Objekt angeordnet ist. Der Zwangsverwalter kann hier über den tatsächlichen Zeitaufwand seine Vergütung nach § 19 ZwVwV erhalten und die Mindestvergütung überschreiten.

Dauert die **Zwangsverwaltung über den ersten Abrechnungs-** 21 **zeitraum** an, ist fraglich, ob die Vergütung für das Verfahren insgesamt oder nur für den ersten oder für jeden Abrechnungszeitraum gewährt werden soll. Nach Ansicht des BGH (Rpfleger 2006, 490 = ZfIR 2006, 811 m. Anm. *Depré/Fetsch*) soll die Mindestvergütung für das gesamte Verfahren zu gewähren sein, auch wenn dieses zwei oder mehrere Abrechnungszeiträume umfaßt (ebenso H/W/F/H Rdn 1 zu § 20 ZwVwV; LG Essen Rpfleger 2005, 211; LG Potsdam Rpfleger 2005, 620). Dabei soll die Vergütung nach § 17 ZwVwV das Verfahren als ganzes betreffen. Das ist nicht stichhaltig (*Depré/Fetsch* in Anm zu BGH ZfIR 2006, 811). Die Vergütung wird stets pro Abrechnungszeitraum

§ 152 a [Ermächtigung]

beantragt und festgesetzt (§ 22 ZwVwV). Es kann für die unterschiedlichen Abrechnungszeiträume auch einmal nach § 18 ZwVwV, ein andermal nach § 19 ZwVwV abgerechnet werden. Eine Anrechnung oder Zusammenrechnung der Vergütungen der Abrechnungszeiträume erfolgt nicht. Die Zwangsverwaltervergütung wird nicht als Gesamtvergütung gewährt. Es ist deshalb systemwidrig, nur die Mindestvergütung als Gesamtvergütung zu gewähren zu (zur Normgeschichte *Keller*, ZfIR 2007, 377). Richtig ist die Mindestvergütung des § 20 ZwVwV nur im ersten Abrechnungszeitsraum zu gewähren, in den folgenden Abrechnungszeiträumen ist die Vergütung nach §§ 18 oder 19 ZwVwV zu bestimmen (*Stöber* Rdn 6.1; LG Stralsund Rpfleger 2004, 580; für eine Gewährung je Abrechnungszeitraum *Waldherr/Weber*, ZfIR 2005, 184). Es ist zudem nicht geklärt, wie die Gesamtmindestvergütung festgesetzt werden soll. Es müsste zunächst in jedem Abrechnungszeitraum die Vergütung als Teilvergütung gewährt werden, am Ende des Verfahrens sind diese Vergütungen zu addieren und es ist gegebenenfalls ein Aufstockungsbetrag zur Mindestvergütung zu gewähren (*H/W/F/H* Rdn 3 zu § 20 ZwVwV; **aA** LG Essen Rpfleger 2005, 211).

22 Die Mindestvergütung wird bei einem Verwalterwechsel auch gegenüber dem neuen Zwangsverwalter zugebilligt werden müssen (*Depré/Mayer* Rdn 672).

23 **h) Bautätigkeit.** Für die **Fertigstellung von Bauwerken** erhält der Zwangsverwalter neben der Regelvergütung 6% der von ihm verwalteten Bausumme; Planungs-, Ausführungs- und Abnahmekosten finden keine Anrechnung auf die Vergütung, § 18 III ZwVwV. Diese Regelung ist auch bei einer Sanierung entsprechend anzuwenden (*Depré/Mayer* Rdn 675).

3. Auslagen des Zwangsverwalters

24 **a)** Durch die **Vergütung abgegoltene Auslagen** sind nicht gesondert zu erstatten; hierzu gehört der Büroaufwand des Verwalters einschließlich der Gehälter seiner Angestellten (§ 21 I ZwVwV). Gleiches gilt für eine allgemeine Haftpflichtversicherung, die der Zwangsverwalter generell für seine Tätigkeiten als Verwalter in beliebigen Verfahren abschließt.

25 **b)** Zusätzlich verlangen kann der Verwalter Ersatz der Auslagen verlangen, die ihm als besondere Kosten, bezogen auf das konkrete Zwangsverwaltungsverfahren, entstanden sind (§ 21 II ZwVwV). Hierzu zählen Porto- und Telekommunikationsauslagen, Reisekosten, Übernachtungskosten, Kosten der Hilfskräfte. Der Zwangsverwalter hat hierbei die Wahl, seine Auslagen im Wege **des Einzelnachweises oder als Pauschale** abzurechnen. Bei Einzelabrechnung wird darauf abgestellt, ob die Kosten angemessen sind. An Stelle der Erstattung des tatsächlichen Aufwandes kann sich der Verwalter darauf beschränken, eine Pauschale

§ 152 a

von 10% seiner Vergütung, höchstens 40 € pro angefangenen Monat seiner Tätigkeit zu verlangen (§ 21 II 2 ZwVwV). Der Verwalter kann die Form seiner Abrechnung (Einzelnachweis oder Pauschale) in jedem Abrechnungszeitraum neu wählen (*Depré/Mayer* Rdn 685).

c) Der Verwalter hat Anspruch auf Erstattung der **Umsatzsteuer** auf Vergütung und Auslagen (§ 17 II ZwVwV). Er ist mit seiner Vergütung aus selbständiger unternehmerischer Tätigkeit Steuerpflichtiger nach § 12 UStG. 26

d) Mit der Vergütung sind die Kosten einer allgemeinen Haftpflichtversicherung abgegolten (§ 21 III 1 ZwVwV). Bei besonders risikoträchtigen Verfahren kann das Gericht nach § 1 IV 2 ZwVwV im Einzelfall verlangen, dass der Verwalter eine **besondere Haftpflichtversicherung für das konkrete Verfahren** abschließt. Die Kosten dieser Versicherung sind gemäß § 21 III 2 ZwVwV neben den übrigen Auslagen zu erstatten. 27

4. Die Festsetzung der Vergütung

a) Festsetzungsverfahren. Vergütung und die dem Verwalter zu erstattenden Auslagen werden auf seinen Antrag vom Gericht festgesetzt (§ 153 I, § 22 ZwVwV). Die Festsetzung ist im Anschluss an die jährliche Rechnungslegung (§ 14 II ZwVwV) einzureichen. Die Abrechnung erfolgt nach Kalenderjahren, wobei mit Zustimmung des Gerichts davon abgewichen werden kann. Meist bestimmt das Gericht den Abrechnungszeitraum nach dem Kalendermonat der Anordnung. Am Ende seiner Amtstätigkeit, nachdem alle Zahlungsvorgänge beendet sind und das Konto auf Null gestellt ist, reicht der Verwalter die Endabrechnung ein (§ 14 IV ZwVwV). Im Antrag muss der Zwangsverwalter seine eingezogenen Beträge darstellen. Erhöhungstatbestände nach § 18 II ZwVwV sind konkret und plausibel vorzutragen, sie sollten sich zudem aus den sonstigen Berichten des Verwalters ergeben. Bei einer Vergütung nach § 19 ZwVwV ist der tatsächliche Stundenaufwand plausibel darzulegen. Die geltend gemachten Auslagen sind im Falle beantragter Einzelerstattung nachzuweisen. 28

Vor der Festsetzung sind Gl und Schu zu hören (§ 153 I; LG Augsburg Rpfleger 1997, 78). Im Festsetzungsbeschluss sind die Vergütung und die Auslagen mit der jeweiligen Umsatzsteuer gesondert festzustellen (§ 17 II ZwVwV). Der Beschluss ist in jedem Fall zu begründen; er ist dem Gl und dem Schu zuzustellen; an den Verwalter genügt formlose Übersendung, wenn er einen betragsmäßig bezifferten Antrag gestellt hat und diesem entsprochen wurde; ansonsten ist ebenfalls Zustellung erforderlich. Auch an die übrigen Beteiligten (§ 9) ist zuzustellen, da auch sie durch die Festsetzung betroffen und damit rechtsmittelberechtigt sind (*H/W/F/H* Rdn 12 zu § 22 ZwVwV). 29

b) Vorschuss. Einen **Vorschuss** auf Vergütung oder Auslagen kann der Verwalter bereits im Laufe des Abrechnungszeitraumes mit Einwilli- 30 gung des Gerichts aus der Zwangsverwaltungsmasse entnehmen (§ 22 S 2 ZwVwV). Der Vorschuss sollte angemessen sein, er wird sich an den zu erwartenden Einnahmen orientieren; Maßstab kann aber auch sein, dass dem Verwalter bereits hohe erstattungsfähige Auslagen entstanden sind, die durch die Vorschussleistung abzugelten sind. Die Einwilligung sollte vom Gericht schriftlich erteilt werden; eines Beschlusses bedarf es nicht.

31 Der Gl kann einen nach § 161 III geleisteten Vorschuss in einem gleichzeitig laufenden Zwangsversteigerungsverfahren in der Rangklasse des **§ 10 I Nr 1** geltend machen (*Stöber* § 153 Rdn 6.8); bei nachträglichen Zahlungen handelt es sich um Rechtsverfolgungskosten gemäß § 10 II, die im Rang des Hauptanspruchs angemeldet werden können. Der Gl des Zwangsverwaltungsverfahrens kann diese Kosten aber auch nach § 788 I ZPO gegen den Schu festsetzen lassen und dann in dessen sonstiges Vermögen vollstrecken (*Stöber* § 153 Rdn 6.8).

5. Rechtsmittel

32 Bei der Festsetzung der Vergütung kann der Zwangsverwalter Rechtsmittel einlegen, wenn seinem Antrag auch nur teilweise nicht entsprochen wurde; daneben sind Gl und Schu unbeschränkt rechtsmittelberechtigt; andere Beteiligte nur, soweit sie betroffen sind (wenn wegen der Höhe der Vergütung auf sie keine Zuteilung erfolgen kann). Als statthaftes Rechtsmittel gegen die Vergütungsfestsetzung kommt für alle Beteiligten die sofortige Beschwerde nach § 793 ZPO in Betracht. Zu beachten ist, dass bei der Beschwerde über die Festsetzung der Vergütung die Beschwerdesumme von 200,00 € gemäß § 567 II 2 ZPO überschritten sein muss, weil die Vergütung wie Prozesskosten behandelt wird (*Stöber* § 153 Rdn 5.1; *Dassler/Engels* § 153 Rdn 64); ist die Beschwerdesumme nicht erreicht, findet sofortige Erinnerung nach § 11 II RPflG statt, über die der zuständige Vollstreckungsrichter entscheidet, falls der Rechtspfleger nicht abhilft (§ 11 II 2 und 3 RPflG).

§ 153 [Anordnungen und Aufsicht des Gerichts]

¹Das Gericht hat den Verwalter nach Anhörung des Gläubigers und des Schuldners mit der erforderlichen Anweisung für die Verwaltung zu versehen, die dem Verwalter zu gewährende Vergütung festzusetzen und die Geschäftsführung zu beaufsichtigen; in geeigneten Fällen ist ein Sachverständiger zuzuziehen.

IIDas Gericht kann dem Verwalter die Leistung einer Sicherheit auferlegen, gegen ihn Zwangsgeld festsetzen und ihn entlassen. Das Zwangsgeld ist vorher anzudrohen.

§ 153

Übersicht
Rn.
1. Allgemeines 1
2. Beaufsichtigung der Geschäftsführung 2
3. Anweisungen des Vollstreckungsgerichts 4
4. Sicherheitsleistung, Zwangsgeld 11
5. Entlassung des Zwangsverwalters 15
6. Rechtsbehelfe 18

1. Allgemeines

Die Norm legt die Aufgaben des Vollstreckungsgerichts gegenüber 1
dem Zwangsverwalter fest; sie wird ergänzt durch § 154 S 3 (Rechnungslegungspflicht) und § 10 ZwVwV (Zustimmungspflicht des Gerichts). In § 153 kommt die verfahrensbeherrschende Stellung des Gerichts gegenüber dem Verwalter zum Ausdruck. Die Bestimmung gilt für alle Arten der Zwangsverwaltung, sie gilt insbes auch bei der Institutsverwaltung (§ 150 a) und der Verwaltung durch den Schu (§ 150 b) mit der Einschränkung, dass hier keine Vergütung festzusetzen ist.

2. Beaufsichtigung der Geschäftsführung

Das Vollstreckungsgericht hat bezüglich der Geschäftsführung des Ver- 2
walters ein **Aufsichtsrecht,** das sich im Verhältnis zu den Beteiligten als Aufsichtspflicht darstellt. Das Aufsichtsrecht findet in § 153 I nur allgemein seinen Niederschlag und gibt Raum für eine Ausgestaltung im Einzelfall. Das Gericht muss beachten, dass der Verwalter sein Amt selbstständig und eigenverantwortlich führt; es soll ihn in seinen Handlungsmöglichkeiten nicht zu sehr beschränken. Das Aufsichtsrecht erstreckt sich zum einen auf die sachliche Seite, die die Zweckmäßigkeit des Verwalterhandelns betrifft; gerade in diesem Bereich ist eine unangemessene Einschränkung zu vermeiden und sind nur offenkundige Fehler und Versäumnisse zu beanstanden. Zum anderen umfasst die Aufsichtspflicht auch die finanzielle Abwicklung des Zwangsverwaltungsverfahrens; hier ist eine genaue und detaillierte Prüfung unerlässlich.

Im Einzelnen kann das Vollstreckungsgericht neben dem Bericht über 3
die Besitzerlangung (§ 3 ZwVwV) regelmäßige oder auf spezielle Punkte bezogene Berichte anfordern, Auskünfte vom Verwalter einholen (§ 16 ZwVwV), Rechnungs- und Kassenführung prüfen (auch über die jährlichen Prüfungen des § 154 S 3 hinaus) und die Geldanlage überwachen. Der Verwalter muss alle erforderlichen Akten und Schriftstücke dem Gericht zur Einsicht vorlegen. Bei der Prüfung der Geldanlage ist zu beachten, dass größere Beträge, die nicht sofort benötigt werden, nicht zinslos angelegt sind (BGH VersR 1964, 865), Gelder eines jeden Verfahrens getrennt angelegt werden (keine Sammelkonten) oder gar für verfah-

§ 153 [Anordnungen und Aufsicht des Gerichts]

rensfremde Zwecke verwendet werden. In den letztgenannten Fällen kann den Tatbestand der Untreue nach § 266 StGB erfüllt sein. Soweit erforderlich, kann vom Gericht ein Sachverständiger zur Prüfung der Rechnungslegung zugezogen werden (§ 153 I, 2. Halbsatz). Dies ist bei umfangreichen Verfahren denkbar. Die Vergütung des Sachverständigen nach JVEG gehört zu den gerichtl Kosten des Verfahrens (KV GKG 9005). Zur Abgabe der eidesstattlichen Versicherung ist der Verwalter gegenüber dem Vollstreckungsgericht nicht verpflichtet (*Stöber* Rdn 2.2). Ob das Gericht berechtigt ist, die Geschäftsräume des Zwangsverwalter zur Erlangung notwendiger Unterlagen zwangsweise zu durchsuchen, ist sehr fraglich (bejahend für einen Extremsachverhalt – vgl Rdn 3a zu § 150: AG Duisburg Rpfleger 2009, 520). Das Aufsichtsrecht endet nicht bereits mit der Aufhebung des Verfahrens sondern erst mit dessen vollständiger Abwicklung.

3. Anweisungen des Vollstreckungsgerichts

4 Das Gericht hat den Verwalter nach Anhörung des Gl und des Schu mit den erforderlichen Anweisungen für die Verwaltung zu versehen (§ 153 I). Hierbei kommen allgemeine Anweisungen am Beginn und Einzelanweisungen während des Verfahrens in Betracht. Für **allgemeine Anweisungen** empfiehlt es sich, die in der Zwangsverwalterverordnung niedergelegten grundsätzlichen Verfahrensregelungen in einem Merkblatt zusammenzufassen (Muster bei *Brüggemann/Haut* Rdn 182).

5 Im Laufe des Verfahrens können besondere **Einzelanweisungen** erfolgen. Solche kann der Gl bereits im Anordnungsantrag anregen. Sie können aber auch während des Verfahrens von ihm, vom Schu oder einem sonstigen Beteiligten (§ 9) beantragt oder angeregt werden. Auch der Zwangsverwalter selbst kann Anweisungen anregen. Sie können von Amts wegen erfolgen, wenn das Gericht im Rahmen seiner Aufsichtspflicht festgestellte Pflichtwidrigkeiten abstellen will oder wenn Meinungsverschiedenheiten zwischen den Beteiligten und dem Zwangsverwalter bestehen. In der Zwangsverwalterverordnung sind eine Reihe von Regelungen enthalten, wann eine Anweisung erforderlich ist; auch wenn hier nicht der Ausdruck "Anweisung" gebraucht wird, handelt es sich dennoch um Anweisungen im Sinne des § 153 I, zB bei

– abweichender Nutzung des Grundstücks, § 5 II ZwVwV (§ 10 I Nr 1 ZwVwV),
– Abschluss von Mietverträgen in Abweichung von § 6 ZwVwV (§ 10 I Nr 2 ZwVwV),
– Begründung nicht gedeckter Ausgabenverpflichtungen (§ 10 I Nr 3 ZwVwV; eingehend Rdn 3d zu § 155),
– Vorschusszahlungen insbes an Handwerker (§ 10 I Nr 4 ZwVwV),
– Ausbesserungen oder Erneuerungen über die gewöhnliche Unterhaltung hinaus (§ 10 I Nr 5 ZwVwV),

§ 153

- Durchsetzung von Gewährleistungsansprüchen bei Bauvorhaben (§ 10 I Nr 6 ZwVwV),

Daneben kommen aber noch eine Reihe von **Einzelanweisungen** 6 bezogen auf das konkrete Verfahren in Betracht, zB
- Zahlung von Rückständen bei Energielieferungsverträgen (siehe aber § 152 Rdn 53),
- Abschluss einer besonderen Haftpflichtversicherung,
- Führung eines Rechtsstreits mit hohem Streitwert oder besonderem Prozessrisiko.

Bevor eine Anweisung ausgesprochen wird, hat das Vollstreckungsgericht 7 Gl und Schu anzuhören (§ 153 I); die **Anhörung** weiterer Beteiligter steht im Ermessen des Gerichts. Die Anhörung des Zwangsverwalters ist empfehlenswert, es sei denn, er hat die Weisung selbst beantragt. Bei der Schuldnerverwaltung (§ 150 b) ist die Aufsichtsperson zu hören (§ 150 c II 3). Das Gericht kann vor der Erteilung einen Sachverständigen zuziehen.

Der Zwangsverwalter ist an die **Anweisungen des Vollstreckungs-** 8 **gerichts** gebunden (§ 1 I 2 ZwVwV). Führt er eine Maßnahme weisungsgemäß durch, so ist er grundsätzlich nicht für einen daraus entstehenden Schaden ersatzpflichtig, es sei denn, er erkennt, dass er damit gegen bestehende Gesetze oder elementare Pflichten eines Zwangsverwalters verstößt (zB Abweichung vom Teilungsplan). Weicht er von einer ihm erteilten Anweisung ab, so kann er sich schadensersatzpflichtig machen; ferner kann Zwangsgeld gegen ihn festgesetzt werden oder er kann entlassen werden (§ 153 II; siehe Rdn 11 ff, 15 ff).

Anweisungen wirken stets nur im Verhältnis zwischen Vollstreckungs- 9 gericht und Zwangsverwalter; Dritte sind daran nicht gebunden (OLG Celle NdsRpfl 1965, 15). Mit **Ausscheiden** des Zwangsverwalters aus seinem Amt werden die Anweisungen wirkungslos, es sei denn, es handelt sich um allgemeine Anweisungen.

Das Gericht kann **Anweisungen** jederzeit von Amts wegen oder auf 10 Antrag **ändern,** wenn sich nicht mehr als sachdienlich oder notwendig erweisen; auch hier sollte vorher eine Anhörung von Gl, Schu und Zwangsverwalter, ggfs auch sonstiger Beteiligter erfolgen. An Weisungen von Gl, Schu oder sonstiger Beteiligter ist der Zwangsverwalter nicht gebunden.

4. Sicherheitsleistung, Zwangsgeld

Das Vollstreckungsgericht kann dem Zwangsverwalter nach § 153 II 11 eine **Sicherheitsleistung** auferlegen. In der Rechtspraxis kommt die Anordnung einer Sicherheitsleistung nur selten in Betracht, weil sie den Anschein des Misstrauens zum Verwalter erwecken und weil auf andere Art (Abschluss einer Haftpflichtversicherung) dem Sicherungsbedürfnis der Beteiligten Rechnung getragen werden kann. Sicherheit kann schon

§ 153 [Anordnungen und Aufsicht des Gerichts]

vor Bestellung gefordert werden, der Verwalter wird dann erst nach deren Erbringung bestellt. Sie kann aber auch erst im Laufe des Verfahrens auf Antrag oder von Amts wegen angeordnet werden. Als Art der Sicherheitsleistung wird regelmäßig Hinterlegung von Geld oder Wertpapieren festgelegt sein. Die Hinterlegung erfolgt bei der Hinterlegungsstelle des zuständigen Amtsgerichts für alle Beteiligten, für die dadurch ein Pfandrecht entsteht (*Stöber* Rdn 7.1). Zur Rückgabe der Sicherheit ist die Zustimmung aller nach § 155 in Betracht kommenden Anspruchsberechtigten erforderlich.

12 Der Verwalter ist zum Abschluss einer Vermögensschadenhaftpflichtversicherung für seine Tätigkeit mit einer Deckung von mindestens 500 000 € verpflichtet. Das Gericht kann im Einzelfall eine höhere Versicherungssumme anordnen. Der Verwalter hat das Bestehen der erforderlichen Haftpflichtversicherung auf Verlangen eines Beteiligten oder des Gerichts nachzuweisen (§ 1 IV ZwVwV). Die Kosten der Haftpflichtversicherung sind mit der Vergütung abgegolten. Die durch eine Höherversicherung begründeten zusätzlichen Kosten sind als Auslagen zu erstatten (§ 21 III ZwVwV).

13 Die Verhängung von **Zwangsgeld** ist ihrer Art nach ein Erzwingungsmittel, nicht eine Ahndung für begangene Pflichtwidrigkeiten (*H/W/F/H* Rdn 11; LG Verden Rpfleger 2003, 39; *Stöber* Rdn 7.1). Mit ihm können vom Vollstreckungsgericht die Vornahme von Handlungen erzwungen (zB Berichtsvorlage, Einreichung der Rechnungslegung, Abschluss einer Haftpflichtversicherung, Zahlung von Rückständen aus einem Energielieferungsvertrag) oder die Unterlassung pflichtwidriger Handlungen (zB Änderung der Nutzung des Grundstücks ohne Zustimmung, Führung eines Prozesses mit hohem Risiko) durchgesetzt werden. Die Festsetzung ist auch noch nach Aufhebung des Zwangsverwaltungsverfahrens möglich, zB um den Zwangsverwalter zur Vornahme der Schlussrechnung anzuhalten.

14 Die **Höhe** des Zwangsgeldes beträgt mindestens 5,00 € und höchstens 1000,00 € (Art 6 I EGStGB); es kann in jedem Verfahren mehrmals verhängt werden (zur Insolvenzverwaltung: BGH NZI 2005, 391). Das Zwangsgeld ist jeweils vorher anzudrohen (§ 153 II 2). Die Festsetzung erfolgt durch Beschluss, der dem Verwalter zugestellt, den übrigen Beteiligten nur formlos mitgeteilt wird. Der Beschluss ist Vollstreckungstitel nach § 794 I Nr 3 ZPO. Er wird von Amts wegen nach §§ 1 I Nr 3, 2 JBeitrO vollstreckt. Das Zwangsgeld steht der Gerichtskasse zu; es ist nicht in die Zwangsverwaltungsmasse zu zahlen. Ist der mit der Festsetzung des Zwangsgeldes verfolgte Zweck erreicht, kann es auf Antrag wieder aufgehoben werden.

5. Entlassung des Zwangsverwalters

15 Die Entlassung des Zwangsverwalters gegen seinen Willen als Zwangsmaßnahme sollte nur bei Vorliegen eines wichtigen und schwerwiegen-

§ 153

den Grundes erfolgen, wenn andere Maßnahmen (zB Festsetzung eines Zwangsgeldes) nicht ausreichend erscheinen oder erfolglos geblieben sind (OLG Hamm Rpfleger 1988, 36). Ein Verschulden des Zwangsverwalters ist nicht erforderlich (*Stöber* Rdn 7.2; OLG Hamm Rpfleger 1994, 515). Solche schwerwiegenden Gründe können sein die Veruntreuung von Geldern, bewusstes Abweichen vom Teilungsplan, Unfähigkeit zur Führung des Amtes oder massive Unverträglichkeit mit dem Schu.

Eine Entlassung **auf Antrag des Zwangsverwalters** ist ebenfalls möglich, jedoch müssen wichtige Gründe vorliegen, zB längere schwere Erkrankung, Umzug, Überforderung bei speziellen Problemen, Arbeitsüberlastung. Der Verwalter kann in diesen Fällen jedoch nicht durch Erklärung gegenüber dem Gericht sein Amt niederlegen; er muss vielmehr tätig bleiben, bis ihn das Gericht entlässt (und gleichzeitig einen anderen Verwalter bestellt). 16

Vor der Entlassung ist der **Verwalter anzuhören**, es sei denn, er hat es selbst beantragt. Eine Anhörung von Gl und Schu ist empfehlenswert. Sinnvoll ist es, die Entlassung gegen den Willen des Zwangsverwalters erst mit Rechtskraft des Beschlusses wirksam werden zu lassen, damit nicht im Falle seiner Aufhebung im Rechtsmittelverfahren ein zwischenzeitlich bestellter Verwalter wieder entlassen werden muss. 17

6. Rechtsbehelfe

Als statthafte Rechtsbehelfe kommen in allen auf § 153 gründenden Entscheidungen (einschließlich der Androhung eines Zwangsgeldes) die sofortige Beschwerde nach § 11 I RPflG, § 793 ZPO oder die Vollstreckungserinnerung nach § 766 ZPO in Betracht. 18

Die **sofortige Beschwerde** ist dann zulässig, wenn der Rechtsmittelberechtigte vorher angehört wurde, was wegen der Aussage in § 153 I regelmäßig der Fall sein sollte. Über diesen Rechtsbehelf entscheidet das zuständige Landgericht (§ 72 GVG). 19

Die **Vollstreckungserinnerung nach § 766 ZPO** ist gegeben, wenn vor einer Maßnahme oder Entscheidung keine Anhörung erfolgt ist. Hier entscheidet der Vollstreckungsrichter gemäß § 20 Nr 17 RPflG; gegen seine Entscheidung ist sofortige Beschwerde nach § 793 I möglich. 20

Bei der Frage der **Rechtsmittelberechtigung** ist zu differenzieren: Anweisungen des Vollstreckungsgerichts (vgl Rdn 44 ff) können Gl, Schu und sonstige Beteiligte anfechten, nicht aber der Zwangsverwalter. Bei Anordnung einer Sicherheitsleistung, Androhung und Festsetzung von Zwangsgeld sowie Entlassung des Zwangsverwalters ist nur dieser anfechtungsberechtigt (aA *Stöber* Rdn 4.2: auch Gl und Schu). 21

§ 153 a [Anordnungen über Entgelt für Viehfutter]

Ist in einem Gebiet das zu dem landwirtschaftlichen Betriebe gehörende Vieh nach der Verkehrssitte nicht Zubehör des Grundstücks, so hat, wenn der Schu zum Zwangsverwalter bestellt wird, das Vollstreckungsgericht gemäß § 153 Anordnungen darüber zu erlassen, welche Beträge der Schu als Entgelt dafür, daß das Vieh aus den Erträgnissen des Grundstücks ernährt wird, der Teilungsmasse zuzuführen hat und wie die Erfüllung dieser Verpflichtung sicherzustellen ist.

1. Allgemeines

1   Die Vorschrift hat nur eine **sehr geringe Bedeutung**. Sie bringt eine Regelung für Gebiete, in denen Vieh nach der Verkehrssitte nicht als Zubehör des Grundstücks angesehen aber aus Erzeugnissen daraus ernährt wird.

2. Voraussetzungen

2   Die Zwangsverwaltung muss über einen **landwirtschaftlichen Betrieb** angeordnet worden sein. Bei forstwirtschaftlichen oder gärtnerischen Grundstücken findet § 153 a keine Anwendung. Der **Schu** muss nach § 150 b **zum Zwangsverwalter** bestellt worden sein. Das zum landwirtschaftlichen Betrieb gehörende Vieh darf nach der **Verkehrssitte nicht Grundstückszubehör** sein. Die Bestimmung stützt sich auf § 97 I 2 BGB, nach der eine Sache nicht Zubehör ist, obwohl die Voraussetzungen des § 97 I 1 BGB gegeben sind, wenn sie nach der Verkehrsanschauung nicht als Zubehör betrachtet wird. Die Verkehrsauffassung kann Änderungen unterliegen und sich regional unterschiedlich darstellen; es kommt auf die **jeweilige** Verkehrssitte an, die für den konkreten Bereich maßgeblich ist. Die Regelung bezieht sich nur auf Vieh, nicht auf andere bewegliche Sachen eines landwirtschaftlichen Betriebes (zB Maschinen, Geräte).

3. Gerichtliche Anordnung

3   Das Gericht entscheidet von Amts wegen, ein Antrag ist nicht erforderlich. Gl und Schu sind vor der Entscheidung zu hören. Bei Bedarf kann es einen Sachverständigen hinzuziehen, um den Betrag zu beziffern. Die Entscheidung ergeht durch Beschluss, in dem ein konkreter Betrag festgelegt wird, den der Schu der Teilungsmasse als Ausgleich dafür zuzuführen hat, dass er das nicht der Beschlagnahme unterworfene Vieh aus der Substanz des Grundstücks ernährt. Gleichzeitig ist auszusprechen, wie die Erfüllung dieser Verpflichtung sichergestellt wird. Empfehlenswert ist die Anordnung, dass der Schu an die Aufsichtsperson zur Anle-

gung nach § 150 d S 2 zu zahlen hat. Gegen die Entscheidung können Gl und Schu die bei den Anweisungen nach § 153 möglichen Rechtsbehelfe einlegen (vgl § 153 Rdn 24 ff). Bei Nichterfüllung der Verpflichtung kann das Vollstreckungsgericht den Schu entlassen und einen anderen Verwalter bestellen. Dieser hat dann den Anspruch für die Masse durchzusetzen. Das Gericht kann nicht von sich aus Vollstreckungsmaßnahmen ergreifen, zB das nicht als Zubehör angesehene Vieh versteigern zu lassen (*Stöber* Rdn 2.3).

§ 153 b [Einstweilige Einstellung auf Antrag des Insolvenzverwalters]

[I]Ist über das Vermögen des Schuldners das Insolvenzverfahren eröffnet, so ist auf Antrag des Insolvenzverwalters die vollständige oder teilweise Einstellung der Zwangsverwaltung anzuordnen, wenn der Insolvenzverwalter glaubhaft macht, daß durch die Fortsetzung der Zwangsverwaltung eine wirtschaftlich sinnvolle Nutzung der Insolvenzmasse wesentlich erschwert wird.

[II]Die Einstellung ist mit der Auflage anzuordnen, daß die Nachteile, die dem betreibenden Gläubiger aus der Einstellung erwachsen, durch laufende Zahlungen aus der Insolvenzmasse ausgeglichen werden.

[III]Vor der Entscheidung des Gerichts sind der Zwangsverwalter und der betreibende Gläubiger zu hören.

Schrifttum: *Eickmann,* Problematische Wechselbeziehungen zwischen Immobiliarvollstreckung und Insolvenz, ZfIR 1999, 85; *Hintzen,* Insolvenz und Immobiliarzwangsvollstreckung, Rpfleger 1999, 256; *Jungmann,* Die einstweilige Einstellung der Zwangsverwaltung im Insolvenzeröffnungsverfahren, NZI 1999, 352; *Mönning/Zimmermann,* Die Einstellungsanträge des Insolvenzverwalters gem §§ 30d I, 153b ZVG im eröffneten Insolvenzverfahren, NZI 2008, 134; *Stengel,* Zwangsverwaltung im Eröffnungsverfahren nach Gesamtvollstreckungsordnung und Insolvenzordnung, ZfIR 2001, 347; *Vallender,* Zwangsversteigerung und Zwangsverwaltung im Lichte des neuen Insolvenzrechts, Rpfleger 1997, 353.

1. Allgemeines

Die mit dem Inkrafttreten der Insolvenzordnung am 1.1.1999 eingeführte Bestimmung ermöglicht die Einstellung des Zwangsverwaltungsverfahrens, um eine Nutzung des Objekts als Teil der Insolvenzmasse zu gewährleisten. Die Einstellung ist vor allem dann in Erwägung zu ziehen, wenn durch Vermietung oder Verpachtung des Grundstücks durch den Zwangsverwalter an einen Dritten die Gefahr einer vorzeitigen Betriebsstilllegung droht (*Vallender* Rpfleger 1997, 353). Als Ausgleich für die Folgen der Einstellung sind als Auflage Zahlungen aus der Insolvenzmasse anzuordnen. 1

§ 153 b [Einstweilige Einstellung auf Antrag des Insolvenzverwalters]

2. Einstellungsvoraussetzungen

2   Die Einstellung nach § 153 b ist nur möglich, wenn über das Vermögen des Schu (Eigentümer oder Eigenbesitzer im Fall des § 147) das **Insolvenzverfahren eröffnet** wird und damit das Grundstück in die Insolvenzmasse nach § 35 InsO fällt. Es spielt keine Rolle, ob bei Eröffnung des Insolvenzverfahrens das Zwangsverwaltungsverfahren bereits anhängig ist oder erst nachträglich angeordnet wird (durch einen dingl Gl nach § 49 InsO). Die Einstellung kann erfolgen, sobald beide Verfahren gleichzeitig nebeneinander laufen. Ob § 153b auch im Insolvenzeröffnungsverfahren anwendbar ist, ist str; die Frage ist mit dem Wortlaut der Norm zu verneinen, der Gesetzgeber hätte durchaus eine entsprechende – bspw dem § 30d IV entsprechende Norm schaffen können. Der Schu im Eröffnungsverfahren oder ein vorläufiger Insolvenzverwalter (§§ 21 II Nr 1, 22 InsO) können daher keinen Antrag nach §153b stellen (*Stöber* § 146 Rdn 4.4i; Rdn 3.1; **aA** *Jungmann* NZI 1999, 352).

3   Als wesentliche Voraussetzung wird verlangt, dass durch die Fortsetzung des Zwangsverwaltungsverfahrens eine **wirtschaftliche sinnvolle Nutzung der Insolvenzmasse wesentlich erschwert** wird. Dies wird dann der Fall sein, wenn der Insolvenzverwalter in seinen Möglichkeiten durch die Rechte des Zwangsverwalters an einer umfassenden Nutzung gehindert wird. Daran ist zu denken, wenn das Grundstück für die Fortführung des Unternehmens durch den Insolvenzverwalter benötigt wird, der Zwangsverwalter es aber seinerseits an einen Dritten vermieten will (*Eickmann* ZflR 1999, 81); ferner wenn aus dem Grundstück Bodenerzeugnisse oder Gebrauchsmöglichkeiten gezogen werden können, die der Insolvenzverwalter für die Nutzung des Grundstücks im Rahmen des Insolvenzverfahrens unbedingt benötigt (zB mit Kiesvorkommen auf dem Grundstück will er ein Bauunternehmen fortführen); Unwesentliche Beeinträchtigungen der Insolvenzmasse oder nur gesetzliche Folgen des Zwangsverwaltungsverfahrens ohne Auswirkungen auf das Insolvenzverfahren reichen nicht aus. Damit liegt keine wesentliche Einschränkung für den Insolvenzverwalter vor, wenn das Grundstück (oder das Wohnungseigentum) vermietet ist und außer den Mieteinnahmen, die der Beschlagnahme im Zwangsverwaltungsverfahren unterliegen, keinerlei weitere Nutzungen für die Insolvenzmasse gezogen werden können.

3. Verfahren

4   Die Einstellung wird nur **auf Antrag** des Insolvenzverwalters angeordnet (§ 153 b I). Bei einer Eigenverwaltung (§ 270 InsO) ist der Schu antragsberechtigt. Der Antrag kann schriftlich oder zur Niederschrift des Urkundsbeamten der Geschäftsstelle gestellt werden; er ist **an keine Frist gebunden.** Wird Antrag nur auf teilweise Einstellung des Zwangsverwaltungsverfahrens gestellt (zB auf Teile des Grundstücks, auf einzelne

§ 153 b

gewerblich genutzte Räume oder hinsichtlich einzelner von der Beschlagnahme erfasste Zubehörgegenstände), so sind diese Gegenstände im Antrag genau zu bezeichnen. Der Insolvenzverwalter muss ferner **glaubhaft machen,** dass durch die Fortsetzung des Zwangsverwaltungsverfahrens eine wirtschaftlich sinnvolle Nutzung der Insolvenzmasse wesentlich erschwert wird (vorst Rdn 3). Zum Antrag sind der (oder die) betreibenden Gl und der Zwangsverwalter zu hören (§ 153 b III). Das Vollstreckungsgericht entscheidet durch Beschluss, der zu begründen und dem Gl, dem Zwangsverwalter und dem Insolvenzverwalter zuzustellen ist. Das Gericht kann vor seiner Entscheidung in entsprechender Anwendung des § 732 II ZPO eine einstweilige Anordnung erlassen (*Stöber* Rdn 4.3).

Die Einstellung ist mit der **Auflage** anzuordnen, dass die Nachteile, die 5 dem betreibenden Gl daraus erwachsen, durch laufende Zahlungen aus der Insolvenzmasse ausgeglichen werden (§ 153 b II). Diese Zahlungen müssen betragsmäßig bezeichnet werden. Sie sind wie im Falle des § 30e als Masseverbindlichkeiten (§ 55 InsO) durch den Insolvenzverwalter zu zahlen. Bei der Bezifferung des Betrages hat das Vollstreckungsgericht vorausschauend zu ermitteln, welche Zahlungen an den betreibenden Gl ohne die ausgesprochene Einstellung aus der Zwangsverwaltungsmasse erfolgt wären. Es ist mithin fkitiv ein Teilungsplan (§ 157) zu erstellen und zu berechnen, ob der Gl Zuteilung aus der Zwangsverwaltungsmasse erhalten würde. Maßgeblich sind die laufenden Ansprüche wiederkehrender Leistungen des Grundpfanrechts, nicht etwa schuldrechtliche Ansprüche (dazu auch §30e Rdn 4; aA *Mönning/Zimmermann*, NZI 2008, 134). Falls keine Zahlungen an den Gl in Betracht gekommen wären, weil keine Nutzungen aus dem Grundstück gezogen werden können oder weil die Einnahmen nur zur Deckung der Ausgaben der Verwaltung gemäß § 155 I ausgereicht hätten, sind keine Zahlungsauflagen nach § 153 b II anzuordnen; dem Gl soll durch die Einstellung auch kein Vorteil erwachsen (*Stöber* Rdn 5.2). Zahlungen können nur zu Gunsten des (oder der) **betreibenden Gl** angeordnet werden. Für vorrangige Grundpfandrechtsgläubiger, die weder die Anordnung noch den Beitritt beantragt haben, sind keine Zahlungen festzusetzen (*Stöber* Rdn 5.3). Tritt ein solcher absonderungsberechtigter Gl bei, ist die Zahlungsauflage zu seinen Gunsten nachträglich zu ergänzen (*Stöber* Rdn 5.4).

Bei ausgesprochener Einstellung kann der (oder die) betreibende Gl, 6 bei Zurückweisung der Insolvenzverwalter **sofortige Beschwerde** nach § 11 I RPflG, § 793 I ZPO einlegen; dieser Rechtsbehelf ist auch möglich, wenn Einwendungen gegen die Anordnung oder Unterlassung der Zahlungsauflage nach § 153 b II oder deren Höhe erhoben werden. Der Zwangsverwalter hat keine Anfechtungsberechtigung. Über die Beschwerde entscheidet das zuständige Landgericht (§ 72 GVG).

4. Folgen der Einstellung

7 Die angeordneten Zahlungen hat der Insolvenzverwalter unmittelbar an den Gl, nicht an den Zwangsverwalter zu leisten. Mit der Einstellung wird der Verfahrensfortgang hinsichtlich sämtlicher betreibender Gl aufgehalten. Das Verfahren ist nicht aufgehoben, die Beschlagnahme bleibt bestehen, der Zwangsverwaltungsvermerk bleibt im Grundbuch eingetragen. Weitere Verfahrenshandlungen durch den Zwangsverwalter erfolgen nicht mehr. Verwaltung und Benutzung des Grundstücks (oder einzelner Teile bei teilweiser Einstellung) erfolgen durch den Insolvenzverwalter (OLG Dresden ZfIR 2001, 409). Die bis zur Einstellung gezogenen Nutzungen hat der Zwangsverwalter für die Ausgaben der Verwaltung nach § 155 I zu verwenden; die Überschüsse sind nach § 155 II zu verteilen. Der Beitritt eines weiteren absonderungsberechtigten Gl ist nach Einstellung möglich (*Eickmann* ZfIR, 1999, 81). Ob es einer erneuten Einstellung gegenüber diesem neuen Beitrittsgläubigers bedarf, ist nicht geklärt. Aus dem Grundsatz der Einzelvollstreckung ist aber zu folgern, dass der Insolvenzverwalter erneut die Einstellung bzgl den neu betreibenden Gl beantragen muss und ein entspr Beschluss ergeht. Freilich müssen die Einstellungsgründe zwingend dieselben sein wie beim bereits eingestellten Verfahren; ggf sind die Zahlungsauflagen zu Gunsten des weiteren Gl zu ergänzen (vgl Rdn 5).

§ 153 c [Aufhebung der einstweiligen Einstellung]

ᴵAuf Antrag des betreibenden Gläubigers hebt das Gericht die Anordnung der einstweiligen Einstellung auf, wenn die Voraussetzungen für die Einstellung fortgefallen sind, wenn die Auflagen nach § 153 b Abs. 2 nicht beachtet werden oder wenn der Insolvenzverwalter der Aufhebung zustimmt.

ᴵᴵVor der Entscheidung des Gerichts ist der Insolvenzverwalter zu hören. Wenn keine Aufhebung erfolgt, enden die Wirkungen der Anordnung mit Beendigung des Insolvenzverfahrens.

1. Allgemeines

1 Die Norm knüpft an § 153 b an und regelt die Fortsetzung des nach dieser Bestimmung eingestellten Verfahrens. Die in § 153 c I genannten Gründe kommen in Betracht, wenn der Einstellungszweck weggefallen ist. Daneben bestimmt § 153 c II 2, dass mit Beendigung des Insolvenzverfahrens das Zwangsverwaltungsverfahren seinen Fortgang nimmt.

§ 153 c

2. Möglichkeiten der Aufhebung (§ 153 c I)

§ 153 c I zeigt drei Alternativen auf, unter denen die (vollständige oder teilweise) Einstellung des Zwangsverwaltungsverfahrens aufgehoben werden kann:
- Die Einstellung ist aufzuheben, wenn die Voraussetzungen für ihre Anordnung fortgefallen sind (1. Alternative). Dies ist dann der Fall, wenn eine wirtschaftliche Nutzung der Insolvenzmasse nicht mehr wesentlich erschwert wird (vgl § 153 b Rdn 2, 3).
- Ein Aufhebungsgrund der Einstellung liegt vor, wenn die nach § 153 b II festgelegten Zahlungsauflagen nicht eingehalten werden (2. Alternative). Ein Verschulden des Insolvenzverwalters ist nicht erforderlich. Es reicht aus, wenn die Leistungen nicht rechtzeitig oder nicht vollständig erbracht werden. Auch wenn die Zahlung nach Antragstellung aber noch vor Aufhebung der Einstellung erfolgt, bleibt der Fortsetzungsgrund bestehen; allerdings kann sich der Gl nicht mehr auf den Zahlungsverzug berufen, wenn er die Zahlung widerspruchslos hingenommen hat (*Stöber* Rdn 2.5).
- Die Aufhebung der Anordnung der Einstellung kann auch mit Zustimmung des Insolvenzverwalters erfolgen (3. Alternative). Die Zustimmung ist schriftlich oder zur Niederschrift gegenüber dem Vollstreckungsgericht zu erklären. Die Zustimmung kann bis zur Wirksamkeit der die Einstellung aufhebenden Entscheidung zurückgenommen werden (*Stöber* Rdn 2.6).

3. Verfahren

Die Fortsetzung erfolgt nur **auf Antrag** des Gl; bei mehreren betreibenden Gl reicht der Antrag eines von ihnen aus. Das Verfahren ist dann für diesen Gl fortzuführen, praktisch wird es insges fortgeführt. Vor der Entscheidung hat das Gericht den Insolvenzverwalter zu hören (§ 153 c II 1). Die Aufhebungsgründe (1. und 2. Alternative) sind glaubhaft zu machen; die Zustimmungserklärung des Insolvenzverwalters (3. Alternative) muss schriftlich vorliegen. Das Gericht entscheidet durch zu begründenden Beschluss, mit dem die Aufhebung der Anordnung der Einstellung ausgesprochen wird. Es ist auch eine gegenständlich beschränkte Aufhebung möglich; die einzelnen Grundstücksteile oder Zubehörgegenstände sind genau zu bezeichnen. Der Beschluss ist dem Insolvenzverwalter und dem Zwangsverwalter zuzustellen; an den antragstellenden Gl genügt formlose Mitteilung, es sei denn, seinem Antrag wurde nicht voll entsprochen. Den betreibenden Gl, die keinen Aufhebungsantrag nach § 153 c I gestellt haben, wird der Beschluss formlos übersandt. Die übrigen Beteiligten (§ 9) erhalten keine Mitteilung.

Gegen die Zurückweisung des Fortsetzungsantrags können der (oder die) betreibenden Gl, bei Aufhebung der Anordnung der Einstellung der

§ 154 [Haftung; Rechnungslegung]

Insolvenzverwalter **sofortige Beschwerde** nach § 11 I RPflG, § 793 I ZPO einlegen. Der Zwangsverwalter hat keine Anfechtungsmöglichkeit.

4. Wirkungen der Aufhebung

5   Mit Aufhebung der Anordnung der Einstellung wird das Zwangsverwaltungsverfahren fortgesetzt; die Wirkung tritt mit Erlass des Beschlusses ein. Der Zwangsverwalter hat sich den Besitz wieder zu verschaffen und die in § 152 genannten Befugnisse wieder auszuüben. Ein bereits aufgestellter Teilungsplan (§§ 156 II 2, 157 I) behält seine Gültigkeit; die auf Grund einer Auflage nach § 153 b II geleisteten Zahlungen sind aber zu berücksichtigen. Eine erneute Einstellung nach § 153 b ist bei Änderung der Sachlage wieder möglich (*Stöber* Rdn 4.2).

5. Beendigung des Insolvenzverfahrens

6   Die Wirkungen der Einstellung des Zwangsverwaltungsverfahrens enden kraft Gesetzes nach § 153 c II 2 mit der Beendigung des Insolvenzverfahrens, ohne dass es einer ausdrücklichen Aufhebung der Einstellung bedarf. Das Insolvenzverfahren kann durch Aufhebung (§§ 200 I, 258 I InsO) oder Einstellung (§§ 207 I, 211 bis 213 InsO) enden. Die Einstellung des Zwangsverwaltungsverfahrens endet ferner mit der Freigabe des Grundstücks aus der Insolvenzmasse durch den Insolvenzverwalter (*Stöber* Rdn 5). Wegen der Wirkungen durch Beendigung des Insolvenzverfahrens wird auf Rdn 8 verwiesen; eines Beschlusses mit dem das Zwangsverwaltungsverfahren fortgesetzt wird, bedarf es nicht.

§ 154 [Haftung; Rechnungslegung]

Der Verwalter ist für die Erfüllung der ihm obliegenden Verpflichtungen allen Beteiligten gegenüber verantwortlich. Er hat dem Gläubiger und dem Schuldner jährlich und nach der Beendigung der Verwaltung Rechnung zu legen. Die Rechnung ist dem Gericht einzureichen und von diesem dem Gläubiger und dem Schuldner vorzulegen.

Schrifttum: *Bank*, Die Haftung des Zwangsverwalters, ZfIR 2007, 526; *Bank*, Entwicklungen zur Haftung des Zwangsverwalters unter besonderer Berücksichtigung aktueller ober- und höchstrichterlicher Rechtsprechung, ZfIR 2008, 781; *Ganter*, Die neuere Rechtsprechung des IX., IXa. Zivilsenats des Bundesgerichtshofs in Zwangsverwaltungssachen, ZfIR 2008, 389; *Keller*, Aktuelle Rechtsprechung zur Zwangsverwaltung im Jahre 2007, ZfIR 2008, 349; *Mohrbutter*, Zur Haftung des Zwangsverwalters, ZIP 1980, 169; *ders.*, Zum Beteiligtenbegriff der Zwangsverwalterhaftung, KTS 1987, 47; *ders.*, Anpassung des Haftungsrechts für den Zwangsverwalter an die Entwicklung im Konkursrecht, KTS 1988, 465.

§ 154

1. Allgemeines

Satz 1 normiert die persönliche Haftung des Zwangsverwalters gegen- 1
über allen Beteiligten; für diese entsteht ein gesetzliches Schuldverhältnis
gegenüber dem Verwalter, aus welchem er für die Erfüllung der Pflichten
aus dem ZVG oder der ZwVwV haftet. Die Haftung bezieht sich nicht
nur auf den Zwangsverwalter nach § 150 I sondern auch auf den zum
Verwalter bestellten Schu und die Aufsichtsperson; bei der Institutsverwaltung haftet an Stelle des Verwalters das Institut (§ 150 a II 1). Weiter
begründet § 154 eine Pflicht zur Rechnungslegung gegenüber Gl und
Schu unabhängig vom Anspruch des Vollstreckungsgerichts, aus seinem
Aufsichtsrecht aus § 153 I heraus jederzeit Rechenschaft verlangen zu
können. Zur Rechnungslegung sind alle Zwangsverwalter, also auch der
Institutsverwalter und der Schu im Fall des § 150 b, verpflichtet.

2. Verantwortlichkeit des Zwangsverwalters (§ 154 I)

a) Berechtigte aus der Haftung. Nach überwiegender Meinung ist 2
die Haftung des Zwangsverwalters auf den Kreis der Beteiligten nach § 9
beschränkt (*Stöber* § 9 Rdn 3.37, § 154 Rdn 2.2; *Steiner/Hagemann* § 154
Rdn 7; *Dassler/Engels* § 154 Rdn 4). Dritten gegenüber haftet der
Zwangsverwalter aus allgemeinen zivilrechtlichen Vorschriften des Vertragsrechts (insbes § 280 BGB) oder gesetzlich (§ 823 BGB) oder aus
Vorschriften bspw des Steuerrechts nach § 34 IV, § 69 AO (*Stöber* § 154
Rdn 2.4; *Dassler/Engels* § 154 Rdn 6; eingehend *Bank*, ZfIR 2007, 526,
532 f; zur Haftung bei Vermietung mit Umsatzsteuer und Vorsteuerabzug: FG München Rpfleger 1999, 555; OLG Saarbrücken, ZInsO 2010,
967). Der BGH wendet dagegen einen weiten Beteiligtenbegriff an und
vergleicht den Zwangsverwalter mit dem Insolvenzverwalter und dessen
Haftung aus § 60 InsO (BGHZ 179, 336; auch OLG Frankfurt am Main
ZfIR 2008, 804). Im Sachverhalt zu BGHZ 179, 336 sollte der Zwangsverwalter für nicht gezahlte Hausgelder der Eigentümergemeinschaft
gegenüber haften. Da die Wohnungseigentümer schon Beteiligte nach
§ 9 Nr 1 sind (Rdn 8 zu § 9), hätte es Ausdehnung der Beteiligtenstellung
für die Anwendung des § 154 nicht bedurft. Die Beteiligtenstellung der
nach § 10 VI WEG rechtsfähigen Eigentümergemeinschaft hätte über
§ 9 Nr 1 begründet werden können. Der BGH billigt aber auch einem
Wasserversorger die Stellung eines Verfahrensbeteiligten im Sinne des
§ 154 S. 1 zu (BGH Rpfleger 2009, 406). Dies ist nicht erforderlich, da
der Zwangsverwalter Dritten gegenüber ohne weiteres auch aus Vertragsrecht haftet. Insbesondere die Erfüllung der Pflichten aus § 155 I obliegt
nur gegenüber den Verfahrensbeteiligten, nur diesen gegenüber gilt die
verfahrensspezifische Haftung. Die Ausdehnung des Beteiligtenbegriffs
in Anlehnung an § 60 InsO berücksichtigt nicht den Charakter des

§ 154 [Haftung; Rechnungslegung]

Zwangsverwaltungsverfahrens als Einzelvollstreckungsverfahren (*Keller*, NZI 2009, 745).

2a Der Ersteher im Zwangsversteigerungsverfahren wird wegen der besonderen Rechtsbeziehung zum Verwalter für die Zeit von Zuschlag bis Verfahrensaufhebung als Haftungsbegünstigter im Rahmen des § 154 S. 1 angesehen, obwohl er nicht Beteiligter nach § 9 ist (BGHZ 39, 235, 241; BGHZ 109, 171, 173; BGH ZfIR 2008, 25 m Anm *Eckert*; *Stöber* § 154 Rdn 2.5; dazu auch *Keller*, ZfIR 2008, 349, 352; *Ganter*, ZfIR 2008, 389, 393).

2b Die Haftungsberechtigung der Mieter ergibt sich bereits aus der Fortwirkung der Mietverträge nach § 152 II und den damit verbundenen Pflichten des Zwangsverwalters. Ein Rekurs auf § 9 Nr 2 ist nicht erforderlich.

3 **b) Inhalt der Haftungsverpflichtung allgemein.** Der Verwalter haftet für die Erfüllung der ihm nach dem ZVG und der ZwVwV obliegenden Pflichten (umfassend *Bank*, ZfIR 2007, 526; *ders.*, ZfIR 2008, 781). Die Haftung erstreckt sich auf **vorsätzliches oder fahrlässiges Verhalten** (§ 276 BGB). Ein **Mitverschulden** des Geschädigten kann die Verpflichtung zum Schadensersatz ausschließen oder mindern (§ 254 BGB). Hat sich der Verwalter zur Erfüllung seiner Aufgaben anderer Personen bedient, so haftet er für sie nach § 278 BGB (*Stöber* § 154 Rdn 2.5c; *Steiner/Hagemann* § 154 Rdn 16, 17). Eine Haftung des Zwangsverwalters ist ausgeschlossen, wenn er Anweisungen des Vollstreckungsgerichts ausführen musste, es sei denn, er erkennt, dass er damit gegen bestehende Gesetze oder elementare Pflichten eines Zwangsverwalters verstößt (vgl § 153 Rdn 4 ff). Die Verjährungsfrist für Schadensersatzansprüche gegen den Verwalter beträgt drei Jahre (OLG Hamm ZIP 1989, 1592). Wegen dieser Frist kann er von Gl und Schu eine Erklärung darüber verlangen, ob sie die Schlussrechnung anerkennen bzw. aus welchen Gründen dies verweigert wird (*Stöber* Rdn 2.11).

3a **c) Haftungstatbestände im Einzelnen.** Zu den Pflichten des Zwangsverwalters gehört insbes die Pflicht zur Zahlung der Kosten der Verwaltung nach § 155 I; wobei hier auch rein vertragliche Pflichten des Zivilrechts maßgeblich sein können, zB gegenüber Energieversorgern (für eine Haftung nach § 154 aber BGH Rpfleger 2009, 406). Der Verwalter haftet für die ordnungsgemäße Zahlung an Gl gemäß Teilungsplan nach § 157. Er haftet für Herstellung eines ausreichenden Versicherungsschutzes, auf § 9 III ZwVwV sollte er sich nicht verlassen.

3b Er haftet für die **Sicherung** des **ordnungsgemäßen Bestandes** des Objekts und für bestmögliche Vermietung. So hat er im Winter die Heizungsanlage eines leerstehenden Objekts vor Frostschäden zu sichern. Er ist aber nicht verpflichtet, unmittelbar nach Inbesitznahme Tests an der Heizungsanlage vorzunehmen und Wasser zu entleeren (LG Erfurt ZfIR 2008, 808). Es besteht bei Inbesitznahme keine Pflicht, sofort und

§ 154

persönlich zu prüfen, welche handwerklichen Maßnahmen erforderlich sind, um bauliche Schäden zu vermeiden, insbesondere, wenn die handwerklichen Maßnahmen Fachkunde voraussetzen und das Objekt leersteht. Soll das Objekt angesichts bevorstehender Zwangsversteigerung nicht vermietet werden („bewusster Leerstand") oder gar entmietet werden, kann eine Haftung gegenüber dem Schu in Betracht kommen. Der Zwangsverwalter hat die Pflicht, Gefährdungen vom Zwangsverwaltungsobjekt abzuwenden und gegen Einbruch oder Vandalismus zu sichern. Zur Bestandssicherung gehört es auch, zu prüfen, dass der Schu das Objekt nicht eigenmächtig nutzt oder selbst vermietet (OLG Köln ZfIR 2008, 73 m Anm *Bergsdorf*). Im Rahmen ordnungsgemäßer **Objektkontrolle** hat der Zwangsverwalter auch Hinweisen auf Verwahrlosung von Mietern nachzugehen und seine Tätigkeit zu dokumentieren. Er kommt seiner Pflicht ausreichend nach, wenn er bei einem solchen Verdacht den Sachverhalt unverzüglich aufklärt und erforderliche Maßnahmen der Gefahrenabwehr trifft (BGH Rpfleger 2005, 616). Der Zwangsverwalter hat hierbei eine Feststellungspflicht gegenüber dem Schu und Eigentümer, ihn trifft die Beweislast der Entlastung. Bezüglich der Haftung für Objektsicherung hat der Schu eine Schadenminimierungspflicht (§ 254 BGB), er hat sich mit dem Zwangsverwalter in Verbindung zu setzen und auf die Dringlichkeit besonderer Sicherungsmaßnahmen aufmerksam zu machen.

Gegenüber dem **Ersteher** haftet der Zwangsverwalter für die Zeit der Verwaltung ab Zuschlag bis Verfahrensaufhebung (Rdn 40 zu § 161), es besteht ein besonderes Auftragsverhältnis iSd §§ 662 f BGB. Nach BGH (ZfIR 2008, 25) haftet der Zwangsverwalter für die Auskehr nicht verbrauchter Nebenkosten der Mieter. Der BGH begründet dies wesentlich mit besonderen Auftragsverhältnis und der Pflicht des Zwangsverwalters zur Nebenkostenabrechnung gegenüber den Mietern. Diese ist zeitnah nach Zuschlagserteilung vorzunehmen (problematisch hins Ablesen der Verbrauchswerte). Eine Herausgabepflicht der insoweit nicht verbrauchten Nebenkostenvorauszahlungen an den Ersteher besteht aber nicht, da diese vielmehr als Teil der Bruttomiete noch von der Beschlagnahme der Zwangsverwaltung erfasst sind und daher gemäß Teilungsplan auszukehren sind. Der Ersteher wäre insoweit besser gestellt als beim rechtsgeschäftlichen Erwerb (eingehend *Keller*, NZI 2009, 745). Für die Herausgabe der Kautionen an den Ersteher haftet der Zwangsverwalter nicht. Er hat sie herauszugeben, wenn er sie vom Schu erlangen konnte oder sonst angelegt hat (Rdn 42 zu § 152). Er ist dem künftigen Ersteher gegenüber aber nicht verpflichtet, die Herausgabe der Kaution beim Schu zu vollstrecken (LG Flensburg ZfIR 2008, 806). **3c**

d) Haftung für Begründung von Ausgaben nach § 155 I. Der Verwalter haftet für pflichtwidrige Begründung von Ausgaben der Verwaltung nach § 155 I. Dies gilt unstreitig dann, wenn die Ausgaben **3d**

§ 154 [Haftung; Rechnungslegung]

unter Beachtung großzügigen Sorgfaltsmaßstabs vernünftig nicht hätten begründet werden dürfen. Ob der Verwalter aber auch schon dann haftet, wenn die Ausgaben aus der Zwangsverwaltungsmasse nicht beglichen werden können, kein Gläubigervorschuss geleistet wird und das Verfahren gleichsam als masseunzulänglich ähnlich § 208 InsO eingestellt wird, ist nicht geklärt. Bejaht man dies, haftet der Zwangsverwalter entsprechend § 61 InsO für die Begründung von Masseverbindlichkeiten (grundlegend dazu BGHZ 99, 151; BGHZ 103, 310; BGHZ 159, 104; allg *Pape* in FS Kirchhof (2003) S. 391). Der Zwangsverwalter darf Ausgaben des § 155 I nur tätigen, soweit ihm tatsächlich Mittel aus eingenommenen Nutzungen oder aus Gläubigervorschuss zur Verfügung stehen (*Stöber* § 155 Rdn 4.4; *Depré/Mayer* Rdn. 224 f). Er handelt pflichtgemäß, wenn er dem Vollstreckungsgericht berichtet und die Einforderung eines entsprechenden Vorschusses anregt (*Dassler/Engels* § 154 Rdn 12; einschränkend *Bank*, ZfIR 2007, 526, 529). Dabei sollte mindestens die unbedingte Zahlungszusage des betreffenden Gläubigers abgewartet werden (OLG Frankfurt am Main ZfIR 2008, 804). Unverzüglich notwendige Sicherungsmaßnahmen können auch eine Haftung des betr Gl aus §§ 677, 683 BGB begründen..

3e Soweit im Zeitpunkt der Verfahrensaufhebung notwendige Ausgaben der Zwangsverwaltung nicht befriedigt sind, geht § 12 III 2 ZwVwV von einer generellen Nachhaftung des Gläubigers aus. Ob der betr Gl wegen § 161 III und § 12 III ZwVwV daher für vom Verwalter begründete Verbindlichkeiten unbeschränkt und auch nach Verfahrensbeendigung gegenüber dem jeweiligen Vertragspartner haftet, ist nicht geklärt (bejahend OLG Düsseldorf ZInsO 2007, 157; *Dassler/Engels* § 154 Rdn. 12). Systematisch ist dies zu bejahen. Soweit eine Verbindlichkeit nicht hätte begründet werden dürfen, haftet der Zwangsverwalter im Innenverhältnis zum Gl wieder über § 154 S. 1.

4 **e) Prozessuale Durchsetzung.** Der Anspruch ist als Einzelschaden eines Beteiligten gegen den Zwangsverwalter persönlich zu richten. Die Klage ist im Prozessweg vor dem Zivilgericht geltend zu machen. Neben dem allgemeinen Gerichtsstand (§§ 12, 13 ZPO) kommt der besondere Gerichtsstand der Vermögensverwaltung nach § 31 ZPO in Betracht. Liegt ein sog Gemeinschaftsschaden der Zwangsverwaltungsmasse vor, ist ein im Amt nachfolgender Zwangsverwalter berechtigt, diesen Schaden geltend zu machen (BGHZ 109, 171; *Keller* in FS Heinrich (2006) S. 175).

3. Rechnungslegung (§ 154 Satz 2 und 3)

5 **a) Kassenführung.** Eine ordnungsgemäße **Kassen-, Konten- und Aktenführung** des Zwangsverwalters ist Grundlage für die Rechnungslegung. Dafür sind in den §§ 13 bis 16 ZwVwV Regelungen getroffen (*Dassler/Engels* Rdn 23 f):

§ 154

Besonderes Gewicht kommt einer sauberen und korrekten **Kassen-** 6
führung zu. Den Kassenbestand hat der Verwalter von eigenen Beständen zu trennen (§ 13 I ZwVwV). Für jedes Zwangsverwaltungsverfahren hat er ein Girokonto anzulegen, über das der Zahlungsverkehr abzuwickeln ist. Das Konto ist als offenes Treuhandkonto oder Rechtsanwaltsanderkonto einzurichten (§ 13 II ZwVwV). Werden Beträge erst später benötigt (zB für eine Halbjahresleistung an einen Grundpfandrechtsgläubiger) sind sie bei einem geeigneten Geldinstitut verzinslich anzulegen. Einnahmen und Ausgaben sind schriftlich zu belegen; auf den Belegen ist die laufende Nummer der Eintragung im Konto- und Kassenbuch zu vermerken,

Die vom Verwalter zu führenden Konten sowie ihre Gliederung erge- 7
ben sich aus § 15 ZwVwV. Muster eine Kontengliederung und einer Rechnungslegung finden sich bei *Brüggemann/Haut* Rdn 935; *Keller* in *Elzer/Fritsch/Meier*, Wohnungseigentumsrecht, § 5 Rdn. 310, 311.

Der Verwalter hat alle Schriftstücke, die sich auf die Verwaltung bezie- 8
hen, in **Akten anzulegen**; führt er mehrere Zwangsverwaltungen, sind gesonderte Akten anzulegen.

b) Pflicht zur Rechnungslegung. Der Zwangsverwalter hat dem 9
Gl und dem Schu Rechnung zu legen (§ 154 S 2); ihren Anspruch können sie auch gerichtlich einklagen, dies ist durch S 3 nicht ausgeschlossen (OLG Celle NdsRpfl 1997, 25; *Depré/Mayer* Rdn 619; aA OLG Frankfurt/M. ZfIR 2010, 427). Die übrigen Beteiligten haben keinen Anspruch darauf (OLG Hamburg KTS 1986, 513), allerdings können sie Einsichtnahme in die Rechnungslegung verlangen. Die Rechnungslegung hat jährlich und am Ende des Zwangsverwaltungsverfahrens zu erfolgen (§ 154 S 2); die Jahresrechnung ist nicht kalenderjährlich fällig, sondern bezieht sich auf das Verwaltungsjahr nach Festlegung durch das Gericht (§ 14 I 2 ZwVwV).

c) Inhalt und Verfahren der Rechnungslegung. Der Inhalt der 10
Rechnungslegung baut auf § 259 BGB auf. Danach hat der Verwalter eine geordnete Zusammenstellung der Einnahmen und Ausgaben vorzulegen und die erforderlichen Belege beizufügen. Besteht Grund zur Annahme, dass die Angaben über die Einnahmen nicht mit der gebotenen Sorgfalt gemacht wurden, hat der Verwalter an Eides statt zu versichern, "dass er nach bestem Wissen die Einnahmen so vollständig angegeben habe, als er dazu imstande sei". Bei freiwilliger Abgabe kann dies vor dem Vollstreckungsgericht erfolgen; bestreitet er die Verpflichtung, so sind die Berechtigten auf den Prozessweg zu verweisen.

Der Verwalter hat **Jahres- und Schlussrechnung** beim Vollstre- 11
ckungsgericht einzureichen, ggf ist er unter Fristsetzung vom Gericht dazu aufzufordern. Bei Nichteinhaltung der Frist kann das Gericht nach vorheriger Androhung ein Zwangsgeld gegen den Verwalter festsetzen (§ 153 II). Obwohl vom Gesetz nicht ausdrücklich vorgeschrieben, ergibt

§ 155 [Verteilung der Nutzungen]

sich aus der Aufsichtspflicht nach § 153 I die Notwendigkeit für das Gericht, die Rechnung rechnerisch und sachlich zu prüfen. Es hat insoweit alle Unvollständigkeiten, Ungenauigkeiten und sonstigen Mängel zu rügen und abstellen zu lassen. Bei der Überprüfung der sachlichen Richtigkeit hat das Gericht darauf zu achten, dass es nicht über Gebühr in die Handlungsfreiheit des Verwalters eingreift. Nach Prüfung hat das Gericht die Rechnung dem Gl und dem Schu vorzulegen; bei einer umfangreichen Rechnung kann sie zur Einsicht auf der Geschäftsstelle ausgelegt werden; die Parteien sind hiervon zu benachrichtigen. Bei kleineren Abrechnungen kann auch eine Übersendung einer Kopie oder Abschrift an Gl und Schu erfolgen. Mit der Vorlegung an Gl und Schu soll sie das Gericht auffordern, sich über die Abnahme (rechnerische Richtigkeit und Vollständigkeit) und Anerkennung (sachliches Einverständnis) zu erklären. Bei Einwendungen hat das Gericht auf eine Aufklärung der Streitpunkte hinzuwirken. Dies kann im schriftlichen Verfahren oder in einem Termin zur mündlichen Verhandlung unter Hinzuziehung des Zwangsverwalters erfolgen. Nur die Anerkennung der sachlichen Richtigkeit der Rechnung hat die Entlastung des Zwangsverwalters zur Folge (*Stöber* Rdn 4.5). Äußern sich Gl und Schu nicht auf die Vorlegung der Rechnung durch das Gericht, so ist darin nicht ohne weiteres deren Anerkennung zu sehen. Allerdings ist auch dem Zwangsverwalter ein Interesse darauf zuzugestehen, dass seine Rechnung anerkannt wird, um nicht später mit Ansprüchen und Vorwürfen der Parteien konfrontiert zu werden. Daher wird allgemein eine Anerkennung der Rechnung durch schlüssiges Verhalten zugelassen (*Stöber* Rdn 4.6); das wird dann der Fall sein, wenn sich die Parteien trotz ausdrücklicher Anerkennung durch das Gericht nicht innerhalb einer ihnen gesetzten, angemessenen Frist äußern. Dem Zwangsverwalter bleibt das Recht unbenommen, seinen Anspruch auf Anerkennung der Rechnung (insbesonders bei der Schlussrechnung) im Klagewege durchzusetzen (*Depré/Mayer* Rdn 624). Eine Feststellung des Vollstreckungsgerichts über Abnahme und Anerkennung sowie die Entlastung des Zwangsverwalters erfolgt nicht.

§ 155 [Verteilung der Nutzungen]

ᴵAus den Nutzungen des Grundstücks sind die Ausgaben der Verwaltung sowie die Kosten des Verfahrens mit Ausnahme derjenigen, welche durch die Anordnung des Verfahrens oder den Beitritt eines Gläubigers entstehen, vorweg zu bestreiten.

ᴵᴵDie Überschüsse werden auf die in § 10 Abs. 1 Nr. 1 bis 5 bezeichneten Ansprüche verteilt. Hierbei werden in der zweiten, dritten und vierten Rangklasse jedoch nur Ansprüche auf laufende wiederkehrende Leistungen, einschließlich der Rentenleistungen, sowie auf diejenigen Beträge berücksichtigt, die zur allmählichen Tilgung einer Schuld als Zuschlag zu den Zinsen zu

§ 155

entrichten sind. Abzahlungsbeträge auf eine unverzinsliche Schuld sind wie laufende wiederkehrende Leistungen zu berücksichtigen, soweit sie fünf vom Hundert des ursprünglichen Schuldbetrages nicht übersteigen.

III Hat der eine Zwangsverwaltung betreibende Gläubiger für Instandsetzungs-, Ergänzungs- oder Umbauarbeiten an Gebäuden Vorschüsse gewährt, so sind diese zum Satze von einhalb vom Hundert über dem Zinssatz der Spitzenrefinanzierungsfazilität der Europäischen Zentralbank (SFR-Zinssatz) zu verzinsen. Die Zinsen genießen bei der Zwangsverwaltung und der Zwangsversteigerung dasselbe Vorrecht wie die Vorschüsse selbst.

IV Hat der Zwangsverwalter oder, wenn der Schuldner zum Verwalter bestellt ist, der Schuldner mit Zustimmung der Aufsichtsperson Düngemittel, Saatgut oder Futtermittel angeschafft, die im Rahmen der bisherigen Wirtschaftsweise zur ordnungsläubigers Aufrechterhaltung des Betriebs benötigt werden, so haben Ansprüche aus diesen Lieferungen den in § 10 Abs. 1 Nr. 1 bezeichneten Rang. Das gleiche gilt von Krediten, die zur Bezahlung dieser Lieferungen in der für derartige Geschäfte üblichen Weise aufgenommen sind.

Schrifttum: *Alff/Hintzen*, Hausgelder in der Zwangsversteigerung und Zwangsverwaltung, Rpfleger 2008, 165; *Böhringer/Hintzen*, WEG-Novelle 2007 – Auswirkungen auf Grundbuch- und Zwangsversteigerungsverfahren, Rpfleger 2007, 353; *Drischler,* Das Verfahren der Immobiliarvollstreckung (Zwangsverwaltung). RpflJB 1974, 371; *Keller,* Aktuelle Rechtsprechung zur Zwangsverwaltung im Jahre 2008, ZfIR 2009, 385; *Mayer,* Kommt doch noch ein neues WEG?, RpflStud 2006, 71; *Röll,* Die gemeinschaftlichen Kosten und Lasten als Problem des Wohnungseigentums, NJW 1976, 1473; *Mayer,* Grundsteuer im Insolvenzverfahren, in der Zwangsversteigerung und der Zwangsverwaltung, Rpfleger 2000, 260; *Schädlich,* Das System der Einnahmen- und Überschussverteilung im Zwangsverwaltungsverfahren, ZfIR 2009 265; *Schneider,* Ausgewählte Fragestellungen zur Immobiliarvollstreckung nach der WEG-Novelle 2007, ZfIR 2008, 161; *Schmidberger,* Zwangsverwaltung und Vorschüsse für Hausgeld, ZfIR 2010, 1; *Wedekind,* Zur Schlechterstellung der Wohnungseigentümergemeinschaft im Zwangsverwaltungsverfahren durch die WEG-Reform, ZfIR 2007, 704; *Wedekind,* Auswirkungen der WEG-Reform auf Zwangsverwaltungen, ZfIR 2008, 600; *Weis,* Änderungen des ZVG und WEG und die Auswirkungen auf die Zwangsversteigerungs- und Zwangsverwaltungspraxis, ZfIR 2007, 477; *Wenzel,* Die Zahlungspflichten des Zwangsverwalters gegenüber der Wohnungseigentümergemeinschaft, ZInsO 2005, 114.

Übersicht

	Rn.
I. Die Zwangsverwaltungsmasse	1
1. Allgemeines	1
2. Zwangsverwaltung und Zwangsversteigerung	2

§ 155 [Verteilung der Nutzungen]

```
    3. Die Zwangsverwaltungsmasse .........................    4
 II. Die Ausgaben der Zwangsverwaltung ..................    6
    1. Die Ausgaben der Verwaltung (§ 155 I) .............    6
    2. Bewirtschaftungskosten ............................    8
    3. Unterhalt des Schuldners ..........................    9
    4. Ansprüche bei Wohnungs- und Teileigentum .......   10
    5. Kosten einer Altlastensanierung ...................  10d
    6. Rückerstattungsanspruch des Gl ....................   11
    7. Nicht zu § 1155 gehörende Ansprüche .............   12
III. Die Kosten der Zwangsverwaltung ....................   13
    1. Die Kosten des Verfahrens (§ 155 I) ................   13
    2. Rang der Kosten untereinander ....................   14
 IV. Die Rangfolge der Gläubiger in der Zwangsverwal-
    tung .................................................   15
    1. Die Verteilung der Überschüsse ....................   15
    2. Die einzelnen Rangklassen .........................   19
    3. Sonderfälle .......................................   30
    4. Rangklasse 5 ......................................   36
```

I. Die Zwangsverwaltungsmasse

1. Allgemeines

1 Die §§ 155 bis 160 regeln die Verwendung der Nutzungen und ihre Verteilung. Hierbei kommt der Charakter der Zwangsverwaltung als Dauerverfahren zum Ausdruck: Die fortlaufend gezogenen Nutzungen werden fortlaufend verteilt. § 155 regelt als Ausgangsnorm die Verteilung der Nutzungen. In der Zwangsverwaltung gilt die Rangordnung des § 10 mit Besonderheiten: Da der Verfahrenszweck nicht auf die Verwertung des Grundstücks, sondern dessen Erhaltung abzielt, werden die hierfür aufgewendeten Ausgaben der Verwaltung vorab beglichen. Grundpfandrechte bleiben bestehen, es werden nur ihre laufenden wiederkehrenden Leistungen gedeckt. Nur wenn nach Wegfertigung der wiederkehrenden Leistungen noch Einnahmen übrig bleiben, kann dies zur Deckung des Kapitals verwendet werden. Dem Gl, der Vorschüsse für die Substanzerhaltung des Grundstücks geleistet hat, werden seine Beträge an bevorzugter Rangstelle mit Zinsen erstattet. Bei landwirtschaftlichen Grundstücken dienen die für die Beschaffung von Düngemitteln, Saatgut und Futtermitteln erbrachten Aufwendungen wesentlich dazu, die weitere Nutzung zu gewährleisten; deshalb haben diese Ausgaben eine bevorzugte Rangstelle.

2. Zwangsverwaltung und Zwangsversteigerung

2 Zwangsversteigerungs- und Zwangsverwaltungsverfahren können unabhängig voneinander zeitlich parallel ablaufen; für beide Verfahrensarten werden selbstständige Verteilungen durchgeführt. Allerdings darf

II. Die Ausgaben der Zwangsverwaltung § 155

hinsichtlich der wiederkehrenden Leistungen ein Gl nicht doppelt befriedigt werden, daher ist bei der Verteilung in der Zwangsversteigerung zu prüfen, in welchem Umfang ein Gl bereits in der Zwangsverwaltung befriedigt worden ist. Nach Zuschlagserteilung in der Zwangsversteigerung ist das Zwangsverwaltungsverfahren aufzuheben (dazu Rdn 40 f zu § 161); bei der Verteilung hat die Zwangsverwaltung Vorrang (eing Morvilius, Rdn 1036).

Die §§ 155 f gelten für alle Zwangsverwaltungsverfahren, auch und 3 gerade in den Fällen, in denen ein Institutsverwalter oder der Schu zum Verwalter bestellt ist.

3. Die Zwangsverwaltungsmasse

§ 155 befasst sich mit der Verteilung **der Nutzungen.** Darunter sind 4 die gesamten Bruttoeinnahmen des Zwangsverwalters zu verstehen (Rdn 3 f zu § 148). Es handelt sich dabei um die sog Zwangsverwaltungsmasse. Darin befinden sich alle Einnahmen, die der Verwalter aus der Vermietung oder Verpachtung des Beschlagnahmeobjekts zieht, die Früchte und Erzeugnisse des Grundstücks und der aus deren Veräußerung erzielte Erlös sowie die Forderungen aus Rechtsgeschäften des Verwalters. Das Grundstück selbst und die mitbeschlagnahmten Gegenstände zählen nicht zur Zwangsverwaltungsmasse, auch nicht beschlagnahmtes Zubehör und der sich aus seiner Verwertung erzielte Erlös; lediglich die Zinsen, die aus der Anlegung dieses Erlöses erwachsen, sind für die Masse zu vereinnahmen (§ 152 Rdn 39).

Die Zwangsverwaltungsmasse ist ständigen Veränderungen unterworfen, zum einen weil fortlaufend Nutzungen gezogen werden, zum anderen weil ständig Ausgaben zu entnehmen sind. Aus der Masse sind zunächst die Einnahmen der Verwaltung (siehe Rdn 6 ff) sowie die Kosten des Verfahrens (Rdn 13, 14) zu entnehmen. Bei dem verbleibenden Rest handelt es sich um die **Überschüsse im Sinne des Abs 2,** die zu verteilen sind (Rdn 15 ff). Dieser Begriff "Überschuss" in § 155 II ist nicht zu verwechseln mit dem im Versteigerungsverfahren vorkommenden "Überschuss" nach §§ 109 II, 112 II 1, auch nicht mit dem nach Aufhebung des Zwangsverwaltungsverfahrens verbleibenden Betrag und erst recht nicht mit dem sich in der Zwangsversteigerung nach Wegfertigung sämtlicher Ansprüche ergebenden Übererlös, der dem Schu zusteht.

II. Die Ausgaben der Zwangsverwaltung

1. Die Ausgaben der Verwaltung (§ 155 I)

Die Ausgaben der Verwaltung sind zusammen mit den Kosten **vorweg** 6 zu bestreiten (zu ihrem Rangverhältnis untereinander siehe Rdn 14); damit kommt zum Ausdruck, dass sich das Grundstück zuerst selbst

§ 155 [Verteilung der Nutzungen]

unterhalten soll. Die in § 155 I genannten Aufwendungen stehen außerhalb der Rangordnung des § 10, sie sind grds keine Gläubigerforderungen (zu Ansprüchen der WEG-Gemeinschaft Rdn 10 f). Der Zwangsverwalter kann sie ohne Teilungsplan und ohne Zustimmung des Vollstreckungsgerichts selbstständig und eigenverantwortlich der Zwangsverwaltungsmasse entnehmen. Der Schu als Verwalter braucht für die Entnahme keine Genehmigung der Aufsichtsperson (*Stöber* Rdn 4.6; *Steiner/Hagemann* Rdn 17). Die Ausgaben der Verwaltung sind zu begleichen, sobald sie nach den allgemeinen Vorschriften fällig sind und keine Gegenansprüche oder Einreden entgegenstehen. Der Verwalter muss und darf nicht bis zur Beendigung des Zwangsverwaltungsverfahrens warten. Die Ausgaben der Verwaltung sind insoweit vergleichbar mit den Masseverbindlichkeiten eines Insolvenzverfahrens; diese sind nach Fälligkeit und Zulänglichkeit der Masse zu entrichten (dazu BGHZ 154, 358; 159, 104; 167, 178; *Keller*, Rpfleger 2008, 1). Soweit zwischen einem Gl einer solchen Forderung und dem Verwalter Streit besteht, ist dieser nach allg Verfahrensrecht (Zivilprozess, Steuerfestsetzung) mit dem Verwalter als Partei kraft Amtes auszutragen (Rdn 55 f zu § 152).

7 Der Verwalter hat von den Einnahmen die **für die Verwaltung erforderlichen Beträge zurückzubehalten** (§ 9 I ZwVwV). Er soll keine Verpflichtungen eingehen, die nicht aus bereits vorhandenen Mitteln oder aus sicheren Einnahmen des laufenden Miet-, Pacht- oder Wirtschaftsabschnitts erfüllt werden können (§ 9 II ZwVwV); dies gilt nicht für die Versicherung von Gegenständen der Verwaltung gegen Brandschäden oder sonstige Unfälle, die der Verwalter ohne Rücksicht auf zu erwartende Einnahmen unter den Voraussetzungen des § 9 III ZwVwV abschließen kann. Der Verwalter hat daher wie ein verantwortungsvoll handelnder Eigentümer stets zu prüfen, welche Ausgaben er demnächst tätigen muss und welche hierfür erforderlichen Beträge er benötigt und zurückstellen muss (anschaulich *Depré/Mayer* Rdn 300).

2. Bewirtschaftungskosten

8 Zu den Ausgaben der Verwaltung zählen die **Verwaltungs- und Bewirtschaftungskosten,** die der Zwangsverwalter zur Erfüllung seiner ihm aus § 152 zugewiesenen Verpflichtungen aufwenden muss, also insbesondere die Kosten für die Gebäudeausbesserung und -instandhaltung, uU auch für deren Vollendung (§ 152 Rdn 14), Versicherungsprämien, Löhne, Steuern und Sozialabgaben der Beschäftigten bei Betriebsfortführung (§ 152 Rdn 27 f), Umsatzsteuer bei umsatzsteueroptierter Vermietung, Vergütung und Auslagen sowie die darauf entfallende Umsatzsteuer für den Zwangsverwalter und die Aufsichtsperson, Ansprüche aus den vom Verwalter abgeschlossenen Verträgen sowie Prozesskosten, die daraus entstehen.

3. Unterhalt des Schuldners

Bei **landwirtschaftlichen Gründstücken** fallen darunter die an den Schu zu erbringenden Unterhaltsleistungen (§§ 149 III, 150 e), die Kosten für Bodenbearbeitung, Saatgut, Einbringung der Ernte, Aufwendungen zur Erhaltung des Viehbestandes sowie die Litlohnansprüche ab dem Zeitpunkt der Beschlagnahme. Ferner zählen dazu die Ansprüche aus Lieferung von Düngemitteln, Saatgut und Futtermitteln sowie die Kredite, die zur Bezahlung solcher Lieferungen in der für derartige Geschäfte üblichen Weise aufgenommen wurden, soweit ausreichende Mittel dazu aus der Masse vorhanden sind; kann der Zwangsverwalter diese Ausgaben nicht aus der vorhandenen Masse decken, so sind sie in der Rangklasse 1 nach Abs 2 anzumelden (*H/W/F/H* Rdn 15). Bei Düngemitteln und bestimmtem Saatgut sowie die für ihre Anschaffung aufgenommene Kredite ist daneben noch das Früchtepfandrecht nach dem Düngemittelschutzgesetz zu beachten (vgl Rdn 3 zu § 10).

9

4. Ansprüche bei Wohnungs- und Teileigentum

Die Behandlung der Ansprüche der Wohnungseigentümergemeinschaft in der Zwangsverwaltung ist nach Inkrafttreten der WEG-Novelle am 1.7.2007 mit den Änderungen des § 10 I Nr 2 und § 156 I 2 mit § 155 I streitig (eingehend *Stöber*, ZVG-Handbuch Rdn 399 f; *Keller* in *Elzer/Fritsch/Meier*, Wohnungseigentumsrecht, § 5 Rdn. 242 f; LG Frankenthal Rpfleger 2008, 519; *Böhringer/Hintzen*, Rpfleger 2007, 353; *Weis*, ZfIR 2007, 477; *Wedekind*, ZfIR 2007, 704; *Schneider*, ZfIR 2008, 161; *Wedekind*, ZfIR 2008, 600; *Alff/Hintzen*, Rpfleger 2008, 165). Vor Einführung der besonderen Rangklasse Nr 2 des § 10 waren die **laufenden Hausgeldansprüche** oder auch während der Zwangsverwaltung beschlossenen Sonderumlagen unstreitig Ausgaben nach § 155 I (BGHZ 179, 336; BGH NJW 2008, 679; BGH NJW 2009, 598). Mit Einordnung der Ansprüche als Gläubigerforderung, wenn auch bevorrechtigt, ist die gleichzeitige Einordnung als Ausgabe der Zwangsverwaltung problematisch (LG Leipzig Rpfleger 2009, 337 = ZfIR 2009, 335 m Anm *Stapper/Schädlich*; AG Duisburg, NZM 2008, 937; AG Schöneberg, ZMR 2009, 157; *Stöber* § 152 Rdn 18.7; *Dassler/Engels* § 156 Rdn 10; *Stöber*, ZVG-Handbuch Rdn 637a; *Bergsdorf*, ZfIR 2008, 343; *Keller*, ZfIR 2009, 385, 386; *Mayer*, RpflStud. 2006, 71). Dies würde nämlich bedeuten, dass der betr Gl, der für Ausgaben nach § 155 I vorschusspflichtig ist, auch für diese Gläubigerforderungen vorschusspflichtig ist. Eine ähnliche Frage stellt sich seit jeher für die Zahlung der laufenden Grundsteuer als öffentliche Last nach Rangklasse Nr 3 des § 10 und § 156 I 2 (*Dassler/Engels*, § 156 Rdn 3; *Depré/Mayer* Rdn 244, 246; *Mayer*, Rpfleger 2000, 260, 262). Eine andere Ansicht sieht die Einordnung der laufenden Hausgeldansprüche auch nach 1.7.2007 in § 155 I als nicht prob-

10

§ 155 [Verteilung der Nutzungen]

lematisch an (LG Frankenthal Rpfleger 2008, 519; LG Köln NJW 2009, 599; LG Düsseldorf Rpfleger 2009, 583; *Bärmann/Becker*, WEG, § 16 Rdn 176; *Elzer* in *Hügel/Elzer*, Das neue WEG-Recht, 2007, § 15 Rdn. 44; *Schädlich*, ZflR 2009, 265). Der BGH hat sich der letztgenannten Meinung angeschlossen (BGH Rpfleger 2010, 35). Er stellt dabei die Pflicht des Zwangsverwalters zur Bewirtschaftung und Bestandserhaltung aus § 152 in den Vordergrund und sieht keinen Widerspruch zwischen § 155 I und § 156 I 2 einerseits und § 10 I Nr 2 andererseits. Ausdrücklich ist nach seiner Ansicht der betr Gl auch für die laufenden Hausgelder des Wohnungs- oder Teileigentums als Ausgaben der Zwangsverwaltung vorschusspflichtig (dazu *Schmidberger*, ZflR 2010, 1). Dies ist insoweit bedenklich, als andererseits der Vorrang der Rangklasse 1 des § 10 diesen Vorschüssen nicht zugebilligt wird, weil sie nicht unmittelbar auf Werterhaltung oder -höhung des Objekts oder auf Befriedigung der Forderung gerichtet waren (BGHZ 154, 387; BGH Rpfleger 2005, 552). Die Einordnung der laufenden Hausgeldforderungen in § 155 I schließt für die WEG-Gemeinschaft nicht aus, den Schu weiterhin persönlich in Anspruch zu nehmen (OLG München Rpfleger 2007, 158).

10a Bei der Zahlung der laufenden Hausgelder entsteht für den Zwangsverwalter innerhalb der Zwangsverwaltungsmasse eine **Deckungslücke** zwischen Zahlungspflicht und Beschlagnahme: Beschlagnahmt sind bei vermietetem Wohnungseigentum die Mieteinnahmen einschließlich der Nebenkosten ab dem Zeitpunkt der Beschlagnahme (§ 1124 BGB). Zahlungspflichtig ist der Verwalter aber bereits für die letzten vor Beschlagnahme fällig gewordenen Hausgelder nach § 13 (Rdn 20 zu § 10; etwas undeutlich *Stöber* § 156 Rdn 3.2). **Beispiel:** Die Beschlagnahme wird am 17.10. wirksam; beschlagnahmt sind nach § 1124 II BGB die Mieten ab 1.12., soweit der Schu die Miete für November bereits eingezogen hat, ansonsten liegt keine Vorausverfügung iSd § 1124 BGB vor. Das laufende Hausgeld hat der Zwangsverwalter nach § 155 I mit § 10 I Nr 2 und § 13 I dagegen bereits für die Zeit ab 1.10. (je nach Fälligkeit rglm am Beginn eines Kalendermonats) zu zahlen.

10b Ob dies auch für den Anspruch auf Zahlung einer **Abrechnungsspitze** nach Abrechnung des Geschäftsjahres und entsprechender Beschlussfassung durch die Wohnungseigentümergemeinschaft gilt, ist nicht entschieden. Zu den nach § 156 I 2 vom Zwangsverwalter zu erfüllenden laufenden Ansprüchen gehört er wohl nicht (bejahend *Stöber* § 156 Rdn 3.4; *Alff/Hintzen*, Rpfleger 2008, 165, 173). Da vor Inkrafttreten der WEG-Novelle die Abrechnungsspitze als Ausgabe der Verwaltung iSd § 155 I angesehen wurde (OLG München ZflR 2007, 647 m Anm *Bergsdorf* = Rpfleger 2007, 416 m Anm *Engels*; BayObLG ZflR 1999, 848; *Wedekind*, ZflR 2007, 704; *Weis*, ZflR 2007, 477), dürfte der BGH in einer künftigen Entscheidung aber keine andere Meinung vertreten als zu den Hausgeldern. Allerdings führt das Abstellen auf die

II. Die Ausgaben der Zwangsverwaltung   § 155

Fälligkeit mit wirksamer Beschlussfassung (BGHZ 104, 197; 120, 261, 266; 131, 228) dazu, dass die Eigentümergemeinschaft durch den Zeitpunkt der Beschlussfassung steuern könnte, ob eine Abrechnungsspitze durch den Zwangsverwalter zu zahlen ist oder nicht (*Dassler/Engels* § 152 Rdn 207, 208). Deshalb sollen Rückstände aus früheren Wirtschaftsjahren, nicht durch spätere Beschlussfassung zu wiederkehrenden Leistungen für das laufende Wirtschaftsjahr und die Zeit der Zwangsverwaltung gemacht werden können (BayObLG Rpfleger 1999, 408; LG Rostock Rpfleger 2003, 680; *Dassler/Engels* § 152 Rdn 203 f; eingehend *Wenzel*, ZInsO 2005, 114).

Die Frage stellt sich auch für **Sonderumlagen**, die durch die Eigentümergemeinschaft während der Dauer des Zwangsverwaltungsverfahrens beschlossen werden (§ 28 I Nr 1 WEG). Sie als wiederkehrende Leistungen zu betrachten, ist kaum denkbar (so *Stöber* § 156 Rdn 3.4). Denkbar wäre eine Differenzierung, dass Sonderumlagen zum Zwecke der Finanzierung von Instandhaltungsmaßnahmen zu den Ausgaben der Zwangsverwaltung zählen können, da auch der Zwangsverwalter zur ordnungsgemäßen Instandhaltung verpflichtet ist (so *Dassler/Engels* § 152 ZVG Rdn 214). Zuzugestehen ist, dass es im Ermessen der Eigentümergemeinschaft steht, notwendige Zahlungen als einmalige Sonderumlage zu beschließen oder als wiederkehrend zu zahlende Hausgeldforderungen.

10c

5. Kosten einer Altlastensanierung

Bei Belastung des Zwangsverwaltungsobjekts mit Altlasten (Industrielle Altlasten, Abfälle, Sondermüll etc) ist der Zwangsverwalter rglm **Zustandsstörer** iSd § 20 BImSchG, §§ 7, 12 WHG oder §§ 24 f BBodschG (eingehend *H/W/F/H* § 9 Rdn 31 f; *Dassler/Engels* Rdn 24 f). Verursacht er selbst eine Bodenverunreinigung, kann er auch Handlungsstörer sein. Anders als der Insolvenzverwalter kann er sich nicht durch Freigabe der mit der Zustandsstörung verbundenen Sanierungspflicht entledigen (dazu eingehend *Lwowski/Tetzlaff*, Umweltrisiken und Altlasten in der Insolvenz, 2002). Die Sanierungspflicht trifft wegen § 161 III auch den betr Gl, weshalb oft eine Antragsrücknahme (§ 29) erfolgt. Soll die Sanierung durch den Zwangsverwalter erfolgen, sind deren Kosten Ausgaben nach § 155 I. Der Gl kann einen geleisteten Vorschuss in der Rangklasse Nr 1 des § 10 und über § 155 III zurückerstattet erhalten. Freilich setzt dies am Ende ausreichende Zwangsverwaltungsmasse voraus. Bei **Ersatzvornahme** seitens der Ordnungsbehörde im Falle der §§ 24 BBodenSchG besteht ein durch Bescheid festzusetzender Wertausgleichsanspruch § 25 BBodenSchG, der als öffentliche Last in der Rangklasse Nr 3 des § 10 zu befriedigen ist. Kosten einer Ersatzvornahme vor Anordnung der Zwangsverwaltung genießen im übrigen kein Vorrecht nach § 10. Ungeklärt ist, ob die Kosten der Ersatzvornahme während des Zwangsverwaltungsverfahrens in den sonstigen

10d

§ 155 [Verteilung der Nutzungen]

Fällen Ausgaben nach § 155 I sind (so *H/W/F/H* § 9 Rdn 33; *Dassler/ Engels* Rdn 28; *Depré/Mayer* Rdn 221). Wäre dem so, wäre bei nicht ausreichender Masse der betr Gl stets haftbar; er hätte kaum die Möglichkeit, durch rechtzeitige Antragsrücknahme diese Kosten für sich zu vermeiden.

6. Rückerstattungsanspruch des Gl

11 Der **Rückerstattungsanspruch** des vom Gl **geleisteten Vorschusses** für Instandsetzungs-, Ergänzungs- und Umbauarbeiten an Grundstücken einschließlich der Zinsen (§ 155 III) ist zwar dem Wortlaut nach (§ 155 II 1, III 2) der Rangklasse 1 zuzordnen. Er ist aber als **Ausgabe der Verwaltung** zu behandeln und **vorweg** aus der Zwangsverwaltungsmasse zu begleichen, sobald entsprechende Einnahmen erzielt werden können (vgl § 11 I ZwVwV; *Stöber* Rdn 4.3a und § 152 Rdn 18.4; *Steiner/Hagemann* Rdn 20; *Jaeckel/Güthe* Rdn 3; eingehend *Dassler/Engels* Rdn 18 f; *Depré/Mayer* Rdn 229 f).

7. Nicht zu § 1155 gehörende Ansprüche

12 **Keine Ausgaben der Verwaltung** iS des § 155 I sind persönliche Steuern des Schu, die Kosten für vor der Beschlagnahme durchgeführte Instandsetzungsarbeiten, Rückstände aus Energielieferungsverträgen (siehe aber § 152 Rdn 53), die Prämien für die Haftpflichtversicherung des Zwangsverwalters und für eine Mietausfallversicherung (*Dassler/ Engels* Rdn 32 und § 152 Rdn 83). Gleiches gilt für Verträge, die vom Schu noch vor Beschlagnahme abgeschlossen wurden, auch wenn sie im Zusammenhang mit der Bestandserhaltung des Grundstücks vereinbart wurden; diesen Gl bleibt allerdings die Möglichkeit, mit einem Vollstreckungstitel in der Rangklasse 5 dem Zwangsverwaltungsverfahren beizutreten (*Steiner/Hagemann* Rdn 26).

III. Die Kosten der Zwangsverwaltung

1. Die Kosten des Verfahrens (§ 155 I)

13 Zu den nach Abs 1 aus der Zwangsverwaltungsmasse vorweg zu entnehmenden Beträgen gehören neben den Ausgaben der Verwaltung die Gerichtskosten des Verfahrens. Ausgenommen sind davon jedoch (wie bei der Zwangsversteigerung nach § 109) die durch die Anordnung des Verfahrens oder die Zulassung des Beitritts anfallenden Gerichts- und Anwaltskosten (50 € nach KV 2220 zum GKG); diese können vom Gl, an der Rangstelle seines Anspruchs angemeldet werden und erhalten eine Zuteilung aus dem Überschuss (§ 10 II, § 155 II). Nicht unter § 155 I fallen auch die Kosten eines vorausgegangenen, ergebnislosen Zwangsversteigerungsverfahrens, das nach § 77 II 2 in die Zwangsverwaltung

übergeleitet wurde (*Stöber* Rdn 5.2). Im Ergebnis verbleiben zu den nach § 155 I vorweg aus der Masse zu entnehmenden Kosten lediglich die Gebühr für die Durchführung des Verfahrens (KV 2221 zum GKG) sowie die gerichtlichen Auslagen (KVNrn 9000 ff). Sie betragen je angefangenes Jahr seit Beschlagnahme 0,5 des Gebührensatzes nach § 34 GKG aus den Einkünften (§ 55 GKG). Soweit der Gl einen Vorschuss auf diese Kosten geleistet hat, ist dieser ebenfalls vorweg zu erstatten (*Steiner/Hagemann* Rdn 30).

2. Rang der Kosten untereinander

Die nach § 155 I vorweg zu entnehmenden Ausgaben der Verwaltung und die Kosten des Verfahrens stehen in keinem gesetzlichen Rangverhältnis; es ist daher davon auszugehen, dass sie **gleichrangig** sind (*Stöber* Rdn 4.5 **aA** *Steiner/Hagemann* Rdn 33, der aus Billigkeitserwägungen die Ausgaben der Verwaltung vorrangig entnehmen wollen, wenn die vom Verwalter gezogenen Einnahmen nicht zur Deckung sämtlicher Ansprüche nach § 155 I ausreichen).

IV. Die Rangfolge der Gläubiger in der Zwangsverwaltung

1. Die Verteilung der Überschüsse

Nachdem Entnahme der Ausgaben der Verwaltung und den Kosten des Verfahrens gemäß § 155 I, verbleiben die Überschüsse; sie werden auf die Ansprüche verteilt, denen nach § 10 ein Recht auf Befriedigung aus dem Grundstück zusteht. Die auch im Zwangsverwaltungsverfahren geltende Rangordnung des § 10 erfährt durch § 155 II gewichtige Abweichungen. Verteilt wird nur auf Ansprüche aus den Rangklassen 1 bis 5; die Rangklassen 6 bis 8 gewähren keinen Befriedigungsanspruch. Dies bedeutet, dass Rechte, die dem betreibenden Gl gegenüber unwirksam sind sowie ältere Rückstände der dritten und vierten Rangklasse überhaupt keine Berücksichtigung finden; allerdings kann ein Berechtigter eines solchen Anspruchs dem Zwangsverwaltungsverfahren beitreten und so in die Rangklasse 5 gelangen (siehe Rdn 36). Eine weitere Besonderheit bei der Verteilung im Zwangsverwaltungsverfahren liegt darin, dass in der zweiten bis vierten Rangklasse lediglich die laufenden Beträge wiederkehrender Leistungen berücksichtigt werden; Rückstände und Hauptsachebeträge aus diesen Ansprüchen können nur durch Beitritt in Rangklasse 5 gelangen. Die Abgrenzung der laufenden Beträge wiederkehrender Leistungen von den Rückständen ergibt sich wie für das Zwangsversteigerungsverfahren aus § 13 I.

Die **Rangklasse 6** ist in § 155 II nicht vorgesehen. Daher können auch die laufenden wiederkehrenden Leistungen eines dem betreibenden

§ 155 [Verteilung der Nutzungen]

Gl gegenüber unwirksamen (weil nach Beschlagnahme eingetragenen) Rechts nicht berücksichtigt werden (sehr seltener Fall). Es kann jedoch ein Beitritt eines weiteren Gl erfolgen, dem gegenüber dieses Recht wirksam ist und demgegenüber es insoweit in Rangklasse 4 steht. Es nimmt mit seinen laufenden wiederkehrenden Leistungen nur und erst dann an der Verteilung des Überschusses teil, wenn der (oder die) betreibenden Gl, dem (oder denen) gegenüber es in Rangklasse 6 steht, durch Antragsrücknahme, volle Befriedigung oder aus sonstigen Gründen aus dem Zwangsverwaltungsverfahren ausscheidet. Ein nach der ersten Beschlagnahme eingetragenes Recht darf daher erst dann mit seinen laufenden wiederkehrenden Leistungen bei der Verteilung der Überschüsse berücksichtigt werden, wenn das Verfahren nur mehr von solchen Gl betrieben wird, denen gegenüber es in Rangklasse 4 steht; dies bedeutet, dass die Eintragung dieses Rechts also vor dem Wirksamwerden der Beitrittsbeschlüsse erfolgt ist, aus denen noch betrieben wird (*Stöber* Rdn 6.8; *Steiner/Hagemann* Rdn 42).

17 Die **Kosten der dinglichen Rechtsverfolgung** (§ 10 II) werden insoweit berücksichtigt, als sie für die Vollstreckung der laufenden wiederkehrenden Leistungen angefallen sind; soweit sie für die Geltendmachung dieser Leistungen einerseits (Rangklassen 2 bis 4) **und** rückständigen Leistungen bzw. Hauptsache andererseits (Rangklasse 5) entstehen, sind sie im Verhältnis der Ansprüche aufzuteilen und der entsprechenden Rangklasse zuzuordnen (*Stöber* Rdn 6.7 i).

18 Die **Verteilung der Überschüsse** darf vom Zwangsverwalter erst vorgenommen werden, wenn ein Teilungsplan (§ 156 II 2) aufgestellt ist und vom Gericht nach seiner Feststellung die Zahlungsanordnungen erlassen wurden (§ 157 I 1); lediglich bei laufenden Beträgen der Ansprüche der WEG-Gemeinschaft (Rangklasse 2) und der öffentlichen Lasten (Rangklasse 3) darf eine Zahlung ohne Teilungsplan erfolgen. Der Verwalter hat dafür Sorge zu tragen, dass alle Verpflichtungen rechtzeitig erfüllt werden; dabei muss er die Rangfolge des aufgestellten Teilungsplanes beachten (§ 11 II 1 ZwVwV). Ist zu erwarten, dass solche Zahlungen geleistet werden können, so hat er diese dem Gericht unter Angabe des voraussichtlichen Betrages der Überschüsse und der Zeit ihres Eingangs anzuzeigen (§ 11 II 2 ZwVwV). Diese Regelungen erfordern vom Zwangsverwalter eine vorausschauende, umsichtige Finanzplanung (mit anschaulichem Berechnungsbeispiel *Depré/Mayer* Rdn 300). Das Vollstreckungsgericht hat im Rahmen der jährlichen Rechnungslegung zu prüfen, ob er seine Aufgaben mit der nötigen Sorgfalt und zeitgerecht erfüllt.

2. Die einzelnen Rangklassen

19   a) In der **Rangklasse 1** ist der Anspruch des die Zwangsverwaltung betreibenden Gl auf Ersatz seiner Ausgaben zur Erhaltung oder nötigen

IV. Die Rangfolge der Gläubiger in der Zwangsverwaltung § 155

Verbesserung des Grundstücks aufgeführt (vgl dazu Rdn 6 ff zu § 10). Diese Vorschüsse werden regelmäßig bereits nach § 155 I, III vorweg aus der Masse entnommen, so dass nur dann eine Berücksichtigung in der Rangklasse 1 in Betracht kommen wird, wenn dies vom Zwangsverwalter abgelehnt wurde oder mangels Vorhandensein entsprechender Beträge von ihm keine Zahlungen geleistet werden konnten. Die erbrachten Vorschüsse sind nach § 155 III 1 mit 0,5 % über dem Spitzenrefinanzierungsfazilität der Europäischen Zentralbank (SRF-Satz) zu verzinsen. Die Zinsen sind unabhängig davon, ob der Gl überhaupt Zinsen zahlen muss; ein Nachweis muss nicht erbracht werden. Die Zinsen genießen das gleiche Vorrecht wie der Vorschuss selbst (§ 155 III 2).

Hat der Zwangsverwalter oder, wenn der Schu zum Verwalter bestellt ist (§ 150 b), der Schu mit Zustimmung der Aufsichtsperson **Düngemittel, Saatgut oder Futtermittel** angeschafft, die im Rahmen der bisherigen Wirtschaftsweise zur ordnungsgemäßen Aufrechterhaltung des Betriebs benötigt werden, so fallen Ansprüche aus diesen Lieferungen in Rangklasse 1 (§ 155 IV 1). Das Gleiche gilt von Krediten, die zur Bezahlung dieser Lieferungen in der für derartige Geschäfte üblichen Weise aufgenommen sind (§ 155 IV 2). Da auch diese Beträge in der Regel schon vom Zwangsverwalter als Ausgaben der Verwaltung nach § 155 I entnommen wurden (Rdn 9), kommt eine Berücksichtigung in Rangklasse 1 nur selten in Betracht. **20**

Mehrere Ansprüche der Rangklasse 1 haben **gleichen Rang**; innerhalb eines Anspruchs bestimmt sich das Rangverhältnis nach § 12. Reicht die Zwangsverwaltungsmasse nicht zur Deckung aller Ansprüche aus, sind sie anteilig im Verhältnis ihrer Beträge zu befriedigen. **21**

b) In die **Rangklasse 2** stehen seit 1.7.2007 die Ansprüche der WEG-Gemeinschaft auf Zahlung von Hausgeldern (eingehend Rdn 15 f zu § 10). Nur diese sind im engeren Sinne wiederkehrende Leistungen. Ob beschlossene Abrechnungsspitzen (Nachzahlungen auf Nebenkosten nach Beschlussfassung der WEG-Gemeinschaft) oder Sonderumlagen als wiederkehrend anzusehen sind, ist nicht geklärt (s Rdn 10b, 10c; bejahend *Stöber* § 156 Rdn 3.4). Die laufenden Beträge der wiederkehrenden Leistungen (§ 155 II 2) sind als Ausgaben der Zwangsverwaltung vorweg zu entrichten (oben Rdn 10 f). **22**

Die bis 1.7.2007 in **Rangklasse 2** eingestellten **Litlohnansprüche** bei **land- oder forstwirtschaftlichen Grundstücken** haben seit langem keine praktische Bedeutung. Ihr Vorrecht ist ersatzlos entfallen. **22a**

c) In der **Rangklasse 3** werden die **öffentlichen Lasten** des Grundstücks berücksichtigt (vgl dazu Rdn 23 ff zu § 10). Wegen der ausdrücklichen Einschränkung in § 155 II 2 kommen nur die laufenden wiederkehrenden Leistungen in den Genuss dieser Rangklasse. Einmalige öffentliche Lasten oder rückständige wiederkehrende Leistungen können nur nach Beitritt in der Rangklasse 5 befriedigt werden. Eine Ausnahme gilt für Erschließungskosten, wenn sie in eine Rente umgewandelt sind **23**

§ 155 [Verteilung der Nutzungen]

(§ 135 III BauGB), außerdem für Beträge, die zur allmählichen Tilgung einer Schuld als Zuschlag zu den Zinsen zu entrichten sind (§ 155 II 2).

24 Mehrere Ansprüche in dieser Rangklasse sind **gleichrangig** (§ 10 I Nr 3 S 2); wenn die Masse nicht ausreicht, sind sie anteilig im Verhältnis der Forderungen zu berücksichtigen (*Stöber* Rdn 6.5 d).

25 Die laufenden Beträge der öffentlichen Lasten darf der Zwangsverwalter ohne weiteres Verfahren (somit ohne Teilungsplan) bezahlen (§ 156 I, § 11 I ZwVwV). Eine **Anmeldung der Ansprüche ist entbehrlich,** da sie der Verwalter zu diesem Zweck von Amts wegen zu ermitteln hat (*Steiner/Hagemann* Rdn 62).

26 **d)** Der **Rangklasse 4** kommt im Zwangsverwaltungsverfahren die größte Bedeutung zu: In sie sind nach § 10 I Nr 4 die Ansprüche aus Rechten am Grundstück einzuordnen, soweit diese Rechte nicht infolge der Beschlagnahme dem Gl gegenüber unwirksam sind, einschließlich der Ansprüche auf Beträge, die zur allmählichen Tilgung einer Schuld als Zuschlag zu den Zinsen zu entrichten sind (praktisch nicht mehr vorkommender Fall der Tilgungshypothek; vgl dazu Rdn 48 ff zu § 10). Im Zwangsverwaltungsverfahren kommen in diese Rangklasse nach § 155 II 2 **nur die laufenden wiederkehrenden Leistungen** (insbes Zinsen der Grundschuld) einschließlich der Rentenleistungen, sowie diejenigen Beträge, die zur allmählichen Tilgung einer Schuld als Zuschlag zu den Zinsen zu entrichten sind. Abzahlungsbeträge auf eine unverzinsliche Schuld sind wie laufende wiederkehrende Leistungen zu berücksichtigen, soweit sie fünf Prozent des ursprünglichen Schuldbetrages nicht übersteigen; sie kommen somit insoweit ebenfalls in die Rangklasse 4. In der Zwangsverwaltung gehören rückständige wiederkehrende Leistungen, einmalige Nebenleistungen und Kapitalbeträge nicht in die Rangklasse 4; da es hier die Rangklasse 8 nicht gibt, kann der Gl insoweit nur durch Beitritt einen Befriedigungsanspruch erlangen (dann Rangklasse 5).

27 **Kosten der Rechtsverfolgung** (§ 10 II) können berücksichtigt werden, wenn sie für die Vollstreckung der berücksichtigungsfähigen laufenden wiederkehrenden Leistungen angefallen sind. Beziehen sich solche Kosten auch auf Beträge, die (durch Beitritt) in der Rangklasse 5 berücksichtigt werden können, sind sie verhältnismäßig aufzuteilen und der jeweiligen Rangklasse zuzuordnen (*Stöber* Rdn 6.7 Buchst k).

28 Zu wiederkehrenden Leistungen aus Rechten, die **dem betreibenden Gl gegenüber unwirksam** sind, also in der in § 155 II 1 nicht genannten Rangklasse 6 stehen (Rdn 16).

29 Die Ansprüche mehrerer Ansprüche in der Rangklasse 4 bestimmen sich nach ihrem Grundbuchrang (§ 11 I). Da die berücksichtigungsfähigen wiederkehrenden Leistungen grundbuchersichtlich sein müssen, bedürfen sie **keiner Anmeldung;** dies gilt nicht für Kosten der dinglichen Rechtsverfolgung soweit sie an dieser Rangstelle geltend gemacht werden können.

IV. Die Rangfolge der Gläubiger in der Zwangsverwaltung § 155

3. Sonderfälle

Hinsichtlich **einzelner Rechte** sind noch folgende Hinweise veranlasst:

a) Bei der **Abzahlungshypothek** handelt es sich bei den Tilgungsraten nicht um wiederkehrende Leistungen, da sie nicht als Zuschlag zu den Zinsen betrachtet werden. Sie werden daher in der Zwangsverwaltung nicht in der Rangklasse 4 berücksichtigt. Wenn aus ihnen betrieben wird (dann Rangklasse 5) können sie in einem besonderen Kapitalzahlungstermin nach § 158 berücksichtigt werden (*Steiner/Hagemann* Rdn 70). Eine Ausnahme gilt lediglich für Abzahlungsbeträge auf eine unverzinsliche Schuld, die allerdings selten vorkommt; hier können wegen der ausdrücklichen Bestimmung in § 155 II 3 in der Zwangsverwaltung die Abzahlungsbeträge wie laufende wiederkehrende Leistungen in der Rangklasse 4 berücksichtigt werden, soweit sie fünf Prozent der ursprünglichen Schuld nicht übersteigen; es spielt hierbei keine Rolle, ob die Raten betragsmäßig oder in Prozenten festgelegt wurden. 30

b) Bei einer **Tilgungshypothek** (dazu Rdn 66 zu §§ 44, 45) sind die Tilgungsbeiträge wiederkehrende Leistungen im Sinne von § 155 II 2 und können daher in der Rangklasse 4 befriedigt werden. Sie werden nicht als Kapitalbeträge im Sinne von § 158 I behandelt. 31

c) Bei einer **Höchstbetragshypothek** (§ 1190 BGB) werden die Zinsen in den Kapitalbetrag eingerechnet (§ 1190 II). Da aus diesem Grund keine wiederkehrenden Leistungen zu entrichten sind, kommt eine Berücksichtigung in der Rangklasse 4 nicht in Betracht. 32

d) Bei **Gesamtrechten** sind die laufenden wiederkehrenden Leistungen in die Rangklasse 4 aufzunehmen. Allerdings ist darauf zu achten, dass sie nur einmal bezahlt werden; im Teilungsplan sollte ein entsprechender Hinweis aufgenommen werden. Der Zwangsverwalter muss ermitteln, ob nicht Zahlungen aus einem anderen Grundstück erfolgen, um eine Überzahlung zu vermeiden. Wenn über alle belasteten Grundstücke die Zwangsverwaltung angeordnet wurde, sind die Leistungen bei jedem Teilungsplan anzusetzen; bei einer Zuteilung in allen Verfahren sollten die laufenden wiederkehrenden Leistungen im Verhältnis der Einnahmen aufgeteilt werden (*Stöber* Rdn 6.7 Buchst g). 33

e) Bei einem **Eigentümerrecht** gebühren dem Eigentümer nach § 1197 II BGB für die Dauer der Zwangsverwaltung Zinsen, wenn das Grundstück auf Antrag eines anderen beschlagnahmt worden ist; dies wird als Ausgleich dafür angesehen, dass ihm die Nutzungen des Grundstücks entzogen worden sind. Die Zinsen sind als wiederkehrende Leistungen in der Rangklasse 4 zu berücksichtigen. 34

f) Bei der **Pfändung eines Eigentümerrechts** erhält der Pfändungsgläubiger die dem Eigentümer zustehenden laufenden wiederkehrenden Leistungen in der Rangklasse 4 bis zur Höhe seiner Forderung. Hinsichtlich der Hauptforderung wird er nur berücksichtigt, wenn er das Verfah- 35

§ 155 [Verteilung der Nutzungen]

ren betreibt, dann allerdings in der Rangklasse 5 und mit einer Zuteilung nur in einem besonderen Kapitalzahlungstermin nach § 158.

35a g) Bei der Sicherungshypothek nach §§ 866, 867 ZPO, die im Wege der Sicherungsvollstreckung nach § 720a ZPO eingetragen worden ist, kann Zuteilung an den Gl vor nach SiLei oder Rechtskraft des Urteils folgen. Bis dahin sind die Beträge zu hinterlegen. Hilfsberechtigter ist der Schuldner für die ab Entstehen der Eigentümergrundschuld laufenden Zi (§ 1197 II, 1177 I BGB, § 868 ZPO).

4. Rangklasse 5

36 In die **Rangklasse 5** sind alle Ansprüche aufzunehmen, wenn aus ihnen betrieben wird (durch Anordnung der Zwangsverwaltung oder Beitritt), soweit sie nicht bereits in einer früheren Rangklasse berücksichtigt wurden. Somit ist diese Rangklasse maßgebend für alle rückständigen Beträge wiederkehrender Leistungen (ohne Rücksicht auf die Dauer des Rückstandes, der bei der Zwangsversteigerung für die Zuordnung zu den Rangklassen 3 oder 7 bzw 6 oder 8 bedeutsam ist), für einmalige Leistungen, für Kapitalbeträge der eingetragenen Rechte sowie die hierauf entfallenden Kosten der dinglichen Rechtsverfolgung; zu der Aufteilung der Kosten bei Zusammentreffen der Rangklasse 2 bis 4 mit der Rangklasse 5 siehe Rdn 17. Bei der Zuteilung auf das Kapital eines eingetragenen Grundpfandrechts muss nach § 158 I ein besonderer Termin anberaumt werden; eines solchen Termins bedarf es nicht für die Zuteilung auf die Hauptsache einer einmaligen öffentlichen Last oder einer persönlichen Forderung.

37 Umstritten ist das **Rangverhältnis mehrerer Ansprüche in der Rangklasse 5**. Nach einer Meinung (eingehend *Stöber* Rdn 7.2; *Dassler/Engels* Rdn 74; *Depré/Mayer* Rdn 274; *Jaeckel/Güthe* Rdn 10 und 12) ist die Rangfolge ausschließlich vom Wortlaut des § 155 II 2 abzuleiten und nach dem Zeitpunkt des Wirksamwerdens der Beschlagnahmen zu bestimmen. Nach anderer Ansicht haben die in die Rangklasse 5 verdrängten dinglichen Ansprüche aus den Rangklassen 2 bis 4 (rückständige wiederkehrende Leistungen und Kapitalbetrag von Grundpfandrechten) Rang vor persönlichen Ansprüchen (*Steiner/Hagemann* Rdn 89 und 90; *Eickmann,* ZVG § 41 I; *Korintenberg/Wenz* Rdn 4). Der erstgenannten Ansicht ist der Vorzug zu geben: Wenn § 155 II die rückständigen Leistungen und Hauptsachabeträge insbes der Rechte aus Rangklasse 4 inzident in die Rangklasse 5 einordnet, bestimmt sich der Rang der Ansprüche in dieser Rangklasse logisch nach § 11 Abs. 2, mithin nach dem Zeitpunkt der jeweiligen Beschlagnahme. Der Rang einzelner Ansprüche in § 10 I Nr 4 nach § 879 BGB (§ 11 I) hat dann keine Bedeutung. Die Systematik des § 155 II geht davon aus, in der Zwangsverwaltung aus den laufenden Nutzungen nur die laufenden Ansprüche der Gl zu bedienen. Soweit ausnahmsweise Hauptsachebeträge befriedigt wer-

§ 156

den sollen, sind sie alle in Rangklasse 5 und damit mit der innerhalb dieser Rangklasse geltenden Rangfolge des § 11 II zu befriedigen. Damit kann ein persönlicher Gläubiger wegen seiner Forderung einem Grundschuldgläubiger wegen dessen Hauptsacheanspruch vorrangig sein, wenn er eine frühere Beschlagnahme erwirkt hat. Praktische Auswirkungen hat der Meinungsstreit nur in wenigen Zwangsverwaltungsverfahren, da zum einen die Einnahmen aus dem Grundstück in der Regel von den Ausgaben der Verwaltung und den Ansprüchen der Rangklassen 2 bis 4 (insbes den Zinsen der Grundschulden) aufgezehrt werden und zum anderen sehr häufig Zwangsverwaltungsverfahren von dinglichen Gl beantragt werden, die damit auch in der Reihenfolge der Beschlagnahmewirksamkeit vorrangig stehen, während persönliche Gl in der Regel bevorzugt einen Antrag auf Durchführung des Zwangsversteigerungsverfahrens stellen. Dies bedeutet aber auch, dass der dingl Gl, der Befriedigung seines Kapitalbetrages haben will, eher das Zwangsversteigerungsverfahren wählen soll als die Zwangsverwaltung.

Beispiel:
Das Grundstück ist in Abt. III mit zwei Grundschulden belastet; Nr. 1 zu 15.000 EUR und 12% Zinsen, Nr 2 zu 30.000 EUR und 14% Zinsen (jeweils kalenderjährlich nachträglich fällig); die Zwangsverwaltung wird betrieben von einem pers Gl wegen 5.678,00 EUR Forderung, Beschlagnahme war am 5.2.2009.
Rangfolge nach § 155 II und § 10 I Nrn 3, 4 und 5 mit § 11:
1. Laufende Beträge öffentlicher Lasten: Grundsteuer seit 1.10.2008.
2. Laufende Beträge der Zinsen des Rechtes Nr. 1: 12% aus 15.000 EUR für 2008 (fällig am 31.12.2008).
3. Laufende Beträge der Zinsen des Rechtes Nr. 2: 14% aus 14.000 EUR für 2008 (fällig am 31.12.2008).
4. Forderung des pers betr Gl mit 5.678,00 EUR.

Tritt der Gl der Grundschuld Nr 1 dem Verfahren später wegen seiner Grundschuld bei, ergibt sich folgende Rangfolge:
1. Laufende Beträge öffentlicher Lasten: Grundsteuer seit 1.10.2008.
2. Laufende Beträge der Zinsen des Rechtes Nr. 1: 12% aus 15.000 EUR für 2008 (fällig am 31.12.2008).
3. Laufende Beträge der Zinsen des Rechtes Nr. 2: 14% aus 14.000 EUR für 2008 (fällig am 31.12.2008).
4. Forderung des pers betr Gl mit 5.678,00 EUR.
5. Hauptsachebetrag der Grundschuld Nr. 1 mit 15.000 EUR sowie ggf rückständige Zinsen des Rechts.

Für die **Rangfolge** von Kosten, wiederkehrenden Leistunge und **38** Hauptsache **innerhalb eines Anspruchs** in dieser Rangklasse ist § 12 maßgeblich.

§ 156 [Öffentliche Lasten; Verteilungstermin]

[1]**Die laufenden Beträge der öffentlichen Lasten sind von dem Verwalter ohne weiteres Verfahren zu berichtigen. Dies gilt auch**

§ 156 [Öffentliche Lasten; Verteilungstermin]

bei der Vollstreckung in ein Wohnungseigentum für die laufenden Beträge der daraus fälligen Ansprüche auf Zahlung der Beiträge zu den Lasten und Kosten des gemeinschaftlichen Eigentums oder des Sondereigentums, die nach § 16 Abs. 2, § 28 Abs. 2 und 5 des Wohnungseigentumsgesetzes geschuldet werden, einschließlich der Vorschüsse und Rückstellungen sowie der Rückgriffsansprüche einzelner Wohnungseigentümer. Die Vorschrift des § 10 Abs.1 Nr. 2 Satz 3 findet keine Anwendung.

II Ist zu erwarten, daß auch auf andere Ansprüche Zahlungen geleistet werden können, so wird nach dem Eingange der im § 19 Abs. 2 bezeichneten Mitteilungen des Grundbuchamts der Verteilungstermin bestimmt. In dem Termine wird der Teilungsplan für die ganze Dauer des Verfahrens aufgestellt. Die Terminbestimmung ist den Beteiligten sowie dem Verwalter zuzustellen. **Die Vorschriften des § 105 Abs. 2 Satz 2, des § 113 Abs. 1 und der §§ 114, 115, 124, 126 finden entsprechende Anwendung.**

Übersicht

	Rn.
1. Allgemeines	1
2. Berichtigung vorrangiger Ansprüche (§ 156 I)	2
3. Der Verteilungstermin	5
a) Terminsbestimmung	5
b) Ablauf des Verteilungstermins	9
4. Der Teilungsplan	12
a) Inhalt	12
b) Ausführung	18
c) Änderungen, Ergänzungen	19
5. Rechtsbehelfe	20

1. Allgemeines

1   Die Bestimmung befasst sich mit dem Verteilungsverfahren in der Zwangsverwaltung. Die grundlegenden Aussagen werden in § 156 II gemacht: Danach dürfen Zahlungen aus der Zwangsverwaltungsmasse – mit Ausnahme der Ausgaben der Verwaltung und der Kosten des Verfahrens nach § 155 I sowie der laufenden Beträge der Rangklassen 2 und 3 des § 10 nach § 156 I – nur auf Grund eines Teilungsplanes erfolgen. Die Voraussetzungen für die Aufstellung des Teilungsplanes, der für die gesamte Dauer des Verfahrens seine Gültigkeit behält, werden ebenso geregelt wie sein Inhalt sowie die Formalien über Bestimmung und Ablauf des Verteilungstermins.

2. Berichtigung vorrangiger Ansprüche (§ 156 I)

2   Nach der Rangordnung des § 155 II stehen laufende Beträge öffentlicher Lasten in der Rangklasse 3, laufende Beträge der Ansprüche der

§ 156

WEG-Gemeinschaft in Rangklasse 2 (nicht Rückstände oder einmalige Beträge, diese nur durch Beitritt in Rangklasse 5). Während Ausgaben der Verwaltung und Kosten nach § 155 I vorweg aus der Teilungsmasse entnommen werden dürfen, können im übrigen Zahlungen nur nach Maßgabe eines Teilungsplans erfolgen. Für die in Rangklassen 2 und 3 stehenden laufenden Beträge bringt § 156 I eine Ausnahme in der Weise, dass sie ohne weiteres Verfahren, also ohne Mitwirkung des Gerichts, ohne Aufstellung eines Zahlungsplans und ohne Genehmigung der Aufsichtsperson bei Bestellung des Schu-Verwalters, beglichen werden können (§ 156 I, § 11 I ZwVwV). Dadurch wird aber die Rangordnung des § 10 nicht geändert. Dies bedeutet, dass der Zwangsverwalter vor Zahlung prüfen muss, ob er noch ausreichende Mittel zur Begleichung der in § 155 I genannten Ansprüche und der in Rangklasse 1 stehenden Beträge zur Verfügung hat oder bis zur Fälligkeit haben wird. Dies bedeutet auch, dass ein Vorschuss des betr Gl nach § 161 III nur zur Deckung der Ausgaben nach § 155 I, nicht aber zur Befriedigung der öffentlichen Lasten verwendet werden darf (dazu *Mayer*, Rpfleger 2000, 260). Die laufenden Beträge der Ansprüche der WEG-Gemeinschaft, die in Rangklasse 2 vorrangig sind und seit 1.7.2007 ebenfalls unter § 156 I fallen, sollen als Ausgaben der Verwaltung nach § 155 I bedient werden (Rdn 10 zu § 155; auch *Dassler/Engels* Rdn 10, 11). Der Gl soll hier ausdrücklich vorschusspflichtig sein (BGH Rpfleger 2010, 35).

Die öffentlichen Lasten bedürfen **keiner Anmeldung;** vielmehr hat 3 sie der Zwangsverwalter schon bei Inbesitznahme zu ermitteln (§ 3 I Nr 5 ZwVwV). Gleiches gilt für die Ansprüche der WEG-Gemeinschaft, die nach § 3 I Nr 7 ZwVwV zu ermitteln sind.

Sind **Miet- oder Pachtzinsansprüche** des Schu vor der Beschlag- 4 nahme wegen öffentlicher Lasten **gepfändet** worden, so ruht die Pfändung während des Zwangsverwaltungsverfahrens; sie lebt erst nach Wegfall der Beschlagnahme wieder auf (*Steiner/Hagemann* Rdn 14; *Stöber*, Forderungspfändung, Rdn 231).

3. Der Verteilungstermin

a) **Terminsbestimmung. aa) Vorraussetzungen.** Von den in 5 Rdn 2 genannten Ausnahmen abgesehen, darf der Zwangsverwalter Zahlungen nur auf Grund eines Teilungsplanes vornehmen, der im Verteilungstermin für die ganze Dauer des Verfahrens aufgestellt wird (§ 156 II 2). Sobald das Vollstreckungsgericht durch Anzeige des Zwangsverwalters (§ 11 II 2 ZwVwV) oder in sonstiger Weise (zB durch das Inbesitznahmeprotokoll oder durch ein gleichzeitig laufendes Zwangsversteigerungsverfahren) erfährt, dass Einnahmen erzielt werden, ist ein Verteilungstermin zu bestimmen. Maßgeblich ist hierbei nicht, dass die Zahlungen tatsächlich geleistet wurden, es reicht aus, dass sie **zu erwarten** sind. Vor der Terminsbestimmung soll das Gericht den Eingang der Mitteilung des

§ 156 [Öffentliche Lasten; Verteilungstermin]

Grundbuchamtes nach der Eintragung des Zwangsverwaltungsvermerkes nach § 19 II abwarten (§ 156 II 1); der Grund hierfür liegt darin, dass es erst dadurch einen vollständigen Überblick über die Beteiligten, zu berücksichtigende Ansprüche und evtl entgegenstehende Rechte erfährt (*Dassler/Engels* Rdn 12). Von der Bestimmung eines Verteilungstermins kann nur abgesehen werden, wenn die Einnahmen so gering sind, dass sie von den Ausgaben der Verwaltung und den Kosten (§ 155 I) sowie den ohne besonderes Verfahren zu berichtigenden öffentlichen Lasten aufgezehrt werden. Ein Teilungsplan ist aber auch noch nach Aufhebung des Verfahrens aufzustellen, wenn sich ergibt, dass Zahlungen an Gl möglich sind. Das ist insbes der Fall, wenn nach Zuschlagserteilung der Zwangsversteigerung nach Abrechnung der Ausgaben nach § 155 I der Zwangsverwalter feststellt, dass ein Überschuss der Zwangsverwaltungsmasse vorhanden ist.

6   **bb)** Der **Inhalt der Terminsbestimmung** ist im ZVG nicht geregelt; sie muss aber alle zu ihrem Verständnis und zur Zweckerfüllung notwendigen Angaben enthalten wie
– Bezeichnung des Gerichts,
– Aktenzeichen,
– Benennung der Angelegenheit,
– Bezeichnung als Verteilungstermin zur Aufstellung des Teilungsplanes,
– Terminszeit nach Tag und Stunde,
– Terminsort.

7   Ein **Hinweis an die Beteiligten,** dass in den Rangklassen 2 bis 4 nur laufende Beträge wiederkehrender Leistungen berücksichtigt werden können und diese bis zu einem bestimmten Zeitpunkt (ca 2 Wochen vor dem Termin) anzumelden sind, ist zweckmäßig (*Stöber* Rdn 4.3).

8   Die **Terminsbestimmung** wird allen Beteiligten (§ 9) und dem Zwangsverwalter **zugestellt** (§ 156 II 3). Als Beteiligte gelten hierbei auch Berechtigte, die ihr Recht noch nicht glaubhaft gemacht haben (§ 156 II 4 iVm § 105 II 2). Die Zustellung erfolgt nach §§ 3 bis 7. Eine Ladungsfrist ist nicht vorgesehen. Es erfolgen weder eine öffentliche Bekanntmachung noch eine Anheftung an die Gerichtstafel.

9   **b) Ablauf des Verteilungstermins.** Im Verteilungstermin wird der Teilungsplan für die ganze Dauer des Zwangsverwaltungsverfahrens aufgestellt (§ 156 II 2). Der Termin ist **nichtöffentlich.** Das Gericht nimmt nach Aufruf und Feststellung der anwesenden Beteiligten Erklärungen und Anmeldungen entgegen, soweit sie nicht schon vorher schriftlich eingereicht wurden. Dann stellt es nach Anhörung der anwesenden Beteiligten, nötigenfalls mit Hilfe eines Rechnungssachverständigen, den Teilungsplan auf (§§ 156 II 4, 113 I). Wegen der aufzunehmenden Ansprüche verweist § 156 II 4 auf § 114; Anmeldungen können noch im Verteilungstermin erfolgen. **Anzumelden sind** Ansprüche aus Rangklasse 1, soweit es sich nicht um Ausgaben der Verwaltung handelt,

§ 156

die Kosten der dinglichen Rechtsverfolgung (§ 10 II) sowie nicht eingetragene oder nach dem Zwangsverwaltungsvermerk eingetragene Rechte. **Nicht angemeldet** werden müssen die Beträge nach § 155 I, laufende Beträge der öffentlichen Grundstückslasten (§ 156 I), laufende Beträge wiederkehrender Leistungen, die sich aus dem Grundbuch ergeben, sowie die Ansprüche des betreibenden Gl (§§ 156 II 4, 114 I 2, II).

Über die Aufstellung des **Teilungsplans** wird vom Gericht sofort **mit den Beteiligten verhandelt** (§§ 156 II 4, 115 I 1). Auf die Erledigung erhobener Widersprüche und die Ausführung des Plans finden die §§ 876 bis 882 ZPO entsprechende Anwendung (§§ 156 II 4, 115 I 2); näheres hierzu Rdn 20 ff. Nach Aufstellung des Teilungsplanes hat das Gericht die planmäßige Zahlung der Beträge an die Berechtigten anzuordnen (§ 157 I 1). 10

Über den Verteilungstermin ist ein **Protokoll** aufzunehmen. Es sind die Bestimmungen der §§ 159 bis 165 ZPO anzuwenden. Der Teilungsplan kann als Anlage zum Protokoll aufgenommen werden. 11

4. Der Teilungsplan

a) Inhalt. Der Teilungsplan ist für die ganze Dauer des Verfahrens maßgeblich; er bildet die Grundlage für die vom Zwangsverwalter vorzunehmenden Auszahlungen. Mit dem Plan hat das Vollstreckungsgericht die Möglichkeit, die ordnungsgemäße Verwendung der Einnahmen durch den Verwalter zu überwachen. Vom Teilungsplan im Zwangsversteigerungsverfahren unterscheidet sich derjenige im Zwangsverwaltungsverfahren dadurch, dass in ihm nur die Schuldenmasse aufzuführen ist. Eine Teilungsmasse ist nicht vorhanden, da die Einnahmen fortlaufend anfallen und verteilt werden, sie also ständigen Veränderungen unterworfen wäre. Es werden keine bestehen bleibenden Rechte aufgenommen, da im Zwangsverwaltungsverfahren keine Rechte erlöschen, sich also insoweit keine Änderungen ergeben können. Eine Zuteilung erfolgt nicht, da Zahlungen durch den Zwangsverwalter nach gerichtlicher Anordnung erfolgen (§ 157 I). Muster eines Teilungsplans finden sich jeweils bei *Depré/Mayer* Rdn 873; *Brüggemann/Haut* Rdn 965 ff. 12

Ansprüche sind entweder auf **Anmeldung** oder **von Amts wegen** in den Teilungsplan aufzunehmen (näheres Rdn 9). Eine Anmeldung in einem gleichzeitig laufenden Zwangsversteigerungsverfahren wirkt nicht für das Zwangsverwaltungsverfahren (auch nicht umgekehrt). Die Anmeldungen müssen dem Vollstreckungsgericht zugehen; versehentlich dem Zwangsverwalter übermittelte Anmeldungen hat dieser unverzüglich an das Gericht weiterzuleiten. 13

Die Ansprüche werden in der durch § 155 II festgelegten Rangfolge aufgenommen. Hinsichtlich der nach § 155 I vorweg zu entnehmenden Ansprüche (Ausgaben der Verwaltung und Kosten) sowie der nach § 156 I ohne besonderes Verfahren zu berichtigenden Ansprüche genügt ihre 14

§ 156 [Öffentliche Lasten; Verteilungstermin]

allgemeine Benennung ohne betragsmäßige Bezeichnung (*Stöber* Rdn 5.3 und 4.4; zur Anmeldung von Ansprüchen der WEG-Gem. *Schmidberger/Traub*, Rpfleger 2010, 117). Im Übrigen sind die aufzunehmenden Ansprüche mit ihrem Betrag, laufende wiederkehrende Leistungen auch mit dem Fälligkeitszeitpunkt zu bezeichnen. Anzugeben ist auch die Person des Berechtigten; ist dieser unbekannt, ist eine Hilfsverteilung vorzunehmen (§§ 156 II 4, 126 I). Bei **Briefrechten** ist eine Vorlage des Briefes nicht erforderlich, soweit nur laufende Zinsen in der Rangklasse 4 zu berücksichtigen sind (Rdn 3 zu § 126; *Steiner/Hagemann* Rdn 48 **aA** *H/W/F/H* Rdn 7; *Stöber* Rdn 5.5a); wenn allerdings in der Rangklasse 5 eine Zuteilung auf Kapitalbeträge erfolgt (erfordert einen Termin nach § 158 I), ist die Vorlage des Briefs notwendig.

15 Da § 46 im Zwangsverwaltungsverfahren für **Naturalleistungen** nicht gilt, muss die Leistung als solche im Teilungsplan aufgeführt werden; eine Umwandlung von Geld findet nicht statt. Allerdings kann ausnahmsweise eine Geldleistung als Ersatz aufgenommen werden, wenn die Naturalleistung bei nachträglicher Lieferung ihren Zweck nicht erfüllen würde (zB bei Altenteilsleistungen).

16 **Bedingte Ansprüche** werden mit ihrer Bedingung in den Plan aufgenommen. Bei einer aufschiebenden Bedingung ist vor Bedingungseintritt der Anspruch nicht entstanden und daher vom Zwangsverwalter nichts zu bezahlen. Nach Eintritt der Bedingung ist die gerichtliche Zahlungsanordnung zu ergänzen, der Verwalter kann den Anspruch an der entsprechenden Rangstelle berücksichtigen. Bei einer auflösenden Bedingung ist in entsprechender Anwendung des § 119 im Teilungsplan festzustellen, wie der Betrag verteilt werden soll, wenn der Anspruch wegfällt. Nach ihrem Eintritt ist die Zahlungsanweisung zu ändern (*Stöber* Rdn 5.6).

17 Die **Pfändung** eines Rechts ist im Teilungsplan zu berücksichtigen, wenn dem Vollstreckungsgericht nachgewiesen ist, dass sie wirksam erfolgt ist, insbes wenn sie im Grundbuch eingetragen ist.

18 **b) Ausführung.** Die Tätigkeit des Vollstreckungsgerichts erschöpft sich in der Aufstellung des Teilungsplanes und Anordnung seiner planmäßigen Ausführung (§ 157 I); ist dies erfolgt, obliegt es dem Zwangsverwalter, den Plan auszuführen und Auszahlungen an die Berechtigten nach Fälligkeit vorzunehmen; näheres Rdn 2 ff zu § 157.

19 **c) Änderungen, Ergänzungen.** Da der Plan für die gesamte Dauer des Zwangsverwaltungsverfahrens aufgestellt wird, können im Laufe der Zeit Änderungen oder Ergänzungen veranlasst sein, insbesondere bei Zulassung des Beitritts eines Gl, Rangänderungen, Eintritt einer Bedingung, Wechsel in der Person des Berechtigten, Inhaltsänderung oder Aufhebung eines Rechts.

5. Rechtsbehelfe

Gegen den Teilungsplan kommen formelle und materielle Rügen in Betracht. Bei **formellen** Einwendungen wegen Verletzung von Verfahrensvorschriften bei der Planaufstellung ist sofortige Beschwerde nach § 11 I RPflG, § 793 ZPO gegeben. 20

Für materielle Einwendungen ist der Widerspruch nach §§ 156 II 4, 115 I 2, § 876 ZPO der zutreffende Rechtsbehelf. Der Widerspruch wird sich regelmäßig gegen die Aufnahme eines bestimmten Anspruchs in den Teilungsplan richten, zB gegen das Bestehen eines bestimmten Rechts oder dessen Rangstelle. Ein Widerspruch liegt auch vor, wenn ein vor dem Verteilungstermin angemeldeter Anspruch nicht antragsgemäß in den Plan aufgenommen wurde (§§ 156 II 4, 115 II). Im Übrigen ist der Widerspruch im Verteilungstermin zu erheben (§ 156 II 4, 115 I). Zu den Widerspruchsberechtigten siehe Rdn 4 ff zu § 115; der Zwangsverwalter hat kein Widerspruchsrecht. 21

Die **Behandlung erhobener Widersprüche** erfolgt nach §§ 876 bis 882 ZPO. Ein anwesender Beteiligter hat sich sofort zu erklären. Wird der Widerspruch anerkannt oder kommt anderweitig eine Einigung zustande, ist der Plan entsprechend zu berichtigen (§§ 156 II 4, 115 I 2, § 876 S 3 ZPO). Erledigt sich der Widerspruch nicht im Termin, erfolgt eine Hilfszuteilung (§§ 156 II 4, 124 I). Da der Widerspruch in der Regel auf den Wegfall eines vorrangigen Anspruchs gerichtet sein wird, kann seine Begründetheit nur zur Folge haben, dass die Verteilung so erfolgen wird, als wenn der bestrittene Anspruch nicht in den Teilungsplan aufgenommen worden wäre. Die Hilfszuteilung erfolgt daher nicht an den Widersprechenden sondern an die nächstfolgenden Berechtigten. Die Widerspruchsklage ist binnen eines Monats ab dem Verteilungstermin einzureichen (§§ 156 II 4, 115 I 2, § 878 I ZPO); näheres hierzu Rdn 29 ff zu § 115. Ein Widerspruch des VollstreckungsSchus gegen einen vollstreckbaren Anspruch ist nach §§ 767, 769, 770 ZPO zu erledigen (§§ 156 II 4, 115 III); auf Rdn 9–11 zu § 115 wird verwiesen. Soweit der Schu durch Sicherheitsleistung oder Hinterlegung die Befriedigung eines solchen Anspruchs abwenden darf, unterbleibt die Ausführung des Plans, wenn die Sicherheit geleistet oder die Hinterlegung erfolgt ist (§§ 156 II 4, 115 IV). 22

Neben diesen Möglichkeiten kann jeder Beteiligter auch nach dem Verteilungstermin **Klage auf Änderung des Teilungsplanes** gemäß § 159 erheben; auf die Erläuterungen zu § 159 wird verwiesen. 23

§ 157 [Ausführung des Teilungsplanes]

¹Nach der Feststellung des Teilungsplans hat das Gericht die planmäßige Zahlung der Beträge an die Berechtigten anzuordnen; die Anordnung ist zu ergänzen, wenn nachträglich der Bei-

§ 157 [Ausführung des Teilungsplanes]

tritt eines Gläubigers zugelassen wird. Die Auszahlungen erfolgen zur Zeit ihrer Fälligkeit durch den Verwalter, soweit die Bestände hinreichen.

^{II}Im Falle der Hinterlegung eines zugeteilten Betrags für den unbekannten Berechtigten ist nach den Vorschriften der §§ 135 bis 141 zu verfahren. Die Vorschriften des § 142 finden Anwendung.

Übersicht

	Rn.
1. Allgemeines	1
2. Ausführung des Teilungsplans	2
a) Zahlungsanordnung des Vollstreckungsgerichts	2
b) Ausführung durch den Zwangsverwalter	4
c) Rechtsbehelfe	9
3. Ergänzung und Änderung	10
4. Unbekannte Berechtigte	15

1. Allgemeines

1   In der Regelung kommt die Zweiteilung des Auszahlungsablaufs in der Zwangsverwaltung zum Ausdruck: Die Feststellung des Teilungsplanes und Anordnung der planmäßigen Ausführung obliegen dem Gericht, der Zwangsverwalter ist für die Ausführung der angeordneten Zahlungen an den festgelegten Berechtigten zum festgelegten Fälligkeitszeitpunkt verantwortlich. Darin kommt auch die Stellung des Vollstreckungsgerichts als anweisendes Organ gegenüber dem Verwalter zum Ausdruck. Geregelt wird auch, dass die Zahlungsanordnungen (und damit zwangsläufig auch der Teilungsplan selbst) zu ändern sind, wenn nachträglich ein Gl dem Verfahren beitritt. Ohne dass es im Gesetz zum Ausdruck kommt, bezieht sich diese Aussage aber auch auf weitere Gründe, die eine Änderung oder Ergänzung notwendig werden lassen (Rdn 10 ff). § 157 II befasst sich schließlich noch mit dem Verfahren zur Ermittlung unbekannter Berechtigter, für die ein zugeteilter Betrag hinterlegt worden ist.

2. Ausführung des Teilungsplans

2   **a) Zahlungsanordnung des Vollstreckungsgerichts.** Aus dem Teilungsplan ergeben sich die Berechtigten, die Befriedigung aus dem Grundstück verlangen können, sowie Höhe, Rangstelle und Fälligkeitszeitpunkt ihres Anspruchs. Damit ist aber erst die Grundlage für die vom Verwalter vorzunehmenden Zahlungen geschaffen. § 157 I 1 knüpft daran an und bestimmt, dass das Gericht die Zahlung der Beträge an die Berechtigten anzuordnen hat. Die Zahlungsanordnung ergeht durch

§ 157

Beschluss, der im Verteilungstermin nach Feststellung des Teilungsplanes verkündet wird; eine Zustellung ist nicht veranlasst.

Die Zahlungsanordnung beinhaltet die Anweisung des Gerichts an den Zwangsverwalter, die Ansprüche an die Berechtigten nach dem Plan zu leisten; die Leistung wird in der Regel durch Zahlung erfolgen, kann aber in bestimmten Fällen auch durch Naturalleistung oder Hinterlegung geschehen (vgl § 156 Rdn 15).

b) Ausführung durch den Zwangsverwalter. Der Zwangsverwalter ist an die Zahlungsanordnung des Vollstreckungsgerichts gebunden (§ 11 II 1 ZwVwV). Er kann davon nicht nach eigenem Ermessen abweichen. Ohne Teilungsplan darf er keinerlei Zahlungen an Gl leisten, es besteht höchste Haftungsgefahr nach § 154 (Ausnahme freilich Zahlungen auf Ansprüche aus § 155 I und § 156 I 2). Bei Unklarheiten hat er eine Klarstellung durch das Gericht einzuholen. Bei der Auszahlung (oder sonstigen Leistung) hat er die Identität des Empfängers mit dem im Teilungsplan ausgewiesenen Berechtigten zu prüfen; dazu kann er einen Handelsregisterauszug anfordern, die Bestallung eines Vormundes oder Betreuers einsehen oder sich eine Geldempfangsvollmacht des Vertreters vorlegen zu lassen (*Stöber* Rdn 2.4).

Die Auszahlungen erfolgen bei Fälligkeit, **soweit die Bestände reichen** (§ 157 I 2). Ob diese Voraussetzung gegeben ist, entscheidet der Verwalter in eigener Verantwortung. Er hat dafür Sorge zu tragen, dass ausreichend Mittel zur Begleichung der vorweg zu entnehmenden Beträge des § 155 I (Ausgaben der Verwaltung und Kosten) verbleiben. An einen im Range nachstehenden Berechtigten darf nur gezahlt werden, wenn als sicher vorauszusehen ist, dass die Zahlungen an die vorgehenden Berechtigten aus Einnahmen geleistet werden können, die bis zur Fälligkeit dieser Zahlungen eingehen (*H/W/F/H* Rdn 3; *Depré/Mayer* Rdn 297 f). Sind die Rangklassen 1 bis 4 befriedigt, hat er zu prüfen, ob in der Rangklasse 5 noch eine Zahlung für den oder die betreibenden Gl erfolgen kann. Hierbei ist zunächst zu beachten, dass eine Zahlung auf das Kapital eines Grundpfandrechts nur nach einem vom Gericht bestimmten Kapitalzahlungstermin erfolgen darf (§ 158 I, § 11 III ZwVwV). Sonstige Zahlungen in dieser Rangklasse (rückständige wiederkehrende Leistungen, Hauptsachebeträge persönlicher Gl, Kosten gemäß § 10 II) können auf Grund der gerichtlichen Zahlungsanordnung in Verbindung mit dem Teilungsplan geleistet werden. Der Zwangsverwalter muss jedoch beachten, dass bis zum nächsten Fälligkeitstermin der laufenden wiederkehrenden Leistungen wieder ein entsprechender Überschuss durch die bis dahin eingehenden Einnahmen angesammelt werden kann; ist dies nicht der Fall, dürfen keine Zahlungen an die Berechtigten der Rangklasse 5 erfolgen.

Der Zwangsverwalter braucht nicht zu prüfen, ob sich der Vollstreckungstitel noch bei den gerichtlichen Akten befindet; die Überwachung

§ 157 [Ausführung des Teilungsplanes]

obliegt insoweit dem Vollstreckungsgericht. Zahlungen an den betreibenden Gl (auch solche aus vorhergehenden Rangklassen) sind vom Gericht auf dem **Schuldtitel** zu vermerken; näheres hierzu § 158 Rdn 8. Bei Briefrechten bedarf es bei der Zahlung auf laufende wiederkehrende Leistungen nicht der Briefvorlage; bei Zahlungen auf das Kapital ist zum Termin nach § 158 I der Brief vorzulegen.

7 Bei den Zahlungen hat der Verwalter die **Fälligkeit** zu beachten (§ 157 II 2); diese Angaben hat er dem Teilungsplan zu entnehmen. Zahlungen vor Fälligkeit dürfen nicht erfolgen, da das Verfahren vorher noch aufgehoben oder der Berechtigte anderweitig befriedigt werden könnte (*Stöber* Rdn 2.6).

8 Der zum **Zwangsverwalter eingesetzte Schu** (§ 150 b) bedarf zur plangemäßen Auszahlung nicht der Zustimmung der Aufsichtsperson (*Stöber* Rdn 2.8; *Steiner/Hagemann* Rdn 17).

9 c) **Rechtsbehelfe.** Die Zahlungsanordnung ist nicht selbstständig anfechtbar; sie ist gesetzliche Folge aus dem Teilungsplan, so dass lediglich dieser angefochten werden kann (vgl § 156 Rdn 20 ff). Das Vollstreckungsgericht ist im Rahmen der jährlichen Rechnungslegung in Ausübung seiner Aufsichtspflicht gehalten, die ordnungsgemäße Ausführung von Teilungsplan und Auszahlungsanordnung zu überwachen (*Steiner/Hagemann* Rdn 32). Die gerichtliche Zahlungsanordnung begründet für die Berechtigten keinen im Klageweg durchsetzbaren Anspruch gegen den Zwangsverwalter auf Auszahlung der entsprechenden Beträge. Zahlt der Verwalter nicht oder nicht plangemäß aus, obwohl dies auf Grund des vorhandenen Überschusses möglich wäre, kann sich der Berechtigte an das Vollstreckungsgericht wenden; dieses kann dem Verwalter Anweisungen nach § 153 I erteilen. Daneben kann der Berechtigte aber auch Vollstreckungserinnerung nach § 766 ZPO einlegen, über die am Vollstreckungsgericht der Richter entscheidet (§ 20 Nr 17 RPflG); hiergegen ist sofortige Beschwerde nach § 793 ZPO möglich.

3. Ergänzung und Änderung

10 Im Laufe eines Zwangsverwaltungsverfahrens können sich Veränderungen ergeben, die eine Ergänzung oder Änderung des Teilungsplans und der Zahlungsanordnung erforderlich machen. Auch wenn in § 157 I 1 lediglich von der Änderung oder Ergänzung der Anordnung gesprochen wird, ist dies so auszulegen, dass auch der **Plan** geändert oder ergänzt werden muss; eine Zahlungsanordnung ergeht immer nur auf der Grundlage eines festgestellten Teilungsplanes, so dass eine isolierte Änderung oder Ergänzung der Rechtslage nicht entsprechen würde (*H/W/F/H* Rdn 6).

11 Nach § 157 I 1 ist die Änderung oder Ergänzung lediglich vorgeschrieben, wenn nachträglich ein **Beitritt** eines Gl erfolgt; dies hat zur Folge, dass die rückständigen Leistungen sowie die Hauptsache einschließlich

§ 157

der darauf treffenden Kosten nach § 10 II in die Rangklasse 5 aufzunehmen sind (zum Rangverhältnis innerhalb der Rangklasse 5 vgl § 155 Rdn 37).

Neben diesem im Gesetz aufgeführten Fall der Änderung der Zahlungsanordnung (und des Teilungsplanes) sind auch noch **andere Gründe** denkbar, die eine Ergänzung oder Änderung notwendig machen, zB 12

- Rangänderungen der im Plan aufgenommenen Rechte,
- Löschung eines Rechts,
- Verzicht auf ein Recht,
- Pfändung und Überweisung eines Rechts,
- Tod eines Berechtigten,
- rechtskräftiges Urteil bei einer Klage nach § 159,
- Erledigung eines Widerspruchs,
- nachträgliche Eintragung eines Rechts, das nach Wegfall des Anordnungsgläubigers dem Beitrittsgläubiger gegenüber wirksam ist (Rangklasse 4),
- Abtretung eines Rechts; der Glwechsel ist hier beim Vollstreckungsgericht unter Vorlage der Rechtsnachfolgeklausel mit Zustellungsnachweis anzumelden.

Die Änderung oder Ergänzung von Teilungsplan und Zahlungsanordnung erfolgen **durch Beschluss,** sobald das Vollstreckungsgericht vom Grund Kenntnis erlangt. Eine mündliche Verhandlung ist nicht vorgeschrieben, kann aber bei umfangreichen Änderungen (insbesonders beim Rangverhältnis) angebracht sein. Der Beschluss ist dem Schu und den von der Änderung betroffenen Beteiligten zuzustellen, an die übrigen Beteiligten und den Zwangsverwalter genügt formlose Mitteilung. Erfolgt die Änderung oder Ergänzung in einem Termin, so finden für dessen Anberaumung und Ablauf die Bestimmungen über den Verteilungstermin nach § 156 Anwendung. Ein Beschluss wird in diesem Fall verkündet; einer Zustellung an den Verwalter oder die Beteiligten bedarf es dann nicht; ein nicht anwesender Verwalter und die betroffenen Beteiligten sollten jedoch formlos benachrichtigt werden. 13

Bei einer Änderung oder Ergänzung des Teilungsplans und der Zahlungsanordnung kommen die gleichen **Rechtsbehelfe** in Betracht wie gegen den Plan selbst; auf § 156 Rdn 20 ff wird insoweit verwiesen. 14

4. Unbekannte Berechtigte

Ist der Berechtigte für einen im Teilungsplan berücksichtigten Anspruch unbekannt, hat der Zwangsverwalter den an ihn auszuzahlenden Betrag zu **hinterlegen** (§§ 156 II 4, 126 II 1); vom Gericht muss eine Hilfszuteilung vorgenommen werden (§§ 156 II 4, 126 I). 15

Der hinterlegte Betrag verfällt **nach Ablauf von 30 Jahren** zu Gunsten desjenigen, der Eigentümer im Zeitpunkt der Hinterlegung war 16

§ 158 [Kapital von Grundpfandrechten]

(§§ 157 II 2, 126 S 1). Dessen Anspruch wiederum verfällt zu Gunsten des Staates, wenn er nicht innerhalb eines Jahres, also bis zum Ablauf von 31 Jahren ab Hinterlegung, einen begründeten Antrag auf Herausgabe gestellt hat (§§ 20, 23 HinterlO; diese ist als Bundesrecht mWv 1. 12. 2010 aufgehoben und ist durch landesrechtliche Regelungen zu ersetzen; G v. 23. 11. 2007 BGBl. I s. 2614).

17 Für das Verfahren zur **Ermittlung der unbekannten Berechtigten** verweist § 157 II 1 auf die §§ 135 bis 141. Es liegt somit nicht im Aufgabenbereich des Zwangsverwalters, den Berechtigten zu ermitteln. Vielmehr obliegt es dem Vollstreckungsgericht, die notwendigen Schritte hierzu einzuleiten. Dazu kann es einen Vertreter für den unbekannten Berechtigten bestellen (§§ 157 II 1, 135). Sollte die Kraftloserklärung eines Grundpfandrechtsbriefs erforderlich werden, kann dies auch noch nach Löschung des Rechts erfolgen (§§ 157 II 1, 136). Bei nachträglicher Ermittlung ist der Teilungsplan weiter auszuführen, das Gericht kann hierzu einen Termin bestimmen (§§ 157 II 1, 137, 139). Wird der Berechtigte binnen drei Monaten nicht ermittelt, kann das Vollstreckungsgericht denjenigen, welchem der Betrag anderweit zugeteilt ist, ermächtigen, das Aufgebotsverfahren zum Zwecke der Ausschließung des unbekannten Berechtigten von der Befriedigung aus dem zugeteilten Betrag zu beantragen (§§ 157 II 1, 138 I); die 3-Monats-Frist beginnt hierbei jedoch nicht mit dem Verteilungstermin, sondern erst mit der Hinterlegung (*Steiner/Hagemann* Rdn 47). Für das Aufgebotsverfahren ist die Zuständigkeit des Vollstreckungsgerichts gegeben (§§ 157 II 1, 140 I). Nach Erlass des Ausschlussurteils hat das Gericht einen Termin zur weiteren Ausführung des Teilungsplans zu bestimmen (§§ 157 II 1, 141 S 1). Die Zustellung der Terminsbestimmung hat an die in §§ 157 II 1, 141 S 2 genannten Beteiligten zu erfolgen.

§ 158 [Kapital von Grundpfandrechten]

I Zur Leistung von Zahlungen auf das Kapital einer Hypothek oder Grundschuld oder auf die Ablösungssumme einer Rentenschuld hat das Gericht einen Termin zu bestimmen. Die Terminsbestimmung ist von dem Verwalter zu beantragen.

II Soweit der Berechtigte Befriedigung erlangt hat, ist das Grundbuchamt von dem Gericht um die Löschung des Rechtes zu ersuchen. Eine Ausfertigung des Protokolls ist beizufügen; die Vorlegung des über das Recht erteilten Briefes ist zur Löschung nicht erforderlich. III Im übrigen finden die Vorschriften der §§ 117, 127 entsprechende Anwendung.

1. Allgemeines

1 Die Bestimmung regelt das Verfahren bei Zahlungen auf das Kapital einer Hypothek oder Grundschuld bzw auf die Ablösungssumme einer

§ 158

Rentenschuld. Damit soll eine sichere Grundlage für die daraus folgende Grundbuchberichtigung geschaffen werden. Ein Kapitalzahlungstermin nach § 158 I ist nur für Zahlungen auf den Hauptsacheanspruch bei dinglichen Rechten erforderlich; für andere Ansprüche der Rangklasse 5 wie rückständige wiederkehrende Leistungen oder die Hauptforderung bei persönlichen Gl trifft § 158 nicht zu. § 158 II befasst sich mit der Grundbuchberichtigung, damit die durch eine Zahlung nach § 158 I eingetretene Grundbuchunrichtigkeit beseitigt wird. Die praktische Bedeutung der Vorschrift ist verschwindend gering.

2. Kapitalzahlung bei Grundpfandrechten

Kapitalzahlungen kommen nur in der Rangklasse 5 für den oder die betreibenden Gl eines eingetragenen Rechts in Frage (Rdn 36 f zu § 155); auf dingliche Berechtigte, die nicht betreiben, werden im Zwangsverwaltungsverfahren keine Kapitalleistungen erbracht. Eine Terminsbestimmung nach § 158 I ist erforderlich, wenn Zahlungen auf das Kapital einer Hypothek oder Grundschuld oder auf die Ablösungssumme einer Rentenschuld erfolgen sollen; hierbei spielt es keine Rolle, ob der gesamte Kapitalbetrag oder lediglich Teilzahlungen erbracht werden können (*Steiner/Hagemann* Rdn 9). Eine Kapitalzahlung im Sinne des § 158 I liegt auch vor, wenn die Tilgungsraten einer Abzahlungshypothek bezahlt werden, nicht aber bei Tilgungsbeträgen, die als Zuschläge zu den Zinsen entrichtet werden; letztere werden wie wiederkehrende Leistungen behandelt. Entsprechend anzuwenden ist § 158 I, wenn der Reallastberechtigte aus dem Stammrecht einer ablösbaren Reallast die Zwangsverwaltung betreibt und auf die Ablösesumme Zahlungen erfolgen sollen (*Steiner/Hagemann* Rdn 8). Hingegen ist kein Termin erforderlich – selbst wenn der Gl in der Rangklasse 5 betreibt – bei allen Leistungen an persönliche Gl sowie bei Zahlungen an dingliche Gl wegen Kosten der Rechtsverfolgung nach § 10 II, rückständigen wiederkehrenden Leistungen sowie einmaligen Nebenleistungen. In diesen Fällen erfolgen die Zahlungen auf Grund des Teilungsplanes und der Zahlungsanordnung des Gerichts gemäß § 157 I.

Soll auf die von § 158 I erfassten Leistungen eine Auszahlung erfolgen, so hat der Zwangsverwalter die Terminsbestimmung zu beantragen (§ 158 I 2; § 11 III ZwVwV). Der **Termin** wird vom Vollstreckungsgericht bestimmt. Ein besondere Ladungsfrist ist nicht einzuhalten, es gilt § 217 ZPO. Die Ladung ist an Zwangsverwalter, Gl und Schu zuzustellen; eine öffentliche Bekanntmachung erfolgt nicht.

Das **Verfahren im Termin** besteht in der Abwicklung der Zahlung. Bei Zahlung auf ein Briefrecht muss dem Vollstreckungsgericht der Brief vorliegen; ist dies nicht der Fall, gilt die Person des Berechtigten als unbekannt, der Betrag ist zu hinterlegen (§§ 156 II 4, 126 II). Bei **Zahlung im Termin** nimmt das Gericht den Betrag entgegen und zahlt ihn

§ 158 [Kapital von Grundpfandrechten]

an den anwesenden Gl aus (§§ 158 III, 117 I 1); vor der Auszahlung sind die Identität des Berechtigten zu prüfen sowie ein Handelsregisterauszug oder eine Geldempfangsvollmacht vorzulegen. Möglich ist die unbare Auszahlung durch Überweisung an den Gl (§§ 158 III, 117 I 2). Obwohl im Gesetz nicht erwähnt, ist es auch zulässig, dass die Zahlung im Termin vom Zwangsverwalter auf Anweisung des Gerichts unmittelbar an den Gl erfolgt (*Stöber* Rdn 2.5; **aA** *Depré/Mayer* Rdn 304); die Erklärung des Gl über die Entgegennahme des Betrages ist zu Protokoll zu nehmen.

5 An einen im Termin **nicht anwesenden Gl** erfolgt Auszahlung durch Zahlungsanweisung an die Gerichtskasse (§§ 158 III, 117 II); Einzelheiten hierzu vgl Rdn 22, 23 zu § 117. Kann der Zwangsverwalter im Termin nicht anwesend sein, hat er den Betrag vor dem Termin bei der Gerichtskasse als Verwahrgeld einzuzahlen. Das Vollstreckungsgericht hat die Auszahlungen an die Berechtigten unmittelbar durch Auszahlungsanordnungen anzuordnen.

6 Der Zwangsverwalter wird von seiner Verpflichtung befreit, sobald er den Betrag dem Gericht oder auf dessen Anweisung dem Gl ausgehändigt hat. Die **Erfüllungswirkung** im Verhältnis Gl/Schu tritt mit Entgegennahme des Betrages durch den Gl bzw. mit Gutschrift auf seinem Konto ein.

7 Über den Kapitalzahlungstermin ist nach den allgemeinen Bestimmungen (§§ 159 ff ZPO) ein **Protokoll** aufzunehmen, das alle wesentlichen Vorgänge, insbesondere erfolgte Zahlungen, erteilte Zahlungsanweisungen oder Hinterlegungsanordnungen enthalten muss. Auch der Wortlaut der auf die Vollstreckungstitel und Grundpfandrechtsbriefe gesetzten Vermerke ist in das Protokoll aufzunehmen.

8 Auf den **Grundpfandrechtsbriefen** sind die Zahlungen zu vermerken, bei vollständiger Zahlung ist der Brief unbrauchbar zu machen (§§ 158 III, 127 I); Einzelheiten hierzu Rdn 2–7 zu 127. **Vollstreckungstitel** sind vor dem Termin vom Gl wieder anzufordern sofern sie nach Anordnung oder Beitritt zurückgegeben wurden. Zahlungen oder Hinterlegungen sind darauf zu vermerken (§§ 158 III, 127 II). Der Titel ist immer an den Einreicher zurückzugeben, und zwar auch dann, wenn der Gl voll befriedigt worden ist; eine Aushändigung an den Schu scheidet aus (Rdn 10 zu § 127). Die Vermerke auf Grundpfandrechtsbriefen und Vollstreckungstiteln sind im Protokoll festzuhalten (§§ 158 III, 127 III).

3. Grundbuchberichtigung

9 Die Kapitalzahlung auf ein Grundpfandrecht im Rahmen eines Termins nach § 158 I stellt sich als Befriedigung des Gl aus dem Grundstück dar; nach § 1181 I BGB erlischt die Hypothek (oder die Grundschuld, § 1192 I BGB). Das Vollstreckungsgericht hat daher das Grundbuchamt um Löschung des Rechts zu ersuchen (§ 158 II 1); eine Ausfertigung

§ 158 a

des Protokolls über den Kapitalzahlungstermin ist beizufügen (§ 158 II 2, 1. Halbsatz). Bei einem Briefrecht ist die Vorlage des Briefs an das Grundbuchamt zur Löschung nicht erforderlich (§ 158 II 2, 2. Halbsatz). Hat das Gericht jedoch den Brief in Händen, wird es ihn dem Grundbuchamt beifügen.

Wenn sich bei **Gesamtrechten** das Zwangsverwaltungsverfahren nur auf eines oder einige aber nicht alle mithaftenden Grundstücke bezieht, hat sich das Löschungsersuchen nur auf das (die) von der Zwangsverwaltung betroffene Grundstück zu erstrecken (*Stöber* Rdn 3.3). Es ist nicht Aufgabe des Vollstreckungsgerichts, die Grundbuchberichtigung (siehe § 1181 II BGB) bei den anderen Grundstücken zu veranlassen. 10

Eine Zahlung auf die **Tilgungsbeiträge,** die als Zuschläge zu den Zinsen zu entrichten sind, fällt nicht unter § 158 I. Trotzdem sollte auch hier das Vollstreckungsgericht in gewissen Zeitabständen, spätestens aber bei Aufhebung des Zwangsverwaltungsverfahrens ein Löschungsersuchen hinsichtlich der getilgten Kapitalbeträge an das Grundbuchamt richten (*Steiner/Hagemann* Rdn 28; *Stöber* Rdn 3.4). 11

Das **Grundbuchamt** hat lediglich zu prüfen, ob ein formell ordnungsgemäßes Löschungsersuchen (§ 38 GBO) vorliegt. Eine Prüfung in materieller Hinsicht steht ihm wie im Fall des § 130 nicht zu. 12

§ 158 a [Belastung in einheitlicher Europäischer Währung]

Für die Zwangsverwaltung eines Grundstücks, das mit einer Hypothek, Grundschuld oder Rentenschuld in einer nach § 28 Satz 2 der Grundbuchordnung zugelassenen Währung belastet ist, gelten folgende Sonderbestimmungen:
1. **Die Beträge, die auf ein in der Fremdwährung eingetragenes Recht entfallen, sind im Teilungsplan in der eingetragenen Währung festzustellen.**
2. **Die Auszahlung erfolgt in Euro.**
3. **Der Verwalter zahlt wiederkehrende Leistungen nach dem Kurswert des Fälligkeitstages aus. Zahlungen auf das Kapital setzt das Gericht in dem zur Leistung bestimmten Termin nach dem amtlich ermittelten letzten Kurswert fest.**

Bei der Bestimmung handelt es sich um die vollstreckungsrechtliche Ergänzung der mit § 28 S 2 GBO ermöglichten Grundbucheintragung ausländischer Währungen. Nach der **Verordnung über Grundpfandrechte in ausländischer Währung und in Euro** vom 30. 10. 1997 (BGBl I 2683) und dem Euro-Einführungsgesetz – EuroEG (BGBl I 1998, 1242) können Hypotheken, Grundschulden und Rentenschulden in folgenden Währungen eingetragen werden:
– in Euro (seit 1. 1. 1999), 1

§ 159 [Klage auf Änderung des Teilungsplans]

- in einer Währung der Mitgliedstaaten der Europäischen Union (ab 1.1. 2002 nur mehr in den Staaten, in denen der Euro nicht an die Stelle der nationalen Währungseinheit getreten ist),
- der Währung der Schweizerischen Eidgenossenschaft,
- in der Währung der Vereinigten Staaten von Amerika.

2 Die Bestimmung gilt für **Reallasten** entsprechend (§ 3 der VO).

3 Bei der Eintragung von Rechten in den genannten Währungen gelten im Zwangsverwaltungsverfahren folgende **Besonderheiten:**
1. Die Beträge, die auf ein in der Fremdwährung eingetragenes Recht entfallen, sind im Teilungsplan in der fremden Währung festzustellen.
2. Die Auszahlung erfolgt in Euro.
3. Die Umrechnung nimmt der Zwangsverwalter vor; bei wiederkehrenden Leistungen ist der Kurswert des Fälligkeitstages maßgeblich, bei Kapitalzahlungen setzt das Gericht im Kapitalzahlungstermin (§ 158 I) den Auszahlungsbetrag nach dem amtlich ermittelten letzten Kurswert fest.

4 Der **Euro** ist seit 1.1. 1999 einheitliche Währung der Mitgliedstaaten der Europäischen Union, die die Voraussetzungen erfüllen; unter ihnen ist die Bundesrepublik Deutschland.

§ 159 [Klage auf Änderung des Teilungsplans]

^I**Jeder Beteiligte kann eine Änderung des Teilungsplans im Wege der Klage erwirken, auch wenn er Widerspruch gegen den Plan nicht erhoben hat.**

^{II}**Eine planmäßig geleistete Zahlung kann auf Grund einer späteren Änderung des Planes nicht zurückgefordert werden.**

1. Allgemeines

1 Da der Teilungsplan im Verteilungstermin für die ganze Dauer des Zwangsverwaltungsverfahrens aufgestellt wird, kann sich im Laufe der Zeit ein Grund für seine Änderung ergeben. Unabhängig von der Möglichkeit des Widerspruchs im Verteilungstermin und einer nachträglichen Änderung oder Ergänzung durch das Vollstreckungsgericht gemäß § 157 I 1, 2. Halbsatz kann auch durch die Klage nach § 159 I eine Änderung des Teilungsplanes herbeigeführt werden. Vollstreckungsgericht und Zwangsverwalter sind an diesem Klageverfahren nicht beteiligt; das Vollstreckungsgericht deshalb nicht, weil Klage vor dem Prozessgericht zu erheben ist, der Verwalter nicht, weil er in dem Verfahren weder Kläger noch Beklagter ist. Eine Abänderung ist auch durch Einigung derjenigen Beteiligten möglich, auf deren Rechtsstellung eine eingetretene Änderung Auswirkungen hat (*Steiner/Hagemann* Rdn 3); eine Klage nach § 159 I hat nur dann ein Rechtsschutzbedürfnis, wenn eine solche Einigung zwischen den betroffenen Beteiligten nicht zustande gekommen ist (*Depré/Mayer* Rdn 318). Der Grund für eine Klage nach § 159 I kann Streit zwischen Beteiligten über das Bestehen eines Befriedigungsanspruchs aus dem Grundstück oder ihr Rangverhältnis sein.

2. Klageverfahren

Zur Erhebung der Klage ist jeder Beteiligte berechtigt (auch der Schu), der durch die begehrte Änderung des Teilungsplanes begünstigt werden kann. Die Klage ist gegen den (oder die) Beteiligten zu richten, der ganz oder teilweise aus dem Plan gestrichen werden soll oder der eine schlechtere Rangstelle innerhalb des Planes bekommen soll. Der Zwangsverwalter kann weder Kläger noch Beklagter sein. Die Klage ist zum Zivilgericht einzureichen, also je nach Wert des Streitgegenstandes das Amtsgericht (§ 23 Nr 1 GVG) oder das Landgericht (§ 71 I GVG). Die örtliche Zuständigkeit bestimmt sich nach dem Wohnsitz oder Sitz des Beklagten (§§ 12, 13, 17 ZPO); der ausschließliche Gerichtsstand nach § 879 ZPO trifft nicht zu. Bei der Klage handelt es sich um keine Widerspruchsklage nach § 878 ZPO; sie ist an keine Frist gebunden (*H/W/F/H* Rdn 3). Dem Inhalt nach handelt es sich um eine Gestaltungsklage; sie ist auf Änderung des Teilungsplanes zu richten; die begehrte Änderung ist genau bestimmt in den Klageantrag aufzunehmen. Die Erhebung der Klage hindert die weitere Ausführung des Teilungsplanes nicht; der Kläger kann allenfalls durch eine einstweilige Verfügung nach §§ 935 ff ZPO erwirken, dass die Planausführung vorläufig ausgesetzt wird (*Steiner/Hagemann* Rdn 13).

2

3. Wirkungen

Im Verfahren ist eine vergleichsweise Einigung möglich. Ansonsten entscheidet das Gericht durch Urteil, in dem die Änderung des Teilungsplanes konkret ausgesprochen wird. Das Urteil entfaltet erst ab Rechtskraft seine Wirkung. Der Kläger hat hierzu dem Vollstreckungsgericht eine Urteilsausfertigung mit Rechtskraftvermerk vorzulegen; eine Vollstreckungsklausel ist nicht erforderlich, da es sich um ein Gestaltungsurteil handelt. Die Zustellung des Urteils ist bereits von Amts wegen erfolgt (§ 317 I ZPO). Das Vollstreckungsgericht braucht den Teilungsplan nicht mehr zu ändern; dies ist bereits im Urteil ausgesprochen. Allerdings hat es die Zahlungsanordnung an den Zwangsverwalter nach § 157 I zu berichtigen. Das den Teilungsplan abändernde Urteil wirkt nur im Verhältnis zwischen Kläger und Beklagten; die übrigen Beteiligten des Zwangsverwaltungsverfahrens sind davon nicht betroffen (*Steiner/Hagemann* Rdn 16). Die Planänderung wirkt nicht rückwirkend, sondern nur ab Rechtskraft. Eine auf Grund des bisherigen Teilungsplanes geleistete Zahlung kann nicht zurückgefordert werden (§ 159 II).

3

§ 160 [Außergerichtliche Verteilung]

Die Vorschriften der §§ 143 bis 145 über die außergerichtliche Verteilung finden entsprechende Anwendung.

1 Die Vorschrift hat keinerlei praktische Bedeutung. Sie wird zu Recht mit Ausdrücken wie "verfehlt", "nur theoretisch möglich", "untunlich, unvorteilhaft und insbesondere in manchen Beziehungen gefährlich", "rätselhaft", "umständlich und unvorteilhaft" umschrieben (*Stöber* Rdn 1.2; *Steiner/Hagemann* Rdn 1 und 5). Die Bestimmung erweist sich in der Praxis als unanwendbar und sollte vom Gesetzgeber ersatzlos aufgehoben werden (so auch *H/W/F/H* Rdn 3).

2 Soweit Beteiligte einen auf sie entfallenden Teil der Überschüsse in Abweichung von der im Teilungsplan festgelegten Rangordnung einem anderen zukommen lassen wollen, bleibt als vorteilhafterer Weg eine gütliche Einigung außerhalb des Zwangsverwaltungsverfahrens. Auf entsprechende Anweisung des betroffenen Beteiligten wird der Zwangsverwalter den Betrag an den Begünstigten auszahlen und das Vollstreckungsgericht hierüber informieren (*Steiner/Hagemann* Rdn 5).

§ 161 [Aufhebung des Verfahrens]

^I**Die Aufhebung des Verfahrens erfolgt durch Beschluß des Gerichts.**

^{II}**Das Verfahren ist aufzuheben, wenn der Gläubiger befriedigt ist.**

^{III}**Das Gericht kann die Aufhebung anordnen, wenn die Fortsetzung des Verfahrens besondere Aufwendungen erfordert und der Gläubiger den nötigen Geldbetrag nicht vorschießt.**

^{IV}**Im übrigen finden auf die Aufhebung des Verfahrens die Vorschriften der §§ 28, 29, 32, 34 entsprechende Anwendung.**

Schrifttum: *Depré*, Eine Antragsrücknahme im Zwangsversteigerungs- oder Zwangsverwaltungsverfahren erfordert eine konstitutive Entscheidung des Vollstreckungsgerichts, ZfIR 2008, 841; *Drischler*, Aufhebung und Einstellung im Verfahren der Immobiliarvollstreckung, JurBüro 1964, 1, 241, 319 und 471; *Eickmann*, Temporäre Beschlagnahme- und Verfahrenswirkungen in der Zwangsverwaltung, ZfIR 2003, 1021; *Hintzen*, Beschlagnahmewirkung nach Antragsrücknahme in der Zwangsverwaltung, Rpfleger 2009, 68; *Mayer*, Zwangsverwaltung zwischen Zuschlag und Aufhebung, Rpfleger 1994, 101; *Mayer*, Zwangsverwaltung nach Zuschlag – gibt es kein Ende? RpflStud 2003, 112; *Schmidberger*, Zuwangsverwaltung und Zuschlag, Rpfleger 2007, 241; *Vonnemann*, Die Abwicklung des Zwangsverwaltungsverfahrens durch den Zwangsverwalter nach Aufhebung der Zwangsverwaltung, Rpfleger 2002, 415.

Übersicht

	Rn.
I. Allgemeines	1
II. Aufhebungsgründe der Zwangsverwaltung	3
1. Befriedigung des Gl (§ 161 II)	3
2. Mangelnde Vorschusszahlung (§ 161 III)	7
3. Entgegenstehende Rechte (§§ 161 IV, § 28)	13
4. Antragsrücknahme (§§ 161 IV, § 29)	16
5. Zuschlagserteilung im Zwangsversteigerungsverfahren	18
6. Weitere Aufhebungsgründe	19
7. Aufhebungsgründe	25
8. Aufhebungsverfahren	27
III. Folgen der Aufhebung (ohne Sonderfall Zuschlagserteilung)	31
1. Allgemeines	31
2. Auswirkungen auf die Verwaltertätigkeit	32
IV. Besonderheiten bei Aufhebung wegen Zuschlagserteilung	40

I. Allgemeines

Die Bestimmung befasst sich mit der Aufhebung des Zwangsverwaltungsverfahrens; allerdings handelt es sich um **keine abschließende und umfassende Darstellung** der Aufhebungsgründe. Ausdrücklich geregelt werden die Aufhebungstatbestände wegen Befriedigung des Gl (§ 161 II), Nichtzahlung eines vom Gl angeforderten Vorschusses (§ 161 III) sowie durch Verweisung in § 161 IV wegen grundbuchersichtlicher der Zwangsverwaltung entgegenstehender Rechte (§ 28) und Rücknahme des Zwangsverwaltungsantrags (§ 29). Daneben gibt es noch weitere Aufhebungsgründe, von denen die Aufhebung wegen Zuschlagserteilung in einem gleichzeitig laufenden Zwangsversteigerungsverfahren der Wichtigste ist und für den die Klärung der notwendigen Maßnahmen und Folgen aus dem sachlichen Zweck heraus erfolgt (*Stöber* Rdn 1.2). 1

Abgesehen von der seit 1.1.1999 bestehenden Einstellungsmöglichkeit auf Antrag des Insolvenzverwalters bei einem gleichzeitig laufenden Insolvenzverfahren (§ 153b) **fehlt eine gesetzliche Regelung über die einstweilige Einstellung** des Verfahrens im Allgemeinen; unbestritten ist, dass in der Zwangsverwaltung Einstellungstatbestände gegeben sein können. Dies kann bpsw schon wegen § 732 II, §§ 775, 776 oder § 769 ZPO möglich sein (unten Rdn 5, 6). Wegen der Einzelheiten zur einstweiligen Einstellung vgl § 146 Rdn 73 ff. 2

§ 161 [Aufhebung des Verfahrens]

II. Aufhebungsgründe der Zwangsverwaltung

1. Befriedigung des Gl (§ 161 II)

3 Das Verfahren ist aufzuheben, wenn der Gl befriedigt ist. Die Befriedigung muss **im Rahmen des Zwangsverwaltungsverfahrens** durch den Zwangsverwalter erfolgt sein und sich auf die gesamte Forderung (Kosten, Zinsen, Hauptsache und geleistete Vorschüsse) beziehen (*Stöber* Rdn 3.1; *Steiner/Hagemann* Rdn 9). Hinsichtlich rückständiger wiederrückkehrender Leistungen oder der Hauptsache (Rangklasse 5) ergibt sich die Forderung des Gl aus dem Anordnungs- oder Beitrittsbeschluss. Eine teilweise Befriedigung führt nicht zur Verfahrensaufhebung, sie ist allerdings vom Verwalter im weiteren Verteilungsverfahren zu berücksichtigen. Der Verwalter hat dem Vollstreckungsgericht **unverzüglich Mitteilung** zu machen, sobald er die Forderung einschließlich der Kosten der Zwangsverwaltung bezahlt hat (§ 12 IV 1 ZwVwV); eine Vorlage von Belegen ist nicht erforderlich (*Steiner/Hagemann* Rdn 9 **aA** *Stöber* Rdn 3.1). Der Verwalter hat dem Gericht auch anzuzeigen, wenn der Gl ihm gegenüber erklärt, er sei befriedigt (§ 12 IV 2 ZwVwV); das Gericht kann hier allerdings nicht das Verfahren nach Abs 1 aufheben, es soll aber darauf hinwirken, dass Antragsrücknahme nach § 29 erfolgt.

4 Die Aufhebung des Verfahrens nach § 161 II betrifft nur den Gl, der befriedigt wurde. Betreiben **weitere Gl**, so wird es nur hinsichtlich des befriedigten Gl aufgehoben (*Depré/Mayer* Rdn 342); für die übrigen läuft es ohne Einschränkung weiter, Teilungsplan und Zahlungsanordnung brauchen nicht berichtigt werden (*Steiner/Hagemann* Rdn 10).

5 Die Befriedigung des Gl **außerhalb des Zwangsverwaltungsverfahrens** (durch den Schu oder einen Dritten) führt nicht zur Aufhebung des Verfahrens nach § 161 II. Der Gl ist dem Schu gegenüber zur Antragsrücknahme verpflichtet; erfolgt sie nicht, kann der Schu Vollstreckungsabwehrklage nach § 767 ZPO erheben. Das Verfahren kann bis Entscheidung in der Hauptsache einstweilen eingestellt werden (§ 769 ZPO, durch Vollstreckungsgericht über Abs. 2).

6 Die Vorlage eines **Einzahlungs- oder Überweisungsnachweises** einer Bank oder Sparkasse durch den Schu berechtigen das Gericht nicht zur Aufhebung des Verfahrens, es ist lediglich einstweilen einzustellen; das Gleiche gilt bei Vorlage einer öffentlichen oder vom Gl ausgestellten Privaturkunde, aus der sich ergibt, dass er befriedigt ist (§§ 775 Nr 4 und 5, 776 S 2 ZPO).

2. Mangelnde Vorschusszahlung (§ 161 III)

7 Aufwendungen zur Durchführung des Verfahrens, insbesondere zur Instandsetzung und Erhaltung des Grundstücks, kann der Verwalter nach § 155 I aus den Einnahmen vorweg entnehmen. Die Höhe der Einnahmen erfährt das Gericht durch den Bericht über die Besitzerlangung des Grundstücks (§ 3 I 2 Nr 8 ZwVwV). Es entscheidet dann nach pflichtgemäßem Ermessen, ob und in welcher Höhe es einen Vorschuss vom betreibenden Gl anfordert. Bei der Bemessung der Höhe des Vorschusses orientiert sich das Gericht an den erforderlichen Aufwendungen. Der Zwangsverwalter kann nicht von sich aus beim Gl eine Vorschusszahlung anfordern, dies ist nur über das Gericht möglich (*Dassler/Engels* Rdn 76; **aA** *H/W/F/H* Rdn 22).

Bei **mehreren betreibenden Gl** kann es den Vorschuss von einem (sinnvoll dann vom erstrangigen) oder aufgeteilt von mehreren Gl erheben. Die Vorschussanforderung kann auch von Amts wegen erfolgen, vor allem dann, wenn das Gericht aus dem Bericht nach § 3 I ZwVwV erfährt, dass besondere Aufwendungen für die Durchführung des Verfahrens anfallen werden. Kostenbefreiung für die Gerichtskosten oder Bewilligung von Prozesskostenhilfe befreien den Gl nicht von der Vorschusspflicht (*Dassler/Muth* Rdn 28, *Steiner/Hagemann* Rdn 14). Der Vorschuss kann im Laufe des Verfahrens auch mehrfach angefordert werden. Das Gericht hat dem Gl eine angemessene Frist zur Zahlung des Vorschusses zu setzen; es kann auch einen besonderen Erörterungstermin anberaumen, wenn es ihn für zweckmäßig und sachdienlich erachtet; zu dem Termin sind Gl und Zwangsverwalter zu laden. 8

Das Gericht entscheidet durch Beschluss (Muster bei *Stöber* § 152 Rdn 18.2; *Brüggemann/Haut* Rdn 977). Darin ist der **Vorschuss** betragsmäßig zu bezeichnen. Bei der Bemessung der Höhe des Vorschusses muss das Gericht auf seine Angemessenheit für die anfallenden Ausgaben achten; er darf nicht deshalb unverhältnismäßig hoch bemessen werden, um bei seiner Nichtzahlung die Verfahrensaufhebung zu provozieren (*Dassler/Engels* Rdn 77; zur großzügigen Bemessung *Depré/Mayer* Rdn 227). Der Gl ist darauf hinzuweisen, dass das Verfahren nach Fristablauf aufgehoben werden kann. Empfehlenswert ist es, ihn auf die Vorwegentnahme des Vorschusses aus den Einnahmen und die bevorzugte Rangklasse (§ 155 II, § 11 I ZwVwV) hinzuweisen. Der Beschluss ist dem Gl zuzustellen, an den Zwangsverwalter reicht formlose Mitteilung. Der Schu ist an der Vorschussanforderung nicht beteiligt, er hat im übrigen kein Beschwerderecht (LG Heilbronn Rpfleger 2002, 326). 9

Der Vorschuss ist vom Gl an den Zwangsverwalter zu zahlen. Dieser hat das Gericht vom Eingang unverzüglich zu unterrichten. Wird der Vorschuss nicht fristgerecht gezahlt, teilt dies der Verwalter dem Gericht ebenfalls mit. Vor einer **Aufhebung** sind der Gl und der Zwangsverwalter zu hören (*DasslerEngels* Rdn 78; *Stöber* Rdn 4). Das Gericht kann das Zwangsverwaltungsverfahren aufheben, verpflichtet dazu ist es aber nicht. Die im Beschluss gesetzte Frist ist keine Ausschlussfrist; der Gl kann die Aufhebung des Verfahrens auch nach Fristablauf noch abwenden, solange sie noch nicht beschlossen wurde (*Dassler/Engels* Rdn 78; *Stöber* Rdn 4). Der Zwangsverwalter kann, falls die verwaltete Masse zur Deckung seines Anspruchs auf 10

§ 161 [Aufhebung des Verfahrens]

Vergütung und Auslagen nicht ausreicht, den betreibenden Gl unabhängig davon in Anspruch nehmen, ob er zuvor entsprechende Vorschüsse verlangt hatte (BGH Rpfleger 2004, 579).

11 Ist bei **mehreren betreibenden Gl** der Vorschuss von allen (anteilig) angefordert worden und zahlt nur einer von ihnen den Vorschuss nicht ein, so kann nicht das gesamte Verfahren sondern nur das Verfahren dieses Gl aufgehoben werden; dies kann auch zu einer Erhöhung der Vorschusspflicht für die übrigen Gl führen (*Steiner/Hagemann* Rdn 21). Im übrigen entscheidet das Gericht nach pflichtgemäßem Ermessen, wie es bei mehreren betr Gl den Vorschuss auf diese verteilt (*Dassler/Engels* Rdn 77; *DepréMayer* Rdn 334).

12 Die Vorschussanforderung für Aufwendungen der Verwaltung nach § 161 III ist zu unterscheiden von einer **Vorschussanforderung nach § 25 S 2**, der auch in der Zwangsverwaltung entsprechend anzuwenden ist; wurde danach für einzelne Sicherungsmaßnahmen ein Vorschuss erhoben, so führt die Nichtzahlung nur zur Aufhebung der angeordneten Sicherungsmaßregel, nicht aber zur Aufhebung des Zwangsverwaltungsverfahrens (*Stöber* Rdn 4; *Steiner/Hagemann* Rdn 22).

3. Entgegenstehende Rechte (§§ 161 IV, § 28)

13 Das Verfahren ist ferner aufzuheben, wenn dem Vollstreckungsgericht ein aus dem Grundbuch ersichtliches Recht bekannt wird, welches der Zwangsverwaltung oder deren Fortsetzung entgegensteht. Kenntnis von solchen Rechten erlangt das Gericht durch den Grundbuchauszug nach Eintragung des Zwangsverwaltungsvermerks gemäß § 19 II, wenn ein entgegenstehendes Recht erst nachträglich eingetragen wird durch die Mitteilung des Grundbuchamtes nach § 19 III. Sofern es sich um behebbare Hindernisse handelt, hat das Gericht dem Gl eine Frist zur Beseitigung aufzugeben und das Verfahren zunächst einstweilen einzustellen; erst nach dem fruchtlosen Fristablauf erfolgt Aufhebung; auf Rdn 42–45 zu § 28 wird verwiesen.

14 Die entgegenstehenden Rechte sind nicht unbedingt identisch mit denjenigen in der Zwangsversteigerung; insbesondere behindern Rechte, die Veräußerungsverbote beinhalten, die Zwangsverwaltung nicht, da eine Veräußerung im Zwangsverwaltungsverfahren nicht eintritt. Eine eingetragene Auflassungsvormerkung ist ohnehin kein entgegenstehendes Recht (vgl Rdn 4 ff zu § 28). Als solches kommt vor allem das **Eigentum eines Dritten** in Frage; allerdings ist gegen den Vollstreckungsschuldner, der Eigenbesitzer ist, unter den Voraussetzungen des § 147 das Zwangsverwaltungsverfahren möglich (eingehend Rdn 55 zu § 146 und Rdn 2 f zu § 147).

15 **Gegenrechte, die nicht aus dem Grundbuch ersichtlich sind,** können nur durch Drittwiderspruchsklage nach § 771 ZPO geltend gemacht werden (*Stöber* Rdn 3.2).

4. Antragsrücknahme (§§ 161 IV, § 29)

Wie bei der Zwangsversteigerung so ist auch im Zwangsverwaltungsverfahren die Antragsrücknahme durch den Gl ein Aufhebungsgrund (§ 161 IV, § 29). Die Rücknahme ist dem Vollstreckungsgericht gegenüber zu erklären; bei Zugang an den Zwangsverwalter hat dieser sie unverzüglich dem Gericht zu übermitteln. Die Wirkungen der Beschlagnahme entfallen nicht bereits mit Eingang der Rücknahmeerklärung bei Gericht, das Verfahren ist durch **konstitutiven Aufhebungsbeschluss** zu beenden (BGH ZfIR 2008, 876; dazu *Depré*, ZfIR 2008, 841; *Hintzen*, Rpfleger 2009, 68; *Keller*, ZfIR 2009, 385; *Dassler/Engels* Rdn 12; *Depré/Mayer* Rdn 321; vgl allg § 29 Rdn 5 f; überholt insoweit *Stöber* Rdn 2.3; *Steiner/Hagemann* Rdn 27). 16

Die Beschlagnahme endet mit *Zustellung* des Aufhebungsbeschlusses an den Schu als actus contrarius zu § 22 I (BGH ZfIR 2008, 876). Ist dessen Aufenthalt unbekannt ist, kann nach § 6 I ein Zustellungsvertreter bestellt werden, denkbar ist auch öffentliche Zustellung nach § 8 (*Hintzen*, Rpfleger 2009, 68, 71; *Keller*, ZfIR 2009, 385). Zustellung an den Zwangsverwalter ist nicht erforderlich, Mitteilung genügt. 16a

Gegen den Aufhebungsbeschluß ist sofortige Beschwerde nach § 793 ZPO statthaft. Mangels Beschwer haben weder Schu noch betr Gläubiger ein Rechtsschutzbedürfnis hieran. Wie in den anderen Fällen der Aufhebung – insbesondere bei § 28 – ist es sinnvoll anzuordnen, dass die Wirkungen des Beschlusses erst mit seiner Rechtskraft eintreten. Da die Beschlagnahme bis zur formellen Rechtskraft – bei entspr Anordnung – des Aufhebungsbeschlusses andauert, hat der Zwangsverwalter bis zu diesem Zeitpunkt Nutzungen des Zwangsverwaltungsobjekts einzuziehen. Im übrigen ist die Verwaltungstätigkeit einzustellen. Es ist Schlussrechnung zu legen (§ 154 S. 2). 16b

Der Gl kann **einzelne Ansprüche** von der Antragsrücknahme **ausnehmen**, insoweit wirkt die Beschlagnahme fort. Das Gericht hat im Aufhebungsbeschluß den Zwangsverwalter ausdrücklich zu ermächtigen, die weiter beschlagnahmten Ansprüche weiter zu verfolgen, seine Prozessführungsbefugnis bleibt dann erhalten (§ 12 II ZwVwV; BGHZ 155, 38). Die Befugnis, rückständige Mieten einzuziehen soll aber nicht dazu ermächtigen, einen Rechtsstreit gegen Dritte zu beginnen, die Mieten angeblich zu Unrecht eingezogen haben (BGH Rpfleger 2010, 38). Ohne entsprechende Erklärung des Gl kann das Gericht den Verwalter nicht zur weiteren Prozessführung ermächtigen. Fortwirkende Prozessführung ist sinnvoll, wenn ein obsiegendes Urteil auch vollstreckt werden kann. Andernfalls müsste der Zwangsverwalter das Urteil an den Schuldner herausgeben und der Gläubiger müsste die betreffende Forderung pfänden (*Hintzen*, Rpfleger 2009, 68, 70). Gerade dies will der Gläubiger mit Einschränkung seiner Antragsrücknahme vermeiden. 16c

§ 161 [Aufhebung des Verfahrens]

16d Der Zwangsverwalter darf im übrigen auf die Richtigkeit des gerichtlichen Beschlusses vertrauen. Hebt das Vollstreckungsgericht das Verfahren unzutreffend insgesamt auf und erklärt es keinen Vorbehalt nach § 12 II ZwVwV, ist der Zwangsverwalter hieran gebunden. Der Zwangsverwalter hat für die weitere Prozessführung Rücklagen bilden (§ 12 III 1 ZwVwV). Können die Prozesskosten aus den Rücklagen nicht bestritten werden, ist der Gläubiger nachschußpflichtig (§ 12 III 2 ZwVwV).

16e Beträge, die der Zwangsverwalter aus der Prozessführung erlangt, sind nach Abzug der Kosten entsprechend dem weiterhin bestehenden Teilungsplan des § 157 ZVG an Gl zu verteilen. Soweit dieser wegen seiner Ansprüche bereits anderweitig durch den Schu befriedigt wurde, ist dies mit Klage nach § 767 ZPO geltend zu machen. Der Zwangsverwalter kann dies nicht berücksichtigen.

17 Erfolgt die Aufhebung nach Antragsrücknahme durch den **einzigen betreibenden Gl,** so entfallen alle Beschlagnahmewirkungen; das Verfahren ist insgesamt aufzuheben und der Zwangsverwaltungsvermerk zu löschen. Wird außer dem aufgehobenen Verfahren mindestens ein weiteres Verfahren eines Gl weiterbetrieben, so erlöschen nur für den ausscheidenden Gl alle Beschlagnahmewirkungen; für die **übrigen betreibenden Gl** geht das Zwangsverwaltungsverfahren ohne Besonderheiten weiter, insbesondere wird der Zwangsverwaltungsvermerk nicht gelöscht.

5. Zuschlagserteilung im Zwangsversteigerungsverfahren

18 Es ist erstaunlich, dass das ZVG diesen in der Vollstreckungspraxis häufigen Aufhebungsgrund mit seinen umfangreichen Auswirkungen (Rdn 40 ff) nicht regelt. Unbestritten ist, dass dieser Tatbestand einen Aufhebungsgrund darstellt (statt aller *Stöber* Rdn 3.11; eingehend *Schmidberger,* Rpfleger 2007, 241); umstritten ist jedoch, wann die Aufhebung zu erfolgen hat und welche Wirkungen die Aufhebung sowie der Aufhebungsbeschluss selbst haben. Bei der Lösung dieser Probleme ist ein sachgerechter Interessenausgleich zwischen den Beschlagnahmegläubigern einerseits und dem Ersteher im Zwangsversteigerungsverfahren andererseits vorzunehmen. Fest steht, dass die Aufhebung nicht sofort mit Zuschlagserteilung, sondern erst nach Eintritt der Rechtskraft, jedoch mit Wirkung ab Zuschlagserteilung erfolgen darf (*DasslerEngels* Rdn 45; *Stöber* Rdn 3.11; *Steiner/Hagemann* Rdn 29; *Depré/Mayer* Rdn 345; *Eickmann* ZVG, § 42 III 1 und 3). Auch bei dem Aufhebungsbeschluss wegen der Zuschlagserteilung ist von einer konstitutiven Wirkung auszugehen, da eine bereits mit dem Zuschlag eintretende Verfahrensaufhebung die Möglichkeiten des Verwalters zu unaufschiebbaren Handlungen im Rahmen seiner Befugnisse (§ 152 I) beeinträchtigen würde; dies könnte sich nicht nur für die Gl des Zwangsverwaltungsverfahrens sondern auch für den Ersteher nachteilig auswirken (*Eickmann,* ZVG, § 42 III 1). Für die Aufhebung wegen

II. Aufhebungsgründe der Zwangsverwaltung § 161

Zuschlagserteilung im Zwangsversteigerungsverfahren spielt es keine Rolle, wem der Zuschlag erteilt worden ist, so dass auch bei Zuschlag an den Schu diese Wirkung eintritt (*Stöber* Rdn 3.11; *Dassler/Engels* Rdn 46). Zu den Auswirkungen der Aufhebung Rdn 40 ff.

6. Weitere Aufhebungsgründe

Bei den vorstehenden vier im Gesetz genannten Aufhebungsgründen handelt es sich um keine erschöpfende Auflistung (*Steiner/Hagemann* Rdn 30); vielmehr sind weitere Tatbestände denkbar, die aus rechtlichen oder tatsächlichen Gründen zur Aufhebung des Zwangsverwaltungsverfahrens führen: 19

a) Das Verfahren ist aufzuheben, wenn **allgemeine oder besondere Voraussetzungen der Zwangsvollstreckung fehlen** und eine Behebung nicht möglich ist (Rdn 19 ff zu §§ 15, 16). In diesem Zusammenhang kann besonders einem **fehlenden Rechtsschutzbedürfnis** Bedeutung zukommen (Rdn 6 zu § 146). Dabei kann auch § 765a ZPO Bedeutung erlangen (BGH Rpfleger 2009, 252). Das Zwangsverwaltungsverfahren dient zwar der Vollstreckung wegen einer Geldforderung. Allerdings können auch das Sicherungsinteresse des Gl und die notwendige Bestandserhaltung Zweck der Zwangsverwaltung sein (BGHZ 151, 384). Ein fehlendes Rechtsschutzbedürfnis dürfte daher nur dort gegeben sein, wo im konkreten Einzelfall und auf Dauer nicht mit Einnahmen aus dem Grundstück oder Verbesserungen für den Gl gerechnet werden kann. 20

b) **Aufhebungsgründe** können sich auch aus **§ 776 S. 1 mit § 775 ZPO** ergeben. Danach ist eine getroffene Vollstreckungsmaßregel – hier das Zwangsverwaltungsverfahren – aufzuheben, 21
– wenn die Ausfertigung einer vollstreckbaren Entscheidung vorgelegt wird, aus der sich ergibt, dass das zu vollstreckende Urteil oder seine vorläufige Vollstreckbarkeit aufgehoben oder dass die Zwangsvollstreckung für unzulässig erklärt oder ihre Einstellung angeordnet ist (§ 775 Nr 1). Hierunter fällt vor allem der Fall, wenn das der Anordnung zu Grunde liegende Urteil in der Rechtsmittelinstanz aufgehoben wurde.
– wenn die Ausfertigung einer gerichtlichen Entscheidung vorgelegt wird, aus der sich ergibt, dass die einstweilige Einstellung der Vollstreckung oder einer Vollstreckungsmaßregel angeordnet ist oder die Vollstreckung nur gegen Sicherheitsleistung fortgesetzt werden darf (§ 775 Nr 2 ZPO). In diesem Fall muss die Aufhebung der Vollstreckungsmaßregel ausdrücklich angeordnet sein (§ 776 S 2, 2. Halbsatz ZPO). Häufigster Anwendungsfall ist die Einstellung der Zwangsvollstreckung wegen Rechtsmittel- oder Einspruchseinlegung gemäß §§ 719, 707 ZPO.
– wenn eine öffentliche Urkunde vorgelegt wird, aus der sich ergibt, dass die zur Abwendung der Vollstreckung erforderliche Sicherheitsleistung oder Hinterlegung erfolgt ist (§ 775 Nr 3 ZPO). Der Nach-

§ 161 [Aufhebung des Verfahrens]

weis der Sicherheitsleistung (zB §§ 711, 712 ZPO) kann erbracht werden durch Vorlage eines Hinterlegungsscheines oder wenn Sicherheit durch Bürgschaft zugelassen ist durch schriftliche, dem Gl zugestellte Bürgschaftserklärung.

22 c) Die **Eröffnung des Insolvenzverfahrens** vor Beschlagnahme führt zur Aufhebung des Zwangsverwaltungsverfahrens, wenn es wegen eines persönlichen Anspruchs angeordnet wird (§ 89 I InsO, §§ 28 II, 161 IV). Wurde die Zwangsverwaltungsbeschlagnahme von einem absonderungsberechtigten Gl nach § 49 InsO erwirkt, hindert die Eröffnung des Insolvenzverfahrens nicht den Fortgang des Verfahrens. Absonderungsberechtigt ist auch der pers betr Gl in der Rangklasse 5 des § 10, wenn er die Beschlagnahme wirksam vor Insolvenzeröffnung erlangt hat (vgl Rdn 40 zu § 146).

23 d) Der **Untergang des Beschlagnahmeobjekts** kann die Aufhebung des Zwangsverwaltungsverfahrens zur Folge haben. Hierfür können tatsächliche Umstände (zB Meereseinbruch, Dauerüberschwemmung uä) aber auch rechtliche Gründe in Frage kommen. Zu letzteren zählt das völlige Verschwinden des Grundstücks durch Flurbereinigung, Enteignung oder Umlegungsverfahren, wenn der Schu eine Geldabfindung erhält (*Steiner/Hagemann* Rdn 38; *Stöber* Rdn 3.9). Wird jedoch ein Ersatzgrundstück zugewiesen, setzt sich das Verfahren an diesem fort (vgl Rdn 14 zu § 28). Das Erlöschen eines zwangsverwalteten Erbbaurechts ist ebenfalls als Aufhebungsgrund anzusehen (*Stöber* Rdn 3.9; *Steiner/Hagemann* Rdn 36). Kein Aufhebungsgrund liegt jedoch vor, wenn das Gebäude durch Brand oder Naturkatastrophe zerstört wird, da das Grundstück zu anderen Zwecken genutzt werden kann (*Steiner/Hagemann* Rdn 37; zu den von der Beschlagnahme erfassten Versicherungsforderungen vgl § 148 Rdn 14.

24 e) Das **Fehlen eines Zwangsverwalters** ist nur dann ein Aufhebungsgrund, wenn das Vollstreckungsgericht alle erdenklichen Versuche unternommen hat, eine geeignete und übernahmebereite Person zu finden; ggfs ist auch der Gl in die Bemühungen zur Sache nach einem Verwalter einzuschalten (*Stöber* Rdn 3.14 d; *Steiner/Hagemann* Rdn 43; LG Tübingen Rpfleger 1982, 33).

7. Aufhebungsgründe

25 Keine Aufhebungsgründe sind gegeben bei außergerichtlicher Befriedigung des Gl durch den Schu oder einen Dritten. Hier ist der Gl zur Antragsrücknahme verpflichtet; kommt er dem nicht nach, kann der Schu die Aufhebung durch Vollstreckungsabwehrklage nach § 767 ZPO herbeiführen (vgl Rdn 5).

26 Auch ein **Gl- oder Schuwechsel** führt nicht zur Aufhebung des Zwangsverwaltungsverfahrens. Bei Eintritt eines neuen Gl nimmt dieser nach Erteilung der Rechtsnachfolgeklausel und Zustellung (§§ 727, 750 II ZPO) an Stelle des bisherigen Gl am Verfahren teil, sobald er die Rechtsnachfolge angemeldet hat; geschieht dies nicht, bleibt weiterhin der bishe-

III. Folgen der Aufhebung (ohne Sonderfall Zuschlagserteilung) **§ 161**

rige Gl verfahrensbeteiligt, bei Kenntnis des Gerichts sind auf ihn entfallende Beträge allerdings zu hinterlegen (*Steiner/Hagemann* Rdn 13). Ein Schuldnerwechsel nach Beschlagnahmewirksamkeit hat in entsprechender Anwendung von § 26 dann keine Auswirkungen, wenn das Verfahren aus einem eingetragenen Recht betrieben wird; zu Einzelheiten im Übrigen siehe Rdn 4 ff zu § 26.

8. Aufhebungsverfahren

Aufhebungsverfahren (ohne Sonderfall Zuschlagserteilung). In allen Fällen erfolgt die Aufhebung des Zwangsverwaltungsverfahrens durch gerichtlichen Beschluss (§ 161 I). Bei mehreren betreibenden Gl ist der Grundsatz der Selbstständigkeit der Einzelverfahren zu beachten; aufgehoben wird jeweils nur das Verfahren gegenüber dem Gl, bei welchem der Aufhebungsgrund gegeben ist. Der Beschluss hat in allen Fällen konstitutive Wirkung. Es ist empfehlenswert, die Vollziehung der Entscheidung bis zur Rechtskraft auszusetzen; dies kann dadurch zum Ausdruck gebracht werden, dass in den Beschluss aufgenommen wird, dass er erst mit seiner Rechtskraft Wirksamkeit erlangt (*Steiner/Hagemann* Rdn 47). Damit wird dem Umstand Rechnung getragen, dass ein eingelegtes Rechtsmittel keine aufschiebende Wirkung hat und bei einer Aufhebung der Entscheidung durch das Beschwerdegericht Rechtsnachteile für den Gl eintreten könnten (Rangverlust, Ausfall von Nutzungen ua). 27

Der Aufhebungsbeschluss ist dem Schu und dem betreibenden Gl, dessen Verfahren aufgehoben wurde, **zuzustellen** (§ 161 IV, § 32). Dem Zwangsverwalter und den übrigen Beteiligten, denen auch die Anordnung übermittelt wurde, ist der Beschluss formlos mitzuteilen; dies empfiehlt sich auch gegenüber den Personen, denen ein Zahlungsverbot nach § 151 Abs 3 zugestellt wurde (*Stöber* Rdn 2.1). 28

Nach Rechtskraft des Aufhebungsbeschlusses ist das Grundbuchamt um **Löschung des Zwangsverwaltungsvermerks** zu ersuchen (§ 161 IV, § 34); dies gilt natürlich nur dann, wenn das Verfahren nur von einem Gl betrieben wurde oder das Verfahren hinsichtlich aller betreibender Gl rechtskräftig aufgehoben wurde. 29

Gegen den Aufhebungsbeschluss steht dem Gl **sofortige Beschwerde** zu (§ 11 I RPflG; § 793 ZPO), über die das übergeordnete Landgericht entscheidet (§ 72 GVG). Der Schu, die übrigen Beteiligten sowie der Zwangsverwalter sind mangels Beschwer nicht rechtsmittelberechtigt. 30

III. Folgen der Aufhebung (ohne Sonderfall Zuschlagserteilung)

1. Allgemeines

Mit der Aufhebung des Zwangsverwaltungsverfahrens entfällt die Beschlagnahme und mit ihr die damit verbundenen Wirkungen. Damit 31

§ 161 [Aufhebung des Verfahrens]

lebt die dem Schu nach § 148 II entzogene Verwaltung und Nutzung in Bezug auf das Grundstück wieder auf; der Verwalter hat das Beschlagnahmeobjekt dem Schu zurückzugeben (BGHZ 71, 216, 220). Die Wirkungen der Aufhebung treten mit Wirksamkeit des Aufhebungsbeschlusses (letzte Zustellung) ein, sofern nicht – wie unter Rdn 27 empfohlen – die Wirksamkeit ausdrücklich erst ab dem Zeitpunkt der Rechtskraft ausgesprochen wird (*Steiner/Hagemann* Rdn 57). Wird nach dem Wirksamwerden des Aufhebungsbeschlusses ein neuer Anordnungs- oder Beitrittsantrag gestellt, so ist ein neues, völlig selbstständiges Verfahren anzuordnen (*Steiner/Hagemann* Rdn 56); es ist auch ein neuer Zwangsverwaltungsvermerk im Grundbuch einzutragen, selbst wenn der vorherige noch nicht gelöscht ist.

2. Auswirkungen auf die Verwaltertätigkeit

32   Mit dem Aufhebungsbeschluss und dem Wegfall der Beschlagnahme ist die Tätigkeit des Zwangsverwalters nicht beendet. Er bleibt über diesen Zeitpunkt hinaus zur **Abwicklung des Zwangsverwaltungsverfahrens** verpflichtet. Das Gericht kann den Verwalter nach dessen Anhörung im Aufhebungsbeschluss oder auf Antrag durch gesonderten Beschluss ermächtigen, seine Tätigkeit in Teilbereichen fortzusetzen, soweit dies für den ordnungsgemäßen Abschluss der Zwangsverwaltung erforderlich ist. Hat der Verwalter weiterführende Arbeiten nicht zu erledigen, sind der Anordnungsbeschluss und die Bestallungsurkunde mit der Schlussrechnung zurückzugeben, ansonsten mit der Beendigung seiner Tätigkeit (§ 12 II ZwVwV). Ab dem Wirksamwerden der Aufhebung kann er **keine Einnahmen** mehr erzielen. Von den gezogenen Nutzungen sind noch die Ausgaben der Verwaltung, zu denen auch seine Vergütung und Auslagen gehören, und die Gerichtskosten zu begleichen. Ein vorhandener **Zwangsverwaltungsüberschuss** gebührt grundsätzlich dem Vollstreckungsschuldner (LG Heilbronn Rpfleger 1996, 37; *Steiner/Hagemann* Rdn 62). Hat seit der Anordnung der Eigentümer gewechselt, so steht diesem der Überschuss zu, wenn er sein Recht angemeldet hat (*Stöber* Rdn 5.1: aA *Depré/Mayer* Rdn 328, der keine Anmeldung gemäß § 9 fordert). In Zweifelsfällen sollte der Zwangsverwalter Rücksprache mit dem Vollstreckungsgericht nehmen (OLG Köln VersR 1994, 113). Um spätere Ansprüche auszuschließen, empfiehlt es sich für den Verwalter, die Rückgabe des Grundstücks und die Auszahlung des Überschusses vom Eigentümer bestätigen zu lassen.

33   Auch für die Zeit nach Verfahrensaufhebung können noch **Ausgaben** entstehen, die sich aus der Abwicklung bestehender Geschäfte und der Erledigung unaufschiebbarer Handlungen ergeben können. Der Verwalter bleibt verpflichtet, alle Maßnahmen zu erledigen, die für das Grundstück oder mitbeschlagnahmten Gegenstände eine Gefährdung darstellen können, zB Schäden am Gebäude zu beseitigen, Versicherungsprämien

III. Folgen der Aufhebung (ohne Sonderfall Zuschlagserteilung) § 161

bezahlen, Kundendienst- oder Reparaturarbeiten an Zubehörgegenständen vornehmen lassen. Auch die Lohnansprüche der Beschäftigten hat der Zwangsverwalter zu erfüllen, soweit die Verträge über den Aufhebungszeitpunkt hinaus fortbestehen (*Steiner/Hagemann* Rdn 65).

Die nach dem Teilungsplan und der Zahlungsanordnung vorzunehmenden **Leistungen** sind ab dem Wirksamwerden des Aufhebungsbeschlusses einzustellen. Dies gilt in erster Linie für öffentliche Grundstückslasten sowie die ab diesem Zeitpunkt fällig werdenden wiederkehrenden Leistungen. Ob noch offene Leistungen aus der Zeit vor Aufhebung aus dem Überschuss im Rahmen der Abwicklungstätigkeit bestritten werden können, hängt vom Einzelfall und dem Grund der Aufhebung ab; ausgeschlossen ist dies sicherlich bei Aufhebung wegen Befriedigung des Gl, wegen Antragsrücknahme oder wegen Aufhebung des Vollstreckungstitels gemäß §§ 776, 775 Nr 1 ZPO. Auch hier sollte bei Zweifelsfällen eine Absprache zwischen Verwalter und Vollstreckungsgericht erfolgen. 34

Nach § 154 S 2 und 3 ist der Verwalter zur Rechnungslegung verpflichtet. Die **Schlussrechnung** ist als abgebrochene Jahresrechnung zu erstatten (§ 14 III ZwVwV). Zur Schlussrechnung gehört auch ein Schlussbericht des Zwangsverwalters (*Steiner/Hagemann* Rdn 67). Nach vollständiger Beendigung seiner Amtstätigkeit reicht der Verwalter eine Endabrechnung ein, sobald alle Zahlungsvorgänge abgeschlossen und die Konten auf Null gebracht sind (§ 14 IV ZwVwV). 35

Hins. **anhängiger Rechtsstreite** endet die Prozessführungsbefugnis des Verwalters (BGHZ 155, 38; LG Frankfurt/Main Rpfleger 2000, 30 m Anm *Haarmeyer; Eickmann,* ZVG, § 42 III 2; *Depré/Mayer* Rdn 324 und 557;). Das Gericht kann aber gemäß § 12 II ZwVwV dem Verwalter in Teilbereichen gestatten, Prozesse weiter zu führen, wenn der Gl bei seiner Antragsrücknahme dies bestimmt hat. 36

Bei Prozessen, die der Verwalter nicht weiter führt oder weiterführen kann, tritt der Schu in das Verfahren ein; es liegt ein gewillkürter Parteiwechsel vor (*Steiner/Hagemann* Rdn 71; *Depré/Mayer* Rdn 325 und 558). 37

Die vorstehenden Ausführungen geltend auch für **Zwangsvollstreckungsmaßnahmen,** insbesonders soweit die Beitreibung von Forderungen zur Zwangsverwaltungsmasse zur Deckung der Ausgaben der Verwaltung und der Kosten erforderlich ist. Aus den vom Zwangsverwalter erwirkten Vollstreckungstiteln, die nicht von ihm vollstreckt wurden, kann der Schu nach Aufhebung des Verfahrens weiter vollstrecken, sofern die Umschreibung der Vollstreckungsklausel nach § 727 ZPO erfolgt (OLG Düsseldorf OLGZ 1977, 250; *Stöber* Rdn 7.6). 38

Ebenso wie der Tätigkeit des Zwangsverwalters endet auch die **Aufsichtspflicht des Vollstreckungsgerichts** nicht sofort mit dem Aufhebungsbeschluss; es hat vielmehr noch die Abwicklungstätigkeit zu überwachen. Dies bezieht sich vor allem auf die Prüfung der Schlussrechnung und zwar auch dann, wenn Gl und Schu darauf verzichtet haben (*Steiner/* 39

§ 161 [Aufhebung des Verfahrens]

Hagemann Rdn 74). Das Gericht kann sogar noch Anweisungen erteilen und ein Zwangsgeld gegen den Verwalter festsetzen (§ 153 I, II) jedoch nur in Bezug auf die Abwicklungstätigkeit.

IV. Besonderheiten bei Aufhebung wegen Zuschlagserteilung

40   Über die Aufhebung des Zwangsverwaltungsverfahrens wegen Zuschlagserteilung im gleichzeitig laufenden Zwangsversteigerungsverfahren trifft das ZVG keine Aussage. Bereits unter Rdn 18 ist ausgeführt, dass die Aufhebung nicht sofort mit Zuschlagserteilung sondern erst nach Eintritt der Rechtskraft erfolgen darf. Das Vollstreckungsgericht hat den Zwangsverwalter unverzüglich (und nicht erst ab Rechtskraft) von der Zuschlagserteilung zu unterrichten; im Einzelfall ist auch eine telefonische Verständigung empfehlenswert. Die Aufhebung erfolgt **nach Rechtskraft durch Beschluss,** der konstitutive Wirkung hat (*Steiner/Hagemann* Rdn 83). In den Beschluss ist die Rückwirkung der Aufhebung auf den Zeitpunkt des Wirksamwerdens der Zuschlagserteilung aufzunehmen (Rdn 19). Dem Ersteher ist der Aufhebungsbeschluss formlos mitzuteilen (*Stöber* Rdn 2.1); er ist nicht rechtsmittelberechtigt.

41   Mit Erteilung des Zuschlags geht das Eigentum auf den Ersteher über, sofern nicht im Beschwerdeweg der Beschluss rechtskräftig aufgehoben wird (§ 90 I). Bis Eintritt der Rechtskraft des Zuschlagsbeschlusses hat der Zwangsverwalter seine Tätigkeit uneingeschränkt fortzusetzen (*Steiner/Hagemann* Rdn 88). Für die Zeit von Zuschlagserteilung bis Aufhebung der Zwangsverwaltung verwaltet er für den Ersteher und für dessen Rechnung. Er ist dem Ersteher gegenüber für die Erfüllung seiner Verpflichtungen verantwortlich (BGH Rpfleger 1963, 285); aus den Handlungen des Verwalters wird der Ersteher berechtigt und verpflichtet. Das Gericht sollte deshalb dem Verwalter aufgeben, sich mit dem Ersteher in wesentlichen Fragen der Zwangsverwaltung abzusprechen.

42   Das Grundstück und die mitbeschlagnahmten beweglichen Gegenstände sind nach Aufhebung des Verfahrens – nicht bereits nach Zuschlagserteilung – **an den Ersteher herauszugeben.** Ab dem Zuschlagstag stehen dem Ersteher die Nutzungen zu und er trägt die Lasten (§ 56 S 2). Der Zuschlagstag ist auch der Stichtag für die Abrechnung durch den Zwangsverwalter. Die bis zu diesem Tag gezogenen Einnahmen fließen in die Zwangsverwaltungsmasse, daraus sind die bis zum Zuschlagstag anfallenden Lasten zu begleichen. Die **bis zum Zuschlagstag** eingezogenen Nutzungen sind entsprechend dem Teilungsplan nach §§ 156 I, II 2, 157 I zu verteilen (OLG Stuttgart NJW 1975, 265); die **nach Zuschlagserteilung** treffenden Einnahmen stehen dem Ersteher zu. Rechte des Erstehers darf der Verwalter nur geltend machen, wenn er von diesem dazu ermächtigt ist (*Steiner/Hagemann* Rdn 88). Aus den ab Zuschlagstag treffenden Einnah-

IV. Besonderheiten bei Aufhebung wegen Zuschlagserteilung § 161

men hat der Verwalter die ab diesem Zeitpunkt anfallenden Ausgaben (öffentliche Lasten, Versicherungsprämien, Wohngeld ua) zu entnehmen und der Zwangsverwaltungsmasse zuzuführen (*Steiner/Hagemann* Rdn 93); der verbleibende Überschuss **steht dem Ersteher** zu. Einen Fehlbetrag kann der Zwangsverwalter aber nicht klageweise beim Ersteher einfordern (BGH Rpfleger 2009, 635).

Auch nach **Aufhebung wegen Zuschlagserteilung** ist der Zwangs- 43 verwalter berechtigt, laufende Geschäfte und Verträge abzuwickeln. Einzelheiten hierzu regelt § 12 II und III ZwVwV.

Die vom Verwalter dem Gericht vorzulegende **Schlussrechnung** 44 erfolgt für die Zeit bis zur Zuschlagserteilung gegenüber Gl und Schu, für die Zeit danach gegenüber dem Ersteher, sog **Ersteherabrechnung** (*Steiner/Hagemann* Rdn 100; *Dassler/Engels* Rdn 55 f). Nach Ansicht des BGH (ZfIR 2008, 25) soll der Zwangsverwalter dem Ersteher gegenüber auch zur Abrechnung der Mietnebenkosten und zur Herausgabe nicht verbrauchter Nebenkostenvorauszahlungen der Mieter zum Stichtag des Zuschlags verpflichtet sein (dazu kritisch Rdn 3c zu § 154). Die Abrechnungspflicht gegenüber den Mietern obliegt dem Ersteher, wenn der maßgebliche Abrechnungszeitraum nach Aufhebung der Zwangsverwaltung endet (*Stöber* Rdn 6.6, 6.7).

Das dem Ersteher nach § 57 a zustehende **Sonderkündigungsrecht** 45 ist durch eine laufende Zwangsverwaltung nicht eingeschränkt; er kann die Kündigungen aussprechen, Räumungsklagen erheben und Räumungsvollstreckungen beantragen (*Steiner/Hagemann* Rdn 101).

Wird nach Zuschlagserteilung eine **Sicherungsverwaltung nach § 94** 46 gegen den Ersteher angeordnet, so läuft diese neben und unabhängig von der Zwangsverwaltung. Es ist zweckmäßig, den Zwangsverwalter auch zum Verwalter nach § 94 zu bestellen. Beide Verwaltungsmassen müssen getrennt geführt und abgerechnet werden (*Dassler/Engels* Rdn 71).

Vergütung und Auslagen des Zwangsverwalters laufen für die Zeit 47 der Abwicklung nach Aufhebung wegen Zuschlagserteilung weiter (*Steiner/Hagemann* Rdn 97), auch die Einnahmen aus dieser Zeit sind der Vergütung zu Grunde zu legen (§ 18 ZwVwV). Umstritten ist, ob diese Ausgaben ausschließlich aus der Zwangsvollstreckungsmasse zu entnehmen sind (also letztlich der Vollstreckungsschuldner zu tragen hat) oder ob der Ersteher anteilig heranzuziehen ist. Die Zwangsverwaltung richtet sich gegen den Schu, nur er ist Partei im Verfahren. Der Ersteher wird nur durch die auf die Zuschlagserteilung bezogene Aufhebung der Zwangsverwaltung und die daraus entstehende zeitliche Überschneidung betroffen. Daraus folgt, dass nur der Schu die Vergütung und Ausgaben des Zwangsverwalters zu tragen hat; der Ersteher kann nicht (auch nicht anteilig) damit belastet werden (LG Berlin Rpfleger 1990, 267; *Dassler/Engels* Rdn 62; **aA** *Steiner/Hagemann* Rdn 97). Dem steht nicht entgegen, dass der Schu außerhalb des Vollstreckungsverfahrens vom Ersteher einen Ausgleich aus Geschäftsführung ohne Auftrag verlangen kann (*Dassler/Engels* Rdn 62).

Zweiter Abschnitt. Zwangsversteigerung von Schiffen, Schiffsbauwerken und Luftfahrzeugen im Wege der Zwangsvollstreckung

Erster Titel. Zwangsversteigerung von Schiffen und Schiffsbauwerken (§§ 162–171)

Schrifttum: *Albrecht,* Die Zwangsversteigerung von Seeschiffen im internationalen Rechtsverkehr, 1983; *App,* Vollstreckung in Binnenschiffe, KKZ 1985, 54; *Dobberahn,* Rechte an Schiffen und Luftfahrzeugen, MittRhNotK 1998, 145; *Drischler,* Das seerechtliche Verteilungsverfahren – konkursrechtliche Grundsätze, KTS 1974, 71; *ders.,* "Ausgeflaggte" Seeschiffe und Zwangsversteigerung, KTS 1980, 111; *Hornung,* Die Abwrackaktion in der Binnenschifffahrt, Rpfleger 1970, 117; *ders.,* Änderung der Schiffsregisterordnung, Rpfleger 1981, 271; *ders.,* Verordnung zur Durchführung der Schiffsregisterordnung, Rpfleger 1982, 88 und 130; *ders.,* Beiträge zum Schiffsregister, Rpfleger 1985, 271 und 345; *ders.,* Schutzgrenzen durch Gesetz beim Mindestgebote, Wertfestsetzung und Befriedigungsfiktion in Verfahren der Schiffsversteigerung, RpflJB 1991, 216; *ders.,* Das Schwimmdock in der Register- und Vollstreckungspraxis, Rpfleger 2003, 232; *Krieger,* Die Durchführungsverordnung zum Gesetz über Rechte an eingetragenen Schiffen und Schiffsbauwerken, DJ 1941, 209; *Liesecke,* Schiffsgläubigerrecht und Arrest, MDR 1967, 625; *Mohrbutter,* Neuerungen zum Schiffsversteigerungsrecht, KTS 1969, 77; *ders.,* Treuhänderische Nutzung eines Schiffes in der Zwangsversteigerung, KTS 1963, 21; *ders.,* Zum Schiffsversteigerungsrecht, KTS 1974, 88; *Sebode,* Neuerungen bei der Zwangsvollstreckung in Schiffe und Schiffsbauwerke, DR 1941, 620; *Weimar,* Die mithaftenden Gegenstände bei der Schiffshypothek, WM 1963, 154.

§ 162 [Anzuwendende Vorschriften]

Auf die Zwangsversteigerung eines im Schiffsregister eingetragenen Schiffs oder eines Schiffsbauwerks, das im Schiffsbauregister eingetragen ist oder in dieses Register eingetragen werden kann, sind die Vorschriften des Ersten Abschnitts entsprechend anzuwenden, soweit sich nicht aus den §§ 163 bis 170a etwas anderes ergibt.

§ 163 [Zuständiges Amtsgericht; Beteiligte]

^IFür die Zwangsversteigerung eines eingetragenen Schiffs ist als Vollstreckungsgericht das Amtsgericht zuständig, in dessen Bezirk sich das Schiff befindet; § 1 Abs. 2 gilt entsprechend.
^{II}Für das Verfahren tritt an die Stelle des Grundbuchs das Schiffsregister.

§ 166

III Die Träger der Sozialversicherung einschließlich der Arbeitslosenversicherung gelten als Beteiligte, auch wenn sie eine Forderung nicht angemeldet haben. Bei der Zwangsversteigerung eines Seeschiffes vertritt die Deutsche Rentenversicherung Knappschaft-Bahn-See, bei der Zwangsversteigerung eines Binnenschiffes die Binnenschiffahrts-Berufsgenossenschaft die übrigen Versicherungsträger gegenüber dem Vollstreckungsgericht.

§ 164 [Voraussetzungen des Antrags]

Die Beschränkung des § 17 gilt für die Zwangsversteigerung eines eingetragenen Schiffs nicht, soweit sich aus den Vorschriften des Handelsgesetzbuchs oder des Gesetzes, betreffend die privatrechtlichen Verhältnisse der Binnenschiffahrt, etwas anderes ergibt; die hiernach zur Begründung des Antrags auf Zwangsversteigerung erforderlichen Tatsachen sind durch Urkunden glaubhaft zu machen, soweit sie nicht dem Gericht offenkundig sind; dem Antrag auf Zwangsversteigerung ist ein Zeugnis der Registerbehörde über die Eintragung des Schiffs im Schiffsregister beizufügen.

§ 165 [Bewachung und Verwahrung des Schiffes]

I Bei der Anordnung der Zwangsversteigerung hat das Gericht zugleich die Bewachung und Verwahrung des Schiffes anzuordnen. Die Beschlagnahme wird auch mit der Vollziehung dieser Anordnung wirksam.

II Das Gericht kann zugleich mit der einstweiligen Einstellung des Verfahrens im Einverständnis mit dem betreibenden Gläubiger anordnen, daß die Bewachung und Verwahrung einem Treuhänder übertragen wird, den das Gericht auswählt. Der Treuhänder untersteht der Aufsicht des Gerichts und ist an die ihm erteilten Weisungen des Gerichts gebunden. Das Gericht kann ihn im Einverständnis des Gläubigers auch ermächtigen, das Schiff für Rechnung und im Namen des Schuuldners zu nutzen. Über die Verwendung des Reinertrages entscheidet das Gericht. In der Regel soll er nach den Grundsätzen des § 155 verteilt werden.

§ 166 [Wirkung gegen den Schiffseigner]

I Ist gegen den Schiffer auf Grund eines vollstreckbaren Titels, der auch gegenüber dem Eigentümer wirksam ist, das Verfahren angeordnet, so wirkt die Beschlagnahme zugleich gegen den Eigentümer.

§ 168 b [Anmeldung beim Registergericht vor Terminsbestimmung]

^{II}Der Schiffer gilt in diesem Falle als Beteiligter nur so lange, als er das Schiff führt; ein neuer Schiffer gilt als Beteiligter, wenn er sich bei dem Gerichte meldet und seine Angabe auf Verlangen des Gerichts oder eines Beteiligten glaubhaft macht.

§ 167 [Bezeichnung bei Terminsbestimmung]

^IDie Bezeichnung des Schiffes in der Bestimmung des Versteigerungstermins soll nach dem Schiffsregister erfolgen.

^{II}Die im § 37 Nr. 4 bestimmte Aufforderung muß ausdrücklich auch auf die Rechte der Schiffsgläubiger hinweisen.

§ 168 [Bekanntmachung]

(1) ¹Die Terminbestimmung soll auch durch ein geeignetes Schiffahrtsfachblatt bekannt gemacht werden. ²Die Landesregierungen werden ermächtigt, durch Rechtsverordnung nähere Bestimmungen hierüber zu erlassen. ³Die Landesregierungen können die Ermächtigung auf die Landesjustizverwaltungen übertragen.

(2) Befindet sich der Heimatshafen oder Heimatsort des Schiffes in dem Bezirk eines anderen Gerichts, so soll die Terminsbestimmung auch durch das für Bekanntmachungen dieses Gerichts bestimmte Blatt oder elektronische Informations- und Kommunikationssystem bekanntgemacht werden.

(3) Die im § 39 Abs. 2 vorgesehene Anordnung ist unzulässig.

§ 168 a [aufgehoben]

§ 168 b [Anmeldung beim Registergericht vor Terminsbestimmung]

Hat ein Schiffsgläubiger sein Recht innerhalb der letzten sechs Monate vor der Bekanntmachung der Terminsbestimmung bei dem Registergericht angemeldet, so gilt die Anmeldung als bei dem Versteigerungsgericht bewirkt. Das Registergericht hat bei der Übersendung der im § 19 Abs. 2 bezeichneten Urkunden und Mitteilungen die innerhalb der letzten sechs Monate bei ihm eingegangenen Anmeldungen an das Versteigerungsgericht weiterzugeben.

§ 168 c [Schiffshypothek in ausländischer Währung]

Für die Zwangsversteigerung eines Schiffes, das mit einer Schiffshypothek in ausländischer Währung belastet ist, gelten folgende Sonderbestimmungen:
1. Die Teminsbestimmung muß die Angabe, daß das Schiff mit einer Schiffshypothek in ausländischer Währung belastet ist, und die Bezeichnung dieser Währung enthalten.
2. In dem Zwangsversteigerungstermin wird vor der Aufforderung zur Abgabe von Geboten festgestellt und bekanntgemacht, welchen Wert die in ausländischer Währung eingetragene Schiffshypothek nach dem amtlich ermittelten letzten Kurs in Euro hat. Dieser Kurswert bleibt für das weitere Verfahren maßgebend.
3. Die Höhe des Bargebots wird in Euro festgestellt. Die Gebote sind in Euro abzugeben.
4. Der Teilungsplan wird in Euro aufgestellt.
5. Wird ein Gläubiger einer in ausländischer Währung eingetragenen Schiffshypothek nicht vollständig befriedigt, so ist der verbleibende Teil seiner Forderung in der ausländischen Währung festzustellen. Die Feststellung ist für die Haftung mitbelasteter Gegenstände, für die Verbindlichkeit des persönlichen Schuldners und für die Geltendmachung des Ausfalls im Insolvenzverfahren maßgebend.

§ 169 [Vorausverfügungen über Miet- oder Pachtzins; Schiffshypothek gegen Ersteher]

[I] Ist das Schiff einem Mieter oder Pächter überlassen, so gelten die Vorschriften des § 578 a des Bürgerlichen Gesetzbuchs entsprechend. Soweit nach § 578 a Abs. 2 für die Wirkung von Verfügungen und Rechtsgeschäften über die Miete oder Pacht der Übergang des Eigentums in Betracht kommt, ist an dessen Stelle die Beschlagnahme des Schiffs maßgebend; ist der Beschluß, durch den die Zwangsversteigerung angeordnet wird, auf Antrag des Gläubigers dem Mieter oder Pächter zugestellt, so gilt mit der Zustellung die Beschlagnahme als dem Mieter oder Pächter bekannt.

[II] Soweit das Bargebot bis zum Verteilungstermin nicht berichtigt wird, ist für die Forderung gegen den Ersteher eine Schiffshypothek an dem Schiff in das Schiffsregister einzutragen. Die Schiffshypothek entsteht mit der Eintragung, auch wenn der Ersteher das Schiff inzwischen veräußert hat. Im übrigen gelten die Vorschriften des Gesetzes über Rechte an eingetragenen Schiffen und Schiffsbauwerken vom 15. November 1940 (Reichs-

§ 171 [Ausländische Schiffe]

gesetzbl. I S. 1499) über die durch Rechtsgeschäft bestellte Schiffshypothek.

§ 169a [Kein Antrag auf Versagung des Zuschlags bei Seeschiffen]

I Auf die Zwangsversteigerung eines Seeschiffes sind die Vorschriften der §§ 74a, 74b und 85a nicht anzuwenden. § 38 Satz 1 findet hinsichtlich der Angabe des Verkehrswerts keine Anwendung.

II § 68 findet mit der Maßgabe Anwendung, daß Sicherheit für ein Zehntel des Bargebots zu leisten ist.

§ 170 [Bewachung und Verwahrung des versteigerten Schiffes]

I An die Stelle der nach § 94 Abs. 1 zulässigen Verwaltung tritt die gerichtliche Bewachung und Verwahrung des versteigerten Schiffes.

II Das Gericht hat die getroffenen Maßregeln aufzuheben, wenn der zu ihrer Fortsetzung erforderliche Geldbetrag nicht vorgeschossen wird.

§ 170a [Zwangsversteigerung eines Schiffsbauwerks]

I Die Zwangsversteigerung eines Schiffsbauwerks darf erst angeordnet werden, nachdem es in das Schiffsbauregister eingetragen ist. Der Antrag auf Anordnung der Zwangsversteigerung kann jedoch schon vor der Eintragung gestellt werden.

II § 163 Abs. 1, §§ 165, 167 Abs. 1, §§ 168c, 169 Abs. 2, § 170 gelten sinngemäß. An die Stelle des Grundbuchs tritt das Schiffsbauregister. Wird das Schiffsbauregister von einem anderen Gericht als dem Vollstreckungsgericht geführt, so soll die Terminsbestimmung auch durch das für Bekanntmachungen dieses Gerichts bestimmte Blatt bekanntgemacht werden. An Stelle der im § 43 Abs. 1 bestimmten Frist tritt eine Frist von zwei Wochen, an Stelle der im § 43 Abs. 2 bestimmten Frist eine solche von einer Woche.

§ 171 [Ausländische Schiffe]

I Auf die Zwangsversteigerung eines ausländischen Schiffs, das, wenn es ein deutsches Schiff wäre, in das Schiffsregister eingetragen werden müßte, sind die Vorschriften des Ersten Abschnitts

§ 171

entsprechend anzuwenden, soweit sie nicht die Eintragung im Schiffsregister voraussetzen und sich nicht aus den folgenden Vorschriften etwas anderes ergibt.

II Als Vollstreckungsgericht ist das Amtsgericht zuständig, in dessen Bezirk sich das Schiff befindet; § 1 Abs. 2 gilt entsprechend. Die Zwangsversteigerung darf, soweit sich nicht aus den Vorschriften des Handelsgesetzbuchs oder des Gesetzes, betreffend die privatrechtlichen Verhältnisse der Binnenschiffahrt, etwas anderes ergibt, nur angeordnet werden, wenn der Schuldner das Schiff im Eigenbesitz hat; die hiernach zur Begründung des Antrags auf Zwangsversteigerung erforderlichen Tatsachen sind durch Urkunden glaubhaft zu machen, soweit sie nicht beim Gericht offenkundig sind.

III Die Terminsbestimmung muß die Aufforderung an alle Berechtigten, insbesondere an die Schiffsgläubiger, enthalten, ihre Rechte spätestens im Versteigerungstermin vor der Aufforderung zur Abgabe von Geboten anzumelden und, wenn der Gläubiger widerspricht, glaubhaft zu machen, widrigenfalls die Rechte bei der Verteilung des Versteigerungserlöses dem Anspruch des Gläubigers und den übrigen Rechten nachgesetzt werden würden. Die Terminsbestimmung soll, soweit es ohne erhebliche Verzögerung des Verfahrens tunlich ist, auch den aus den Schiffspapieren ersichtlichen Schiffsgläubigern und sonstigen Beteiligten zugestellt und, wenn das Schiff im Schiffsregister eines fremden Staates eingetragen ist, der Registerbehörde mitgeteilt werden.

IV Die Vorschriften über das geringste Gebot sind nicht anzuwenden. Das Meistgebot ist in seinem ganzen Betrag durch Zahlung zu berichtigen.

V Die Vorschriften der §§ 165, 166, 168 Abs 1 und 3, §§ 169 a, 170 Abs 1 sind anzuwenden. Die vom Gericht angeordnete Überwachung und Verwahrung des Schiffs darf erst aufgehoben und das Schiff dem Ersteher erst übergeben werden, wenn die Berichtigung des Meistgebots oder die Einwilligung der Beteiligten nachgewiesen wird.

Zweiter Titel. Zwangsversteigerung von Luftfahrzeugen (§§ 171 a–171 n)

Schrifttum: *Bauer,* Die Zwangsvollstreckung in Luftfahrzeuge einschließlich Konkurs- und Vergleichsverfahren, JurBüro 1974, 1; *Haupt,* Fragen zur Sicherung der Zwangsvollstreckung in Luftfahrzeuge, NJW 1974, 1457; *Ott,* Die Bestellung eines Registerpfandrechts an einem Luftfahrzeug, MittBayNot 1985, 1; *Rehm,*

Rechtsprobleme der Luftfahrzeughypothek, NJW 1959, 709; *Schwenk,* Die Kreditsicherung bei der Beleihung von Luftfahrzeugen, BB 1967, 477; *Wendt,* Dingliche Rechte an Luftfahrzeugen, MDR 1963, 448.

§ 171 a [Anzuwendende Vorschriften]

Auf die Zwangsversteigerung eines in der Luftfahrzeugrolle eingetragenen Luftfahrzeugs sind die Vorschriften des Ersten Abschnitts entsprechend anzuwenden, soweit sich nicht aus den §§ 171 b bis 171 g etwas anderes ergibt. Das gleiche gilt für die Zwangsversteigerung eines in dem Register für Pfandrechte an Luftfahrzeugen eingetragenen Luftfahrzeugs, dessen Eintragung in der Luftfahrzeugrolle gelöscht ist.

§ 171 b [Zuständiges Amtsgericht]

^IFür die Zwangsversteigerung des Luftfahrzeugs ist als Vollstreckungsgericht das Amtsgericht zuständig, in dessen Bezirk das Luftfahrt-Bundesamt seinen Sitz hat.

^{II}Für das Verfahren tritt an die Stelle des Grundbuchs das Register für Pfandrechte an Luftfahrzeugen.

§ 171 c [Voraussetzungen des Antrags; Bewachung und Verwahrung des Luftfahrzeugs]

^IDie Zwangsversteigerung darf erst angeordnet werden, nachdem das Luftfahrzeug in das Register für Pfandrechte an Luftfahrzeugen eingetragen ist. Der Antrag auf Anordnung der Zwangsversteigerung kann jedoch schon vor der Eintragung gestellt werden.

^{II}Bei der Anordnung der Zwangsversteigerung hat das Gericht zugleich die Bewachung und Verwahrung des Luftfahrzeugs anzuordnen. Die Beschlagnahme wird auch mit der Vollziehung dieser Anordnung wirksam.

^{III}Das Gericht kann zugleich mit der einstweiligen Einstellung des Verfahrens im Einverständnis mit dem betreibenden Gläubiger anordnen, daß die Bewachung und Verwahrung einem Treuhänder übertragen wird, den das Gericht auswählt. Der Treuhänder untersteht der Aufsicht des Gerichts und ist an die ihm erteilten Weisungen des Gerichts gebunden. Das Gericht kann ihn im Einverständnis mit dem Gläubiger auch ermächtigen, das Luftfahrzeug für Rechnung und im Namen des Schuldners zu nutzen. Über die Verwendung des Reinertrages entscheidet das Gericht. In der Regel soll er nach den Grundsätzen des § 155 verteilt werden.

§ 171 d [Bezeichnung bei Terminsbestimmung]

^{I}In der Bestimmung des Versteigerungstermins soll das Luftfahrzeug nach dem Register für Pfandrechte an Luftfahrzeugen bezeichnet werden.
^{II}Die in § 39 Abs. 2 vorgesehene Anordnung ist unzulässig.

§ 171 e [Registerpfandrechte in ausländischer Währung]

Für die Zwangsversteigerung eines Luftfahrzeugs, das mit einem Registerpfandrecht in ausländischer Währung belastet ist, gelten folgende Sonderbestimmungen:
1. Die Terminbestimmung muß die Angabe, daß das Luftfahrzeug mit einem Registerpfandrecht in ausländischer Währung belastet ist und die Bezeichnung dieser Währung enthalten.
2. In dem Zwangsversteigerungstermin wird vor der Aufforderung zur Abgabe von Geboten festgestellt und bekanntgemacht, welchen Wert das in ausländischer Währung eingetragene Registerpfandrecht nach dem amtlich ermittelten letzten Kurs in Euro hat. Dieser Kurswert bleibt für das weitere Verfahren maßgebend.
3. Die Höhe des Bargebots wird in Euro festgestellt. Die Gebote sind in Euro abzugeben.
4. Der Verteilungsplan wird in Euro aufgestellt.
5. Wird ein Gläubiger eines in ausländischer Währung eingetragenen Registerpfandrechts nicht vollständig befriedigt, so ist der verbleibende Teil seiner Forderung in der ausländischen Währung festzustellen. Die Feststellung ist für die Haftung mitbelasteter Gegenstände, für die Verbindlichkeit des persönlichen Schuldners und für die Geltendmachung des Ausfalls im Insolvenzverfahren maßgebend.

§ 171 f [Miet- oder Pachtzins; Hypothek]

§ 169 gilt für das Luftfahrzeug entsprechend.

§ 171 g [Bewachung und Verwahrung des versteigerten Luftfahrzeugs]

^{I}An die Stelle der nach § 94 Abs. 1 zulässigen Verwaltung tritt die gerichtliche Bewachung und Verwahrung des versteigerten Luftfahrzeugs.
^{II}Das Gericht hat die getroffenen Maßregeln aufzuheben, wenn der zu ihrer Fortsetzung erforderliche Geldbetrag nicht vorgeschossen wird.

§ 171 h [Sondervorschriften für ausländische Luftfahrzeuge]

Auf die Zwangsversteigerung eines ausländischen Luftfahrzeugs sind die Vorschriften in §§ 171a bis 171g entsprechend anzuwenden, soweit sich nicht aus den §§ 171i bis 171n anderes ergibt.

§ 171 i [Rangordnung der Rechte]

ᴵIn der dritten Klasse (§ 10 Abs. 1 Nr. 3) werden nur befriedigt Gebühren, Zölle, Bußen und Geldstrafen auf Grund von Vorschriften über Luftfahrt, Zölle und Einwanderung.

ᴵᴵIn der vierten Klasse (§ 10 Abs. 1 Nr. 4) genießen Ansprüche auf Zinsen aus Rechten nach § 103 des Gesetzes über Rechte an Luftfahrzeugen vom 26. Februar 1959 (Bundesgesetzbl. I S. 57) das Vorrecht dieser Klasse wegen der laufenden und der aus den letzten drei Geschäftsjahren rückständigen Beträge.

§ 171 k [Verfügungen nach Beschlagnahme]

Wird das Luftfahrzeug nach der Beschlagnahme veräußert oder mit einem Recht nach § 103 des Gesetzes über Rechte an Luftfahrzeugen belastet und ist die Veräußerung oder Belastung nach Artikel VI des Genfer Abkommens vom 19. Juni 1948 (Bundesgesetzbl. 1959 II S. 129) anzuerkennen, so ist die Verfügung dem Gläubiger gegenüber wirksam, es sei denn, daß der Schuldner im Zeitpunkt der Verfügung Kenntnis von der Beschlagnahme hatte.

§ 171 l [Benachrichtigungspflichten]

ᴵDas Vollstreckungsgericht teilt die Anordnung der Zwangsversteigerung tunlichst durch Luftpost der Behörde mit, die das Register führt, in dem die Rechte an dem Luftfahrzeug eingetragen sind.

ᴵᴵDer Zeitraum zwischen der Anberaumung des Termins und dem Termin muß mindestens sechs Wochen betragen. Die Zustellung der Terminsbestimmung an Beteiligte, die im Ausland wohnen, wird durch Aufgabe zur Post bewirkt. Die Postsendung muß mit der Bezeichnung „Einschreiben" versehen werden. Sie soll tunlichst durch Luftpost befördert werden. Der betreffende Gläubiger hat die bevorstehende Versteigerung mindestens einen Monat vor dem Termin an dem Ort, an dem das Luftfahrzeug eingetragen ist, nach den dort geltenden Bestimmungen öffentlich bekanntzumachen.

§ 171 m [Beschwerde]

Die Beschwerde gegen die Erteilung des Zuschlags ist binnen sechs Monaten einzulegen. Sie kann auf die Gründe des § 100 nur binnen einer Notfrist von zwei Wochen, danach nur noch darauf gestützt werden, daß die Vorschriften des § 1711 Abs. 2 verletzt sind.

§ 171 n [Bewertung ausländischer Mietrechte]

Erlischt durch den Zuschlag das Recht zum Besitz eines Luftfahrzeugs auf Grund eines für einen Zeitraum von sechs oder mehr Monaten abgeschlossenen Mietvertrages, so gelten die Vorschriften über den Ersatz für einen Nießbrauch entsprechend.

Dritter Abschnitt Zwangsversteigerung und Zwangsverwaltung in besonderen Fällen
(§§ 172–185)

§ 172 [Zwangsversteigerung in Insolvenzverfahren]

Wird die Zwangsversteigerung oder die Zwangsverwaltung von dem Insolvenzverwalter beantragt, so finden die Vorschriften des ersten und zweiten Abschnitts entsprechende Anwendung, soweit sich nicht aus den §§ 173, 174 ein anderes ergibt.

§ 173 [Beschluss ist keine Beschlagnahme]

Der Beschluß, durch welchen das Verfahren angeordnet wird, gilt nicht als Beschlagnahme. Im Sinne der §§ 13, 55 ist jedoch die Zustellung des Beschlusses an den Insolvenzverwalter als Beschlagnahme anzusehen.

§ 174 [Berücksichtigung der Insolvenzgläubiger]

Hat ein Gläubiger für seine Forderungen gegen den Schuldner des Insolvenzverfahrens ein von dem Insolvenzverwalter anerkanntes Recht auf Befriedigung aus dem Grundstücke, so kann er bis zum Schlusse der Verhandlung im Versteigerungstermine verlangen, daß bei der Feststellung des geringsten Gebots nur die seinem Anspruche vorgehenden Rechte berücksichtigt werden; in diesem Falle ist das Grundstück auch mit der verlangten Abweichung auszubieten.

§ 174a [Antragsrecht des Insolvenzverwalters]

Der Insolvenzverwalter kann bis zum Schluß der Verhandlung im Versteigerungstermin verlangen, daß bei der Feststellung des geringsten Gebots nur die den Ansprüchen aus § 10 Abs. 1 Nr. 1a vorgehenden Rechte berücksichtigt werden; in diesem Fall ist das Grundstück auch mit der verlangten Abweichung auszubieten.

§ 175 [Antragsrecht des Erben]

¹Hat ein Nachlaßgläubiger für seine Forderung ein Recht auf Befriedigung aus einem zum Nachlasse gehörenden Grundstücke, so kann der Erbe nach der Annahme der Erbschaft die Zwangsversteigerung des Grundstücks beantragen. Zu dem Antrag ist auch jeder andere berechtigt, welcher das Aufgebot der Nachlaßgläubiger beantragen kann.

ⁿDiese Vorschriften finden keine Anwendung, wenn der Erbe für die Nachlaßverbindlichkeiten unbeschränkt haftet oder wenn der Nachlaßgläubiger im Aufgebotsverfahren ausgeschlossen ist oder nach den §§ 1974, 1989 des Bürgerlichen Gesetzbuchs einem ausgeschlossenen Gläubiger gleichsteht.

§ 176 [Anzuwendende Vorschriften]

Wird die Zwangsversteigerung nach § 175 beantragt, so finden die Vorschriften des ersten und zweiten Abschnitts sowie der §§ 173, 174 entsprechende Anwendung, soweit sich nicht aus den §§ 177, 178 ein anderes ergibt.

§ 177 [Glaubhaftmachung durch Urkunden]

Der Antragsteller hat die Tatsachen, welche sein Recht zur Stellung des Antrags begründen, durch Urkunden glaubhaft zu machen, soweit sie nicht bei dem Gericht offenkundig sind.

§ 178 [Nachlassinsolvenz]

¹Die Zwangsversteigerung soll nicht angeordnet werden, wenn die Eröffnung des Nachlaßinsolvenzverfahrens beantragt ist.

ⁿDurch die Eröffnung des Nachlaßinsolvenzverfahrens wird die Zwangsversteigerung nicht beendigt; für das weitere Verfahren gilt der Insolvenzverwalter als Antragsteller.

§ 179 [Berücksichtigter Nachlassgläubiger]

Ist ein Nachlaßgläubiger, der verlangen konnte, daß das geringste Gebot nach Maßgabe des § 174 ohne Berücksichtigung seines Anspruchs festgestellt werde, bei der Feststellung des geringsten Gebots berücksichtigt, so kann ihm die Befriedigung aus dem übrigen Nachlasse verweigert werden.

§ 180 [Aufhebung einer Gemeinschaft]

^{I}Soll die Zwangsversteigerung zum Zwecke der Aufhebung einer Gemeinschaft erfolgen, so finden die Vorschriften des Ersten und Zweiten Abschnitts entsprechende Anwendung, soweit sich nicht aus den §§ 181 bis 185 ein anderes ergibt.

^{II}Die einstweilige Einstellung des Verfahrens ist auf Antrag eines Miteigentümers auf die Dauer von längstens sechs Monaten anzuordnen, wenn dies bei Abwägung der widerstreitenden Interessen der mehreren Miteigentümer angemessen erscheint. Die einmalige Wiederholung der Einstellung ist zulässig. § 30 b gilt entsprechend.

^{III}Betreibt ein Miteigentümer die Zwangsversteigerung zur Aufhebung einer Gemeinschaft, der außer ihm nur sein Ehegatte oder sein früherer Ehegatte angehört, so ist auf Antrag dieses Ehegatten oder früheren Ehegatten die einstweilige Einstellung des Verfahrens anzuordnen, wenn dies zur Abwendung einer ernsthaften Gefährdung des Wohls eines gemeinschaftlichen Kindes erforderlich ist. Die mehrfache Wiederholung der Einstellung ist zulässig. § 30 b gilt entsprechend. Das Gericht hebt seinen Beschluß auf Antrag auf oder ändert ihn, wenn dies mit Rücksicht auf eine Änderung der Sachlage geboten ist.

^{IV}Durch Anordnungen nach Absatz 2, 3 darf das Verfahren nicht auf mehr als fünf Jahre insgesamt einstweilen eingestellt werden.

Schrifttum: *Böttcher,* Streitfragen bei der Teilungsversteigerung, Rpfleger 1993, 389; *Drischler,* Die Zwangsversteigerung zum Zwecke der Aufhebung der Gemeinschaft, RpflJB 1966, 325 und JurBüo 1981, 1441, 1601, 1765; *Eickmann,* Die Teilungsvesteigerung (= TLV), 4. Auflage, 1998; *Gass,* Zur Fortgeltung preußischen Teilungsversteigerungsrechts in Elsaß-Lothringen, DNotZ 1988, 750; *Gramentz,* Die Aufhebung der Gemeinschaft nach Bruchteilen durch den Gläubiger eines Teilhabers, 1989; *Hamme,* Die Teilungsversteigerung, 3. Auflage, 2006; *Rellermeyer,* Anordnung der Zwangsversteigerung "in besonderen Fällen" bei Auslandsberührung, Rpfleger 1997, 509; *Riedel,* Zur Teilungsversteigerung nach §§ 180 ff ZVG, JurBüro 1961, 425; *Schiffhauer,* Besonderheiten der Teilungsversteigerung, ZIP 1982, 526, 660; *Schneider,* Verfassungswidrige Teilungsversteigerung, JurBüro 1979, 1279; *Storz/Kiderlen,* Praxis der Teilungsversteigerung, 4. Auflage, 2008.

§ 180 [Aufhebung einer Gemeinschaft]

Übersicht

	Rn.
I. Allgemeines	1
1. Normzweck	1
2. Teilungsversteigerung	2
3. Verfahren der Zwangsvollstreckung	3
4. Zwangsverwaltung	4
5. Bestandteil der ZPO	5
II. Gemeinschaften	6
1. Bruchteilsgemeinschaft (§§ 741 ff BGB)	6
2. Gesamthandgemeinschaften	7
a) Gütergemeinschaft (§§ 1415 ff BGB)	7
b) Erbengemeinschaft (§§ 2032 ff BGB)	8
c) BGB-Gesellschaft (§§ 705 ff BGB)	9
d) OHG und KG (§§ 105 ff, §§ 161 ff HGB)	10
3. Wohnungseigentümergemeinschaft	11
4. Eigentums- und Vermögensgemeinschaft des DDR-FGB	12
5. Ausländische Gemeinschaften	12c
III. Unzulässigkeit des Teilungsverlangens	13
1. Möglichkeiten	13
a) Andere Art vereinbart	13
b) Ausschluss vereinbart	14
c) Teilung in Natur	16
d) Treu und Glauben	17
2. Berücksichtigung	18
IV. Allgemeine Verfahrensvorschriften	19
1. Zuständigkeit	19
2. Beteiligte	20
3. Verfahrensgegenstände	21
4. Grundstücke	22
5. Rechtliches Gehör (vgl Einl Rdn 45)	23
6. Verfahrensverbindung	24
7. Gerichtsferien	25
8. Zustellungen	26
9. Verhältnis zur Vollstreckungsversteigerung	27
10. Aussetzung des Verfahrens	30
11. Vergleich	31
12. Sicherungsmaßnahmen	32
V. Anordnung	33
1. Voraussetzungen	33
2. Antrag	36
a) Inhalt	36
b) Antragsberechtigung	37
c) Antragsrücknahme	59
3. Entscheidung	60
4. Versteigerungsvermerk	61
5. Eigentumswechsel	62
VI. Beschlagnahme	63

VII. Beitritt	64
VIII. Einstellung und Aufhebung des Verfahrens	65
1. § 180 II	65
a) Antragsberechtigung	65
b) Antragsfrist	67
c) Einstellungsgründe	68
d) Entscheidung	69
2. § 180 III	70
a) Allgemeines	70
b) Voraussetzungen	71
c) Antragsberechtigung	74
d) Frist	75
e) Entscheidung	76
f) Rechtspfleger	77
3. § 28	78
4. § 30	79
5. § 30 a	80
6. §§ 30 c–f	81
7. §§ 75, 76	82
8. § 77	83
9. § 765 a ZPO	84
10. §§ 775, 776 ZPO	85
11. § 3 b III VermG	85 a
IX. Verfahren bis zum Versteigerungstermin	86
1. Grundstückswert	86
2. Terminsbestimmung	87
3. Fristen	89
4. Mitteilung	90
X. Versteigerungsbedingungen	91
1. Allgemein	91
2. Altenteil	92
3. Begrenzung des Bieterkreises	93
4. Einzel- und Gesamtausgebot	94
XI. Zuschlag	95
1. Voraussetzungen	95
2. Vorkaufsrechte	96
3. § 74 a	99
4. § 85 a	100
5. Wirkungen	101
6. Räumungsvollstreckung	102
XII. Verteilung	103
XIII. Rechtsbehelfe	105

I. Allgemeines

1. Normzweck

Die ZwVerst gem §§ 180 ff erfolgt "zum Zwecke der Aufhebung einer **1** Gemeinschaft" (=Bruchteils- oder Gesamthandsgemeinschaft). An die Stelle des in Natur nicht teilbaren Grundstücks tritt dadurch eine teilbare

§ 180 [Aufhebung einer Gemeinschaft]

Geldsumme. Es wird also eine **Vermögensauseinandersetzung vorbereitet,** die dann von den Beteiligten (nicht dem VollstrG!) durchzuführen ist.

2. Teilungsversteigerung

2 Begriff "Teilungsversteigerung" für das Verfahren nach §§ 180 ff hat sich durchgesetzt, obwohl er **ungenau** ist, weil der nach Deckung der Befriedigungsansprüche verbleibende Erlösüberschuss im Rahmen des Verfahrens gerade nicht unter die Teilhaber aufgeteilt, sondern zum Zwecke der Auseinandersetzung idR hinterlegt wird.

3. Verfahren der Zwangsvollstreckung

3 Streitig ist, ob die TLV als ein Verfahren der ZwV anzusehen ist. Zum Teil wird dies verneint, weil zur Verfahrenseinleitung kein Vollstreckungstitel erforderlich und keine Geldforderung durchzusetzen sei (OLG Karlsruhe Rpfleger 1991, 263). Dem ist zu widersprechen. Das Wesen der ZwV ist die Durchsetzung materieller Ansprüche mit Hilfe staatlichen Zwanges (*Rosenberg/Gaul* § 1 I). Bei dem Verfahren nach §§ 180 ff wird der materiellrechtliche Anspruch auf Auseinandersetzungen auch gegen den Willen der anderen Miteigentümer durchgesetzt. Nach richtiger Ansicht liegt daher ein Zwangsvollstreckungsverfahren vor (OLG Köln Rpfleger 1991, 197). Auch der Verzicht des Gesetzgebers auf einen Vollstreckungstitel spricht dafür, denn hätte er das Verfahren nicht als ZwV angesehen, so wäre der ausdrückliche geregelte Verzicht auf einen Titel überflüssig.

4. Zwangsverwaltung

4 Zwangsverwaltung zur Aufhebung einer Gemeinschaft gibt es nicht.

5. Bestandteil der ZPO

5 Das ZVG ist Bestandteil der ZPO (vgl **§ 869 ZPO).** Da die Teilungsversteigerung in den Formen der Vollstreckungsversteigerung durchzuführen ist (§ 180 I), sind auch bei ihr die allgemeinen Vorschriften der ZPO entsprechend anzuwenden, soweit dies der Sache nach gerechtfertigt ist.

II. Gemeinschaften

Schrifttum: *Drischler,* Die Aufhebung der ungeteilten Erbengemeinschaft durch Zwangsversteigerung des Nachlassgrundstücks, JurBüro 1963, 241 und 501; *Hoffmann,* Zwangsvollstreckung in Miteigentumsanteile an Grundstücken, JuS 1971, 20; *Rellermeyer,* Zwangsversteigerung zum Zwecke der Aufhebung der eheli-

II. Gemeinschaften § 180

chen Eigentums- und Vermögensgemeinschaft des DDR-FGB, Rpfleger 1993, 469; *ders,* DDR-Güterstand und Teilungsversteigerung, Rpfleger 1995, 321.

1. Bruchteilsgemeinschaft (§§ 741 ff BGB)

Bei ihr steht jedem Miteigentümer das Eigentum an seinem ideellen Bruchteil allein zu. Er hat echtes Eigentum, dh er kann über seinen Miteigentumsanteil frei verfügen (§ 747 BGB). Jeder Miteigentümer kann grundsätzlich **jederzeit** die Aufhebung der Gemeinschaft verlangen (§ 749 I, § 753 I BGB). Vereinigen sich die Bruchteile in der Hand eines Inhabers, ist die TLV zulässig, wenn ein Bruchteil dem Inhaber als Vorerben zusteht (BGH Rpfleger 2004, 721). 6

2. Gesamthandgemeinschaften

a) Gütergemeinschaft (§§ 1415 ff BGB). Die Auseinandersetzung des Gesamtguts kann erst **nach Beendigung** der Gütergemeinschaft verlangt werden (§§ 1419, 1471 BGB). Die Beendigung kann eintreten durch Auflösung der Ehe infolge Tod eines Ehegatten, Scheidung, Eheaufhebung und Nichtigkeitserklärung; bei fortbestehender Ehe durch Aufhebungsvertrag oder mit Rechtskraft eines den Güterstand aufhebenden Urteils (§§ 1447 ff BGB). Nach Begleichung der Gesamthandsverbindlichkeiten (§ 1475 BGB) wird der Überschuss nach den Vorschriften über die Bruchteilsgemeinschaft geteilt (§ 1477 I BGB). Damit kommt die Teilungsversteigerung gem § 753 I BGB in Betracht. Der Einwand, dass die Gütergemeinschaft noch nicht beendet ist, muss mit einer Klage nach § 771 ZPO geltend gemacht werden (BayObLG Rpfleger 1971, 430; OLG Schleswig Rpfleger 1979, 471); gleiches gilt für das Übernahmerecht nach § 1477 II BGB. 7

b) Erbengemeinschaft (§§ 2032 ff BGB). Jedes Mitglied einer Erbengemeinschaft hat grundsätzlich das Recht, **jederzeit** die Auseinandersetzung zu verlangen (§ 2042 I BGB). Die Durchführung hinsichtlich Nachlassgrundstücken kann im Wege der Teilungsversteigerung erfolgen (§ 2042 II, 753 I BGB). 8

c) BGB-Gesellschaft (§§ 705 ff BGB). Die Auseinandersetzung der Gesellschaft ist erst **nach der Auflösung** der Gesellschaft zulässig (§ 730 I BGB). Die Auflösung ist in den §§ 723 ff BGB geregelt. Die Auseinandersetzung vollzieht sich nach den Vorschriften der §§ 732–735 BGB; im Übrigen finden die Vorschriften über die Bruchteilsgemeinschaft Anwendung (§ 731 BGB). Damit kommt nach § 753 I BGB auch die Teilungsversteigerung in Betracht. Ihre Unzulässigkeit muss im Wege der Widerspruchsklage nach § 771 ZPO geltend gemacht werden (*Steiner/Teufel* Rdn 35). Der Nachweis der Zustellung der Kündigung über die Aufhebung der GbR vor Durchführung der TLV ist in der Form einer öffentlichen Urkunde zu führen (*Dassler/Hintzen* Rdn 26); ein 9

§ 180 [Aufhebung einer Gemeinschaft]

Rückschein – nach Übersendung eines Schriftstücks als Einschreiben gegen Rücksein – ist keine öffentliche Urkunde (LG Flensburg JurBüro 2004, 47).

10   **d) OHG und KG (§§ 105 ff, §§ 161 ff HGB).** Bei den handelsrechtlichen Personengesellschaften erfolgt nach der Auflösung die Auseinandersetzung in der Regel durch die **Liquidation** (§§ 145 ff HGB). Die Teilungsversteigerung kommt daher hier nur in Betracht, wenn sie entweder als andere Art der Auseinandersetzung vereinbart ist (§ 158 HGB) oder wenn sie von allen Liquidatoren gemeinschaftlich beantragt wird (LG Kaiserslautern Rpfleger 1985, 121).

3. Wohnungseigentümergemeinschaft

11   Kein Wohnungseigentümer kann die Aufhebung verlangen (§ 11 I WEG). Eine Teilungsversteigerung ist daher **unzulässig** (*Steiner/Teufel* Rdn 65). Dies gilt auch für den Pfändungsgläubiger und Insolvenzverwalter gem § 11 II WEG trotz § 751 BGB, § 84 II InsO.

4. Eigentums- und Vermögensgemeinschaft des DDR-FGB

12   In diesem Güterstand lebten fast alle Ehegatten der ehemaligen DDR (§§ 13–16 DDR-FGB, § 4 DDR-EGFGB). Ein von einem Ehegatten erworbenes Grundstück wurde grundsätzlich gemeinsames Eigentum der Ehegatten (§ 299 DDR-ZGB), verfügen darüber konnten die Ehegatten daher nur gemeinsam (§ 15 DDR-FGB). Für Ehegatten, die bis zum 3. 10. 1990 in diesem gesetzlichen Güterstand gelebt haben, gelten ab diesem Zeitpunkt grundsätzlich die Vorschriften über den gesetzlichen Güterstand der Zugewinngemeinschaft (Art 234 § 4 I EGBGB). Die Ehegatten sind idR Miteigentümer zu gleichen Anteilen, dh bilden eine **Bruchteilsgemeinschaft** nach §§ 741 ff BGB (Art 234 § 4 a I EGBGB). Jeder Ehegatte kann dann allein einen Antrag auf Teilungsversteigerung stellen (*Rellermeyer* Rpfleger 1995, 321),

12 a   Bis zum Ablauf des 2. 10. 1992 konnte ein Ehegatte erklären, dass für die Ehe die **Vermögensgemeinschaft fortgelten** sollte (Art 234 § 4 II EGBGB). In diesem Fall sind weitgehend die Vorschriften über das durch beide Ehegatten verwaltete Gesamtgut einer Gütergemeinschaft entsprechend anzuwenden (Art 234 § 4 a II 1 EGBGB). Dies bedeutet, dass während bestehender Ehe eine Teilungsversteigerung nur in Betracht kommt, wenn die Vermögensgemeinschaft durch Ehevertrag oder Urteil aufgehoben wird (vgl Rdn 7). Im Falle der Scheidung sind die Vorschriften des DDR – FGB anzuwenden (Art 234 § 4a II 2 EGBGB). Danach ist eine Teilungsversteigerung nur möglich, wenn sich die Ehegatten darüber einigen. Dies ist dem VollstrG nachzuweisen; ausreichend dafür ist eine Antragstellung durch beide Ehegatten (*Rellermeyer*

Rpfleger 1993, 469). Diese Grundsätze gelten auch für Ehen, die bereits vor dem 3. 10. 1990 aufgelöst waren, aber deren Vermögen noch nicht auseinandergesetzt ist (OLG Brandenburg Rpfleger 1995, 373; LG Erfurt Rpfleger 2000, 174 **aA** LG Halle DtZ 1994, 414), und für seit dem 3. 10. 1990 bis zum 24. 12. 1993 aufgelösten Ehen, in denen noch die Vermögensgemeinschaft des DDR – FGB galt (*Rellermeyer* Rpfleger 1995, 321, 322).

Verfahrensrechtlich bestehen für das VollstrG keine Probleme, wenn **12 b** die Ehegatten bereits als Miteigentümer je zur Hälfte im GB eingetragen sind. Jeder Ehegatte kann allein den Antrag auf Teilungsversteigerung stellen. Dies muss aber auch gelten, wenn die Ehegatten noch in ehelicher Vermögensgemeinschaft eingetragen sind (*Rellermeyer* Rpfleger 1995, 321, 325), da für sie die gesetzliche Vermutung gilt, dass sie Bruchteilseigentümer je zur Hälfte sind (Art 234 § 4a III EGBGB). Der Antragsgegener hat jedoch die Möglichkeit, diese Vermutung zu widerlegen und den Fortbestand der Vermögensgemeinschaft des DDR – FGB nachzuweisen (zB durch Vorlage einer Abschrift aus dem Güterrechtsregister). Dann ist das Verfahren gemäß § 28 aufzuheben (*Rellermeyer* aaO).

5. Ausländische Gemeinschaften

Sind im deutschen GB die Eigentümer in einem ausländischen Recht **12 c** unterliegenden Gemeinschaftsverhältnis eingetragen, muss das VollstrG prüfen, ob diese Gemeinschaft nach dem maßgeblichen ausländischen Recht durch ein der deutschen Teilungsversteigerung entsprechenden Verfahren auseinandergesetzt werden kann. Bejahendenfalls kann die Teilungsversteigerung unter Anwendung der deutschen Verfahrensvorschriften angeordnet und durchgeführt werden (*Rellermeyer* Rpfleger 1997, 509, 514 f); ansonsten ist keine Teilungsversteigerung möglich.

III. Unzulässigkeit des Teilungsverlangens

1. Möglichkeiten

a) Andere Art vereinbart. Haben die Miteigentümer eine andere **13** Art der Auseinandersetzung vereinbart, dann ist die Teilungsversteigerung materiell ausgeschlossen.

b) Ausschluss vereinbart. aa) Der unbeschränkte Auseinanderset- **14** zungsanspruch des Miteigentümers einer **Bruchteilsgemeinschaft** gem § 749 I BGB kann durch Vereinbarung ausgeschlossen oder beschränkt werden (§ 749 II BGB). Besteht eine solche Vereinbarung und hat sie der Antragsteller in der Teilungsversteigerung selbst mit abgeschlossen, so wirkt sie gegen ihn, und zwar unabhängig davon, ob sie im GB eingetragen ist oder nicht. Ist der Antragsteller dagegen Sondernachfolger eines Vertragsschließenden, so wirkt der Ausschluss nur gegen ihn, wenn

§ 180 [Aufhebung einer Gemeinschaft]

sie gem § 1010 BGB auf seinem Anteil als Belastung zugunsten der anderen Miteigentümer eingetragen ist (vgl § 751 S 1 BGB); ansonsten ist das Auseinandersetzungsverlangen nicht beschränkt (*Steiner/Teufel* Rdn 14), und zwar auch dann nicht, wenn der Rechtsnachfolger Kenntnis von dem Aufhebungsausschluss hatte (OLG München NZG 1999, 395). Ein Pfändungsgläubiger (§ 751 S 2 BGB) und Insolvenzverwalter (§ 84 II InsO) können ohne Rücksicht auf die Vereinbarung die Auseinandersetzung verlangen. Ansonsten kann die Aufhebung nur bei Vorliegen eines wichtigen Grundes verlangt werden (§ 749 II 1 BGB). Ein solcher liegt vor, wenn die bisherige Verwaltungs- und Nutzungsgemeinschaft nicht mehr in zumutbarer Weise fortgesetzt werden kann (BGH WM 1984, 873). Der Finanzbedarf eines Miteigentümers genügt nur ausnahmsweise (OLG Hamburg NJW 1961, 610, 611).

15   **bb)** Der unbeschränkte Auseinandersetzungsanspruch des Miterben einer **Erbengemeinschaft** kann durch letztwillige Verfügung des Erblassers ausgeschlossen oder beschränkt sein (§ 2044 BGB). Die §§ 749 II, III; 750, 751 und § 1010 I BGB gelten hier entsprechend. Die Bestimmung wirkt nicht gegen die Insolvenzmasse (§ 84 II 2 InsO). Die Auseinandersetzung ist daneben ausgeschlossen, solange die Erbteile nach § 2043 BGB noch unbestimmt sind. Letztlich kann die Auseinandersetzung durch eine Vereinbarung der Miterben ausgeschlossen oder beschränkt werden.

16   **c) Teilung in Natur.** Nach §§ 752 S 1, 753 BGB erfolgt die Aufhebung der Gemeinschaft durch Teilung in Natur oder, bei Grundstücken, durch Teilungsversteigerung. Die Versteigerung kann nur subsidiär verlangt werden, nämlich dann, wenn es nicht möglich ist, das Grundstück ohne Wertminderung in gleichartige, den Anteilen der Miteigentümer entsprechende Teile zu zerlegen (§ 753 BGB). Die Gleichartigkeit der Teile ist bei Grundstücken idR nicht gewährleistet (OLG Hamm Rpfleger 1964, 341, NJW-RR 1992, 665). Die Realteilung kann deshalb nur ausnahmsweise in Frage kommen, wenn zB bei Bauland jede künftige Teilparzelle selbstständig bebaubar ist und der vorhandene Verkehrsanschluss für alle Teile nutzbar ist. Hausgrundstücke sind idR unteilbar.

17   **d) Treu und Glauben.** Unter besonderen Umständen kann ein Teilhaber, der die Aufhebung der Gemeinschaft betreibt, nach Treu und Glauben gehalten sein, auf die ZwVerst des gemeinschaftlichen Grundbesitzers zu verzichten und sich mit einem auch seinen Interessen gerecht werdenden und zumutbaren Realteilungsvorschlag des anderen Teilhabers abzufinden (BGH NJW 1972, 818; OLG Köln Rpfleger 1998, 168; OLG Karlsruhe Rpfleger 1992, 266). Mit Treu und Glauben ist die Teilungsversteigerung auch dann unvereinbar, wenn der Gl eines Miterben betreiben will, dieser Miterbe aber hinsichtlich seines Erbteils Vorerbe und der andere Miterbe insoweit Nacherbe ist (OLG Celle NJW 1968, 801). Unter Berufung auf ein Zurückbehaltungsrecht gem § 273

III. Unzulässigkeit des Teilungsverlangens § 180

BGB kann der Teilungsversteigerung grundsätzlich nicht widersprochen werden; dies schließt aber nicht aus, dass sich im Einzelfall die Durchsetzung des Anspruchs auf Aufhebung der Gemeinschaft als unzulässige Rechtsausübung erweisen kann (BGH NJW 1975, 687). Haben Ehegatten, die im Güterstand der Zugewinngemeinschaft leben, an einem Grundstück je zur Hälfte Miteigentum erworben, so kann in besonderen Fällen nach Scheidung der Ehe die ZwVerst zur Aufhebung der Bruchteilsgemeinschaft unzulässig und einer der Ehegatten berechtigt sein, die Übereignung der Grundstückshälfte des anderen an sich zu verlangen (BGH NJW 1977, 1234). Bei der erforderlichen umfassenden Würdigung aller konkreten Einzelumstände sind nicht nur die Vermögensinteressen, sondern auch die sonstigen berechtigten Interessen der geschiedenen Ehegatten, insbesondere das Wohl der gemeinsamen Kinder zu berücksichtigen; das Aufhebungsverlangen ist nur dann rechtsmissbräuchlich, wenn es zu einem schlechthin unzumutbaren Ergebnis für den widersprechenden Ehegatten führen würde (OLG München NJW-RR 1989, 715). Wenn Bruchteilseigentümer eines gewerblich genutzten Grundstücks das Gewerbe in Form einer GbR betreiben, kann eine sich daraus ergebende gesellschafterliche Treuepflicht einen Ausschlussgrund für die Aufhebung der Bruchteilsgemeinschaft bilden. Der Ausschlussgrund besteht aber jedenfalls dann nicht, wenn die GbR durch Kündigung bzw Erreichen des Gesellschaftszwecks aufgelöst worden ist (OLG Karlsruhe NZG 1999, 249).

2. Berücksichtigung

Die Unzulässigkeit eines Teilungsverlangens ist vom VollstrG nur ausnahmsweise von Amts wegen zu beachten gem § 28, nämlich dann, wenn eine Vereinbarung über den Ausschluss der Gemeinschaftsaufhebung (§ 749 II BGB) nach § 1010 BGB im GB eingetragen ist. Grundsätzlich wird die materielle Unzulässigkeit jedoch im formellen Versteigerungsverfahren vom VollstrG nicht beachtet. Dies ist vielmehr durch den widersprechenden Miteigentümer mittels Klage nach **§ 771 ZPO** geltend zu machen (BGH NotBZ 2008, 231), und zwar unabhängig davon, worauf sich die Unzulässigkeit gründet, ob zB auf eine andere vereinbarte Art der Auseinandersetzung, auf einem nicht im GB eingetragenen Ausschluss gem § 749 II BGB, auf §§ 2043, 2044 BGB bei einer Erbengemeinschaft (OLG Schleswig Rpfleger 1979, 471), auf eine mögliche Teilung in Natur nach §§ 752, 753 BGB (OLG Stuttgart BWNotZ 1984, 172; OLG Hamm Rpfleger 1964, 341) oder auf einen Verstoß gegen Treu und Glauben. Auch der einem antragstellenden Pfändungsgläubiger (bei GbR) gegenüber wirksame Anteilserwerb (§§ 136, 135 Abs. 2 BGB) muss grundsätzlich mit Drittwiderspruchsklage nach § 771 ZPO geltend gemacht werden. Auf Grund einer berichtigenden Grundbucheintragung der Übertragung eines Gesellschaftsanteils kann

18

§ 180 [Aufhebung einer Gemeinschaft]

das Verfahren gemäß § 28 nur dann eingestellt oder aufgehoben werden, wenn auch der Zeitpunkt des Gesellschafterwechsels aus dem Grundbuch ersichtlich ist und dieser vor der Pfändung des Gesellschaftsanteils erfolgte (BGH Rpfleger 2008,215).

IV. Allgemeine Verfahrensvorschriften

Schrifttum: *Drischler,* Keine Gerichtsferien bei Teilungsversteigerung?, Rpfleger 1989, 85; *Ebeling,* Teilungs- und Vollstreckungsversteigerung, Rpfleger 1991, 349; *Metzger,* Rechtliches Gehör bei der Teilungsversteigerung, NJW 1966, 2000; *Stöber,* Keine Gerichtsferien bei Teilungsversteigerung, MDR 1989, 12.

1. Zuständigkeit

19   Zuständigkeit ist wie bei der Vollstreckungsversteigerung in den **§§ 1, 2** geregelt; vgl dort.

2. Beteiligte

20   Beteiligte sind grundsätzlich die in **§ 9** genannten Personen. Die Rolle des betreibenden Gl in der Vollstreckungsversteigerung fällt dem **Antragsteller** in der Teilungsversteigerung zu. **Antragsgegner** ist jeder Miteigentümer, der nicht Antragsteller ist; ihnen kommt die Stellung des Schu in der Vollstreckungsversteigerung zu (BGH NJW 1981, 3065). Treten andere Miteigentümer dem Verfahren bei, so sind sie zugleich Antragsteller und Antragsgegner.

3. Verfahrensgegenstände

21   Verfahrensgegenstände sind auch in der Teilungsversteigerung das Grundstück, grundstücksgleiche Rechte (zB Erbbaurecht), Wohnungseigentum, Teileigentum, Schiffe, Schiffsbauwerke und Luftfahrzeuge sowie ideelle Bruchteile davon (*Stöber* Rdn 2.2); vgl **Einl Rdn 14–27.**

4. Grundstücke

22   Ansprüche auf Befriedigung aus dem Grundstück ergeben sich aus **§ 10.** Da es jedoch keinen wegen einer Geldforderung betreibenden Gl gibt, entfallen die Rangklassen des § 10 I Nr 5, 6 (*Dassler/Hintzen* Rdn 56).

5. Rechtliches Gehör (vgl Einl Rdn 45)

23   Vor der Anordnung des Verfahrens und vor der Zulassung eines Beitritts ist den Antragsgegnern wegen Art 103 I GG rechtliches Gehör zu gewähren (*Steiner/Teufel* Rdn 87; *Eickmann* Rpfleger 1982, 449 **aA** LG Frankenthal Rpfleger 1985, 250; *Dassler/Hintzen* Rdn 37).

IV. Allgemeine Verfahrensvorschriften § 180

6. Verfahrensverbindung

Verfahrensverbindung mehrerer Grundstücke gem § 18 ist zulässig. Sie müssen jedoch derselben Gemeinschaft gehören (*Steiner/Teufel* Rdn 89). 24

7. Gerichtsferien

Gerichtsferien gibt es nicht (vgl **Einl Rdn 3**). 25

8. Zustellungen

Zustellungen geschehen gem §§ 3 bis 8 (vgl dort). 26

9. Verhältnis zur Vollstreckungsversteigerung

Es wird die Ansicht vertreten, dass ein Gl zum Zwecke der ZwV einer Teilungsversteigerung beitreten kann (OLG Schleswig SchlHA 1963, 280). Dies ist abzulehnen (*Dassler/Hintzen* Rdn 166, 176). Vollstreckungsversteigerung und Teilungsversteigerung verfolgen völlig unterschiedliche Verfahrensziele. Beide Verfahren können nicht miteinander verbunden werden, sondern **laufen unabhängig voneinander** (*Steiner/Teufel* Rdn 90, 95). Die Frage, in welchem Verfahren zuerst Versteigerungstermin anzusetzen ist, kann nicht allgemein, sondern nur für den konkreten Einzelfall beantwortet werden. 27

Betrifft die Teilungsversteigerung eine **Gesamthandsgemeinschaft** (zB Erbengemeinschaft), so ist die Vollstreckungsversteigerung vorzuziehen, weil sie die Teilungsversteigerung gegenstandslos werden lässt. 28

Soweit die Teilungsversteigerung eine **Bruchteilsgemeinschaft** betrifft, ist zu unterscheiden: Erfolgt die Vollstreckungsversteigerung in das ganze Grundstück, so ist diese vorzuziehen; kommt es in ihr zur Zuschlagserteilung, ist für die Teilungsversteigerung kein Raum mehr, weil keine Gemeinschaft mehr besteht. Wird die Vollstreckungsversteigerung nur in einen ideellen Bruchteil am Grundstück betrieben, und zwar aus einem Recht, das in der Teilungsversteigerung erlöschen würde (§ 182 I), so ist letztere vorzuziehen; nach Zuschlagserteilung ist die Vollstreckungsversteigerung gem § 28 aufzuheben. Würde dagegen das Recht, aus dem die Vollstreckungsversteigerung in den Miteigentumsanteil betrieben wird, in der Teilungsversteigerung bestehen bleiben, so ist wohl die Vollstreckungsversteigerung vorzuziehen; würde nämlich in der Teilungsversteigerung der Zuschlag erteilt werden, so müsste gegen den Ersteher die Vollstreckungsversteigerung fortgeführt werden. 29

10. Aussetzung des Verfahrens

Dies ist unzulässig. 30

§ 180 [Aufhebung einer Gemeinschaft]

11. Vergleich

31 Auch innerhalb der Teilungsversteigerung kann in einem Termin ein Vergleich geschlossen werden vor dem Rechtspfleger (OLG Nürnberg Rpfleger 1972, 305). Der Auseinandersetzungsvergleich vor dem VollstrG wahrt die Form nach § 311 b BGB (OLG München DNotZ 1971, 544).

12. Sicherungsmaßnahmen

32 Sicherungsmaßnahmen nach § 25 sind auch in der Teilungsversteigerung zulässig; ebenso die Sicherungsverwaltung gem § 94.

V. Anordnung

Schrifttum: *Drischler,* Voreintragung der Erben bei der Teilungsversteigerung, MDR 1960, 466; *Gottwald,* Zustimmung des Ehegatten zum Antrag auf Anordnung der Teilungsversteigerung?, FamRZ 2006, 1075; *Jonke,* Die Verwaltungsbeschränkung des § 1365 Abs. 1 BGB bei der Aufhebung einer Gemeinschaft im Wege der Zwangsversteigerung, 2002; *Najdecki,* Teilungsversteigerung bei Vor- und Nacherbschaft, DNotZ 2007, 643; *Quardt,* Kann der Schuldner, dessen Miterbenanteil an einem Grundstück gepfändet worden ist, die Teilungsversteigerung gem § 180 ZVG betreiben?, JurBüro 1963, 262; *Riggers,* Teilungsversteigerung eines Grundstücks von Ehegatten im gesetzlichen Güterstand, JurBüro 1969, 107; *Schiffhauer,* Ist § 1365 Abs 1 BGB auf den Teilungsversteigerungsantrag anwendbar?, FamRZ 1960, 186 und 1966, 338; *Schneider,* Zwangsversteigerung auf Antrag eines Miterben ohne Beteiligung des Testamentsvollstreckers, Rpfleger 1976, 384; *Siegelmann,* Teilungsversteigerung und Zugewinngemeinschaft, ZMR 1968, 33; *Stöber,* Antrag auf Teilungsversteigerung nach Pfändung eines Miterbenanteils und Einstellungsantrag nach § 180 Abs 2 ZVG des Pfändungsschuldners, Rpfleger 1963, 337; *Sudhof,* Die Grundstückstransaktion als Gesamtvermögensverfügung: Zur dogmatischen Einordnung des § 1365 BGB im Teilungsversteigerungsverfahren, FamRZ 1994, 1152; *Weimar,* Zur Anwendung des § 1365 Abs 1 BGB auf den Teilungsversteigerungsantrag, NJW 1959, 1478.

1. Voraussetzungen

33 Die Teilungsversteigerung wird nur auf **Antrag** angeordnet (§ 180 I, § 15); er bedarf keiner besonderen Form. Die Antragsgegner (= alle Miteigentümer) müssen im GB als Miteigentümer des Grundstücks eingetragen oder Erbe des eingetragenen Eigentümers sein (§ 180 I, § 17 I). Auch der Antragsteller muss als Eigentümer im GB eingetragen oder Erbe des eingetragenen Eigentümers sein oder nachgewiesen das Recht des eingetragenen Eigentümers oder des Erben auf Aufhebung der Gemeinschaft ausüben (§ 181 II 1), zB als Pfandgläubiger.

34 Die GB-Eintragung ist durch ein **Zeugnis des GBA** nachzuweisen, es sei dem VollstrG und GBA gehören demselben AG an, dann genügt

V. Anordnung   § 180

Bezugnahme auf das GB (§ 180 I, § 17 II). Eine im GB noch nicht eingetragene Erbfolge ist durch Urkunden glaubhaft zu machen, sofern sie nicht bei Gericht offenkundig ist (§ 181 IV, § 17 III). Die Berechtigung des Antragstellers zur Ausübung des Eigentümerrechts ist durch öffentliche Urkunden nachzuweisen (zB Ausfertigung des Pfändungsbeschlusses mit Zustellungsnachweis).

Ein **Vollstreckungstitel ist nicht erforderlich** (§ 181 I). Der 35 Antragsteller muss auch nicht die Zulässigkeit der Aufhebung der Gemeinschaft noch die der ZwVerst nachweisen (OLG Hamm Rpfleger 1964, 341). Liegt das zu versteigernde Grundstück in einem förmlich ausgewiesenen Sanierungsgebiet, so bedarf der Antrag auf Teilungsversteigerung keiner Genehmigung nach § 144 II Nr 1 BauGB (LG Berlin NJW-RR 1989, 1151). Stellt ein Rechtsanwalt den Antrag auf Teilungsversteigerung, so braucht er gem § 88 II ZPO keine Vollmacht dafür vorzulegen (*Mayer* Rpfleger 1987, 211; **aA** LG Saarbrücken Rpfleger 1987, 211).

2. Antrag

a) Inhalt.   36

aa) Das zu versteigernde Grundstück (§ 16).
bb) Das Gemeinschaftsverhältnis, das aufgehoben werden soll, sowie die Art der Beteiligung des Antragstellers an ihr.
cc) Die Antragsgegner mit ladungsfähiger Anschrift.
dd) Das Begehren, die ZwVerst zum Zwecke der Aufhebung der Gemeinschaft anzuordnen.

b) Antragsberechtigung. Berechtigung zur Antragstellung für eine 37 Teilungsversteigerung ergibt sich aus dem Recht, die Aufhebung der Gemeinschaft zu verlangen; vgl dazu **Rdn 6–12.**

aa) Gesetzlicher Vertreter (Eltern, Mutter, Vormund, Betreuer) 38 können für ihr Kind, Mündel, Betreuten den Antrag auf TLV stellen (§§ 1629, 1793 BGB). Während der Vormund, Betreuer,

Pfleger, Nachlasspfleger und Nachlassverwalter dafür eine **Genehmi-** 39 **gung des Familien- bzw Betreuungsgerichts** brauchen (§ 181 II 2), gilt dies für Eltern nicht. Gehören sowohl der gesetzliche Vertreter als auch der Vertretene der aufzuhebenden Gemeinschaft an (zB Eltern und Kind), so muss zur Vermeidung von Interessenkollisionen für jedes Kind ein Ergänzungspfleger (§ 1909 BGB) bestellt werden, und zwar bereits vor der Verfahrensordnung.

bb) Insolvenzverwalter ist anstelle des Miteigentümers antragsbe- 40 rechtigt, über dessen Vermögen das Insolvenzverfahren eröffnet worden ist (*Steiner/Teufel* Rdn 107); für ihn gilt die Besonderheit des § 84 II InsO.

cc) Testamentvollstrecker steht anstelle der Erben das Antragsrecht 41 zu. Da die Testamentvollstreckung wegen § 52 GBO idR aus dem GB

§ 180 [Aufhebung einer Gemeinschaft]

ersichtlich ist, muss das VollstrG einen Antrag eines Miterben nach § 28 behandeln, dh es muss ihn zurückweisen, wenn er nicht mit Zustimmung des TV gestellt wird (*Dassler/Hintzen* § 181 Rdn 22); dies gilt auch für einen Pfändungsgläubiger eines Miterben (BGH ZNotP 2009, 358).

42   **dd)** Bei einer **Erbengemeinschaft** ist jeder Miterbe antragsberechtigt (§ 2042 I BGB). Besteht an einem Grundstück eine Bruchteilsgemeinschaft, bei der ein Anteil im Eigentum einer Erbengemeinschaft steht, so kann jeder am erbengemeinschaftlichen Bruchteil beteiligte Miterbe nicht nur die Versteigerung dieses Bruchteils verlangen (sog "kleines Antragsrecht"), sondern auch die Versteigerung des ganzen Grundstücks (sog "großes Antragsrecht"); dies ist hM (OLG Hamm Rpfleger 1958, 269; 1965, 351; OLG Schleswig MDR 1959, 46; *Dassler/Hintzen* § 181 Rdn 13). Im Antrag muss zum Ausdruck gebracht werden, ob vom kleinen oder vom großen Antragsrecht Gebrauch gemacht wird. Wird bei einer Erbengemeinschaft ein Erbanteil auf mehrere Erwerber übertragen, so entsteht unter den Erwerbern eine Bruchteilsgemeinschaft nach §§ 741 ff BGB (OLG Düsseldorf Rpfleger 1968, 188; OLG Köln Rpfleger 1974, 109; LG Berlin Rpfleger 1996, 472; **aA** *Verjakob* Rpfleger 1993, 2, 4); bei dieser Sachlage kann jeder Erwerber des Erbanteils ohne Mitwirkung der anderen Erwerber allein die Teilungsversteigerung beantragen (LG Berlin Rpfleger 1996, 472 m zust Anm *Bestelmeyer*).

43   **ee)** Besteht **Nacherbschaft** (vgl *Klawikowski* Rpfleger 1998, 100, 102) hinsichtlich des Versteigerungsobjekts, so stellt dies kein Hindernis für die Teilungsversteigerung durch einen Vorerben dar, selbst wenn der Nacherbenvermerk aus dem GB ersichtlich ist (BayObLGZ 1965, 216; OLG Celle NJW 1968, 802; **aA** *Najdecki* DNotZ 2007, 643), denn auch der Nacherbe muss die ZwVerst gegen sich gelten lassen und die §§ 2113, 2115 S 1 BGB finden keine Anwendung (*Stöber* Rdn 7.16). Der Nacherbenvermerk kommt nicht in das gG und ist auf Grund des Zuschlagsbeschlusses zu löschen (OLG Hamm Rpfleger 1968, 403). Der Versteigerungserlös wird von der Nacherbschaft erfasst.

44   **ff) Nießbrauch**

(1) Belastet der Nießbrauch das ganze Grundstück, so kann jeder Miteigentümer ohne Mitwirkung des Nießbrauches die **TLV beantragen.** Gleiches gilt, wenn der Nießbrauch nur den Anteil des Antragsgegners belastet. Ist dagegen der Anteil des Antragstellers mit dem Nießbrauch belastet, so soll auf Grund § 1066 II BGB der Miteigentümer nur zusammen mit dem Nießbraucher zur Antragstellung berechtigt sein (*Hamme*, TLV, Rdn 71). Dem kann nicht gefolgt werden. Der Schutzzweck des § 1066 II BGB besteht darin, dem Nießbrauch seinen Belastungsgegenstand zu erhalten. Wenn der Miteigentümer, dessen Anteil mit dem Nießbrauch belastet ist, die TLV beantragt, so bleibt der Nießbrauch im gG bestehen (§ 182 I) und ist vom Ersteher zu übernehmen. § 182 I gewährt somit den von § 1066 II BGB geforderten Schutz. Nach Zuschlagserteilung besteht der Nießbrauch am ehemaligen ideellen

V. Anordnung § 180

Bruchteil. Ein Miteigentümer, dessen Anteil mit einem Nießbrauch belastet ist, kann deshalb ohne Mitwirkung des Nießbrauches die TLV beantragen (OLG Jena *Recht* 1907 Nr 2879; *Dassler/Hintzen* § 181 Rdn 34; *Steiner/Teufel* Rdn 112; *Böttcher* Rpfleger 1993, 389, 393).

(2) Belastet der Nießbrauch das ganze Grundstück, ist er als bestehen 45 bleibendes Recht im **geringsten Gebot** zu berücksichtigen (§ 182 I). Belastet der Nießbrauch nur den Anteil des Antragsgegners, kann er erlöschen oder bestehen bleiben (§ 182 I); letzteres dann, wenn ein den Anteil des Antragstellers und des Antragsgegners belastendes Gesamtrecht dem Nießbrauch im Rang nachgeht. Belastet der Nießbrauch den Anteil des Antragstellers, bleibt er auch gemäß § 182 I im gG bestehen, da der Nießbrauch auch an einem ideellen Bruchteil des Alleineigentümers eines Grundstücks bestehen kann (*Steiner/Teufel* Rdn 112; *Eickmann*, ZVG, § 34 II 2; *Böttcher* Rpfleger 1993, 389, 393).

(3) Erlischt der Nießbrauch mit Zuschlagserteilung, so will eine Mei- 46 nung den Nießbraucher bei der **Verteilung** durch eine Geldrente gemäß § 92 II, § 121 I abfinden (*Steiner/Teufel* Rdn 112). Nach hM setzt sich dieser Nießbrauch gemäß § 1066 III BGB im Wege der Surrogation am Versteigerungserlös fort, und zwar nicht nur in Höhe des Wertersatzes, sondern nach Wegfertigung der Verfahrenskosten (§ 109) und der sonst dem Nießbrauch vorgehenden Ansprüche im Ganzen (*Eickmann*, ZVG, § 34 II 2; *Böttcher* Rpfleger 1993, 389, 393). Dem Nießbraucher steht dann der ganze Erlösüberschuss des entsprechenden Anteils (§ 112) zu. Nachrangige Berechtigte kommen nur zum Zuge, wenn bei Beendigung des Nießbrauchs noch ein Resterlös vorhanden ist (*Stöber* § 182 Rdn 2.13 d).

gg) Bei **Gütertrennung** ist jeder Miteigentümer unbeschränkt 47 antragsberechtigt (*Stöber* Rdn 3.12; vgl auch BGHZ 37, 38).

hh) Bei **Gütergemeinschaft** mit gemeinsamer Verwaltung des 48 Gesamtguts durch beide Ehegatten ist nur gemeinschaftliche Antragstellung zulässig (vgl §§ 1450–1452 BGB). Verwaltet ein Ehegatte das Gesamtgut allein, so kann er trotz § 1424 BGB ohne Zustimmung des anderen Ehegatten die Teilungsversteigerung beantragen (*Böttcher* Rpfleger 1985, 1, 4; *Dassler/Hintzen* Rdn 21 **aA** *Steiner/Teufel* Rdn 102).

ii) Bei **Zugewinngemeinschaft** bedarf in analoger Anwendung des 49 **§ 1365 BGB** der antragstellende Ehegatte der Zustimmung des anderen Ehegatten, wenn sein Anteil sein (nahezu) ganzes Vermögen darstellt (BGH ZfIR 2008, 28; *Dassler/Hintzen* § 181 Rdn 43; ausführliche Übersicht bei *Böttcher* Rpfleger 1986, 271 Abschn I **aA** *Gottwald* FamRZ 2006, 1075). Der **Antrag** ist insoweit einer Verfügung gleichzustellen, weil er die einzige erforderliche Rechtshandlung des Antragstellers ist, die letztlich zur zwangsweisen Veräußerung führt.

Die **zeitliche Geltungsdauer** des § 1365 BGB endet grundsätzlich 50 mit der Rechtskraft des Scheidungsanspruchs. Dies bedeutet, § 1365 BGB gilt, wenn Antragstellung und Zuschlagserteilung davor erfolgen, aber nicht, wenn beides danach eintritt (ausführlich dazu *Böttcher* Rpfleger 1986, 271 Abschnitt III). Streitig ist, ob die Zustimmungsbedürftigkeit mit Rechtskraft des Scheidungsurteils auch endet, wenn zwar die Antragstellung davor erfolgte, aber die Verfahrensdurchführung danach geschieht. Zum Teil wird dies wegen des nunmehr bestehenden Schutzzwecks (= Sicherung der Zugewinnausgleichsforderung, vgl BGH NJW 1978, 1380; OLG Celle FamRZ 2004, 625 m Anm Janke) verneint (BayObLG Rpfleger 1980, 470; *Dassler/Hintzen* § 181 Rdn 44). Da aber der genannte Schutzzweck bei der Teilungsversteigerung nicht gefährdet ist, scheidet in diesem Fall eine weitere Zustimmungspflicht gem § 1365 BGB aus (OLG München Rpfleger 2006, 556; OLG Celle FamRZ 1983, 591; LG Braunschweig Rpfleger 1985, 76).

51 Der Versteigerungsantrag bedarf auch dann entsprechend § 1365 BGB der Zustimmung des anderen Ehegatten, wenn beide als **Gesellschafter des bürgerlichen Rechts** Eigentümer sind (*Dassler/Hintzen* § 181 Rdn 46).

52 Strittig ist die Frage, ob § 1365 BGB auch dann gilt, wenn ein Gl den Auseinandersetzungsanspruch eines Ehegatten hat pfänden und sich überweisen lassen, um dann den Antrag zu stellen. Dies wird verneint (OLG Karlsruhe Rpfleger 2004, 235; OLG Köln NJW-RR 1989, 325; KG Rpfleger 1992, 211; OLG Düsseldorf Rpfleger 1991, 215; *Dassler/Hintzen* § 181 Rdn 47). § 1365 BGB erfasst zwar nicht die Pfändung des Aufhebungs- und Auszahlungsanspruchs; wenn jedoch auf Grund der Überweisung der Auseinandersetzungsanspruch des Schu geltend gemacht wird, dann kann das nur so geschehen, wie es dem Schu selbst möglich wäre. Deshalb gilt § 1365 BGB auch für den Pfändungsgläubiger (*Steiner/Teufel* Rdn 22, 105).

53 Grundsätzlich wird § 1365 BGB im Antragsverfahren durch das VollstrG nicht geprüft. Da die Beschränkung nicht aus dem GB ersichtlich ist, unterliegt sie nicht der Amtsprüfung. Vielmehr obliegt es grundsätzlich dem Antragsgegner, § 1365 BGB entsprechend **§ 771 ZPO** klageweise geltend zu machen (OLG Köln ZfIR 2000, 319; OLG Stuttgart FamRZ 1982, 401). Ausnahmsweise ist § 1365 BGB vom VollstrG zu beachten, wenn bei Verfahrensanordnung unstreitig bekannt ist, dass dessen Voraussetzungen vorliegen (OLG Bremen Rpfleger 1984, 156); bei fehlender Zustimmung liegt dann ein Verfahrensmangel vor, der gem § 793 ZPO mit sofortiger Beschwerde geltend gemacht werden kann. Gleiches muss auch dann gelten, wenn erst nach Anordnung unstreitig zutage tritt, dass § 1365 BGB zu beachten gewesen wäre (OLG Frankfurt Rpfleger 1975, 330; LG Bielefeld Rpfleger 1986, 271 m zust Anm *Böttcher*).

54 **jj) Rechtsgeschäftliche Verpfändung eines Erbteils** ist zulässig (§ 2033 I BGB). Vor Pfandreife (§ 1228 II BGB) kann der Pfandgläubiger nur gemeinsam mit dem PfandSchu die Teilungsversteigerung beantragen, nach der Pfandreife kann dies der Pfandgläubiger alleine (§ 1258 II,

§ 1273 BGB); vgl *Steiner/Teufel* Rdn 106. Erforderlich dafür sind nach § 1277 BGB ein dinglicher Titel (= Duldungstitel) und ein Pfändungs- und Überweisungsbeschluss. Eine zwischen den Miterben vereinbarte Auseinandersetzungsbeschränkung ist dem Pfändungsgläubiger gegenüber unwirksam (§ 1273 II, § 1258 II 2 BGB). Hat der Erblasser die Auseinandersetzung gem § 2044 I BGB ausgeschlossen, gilt dies auch ggü dem Pfandgläubiger.

kk) Gerichtliche Pfändung
(1) Bruchteilsgemeinschaft

Bei ihr kann der Gl eines Miteigentümers eine Zwangshypothek auf 55 den Anteil eintragen lassen (§ 864 II ZPO) oder den Miteigentumsanteil versteigern lassen; letzteres ist aber meistens nicht von Erfolg gekrönt, da ein ideeller Anteil idR unverwertbar ist. Besser ist deshalb die Pfändung des Aufhebungsanspruchs, des Teilungsanspruchs bezüglich des Erlöses und des Auszahlungsanspruchs hinsichtlich des anteiligen Erlöses. Da das Aufhebungsrecht an den Zessionar des künftigen Teilungs- und Auszahlungsanspruchs zur Ausübung überlassen werden kann, bejaht die hM zu Recht die Pfändbarkeit über § 857 III ZPO (BGH MittBayNot 2006, 413 m abl Anm *Ruhwinkel; Dassler/Hintzen* § 181 Rdn 50). Nach Pfändung und Überweisung kann der Gl die Teilungsversteigerung beantragen. Neben dem Gl bleibt der Schu als Teilhaber an der Gemeinschaft am Verfahren beteiligt und antragsberechtigt (OLG Jena Rpfleger 2001, 445; a**A** *Dassler/Hintzen* § 181 Rdn 53). Ein rechtsgeschäftlich vereinbarter Auschluss der Teilung (§ 749 II BGB) wirkt ggü dem Gl nach § 751 S 2 BGB dann nicht, wenn der Vollstreckungstitel rechtskräftig ist.

(2) Erbengemeinschaft

Bei ihr kann der Anteil eines Miterben am gesamten, ungeteilten 56 Nachlass gemäß § 859 II ZPO gepfändet werden; der Pfändungsgläubiger ist nach Pfändung und Überweisung antragsberechtigt für die TLV (BGH ZfIR 1999, 155). Bestritten ist die Frage, ob daneben dem Pfändungsschuldner (= Miterbe) weiterhin allein ein Antragsrecht zusteht. Eine Meinung verneint dies, da er auf Grund der Pfändung einem Verfügungsverbot (§ 829 ZPO) unterliegt (OLG Hamburg MDR 1958, 45; LG Frankenthal Rpfleger 1985, 500; *Dassler/Hintzen* § 181 Rdn 57). Die überwiegende Ansicht gewährt dagegen dem Miterben nach Pfändung und Überweisung seines Anteils zu Recht ein alleiniges Antragsrecht für die TLV (OLG Hamm Rpfleger 1958, 269; LG Wuppertal NJW 1961, 785). Am erzielten Versteigerungserlös besteht die Erbengemeinschaft fort und deshalb auch das Pfandrecht am Miterbenanteil. Ohne Zustimmung des Pfändungsgläubigers kann keine Auseinandersetzung des Erlöses erfolgen, wodurch dieser geschützt ist. Das Antragsrecht des Pfändungsgläubigers wird durch eine vereinbarte oder angeordnete Beschränkung der Auseinandersetzung nicht berührt, sofern der Vollstreckungstitel nicht nur vorläufig vollstreckbar ist (§ 2042 II, § 2044 I 2, 751 S 2 BGB).

§ 180 [Aufhebung einer Gemeinschaft]

(3) Gütergemeinschaft

57 Erst nach ihrer Beendigung, aber vor Auseinandersetzung ist der Anteil des Schu am Gesamtgut der Pfändung unterworfen (§ 860 ZPO). Die Überweisung gibt dem Gl das Recht, den Auseinandersetzungsanspruch des Schu geltend zu machen, wozu auch das Recht auf Betreiben der Teilungsversteigerung gehört (*Stöber* Rdn 11.8).

(4) Gesellschaft des BGB, OHG, KG

58 Ist der Vermögensanteil eines Gesellschafters gepfändet worden (§ 859 I ZPO), so soll dem Pfändungsgläubiger kein Antragsrecht zustehen, weil er gem § 725 II BGB nur ein Recht auf Kündigung habe (RGZ 95, 231). Nach richtiger Auffassung kann jedoch auch der Pfändungsgläubiger die Teilungsversteigerung beantragen (*Behr* Rpfleger 1983, 36; LG Hamburg Rpfleger 2002, 532; LG Konstanz Rpfleger 1987, 427; in diese Richtung auch BGH Rpfleger 2008, 215; 1992, 260). Denn der ausdrücklich zugelassene Pfändungszugriff muss eine vom Willen und der Bereitschaft des Schu und des Drittschuldners unabhängige Durchsetzungs- und Realisierungschance verschaffen.

59 c) **Antragsrücknahme.** Rücknahme des Antrags ist möglich (§ 29). Die dritte Bewilligung einer Einstellung gilt als Antragsrücknahme (§ 30 I 3).

3. Entscheidung

60 Die Teilungsversteigerung wird vom VollstrG durch Beschluss angeordnet (§ 180 I, § 15). Er muss beinhalten: Antragsteller, Antragsgegner, Vertreter, Gemeinschaftsverhältnis, Grundstück, ZwVerst zum Zwecke der Aufhebung der Gemeinschaft und Beschlagnahme des Grundstücks. Zugestellt wird der **Anordnungsbeschluss** an die Antragsgegner gem §§ 3 ff, der Antragsteller erhält nur eine Mitteilung. Wenn der Antrag Mängel aufweist oder noch erforderliche Unterlagen fehlen, hat das VollstrG gem § 139 ZPO eine **Beanstandungsverfügung** zu erlassen (vgl §§ 15, 16 Rdn 104–106). Ist die darin gesetzte Frist fruchtlos verlaufen oder liegen Mängel vor, die nicht beseitigt werden können, ist eine **Zurückweisung** zu erlassen (vgl §§ 15, 16 Rdn 107–109).

4. Versteigerungsvermerk

61 Das VollstrG hat um dessen Eintragung zu ersuchen (§ 180 I, § 19 I), und zwar auch dann, wenn ein Vermerk auf Grund einer Vollstreckungsversteigerung bereits im GB steht. Der Vermerk muss erkennen lassen, dass die ZwVerst "zum Zwecke der Aufhebung der Gemeinschaft" erfolgt (*Steiner/Teufel* Rdn 120).

5. Eigentumswechsel

Eigentumswechsel nach der Verfahrensanordnung berührt den Fortgang nicht. Der Nachfolger des Antragsgegners betreibt das Verfahren weiter. Der Nachfolger des Antragsgegners muss das Verfahren gem § 26 gegen sich gelten lassen, weil es aus einem eingetragenen Recht, nämlich dem Gemeinschaftsrecht, betrieben wird. Der bisherige Miteigentümer ist nicht mehr Beteiligter, der neue Miteigentümer tritt an seine Stelle; ein besonderer Beschluss ist dafür nicht erforderlich (*Stöber* Rdn 6.9).

VI. Beschlagnahme

wird wirksam mit Eingang des GB-Ersuchens beim GBA oder Zustellung des Anordnungsbeschlusses an den Antragsgegner, bei mehreren mit der letzten Zustellung (§ 180 I, § 22). Damit treten die **Beschlagnahmewirkungen gem § 13** ein, aber ein **Verfügungsverbot nach § 23** zu Lasten des Antragsgegners **entsteht nicht.** Dies ist auch nicht erforderlich, weil dem Antragsteller weder die Veräußerung (vgl Rdn 62) noch die Belastung (vgl § 182 I) des Miteigentumsanteils des Antragsgegners schadet. Der Anordnungsbeschluss gilt als Beschlagnahme des Grundstücks (§§ 180 I, 20 I). Sie umfasst auch die Gegenstände, auf welche sich bei einem Grundstück die Hypothek erstreckt (§ 180 II, § 20 II ZVG, §§ 1120 ff BGB); vgl dazu Kommentierung zu §§ 20, 21. Die Wirkungen der Beschlagnahme sind jedoch eingeschränkt, weil das Verfahren keine Beschränkung iSd §§ 1121, 1122 BGB bewirkt und die Miteigentümer nicht an der gemeinsamen (§ 747 S 2 BGB) Verfügung über Gegenstände des Haftungsverbundes hindert. Auch für einen Pfändungsgläubiger entsteht kein Verfügungsverbot gem § 23, weil er nicht mehr Rechte haben kann als der Miteigentümer, dessen Aufhebungsanspruch er gepfändet hat (BGH ZNotP 2010, 195). Die TLV auf Antrag eines Pfändungsgläubigers wird gegenstandslos und ist nach § 28 aufzuheben, wenn durch Übertragung der Miteigentumsanteile auf einen Bruchteilseigentümer Alleineigentum entsteht (BGH ZNotP 2010, 195). Der Pfändungsgläubiger kann sich zB vor der gemeinsamen Veräußerung wertvoller Zubehörstücke durch die Miteigentümer nur dadurch schützen, dass er eine Zwangshypothek am Anteil seines Schu eintragen lässt, weil dann die Schutzregeln für Grundpfandrechtsgläubiger (§§ 1134, 1135 BGB) für ihn gelten.

VII. Beitritt

Dem Verfahren kann jeder andere Teilhaber an der Gemeinschaft beitreten (§ 180 I, § 27), wodurch er zum Antragsteller wird; die übrigen Miteigentümer sind ihm gegenüber dann Antragsgegner. Betreiben alle

§ 180 [Aufhebung einer Gemeinschaft]

Teilhaber das Verfahren, so sind sie alle Antragsteller, soweit sie die Teilungsversteigerung veranlasst haben, und im übrigen Antragsgegner.

VIII. Einstellung und Aufhebung des Verfahrens

1. § 180 II

Schrifttum: *Hill,* Kann ein Miterbe, dessen Miterbenanteil gepfändet ist, im Zwangsversteigerungsverfahren zum Zwecke der Aufhebung der Gemeinschaft einen Einstellungsantrag nach § 180 Abs 2 ZVG stellen?, MDR 1959, 92; *Mohrbutter,* Zur Auslegung des § 180 Abs 2 ZVG, Rpfleger 1954, 235; *Stöber,* Antrag auf Teilungsversteigerung nach Pfändung eines Miterbenanteils und Einstellungsantrag nach § 180 Abs 2 ZVG des Pfändungsschuldners, Rpfleger 1963, 337.

65 **a) Antragsberechtigung.** Antragsrecht für eine Einstellung gem § 180 II hat jeder Miteigentümer, gegen den sich das Verfahren richtet (= **Antragsgegner**). Das er selbst auch betreibt, dh auch Antragsteller ist, beeinflusst sein Antragsrecht nicht; Aussicht auf Erfolg wird sein Einstellungsantrag gem § 180 II aber nur dann haben, wenn er in dem von ihm betriebenen Verfahren die Einstellung nach § 180 I, § 30 bewilligt (BGHZ 79, 249 = Rpfleger 1981, 187).

66 **Nach Pfändung und Überweisung** des Anspruchs auf Aufhebung einer Bruchteilsgemeinschaft oder des Erbanteils können die anderen Miteigentümer/Miterben, die nicht Pfändungsschuldner sind, als Antragsgegner die Einstellung der vom Pfändungsgläubiger beantragten TLV verlangen gemäß § 180 II. Treten andere Miteigentümer/Miterben dem Verfahren bei, so ist auch der Pfändungsgläubiger antragsberechtigt nach § 180 II (*Steiner/Teufel* Rdn 135); gleiches gilt für den Pfändungsschuldner – Miteigentümer/Miterben. Bestritten ist, ob letzterer einen Einstellungsantrag auch ggü dem Pfändungsgläubiger stellen kann. Auf Grund des Wortlautes von § 180 II wird dies verneint, weil nur die widerstreitenden Interessen der Miteigentümer abzuwägen seien (RGZ 65, 414, 416; OLG Hamburg MDR 1958, 45; LG Berlin Rpfleger 1991, 107). Der Schutzzweck des § 180 II geht jedoch über seinen Wortlaut hinaus. Es soll verhindert werden, dass ein wirtschaftlich Stärkerer unter Ausnutzung vorübergehender Umstände die TLV zur Unzeit durchführt, um den wirtschaftlich Schwächeren aus dem Grundstück zu drängen (BGH Rpfleger 1981, 187). Dieser Gedanke muss auch im Verhältnis des Pfändungsschuldners – Miteigentümers/Miterben zum Pfändungsgläubiger gelten. Ersterer kann daher den Einstellungsantrag nach § 180 II im vom Pfändungsgläubiger beantragten Verfahren stellen (OLG Hamm Rpfleger 1958, 269; LG Stendal Rpfleger 1998, 122; LG Kempten NJW 1976, 299; *Dassler/Hintzen* Rdn 84).

67 **b) Antragsfrist.** Der Antrag ist binnen einer Notfrist von zwei Wochen zu stellen, wobei diese mit der Zustellung der Belehrungsverfü-

VIII. Einstellung und Aufhebung des Verfahrens § 180

gung beginnt (§ 180 II 3, § 30 b I). Bei jedem Anordnungs- bzw Beitrittsbeschluss läuft eine eigene Frist. Die 2-Wochen-Frist gilt bereits für die erste Einstellung gem § 180 II 1, und nicht nur für die wiederholte Einstellung nach § 180 II 2 (BGH Rpfleger 1981, 187).

c) Einstellungsgründe. Das Verfahren kann eingestellt werden, wenn dies unter Abwägung der widerstreitenden Interessen der Miteigentümer angemessen erscheint. Es soll verhindert werden, dass ein wirtschaftlich Stärkerer unter Ausnutzung vorübergehender Umstände die Versteigerung zur Unzeit durchsetzt, um den wirtschaftlich Schwächeren zu ungünstigen Bedingungen aus dem Grundstück zu drängen (BGH Rpfleger 2007, 408; BGHZ 79, 249). Es geht hierbei um vorübergehende Umstände, so dass solche, die auf Dauer bestehen, untauglich sind. Eine Einstellung begründen könnte zB eine voraussichtlich in nächster Zeit eintretende deutliche Werterhöhung des Grundstücks oder die Gefährdung der wirtschaftlichen Existenz oder Schwierigkeiten bei der Beschaffung von angemessenem Wohnraum. Interessen des Antragstellers könnten sein, dass er den Erlös dringend benötigt oder dass ihm die Lastentragung für das Grundstück nicht mehr länger zugemutet werden kann. Dauerhafte gesundheitliche Beeinträchtigungen eines Beteiligten rechtfertigen die einstweilige Einstellung nicht (BGH Rpfleger 2004, 722). 68

d) Entscheidung. Das Verfahren kann zunächst auf die Dauer von sechs Monaten eingestellt werden (§ 180 II 1). Zulässig ist eine einmalige Wiederholung (§ 180 II 2). Als erste Einstellung zählt nur eine solche nach § 180 II 1. Die Frist von sechs Monaten für den Fortsetzungsantrag (§ 31 I) beginnt mit dem in der Einstellungsentscheidung genannten Endzeitpunkt (LG Lübeck SchlHA 1960, 170). 69

2. § 180 III

Schrifttum: *Drischler,* Neuerungen zum Vollstreckungsschutz in den Verfahren der Zwangsversteigerung zum Zwecke der Aufhebung der Gemeinschaft, NJW 1986, 1853; *Maurer,* Die Zuständigkeit des Rechtspflegers zur Entscheidung über die Gefährdung des Wohls eines Kindes nach § 180 III ZVG FamRZ 1991, 1141.

a) Allgemeines. § 180 III ist durch das Unterhaltsrechts-Änderungsgesetz von 20. 2. 1986 (BGBl I 301) eingefügt worden. 70

b) Voraussetzungen. Erste Voraussetzung einer Einstellung gem § 180 III ist, dass das Verfahren nur **Ehegatten (frühere Ehegatten)** betrifft. Gehören der Gemeinschaft noch andere Personen an, so gilt § 180 III nicht. Unschädlich muss es jedoch sein, wenn das Kind, dessen Schutz gerade bezweckt wird, Miteigentümer ist (*Stöber* Rdn 13.2). 71

Das Kind muss ein **gemeinschaftliches Kind** der beteiligten Ehegatten sein. Hierher gehört auch ein gemeinschaftlich angenommenes Kind 72

§ 180 [Aufhebung einer Gemeinschaft]

gem § 1741 II BGB (BGH Rpfleger 2007, 408; LG Hamburg FamRZ 1988, 424) und ein volljähriges Kind (LG Berlin Rpfleger 1987, 515). § 180 III ist nach seinem Sinn und Zweck auch dann anzuwenden, wenn die TLV von einem Pfand- oder Pfändungsgläubiger eines Ehegatten betrieben wird. Keine (auch nicht analoge) Anwendung findet die Vorschrift auf gemeinsame Pflegekinder; deren Belange sind in die nach § 765a ZPO gebotene Abwägung einzubeziehen (BGH Rpfleger 2007, 408; **aA** *Dassler/Hintzen* Rdn 95).

73   Einstellungsgrund ist eine **Gefährdung des Kindeswohls.** Sie liegt vor, wenn das Kind in seiner Entwicklung erheblich beeinträchtigt zu werden droht. Dies ist nur dann der Fall, wenn Beeinträchtigungen besonderer Art zu besorgen sind, die über jene Unzuträglichkeiten hinausgehen, die mit einem Umzug aus dem Familienheim stets verbunden sind (LG Frankenthal Rpfleger 1987, 124; LG Berlin Rpfleger 1987, 514). Nicht ausreichend sind aber ein notwendiger Schulwechsel, der Verlust der Spielgefährten oder einer vertraut gewordenen Betreuungsperson. Eine Einstellung gem § 180 III können jedoch rechtfertigen eine Gefährdung der schulischen Entwicklung (LG Offenburg Rpfleger 1994, 177; LG Heidelberg Rpfleger 1991, 215; LG Limburg FamRZ 1987, 1065) oder der Verlust des für das behinderte Kind behindertengerecht ausgebauten Hauses oder eine noch ausstehende Sorgerechtsentscheidung in dem laufenden Scheidungsverfahren (LG Berlin Rpfleger 1992, 170). Zur Annahme einer ernsthaften Gefährdung des Kindeswohls im Sinne des § 180 III ist regelmäßig ein ursächliche Zusammenhang der geltend gemachten gesundheitlichen Probleme mit der möglichen Zwangsräumung notwendig (LG Konstanz Rpfleger 2002, 219). Die wirtschaftlichen Interessen des Antragstellers bleiben außer Betracht; eine Interessenabwägung – wie in § 180 II – findet nicht statt (*Stöber* Rdn 13.4).

74   c) **Antragsberechtigung.** Antragsrecht steht dem Ehegatten zu, gegen den die Versteigerung betrieben wird. Das Kind ist selbstständig antragsberechtigt, wenn es als Miteigentümer gleichzeitig Antragsgegner ist (**aA** *Stöber* Rdn 13.5).

75   d) **Frist.** Antragsfrist für die Einstellung gem § 180 III ist die Notfrist von zwei Wochen (§ 180 III 3, § 30b I 1). Sie beginnt mit der Zustellung der Belehrungsverfügung (§ 180 III 3, § 30b I 2). Nach Ablauf einer gem § 180 II verfügten Einstellung ist es nicht möglich, einen Antrag nach § 180 III zu stellen oder umgekehrt.

76   e) **Entscheidung.** Einzustellen ist für die voraussichtliche Dauer der Gefährdung des Kindeswohls, höchstens aber fünf Jahre (§ 180 IV). Liegen Anträge auf Einstellung gem § 180 II und § 180 III gleichzeitig vor, so ist über sie gemeinsam zu entscheiden, dh mit einer Höchstdauer von 5 Jahren gemäß § 180 III (*Stöber* Rdn 13.9 und 13.4) und nicht mit

VIII. Einstellung und Aufhebung des Verfahrens § 180

verschiedenen Einstellungszeiten (*Stöber* Rdn 13.9). Auch bei der Einstellung nach § 180 III ist der Antragsteller über die Fortsetzungsmöglichkeiten zu belehren (§ 180 I, § 31 III). Fortgesetzt wird das Verfahren auf Antrag (§ 180 I, § 31 I 1), der binnen sechs Monate ab dem Zeitpunkt, bis zu dem die Einstellung angeordnet ist, gestellt werden muss (§ 180 I, § 31 II b). Nach Fortsetzung eines nur nach § 180 III eingestellten Verfahrens, ist die Wiederholung mehrfach zulässig (§ 180 III 2), wobei wiederum die Notfrist von zwei Wochen gilt (§ 180 III 3, § 30 b I 1). Eine Antragstellung nach § 180 III ist nicht möglich, wenn das Verfahren nur gem § 180 II eingestellt war und fortgesetzt wird (*Stöber* Rdn 13.12). War sowohl nach § 180 II als auch nach § 180 III eingestellt, so kann wegen § 180 II noch einmal eingestellt werden, und zwar selbst dann, wenn die Dauer sechs Monate überschritt (*Stöber* 13.14). Ändert sich die Sachlage nach der Einstellung im Interesse des Kindes, so kann der Einstellungbeschluss auf Antrag aufgehoben oder geändert werden (§ 180 III 4). Antragsberechtigt ist der Antragsteller und der Antragsgegner (*Stöber* Rdn 13.15).

f) Rechtspfleger. In der Praxis entscheidet er über die Anträge nach § 180 III, da er für die ZwVerst zuständig ist (§ 3 Nr 1 i RPflG). Daran wird zu Recht Kritik geübt (*Meyer-Stolte* Rpfleger 1987, 515; 1990, 524; 1991, 216; *Maurer* FamRZ 1991, 1141; vgl aber auch Dassler/Hintzen Rdn 94). Der Rechtspfleger wird nämlich mit einer Materie befasst, die, wäre sie dem Familien- oder Vormundschaftsgericht zugewiesen, unter dem Richtervorbehalt stünde (§ 14 Nrn 7, 8, 15, 16 RPflG). Im Versteigerungsverfahren ist der Rechtspfleger an die Sachanträge der Eltern gebunden und es gelten die Grundsätze der Glaubhaftmachung (§§ 180 III 3, 30b II 3). Für den Familien-/Vormundschaftsrichter würde der Amtsermittlungsgrundsatz gelten. Der Gesetzgeber sollte daher die Entscheidung gem § 180 III zur Familiensache erklären, und dort die darauf spezialisierten Richter entscheiden lassen. 77

3. § 28

§ 28 gilt auch in der Teilungsversteigerung. 78

4. § 30

§ 30 gilt in der Teilungsversteigerung für jeden Antragsteller. 79

5. § 30 a

§ 30 a ist nicht anwendbar; an seine Stelle tritt § 180 II. 80

6. §§ 30 c–f

§§ 30 c–f gelten nicht in der Teilungsversteigerung. Fällt ein Miteigentümer in Insolvenz, so gehört nur sein Anteil zur Insolvenzmasse und 81

§ 180 [Aufhebung einer Gemeinschaft]

nach § 84 I InsO muss die Auseinandersetzung außerhalb des Insolvenzverfahrens vorweg erfolgen.

7. §§ 75, 76

82 §§ 75, 76 sind nicht anwendbar, weil sie von einer Geldforderung des betreibenden Gl ausgehen.

8. § 77

83 § 77 gilt auch in der Teilungsversteigerung, wenn niemand geboten hat oder sämtliche Gebote erloschen sind, mit Ausnahme der Fortsetzungsmöglichkeiten als Zwangsverwaltung.

9. § 765 a ZPO

§ 765 a ZPO **(vgl § 30 a Rdn 25 ff)**

Schrifttum: *Stöber,* Ist § 765 a ZPO bei der Zwangsversteigerung zur Aufhebung einer Gemeinschaft anwendbar?, Rpfleger 1960, 237; *Teufel,* § 765 a ZPO in der Teilungsversteigerung, Rpfleger 1976, 80.

84 Die Anwendbarkeit wird abgelehnt, weil die Teilungsversteigerung keine ZwV sei (OLG Hamm KTS 1973, 143). Dem ist zu widersprechen. Die Teilungsversteigerung ist sehr wohl ein Verfahren der ZwV (vgl Rdn 3). Als allgemeine Schutzvorschrift ist § 765 a ZPO nicht auf die Geldvollstreckung beschränkt. Über die Verweisung in § 180 I und § 869 ZPO ist § 765 a ZPO auch in der Teilungsversteigerung anwendbar, da sein Regelungszweck auch in diesem Verfahren erreicht werden muss (BGH Rpfleger 2007, 408; *Dassler/Hintzen* Rdn 103). Trägt einer der Antragsteller der Teilungsversteigerung, der dem Gutachter eine Innenbesichtigung des Objektes nicht ermöglicht hat, im Termin den Bietinteressenten im Gebäude liegende Mängel vor, führt einen Mietvertrag ein und kündigt an, er räume das Objekt nicht freiwillig, so handelt er weder rechtsmissbräuchlich noch sittenwidrig, auch wenn er Meistbietender wird (LG Münster Rpfleger 2002, 639).

10. §§ 775, 776 ZPO

85 § 775 Nr 1, § 776 S 1 ZPO ist anwendbar, wenn die TLV für unzulässig erklärt wird (LG Hannover Rpfleger 1993, 505). **§ 775 Nr 2,** § 776 S 2 ZPO ist anwendbar, wenn Gegenrechte gemäß § 771 ZPO geltend gemacht werden und eine einstweilige Einstellung nach gemäß § 771 III, § 769 I, § 769 II ZPO verfügt wird. **§ 775 Nr 3,** § 776 S 1 ZPO ist nur dann anwendbar, wenn zur Überwindung einer Ausschlussvereinbarung nach § 749 II BGB ein Duldungstitel erforderlich ist und dieser eine

Abwendungsbefugnis gemäß §§ 711, 712 ZPO enthält. **§ 775 Nr 4, 5,** § 776 S 2 ZPO dürften wohl keine Bedeutung erlangen in der TLV.

11. § 3 b III VermG

Soll in den neuen Bundesländern ein Grundstück oder ein Gebäude, **85 a** für das ein Antrag nach § 30 VermG vorliegt, im Wege der von einem Verfügungsberechtigten (§ 2 III VermG) beantragten TLV versteigert werden, ist das Verfahren auf Antrag des Berechtigten (§ 2 I VermG) bis zum Eintritt der Bestandskraft der Entscheidung über den Rückübertragungsantrag einstweilen einzustellen. Die einstweilige Einstellung ist zu versagen, wenn im Falle einer rechtsgeschäftlichen Veräußerung eine Genehmigung nach § 2 I 2 Nr 2 oder 3 der GVO nicht erforderlich wäre. Sie kann versagt werden, wenn eine Genehmigung nach § 1 II 2 GVO erteilt werden könnte.

IX. Verfahren bis zum Versteigerungstermin

1. Grundstückswert

Festsetzung des Grundstückswertes (§ 74 a V) muss wegen § 85 a stets **86** erfolgen.

2. Terminsbestimmung

Ihr Inhalt ergibt sich aus den §§ 37, 38. Da § 37 Nr 3 die Charakterisie- **87** rung der Verfahrensart verlangt, ist anzugeben, dass die Versteigerung zum Zwecke der Aufhebung der Gemeinschaft geschieht. Dasselbe gilt für die öffentliche Bekanntmachung der Terminsbestimmung (§ 39). Bei Nichtachtung liegt ein unheilbarer Zuschlagsversagungsgrund gem §§ 43 I, 83 Nr 7, 84 vor. In der Aufforderung nach § 37 Nr 4 ist auszuführen "Rechte ... anzumelden und wenn der Antragsteller widerspricht, glaubhaft zu machen ..." (so *Steiner/Teufel* Rdn 155).

Wegen möglicher **Betriebssteuerrückstände** muss die Terminsbe- **88** stimmung dem Finanzamt, Hauptzollamt und der Gemeindesteuerstelle nicht mehr mitgeteilt werden (MiZi XI 1 in der ab 1. 7. 1998 geltenden Fassung).

3. Fristen

Fristen gem §§ 41, 43 sind auch bei der Teilungsversteigerung einzu- **89** halten.

4. Mitteilung

Mitteilung nach § 41 II muss bei der Teilungsversteigerung erfolgen. **90**

Böttcher

§ 180 [Aufhebung einer Gemeinschaft]

X. Versteigerungsbedingungen

1. Allgemein

91 Auch in der Teilungsversteigerung gelten die **§§ 44–65,** soweit sich nicht aus den §§ 182, 183 etwas anderes ergibt. Die Versteigerungsbedingungen können abgeändert werden (§ 59). Ist die Anmeldung der persönlichen Forderung bei einer bestehen gebliebenen Grundschuld unterblieben (§ 53 II), so haben die von der Teilungsversteigerung betroffenen Miteigentümer gegen den Ersteher einen Bereicherungsanspruch, wenn sie als persönliche Schu vom Grundschuldgläubiger in Anspruch genommen werden (BGHZ 56, 22).

2. Altenteil

92 Kommt es gem § 182 I nicht in das gG, so kann es auf Grund landesrechtlicher Vorschriften (vgl § 52 Rdn 12) nach **§ 9 I EGZVG** außerhalb des gG bestehen bleiben.

3. Begrenzung des Bieterkreises

93 Bei der Bruchteilsgemeinschaft und der Erbengemeinschaft kann der Kreis der Erwerber durch Vereinbarung oder Verfügung von Todes wegen beschränkt werden (§ 753 I 2, § 2042 II BGB), zB nur auf Teilhaber oder deren Familienangehörige. Der Ausschluss Dritter vom Bietgeschäft ist eine besondere Versteigerungsbedingung, die von Amts wegen zu beachten ist, wenn sie aus dem GB ersichtlich ist; ansonsten auf Grund übereinstimmender Erklärungen der Teilhaber. Die Versteigerungsbedingung ist im Termin bekannt zu geben und Gebote Außenstehender sind als unzulässig zurückzuweisen. Geschieht dies nicht, so kann der Mangel im Wege der Zuschlagsanfechtung gerügt werden (RGZ 52, 174, 177). Diese Begrenzung des Bieterkreises gilt auch ggü einem Pfändungsgläubiger eines Teilhabers, wenn dies vor der Pfändung erfolgt ist.

4. Einzel- und Gesamtausgebot

94 Sind mehrere Grundstücke von der Teilungsversteigerung betroffen, so gilt § 63, dh es erfolgen grundsätzlich Einzelausgebote, aber auch ein Gesamtausgebot ist zulässig gem § 63 II; ebenso ein Verzicht auf Einzelausgebote nach § 63 IV. Wird dagegen die Teilungsversteigerung eines Grundstücks einer **Bruchteilsgemeinschaft** betreiben, gibt es keine Einzelausgebote hinsichtlich der ideellen Miteigentumsanteile wie bei einer Vollstreckungsversteigerung, weil dies dem Zweck des Verfahrens widersprechen würde, der auf die Vorbereitung der Auseinandersetzung gerichtet ist (BGH IGZInfo 2009,129).

XI. Zuschlag

Schrifttum: *Drischler,* Vorkaufsrecht in der Teilungsversteigerung, RpflJB 1961, 316; *Gayring,* Das Vorkaufsrecht in der Teilungsversteigerung, Rpfleger 1985, 392; *Martinek/Ittenbach,* Die Erbengemeinschaft und das Vorkaufsrecht in der Teilungsversteigerung, BB 1993, 519; *Schmid,* Das Vorkaufsrecht des Miteigentümers bei Teilungsversteigerung, MDR 1975, 191; *Stöber,* Vorkaufsrechte in der Zwangsversteigerung, NJW 1988, 3121.

1. Voraussetzungen

Es gelten hier zunächst dieselben Ausführungen wie bei der Vollstreckungsversteigerung; vgl daher **§ 81 Rdn 2–15**. Der Zuschlag ist dem Meistbietenden zu erteilen (§ 180 I, § 81 I), soweit kein Zuschlagsversagungsgrund gem §§ 81, 83 bis 85a vorliegt (vgl § 100 I). Die Zustimmungspflichten gem § 5 I, § 8 ErbbauRG und § 12 WEG sind vom VollstrG von Amts wegen bei der Zuschlagserteilung zu beachten. Liegt das Versteigerungsobjekt in einem förmlich ausgewiesenen Sanierungsgebiet, so ist für die Zuschlagerteilung trotzdem keine Genehmigung nach § 144 II Nr 1 BauGB erforderlich, da keine rechtsgeschäftliche Verfügung vorliegt (LG Berlin NJW-RR 1989, 1151).

2. Vorkaufsrechte

a) Das **schuldrechtliche** Vorkaufsrecht (§§ 463–473 BGB) ist vom VollstrG in der TLV nicht zu beachten. Auf Grund der Nichtanwendbarkeit des § 471 BGB (BGHZ 13, 133; 48, 1) kann es der Berechtigte außerhalb des TLV-Verfahrens gegen die Miteigentümer geltend machen. Nach der Zuschlagerteilung haben die ehemaligen Miteigentümer keine Möglichkeit mehr zu Erfüllung und gegen den Ersteher bestehen keinerlei Anpüche (*Stöber* NJW 1988, 3121, 3122). War der Anspruch allerdings durch eine Vormerkung gesichert und bleibt diese in der TLV bestehen, dann kann der Berechtigte auch nach der Zuschlagerteilung seinen Anspruch gegen die ehemaligen Miteigentümer und den Ersteher geltend machen (§§ 883 II, 888 I BGB).

b) Das **dingliche** Vorkaufsrecht (§§ 1094–1104 BGB) wirkt dann gegen den Ersteher, wenn es in der TLV bestehenbleibt (*Martinek/Ittenbach* BB 1993, 519). § 471 iVm § 1098 I BGB ist nicht anzuwenden (BGHZ 13, 133; 48, 1), so dass das Vorkaufsrecht ausgeübt werden kann, aber nur außerhalb der TLV. Der Berechtigte des Vorkaufsrechts muss sein Recht gegenüber den Voreigentümern geltend machen (*Stöber* § 181 Rdn 10.2 b **aA** *Gayring* Rpfleger 1985, 392: gegenüber dem Ersteher). Gegen den Ersteher hat er einen Anspruch auf Zustimmung zu seiner GB-Eintragung (§ 1098 II, §§ 883 II, 888 I BGB); vgl dazu *Stöber* NJW 1988, 3121, 3122. Wird der Zuschlag einem bisherigen Miteigentümer

§ 180 [Aufhebung einer Gemeinschaft]

erteilt, kann das Vorkaufsrecht nicht ausgeübt werden, und zwar unabhängig davon, ob das Vorkaufsrecht am ganzen Grundstück (BGHZ 13, 133) oder nur an einem Miteigentumsanteil (BGHZ 48, 1) lastete; es erwirbt kein Dritter iSv § 463 iVm § 1098 I BGB das Grundstück. Das **gesetzliche** Vorkaufsrecht nach § 2034 BGB steht Miterben in der TLV auf Antrag eines Erben nicht zu gegenüber dem Meistbietenden (BGH Rpfleger 1972, 250).

98   c) Das gesetzliche Vorkaufsrecht der Gemeinde nach **§§ 24 ff BauGB** ist seit dem Änderungsgesetz vom 18. 8. 1976 (BGBl I 2221) "entdinglicht", dh in § 28 II BauGB nicht auf die §§ 463 ff BGB Bezug genommen, aber nicht mehr – wie noch in § 24 IV BBauG – auf § 1098 II BGB (vgl *Stöber* NJW 1988, 3121). Daraus folgt, dass dieses Vorkaufsrecht in der ZwVerst allgemein – also auch in der Teilungsversteigerung – nicht mehr durchgesetzt werden kann (*Stöber* NJW 1988, 3121, 3123). Das VollstrG hat weder das Meistgebot noch den Zuschlag der Gemeinde mitzuteilen. Die Verweisung in § 28 II 2 BauGB auf § 471 BGB bringt zum Ausdruck, dass das gesetzliche Vorkaufsrecht in allen Fällen der ZwVerst ausgeschlossen werden sollte (*Stöber* NJW 1988, 3121).

3. § 74 a

99   § 74 a ist in der Teilungsversteigerung entsprechend anwendbar. Der 7/10-Antrag kann aber weder von den Antragstellern noch von den Antragsgegnern gestellt werden, da sie kein Befriedigungsrecht aus dem Grundstück haben (LG Koblenz Rpfleger 1970, 102). Auch Pfändungsgläubiger der Miteigentümer haben kein Antragsrecht aus § 74 a I (LG Frankfurt Rpfleger 1972, 234; LG Frankenthal Rpfleger 1974, 443). Ein Antragsrecht haben nur Befriedigungsberechtigte iSv § 10. Dies wird für Gl nur dann eine Rolle spielen, wenn bei einer Bruchteilsgemeinschaft die Bruchteile unterschiedlich belastet sind und ausnahmsweise deren Rechte nicht bestehen bleiben.

4. § 85 a

100   § 85 a ist in der Teilungsversteigerung entsprechend anwendbar.

5. Wirkungen

101   Der Zuschlag führt zum **Eigentumserwerb** des Erstehers am Grundstück und an den Gegenständen, auf welche sich die Versteigerung erstreckt hat (§ 90). Die ZwVerst erstreckt sich auf alle Gegenstände, deren Beschlagnahme noch wirksam ist (§ 55 I), sowie auf fremdes Zubehör (§ 55 II). Zugleich beendet der Zuschlag die Gemeinschaft am Grundstück; nach dem **Surrogationsgrundsatz** setzt sie sich am Erlös fort. Rechte, die gem § 182 I nicht in das gG aufgenommen wurden,

6. Räumungsvollstreckung

Räumungsvollstreckung nach § 93 ist zulässig, und zwar auch gegen bisherige Miteigentümer. Dies gilt jedoch dann nicht, wenn nur ein Miteigentumsanteil versteigert wurde. **102**

XII. Verteilung

Schrifttum: *Stöber*, Das Verteilungsverfahren bei der Teilungsversteigerung und die Auseinandersetzung unter den Grundstückseigentümern, Rpfleger 1958, 73.

Auch bei der Teilungsversteigerung ist grundsätzlich ein Verteilungsverfahren gem **§§ 105 ff** durchzuführen. Zulässig ist aber ebenfalls eine außergerichtliche Erlösverteilung nach §§ 143, 144. Der Erlös errechnet sich aus dem Meistbargebot und den nach den Versteigerungsbedingungen bestehen bleibenden Rechten. Zur **Teilungsmasse** vgl § 107 Rdn 2–12. Die **bestehen bleibenden Rechte** ergeben sich aus § 182 I. Die **Schuldmasse** setzt sich zusammen aus den Verfahrenskosten (§ 109), Ansprüchen nach § 10 I Nr 1–3, Kosten und wiederkehrende Leistungen der bestehen bleibenden Rechte und Kosten, wiederkehrende Leistungen, Hauptsache der erloschenen Rechte (§ 10 I 4) und Ansprüche nach § 10 I Nr 7, 8. **103**

Sind Gesamtansprüche vorhanden, muss uU auch nach § 122 verfahren werden. Ergibt sich nach der **Zuteilung** an die Befriedigungsberechtigten ein **Erlösüberschuss**, so gehört dieser den Teilhabern der aufzuhebenden Gemeinschaft. Seine Aufteilung unter den Mitgliedern der Gemeinschaft ist nicht Aufgabe des VollstrG, sondern bleibt den bisherigen Miteigentümern überlassen (BGH Rpfleger 2008, 379; OLG Köln FamRZ 1991, 1334; BayObLG NJW 1957, 386; *Stöber* Rpfleger 1958, 73). Die Berücksichtigung von Ausgleichsansprüchen unter den Teilhabern und Einbeziehung weiterer Vermögensgegenstände in die Verteilung ist im Verfahren vor dem VollstrG nicht möglich. Das VollstrG hat den Teilhabern jedoch bei der Verteilung des Erlösüberschusses behilflich zu sein, eine entsprechende Einigung zu Protokoll zu nehmen und auszuführen. Kommt eine Einigung der Teilhaber nicht zustande, so muss gem § 117 II 3 der Erlös für alle Teilhaber in ungeteilter Gemeinschaft hinterlegt werden (OLG Hamm Rpfleger 1970, 215; OLG Köln MDR 1974, 270). Die Auseinandersetzung muss im Prozess erfolgen. Im Wege der Widerspruchsklage nach § 115 ZVG, § 878 ZPO kann der Streit nicht ausgetragen werden; die Erhebung eines Widerspruches nach § 115 ist unzulässig (BGHZ 4, 84). Sind bei der Hinterlegung zwei Personen als Empfangsberechtigte bezeichnet und wird der Herausgabeanspruch **104**

§ 181 [Voraussetzungen der Anordnung]

des einen von ihnen gegen die Hinterlegungsstelle auf Antrag des anderen gepfändet und diesen zur Einziehung überwiesen, so hat die Hinterlegungsstelle dem Pfändungsgläubiger auf dessen Antrag den gesamten Betrag herauszugeben (OLG Frankfurt Rpfleger 1993, 360). Erfüllt der Ersteher seine Zahlungspflicht nicht, braucht für den Erlösüberschuss der Miteigentümer keine Forderungsübertragung gem § 118 erfolgen, da sie den Anspruch auf den Erlös mit dem Zuschlag erwerben (*Steiner/Teufel* Rdn 193; *Dassler/Hintzen* Rdn 162); eine Sicherungshypothek (§ 128) ist für den Erlösüberschuss aber einzutragen. Betreibt der eine Bruchteileigentümer die TLV eines Grundstücks und erhält daraufhin der andere den Zuschlag, ohne sein Bargebot zu berichtigen, setzt sich ihre Gemeinschaft an der ihnen (überflüssigerweise) nach § 118 I unverteilt übertragenen Forderung als Mitberechtigung nach § 432 BGB fort. Auch wenn die Bruchteile feststehen und keine Gemeinschaftsverbindlichkeiten mehr zu berichtigen sind, ist ihre Gemeinschaft hinsichtlich der (übertragenen) Forderung nicht durch Teilung in Natur aufgegeben. Mangels Gegenseitigkeit der Forderungen kann der Ersteher daher gegen diese Forderung nicht mit einer Forderung (zB auf Zugewinnausgleich) aufrechnen, die ihm gegen den anderen Mitberechtigten zusteht. Dieser kann aus dem Zuschlagsbeschluss wegen der gemeinschaftlichen Forderung gegen den Ersteher auch ohne dessen Zustimmung mit dem Ziel der Leistung an beide gemeinsam die Vollstreckung gegen ihn und damit auch die nochmalige Versteigerung des Grundstücks betreiben (BGH Rpfleger 2008, 379)

XIII. Rechtsbehelfe

105 Rechtsbehelfe in der Teilungsversteigerung richten sich nach **§§ 95–104**; vgl die Ausführungen dort. Das nach dem Recht der früheren DDR statthafte Rechtsmittel der Revision gegen einen nach dem 1.7.1990 auf Beschwerde ergangenen Beschluss des Bezirksgerichts betreffend eine Entscheidung des Kreisgerichts im gerichtlichen Verkaufsverfahren zur Aufhebung einer Miteigentümergemeinschaft ist seit dem 3.10.1990 nicht mehr statthaft (BGH Rpfleger 1991, 122).

§ 181 [Voraussetzungen der Anordnung]

^I**Ein vollstreckbarer Titel ist nicht erforderlich.**

^{II}**Die Zwangsversteigerung eines Grundstücks, Schiffes, Schiffsbauwerks oder Luftfahrzeugs darf nur angeordnet werden, wenn der Antragsteller als Eigentümer im Grundbuch, im Schiffsregister, im Schiffsbauregister oder im Register für Pfandrechte an Luftfahrzeugen eingetragen oder Erbe eines eingetragenen Eigentümers ist oder wenn er das Recht des Eigentümers**

oder des Erben auf Aufhebung der Gemeinschaft ausübt. Von dem Vormund eines Miteigentümers kann der Antrag nur mit Genehmigung des Familiengerichts, von dem Betreuer eines Miteigentümers nur mit Genehmigung des Betreuungsgerichts gestellt werden.

III **Die Vorschrift des § 17 Abs. 3 findet auch auf die Erbfolge des Antragstellers Anwendung.**

I. Keine Notwendigkeit eines Vollstreckungstitels (§ 181 I)

Da die Frage, ob eine Teilung zulässig ist, zwischen den Miteigentümern kaum einmal streitig ist, hat der Gesetzgeber für die Verfahrensanordnung bzw Beitrittszulassung von der Notwendigkeit eines Vollstreckungstitels in § 181 I abgesehen. 1

II. Voraussetzungen für die Verfahrensanordnung bzwBeitrittszulassung

1. Antrag

Antrag (§ 180 I, § 15); vgl dazu § 180 Rdn 36–59. 2

2. Nachweis

Nachweis, dass der Antragsteller (§ 181 II 1) 3
– entweder als Eigentümer im GB eingetragen ist oder
– Erbe des eingetragenen Eigentümers ist oder
– das Recht des Eigentümers oder des Erben auf Aufhebung der Gemeinschaft ausübt.

a) Die Eintragung des **Antragstellers als Eigentümer im GB** kann 4 dem VollstrG durch eine beglaubigte GB-Blattabschrift oder § 17 II 1 entsprechend durch ein Zeugnis des GBA nachgewiesen werden; die Bezugnahme auf das GB genügt, wenn die Voraussetzungen des § 17 II 2 gegeben sind.

b) Ist der Antragsteller nicht eingetragener **Erbe des eingetragenen** 5 **Eigentümers,** so muss er zunächst die GB-Eintragung des Erblassers nachweisen (vgl § 181 Rdn 4) und sodann die Erbfolge gem § 181 IV iVm § 17 III. Dies kann geschehen durch einen Erbschein, aber auch durch Vorlage eines Testaments. Da § 17 III keine öffentlichen Urkunden verlangt, genügt auch ein privatschriftliches Testament; sein Beweiswert ist nach §§ 286, 294 ZPO frei zu würdigen.

c) Eine **Befugnis zur Ausübung des Antragrechts** besteht für den 6 Pfändungspfandgläubiger, Vertragspfandrechtsgläubiger, Insolvenzver-

§ 182 [Feststellung des geringsten Gebots]

walter, Testamentsvollstrecker, Nachlassverwalter, Erbteilserwerber und Liquidator einer Handelsgesellschaft. Der Antragsteller hat zunächst die Nachweise für Eigentümer- bzw Erbenstellung desjenigen zu erbringen, dessen Recht er ausübt. Sodann hat er die eigene Rechtsposition nachzuweisen.

3. § 180 I, § 17 I

7 Nachweis, dass der Antragsgegner (§ 180 I, § 17 I)
– entweder als Eigentümer im GB eingetragen ist oder
– Erbe des eingetragenen Eigentümers ist.
Der Antragsteller kann in entsprechender Anwendung des § 792 ZPO einen Erbschein nach einem verstorbenen Antragsgegner beantragen (LG Essen Rpfleger 1986, 387). Dem Nachlassgericht hat er in diesem Fall das Bestehen der Gemeinschaft glaubhaft zu machen (OLG Hamm MDR 1960, 1018). Das Recht, Urkunden zu verlangen, kann sich auch aus § 9 II HGB, § 13 FamFG oder § 12 II GBO ergeben.

4. Genehmigung

8 Genehmigung (§ 181 II 2) für den Antrag auf Teilungsversteigerung bedarf der Vormund und Betreuer; gleiches gilt für einen Pfleger (§ 1915 BGB). Die Gen muss gem § 1828 BGB ggü dem Vormund/Betreuer (Pfleger) erklärt werden und somit von diesem dem VollstrG vorgelegt werden; eine Übersendung vom Familiengericht/Betreuungsgericht an das VollstrG genügt nicht (*Stöber* Rdn 6. 1). Der Nachlasspfleger (§ 1961 BGB) und der Nachlassverwalter (§§ 1975–1980 BGB) bedürfen zur Antragstellung der Genehmigung des Nachlassgerichts, das insoweit an die Stelle des Familiengerichts/Betreuungsgerichts tritt (§ 1962 BGB).

§ 182 [Feststellung des geringsten Gebots]

I Bei der Feststellung des geringsten Gebots sind die den Anteil des Antragstellers belastenden oder mitbelastenden Rechte an dem Grundstücke sowie alle Rechte zu berücksichtigen, die einem dieser Rechte vorgehen oder gleichstehen.

II Ist hiernach bei einem Anteil ein größerer Betrag zu berücksichtigen als bei einem anderen Anteile, so erhöht sich das geringste Gebot um den zur Ausgleichung unter den Miteigentümern erforderlichen Betrag.

Schrifttum: *Alff,* Geringstes Gebot und Zuschlagsprobleme in der Teilungsversteigerung bei mehreren Antragstellern, Rpfleger 2004, 673; *ders.,* Geringstes Gebot und Ausgleichsbetrag in der Teilungsversteigerung, RpflStud 2002, 97; *Drischler,* Der Ausgleichsbetrag nach § 182 Abs 2 ZVG in der Teilungsversteigerung, ZIP 1982, 921; *Ebeling,* Teilungs- und Vollstreckungsversteigerung, Rpfleger 1991, 349;

I. Geringstes Gebot in der Teilungsversteigerung § 182

Eickmann, Aktuelle Probleme des Zwangsversteigerungs- und Zwangsverwaltungsrechts, KTS 1987, 617; *Rokitta-Liedmann,* Das geringste Gebot in der Teilungsversteigerung, RpflStud 1995, 63; *Otto/Seyffert,* Blockade der Teilungsversteigerung durch Beitritt eines bestimmten Miteigentümers?, Rpfleger 1979, 1; *Schiffhauer,* Der Ausgleichsbetrag nach § 182 Abs 2 ZVG, Rpfleger 1984, 81; *Streuer,* Geringstes Gebot in der Teilungsversteigerung bei mehreren Antragstellern, Rpfleger 2001, 119.

Übersicht

	Rn.
I. Geringstes Gebot in der Teilungsversteigerung	1
1. Bestehenbleibende Rechte (§ 182 I)	1
a) Bruchteilsgemeinschaft	1
b) Gesamthandsgemeinschaft	5
2. Bar zu zahlender Teil	6
3. Ausgleichsbetrag (§ 182 II)	7
a) Problem	7
b) Behandlung des Ausgleichsbetrags	9
c) Berechnung des Ausgleichsbetrags	10
4. Beispiel	11
II. Geringstes Gebot bei mehreren Antragstellern	12

I. Geringstes Gebot in der Teilungsversteigerung

1. Bestehenbleibende Rechte (§ 182 I)

a) Bruchteilsgemeinschaft. Bei ihr sind gem § 182 I in das gG 1 aufzunehmen
– alle Rechte, die den Anteil des Antragstellers belasten (= Einzelrechte),
– alle Rechte, die den Anteil des Antragstellers mitbelasten (= Gesamtrechte),
– alle Rechte, die einer solchen Mitbelastung im Rang vorgehen oder gleichstehen.

Andere Rechte an den Anteilen der übrigen Miteigentümer werden 2 nicht berücksichtigt. Sie erlöschen durch Zuschlagserteilung und werden bei der Erlösverteilung dann berücksichtigt, soweit die Teilungsmasse ausreicht. Als Antragsteller für das gG kann nur derjenige angesehen werden, dessen Anordnungs-, Beitritts- oder Fortsetzungsbeschluss mindestens vier Wochen vor dem Versteigerungstermin den Antragsgegnern zugestellt wurde (vgl § 44 II; *Stöber* Rdn 3. 1).

Beispiel: 3

	Anteil A		Anteil B		Anteil C
III 1	40 000,–	↔	40 000,–	↔	40 000,–
III 2	20 000,–				
III 3			60 000,–	↔	60 000,–

§ 182 [Feststellung des geringsten Gebots]

III 4	30 000,–	↔	30 000,–
III 5				20 000,–

Bei Betreiben von A fallen ins gG:
III 1	40 000,–
III 2	20 000,–
III 3	60 000,–
III 4	30 000,–

Bei Betreiben von B fallen ins gG:
III 1	40 000,–
III 2	20 000,–
III 3	60 000,–
III 4	30 000,–

Bei Betreiben von C fallen ins gG:
III 1	40 000,–
III 3	60 000,–
III 5	20 000,–

4 Beispiel:

	Anteil A	Anteil B		Anteil C
III 1				100 000,–
III 2		500 000,–	↔	500 000,–
III 3	400 000,–			
III 4		300 000,–		
III 5	200 000,–	↔	200 000,–	

Bei Betreiben von A fallen ins gG:
III 3 am Anteil des Ast allein lastend;
III 5 den Anteil des Ast mitbelastend;
III 2 und III 4 als dem mitbelastenden Recht III 5 im Rang vorgehend.

Entgegen dem Gesetzwortlaut von § 182 I muss aber auch das Recht III 1 am Anteil des C bestehen bleiben (*Stöber* Rdn 2.10 b). Die Rechte, für welche der Anteil des Antragstellers mithaftet, wären sonst der Gefahr eines Ausfalls ausgesetzt, wenn ihnen bei der Verteilung Rechte vorgezogen werden könnten, welche bei der Feststellung des gG nicht berücksichtigt wären. Gehört das Grundstück daher mehr als zwei Miteigentümern, so sind auch solche Rechte, die ausschließlich auf dem Anteil eines nicht betreibenden Miteigentümers lasten, auf diesem Anteil aber einem Recht vorgehen, welches auf einem anderen Anteil einem den Anteil des Antragstellers mitbelastenden Recht vorgeht, im gG zu berücksichtigen.

5 **b) Gesamthandsgemeinschaft.** Bei ihr kommt eine unterschiedliche Anteilsbelastung gem § 182 I nicht in Betracht, da die Anteile an den einzelnen Vermögensgegenständen der Gesamthand keiner Belastung zugänglich sind. Daher sind stets alle Belastungen in das gG aufzunehmen (BGH ZfIR 1999, 155).

2. Bar zu zahlender Teil

6 Er setzt sich idR wie folgt zusammen:
– Verfahrenskosten, die gemäß **§ 109** vorweg aus dem Versteigerungserlös zu entnehmen sind;

I. Geringstes Gebot in der Teilungsversteigerung § 182

– Ansprüche aus **§ 10 I Nr 2, 3** (§ 10 I Nr 1 kommt in der TLV kaum vor);
– Kosten (§ 10 II), wiederkehrende Leistungen und andere Nebenleistungen aus bestehen bleibenden Grundstücksrechte (**§ 10 I Nr 4**);
– Ältere Ansprüche aus Rangklasse § 10 I Nr 3 (**§ 10 I Nr 7**);
– Ältere Ansprüche aus Rangklasse § 10 I Nr 4 (**§ 10 I Nr 8**);
– Ausgleichsbetrag gemäß **§ 182 Abs 2** (vgl dazu Rdn 7–11).

3. Ausgleichsbetrag (§ 182 II)

a) Problem. Angenommen, ein Grundstück im Wert von 500 000,– € 7 steht im Miteigentum von A und B je 1/2. Der Anteil des A ist mit einer Grundschuld III 1 zu 250 000,– € belastet. A betreibt die Teilungsversteigerung. Der Zuschlag wird einem Meistbargebot zu 125 000,– € erteilt. Die Teilungsmasse beträgt 130 000,– €, die Schuldenmasse (= Verfahrenskosten, § 10 I Nr 1–3, Kosten und Zinsen aus Recht III/1) beläuft sich auf 30 000,– €.

Die Grundschuld zu 250 000,– am Anteil des A fällt ins gG (§ 182 I) und bleibt deshalb bestehen. Nach Befriedigung der Ansprüche in der Schuldenmasse iHv 30 000,– € bleibt ein Erlösüberschluss von 100 000,– € für die Miteigentümer A und B zu je 1/2. Dadurch wäre B benachteiligt, weil A ja nicht nur am Erlösüberschuss zu 1/2 beteiligt ist, sondern durch die ZwVerst auch von Verbindlichkeiten iHv 250 000,– € (= Recht III 1) befreit worden ist.

Diese sich bei **ungleicher Anteilsbelastung** zwangsläufig ergebende 8 Benachteiligung wird durch § 182 II verhindert, der vorschreibt, dass in diesem Fall der zur Ausgleichung erforderliche Barbetrag in das gG einzustellen ist. Befriedigt ein Bruchteils-Miteigentümer den Gl einer das gesamte Grundstück belastenden Hypothek und hat er keinen Ersatzanspruch gegen den Miteigentümer, so erlischt die Hypothek an dem anderen Anteil gem § 1173 BGB und es entsteht eine ungleiche Belastung iSd § 182 II (BGH Rpfleger 1984, 109).

b) Behandlung des Ausgleichsbetrags. Der Ausgleichsbetrag stellt 9 nur einen Rechnungsposten im gG dar, der einen für die Auseinandersetzung ausreichend hohen Erlösüberschuss sicherstellen soll (*Dassler/Hintzen* Rdn 14); er wird nicht unter den Miteigentümern verteilt, sondern zusammen mit dem Erlösüberschuss für die Teilhaber hinterlegt, soweit sich diese nicht darüber einigen (LG Lüneburg ZIP 1981, 914; *Steiner/Teufel* Rdn 19). Ist der Ausgleichsbetrag gem § 182 II nicht in das gG eingestellt worden, so liegen bei Beeinträchtigung eines Miteigentümers (§ 84) ein Zuschlagsversagungsgrund nach § 83 Nr 1 und damit ein Zuschlagsanfechtungsgrund nach § 100 I vor; die unterschiedliche Belastung der Anteile kann dann noch im Prozess über die Auseinandersetzung des Erlösüberschusses ausgeglichen werden.

§ 182 [Feststellung des geringsten Gebots]

10 **c) Berechnung des Ausgleichsbetrags.** Dabei können zunächst die Gesamtansprüche, die an allen Anteilen lasten, außer Betracht bleiben, weil sie das Ergebnis nicht beeinflussen (zB Verfahrenskosten, Ansprüche aus § 10 I Nr 3, Kosten und Zinsen und Hauptsache aus Gesamtrechten in § 10 I Nr 4). Dann ist wie folgt vorzugehen (*Steiner/Teufel* Rdn 22):
(1) Feststellung der absoluten Belastung der Anteile
– Verteilung von evtl vorhandenen Gesamtrechten, die nicht auf allen Anteilen lasten, nach Bruchteilen
– Addition der (evtl aufgeteilten) Belastungen an den Anteilen
(2) Feststellung der relativen Belastung der Anteile
– Ermittlung des gemeinsamen Nenners
– Berechnung der Belastung von 1: gemeinsamer Nenner bei jedem Anteil
(3) Ausgleichsbetrag
1. Möglichkeit:
Freund'sche Formel (vgl Freund, Zwangsvollstreckung in Grundstücke, 1901, S 226–228)
(Am stärksten relativ belasteter Anteil x gemeinsamer Nenner) – Summe der absoluten Belastungen = Ausgleichsbetrag.
2. Möglichkeit:
Bei jedem Anteil: (Am stärksten relativ belasteter Anteil – relative Belastung des Anteils) x Zähler vom gemeinsamen Nenner des Anteils
Addition dieser Beträge von allen Anteilen = Ausgleichsbetrag

4. Beispiel

	Anteil Keller $\frac{1}{2}$		Anteil Jodler $\frac{1}{3}$		Anteil Hieber $\frac{1}{6}$
III 1					15 000,– für A
III 2			20 000,– für B		
III 3	100 000,– für C	↔	100 000,– für C	↔	100 000,– für C
III 4					20 000,– für D
III 5			50 000,– für E		
III 6	30 000,– für F				

11 Alle Grundpfandrechte sind mit 5% verzinslich; Fälligkeit kalenderhalbjährlich nachträglich zum 30. 6. und 31. 12. Angemeldet wurden zum Versteigerungstermin
– für alle Grundpfandrechte die vollen Zinsen seit 1. 7. 2006
– Grundsteuern ab 1. 1. 2007 (vierteljährlich 100,– €).

Grundstückswert:	200 000,– €
Antragsteller:	Keller
Beschlagnahme:	1. 3. 2009
Versteigerungstermin:	16. 5. 2010
Verfahrenskosten:	2 400,– €
Geringstes Gebot	
Bestehenbleibende Rechte (§ 182 I)	

I. Geringstes Gebot in der Teilungsversteigerung § 182

III 1 für A	15 000,– €
III 2 für B	20 000,– €
III 3 für C	100 000,– €
III 6 für F	30 000,– €
	165 000,– €

Bar zu zahlender Teil (§§ 180 I, 49 I, 182 I)

– Verfahrenskosten		2 400,–
– Grundsteuern		
1. 1. 2009–30. 5. 2010	566,67	
1. 1. 2007–31. 12. 2008	800,	1 366,67
– Abt III Nr 1 für A 5 % Zinsen aus 15 000,– für 1. 7. 2006–30. 5. 2010		2 937,50
– Abt III Nr 2 für B 5 % Zinsen aus 20 000,– für 1. 7. 2006–30. 5. 2010		3 916,67
– Abt III Nr 3 für C 5 % Zinsen aus 100 000,– für 1. 7. 2006–30. 5. 2010		19 583,33
– Abt III Nr 6 für F 5 % Zinsen aus 30 000,– für 1. 7. 2006–30. 5. 2010		5 875,–
		36 079,17

Ausgleichsbetrag (§ 182 II)

		Keller ½ =	Jodler ⅓ =	Hieber ⅙
(1)	Absolute Belastung			
III 1				17 937,50
III 2			23 916,67	
III 6		35 875,–		
		35 875,–	23 916,67	17 937,50
(2)	Relative Belastung	: 3	: 2	: 1
	⅙-Anteil	11 958,33	11 958,34	17 937,50
(3)	Ausgleich			
	+ Freund'sche Formel			
	17 937,50 X 6	= 107 625,–	(III 1, III 2, III 6)	
		– 77 429, 17		
	Ausgleichsbetrag	29 895,83		
	+ Allgemein			

17 937,50		17 937,50		17 937,50
– 11 958,33		– 11 958,34		– 17 937,50
5 979,17	X 3	5 979,16	X 2	–.–
= 17 937,51		= 11 958,32		
		17 937,51		
		11 958,32		
Ausgleichsbetrag		29 895,83		

Geringstes Gebot:	Bestehenbleibende Rechte	165 000,–
	Bar zu zahlender Teil	36 079,17
	Ausgleichsbetrag	29 895,83
		230 975,–

§ 182 [Feststellung des geringsten Gebots]

II. Geringstes Gebot bei mehreren Antragstellern

12 Die Frage, wie das gG festzusetzen ist, wenn die Teilungsversteigerung von mehreren Miteigentümern **mit unterschiedlich belasteten Anteilen** betrieben wird, ist heftig umstritten (vgl nur *Streuer* Rpfleger 2001, 119; LG Düsseldorf Rpfleger 1987, 29). Dies hat erhebliche Bedeutung, wenn ein Antragsgegner seinen Anteil mit einem den Verkehrswert deutlich übersteigenden Grundpfandrecht belastet und dann dem Verfahren beitritt. Muss auch dieses Recht mit in das gG aufgenommen werden, so führt dies zu einer Blockade der Teilungsversteigerung, weil sich dann keine Bieter finden.

Beispiel:
A und B sind Miteigentümer eines Grundstücks im Wert von 100 000,- € zu je 1/2. Der Anteil des Antragstellers A ist mit einer Grundschuld zu 20 000,- € belastet. B belastet seinen Anteil mit einem Grundpfandrecht zu 100 000,- € und tritt dann dem Verfahren bei.

Folgende Meinungen werden zur Lösung angeboten:

13 (1) Die **Totalbelastungs- oder Sonderprozesslehre** geht davon aus, dass nach § 182 I beim Betreiben mehrerer Miteigentümer die Rechte zu berücksichtigen seien, die überhaupt den Anteil eines der Antragsteller belasten, dh alle Rechte auf den Anteilen aller Antragsteller; die Frage, ob die versteigerungshindernde Überbelastung angegriffen werden könne, müsse vor dem Prozessgericht nach §§ 242, 826 BGB geklärt werden (*Jaeckel/Güthe* Rdn 6). Nach dieser Ansicht kämen beide Grundpfandrechte iHv 120 000,- € ins gG.

14 (2) Die **Zustimmungswegfall–Lösung** schließt sich an die Totalbelastungslehre an und stellt zunächst das gG wie dort fest, gibt dann jedoch jedem Antragsteller das Recht, gem § 59 ein Ausgebot ohne Berücksichtigung der Belastungen auf den Anteilen der anderen Betreiber zu verlangen; dabei soll es dann aber der im § 59 I 2 vorgesehenen Zustimmung nicht bedürfen (*Otto/Seyffert* Rpfleger 1979, 1; *Drischler* Rpfleger 1960, 347 und JurBüro 1981, 1761).

15 (3) Die **Niedrigstgebot-Lösung** bestimmt für jeden Antragsteller zunächst nach der Regel des § 182 I das gG, legt dem Verfahren jedoch dann – bei Beachtung des § 44 II – dasjenige zugrunde, das am niedrigsten ist (LG Frankfurt/Main Rpfleger 2000, 173; LG Hamburg Rpfleger 2004, 723; LG Braunschweig Rpfleger 1998, 256; *Dassler/Hintzen* Rdn 20; *Eickmann* KTS 1987, 617, 635 f; *Schiffhauer* ZIP 1982, 660 und Rpfleger 1984, 81; *Ebeling* Rpfleger 1991, 349; *Böttcher* Rpfleger 1993, 389, 394). Nach dieser Ansicht käme die Grundschuld zu 20 000,- € ins gG.

16 (4) Nach der **Korrealbelastungslehre** werden nur die Rechte in das gG aufgenommen, die die Anteile aller antragstellenden Teilhaber belasten, sowie die diesen im Range vorgehenden Rechte (OLG Kassel

JW 1933, 688; *Steiner/Teufel* Rdn 13). Nach dieser Ansicht käme keines der Grundpfandrechte ins gG. Ähnlich der Korrealbelastungslehre verfährt das **Räumungsprinzip** (Niedere DRpflZ 1984, 94; *Streuer* Rpfleger 2001, 119). Danach räumt jeder Antragsteller für sich betrachtet die nicht auf seinem Anteil lastenden Rechte weg, dh sie erlöschen. Auch nach dieser Ansicht käme kein Recht ins gG.

Der Totalbelastungs- oder Sonderprozesslehre und der Zustimmungswegfall-Lösung kann nicht gefolgt werden, weil sie den Deckungsgrundsatz außer Kraft setzen. Mit jedem Beitritt eines Teilhabers, dessen Anteil überlastet ist, könnte – wie obiges Beispiel zeigt – die Teilungsversteigerung verhindert werden. Das kann nicht richtig sein. Die Korrealbelastungslehre und das Räumungsprinzip sind ebenfalls abzulehnen, weil kein Grund ersichtlich ist, weshalb beim Fehlen einer Gesamtbelastung kein Recht ins gG aufgenommen wird. Zuzustimmen ist daher der Niedrigstgebot-Lösung. 17

§ 183 [Vermietung oder Verpachtung]

Im Falle der Vermietung oder Verpachtung des Grundstücks finden die in den §§ 57a und 57b vorgesehenen Maßgaben keine Anwendung.

Der Ersteher in der Teilungsversteigerung tritt gem § 57 in die bestehenden Miet- und Pachtverhältnisse ein. Da § 57a nicht anwendbar ist (§ 183), hat der Ersteher kein Sonderkündigungsrecht; er kann also nur nach den allgemeinen Vorschriften des BGB kündigen. § 57b ist in der Teilungsversteigerung nicht anwendbar, so dass für die Wirksamkeit von Vorausverfügungen über den Mietzins nicht an die Beschlagnahme, sondern an den Tag des Zuschlags angeknüpft wird. Vorausverfügungen muss der Ersteher maximal bis zum Ablauf des auf den Zuschlag folgenden Kalendermonats gegen sich gelten lassen. 1

§ 184 [Keine Sicherheitsleistung]

Ein Miteigentümer braucht für sein Gebot keine Sicherheit zu leisten, wenn ihm eine durch das Gebot ganz oder teilweise gedeckte Hypothek, Grundschuld oder Rentenschuld zusteht.

Die Vorschriften für die Sicherheitsleistung (§§ 67–70) gelten grundsätzlich auch in der Teilungsversteigerung. § 67 II wird durch § 184 allerdings zugunsten der Miteigentümer geändert. Bietet nämlich ein Miteigentümer, dem ein Grundpfandrecht zusteht, dann braucht er keine Sicherheit zu leisten, wenn sein Recht durch das Gebot ganz oder teilweise gedeckt wird. Dies ist nur dann der Fall, wenn auf das Grundpfandrecht eine Zahlung erfolgt, sei es auch nur auf die Zinsen eines bestehen 1

§ 186 (Übergangs Vorschrift zum 2. Justizmodernisierungsgesetz)

gebliebenen Rechts (*Dassler/Hintzen* Rdn 5 **aA** *Steiner/Teufel* Rdn 7). Trifft einen bietenden Miteigentümer die Pflicht zur Sicherheitsleistung, so ist sie in der gesetzlichen Höhe zu erbringen (§ 68 I); **§ 68 III** ist nicht anwendbar (*Dassler/Hintzen* Rdn 3). Ein Recht auf Kürzung der Sicherheit entsprechend dem eigenen Gemeinschaftsanteil besteht nicht. Ein Miteigentümer kann nur dann Sicherheitsleistung verlangen (vgl § 67 I 1), wenn das Gebot eine Zuteilung auf ein ihm zustehendes Eigentümerrecht zulassen oder einen auch ihm zustehenden Erlösüberschuss ergeben könnte (*Stöber* Rdn 3.1; *Meyer-Stolte* Rpfleger 1989, 37 **aA** OLG Düsseldorf Rpfleger 1989, 36).

§ 185 [Anhängiges Verfahren über Zuweisung eines landwirtschaftlichen Betriebes]

ᴵIst ein Verfahren über einen Antrag auf Zuweisung eines landwirtschaftlichen Betriebes nach § 13 Abs 1 des Grundstücksverkehrsgesetzes vom 28. Juli 1961 (Bundesgesetzbl. I S. 1091) anhängig und erstreckt sich der Antrag auf ein Grundstück, dessen Zwangsversteigerung nach § 180 angeordnet ist, so ist das Zwangsversteigerungsverfahren wegen dieses Grundstücks auf Antrag so lange einzustellen, bis über den Antrag auf Zuweisung rechtskräftig entschieden ist.

ᴵᴵIst die Zwangsversteigerung mehrerer Grundstücke angeordnet und bezieht sich der Zuweisungsantrag nur auf eines oder einezelne dieser Grundstücke, so kann das Vollstreckungsgericht anordnen, daß das Zwangsversteigerungsverfahren auch wegen der nicht vom Zuweisungsverfahren erfaßten Grundstücke eingestellt wird.

ᴵᴵᴵWird dem Zuweisungsantrag stattgegeben, so ist das Zwangsversteigerungsverfahren, soweit es die zugewiesenen Grundstücke betrifft, aufzuheben und im übrigen fortzusetzen.

ᴵⱽDie Voraussetzungen für die Einstellung und die Aufhebung des Zwangsversteigerungsverfahrens sind vom Antragsteller nachzuweisen.

§ 186 (Übergangs Vorschrift zum 2. Justizmodernisierungsgesetz)

Die §§ 3, 30c, 38, 49, 68, 69, 70, 72, 75, 82, 83, 85, 88, 103, 105, 107, 116, 117, 118, 128, 132, 144 und 169 sind in der Fassung des Artikels 11 des Gesetzes vom 22. Dezember 2006 (BGBl. I S. 3416) auf die am 1. Februar 2007 anhängigen Verfahren nur anzuwenden, soweit Zahlungen später als zwei Wochen nach diesem Tag zu bewirken sind.

Anhang 1
Einführungsgesetz zu dem Gesetz über die Zwangsversteigerung und die Zwangsverwaltung

in der Fassung vom 20. 5. 1898 (RGBl. 750), zuletzt geändert durch Gesetz vom 17. 12. 2008 (BGBl I 2586, 2702)

§ 1 [Inkrafttreten, allgemeine Vorschriften]

§ 2 [Weitergeltung des Landesrechts]

Den Landesgesetzen stehen nach Maßgabe der Artikel 57, 58 des Einführungsgesetzes zum Bürgerlichen Gesetzbuche die Hausverfassungen gleich.

(1) **Soweit in dem Einführungsgesetze zum Bürgerlichen Gesetzbuche zugunsten der Landesgesetze Vorbehalte gemacht sind, gelten sie auch für die Vorschriften der Landesgesetze über die Zwangsversteigerung und die Zwangsverwaltung.**

(2) **Es treten jedoch die landesgesetzlichen Vorschriften außer Kraft, nach welchen den landschaftlichen und ritterschaftlichen Kreditanstalten für den Anspruch auf ältere als zweijährige Rückstände wiederkehrender Leistungen ein Vorrecht vor den im § 10 Nr 1 bis 6 des Gesetzes über die Zwangsversteigerung und die Zwangsverwaltung bezeichneten Ansprüche beigelegt ist.**

§ 3 [Flurbereinigung]

Die im Artikel 113 des Einführungsgesetzes zum Bürgerlichen Gesetzbuche bezeichneten Vorschriften bleiben auch insoweit unberührt, als sie für den Anspruch des Entschädigungsberechtigten oder des Dritten, welcher die Entschädigung geleistet hat, ein Recht auf Befriedigung aus dem Grundstücke gewähren und den Rang dieses Rechtes bestimmen. Jedoch kann dem Anspruch auf Rückstände wiederkehrender Leistungen ein Vorrecht nur mit der im § 2 Abs 2 bezeichneten Einschränkung beigelegt werden.

§ 4 [Rang öffentlicher Lasten]

(1) *[Siehe § 10 Abs 1 Nr 3 ZVG]*
(2) *[überholt]*

§ 5 [Auszug aus dem Steuerbuche]

Durch Landesgesetz kann bestimmt werden, daß dem Antrag auf Zwangsversteigerung ein Auszug aus einem Steuerbuche beigefügt werden soll.

§ 6 [Vorbehalte zur Terminsbestimmung]

Durch die Landesjustizverwaltung kann angeordnet werden, daß die Bestimmung des Versteigerungstermins noch andere als die in § 38 des Gesetzes über die Zwangsversteigerung und die Zwangsverwaltung vorgeschriebenen Angaben über das Grundstück enthalten soll.

§ 7 [Zusätzliche Terminsveröffentlichungen]

Unberührt bleiben die bestehenden landesgesetzlichen Vorschriften, nach welchen noch andere als die in den §§ 39, 40 des Gesetzes über die Zwangsversteigerung und die Zwangsverwaltung bezeichneten Veröffentlichungen der Terminsbestimmung zu erfolgen haben.

§ 8 [Anmeldung Hypotheken älteren Rechts]

(1) Durch Landesgesetz kann für die Zwangsversteigerung bestimmt werden, daß die vor dem Inkrafttreten des Bürgerlichen Gesetzbuchs eingetragenen Hypotheken bei der Feststellung des geringsten Gebots und bei der Aufstellung des Teilungsplans nur auf Grund einer Anmeldung zu berücksichtigen sind.

(2) In einem solchen Falle muß die in § 37 Nr 4 des Gesetzes über die Zwangsversteigerung und die Zwangsverwaltung vorgeschriebene Aufforderung auf die Anmeldung der Ansprüche aus den bezeichneten Hypotheken ausgedehnt werden.

§ 9 [Vorbehalte für Dienstbarkeiten, Reallasten und Altenteile]

(1) Soweit ein nach Landesgesetz begründetes Recht an einem Grundstücke, das nicht in einer Hypothek besteht, zur Wirksamkeit gegen Dritte der Eintragung nicht bedarf oder soweit eine Dienstbarkeit oder eine Reallast als Leibgedinge, Leibzucht, Altenteil oder Auszug eingetragen ist, bleibt das Recht nach Maßgabe des Landesgesetzes von der Zwangsversteigerung unberührt, auch wenn es bei der Feststellung des geringsten Gebots nicht berücksichtigt ist.

[Sicherheitsleistung] § 10

(2) Das Erlöschen eines solches Rechts ist auf Verlangen eines Beteiligten als Versteigerungsbedingung zu bestimmen, wenn durch das Fortbestehen ein dem Rechte vorgehendes oder gleichstehendes Recht des Beteiligten beeinträchtigt werden würde; die Zustimmung eines anderen Beteiligten ist nicht erforderlich.

§ 9a [Neue Bundesländer]

(1) In dem in Artikel 3 des Einigungsvertrages genannten Gebiet umfaßt die nach dem 31. Dezember 2000 angeordnete Beschlagnahme des Grundstücks auch das in Artikel 233 §§ 2b, 4 und 8 des Einführungsgesetzes zum Bürgerlichen Gesetzbuche bezeichnete Gebäudeeigentum. Nach Ablauf der in Satz 1 bezeichneten Frist erlöschen durch den Zuschlag auch die in Artikel 233 § 2c Abs. 2 des Einführungsgesetzes zum Bürgerlichen Gesetzbuche bezeichneten Ansprüche, es sei denn, daß für diese ein Vermerk im Grundbuch eingetragen ist oder diese im Verfahren nach Absatz 2 angemeldet worden sind. Satz 2 gilt für Ansprüche auf Rückübertragung nach dem Vermögensgesetz sinngemäß.

(2) Dem Inhaber des Gebäudeeigentums stehen die in § 28 des Gesetzes über die Zwangsversteigerung und die Zwangsverwaltung bezeichneten Rechte zu. Die in Artikel 233 § 2c Abs 2 des Einführungsgesetzes zum Bürgerlichen Gesetzbuche bezeichneten Ansprüche sind, sofern sie nicht in dem für das Grundstück angelegten Grundbuch vermerkt sind, spätestens im Versteigerungstermin vor der Aufforderung zur Abgabe von Angeboten anzumelden. § 3b Abs 2 des Vermögensgesetzes bleibt unberührt.

(3) Der Beschluß, durch den die Zwangsversteigerung angeordnet wird, ist dem Nutzer zuzustellen. Ist dieser nicht bekannt, so ist, wenn nicht ein Pfleger bestellt wird, auf Ersuchen des Gerichts in entsprechender Anwendung des Artikels 233 § 2 Abs 3 des Einführungsgesetzes zum Bürgerlichen Gesetzbuche ein Vertreter zu bestellen. Ein Zwangsversteigerungsvermerk ist auch in ein bestehendes Gebäudegrundbuch als Gebäudeeigentum auf dem Grundstück einzutragen.

§ 10 [Sicherheitsleistung]

Unberührt bleiben die landesgesetzlichen Vorschriften, nach welchen bei der Zwangsversteigerung für Gebote kommunaler Körperschaften sowie bestimmter Kreditanstalten und Sparkassen Sicherheitsleistung nicht verlangt werden kann.

§ 11 [Ermittlung des Grundstückswerts]

Durch Landesgesetz kann für die Zwangsversteigerung, unbeschadet des § 112 Abs 2 Satz 4 des Gesetzes über die Zwangsversteigerung und die Zwangsverwaltung, bestimmt werden, daß und nach welchen Grundsätzen der Wert des Grundstücks festgestellt werden soll.

§ 12 [Vorbehalt für das Aufgebotsverfahren]

Die Landesgesetze können für die Fälle, in welchen bei der Zwangsversteigerung oder der Zwangsverwaltung ein Aufgebotsverfahren erforderlich wird, die Art der Bekanntmachung des Aufgebots und die Aufgebotsfristen abweichend von den Vorschriften der §§ 435, 437 des Gesetzes über das Verfahren in Familiensachen und in den Angelegenheiten der freiwilligen Gerichtsbarkeit bestimmen.

§ 13 [Übertragung der Verfahrensdurchführung auf andere Stellen]

[aufgehoben]

§ 14 [Anordnungen für Zwangsverwalter]

[aufgehoben]

§ 15 Übergangsvorschrift

[gegenstandslos]

Anhang 2
Zwangsverwalterverordnung (ZwVwV)

Vom 19. Dezember 2003 (BGBl I 2804)

Auf Grund des § 152a des Gesetzes über die Zwangsversteigerung und die Zwangsverwaltung in der im Bundesgesetzblatt Teil III, Gliederungsnummer 310-14, veröffentlichten bereinigten Fassung, der durch Artikel 7 Abs. 23 des Gesetzes vom 17. Dezember 1990 (BGBl. I S. 2847) eingefügt worden ist, in Verbindung mit Artikel 35 des Gesetzes vom 13. Dezember 2001 (BGBl. I S. 3574), verordnet das Bundesministerium der Justiz:

§ 1 [Stellung]

(1) **Zwangsverwalter und Zwangsverwalterinnen führen die Verwaltung selbständig und wirtschaftlich nach pflichtgemäßem Ermessen aus. Sie sind jedoch an die vom Gericht erteilten Weisungen gebunden.**

(2) **Als Verwalter ist eine geschäftskundige natürliche Person zu bestellen, die nach Qualifikation und vorhandener Büroausstattung die Gewähr für die ordnungsgemäße Gestaltung und Durchführung der Zwangsverwaltung bietet.**

(3) **Der Verwalter darf die Verwaltung nicht einem anderen übertragen. Ist er verhindert, die Verwaltung zu führen, so hat er dies dem Gericht unverzüglich anzuzeigen. Zur Besorgung einzelner Geschäfte, die keinen Aufschub dulden, kann sich jedoch der Verwalter im Fall seiner Verhinderung anderer Personen bedienen. Ihm ist auch gestattet, Hilfskräfte zu unselbständigen Tätigkeiten unter seiner Verantwortung heranzuziehen.**

(4) **Der Verwalter ist zum Abschluss einer Vermögensschadenshaftpflichtversicherung für seine Tätigkeit mit einer Deckung von mindestens 500 000 Euro verpflichtet. Durch Anordnung des Gerichts kann, soweit der Einzelfall dies erfordert, eine höhere Versicherungssumme bestimmt werden. Auf Verlangen der Verfahrensbeteiligten oder des Gerichts hat der Verwalter das Bestehen der erforderlichen Haftpflichtversicherung nachzuweisen.**

§ 2 [Ausweis]

Der Verwalter erhält als Ausweis eine Bestallungsurkunde, aus der sich das Objekt der Zwangsverwaltung, der Name des Schuldners, das Datum der Anordnung sowie die Person des Verwalters ergeben.

§ 3 [Besitzerlangung über das Zwangsverwaltungsobjekt, Bericht]

(1) Der Verwalter hat das Zwangsverwaltungsobjekt in Besitz zu nehmen und darüber einen Bericht zu fertigen. Im Bericht sind festzuhalten:

(2) Den Bericht über die Besitzerlangung hat der Verwalter bei Gericht einzureichen. Soweit die in Absatz 1 bezeichneten Verhältnisse nicht schon bei Besitzübergang festgestellt werden können, hat der Verwalter dies unverzüglich nachzuholen und dem Gericht anzuzeigen.

§ 4 [Mitteilungspflicht]

Der Verwalter hat alle betroffenen Mieter und Pächter sowie alle von der Verwaltung betroffenen Dritten unverzüglich über die Zwangsverwaltung zu informieren. Außerdem kann der Verwalter den Erlass von Zahlungsverboten an die Drittschuldner bei dem Gericht beantragen.

§ 5 [Nutzungen des Zwangsverwaltungsobjektes]

(1) Der Verwalter soll die Art der Nutzung, die bis zur Anordnung der Zwangsverwaltung bestand, beibehalten.

(2) Die Nutzung erfolgt grundsätzlich durch Vermietung oder Verpachtung. Hiervon ausgenommen sind:

(3) Der Verwalter ist berechtigt, begonnene Bauvorhaben fertig zu stellen.

§ 6 [Miet- und Pachtverträge]

(1) Miet- oder Pachtverträge sowie Änderungen solcher Verträge sind vom Verwalter schriftlich abzuschließen.

(2) Der Verwalter hat in Miet- oder Pachtverträgen zu vereinbaren,

§ 7 [Rechtsverfolgung]

Der Verwalter hat die Rechtsverfolgung seiner Ansprüche im Rahmen des pflichtgemäßen Ermessens zeitnah einzuleiten.

§ 8 [Rückstände, Vorausverfügungen]

Die Rechtsverfolgung durch den Verwalter erstreckt sich auch auf Rückstände nach § 1123 Abs. 1 und 2 des Bürgerlichen

Gesetzbuchs und unterbrochene Vorausverfügungen nach § 1123 Abs. 1, §§ 1124 und 1126 des Bürgerlichen Gesetzbuchs, sofern nicht der Gläubiger auf die Rechtsverfolgung verzichtet.

§ 9 [Ausgaben der Zwangsverwaltung]

(1) Der Verwalter hat von den Einnahmen die Liquidität zurückzubehalten, die für Ausgaben der Verwaltung einschließlich der Verwaltervergütung und der Kosten des Verfahrens vorgehalten werden muss.

(2) Der Verwalter soll nur Verpflichtungen eingehen, die aus bereits vorhandenen Mitteln erfüllt werden können.

(3) Der Verwalter ist verpflichtet, das Zwangsverwaltungsobjekt insbesondere gegen Feuer-, Sturm-, Leitungswasserschäden und Haftpflichtgefahren, die vom Grundstück und Gebäude ausgehen, zu versichern, soweit dies durch eine ordnungsgemäße Verwaltung geboten erscheint. Er hat diese Versicherung unverzüglich abzuschließen, sofern

§ 10 [Zustimmungsvorbehalte]

(1) Der Verwalter hat zu folgenden Maßnahmen die vorherige Zustimmung des Gerichts einzuholen:

(2) Das Gericht hat den Gläubiger und den Schuldner vor seiner Entscheidung anzuhören.

§ 11 [Auszahlungen]

(1) Aus den nach Bestreiten der Ausgaben der Verwaltung sowie der Kosten des Verfahrens (§ 155 Abs. 1 des Gesetzes über die Zwangsversteigerung und die Zwangsverwaltung) verbleibenden Überschüssen der Einnahmen darf der Verwalter ohne weiteres Verfahren nur Vorschüsse sowie die laufenden Beträge der öffentlichen Lasten nach der gesetzlichen Rangfolge berichtigen.

(2) Sonstige Zahlungen an die Berechtigten darf der Verwalter nur aufgrund der von dem Gericht nach Feststellung des Teilungsplans getroffenen Anordnung leisten. Ist zu erwarten, dass solche Zahlungen geleistet werden können, so hat dies der Verwalter dem Gericht unter Angabe des voraussichtlichen Betrages der Überschüsse und der Zeit ihres Einganges anzuzeigen.

(3) Sollen Auszahlungen auf das Kapital einer Hypothek oder Grundschuld oder auf die Ablösesumme einer Rentenschuld geleistet werden, so hat der Verwalter zu diesem Zweck die Anberaumung eines Termins bei dem Gericht zu beantragen.

§ 12 [Beendigung der Zwangsverwaltung]

(1) Die Beendigung der Zwangsverwaltung erfolgt mit dem gerichtlichen Aufhebungsbeschluss. Dies gilt auch für den Fall der Erteilung des Zuschlags in der Zwangsversteigerung.

(2) Das Gericht kann den Verwalter nach dessen Anhörung im Aufhebungsbeschluss oder auf Antrag durch gesonderten Beschluss ermächtigen, seine Tätigkeit in Teilbereichen fortzusetzen, soweit dies für den ordnungsgemäßen Abschluss der Zwangsverwaltung erforderlich ist. Hat der Verwalter weiterführende Arbeiten nicht zu erledigen, sind der Anordnungsbeschluss und die Bestallungsurkunde mit der Schlussrechnung zurückzugeben, ansonsten mit der Beendigung seiner Tätigkeit.

(3) Unabhängig von der Aufhebung der Zwangsverwaltung bleibt der Verwalter berechtigt, von ihm begründete Verbindlichkeiten aus der vorhandenen Liquidität zu begleichen und bis zum Eintritt der Fälligkeit Rücklagen zu bilden. Ein weitergehender Rückgriff gegen den Gläubiger bleibt unberührt. Dies gilt auch für den Fall der Antragsrücknahme.

(4) Hat der Verwalter die Forderung des Gläubigers einschließlich der Kosten der Zwangsvollstreckung bezahlt, so hat er dies dem Gericht unverzüglich anzuzeigen. Dasselbe gilt, wenn der Gläubiger ihm mitteilt, dass er befriedigt ist.

§ 13 [Masseverwaltung]

(1) Der Massebestand ist von eigenen Beständen des Verwalters getrennt zu halten.

(2) Der Verwalter hat für jede Zwangsverwaltung ein gesondertes Treuhandkonto einzurichten, über das er den Zahlungsverkehr führt. Das Treuhandkonto kann auch als Rechtsanwaltsanderkonto geführt werden.

(3) Der Verwalter hat die allgemeinen Grundsätze einer ordnungsgemäßen Buchführung zu beachten. Die Rechnungslegung muss den Abgleich der Solleinnahmen mit den tatsächlichen Einnahmen ermöglichen. Die Einzelbuchungen sind auszuweisen. Mit der Rechnungslegung sind die Kontoauszüge und Belege bei Gericht einzureichen.

(4) Auf Antrag von Gläubiger oder Schuldner hat der Verwalter Auskunft über den Sachstand zu erteilen.

§ 14 [Buchführung der Zwangsverwaltung]

(1) Die Buchführung der Zwangsverwaltung ist eine um die Solleinnahmen ergänzte Einnahmenüberschussrechnung.

[Auslagenersatz] § 17

(2) Die Rechnungslegung erfolgt jährlich (Jahresrechnung) nach Kalenderjahren. Mit Zustimmung des Gerichts kann hiervon abgewichen werden.
(3) Bei Aufhebung der Zwangsverwaltung legt der Verwalter Schlussrechnung in Form einer abgebrochenen Jahresrechnung.
(4) Nach vollständiger Beendigung seiner Amtstätigkeit reicht der Verwalter eine Endabrechnung ein, nachdem alle Zahlungsvorgänge beendet sind und das Konto auf Null gebracht worden ist.

§ 15 [Gliederung der Einnahmen und Ausgaben]

(1) Die Soll- und Isteinnahmen sind nach folgenden Konten zu gliedern:
(2) Der Saldo der vorigen Rechnung ist als jeweiliger Anfangsbestand vorzutragen.
(3) Die Gliederung der Ausgaben erfolgt nach folgenden Konten:
(4) Ist zur Umsatzsteuer optiert worden, so sind Umsatzsteueranteile und Vorsteuerbeträge gesondert darzustellen.

§ 16 [Auskunftspflicht]

Der Verwalter hat jederzeit dem Gericht oder einem mit der Prüfung beauftragten Sachverständigen Buchführungsunterlagen, die Akten und sonstige Schriftstücke vorzulegen und alle weiteren Auskünfte im Zusammenhang mit seiner Verwaltung zu erteilen.

§ 17 [Auslagenersatz]

(1) Der Verwalter hat Anspruch auf eine angemessene Vergütung für seine Geschäftsführung sowie auf Erstattung seiner Auslagen nach Maßgabe des § 21. Die Höhe der Vergütung ist an der Art und dem Umfang der Aufgabe sowie an der Leistung des Zwangsverwalters auszurichten.
(2) Zusätzlich zur Vergütung und zur Erstattung der Auslagen wird ein Betrag in Höhe der vom Verwalter zu zahlenden Umsatzsteuer festgesetzt.
(3) Ist der Verwalter als Rechtsanwalt zugelassen, so kann er für Tätigkeiten, die ein nicht als Rechtsanwalt zugelassener Verwalter einem Rechtsanwalt übertragen hätte, die gesetzliche Vergütung eines Rechtsanwalts abrechnen. Ist der Verwalter Steuer-

berater oder besitzt er eine andere besondere Qualifikation, gilt Satz 1 sinngemäß.

§ 18 [Regelvergütung]

(1) Bei der Zwangsverwaltung von Grundstücken, die durch Vermieten oder Verpachten genutzt werden, erhält der Verwalter als Vergütung in der Regel 10 Prozent des für den Zeitraum der Verwaltung an Mieten oder Pachten eingezogenen Bruttobetrags. Für vertraglich geschuldete, nicht eingezogene Mieten oder Pachten erhält er 20 Prozent der Vergütung, die er erhalten hätte, wenn diese Mieten eingezogen worden wären. Soweit Mietrückstände eingezogen werden, für die der Verwalter bereits eine Vergütung nach Satz 2 erhalten hat, ist diese anzurechnen.

(2) Ergibt sich im Einzelfall ein Missverhältnis zwischen der Tätigkeit des Verwalters und der Vergütung nach Absatz 1, so kann der in Absatz 1 Satz 1 genannte Prozentsatz bis auf 5 vermindert oder bis auf 15 angehoben werden.

(3) Für die Fertigstellung von Bauvorhaben erhält der Verwalter 6 Prozent der von ihm verwalteten Bausumme. Planungs-, Ausführungs- und Abnahmekosten sind Bestandteil der Bausumme und finden keine Anrechnung auf die Vergütung des Verwalters.

§ 19 [Abweichende Berechnung der Vergütung]

(1) Wenn dem Verwalter eine Vergütung nach § 18 nicht zusteht, bemisst sich die Vergütung nach Zeitaufwand. In diesem Fall erhält er für jede Stunde der für die Verwaltung erforderlichen Zeit, die er oder einer seiner Mitarbeiter aufgewendet hat, eine Vergütung von mindestens 35 Euro und höchstens 95 Euro. Der Stundensatz ist für den jeweiligen Abrechnungszeitraum einheitlich zu bemessen.

(2) Der Verwalter kann für den Abrechnungszeitraum einheitlich nach Absatz 1 abrechnen, wenn die Vergütung nach § 18 Abs. 1 und 2 offensichtlich unangemessen ist.

§ 20 [Mindestvergütung]

(1) Ist das Zwangsverwaltungsobjekt von dem Verwalter in Besitz genommen, so beträgt die Vergütung des Verwalters mindestens 600 Euro.

(2) Ist das Verfahren der Zwangsverwaltung aufgehoben worden, bevor der Verwalter das Grundstück in Besitz genommen

hat, so erhält er eine Vergütung von 200 Euro, sofern er bereits tätig geworden ist.

§ 21 [Auslagen]

(1) Mit der Vergütung sind die allgemeinen Geschäftskosten abgegolten. Zu den allgemeinen Geschäftskosten gehört der Büroaufwand des Verwalters einschließlich der Gehälter seiner Angestellten.

(2) Besondere Kosten, die dem Verwalter im Einzelfall, zum Beispiel durch Reisen oder die Einstellung von Hilfskräften für bestimmte Aufgaben im Rahmen der Zwangsverwaltung, tatsächlich entstehen, sind als Auslagen zu erstatten, soweit sie angemessen sind. Anstelle der tatsächlich entstandenen Auslagen kann der Verwalter nach seiner Wahl für den jeweiligen Abrechnungszeitraum eine Pauschale von 10 Prozent seiner Vergütung, höchstens jedoch 40 Euro für jeden angefangenen Monat seiner Tätigkeit, fordern.

(3) Mit der Vergütung sind auch die Kosten einer Haftpflichtversicherung abgegolten. Ist die Verwaltung jedoch mit einem besonderen Haftungsrisiko verbunden, so sind die durch eine Höherversicherung nach § 1 Abs. 4 begründeten zusätzlichen Kosten als Auslagen zu erstatten.

§ 22 [Festsetzung]

Die Vergütung und die dem Verwalter zu erstattenden Auslagen werden im Anschluss an die Rechnungslegung nach § 14 Abs. 2 oder die Schlussrechnung nach § 14 Abs. 3 für den entsprechenden Zeitraum auf seinen Antrag vom Gericht festgesetzt. Vor der Festsetzung kann der Verwalter mit Einwilligung des Gerichts aus den Einnahmen einen Vorschuss auf die Vergütung und die Auslagen entnehmen.

§ 23 [Grundstücksgleiche Rechte]

Die vorstehenden Bestimmungen sind auf die Zwangsverwaltung von Berechtigungen, für welche die Vorschriften über die Zwangsverwaltung von Grundstücken gelten, entsprechend anzuwenden.

§ 24 [Nichtanwendbarkeit der Verordnung]

(1) Die Vorschriften dieser Verordnung gelten nicht, falls der Schuldner zum Verwalter bestellt ist (§§ 150 b bis 150 e des Gesetzes über die Zwangsversteigerung und die Zwangsverwaltung).

(2) Die Vorschriften dieser Verordnung gelten ferner nicht, falls die durch die §§ 150, 153, 154 des Gesetzes über die Zwangsversteigerung und die Zwangsverwaltung dem Gericht zugewiesene Tätigkeit nach landesgesetzlichen Vorschriften von einer landschaftlichen oder ritterschaftlichen Kreditanstalt übernommen worden ist.

§ 25 [Übergangsvorschrift]

In Zwangsverwaltungen, die bis einschließlich zum 31. Dezember 2003 angeordnet worden sind, findet die Verordnung über die Geschäftsführung und die Vergütung des Zwangsverwalters vom 16. Februar 1970 (BGBl. I S. 185), zuletzt geändert durch Artikel 9 des Gesetzesvom 13. Dezember 2001 (BGBl. I S. 3574), weiter Anwendung; jedoch richten sich die Vergütung des Verwalters und der Auslagenersatz ab dem ersten auf den 31. Dezember 2003 folgenden Abrechnungszeitraum nach den §§ 17 bis 22 dieser Verordnung.

§ 26 [Inkrafttreten, Außerkrafttreten]

Diese Verordnung tritt am 1. Januar 2004 in Kraft. Gleichzeitig tritt die Verordnung über die Geschäftsführung und die Vergütung des Zwangsverwalters vom 16. Februar 1970 (BGBl. I S. 185), zuletzt geändert durch Artikel 9 des Gesetzes vom 13. Dezember 2001 (BGBl. I S. 3574), außer Kraft.

Sachverzeichnis

Fette Ziffern = Paragraphen, magere Ziffern = Randnummern

Abgebrannte Gebäude 152 15
Ablehnung von Gerichtspersonen 1 15, 16
Ablösungsrecht 75 15 ff
Ablösungssumme 92 4
Abmarkungskosten 10 25
Abtretung Miete u ZwVerw 146 12
Abtretung der Rechte aus Meistgebot 81 19 ff; **85 a** 12, 13; **118** 5, 12
Abweichende Versteigerungsbedingungen
- Altenteil **59** 26, 27
- Antrag **59** 2 ff
- Beeinträchtigung anderer Beteiligter **59** 9, 11
- Doppelangebot **59** 12 ff
- Einzelfälle **59** 16 ff
- mögliche und nicht mögliche Abweichungen **59** 8
- zeitliche Zulässigkeit **59** 7

Abzahlungshypothek 155 30
Ackerschlepper 20, 21 36, 37
Akteneinsicht 42 1 ff
Alarmanlage 20, 21 36, 37
Altenteil
- Abweichende Versteigerungsbedingungen **59** 26, 27
- Aufnahme im Teilungsplan **114** 17
- Berücksichtigung im geringsten Gebot **44, 45** 57
- bestehen bleibendes Recht **52** 12
- Geldrente bei Erlöschen **92** 22
- Hinweise im Versteigerungstermin **66** 22
- Höhe des Zuzahlungsbetrages **50, 51** 26
- bei Teilungsversteigerung **180** 92
- Zwangsverwaltung **146** 51

Altlasten ZwVerw 155 10d
Altrechtliche Dienstbarkeiten 52 13, **10** 48
Amtsbetrieb Einl 8
Amtsblatt 39, 40 2
Amtshaftung Einl 46 ff

Anbau 20, 21 22 ff
Anderweitige Verwertung 65 2 ff
Änderung des TLP 159 1 ff
Anerkenntnisurteil 15, 16 40
Anheftung an Gerichtstafel 39, 40 5
Anmeldung
- Adressat **44, 45** 40
- Aufforderung in Terminsbestimmungen **37, 38** 10 ff
- zur Aufnahme in Teilungsplan **114** 5 ff
- Allgemeines **9** 16 ff
- Bedeutung für geringstes Gebot **44, 45** 32 ff
- Bekanntgabe im Versteigerungstermin **66** 20
- bei dinglichen Rechten **10** 53
- Ersatzbetrag für erlöschende Rechte **92** 7
- der Fälligkeit von Grundpfandrechten **54** 1 ff
- Form **44, 45** 39
- Frist **44, 45** 41
- Glaubhaftmachung **9** 20 ff, **44, 45** 48
- Hinweis auf Anschließung im Versteigerungstermin **66** 45
- Inhalt **44, 45** 42
- der Kosten der Kündigung und dingl. Rechtsverfolgung **10** 72
- Minderanmeldung **44, 45** 44
- der öffentlichen Grundstückslasten **10** 46
- bei Rangklasse 6 **10** 66
- Rechtsnatur **44, 45** 38
- Rücknahme **44, 45** 43
- unzulässige Anmeldung **44, 45** 45
- verspätete Anmeldung **110** 4, 5
- der Zwangsverwaltungsvorschüsse **10** 12

Anordnungsbeschluss
- bei Bruchteilsvollstreckung **Einl** 21
- Allgemeines **15, 16** 110 ff
- Inhalt **15, 16** 112 ff

Böttcher 949

Sachverzeichnis

- Rechtsbehelf **15, 16** 134, **95** 8
- bei Teilungsversteigerung **180** 60
- Verbindung mehrerer Verfahren **18** 8 ff
- Zustellung an Schuldner **8** 43 4

Ansprüche von unbestimmten Betrag 14 1, 2

Antrag auf Zwangsversteigerung
- Allgemeines **15, 16** 1 ff
- Beitritt **27** 4, 5
- des Schuldners auf einstw. Einstellung **30 a** 4 ff, 29
- des Gläubigers auf Fortsetzung des Verfahrens **31** 2 ff
- mehrere Anträge **15, 16** 124
- Rücknahme **29** 2 ff
- bei 7/10 Grenze **74 a** 17
- Zurückweisung **15, 16** 107 ff

Antragsgrundsatz 15, 16 2
Antragsrücknahme 29 1 ff, **30** 17
Anwartschaftsrecht an Zubehör 55 3
Anweisungen des Gerichts 153 4 ff
Arbeitsverträge 152 52
Aufforderung zur Anmeldung 37, 38 10 ff

Aufhebung des Verfahrens
- bei Antragsrücknahme **29** 12 ff
- bei entgegenstehenden Rechten **28** 39
- bei Fristablauf nach Einstellung **31** 18
- Lösung des Versteigerungsvermerkes **34** 2
- Rechtsbehelf **95** 9
- hinsichtlich Zubehör **55** 9 ff

Aufhebung des Versteigerungstermins 30 2, **43** 5 ff
Auflagen bei Einstellungsantrag durch Schuldner 30 a 20 ff

Auflassungsvormerkung
- Aufnahme in TLP **114** 18
- als bestehen bleibendes Recht **52** 3
- kein entgegenstehendes Recht **28** 4 ff
- Kapitalzahlung bei Erlöschen **92** 25
- bei Veräußerung nach Beschlagnahme **26** 4 ff
- Zuzahlungspflicht **50, 51** 9, 27
- Zwangsverwaltung **146** 5, 37

Aufruf der Sache 66 12 ff

Aufsichtsperson 150 b-e 10 ff
Aufsichtsrecht des Gerichts 153 2 ff
Aufzüge 20, 21 17 ff
Ausbietungsgarantie 71 50
Ausfallvergütungsgarantie 71 51

Ausführung des TLP bei Nichtzahlung des Bargebots
- Berechtigte **118** 6 ff
- Deckungskapital für Ersatzansprüche **121** 11
- Forderungsübertragung **118** 2 ff
- Hilfübertragung bei Gesamthypothek **123**
- Verteilung von Gesamtrechten **122** 9 ff
- Wirkung der Forderungsübertragung **118** 18 ff

Ausführung des TLP bei Zahlung des Bargebots
- Auszahlung des Erlöses **117** 22 ff
- Befriedigungserklärung des Erstehers **117** 24 ff
- bei bedingten Ansprüchen **119, 120** 2 ff
- Berechtigter **117** 3, 4, 5, 6
- Deckungskapital für Ersatzansprüche **121** 8 ff
- Einzelfälle **117** 7 ff
- Hinterlegung **117** 28 ff
- bei Teilungsversteigerung **180** 103, 104
- bei unbekannten Berechtigten **126** 15
- Verteilung von Gesamtrechten **122** 7, 8
- bei Widerspruch gegen TLP **124** 5, 6
- bei Zuzahlungsverpflichtung **125** 11, 16

Ausgleichsbetrag 182 7 ff
Ausländische Urteile 15, 16 41
Ausländische Währung 15, 16 11; **37, 38** 24; **66** 24; **158 a** 1
Auslagen Zwangsverwalter 152 a 25 ff
Auslagenvorschuss 39, 40 6
Ausschließung von Gerichtspersonen 1 14
Ausschließung weiterer Anmeldungen 66 45

Sachverzeichnis

Ausschluss des Teilungsverlangens 180 14, 15
Außergerichtliche Befriedigung 144
Außergerichtliche Erlösverteilung 143
Aussichtslose Zwangsversteigerung 30 a 40
Auszahlung des Erlöses
– abwesende Berechtigte **117** 23
– anwesende Berechtigte **117** 22
– Befriedigungserklärung **117** 24 ff

Bagatellforderung 15, 16 58; **30 a** 41
Bargebot
– Begriff **44, 45** 2, **49** 1 ff
– erhöhte Verzinsung **59** 18
– Erhöhung des zu zahlenden Betrages **50, 51** 1 ff
– Forderungsübertragung bei Nichtzahlung **118** 2 ff
– Hinterlegungsmöglichkeit **49** 8, 9
– Minderung durch Liegenbelassungsvereinbarung **91** 14 ff
– Verzinsungspflicht **49** 10
– Zahlungspflicht des Erstehers **49** 5 ff
Bauabzugssteuer 152 67 a
Bauhütten 20, 21 14 ff
Baukostenzuschuss des Mieters 57–57 b 25
Baulast 10 43; **44, 45** 58; **56** 7; **66** 25
Baumaterialien 20, 21 36
Bausparkassen 71 26
Beanstandungsverfügung 15, 16 104
Bearbeitungsgebühren 12 8
Bedingte Leistungen 15, 16 48
Bedingte Rechte
– Ausführung des Teilungsplanes **119, 120** 2 ff
– im geringsten Gebot **48** 2
– Hinterlegung des Erlöses **117** 30
– Zuzahlungspflicht **50, 51** 8 ff, **125** 2 ff
Befriedigungserklärung 117 24 ff
Befriedigungsfiktion 114 a 6 ff
Befriedigungsrecht 20, 21 4
Befriedigungsreihenfolge 11 5

Befriedigungswirkung bei Liegenbelassungsvereinbarung 91 17 ff
Befristetes Grundpfandrecht 28 11
BGB-Gesellschaft 15, 16 75; **71** 23; **180** 9, 58
Begrenzung des Bieterkreises 180 93
Behelfsheim 20, 21 22 ff
Beitreibungszuschlag Zwangsverwaltervergütung 152 a 10
Beitritt
– Allgemeines **27** 1 ff
– Antrag **27** 4, 5
– Rechte des Gläubigers **27** 13 ff
– Voraussetzungen **27** 6, 7
– Zeitpunkt **27** 3
– Zustellung **43** 4
– bei Teilungsversteigerung **180** 64
Beitrittsbeschluss
– Allgemeines **27** 8 ff
– bei Bruchteilsvollstreckung **Einl** 21
– Rechtsbehelf **15, 16** 134
– Umdeutung in Anordnungsbeschluss **27** 3
– Zustellung an Schuldner **8, 43** 4
Bekanntmachungen 66 16 ff
Belehrung
– des Schuldners über Einstellungsmöglichkeit **306** 3
– des Gläubigers über Fortsetzung des Verfahrens **31** 18, **33** 13
Beleuchtungskörper 20, 21 17 ff
Bereicherungsklage 115 37
Bereitstellungsgebühren 12 8
Berichtigung
– des Anordnungsbeschlusses **15, 16** 123
– des Beitrittsbeschlusses **27** 3
– des Teilungsplanes **113** 11
– des Vollstreckungstitels **15, 16** 35
Beschlagnahme
– Abgrenzung laufende Beträge/Rückstände **13** 2 ff
– Angabe im Anordnungsbeschluss **15, 16** 118
– Beendigung **22** 10
– bei Beitritt **27** 13 ff
– Bekanntgabe im Versteigerungstermin **66** 19
– an Bestandteilen **20, 21** 25
– von Forderungen **22** 6 ff

Böttcher 951

Sachverzeichnis

- für mehrere Gläubiger **15, 16** 124
- Miet- und Pachtzinsforderungen **20, 21** 55
- bei Teilungsversteigerung **180** 63
- Umfang **20, 21** 7ff, **55** 2ff
- Versicherungsforderungen **20, 21** 49
- Voraussetzungen **20, 21** 3
- Wesen **20, 21** 2
- Wirksamwerden **22** 2ff, **151** 2ff
- Wirkung **23** 1ff
- Zeitpunkt **20, 21** 9ff
- Zubehör **20, 21** 38

Beschränkt Geschäftsfähige 71

Beschwerde
- Abgrenzung Beschwerde oder Vollstreckungserinnerung **95** 15ff
- gegen Anordnungsbeschluss **15, 16** 134
- Beschwerdeberechtigte **97** 2ff, 6ff
- Beschwerdefrist **93** 2, 3
- Beschwerdegegner **99** 1ff
- Beschwerdegründe **100** 2ff, 5
- Beschwerdeverfahren **95** 19ff
- Entscheidung des Beschwerdegerichts **101** 2ff
- weitere Beschwerde **95** 30ff, **102**
- gegen Zuschlagsbeschluss **96** 2
- Zulässigkeit **95** 7ff
- bei Zuschlagsversagung **33** 14
- Zustellung der Beschwerdeentscheidung **103**

Besitz 28 52

Besondere Versteigerung 65 2ff

Bestandteile
- Aufforderung zur Anmeldung entgegenstehender Rechte **37, 38** 19, 20
- Begriff **20, 21** 13ff
- Beschlagnahmewirkung **20, 21** 25, **23** 20

Bestandteilszuschreibung Einl 17, **11** 10, **15, 16** 28ff

Bestehen bleibende Rechte
- abweichende Versteigerungsbedingungen **59** 16
- Altenteil **52,** 12
- altrechtliche Dienstbarkeiten **52** 13
- Auflassungsvormerkung **52** 3
- Aufnahme in Zuschlagsbeschluss **82** 5
- Begriff **44, 45** 1, **49** 1ff, **52** 1
- Dauerwohn- und Dauernutzungsrecht **52** 14
- Dienstbarkeiten **52** 4
- Eigentümerrechte **52** 5
- Erbbaurechte **52** 6, 15
- Geringstes Gebot **52** 1ff
- auf Grund besonderer Vorschriften **52** 12ff
- Heimfallanspruch **52** 16
- Löschungsanspruch **52** 8
- Notwegrente **52** 17
- öffentliche Lasten **52** 18
- Rangvorbehalt **52** 9
- Reichsheimstättenvermerk **52** 19
- bei der Teilungsversteigerung **182** 1ff
- Überbaurente **52** 20
- Vereinbarung nach § 1010 BGB **52** 10
- Vorkaufsrechte **52** 18
- Zwangshypothek **52** 11

Bestimmung des zuständigen Gerichts 2 2ff

Betagte Rechte 48 5, **111** 2ff

Beteiligte
- Akteneinsicht **42** 5ff
- Allgemeines **9** 1
- von Amts wegen **9** 4, 5
- Anmeldung **9** 16ff
- Anspruch auf Sicherheitsleistung für Gebote **67–70**
- außergerichtliche Einigung über Erlösverfahren **143**
- Befugnisse **9** 2
- kraft Anmeldung **9** 10ff
- kraft Grundbucheintragung **9** 7ff
- Mitteilung an das Vollstreckungsgericht **19** 19
- bei Teilungsversteigerung **180** 20
- bei Wiederversteigerung **133** 5ff
- Zustellung des Anordnungsbeschlusses **15, 16** 127
- Zustellung der Terminsbestimmung **41** 3

Beteiligtenverfahren Einl 12

Beteiligtenverzeichnis 9 24

Betreibender Gläubiger 44, 45 3ff, **66** 18

Betreuung 71 18, 40, 41

Sachverzeichnis

Betriebsgerät **20, 21** 36, 37
Betriebskosten in der ZwVerw **146** 6; **148** 9; **149** 7 a; **152** 41 b
Betriebssteuerrückstände **180** 87, 88
Bezeichnung des Grundstücks
– im Duldungstitel **15, 16** 28 ff
– im Zuschlagsbeschluss **82** 2
Bezugnahme auf Grundbuch **17** 5, 6
Bietersicherheit **49** 9
Bietergemeinschaften **71** 48
Bietzeit
– bei abweichenden Versteigerungsbestimmungen **59** 7
– Allgemeines **66** 2, **73** 1 ff
– Einstellungsbewilligung durch Gläubiger **30** 11 ff
Bietvereinbarungen **71** 49
Bisherige Vollstreckungskosten **15, 16** 13 ff
Bodensanierung **10** 26
Bootshäuser **20, 21** 22 ff
Bootssteg **20, 21** 18
Brandversicherungsurkunden **39, 40** 6
Brauerei **10** 18
Brennerei **10** 18
Briefgrundpfandrecht **117** 9; **126** 2 ff, **127** 2
Briefvorlage **131** 2 ff
Bruchteilsgemeinschaft **180** 6, 14, 94
Bruchteilsvollstreckung Einl 18 ff; **52** 4
Bruttomiete **148**, 6; **152** 41 a
Bürge (als Beteiligter) **9** 1
Bürgschaft (als Sicherheitsleistung) **67–70** 42 ff
Büroeinrichtung **20, 21** 36
Bund als Bieter **67–70** 19
Bundesbank als Bieter **67–70** 19

Damnum **12** 8
Dauerwohn- und Dauernutzungsrecht **14** 4; **44, 45** 59; **50, 51** 29; **52** 14; **59** 17; **66** 26; **92** 23; **114** 20; **146** 53
DDR-Titel **15, 16** 42 ff
Deckungsgrundsatz Einl 9; **44, 45** 2; **52** 1

Deckungskapital **14** 8; **117** 31; **121** 2 ff
Deichlasten **10** 27
Delegation Zwangsverwalter **150** 6 a
Dienstbarkeit (beschränkt persönliche)
– Allgemeines **9** 12, 13
– Aufnahme im Tilgungsplan **114** 19
– als bestehen bleibendes Recht **52** 4
– Höhe des Zuzahlungsbetrages **50, 51** 28
– Kapitalisierung bei Erlöschen **92** 20
Dienstverträge **152** 52
Dinglicher Gläubiger
– Dritteigentümer als entgegenstehendes Recht **28** 12
– bei Insolvenzeröffnung **28** 16 ff
– Veräußerung nach Beschlagnahme **26** 7 ff
Dingliche Rechte
– Rangklasse 4 **10** 48 ff
– relative Unwirksamkeit **10** 60 ff
– Rückstände in Rangklasse 8 **10** 69
Disagio **12** 8
Doppelausgebot **59** 12 ff; **64** 6; **74 a** 5
Dritteigentum
– an Bestandteilen **20, 21** 28
– als entgegenstehendes Recht **28** 12
– durch Veräußerung nach Beschlagnahme **26** 4 ff
– Widerspruchsberechtigung gegen Teilungsplan **115** 4 ff
– an Zubehör **20, 21** 41; **55** 6 ff
Drittwiderspruchsklage **26** 4 ff; **28** 46
Düngemittel **10** 3
Duldungstitel **15, 16** 28 ff

Ehegatten
– Beteiligter **9** 11
– Gebotsabgabe **71** 28
– Titel **15, 16** 72 ff
Eigenbesitz **147** 1 ff
Eigentümer
– neuer E. als Beteiligter **9** 11
– Bezeichnung im Antrag **15, 16** 10
– Bezeichnung in der Terminsbestimmung **37, 38** 6
Eigentumsaufgabe **28** 13

Sachverzeichnis

Eigentumserwerb
- durch Zuschlag **90** 3, 4
- an Zubehör **55** 15

Eigentümergrundpfandrechte 15, 16 80; **44, 45** 60; **52** 5; **114** 21 ff; **146,** 38; **155** 34

Eigentumsvorbehalt 20, 21 39; **55** 3, 8

Einbauküchen 20, 21 21

Einheitswert 10 22 b

Einheitswertbescheid 39, 40 6

Einstellung des Verfahrens
- Auf Antrag des Schuldners **30 a** 4 ff
- Bewilligung durch Gläubiger **30** 10 ff
- bei entgegenstehenden Rechten **28** 40
- bei Sicherheitsleistung **15, 16** 65, 66 *siehe auch einstweilige Einstellung*

Einstweilige Anordnung (als Vollstreckungstitel) **15, 16** 38

Einstweilige Einstellung auf Bewilligung des Gläubigers
- Allgemeines **30** 1
- Beschluss **30** 10 ff
- Bewilligung **30** 2
- dritte Bewilligung **30** 17
- Verhältnis zu anderen Bestimmungen **30** 18 ff
- Wirksamwerden **30** 4
- Wirkung **30** 6
- zeitliche Zulässigkeit **30** 5
- Zubehör **55** 9

Einstweilige Einstellung bei Deckung des Gläubigers aus Einzelausgebot
- Entscheidung **76** 6
- Fortsetzung des Verfahrens **76** 7
- Voraussetzungen **76** 7

Einstweilige Einstellung auf Antrag des Insolvenzverwalters
- Antrag **30 d** 2 ff
- Aufhebung **30 f** 1 ff
- Auflagen **30 e** 1 ff
- Verfahren **30 d** 11 ff
- Verhältnis zu anderen Einstellungen **30 d** 16
- vor Insolvenzeröffnung **30 d** 15

Einstweilige Einstellung wegen Mangel an Geboten 77 2 ff

Einstweilige Einstellung auf Antrag des Schuldners
- Antrag **30 a** 4 ff
- Entscheidung **30 a** 17 ff, **30 b** 9 ff
- Frist **30 b** 2, 3
- Rechtsmittel **30 b** 16 ff
- sachliche Voraussetzungen **30 a** 10 ff
- Verfahren **30 b** 4 ff
- Verhältnis zu anderen Bestimmungen **30 a** 2, 3
- Vollstreckungsschutz gem. § 765 a ZPO **30 a** 25 ff

Einstweilige Einstellung bei der Teilungsversteigerung
- Antrag eines Miteigentümers **180** 65 ff
- im Interesse eines gemeinschaftlichen Kindes **180** 70 ff
- sonstige Möglichkeiten **180** 78 ff

Einstweilige Einstellung wegen Zahlung im Termin
- Art der Zahlung **75** 6
- Berechtigung **75** 2
- Rechtsbehelfe **75** 14
- Umfang der Zahlung **75** 4, 5
- Wirkung **75** 7 ff
- Zeitpunkt **75** 3

Einstweilige Verfügung (als Vollstreckungstitel) **15, 16** 38, 47

Eintragungsersuchen § 19 ZVG
- Allgemeines **19** 2 ff
- Mitteilung des Eingangs **19** 20
- Wirksamwerden der Beschlagnahme **22** 2 ff

Eintragungsersuchen § 130 ZVG
- Anlagen **130** 18
- Berichtigung **130** 19
- Form **130** 17
- Inhalt **130** 4 ff
- Löschungsvormerkung **130 a** 5 ff
- Muster **130** 21
- Prüfungsrecht des Grundbuchamtes **130** 23 ff
- Rechtsbehelf **130** 20
- Rechtsnatur **130** 22
- Voraussetzungen **130** 2, 3

Eintragungsreihenfolge 19 7, 11

Einwilligung in Verfügungen 23 5 ff

Einzelangebot 63, 2, 3; **180** 94

Einzelkaufmann 15, 16 24; **130** 9

Sachverzeichnis

Endurteile 15, 16 40
Energieeinsparverordnung 152 43 a
Energielieferungsverträge 152 53
Entgegenstehende Rechte
– Allgemeines **28** 1 ff
– Anmeldung **37, 38** 18 ff
– Einzelfälle **28** 4 ff
– Verfahren **28** 37 ff
– Verhältnis zu § 30 ZVG **30** 18
– Zwangsverwaltung **161** 13
Enthaftung
– bei Bestandteilen **20, 21** 29
– bei Zubehör **20, 21** 42
– bei Versicherungsforderungen **20, 21** 51
Entlassung des Zwangsverwalters 153 15
Entlüftungsanlagen 20, 21 20
Erbbaurecht
– Begründung trotz Zwangsversteigerungsvermerk **19** 12, 13; **23** 14, 15
– Behandlung im geringsten Gebot **44, 45** 61
– bestehen bleibendes Recht **52** 6
– Beteiligte **9** 23
– Bezeichnung im Anordnungsbeschluss **15, 16** 113
– Hinweis im Versteigerungstermin **66** 27
– Höhe des Zuzahlungsbetrages **50, 51** 30
– Verfügungsbeschränkung gemäß § 5 ErbbauRG **28** 30 ff
– Wertfestsetzung **74 a** 32
– Zustellung des Anordnungsbeschlusses **15, 16** 128
– Zustimmung des Grundstückseigentümers **15, 16** 83 ff
– Zwangsverwaltung **146** 39
Erbbauzins 20, 21 26; **47** 2; **50, 51** 31; **52** 7; **92** 26
Erbe 17 8, 9
Erbengemeinschaft 180 8, 15, 42
Erbenhaftung 28 53
Erbteilsverpfändung 180 54
Erhöhung des zu zahlenden Betrages *siehe Zuzahlungspflicht*
Erlösverteilung
– außergerichtliche **143**
– bei Gesamtausgebot **112** 2 ff

– relative Unwirksamkeit von Rechten **23** 16 ff
– unbestimmte Ansprüche **14, 15**
Erlöschen von Rechten 91 2 ff
Erloschene Rechte 44, 45 52, 53; **130** 14, 15
Ermäßigung der Vollstreckungsforderung 29 10, 11
Erneute Einstellung auf Antrag des Schuldners
– Antrag **30 c** 15, 16
– Möglichkeiten **30 c** 2 ff
– Verfahren **30 c** 18
– Voraussetzungen **30 c** 17
Erschließungskosten 10 28
Ersteher
– Befriedigungsfiktion unter 7/10 Grenze **114 a** 1 ff
– Bezeichnung im Eintragungsersuchen **130** 8 ff
– Bezeichnung im Zuschlagsbeschluss **82** 3
– Eigentumserwerb an Zubehör **55** 15
– als Gläubiger der Sicherheitshypothek **128** 11
– Kündigungsrecht gegenüber Mieter oder Pächter **57–57 b** 8 ff, 16 ff
– Schuldübernahme **53** 2 ff, 11 ff
– Stellung gegenüber Mieter oder Pächter **57–57 b** 5
– Zahlungspflicht **49** 5 ff
– Zuzahlungspflicht **50, 51** 1 ff
Ersteherabrechnung ZwVerw 161 44
Erzeugnisse des Grundstücks 20, 21 19, 27
Euro
– Sicherheitsleistung **67–70** 46
– Gebote **71** 6
– Titel in DM **15, 16** 11
Extension des vormerkungsgesicherten Anspruchs 52 3 b

Fälligkeit
– von Grundpfandrechten **54** 1 ff
– des zu vollstreckenden Anspruchs **15, 16** 63
Fälligkeitszeitpunkt 13 6 ff
Fehlerhaftigkeit des Anordnungsbeschlusses 15, 16 132, 133

Sachverzeichnis

Fertiggaragen 20, 21 17
Fertighäuser 20, 21 17, 22, 23
Feststellungskosten aus einem Insolvenzverfahren **10** 14 a ff
Feuerversicherung 10 8
Firmenbezeichnung 15, 16 24
Flurbereinigung 9 1; **10** 29; **28** 14; **37, 38** 24; **59** 21; **66** 28
Forderungsübertragung
– Anordnung des Vollstreckungsgerichts **118** 14 ff
– Berechtigte **118** 6 ff
– Erfüllungswirkung **118** 21
– erhöhte Verzinsung **118** 2 ff, **59** 19
– keine Erfüllungswirkung **118** 22 ff
– Sicherungshypothek **128** 7
– Vollstreckbarkeit **132** 2, 3, 5 ff
– Wirkungen **118** 18 ff
– bei Zuzahlungspflicht **125** 11, 16, 17
Forstwirtschaftliche Grundstücke 10 18
Fortsetzungsbeschluss 31 20 ff; **44, 45** 12
Fortsetzung des Verfahrens
– Antrag des Gläubigers **31** 1 ff
– bei Einstellung gemäß § 765 a ZPO **30 a** 56
– bei Zuschlagsversagung **85** 8
Freigabe von Zubehör 20, 21 46
Fremdes Zubehör 55 5 ff
Früchte 20, 21 19
Fünftepfandrecht 10 3 ff
Fünf-Zehntel-Grenze 85 a 2 ff, 8 ff; **180** 100
Fußbodenbeläge 20, 21 20

Gartenlauben 20, 21 23
Gebäude 20, 21 17
Gebäudeeigentum Einl 28; **9** 23; **28** 65 ff; **74 a** 33; **146** 33
Gebot
– allgemeine Wirksamkeitsvoraussetzungen **71** 5 ff
– Anfechtung **71** 43, 44
– ausgeschlossene Personen **71** 47
– Bietgemeinschaften **71** 48
– Bietvereinbarungen **71** 49
– durch Bund, Land, Bundesbank u. a. **67–70** 19
– Erlöschungsgründe **72** 2 ff

– durch Grundpfandrechtsgläubiger **67–70** 14 ff
– Rechtsnatur **71** 2 ff
– durch Schuldner **67–70** 24 ff
– Sicherheitsleistung **67–70** 2 ff
– Unwiderruflichkeit **71** 42 ff
– Verfahren bei Unwirksamkeit **71** 46
– Vertretung **71** 15, 16
– Zurückweisung **72** 3
– Zustimmungspflichten **71** 25 ff
Gebühr für Zuschlag 58 2 ff
Gefahrenübergang 56 2 ff; **59** 23
Geldbeschaffungskosten 12 8
Geldrente für erlöschende Rechte **92** 16 ff
Gemeinde 71 24
Gerichtsferien Einl 3; **180** 25
Gerichtskostenvorschuss 39, 40 6
Gerichtliche Genehmigung
– Antragsrücknahme **29** 4
– Liegenbelassungsvereinbarung **91** 8, 9
– bei Teilungsversteigerung **180** 39; **181** 8
Gerichtliche Verwaltung 94 1 ff
Gerichtstafel 39, 40 5
Geringstes Gebot
– Altenteil **44, 45** 57
– Änderungen **44, 45** 56
– von Amtwegen zu berücksichtigende Rechte **44, 45** 35 ff
– anmeldebedürftige Rechte und Ansprüche **44, 45** 38 ff
– Anmeldung **44, 45** 38 ff
– Baulast **44, 45** 58
– bedingte Rechte **48** 2
– Beispiel **44, 45** 74
– Beitritt im Versteigerungstermin **27** 3
– Besonderheit bei Wiederversteigerung **133** 2 ff
– bestehen bleibende Rechte **52** 1 ff
– betreibender Gläubiger **44, 45** 3 ff
– Dauerwohn- und Dauernutzungsrecht **44, 45** 59
– Deckungsrundsatz **44, 45** 2
– Eigentümerrecht **44, 45** 60
– Einzel-, Gesamt-, Gruppenangebot **63** 12, 13
– Erbbaurecht **44, 45** 61

Sachverzeichnis

- Feststellung im Versteigerungstermin **66** 33, 34
- Gesamtrechte **44, 45** 62
- Höchstbetragshypothek **44, 45** 63
- mehrere Ansprüche **44, 45** 9
- mehrere Gläubiger **44, 45** 10 ff
- Nebenrechte **44, 45** 64
- nicht zu berücksichtigende Rechte **44, 45** 49 ff
- Rangfragen **44, 45** 15 ff
- relativ unwirksame Rechte **23** 16 ff
- Sicherungsgrundschuld **44, 45** 65
- bei der Teilungsversteigerung **182** 1 ff
- Tilgungshypothek **44, 45** 66 ff
- Unanfechtbarkeit **44, 45** 55
- unbestimmter Betrag **14** 14, 15
- Vorkaufsrecht **44, 45** 72
- Vormerkungen **48** 3
- wiederkehrende Naturalleistungen **46** 1 ff
- widerspruchsgesicherte Rechte **48** 4
- Zwangssicherungshypothek **44, 45** 73

Gesamtangebot 63 4; **66** 29; **74 a** 5; **112** 2 ff; **180** 94

Gesamtgrundpfandrechte
- Ausführung des Teilungsplanes **122** 2 ff
- Behandlung im geringsten Gebot **44, 45** 62
- Hilfsübertragung bei Nichtzahlung des Meistgebotes **123**
- Hinweis im Versteigerungstermin **66** 30
- Verbindung der Verfahren **18** 5
- Verteilung auf die einzelnen Grundstücke **59** 1 ff
- Zuzahlungspflicht **50, 51** 12 ff, **125** 2 ff
- Zwangsverwaltung **155** 33

Gesamthandsanteile Einl 24; **146** 34

Gesamthandsgemeinschaften 180 7 ff

Gesamtschuldnerische Haftung
- beim Meistgebot **81** 23, **82** 7, 8
- Verbindungsmöglichkeit **18** 6

Geschäftsunfähiger 71 18;

Gesetzliche Vertreter 15, 16 27; **180** 38, 39

Gewächshaus 20, 21 18
Gewährleistung 56 12
Gewerbebetrieb 148 13 a; **152** 27 ff
Gläubigerwechsel 9 4, 5
Glaubhaftmachung 17 9; **44, 45** 48
Gründungsgesellschaften 15, 16 78
Grundakten 39, 40 6
Grundbuchberichtigung 158 9 ff
Grundbuchersichtliche entgegenstehende Rechte 28 3 ff
Grunddienstbarkeit 9 12; **50, 51** 32; **52** 4; **92** 27; **114** 25
Grundpfandrecht
- Allgemeines **9** 12
- Aufnahme im Teilungsplan **114** 26, 28
- Kündigung **54** 1 ff
- Sicherheitsleistung durch Gläubiger für Gebot **67–70** 20

Grundpfandrechtsbriefe 127 2 ff
Grundrechte in der Zwangsversteigerung Einl 29 ff
Grundsteuern 10 30; **47** 2
Grundstück
- Betreiben wegen Teilansprüchen **44, 45** 14
- Bezeichnung im Anordnungsbeschluss **15, 16** 113
- Bezeichnung im Antrag **15, 16** 9
- Bezeichnung in Terminsbestimmung **37, 38** 2 ff
- Bezeichnung im Zuschlagsbeschluss **82** 2
- als Gegenstand der Zwangsversteigerung **Einl** 14
- Teilung **15, 16** 29, 30

Grundstücksbruchteile 146 30; **151** 7; **152** 34
Grundstücksgleiche Rechte Einl 25; **146** 32
Grundstücksteilflächen Einl 15 ff
Grundstückswert
- Allgemeines **74 a** 25, 26
- Änderungen **74 a** 38
- Angabe in Terminsbestimmung **37, 38** 24
- Bekanntmachung im Versteigerungstermin **66** 17
- Entscheidung **74 a** 36, 37
- Festsetzungsverfahren **74 a** 27
- Rechtsbehelfe **74 a** 39 ff

Sachverzeichnis

– bei Teilungsversteigerung **180** 86
– Zeitpunkt **74 a** 34
Gruppenangebot 63 5
Gütergemeinschaft 15, 16 74; **180** 7, 48
Gütertrennung 15, 16 73; **180** 47
Gutgläubiger Erwerb 23 6

Haftpflichtversicherung 153 12
Haftung Einl 46 ff; **154** 2 ff
Hagelversicherung 10 8
Handwerkskammer 71 30
Hausgeld 10 15 ff, **152** 33, 33c; **155** 10, 22; **156** 2
Heimfallrecht 20, 21 26; **52** 16
Heimstätte 28 15
Heizöl 20, 21 36
Heizungsanlage 20, 21 20
Herrenloses Grundstück 17 4
Hilfsübertragung (bei Gesamthypothek) 123
Hilfsverteilung 119, 120 8, 9; **121** 6, 7; **124** 2 ff; **126**
Hinterlegung
– bei aufschiebend bedingtem Anspruch **119, 120** 11
– des Bargebots **49** 8
– als Bietersicherheit **49** 9
– der Teilungsmasse **117** 28 ff
Höchstbetragshypothek 44, 45 63; **114** 27; **117** 12; **155** 32
Hoffmann'sche Formel 111 8, 9
Hypothek
– Aufnahme im Teilungsplan **114** 28
– Schuldübernahme **53** 2 ff
– ZGB **15, 16** 28; **44, 45** 13 a; **114** 29

Insolvenzeröffnung 28 16 ff
Insolvenzverwalter 9 4, 5; **28** 16 ff; **71** 34; **180** 40
Insolvenzverfahren (Feststellungskosten) **10** 14 a ff; **146** 10; **148** 12; **153 b** 2 ff; **161** 22
Institutsverwalter 150 a 1 ff

Jagdrecht 152 26
Juristische Person 15, 16 77, 87; **71** 19 ff

Kalendertag 15, 16 64

Kapitalersatz in der ZwVerw 148, 12 a
Kapitalversicherung erlöschender Rechte 92 2 ff
Kapitalzahlung in der ZwVerw 146 5; **158** 2 ff
Kassenführung des ZV 154 6
Kaution 57-57 b 5; **152** 41c ff
Kegelbahn 20, 21 21
Kinder (Dienstleistungen) **10** 17
Kindeswohl 180 71 ff
Kirchenbehörden 71 33
Kirchensteuer 10 31
Kommanditgesellschaft 15, 16 76; **180** 10, 58
Kommunalabgaben 10 44
Kosten der Kündigung und dinglichen Rechtsverfolgung 10 71 ff; **15, 16** 117
Kosten der Veröffentlichung 39, 40 2, 4
Kosten des Verfahrens
– bevorrechtigte Kosten **109** 2, 3
– nicht bevorrechtigte Kosten **109** 4
– Kosten der Zwangsvollstreckung **15, 16** 117
Kostenentscheidung
– Zurückweisung des Anordnungsantrages **15, 16** 107
– im Anordnungsbeschluss **15, 16** 120
Kostenfestsetzungsbeschluss 15, 16 38
Kraftfahrzeuge 20, 21 36
Kreditgebühren 12 8
Küchenherd 20, 21 21
Kündigungsrecht des Erstehers 57-57 d 8 ff, **16** ff
Kündigung von Grundpfandrechten 54 1 ff

Ladeneinrichtungsgegenstände 20, 21 21
Land (als Bieter) **67-70** 19
Landwirtschaftliche Erzeugnisse 20, 21 34; **148** 4
Landwirtschaftliche Grundstücke 10 3 ff; **152** 23; **155** 9, 82
Landwirtschaftsbehörde 9 1
Landwirtschaftskammerbeiträge 10 32

Sachverzeichnis

Lastenübergang 56 5
Laufende Beträge (bei wiederkehrenden Leistungen) 13 1, 14 ff; **44, 45** 37; **114** 4
Lebenserwartung 92 Anhang
Liegenbelassungsvereinbarung 91 6 ff; **127** 6
Löschungsansprüche 91 5
Löschungsanspruch gegen bestehen bleibendes Recht 50, 51 11; 52 8; **114** 37 ff; **130 a** 2 ff
Löschung des Versteigerungsvermerkes 34 1 ff; **130** 13
Löschungsersuchen 34 3; **130** 2 ff
Löschungsreife Rechte 44, 45 54
Löschungsvormerkung 44, 45 60; 52 8; 91 5; **114** 30 ff; **130** 22
Luftfahrzeuge Einl 4, 27

Maschinen 20, 21 21, 37 **Maßregeln** 25 1 ff
Mehrere Ansprüche 44, 45 9
Mehrere Gläubiger oder Schuldner 15, 16 25; **44, 45** 10 ff
Mehrere Titel 15, 16 36
Mehrere Verfahren
– Terminsverbindung 66 10, 11
– Verbindung **18** 1 ff
– Wirkung des Beitritts **27** 13 ff
Meistbietender
– Allgemeines **81** 2 ff
– Geschäftsfähigkeit **81** 13
– Gläubiger der Sicherungshypothek **128** 12
– Insolvenz **81** 15
– Tod **81** 14
– Vertretung **81** 11
Meistgebot
– Abtretung der Rechte **81** 19 ff; **118** 5
– Begriff **49** 1 ff
– gesamtschuldnerische Haftung **81** 23
– Pfändung **81** 2 ff; **130** 12
– verdeckte Vertretung **81** 22
Mieter/Pächter
– abweichende Versteigerungsbedingungen **59** 22
– Aufrechnungsbefugnis des Mieters **57–57 b** 26
– Baukostenzuschuss **57–57 b** 25

– als Beteiligter 9 15
– eingebrachte Geräte 20, 21 36, 37
– errichtetes Gebäude 20, 21 22 ff
– Fortbestehen des Mietverhältnisses **57–57 b** 2 ff
– Hinweis im Versteigerungstermin 66 31
– Mieterschutz **57–57 b** 13 ff
– Stellung gegenüber Ersteher **57–57 b** 6
– bei Teilungsversteigerung 183
– Vorausverfügungen **57–57 b** 22 ff
– Zustellung des Anordnungsbeschlusses 15, 16 129
Mieterschutz 57–57 b 13 ff
Miet- und Pachtzinsforderungen 148 6; **151** 5; **152** 41 ff; **156** 4
Mietvertrag 146 54; **152** 40 ff
Milchkontingent 152 24
Minderanmeldung 44, 45 44
Mindestvergütung Zwangsverwalter 152 a 20 ff
Missverhältnis zwischen Grundstückswert und Meistgebot 30 a 39
Mitbenutzungsrecht 37, 38 12; **50, 51** 37; **92** 30
Miteigentum Einl 18 ff; **9** 6, 8
Mitteilungen
– des Grundbuchamtes **19** 15 ff
– nachträgliche Eintragungen **19** 21
– der Terminsbestimmung 66 10, 11
Molkerei 10 18
Mühle 10 18

Nacherbe als Beteiligter 9 9, 11; **28** 21, 22
Nacherbschaft bei Teilungsversteigerung 180 43
Nacherbfolge bei Zwangsverwaltung 146 41
Nacherbenvermerk 28 21, 22
Nachlassgrundstück 15, 16 69 ff
Nachlasspfleger 15, 16 70
Nachlassversteigerung 20, 21 1
Nachlassverwaltung 9 4 ff; **28** 23
Nachstehende Rechte 110 2 ff
Nachweis
– des Eigentums **17** 5, 6
– des Erbrechts **17** 9
Naturalbezüge 14 3

Sachverzeichnis

Naturalleistungen 46 1 ff; 47 1 ff
Nebenleistungen
- von öffentlichen Lasten **10** 37
- Rangverhältnis **12** 6

Nebenrechte 44, 45 64; 48 3, 4
Nichteingetragener Schuldner 17 7
Nichtgrundbuchersichtliche Rechte 28 46; 37, 38 10
Nichtige Rechte 44, 45 51; 50, 51 6, 7
Nichtigkeit des Anordnungsbeschlusses 15, 16 131
Nießbrauch
- Aufnahme im Teilungsplan **114** 42
- Beteiligter **9** 12
- Geldrente bei Erlöschen **92** 19
- Höhe des Zuzahlungsbetrages **50, 51** 33
- kein entgegenstehendes Recht **28** 24
- Zwangsverwaltung **146** 46 ff; **148** 10

Nießbrauch am Grundstücksrecht 117 13
Nießbrauch an Miteigentumsanteil 180 44 ff
Notwegrechte 9 12; 10 48; 11 3; 20, 21 26; 52 17
Novation des vormerkungsgesicherten Anspruchs 52 3 a
Nutzungen 56 5 ff
Nutzungsrecht 50, 51 38; 52 21 ff

Offenkundigkeit der Erbfolge 17 9
Öffentliche Grundstückslasten
- Anmeldung **37, 38** 12, 13
- Aufnahme im Teilungsplan **114** 43
- Begriff **10** 23
- bestehen bleibende Rechte **52** 18
- Nebenleistungen **10** 37
- Rückstände **10** 68
- Sicherungshypothek **10** 24
- Übergang auf Ersteher **56** 8

Öffentlichkeit 66 8
OHG 15, 16 76; 180 10, 58
Ordnungsgemäße Bewirtschaftung 25 1 ff
Ort der Versteigerung 36 8; 37, 38 7, 8; 66 5

Pächter *siehe Mieter*
Parteifähigkeit 15, 16 3, 4, 19 ff
Partei kraft Amtes 3 19
Persönlicher Anspruch bzw. persönlicher Gläubiger
- Allgemeines **15, 16** 28 ff
- Aufnahme im Teilungsplan **114** 44
- Dritteigentum als entgegenstehendes Recht **28** 12
- bei Insolvenzeröffnung **28** 16 ff
- Rangklasse V **10** 55 ff
- Umfang der Beschlagnahme **20, 21** 8
- Veräußerung nach Beschlagnahme **26** 4 ff

Pfandrechte 28 25; 115 13; 117 14 ff
Pfandrecht an erloschenem Recht 128 13, 14
Pfändung
- Bruchteilsgemeinschaft **180** 55
- erbengemeinschaftlicher Anteil **180** 56
- Gesamthandsgemeinschaft **180** 58
- Gütergemeinschaft **180** 57
- Miete **148**, 7

Pflanzen 20, 21 22, 23
Prioritätsgrundsatz 11 6
Prokura 71 22
Protokoll
- nicht protokollierte Vorgänge **80** 1, 2
- Vermerke über Briefe und Vollstreckungstitel **127** 11
- Versteigerungstermin **78** 2

Protokollberichtigung 78 3
Protokollführer 66 7
Prozessbevollmächtigter 15, 16 6
Prozessfähigkeit 15, 16 5, 19 ff
Prozessführung des Zwangsverwalters 152 55
Prozessunfähige 3 18
Prozessvergleich 15, 16 38 ff
Prüfungsrecht des Grundbuchamtes 130 23 ff

Rangänderung 44, 45 15 ff; 114 62, 63
Rang der Sicherungshypothek 128 16, 17, 19; 129 2 ff
Rangfähige Rechte 11 5

Sachverzeichnis

Rangvorbehalt
- Auswirkung im geringsten Gebot **44, 45** 30, 31
- an bestehen bleibenden Rechten **52** 9
- Teilungsplan **114** 45, 46

Räumung des Grundstücks 149 7 ff

Räumungsvollstreckung (aus Zuschlagsbeschluss) **93** 2 ff; **180** 102

Reallast
- Allgemeines **9** 12
- bestehen bleibendes Recht **50, 51** 34
- von bestimmter Dauer **92** 28
- im Teilungsplan **114** 47
- von unbestimmter Dauer **92** 21

Rechenfehler 15, 16 123
Rechnungsbeamter 1 12; **66** 7; **113** 8; **39, 40** 6
Rechnungslegung 154 5 ff

Rechtliches Gehör
- allgemeine Bedeutung **Einl** 45
- im Anordnungsverfahren **15, 16** 102, 107
- bei Antrag gemäß § 765 a ZPO **30 a** 49
- bei Bestimmung des zuständigen Gerichts **2** 12
- bei Einstellungsantrag des Schuldners **30 b** 6
- bei entgegenstehenden Rechten **28** 42, 43
- bei fehlendem Rechtsschutzbedürfnis **15, 16** 62
- bei Maßnahmen gemäß § 25 ZVG **25** 9
- Teilungsversteigerung **180** 23
- Verfahrensverbindung **18** 8 ff
- Wertfestsetzungsverfahren **74 a** 35

Rechtsbehelfe
- (siehe auch *Vollstreckungserinnerung*) gegen Anordnungsbeschluss **15, 16** 134
- gegen Beanstandungsverfügung **15, 16** 106
- bei Bestimmung des zuständigen Gerichts **2** 15
- bei Einstellung gemäß § 765 a ZPO **30 a** 57
- gegen Eintragungsersuchen **130** 20
- bei Entscheidung über 7/10-Antrag **74 a** 23
- bei Entscheidung über Sicherheitsleistung **67–70** 51 ff
- gegen Forderungsübertragung **118** 17
- bei Maßnahmen gemäß § 25 ZVG **25** 9
- gegen Teilungsplan **113** 9 ff
- Übersicht **95** 34
- Verfahren **95** 15 ff
- bei Verbindung oder Trennung **18** 16 ff
- Vollstreckung aus Zuschlagsbeschluss **93** 15, 16
- Wertfestsetzungsbeschluss **74 a** 39 ff
- gegen Zurückweisungsbeschluss **15, 16** 109
- bei Zuschlagsversagung **33** 14

Rechtsbeschwerde 95 30
Rechtsbestandteile 20, 21 26
Rechtsmissbrauch 30 14
Rechtsmittelbelehrung 15, 16 107, 119

Rechtsnachfolge
- Auswirkung auf Rang **11** 12
- Gläubiger **9** 4, 5; **10** 58
- Schuldner **9** 6; **15, 16** 69 ff
- Titel **15, 16** 49 ff

Rechtspfleger 1 7 ff; **66** 7
Rechtsschutzbedürfnis 15, 16 57 ff; **146** 6
Regelunterhaltsbeschluss 15, 16 38
Regelvergütung Zwangsverwalter 152 a 9
Reichsheimstätte 15, 16 82; **52** 19
Relative Unwirksamkeit 10 60 ff; **52** 3
Relative Wirksamkeit 23 9, 16 ff
Restitutionsanspruch 15, 16 98
Richter 1 7 ff
Rolltreppe 20, 21 20
Rückgabe von vorgelegten Urkunden 15, 16 17, 18
Rückgewähranspruch 53, 13; **114** 48 ff

Rückstände
- bei dinglichen Rechten **10** 69
- bei öffentlichen Grundstückslasten **10** 68

Sachverzeichnis

Rückständige Beträge bei wiederkehrenden Leistungen 13 1, 14 ff
Rückübertragungsanspruch 15, 16 98

Saatgut 10 3
Sachverständiger 74 a 28
Sägewerk 10 18
Sanitäre Einrichtungen 20, 21 20
Sicherheitsleistung (Titel) 15, 16 65, 66
Sicherheitsleistung (bei Antrag auf neuen Versteigerungstermin) 85 7
Sicherheitsleistung für Gebote
– Allgemeines 67–70 1
– Arten 67–70 38 ff
– Ausnahmen 67–70 20
– Bewirkung 67–70 51 ff
– Höhe 67–70 21 ff
– Rechtsmittel 67–70 50
– Rückgabe 67–70 60
– sofortige Entscheidung 67–70 50
– bei Teilungsversteigerung 184 1
– Verwertung 108 1
– Voraussetzungen 67–70 2 ff
Sicherungseigentum 28 52
Sicherungsgrundschuld 44, 45 65; 53 11 ff; 91 17 ff; 114 48 ff
Sicherungshypothek 10 24; 47 4; 114 58; 117 19; 146 2
Sicherungshypothek für Forderung und Übererlös 59 19
Sicherungshypothek gemäß § 128 ZVG
– bei bedingter Forderungsübertragung 128 15
– Belastungsgegenstand 128 5
– Eintragungsersuchen 130 16
– Eintragungsvoraussetzungen 128 3, 4
– Gläubiger 128 8 ff
– Inhalt 128 6 ff
– Rang 128 16, 17
– Rangverschiebung 128 19; 129 2 ff
– Verzicht auf Forderung 118 25, 26
– Vollstreckbarkeit 132 4, 6
– Wiederversteigerung 128 20
Sicherungsmaßnahmen 25 1 ff; 180 32
Sieben-Zehntel-Antrag
– Antrag 74 a 3 ff, 17, 18

– Antragsberechtigte 74 a 3 ff
– Ausnahmen 74 b 2
– Befriedigungsfiktion gegenüber Ersteher 114 a 1 ff
– Entscheidung 74 a 22
– neuer Termin 74 a 24
– Rechtsbehelfe 74 a 23
– bei Teilungsversteigerung 180 99
– Voraussetzungen 74 a 2 ff
– Widerspruch des betreibenden Gläubigers 74 a 21
Sittenwidrigkeit 30 a 25 ff
Sonderkündigungsrecht 57–57 b 9 ff
Sozialleistungsansprüche 15, 16 93 ff
Sozialversicherungsträger 71 36
Statistische Lebenserwartung 92 Anhang
Steuerforderungen 15, 16 97; 152 67
Steuern und Abgaben
– Öffentliche Lasten 10 38 ff; 152 65 ff
– Übergang auf Ersteher 56 9
Stillhalteerklärung 52 7
Strohmann 71 5 ff; 81 22; 114 a 6
Stundung 13 13
Stundungsvereinbarung 30 2
Subjektiv dingliche Rechte 19 19; 20, 21 26; 92 2, 3; 148 13
Surrogationsgrundsatz Einl 11; 91 4
Schadensersatz (bei Antrag auf neuen Versteigerungstermin) 85 6
Scheckurteil 15, 16 81
Scheckzahlung 49 6, 7
Scheinbestandteile 20, 21 22 ff
Schiedsspruch 15, 16 38
Schiffe Einl 4, 26; 9 23
Schornsteinfegergebühren 10 33; 47 2
Schrankwand 20, 21 21
Schreibfehler 15, 16 123
Schuldner
– als Beteiligter 9 6
– als eingetragener Eigentümer 17 2 ff
– einstweilige Einstellung 30 a 1 ff
– als Erbe des eingetragenen Eigentümers 17 8, 9
– schuldhaftes Verhalten 25 1 ff

Sachverzeichnis

- Verwaltung und Benutzung des Grundstücks 24 1
- Widerspruchsberechtigung gegen Teilungsplan 115 8 ff
- Zustellung des Anordnungsbeschlusses 15, 16 125

Schuldübernahme 53 1 ff
Schwebende Wirksamkeit 23 4
Schwimmbecken 20, 21 18
Sonderumlage 152 33c; 155 10c
Stundensatzvergütung Zwangsverwalter 152 a 18 ff

Teilansprüche 44, 45 14
Teileigentum 15, 16 86
Teilung des Grundstücks 15, 16 29, 30
Teilungsmasse
- Feststellung 107 11
- Minderung 107 8 ff
- Umfang 107 2 ff
- Verteilung bei Gesamtausgebot 112 2 ff
- Zahlungspflicht des Erstehers 107 13 ff

Teilungsplan
- von Amts wegen aufzunehmende Ansprüche 114 2 ff
- auf Grund Anmeldung aufzunehmende Ansprüche 114 5 ff
- Aufstellung 113 8
- Aussetzung der Ausführung 116 1 ff
- Auszahlung des Erlöses 117 2 ff, 22 ff
- bedingte Ansprüche 119, 120 2 ff
- Beispiel 113 12
- bei Deckungskapital für Ersatzansprüche 121 4 ff
- Einzelfälle 114 1 ff
- Hilfsverteilung bei Widerspruch 124 2 ff
- Hinterlegung 117 28 ff
- Inhalt 113 2 ff
- Rechtsbehelfe 113 9 ff
- unbekannte Berechtigte 126 2 ff, 14
- Verhandlung über Teilungsplan 115 2
- Verteilung bei Gesamtrechten 122 2 ff
- Widerspruch 115 3 ff

- bei Zuzahlungsverpflichtung 125 2 ff

Teilungsversteigerung
- Allgemeines 180 1 ff
- Anordnungsbeschluss 180 60
- Antragsberechtigung 180 37 ff
- Antragsinhalt 180 36
- Beitritt 180 64
- Beschlagnahme 180 63
- Beteiligte 180 20
- Bruchteilsgemeinschaft 180 6
- Einstellungs- und Aufhebungsmöglichkeiten 180 65 ff
- Feststellung des geringsten Gebotes 182 1 ff, 12 ff
- Gesamthandsgemeinschaft 180 7 ff
- Pfändung und Verpfändung 180 54, 55 ff
- Rechtsbehelfe 180 105
- Unzulässigkeit 180 13 ff
- Verfahren bis zum Versteigerungstermin 180 86 ff
- Verfahrensgrundsätze 180 19 ff
- Verhältnis zur Vollstreckungsversteigerung 180 27 ff
- Vermietung, Verpachtung 183 1 ff
- Versteigerungsbedingungen 180 91 ff
- Versteigerungsvermerk 180 61
- Verteilungsverfahren 180 103, 104
- Voraussetzungen 180 33 ff; 181 2 ff
- Vorkaufsrechte 180 96 ff
- Wohnungseigentümergemeinschaft 180 11
- Zuschlagserteilung 180 95, 101
- Zuständigkeit 180 19
- neben Zwangsversteigerung 27 3

Teilurteil (als Vollstreckungstitel) 15, 16 40
Teppichböden 20, 21 20
Terminsbestimmung
- Bekanntmachung 39, 40 1 ff; 43 2
- Inhalt 37, 38 1 ff
- Mängel 37, 38 25 ff
- bei Teilungsversteigerung 180 87, 88
- Zeitpunkt 36 2 ff
- Zeitraum zwischen Terminsbestimmung und Termin 36 5 ff
- bei Zuschlagsversagung wegen 5/10-Grenze 85 a 8 ff

Sachverzeichnis

- Zustellungsfrist **43** 3
Terminsunterbrechung 66 9
Testamentsvollstrecker 9 4, 5, 6; **71** 37; **180** 41
Testamentsvollstreckung als entgegenstehendes Recht 28 26; **146** 43
Tierarzt 10 17
Tilgungshypothek
- Aufnahme in Teilungsplan **114** 59
- Berücksichtigung im geringsten Gebot **44, 45** 66 ff
- Rangklassen **10** 51; **12** 8
- Zwangsverwaltung **155** 31
Tilgungszuschläge 10 51
Tod des Schuldners 15, 16 69 ff
Trennung verbundener Verfahren 18 15
Treuhandeigentum 28 54
Treuhandgesellschaft 10 17
Treu und Glauben 180 17

Überbau 55 17
Überbaurecht 9 12; **10** 48; **11** 3; **20, 21** 26; **52** 20
Übererlös 152 64
Übergang von Nutzungen und Lasten 56 5 ff
Überleitung in Zwangsverwaltung 77 7
Übernahmegrundsatz Einl 10; **52** 1 (dinglicher); **53** 1 (persönlicher)
Umfang der Versteigerung 55 1 ff
Umlegungsverfahren 10 34
Umsatzsteuer in der ZwVerw 148 6; **152** 28 a, 67
Unbedenklichkeitsbescheinigung 130 18; **133** 4
Unbekannte Berechtigte 117 21, 33; **126** 2 ff; **157** 15 ff
Unbestimmte Ansprüche 14 1 ff
Unbewegliches Vermögen 20, 21 12
Ungewisse Fälligkeit 111 10
Unterhalt des Schuldners 149 12 ff; **150 b–e** 21
Unterhaltsabänderungsbeschlüsse 15, 16 38
Untermieter 57–57 b 5; **148** 11
Unterwerfungserklärung 15, 16 28, 48

Unzulässige Anmeldung 44, 45 45
Unzulässigkeit des Teilungsverlangens 180 13 ff
Unzuständiges Gericht 1 5
Urkunden (Mitteilung des Grundbuchamtes am Vollstreckungsgericht) **19** 17; *siehe auch vollstreckbare Urkunden*
Urkundsbeamter 1 11

Veränderungsspalte 11 4 ff
Veräußerung nach Beschlagnahme 26 1 ff
Veräußerungsverbot *siehe Verfügungsverbot*
Verbindung von Verfahren
- Allgemeines **18** 1
- Mitteilung **18** 13
- Verfahren **18** 7 ff
- Voraussetzungen **18** 2 ff
- Wirkung **18** 14
- Zuständigkeitsbestimmung **2** 8
Verdeckte Vertretung 81 22; **85 a** 14
Verein 15, 16 79
Vereinbarung gemäß § 1010 BGB 52 10
Vereinigung 11 10; **15, 16** 31; **Einl** 16
Verfahrensgrundsätze Einl 8 ff
Verfahrenskosten
- Allgemeines **10** 2
- Aufnahme im Teilungsplan **114** 2
- Vorwegnahme **109** 2, 3
Verfassungsbeschwerde 96 5
Verfügungsbeeinträchtigungen
- Begriff **9** 9, 12
- an bestehen bleibenden Rechten **52** 1
- keine Berücksichtigung im geringsten Gebot **44, 45** 50
Verfügungsbeschränkung
- als entgegenstehendes Recht **28** 41 ff
- gemäß § 5 ErbbauVO **28** 29 ff
- gemäß § 12 WEG **28** 32
Verfügungsverbot
- Begriff **23** 2 ff
- Beschlagnahmewirkung **20, 21** 5
- Eintragungsersuchen **19** 12, 13

Sachverzeichnis

- Schutz bei Zwangsvollstreckung **23** 20
- auf Grund einstweiliger Verfügung **28** 28
- gemäß § 75 BVBersG **28** 27
- Zwangsverwaltung **146** 44

Vergütung des Zwangsverwalters **152 a** 3 ff; **161** 47

Vergleich (in der Teilungsversteigerung) **180** 31

Vergütung des Zustellungsvertreters 6, 7 11 ff
- Zwangsverwaltung **146** 44

Vergütungsfestsetzung Zwangsverwalter 152 a 30 ff

Verhältnis Vollstreckungsversteigerung/Teilungs-Versteigerung 180 27 ff

Verjährung 15, 16 100; **28** 55

Verkehrswert 74 a 29

Verkündungstermin 87 3 ff

Verlegung des Versteigerungstermins 43 8 ff

Vermögensbeschlagnahme gemäß §§ 290, 443 StPO 28 33

Verfassungsbeschwerde 96 5

Veröffentlichung der Terminsbestimmung 39, 40 2, 3

Verrechnungsscheck 67–70 41

Versäumnisurteil 15, 16 40

Versicherungen 10 8; **56** 10

Versicherungsforderungen 20, 21 47 ff; **148** 14

Versicherungsverträge 152 54

Versorgungsleitungen 20, 21 18

Versteigerungstermin
- Ablauf **66** 1 ff
- Aufhebung **43** 5 ff
- Ausschließung weiterer Anmeldungen **66** 45
- Beitritt nach Terminsbestimmung **27** 18
- Bekanntmachungen **66** 16 ff
- geringstes Gebot **66** 34
- Ort **36** 8
- Protokoll **78** 2, 3
- Prüfung vor Terminsbestimmung **36** 1
- Sitzungsleitung **66** 7
- Termin für mehrere Verfahren **66** 10
- Terminsunterbrechung **66** 9

- Verhandlung über Zuschlag **74** 1, 2
- Verlegung, Vertagung **43** 8 ff
- Versteigerungsbedingungen **66** 35; **180** 91 ff
- Vorbereitung **66** 4
- Zeitpunkt der Terminsbestimmung **36** 2 ff

Vertagung 43 9, 10

Verteilung des Erlöses bei Gesamtangebot 112 2 ff

Verteilungstermin
- bei der Teilungsversteigerung **180** 103, 104
- Terminsbestimmung **105** 2 ff

Verteilung von Gesamtgrundpfandrechten 64 1 ff; **122** 2 ff

Vertragsstrafe 12 8

Vertretung 66 12

Verwaltungskostenbeiträge 12 8

Verwaltungszwangsverfahren 15, 16 88 ff

Verwendungsersatz 28 56

Verwertung einer Sicherheit 108

Verzicht auf Erlösanteile 117 27

Verzicht auf übertragene Forderung 118 25, 26

Verzinsung des Bargebots 49 10; **59** 18, 19; **118** 3, 4

Verzugsgebühren 12 8

Viehfutter 153 a 1 ff

Viehversicherungen 10 35

Vollmacht 15, 16 6; **71** 15 ff

Vollstreckbare Urkunden 15, 16 39

Vollstreckungsbescheid 15, 16 38, 47

Vollstreckungserinnerung (*siehe auch Rechtsbehelfe*)
- Abgrenzung zur Beschwerde **95** 15 ff
- gegen Anordnungsbeschluss **15, 16** 134
- gegen Beanstandungsverfügung **15, 16** 106
- bei Einstellung auf Antrag des Schuldners **306** 16
- bei Maßnahmen gemäß § 25 ZVG **25** 9
- bei Terminsbestimmung **36** 9; **37, 38** 25 ff
- bei Verbindung oder Trennung von Verfahren **18** 16 ff

Sachverzeichnis

Vollstreckungsforderung
- Ermäßigung **29** 10, 11
- teilweise Einstellungsbewilligung des Gläubigers **30** 7 ff

Vollstreckungsklausel 15, 16 47 ff, 54 ff; **132** 6 ff

Vollstreckungsmängel 28 46

Vollstreckungsschutz gemäß § 765 a ZPO
- Allgemeines **30 a** 25 ff
- Antrag **30 a** 29 ff
- sachliche Voraussetzungen **30 a** 37 ff
- Verfahrensablauf **30 a** 47 ff

Vollstreckungstitel
- Allgemeines **15, 16** 22 ff
- Berichtigung **15, 16** 35
- Bezeichnung der Parteien **15, 16** 23
- Einzelfälle **15, 16** 38 ff
- bei Einzelkaufmann **15, 16** 24
- Ermäßigung der Vollstreckungsforderung **29** 10, 11
- Gesetzliche Vertreter **15, 16** 27
- mehrere Titel **15, 16** 36
- Mehrheit von Parteien **15, 16** 25
- Quittungsvermerk bei Zuteilung **127** 9
- bei Teilungsversteigerung beim Titel **181** 1
- Umfang **15, 16** 34

Vollstreckungsunterwerfung Einl 17

Vollstreckungsvermerk
- Inhalt **19** 1, 10
- Löschung **19** 14; **34** 1 ff; **130** 13
- bei Teilungsversteigerung **180** 61
- Wirkung **19** 12, 13

Vollstreckungsvertrag 28 57

Vollzugsbeschlüsse 28 60

Vollzugssperre 130 28

Vorbehaltsurteile 15, 16 40

Vorfälligkeitsentschädigung 12 8

Vorkaufsrecht
- Allgemeines **9** 12
- Aufnahme in Teilungsplan **114** 60
- bestehen bleibendes Recht **52** 18
- kein entgegenstehendes Recht **28** 34
- im geringsten Gebot **44, 45** 72
- Höhe des Zuzahlungsbetrages **50, 51** 35
- Kapitalisierung bei Erlöschen **92** 29
- bei Teilungsversteigerung **180** 96 ff

Vorläufige Vollstreckbarkeit 15, 16 40; **30 a** 42

Vormerkung (§ 883 BGB)
- Allgemeines **9** 9
- im geringsten Gebot **48** 3
- Zuzahlungspflicht **50, 51** 10

Vormerkung (§ 18 GBO) 19 9; **28** 35

Vorschusspflicht 25 5

Vortermin 62

Wartefrist 15, 16 68

Wasser- und Bodenverbände 10 36

Wechselurteil 15, 16 81

Wegfall der Haftung 20, 21 28 ff

Wegnahmerecht (§ 997 BGB) 28 58

Wegnahmevollstreckung (aus Zuschlagsbeschluss) **93** 2 ff

Wertersatz 14 6

Wertsicherungsklausel 15, 16 15; **92** 21

Widerspruch 9 9, 12; **19** 9

Widerspruch gegen Teilungsplan
- Berechtigte **115** 4 ff
- Form **115** 20
- Gegenstand **115** 3
- Hilfsverteilung **124** 2 ff
- Inhalt **115** 19
- Übersicht **115** 38
- Verhandlung über Widerspruch **115** 26 ff
- Widerspruchsklage **115** 29 ff
- Zeitpunkt **115** 21
- Zulässigkeit **115** 23 ff

Widerspruchsklage gegen Teilungsplan 115 29 ff

Widerspruch gemäß § 53 GBO 28 41; **48** 4; **50, 51** 10

Wiederaufnahme des Verfahrens 96 3

Wiederherstellungsklausel 20, 21 48 ff

Wiederkaufsrecht gemäß § 20 RSiedlG 48 3

Wiederkehrende Leistungen
- Aufnahme in Teilungsplan **114** 4
- Berechnungszeitraum **47** 1 ff

Sachverzeichnis

- Berücksichtigung im geringsten Gebot **44, 45** 37
- bei dinglichen Rechten **10** 52
- Naturalleistungen **46** 1 ff
- Rangverhältnis **12** 6 ff
- Rückstände **10** 69

Wiederversteigerung
- Besondere Verfahrensvoraussetzungen **133** 2 ff
- Ersteher noch nicht eingetragen **17** 4
- bei Nichtzahlung des Meistgebots **118** 27 ff
- Rangverschiebung **129** 6
- Sicherungshypothek im geringsten Gebot **47** 4; **128** 20
- Wiederverwaltung **146,** 9 a

Wirksamkeitsreihenfolge 11 5
Wirksamkeitsvermerk 52 3
Wirksamwerden der Beschlagnahme
- Allgemeines **22** 2 ff
- bei Beitritt **27** 13, 14
- bei Forderungen **22** 7

Wohngeld 10 15 ff
Wohnrecht des Schuldners 149 2 ff
Wohnungsblatt 19 18, 19
Wohnungseigentum
- Allgemeines **15, 16** 86
- Begründung trotz Beschlagnahme **23** 11
- Hausgeld **10** 15 ff
- Lastenübergang auf Ersteher **56** 11
- Hinweis im Versteigerungstermin **66** 32
- keine Teilungsversteigerung **180** 11
- Zwangsverwaltung **147,** 4; **152** 33; **155** 10

Wohnungserbbaurecht 52 7 a

Zahlungspflicht des Erstehers 49 5 ff
Zahlungsverbot 22 8; **151** 6
Zeit der Versteigerung 36 2 ff, 5 ff; **37, 38** 7, 8; **66** 6
Zeitgrenze (für öffentliche Grundstückslasten) **10** 45
Zeugnis über Grundbucheintragung 17 5, 6
ZGB-Hypotheken 15, 16 28; **44, 45** 13 a; **114** 29

Ziegelei 10 18
Zinsen
- Berechnungszeitraum im geringsten Gebot **47** 2
- im Vollstreckungstitel **15, 16** 34
- bei Zwangsverwaltung **146** 4

Zubehör
- abweichende Versteigerungsbedingungen **59** 24
- Anmeldung entgegenstehender Rechte **37, 38** 19, 20
- Antragsrücknahme **29** 10, 11
- Begriff **20, 21** 35
- Beschlagnahme **20, 21** 38 ff; **23** 20
- Eigentumserwerb des Erstehers **55** 15
- Eigentumserwerb durch Zuschlag **90** 4
- Einstellungsbewilligung des Gläubigers **30** 7 ff
- Einzelfälle **20, 21** 36, 37
- erneute Beschlagnahme durch Beitritt **27** 13 ff
- Freigabe **20, 21** 46
- Fremdzubehör **55** 5 ff
- Zweifel über Umfang der Beschlagnahme **55** 4
- Zwangsverwaltung **148** 5

Zugewinngemeinschaft 15, 16 72; **180** 17, 49 ff
Zug-um-Zug-Leistung 15, 16 67
Zurückweisungsbeschluss 15, 16 107 ff
Zuschlagsbeschluss
- Allgemeines **82** 2 ff
- Aufhebung **90** 5 ff
- Beschwerdeberechtigte **97** 2 ff
- Beschwerdefrist **98** 3
- Eigentumserwerb **90** 3, 4
- Klausel **93** 8 ff
- Rechtsbehelfe **96** 2
- Verkündung der Entscheidung **87** 1 ff
- als Vollstreckungstitel **93** 2 ff
- Vollstreckungsvoraussetzungen **132** 5 ff
- Wirksamwerden **89, 104**
- Zustellung **88, 93** 14

Zuschlagserteilung
- keine Bindung an Vorentscheidungen **79**

Sachverzeichnis

- Beschwerdeberechtigte **97** 6 ff
- Beschwerdefrist **98** 2
- im Beschwerdeverfahren **104**
- bei Einzel-, Gesamt-, Gruppenangebot **63** 14 ff
- Kosten **58** 1 ff
- an mehrere Personen **71** 48
- Meistbietender **81** 2 ff
- bei Teilungsversteigerung **180** 95
- Verhandlung über Zuschlag **74** 2
- Wirkungen **81** 16 ff; **180** 101
- Zustimmungserfordernisse **81** 5 ff

Zuschlagskosten
- Gebühr **58** 3
- Kostenschuldner **58** 2
- Wert **58** 4
- Zustellungsauslagen **58** 5

Zuschlagsversagung
- bei Antrag auf neuen Versteigerungstermin **75** 2 ff
- erneute Terminsbestimmung **37, 38** 23
- bei Grund zur Aufhebung oder einstweiligen Einstellung **33** 1 ff
- Heilungsmöglichkeiten **84** 1 ff
- mehrere betreibende Gläubiger **33** 7 ff
- bei Nichterreichen der 7/10-Grenze **74 a** 2 ff
- bei 5/10-Grenze **85 a** 2 ff
- Rechtsbehelfe **33** 14
- Verfahren **33** 13
- Verkündung der Entscheidung **87** 1 ff
- Wirkung **86** 1 ff
- Zuschlagsversagungsgründe **83** 2 ff

Zuständigkeit
- funktionelle **1** 7 ff
- Prüfung **1** 17
- örtliche **1** 4 ff
- sachliche **1** 3
- bei Teilungsversteigerung **180** 19
- bei Verfahren gemäß § 28 ZVG **28** 47 ff

Zustellung
- Adressat **3** 17 ff
- Allgemeines **3** 1
- Anordnung **3** 2; **5** 3
- des Anordnungsbeschlusses **8, 15, 16** 125 ff; **22** 2 ff; **43** 4; **180** 60
- durch Aufgabe zur Post **4** 1 ff
- des Aufhebungsbeschlusses bei Antragsrücknahme **29** 14; **32** 1 ff
- des Aufhebungs- oder Einstellungsbeschlusses **28** 38; **32** 1 ff
- Arten der Zustellung **3** 9 ff
- Ausführung **3** 3 ff; **5** 4
- Auslandszustellung **3** 15
- der Beanstandungsverfügung **15, 16** 105
- der Beschwerdeentscheidung **103**
- des Einstellungsbeschlusses **30** 15; **306** 13; **32** 1 ff
- Ersatzzustellung **3** 10, 11
- bei Gesamthandsgemeinschaft **22** 4
- zur Nachtzeit **3** 4
- Öffentliche Zustellung **3** 16
- Prüfung **3** 24
- bei Sicherheitsleistung **15, 16** 65, 66
- der Terminsbestimmungen **41** 3
- des Vollstreckungstitels **15, 16** 54 ff
- an die Vormundschaft- oder Aufsichtsbehörde **6, 7** 14 ff
- bei Wiederversteigerung **133** 2
- bei Zug-um-Zug Leistungen **15, 16** 67
- des Zurückweisungsbeschlusses **15, 16** 108
- des Zuschlagsbeschlusses **88**
- Zustellungsfristen **43** 1 ff
- Zustellungsmängel **3** 25

Zustellungsbevollmächtigter 3 21; **5** 1 ff; **19** 18

Zustellungsvertreter 6, 7 1 ff

Zuzahlungsbetrag
- Allgemeines **50, 51** 1 ff
- bedingte Rechte **50, 51** 6, 7
- Erlösverteilung **125** 2 ff, 20
- Höhe **50, 51** 24 ff
- nicht bestehende Rechte **50, 51** 6, 7
- Verfahrensablauf **50, 51** 39, 40
- Wegfall des Gesamtrechts **50, 51** 12 ff;

Zwangsgeld 153 13

Zwangsgeldfestsetzung (als Vollstreckungstitel) **15, 16** 38

Zwangssicherungshypothek Einl 5; **13** 25 ff; **44, 45** 73; **52** 11; **114** 61; **117** 20; **146** 2

Zwangsvergleich 15, 16 38

Sachverzeichnis

Zwangsverwalter
- Anforderungsprofil **150 3 a**
- Auswahl **150** 3 b
- Bestellung **150** 4
- Delegation **150** 6 a
- Entlassung **150** 5; **153** 15
- Haftung **154** 2 ff
- Institutsverwalter **150 a** 1 ff
- Prozessführung **152** 55 ff
- Rechtsstellung **152** 5
- Schuldner als Verwalter **150 b–e** 1 ff
- Unfähigkeit 150 3 a
- Vergütung **10** 8; **152 a** 3 ff; **153** 18 ff
- vorläufiger Zwangsverwalter **150 b–e** 8
- Vorschuss **10** 6 ff; **47** 4

Zwangsverwalterverordnung 146, 28 a; **152 a** 2

Zwangsverwaltung
- Anordnung **146** 57
- Aufhebung **161** 1 ff
- Beitritt **146** 58; **151** 4
- Beschlagnahmeumfang **148** 3 ff
- Einstweilige Einstellung **146** 73 ff; **153 b** 2 ff
- Gegenstände **146** 28 ff
- kalte Zwangsverwaltung **146** 10
- Teilungsplan **155** 12 ff; **157** 2 ff; **159** 1 ff
- Verhältnis zur Zwangsversteigerung **146** 14 ff
- Verteilungstermin **156** 5 ff
- Voraussetzungen **146** 35
- Wohnrecht des Schuldners **149** 2 ff
- Wohnungseigentum **152** 33

Zwischenrechte 44, 45 17 ff